青岛市市南区史志编纂委员会 编

青岛市
市南区志

QING DAO SHI SHI NAN QU ZHI

上 卷

方志出版社
Publishing House of Local Records

图书在版编目（CIP）数据

青岛市市南区志 / 青岛市市南区史志编纂委员会编.
— 北京 : 方志出版社，2017.9
ISBN 978-7-5144-2566-6

Ⅰ. ①青…　Ⅱ. ①青…　Ⅲ. ①区(城市)—地方志—青岛　Ⅳ. ①K295.24

中国版本图书馆CIP数据核字(2017)第242672号

青岛市市南区志

编　　者：青岛市市南区史志编纂委员会
责任编辑：罗　滔

出 版 人：冀祥德
出 版 者：方志出版社
地址　北京市朝阳区潘家园东里9号（国家方志馆4层）
邮编　100021
网址　http://www.fzph.org
发　　行：方志出版社图书经销中心
电话（010）67110500
经　　销：各地新华书店
印　　刷：济南黄氏印务有限公司

开　　本：889×1194　　1/16
印　　张：61.5
字　　数：1609千字
版　　次：2017年9月第1版　　2017年9月第1次印刷
印　　数：0001～4000套

ISBN 978-7-5144-2566-6　　定价（上下卷）：866.00元

《青岛市市南区志》编审人员

主　　审　华玉松　高　健
副 主 审　韩　峰　管寿果
主　　编　刘　宇
副 主 编　吴大钢　王蜀鲁
特邀编辑（按姓氏笔画为序）
于佐臣　田青祯　孙希樑　柳　宾　高程绪　韩玉梅
焦相钦　廉书义
编　　务（按姓氏笔画为序）
王　军　王艳丽　毛　洁　李姝怡　张美玉　陈　磊
郑明霞　赵凯军　崔圣鹏　韩　佳　魏　弘
摄　　影（按姓氏笔画为序）
李　伟　张　岩　袁宾久

市南区史志编纂委员会

名誉主任　华玉松
主　　任　高　健
副 主 任　张　忠　韩　峰　岳　洁　管寿果　王宇平
成　　员（按姓氏笔画为序）
于衍萍　马典祥　王　平　王　建　王　剑　王　蕾
王开明　王守强　王轶强　王振民　牛鲁彬　方　健
申天寿　吕丽艳　朱俊萍　刘　宇　刘　栋　刘　晓
刘　静　刘九红　刘卫国　刘立德　刘忠昌　刘海波
刘鹏飞　齐　炜　许　群　孙　明　孙　静　孙立强
孙成志　孙爱军　孙海岩　苏维明　李　军　李文生
李汉礼　李宏建　李毓君　肖　辉　吴大钢　吴玉廷
吴启涛　张　艺　张云飞　张兆炜　张钦利　张惠臣
邵建英　范晓秋　范晓燕　岳　菊　金　霞　於　青
赵　青　赵　辉　赵爱萍　荆会平　钮本兵　施皓强
姜岱勇　姜爱君　郭进奎　曹俊涛　彭　博　董晓斌
鲍　伟　管学军

19 世纪末的青岛湾

20世纪初的青岛“欧人区”（今市南区人民会堂一带）

19 世纪末的大鲍岛村（今市南区四方路一带）

20 世纪初的上青岛村（今市南区龙江路一带）

20 世纪初伊雷妮大街（今市南区湖南路）

20 世纪初后楼威街（今市南区德县路）

20 世纪初比利街（今市南区沂水路）

20 世纪初亨利亲王街（今市南区广西路）

20 世纪初皇族街（今市南区兰山路）

20 世纪初汇泉海水浴场（今青岛第一海水浴场）

20 世纪 20 年代青岛湾风景

20 世纪 30 年代初空中俯瞰青岛湾、小鱼山一带

20 世纪 30 年代山东路（今市南区中山路南段）

20 世纪 30 年代山东路（今市南区中山路北段）

20 世纪 30 年代圣弥爱尔大教堂

20 世纪 30 年代青岛湾风景

20 世纪 30 年代太平路

20 世纪 30 年代黄岛路

20 世纪 40 年代汇泉海水浴场（今青岛第一海水浴场）

20 世纪 40 年代广西路

20 世纪 40 年代肥城路

20 世纪 40 年代北京路

20 世纪 40 年代河南路

20 世纪 40 年代潍县路

20 世纪 40 年代圣弥爱尔大教堂一带

20 世纪 50 年代青岛湾风景

20 世纪 70 年代未开发的今市南区东部一带

20 世纪 90 年代初开发的市南区东部

20 世纪 90 年代市南区西部一带

2006 年市南区云南路一带

①

①
② ③
八大关中国历史文化名街

②

③

公主楼

花石楼

小鱼山公园

小鱼山中国历史文化名街

鱼山支路

康有为故居

闻一多故居

老舍故居

①

①②
③ 青岛奥帆基地

③

②

①

③

②

④

①②
③④ 市南区东部景观

团岛湾

世界最美海湾

青岛湾

世界最美海湾

汇泉湾

世界最美海湾

太平湾

世界最美海湾

浮山湾

凡　例

一、本志以马克思列宁主义、毛泽东思想、邓小平理论、“三个代表”重要思想和科学发展观为指导，贯彻落实习近平总书记系列重要讲话精神和治国理政新理念新思想新战略，遵循国务院《地方志工作条例》，坚持辩证唯物主义和历史唯物主义的立场、观点和方法，坚持实事求是的原则，全面客观地记述区域内自然和社会的历史与现状，突出时代特点和地方特色，力求做到思想性、科学性、资料性的统一。

二、本志是市南区历史上第一部志书，上限为事物的发端，下限为2012年。为保持事物的连续性与完整性，部分内容适当上溯或下延。区委、区人大、区政府、区政协领导人更迭情况下限至2017年10月。

三、本志采用述、记、志、传、图、表、录等体裁，以志为主。随文插入图表、照片，力求图文并茂。

四、本志文字记述采用规范语体文、记述体，行文力求朴实、严谨、简洁、流畅。

五、本志坚持以类系事，以事系时，通志编排按类立篇，各篇并列，篇下设章、节、目等层次。

六、本志采用公元纪年，个别地方使用历史纪年的，括注公元纪年。文中所称“解放前、后”，系指1949年6月2日青岛解放前、后；所称“新中国成立前、后”，系指1949年10月1日中华人民共和国成立前、后。凡是不注明世纪只记述年代的，均指“20世纪”。所有称谓，第一次原则上使用全称，重复使用时则依照惯例使用规范简称。

七、本志收录人物，坚持“生不立传”原则。人物传略以卒年为序，收录2015年以前故世的本区籍或曾在本区居住、在本市活动时间较长、国内外著名的客、外籍人物；人物表收录《青岛市志·人物志》中，本区籍，或曾在本区居住并在本市活动时间较长的名人和本区籍国内革命战争以来至2012年的著名革命烈士。

八、本志使用数字、计量单位、标点符号等按国家规定的统一规范书写。中华人民共和国成立前有些计量单位仍沿用当时名称，考虑到社会使用习惯，全书中亩不统一换算。所用的各项数字，凡属区统计部门管理的，均以区统计局的数字为准，部分数字由有关单位提供。

九、本志资料主要由各街道办事处、区直各部门和驻区有关单位提供，部分资料来自档案、文献、报刊、网络及社会调查，均考证有据，文中不再注明出处。

总目录

上卷

下卷

Table of Contents

Volume I

Volume II

上卷目录

第四篇　城市建设与管理

第五篇　环境保护与管理

第六篇　农业·工业

第七篇　总部经济

第八篇　商　贸

第九篇　服 务 业

第十篇　财政·金融·经济管理

Contents of Volume I

Part III Seacoast Landscape and Excellent Buildings

Part IV Urban Construction and Management

Part V Environmental Protection and Management

Part VI Agriculture·Industry

Part VII Headquarters Economy

Part VIII Commerce

Part IX Service Industry

Part X Government Finance·Finance·Economic Management

总　　述

市南区地处山东半岛南部，西起团岛与黄岛区隔胶州湾相望，东至麦岛与崂山区毗邻，北与市北区相接，南临黄海，是青岛市政治、经济、文化中心和党政军机关驻地。

市南地域，历史悠久，新石器时期是东夷部族繁衍生息之地，夏商以来为方国、都邑或郡、县属地。明代初年，为加强海疆防御，在今市南地域设立浮山备御千户所，大批内地移民来到胶州湾畔戍海屯田，奠立了青岛地区早期村落的基本格局，今市南地域在青岛地区政治、军事、商贸诸领域渐居重要地位。清光绪年青岛建置后，青岛口一带逐渐形成初具规模的市镇。1897年德国侵占青岛后，今市南地域划入德国租借地之内。20世纪初的青岛首轮城市规划，确立了今市南区西部作为青岛市行政中心、商业中心和旅游中心的地位，成为首个城市组团的市区主体，也是国内最早以区为行政建制的城区之一。30年代中期的新一轮城市规划，今市南地域形成了兼具南北纵深和东西跨度的宜居空间。30年代末，“市南区”作为行政区首次出现于历史记载中。青岛解放后，全市首次区划，市南区为7个行政区之一。

一

市南区为海滨丘陵城区，岸线绵长，海湾相连，岬角相望、海滩错落，形成风貌各异的海洋景观，被誉为“世界最美海湾”之一。市南区具有显著的海洋性气候特点，“虽夏日炎炎，不敌海风拂拂，凉生轩户，迭送花香。沿海水而披襟，步山阴而却扇”，冬无严寒，夏无酷暑，年温适中，气候温和，是闻名中外的海洋名城与避暑胜地。以辖区海滨为主干的青岛海滨风景区，由栈桥、鲁迅公园、小青岛、小鱼山、八大关、五四广场等著名景点组成，是国家级风景区和国家AAAA级旅游区，拥有亚洲第一座水族馆，亚洲一流的青岛奥帆中心，世界领先的帆船比赛场地，全国唯一大型专业性军事博物馆等著名人文景观。

市南区是青岛历史文化名城核心区，也是我国近现代文化名人故居分布最为集中的区域之一，区内优秀历史建筑占全市总量的85%。汇集于青岛湾、汇泉湾和太平湾“三湾”沿岸的名人故居，德国建筑群、八大关近代建筑群、中山路近代建筑群及城市公共建筑与宗教建筑，形成与“世界最美海湾”交相辉映的文化遗产与自然遗产叠加优势。自20世纪初面世的德国建筑群，以殖民地外廊式、德意志民族传统式建筑风格为主调,同时融合欧洲古典复兴主义、浪漫主义、折衷主义和青年风格派建筑风格，具有重要的历史、建筑、艺术价值，被列为全国重点文物保护单位。八大关近代建筑群，汇集古罗马式、古希腊式、拜占庭式、巴拉克式、洛可可式、田园风式等20余种建筑风格，集中体现东西方建筑艺术的历史衍化轨迹，被誉为“万国建筑博览会”。

市南区优秀历史建筑以历史街区为依托，呈现优秀历史建筑—历史文化街区—历史城区的体系布局，与现当代城市文脉互依共存，具有突出的实证价值、科学价值与人文价值。山东省政府公布的第一批历史文化街区中，青岛观海山历史文化街区等4条街区全部位于市南区。八大关街区和小鱼山文化名人街区以其显著的自然环境、人文环境和街区景观特色，成功推荐为“中国历史文化名街”，市南区成为全国唯一一个拥有两条“中国历史文化名街”的城区。

二

青岛建置前，今市南地域是个体自耕农和渔户的生业之地，村落居民世代以农渔为业，维系着自给自足的自然经济状态。19世纪末，随着城市化进程，农村自然经济逐步解体。20世纪20年代，成为山东乃至东部沿海地区的重要商品集散地和消费市场。新中国成立后至20

世纪80年代前，市南区东部一带是郊区种植业基地和全市蔬菜生产供应基地，蔬菜总产量逐年提高。改革开放以后，随着城镇化的进程，区内可耕土地逐步减少，区内尚有的种植业劳动力陆续向二三产业转移，粮食、蔬菜、果品种植业逐步退出产业领域。市南区顺利完成了由计划经济向市场经济、由农工商并存的经济模式向第三产业为主的经济模式转变，产业结构逐步优化，对外开放步伐明显加快，区域经济综合实力大幅提升，实现了跨越式发展。2012年，市南区成为全省首个财政收入过百亿的县（市、区）。

产业结构持续优化。20世纪80年代中期以后，市南区实施老城区企业“内调外迁”和现有企业“退二进三”计划，大力发展以旅游业为龙头的第三产业。20世纪90年代中期，市南区开始对产业布局进行以转移、置换、重组、创新为主的战略性调整，工业园区建设取得实质性进展。进入21世纪，市南区全面实施“四大经济特色区”（现代服务业聚集区、软件信息产业区、滨海旅游休闲区、现代商业品牌区）和“一楼多业”战略，产业结构更加合理，成功跻身“中国现代服务业发展能力十强区”行列。2012年，全区第三产业增加值占GDP比重达到91.1%。

总部经济独领风骚。20世纪90年代，随着青岛市东部开发战略的实施，全市新的政治、经济、文化、商贸中心崛起于市南区东部，吸聚一些企业总部入驻，奠定了总部经济发展之基。进入21世纪，市南区立足区位优势和区域特色，把大力发展总部经济纳入长期战略规划，实施总部企业产业聚合和空间划分，依托区内功能区划布局，形成了东部金融与高端管理型总部聚集区、中部文化与专业服务类总部聚集区和西部航运物流总部聚集区，一大批金融、软件、旅游、商贸、专业服务、现代物流等产业总部入驻市南区。2012年，辖区纳入青岛市统计口径的总部企业达到129家，数量居全市首位。总部经济在推动区域经济发展中的作用日益凸显，市南区被确定为全国首批总部经济发展实践基地。

服务经济发展卓著。20世纪80年代中期以后，市南区大力发展第三产业，初步形成了一个集金融服务、软件信息服务、旅游商贸服务、文化创意、专业服务、现代物流、研发设计、教育培训等现代服务业和商务支持产业于一体的新型企业体系和发展机制。进入21世纪，市南区初步形成区域性金融中心，成为全省金融机构数量最多、业态最丰富的城区。香港中路被市政府命名为“青岛金融街”，市南区荣获“中国金融生态区”称号。旅游商贸餐饮业不断壮大。奥帆中心成为国家滨海旅游休闲示范区，市南区被评为“山东最佳旅游生态示范区”，云霄路获得“中国美食街”称号，市南区被评为全国首家“中国文化餐饮示范区”，市南区商贸旅游产业集群成为全省十大特色产业集群。文化创意产业成为经济发展的生力军，“二大文化产业园区”和“五大文化产业街区”的打造，促进了全区文化创意产业新一轮跨越。创意100产业园被评为“全国十大杰出创意产业品牌”。软件及动漫游戏产业发展稳健，企业量能升级，四大优势产业发展迅猛。园区先后获得“国家火炬计划软件产业基地”“国家科技企业孵化器”“国家动漫创意产业基地”等荣誉称号。中介服务业领域进一步扩展，中介产业层次与能级快速提升。市南区先后荣获全国首家“中国高端服务业发展示范基地”“中国现代服务业发展能力十强区”等称号。

外向型经济增长迅速。20世纪80年代中期，市南区确定以“外引内联”为方向的外向型经济发展目标，积极引进“三来一补”等直接出口的外经项目，对外贸易加快发展，外贸规模逐步扩大。20世纪90年代，市南区确立“工商并重”的发展思路，利用外资、对外经济合作取得突破性进展，对外贸易快速增长，“三资”企业增长幅度和利用外资增长幅度连续三年居全市首位。进入21世纪，随着外贸经营权的放开，市南区大力发展区域对外贸易，大力推进招商引资工作，外资规模持续增长，外资质量不断提升；实施“走出去”战略，推动企业到境外开办工厂、设立贸易公司和办事处，对外经济合作和对外贸易迈出较大步伐，外贸进出口总额居全省市（县）、区首位。

三

市南区是中国近现代海洋科技、教育的发祥地，是中国现代教育发育最早的区域之一，还是全国最早实施防疫法规的城区之一。东西方文化、体育的交汇融合，使其成为现代文化艺术和现代体育运动的传播地。新中国成立后，市南区成为中国海洋科学教育研究的重要基地。中国第一个海洋生物研究机构、中国唯一的海洋地质科研机构、中国唯一的综合性海洋大学先后在区内建立，为市南区科技教育事业的发展创造了极为有利的条件。市南区成为全市艺术表演的重要场所和城市人文的展示窗口，成为全省、全国一些体育赛事举办地，带动了区内群众体育、竞技体育和学校体育的蓬勃发展。

大力实施“科教兴区”。中共十一届三中全会后，市南区坚持“科技是第一生产力”的思想，创新科技管理体系，建立科技进步目标责任制，不断加强产学研结合，科研开发和成果转化成效显著。90年代，市南区确定“科教兴区”战略方针，制订《科技兴区规划》，不断加大科技投入，科技特色逐渐凸显，科技创新能力明显提高，科技进步取得丰硕成果，科技成果转换生产力份额逐年提高，有力促进了国民经济的发展，先后三次被评为“全国科技进步先进区”；市南区实施“巩固中部、提高西部、发展东部”的教育发展战略，促进了全区教育教学水平的全面提升。进入21世纪，市南区构建起三级科普网络和三个层次的科普队伍，先后被评为全国科技工作先进区、国家科技进步先进城区、全国科普示范城区和全国科技进步考核先进区。至2012年，全区办学条件不断改善，办学水平不断提高，市南区先后被评为全国课程改革实验区、区域教育发展特色示范区、社区教育实验区。

文化艺术蓬勃发展。市南区文化底蕴深厚，民间文化艺术活跃。新中国成立后，随着一批文学艺术工作者从区内崛起，儿童文学、话剧、美术、音乐、雕塑、摄影创作取得令人瞩目的成就。改革开放以来，市南区文艺创作题材广泛，风格多样，美术、音乐创作蓬勃开展，小说、诗歌、散文、电影剧本创作、戏剧曲艺创作取得丰硕成果，有近200件小品、声乐、美术作品分别在全国、省、市大赛、展演中取得好成绩。90年代后，以青岛国际海洋节、青岛国际啤酒节、青岛帆船节等为代表的新兴节庆文化活动蓬勃兴起。青岛国际海洋节荣获“全国十大民俗节庆”活动、全国“最具品牌效应十大节庆”称号。市南区的群众性文化活动日趋活跃，品牌活动逐年增多，“奥运之声”周末音乐会、“左邻右舍”艺术节被评为“全国特色广场文化活动”，五四广场、音乐广场、汇泉广场先后被命名为“全国特色文化广场”和“山东省十佳文化广场”称号。市南区先后被授予“省社会文化先进区”“全国文化先进县”称号。

体育卫生成绩斐然。青岛解放后，市南区大力发展体育运动，群众体育、竞技体育、学校体育从内容到形式不断深化。全民健身运动广泛开展，市南区被评为全国群众体育工作先进单位，跨入全国先进行列。竞技体育全面发展，涌现出一大批等级运动员，游泳运动被列为全区重点体育项目，沙滩排球比赛成为市南区“海之情”旅游节的传统体育项目。学校体育彰显特色，被评为全国实施国家体育标准先进单位，“帆船运动进校园活动”深入开展，入选青岛市首批帆船特色示范学校位居全市第一。老年人体育方兴未艾，在全国、省、市各级老年体育赛事中取得较好成绩。区内卫生事业加快发展，疗养事业发展迅速。改革开放以来，市南区深化医疗卫生事业改革，卫生服务体系日益健全完善，社区卫生服务机构逐年增加，人民群众的健康水平明显提高。十一届三中全会进入21世纪，市南区形成了“大病进医院，小病在社区”的新型医疗体制，社区卫生服务体系逐步完善，成为全省首批社区卫生服务示范区。“医疗卫生服务大篷车”“一刻钟社区卫生服务圈”等各类特色项目，深受广大群众欢迎。

四

新中国成立后，市南区成为青岛市文化行政、经济贸易中心。90年代初，青岛市实施行政中心战略东移，随着全市行政、文化、科教、旅游、居住中心东移，市南区成为信息业、金融业、现代服务业集聚中心和高科技产业区。20世纪末，市南区东部已发展成为功能齐全、交通便捷、服务配套、生活舒适、环境优美的现代化新城区。进入21世纪，市南区在建设六个功能片区和一条滨海风景旅游带的基础上，加快建设东部、中部、西部城区和海滨一线，形成了山、海、城相互交融的城区特色与和谐自然的城区生态环境。市南区城市建设与管理水平居全省前列，先后获得国家、省、市级荣誉160余项。

居民生活不断提高。青岛解放后，随着国民经济的恢复和发展，区内城市居民失业问题彻底解决，居民工资收入提高较快，居民衣食住行的总体水平在温饱最低线上徘徊。中共十一届三中全会以后，居民生活水平实现了从温饱到小康再向全面小康发展的历史性跨越。20世纪80年代末起，市南区实施大规模的旧村改造，旧式村舍拆除改建为现代化住宅小区。90年代，区内居民消费结构恩格尔系数逐年下降，标志着居民生活水平步入小康。进入21世纪，城市居民耐用消费品需求由“普及型”向“娱乐型”和“享受型”转变，移动电话和互联网计算机广为普及，居民劳动收入、个体经营者收入、财产性收入和转移性收入大幅增长，总体生活消费达到全面小康水平。市南区建立完善城市居民最低生活保障制度，提高离退休人员养老金标准，社会救助模式低保实现了“应保尽保”。市南区荣获“全省城市低保规范化建设示范单位”“全国民政工作先进区”称号。

社区建设全国领先。20世纪80年代中期，市南区在全市率先提出“社区建设”理念，率先开展社区服务工作的探索与实践，推动社区建设工作跃入全国前列。进入21世纪，市南区作为全国首批社区建设实验区之一，对新的居委会组织形式进行探索，成立了全国第一个社区居民委员会；在山东省率先实施居民代表“海选”试点，建立了全国首家由政府主导、社区单位代表和自治组织代表参与的社会公共事务管理组织，并在全国率先建立“一点通”社区智能服务网络系统，在全市首推社区福利居家养老模式。市南区全面开展以“文明、生态、康乐、和谐”为主题的“四型社区”建设，推广社区“居站分设”试点经验，积极推进社区“管理中心、医疗中心、文化中心”建设。市南区先后被评为首批“全国社区建设示范区”“全国和谐社区建设示范区”“全省城市社区建设示范单位”。

社区文化活力多彩。实行改革开放以来，市南区加强社区文化设施建设，形成了区、街、居三级社区群众文化活动网络，各类文化活动蓬勃开展。进入21世纪，市南区大力创建省级社会文化先进区，开展打造“市南沿海文化风景线”文化品牌活动，区文化活动中心达到创建全国文明城市测评体系标准，街道文化站达到国家一类文化站标准。各街道（社区委）先后组建起社区合唱队、时装表演队、读书会等特色群众文化队伍，组织开展各种特色文化活动，形成大型文化为龙头、小型文化活动多样化、广场文化活动品牌化、社区文化活动特色化的文化活动格局。市南区大力建设集体育健身、文化娱乐等功能为一体的社区休闲广场，打造社区公共电子阅览室，设立老年大学社区分校，构建市、区、社区之间图书“无障碍”流通网络，打造“一街一品、一居一特色”社区文化品牌体系。社区业余文艺表演队伍，先后参加全国、省、市各种比赛和文艺演出，多次获得全国、省以上创作、演出、美术、摄影作品奖。

目前，全区人民在区委、区政府的坚强领导下，全面贯彻党的十八大精神，高举中国特色社会主义伟大旗帜，以邓小平理论、“三个代表”重要思想、科学发展观为指导，紧紧围绕全力打造国际国内一流的宜业宜居幸福城区，率先全面建成小康社会的奋斗目标，持之以恒地坚持以世界眼光谋划未来、以国际标准提升工作、以本土优势彰显特色，持之以恒地坚持寻标、对标、达标、夺标、创标，持之以恒地坚持加速、提升、创新、增效、落实，着力夯实经济发展基础，着力推进产业优化升级，着力提高基本公共服务水平，着力提升城区环境品质，着力增强文化整体实力，着力维护社会和谐稳定，着力建设人民满意政府，努力实现经济持续健康发展与社会和谐稳定。

大 事 记

明

洪武二十一年（1388） 5月，浮山备御千户所设立，隶属山东鳌山卫。为鳌山卫所辖右、前、后3个千户所之前所，也是全国36个备御千户所之一。驻军千余人，下设楼山寨、金家岭寨、于家庄寨、张家寨四军寨，辖九屯十八墩堡。

洪武年间（1368—1398） 原籍云南的部分军户与周边农渔户迁入今青岛人民会堂一带，种田、捕鱼、经商，结为上庄、下庄，即后之上青岛村、下青岛村的前身。原籍安徽、江苏的部分军户迁入台西一带聚居，为后之小泥洼村前身。

建文四年（1402） 浮山所所城修筑完成。所城周三里，高二丈五尺，城有三门，以十字街为城区中轴，内设官衙、仓廪、学署。浮山所集与山会遂兴。

永乐元年（1403） 浮山备御千户所始设军屯，分拨在编军户屯田戍海、且耕且战。相继设立赵家、葛家、李家、毛家、侯北、任家、侯南、展家、浮山所9军屯。

同年 浮山备御千户所在斩山（今湛山）设立斩山墩堡，作为守望青岛口的警报台和军事堡垒。先后共设立斩山、麦岛、错皮岛、双山、塔山、瓮窑、转头山、狗塔山、桃林、中村、东城、张家庄、程家庄、城阳、女姑、楼山、孤山、红石18处墩堡。

永乐年间（1403—1424） 即墨王氏、胶州田氏等迁入浮山脚下，以烧窑、种田、捕鱼为业，逐渐发展成后窑（后称大窑村）、田家村等自然村落。

正统二年（1437） 浮山所学署奉诏开设武学，对军户子弟进行军事启蒙教育，以备参加乡试、会试武举科举考试。

正统六年（1441） 丁氏后人丁文由浮山所到今太平山东建村，后取名小湛山村。

正统十二年（1447） 浮山所学署奉诏开设儒学。

天顺元年（1457） 王龙、王虎兄弟二人携家到今太平山西南坡立村，取名会前村，建家庙“明秀堂”。

成化三年（1467） 青岛村以西建天后宫，为渔民商人祭典海神之场所。建庙同时植两株银杏，今枝繁叶茂。

嘉靖三十四年（1555） 倭寇登陆日照、诸城沿海，洗劫安东卫，入侵胶州湾。浮山所军民与灵山卫、胶州所军民并肩作战，驱逐倭寇。次年，倭寇再次入侵胶州湾，浮山所军民同其他卫、所军民协同作战，痛击倭寇。

嘉靖年间（1522—1566） 崂山大埠东村辛氏迁至前窑（后称辛家庄）定居立村。

万历八年（1580） 倭寇从浮山所一带海面登岸骚扰、抢掠。

万历年间（1573—1620） 明廷批准青岛口准行海运，开放为海上贸易口岸。

崇祯十七年（1644） 青岛口商民及往来商船募捐，扩大天后宫建筑规模。

清

顺治十二年（1655） 清廷委派正五品守备任浮山所军事长官。

顺治年间（1644—1661） 斩山（今湛山）墩堡裁撤，即墨县署命名其为官山疃。

康熙年间（1662—1722） 浮山所亢氏九世祖徙居张家疃（后称亢家庄）。

雍正二年（1724） 撤浮山所守备，改设千总（正六品）。时任浮山所千总阎文彬兼管大嵩卫（今海阳县境）。

雍正四年（1726） 山东巡抚陈世倌到浮山所考察海上防务。

雍正十二年（1734） 浮山所建制裁撤，原人口钱粮悉归并即墨县。

雍正十三年（1735） 添设浮山所把总一

员，胶州镇标中右营派马兵11名、步兵45名驻防浮山所。

乾隆元年（1736） 浙江省绍兴府会稽县人章大用官拜登仕郎，奉旨到山东即墨县，首任浮山巡检司巡检之职（九品）。

乾隆七年（1742） 章大用任职期满，江苏人徐延杰任浮山巡检司巡检。

乾隆五十年（1785） 移浮山所巡检所至东平州彭家集。

咸丰九年（1859） 清廷在青岛口设立厘金分局，征收厘金，监管进出胶州湾的船舶贸易及税务。

咸丰十一年（1861） 英舰“多布”号进泊青岛湾，为第一艘侵入胶州湾的外舰。

同治四年（1865） 东海关在青岛口设税关，开征“东海常税”，也称“常关”。下属四人：一名书办、一名海差、一名司磅和一名杠头。

同治十三年（1874） 重修天后宫。

同年 裁撤胶州水师营浮山所汛。

光绪十年（1884） 山东巡抚陈士杰派官兵200人驻防青岛口，以防法国舰队侵占胶州湾。中法战争结束后撤防。

光绪十七年（1891）6月14日 清内阁颁发上谕，批准胶澳设防，是为青岛建置之始。

光绪十八年（1892） 登州镇总兵章高元奉命主持胶州湾防务，率广武前营、广武中营、嵩武中营进驻青岛口一带，并于天后宫东侧建胶澳镇守衙门，俗称“老衙门”。

同年 清政府道员龚照屿在前海始建海军运输之用的铁码头，也称“李鸿章码头”。

光绪二十年（1894）5月23日 李鸿章抵青岛口考察胶州湾防务，提出在青岛口、团岛增设炮台，建造水雷营，改进和完善胶州湾防务。

同年 天后宫以东建小花园，是青岛建置后最早人工建设的游园。园中栽植大荔花（俗称“地瓜花”）、月季、绣球等。

光绪二十一年（1895）冬 俄国以“三国干涉还辽”为借口，把舰队开进青岛口，并向清政府索取在胶州湾“过冬”特权。

光绪二十二年（1896） 胶即大灾，奉即墨县谕集捐赈饥。青岛口殷实商户共集银1314两，赈米9113斤。各处烧锅概停烧酒，以节用赈灾。

光绪二十三年（1897）3月14日 青岛口商务公所各商董齐集天后宫议事，统计本埠商铺，呈报即墨县署备案。经统计，青岛口各业商铺共71家。

同年11月13日 德国军舰“开士”号、“晚蔡司”号、“康茂冷”号侵入青岛口。

同年11月14日 晨7时，德国远东舰队700余人以“借地操演”为名在今栈桥一带登陆，分头占领军火库、电报局、栈桥、炮台，包围总兵衙门和4个兵营，通牒清军当日下午3时前退至女姑口及崂山以外。“胶州湾事件”由此发生。

同年12月 德国货轮“龙门号”（Loongmoon）驶抵青岛口，是第一艘有文字记载的外国货轮进入青岛海域。

同年冬 原会前村大片田地被德占当局平整为伊尔蒂斯兵营的练兵场，为汇泉跑马场之前身。

同年 周姓人在今天津路口开设饭铺，为春和楼饭店前身。

光绪二十四年（1898）4月 德国胶澳总督府与小泥洼、青岛村、小湛山、太平角、会前村等村地主签订土地收买契约，收买青岛土地。

同年5月15日 德华银行在今太平路和青岛路口设立青岛分行。股金750万上海规元，总行设在上海。从事货币汇兑发行及港口、铁路等基本建设投资。

同年夏 外来务工者激增。来自沪、广、闽、浙的务工者，或充监工、买办、通事、工匠、仆役等，胶济一带到青岛务工者，或充学徒、工匠，或受雇打短，称之为“苦力”。总计4287人。

同年9月22日 德国胶澳总督府首次公布公开拍卖的5个地块，包括今太平路、广西路、栈桥以西与大鲍岛等处。10月3日，开始首次公开拍卖土地。

同年10月 是月起，德国胶澳总督府强行迁移青岛村居民，拆除今中山路南段、观象山、信号山、太平山一线及前海一线民房，划定为欧人居住区。

同年同月 在欧人居住区开辟新市街，并在主要街道铺设下水道。

同年同月 前海一带开始建设12大雨水暗渠，包括今龙口路、江苏路、中山路、郯城路、贵州路、山西路、广东路、朝城路均铺设雨水暗渠。

同年 德国企业主朴尔斯曼在今河南路天津路交叉处附近建立青岛电灯房，日发电75千瓦，是山东省电业之始。

同年 胶澳帝国法院设立。初在总兵衙门旧址办公，胶澳法院大楼（今德县路2号）建成后，移至法院新址。

同年 浮山所开办德语专修班，学期一年。专修班由德国人主持。清末进士温再道为教师之一。

同年 今常州路9号建成德国邮政代理处。

光绪二十五年（1899）1月25日 德国胶澳总督府首次颁布交通条规，规定青岛区、大鲍岛区禁止有响单轮小车通行。

同年1月 亨利亲王饭店始建，位于今太平路北侧，包括饭店、旅馆部、音乐厅三部分，是青岛最早竣工的现代旅馆。

同年6月1日 市区公众电话局设立，民用电话初装26户，均系欧人区用户。

同年7月1日 胶海关正式开关，租借东海关青岛常关（位于今人民会堂南侧）的4栋平房作为关址。1901年海关公署办公楼竣工后，关址迁至今兰山路5号（现已拆除）。

同年7月 清政府在胶海关内设立胶州邮界，界内设胶州邮政总局，开办邮政业务。

同年9月23日 胶济铁路开工典礼在今青岛火车站举行，胶济铁路开始由青岛向西修筑。

同年 德国胶澳总督府在原清总兵衙门，开办胶州图书馆，藏书5500册，是中国最早的公共图书馆之一。

同年 山东矿务公司总部办公楼始建，位于今太平路与江苏路口。

光绪二十六年（1900）春 德国教会印刷所在今曲阜路1号成立，是青岛第一个现代出版印刷机构。

同年6月14日 德国胶澳总督府公布，青岛租借地划为内外两界，青岛、大鲍岛、会前、小泥洼成为内界九区主要组成部分。

同年7月7日 《青岛官报》创办，为德国胶澳总督府主办的官方报纸，社址在今中山路与湖北路拐角处。

同年11月1日 位于胶州湾入海口的团岛灯塔（初称游内山灯塔）启用，塔高15.4米，照射距离可达16海里，修建气雾笛台一座，俗称“海牛”。

同年11月 德国胶澳总督府在青岛湾东岸建立船坞工艺厂，也称水师工务局，有中外工匠百余人。

同年 德国库麦乐尔电器公司在今广州路3号建青岛电灯厂，市区开始用电照明。

同年 小青岛灯塔建成。塔高15.5米，为白色大理石八角形导航灯塔，顶部装有水晶棱镜镶成的反射镜，射程12海里。后成为青岛十景之一——“琴屿飘灯”。

同年 德商罗德维在太平山南麓打成中国第一口矿泉水井，成为我国第一瓶天然矿泉水的诞生地。其所在地即今香港西路25号，曾是青岛汽水厂的前身。

同年 胶澳帝国法院在今常州路建成监狱，专门羁押被判徒刑或受拘禁的欧洲籍人犯，时称“欧人监狱”。

同年 胶澳总督府医院始建，其前身是建于1898年的德国海军野战医院。时有病房楼2幢，病床74张。

同年 区内沿海道路实行海水洒街，为市政管理节水之举。

同年 德国信义会在今德县路14号设立德华学校，为德县路小学前身。

光绪二十七年（1901）2月 在今中山路南端右侧，广东人朱淇创办《胶州报》，是青岛由中国人经营发行最早的一家中文报纸。

同年4月8日 青岛火车站建成。车站位于今广西路、兰山路、费县路、泰安路交口。

同年4月 伊尔蒂斯兵营建成，位于今中山公园以东。

同年5月15日 德意志帝国邮局的新邮电大楼启用，位于今广西路、安徽路和莒县路交口。

同年5月 栈桥扩建，北段使用水泥铺面，铁护栏改为铁索护栏，将桥面向南延长至350米，增铺轻便铁道，以利运输。

同年同月 德国水兵俱乐部（又称水师饭店）始建，位于今湖北路。

同年6月 德国胶澳总督府发布布告，收买并拆迁孟家沟、小泥洼、会前等5村。小泥洼房屋被拆除后，建成新的华人住宅区，定名台西镇。

同年8月4日 青岛遭台风袭击，新建码头、堤坝等受损。

同年9月2日 总督府学校建成，位于今江苏路9号，是一所专门招收德国学龄儿童的学校。为江苏路小学前身。

同年 前海环海大堤（今太平路一带）完工，堤岸全长440米。

同年 市民赛马会成立，原伊尔蒂斯兵营练兵场（今汇泉广场）改为军地两用，定期举办非营利性赛马会。

同年 福柏医院创办，位于今德县路17号。该院是专为华人看病的医院，由德国医生负责诊治。

光绪二十八年（1902）4月 圣心修道院成立。位于今浙江路28号，由德国天主教弗兰西斯科教派创办。

同年夏 上海、天津等地游客携家眷到今汇泉湾一带游历，是青岛第一次出现成批量的外地游客。

同年 汇泉炮台始建。该炮台位于汇泉岬，是德军扼守青岛外海入口最重要的海防炮台。

同年 位于今芝罘路的公和兴工程局创办，主营建筑承包、工程施工，创办人系民族建筑商宫世云。

同年 禅臣洋行青岛分行设立，行址在今兰山路，主要经营进出口业务。

光绪二十九年（1903）2月 德国亨宝轮船公司（即汉堡轮船公司）设立青岛分公司，公司位于今中山路与肥城路交汇处。该公司开辟第一条欧洲至青岛的远洋航线，配有货轮10艘，总吨位25723吨。

同年夏 维多利亚海湾（今汇泉湾）开辟海水浴场，泳客骤增，以坡缓沙细、水清浪静而著称东亚。

同年10月 欧人区主要街道和区内繁华路段开始设置路灯。

同年 今中山路北端兴建中国剧院（今青岛工艺美术社）。是青岛第一家由中国人出资兴建的戏园。即华乐大戏院的前身。

同年 俾斯麦兵营开建，位于鱼山路、红岛路之间，后成为私立青岛大学校址，现为中国海洋大学教学楼。

同年 德国胶澳总督府投资75万马克，在今观城路西段兴建总督府屠宰场，是青岛第一个全面实施现代卫生检验的屠宰加工企业。1906年建成开业。

同年 浮山所设立蒙养学堂，设修身、国文、算学、地理、历史等课程。

光绪三十年（1904）4月1日 自来水表

安装入户，区内供水由免费供水改为收费用水。

同年5月11日 德国皇家帆船俱乐部在今汇泉湾举办帆船比赛。

同年5月 总督府办公楼开建，位于今沂水路11号，建筑费用85万马克，建筑面积7132平方米。翌年4月竣工。

同年7月 裕长酱园创办，园址位于今芝罘路55号，由章丘人沙裕福出资兴建，专制各种酱制小菜。

同年 海滨旅馆建成，位于今南海路23号。总建筑面积5694平方米，是青岛最早的假日旅馆。

同年 原会前村址及附近的太平山上开辟苗圃，设立植物试验场，作为青岛地区造林的主要苗圃基地。后成为以树木、果园、花木为主的公园，取名为"森林公园"，为今中山公园之前身。

同年 青岛山东麓建欧人墓地，规定只限胶澳租借地内界外国人死亡者埋葬，俗称"万国公墓"。

光绪三十一年（1905）1月 气象观测站由今馆陶路1号迁至今市南区中部偏北的水道山，此山始称"观象山"。1908年在此建成中国第一座地磁观测屋。

同年7月31日 德国胶澳总督府在今曲阜路4号设消防队，隶属于青岛巡捕局。

同年7月 今观象一路45号修筑消防观察塔，亦称望火楼。由德国人库尔特·罗克格设计，为六角塔形，高18米。

同年11月 青岛瑞蚨祥有限公司开业。公司位于今胶州路5号，是青岛最早的老字号绸布店。

同年12月22日 青岛区、大鲍岛区取缔掘地坑式厕所，启用"机器便所"（水冲式便所）。

同年 亨利王子饭店音乐厅竣工。时为青岛最大的音乐厅和最早的影戏院。

同年 大鲍岛蒙养学堂创办，位于今北京路，是北京路小学的前身。学制5年，由中德教师任教。

同年 巡捕局对市区房屋按顺序进行编号，装订门牌。从弗利特利希路（音译"斐迭里街"，今中山路）南端起，路东依次为1～300号，路西为300号以上。

光绪三十二年（1906）9月 美国驻青岛领事馆设立，馆址在今河南路8号。1934年迁至沂水路1号。

同年 怡和洋行青岛分行建立，业务以远洋航运为主，位于今河南路、北京路口。

同年 广东会馆建立，系同乡会组织，大成栈经理古成章发起创办，馆址在今芝罘路。

光绪三十三年（1907）5月17日 英国在今沂水路设驻青岛领事代办处。

同年6月27日 开通市区至柳树台汽车客运线。每周周三、周六自中央饭店（栈桥附近）乘奔驰汽车前往柳树台，于每周周四、周日返回。

同年8月9日 水兵俱乐部首次放映电影，以德国纪录片居多。

同年10月 总督官邸落成，建筑面积4083平方米，位于信号山南麓今龙山路。

同年 三江会馆成立，由江苏、江西、浙江3省在青岛商人发起组成，馆址在今四方路。

光绪三十四年（1908）4月19日 位于江苏路的基督教堂始建，又称青岛福音堂、总督教堂等。建筑面积1297.51平方米，钟楼高达36.47米，是青岛五大钟楼之一。1910年10月竣工。

同年4月 俄国驻青岛领事馆开馆，馆址在今湖南路。

同年 英国人艾克夫尔德创办高尔夫球协会，球场设在汇泉跑马场内。

同年 中华基督教青年会筹备处成立，旨在"谋体育、德育、智育三方面之发展"。筹备处址在今北京路。

宣统元年（1909）9月6日 从山东及国

内多省考取的青岛特别高等专门学堂新生60人，到校报到。

同年9月21日 大清银行青岛分号成立，行址在今中山路152号。

同年10月25日 青岛特别高等专门学堂举行开学典礼暨建筑校舍开工庆典，该学堂由中德两国合办，校址在今贵州路、朝城路口。

同年 鸿顺公南纸印刷局创办。位于今河北路22号，是青岛最早的民族资本印刷企业。

宣统二年（1910）8月 青岛商务总会创设，会址在天后宫原商务公所，是青岛第一个正式商会组织。

同年 青岛特别高等专门学堂医科招生，学制4年，野战医院是其教学实习基地。

同年 位于今中山路1号的青岛国际俱乐部始建。

宣统三年（1911）8月 山东商业银行青岛分行设立，行址在今中山路。

同年 谦祥益开业，位于今北京路9号，是青岛专营绸缎呢绒布匹的著名老字号。

同年 盛锡福帽庄在今中山路开业，由山东掖县人刘锡三创建。

同年 吉利百货公司开业，时为青岛最大的百货商店，位于今广西路26号。

中华民国

1912年

1月 观象山皇家观象台落成，时为远东三大观象台之一。

9月28日 晚6时，孙中山乘胶济铁路客车抵达青岛，青岛各界2000余人在青岛火车站欢迎，孙中山一行随后乘敞篷马车下榻海滨旅馆。次日下午前往德国总督官邸拜会胶澳总督卖尔瓦德克。9月30日，出席广东会馆欢迎宴会，即席发表简短讲话。继之访问青岛特别高等专门学堂，在该校大礼堂向全校师生发表演讲。同日晚出席三江会馆晚宴。10月1日，孙中山一行游览崂山。当晚乘“龙门轮”去上海。

同年 前清旧臣原恭亲王溥伟、东三省总督赵尔巽、吏部侍郎于式枚、翰林院编修吴郁生、学部侍郎刘廷琛、学部副大臣劳乃宣、陕甘总督升允等避居青岛今莱阳路、蒙阴路、宁阳路、沂水路一带。

1913年

5月15日 大清银行青岛分号改组为中国银行青岛分号，是青岛首个国家中央银行分支机构。

同年 前清旧臣溥伟、刘廷琛、劳乃宣、于式枚等在青岛寓居地策动“癸丑复辟”，复辟清朝统治。

同年 协源盛银号在今中山路开业，主要经营存款、贷款、汇兑等业务。

1914年

4月18日 同泰铁工厂开办，开始自行车零件加工。厂址在今山西路24号，上海人曹海泉创办。

8月15日 日本对德国宣战，德国总督宣布青岛进入战备状态。区内商业停顿，大批居民外出避乱。

8月22日 英、德海军在青岛湾外海发生激战。

9月27—28日 日、英舰队从海上炮轰区内炮台、防线，浮山所城墙被炮火夷平。

11月7日 日军攻占太平山、湛山。德军残部宣布投降。

同年 青岛特别高等专门学堂停办，约200名学生合并到上海同济医工学校。

同年 日本青岛守备军司令部在中山公园内建所谓“忠魂碑”，纪念日德青岛之战阵亡的日军官兵。

同年 区内街道均用日本国地名重新命名。

1915年

1月 《大青岛报》创办，社址初设于今中山路。

4月 龙口银行青岛支店设立，行址在今保定路。

同年 西镇、湛山、辛家庄、浮山所4处蒙养学堂改为公学堂。

1916年

4月15日 日本青岛高等女子学校设立，在原青岛特别高等专门学堂旧址。

同年 万国储蓄会青岛分会建立，会址在今北京路。

同年 今四川路始建，并在今四川路以南凿岩填谷，平整数十亩平地，盖简易平房出租给平民，俗称“日本大院”。

1917年

1月3—15日 天寒地冻，胶州湾封冰90%，近海滩涂积冰厚达1米多。

4月 日本青岛中学校开学，校址在今中国海洋大学鱼山路校区。

1918年

2月1日 青岛第一家地方商业银行——东莱银行在今天津路开业。该行由富商刘子山出资经营。

7月 瑞祥和铸造厂开业，厂址在今云南路158号，是青岛最早的私营金属铸件厂。

同年 在今中山公园西南角始建动物笼舍，供观赏之用。展出的动物有：黑熊、广西猴、台湾猴、梅花鹿等。

同年 祥兴永糕点铺在今北京路开业，为青岛京式糕点第一家。

1919年

5月 明德中学贴出反日标语，进行反日宣传，遭日本青岛守备军司令部查封。

7月9日 霍乱大流行，设于台西镇今嘉祥路的临时检疫所被改造成传染病收容所。

9月 维新化学工艺社创办，是国内第一个化学染料厂。社址初设台西镇。

同年 震泰洋服店建立，位于今中山路。

同年 铃木商店青岛出张所开业，为青岛骨胶骨粉生产之始，厂址在今台西三路60号。

1920年

2月 青岛取引所成立，同年9月正式营业，分物产、钱钞、证券3部。所址在今北京路。

同年 欧美在青岛侨民成立帆船俱乐部。

同年 三江旅青私立高等小学开学，校址在今四方路1号三江会馆内。

1921年

4月1日 日军在台西镇擅设无线电台，北京政府外交部向驻京日使提出抗议。

同年 中西大影戏院在今中山路开业，为福禄寿大戏院之前身。

同年 郭锦卿在今中山路开办天真照相馆，为青岛照相业老字号之一。

同年 宁波会馆在今定陶路9号开办小学，为定陶路小学前身。

1922年

6月 北洋第二舰队“楚同”号炮舰奉令抵达青岛，泊碇青岛湾。

9月24日 北洋第二舰队巡洋舰“海筹”号在青岛湾下锚。

11月18日 《胶澳商埠暂行章程》公布，规定青岛市区由青岛市街、台东镇和台西镇组成。今市南区境域一部纳入青岛市街，另一部为台西镇。

11月30日 青岛保安队进驻汇泉兵营，担任市区警备。

同日 匪首孙百万在北京路顺兴楼绑架青岛商会会长与监收专员。

12月2日 120名青岛水上警察乘“永绩”号军舰由烟台抵达青岛接收水上防务。

12月10日 青岛行政接收仪式在总督府大楼举行。同日正午举行中国接收青岛庆典。

同日 在今广西路14号设立日本驻青岛总领事馆。

同年 区内道路废除日本路名及房地番号，改用中国地名命名。

同年 共和大舞台建立，位于今北京路。

1923年

1月1日 中日胶州铁路移交仪式在朝城路举行，中国胶济铁路管理局同日揭牌。

4月25日 刘子山创办私立青岛中学，校长孙子敬，校址在太平路今育才中学。

5月27日 青岛发电所改为胶澳电气股份有限公司，公司位于今中山路北端。

6月2日 康有为抵达青岛，后定居福山支路5号。

7月5日 交通银行青岛支行成立，行址在今中山路21号。

7月25日 胶澳商埠首期夏期小学教育讲习班在今北京路小学开学。

8月12日 青岛市律师公会成立，会址在大沽路11号。

9月 青岛铁路第一子弟小学开学，校址在湖南路29号。

同月 胶澳商埠公立职业学校开学，校址为原伊尔蒂斯兵营。

10月1日 大陆银行青岛支行在天津路开业。

同年 会前改称汇泉，广场定名为汇泉赛马场。

同年 胶澳接收纪念碑在青岛路南端落成。

同年 中华书局青岛分局创建，位于即墨路53号。

同年 《胶澳日报》创刊，社址在河北路。

同年 栈桥北端西侧辟建为公园。

同年 今中山公园西部造人工湖，建木曲桥和湖心亭，称“小西湖”。

1924年

1月 区内成立青岛第一支足球队——中华足球队，同时成立中华篮球队。后在青岛的各国侨民成立西联足球队。

3月 私立胶澳中学创办，校址初在毛奇兵营，后迁至原伊尔蒂斯兵营。

同月 青岛钟表眼镜业老字号亨得利钟表店开业，店址在今中山路144号。

同月 胶澳商埠公立通俗图书馆对外开放，馆址在莒县路2号。

同月 青岛万国体育会成立，会址初在浙江路，后迁至今中山路。

9月1日 《青岛时报》创刊，初在新泰路，后迁兰山路，是20世纪50年代前青岛出版时间最长、影响最大的一家中文报纸。

10月11日 泰安路与云南路之间的铁路木制天桥落成，命名“定安桥”，俗称“天桥”。

10月25日 私立青岛大学举行开学典礼，校址在原俾斯麦兵营，为青岛民办高等教育之始。

10月 中国气象学会在青岛观象台成立。

同年 万国体育会在汇泉广场建青岛赛马场，与香港、上海赛马场并称远东三大赛马场。

同年 由中国人开设的青岛首家西药店——汉美药房在四方路开业。

同年 位于即墨路的聚福楼饭庄开业。

同年 位于平度路22号的新舞台（后称永安大戏院）建立，时称华北第一大剧场。

1925年

1月 国民会议特派宣传员王尽美到青岛，在李村路神州大药房内设立国民会议促成会筹备处。

7月29日 中共四方支部书记、工人领袖李慰农被山东军阀张宗昌杀害于团岛。李慰农于同年5月受中共山东地委委派到青岛建立中共四方支部，组织发动青岛日商纱厂工人大罢工。为纪念李慰农烈士，1989年在市南区贵州路公园树立李慰农烈士雕像，并于同年6月2日举行揭幕仪式。

同日 《青岛公民报》主编、民主志士胡信之在团岛英勇就义。同年4月，胡信之在《青岛公民报》发表评论，谴责日本厂主虐待工人罪行，声援青岛日商纱厂工人大罢工。7月26日，军阀张宗昌下令逮捕胡信之，并查封《青岛公民报》。

1926年

6月 汇泉赛马场举行国际运动会，中、美、英、法、日等国上百名运动员参加运动会。

7月1日 中、俄商人在太平路开办“青蚨汽车公司”，开通市区通往四方、沧口、李村等地公共交通。

8月5日 广西路37号经营珠宝钟表业主德国商人斐师恒遭外侨盗杀，为民国青岛重大涉外案之一。

12月 德国驻青岛领事馆建立，馆址在今青岛路1号。

同年 华昌铁工厂（位于天津路）试制出皮带车床，为青岛民营机床制造业之始。

同年 青岛肥田骨粉公司开业，厂址在今台西三路60号。

1927年

3月31日 康有为在福山支路寓所病逝。

3月 胶济铁路青岛中学正式成立，校址在广西路26号。

春 梅兰芳、荀慧生、尚小云、杨小楼、余叔岩等京剧名伶在新舞台（即永安大戏院前身）同台演出。

7月25日 区内废止午炮报时，开始电音报时。

8月 胶澳商埠公立女子中学成立，该校前身为胶澳公立女子两级小学附设的中学班，即后青岛第二中学前身。

1928年

3月 福禄寿大戏院放映电影4个月，观影人数突破5万人次。

5月 青岛第一个话剧团体光明剧社在新舞台首场演出。

同年 青岛观象台增设海洋科，为中国最早的海洋研究机构。

同年 青岛首家南货专营店万源永食品店在今中山路开业，为今海滨食品公司前身。

同年 贫民习艺所筹备设立，所址在观城路79号。

1929年

4月 东方市场开办，位于龙口路南端西侧（现已拆除）。

5月1日 法国驻青岛领事馆设立，馆址在栖霞路5号。

5月22日 为纪念孙中山先生，将山东路改名为中山路，第一公园改名为中山公园。中山路时为与上海南京路、北京王府井齐名的青岛商业中心。

7月1日 中国银行青岛支行（行址中山路）升格为分行，统辖山东省中行业务。

8月 青岛无线电总台成立，位于中山路原青岛文物商店旧址（现已拆除）。

同年 今莱阳路海滨建海滨公园，为鲁迅公园前身。

同年 万国洗衣局开设，位于中山路128号，即青岛洗染店前身。

1930年

2月1日 《青岛民报》创刊，社址在芝罘路。

2月7日 青岛国货商场开业，位于河南路86号，为青岛国货公司前身。

7月1日 河南路国货陈列馆举办第一次国货展览会，展出上海、天津等地41家工厂的产品共1900余种6150件。

8月 闻一多和梁实秋由上海乘船到达青岛，初居中国旅行社招待所，后分别迁居大学路和鱼山路。次月，闻一多聘任为文学院院长兼国文系主任，梁实秋聘任为外文系主任兼图书馆馆长。

9月21日 国立青岛大学开学典礼举行，杨振声任首任校长。校址在鱼山路5号，即原私立青岛大学校址。1932年改为国立山东大学。

年末 闻一多在青岛创作完成最后一首新诗——抒情长诗《奇迹》。

同年 青岛观象台创办《海洋半年刊》，是中国最早的海洋期刊。

同年 民众教育馆开办，馆址位于朝城路，设立讲演部、康乐部、图书部和科学部。

同年 芬兰驻青岛领事馆建立，馆址在莱阳路7号。

同年 德商美最时洋行创办美口酒厂，批量生产葡萄酒，厂址在湖南路36号。

1931年

3月3日 青岛银行同业公会成立，在河南路筹建公会大楼。

5月4日 《国立青岛大学周刊》出版。《图书馆增刊》随校刊同日出版发行，梁实秋撰写发刊词。

8月 沈从文由上海到达青岛，聘任为国立青岛大学中国文学系讲师。

同月 中山路、天津路、胶州路、堂邑路路口架设交通指挥信号。

9月 栈桥扩修，桥身延长至440米，增建半圆形防坡堤，内筑双层飞檐八角亭阁，定名“回澜阁”。

10月 “八大关”标志性建筑“花石楼”建成。位于今黄海路18号。建筑设计师刘耀宸设计，建筑工程师王云飞施工。

12月15日 在中山路中部兴建的青岛第一家由中国人开办的电影院——山东大戏院（后改称中国电影院）开幕，放映了中国第一部有声电影《歌女红牡丹》，并聘请“电影皇后”胡蝶前来剪彩。

同年 南海路以东特别建筑区以中国著名关隘命名8条道路，“八大关”之名由此而来。

同年 观象山新建高14米、直径7.8米的穹顶天文观测室，成青岛十景之一——“穹台观象”。

同年 中山路和曲阜路口建起高6层的亚当斯大厦，为青岛第一百货商店前身。

同年 青岛金融钱业同业公会成立，会址在大沽路。

1932年

1月12日 数千名在青岛的日侨武装集会，并游行示威，捣毁民国日报社，焚毁位于太平路的国民党青岛市党部。

1月 梁实秋在国立青岛大学任教期间的翻译作品《西塞罗文录》和《织工马南传》由上海商务印书馆出版发行。同年梁实秋开始《莎士比亚全集》翻译工作。

4月 国立青岛大学发起成立海鸥剧社。

5月8日 位于莱阳路4号的青岛水族馆举行开馆典礼，为中国第一处海洋生物展馆。

6月15日 金城银行青岛分行成立，行址在河南路、肥城路口。

7月 全市设立12个自治区，每区设区长，行政机构为区公所，署理区民大会议决事项，掌管区财政收支、预决算、公产及公营事业。今市南境域含第一区、第二区。第一区区公所设在费县路，第二区区公所设在常州路。

同月 国立青岛大学更名为国立山东大学。

9月30日 南京国民政府正式任命赵太侔

为国立山东大学校长。

同年 青岛市国术馆正式落成启用，位于广东路，是当时全国最完备的专业国术馆。

同年 田斗恒、刘景伦等5人集资，在天津路3号登记设中菜馆“春和楼利记”。

同年 台西平民院始建，至1934年共建11处，集中于挪庄、脏土沟、上下马虎窝。

同年 青岛市立朝城路学校建校，校址在朝城路5号，为朝城路小学前身。

1933年

2月 青岛物品证券交易所落成，所址在大沽路35号。

5月8日 青岛农工银行开业，行址在河南路63号。

6月 位于汇泉跑马场以东的青岛体育场落成，为第十七届华北运动会田径赛场。

同月 青岛无线广播电台创办，位于朝城路7号民众教育馆内。

夏 在太平湾北岸设第二海水浴场，在太平角东面设第三海水浴场，在湛山村之南设第四海水浴场。

7月12—15日 第十七届华北运动会在青岛体育场举行。其间游泳比赛在栈桥水上赛场举行。

9月 荒岛书店在广西路4号开业。

同月 青岛太平路小学建校，校址在太平路17号。

12月12日 上海国货工厂山东联合营业所开业，特设门市部在中山路37号。

12月 首条由大沽路始发至台西镇的汽车线路开通。

同年 5层楼的洪泰商场落成，位于北京路，面积约7000平方米，为当时青岛乃至山东第一高楼。

同年 两湖会馆在今大学路54号创办附设小学，为大学路小学前身。

1934年

2月 国际化妆溜冰比赛在中山公园内“小西湖”举行，参观者达四五千人。

4月 王淦昌到青岛，聘任为国立山东大学物理系教授。

5月1日 中央通讯社在青岛设立分社，社址在龙口路1号。

5月5日 《青岛画报》出刊，编辑部位于湖南路31号。

6月25日 作家萧红与萧军从哈尔滨到青岛，住观象一路1号。同年9月9日，萧红在青岛完成长篇小说《生死场》。10月22日，萧军在青岛完成长篇小说《八月的乡村》。次年《生死场》《八月的乡村》作为鲁迅主编的《奴隶丛书》之三、之二出版，鲁迅亲自为两书作序。

8月 老舍到青岛，聘任为国立山东大学中文系讲师，次年改聘为教授。

同月 沈从文创作完成以国立青岛大学教授为原型的中篇小说代表作《八骏图》。

9月15日 浙江兴业银行青岛支行开业，行址在河南路15号。

10月 圣弥爱尔大教堂落成。位于浙江路15号，是中国唯一的祝圣教堂。

12月1日 国华银行青岛分行开业，行址在中山路。

同年 洪深到青岛，聘任为国立山东大学外文系主任、教授，住福山路1号。同年创作完成中国第一部电影文学剧本《劫后桃花》。

同年 童第周到青岛，聘任为国立山东大学生物系教授。

同年 国立山东大学化学社丛书之一《科学的青岛》出版，是以青岛自然科学为特色的志体书。

同年 湛山寺始建，位于今芝泉路。倓虚任湛山寺首任主持。

同年 位于太平路南侧的栈桥海水浴场投入使用。水域面积12万平方米，沙滩面积1.2

万平方米。

同年 莘县路15号的菜市楼建成，建筑面积为8900平方米。

同年 义昌信铁工厂开办，厂址在泰安路21号，为青岛首家轧钢厂。

同年 第一次全国木刻展览在兰山路小学举办。

同年 青岛市立贵州路半日学校建校，校址在今贵州路12号，为贵州路小学前身。

同年 青岛湛山小学建校，校址在今新湛二路11号，为市南区实验小学前身。

1935年

5月24日 明华商业储蓄银行青岛分行因投资投机买卖，引致挤提存款风潮而倒闭。该行初设于河南路，后迁至中山路。

5月 青岛市政府重划市乡区域并改定名称。市区划为东镇、西镇、大港、小港、海滨、浮山、四方和沧口8区，今市南区域主要分布在海滨、浮山、西镇3区。

7月1日 兰山路2号青岛市礼堂竣工，时为全市最大的公共会堂。

7月10日 铁道部全国铁路沿线出产货品展览会，在中山公园以东的青岛市立中学举办，时为青岛承办的规模最大的全国性博览会。

9月20日 挪威驻青岛领事馆设立，馆址在金口路31号。

10月14日 盐业银行青岛分行开业，行址在河南路。

同年 丁西林到青岛，被聘任为山东大学物理系教授。

1936年

2月 亨达利钟表店开业，店址在中山路117号。

5月14日 前海一带出现海市蜃楼。

5月31日 青岛帆船俱乐部办公楼在今汇泉路5号开建。1937年落成。

夏 老舍举家迁入黄县路12号，开始创作长篇小说《骆驼祥子》。

9月 青岛帆船俱乐部在汇泉湾举办“市长杯”帆船比赛。

同年 海洋生物标本陈列馆建成，位于水族馆东侧，亦称“海产博物馆”，是太平洋科学协会中国分会4个著名海洋生物研究机构之一。

同年 市政府评选、确定青岛十景。其中“飞阁回澜”“穹台窥象”“汇滨垂钓”“琴屿飘灯”“湛山清梵”“东园花海”“燕岛秋潮”“会崎松月”八景在今市南区内。

同年 东海饭店建成，位于汇泉路5号。英国洋行设计，楼高7层，外呈淡蓝色，是青岛20世纪中期最大的饭店和最高建筑物。

同年 青岛国货股份有限公司与上海国货公司青岛联合营业所合作组建青岛中国国货股份有限公司。公司址在中山路101号。

1937年

4月10日 青岛市公安局正式更名为青岛市警察局。同时，其所属的第一区公安分局正式更名为市南区警察分局，这是目前发现的档案史料中关于“市南区”一词最早的记载。

5月 名僧弘一大师（李叔同）应倓虚法师之请到湛山寺讲学，历时半年。

8月14日 在德县路圣功中学门前，一小队日本兵遭到两名不明身份人的枪击，一名士兵死亡，一名受重伤。史称“德县路事件”。

秋 山东大学奉令停办迁往重庆。区内中小学在“七七事变”后先后停办。

同年 著名剧作家曹禺创作的话剧《日出》在兰山路青岛市礼堂公演。

同年 湛山寺第三期工程藏经楼和药师塔落成。

同年 青岛象棋社成立，社址在浙江路基督教青年会内。

1938年

1月10日 日军飞机空袭青岛。浮山所小学西侧被炸，校舍遭到严重损坏。当时正逢浮山所大集，赶集者惊惶逃命。

同日 日军侵占青岛。日军一部在湛山村前海滩上岸。

1月 伪青岛治安维持会警察部设市南分局。

3月16日 日照“太平”号帆船在团岛海域被日商渔行“桂丸”汽轮撞沉，所载24名民工救出19人，死亡1人，失踪4人。

3月 日伪当局强令区内江苏路、北京路、台西镇等5所市立小学复课。

冬 日军在浮山所建“大日本帝国陆军病院”，址在现海军401医院院址，共占地530.014亩。

同年 位于博山路的天德塘浴池开业，是青岛最早开设“女盆”的澡堂。

同年 中山路86号开设“新南京理发馆”，专营男女理发，尤以女发见长。

1939年

3月15日 兴亚院华北联络部青岛出张所设立，址在前海原国民党青岛市党部办公楼。

8月30日 青岛市遭建埠以来最大台风暴雨袭击，风速最高每秒达27米，栈桥一段被冲毁，前海栏杆被冲入海内。

同年 日伪青岛特别市警察局设立市南分局，管辖市南保甲区。

同年 商务印书馆青岛分馆，与全国重点城市分馆统一更名为敦源书店，由中山路134号迁四方路68号。

同年 日伪当局在区内学校强设日语课，加授《兴亚读本》，实施奴化教育。

1940年

2月 观象二路1号的圣保罗教堂建成。教堂外的单钟楼为青岛五大钟楼之一。

7月31日 浮山所日本陆军病院扩建，侵占290余户住户的330余亩耕地。

同年 “伪满洲国驻青领事馆”开设，址在今莱阳路5号。

1941年

1月 汪伪国民政府、伪中华民国临时政府、伪中华民国维新政府三方青岛会谈在青岛迎宾馆召开。

2月 区内圣功、崇德等英美教会学校被伪青岛市公署查封。

10月1日 青岛市立师范学校成立，址在太平路原市立女子中学校址。

10月27日 四川路西广场因一家茶炉烟囱引燃大火，蔓延整个棚户区，致2045户受灾，3人死亡，4000余人无家可归。

同年 万字会中国总会青岛分会办公大楼落成，位于鱼山路37号。

同年 私立兴亚学院建校，校址在濮县路10号，为原濮县路小学前身。1996年该校与四川路第二小学合并成立四川路小学，为市南区第二实验小学前身。

1942年

12月 驻青岛日军“扫荡”胶东抗日根据地，抓捕千余名青壮年农民关在汇泉体育场，被抓捕者多数被运往日本做劳工。

同月 瑞士驻青岛领事馆开设，馆址在沂水路。

1943年

2月1日 伪青岛市公署实行市区区划，设立市南、市北、西镇、东镇、海西、四方、沧口7区，各区设区公所，直隶于伪青岛市公署。

同年 伪青岛市公署强迫居民交纳1万多只活老鼠，急速秘密运送东北供作细菌试验。一时鼠价涨到一元一只。

同年 日军强占湛山小学，部分学生被驱至村里民房上课，大部分学生停课。

1944年

8月1日 圣功女中改为市立第二女中。崇德中学改为市立第二中学。圣功小学改为市立第二女中附属小学，培基小学改为市立济宁路小学，培德小学改为市立观象路小学。

12月6日 盟军飞机空袭日军占领的青岛市区。

1945年

1月25日 在青岛汇泉体育场关押准备押解日本的280名劳工，集体举行大暴动。

2月17日 青岛汇泉体育场关押的1500名劳工举行越狱暴动。

9月13日 国民党青岛保安司令部进驻青岛，司令部设江苏路17号。青岛市政府于同日进入市区，接收日伪政权各行政机关，并恢复办公。

10月11—12日 美海军陆战队第六师司令谢勃尔率2.7万人，由关岛登陆青岛。登陆后分别驻今太平路、广西路、大学路、山东大学等处。

10月25日 侵略青岛日军投降仪式在原青岛汇泉跑马场举行。由国民党军政部胶济区特派员陈宝仓中将和美国海军陆战队第六师司令谢勃尔少将作为联合国一方，主持受降典礼。

12月16日 文德女子中学教师费筱芝在湖南路贴标语时被青岛保安队巡逻兵枪杀，酿成“费筱芝事件”。

1946年

1月14日 中国农民银行青岛分行开业，行址在河北路23号。

2月8日 山东无线电业行广播电台建立，系民办，台址在观海二路68号。

3月25日 驻青岛美国海军陆战队在湛山寺地区实施堡垒攻击演习，乡民大受惊扰。

4月22日 中国工矿银行青岛分行开业，行址在河南路15号。

5月13日 美国海军第七舰队航空母舰2艘、巡洋舰3艘、驱逐舰8艘驶泊青岛，下午4时在栈桥登陆。

5月21日 山东省银行青岛分行在天津路17号正式开业。

7月 汇泉国民小学建校，校址在今文登路4号，为文登路小学前身。

10月25日 国立山东大学举行复校后的第一次开学典礼。

10月 国立山东大学医学院复建，来自全国各地的60名学生入学。

12月28日 国立山东大学举行复校纪念大会。

同年 全市按保甲区划分为市南、市北、台东、台西、浮山等12区，各区设区公所，直隶于市民政局。市南区区公所设于太平路，台西区区公所设于东平路，浮山区区公所设于浮山所。

1947年

2月21日 黄海水产股份有限公司成立大会在青岛市政礼堂举行，总公司位于菏泽路38号。

3月6日 比利时驻青岛领事馆设立，馆址在太平角一路21号。

3月30日 美国水兵在第一大旅社门前行凶杀害人力车夫苏明诚，激发全市反美学生运动，激起全国学生抗议美军在华暴行。

6月2日 山东大学学生举行“六二”反饥饿、反内战示威游行，在鱼山路、大学路口遭国民党军警镇压。

8月 建于太平路的抗战胜利纪念碑完工。

10月16日 蒋介石飞抵青岛考察，下榻正阳关路别墅。

1948年

4月24日 美军士兵在太平路天后宫门前

打死摊贩李作同，引起社会公愤。

7月6日 辖区遭台风袭击，风力9级，风速每秒23米，贵州路、团岛二路一带房屋被毁300余户。

11月4日 奥地利派驻青岛代表办理其侨民事务，办公地址在中山路81号。

11月20日 江宁路劈柴院发生大火，受灾70余户。

11月21日 团岛飞机场美军弹药库发生爆炸，中美军人伤亡50余人，水上飞机3架被炸毁。

同年 "万香斋"酱肉店开业，店址在黄岛路74号。

同年 因货币急剧贬值，区内华资保险机构膨胀至40余家，为20世纪50年代前青岛保险业最盛时期。

1949年

3月30日 山东大学学生举行示威游行，反对水产系南迁。

5月23日 驻青岛美军司令部降下星条旗，从青岛湾海域撤离青岛。

5月25日 青岛市军事管制委员会公布市内各区军政委员会组成人员名单。李光远为市南分区委员会书记。

6月2日 青岛解放，中共市南分区委进入市内办公。

同日 建立青岛市市南区人民政府，张蕴珊任区长。同年12月改为青岛市人民政府市南区区公所，为市政府的派出机构，牟志仁任区长。

同日 青岛人民广播电台建立，台址在朝城路7号。

6月 青岛市人民政府对区划区界做出调整，划分市南区界为：南起太平路、东南至汇泉路；东自湛山五路，东北至登州路南端；西北至济南路；西起泰安路、西南至费县路至朝城路转角，东向至贵州路、太平路。

7月20日 中共青岛市委公布新的市南分区委员会名单，牟志仁为市南分区委员会书记。

7月25日 牟志仁任区人民政府区长。

8月6日 青岛商品交易所成立，址在大沽路原青岛物品证券交易所大楼。

9月 私立青岛美术专科学校成立，设绘画科和先修班，校址在观海一路29号。1952年并入山东师范学院。

中华人民共和国

1949年

10月2日 全市22万人在汇泉广场举行庆祝中华人民共和国成立大会。

10月24日 济南铁路管理局青岛分局成立，位于朝城路。

10月28日 市政府宣布收回美国驻青岛领事馆侵占的兰山路6号等5处位于市南区的房产及其他财产。

11月1日 中国人民银行青岛市分行建立，行址在河南路。

11月25日 青岛市文化古物管理委员会成立，址在大学路7号。

12月1日 青岛日报社成立，社址在太平路33号。10日发行创刊号。

12月9—12日 青岛市第一届体育大会在汇泉体育场举行。

12月 新华社青岛分社成立，社址在青岛日报社内。次年春迁至湖北路5号。

1950年

4月1日 新华信托储蓄银行青岛分行建立，行址在肥城路。

4月 山东省土产进出口公司在青岛建立，位于保定路18号。

5月1日 青岛市第一家国营百货公司——中国百货公司青岛分公司在中山路51号原德士古大楼开业。1967年更名为青岛百货商店。

5月 青岛市合作社联合社成立，社址在河南路27号。

6月 海军青岛基地筹委会在青岛组建海军医院，址在浮山所原国民党海军医院旧址，即后之海军401医院前身。

7月1日 中华全国总工会青岛休养所成立，院址在芝泉路17号，为全国工会系统最早的一座综合性疗养所。

7月 中国新民主主义青年团市南区总支部委员会成立。同年10月改称中国新民主主义青年团市南区工作委员会。

8月24日 海军快艇学校在青岛成立，主要培训鱼雷艇长以上指挥干部等，校址在莱阳路8号。

8月 青岛疗养院建立，院址在正阳关路16号。

9月1日 全市首届游泳比赛大会在汇泉海水浴场举行。

9月9日 海军青岛基地正式成立，机关驻广西路1号。

10月 市南区抗美援朝分会成立，开展全区群众性“抗美援朝，保家卫国”运动。

11月 市南区民主妇女联合会委员会成立。

同年 拆除日本第一次侵占青岛时期建于中山公园内的“忠魂碑”。

同年 为纪念鲁迅先生，海滨公园更名为“鲁迅公园”。

1951年

1月28日 中国人民抗美援朝总会青岛分会成立，会址在中山路1号。

1月 全区各界群众开展抗美援朝慰问捐献活动。同年6月再次掀起“推行爱国公约，捐献飞机大炮，支援抗美援朝”热潮。

4月 市南区召开群众大会，揭露、控诉反革命分子的罪行，全区“镇压反革命”运动形成高潮。

同月 青岛气象台正式制作24小时天气预报。

5月 由山东大学创办的综合性学术刊物《文史哲》杂志正式创刊。

7月 市南区公所改称市南区人民政府，区长牟志仁。

8月3日 朱德到青岛考察，下榻山海关路9号。

8月16日 青岛市区实施区划调整，市南区为机关、学校、住宅区。

8月 中共青岛市市南分区委员会改为中共青岛市市南区委员会，书记牟志仁。

12月8日 中国人民志愿军事迹图片展在前海栈桥回澜阁开幕。

12月13—15日 市南区第一届各界人民代表会议第一次会议召开，牟志仁当选为区长，选举23人组成的区协商委员会。

12月 福柏医院改称青岛市人民医院。

同年 市南区恢复青岛路南段、中段游园和花坛共9324平方米，栈桥左右两侧游园共20000平方米。

1952年

3月6日 21时，一架美国军用飞机侵入青岛东郊浮山所地区上空，撒布带菌昆虫。

3月7日 浮山所一带村民、学校师生戴着自制的口罩，拿着自制竹镊子到海边、田野捕捉美机撒布的带菌昆虫，集中焚毁。

3月15日 中国纺织工人疗养院在湛流干路（今香港中路）2号动工兴建。

同日 20点15分，美国飞机5架侵入青岛上空，在包括市南区的青岛上空撒布大量带有伤寒、痢疾、白喉及炭疽病病毒的苍蝇、蜘蛛、跳蚤、土蜂、虱子和各色鸡毛等。

3月23日 全市10万人在汇泉广场举行集会游行，声讨美国发动细菌战。

3月28日 18时45分，美国军用飞机侵入浮山一带、崂西地区撒布带有伤寒、痢疾、白喉及炭疽病等病菌昆虫。

6月 王鸿典任区人民政府区长。

7月6日 中共市南区委组建工商联市南区办事处筹委会，成立各种行业公会21个。

8月19日 京剧艺术大师梅兰芳率“梅兰芳京剧团”在位于平度路的永安戏院演出。

9月16日 首都人民英雄纪念碑碑体石料在浮山开始毛坯开采和粗加工。翌年10月6日首都人民英雄纪念碑碑体从青岛火车站启运。13日运抵北京。

9月 青岛市成立劳动就业委员会。各区设登记处，由区长任处长，民政、劳动、公安、工会、共青团、妇联、工商联等部门派员参加。

10月5日 青岛前海栈桥翻修工程开工，翌年1月竣工。

10月 区政府进行全面劳动就业登记。登记对象为失业工人、独立劳动者、航商摊贩、资方代理人、破产的小工商业主、有求职要求的旧军官、旧官吏和家庭妇女等，由劳动部门根据生产需要按计划介绍就业。

11月11日 根据山东省教育厅关于私立学校一律由国家接办的指示，区内私立圣功中学改为青岛第七中学，私立青年中学改为青岛第十二中学。

11月 山东大学工农速成中学成立。招收优秀工人和革命干部入学。

12月23—25日 市南区第二届各界人民代表会议第一次会议召开，王鸿典当选为区长，选举产生政府委员会委员15名。

12月 首届中国新民主主义青年团青岛市市南区代表大会召开，选举产生青年团市南区委员会。

1953年

4月 市南区在11个公安派出所警区基础上，通过召开街道居民代表大会，建立12个居民委员会。10月，根据市政府要求，将居民委员会改为自治性群众组织。

6月30日 全国第一次人口普查。市南区43748户、211315人。

7月22日 第三届省运会在汇泉体育场举行。

7月 全国范围内的基层人民代表大会代表选举拉开帷幕。翌年5月结束。

8月1日 人民海军首届文艺体育检阅大会在汇泉体育场举行。

8月20日 海军潜水艇学校（第四海军学校）在青岛成立，为海军潜艇学院前身，位于今山东路南端。

8月 开始使用全国和山东省通用粮票。

9月15日 实行棉布统购统销，凭票供应棉布。

同日 市南区工商业联合会成立，并召开第一届会员代表大会。

9月 实行行业用粮油计划供应。

11月4日 发放居民购粮卡片，实行凭卡购粮。是月起，实行粮食计划收购和计划供应。

同年 青岛航海俱乐部建立，地址在南海路，隶属中央国防体育协会。

同年 海军北海舰队子女小学建立，为青岛嘉峪关学校前身。

同年 重建天桥、费县路、文登路坡等游园绿地共2089平方米；在八大关风景区内建起4处较大的公共绿地：亭子公园、飞机公园、504公园、504三角地。

同年 全区农业、手工业和资本主义工商业社会主义改造开始。1956年结束。

1954年

3月28—30日 中共市南区第一次代表大会召开，牟志仁当选为区委书记。

4月11—13日 市南区第一届人民代表大会第一次会议召开，王鸿典当选为区长。

4月29日 青岛湛山工人疗养院竣工。

5月 《大众日报》青岛记者站成立，位于湖北路5号。

6月17日 居民食用油实行凭票计划供应。

夏 自大窑沟至浮山所的6路公交车改用捷克产的"依卡路斯30型"柴油"平头"客车，车型漂亮，噪音轻，是当时青岛最好的客车。

7月3日 原浮山区的麦岛乡、浮西乡、浮亢乡及三合乡之田家村划归市南区领导。三合乡之错埠岭划归四方区领导。

10月 中国人民解放军总参谋部测绘局在青岛观象山设水准原点。

12月 市南区按照市政府建立街道办事处的指示，组建9个街道办事处。

同年 全区私人手工业全部实现合作化。共成立合作社12个、生产组20个。

同年 田家村石匠田祥琳、田桐平、田梅平、刘国柱等被选派北京参与人民英雄纪念碑建设工程。

同年 中国人民解放军空军疗养院在湛山村西北兴建。

1955年

1月 经市委组织部批准，各街道办事处先后建立党支部。

2月24日 市人民法院在永安大戏院召开审判大会，公审青岛东昌等3户营造厂骗取国家资财案。

3月 区政府设立手工业管理科，加强对全区1051家个体手工业户的生产指导管理。

同月 全区农村统一实行粮食统购统销"三定"，即定产、定购、定销，三年不变。

4月15日 青岛公交6路线（当时由大窑沟—浮山所）被命名为"青岛服务线"。后被命名为"全国青年文明号"线路。

6月26日 市首届工人体育运动大会在汇泉体育场举行。

6月 根据第一届全国人民代表大会通过的《地方各级人民代表大会和地方各级人民委员会组织法》的规定，市南区人民政府改称为市南区人民委员会。王鸿典任区人民委员会区长。

8月20日 市南区人民法院成立。地址设在广西路56号。

8月 青岛市在汇泉湾举行首届航海模型竞赛。

9月 全区居民按9个类别实行粮食定量供应。

同年 开展肃清暗藏的反革命分子（简称"肃反"）运动。至1959年10月结束。

同年 青岛工人疗养院建立，院址在芝泉路17号，隶属中华全国总工会。

1956年

1月 市南区44个行业855户私营企业全部实现公私合营。

3月5日 浮山办事处被撤销，其所辖的浮西、麦岛两乡划归崂山郊区。浮亢乡建制一并被撤销，设立浮山所街道办事处。

3月27—29日 中共市南区第二次代表大会召开，牟志仁当选为区委书记。

7月9日 市南区人民检察院成立，地址在湖南路31号。

7月12日 著名音乐家、中央音乐学院院长马思聪在中山路中国影剧院举行小提琴演奏会，钢琴伴奏是他的夫人王嘉理。

8月12日 全国首届少年体育运动大会在汇泉体育场举行。

8月21日 1956年全国航海运动会在第一海水浴场开幕。

9月5日 暴雨成灾，风力8～9级，突破青岛市58年来最高纪录。

11月30日至12月3日 区第二届人民代表大会第一次会议召开，王鸿典当选为区人民委员会区长。

同年 中国国民党革命委员会（简称民革）市南区社会支部组建。

同年 全市实行分级划区医疗，确定青医附院、市立医院为全市中心医院。

1957年

5月6日 青岛市制定初步规划方案，规划市南区西以荣成路为界，北至延安路延长线，东至燕儿岛，沿海一带形成疗养区。

5月23日 崂山郊区浮西乡所属丁家庄、辛家庄、大尧、逍遥4个村划归市南区。

7月12日 中共中央主席毛泽东乘专机从南京抵达青岛，下榻青岛迎宾馆。次日会见空军司令员刘亚楼。16日，毛泽东在青岛第二海水浴场游泳。17—21日，毛泽东主持召开中共中央政治局常委和政治局扩大会议。24日之前的几次会议在第二海水浴场小凉亭举行。26日，毛泽东在迎宾馆主持召开山东、浙江、辽宁、黑龙江、吉林、安徽、江苏等省委书记会议。27日，毛泽东在迎宾馆继续主持召开部分省委、市委第一书记会议。28—29日，毛泽东在迎宾馆继续主持召开部分省、市委书记会议。30日，毛泽东起草完成《一九五七年夏季的形势》第10稿。8月1日，毛泽东在肖劲光、刘亚楼陪同下游览市容。2日，毛泽东在市政协会议厅接见缅甸国会访华代表团，周恩来参加接见。5日，毛泽东在第一体育场接见出席全国民族工作座谈会代表、驻青部队少校以上军官、青岛市党政机关科级以上干部，并分别合影留念。11日，毛泽东乘专机离开青岛回京。

8月4日 国务院总理周恩来受毛泽东的委托，检阅驻青岛海军舰艇部队和航空部队。

同日 全国民族工作座谈会在青岛召开。

8月7日 周恩来在广州路3号的青岛电业局礼堂观看四川女子排球队的比赛。

秋 在田家村成立以柳腔为主要剧种的市南区青少年业余剧团。

11月25日 市南区第三钟表合作社试制成功3针17钻手表，定名为“青岛牌”。此为山东省手表工业的开端。

11月 中国海洋湖沼学会主办的《海洋与湖沼》在青岛创刊，编辑部设在南海路。

12月 开展群众性争创“五洁四无”（五洁：室内、室外、街道、厕所、厨房洁；四无：无鼠、无雀、无蚊、无蝇）卫生城市的爱国卫生运动。至1958年9月止。

同年 根据中共中央《关于整风运动的指示》，全区开展以正确处理人民内部矛盾为主题，以反对官僚主义、宗派主义和主观主义为内容的整风运动。

同年 青岛第二十五中学建校，校址位于今江西路70号。

同年 建成贵州路填海公园，面积2万平方米。

同年 青岛第二十四中学建校，校址位于云南路287号。

1958年

4月27日 市南区居民与全市人民一起围歼麻雀。

5月17—20日 市南区第三届人民代表大会第一次会议召开，王鸿典当选为区人民委员会区长。

8月1日 全国航海多项运动竞赛大会在青岛汇泉湾举行，15个省、市的300名运动员参赛。

8月 根据省委“为完成1958年钢铁生产计划而战”的指示，全区掀起全民大炼钢铁的高潮，家家户户捐献铁器、铁件，土法炼铁炉、小高炉遍布工厂、街道、学校。

同月 青岛莘县路小学建校。

9月14日 市南区东风人民公社成立。1959年1月更名为浮山人民公社。

11月 市南区人民武装部成立。

同月 撤销龙江路、四方路、湛山大路、浮山所街道办事处。

同年 根据省委决定，山东大学迁往济南。

同年 遵照中央“全党全民办工业”的指

示，全区掀起大办街道工业的高潮。办起服装、鞋帽、编织、纺绳、文具、五金、木器、食品等143个民办工业生产组。

同年 贯彻全民办交通的方针，组织全区居民参加突击运输，共出动18万人次，组织运输连、排、班、组，完成运输总量29.7万吨，运程120万千米。

1959年

1月 市环境卫生队下放驻在区管理，市南区环境卫生队成立。

4月6日 留在青岛的海洋、水产、地质3系正式从山东大学分出，成立山东海洋学院。校址在鱼山路5号。次年被确定为全国13所重点综合大学之一。

5月上旬 青岛市太平路礼堂（市人民会堂）动工兴建，原清朝总兵衙门被拆除。翌年5月30日竣工，占地总面积15000平方米。

10月23—25日 政协市南区第一届委员会第一次会议召开，牟志仁当选为区政协主席。

同年 市南区湛山公园定名。

1960年

1月9日 中共青岛市委决定：蔡宪任中共市南区委书记。

2月4日 青岛休养区建设工程工作委员会成立，办公地点在汇泉路20号。

4月4日 徐振哲任区人民委员会区长。

4月6日 浮山人民公社由基本队有制过渡到基本社有制试点工作结束，成为全省两处实行一级核算的人民公社之一。

4月 蔡宪任区政协主席。

5月30日 中共中央决定，以海军青岛基地为基础组建海军北海舰队。8月1日，北海舰队正式成立。

同年 《青岛市城市总体规划》编制完成。该规划将人民广场（即汇泉广场）以东、延安路延长线以南，大麦岛以西划为疗养区，规划人口5万~6万人。

同年 海洋水文气象台在伏龙山修建，为青岛气象台之前身。

同年 青岛水族馆辟建700平方米的露天海豹池，成为青岛海滨一大景观。

同年 莱芜一路小学建校。

1961年

1月9日 由青岛火车站到台东的第一条无轨电车线路建成通车。

1月 居民每人每月粮食定量水平普遍下调，开始实行“低标准，瓜菜代”。

同月 区委决定，对部分工业、企业实行关、停、并、转，街道工业由42个厂改组为36个厂，全区精减职工2046人，减少城镇人口3677人。

4月17—19日 市南区第四届人民代表大会第一次会议召开，徐振哲当选为区人民委员会区长。

5月 居民开始使用糕点票，分1两、2两、5两三种。

同月 成立市南区公社工业局。年内实施社办工业整顿。

7月 只限青岛市区使用的食用油油票开始向居民发放，分0.5两、1两、0.5市斤、1市斤四种。

9月7日 突降暴雨。市区达到201.7毫米。暴雨来势猛、雨量大，造成严重灾害。人民解放军驻军奋力营救、转移受淹市民。

9月18日 社会主义国家友军航海多项竞赛在青岛汇泉湾举行，欧亚9个社会主义国家友军参赛。

同年 区街道手工业突出日用小商品生产，产品品种达121种，其中日用小商品达65种，占全部产品的53%以上。

1962年

3月 中共青岛市委决定：刘俭朴任中共

市南区委负责人。

6月4日 周恩来考察驻青岛的海军北海舰队，检阅鞍山舰并为全体官兵题词。

9月 撤销市南区公社工业局，改设市南区手工业联合社，对全区手工业统一管理。

同年 区委甄别工作领导小组，对1957年整风和反右派斗争以来的一系列政治运动中受到错误批判和处理的党员、干部共236起案件进行甄别平反。

同年 区内知识青年开始上山下乡。

1963年

2月27日 台西区行政建制被撤销，其所属云南路、郓城北路、单县路、台西三路、南村路5个街道办事处辖区划归市南区管辖。

3月18日 中共青岛市委决定：王建平任中共市南区委书记。

同日 任命刘宝江为区人民委员会区长，但未到职。

7月5日 原属市南区的浮山人民公社划归崂山县领导，其居民生活供应、社会治安、文教卫生工作仍归市南区委领导，所属人口为城市农业人口。

8月10—14日 全国少年田径运动会在青岛第一体育场举行。

9月8—12日 政协市南区第二届委员会第一次会议召开，选举王建平为区政协主席。

9月9—12日 市南区第五届人民代表大会第一次会议召开，选举刘华为区人民委员会区长。

12月1日 市南区少年宫成立，位于湖南路31号。1967年迁到太平路19号。

同年 青岛十大景观评选揭晓。市南区域有7个景观入选，即：飞阁回澜、琴屿飘灯、汇滨垂钓、会崎松月、燕岛秋潮、湛山清梵、穹台窥象。

同年 中共青岛市委、市政府决定拆除四川路西广场棚户区，投资兴建7座5～7层新楼房，正式启动四川路西广场棚户区改造工程。

同年 居民生活用煤实行按人口定量供应。

同年 市南区计划生育委员会成立。

1964年

5月27—30日 市南区在永安大戏院召开“全区各界人民上山下乡动员大会”，各界代表、社会人士、区机关和街道干部1600余人与会。

6月30日 全国第二次人口普查。市南区48453户、227812人。

6月 为方便学校师生及周边村民出行，区政府在青岛第二十五中学东西两端河道上建桥两座，为东桥、西桥。

7月 浮山所街道办事处重新建立。

8月2—16日 全国少年足球赛在青岛第一体育场举办。北京、上海、天津等20个城市参赛。

12月1—3日 市南区第五届人民代表第三次会议召开，补选鞠维信为区人民委员会区长。

同年 全市组织动员城市知识青年和闲散劳动力下乡插队在市南区先行试点，全年组织动员1600名知识青年下乡。

1965年

1月18日 社会主义教育运动（简称“四清”运动）在全区展开。

3月1日 市财政投资283659元，改造西广场棚户区工程开工。同年9月26日，棚户区改造工程4号楼率先竣工，命名为 “幸福楼”，解决了280户居民的住房。翌年10月，2号楼、3号楼竣工。1967—1968年，又相继建成1、5、6、7号楼，棚户区改造全部完成，总建筑面积17678平方米。

6月 区内组织动员知识青年到甘肃生产建设兵团第11师参加军垦建设。

10月8日 区内首批到青海生产建设兵团

第12师参加军垦建设的800名知识青年启程。

12月 中共青岛市委决定：鞠维信任中共市南区委书记。

同月 张作典任区人民委员会区长。

同月 鞠维信任区政协主席。

同年 位于第一海水浴场外侧的航海运动训练场始建。

同年 国家海洋局北海分局建立，办公地点在湛山大路2号。

同年 位于大学路7号的青岛市博物馆对外开放。

同年 浮山人民公社果品种植扩展到湛山、浮山所、田家村、辛家庄、逍遥村、大尧村6个生产大队，果树总种植面积502亩，总株数15877株。

1966年

3月16—20日 政协市南区第三届委员会第一次会议召开，选举鞠维信为区政协主席。

3月17—20日 市南区第六届人民代表大会一次会议召开。选举张作典为区人民委员会区长。

4月1—22日 区内4批到青海生产建设兵团第12师参加军垦建设的知识青年启程。

6月 受“文化大革命”运动影响，区内各级各类学校相继停课“闹革命”，教育秩序陷入混乱。

8月25日 青岛医学院等单位“造反派”聚集前海一带进行“大辩论”，引发全国20余所院校1000余名学生到青岛声援，时称“八二五”事件。

8月下旬 天后宫内神像被毁，双层飞檐的琉璃瓦被以普通民宅灰瓦替代，钟楼、鼓楼也被拆毁。

8月 大中学校红卫兵和部分工厂、企业、机关团体干部、职工组织宣传队、战斗队走向社会“破四旧”（旧思想、旧文化、旧风俗、旧习惯）“立四新”（新思想、新文化、新风俗、新习惯）；更改一些路名、厂名、店名；清查、销毁一些书画、文物、工艺品；焚烧、砸毁大量宗教文物、经卷及设施，关闭宗教场所。

9月8日 全市37个大中学校的157名红卫兵代表在人民会堂开会，决定成立青岛市红卫兵联络服务站，办公地址设在市南区少年宫（原太平路天后宫）。

9月 青岛大中学校红卫兵联络总部支持师生“罢学校领导的官”，区内中等学校陷于混乱和瘫痪。

9月 全国性的大串连活动波及青岛，区内大批大中学生去外地串联。

同年 为响应毛泽东提出的“备战备荒为人民”号召，区内部分单位挖建防空掩体。

1967年

1月1日 区内公私合营企业改为国营企业。

1月22日 “青岛东方红”等23个群众造反组织在汇泉广场举行夺权大会。

2月6日 市南区15个群众造反组织联合夺了市南区委、区人委的权，宣布成立“青岛市南东方红公社”。3月15日改称“青岛市市南区革命委员会”。

2月 太平路、莱阳路、文登路合称东方红路，中山路改称为反修路。中山路街道办事处、文登路办事处分别改称反修路管区、东方红路管区。1972年9月恢复原称。

7月16日 青岛市“庆祝毛主席畅游长江一周年”大会在东方红游泳场（汇泉海水浴场）召开，会后举行两万余人横渡汇泉湾游泳活动。

10月 “复课闹革命”在区内掀起高潮，90%以上的中等学校和全部小学复课。

同年 青岛第四十八中学建校，校址在菏泽四路4号。

1968年

9月 经市革命委员会审查，并报省革命委员会批准，正式建立青岛市市南区革命委员会，主任徐振哲。

11月13—14日 市南区先后召开欢送知识青年上山下乡大会，共有1000多名知识青年分别到高密、诸城、平度、临朐等地安家落户。

1969年

11月14日 青岛市人民武装部与某守备部队组建青岛警备区，市南区人民武装部归属统辖。

同年 位于泰安路与云南路之间的“泰云桥”拆除。翌年5月，在原址建成青岛首座大型双曲钢筋混凝土大桥，命名为“跃进桥”。该桥于1991年拆除，后在原址建一条地下通道。

同年 台西渔业生产合作社并入青岛市第二海水养殖场，社员改为养殖场工人。

同年 原青岛市二轻局所属16个手工业合作工厂和3个国营工厂下放市南区公社工业管理局管理。

1970年

2月13日 中共青岛市市南区革命委员会核心领导小组成立，组长毛文义（军代表）。

3月 毛文义（军代表）任区革命委员会主任。

4月30日 云南路的跃进桥由木质结构改建为钢筋水泥结构。

4月 区内开展“一打三反”（打击反革命分子破坏活动、反对贪污盗窃、反对投机倒把、反对铺张浪费）运动。至1972年基本结束。

5月6日 各街道管区开始恢复中共党组织，建立管区革委会党的领导小组。

5月 市南区革命委员会核心领导小组成立教育小组、工业小组、商业小组3个党的领导小组。

7月16日 为纪念毛主席“七·一六”畅游长江四周年，全市举行横渡汇泉湾大型活动，2万多名军民参加。

8月 国务院批准，交通部红星船舶修造厂（1977年改名为交通部北海船厂）在燕儿岛建设新厂。

9月17日 国家田径队在第一体育场举行表演赛，赛事吸引众多市民，部分市民入场时发生挤压，致37人死亡，135人受伤。

11月 浮山公社投资360万元，组织各生产大队社员到莱阳路、大学路、南海路等区域铺设地下污水管道，将生活污水、工业污水灌溉农田。1973年因污水污染严重而停用。

同年 3月至12月，区内第三次组织动员知识青年分4批到山东建设兵团和内蒙古生产建设兵团参加军垦建设。

1971年

5—7月 区革委核心领导小组决定，各管区恢复党支部委员会或总支部委员会。

9月 按照青岛市统一标准，区内调整非农业人口粮食定量，人均比调整前增加2.16斤。

同年 水产部海洋水产研究所与山东省海水养殖研究所合并成立青岛海洋水产研究所，所址在南京路106号。1982年改称中国海洋水产研究院黄海水产研究所。

1972年

1月7日 市南区郓城北路服务站缝纫门市部及红卫橡胶厂家属服务组，在全市街道工业会议上作经验介绍。

5月 陈惠民（军代表）任中共青岛市市南区革命委员会核心领导小组组长。

同月 陈惠民（军代表）任区革命委员会主任。

8月13—19日 柬埔寨王国国家元首诺罗顿·西哈努克亲王到青岛访问，游览青岛湾、汇泉湾、八大关景区。

1973年

12月 阎同科任中共青岛市市南区革命委员会核心领导小组组长。

同月 阎同科任区革命委员会主任。

同年 区内进行第二次文物普查，对区内的德国建筑群、八大关建筑群进行重点调查。

同年 在全国足球分区赛的推动下，区内企业、中小学兴起足球热。

同年 区内农村养猪业出现波动，生猪存栏减少至1600头，造成全区种植业肥源短缺。浮山人民公社提出养猪积肥5年规划目标，要求各生产大队、生产小队大力推广集体养猪。

1974年

1月 田家村有高超石材工艺技术的石匠田公佐、田公宽、田祥琳、戴以恩参与青岛中山公园喷泉工程建设，所雕“戏水儿童”为公园著名景观。

8月9日 美国议员访华团到青岛访问，游览栈桥、鲁迅公园、水族馆等景点。

1975年

5月 全区整顿工作全面展开，对全区32个工商企业、35个教育卫生单位和12个街道办事处领导班子进行排查，加强思想建设和组织建设。

6月 修国任中共青岛市市南区革命委员会核心领导小组组长。

同月 修国任区革命委员会主任。

9月 恢复市南区人民法院。

11月10—13日 中共市南区第三次代表大会召开，选举修国为区委书记。

同年 全区“一打三反”落实政策工作完成，为“文化大革命” 中被打倒、被冲击的老干部、老教师、老工人恢复名誉，落实政策。

同年 区内商业核算店、门市部开设昼夜服务部、半通宵服务部、班前班后服务部，推出流动服务车，实行拆整卖零零售服务，受到群众欢迎。

1976年

7月 唐山大地震波及青岛。区革委要求居民搭建防震棚。

同月 区委设立知识青年上山下乡办公室。1981年2月改为区政府知识青年办公室。

10月22日 全市30万军民在汇泉广场举行集会和游行，庆祝粉碎江青反革命集团。

10月 区革命委员会换届，修国任主任。

同年 青岛海运学校成立，校址在今江西路84号。1981年改为青岛远洋船员学院。

1977年

5月 成立市南区人民政府环境保护工作办公室。

9月 位于太平山西南麓的青岛动物园正式定名，建筑面积16840平方米，园内各种动物馆舍依山而建，造型别致，分为园前区、鸣禽区、猛兽区、灵长区、食草区、中型动物区、小型动物区和两栖动物区等展区。

1978年

2月 全区党组织整党整风工作在第二制线厂和青岛拉链厂进行试点。5月初开始，分3批在全区铺开。

5月19—22日 市南区第八届人民代表大会第一次会议召开，修国当选区革命委员会主任。

5月28日 全市科学大会在人民会堂召开。共有代表1347人。

8月10日 首届“青岛之夏”音乐会举行。

8月 恢复市南区人民检察院。

10月 区委成立落实干部政策领导小组，按照中央落实干部政策的规定，对“文化大革命”中及“文化大革命”前立案审查的224起案件，全面进行复议，对其中的204起冤假错案全部纠正。

11月 区委成立“贯彻中央关于全部摘掉右派分子帽子决定的实施方案”领导小组，对1957年错划的203名“右派分子”，除1962年甄别摘帽的51名和随单位上交市有关部门处理的71名外，对剩余的81名不留尾巴地予以平反改正。

12月 撤销各管区革命委员会，恢复街道办事处的名称。

1979年

5月 恢复市南区委纪律检查委员会。

6月21日 青岛市台西医院报告解放后首例霍乱病人，该病人系食Eitor弧菌污染的毛蚶所致。

7月26—31日 中共中央副主席邓小平到青岛考察。28日，邓小平组织召开省、市委书记会议。29日，考察海军青岛团岛基地，在汇泉路7号东海饭店接见参加海军常委扩大会议全体人员，并发表《思想政治路线的实现要靠组织路线来保证》的重要讲话。

同年 在全市民兵军事训练比武竞赛中，市南区取得总分第1名，在14项比赛中荣获6个第1名。

1980年

3月20日 中国农业银行青岛市中心支行在龙口路成立。1984年改称中国农业银行青岛市分行。

9月11—14日 中共市南区第四次代表大会召开，选举修国为区委书记。

11月17日 成立市南区司法局，办公地点设在观海一路26号。

1981年

1月22—28日 政协市南区第四届委员会第一次会议召开，选举曲鸣皋为区政协主席。

1月24—27日 市南区第九届人民代表大会第一次会议召开，选举产生第九届区人民政府，撤销市南区革命委员会；选举修国为区人大常委会主任，王振杲为区人民政府区长。

4月 全区知识青年上山下乡工作结束。

同月 市南区公证处建立，地址在观海一路26号。

同月 经市南区浮山人民公社第七届人代会通过，撤销公社革委会，选举产生公社管理委员会。

5月 区委决定建立市南区第九届人大常委会党组。修国任党组书记。

同月 区委决定恢复中共市南区人民政府党组。王振杲任党组书记。

6月 青岛市革命烈士纪念馆落成，位于芝泉路20号。该馆建筑面积4878平方米，是山东省四大烈士陵馆之一。

7月22日 市南区个体劳动者联合会成立。

9月1—2日 受14号台风影响，涌浪造成海水倒灌、波浪冲击和海潮淹没灾害，市南区前海一带的浴场、更衣室及马路被冲毁。

10月15日 位于龙山路的“龙山宾馆”一期工程建成并投入使用。翌年8月，二期工程投入使用。

1982年

4月1日 市区东部新辟南北交通干线——山东路破土动工。

5月 政协市南区党组建立。曲鸣皋任党组书记。

7月1日 全国第三次人口普查。市南区67749户、261922人。

7月5日 青岛国际男子曲棍球邀请赛在第一体育场开幕。

8月17日 市政府公布市区新命名的道路25条和更名的6条道路。辖区内新命名的有江西路、台湾路、宁夏路、山东路、南京路、团道路等11条道路，更名的有红岛路（原名阴岛路）。

9月23日 汇泉湾畔的山东省对外贸易中心举行落成典礼并举办首届山东省出口商品洽谈会。

11月1日 辖区内浮山所、湛山、亢家庄、辛家庄、田家村、大尧、逍遥7个生产大队的农业户口转为非农业户口。

12月31日 青岛市政府公布，位于市南区的天后宫、湛山寺为青岛市第一批重点文物保护单位。

同年 青岛南京路小学建校。

1983年

3月19日 在市人民会堂举行世界最大环球旅游船“伊丽莎白女王二世”号首航青岛欢迎仪式。

3月31日 闻一多纪念碑在山东海洋学院“一多楼”前落成。

3月 观象山辟为山头公园，成为青岛市对青少年进行科普活动的重要教育基地。

同月 全区开展“五讲四美三热爱”（五讲：讲文明、讲礼貌、讲卫生、讲秩序、讲道德；四美：心灵美、语言美、行为美、环境美；三热爱：热爱祖国、热爱社会主义、热爱党）活动。

5月18日 汇泉湾畔的黄海饭店竣工正式开业。该饭店高64.2米，21层，为当时青岛市最高建筑。

6月19—25日 第十一届国际海藻学术讨论会在青岛八大关礼堂举行。

8月 市南区浮山人民公社篮球队获山东省农民丰收杯篮球比赛冠军。

同月 青岛三江学校建校，校址在观象二路15号。该校是青岛市第一所省级规范化特殊教育学校，其前身是定陶路小学附设弱智儿童辅读班。

同月 青岛镇江路小学建校，校址在泰州一路1号。

1984年

1月 中共青岛市市南区委纪律检查委员会改称中共青岛市市南区纪律检查委员会。

3月12日 根据市政府《关于封山植树建园的通告》，区内的观海山、观象山、信号山封山3年建成公园。

同日 由青岛火车站至四方长途站、栈桥至台东、栈桥至中山公园的3条小公共线路通车。

6月26日 青岛第一海水浴场重建工程竣工并达到优秀工程标准。

7月 中共青岛市委决定：曹登宝任中共市南区委书记。

8月3—9日 政协市南区第五届委员会第一次会议召开，选举曲鸣皋为区政协主席。

8月6—8日 市南区第十届人民代表大会第一次会议召开，选举王振杲为区人大常委会主任，黄绍美为区人民政府区长。

9月14日 青岛市政府公布第二批重点文物保护单位。市南区内有：市迎宾馆、花石楼、市政府大楼、江苏路基督教堂、天主教堂、汇泉炮台遗址。

同日 经山东省人民政府批准，撤销浮山人民公社，新建辛家庄街道办事处和浮山街道办事处，将浮山所街道办事处更名为湛山街道办事处。

9月15日 市南区浮山人民公社篮球队代表山东省在江苏丹阳市获华东地区农民丰收杯篮球比赛第三名。

9月30日 八大关疗养区供应站自选商场正式开业，是青岛第一个超市。

9月 经市南区委研究并报请市委批准，撤销各街道办事处党总支部，建立党委。

同月 市南区科学技术协会成立。

同月 区政府劳动科改称区劳动局。

同月 区工业局改制为区工业公司，为行政事业性公司，对区属工业企业进行管理。

10月8—11日 中共市南区第五次代表大会召开，选举曹登宝为区委书记。

10月27日 栈桥至团岛改造工程开工。

10月 中国工商银行青岛市分行成立，行址位于曲阜路。

11月4日 栈桥大修工程开工。

12月 湛山寺修复工程开工。

同年 青岛金门路小学建校。

1985年

1月11日 北海舰队的5处营地从位于市南旅游区的团岛、小青岛、观象山、太平角等地迁出，改建游乐场或公园。

1月15日 青岛医学院附属医院建成全国首座人类精子库。

1月28日 青岛基隆路小学建校。

2月13日 原浮山人民公社湛山、亢家庄、浮山、田家村、大尧、逍遥、辛家庄7个生产大队分别更名为湛山、大信、浮山、裕丰、宏大、隆昌、永盛农工商公司。

3月23日 小鱼山公园建设工程竣工。

4月26日 青岛市首届花卉盆景展览在大学路市博物馆举行，5月31日结束。

4月 市南区归国华侨联合会成立，同时召开第一次归国华侨代表大会。

6月 四川路第一小学改建为市南区辅读学校，是独立全日制九年制弱智儿童学校。

8月19日 9号台风在青岛登陆，最大风力12级以上。19—20日连续降水达254毫米，狂风暴雨交加，海堤大段被毁，并造成人员伤亡。

9月19日 中国人民解放军手外科中心在海军401医院成立。

同日 龙山路的龙山地下商业街开业。

9月 中国人民建设银行青岛市分行建立，行址位于中山路。

10月 区工商联恢复工作。

同年 区属企业实行厂长（经理）任期目标制，推行厂长（经理）负责制。

同年 市南区干部职工业余学校（简称市南干校）更名为“青岛市市南区干部职工中等专业学校”，是一所以举办学历教育为主的成人中专学校。

1986年

4月1—4日 中共中央政治局委员、书记处书记、国务院副总理万里和书记处书记郝建秀考察青岛。在八大关礼堂听取“引黄济青”工作汇报；在山东海洋学院听取海洋科研项目汇报，并参观实验室和部分科研成果。

4月3日 全国最大的高压氧舱群在海军401医院投入使用。

5月 市南区在全市率先开展建设“基本无黑烟片”活动，推广型煤和新式炉具。

6月 市南区人民武装部改为地方建制，为副区级单位。

7月18日 《青岛市“门前三包”（包卫生、包秩序、包绿化）责任管理办法》正式公布，全区开始实行“门前三包责任制”。

7月底 马季、马志明、侯耀文、石富宽、李金斗、陈涌泉等相声名家应邀在市人民会堂庆祝“八一”文艺活动中献艺。

8月3日 青岛汇泉王朝大酒店开业。

10月 市南法院成立浮山人民法庭。是青岛市建立的第一个街道人民法庭。

11月5—11日 由美国海军太平洋舰队总司令莱昂斯率领的美国海军舰队访问青岛。其间游览海滨风景区。

11月10日 青岛电影电视基地在浮山所东开工，时为全国规模较大的电影电视摄制基地之一。

12月28日 青岛—黄岛海上轮渡通航（青岛端码头位于四川路），两地由陆域距离113千米，缩短为轮渡航程7.8千米。

同年 青岛宁夏路小学建校。

1987年

1月1—2日 降大雪，降雪量达18.3毫米，雪深200毫米，为近30年来罕见大雪。

1月12日 青岛出版社成立，社址位于中山路新华书店，同年10月迁至徐州路77号。

2月7日 上午8时30分，天空响起春雷。是56年来最早春雷记录。

2月15日 台西民众二院改造工程启动，7000多户居民开始动迁。

4月11—16日 政协市南区第六届委员会第一次会议召开，选举陈波为区政协主席。

4月12—16日 市南区第十一届人民代表大会第一次会议召开，选举王振杲为区人大常委会主任，黄绍美为区人民政府区长。

4月 全区开始颁发居民身份证。

5月19—23日 中共市南区第六次代表大会召开，选举曹登宝为区委书记。

5月22日 上午8时，汇泉湾出现“海磁”现象，持续1小时20分钟。

7月6日 福山支路5号的康有为故居对外开放。

7月17日 著名文学家王统照铜像揭幕仪式在山东海洋学院举行。

7月21—23日 市南区在全市首次试办劳务市场人才交流大会，是青岛市首家劳务市场。

8月2—17日 首届全国旅游产品展销会在对外贸易中心举行。

8月7日 万国经度测量纪念碑在青岛观象山公园落成，为中国天文学界第一座大型纪念碑。

8月15日 第六海水浴场改建工程完工。

同年 区人大常委会十一届二次会议作出决定，将六所农工商公司民办小学分别划归六所公办学校作为分校。

1988年

1月21日 山东海洋学院更名为青岛海洋大学。

2月12日 停业30年的交通银行青岛分行试营业。同日在黄海饭店举行试营业新闻发布会。

2月27日 位于中山路的老字号“盛锡福”帽厂实行公开招标个人承包，为市纺织服装行业第一个实行内部招标的国营企业。

3月1日 7种金融债券在工商银行市南营业厅首日上市，进行挂牌交易。这是自青岛解放以来全市首次开办证券交易业务。

6月6日 湛山寺巨型佛像开光暨明哲法师荣膺方丈升座典礼。全国政协副主席、中国佛教协会会长赵朴初及来自日本、中国香港等国家和地区的名僧、居士，国内佛教知名人士和诸山长老，省、市有关领导参加典礼。

7月4日 中日合作建设的中国第一座大型环形水槽（人工海洋）在中国科学院海洋研究所竣工。

7月10日 首届“青岛之夏”灯贸会在中山公园开幕。

12月28日 台西民众九院改造工程竣工。

12月 栈桥—团岛湾护岸工程获交通部优质工程奖。

同年 列为1988年全市十一件大事之一的“挪庄”改造工程完工，新建多层住宅楼16座，总建筑面积达7.04万平方米。

同年 区内计划生育工作实行目标管理责任制。

1989年

1月12日 青岛“十大优秀建筑”评选结果在市人民会堂揭晓。其中有9处在市南区，即市政府办公大楼、天主教堂、迎宾馆、小鱼山风景建筑群、花石楼、栈桥及回澜阁、第一海水浴场建筑群、八大关建筑群、水族馆。

3月10日 区长公开电话正式启用。

6月5—8日 极少数人蓄意在青岛市区主要道路设置路障，堵塞交通，致使交通受到严重影响，市南区交通干线尤为严重。市委副书记、副市长俞正声就少数人制造动乱发表广播电视讲话，号召全市人民团结起来，维护安定团结，确保交通畅通。

8月1日 中国仅有的一对南极象形海豹在莱阳路的海洋科技馆公开展出。

10月1日 莱阳路8号的海军博物馆正式向社会开放，是中国规模最大的一处反映中国人民解放军海军面貌的综合性博物馆。

10月16日 黄渤海地区经济发展国际研讨会在青岛八大关宾馆举行。

10月28日 位于湛山大路39号的海天大酒店开业。

11月12日 信号山观景转楼建成。

11月18日 青岛远洋运输公司船舶一级机工、基干民兵严力宾，在香港为抢救国家财产光荣牺牲。翌年3月，中共山东省委、省政府，中共青岛市委、市政府，青岛警备区授予严力宾为雷锋式的"好党员、好船员、好民兵"的荣誉称号。

1990年

1月5—6日 中华冬泳联谊赛（青岛）在第一海水浴场举行。

4月21—26日 政协市南区第七届委员会第一次会议召开，选举黄绍美为区政协主席。

4月22—27日 市南区第十二届人民代表大会第一次会议召开，选举曹登宝为区人大常委会主任，王宝琪为区人民政府区长。

4月 中共青岛市委决定：黄绍美任中共市南区委书记。

5月10日 11—12时，青岛地区出现极其罕见的"黑昼"现象，天地间一团漆黑，风雨交加，电闪雷鸣，持续40多分钟。

5月17日 市长俞正声在海天大酒店与来自12个国家和地区的外商投资企业代表、外国驻青岛机构代表举行恳谈会。

5月18—21日 中共市南区第七次代表大会召开，选举黄绍美为区委书记。

6月18—20日 中共中央政治局委员、国务委员兼国家教委主任李铁映到青岛考察。其间在八大关小礼堂听取市党政领导的工作汇报，还考察了青岛海洋大学、青岛大学与青岛电视机厂等单位。

7月1日 全国第四次人口普查。市南区105307户、352148人。

7月31日 北海舰队在市人民会堂隆重集会，庆祝中国人民解放军建军63周年暨北海舰队组建30周年。

11月4日 青岛百花苑正式开放。

同年 青岛宁夏路第二小学建校，校址在高田路72号。

1991年

1月19日 浮山农工商公司所属的青岛出口包装容器厂生产的太平角牌开口钢桶和圆柱纸桶在CIP 90国际包装技术展览会组织的全国评比中获得金奖。

6月23日 首届青岛国际啤酒节在中山公园门前举行开幕式。

6月 辛家庄北山公园建成开放，占地9.75万平方米。

8月1日 海军北海舰队在海军博物馆举行隆重仪式，为周恩来检阅乘坐过的鱼雷艇和海军首任司令员肖劲光大将的专机公开展出剪彩。

9月8—13日 第二届亚洲OP级帆船锦标赛在青岛汇泉湾举行。

9月14—16日 国家主席杨尚昆到青岛考察。在八大关礼堂听取省、市领导工作汇报。

11月8日 中国唯一展示南极考察成果的南极馆在鲁迅公园建成开馆。

12月 位于费县路6号的华联商厦建成营业，是青岛市首家营业面积超过1万平方米的商业零售企业。

同年 云南路、泰安路之间"天桥"拆建为地下通道，命名为泰云地下人行通道。

1992年

1月10日 学习王成海、叶立勋烈士事迹大会在市人民会堂隆重举行。王成海、叶立勋是青岛海洋大学水产学院讲师，1991年10月22日在潜水作业中不幸以身殉职。

4月18日 青岛市评出十大景观，市南区内有5处在列：青岛湾景区、汇泉湾景区、八大关景区、小鱼山景区、中山公园。

5月3日 市政府作出《关于加快市区东部开发建设的决定》。

5月18日 举行大湛山村拆迁改造奠基仪式。1999年8月30日工程全部竣工。

5月23日 崔子范艺术馆在市南区徐州路奠基。1994年7月竣工并对外开放。

6月 省政府公布山东省文物保护单位名单，区内的天主教堂、基督教堂、德国总督府旧址、德国胶澳总督官邸旧址被列入名单。

8月7日 青岛市东部开发92-001工程——市级机关办公楼在湛流干路与南通路交汇处开工兴建。1994年6月5日竣工。

8月31日 6时，16号热带风暴在青岛登陆，市南区前海一线护堤、海岸局部发生塌落。

9月19日 青岛火车站广场综合改造工程开工。1994年12月30日竣工。

10月17日 日本山口银行青岛分行建立，行址在海天大酒店内。

同年 根据《青岛市城镇住房改革实施方案》，市南区启动区内住房制度改革。

同年 青岛八大峡小学建校。

同年 青岛江苏路小学被国家教委定为全国名校。

1993年

2月10—15日 政协市南区第八届委员会第一次会议召开，选举王文明为区政协主席。

2月12日 香港上海汇丰银行有限公司青岛分行落户青岛，行址在湛流干路。

2月12—17日 市南区第十三届人民代表大会第一次会议召开，选举黄绍美为区人大常委会主任，王宝琪为区人民政府区长。

2月 中共青岛市委决定：王国任中共市南区委书记。

3月10日 浮山湾护岸工程开工。1994年11月竣工。

3月20日 青岛银海旅游集团公司创建，是区属首家旅游公司。

4月1日 全市警察巡察制度（简称巡警）试点工作在市南区实行。

4月2日 区纪委、监察局合署办公，实行一套工作机构、两个机关名称、两种工作职能。

4月19日 老舍故居等7处位于市南区的文化名人故居实行挂牌保护。

4月 山东省第一所全日制寄宿学校——私立青岛白珊学校面向全省招生，校址位于宁夏路。

5月 《青岛崂山风景名胜区总体规划》经国务院批准，明确青岛崂山风景名胜区包括崂山、市南海滨、石老人礁岩、薛家岛沙滩4个景区，总面积为479.9平方千米。

7月18日 青岛（市南）首届海之情旅游节开幕式在栈桥海水浴场举行。

8月18—28日 第五届全国中学生运动会在第一体育场举办。

8月23—27日 俄罗斯太平洋舰队第一副司令赫梅列洛夫率舰艇编队访问青岛。其间，参观海军潜艇学院，举行中俄官兵联欢晚会和足球友谊比赛。

11月13日 市委、市政府决定，用7年时间，对全市35处棚户区进行改造。区内列入改造范围的棚户区有石村路片、台西五院、台西四院等。

同年 市南区亢家庄改造工程启动。2000年5月竣工。

同年 市南区在全市率先推行计划生育属地化管理。

1994年

3月15日 青岛医学院附属医院被评为三级甲等医院并挂牌，是山东省东部地区首家三级甲等医院。

5月12日 青岛交响乐团在市人民会堂举行建团音乐会。乐团由著名指挥家李德伦亲手创建并担任艺术顾问。

5月16日 青岛市市区行政区划进行重大调整。市南区保留现行区域范围、名称，只将东部与中韩镇交界区作微小调整。

5月 青岛燕儿岛路第一小学建校。

7月18日 位于今香港东路的青岛市市级机关办公大楼启用。

8月25日 湛山等7个农工商公司改为区直公司。党的工作由区委直接领导，行政工作由区政府实施领导，经济工作归口区农工商经济工作委员会管理。

8月29日 青岛海信集团和青岛海信电器公司成立，总部位于江西路。

9月12日 韩国驻青岛总领事馆正式开馆，馆址暂设汇泉王朝大酒店内。

11月28日 光大银行青岛分行成立，行址在香港中路67号。

同年 区政府投资1600万元为湛山小学新建校舍。1995年更名为市南区实验小学。

同年 青岛新昌路小学建校。

1995年

1月中旬 市政府对八大关风景区进行重新规划，将其分为5个片区：八大关别墅区、太平角旅游度假区、汇泉角景区、太平角景区、岳阳路休疗养区。

2月20—24日 中共市南区第八次代表大会召开，选举王国为区委书记。

5月12日 山东省医学研究院眼科研究所暨眼科医院新址在燕儿岛路5号落成。

9月30日 青岛市文化名人雕塑园举行竣工典礼并正式对外开放。

10月18日 中共中央总书记、国家主席、中央军委主席江泽民到青岛考察人民海军舰艇和飞行部队，并观看海上演习。

11月1日 区内始发的21、32、33路公交车实行无人售票。

11月15日 德国总理赫尔穆特·科尔访问青岛，下榻丽晶大酒店。

11月 为了加快市南工业园区开发建设，市南区设立泰和工业园建设管理指挥部。

12月26日 位于宁夏路的青岛广播电视中心工程奠基。1999年建成使用。

同年 位于市南区太平山的青岛广播电视发射塔建成，时为全国规模最大的多功能全钢结构广播电视发射塔。

同年 位于湛流干路的青岛世界贸易中心工程竣工。

1996年

1月3日 德县路35号一居民楼发生火灾，造成5人当场死亡、1人受伤。

1月15日 青岛海洋大学举行“东方红”2号海洋调查船建成典礼，该船是中国高等学校第一艘现代化海洋调查船。

3月7日 区政协第八届委员会第四次会议补选李时振为区政协主席。

3月9日 区人大十三届四次会议补选王文明为区人大常委会主任。

4月5日 市南区产、学、研协作会成立。由辖内高校、科研单位和市南区部分企业、单位组成。

4月9日 市南区田家村改造工程正式启动。2001年4月旧村改造回迁安置结束。

4月20日 位于中山公园内的青岛会前村遗址正式揭幕并对市民开放。

5月8日 市南区区长王宝琪获首届“青岛人口奖”荣誉称号。

5月16日 前海一线亮化美化工程全面启

动，同年6月底完工。

5月 区各街道办事处分别建立财政所。

7月9日 区人民法院知识产权审判庭成立，是全省法院系统首个知识产权审判庭。

7月 全区实施国家公务员制度。

8月10日 国家旅游局批准丽晶大酒店为五星级大酒店，是山东省首家五星级大酒店。

9月11日 区人民医院通过二级甲等医院评审。

11月14—20日 区长王宝琪率团赴韩国仁川广域市中区进行友好访问。

11月21日 青岛城市合作银行正式成立，总部位于湖北路17号。

11月 青岛钢卷尺厂研制的"象牌"系列钢卷尺，荣获全国第三届科技人才技术交流大会科技成果金奖，跻身青岛名牌商品行列。

12月6日 团岛四路北侧的团岛污水处理厂开工兴建，规划服务人口26万人，汇水面积约5.6平方千米。1998年底建成投产。

12月18日 中国农业发展银行青岛分行成立，行址在东海路51号。

同年 国务院公布第4批国家重点文物保护单位，区内的天主教堂、基督教堂、德国总督府旧址、德国胶澳总督官邸旧址被列入。

1997年

1月7日 东海路绿化美化和雕塑工程启动。首批雕塑安装包括国内首座百米海上喷泉和最大的钢制城市雕塑——"五月的风"。1998年1月22日竣工。

1月14日 最高人民法院为市南区人民法院记集体一等功。

3月6日 市南区被评为全国社会治安综合治理先进集体。

3月8日 市南区社区志愿者服务总队正式成立。

3月25日 市南区首届小学生科技节举办。

4月6日 市南区在深圳举行'97深圳（青岛市南）招商洽谈会。

5月4日 湛山大路更名为香港西路，湛流干路湛山至大麦岛更名为香港中路，大麦岛至石老人更名为香港东路。

6月1日 位于东海西路6号的青岛市儿童少年活动中心落成。

6月7日 泰安路街道办事处被共青团中央、建设部、国家工商管理局确定为全国创建"青年文明社区"100个示范点之一。

7月1日 位于山东路9号的海信广场开业，是岛城首家专营国际精品、名品的大型会员制高级百货店。

8月18日 青岛香格里拉大饭店正式开业。

8月19日 第十一号台风在青岛登陆，市南沿海风力7～9级，阵风10级，降大到暴雨，局部大暴雨。

8月30日 区政府访问团、经贸团及大信农工商公司舞龙队应邀赴韩国参加仁川市中区国民节。

9月30日 青岛植物园内的青岛森林乐园扩建后开放。

10月22日 五四广场建设工程竣工并正式开放。广场占地10万平方米。

11月3日 市南区被评为"全国科技工作先进城区"。

11月19日 国务委员、国家计生委主任彭珮云考察市南区澄海路计生服务中心。

12月18日 区属7个农工商公司中改制试点单位青岛裕丰农工商公司，创立股份合作制公司——青岛裕丰源实业（集团）公司。

12月31日 中共青岛市委决定：王宝琪任中共市南区委书记。

同年 市南区成为全国首批总部经济发展实践基地。

同年 青岛银海旅游公司改制为青岛银海旅游集团公司，时为青岛市首家旅游集团公司。

1998年

1月9—11日 中共市南区第九次代表大会召开，选举王宝琪为区委书记。

1月14—18日 政协市南区第九届委员会第一次会议召开，选举李时振为区政协主席。

1月15—20日 市南区第十四届人民代表大会第一次会议召开，选举王文明为区人大常委会主任，徐镇绥为区人民政府区长。

1月18日 中日合资青岛东泰佳世客东部购物中心正式开业，位于香港中路72号。

3月10日 法国阿瓦（AMA）公司考察市南区科技工业园。

3月 市南区对辖区部分道路保洁始行社会招标承办。

4月1日 区社区服务中心成立，14个街道办事处同时分别成立社区服务中心。

4月8日 市人才市场市南分市场正式挂牌营业，同时举办首次人才交流大会。

4月18日 府新大厦开业。

4月22—30日 市南区电瓶车厂生产的“YDW型旅游电瓶车”荣获在埃及举办的中国星火产品及适用技术展览会“金字塔奖”。

4月23日 泰安路街道办事处被共青团中央、民政部、建设部、国家工商行政管理局授予“全国青年文明社区”称号。

4月24日 市南区民营企业联合会成立。

5月6日 中国计生协、中央电视台到市南区拍摄“未婚青年性健康教育”专题片。

5月10日 市南区获评“山东省计划生育先进集体”。

5月17日 区委副书记徐学武、区人民政府副区长李众民作为市第二批援藏干部启程赴藏，分任西藏日喀则地区常务副专员和日喀则市委书记。

6月17日 市南区在市内四区中率先实行区级领导接访日制度。

8月5日 青岛观象台举行百年庆典活动。

9月26日 天后宫修复工程竣工。年内命名为青岛民俗博物馆并对外开放。

9月30日 位于中山路的青岛第一百盛有限公司开业，是经国务院批准的大型中外零售企业。

同日 市南区浮山农工商公司与法国家乐福合作项目正式签约，该项目投资总额达2.6亿元人民币，是青岛市当年引进的最大外资项目。1999年12月，家乐福名达店开业。

10月1日 全省最大的书店——东部“书城”在香港中路67号开业。

10月10日 市南区大尧村改造工程启动。2004年4月竣工。

10月 市南区辛家庄改造工程启动。2002年竣工。

11月18日 市南区在朝城路小学举行全区小学取暖工程点火仪式。

11月22日 全国政协副主席周铁农一行到市南区调研。

12月22日 区机关综合办公楼正式启用，位于香港中路19号。

12月 全区街道办事处名称及辖区区域调整。调整后的街道办事处仍为14个，原中山路以西7个街道办事处调整为4个，原东部3个街道办事处调整为6个，中部4个街道办事处区划基本不变。

同年 八大峡公园建成开放。

同年 根据《青岛市深化城镇住房制度改革实施方案》的规定，区内新建公有住房一律停止实物分配，实行住房货币化分配。

1999年

1月 组建市南区城管监察大队。

2月25日至3月1日 法国太平洋海区司令让·穆兰率警戒护卫舰访问青岛。其间，法舰官兵游览青岛风景区，法舰还接待上千名参观的市民。

2月26日 市南区“苹果增色防菌套袋”

被列入1999年国家级火炬计划项目。

2月 市南区被民政部确定为“全国社区建设实验区”。

3月23日 区政府聘请日本庄司兴产股份有限公司董事高桥容夫为经济顾问。

4月25日 全省社区建设工作现场会在市南区召开。

5月1日 德国胶澳总督官邸旧址、圣弥爱尔大教堂、基督教堂同时开放。

5月27日 市南区文化馆新馆揭牌并开放。

5月30日 市南区少年宫开宫庆典举行，主楼建筑面积5700平方米。

6月1日 四川路小学更名为市南区第二实验小学。

6月15日 栈桥综合改造工程全部竣工。

6月24日 中共市南区委党校举行新校揭牌仪式。

6月25日 中共中央总书记江泽民、国务院副总理吴邦国在“五四”广场亲切接见市南区清洁服务总公司环卫工人代表。

6月 市南区逍遥村改造工程启动。2002年竣工。

7月11日 市南区浮山所村改造工程启动。2002年竣工。

8月13日 在民政部召开的全国社区建设实验区工作会议上，市南区被确定为“全国社区建设实验区”。

8月17日 联合国儿童基金会、国家教委专程考察市南区托幼工作。

9月26日 市南区湛山广场建成。广场绿化面积14000平方米，硬化面积6000多平方米。

10月18日 市南区获山东省“双拥模范区”称号。

10月28日 云霄路、台湾路美化、亮化工程全面完成，并举行开街仪式。

11月6日 由区政府投资1000万元重修的安徽路公园改造完成并正式开放。次年7月正式命名“老舍公园”。

11月19日 市内四区中学生取暖工程启用仪式在位于上杭路的青岛第五中学举行。

12月28日 市南区少年科学院正式成立，聘请曾呈奎等20位著名专家为辅导员。

2000年

1月1日 青岛市民迎千禧夜活动在中山路一带举行。

1月11日 全国首个社区服务新项目——社区综合服务呼叫网络系统在市南区开通。

1月28日 澳大利亚妇女权益考察团到市南区就人民调解工作进行实地考察。

3月 区级领导班子、区机关各部门、各街道领导班子以“讲学习、讲政治、讲正气”为主要内容的党性党风教育正式启动。

5月10日 全国政协副主席周铁农率50多人的考察团到市南区考察社区建设。

5月12日 省建设厅、文化厅公布345处山东省历史优秀建筑，青岛市131处建筑榜上有名，数量超过全省的1/3，其中 90%在市南区地域。

6月 青岛市实验小学校舍改造完成。

7月 14个街道办事处党委改建为街道党工委。

8月10日 市政府对市南区3条商业特色街命名，即中山路综合商业街、云霄路美食街、龙山（地下）服饰街。

8月26日 青岛育才中学成立。该校由青岛第二中学初中部改制而来。

8月28—30日 受第12号台风“派比安”的影响，全市遭遇25年来最大暴雨和风暴潮。前海一线防波堤坝、园林草地、路面路灯等多处严重受损，八大峡、栈桥、东海路、澳门路等区域路面积水达半米以上，交通受阻。

9月5日 国务委员、国务院秘书长王忠禹考察市南区人口与计划生育工作。

9月10日 由嘉峪关学校与青岛华青置业

有限公司合作创办的青岛新世纪学校举行校舍落成暨开学典礼。

10月13日 市南区少年宫被评为全国青少年科技教育活动示范基地。

11月1日 全国第五次人口普查。市南区152202户、447532人。

11月6日 全国首家消防博物馆——青岛消防博物馆开馆。该馆设在金湖路16号青岛消防指挥中心。

11月18日 区委、区政府举行市南区信息技术协会成立暨设立市南软件园信息发布会。

12月1日 由美国适宜卫生技术组织与中国计划生育协会达成的“促进中国青少年生殖健康”国际合作项目在市南区正式启动。

12月29日 市机构编制委员会批准成立青岛市海洋节办公室，为隶属市南区政府领导的处级事业单位，其工作整体移交市南区人民政府。

2001年

2月8日 全区社区体制改革，原212个居民委员会调整为120个社区居民委员会，原18个家委会调整为13个单位社区居民委员会。

2月15日 区政协第九届委员会第四次会议补选张清云为区政协主席。

2月19日 香港路环境工程获全国市政工程最高奖——2000年度中国市政工程金杯奖。

2月21日 青岛申奥委在五四广场通过视频向国际奥委会评估考察团进行申奥陈述。

4月10日 区政府聘请德国GERAS公司总裁ECKERT博士为经济顾问。

4月29日 举行青岛市市南软件园开园庆典暨青岛软件技术市场揭牌仪式。

5月14—19日 举办首届市南区“科技活动周”。

5月25日 中央政治局委员、中宣部部长丁关根一行，考察青岛市文明城市创建工作，考察湛山广场。

6月25日 八大关近代建筑群被国务院列为第五批全国重点文物保护单位。

6月29日 区图书馆对公众开放。

7月18日 山东海洋产业可持续发展研讨会在区政府会议中心举行。

7月30日 区内浮山所小学更名为香港路小学，福林小区内新建小学命名为福林小学，天山小区内新建小学命名为天山小学。

8月6日 市南区少年宫张辛演唱的《星星·月亮·太阳》在文化部主办的第二届全国少儿“蒲公英奖”音乐类作品赛中荣获独唱金奖。

8月23—25日 青、港、沪、深、昆五地IT行业项目交流及融投资博览会在市南软件园举行。

9月20日 区教体委主任宇春芳在第五届全国“人民满意的公务员”表彰大会上被授予“人民满意的公务员”称号。

10月16日 市南区十四届人大常委会决定：任命李众民为市南区人民政府代理区长。

10月21日 孙中山雕像揭幕仪式在中山公园举行。

同年 小青岛公园被评为国家AAAA级旅游区。

2002年

1月7日 东海路、香港路环境工程获中国人居环境范例奖。

1月29—31日 市南区第十四届人民代表大会第五次会议召开，选举李众民为区人民政府区长。

2月 市南区被评为全省“社会文化先进区”。

3月12日 深圳发展银行青岛分行在香港中路6号世界贸易中心开业。

3月30日 全市“科普进社区”启动仪式在市南区湛山广场举行。

3月 滨海步行道始建。步行道西起团岛，东至石老人公园，总长约36.9千米。2004年建成。

同月 市南区妇女法律援助联络中心获中国优秀志愿服务集体称号。

4月29日至5月4日 区长李众民带领区招商团参加青岛市在深圳、香港举办的“青岛日”推介会。

5月25日 区教体局《市南区基础教育面向现代化的探索性研究》被中国教育学会正式立项为国家级“十五”课题，市南区成为全国18个教育改革实验区之一。

5月30日至6月2日 2002年松下杯中国乒乓球大奖赛在青岛市体育馆举行。

5月 民政部授予市南区“全国民政工作先进区”称号。

6月24日 市民葛路为营救在东海路西端被巨浪卷入海中的打工女青年黄丽壮烈献身。

7月15日 市区气温达到38.9℃，为青岛百年来气温最高纪录。

8月9日 科技部“国家火炬计划软件产业基地”——青岛软件园授牌仪式在青岛国际新闻中心举行。

同日 青岛软件园“核心园区”奠基仪式在位于宁夏路的软件基地建设工地举行。

8月19日 市南区民营科技企业青岛兰海系膜工程有限公司研制的“LH－BW720反渗透苦咸水淡化设备”被列入2002年度国家重点新产品计划。

8月24日 亚洲OP级帆船锦标赛暨青岛首届OP级帆船国际公开赛在汇泉湾畔开幕。

9月4日 台湾8所大学的IT专家教授应邀到市南软件园举办讲座。

9月23日 东西快速路二期工程正式通车。

9月27日 青岛裕丰源实业（集团）公司与台湾润泰集团合办的大福源（后改称大润发）超市开业。

9月28日 位于香港中路的青岛国际金融中心竣工，楼高249米，共58层，时为山东省高层建筑的第一高度。

9月 民政部授予市南区“全国社区建设示范区”称号。

10月30日 区委、区政府举行市南软件园科技大厦开业仪式。

同日 由省、市、区科协联合主办的青岛市首届学术年会板块之一——海洋旅游专题学术年会在市南区召开。

11月6日 信号山公园创建国家AAA级景区通过等级评定。

11月15日 澳大利亚亚洲贸易及地区发展顾问一行到市南软件园考察。

11月 市南区10家企业通过2002年青岛市高新技术企业认定。

12月2日 中山路整体改造工程正式启动。

12月9日 青岛市大型平战结合项目（代号“9912”工程）——青岛太古名店广场工程开工。2011年竣工。

12月23日 中共青岛市委决定：郄晋生任中共市南区委书记。

2003年

1月2日 市南区云南路旧城改造试点项目正式启动。

1月8—10日 中共市南区第十次代表大会召开，选举郄晋生为区委书记。

1月13日 市政府确定10处历史文化保护区。其中市南区有7处：八大关、汇泉角、太平角历史文化保护区，八关山历史文化保护区，鱼山历史文化保护区，观海山历史文化保护区，观象山历史文化保护区，安徽路历史文化保护区，信号山历史文化保护区。

1月16—20日 市南区第十五届人民代表大会第一次会议召开，选举张清云为区人大常委会主任，李众民为区人民政府区长。

1月16—20日 政协市南区第十届委员会

第一次会议召开，选举刘绪海为区政协主席。

2月26日 韩国IT企业“青岛天时数码有限公司”入驻市南软件园仪式在软件大厦举行。韩国驻青岛领事馆总领事朴钟先等前来祝贺。

4月13日 区委书记郄晋生、区长李众民等会见北京用友软件股份有限公司总裁、美籍华人何经华一行。

4月22日 区政府制定下发《青岛市市南区人民政府地方史志工作规划》和《市南区志》编修方案。

5月2日 国务院防治“非典”工作督导组到市南区检查防治“非典”工作。

5月22日 位于市南区燕儿岛的北海船厂搬迁工程正式启动，原址作为奥运场馆建设用地。

5月 青岛银海学校建校，校址在东海东路16号。

7月15日 韩国中小企业银行开业。行址在东海西路17号。

7月16日 位于莱阳路的青岛海底世界开馆。

8月19日 青岛十大精品建设工程评选活动揭晓。区内有8处中选精品建设工程，分别是：栈桥、市人大政协办公楼、迎宾馆、天主教堂（圣弥爱尔大教堂）、八大关景区、东部新区、第一海水浴场、滨海步行道。

9月29日 阳光百货股份有限公司开业，公司位于香港中路38号。

10月30日 青岛中天信息有限责任公司签约入驻市南软件园。

11月3日 市南区行政学院成立，与中共市南区委党校为一个机构、两块牌子。

11月6日 日本福冈市政府代表团访问市南区。

11月8日 “青岛历史优秀建筑、小鱼山文化名人故居标识工程”在市南区南海路海滨旅馆旧址举行启动仪式。

11月11日 美国惠普（HP）公司亚太经理考察团访问市南区。

11月12日 市南区科技工业园与美国独资美达尔食品有限公司签署土地转让合同。

11月25日 由北京用友软件技术有限公司斥资6000万元成立的青岛用友政务软件有限公司与青岛软件发展公司在青岛香格里拉大饭店举行入驻市南软件园协议签字仪式，是进驻市南软件园的第一家软件企业。

11月27日 美国硅谷华裔科学家及硅谷SIVIC半导体公司共同投资的青岛硅盛微电子有限公司入驻市南软件园。

12月 《市南概况》出版，由区史志办公室编纂，全书22万字。

2004年

1月6日 省委副书记、省长姜大明率省拥军优属慰问团慰问市南区金湖路管区参加过抗美援朝战争的一等伤残军人阎交其。

1月12日 《市南区社区义务工作者组织管理办法（暂行）》出台。

2月12日 全省第一本《小学性健康教育教师指导用书（试用本）》率先在市南区小学推广。

3月2日 市南区人民医院整建制划归青岛大学医疗集团。

3月4日 市南区被评为“全国科技进步先进区”。

4月1日 大韩航空公司副总裁崔起兴一行到市南区考察访问，区长李众民会见代表团一行。

5月1日 市南区社区文化义工艺术团成立。

5月9日 由德国威尔堡市市长汉斯·席克率领的政府代表团到市南区考察访问。

5月20日 商务部、科技部等11个部委和省、市领导考察市南区以“倡导绿色消费、培育绿色市场、开展绿色通道”为主要内容的

"三绿工程"建设情况。

5月25日 青岛国际帆船中心开工奠基仪式举行。

5月28日 韩国汉城市江南区政府代表团到市南区考察访问。

5月 区委、区政府将14个街道办事处合署为9个街道办事处和1个社区工作委员会。

6月1日 全省首个政府雇员制度——《青岛市市南区政府雇员试行办法》正式出台。

6月3日 浮山街道办事处更名为香港中路街道办事处。

6月18日 中央政治局常委、中央政法委书记罗干到区人民检察院考察工作。

6月21日 国务院总理温家宝在省委书记张高丽、省长韩寓群等领导的陪同下考察市南区湛山社区，参观湛山广场。

7月22日 市南区疾病控制中心艾滋病筛查实验室通过省疾病预防控制中心、省艾滋病预防控制中心的综合考核。

7月 青岛榉园学校建校，校址在湖南路29号旧楼，其前身是青岛铁路第一小学。

9月22日 中国教育学会命名市南区实验幼儿园为中国教育学会实验幼儿园。

9月26日 市南区荣获山东省第六届精神文明建设工作先进区称号。

10月10日 市南区被中国科协命名为"全国科普示范城区"。

10月14日 亚足联代表团考察市南区足球特色学校——南京路小学。

11月18日 区政府被省政府评为全省就业再就业工作先进单位。

11月28日 中央电视台20：00《整点新闻》，播报《全国第一个社区管理新机制：青岛市市南区江苏路社区委》。

11月 市南区组织编制市南区控制性详细规划（东、中、西片区）、山东路至麦岛路滨海商务区城市设计、火车站商圈修建性详细规划、滨海文化视线景观设计、浮山（银川西路两侧）建设规划。

12月8日 市南区人民法院对燕儿岛路"路坑导致孕妇遇车祸死亡损害赔偿一案"作出公正判决后，中央电视台《今日说法》栏目对此案作专题报道。

12月25日 青岛软件人才市场开业，该市场位于泉州路21号甲。

12月 市南区被评为"全国老龄工作先进区"。

2005年

1月10日 市南区被评为全省外贸工作先进单位。

1月31日 区委召开保持共产党员先进性教育活动动员大会。

3月28日 澳门体育代表团到市南区参观学校体育成果及课外体育活动。

4月5日 澳门特别行政区青年工作访问团一行参观考察区青年工作。

同日 青岛市首家青少年犯罪心理辅导站在市南区人民检察院成立。

5月13日 全国政协副主席张怀西一行到金门路街道办事处考察工作。

5月19日 美国星巴克咖啡有限公司在青岛的第一家全资直营店在新世界数码港阳光百货一层正式开业。

5月28日 市南区政府获得全国民族团结进步模范集体称号。

6月10日 日本LINKSnet公司青岛代表处揭牌仪式在青岛（市南）软件产业基地举行，是第一家正式入驻的外资办事机构。

6月21日 区政府与微软（中国）有限公司的合作签约仪式在香格里拉大饭店举行。

6月 金门路街道被国家环境保护总局评为"全国绿色社区创建活动第一批先进社区"。

7月2日 亚洲最大的软件解决方案及IT咨询服务公司——塔塔咨询服务公司（TCS）的全球市场总监Jayant一行到市南软件产业基

地参观访问。

7月 区档案馆建设完成馆藏全部文书档案全文数据库，成为全国首家全部利用数字档案提供利用服务的区县级档案馆。

8月3日 中国软件评测中心（CSTC）与青岛（市南）软件园在市南软件产业基地举行签约仪式，共同成立中国软件测评中心青岛分中心。

8月9日 韩国国会议员、韩国国会电子文化委员会主席郑清来一行到市南软件产业基地参观访问。

9月3日 青岛苏宁电器开业，店址在中山路117号。

9月 中国国际小提琴比赛在市人民会堂举行。

10月19日 中共中央政治局常委、全国政协主席贾庆林考察金门路街道办事处及仙游路社区“和谐社区”创建工作。

10月 享有“世界建筑博览会”美誉的青岛八大关入选“中国最美五大城区”。

12月4—5日 区政府与北京社科院中国总部经济研究中心联合举办首届中国总部经济高层论坛。

12月28日 市南区十五届人大常委会决定：任命万建忠为市南区人民政府代理区长。

12月30日 市南区少儿体育活动中心投入使用。

12月 市南区人民武装部被省委、省政府、省军区评为“先进人民武装部”。

同年 市南区被评为全省外经贸工作先进区。

同年 市南区被确定为全国首批总部经济发展实践基地。

2006年

1月12—16日 市南区第十五届人民代表大会第四次会议召开，选举万建忠为区人民政府区长。

1月18日 湛山街道盐城路社区72岁的金平安老人被评为2005年度“感动青岛”十佳人物。

3月11—12日 韩国仁川广域市中区区长金洪燮率团到市南区进行友好访问。

3月22日 市南区第一部村志——《浮山所志》获全市优秀志鉴成果一等奖。

3月26日 欧盟驻华代表叶森（Franz Jessen）公使、欧盟驻华商会总裁马乔治（Giorgio Magistrelli）一行对市南区进行友好访问。

3月27日 全国政协副主席罗豪才一行，到金门路街道仙游路社区考察社区民间组织建设工作。

3月29日 德国建筑师访问团到市南区考察投资环境。

4月25日 位于市南区的4家旅行社入选全国旅行社“双百强”。其中，港中旅、海天、中国国际3家国际旅行社进入全国国际旅行社百强，联合假日旅行社进入全国国内旅行社百强。

同日 市南区统计局发布《青岛市市南区第一次经济普查公报》。

5月1日 中共中央总书记、国家主席江泽民参观五四广场、音乐广场等。6日，到市南区考察。

6月5日 青岛（市南）软件产业基地被评为全国先进科技产业园。

6月6日 世界知名会计师事务所普华永道在市南区设立分支机构。

7月7日 中共中央政治局常委、中央纪律检查委员会书记吴官正考察银海国际游艇俱乐部。

7月11日 最高人民法院院长肖扬到市南区人民法院调研考察工作。

7月底 市南区教育研究发展中心开工建设。2008年1月落成。

7月 青岛第五、七、二十四、二十六、四十八、五十一、五十七、五十九中学等8所初级中学归属市南区实行属地化管理。

同月 市南区被授予“山东省和谐社区建设示范区”称号。

8月3日 全国首家专门面向进城务工人员的综合性服务场所——市南区“新市民之家”揭牌。

8月14日 银海国际游艇俱乐部通过国家AAAA级旅游景区验收，成为国内第一个以游艇俱乐部为主体的国家AAAA级旅游景区。

8月17日 青岛（市南）软件产业基地二期工程开工。2007年10月竣工。

8月18—31日 “好运北京——2006青岛国际帆船赛”在青岛奥帆中心举办。

8月29日 东亚五国红十字会领导人会议组织参观考察市南区社区红十字工作。

8月31日 15处街道社区文化活动中心改扩建工作完成。

9月14日 日本富士通软件专家团到市南区软件人才培训学校进行学术访问。

9月15日 市南区奥运之声周末音乐会被文化部评为“全国特色广场文化活动”。

9月 珠海路街道“左邻右舍艺术节”被文化部评为“全国特色文化活动”。

10月1日 麦凯乐青岛总店开业，位于香港中路69号。

10月10日 世界知名四大会计师事务所之一——毕马威企业咨询有限公司青岛分公司正式开业，该公司位于东海西路15号。

10月 青岛金融街正式由青岛市政府命名。

11月10日 “首届中国青年创意设计节”在主会场中联创意广场和分会场创意100产业园举行。

11月11日 东亚银行青岛分行开业，行址在香港西路67号甲。

12月16日 浮山所“1388”文化街开街仪式举行。

12月25日 市南区荣获全国社区红十字服务示范区称号。

12月28日 渣打银行青岛分行开业，行址在香港中路40号。

12月 市南区入选全国数字地名服务示范城区。

同年 位于兰山路的青岛市礼堂改建为青岛音乐厅。

2007年

1月7—9日 中共市南区第十一次代表大会召开，选举郄晋生为区委书记。

1月20日 区政协第十届委员会第五次会议补选吴伟为区政协主席。

1月21日 区人大十五届五次全体会议补选纪新芳为区人大常委会主任。

3月20日 鲁迅公园实行免费开放。

4月1日 省委书记李建国，省委常委、市委书记阎启俊等到市南区金门路街道仙游路社区考察调研。

4月6日 市南区西部旧城改造工程奠基暨安置房建设开工仪式在云南路片区拆迁现场举行。

4月29日 常州路德式欧人监狱旧址博物馆正式开馆。

5月13日 市南区在市机关会议中心，举办全市首场人文奥运专题报告会。

6月5日 市南区残疾人综合服务中心启用。

6月21日 美国市长代表团一行12人到市南区考察访问。

6月25—27日 中、日、韩旅游部长会议在香格里拉大饭店和奥帆中心举行。是中、日、韩三国建立部长定期会晤机制后的首次会议。

8月1日 市南区69个行政事业单位纳入国库集中支付。

8月19日 国际帆联主席约伦·彼得森先生及其夫人参观2008奥帆赛训练基地——银海

国际游艇俱乐部。

8月20日 日本瑞穗实业银行青岛分行入驻青岛国际金融中心。

8月31日 安永会计师事务所正式入驻青岛国际金融中心。

9月15日 青岛市“国家动漫创意产业基地”授牌仪式在市南软件园举行。

9月17日 区委副书记、区长万建忠和国家开发银行青岛分行行长孟亚平共同签署《市南区政府与国家开发银行开发性金融合作协议》。

9月18日 第三届中国总部经济高层论坛在市南区举办，这是中国总部经济高层论坛首次在北京之外的城市举办。

10月6日 在巴西举行的世界最美海湾组织会议上，青岛海湾以其整体的优美和高质量，成为该组织认定的第一个来自中国的“世界最美海湾”。

11月8日 全球最大的房地产咨询服务公司——美国世邦魏理仕青岛分公司进驻市南区，在颐中皇冠假日酒店举行开业庆典。

12月1日 爱尔兰驻华大使戴克澜（Declan Kellenher）一行到市南软件园参观考察。

12月2—6日 政协市南区第十一届委员会第一次会议召开，选举吴伟为区政协主席。

12月2—7日 市南区第十六届人民代表大会第一次会议召开，选举纪新芳为区人大常委会主任，万建忠为区人民政府区长。

2008年

1月1日 百花苑免费开放。

1月10日 加拿大作家Royston Tester对市南区银海学校进行奥运专题访问。他的著作《深度看中国·青岛》，记载了市南区银海学校开展的迎奥活动。

1月21日 市南区承办的青岛市庆祝2008北京奥运会倒计时200天“千鼓百琴奥运情”活动在汇泉广场举行。

1月30日 全国人大常委会副委员长蒋正华一行考察市南软件园。

2月13日 市南区被教育部评为全国社区教育示范区。

2月27日 中共青岛市委决定：李学海任中共市南区委书记。

2月 八大湖街道田家花园社区居民田祥渠被评为2007年度“感动青岛”十佳人物。

同月 我国南方突发雪灾，全区各界共捐款144万余元。

3月4日 “志愿奥运 相约市南——市南区奥帆赛、残奥帆赛志愿者誓师大会”在市南区机关会议中心举行。来自机关、社区、楼宇、教育卫生等10类志愿者群体的300余名代表参加会议。

3月7日 区卫生监督所对奥帆赛、残奥帆赛公共卫生安全保障的卫生监督工作正式启动。全区重点监管区域14个，公共卫生安全保障监管单位2751家。

3月13日 “科技圆梦想 和谐迎奥运”大型奥运科普互动展全国巡展启动仪式在市南区银海大世界海星会展中心举行。

3月 区政法委制定《奥帆赛和残奥帆赛社会稳定保障工作方案》，成立市南区奥帆赛和残奥帆赛社会稳定保障工作领导小组和7个专门工作组。

4月9—10日 省委书记姜异康到市南区调研。

4月20日 区级机关办公地点由香港中路19号迁至宁夏路286号。

4月29日 市南区和北京市朝阳区共同主办的“北京—青岛手拉手，和谐中国奥运情”大型文化活动在汇泉广场举行。

5月1日 市南辖区内公厕免费开放。

5月8日 中共中央政治局常委、国家副主席习近平到市南区考察，并对市南区社区建设工作给予肯定。

5月13日 区档案局全面启动“市南记忆

工程”，深入发掘整理区域历史文化资源。

5月22日 青岛市首届青岛（市南）国际游艇帆船节开幕。

5月23日 市南区政府与华东师范大学举行合作共建华东师范大学青岛实验中学签约仪式。

5月29日 市南区迎奥运民间艺术作品展开幕式在市南软件园举行。

5月30日 韩国国会议员访问团到市南区访问。

5月 全区组织向“5·12”汶川地震灾区捐助活动，共计捐款514万余元，捐物折价81万余元。

6月6日 区政府成立清理浒苔工作应急指挥部，第一时间启动海上漂浮物打捞应急预案。

6月21日 海信广场（奥运店）正式营业。

6月23日 全国政协副主席孙家正率全国政协检查团到市南区考察调研。

7月1日 市南区行政审批服务大厅正式启用。

同日 区财政局在全省率先试点推行公务卡。

7月9日 省委副书记、省长姜大明到市南区前海一线考察浒苔清理工作。15日，代表省委、省政府对市南区浒苔处置工作进行验收。

7月10日 “国家软件与集成电路公共服务平台青岛分中心”入驻市南软件园。

7月20日 中共中央总书记、国家主席、中央军委主席胡锦涛到市南区考察奥帆赛综合保障工作。

7月21日 奥运会火炬青岛站传递活动隆重举行，区内的奥帆中心、香港花园、市政府门前、第一海水浴场为火炬传递节点。辖区7万余名居民沿12千米火炬传递路线（全市15千米）参与奥运火炬传递活动，其中锣鼓队、军乐队、手势方队等欢庆队伍15支。

7月29日 市南区奥帆赛社会志愿者全部上岗，共2233名志愿者分布在全区248个奥帆赛服务点。

7月31日 市南区完成迎接奥帆赛鲜花景观摆设，300余万盆鲜花、600个花箱、12条花廊、奥运标志“中国印”、吉祥物“福娃”等九大造型花坛，组成迎奥鲜花景观。

8月9—23日 2008年北京奥运会帆船比赛在青岛奥帆中心成功举行。

8月19日 国际奥委会主席雅克·罗格一行在青岛奥帆中心观看奥帆赛。

8月22日 市南区被省委、省政府评为全省文明城市创建工作先进区。

同日 在青岛市举行的“抗浒苔 保奥帆 打捞渔船返航”仪式上，市南区浒苔处置工作受到市委、市政府肯定，获得由国际奥委会主席罗格、北京奥组委主席刘淇签名的“为第29届奥林匹克运动会成功举办做出贡献”的证书和青岛奥帆委“抗浒苔、保奥帆”纪念牌匾。

9月2日 2008北京残奥会火炬青岛传递起跑仪式在奥帆中心旗阵广场举行。市南区1.8万名居民观看残奥会火炬传递盛况。

9月4日 德国弗莱堡市市长一行访问市南软件园。

9月8日 区委区政府召开座谈会，欢迎奥运游泳健儿周雅菲载誉归来并对其在北京奥运会上取得优异成绩予以奖励。

9月8—13日 2008年北京残奥会帆船比赛在青岛奥帆中心举行。

11月2日 市南区获“中国金融生态区”称号，成为全省首个获此殊荣的城区。

11月27日 日本株式会社漫画社董事长大和宏美一行到市南区考察青岛国际动漫游戏产业园。

11月28日 全市首批智能楼宇管理师结业签约暨大学生实训基地揭牌仪式在市南区就业培训中心举行。

12月18日 火车站商圈改造项目开工。

同年 市南区新增供热面积100万平方米，完成“一户一表”改造2万户，维修漏雨房屋450余所，改造筒子楼8栋，为居民楼安装感应灯近1.5万盏。

2009年

1月1日 中共中央政治局常委、国务院总理温家宝考察金门路街道仙游路社区服务中心，看望社区居民。

1月5日 青岛国际动漫游戏产业园开园暨入驻企业签约仪式举行。

1月6日 区政府邀请老城风貌保护和产业开发顾问——德国弗莱堡市经济旅游会展促进署首席署长贝恩特·达勒曼举行媒体见面会，向国家、省、市媒体介绍市南区老城区风貌保护改造和产业引入情况。

1月13—15日 2008年第五届中国游戏产业年会在市南区召开。市南区荣获2008年度中国游戏产业支持奖。

1月 青岛第二十六中学改建工程正式启动。

3月13日 区委召开市南区深入学习实践科学发展观活动动员大会。

3月 区档案馆将著名作家老舍的部分珍贵档案资料征集进馆。征集的档案资料由老舍的儿子舒乙捐赠。

4月10日 区委区政府举行劈柴院开街典礼。中国商业文化研究会名誉会长胡平、青岛市市长夏耕等出席。

5月4日 全市首家综合性人力资源市场——市南区人力资源市场正式启用。

5月5日 市南区被中央社会治安综合治理委员会评为2005—2008年度全国平安建设先进县（市、区）。

5月20日 德国前总理施罗德参观全国重点文物保护单位——青岛国际俱乐部旧址（今中山路1号）。

5月26日 市南区年内引进投资额最大的游乐项目——“欢动世界”大型游乐项目试营业。

6月13日 八大关街区被文化部、国家文物局评为首批中国历史文化名街。

6月25日 市南区档案馆通过国家二级档案馆认定。

7月24日 市南区应急救援大队成立。

8月9日 奥帆中心奥帆博物馆对外开放。

同日 奥帆中心奥帆剧场竣工并投入使用，当日大型海上实景演出“蓝色畅想”在该剧场举行首演。

8月16日 区委副书记、区长万建忠会见韩国仁川广域市中区厅长朴承淑。

9月19日 第十一届全运会青岛赛区火炬传递仪式在奥帆中心隆重举行。

9月24日 在盛世辉煌——庆祝新中国成立60周年“青岛经济成就奖”电视直播颁奖典礼上，市南区总部经济获得庆祝新中国成立60周年“青岛经济成就突出贡献奖”；青岛国际动漫游戏产业园获得“经济成就奖”。

11月19日 市南区“居民素质提升工程”正式启动。

12月18日 市南区中岛组团旧城改造老企业搬迁暨城投·蓝海新港城项目开工仪式在青岛造船厂西南侧举行。

12月 市南区教育资源平台正式开通。

同月 青岛（市南）软件园申报的国家级企业孵化器通过科技部批准。

同年 市南区获全国平安建设先进区称号。

同年 云南路等4个旧城改造回迁项目完工，累计回迁居民7230户。

2010年

1月15日 德国曼海姆市市长库尔茨一行参观“创意100”文化产业园。

1月16日 韩国首尔设计财团副社长允德勇参观“创意100”文化产业园。

1月30日 湛山街道居民、交通协管员王天飞被评为2009年度“感动青岛”十佳人物。

1月 区图书馆被文化部评为“一级图书

馆”并颁牌。

2月3日 省委副书记、省政协主席刘伟带领省拥军优属慰问团到市南区走访慰问优抚对象。

2月5日 市南区首个“全国科普教育基地”揭牌仪式在青岛银海国际游艇俱乐部隆重举行。

3月22日 市南区获得2009—2010克利伯环球帆船赛青岛站活动突出贡献奖。

3月30日 市南区“非物质文化遗产”剪纸、鸳鸯螳螂拳传习班在燕儿岛路第一小学开班。

4月7日 市南区人民检察院荣获全国检察机关“集体一等功”庆功表彰大会召开。

4月16日 位于澳门路的综合性临海商业中心百丽广场开业，建筑面积19.71万平方米。

4月26日 美国库珀蒂诺市市长胡宜兰一行参观市南软件园。

4月27日 市南区十六届人大常委会决定：任命华玉松为市南区人民政府代理区长。

5月8日 “海上观崂山”海上旅游观光长廊贯通，7艘海上观光游艇从燕儿岛奥帆基地开始从市区到崂山的首航。

5月21日 全国首家以文学名著命名的专题博物馆——骆驼祥子博物馆开馆。国家文物局局长单霁翔，老舍先生的子女舒济、舒乙及市、区有关领导出席博物馆开馆仪式。

5月26日 市南区首届全民田径运动会在天泰体育场举行。

8月12日 中共中央政治局委员、中央书记处书记、中宣部部长刘云山到青岛国际动漫游戏产业园考察，并参观青岛广电动画、青岛四维空间等园内企业。

8月18日 中国国际金融有限公司青岛营业部正式开业。

8月 齐鲁银行青岛分行开业，行址在香港中路76号。

9月21日 由市南区政府主办的青岛首届国际马戏文化节在汇泉广场启幕。

9月28—29日 市南区协办的2010中国现代服务业大会在香格里拉大饭店举行，大会授予市南区“高端服务业发展示范基地”称号。

9月 市南区荣获全国首家“中国文化餐饮示范区”称号。

同月 市南区荣获“2010联合国宜居生态城市”和“‘十一五’规划·中国最具投资价值示范城市”称号。

11月1日 市南区通过国家减灾委、亚洲基金会“多方参与灾害管理公共合作项目”终期评估。

同日 全国第六次人口普查。市南区191700户、544847人。

11月10日 全市新增8处历史文化街区。其中市南区有4处：四方路里院历史文化街区，伊尔蒂斯兵营军事文化街区，湛山寺佛教文化街区，奥帆基地历史文化街区。

11月 《市南年鉴》（2010卷）创刊出版。

12月3日 国家体育总局网球运动管理中心、中国软式网球协会联合授予市南区人民政府、市南区教育局和香港路小学“第十六届亚洲运动会突出贡献奖”。

2011年

1月4日 国务院批复《山东半岛蓝色经济区发展规划》，“创意100”文化产业园列入发展规划。

1月7日 区委书记李学海会见德国弗莱堡市经济旅游会展促进署首席署长贝恩特·达勒曼一行。

1月9—12日 市南区第十六届人民代表大会第四次会议召开，选举华玉松为区人民政府区长。

1月16日 2010年“人民网”年度评选暨“辉煌‘十一五’中国品牌（特色）市/县/镇/开发区”评比活动揭晓，市南区获“辉煌‘十一五’中国最佳投资价值（环境）区”称号。

1月20日 金门路街道仙游路社区手语工作室负责人王建民被评为2010年度“感动青岛”十佳人物。

3月2日 市南区获4项“好客山东”贺年会之最；劈柴院被评为2011“好客山东”贺年会主题街区。

5月23日 河北银行青岛分行举行开业仪式。行址在香港中路远洋大厦。

5月30日 市南区被中国科协命名为“2011—2015年度全国科普示范区”。

6月18日 中共中央政治局常委李长春到青岛国际动漫游戏产业园调研。

7月1日 八大湖街道天台路社区党委被中共中央组织部授予“全国先进基层党组织”称号。

7月5日 区内最大的公租房建设项目——市南区保障性住房金华路项目奠基仪式举行。

8月8日 日本中央大学综合政策学部教授丹泽安治一行到市南区调研服务外包业务。

8月19日 区政府与微软（中国）有限公司举行基于平台建设和运营，着眼于做大做强软件外包产业的合作签约仪式。

8月30日 三菱东京日联银行（中国）有限公司青岛分行在青岛远洋大厦举行开业仪式。

8月 大型商场“乐天玛特” 在山东路36号开业。

9月1日 青岛嘉峪关学校成为中科院海洋科普实践教育基地。

9月6日 NEC（中国）有限公司副总裁久保田亮一行到市南区洽谈NEC青岛研发中心项目。

9月8日 新加坡华侨银行（中国）有限公司青岛分行正式开业，行址位于南海路9号汇泉王朝大酒店。

9月9日 国家版权局授予“创意100”文化产业园“全国版权示范园区”称号。

9月23日 德意志银行（中国）有限公司考察团Richard Gibb（高瑞诚）一行到市南区考察投资环境。

10月18日 三星SDS服务外包考察团金春浩一行考察市南区软件园投资环境并洽谈三星SDS青岛研发中心项目。

10月31日 澳大利亚Inforbis服务外包考察团凯文戴森一行与市南区洽谈澳大利亚医疗外包项目。

11月8日 区文化馆在全国第三次文化馆评估定级中被评为国家一级馆。

11月12日 全省首家以动漫创意产业为主题的产业实训和创业孵化基地在青岛国际动漫游戏产业园正式挂牌成立。

11月21日 中共青岛市委决定：王久军任中共市南区委书记。

11月 市南区被国家安监局授予“全国安全社区”称号。

12月27—29日 中共市南区第十二次代表大会召开，选举王久军为区委书记。

12月31日 全区第一个廉租房建设项目——广州路廉租房项目通过综合验收。

同年 位于市南区延安三路234号的万邦国际航运中心竣工。

2012年

1月17日 中山路街道泰安路社区居民周宝存被评为2011年度“感动青岛”十佳人物。

2月1—4日 市南区第十七届人民代表大会第一次会议召开，选举王久军为区人大常委会主任，华玉松为区人民政府区长。

2月1—4日 政协市南区第十二届委员会第一次会议召开，选举吴伟为区政协主席。

2月13日 青岛（市南）软件园被工业和信息化部授予“新型工业化产业示范基地”称号。

3月2日 中国教育学会“十二五”规划课题开题论证暨中国教育学会“十二五”教育改革实验区揭牌仪式在市南区举行。

3月14日 区委书记、区人大常委会主任王久军会见优创数据技术董事局主席大卫·沃特金斯一行。

3月22日 全国第二次地名普查试点工作在市南区展开。

4月22日 市南区“学雷锋精神，筑道德高地——万名志愿者在行动”活动在宁夏路大润发广场启动。

4月28日 中央媒体“青岛侨乡走基层”采访团到金门路街道进行社区侨务工作实地采访。

5月18日 区长华玉松与德国弗莱堡市经济旅游会展促进署首席署长贝恩特·达勒曼博士一行进行会谈。

5月21日 区科技局举办“海洋科技成果展”，驻区8家涉海科研院所、1所高校及7家企业参展。

6月8日 “小鱼山文化名人街”获评第四届“中国历史文化名街”，成为青岛市第二条获此殊荣的街区。市南区成为全国首个拥有两条“中国历史文化名街”的城区。

7月24日 全国首家数字化“流动检察室”在区检察院举行启动仪式。

7月26日 市南区高端商务项目签约仪式暨高端商务载体招商发布会举行。

8月 市南区通过“中国文化餐饮示范区”复评。

9月1日 中国国民党荣誉主席吴伯雄到小鱼山参观游览。

9月3—5日 湛山、珠海路、八大关3个街道顺利通过国际安全社区认证，成为青岛市首批“国际安全社区”。

9月16日 全国政协委员、中国佛教协会常务理事、山东省佛教协会名誉会长、青岛市佛教协会会长、青岛湛山寺方丈明哲圆寂。

9月21日 区长华玉松会见美国目标市场管理项目协会和美国保险管理总代理协会代表团。

10月16日 韩国驻青岛总领事黄胜炫一行拜访区长华玉松。

10月31日 生活家、嘉祥路、新贵都3处农贸市场标准化升级改造完成。

12月13日 区政府正式聘请德国专家贝恩特·达勒曼博士为经济发展顾问。

12月17日 来自马来西亚、澳大利亚、印度尼西亚的100名华裔青少年到金门路街道仙游路社区，参加民间剪纸、手语《弟子规》活动。

12月26日 釜山银行青岛分行正式开业，行址位于香港中路36号招银大厦。

12月 市南区与德国巴登州弗莱堡市友好关系协议签署仪式在弗莱堡市市政厅举行。弗莱堡市成为市南区在欧洲正式建立友好关系的第一个城市。

同月 市南区引进吴卫平、马列伟2名国家“千人计划”专家。

第一篇

自然环境·建置·区划

第一章　自然环境

市南区为海滨丘陵城区，地势东高西低，山地、丘陵、滨海低地坡降式分布错落，成为其地理地貌主要构成。崂山山脉午山支脉自东南向西南逶迤而行，延至辖区，浮山、湛山、太平山、信号山、伏龙山等区内山头迭次而起，山地、丘陵、坡地、沟壑等多元地理结构由此而生，赋予辖区多姿多彩的形貌特征。

区域海岸线总长12.383千米，沿海自西向东分布着团岛湾、青岛湾、汇泉湾、太平湾、浮山湾5处海湾，湾湾相连，一湾一景，一湾一环，造就了区域海岸线的曲折之美。辖区东南沿海分布着4个岛屿，各领风光，异彩纷呈。受燕山运动晚期花岗岩侵入的影响，境内山地丘陵延伸入海，构成了沿海岬角、礁石、海滩等形态各异的海洋景观，岬角凸凹，海湾连环，大小岛屿，耸立海面，礁石错落，形态各异，造就了独特的滨海景观和自然环境，被誉为“世界最美海湾”之一。

市南区地处山东半岛的南部，在自然地理划分中，处北温带季风区域，受海洋和大陆的影响，季风气候显著，具有明显的海洋性气候特征。冬无严寒，夏无酷暑，年温适中，气候温和，四时气候突出表现为“春凉回暖晚，夏温热雨多，秋爽降温迟，冬暖少雨雪”。区内多样化的气候特征，兼得海洋气候的调节，冬暖夏凉，雨量充沛，温差较小，许多亚热带植物延伸分布到这里，使之成为闻名中外的海洋名城与避暑胜地。市南区域既拥有优越的气候资源，也时常受到不同程度的自然灾害的影响，不仅具有内陆地区相同的灾害种类，有时还会受到台风、海雾、海冰、风暴潮等海洋气象灾害的影响。

第一节　自然地理

地质·地貌

辖区所处大地构造位置为新华夏隆起带次级构造单元——胶南隆起区东北缘。区内白垩系青山组火山岩层发育充分，出露十分广泛。辖区坐落于岩浆类花岗岩之上，建筑地基条件优良，其构造以断裂构造为主，整体性较稳定，有断块隆起，上升幅度一般不大。

区域地貌从形态上分有山地、丘陵、滨海低地等，主要是由古老结晶岩基底经过断裂错动和河流与海水的分割剥蚀，形成现有的地貌形态。由于崂山地区花岗岩多次侵入，形成区域东北高西南低的地貌特征。受断块隆起与拗陷带控制，在沿海断块与海水的冲刷作用下，沿海发育成海湾、岬角、岛屿等海岸带地貌。

崂山山脉从崂顶向西南绵延至辖区，形成浮山余脉、太平山、湛山、伏龙山、信号山等各个山岭。辖区最高山岭为浮山，海拔384米。其他山岭海拔均在200米以下，如太平山（海拔150米）、伏龙山（海拔86米）、信号山（海拔99米）等。

辖区青岛河、浮山口沿岸河流发源于沿海丘陵区，河流源短流急，夏、秋水量较丰，冬、春基本断流，属季节性河流。20世纪初，青岛河修建为大学路。

海湾·岛屿

团岛湾　位于团岛与八大峡公园之间沿海，西部为胶州湾入海口，东部毗连青岛湾，面积1.00平方千米。湾内水深浪急，岸边建有游船码头，是海上游艇旅游观光处。

青岛湾　位于太平路沿海一带，从青岛河

青岛湾

口至火车站，岸滩线长约1500米，宽度约300米，面积1.80平方千米。湾内小青岛和前海栈桥为青岛标志性建筑，沿岸设有海滨公园，是青岛著名的风景游览区。栈桥以西沙滩较好为第六海水浴场。

汇泉湾　东起汇泉角，西至鲁迅公园沿海一带，长约1.1千米，面积1.60平方千米。沿岸第一海水浴场水浅坡缓，浪小水稳，是市区主要的公共浴场。北岸有鲁迅公园，小鱼山等景点，为青岛著名的海滨风景游览区。

太平湾　位于太平角与汇泉角之间，沿岸为闻名全国的青岛八大关风景区，环境清幽，风景优美。西部沿岸海滩长约400米，宽200米，坡缓沙软，浪小水净，为第二海水浴场。

浮山湾　位于辖区东南部浮山所海口，东岬角是燕儿岛，西岬角是太平角，内有三处礁石分隔，形成四处沙滩。海湾西部为第三海水浴场，海底坡度缓长，水势平稳。海湾东岸北海船厂旧址改建为帆船中心，面积4.00平方千米，为2008年奥运会帆船竞赛项目赛场。

团　岛　位于辖区西南角，面积0.20平方千米，海拔15.80米。为胶州湾的入海口，南部与薛家岛遥对，三面临海，风景优美，空气新鲜，有长堤与陆地相连。岛上植物有黑松、泡桐、中国槐、大叶黄杨、樱桃、白杨、天门冬、艾蒿、牵牛花、草莓、苦菜、灰菜等。

小青岛　位于青岛湾内，距海岸720米，被誉为青岛十景之“琴屿飘灯”，面积0.02473平方千米，海拔17.2米。西北与栈桥相望，东部与防波堤相连。岛四周岩石裸露，潮间带礁石向外伸展较远，周围海域水深1～5米。岛上长有黑松、刺槐、棉槐、糖豆树、大叶黄杨、泡桐、樱桃、白杨、中国槐等植物，1987年建成公园对外开放。

太平角岛　位于太平湾东岬角，面积0.01024平方千米，海拔26.1米。岛上无土层、无植被、无淡水源，周围海域水深流急，鱼类和海珍品资源均甚丰富，现已与陆地相连。

燕儿岛　位于浮山湾东岬角，因岛上多燕鸟得名，被誉为青岛十景之“燕岛秋潮”，面积0.14平方千米，海拔23.70米，该岛三面临海，西南与太平角遥对，西北是浮山所口，现已与陆地相连。

岬角·礁石

团岛角　位于辖区最西端，海拔17米。东与团岛相对峙，南与薛家岛隔海相望。

青岛角　位于青岛湾东南角，与小青岛对峙，是青岛湾与汇泉湾的分界线。

太平角　位于太平湾东南角，海拔18.3米，面积0.20平方千米，向西南延伸，水下有礁石。

汇泉角　位于汇泉湾东南角，初称“会前岬”，海拔30.3米，面积0.13平方千米。三面临海，松柏常青，丘陵地上建有小塔。

钓蓝角　位于浮山所湾口东侧，燕儿岛嘴西。距陆地0.22千米，长80米，宽50米，海拔4.70米。

燕儿岛角　位于浮山湾东南角，青岛奥林匹克帆船中心处。

白鸽石礁　位于胶州湾东南近岸，方圆形花岗岩质，长20米，宽15米，为进出小港航道主要碍航物。周围水深4～5米，礁石顶部设有灯桩，名白鸽石灯桩。

双　礁　位于小港口南侧，距陆地70米，长30米，宽20米，海拔3.30米。

青岛礁　位于小青岛西1.1千米处，由贵州路东端海岸向南延伸约0.5千米。长0.4千米，宽0.15千米，面积0.04平方千米，海拔2.30米，周围水深2～5米。

老鼠礁　位于太平湾东侧，太平角西南，离太平角湾220米。礁石宽100米，长200米，周围水深5～8米。

黑　栏　位于浮山所湾西北，第三海水浴场东北侧，距陆地120米，长60米，宽50米，海拔2.30米。

北沙暗礁　位于浮山湾口南1.2千米，东南西北走向。长2.45千米，最宽0.5千米，面积0.80平方千米，水深5.2～8米。

土壤·植被

辖区属于暖温带湿润落叶阔叶林生物气候区，土壤为棕壤地带类型。主要分布于山地丘陵和山前缓坡地上，土层较厚，深度多在1.5米左右。土壤颜色以棕色为主，质地多为沙壤土至中壤土。滨海低地在海潮影响下，多为盐渍型土壤，富含可溶性盐分，1米土层内含盐多在0.5%以上。

辖区位于北半球中纬度及东亚海洋性季风区的边缘，隶属泛北极植物区中国—日本森林植物亚区华北地区，植被组成以华北区系成分为主。由于自然地史和植物自身的演化结果，世界各地理区系的植被相互渗透，植物种类丰富繁茂，是同纬度地区植物种类最多、组成植被建群种最多的地区。自然植被为落叶阔叶林，并混有热带、亚热带及东北成分植物。20世纪初始，通过植物引种驯化，增加了欧美、日本、地中海及东亚区系成分，不少树种已“乡土化”，成为植物群落的建群种、共建种和优势种。1990年调查统计，区内（不含青岛植物园）共有各类树木475种。

第二节　气候气象

气候

市南区地处中国南温带、亚湿润大区、鲁淮气候区，冬季无严寒天气，春季回暖缓慢，夏日酷暑较少，秋季降温迟缓，有明显海洋性气候特点，空气湿润，降水适中，雨热同季，-0.5℃。日均气温≤-5.0℃的严寒天气，年均为4.7天，多出现在1月。7月、8月两月最热，平均气温为25.3℃，为降水量高峰期，占年降水量的49%，1—2月、12月降水稀少。空气相对湿度年均为71%。年均降雪日数为14.7天。年平均风速为5.2米/秒。最多风向为东南—南南东风，其次为西北—北北西风。年均日照时数为2481.2小时，年均日照百分率为56%。平均气压为1008.6百帕。

春季　域内春季平均自4月13日开始，至7月3日结束，历时82天，大体与“清明”和“夏至”相对应。其间太阳辐射增强，地面和空气温度不断升高，北方冷空气与南方暖湿气流频繁交汇，多出现南北向大风，天气乍暖还

中山公园春季樱花盛开

寒。降雪一般在3月中旬结束，霜冻于4月上旬终止，4月中旬可闻初雷，4—5月沿海多海雾。季平均气温为10.8℃，季平均降水量为112.7毫米，占全年降水量的15%，是全年比较干燥的季节。

夏季　域内夏季平均自7月4日开始，至9月12日结束，历时71天，大体与“夏至”和“白露”相对应。其间，受副热带海洋性气团的影响，盛行偏南风。沿海多海雾，天气较为潮湿闷热。6月底或7月初进入汛期，多雷阵雨天气。季平均气温为23.3℃，极端最高气温为38.5℃。8月平均气温最高，为25.3℃。日平均气温≥30.0℃的炎热天气较为罕见。季平均降水量为377.2毫米。最大月、日降水量均出现于8月。最多风向为东南风。热带气旋主要发生于8月，平均每年约1.4次，所经过地区，常伴有大风、暴雨和风暴潮。

秋季　域内秋季平均自9月13日开始，至11月9日结束，历时58天，是四季中最短的季节，大体与“白露”和“立冬”相对应。其间南方暖湿气流逐渐减弱，北方冷空气日趋加强，多秋高气爽天气。前期由于冷暖空气频繁交汇，产生强对流天气，是全年发生冰雹灾害的主要时段之一。冷空气南下入侵时，常伴有偏北大风和降水，气温梯次下降。10月上旬开始出现初霜，10月中旬开始出现初雪。后期气温下降较快，极端最低气温曾降至-7.2℃。最多风向为西北西—北风，平均风速为4.9米/秒。季平均雾日为3天，是全年雾日最少的季节。

冬季　域内冬季平均自11月10日开始，至4月12日结束，历时154天，是全年最漫长的季节，大体与“立冬”和“清明”相对应。其间，受大陆性气团的控制，气候干燥而温冷。极地冷空气侵袭时，伴有偏北大风、降温和降雪，出现短期严寒天气。季平均气温0.9℃。1月为最冷月份，平均气温为-0.5℃。季平均降水量为35.2毫米，是降水量最少的季节。最多风向为西北西—北风，平均风速为5.4米/秒。冬季升温明显，出现连续“暖冬”现象。

气象

区内太阳总辐射年均为120.4千卡/平方厘米，5月为最高，为14.4千卡/平方厘米；12月为最低，为5.8千卡/平方厘米。年均日照时数为2481.2小时，5月日照最长，为249.7小时；1月最短，为177.5小时。年均日照百分率为56%，10月最高，为63%；7月最低，为42%。辖区年均气温为12.7℃。全年中最热月为8月，月均气温为25.3℃。最冷月为1月，月均气温为-0.5℃。7月下旬至8月上旬，平均气温26.1℃，是最闷热时段。年平均相对湿度为71%，3月最低，为66%；7月最高，为88%。气压年均为1008.6百帕（Pa）。冬季由于受冷空气控制，气压较高。其中1月平均气压最高。夏季受南方暖气团控制气压较低，其中7月最低。年均雷暴日数为19.6天，6—8月雷暴日数占全年雷暴总日数的69.2%。7月最多，年均为6.5天。

区内年均雾日51.5天，各月均有出现。雾多发生于4—7月，海雾多在5—8时出现，14时后逐渐消散或减弱，有时日落后再度加强，持续时间较长。海雾以山地、丘陵以南的滨海低地较浓重，往北渐减弱，覆盖区域纵深。年均霜日为41天，1月最多，年均18.3天，其次为12月，年均17.4天。年均地面温度为15.2℃，1月地面温度最低，为-0.6℃。月平均最高值出现在8月，为28.9℃~29.5℃之间。年均降雪为15天，多为小到中雪，大雪较少。降雪日主要集中在12月、1月和2月。积雪消融最晚日期为4月1日。年均降水量为662.1毫米，其中6—8月三个月平均为402.7毫米，占全年降水量的66%。8月最多，年均151.1毫米，其次为7月，年均142.1毫米。1月、2月、12月降水稀少。

灾害

市南地域处于黄海地区中部，三面环海，一面依山，得天独厚的地理条件，使其具有明显的海洋性气候特征，既拥有优越的气候资源，也时常受到不同程度的自然灾害的影响，其灾害的种类，不仅具有内陆地区相同的大风、干旱、冰雹和雷击等气象灾害，有时还会受到台风、海雾、海冰、风暴潮等海洋气象灾害的影响。夏季，热带气旋是影响辖区的重要天气系统。最早为6月中旬，最晚至9月下旬，主要出现在8月和9月上旬，平均每3年左右出现1次。风暴潮与天文高潮叠加时，会引起沿海水位暴涨，狂涛恶浪，海水倒灌，泛滥成灾。1939年8月31日台风莅境，创40.3米/秒之烈风纪录，为青岛市50年来所未有，山崩海啸，树林倾折，交通为之断绝，水电供应受损，灾情极为惨重。1985年8月19日，“8509”号台风横穿胶东半岛，辖内出现11级大风，阵风达12级以上，19—20日连续降水达254毫米，狂风暴雨交加，海堤大段被毁，并造成人员伤亡。暴雨主要出现于7月、8月两月，分别占年均暴雨日数的33.5%和35.3%。春、夏、秋、冬四季发生大旱的比例以秋、冬两季为多，分别为29.1%、35.2%。强降温天气主要出现在11月，年均2~2.4天，强降温最高达14℃。1987年11月25日，由于秋季强寒潮南下，辖区最低气温从4.3℃下降到-3.4℃，24小时气温下降12.8℃。1998年12月1日，市区24小时内强降温达14.0℃。1990年12月1日，寒潮侵袭青岛，最低气温降至-5.6℃~-8.7℃。大风年平均为57.6天，主要出现在1—5月、11—12月，其中以4月、11月、12月最多。雷击最早出现于3月，主要发生在5—8月。年均雹日为0.3~0.6日。其中5月发生雹日的比率最高。1988年5月8日，辖区遭受罕见的特大冰雹袭击，冰雹最大直径达6厘米，各种房屋玻璃大面积破损。龙卷风灾害，主要发生于6月、7月、8月三个月，其中以8月发生率较高。

第二章　建　置

今市南地域，古为东夷部族繁衍生息之地。夏商以降，历时2000余年，或隶于国、都，或属于郡、县，归属历经沿革。商代，东夷族人建立了众多方国，今市南区隶属齐国以东的夷国。鲁隐公元年（前722），纪人伐夷，是年为纪国所灭。西周，齐建国，拓疆至胶东。鲁庄公四年（前690），齐国吞并纪国，纪地并入齐国疆域，齐国建即墨为五都之一，市南地域隶属之。秦始皇帝一统天下后，于二十六年（前221）置天下三十六郡，市南地域隶于琅琊郡。西汉时设不其县，辖区为琅琊郡不其县所辖。东汉光和年间（178—184）至三国时期，不其县属东莱郡，辖区亦属之。晋咸宁三年（277），长广郡始置，辖不其、长广、挺三县，郡治不其，辖区遂隶于长广郡不其县，至南北朝时期仍袭之。北齐天保七年（556），不其县废置，其地并入长广县，辖区改隶之。隋开皇十六年（596），即墨城迁至今址并建立县制，辖区属即墨县。元世祖至元二年（1265），即墨县建制被废。约元至正九年（1349）前恢复建制，辖区复属之。直至明代设立卫所之前，今市南地域迄无建置。

明代洪武二十一年（1388），浮山备御千户所设立，为青岛地区建置史与开发史之重大事件，作为山东半岛陆海防御战略前沿，其战略地位日益凸显，成为青岛开埠前的军事乃至政治中心。所辖四座军寨、九个军屯、十八处墩堡，奠定了青岛地区早期村落的基本格局，成为清末青岛开埠时坐拥发展基础的历史根源之一。清雍正十二年（1734），裁撤浮山所建置，浮山所原辖四军屯归并即墨县。至清末，今市南地域隶属即墨县仁化乡文峰社。1891年胶州湾设防。青岛口一带成为胶州湾海防体系军事重镇和港航贸易区域中心，初具城镇规模。1897年11月，德国侵占青岛。次年签订《胶澳租界条约》后，今市南区域括入德国胶澳租借地之内，实行划区而治与华洋分治，今市南区域成为多元区划组合的市区主体，也是国内最早以区为行政建制的市区之一。第一次世界大战时期至20世纪30年代中期，今市南区境域历经编析与组合。1937年，"市南区"作为行政区名称首次出现于历史记载中。

青岛解放后，全市首次区划，市南区为7个行政区之一。直至1994年青岛市行政区划调整和2012年市区部分区划调整，市南区建置未变，一直延续至今。

第一节 浮山所

明代，今市南地域先后隶于山东青州府即墨县和山东莱州府胶州即墨县。明代建立初期，距日本最近的胶东半岛，是倭寇侵扰最严重的地区之一，鉴于其海陆要冲的特殊地理位置，明廷在胶东半岛沿海建立卫所等军事机构，加强山东海防，应援沿海卫所。洪武二十一年（1388）五月，浮山备御千户所设立，为鳌山卫所辖右、前、后3个千户所之前所。据与之相邻的千户所驻军数量推算，浮山所应有京操军600余人，守城军300余人，屯田军70余人，总人数在千人以上。其防区内，设有楼山寨、金家岭寨、于家庄寨、张家寨4座军寨，其规模大小不等，常年派兵驻守。浮山所共辖赵家、葛家、李家、毛家、侯北、任家、侯南、展家、浮山所9个军屯（一说浮山所共辖25处军屯，除即墨县境内9处外，16处在平度州境内）。其中的浮山所屯，是浮山备御千户所驻地，设有官衙、仓廪、学署，约有屯垦土地6750亩。浮山所还统辖十八处墩堡，即麦岛、错皮岛、双山、塔山、瓮窑、转头山、狗塔山、桃林、中村、东城、张家庄、程家庄、城阳、女姑、楼山、孤山、红石、斩山等。浮山所位于山东半岛陆海防御战略前沿，位置极为重要，其西南约50千米是海上重镇灵山卫，呈掎角之势；东北50千米则是守望京畿的鳌山卫，东西呼应；沿官道向北45千米，即可到达即墨城，且背倚浮山，东接石老人口，西邻青岛口，扼胶州湾外口之要冲，是四面应援、凭险据守的陆海军事要地，成为青岛开埠前的军事乃至政治中心。

明朝洪武二十一年（1388），为加强海疆防御，在青岛设立浮山备御千户所，称为浮山所

清雍正十二年（1734），裁撤浮山所建置，浮山所原辖4军屯归并即墨县，丁地钱粮均属县管，卫学生员也归属本县儒学。据清同治版《即墨县志》记载：收并浮山所三千一百三十户，八千五百七十口。

第二节 市南区

20世纪初期，今市南区前海一带已呈现城区雏形

清末，今市南区境域属即墨县仁化乡文峰社。1891年6月14日，清廷内阁明发上谕，允准在胶州湾设防。次年，登州镇总兵章高元率兵移驻青岛口，并在青岛村前（今人民会堂旧址）建总兵衙门，胶州湾海防工程建设和港航贸易拉动人口激增，青岛口一带初具城镇规模。直至清光绪二十四年（1898）《胶澳租界条约》签订前，今市南地域隶属未变。1898年签订《胶澳租界条约》后，今市南地域括入德国胶澳租借地之内。

1900年6月，德国胶澳总督府将租借地分为内界和外界两大区。今市南区域包括内界青岛、大鲍岛、小泥洼、会前四区，成为国内最早实行以区为行政区划的市区之一，范围包括租借地内界的主体区域，有“欧人区”之称的青岛区、中国人聚居的首善之区大鲍岛区与贫苦平民聚居区小泥洼区，中外咸集、五方杂处的社会人际环境初步形成。1910年，德国胶澳总督府将租借地内界原9个小区合并为青岛、大鲍岛、台东镇、台西镇4个区。今市南区域包括内界青岛、大鲍岛、台西镇3区，作为青岛市区的主体地位愈益显现。

1914年日德青岛之战爆发，日本侵占青岛后，将占领区划分为青岛区和李村区。今市南区位于青岛区。1922年北洋政府接管青岛后，青岛市区由青岛市街、台东镇和台西镇组成，今市南区境域未建立独立、统一的区级行政区，一部含入青岛市街，另一部为台西镇。1929年南京国民政府接管青岛，设立青岛特别市，今市南区境域几经变析。1932年7月，全市设立12个自治区，每区设区长，行政机构为区公所，署理区民大会议决事项，掌管区财政收支、预决算、公产及公营事业。其中第一区、第二区所辖范围与今市南区域相近。第一区区公所设在费县路，第二区区公所设在常州路。1935年，青岛市区划为东镇、西镇、大港、小港、海滨、浮山、四方和沧口8区，今市南区域主要分布在海滨、浮山、西镇3区。1937年，青岛市警察局市南区警察分局设立，“市南区”作为行政建置名称首次出现。1939年日伪青岛特别市警察局设立市南分局，管辖市南保甲区。1943年日伪当局将市区划分为市南、市北、西镇、东镇、海西、四方、沧口7区。各区设区公所，区公所设区长、副区长各一人，由市长任免之。抗日战争胜利后，1946年全市共划分市南、市北、台东、台西、浮山等12区，各区设区公所，直隶于市民政局，区公所设区长、副区长各一人。市南区区公所设于太平路，台西区区公所设于东平路，浮山区区公所设于浮山所。1949年青岛解放前，推行警保一体区划，市区除保留市南区、市北区、台东区、台西区4区外，将浮山区、四沧区也列入市区范围。

1949年6月青岛解放后，全市划分为7个区，市南区为全市7个行政区之一。此后，按照社会经济发展的需要，青岛市进行过多次区划调整，1994年5月，青岛市行政区划调整为7个区5个县级市，市南区建置未变，仍为7区之一，2012年12月，青岛市区部分区划调整，市南区建置一直未变，延续至今。

青岛区

青岛区，作为一区建置，最初出现于1900年。因德国胶澳总督府规定，青岛区“仅容西人雇佣各人以及常佣等人在内限数居住”，故又称“欧人区”。青岛区的境域，以德县路和保定路作为与大鲍岛区的分界，沿挂旗山至凤台岭（今贮水山）一线，作为与小鲍岛区的分界，再以会前东山（今太平山）一线作为与台东镇的分界。

1898年《胶澳租界条约》签订后，德国胶澳总督府与青岛当地的18个村签订了青岛历史上第一个土地收买契约，开始了大规模的土地购并，为青岛区大规模城市建设进行土地储备。此后几年内，围绕租借地政治、军事、经济中心建设，以向心集中、环形辐射的规划布局，展开城市建设，逐步形成了以胶澳总督府大楼、胶澳总督官邸、基督教堂、胶澳警察署大楼、帝国法院、德华银行青岛分行、胶海关等建筑为主体的城区格局，并从青岛区开始着手城市中心街区的放射状路网建设、地下排水系统建设和环海堤坝建设。

同期，德国胶澳总督府在青岛区修建俾斯麦兵营和伊尔蒂斯兵营，在沿海一带海岬、高地修筑了青岛山炮台、会前岬炮台、湛山炮台等多处永久性的海防、陆防炮台和堡垒群，长期驻军2300余人，其远东舰队的16艘军舰常驻青岛，从而使青岛成为德国在海外最重要的军事基地。随之，取得铁路经营权和采矿权的13家德国辛迪加联合成立“山东铁路公司”和“山东矿业公司”，把公司机构设于青岛区。自亨宝轮船公司开辟青岛至欧洲的远洋航线以后，德国总督府出台了特许航运津贴制度，吸引了德国禅臣洋行、美最时洋行、捷成洋行、瑞记洋行、英商怡和洋行、太古洋行等相继加盟青岛至欧洲的远洋航运，投放这条航线的远洋货轮达37艘。当时，亨宝轮船公司是世界最大规模的远洋轮船公司，它在青岛的分公司设在斐迭利大街（今中山路）上。20世纪初，接连进入青岛区的外国洋行，还有礼和洋行、太古洋行、哈利洋行、吉利洋行、拍德洋行、美最时洋行、顺和洋行、大成洋行、捷成洋行和世昌洋行等。

辛亥革命后，一批清朝遗老到青岛择地建宅，殖民当局“华洋分治”界限从此被打破。第一次世界大战时期，日本侵占青岛，青岛区的境域覆盖整个市区。北洋政府接收青岛后，青岛市区一分为三，其中的青岛市街又析出青岛区。1929年，南京国民政府接收青岛，市区区划为第一区、第二区，青岛区由此从行政区划中退出。

大鲍岛

大鲍岛，原系胶州湾内的25个海岛之一。青岛港初建时，为开辟新港区，包括马蹄礁在内的5个小岛炸礁平毁，大鲍岛由此跃居湾内诸岛之首。大鲍岛村，地处今胶州路与中山路的交口一带，因胶州湾内的大鲍岛而得名。据史料记载，19世纪末大鲍岛村有王姓和于姓村民680人，半渔半农，村里有一座家庙，家庙两厢用来办学堂，还有一座官宦人家的庄园。大鲍岛村是青岛古村落中唯一有“集”的大村，以旧历初一、初六为集日，集的西北角是劈柴市，即劈柴院的前身。1898年起至1901年年底，德国胶澳总督府收买大鲍岛村土地，强令原有居民一律迁移至台东镇以北，原有房屋一体拆除，夷为平地。1900年的第一轮城市区划，依托大鲍岛村将其扩展为租借地内界的一个区，区划以德县路—保定路为界，南为青岛区（欧人居住区），北为大鲍岛区，北迄沧口路，西到济南路，东至济宁路。

20世纪初，大鲍岛区毗连式的沿街商住街坊建筑群始建，依托围合式建筑为主的街区风貌，大鲍岛商业区展开布局。1901年小港建成以后，大鲍岛成为小港的仓储腹地。自1905年谦顺银号从胶海关接手常税厘金以后，福记钱庄、义聚诚、东盛和，协源盛等银号、钱庄相继在大鲍岛开业。之后，瑞蚨祥、谦祥益，宏仁堂，名列岛上三大酒楼的顺兴楼、春和楼、聚福楼，紧步其后的亨德利、盛锡福、馅饼粥、长春堂等老字号纷纷在大鲍岛落户，奠定了大鲍岛区的业态和人脉，形成岛城华人社会的首善之区。1910年，德国胶澳总督府将租借地内界九区合并为四区，市区区划格局更趋紧凑，大鲍岛区因其在租借地经济社会中举足轻重的地位和影响，其境域有所扩展。1929年将市区划为第一区和第二区，大鲍岛区从此退出行政区划。

台西镇

位于市区西南部，因地处隆起的西部台地而得名“台西”，1891年青岛建置时有小泥洼等村庄。1900年第一次城市区划，曾设小泥洼为租借地内界九区之一。1910年德国胶澳总督府进行区划调整，裁撤小泥洼区，置台西镇，为租借地内界新设4区之一。1924年10月11日，为便利被胶济铁路隔开的市区东西部交通，横跨胶济铁路线的定安桥建成，成为大鲍岛区通往台西镇的重要人行通道。据《胶澳志》记载，这一时期，“台西与市区之交通要道，又增辟东平、观城、滋阳、嘉祥、濮县、寿张、汶上一二（即当时的汶上一路、汶上二路），共八路”。路桥建设，连接起以云南路为端始的道路网，和团岛的棋盘式路网相接。1929年，南京国民政府接收青岛，台西镇划为第一区。1935年重行市乡区划调整时，改称西镇。这一时期，实施台西区贫民窟改造，先后在台西五路、四川路、台西四路、观城路、嘉祥路、成武路、贵州路、滋阳路、团岛一路等地建成平民住所十余处。1946年，青岛实行保甲编组，作为市内12区之一，改称台西区。

青岛解放后，全市区划调整为7个区，台西区为7区之一。1951年，经国家内务部批准，其区界调整为：东北自台东区与市北区分界的泄水沟起，沿铁路向南，经冠县路、莘县路、云南路、广州路、朝城路至海岸；西自五号码头起向南沿海岸线至团岛；南自团岛向东沿海岸线至朝城路；北至五号码头。区域功能定位为青岛市码头区。之后，西广场改造为新式居民楼——“幸福楼”，2路无轨电车通至西镇，食品厂、肠衣厂、肥皂厂、贝雕厂、酿造厂、橡胶九厂等企业落户台西区，带动了西部工业的崛起。1963年2月，经国务院批准，撤销台西区的行政建制，其所属云南路、郓城北路、单县路、台西三路、南村路5个街道办事处辖区划入市南区。

第三章　区　划

市南区由一商贸口岸和军事海口演变而来，所城、乡社、口岸、村镇、道路的变迁，记录下一方行政区划和地理人文的历史演变过程，并衍化为现代区划的前身。明代洪武年，胶州湾沿岸设立卫所，时为全国359个守御千户所之一的浮山所建立。随着卫所人口播迁，青岛村、小泥洼村初立。明代万历年，明廷开辟青岛口、金家口、女姑口为通商口岸，青岛口始见诸史籍文献。清末，青岛区域未实行行政区划，整体作为县乡以下社一级区划单位，归隶于县、乡、社行政体制之下。今市南区境域属即墨县仁化乡文峰社。

德国租借胶澳后，征收今市南区境域的老村庄，于1900年实施第一次城市区划，原老村庄基址扩展为九区，依托原人口分布和地缘结构形成最初的城市组团，现市南区域分属租借地内界4区，成为首轮城市组团的主体构成。1910年胶澳租借地实行第二次城市区划，台西镇作为城市西部的平民聚居区崛起。

自第一次世界大战时期至20世纪30年代中期，今市南区境域区划几经组合，经历了从内界四区—青岛区—青岛市街的整合离析。20年代，青岛市街析为青岛区、别墅区、大鲍岛区、新街区等，今市南区境域，凸显青岛市区的主体地位。南京国民政府接收青岛后，重划青岛市区，海滨、浮山、西镇3区成为今市南境域新的区划组合。日本侵华战争期间，“市南区”首次作为行政区出现，将多元区划组合为一。抗日战争胜利后，全市实行保甲区划，市南区为全市12保甲区之一。

青岛解放后，市南区按照机关、学校、住宅区的定位，多次调整区划、区界。为适应城镇化建设和城市发展的需要，原台西区5个街道办事处辖区及原浮山区部分乡、自然村划归市南区。1994年青岛市区行政区划进行较大调整，市南区行政区域稍作微调。2012年青岛市区部分区划调整，市南区划范围不变，保留至今。

第一节　区划沿革

辖区境域的区划沿革始于19世纪末。1898年起至1901年年底，德国胶澳总督府收买今市南区境内的青岛村、大鲍岛村、会前村、小泥洼村土地，除天后宫、老衙门外，原有居民一律迁移，原有房屋一体拆除，夷为平地。1900年颁布《德属之境分为内外两界章程》，实施第一次城市区划，原老村庄基址扩展为九区，即青岛、大鲍岛、小泥洼、孟家沟、小鲍岛、杨家村、台东镇、扫帚滩和会前，此为青岛设区之始，依托人口聚居、分布状况及地缘结构成为最初的城市组团，现市南区地域分属租借地内界青岛区、大鲍岛区、会前区和小泥洼区。1910年胶澳租借地实行第二次城市区划，将租借地内界九区合并为四区，小泥洼区被撤并而代之以台西镇。

1914年，日本青岛守备军司令部又将内界四区合并为青岛区。北洋政府统治时期，从青岛市区中析出青岛市街，青岛市街又分为青岛区、别墅区、大鲍岛区、新街区等，其中青岛区、别墅区和大鲍岛区分属今市南区境域，成为青岛市区的主体构成。南京国民政府接收青岛后，重划青岛市区为8个区，居8区之列的海滨、浮山、西镇3区分属今市南境域。日本侵华战争期间，推行保甲行政管制，“市南区”首次作为行政区出现，成为伪青岛特别市公署的直辖区。抗日战争胜利后，市南区为全市保甲区划12区之一。

1949年6月青岛解放后，青岛市人民政府对区划作了调整。市南区界为：南起太平路、

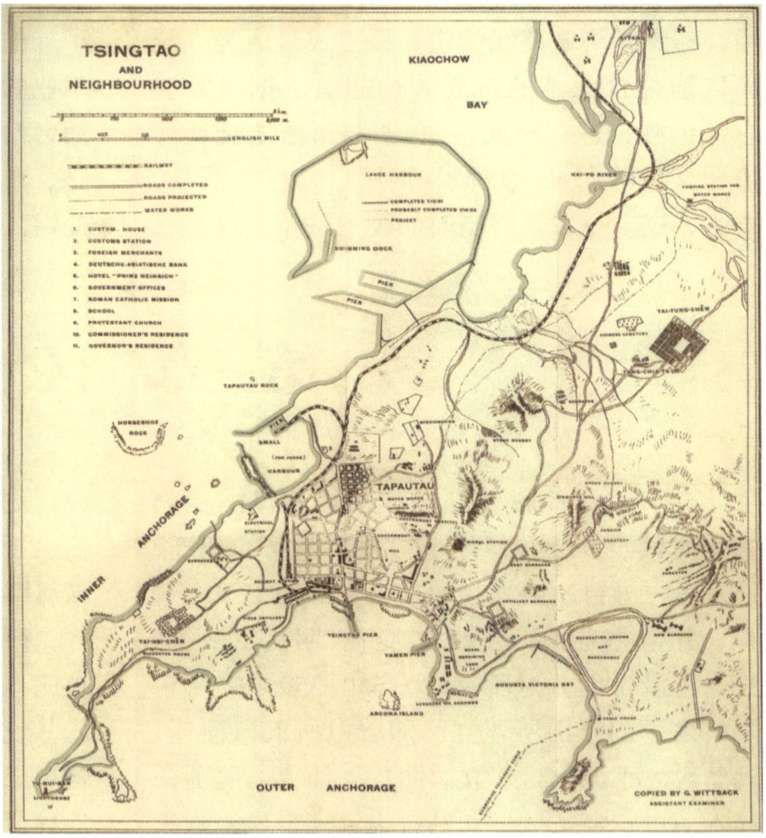

青岛及周边地图（1901年）

海阳路、莱阳路、南海路；东南至汇泉路、山海关路、黄海路、太平角一路；东自湛山五路、太平角四路、太平角六路、芝泉路、郧阳路、佛涛路、文登路、京山路、福山路、阴岛路；东北至登州路南端、齐东路东端；北至莱芜路、苏州路北端、观象二路、平原路、四方路、中山路中段；西北至济南路；西起泰安路、费县路、汶上路；西南至费县路至朝城路转角、定陶路西段、寿张路西段、汶上路、费县路西头、成武路、贵州路西头、团岛二路;东向贵州路、太平路。

1951年8月，青岛市区调整，市南为机关、学校、住宅区。市南区界为：东至浮山所村西；西自冠县路南头铁路桥洞起，向南沿铁路经广州路、单县路、朝城路至南海岸止；南自朝城路头海滩起，沿海岸线向东，至浮山所村前海滩止；北自中山路北头起至四方路向东经禹城路、福建路、胶州路、胶东路、莱芜二路、齐东路、登州路、兴安路，至青岛山及若鹤山、湛山的分水岭。1954年7月，撤销浮山区，将麦岛乡、浮亢乡、浮西乡、三合乡之田家村划归市南区，连同湛山派出所管辖区暂设浮山办事处管辖。1956年3月，浮山办事处所辖的浮西、麦岛两乡包括丁家庄、辛家庄、大尧村、逍遥村、大麦岛、徐家麦岛、王家麦岛7个自然村划归崂山郊区。浮山办事处的机构及浮亢乡建制一并被撤销，设立浮山所街道办事处，仍归市南区领导。1957年5月，崂山郊区浮西乡所属丁家庄、辛家庄、大尧、逍遥4个村划归市南区领导。1958年9月，成立市南区东风人民公社。翌年1月，改称浮山人民公社。

1963年2月，撤销台西区行政建制，将其所属云南路、郓城北路、单县路、台西三路、南村路5个街道办事处辖区划归市南区管辖。市南、市北在这一段区界为：自大窑沟桥洞接冠县路往南沿小港码头围墙至围墙南头。1963年7月，浮山人民公社划归崂山县领导，其社会治安、文教卫生、居民生活供应等工作，仍属市南区领导。

1978年12月，浮山人民公社仍划归市南区管辖。

1994年，青岛市区行政区划进行较大调整，市南区只将东部与中韩镇交界区作微小调整，其行政区域范围不变。2012年，青岛市区部分区划调整，市南区行政区划不变，保留至今。

第二节　村　镇

浮山所

明洪武二十一年（1388），浮山所始置，时为全国359个守御千户所之一，属鳌山卫管辖。浮山所位于市南区东部，浮山西麓，北依山岭，南面大海，与燕儿岛、太平角构成天然海防屏障。浮山所因其位于浮山脚下，因山得名。浮山所城筑于明建文四年（1402），所城周三里，高二丈五尺，为土夯城墙，城门三座，内置衙署、仓廒、庙宇等。浮山所设千户一员（正五品）、副千户一员（从五品）、百户一员（正六品），有京操军、守城军、屯田军，共1000余人，辖有4个军寨、18个墩堡，军屯9处，土地6750亩，是当时胶东半岛的海防重镇。清雍正十二年（1734）浮山所建置被撤销，其地丁人口并入即墨县，仍称浮山所。明代居民多为军屯的军户，世以农渔为业。1982年村民转为城市居民，建立农工商一体化经营体制，由浮山街道管辖。20世纪80年代后期，青岛市实施东部开发。90年代初，中国共产党青岛市委员会、青岛市人民政府的新办公大楼迁建于此，现已成为全市行政管理、经济、文化发展中心。

青岛村

青岛村建于明朝初年。明初，浮山所设立。后，一些军户和沿海渔民也来此安家，逐渐发展成为一大村庄，改名为青岛村（曾分别为青岛村和上青岛村）。《胶澳志》载："青岛村，初为渔舟聚集之所，旧有居民三、四百户，大都以渔为业。”青岛村地处小青岛的对岸，青岛村附近的海口、小河、小山也都以青岛命名。初建时的青岛村居民多为渔民。随着青岛口海运开放，南北船工也逐渐增多。渔民和船工出海多祈求海神保佑平安，遂于明成化三年（1467）在青岛村西侧修建天后宫，以祭祀天后。《胶澳志》云：“天后之祀，不见于正史，然渔航业奉祀维谨，故海岸恒有是庙。”1898年起至1901年年底，德国胶澳总督府收买青岛村土地，强令原有居民一律迁移至台东镇以北，除天后宫、老衙门外，青岛村原有房屋一体拆除，夷为平地。

青岛口

青岛，又称小青岛，别名琴岛。本指胶州湾海口北侧的海中小岛，俗称“小青岛”。自明代始，“青岛”之名开始从海中小岛逐渐移向陆地。青岛北面的海湾称为青岛湾；海湾边的村庄称为青岛村；村南的小河称为青岛河；村东南的山称为青岛山。“青岛口”泛指从现鲁迅公园至团岛一带的海岬，其内涵既包括海口也包括海边的陆地。清同治版《即墨县志》的“海口图”中已将“青岛口”标注在陆地上。明代万历年，明廷批准即墨县开辟青岛口、金家口、女姑口为通商口岸。由此，青岛由一海滨渔村成为口岸，文献始称“青岛口”。

明朝以后，青岛口发展较快，伴随军事海防及卫所建设，商业贸易活动日渐兴起。清乾隆年即在青岛设卡征税，清同治年又在青岛设东海关分关，故乾隆版和同治版《即墨县志》均有载：“榷税，金家口、青岛口海船按装载货物抽取税银，尽征尽解无定额。”清同治四年（1865）《重修天后宫》碑文载，时捐资、施助重修天后宫的“众商”“诸船”多达60余家，主要有东海关、县局以及福泰、晋昌、永豫会、意诚、隆盛、聚和诚等诸号。

进入近代，在青岛口建海关分关，促进了青岛口船只的进出和贸易的发展。清光绪十七年（1891）青岛建置后，在青岛口北建胶澳镇守衙门，在湾西建码头（今栈桥）。青岛口航运通达，商贾往来繁盛。主要通航地区有牛庄、石臼所、江淮、闽浙、广粤，与朝鲜亦有往来。至光绪二十三年（1897）春已有商铺71家，初具城镇规模。

会前村

会前村，位于太平山南麓，傍山濒海，原隶即墨县仁化乡，村民以渔业为生。据现存会前村碑文记载：“会前，今伪为汇泉或会泉，旧有村民360户，多业渔。清光绪二十四年（1898）德租胶州湾，二十七年（1901）收买是村土地。三十年（1904）又征收全村土地，悉令居民徙居，废其村……”另据《王氏族谱》记载：“清光绪二十三年（1897）德人占青岛，后四年，以会前辟为公园，前辈遭其驱逐。”1901年，德国胶澳总督府收买太平山、青岛山进行造林后，辟建为植物试验场，成为中山公园的前身。另将会前村南缘的大批耕地辟建为跑马场。植物试验场，始建于1904年，建林木园地约百万平方米，果木园地约4万平方米，引进世界各地的花草树木约170多种，23万株，成为以树木、果园、花木为主的公园，后取名“森林公园”。1915年，在植物试验场东北侧修筑游览路，路两侧栽植百余株日本樱花，形成一条长近1千米的樱花路，定名为“旭公园”，青岛人称其为“樱花公园”。同期，又在林地西南侧建起动物笼舍，养有熊、鹤、鸭等动物。1923年，该公园定名为“第一公园”。同年，在公园西部造人工湖，建木曲桥和湖心亭，称小西湖。1929年，为纪念孙中山先生，第一公园改名为中山公园。30年代，中山公园以“东园花海”名列青岛十大景观之一。

小泥洼

台西一带古时称“西岭”，为一岛。西岭有一村，名为小泥洼，村民世代以渔为业。据载，小泥洼最早的居民，出现于明朝初期胶州湾沿岸设立卫所时期，大部为朱元璋派遣出征云南的以安徽、江苏籍为主的汉族军士及其家属。清代，由于倭患平息，这里逐渐失去防倭作用又回归为一个小渔村。光绪十二年（1886），为北洋水师基地择址，登莱青道道员刘含芳奉命勘查胶州湾，在《勘查胶州湾条陈》中述及小梅坞（即小泥洼）地势，“平岗七里，向西直伸，断续相连”。随后，英籍北洋总兵琅威理赴胶州湾踏勘，在《布置胶澳说帖》中提出：“宜设炮台两座，一在小梅洼（即小泥洼）、一在坦岛（即团岛）。”青岛建置后，胶澳总兵衙门在小泥洼附近修建广武营和炮台。据《山东德邑村镇志》记载：“小泥洼位于远远伸向西南方的岬角上，陆地尖部由一堆起的坎与小岛团岛相连……”至1899年，小泥洼有324人。1900年德国胶澳总督府第一次城市区划时，设小泥洼为租借地内界九区之一，其地域即今台西一路、磁山路、台西五路、贵州路围合的区域，是规划中的劳工聚居区。小泥洼村与殖民当局签订土地购买合同后，于1901年迁移平毁。小泥洼村民迁住台西以南的一块坡地，俗称“挪庄”。1910年，德国胶澳总督府实行第二次区划，小泥洼区被撤并而代之以台西镇。

大湛山村　小湛山村

大湛山村，位于市南区东部，北倚太平山，南临黄海，西毗太平角，东接浮山所。明代，浮山所在斩山（今太平山）设斩山墩堡，驻有军士。据传“斩山”之名缘于“二郎神在此山斩妖为民除害”的神话传说。山下曾有二郎庙，何时建庙无考。明嘉靖年间（1522—1566）孙氏廷章、廷化兄弟二人徙居山下，是大湛山村立村之先人，由此渐成村落，以村北“斩山”而得名。清朝后期即墨官府为禁私占山峦，重申“斩山”为官山（国有山），斩山村随即改名为“官山疃”。1910年前后，行政当局与村民商讨恢复原名，因厌“斩”字不雅而取同音字“湛”，官山疃遂更名为湛山村。村东北近处一小村丁家庄同时易名为小湛山村，湛山村遂称大湛山村。立村500年来，村民耕稼陶渔。《胶澳志》载：“民国十五年（1926），大湛山村二百五十二户、一千二百一十四人。”

小湛山村，明末清初立村，浮山所百户（正六品官员）丁姓长支后裔来此定居，以姓氏称丁家庄，后随湛山村改称。民国15年（1926），有31户145人。

1956年成立五一蔬菜生产高级合作社，1958年成立浮山人民公社湛山大队。1982年，湛山的农业人口转为城市居民。

辛家庄　丁家庄

辛家庄与丁家庄相傍依，地处市南区东南部、浮山西麓。东大麦岛村毗邻，西与浮山所接壤，北邻逍遥村。

明朝嘉靖至万历年间（1522—1620），时辖属即墨县仁化乡浮峰社的大埠东村辛氏七世九经祖与八世荣业祖迁来定居，初时定村名为前窑，后以辛姓具名辛家庄。辛氏人丁兴旺，村庄几无旁姓，至20世纪40年代，门牌至280多号。明末清初，世居浮山所的丁氏九世丁崇的后代在丁家山后定居，后具名丁家庄。20世纪

旧村改造前的辛家庄村碑

40年代有丁姓50余户。20世纪50年代以后，两村共为一个农业生产大队。1982年，两村农业人口转为城市居民。

田家村

位于市南区东部，南与浮山所、西与亢家庄、东与大尧村、北与东吴家村及错埠岭相邻。明永乐年间（1403—1424），田氏兄弟田福贵、田布化自胶州田家窑（今黄岛区王台镇田家窑）迁至莱州府即墨县，弟布化择此地而居，垦荒务农，后定村名为田家村。青岛建置后，部分村民或兼做石材加工、建筑工程，或兴办企业、入市务工。1950年，有居民129户、781人，地域范围1.96平方千米。1959年，田家村被定为蔬菜生产基地。20世纪60年代中期后，逐步发展工商业。随耕地的逐渐减少，社员陆续转入队办工商企业，部分社员转入公社企业。1982年，农业人口（486户、1668人）转为非农业人口。1996年，旧村改造时，有居民653户2083人。2001年4月，旧村改造回迁安置结束。旧村改造后形成的新型居民小区，定名为田家花园。

田家村的石材工艺历史久远。1919年，村中石匠承建日本横滨正金银行青岛支店（今馆陶路1号，山东省文物保护单位）主体工程。20世纪30年代初，承建天主教堂（今浙江路15号，全国重点文物保护单位）的主体石砌工程。1954年有4位村民参与北京天安门人民英雄纪念碑石材工艺工程。青岛中山公园喷泉池的儿童戏水石雕是1974年出自田家村的4位工匠技艺。

大尧村

位于市南区东部，东、北倚浮山，西与浮山所接壤，南与逍遥村为邻。相传明永乐年间（1403—1424），王贡元的先祖（名讳、祖籍均无考）来此立村，以烧窑为业，俗称“窑上”。后因辛家庄立村之初称“前窑”，窑上改称为“后窑”。“前窑”易名为辛家庄后，“后窑”随易名为“大窑”。民国15年（1926）有114户，504人。1936年，市政府因村名不雅，将“窑”字改为“尧”。大尧村地处山岭薄地，旧时人均不到1亩。土改后从邻村分得部分土地，人均地有1.18亩。1982年农业人口转为城市居民。1998年村庄规划拆迁，建福林花园。大尧村由原青岛市南宏大农工商公司改制为现青岛恒大实业集团有限公司。

亢家庄

位于市南区北部边沿，村南越过焦家山山顶是浮山所。村东1.8千米是田家村。村西0.8千米是南仲家洼，西北1千米处是北仲家洼，正北1千米是西吴家村。

明朝初年，张姓来此建村，村名“张家疃”。清朝康熙早期，浮山所亢姓九世祖应银迁入。清朝乾隆年间（1736—1795），闫姓由海西（今胶南、胶州）一带迁来。清朝嘉庆早期（1796—1810），“张家疃”更名为“亢家庄”。1899年德军强征亢家庄耕地建筑2号、3号炮台。1940年侵华日军又强征土地150亩以上。1982年“农转非”，农民变为市民。2000年，旧村改造结束，600年的亢家庄旧貌换新颜。今百安居商场之处为亢家庄原址，2002年东南角耸立一石，上刻“亢家庄”。2011年建造乐天玛特超市，同年在门前东北角耸立一石，上刻“大信”，以为永久证迹。

逍遥村

地处浮山西麓，市南区东部边缘，南邻辛家庄，西接浮山所，北连大尧村。

明朝洪武至永乐年间（1368—1424），袁氏先祖仁美由云南乌撒卫迁居即墨城阳村，其后人迁居河东村、埠西村等地。数世后，袁氏一世祖龙、虎、豹、璋、禄五兄弟分居，禄公一支分居逍遥村。明朝天启六年（1626），张姓三世学智一派迁居逍遥村。

曾有先民在村东南山沟中烧过窑，村落缘此称为“小窑村”，又因村名不雅，1936年被当时行政当局改名为“逍遥村”。该村1956年加入高级合作社，1958年被编入东风人民公社浮西乡第四营的六连与七连，1964年成立逍遥村生产大队，隶属浮山人民公社。逍遥村村民于1982年由农业户口转为非农业户口，1985年逍遥村生产大队转制为青岛市南隆昌农工商公司。1999年对逍遥村旧村落实施改造后形成“逍遥花园”社区。同年，青岛市南隆昌农工商公司实施了企业改制。

挪庄

挪庄位于今市南区西部，在成武路、范县路、郓城南路、单县路之间。1901年因德国胶澳总督府拆迁小泥洼，将小泥洼部分居民挪到此地搭棚聚居成村，故名挪庄。青岛港和胶济铁路开建后，来自青岛周边和山东境内农村的劳动力亦聚居于此，成为筑码头、修铁路、出苦力的劳工聚居地。1930年青岛市政府拆除棚户，统建简易平房大院，定名第七平民院，但市民仍习称挪庄。挪庄是青岛居民人数最多的一个平民大院，街巷纵横，除居民外还有许多小商店，生人进入难以走出。其外观像一座城堡，临街处用石头砌成一圈围墙，南低北高，低处的围墙足有六米以上的高度，围墙之上开了上下两排小窗户、共设有七个大门，定时有专人开关大门。挪庄的住户多为贫民，“穷苦之家，以甘薯（地瓜）为常食，即富厚之家，亦少肉类进厨。平日煮一餐饺子，视为莫大光荣，遍告邻里”。“大抵好吃大葱，以馒头夹一生葱，不需佐膳，即能下咽。”

20世纪50年代挪庄属台西区，1963年撤台西区并入市南区，1987年有居民1078户，5000多人。1988年年初，青岛市人民政府将挪庄的改造列为当年全市十一件大事之一，旧房全部拆除，改变了“岛城第一棚户区”的旧貌，新建多层住宅楼16座，总建筑面积达到7.04万平方米，其中商业网点房3679平方米。形成一个居住合理、设备完善、网点配套的新型居民住宅小区。

第三节　路　街

青岛建置初期，今市南区范围内仅有3条可通骡马车的道路，以胶澳总兵衙门为道路起始，均未命名。20世纪初，德国胶澳总督府以总督府大楼为中心，依山借势，呈放射状构建前海海滨及欧人居住区道路。之后将市区道路覆盖至华人居住的大鲍岛区和台西镇等地。至1914年，共建成75条市区道路，其大都分布在今市南区境域内。建于这一时期的市区道路，均以德文书写，大多以德国皇族王室成员的名字命名，如威廉街、皇族街、太子街、皇帝街、皇后街、亨利亲王街等，或以德国地名命名，如德意志街、汉堡街、柏林街等；还有为数不少的市区道路，以青岛当地村落等地域元素及青岛周边、山东内外的地名命名，如会前街、东关街、四方街、海泊街、沧口街、李村街、台西镇街、济南街、山西街、大沽街等，其地名编制序列，以大鲍岛区域为中心，以大马路（即今中山路）为中轴线，以青岛当地地域元素—青岛周边地域元素—山东境内地域元素—周边省份地域元素为序，呈放射式覆盖，构成干支分明、向心交叉、纵横布局的大鲍岛区域路网结构。第一次世界大战时期，市区道路全部改为日本路名，均以日文书写，以

20世纪30年代的广西路（亨利亲王街）

“町”代替主干道、次干道及一般道路，以“丁目”代替支路。其日本路名，大多以日本地名命名，唯大鲍岛区的一些道路名称还部分保留中国地域元素，如四方町、济南町、山西町等。1922年中国收回青岛，1923年年初市区道路全部改为中国路名，一直延续至今。

表1-1　　市南区中德路名对照一览表

（1897—1914年）

序号	道路名称		车行道	
	中文	德文	长度(米)	宽度(米)
1	太平路	威廉街	1919	10～12
2	广西路	亨利亲王街	1565	8～15
3	青岛路	维里恩街	182	19
4	兰山路	皇族街	485	10
5	江苏路	毕士马克街	1361	10～15
6	大学路	东关街	1267	9～15
7	沂水路	比利街	449	10
8	湖南路	伊雷妮大街	1447	8～10
9	湖北路	王储大街	845	10
10	安徽路	爱贝街	905	6～15
11	浙江路	芦坡街	714	4.5～15
12	德县路	后楼威街	885	10.5
13	日照路	碧楼街	156	8
14	莒县路	题壁街	148	8
15	平原路	理萨街	576	8
16	平度路	平度街	362	8
17	黄岛路	黄岛街	408	6～6.5
18	莱阳路	会前街	1410	9～14
19	新泰路	绿贝街	238	10～12
20	泗水路	丹剑街	235	6
21	蒙阴路	门神街	210	10
22	曲阜路	柏林街	535	10
23	肥城路	柏门街	573	10～11
24	保定路	保定街	212	8
25	大沽路	大沽街	376	8
26	泰安路	麒麟街	352	10
27	济南路	济南街	754	8～11
28	山西路	山西街	231	7.5～15
29	河南路	汉堡街	1066	10
30	直隶路	直隶街	480	8～15
31	观海一路	瓦德街	775	8～13
32	博山路		140	6.5～8
33	文登路		1219	15
34	四方路		425	6
35	济宁路		430	8
36	龙口路		634	8
37	芝泉路		801	6～9
38	莱芜一路	病院街	606	7
39	莱芜二路		725	7
40	广州路	广岛街	968	11.5～14
41	莘县路	罗满街	896	12
42	云南路	台西镇街	1468	13～18
43	太平角一路		1146	6
44	太平角二路		418	6
45	太平角三路		447	6
46	太平角四路		1082	6
47	太平角五路		214	6
48	太平角六路		935	7～8
49	湛山二路		727	6
50	湛山三路		717	7
51	湛山四路		783	6
52	湛山五路		122	6
53	湛山大路		2669	11～13
54	湛流路		6567	20～26
55	中山路(南段)	斐迭里街	1295	11～15
	中山路(北段)	大马路		

表 1-2　**市南区中日路名对照一览表**

（1914—1922年、1938—1945年）

中国路名	日本路名	中国路名	日本路名	中国路名	日本路名	中国路名	日本路名
青岛路	不入斗町	济南路	济南町	齐东路	小仓通	朝城路	宫岛町
沂水路	赤羽町	北京路	北京町	莱芜路	霞关通	观城路	松岛町
广西路	佐贺町	天津路	天津町	观象一路	千叶通	东平路	冈崎町
大学路	巽町(南段)	大沽路	大沽町	观象二路	千叶通	成武路	釜石町
江苏路	万年町	肥城路	马关町	观海一路	八幡町	滋阳路	初濑町
太平路	舞鹤町	山西路	山西町	鱼山路	有明町	东阿路	惠比须町
湖北路	滨松町	河北路	直隶町	福山路	敷岛町	巨野路	乌羽町
兰山路	姬路町	河南路	深山町	栖霞路	相见町	嘉祥路	清水町
安徽路	大村町	泰安路	横须贺町	牟平路	丰年町	磁山路	石山町
浙江路	高濑町	保定路	保定町	文登路	旭町	费县路	吴町
日照路	熊本町	曲阜路	麻布町	四川路	鸣海町	寿张路	都町
莒县路	曙町	宁阳路	椎南町	莘县路	野山町	汶上路	明石町
蒙阴路	英町	泗水路	大阪町	郓城路	榛名町	台西一路	台西镇一丁目
德县路	治德町	新泰路	比治山町	范县路	须磨町	台西二路	台西镇二丁目
莱阳路	旅顺町	黄岛路	黄岛町	单县路	幸町	台西三路	台西镇三丁目
南海路	忠海町	平原路	鞍马町	濮县路	榛名町	台西四路	台西镇四丁目
中山路(南段)	静冈町	平度路	平度町	西藏路	高雄町		
中山路(北段)	山东町	龙口路	有明町	贵州路	鸣门町		

第四节　街　道

本节记述的街道，是市辖区以下的一级行政区划，即街道办事处及其管辖区域。辖区内的街道，于20世纪50年代建立，下辖若干社区居民委员会，构成城市化的行政区划。区内的街道办事处是区人民政府的派出机关，行使区人民政府赋予的职权。

1952年，根据市政府“民主建政工作计划要点”和“建立街道居民委员会执行计划”，全区开始居民委员会组建试点工作。翌年4月，全区建立12个居民委员会。同年10月，根据市政府要求，将居委会整顿划小，改为自治性群众组织。1954年，崂山郊区麦岛乡、浮亢乡、浮西乡、三合乡之田家村划归市南区，设立浮山办事处，为区政府派出机构。同年，按照市政府建立街道办事处的指示，在试点的基础上，组建了中山路、四方路、泰安路、观海一路、金口路、龙江路、江苏路、文登路、湛山大路9个街道办事处。1957年浮山办事处改为浮山所街道办事处。1958年，撤销龙江路街道办事处，将其行政区域分别划归金口一路和江苏路街道办事处管辖。撤销四方路街道办事处，将其行政区域分别划归中山路和观海一路街道办事处管辖。撤销湛山大路和浮山所街道办事处，除将湛山大路管区的市区部分划归文登路办事处管辖外，余之农村部分与浮山所管区全部合并成立东风人民公社。1959年改称市南区浮山人民公社。

1963年，台西区被撤销，原台西区所属台西三路、郓城北路、云南路、单县路、南村路5个街道办事处划归市南区。1964年，重新建立浮山所街道办事处。年底，市南区辖台西三路、郓城北路、云南路、单县路、南村路、中山路、泰安路、观海路、金口路、江苏路、文登路、浮山12个街道办事处。

1970年，各街道办事处改称管区革命委员会。1978年，撤销各管区革命委员会，恢复街道办事处名称。1984年，撤销浮山人民公社建制，设立浮山街道办事处、辛家庄街道办事处，原浮山所街道办事处改称湛山街道办事处。至1987年，市南区辖台西三路、郓城北路、云南路、单县路、南村路、中山路、泰安路、观海路、金口路、江苏路、文登路、浮山、湛山、辛家庄14个街道办事处，下设312个居民委员会。

20世纪90年代初期，为了加强对前海岸滩开发区域的行政管理，撤并郓城北路街道办事处，设立西陵峡路街道办事处。随着市党政机关东迁和东部新区开发以后，辖区西部街道办事处面积较小、发展空间不足，东部街道办事处面积过大、人口过多不便管理的矛盾愈加突出。1998年，本着“适当扩大西部街道办事处管辖面积、缩小东部街道办事处管辖面积”的原则，对街道办事处行政区划进行了调整。原台西三路、西陵峡路、南村路、泰安路、文登路、浮山、辛家庄街道办事处分别更名为台西、八大峡、云南路、中山路、八大关、八大湖、金门路街道办事处。单县路、云南路、中山路街道办事处机构东移并分别更名为浮山、珠海路、金湖路街道办事处。观海路、江苏路、金口路、湛山4个街道办事处不变。调整后为八大峡、台西、云南路、中山路、观海路、江苏路、金口路、八大关、湛山、金湖路、浮山、八大湖、金门路、珠海路共14个街道办事处，下设127个居民委员会。

2004年，按照“以人为本、科学合理、创新体制、突出地域特色”的原则，将14个街道办事处合署为9个街道办事处和1个社区工作委员会。其中：原云南路、湛山、珠海路、金门路4个街道办事处名称、辖区范围不变。原浮山街道办事处更名为香港中路街道办事处。原八大峡、台西街道办事处合署办公，定名八大峡街道办事处。原中山路、观海路街道办事处合署办公，定名中山路街道办事处。原金口路街道办事处辖区内大学路以西部分与江苏路街道办事处合并，改称江苏路社区公共服务委员会。原金口路街道办事处辖区内大学路以东部分与八大关街道办事处合并，仍称八大关街道办事处。金湖路、八大湖街道办事处合署办公，定名八大湖街道办事处。调整后为：八大

2012年市南区街道分布图

峡、云南路、中山路、八大关、湛山、香港中路、八大湖、金门路、珠海路9个街道办事处和江苏路社区公共服务委员会。2008年，江苏路社区公共服务委员会加挂江苏路街道办事处牌子。

2011年社区两委换届选举后至2012年，10个街道办事处共设65个社区居民委员会。

表1-3　　市南区各街道基本情况一览表

（2012年）

街道名称	位置	面积(平方千米)	所辖社区(个)	人口(万人)
八大峡街道	市南区西南部	2.265	8	7.23
云南路街道	市南区西部	1.3	6	5
中山路街道	市南区西部	1.74	6	4.87
江苏路街道	市南区中部	1.238	6	3.8
八大关街道	市南区中部	6.72	5	5.4
湛山街道	市南区中部	3.7	4	3.9
香港中路街道	市南区东部	3.8	6	7.3
八大湖街道	市南区东部	4.27	10	10.29
金门路街道	市南区东部	4.22	8	10
珠海路街道	市南区东部	2.88	6	6

八大峡街道

八大峡街道位于市南区西部，栈桥海滨以西，西镇南部临海处，海岸线长3000余米，因辖区内8条马路以我国著名的8个峡谷命名，且与青岛著名的“八大关”东西并峙，故称“八大峡”。辖区三面环海，环境优美，文化旅游资源丰富，其前海一线是青岛市滨海旅游热线之一。

管区总面积2.265平方千米，常住人口7.23万人。管区主要道路有瞿塘峡路、三门峡路、刘家峡路、明月峡路、观音峡路、太平路、西陵峡路、团岛路、贵州路等。有12条公交线路起始和路经管区，东有火车站，西有轮渡码头，交通十分便利。驻管区的企业、机关事业单位1200余个，其中青岛海关、青岛海事局等厅局级单位8个。管区是典型的二元化社区，以贵州路为界，北为老城区，南为新城区，老城区比例较大，具有深厚的历史底蕴。

八大峡街道办事处的前身是郓城北路街道办事处，于1992年12月被撤销，并成立西陵峡路街道办事处。1998年更名为八大峡街道办事处。2004年5月，原八大峡街道办事处和原台西街道办事处合署为新的八大峡街道办事处。

街道办事处内设办公室、党群工作科、建设管理科、民政事务科、社会治安综合治理办公室、计划生育办公室、经济发展服务办公室、社区服务中心等。

2012年，管区辖8个社区居委会，分别是：汶铁社区居民委员、成武路社区居委会、台西五路社区居委会、台西纬五路社区居委会、台西一路社区居委会、三门峡社区居委会、观音峡社区居委会、团岛社区居委会。

云南路街道

云南路街道位于市南区西端，东至火车站，与中山路街道相邻；北与市北区接壤；南至西藏路、费县路，与八大峡街道为邻；西靠胶州湾。辖区东西窄、南北长。管区总面积1.3平方千米，常住人口5万余人。

管区是青岛老城区之一，有28条道路，东有火车站，西有轮渡码头，交通十分便利。管区有800多个驻区单位，沿街各类营销门头较多，中小饭店、旅社宾馆等饮食服务业比较发达。管区以2000多米长的海岸线为依托，以三个渔港码头为基地，以莘县路海产品批发市场为集散口，以冷藏厂为主的海产品加工、储藏、出口为基地，以经营海鲜为主的饮食服务业，形成了以渔航及海产品物流、加工为骨干的街域特色经济。

云南路街道办事处于1963年由台西区划归市南区。1998年12月，市南区区划调整，原云南路街道办事处和南村路街道办事处合并而成新云南路街道办事处。名称由来以辖区的南北主干道——云南路命名。2005年迁至四川路50号办公。

街道办事处设置办公室、社区服务中心、劳动力管理所、党群工作科、民政事务科、税源经济办公室、经济发展办公室、社会管理综合治理办公室和计划生育办公室等。

2012年，管区辖6个社区居委会，分别是：邹县路社区居委会、寿张路社区居委会、莘县路社区居委会、广州路社区居委会、嘉祥路社区居委会、四川路社区居委会。

中山路街道

中山路街道位于市南区中西部，因全国闻名商业街中山路定名。东与江苏路街道接壤，南临大海，西与八大峡街道、云南路街道接壤，北与市北区接壤。街道辖区面积1.74平方千米，居民2.38万户，常住人口4.87万人。

管区依山傍海，红瓦绿树，碧海蓝天，风景优美，气候宜人，是青岛经济、文化、交通、旅游、商贸中心区域之一。驻有亨得利钟表眼镜店、天真摄影专业公司、宏仁堂、海滨食品商店、春和楼、青岛饭店等青岛“老字号”。辖区内有著名的青岛湾风景名胜区和国家AAA级景区劈柴院，青岛湾风景名胜区由栈桥、小青岛、栈桥公园、栈桥海水浴场、海滩、海湾、岬角、岛礁及沿海山体、建筑、中山路商业街等交织而成。20世纪初就建有海水浴场、公园绿地、各类西式建筑，形成碧海、蓝天、绿树、红瓦、黄墙的独特人文景观，成为驰名国内外的旅游胜地。中山路商业街被国家六部委命名为全国文明示范街和百城千店无假货示范街。作为闻名遐迩的海滨旅游胜地，旅游设施日趋完善，游客逐年增加，旅游业成为带动街域经济发展的支柱产业。

中山路街道办事处始建于1954年，“文化大革命”期间，改称反修路管区。1978年恢复中山路街道办事处。1998年，市南区区划调整，撤销泰安路、中山路街道办事处，以原泰安路、中山路街道办事处的大部分区域组建新的中山路街道办事处。2004年，中山路街道办事处与观海路街道办事处合署办公，辖区合并，1984年建立中共中山路街道委员会。2000年为中共青岛市市南区委中山路街道工作委员会。办公地址：湖北路2号。

中山路街道办事处设置有办公室、党群工作科、民政事务科、城市管理科、社会治安综合治理办公室、计划生育办公室、税源经济办公室、文化站、社区服务中心等内设科室及直属单位。

20世纪50年代初，辖区居民委员会逐步建立。2004年社区居委会由14个合并为10个。

2012年，管区重新调整为6个社区居委会，分别为：中山路社区居委会、观海山社区居委会、泰安路社区居委会、北京路社区居委会、黄岛路社区居委会和太平路社区居委会。

江苏路街道

江苏路街道位于市南区中西部，东邻八大关街道，西接中山路街道，南临大海，与小青岛隔湾相望，北与市北区交界。辖区面积1.238平方千米，居民13121户，人口3.8万人。

江苏路街道，属青岛风貌保护区，毗连青岛湾景区，历史人文资源富集，欧陆风情氛围浓郁，有信号山、伏龙山、观象山等山头旅游景点和建于20世纪初的欧式风格建筑总督府、总督官邸、观象台、欧人监狱等，观象台台址、江苏路基督教堂被列为国家级文物保护单位；天后宫和观象山公园内的观象台地磁房及老舍、华岗、萧红、萧军、舒群故居，被列为省、市级文物保护单位。管区内有青岛大学医学院附属医院、青岛育才中学、大学路小学、太平路小学、市实验小学等闻名岛城的教育卫生机构，社会人文环境和人居条件较为优越。辖区内重要道路大学路、太平路、广西路、江苏路、湖南路、苏州路、伏龙路等均建于20世纪初，承载着城市路网结构的初始形态。

江苏路街道办事处于1954年12月成立，办公地址位于江苏路27号。2004年设立江苏路社区公共服务委员会，办公地址迁至伏龙路9号。同年辖区原9个社区居委会合并为6个社区居委会。2008年，加挂江苏路街道办事处牌子。2011年4月，办公地址迁至莱芜二路2号甲。

江苏路街道办事处内设机构有：办公室、党群工作科、民政事务科、建设管理科、社会治安综合治理办公室、司法所、计划生育办公室、经济发展服务办公室。

至2012年，辖6个社区居委会，分别为：江苏路社区居委会、伏龙路社区居委会、齐东路社区居委会、龙江路社区居委会、掖县路社区居委会、大学路社区居委会。

八大关街道

八大关街道位于市南区中部，因辖区内的八大关风景区而得名。西部以大学路与江苏路街道接壤，东至太平角六路与湛山街道相邻，北以兴安支路、太平山与市北区交界，南面至鲁迅公园，第一、二、三海水浴场。管区总面积6.72平方千米，绿化覆盖面积5.11平方千米，绿化覆盖率76%，一、二级道路58条，650个居民楼院，1200多个辖区单位，辖区户数12624户，总人口5.4万人。

管区海岬相间，岸线绵长，岩礁错落，以秀丽的海滨风光而著称。管区内辖八大关和福山路两条全国历史文化名街，是全国唯一拥有两条全国历史文化名街的街道。著名的八大关历史文化名街，荟萃了欧美23个国家近百幢造型迥异的西式别墅及别致精巧的庭院绿地，被誉为“万国建筑博览会”，是中外闻名的度假疗养胜地和风景游览区。福山路历史文化名街，是著名的名人故居品牌街区，洪深、沈从文、梁实秋、赫崇本、童第周等著名文化名人和海洋科学家的故居错落其中。位于汇泉湾畔的中山公园，素有“东园花海”之称。辖区临海岸线分布有亚洲闻名的第一海水浴场，以及第二海水浴场、第三海水浴场，是海水浴和游泳运动的天然浴场。作为新中国海洋科学研究和“帆船之都”的发祥地，南海路上坐落有著名的中科院海洋生物研究所和航海运动学校。辖区内还有目前中国唯一一座以养殖、陈列海洋生物为主的大型专业博物馆——青岛水族馆、中国唯一的海军博物馆，人文资源富集，推动了区域旅游经济、总部经济的发展和经济结构优化升级。

八大关街道办事处原为文登路街道办事处，成立于1954年12月。1967年改称东方红路管区。1972年改称文登路管区。1998年，更名为八大关街道办事处。2004年，金口路街道办事处部分与八大关街道办事处合署办公，名称仍为八大关街道办事处。办公地址位于荣成路7号。

八大关街道办事处，下设办公室、党群工作科、民政事务科、综合治理办公室、城区管理科、计划生育办公室、税源经济办公室、社区服务中心等科室。并设立工会、共青团、妇联等基层群团组织。

1998年管区共辖6个社区居委会。2004年，八大关街道办事处和金口路街道办事处合署办公，增加红岛路、金口路、莱阳路和登州路4个社区居委会。同年对社区居委会进行调整，由原来的10个社区居委会合并为8个社区居委会。2011年4月重新调整为5个社区居委会，分别是：红岛路社区居委会、金口路社区居委会、福山路社区居委会、八大关社区居委会、太平角社区居委会。

湛山街道

湛山街道位于市南区中部，因北靠湛山而得名。东至山东路，与香港中路街道接壤；南傍浮山湾海岸；西至太平角六路，与八大关街道接壤；北至芝泉路、江西路，分别与市北区和八大湖街道接壤。总面积为3.7平方千米，居民1.7万户，人口3.9万人。

管区地处青岛市政治文化中心，辖区内共有33条道路，其中全部属于湛山街道办事处管辖的有27条道路，交通十分便利，是集旅游、餐饮、文化、商务、居住于一体的综合型社区。管区有各类企业6073家，其中纳税企业2648家，包括国家开发银行、中国银行、工商银行、光大银行、华润置地、网通集团、国信集团、海信集团、海航商业发展、远大船务等，金融业、高端现代服务业、现代物流业、滨海餐饮旅游业构成街域主要经济业态。同时，辖区拥有丰富的旅游资源，背倚湛山寺，南临浮山湾、音乐广场、滨海雕塑园、木栈道一线，为青岛滨海名胜区。

湛山街道办事处成立于1984年9月，由原浮山所街道办事处行政划分而来，办公地点在延安三路127号。2004年机构调整，湛山街道成立办公室、党群工作科、民政事务科、城区管理科、计划生育办公室和社会治安综合治理办公室（司法所与其合署办公），财政所更名为税源经济办公室。2008年机构改革，湛山街道办事处下设7个科室：办公室、党群工作科、民政事务科（加挂社会救助科牌子）、建设管理科、计划生育办公室（加挂公共卫生办公室牌子）、社会治安综合治理办公室（司法所与其合署办公）、经济发展服务办公室（加挂税源经济办公室、统计所牌子）。2009年10月14日，成立街道信访工作办公室，与办公室一个机构、两块牌子。

1998年以前办事处共设有46个居（家）委会。1998年年底，因市南区行政区划，办事处对居委会进行了调整，共成立了14个居委会。2001年社区居委会进行换届选举，共设8个社区居委会。2004年8月，社区居委会规模设置调整，按照每居2000～3000户的原则，将8个社区居委会调整为4个，分别为：新湛二路社区居委会、秀湛路社区居委会、仰口路社区居委会、盐城路社区居委会。2007年8月社区居委会换届选举，新湛二路社区居委会更名为湛山社区居委会。

香港中路街道

香港中路街道位于市南区东部，东起燕儿岛路，与珠海路街道相接；西至山东路，与湛山街道相邻；北起江西路，与八大湖街道相望；南临浮山湾。管区总面积3.8平方千米，常住人口7.3万人。

管区位于市、区两级政府办公所在地，也是岛城行政、金融、商贸、旅游、文化中心地域，毗邻2008年北京奥运会帆船比赛场地，区位优势突出，辖区地处东部交通枢纽地带，东部交通路网在此向心集中，香港中路、东海路是贯穿辖区东西的主要交通干线。与之相交汇的山东路、南京路也是青岛市区重要的交通干道。街域经济发达，企业总数、产业层次和经济实力均居全区各街道办事处之首，财政收入占全区10个街道财政收入近三分之一，在建设首善之区、实现“经济结构最优”和“发展潜质最大”目标中有着重要地位。香港中路街道，是青岛市总部经济、楼宇经济聚集区，辖区有商务及商住楼宇132座，其中5000平方米以上的商务楼宇33座，有各类企事业单位8000余家，其中总部企业57家、外资企业或境外办事机构150余家、外国人集中居住的小区14个。有香港中路金融街，“时尚闽江”等特色街区和青啤大厦、绮丽大厦等专业特色楼宇。泛海国际购物中心、青岛海信广场（奥运店）、青岛喜来登酒店（五星级）、家乐福名达超市、东泰佳世客超市、阳光百货、闽江路和云霄路餐饮娱乐一条街等组成青岛东部新型经济圈。

香港中路街道办事处建立于1998年。是年市南区区划调整，原单县路街道办事处整建制移至浮山街道办事处。2004年，原市南区浮山街道办事处更名为市南区香港中路街道办事处，更名后其行政区域、办公地点不变。

香港中路街道办事处下设办公室、党群工作科、民政事务科、城管管理科、计划生育办公室、综合治理办公室、司法所和税源经济办公室。街道办事处设立工会、共青团、妇联等群团组织。2004年，共成立406个新型经济组织工会组织、9个新型经济组织团组织和12个新型经济组织妇联组织。

2001年，辖区设11个社区居委会和2个家委会。2004年调整为6个社区居委会，分别是：香港中路社区居委会、云霄路社区居委会、江西路社区居委会、新贵都社区居委会、闽江路社区居委会、东海西路社区居委会。

八大湖街道

八大湖街道位于市南区东北部，以巢湖、太湖、洞庭湖、洪泽湖、鄱阳湖、高邮湖、西湖、微山湖8条以湖命名的道路而得名。东起福州路，西沿扬州路、镇江路、扬中路至延吉路口，南起江西路，北沿延吉路、吴兴二路与市北区接壤。辖区面积为4.27平方千米，居民总户数43359户，常住人口10.29万人，是市南区人口最多、地域较大的区域。

管区地处青岛市南北、东西交通干线汇集地带，交通条件极为优越，所辖的69条道路中，山东路、南京路、福州路是市区南北走向的交通干线，延吉路、宁夏路、江西路是市区东西走向的交通干线。辖区内教育、金融、传媒、科技、商业资源丰富，文化创意产业发展势头迅猛，山东路段，南起江西路，北至延吉路，沿路有企事业单位320余家；宁夏路段，东起福州路，西至山东路，有青岛市广播电视台等企事业单位及商家260余家；南京路段，南至江西路，北至延吉路，有“创意100”产业园、中联创意广场、半岛都市报社等文化产业单位，形成了以文化创意产业为龙头的产业布局。辖区内服务设施齐全，社会公益事业发达，有各类教育机构和医疗机构近30家，农贸市场、超市、便利店、酒店、咖啡店等商业网点940余家。辖区内的山东路两侧，写字楼林立，为街道发展楼宇经济，开展招商引资，扩大税源经济，提供了有利条件。

八大湖街道办事处成立于1998年，2004年，金湖路街道办事处与八大湖街道办事处合署，定名为八大湖街道办事处，所辖区域为原金湖路街道办事处辖区和原八大湖街道办事处辖区。办事处驻地巢湖路2号。

八大湖街道办事处，内设办公室、党群工作科、社会治安综合治理办公室、民政事务科、城市管理科、计划生育办公室和经济发展服务办公室等机构。还设有共青团八大湖街道工作委员会、妇联八大湖街道妇女工作委员会等群众团体。

2004年，辖区16个社区居委会调整为10个社区居委会，分别是：泰州路社区居委会、亢家庄社区居委会、徐州路社区居委会、金湖路社区居委会、延吉路社区居委会、吴兴路社区居委会、田家花园社区居委会、天台路社区居委会、太湖路社区居委会、高邮湖路社区居委会。

金门路街道

金门路街道位于市南区东部，东与崂山区相接，南与珠海路街道相连，西邻八大湖街道，北与市北区交界。管区面积4.22平方千米，953个居民楼院，32718户居民，常住人口10万余人，是市南区面积较大、人口较多的区域之一。

管区背靠浮山，地势南低北高，树木绿地面积大，有法桐路、樱花路、黑松路等特色道路7条，绿化覆盖率72%，风景优美，环境幽雅，地理位置优越，被誉为青岛市最适合居住的区域之一。管区紧邻青岛市中央商务区和高校区，有企事业单位1860余家，商务楼宇8幢，青岛软件园等规模以上工业企业30家。交通便利，生活设施齐全，人文资源丰富，教育优势显著，为推动社区文化、社区教育、社区党建以及精神文明建设奠定了良好的基础。

金门路街道办事处由原辛家庄街道办事处更名而来。1998年，市南区区划调整，原辛家庄街道办事处析为金门路街道办事处、珠海路街道办事处与浮山街道办事处，是年辛家庄街道办事处更名为金门路街道办事处，名称由来是以办公地址处于金门路附近而命名。办公地点在市南区仙游路3号。

至2012年，街道办事处内部机构有：办公室、党群工作科、民政事务科、建设管理科、社会治安综合治理办公室、司法所、计划生育办公室；下设机构有：税源经济办公室。

2012年，管区有8个社区居委会，分别是：高雄路社区居委会、仙游路社区居委会、三明路社区居委会、逍遥社区居委会、漳州路社区居委会、大尧社区居委会、天山社区居委会、银川西路社区居委会。

珠海路街道

珠海路街道位于市南区东南端，东与崂山区接壤，南临浮山湾，西至燕儿岛路，北靠江西路，海岸线长6.43千米，面积2.88平方千米，常住人口6万余人。

管区依山傍海、风景秀丽，中国水准零点和奥帆中心坐落其中，具有独特的海滨风情和奥运文化底蕴。辖区有企事业单位2000余家，汇集财政部疗养院、中科院青岛疗养院、国资委青岛培训中心等十一大部委疗养院，海尔洲际、海景、丽晶等多家星级酒店，青岛市立医院、山东省眼科研究所等岛城顶尖医疗机构，书城、麦凯乐、财富中心、和谐广场、银海科技大厦等城市综合体，培育了佰优坊时尚特色街区。管区产业分布呈现多元化，以高端服务业为支撑点，自南向北形成休闲旅游时尚文化带、高端商务时尚经济带、休闲娱乐时尚生活带，构成“一点三带”宜业优美的时尚街区。辖区内共有道路29条，香港中路、东海中路是贯通辖区东西的2条交通主干线，交通便利，路网发达。

珠海路街道办事处于1998年由原云南路街道办事处整编制东移成立。名称由来是以辖区其中一条道路——珠海路命名。办公地点在珠海一路4号。珠海路街道办事处内设机构有：办公室、党群工作科、建设管理科、民政事务科、社会综合治理办公室、计划生育办公室及经济发展服务办公室等，并设有工会、共青团、妇联的基层群团组织。

2011年，辖区7个社区居委会调整为6个社区居委会，分别是：海口路社区居委会、善化路社区居委会、汕头路社区居委会、香港花园社区居委会、澳门路社区居委会和东海中路社区居委会。

第二篇

人　　口

第一章　人口规模

清代同治年间，今市南区地域人口始见于方志记载。清政府设防胶澳后，青岛口商贸业及周边各县人口向今市南区地域聚集情况曾有史料记载。德国侵占青岛后，来租借地谋生者大多分布于今市南区地域和台东镇，以男性青壮年为多。1898年德国胶澳总督府进行村邑人口调查，今市南区地域老村庄人口大都有确载。1902年德国胶澳总督府发布市区人口统计数字，德国驻军、外籍人口与中国居民多集中于今市南区地域，青岛区成为欧洲人的聚居区，中国居民多分布在大鲍岛区与小泥洼区。随着城市建设的进程，移民人口大批涌入，殖民当局“华洋分治”的区域界限被打破，中外咸集、五方杂处的人居环境逐步形成。市南区地理环境优越，新开辟的街道和城市基础设施大部集中于此，商业网点稠密，人文氛围浓郁，吸引本地人及外来人口来此居住。20世纪30年代，随着青岛城市地位的提升，辖区非农业人口日增，从事商贸、教育、文化、卫生与公务员职业人口增长较快，农业人口比例下降，辖区逐步成为青岛的行政中心、商贸中心和文化中心，也是市区人口的高密度聚集区。20世纪40年代末，伴随山东解放区的日益扩展，原国民党军政人员、还乡团及流亡人口等涌入辖区，形成人口增量。随着全国解放的进程，国民党行政机关及部分工厂南迁，区内人口总量下降为市区第三位。

青岛解放后，辖区人口增长逐步向有计划状态发展，由于经济社会发展大环境的影响，特别是户口迁移与人口计划政策的影响，人口增长几经起落。1959年区内人口过快膨胀之后，受压缩城区人口、知识青年上山下乡的影响，人口逐年减少，至20世纪60年代中期回控至50年代初的人口规模。中共十一届三中全会以后，市南区经济快速发展，外来人口增速较快，20世纪80年代全区人口突破30万人，2000年全区人口接近20世纪60年代中期的2倍，“十一五”末至2012年，市南区居民人口增长30%以上，人口总数、人口密度均居市内四区之首。

第一节　人口分布

青岛建置前，今市南区地域属即墨县仁化乡文峰社，西部有上青岛村、下青岛村、会前村、大鲍岛、小泥洼5个村庄，东部有浮山所、大湛山、小湛山、大窑村、小窑村、辛家庄、丁家庄、亢家庄、田家村9个村庄。居民主要从事农业、渔业、家庭手工业及商贸业谋生。据清同治《即墨县志》载，清代同治年间，即墨县仁化乡文峰社共2276户10131人，其中浮山所屯159户684人。

青岛建置后，登州总兵章高元在下青岛村东畔建总兵府（今人民会堂址），并修筑军营、炮台、建栈桥码头等。至1897年，青岛口已有商店、作坊71家，从事家庭手工业及商贸业的人口不断增加。是年，由即墨、平度、金口、海阳来青岛口租屋经营的商家日增，周边各县人口向今市南区地域聚集。

1898年3月《胶澳租界条约》签订，德国胶澳总督府开始筑路建港，各处招募劳工。是年夏秋以后，外来人口来租借地谋生者日众。其中来自南方的工匠、技师为沪、广、闽、浙人，通晓洋务者，或充监工、买办，或充通事、翻译，或为仆役、工匠；北方人多经商贩运，或充学徒，或为工匠，或雇工打短，苦务劳作，为数颇众，据官方统计为4287人，大多分布于大鲍岛区、小泥洼区和台东镇，其中以胶州、即墨、莱州、海阳、诸城、日照、高密人居多。据德国胶澳总督府1899年人口调查情况公布，是年大鲍岛村680人，小泥洼村324人，亢家庄200人，大湛山村720人，小湛山村130人，辛家庄200人，小窑村300人，大窑村400人，田家村320人，丁家庄180人，浮山所、上青岛村、下青岛村和会前村人口未载。德国侵占青岛之初，在今市南区地域实行种族隔离的“华洋分治”区域分割，青岛区为欧人聚居区，大鲍岛区、小泥洼区为中国人聚居区。1902年，青岛人口首次登记公布，市区华人总数14905人，大部居住今市南区地域的大鲍岛和小泥洼，青岛市区除驻军外，欧洲人共计688人，均居住青岛区之内。辛亥革命后，一批前清遗老寓居青岛，“华洋分治”的区域界限渐次模糊，终致破除，中外咸集、五方杂处的人居环境逐步形成。市南区地理环境优越，清末民初至20世纪20年代初，市南、市北地域规划为人口聚居区，新开辟的街道和城市基础设施大部位于市南区。辖区近海道路环境优美，商业服务网点密集，行政司法机构多集中于辖区，铁路终点站在辖区西部，交通方便，本地人及外来人口多愿来此居住，市南区逐步成为青岛的行政中心、商贸中心和市区人口的集中聚集区。

中国收回青岛后，青岛工商各业较前发展，人口自然增长率和机械增长率迅速上升。《胶澳志》卷三民社志载：1926年市南区西部（原老市区）92条街道，计有居民8629户、37740人，占全市非农业人口（163234人）23.12%；辖区东部9个村庄，计1287户、6183人，占全市农业人口（113604人）5.44%。20世纪30年代，青岛市为南京国民政府行政院直辖的特别市，辖区人口增长迅速，人口职业分类日趋细密。1930年，对市民职业进行分类统计，计17类，其中商业、交通、教职员、律师业、医生业、公务员和新闻业人口多集中于市南区。

抗日战争胜利后，抗战期间流离的辖区居民纷纷返回，解放区的国民党军政人员、地主、还乡团等携家带口涌入青岛。至1949年2月，市南区总人口达206335人（男114987人、女91348人），占市区人口（867001人）23.80%。

20世纪初，中国劳工在前海岸滩上搭建的窝棚

青岛解放后，人民生活逐步提高，医疗卫生长足进步，人口逐年增长。1952年市南区居民20.07万人，占市内五区（市南、市北、台东、四方、沧口）人口（60.76万人）33.03%。1962年、1980年全区人口分别上升为24.81万人、24.75万人。1990年全区人口上升为33.65万人。2000年为42.69万人，占市内四区（市南、市北、四方、李沧）人口（153.07万人）27.89%。2010年，市南区居民达到55.01万人，占市内四区总人口（171.88万人）32%，人口密度达到18331人/平方千米。截至2012年底，全区户籍人口为54.86万人。

表2-1　**市南区各街道人口统计表**

（1926年）

路名	户数(户)	人口(人)	其中(人)		路名	户数(户)	人口(人)	其中(人)		路名	户数(户)	人口(人)	其中(人)	
			男	女				男	女				男	女
济南路	153	880	744	136	江苏路	74	409	147	262	费县路	287	973	644	329
北京路	145	1290	1155	135	沂水路	43	145	95	50	单县路	600	2450	1585	865
保定路	28	378	337	41	明水路	6	37	19	18	东平路	277	1208	823	385
山西路	174	993	706	287	莱阳路	44	401	353	48	定陶路	18	58	36	22
直隶路	291	1453	1261	192	金口路	27	120	77	43	观城路	202	450	370	80
河南路	130	936	815	121	大学路	52	185	58	127	朝城路	38	230	192	38
山东路	220	1244	999	245	莒县路	28	112	68	44	鱼台路	3	48	30	18
江宁路	135	435	335	100	郯城路	50	176	108	68	磁山路	7	19	11	8
天津路	145	978	894	84	青岛路	2	11	10	1	团岛路	5	53	44	9
新泰路	84	347	245	102	齐东路	36	106	69	37	四川路	64	295	204	91
大沽路	168	778	544	234	龙口路	19	77	45	32	汶水路	1	3	3	0
泗水路	75	333	226	107	莱芜路	4	12	8	4	南阳路	1	3	3	0
德县路	72	230	116	114	常州路	15	147	133	14	濮县路	86	264	115	149
曲阜路	35	172	88	84	文登路	94	213	180	33	嘉祥路	84	292	187	105
泰安路	22	256	209	47	鱼山路	9	107	79	28	巨野路	49	148	69	79
河南路	66	343	205	138	海阳路	9	52	35	17	武城路	92	245	122	123
宁阳路	115	387	268	119	福山路	31	103	70	33	郓城路	39	120	61	59
肥城路	155	554	323	231	牟平路	9	79	66	13	贵州路	22	74	40	34
黄岛路	250	968	644	324	栖霞路	9	98	75	23	云南路	725	2501	1694	807
平度路	123	637	387	250	公园路	9	23	15	8	汶上路	356	1397	945	452
平原路	35	106	78	28	南海路	19	123	118	5	滋阳路	392	1165	804	361
观象路	50	100	54	46	青中路	14	93	75	18	寿张路	164	703	450	253
观海路	60	157	103	54	青岛山路	3	11	7	4	西藏路	91	333	192	141
湖北路	41	290	228	62	石村路	6	196	189	7	滕县路	7	67	62	5

续表2-1

路名	户数(户)	人口(人)	其中(人)		路名	户数(户)	人口(人)	其中(人)		路名	户数(户)	人口(人)	其中(人)	
			男	女				男	女				男	女
湖南路	104	504	346	158	莘县路	19	117	109	8	西广场	28	564	366	198
广西路	176	1278	973	305	菏泽路	41	128	101	27	西大森	77	272	171	101
太平路	83	465	295	170	广州一路	271	987	642	345	台西一路	80	156	77	79
兰山路	93	433	316	117	广州二路	77	303	190	113	台西二路	88	246	131	115
蒙阴路	11	82	59	23	广州三路	32	254	155	99	台西三路	131	310	185	125
浙江路	30	147	97	50	广州四路	65	283	206	77	台西四路	48	129	64	65
安徽路	109	440	248	192	广州五路	72	262	200	62	合　计	8629	37740	26680	11060

说明：录自《胶澳志》卷三民社志一户口

表2-2

市南区农村人口情况统计表

（1924—1926年）

村庄名称	1924年				1925年				1926年			
	户数(户)	人口(人)	其　中		户数(户)	人口(人)	其　中		户数(户)	人口(人)	其　中	
			男	女			男	女			男	女
浮山所	355	1370	755	615	337	1368	754	614	377	1751	937	814
大湛山	243	173	98	75	248	1325	782	543	252	1214	617	597
小湛山	30	533	286	247	33	168	96	72	31	145	78	67
大窑村	106	533	286	247	111	529	285	244	114	504	265	239
小窑村	96	352	157	195	94	347	153	194	94	408	226	182
辛家庄	195	681	595	86	189	768	585	183	205	942	521	421
丁家庄	34	573	99	474	38	202	94	108	31	190	102	88
亢家庄	105	495	271	224	99	560	333	227	89	481	255	226
田家村	83	544	320	224	79	551	303	248	94	548	294	254
合 计	1247	5254	2867	2387	1228	5818	3385	2433	1287	6183	3295	2888

说明：录自《胶澳志》卷三民社志一户口

表2-3　　青岛市市内四区人口分布情况统计表

（1949—2012年）　　单位：万人

地区/年份	合计	市南区		市北区	台东区	四方区	沧口区
		总人口	占四区(%)				
1949	58.26	19.18	32.92	11.75	11.86	8.13	7.34
1952	60.76	20.07	33.03	11.75	12.39	8.88	7.67
1957	82.58	24.56	29.74	13.96	16.02	15.44	12.60
1962	84.99	24.81	29.19	13.85	15.87	15.89	14.57
1965	91.14	22.55	24.74	16.94	16.71	17.14	17.80
1970	90.69	21.67	23.89	16.28	16.57	17.77	18.40
1978	97.01	23.20	23.92	16.99	17.36	19.41	20.05
1980	103.68	24.75	23.87	17.88	18.75	20.86	21.44
1985	116.71	29.04	23.17	18.39	20.84	23.61	24.83
1990	125.93	33.65	26.72	18.34	21.94	25.41	26.59
1995	144.96	38.37	26.47	45.69	—	33.40	27.50
2000	153.07	42.69	27.89	46.78	—	35.70	27.90
2005	162.34	50.58	31.16	43.70	—	38.96	29.10
2010	171.88	55.01	32	48.87	—	37.5	30.5
2012	187.44	54.86	29.27	59.15	—	41.91	31.52
面积(平方千米)	193.71	30.01	15.49	28.63	—	37.07	98.00

说明：1994—2012年沧口区变更为李沧区

第二节　人口密度

1902年，青岛市区仅有14905人，1910年人口达34180人，人口密度183人/平方千米。1920年以前城市人口密度均在300人/平方千米左右。1929年，市区人口密度为1319人/平方千米，市南区人口密度为6560人/平方千米，人口密度居市区之首。1939年市南区人口密度为10098人/平方千米，比1929年增长53.90%，人口密度由市区首位降为第二位。1947年市南区人口密度为17529人/平方千米，比1939年增长73.60%，人口密度仍居市区第二位。从1948年起，人民解放军节节胜利，国民党军政要员和家属纷纷南迁，一批工厂企业的员工亦随同企业迁移，辖区人口大为减少。至1949年，市南区人口密度降为9135人/平方千米，低于市北区、台东区，列市区第三位。

20世纪50年代，城市人口逐年增加，人口密度相应上升。1965年市南区每平方千米人口密度为10786人，1980年为11784人，1990年为16025人，人口密度均居全市第三位。2000年全区人口42.69万人，人口密度达到14224人/平方千米，2010年全区人口55.01万人，人口密度达到18331人/平方千米，居市内四区第一位。截至2012年年底，全区户籍人口为54.86万人，人口密度达到18281人/平方千米。域内各街道办事处辖区人口分布不均，前三位依次为云南路、八大峡、江苏路街道办事处，分别为38462人/平方千米、31921人/平方千米、30695人/平方千米；末三位顺次为香港中路、湛山、八大关街道办事处，分别为19211人/平方千米、10541人/平方千米、8036人/平方千米。

表2-4　青岛市市区人口密度情况统计表

（1929—2012年）　单位：人/平方千米

类别年度	合计	市南区	市北区	台东区	四方区	沧口区	海西区	黄岛区
1929	1319	6560	2129	830	920		450	—
1939	1717	10098	22908	1776	2340		505	—
1946	2875	15923	33615	3175	2249		705	—
1947	2817	17529	39560	3744	2594		754	—
1949	6303	9135	22598	15817	3629	2022	—	—
1952	6575	9556	22597	16521	3964	2133	—	—
1957	8937	11695	26844	21361	6893	3471	—	—
1965	9875	10786	32578	22277	7654	4904	—	—
1978	10499	11049	32679	23147	8663	5524	—	504
1980	4573	11784	34390	25006	9212	5907	—	531
1985	2120	15147	35968	28924	11068	7211	—	621
1990	5161	16025	35278	29297	11344	7326	—	656
1995	4498	12787	15959	—	9010	2806	—	862
2000	4169	14224	16340	—	9630	2847	—	883

续表2-4

类别年度	合 计	市南区	市北区	台东区	四方区	沧口区	海西区	黄岛区
2005	4111	16854	15264	—	10510	2969	—	1094
2010	4343	18331	17070	—	10116	3112	—	1141
2012	4684	18281	20660	—	11306	3216	—	1156

说明：1. 1929—1990年录自《青岛市志·人口志》
2. 表中数字按当年区划计算
3. 1929—1947年四方、沧口区为四沧区
4. 1994—2012年沧口区变更为李沧区

表2-5

市南区土地面积、人口比重和人口密度统计表

（2005年）

街道办事处	土地面积		年末人口		人口密度(人/平方千米)
	面积(平方千米)	比重(%)	人口(万人)	比重(%)	
八大峡街道办事处	2.265	7.55	7.2	13.24	31788
云南路街道办事处	1.3	4.33	5	9.19	38462
中山路街道办事处	1.74	5.80	5.7	10.48	32759
八大关街道办事处	6.72	22.39	5.1	9.38	7589
湛山街道办事处	3.7	12.33	3.6	6.62	9730
香港中路街道办事处	3.8	12.66	5.5	10.11	14474
八大湖街道办事处	4.27	14.23	7	12.87	16393
金门路街道办事处	4.22	14.06	6.4	11.76	15166
珠海路街道办事处	2.88	9.60	5.4	9.93	18750
江苏路社区公共服务委员会	1.238	4.13	3.5	6.43	28271

表2-6　市南区土地面积、人口比重和人口密度统计表

（2012年）

街道办事处	土地面积		年末人口		人口密度(人/平方千米)
	面积(平方千米)	比重(%)	人口(万人)	比重(%)	
八大峡街道办事处	2.265	7.55	7.23	11.33	31921
云南路街道办事处	1.3	4.33	5	7.84	38462
中山路街道办事处	1.74	5.80	4.87	7.63	27989
江苏路街道办事处	1.238	4.13	3.8	5.96	30695
八大关街道办事处	6.72	22.39	5.4	8.47	8036
湛山街道办事处	3.7	12.33	3.9	6.11	10541
香港中路街道办事处	3.8	12.66	7.3	11.44	19211
八大湖街道办事处	4.27	14.23	10.29	16.13	24098
金门路街道办事处	4.22	14.06	10	15.68	23697
珠海路街道办事处	2.88	9.60	6	9.41	20833

第二章　人口变动

今市南区地域人口，于清代同治年始见于方志记载，但无人口变动数据。20世纪初的人口登记，亦未能反映人口变动情况。20世纪50年代起，市南区开始人口机械变动情况统计，但同期仍无人口自然变动情况的分区统计，仅有“市内五区”的整体统计数据，有关这一时期区内人口自然变化，仅从“市内五区”的统计数据进行大体分析。这一时期，市南区人口发生了很大变化，人口增长逐步由无计划状态向有计划状态发展，人口再生产类型逐步由1949年前的高出生率、高死亡率、低自然增长率转向20世纪50年代至70年代初的高出生率、低死亡率、高自然增长率。1977年，市南区始有人口自然增长率的统计分析。人口迁徙变动与机械增长，由20世纪50年代的户口自由迁移时期到50年代中期至1978年的户口控制迁移时期，再到中共十一届三中全会后的户口半开放时期，城市户口大幅增加，对外开放不断扩大，暂住人口成为区域人口的重要组成部分。人口发展日趋步入良性循环，人口素质逐步提高。1977年市南区人口自然增长率为3.12‰，此后逐年增加，1982年达到最高峰12.83‰，之后逐步下降，转向低出生率、低死亡率、低自然增长率。1990年自然增长率为4.34‰，2000年为2.36‰，2010年为4.15‰，2012年为4.5‰。

第一节　自然变动

中华人民共和国成立前，市南区人口自然变动未进行专项统计。中华人民共和国成立后至1977年，人口自然变动由“市内五区”整体统计中进行大体分析描述。1949—1957年，政府一度鼓励生育，对人口出生未加控制，为人口自由生育阶段，是人口自然增长的第一个高峰。这一阶段，青岛市内五区人口自然增长216493人，年均增长24054人。其中，1954年人口自然增长率高达44.80‰。

1958—1962年，由于三年自然灾害造成经济困难，人民生活质量下降，出生率低，死亡率高（最高1961年死亡率达9.44‰）。此阶段年均出生26715人、死亡6357人，年均自然增长20358人。1963—1970年，国民经济经过“调整、巩固、充实、提高”，人民文化和物质生活得到改善，为第二个人口自然增长高峰。1966年后，计划生育问题引起重视，人口出生得到一定程度的控制。1963年青岛市内五区人口自然增长率为40.26‰，1967年降至9.09‰。20世纪70年代初，国家提倡计划生育，人口出生率和自然增长率有所降低。1978年市南区人口出生率为9.07‰，为70 年代最低。1981—1983年出现第三次人口生育高峰，市南区人口出生率分别为16.84‰、18.21‰、15.98‰，自然增长率分别为11.33‰、12.83‰、10.04‰。1985年出生率、自然增长率降为12.28‰、6.74‰。1986年后，计划生育观念深入人心，人口控制趋向成熟，“一对夫妇一个孩子”逐步成为社会共识，出生率、自然增长率平稳下降。1990年出生率、自然增长率为9.89‰、4.34‰，2000年为8.01‰、2.36‰，2010年为9.39‰、4.15‰，2012年为9.90‰、4.50‰。其中，1997年、2003年人口出现负增长，分别为-0.10‰、-0.77‰。

表2-7　　市南区历年人口统计表（一）

（1949—1976年）　　单位：人

年份	总户数	总人口	户均人口	年份	总户数	总人口	户均人口
1949	40914	191829	4.69	1958	49789	239626	4.81
1950	40206	188511	4.69	1959	50716	251081	4.95
1951	41611	196366	4.72	1960	51044	250989	4.92
1952	42596	200674	4.72	1961	51482	250069	4.86
1953	43748	211315	4.83	1962	52291	248049	4.74
1954	49969	224852	4.50	1963	48512	225681	4.65
1955	51390	228643	4.45	1964	48453	227812	4.70
1956	51437	237753	4.62	1965	48515	225486	4.65
1957	52600	245607	4.67	1966	46933	215370	4.59

续表2-7

年 份	总户数	总人口	户均人口	年 份	总户数	总人口	户均人口
1967	49139	222018	4.52	1972	52681	220423	4.18
1968	50289	220939	4.39	1973	53559	222845	4.16
1969	51438	221692	4.31	1974	54579	225768	4.14
1970	51663	216659	4.20	1975	55695	221643	3.98
1971	52144	218608	4.19	1976	57155	224423	3.93

表2-8 市南区历年人口统计表（二）

（1977—2012年）

单位：人

年 份	总人口	出 生		死 亡		自然增长	
		人口	出生率(‰)	人口	死亡率(‰)	人口	自然增长率(‰)
1977	227170	2150	9.46	1441	6.34	709	3.12
1978	232036	2104	9.07	1320	5.69	784	3.38
1979	244568	2272	9.29	1248	5.10	1024	4.19
1980	247456	2850	11.52	1533	6.20	1317	5.32
1981	255214	4299	16.84	1408	5.52	2891	11.33
1982	260708	4748	18.21	1402	5.38	3346	12.83
1983	270911	4329	15.98	1608	5.94	2721	10.04
1984	281552	4325	15.36	1576	5.60	2749	9.76
1985	290427	3566	12.28	1608	5.54	1958	6.74
1986	300204	3556	11.85	1675	5.58	1881	6.27
1987	310080	3701	11.94	1633	5.27	2068	6.67
1988	318086	4446	13.98	1466	4.61	2980	9.37
1989	328322	3698	11.26	1790	5.45	1908	5.81
1990	336522	3329	9.89	1870	5.56	1459	4.34

续表2-8

年 份	总人口	出 生		死 亡		自然增长	
		人口	出生率(‰)	人口	死亡率(‰)	人口	自然增长率(‰)
1991	345188	2046	5.93	1852	5.37	194	0.56
1992	357006	2856	8.00	2090	5.85	766	2.15
1993	366034	2543	6.95	2182	5.96	361	0.99
1994	374863	2451	6.54	2271	6.06	180	0.48
1995	383732	2223	5.79	2138	5.57	85	0.22
1996	389318	2281	5.86	2262	5.81	19	0.05
1997	397021	2161	5.44	2202	5.55	−41	−0.10
1998	404211	2649	6.55	2305	5.70	344	0.85
1999	413568	2720	6.58	2314	5.60	406	0.98
2000	426873	3421	8.01	2413	5.65	1008	2.36
2001	442409	2854	6.45	2311	5.22	543	1.23
2002	455650	3384	7.43	2491	5.47	893	1.96
2003	470173	2160	4.59	2522	5.36	−362	−0.77
2004	489411	3574	7.30	2509	5.13	1065	2.18
2005	505789	3153	6.23	2557	5.06	596	1.18
2006	523724	3366	6.43	2550	4.87	816	1.56
2007	540431	4744	8.78	2779	5.14	1965	3.64
2008	547414	4740	8.66	2761	5.04	1979	3.62
2009	551342	5038	9.14	2724	4.94	2314	4.20
2010	550123	5166	9.39	2881	5.24	2285	4.15
2011	548467	4741	8.64	2766	5.04	1975	3.60
2012	548604	5445	9.90	2960	5.40	2485	4.50

第二节　机械变动

青岛解放初期，实行人口自由迁移政策，居民在城乡之间迁移一般不受限制。1949年9月，市南区人口为191829人。第二个五年计划时期，工厂由农村招收工人，加之妻投夫、父投子、子投父的“三投靠”增多，大量农民向城市迁移。至1957年，全区人口上升至245607人，较1949年9月净增53778人，人口增幅达28.03%。

第二个五年计划时期，由于“大跃进”吸收大量农村劳力，农村适龄人口大量进入城市，造成城市劳动适龄人口过剩。1960年，户口迁移受到计划体制严格控制。1961—1963年国民经济调整，工厂企业精简职工，压缩城市户口，城市人口大量迁往农村。1962年起，分期分批动员高、初中毕业生和社会闲散劳动力下乡、回乡或支援边疆建设，大批城市人口迁往农村、边疆。“文化大革命”期间，机关干部和职工迁居农村下放劳动，部分所谓“黑五类”分子（地主、富农、反革命分子、坏分子、右派分子）被遣返乡村等，城市人口又大量向农村迁移。1972年开始，由于招收职工、录取学生、农村人口投靠城市亲属、安置军人家属、知识青年返城等，人口迁入逐年上升。1958年全区人口23.96万人，1971年降为21.86万人，1978年升到23.20万人。1958—1978年的20年间，全区人口减少7600余人。

中共十一届三中全会后，按照政策规定，一批科技骨干、煤矿井下职工、三线艰苦地区职工和部分军官农村家属先后转为城市户口；“上山下乡”和“支边”知识青年及农村城市遣返人员落实政策返城落户；被征地农户、民办教师等由农村户口转为城市户口，城市户口大幅增加。1979年全区人口244568人，1990年增加为336522人，全区人口净增91954人。2000年人口上升为426873人，2010年人口上升为550123人，较2000年净增123250人。截至2012年年底，全区户籍人口为548604人。随着商品经济的快速发展，对外开放不断扩大，来城市经商、探亲、疗养、就学的外地人员日益增多，暂住人口成为城市人口的重要组成部分。2001年市南区暂住人口登记数为82577人，2005年为93087人，2010年为97123人，2012年为99456人。

第三章　人口构成

青岛开埠前，今市南区地域人口的行业构成以单一农渔业为主，性别构成较均衡，人口文化程度低下。胶澳设防后，建筑行业始兴，周边农村人口开始涌入。20世纪初，伴随城市建设的进程和路港经济的发展，移民人口大幅增加，人口行业构成和职业构成发生显著变化，工商业兴起，拉动了地域人口的职业分解，男女性别构成严重失衡，青壮年在年龄构成中比重较大，但适龄人口的未婚率较高。20世纪20年代，传统旧婚姻制度和旧婚俗虽受“五四运动”新思潮的荡击，但早婚、重婚、包办婚姻、一夫多妻等“畸婚”陋习依然根深蒂固。另一方面，从农村涌入城市的大批青壮年劳动者，由于文化构成及职业构成的制约，难以满足其婚姻诉求，适龄人口的未婚率依然居高不下。30年代，今市南区地域人口的职业构成衍变为17种，农渔业人口下降，工商业人口大幅上升，同时自由职业从业人口持续增长，女性自由职业者跻身专门职业阶层的比例逐年升高。今市南区地域，是一个多民族聚居区域，从胶澳设防起始有少数民族徙居于此，除汉族外，有28个少数民族。中华人民共和国成立后，市南区人口中两性人数比例逐渐相近，平均寿命延长，三人以上户家庭户数逐年下降，女性就业人口比重逐步升高，在业人口文化水平显著提高。改革开放以来，市南区外来人口增速较快，第三产业迅速发展，行业构成明显变化，人口年龄构成类型已进入老年型。

第一节　性别构成

青岛建置以后，城市工商业日趋发达，市场亦趋繁荣，农村大批青壮年劳动力（主要是男性）涌入城市，1903年市区男女性别比为1488.84，男性显著高于女性。1929年市南区男40857人，女20626人，男女性别比为198.08。至1947年12月，市南区男女性别比为142.04，男性仍明显高于女性。

青岛解放后，社会稳定，经济发展，农村妻随夫、子女随父进城与家人团聚，妇女入学就业人数逐年增多，市区人口中两性人数比例逐渐相近。1957年、1979年市南区人口性别比分别为107.65、100.30，人口性别比趋于正常。1990年全国第四次人口普查，市南区总人口352148人，其中男性177688人、女性174460人，性别比为101.85；2000年全国第五次人口普查，市南区总人口447532人，其中男性225323人、女性222209人，性别比为101.40，男性人口略高于女性；2010年全国第六次人口普查，市南区总人口544847人，其中男性269325人、女性275522人，性别比为97.75，女性人口高于男性。

表2-9　青岛市市区人口性别比情况统计表

（1903—1949年）　单位：人

年　度	1903	1910	1918	1930	1938	1945	1948	1949
总人口	28114	34180	78804	379082	451198	602757	1037123	582683
其中：男	25221	28127	51884	233864	257965	341372	563391	310316
女	1694	3804	26960	145218	193233	261385	473732	272367
性别比	1488.84	739.41	192.30	161.04	133.50	130.60	118.93	113.93

第二节　年龄构成

0～14岁年龄组

1902年，由于医疗条件所限，儿童健康水平较低，市区10岁以下年龄组人口728人，占市区华人总数的4.9%，在市区人口总量中的比例甚低，而同年龄组的欧洲儿童，占市区欧洲人总数的7%。1929年、1946年该年龄组人口分别占全市总人口21.26%、31.70%。解放后，医疗条件改善，婴儿出生率上升、死亡率降低，该年龄组人口逐年上升。1953年、1964年该年龄组人口分别占全市总人口38.80%、42.60%。1971年后，开展了计划生育工作，人口出生率逐年下降，该年龄组人口所占比例逐年降低。1990年第四次人口普查，市南区该年龄组人口为62061人，占总人口比例降为17.62%；2000年第五次人口普查，市南区该年龄组人口为56883人，仅占总人口12.71%；2010年第六次人口普查，市南区该年龄组人口为58310人，占总人口比例降为10.70%。

15～49岁年龄组

解放前，该年龄组占总人口的比重较大。解放后，该年龄组占总人口的比重有所下降。20世纪80年代后，该年龄组占总人口的比重逐年小幅度上升。1990年第四次人口普查，市南区该年龄组人口为213118人，占总人口60.52%；2000年第五次人口普查，市南区该年龄组人口为281185人，占总人口62.83%；2010年第六次人口普查，市南区该年龄组人口为310738人，占总人口比例降为57.03%。

50岁以上年龄组

解放前，人口预期寿命低，该年龄组占总人口比重小。解放后，人民生活水平不断提高，平均寿命延长，该年龄组的比重逐年提高。1990年第四次人口普查，市南区该年龄组人口为76969人，占总人口21.86%。其中，65岁以上人口26951人，占总人口7.65%，为成年型社会标准（5%～10%）；65岁以上人口（26951人）与0～14岁人口（62061人）之比为43.43%，已超过老年型社会标准（30%以上）。老年人口中，100岁及以上老人5人（其中女性4人）。2000年第五次人口普查，市南区该年龄组人口为109464人，占总人口24.46%。其中，65岁以上人口43897人，占总人口9.81%，接近老年型社会标准（10%以上）；65岁以上人口（43897人）与0～14岁人口（56883人）之比为77.17%，已大大超过老年型社会标准（30%以上）。老年人口中，100岁及以上老人10人（其中女性9人）。2010年第六次人口普查，市南区该年龄组人口为175799人，占总人口32.27%。其中，65岁以上人口64833人，占总人口11.90%，为老年型社会标准（10%以上）；65岁以上人口（64833人）与0～14岁人口（58310人）之比为111.19%，已大大超过老年型社会标准（30%以上）。老年人口中，100岁及以上老人29人（其中女性21人）。

表2-10　　国际上划分人口年龄构成类型标准一览表

项目 / 类型	0~14岁人口比例	65岁以上人口比例	65岁以上人口与0~14岁人口之比	年龄中位数
年轻型	40%以上	5%以下	15%以上	20岁以下
成年型	30%~40%	5%~10%	15%~30%	20~30岁
老年型	30%以下	10%以上	30%以上	30岁以上

表2-11　　1990年市南区人口性别及年龄构成一览表

（全国第四次人口普查）　　单位：人

年龄别	人口数(人)			占总人口百分比(%)			性别比(以女性为100)
	合　计	男	女	合　计	男	女	
总　计	352148	177688	174460	100.00	50.46	49.54	101.85
0~4岁	20609	10529	10080	5.85	2.99	2.86	104.45
5~9岁	24621	12571	12050	6.99	3.57	3.42	104.32
10~14岁	16831	8610	8221	4.78	2.44	2.34	104.73
15~19岁	29375	15011	14364	8.34	4.26	4.07	104.50
20~24岁	32108	17506	14602	9.12	4.97	4.15	119.89
25~29岁	37782	19610	18172	10.73	5.57	5.16	107.91
30~34岁	38466	19422	19044	10.92	5.52	5.40	101.98
35~39岁	34880	17527	17353	9.90	4.98	4.92	101.00
40~44岁	21858	11371	10487	6.21	3.23	2.98	108.43
45~49岁	18649	9394	9255	5.30	2.67	2.63	101.50
50~54岁	18118	8930	9188	5.14	2.53	2.61	97.19
55~59岁	17103	8351	8752	4.86	2.37	2.49	95.42
60~64岁	14797	6883	7914	4.20	1.95	2.25	86.97
65~69岁	11123	5138	5985	3.16	1.46	1.70	85.85
70~74岁	7500	3437	4063	2.13	0.98	1.15	84.59
75~79岁	4663	2043	2620	1.32	0.58	0.74	77.98
80~84岁	2341	950	1391	0.66	0.26	0.40	68.30
85~89岁	1035	328	707	0.29	0.09	0.20	46.39
90~94岁	227	64	163	0.06	—	—	39.26
95~99岁	57	12	45	—	—	—	26.67
100岁及以上	5	1	4	—	—	—	—

表2-12 2000年市南区人口性别及年龄构成一览表

（全国第五次人口普查）

单位：人

年龄别	人口数(人)			占总人口百分比(%)			性别比(以女性为100)
	合　计	男	女	合　计	男	女	
总　计	447532	225323	222209	100.00	50.35	49.65	101.40
0~4岁	15270	7727	7543	3.41	1.73	1.69	102.44
5~9岁	16276	8321	7955	3.64	1.86	1.78	104.60
10~14岁	25337	12922	12415	5.66	2.89	2.77	104.08
15~19岁	36289	18488	17801	8.11	4.13	3.98	103.86
20~24岁	35060	19094	15966	7.83	4.27	3.57	119.59
25~29岁	40334	20582	19752	9.01	4.60	4.41	104.20
30~34岁	38654	19633	19021	8.64	4.39	4.25	103.22
35~39岁	44594	22867	21727	9.96	5.11	4.85	105.25
40~44岁	44029	22308	21721	9.84	4.98	4.85	102.70
45~49岁	42225	21150	21075	9.44	4.73	4.71	100.36
50~54岁	25615	13013	12602	5.72	2.91	2.82	103.26
55~59岁	20522	10168	10354	4.59	2.27	2.31	98.20
60~64岁	19430	9482	9948	4.34	2.12	2.22	95.32
65~69岁	16423	7765	8658	3.67	1.74	1.93	89.69
70~74岁	12705	5747	6958	2.84	1.28	1.55	82.60
75~79岁	8008	3476	4532	1.79	0.78	1.01	76.70
80~84岁	4217	1700	2517	0.94	0.38	0.56	67.54
85~89岁	1859	666	1193	0.42	0.15	0.27	55.83
90~94岁	560	195	365	0.13	0.04	0.08	53.42
95~99岁	115	18	97	0.03	—	0.02	18.56
100岁及以上	10	1	9	—	—	—	11.11

表2-13　2010年市南区人口性别及年龄构成一览表

（全国第六次人口普查）　　单位：人

年龄别	人口数(人)			占总人口百分比(%)			性别比(以女性为100)
	合　计	男	女	合　计	男	女	
总　　计	544847	269325	275522	100.00	49.43	50.57	97.75
0~4岁	19555	10211	9344	3.59	1.87	1.71	109.28
5~9岁	18876	9980	8896	3.46	1.83	1.63	112.19
10~14岁	19879	10156	9723	3.65	1.86	1.78	104.45
15~19岁	25488	13150	12338	4.68	2.41	2.26	106.58
20~24岁	53881	27543	26338	9.89	5.06	4.83	104.58
25~29岁	51568	24709	26859	9.46	4.54	4.93	92.00
30~34岁	38591	18126	20465	7.08	3.33	3.76	88.57
35~39岁	48159	23057	25102	8.84	4.23	4.61	91.85
40~44岁	45225	23050	22175	8.30	4.23	4.07	103.95
45~49岁	47826	24692	23134	8.78	4.53	4.25	106.73
50~54岁	43543	21824	21719	7.99	4.01	3.99	100.48
55~59岁	41486	20334	21152	7.61	3.73	3.88	96.13
60~64岁	25937	12805	13132	4.76	2.35	2.41	97.51
65~69岁	20359	9688	10671	3.74	1.78	1.96	90.79
70~74岁	17707	8348	9359	3.25	1.53	1.72	89.20
75~79岁	13367	6126	7241	2.45	1.12	1.33	84.60
80~84岁	8289	3599	4690	1.52	0.66	0.86	76.74
85~89岁	3675	1463	2212	0.67	0.27	0.41	66.14
90~94岁	1121	380	741	0.21	0.07	0.14	51.28
95~99岁	286	76	210	0.05	0.01	0.04	36.19
100岁及以上	29	8	21	0.01	—	—	38.10

第三节 职业行业构成

职业行业性别构成

中华人民共和国成立前，妇女就业的机会很少。1930年青岛市女性从业人口在行业人口中只占20.23%，主要集中在农业、工业、商业和一般劳力等行业，其中公务员62人、医生34人、教职员186人、学生1602人，无业人口略高于男性。1946年，全市女性人口在行业的比重增加到41.45%，其中女性公务员增长近19倍，自由职业从业女性增长6倍多，工业行业女性增长近万人，而农业人口几与1830年持平。解放后，女性就业人口占在业人口比重逐渐升高。1982年，全市女性就业人口占在业人口比重为44.52%。1990年市南区女性就业人口占在业人口比重为45%，2000年为43.87%，较10年前略有下降；2010年市南区女性就业人口占在业人口比重为45.70%，较10年前有所上升。

表2-14　市南区各行业人口性别构成情况一览表

（1990—2010年）

单位:%

项目 行业类型	1990年第四次人口普查			2000年第五次人口普查			2010年第六次人口普查		
	合计	男	女	合计	男	女	合计	男	女
总计	100.00	55.00	45.00	100.00	56.13	43.87	100.00	54.30	45.70
1.农林牧渔水利业	0.72	0.50	0.22	0.40	0.28	0.12	0.25	0.15	0.10
2.工业(制造业)	43.91	21.34	22.57	25.21	13.91	11.30	12.75	7.79	4.96
3.建筑业	4.39	3.66	0.73	3.87	3.33	0.54	3.62	2.79	0.83
4.交通运输和邮电通讯业	7.91	6.38	1.53	10.25	7.32	2.93	11.48	7.11	4.37
5.批发零售贸易和餐饮业	13.34	6.58	6.76	21.21	10.31	10.90	23.57	11.23	12.34
6.房地产管理和公用服务业	7.09	3.66	3.43	1.61	1.17	0.44	—	—	—
7.卫生体育和社会福利业	4.83	1.97	2.86	4.49	1.68	2.81	4.44	1.49	2.95
8.教育文化艺术和广播影视业	6.42	3.05	3.37	6.06	2.50	3.56	7.32	3.00	4.32
9.科学研究和综合技术服务业	2.38	1.57	0.81	1.88	1.28	0.60	1.02	0.63	0.39

续表2-14

项目 行业类型	1990年第四次人口普查			2000年第五次人口普查			2010年第六次人口普查		
	合 计	男	女	合 计	男	女	合 计	男	女
10.金融保险业	1.52	0.82	0.70	4.31	2.21	2.10	6.04	3.15	2.89
11.党政机关和社会团体	7.31	5.34	1.97	6.70	4.65	2.05	10.13	6.39	3.74
12.房地产业	—	—	—	2.58	1.68	0.90	3.58	2.22	1.36
13.社会服务业	—	—	—	10.68	5.31	5.37	3.05	1.29	1.76
14.其他行业	0.17	0.13	0.04	0.75	0.50	0.25	—	—	—

职业构成

胶澳设防后，营造官署、兵营、炮台、码头的泥瓦匠、石匠、铁匠、木匠等建筑类工匠汇集青岛口，建筑业成为主要职业构成，此外，税关官员、教书塾师及兽医、皮革匠、吹鼓手、裱糊匠、说书艺人也构成这一时期的其他职业门类。20世纪初，随着外国资本的涌入，买办、通事、翻译及包工头、把头开始出现，技工、店员、帮佣、厨师、仆役成为新型职业，而大量从事建筑、运输业的壮工、苦力成为职业构成人口的大多数。1925年在人口职业构成中公务员、警察、军人已达总人口的2.2%，从事教师、律师、医生、新闻记者的专门职业阶层人口持续增长。至1931年，青岛人口职业构成包括17种职业，有公务员、警察、军人、教员、学生、农民、渔民、实业家、商人、技师、医师、律师、新闻记者、工人、杂役等，其中农民69544人，商人42539人，实业家37553人，工人24721人，其在业人口统计均以20～60岁以下为范围。1934年，青岛市民职业分类按九大行业划分，其中农业、商业、公务、自由职业和人事服务具体到职业分类，矿业、工业、交通运输业等主要按行业内构成进行划分。同年进行无业人口统计，实行职业人口分类统计全覆盖。20世纪40年代中期以后，市民职业分类均按行业划分。青岛解放后至1978年，按13类行业进行历年分行业职工人数统计，具体职业构成状况仅在1990年后的历次人口普查中得以反映。1990年第四次人口普查，市南区商业服务业人员、生产、运输工人和各类专业技术人员分别占在业人口的17.84%、44.37%、21.66%，占职业人口的大多数，党政机关和企事业单位负责人占6.72%。2000年第五次人口普查，辖内各类专业技术人员占比23.06%，党政机关企事业单位负责人占比13.07%，办事人员和有关人员占比13.38%，商业服务业工作人员占比26.47%，农林牧渔业劳动者占比0.47%，生产运输工人和有关人员占比23.55%。2010年第六次人口普查，辖内各类专业技术人员占比24.66%，党政机关企事业单位负责人占比2.33%，办事人员和有关人员占比33.52%，商业服务业工作人员占比28.31%，农林牧渔业劳动者占比0.36%，生产运输工人和有关人员占比10.82%。10年中，办事人员和有关人员上升20个百分点，成为职业占比中最大群体，生产运输工人和有关人员下降近13个百分点，不再是职业占比中较高群体。

行业构成

青岛开埠前，今市南区地域人口的生存依附于自给自足的传统农渔业经济，其行业构成以农渔业为主，间以行商和作坊手艺人。至1896年，从事工商业的约有430人，多集中于今市南区天后宫一带商号、店铺、作坊、饭庄。20世纪之交，租借地建设与青岛港和胶济铁路建设，吸引成千上万劳动者聚集青岛，改变了人口行业构成，除传统行业外，工商业及服务业成为新兴行业，德国和日本侵占青岛时期，外资办厂增多，民族工商业也有一定发展，农渔业人口下降，工商业人口急剧上升，产业工人队伍不断壮大，人口行业构成中，从事公务员、警察等社会管理层已达总人口的2.2%。1934年，青岛市民从事职业有九大行业构成，其中矿业包括金属矿业、非金属矿业、盐业、煤及石油业、土石业和其他矿业，工业包括木材及木器制造业、冶金工业、金属制品业、机械制造业、交通用具制造业、国防用具制造业、土石制造业、建筑工程业、水电业、化学工业、纺织工业、服装用品制造业、皮革毛骨及橡皮制造业、饮食品制造业、造纸及纸制品业、印刷出版业、饰文物具仪器制造业和其他工业，交通运输业包括邮递业、电信业、陆运业、水运业、空运业、转运业、堆栈业、挑挽业和其他运输业。至中华人民共和国成立前，市南区在业人口多集中在工商业、建筑业和交通运输业。

20世纪50年代，青岛市各行业人口数量构成在调整中有所发展，其中工业行业发展得较快。1952年全市工业行业从业人口占全部在业人口45.02%。至1977年，青岛市民行业构成共12类。自1978年起，青岛市民行业构成由12类增至13类，包括农林牧渔业、工业、建筑业、地质勘查水利管理业、交通运输仓储邮电通讯业、批发零售贸易餐饮业、金融保险业、房地产业、社会服务业、卫生体育社会福利业、教育文化艺术广播电影电视业、科学研究和综合技术服务业、国家机关政党机关社会团体、其他行业。其中工业行业人口持续增加，1982年上升为59.31%。1990年第四次人口普查，市南区工业行业从业人口91147人，占在业人口43.91%。同年市南区体力劳动者和脑力劳动者分别占72.12%、27.28%。20世纪90年代始，市南区实行“退二进三”的经济发展战略，第三产业迅速发展，行业构成明显变化。2000年第五次人口普查（按总户数10%抽查统计），全区工业行业从业人口占在业总人口25.21%，较1990年下降18.70%；交通运输、仓储及邮电通信业，批发和零售贸易、餐饮业，金融、保险业从业人口各占在业总人口10.25%、21.21%、4.31%，分别比1990年上升2.34%、7.87%、2.79%；房地产业和社会服务业两个新兴产业各占在业总人口的2.58%、10.68%；各类专业技术人员占23.06%，与1990年比重相近；党政机关和企事业单位负责人占在业人口的13.07%，较1990年上升7.35%，其中女性占3.53%，社会管理决策层中女性所占比例明显升高。2010年第六次人口普查，全区工业行业从业人口占在业总人口12.75%，较2000年下降12.46%；交通运输、仓储和邮政业，批发零售和餐饮业，金融业从业人口各占在业总人口11.48%、23.57%、6.04%，分别比2000年上升1.23%、2.36%、1.73%；各类专业技术人员占24.66%，比2000年略有上升；党政机关和企事业单位负责人占在业人口的2.33%，较2000年下降10.74%。

表2-15　　市南区职业人口构成情况一览表

（1990—2010年）　　单位:%

项目 行业类型	1990年第四次人口普查			2000年第五次人口普查			2010年第六次人口普查		
	合计	男	女	合计	男	女	合计	男	女
各类专业技术人员	21.66	9.76	11.89	23.06	8.87	14.19	24.66	9.92	14.75
党政机关企事业单位负责人	6.72	5.40	1.33	13.07	9.54	3.53	2.33	1.75	0.58
办事人员和有关人员	8.90	6.00	2.89	13.38	8.23	5.15	33.52	20.33	13.19
商业服务业工作人员	17.84	8.25	9.59	26.47	12.70	13.77	28.31	13.32	14.98
农林牧渔劳动者	0.27	0.15	0.12	0.47	0.19	0.28	0.36	0.20	0.16
生产、运输工人和有关人员	44.37	25.33	19.05	23.55	16.61	6.94	10.82	8.78	2.04
其他劳动者	0.24	0.13	0.11	100.00	56.14	43.86	—	—	—

第四节　文化构成

青岛开埠前，“教育未兴，科举未废，文化事业，殊少概见”，因袭封建传统体制的教育文化日趋衰退。中华人民共和国成立前，物质生活水平低，教育发展滞后，人口文化程度低下。至1930年，识字的计算在内约占全部劳动人口的24.88%。1936年，每千人口中拥有各种文化程度者仅为305.90人，1946年下降为229.40人。

青岛解放后，随着人民生活水平的提高，教育事业迅速发展，社会人口文化程度逐年上升，在业人口文化水平逐步提高。1964年，市区每千人口中拥有大学、高中、初中、小学等文化程度者上升为375.50人，其中，每千人口中拥有大学文化程度者为3.15人。

中共十一届三中全会以后，随着改革开放的不断深入和社会经济的快速发展，全民受教育程度大幅度上升。1982年第三次全国人口普查，市南区拥有小学以上学历人口214192人，占总人口81.78%，每千人口中拥有小学以上文化程度者为817.77人。其中，拥有大学文化程度者31.66人，高学历人口明显上升。同年，文盲和半文盲占在业人口的18.14%，具有高中及高中以上文化程度占12.90%。其中，大专以上文化程度在业人口仅占全部在业人口的0.86%。1990年第四次人口普查，全区拥有小学以上学历人口299557人，占总人口85.05%。每千人口中拥有小学以上文化程度者850.66人。2000年第五次人口普查，市南区拥有小学以上学历人口414355人，占总人口比例高达92.59%，每千人口中拥有小学以上文化程度者达到925.80人，其中，高等学历（研究生、大学本科、大学专科）人口103613人（男60489人、女43124人），占总人口23.15%；中等学历（中专、高中、初中等）人口252433人（男126637人、女125796人），占总人口56.41%；小学学历人口58309人（男26496人、女31813人），占总人口13.03%。同年，文盲半文盲占全市在业人口的8.82%，高中及高中以上文化程度占全市在业人口的16.25%。其中，大专以上文化程度在业人口占全部在业人口的2.38%。2000年市南区按总户数十分之一抽查结果表明：在业人口中，文盲和半文盲仅占在业人口的0.33%，具有高中及高中以上文化程度占70.13%。其中，大专以上文化程度在业人口占全部在业人口的36.80%，在业人口文化水平显著提高。2010年第六次人口普查，市南区每千人口中拥有小学以上文化程度者达到943.8人，其中，高等学历（研究生、大学本科、大学专科）人口222453人（男115056人、女107397人），占总人口40.83%；中等学历（中专、高中、初中等）人口239598人（男117693人、女121905人），占总人口43.98%。2010年市南区按总户数十分之一抽查结果表明：在业人口中，文盲和半文盲仅占在业人口的0.16%，具有高中及高中以上文化程度占82.11%。其中，大专以上文化程度在业人口占全部在业人口的58.69%，在业人口文化水平大大提高。

表2-16　　市南区各行业人口文化程度构成情况一览表

（2000年）　　单位:人

行业类别＼文化程度	合计	研究生	大学本科	大学专科	中专	高中	初中	小学	文盲半文盲
总　计	21463	247	2729	4923	2859	4293	5776	566	70
1.农林牧渔水利业	85	3	12	20	10	17	17	6	—
2.工业(制造业)	5411	28	390	812	694	1276	2030	175	6
3.建筑业	831	—	49	117	64	118	421	58	4
4.交通运输和邮电通讯业	2200	11	237	555	389	505	465	37	1
5.批发零售贸易和餐饮业	4553	19	412	860	565	979	1531	158	29
6.房地产管理和公用服务业	345	—	33	58	73	91	88	2	—
7.卫士体育和社会福利业	963	21	153	260	231	121	159	15	3
8.教育文化艺术和广播影视业	1301	60	410	456	176	100	78	18	3
9.科学研究和综合技术服务业	403	32	140	124	33	46	27	1	—
10.金融保险业	926	14	223	410	125	122	29	3	—

续表2-16

文化程度 行业类别	合计	研究生	大学本科	大学专科	中专	高中	初中	小学	文盲半文盲
11.党政机关和社会团体	1439	48	403	556	129	173	118	10	2
12.房地产业	553	1	65	171	73	115	108	16	4
13.社会服务业	2293	7	175	455	288	603	680	67	18
14.其他行业	160	3	27	69	9	27	25	—	—

说明：此表根据全国第五次人口普查长表数据（按总户数十分之一抽查）资料整理编制

表2-17　　市南区每千人口各种文化程度人口情况一览表

(1936—2010年)

单位:人

学历 年度	合 计	研究生	大学本科	大学专科	大学肄业	中专	高中	初中	小学
1936	305.90	—	6.42	—	—	—	24.20	32.10	243.20
1946	229.40	—	4.50	—	—	—	18.00	31.10	175.80
1964	375.50	—	3.15	—	—	—	13.20	43.40	315.70
1982	817.77	—	31.66	—	10.37	—	183.85	364.99	226.90
1990	850.66	—	46.04	64.06	—	72.49	183.89	307.73	176.45
2000	925.99	7.59	84.00	140.10	—	105.10	186.60	272.30	130.30
2010	943.8	30.4	182.2	195.7	—	—	240.1	199.7	95.7

说明：1936年、1946年、1964年为青岛市人口普查统计数字。1982年、1990年、2000年、2010年为市南区人口普查统计数

表2-18　　市南区第三、四次人口普查文化构成情况一览表

单位：人

学历＼人数	1982年第三次人口普查		1990年第四次人口普查			
	实有人数	占总人口(%)	实有人数			占总人口(%)
			合计	男	女	
研究生	—	—	—	—	—	—
大学本科	8292	3.17	16214	11051	5163	4.60
大学专科	—	—	22558	14286	8272	6.41
大学肄业或在校	2717	1.04	—	—	—	—
中　专	—	—	25529	11988	13541	7.25
高　中	48154	18.38	64756	32639	32117	18.39
初　中	95599	36.50	108365	58195	50170	30.77
小　学	59430	22.69	62135	30147	31988	17.64
文盲半文盲	24479	9.35	27699	6612	21087	7.87
小学以上学历人口	214192	81.78	299557	158306	141251	85.06
总人口	261922	100	352148	177688	174460	100

表2-19　　市南区第五、六次人口普查文化构成情况一览表

单位：人

学历＼人数	2000年第四次人口普查				2010年第四次人口普查			
	实有人数			占总人口(%)	实有人数			占总人口(%)
	合计	男	女		合计	男	女	
研究生	3349	2278	1071	0.75	16556	8547	8009	3.04
大学本科	37575	23473	14102	8.40	99256	52686	46570	18.22
大学专科	62689	34738	27951	14.01	106641	53823	52818	19.57
大学肄业或在校	—	—	—	—	—	—	—	—
中　专	47030	20728	26302	10.51	—	—	—	—

续表2-19

学历＼人数	2000年第四次人口普查				2010年第四次人口普查			
	实有人数			占总人口(%)	实有人数			占总人口(%)
	合计	男	女		合计	男	女	
高　　中	83526	42422	41104	18.66	130811	63141	67670	24.01
初　　中	121877	63487	58390	27.23	108787	54552	54235	19.97
小　　学	58309	26496	31813	13.03	52168	23161	29007	9.57
文盲半文盲	14746	2315	12431	3.29	7494	1341	6153	1.38
小学以上学历人口	414405	213672	200733	92.59	514219	255910	258309	94.38
总人口	447532	225323	222209	100	544847	269325	275522	100

第五节　外籍人口

1897年德国侵占青岛后，区内始有外国籍人口，德国驻军与德、美、英、俄等欧洲侨民及日侨亦随之而入。至1901年，外侨人口600人，主要散布于今市南地域。至1911年，区内外国人口包括德国、英国、美国、法国、俄国、荷兰、新加坡、印度、比利时、意大利、西班牙、奥地利、日本13个国家，主要是汇集青岛区和大鲍岛区的商人。第一次世界大战时期，德国侨民大部撤离，日本侨民大批移民青岛，市南区地域为日侨聚居区之一，日侨至多时中日人数之比为4：1。北洋政府统治时期，台西成为苏联侨民的集中地。20世纪30年代中期，区内外国人口占市区外国人口的23%以上。日本侵华战争期间，特别是太平洋战争爆发后，英美等国侨民撤离青岛，区内外国人口以日本人为多，韩国人次之。

青岛解放后，区内居留的外国人多数自动离境回国，有的被遣返，有的内迁至国内他处，有的加入中国籍。1949年在青岛外国人降至896人，属25个国籍，其从事职业为工人、技术员、职员、自由职业者、学生、商人、传教士和无业者。到1951年，外国人减至595人，其职业为工人、工商业者、职员、自由职业者、小商贩、传教士、酒店女侍、学生及无业者。1955年，在青岛的外国人仅有63人，其职业为职员、工人、商人等。

2010年以前，市南区没有确切的外籍人口统计数字。20世纪90年代以后，随着与韩国、日本等国家文化交流、贸易往来加强，市南区外籍人口逐渐增多。伴随世界500强等国际品牌企业的引进，辖区外向型经济的发展，高等教育的规模集聚与海洋科技加快发展，来市南区工作、学习、办理私人事务的外籍人口迅速增长。2010年市南区常住境外人员共3280人，2011年共2917人，2012年共2738人。

第四章　人口控制

市南区的计划生育工作始于20世纪50年代末，于1963年正式建立管理机构及其办事机构，开展计划生育宣传教育工作，推广科学避孕。是年，计划生育工作以“五个结合”的宣传教育方式在城市和农村逐步展开。“文化大革命”时期，计划生育工作受到严重干扰。1972年，全区计划生育工作形成“块块贯彻，条条保证，条块结合，齐抓共管”的双重领导体系，户口登记、婚姻登记和计划生育实行统一管理。20世纪80年代初，各街道办事处、村（居委会）全部建立计划生育职能部门，大力宣传晚生晚育，提倡“只生一个好”，在控制人口过快增长的同时，对群众进行优生、优育教育，并认真兑现落实计划生育各项政策法规。20世纪80年代中期，实行人口计划包干指标层层分解，安排生育指标落实到户和人，基本实现“青年结婚适龄化、妇女生育有计划、人口增长按规划”的目标。1988年开始，计划生育工作实行目标管理责任制。1989年，市南区成立流动人口管理办公室，通过建档立卡等方式，实现计划生育无缝隙管理。90年代初，加强计划生育队伍建设，内设业务科室，并通过公开招聘充实街道社区计划生育工作队伍。2000年，市南区构筑起计划生育“一屏两园三街”宣传格局，打造适宜区域人文特色和时代风尚的社会宣传平台。“十一五”时期，建立市、区、街、居四级联网，人口与计划生育网站纳入政府社会公共信息平台，在全省率先推行计划生育宣传服务和流动人口计划生育的信息化管理。同时加大投入，更新设备，全方位提供计划生育服务，取得良好的社会效果。

第一节　管理机构

市南区计划生育管理机构建于20世纪60年代。1958年春，青岛市成立节育工作委员会，各区卫生部门配有计划生育工作人员，深入街道宣传计划生育和避孕常识。国民经济困难时期，计划生育工作被放弃，市节育工作委员会停止工作。1963年正值全市第二个生育高峰期，市南区成立计划生育委员会，并在同级卫生部门内设立计划生育办公室，为区计划生育委员会的办事机构，重点开展科学避孕，开展控制生育子女数量的宣传教育工作。

“文化大革命”时期，计划生育工作受到严重干扰。1972年，成立市南区计划生育领导小组。1977年5月，设立市南区计划生育领导小组办公室。

1981年12月，市南区计划生育委员会改称计划生育局，各街道办事处、村（居委会）全部建立计划生育办公室。

1990年5月，市南区计划生育局更名为计划生育委员会。1992年6月，街道办事处计划生育办公室由原来的“街政、计划生育办公室”中单列，人员编制由2人增至3人。1993年11月，面向社会公开招聘15名大专以上学历的国家干部，充实到各街道办事处计划生育办公室。1994年9月，市南区计生委内设办公室、流动人口管理科、业务统计科。

2002年8月，市南区计划生育服务中心并入市南区妇幼保健所，隶属区卫生局领导，业务上接受区卫生局、区计生委指导。2003年8月，面向社会招聘28名计生助理，充实到各街道办事处计生办工作。2004年8月，成立市南区计划生育药具站，增设计划生育技术服务科。同年12月27日，市南区计划生育委员会更名为人口和计划生育局，内设法规科技科、宣传教育科和基层基础科。2011年2月设立市南区计划生育协会办公室，为隶属区人口和计划生育局的事业单位，原区计划生育协会编制划入区计划生育协会办公室。2012年年末，区人口和计划生育局内设2个科室：政策法规科、基层基础科。

第二节 宣传教育

1963年，计划生育工作在城市和农村逐步展开，城乡每50户设1名不脱产的宣传员，采取一般教育与个别教育相结合、领导教育与群众自我教育相结合、言教与身教相结合、思想教育与解决具体问题相结合、单位内部教育与社会教育相结合的“五个结合”的宣传教育方式，计划生育宣传教育工作逐步推开。

20世纪70年代，利用电影、幻灯、广播、展览、文艺、报刊等工具对群众进行计划生育政策规定、避孕节育等宣传教育。

1980年，在控制人口过快增长的同时，对群众进行优生、优育教育。1985年，编辑出版《新婚之喜》系列教育丛书，为计划生育工作者提供自学辅导材料。1987年7月，市南区开展“世界50亿人口日”宣传月活动。同年编印《宝宝日记》幼儿教育丛书，突出宣传节育和优生优育科学知识。

2000年，按照“突出个性，按需服务，资源共享，群众参与”的工作思路，构筑“一屏两园三街”宣传格局。一屏：在香港中路大型电子屏幕上，定期滚动播放计划生育政策法规、服务内容等；两园：在银都物业、海口物业文化园，以灯箱、橱窗漫画、计生格言等形式，用中英韩三国文字宣传人口计划生育工作；三街：设立台湾路、云霄路和宁夏路三条人口计划生育宣传街，综合美学、文学、心理学、生理学知识为一体，以生殖健康、预防性病、艾滋病和上下五千年生育文化演变等内容为主，打造婚育新风进万家活动的宣传平台。2002年，针对辖区外资商社多、驻青机构多、社会服务业快速发展的现实情况，市南区计生委提出全面推进艾滋病母婴传播宣传干预项目，动员新婚和待孕妇女自愿进行艾滋病抗体免费检测。建立结婚登记、办理服务手册、设立孕期保健卡等系列综合服务机制。

2005年，区计生委注重研究青少年心理特点，实施“青春健康活动”进校园、进社区、进军营、融入新市民的“四进”工程，向未婚青年传播生殖生理和性健康知识，其新颖独特的方式和丰富实用的内容，取得良好的社会效果。为推动婚育新风“进家庭、进社区、进校园、进单位”，开展“婚育新风进万家”活动。为普及育龄妇女和未婚青年预防性病、艾滋病等生殖健康知识，邀请性学专家举办性保健、预防艾滋病专题讲座。

社区计生工作者向流动人口宣传计划生育工作，并现场提供免费咨询服务

2006年，深入推进“婚育新风进万家”活动，开展“关爱女孩行动”，整合社会资源，创新宣传载体，营造人文关怀的宣传教育氛围。开展“让女孩健康成长”活动，为每个学校配备《自信地成长》《笑迎花季》《我长大了》等VCD、录像带。

2007年，改进宣传模式，全面开展“温馨宣传，贴心服务，连心教育”活动， 建立和完善宣传教育、科学管理、综合服务“三位一体”的工作机制，开展“四个一”活动，即：说一句知心话，送一份宣传品，办一件实心事，解一个难心题，将计生宣传服务和创建新型生育文化相结合。

2008年，积极创建现代化的宣传教育载体，完善宣教网络体系，面向广大网民，在全省率先创建集政策、知识、趣味于一体的网上人口学校；面向外来务工人员，建立新市民博客网，交流知识，开展宣传；面向生活在高档楼宇内的人群，开通分众传媒联播网，在600多个楼座、900多个电子屏幕上以滚动形式开展人口计生宣传。

2009年，按照“内容精、方法活、过程优、广覆盖、品位高、效果好”的原则，通过实施 “计生特色宣传工程”“早教品牌创建工程”“国策保健知识进校园工程”“网上人口学校创建工程”和“联播网计生知识传播工程”，建设慧博园、丰华园、桃园等10多个生育文化园区和5条特色宣传街。

2010年，赋予宣传教育以新内涵，逐步建立依靠科技手段、多媒介融合的“和谐人口、诚信计生”立体化大宣教格局。把人口计生宣传融入全区600多个楼宇、900多个电子屏幕分众传媒联播网，在户外大型4D电子屏幕开辟“人口安全与社会发展大环境”宣传栏目。依托社区、网络、新闻媒体大力宣传人口计生工作。

2011年，在街道、广场、车站、码头等繁华地段设置宣传栏、灯箱、地牌等100余处，用中文、韩文、英文等多种语言宣传新型生育文化和中国人口5000年文明发展史，在65个社区建立国策宣传栏，营造文明的生育宣传环境。年内成立新市民生育文化服务中心，开设外来妹生殖健康课堂，启动新市民“每月一讲”，推动生育关怀服务“均等化”。

2012年，构建起“大人口、大宣教、大融入”的人口文化宣传教育工作新格局，把“和谐幸福家庭”建设活动纳入人口文化建设中，积极打造“点线园区”人口文化特色工程，建立起融旅游观光、新型生育文化教育为一体的人口文化教育基地，全区形成“一街一品一景”具有浓郁人口文化特色的建筑景观。

第三节　计划生育管理

人口生育计划管理

1963年9月，青岛市人委提出：“市区人口自然增长率的指标，1967年下降至13‰以下，1970年以后争取下降至10‰以下。”1972年，市南区建立计划生育领导小组，形成“块块贯彻，条条保证，条块结合，齐抓共管”的双重领导体系，户口登记、婚姻登记和计划生育实行统一管理。人口生育实行生育证制度。80年代中期，实行了人口计划包干指标层层分解，安排生育指标落实到户和人。基本实现“青年结婚适龄化、妇女生育有计划、人口增长按规划”。

计划生育责任制

1988年开始，计划生育工作实行目标管理责任制。青岛市与市南区、区政府与各街道办事处，分别签订人口目标承包责任书。党委、政府及各部门的集体与个人综合评比，实行计划生育“一票否决”制。2001年12月29日，全国人大常委会颁布《中华人民共和国人口与计划生育法》，计划生育管理纳入国家法制管理的轨道，计划生育工作实现了由政策管理向法制管理的根本转变。2003年6月，青岛市人民政府发布《青岛市人口与计划生育工作若干规定》，规定：计划生育工作实行单位负责、属地管理、村（居）民自治、社区服务的管理体制，实行人口与计划生育目标责任管理。2004年，区委、区政府与各街道办事处（社区委）及24个职能部门签订《人口与计划生育目标管理责任书》。各街道办事处（社区委）与697个驻街单位、1564家个体私营企业及社区居委会签订计划生育责任书，并继续实行奖励兑现和一票否决制度。

表2-20　　市南区人口婚育情况一览表

（2002—2005年）　　单位：人

年度	总人口	全年生育人数				晚育人数	全年死亡	女性初婚		
		一孩	二孩	其中女孩	计划外			人数	晚婚	晚婚率%
2002	474010	1756	80	844	12	1748	1419	2864	2769	96.68
2003	462301	1193	34	591	1	1188	2177	2856	2742	96.00
2004	525591	2502	102	1240	0	2491	2113	—	—	—
2005	560911	1777	79	895	1	1768	2563	3034	2880	94.92

流动人口婚育管理

1989年颁发《青岛市流动人口计划生育管理规定》。同年，市南区成立流动人口管理办公室，以计划生育部门为主，协调公安、工商、劳动、城建、房管、交通等部门齐抓共管。实行在哪里居住由哪里管理，在哪里经营由哪里管理，谁用工谁管理的原则，对外地流入育龄妇女实行孕情查访汇报、定期访视和妇科检查制度。通过建档立卡、验审生育节育证明、落实计划生育合同等方式，实现计划生育无缝隙管理。2004年1月1日国务院颁发《流动人口计划生育工作管理办法》，流动人口计划生育工作纳入人口与计划生育事业发展规划，统筹管理。2008年开始，设立新市民生育文化服务中心，组建新市民计生志愿者队伍，开通生育文化免费咨询热线，为新市民提供全方位的咨询服务。定期开展“我时尚、我健康、我快乐”同伴教育知识讲座等，打造“新市民网络书屋”，开通“新市民牵手阳光服务博客”，创办“新市民子女学校”，免费为流动人口子女提供课外辅导，通过多渠道的文化融入让先进生育文化根植于流动人口的心中。

计划生育网络管理

2005年建立市、区、街、居四级联网，人口与计划生育网站纳入政府社会公共信息平台。常住人口和流动人口的婚、孕、育信息实现网上查询交流，生育证、计生服务手册、流动人口婚育证明可实行网上办理，在全省率先推行计划生育宣传服务和流动人口计划生育的信息化管理。2008年开始，建立“一楼一册、一房一档”的“以房管人”信息档案，划分“放心户”“关注户”和“重点户”等分类管理；与民政、人社、公安、教育、卫生、城管等部门联系，建立联合会办、联合清查、联合执法机制；利用3G数字移动智能平台，实现数据查询、信息录入、通知公告等现场采集和实时传递；利用计生电子地图，打造“全貌划片、楼况显示、户况清楚、分类明晰”的“以房管人”工作平台；成立由城管、公安和社区计生专干、协管员及网格员、楼组长组成的联防队，定期联合巡检，拉网排查、托清底数；与兄弟区市联合，大力实施“管理跟进、服务贴近、联手行动”工程，建立区域协作、信息通报、案件查办和联席会议制度，强化人口分类管理和综合治理。

第四节　计划生育服务

20世纪80年代初，以孕情检测和优生预测为重点开展计划生育服务工作。区计划生育科研所、服务站开设遗传与优生咨询门诊，开展对育龄夫妇婚前检查、孕情检测和优生预测，推行怀孕早期遗传疾病的产前诊断、咨询。1983年，开展对病残儿医学鉴定，建立病残儿母亲二胎孕情系统管理档案，发现胎儿畸形立即终止妊娠。对符合条件的育龄妇女发给准孕证，接受孕前检查和指导，婴儿出生后继续追踪观察，发现异常及时诊断治疗。

2000年，区计生委建立健全部门垂直负责体系和横向协作配合机制，严格执行流动人口与户籍人口“同宣传、同管理、同服务、同考核”的“四同”制度。以“公平对待、合理引导、完善管理、优质服务”的原则，落实流动人口管理有机构、有人员、有经费的“三有”保障措施，流动人口可享有与户籍人口同等的计划生育、生殖健康免费服务项目。

2001年，区计生委建立“属地管理，单位负责，居民自治，社区服务”的管理新格局，实现以户籍地管理为主向以现居地管理为主的转变。推行避孕节育、生殖健康、宣传教育、药具发放、咨询办证等“一站式”服务模式。区计生委被评为“全国计划生育协会县级先进单位”。2002年，在全市率先推出“两站合一”（计划生育服务站、妇幼保健站）技术服务新模式，弥补了技术人员分散、设备分散、服务项目分散的不足。2004年，与社区医疗机构签订计划生育技术服务合作协议，由政府购买服务，解决了技术服务中心可持续发展问题。同年，获“山东省计划生育优质服务先进区”荣誉称号。2005年，全区计生服务业务用房面积，由2000年年底的400平方米增加到800平方米。中、高级技术人员由原来的2人增加到7人，设备更新经费投入超过“十五”时期前10年投入的总和。业务范围由“四术”（结扎、放环、引产、人流）、查环、查孕为主，拓展到优生优育、生殖保健服务等项工作。年末，市南区已婚育龄妇女107464人，发放独生子女父母光荣证74089个，全区施行节育措施共计94991人。同年，市南区计生协会荣获中国计划生育协会颁发的“青春健康”项目先进单位奖、组织奖和创新奖。

2006年，在全市率先提出打造“一刻钟”计生技术服务圈的目标，依托社区医疗卫生机构，建设社区人口计生服务站9处，开展免费婚前医学检查和优生四项检测等服务。2007年，启动区人口计生服务中心澄海路分站，完成香港中路、八大湖、金门路街道人口计生服务站“两化”建设。在计生服务站创建生殖健康教育基地，免费开放青少年电子自助服务吧。2008年，选址市南区中部——延安三路中段，开始建设集婚前检查、婚姻登记、计划生育技术服务、妇幼保健于一体的综合性服务机构，建设用房约1400平方米，作为区政府为民要办的十件大事来抓。是年11月11日，国家人口计生委主任李斌一行考察市南区计划生育技术服务工作，对市南区构筑社区人口计生服务站取得的成效给予充分肯定。2009年，区人口计生服务中心投入使用，实现为育龄群众提供方便快捷的集婚前医学检查、婚姻登记、计生技术服务、妇幼保健于一体的“一条龙”服务。同年完成中山路、云南路、江苏路、八大关四个街道人口计生服务站的“两化”建设，全区形成婚前检查、孕期保健、新生儿筛查、婴幼儿保健、生殖健康为一体的系列化计生技术“零收费”服务。

育龄妇女妊娠期保健知识讲座

2010年，深化优生工程，在全区范围内免费开展孕前优生健康检查和叶酸发放工作。年内自主研发应用人口计生“E网通”，有效解决城市流动人口计生管理服务难等问题，建立流动人口“均等化”服务新机制，为流动人口建立健康档案、提供优质服务。2011年，率先启动具有国际理念和市南特色的“和谐幸福家庭促进计划”项目，以社区“管理服务、医疗康复、文化娱乐”三个中心为载体，建设了一批各具风格、功能齐全、温馨和谐的家庭计划指导服务中心，逐步形成以区人口计生服务中心为龙头，“一刻钟人口计生技术服务圈”为纽带，家庭计划指导服务中心为基础的多层次、系列化人口计生技术服务体系。2012年，全面落实国家免费孕前优生健康检查项目，实现65个社区“和谐幸福家庭促进计划”项目全覆盖。为7000余名流动人口已婚育龄群众发放“新青岛、新市民、新家园”“三新”服务卡，吸纳23个单位加盟“三新”服务卡关爱连锁服务网络。同时，研发3G手机平台软件智能读取“三新”服务卡上的条形码随时随地获取流动人口育龄妇女的个案信息，使管理服务更加高效、便捷。

第三篇

海滨景观与优秀建筑

第一章　景观名胜

市南区域海滨，山峦葱郁，叠嶂起伏，大海三面环绕，碧波拥翠，绿树红瓦，碧海蓝天，是闻名中外的旅游胜地。市南区域内海岸线曲折绵延，蜿蜒斗折，海岬相间，沿海自西向东分布着团岛湾、青岛湾、汇泉湾、太平湾、浮山湾5处海湾。太平湾被誉为“世界最美海湾”，也是历史建筑、名人故居最集中、最丰富的岸线地带，涵盖众多优秀文化资源，拥有公园、浴场、广场及公共文化设施等多元文化要素，形成山、海、城一体的海滨景观长卷，自团岛湾至浮山湾，构成湾湾相连、环环相依的海滨风景区。

区内的人文景观名胜源于明清时期。建于明成化三年（1467）的青岛天后宫，历经明、清、民国等七次维修扩建，是见证青岛本土文化的建筑名胜。胶澳设防后修建的前海栈桥，是青岛筑港工程的启端，大港一号码头投产后，栈桥从海轮装卸地变身为向游人开放的观光点，成为青岛的标志性景观——“长虹远引”。小青岛，又称琴岛，青岛的又一标志性景观，1898年岛上建起灯塔，成为扼控胶州湾外口的重要灯标，夜色中红色的飘灯掠过海面，造就了青岛十大景观之一——“琴屿飘灯”。1900年，德国殖民当局正式推出青岛首个城市规划，随即在欧人区开始了大规模的市政工程建设，开辟海水浴场，围建植物实验场，整修跑马场，规划建设综合游乐区和别墅疗养区，形成青岛最初的城市广场、公园、海水浴场雏形。汇泉湾海水浴场以坡缓沙细、水清浪静而著称，由于汇泉岬阻隔，进入汇泉湾的浪涌形成浪高仅1米左右的平静海面，适合游泳及各项水上运动。随着青岛港海上航线的开通，首批来自上海、香港、天津、芝罘等沿海城市的外国侨民，成为汇泉海水浴场接纳的第一批泳客，由此掀开了青岛近代旅游的历史开篇。同期，一座花木繁茂的山林公园出现在太平山的西南山麓，成为中山公园的前身，为汇泉综合游乐区增添了一处荟萃中外上千种树木、花卉的园林景观。20世纪初出现的市民赛马会，变“军用”跑马场为军地共享，吸引当地欧美商绅、政府官员、来青岛游客和驻军士官踊跃投身赛马活动，跑马场和浴场、公园共同组成一个多元化、综合性游乐空间，成为官方旅游推介的一张亮丽名片。其间，建于观象山巅的青岛皇家观象台，集天文、地磁、地震、潮汐及海洋气象气候观测于一体，和上海、香港观象台并称“远东三大观象台”，成为青岛十景之一——“穹台窥象”。

20世纪20年代，汇泉海水浴场一个泳季的入浴人数已达数千人以上，以日光、海水、沙滩而闻名中外，博得了“东亚第一”的美誉。至20世纪30年代，市区海水浴场6处，其中今市南地域浴场有第一（汇泉）海水浴场、第二海水浴场、第三海水浴场、第六（栈桥）海水浴场等4处。其间，中山公园一年一度的“赏樱节”成为青岛园林景观的一大特色，吸引了中外赏樱客的脚步，赢得“东园花海”之誉。青岛汇泉跑马场进入商业赛马时代，青岛汇泉跑马场的规模仅次于上海位居第二，成为青岛旅游业对外主打的招牌，与香港、上海赛马场并称“远东三大赛马场”。这一时期，栈桥桥头增建了回澜阁，远眺杰阁翼然，近处礁石倚伏，时起波澜，成为青岛十景之一——“飞阁回澜”。1933年第十七届华北运动会在青岛举办时，栈桥成为水上运动比赛场。建于汇泉角以西的水族馆，为中国传统古城堡式建筑，砌于临海礁石之上，和水族馆东西相望的海滨公园，为鲁迅公园的前身，岩石起伏，红礁黄沙，宜于垂钓，成为青岛十景的又一景观——“汇滨垂钓”。建于湛山东南山麓的湛山寺，为中国佛教天台宗最年轻的名刹，朝夕课诵，暮鼓晨钟，超然尘俗，素负“湛山清梵”之誉。

20世纪80年代初，国务院将青岛崂山风景名胜区公布为首批国家重点风景名胜区之一，范围包括市南区前海海滨，大大提升了市南区城市旅游的地位、旅游资源形象和价值。1984年，国务院正式批复《青岛市城市总体规划》，明确“风景游览城市”为青岛城市的发展目标之一。同年，对区内观象山、观海山、信号山等10个山头封山植树建园，重建第一海水浴场，大规模整修栈桥。区内的海滨景观名胜焕然一新，新增观象山、观海山、信号山、小青岛公园、小鱼山公园。20世纪90年代，随着东部开发战略的实施和西部老城区的改造进程，拓建五四广场、音乐广场、湛山广场和八大峡广场，新增老舍公园、八大峡公园和辛家庄北山公园，区内形成东西相连、风貌各异的公园群和广场群。广场文化活动蓬勃兴起，对构筑城市人文氛围、繁荣群众文化生活发挥了重要作用。2008年北京奥运会、残奥会帆船比赛在区内成功举行，弘扬奥运精神、见证奥帆辉煌的青岛奥帆中心，成为彰显时代精神风貌的重要景观名胜。

第一节　海滨风景区

青岛湾景区

青岛湾景区位于市南区西南端，西迄团岛，东至小青岛，北接以中山路为中轴的老市区中心，是以天然海湾青岛湾为中心，由众多景点名胜组合而成的海滨风景区，是青岛海滨风景区中最重要的一处旅游景观，也是聚合了山、海、城和湾、岛、礁、滩等诸多特色景观的青岛海滨第一景区。青岛湾是青岛近代城市的发祥地，1897年德国侵占青岛后，沿海岸形成了集港口、灯塔、军事要塞、商业街和行政建筑、公共建筑、宗教建筑为一体的城市中心区。青岛湾内栈桥与小青岛交相辉映，海岸西侧有栈桥浴场，东侧有天后宫，北部是商业中心中山路，岸边各式特色建筑参差错落于海岬坡地。景区内汇集了栈桥、团岛、台西镇炮台旧址、青岛火车站、亨利王子饭店、天后宫、胶澳总督府旧址、总督官邸旧址、圣弥爱尔大教堂、江苏路基督教堂、中山路建筑群、俾斯麦兵营旧址、小青岛、中国海军博物馆、万字会旧址、闻一多故居、老舍故居、王统照故居、萧红·萧军·舒群故居以及观海山公园、观象山公园、信号山公园等景观名胜，1992年被评为“青岛市十大景观”之一。

汇泉湾景区

汇泉湾景区位于市南区青岛湾东侧，西起鲁迅公园，东至汇泉角，北连中国海洋大学和太平山，是青岛海滨风景区内重要的一处风景游览区，景色秀丽，甲于岛城，红瓦黄墙，鳞次栉比，绿荫掩映，错落有致，是青岛老市区风貌保护最好的地区。1897年德国侵占青岛后即着手开发汇泉湾，建成有“东园花海”之誉的森林公园、被誉为“亚洲第一沙滩”的海水浴场和“中国三大赛马场”之一的汇泉跑马场，在湾岸规划兴建别墅区，开辟高尔夫球场等游乐设施。1912年前后汇泉湾已成为青岛著名的旅游区域。景区内汇集了鲁迅公园、水族馆、海底世界、第一海水浴场、中山公园、小鱼山公园、滨海木栈道、中国历史文化名街之一的小鱼山历史文化名街、汇泉角炮台旧址、伊尔蒂斯兵营旧址、青岛海洋科技馆、康有为故居、梁实秋故居、洪深故居、沈从文故居等诸多景观名胜。1992年被评选为“青岛十大景观”之一。

太平湾景区

太平湾景区位于太平山下的太平湾畔，太平山即湛山，最初名斩山，是青岛市区最大的一处自然山体和林木区，位于市南区八大关南部，西起汇泉角，东到太平角。沿岸为八大关风景区，环境清幽，风景优美。东边是第二海水浴场。浴场与八大关景区及疗养区相邻。德国侵占青岛时期，开始依山开辟植物实验场，并从世界各地引进各种名贵树木和花卉，使其成为以林木、花卉植物景观为主体的海滨景观区。20世纪30年代，在太平山谷地修建了佛教天台宗名刹湛山寺。80年代，太平山实施封山绿化，遂成为青岛市区森林覆盖率最高、植被景观最为丰富多样的风景区，规划建设集中山公园、动物园、植物园、百花苑·名人雕塑园和浮山香苑于一体的中央公园。景区内汇集了中山公园、青岛动物园、青岛植物园、第二海水浴场、八大关建筑群、中国历史文化名街之一的八大关街区、湛山寺、青岛山炮台旧址、小湛山堡垒旧址等景观名胜，以其滨海特色鲜明的自然、人文景观，获得“世界最美海湾”之誉。

浮山湾景区

位于市南区浮山所南侧。东端岬角是燕儿岛，西端岬角是太平角。西侧有第三海水浴场。北岸驻有中共青岛市委、青岛市政府等机关。浮山湾景区依山面海，风景优美，海域开阔，水质洁净，气象状况大部分处于较稳定的状态，非常适合帆船运动。2008年8月，北京奥运会帆船比赛在这里举行。浮山湾沿岸是青岛市新的金融贸易中心、商业购物中心、文化娱乐中心和以帆船运动为主的航海体育运动中心。景区内汇集了五四广场、奥帆中心、东海路雕塑一条街、第三海水浴场、音乐广场、燕儿岛公园、银海国际游艇俱乐部等景观名胜，也是青岛著名景观“燕岛秋潮”“浮山九点”的览胜之地。

浮山湾景区

第二节　名　胜

栈桥

位于市南区中山路南端海滨，青岛湾北侧，与小青岛隔海相望。青岛市标志性建筑之一。建于1892年，初为简易军用码头。铁木结构，以木铺面，长约200米。1901年，德占当局将栈桥向海面延伸至350米，北段改为石砌筑基，水泥抹面，南段下立钢桥架，上铺木板，为利运输，桥面增铺轻便铁轨。1905年前后，原以栈桥为中转码头的商贸运输移至青岛大港，栈桥遂成为船舶检疫、引水专用码头。1923年，栈桥北端两侧辟建为公园。1931年9月至1933年4月，青岛市政府对栈桥进行扩建，桥身延长至440米，桥宽8米，桥墩全部为混凝土浇筑，水泥铺面。桥南端增建半圆形防护堤，堤内建民族传统风格的双层飞檐八角亭阁，称“回澜阁”。回澜阁建筑面积340平方米，平面呈八角形，周边为回廊式游憩平台，阁高两层，重檐亭式风格，上覆黄色琉璃瓦，四周立24根圆形亭柱。青岛解放后，青岛市人民政府对栈桥多次进行维修。1984—1985年，桥南端采用16排架取代原桥的34排桩，桥岸东侧新建螺旋眺望台，桥入口处新砌花岗岩宽台阶。栈桥“飞阁回澜”“飞阁听潮”“长虹远引”等景观，30年代入选“青岛十景”“青岛市乡二十四景”。2006年，栈桥及回澜阁列为山东省文物保护单位。

小青岛

位于市南区琴屿路26号，栈桥东南。面积约0.024平方千米，海拔17.2米。该岛小巧如螺，山岩峻秀，林木蓊倩，故名“青岛”（又称“琴岛”），青岛市区由此而定名“青岛”。后为二者有别，称其为“小青岛”。德占时称“阿克那岛”。日占时称“加藤岛”。小青岛原是孤岛，1900年，德国人在此建有一座高15.5米的白色八角形导航灯塔，采用红色间歇灯光，可见距离为4海里。20世纪30年代初辟为“小青岛公园”，为青岛十景之一——“琴屿飘灯”。日本第二次侵占青岛后成为日军驻地，后一直作为军用。1941年岛东面筑起防波堤与陆地相接。50年代岛北面亦筑起防波堤。80年代再度辟建为公园，1988年对游人开放。2004年小青岛灯塔被列为全国重点文物保护单位。

水族馆

位于市南区莱阳路4号汇泉湾海滨，由水族馆、海产博物馆、淡水鱼馆组成。是中国最早的以展出活体海洋动物为主的专业博物馆，全国首家专业性海洋生物展馆，不仅在海洋生物标本采集、分类、鉴定、收藏等方面居行业领先地位，在海洋生物的饲养、繁殖研究和海洋知识的普及教育等方面也取得了突出成绩，成为全国著名的以展示海洋生物为特色的自然科学博物馆。1931年，由中国科学社蔡元培、李石曾、杨杏佛等人发起筹建，由青岛观象台海洋科设计，青岛鸿记义合工场营造。1932年5月建成对外开放。1955年，与青岛市市立博物馆山东产业部合并为青岛海产博物馆。1988年并入青岛市海洋科技馆。水族馆为中国传统古城堡式建筑，红色花岗岩石砌于临海礁石之上，雉堞式女儿墙，上有城楼，与鲁迅公园海滨风景浑然一体。水族馆地上三层，地下一层，建筑面积950平方米。正门南面汇泉湾，东西长31米，南北宽15.6米，高约6米，通体由花岗岩蘑菇石砌筑，墙体中部设有数个铁制圆形气窗。一层大厅为陈列室，面积约350平方米。二、三层为箭楼，砖木结构，歇山双重挑檐顶，覆绿色琉璃瓦面，檐角装设铜铃，迎风叮当作响。二楼楼梯处镶嵌一汉白玉方碑，镌刻建馆募款记载。水族馆独特的古典城堡式建筑被列为青岛市标志性建筑，每年接待参观量近200万人次。2006年，青岛水族馆被列为山东省文物保护单位。

湛山寺

青岛市文物保护单位，历史优秀建筑。位于太平山南麓，芝泉路12号。是市区唯一佛寺、中国佛教天台宗最年轻的佛刹之一。1934年动工兴建，1945年竣工，占地面积53776.5平方米，建筑面积11053平方米，为青岛十景之一——“湛山清梵”。湛山寺东南侧山丘上砖砌八边形七级药师塔（全名“药师琉璃光如来宝塔”），高28.31米，塔身外雕坐佛石像100余尊，塔四周立有28尊神态各异的石刻护法神像。寺院建筑为五进院落，并设有东西跨院、配房。第一进为青砖石山

青岛水族馆

门。中门为石拱券门，上架石额枋、雀替，单砖歇山顶。第二进为天王殿，正房三间供奉弥勒菩萨，左右为四大天王，钟楼、鼓楼位于前厅东西两侧。第三进为主殿——大雄宝殿，面阔5间，进深4间，共有殿堂144间。中间供奉释迦牟尼，左右为文殊、普贤菩萨。第四进为三圣殿，殿门匾额“海印遗风”由赵朴初题写，殿内供奉阿弥陀佛，左右为观世音和大势至二菩萨。第五进为藏经楼，内藏数千卷佛家经典。湛山寺的首任主持为倓虚法师，因其主持修建湛山寺，又称“湛山大师”。湛山寺始建当年，在位于今小鱼山公园山顶上，兴建佛教居士聚会场所——湛山精舍，作为湛山寺下院，为佛教居士们修行之所，是青岛佛学会所在地。1935年夏，弘一大师前来湛山寺讲经，历时半年。1940年成立湛山寺佛教学校，倓虚亲自任教，为全国佛教界培养了大批学僧。此后，由湛山寺佛教学校毕业的学僧分赴全国各天台寺院，还有的远赴香港、美国、加拿大、新加坡，成为寺院主持，把湛山清梵远播粤海港岛、异国远邦。1983年被国务院确定为全国重点开放的佛教寺庙。1986年正式对外开放。

天后宫

山东省文物保护单位，历史优秀建筑。位于太平路19号。始建于明代，是青岛市区现存的最古老的明清砖木结构建筑群。占地面积近4000平方米，建筑面积1500平方米，为二进庭院。由正殿、配殿、前后两厢、戏楼、钟鼓楼及附属建筑，共计殿宇16栋80余间。供奉天后、财神、龙王、药王等民间神祇。馆内的“镇馆之宝”为清同治四年（1865）、同治十三年（1874）两块石碑，详细记载青岛明清时期“旅客商人鳞集而至”的繁荣景象。1998年，天后宫命名为青岛民俗博物馆正式对外开放。馆内设有民间工艺工作室，常年举办馆藏文物、民间工艺品、风光剪纸等各种展览，是海内外游客了解青岛民俗风情的窗口。

万字会中国总会青岛分会旧址

全国重点文物保护单位，青岛市历史优秀建筑。位于鱼山路37号，建于1934—1940年，占地面积14183.40平方米，建筑面积4108.24平方米。由前、中、后三部分组成。中部院落为仿建曲阜孔庙大成殿的道院建筑，是青岛市最大的中国传统式古建筑，建筑师刘铨法设计，钢筋混凝土结构，建于1932—1937年。正殿重檐斗拱，覆黄色琉璃瓦，建筑面积1545平方米。大殿内曾设有供奉儒、佛、道、回、基督等各色道禅的7处神龛（现保存于青岛市博物馆）。两侧配殿为红墙绿瓦，院中建有八角凉亭。前部院落系罗马式建筑，为青岛万字会办公楼，由建筑师王翰设计，建筑面积1889.42平方米，地上三层，地下一层，钢筋混凝土结构。建筑大门处设三开间高大凹廊，4根科林斯廊柱直达三层横梁，柱头饰有小天使石雕，营造出庄严神圣的基督教气氛。檐口、山墙均有雕饰，墙面设计庄重华丽。楼内各层设环形回廊，顶部装采光玻璃穹顶，整体设计严谨规整。后部院落建成于1940年，原名青岛道院，建筑面积674平方米，钢筋混凝土结构。立面为五开间，中部三开间二层，设四柱敞廊，上起二层盔帽式塔楼，两侧为三层平顶房，设计对称，造型庄重。1953年青岛市图书馆迁入。1965年青岛市博物馆在此成立。现为青岛市美术馆。

百花苑

位于市南区青岛山东麓，延安一路55号，占地8.25公顷。德占时期该地为外国人墓地，称“万国公墓”。德国胶澳总督府第二任总督叶什克，著名汉学家、植物学家福柏教士均葬于此。1923年，北洋政府统治时期，在墓地以南及北部建苗圃，时称“王村路刺槐林圃”。新中国成立后墓地废弃，部分土地曾为中山公园花圃。“文化大革命”期间花圃拆除，墓地被毁。1976年重建苗圃，称“京山苗圃”，占地6.8万平方米。1990年11月改建为百花苑，苑内依地势建成两条水溪及“岁寒三友”“红透金秋”“报春”等10个景点。1995年2月，市政府决定在百花苑建青岛文化名人雕塑园，园内为20位已故青岛籍或客居青岛成就卓越的文化名人树立雕像。1995年9月30日落成开放。

海底世界

位于市南区莱阳路2号，毗邻鲁迅公园和第一海水浴场。2003年7月建成开放。整个建筑全在地下，建筑面积7300平方米。全部水体4000吨，养有几百种类、上万尾珍奇海洋生物。馆内利用现代科技手段营造出独具特色的海洋生物世界，有大型单体亚克力圆柱展缸、海洋生物标本馆和八个景观区。2006年入选国家AAAA级旅游景点。

奥林匹克帆船中心

青岛奥林匹克帆船中心即青岛国际帆船中心。位于市南区澳门路121号，坐落于青岛市东部新区浮山湾畔，北海船厂原址，毗邻五四广场和东海路，市内的著名风景点“燕岛秋潮”位于中心内燕儿岛山的东南角，原为2008年第29届北京奥林匹克运动会和第13届残疾人奥林匹克运动会帆船比赛举办地。包括帆船比赛基地和青岛奥林匹克主题公园两部分，占地面积42公顷，总建筑面积约13.8万平方米。2008年奥帆赛、残奥帆赛结束后，开发建设为奥林匹克帆船中心，建设有青岛奥帆博物馆、酒店、休闲娱乐中心、国际游艇俱乐部会所等。中心场馆硬件设施得到国内外的一致好评，被国际业内人士誉为“亚洲最好的奥运场馆”。2009年8月正式对外开放，为国家AAAA级旅游景区。

银海国际游艇俱乐部

位于市南区东海中路30号。2005年建成，是2008年第29届北京奥林匹克运动会帆船比赛配套工程。陆域面积6.7万平方米，海域面积8.7万平方米。有按国际标准建造的366个专业码头帆船泊位，4500平方米的专业修船坞。设有“妈祖女神”雕塑、观光塔等景点，2006年入选国家AAAA级旅游景点。

青岛革命烈士纪念馆

位于市南区太平山东南麓，芝泉路20号。始建于1977年4月，1981年建成并对外开放。建筑面积4878平方米，占地面积22169平方米。馆内设有烈士纪念堂、烈士事迹陈列馆、业务资料楼和革命烈士群雕塑像。纪念馆大门设于南边，与前方湛山寺中轴线贯通；一级平台中间为“山河魂”革命烈士群雕；二级平台为主体建筑革命烈士纪念堂，中间门楣镌有“青岛市革命烈士纪念馆”门徽。纪念堂主厅正面悬挂中国共产党一大代表王尽美、邓恩铭和中共早期革命活动家李慰农、郭隆真及各个时期青岛牺牲的142位著名烈士遗像，两壁书写6000多位革命烈士英名。是青岛市革命传统教育主场地。

骆驼祥子博物馆

位于市南区黄县路12号。20世纪30年代，著名现代作家老舍在此居住期间创作著名小说《骆驼祥子》。2005年，青岛市政府决定将老舍故居改建为骆驼祥子博物馆。2009年开始施工，2010年5月24日建成正式开馆，为全国首个以文学名著命名的名人故居博物馆。一楼展厅面积132.98平方米，全面展示老舍在青岛期间的创作和生活情况。二楼为文艺沙龙，面积105.60平方米。

康有为故居纪念馆

位于福山支路5号，建于1989年，原为德国胶澳总督副官、海军上尉弗莱海尔·利利恩可龙的住宅。占地4000余平方米，建筑面积1124平方米，为三层砖木结构楼房。1923年近代思想家康有为购为寓所，取名“天游园”，1927年病逝于此。1985年被列为市级文物保护单位。1987年建立康有为故居纪念馆对外开放。1994年因年久失修房屋濒危关闭。2000年9月30日修复后重新开放。为山东省重点文物保护单位和山东省爱国主义教育基地。

第三节　公　园

中山公园

位于市南区文登路28号，太平山西南麓，面积73.3公顷，始建于1901年。青岛最大的综合性公园。清末以前，太平山称会山。明代天顺年间，云、贵、川等地移民在会山之前建房辟村，定名为会前村。“会前”一词曾被误传为“会泉”或“汇泉”。后德国人在此地发现并生产优质矿泉水，远销欧美和东南亚各国，最终“汇泉”成为约定俗成的地名。1901年，德军强迁会前村，辟建植物实验场和猎场。1914年，日本第一次侵占青岛后改称“旭公园”。1922年，中国政府收回青岛后改称“第一公园”。 1929年，南京国民政府接收青岛后更名为“中山公园”。日本第二次侵占青岛时又改称“第一公园”。抗战胜利后复名“中山公园”。2004年，经国内外专家规划进行整体改造。园内有芍药园、月季园、桂花园、玉兰园和兰圃等专类植物园，小西湖、望海亭、牡丹亭、樱花大道、“孙文莲池”、孙中山雕像、会前村遗址等景观。

青岛动物园

位于市南区延安一路102号，太平山西麓，南与中山公园毗邻。1915年，日本第一次侵占青岛时期，在中山公园内南部建动物笼舍，20世纪30年代形成小型动物园，60年代初已具相当规模。1976年，市园林处在太平山西南侧另建青岛动物园，规划面积27.9万平方米，分园前区、鸣禽区、猛兽区、灵长区、食草区、中型动物区、小型动物区和两栖动物区等展区，1977年9月定名为青岛动物园，1978年与中山公园分离。园内各种动物馆舍依山而就，造型别致，建筑面积计16840平方米。

老舍公园

位于市南区安徽路，新中国成立前称第六公园。观海山通向青岛湾的一条宽约四五十米的季节性冲沟，称“大花沟”，沟内遍生杂树灌木野花。德占时期在沟内种植花木，形成一处天然街景，占地0.8公顷，时称“大村公园”。20世纪40年代初，因缺少管理，该处几近垃圾场。青岛解放后经填地改造为公园。1999年，由市南区政府投资1000万元重修，占地面积9800平方米。2000年7月，命名为老舍公园。公园南端树立老舍塑像，有老舍夫人胡絜青的题词。

观海山公园

位于市南区南部，胶澳总督府旧址北，海拔66米。原称“小北山岭”“青石山”。德占青岛期间，山上曾辟高尔夫球场，山南麓建总督府，故有“抛球山”“总督府丘”之称。日本第一次侵占青岛后易名“八幡山”。1927年，胶澳商埠局在山上修建观海台，命名为观海山。1984年3月，投资18.23万元建园，观海台周围增建扇贝亭、方柱长廊，另辟游山小路，植树1562株，铺草坪1176平方米，栽植绿篱60米。1986年7月6日命名为观海山公园，同年10月竣工开放。

观象山公园

位于市南区中部偏北，海拔79米。原名“水道山”，1912年，德国人在山顶建“皇家青岛观象台”，始称“观象山”。 1926年，青岛观象台作为中国唯一的代表，参加第一届万国经度测量。是年在山上确立青岛天文基准原点。1930年，建成中国第一座由国人自己建造的圆顶天文观测室。1932年，引进中国第一架大型天文望远镜，成为远东三大观象台（上海、青岛、香港）之一。“穹台窥象”成为30年代青岛的著名景观。1933年，山顶辟建公园。1951年建成“中华人民共和国水准原点”，作为中国的海拔基准起点。1984年封山育林，兴建观象山公园，1985年建成开放。1987年，在天文观测室北侧落成“万国经度测量纪念碑”。

信号山公园

位于市南区龙山路16号甲。海拔98米。原名“大石头山”，因地处伏龙路、龙山路、龙华路、龙口路、龙江路5条路之间，又有“五龙山”之称。德国侵占青岛后，在山顶建信号旗台和无线电台，为入港船舶传递信号，德人称“狄特里希山”，市民俗称“信号山”“挂旗山”。1914年日本侵占青岛后，改名“神尾山”。1922年中国政府收回青岛后，命名为信号山。信号山地理位置优越，山势突立似圆锥，岩石嵯峨，林木繁茂，是著名观景地。1987年7月，信号山公园建成开放。园内建3座红色球状建筑，成为信号山的标志性建筑。

鲁迅公园

位于市南区莱阳路汇泉海滨，沿狭长海岸东西伸展，长约1千米。1900年始，德国人在汇泉湾西侧岸边遍植黑松，设立亭阁、石桌、石凳等。1903年后称作“维多利亚公园”。日本第一次侵占青岛后改称“曙滨公园”。1922年中国政府收回青岛后改称“海滨公园”。1930年前后，以时任青岛市市长胡若愚之名命名为“若愚公园”。 1931年更名为“海滨公园”。1950年，为纪念鲁迅先生更名为“鲁迅公园”。入口处牌坊正面“鲁迅公园”四字系集鲁迅先生手迹而成，背面“蓬壶胜览”四字系中国著名碑帖书法家郑世芬1932年手笔。迎门鲁迅先生花岗岩雕像，系1986年全市青年捐款所建。该园赭红色礁石突兀嶙峋，形成天然丘壑，悬崖断岸，海浪搏击，景色蔚为壮观。园内道路依势而成，起伏自然，筑有泻水小桥，曲径通幽。伴以茂密的黑松林和凉亭、水族馆等建筑的点缀，形成一幅瑰丽的海滨风景图画。20世纪30年代“汇滨垂钓”被誉为青岛十景之一。

小青岛公园

位于市南区琴屿路26号，青岛湾栈桥东南。20世纪30年代初，该岛被辟为“小青岛公园”，设有茶厅、花圃、石凳石椅，架牌坊，修筑游艇码头，游人乘船可登临游览。日本第二次侵占青岛后为日军驻地。1941年，小青岛东面筑起防波堤与陆地相接。青岛解放后为海军基地。1987年移交青岛市，再次辟建公园，建成面积2700平方米的广场和80平方米的花坛，铺植3270平方米的草坪，建起“琴女”雕像、亭、阁等园林小品，种植多种花草树木，1988年开放。

小鱼山公园

位于市南区莱阳路东端，汇泉湾北侧。海拔61米，面积2.5万平方米，原无名，青岛建置后称衙门山。德占时期在山东南坡修建总督临时官邸，在山西南坡修道路称阿利拉街。1923年改称鱼山路，山也因此得名。1934年，山顶曾建有2层佛学讲堂，名为湛山精舍，1959年拆除。1985年建山头公园，建筑面积800平方米。主体建筑览潮阁，高18米，三层八角挑檐式建筑，挑檐图案是鱼的头部。西侧一挑檐式六角亭名碧波亭。阁东侧的四角亭为拥翠亭。三处匾额皆系艺术大师吴作人所题。园内曲廊三幅壁画，设计寓意深邃。一幅用象形文字“小鱼山”构成山标;另两幅为大型瓷板彩色壁画“八仙过海”和“蒲松龄宇宙”。 1992年7月被批准为“青岛市旅游涉外定点单位”。

鲁迅公园

青岛植物园

位于市南区太平山东侧，郧阳路33号。此处原为墓地，1976年，由青岛市园林科研所辟建为植物园，是植物引种驯化、科普教育、珍危稀植物保存基地。占地100公顷。园内建有森林乐园、植物精品园、中日友好园、法国楼等景点。1994年6月正式对外开放。

八大峡公园

建成于1998年。位于市南区西部，西起团岛，东至第六海水浴场，全长3.5千米，由八大峡广场（占地6.3万平方米）、贵州路游园（占地2.9万平方米）和5块绿地组成。1985年，根据青岛市总体建设规划，贵州路沿海地带经过填海造地，改造辟建为公园。园内修建绿地、道路，修整藤萝廊，增设石桌石凳、健身器材等设施。1998年公园建成开放，定名八大峡公园。

辛家庄北山公园

位于市南区莆田路6号，周围与宁夏路、莆田路、古田路、逍遥二路等道路相邻。园址原为国有山林，由东、西两座山头组成。1990年，市政府投资64万元建设公园，1991年6月建成开放，定名辛家庄北山公园。2001年，市南区政府投资对公园进行改造完善。2004年、2005年分别增植红枫1800株和400株。整个园区形成以红枫为主要特色景观的综合公园。

第四节　海水浴场

第一海水浴场

始建于1901年，时称奥古斯特·维多利亚湾海水浴场，位于市南区汇泉湾。全长580米，游泳水域20余万平方米，沙滩面积约3万平方米。1901年始开辟浴场。1903年建成，称汇泉海水浴场。20世纪20年代陆续增设浮台、跳台、舢板等设施。30年代中期，建起分男女两部的更衣室，并设饭店、冷饮室、咖啡厅等服务娱乐设施，入浴者日达上万人次。1953年始建浴场救护队、医疗站和安全瞭望台。1958年改现称。1984年，市政府对汇泉海水浴场进行大规模改建，建筑面积扩展到2万平方米，增建63个造型别致、独具风格的单体建筑，高17米的瞭望塔等。总建筑面积2.04万平方米，水域面积29万平方米，沙滩面积扩大为2.4万平方米。2003年，本照“显山露海”的设计理念，再次对浴场进行全新改造，更衣室改建为全地下式建筑，屋顶改建成海滨步行道，与海滨风光融为一体。

第二海水浴场

始建于1903年，位于太平湾北岸、太平角西侧、汇泉角东侧，与岸上公园相连。新中国成立后，为接待中央领导和外宾的专用浴场。1957年夏，中共中央曾在此召开政治局会议。沙滩面积2万平方米，水域面积5.6万平方米，有楼房3处，更衣室31栋、118间，凉亭1处。

第三海水浴场

位于市南区湛山五路，第二海水浴场以东，湛山湾畔西侧，沙滩东侧紧邻风光秀丽的浮山湾。为疗养人员的专用浴场。1933年建成开放。水域面积1.8万平方米。1956年投资80万元进行整修，水域面积3万平方米，沙滩面积1.8万平方米，更衣室18处。2003年进行重

第二海水浴场

新改造。

第六海水浴场

位于栈桥西侧。始建于1933年。同年7月曾作为第17届华北运动会游泳赛场。水域面积12万平方米，沙滩面积1.2万平方米。新中国成立后，由市南区体委管理，举办过2届全市游泳比赛大会。1965年改造重建，建更衣室5幢31间，冲水设备3组及防鲨网、瞭望台等。1987年重新扩建，投资248万元建宽12米、长234米的平台。

第五节 广 场

汇泉广场

位于青岛中山公园西南，汇泉海水浴场东北，被文登路分割成南、北两部分，总面积7.8万平方米。青岛建制之前这里为会前村，德国占领青岛后辟为练兵场。1903年海水浴场建成后此处建起赛马场，德人每年春秋两季在此举办大赛马会，并在赛马场周围辟建运动场，举办各种娱乐会。中国收回青岛后，1923年将会前改称汇泉，广场定名为汇泉跑马场。1933年，为承办第十七届华北运动会，在娱乐运动场区域开工兴建青岛市体育场。青岛解放后，跑马场废除改为人民广场。20世纪60年代广场北端建一主席台，成为青岛市大型集会的主要场所，始称汇泉广场。1985年，广场南端建青岛体育馆，文登路北侧改建为占地6.3万平方米的草坪绿地。1992年4月，广场南侧兴建音乐喷泉广场，作为第二届青岛国际啤酒节的主会场。2002年，为迎接2008年奥帆赛，汇泉广场进行全面改造。1998年被评为“青岛市十佳文化广场”。1999年被评为 “山东省十佳文化广场”。2004年被评选为“全国特色文化广场”。

五四广场

建于1997年。位于青岛市委、市政府办公大楼以南中轴线上，北接香港中路，南临浮山湾，以东海路为界分为南北两区。占地面积13万平方米，绿地面积7.83万平方米，包括中心广场、绿茵广场、滨海公园三部分。广场中心建有“五月的风”城市标志性雕塑。雕塑高近30米，重达700余吨。广场植物配置以四季常绿的冷季型草坪为主，以小龙柏、金叶女贞、龟甲冬青、紫叶小檗、月季等组图，构成富有现代园林气息的大色块花带，松柏、合欢等花木点缀其中，与主体雕塑、蓝天大海及园区宁静典雅、舒适祥和的氛围有机地融为一体，成为青岛的著名景观。广场集纪念性、集会、休闲、娱乐、游览、观光于一体，成为青岛市的标志性广场。2001年被评为“山东省十佳文化广场”。2004年被评为“全国特色文化广场”。

音乐广场

位于市南区浮山湾畔，东接五四广场，北临少儿活动中心，占地面积3.6万平方米，1999年9月建成启用。广场由树阵区、偏心广场、椭圆广场、软雕塑区、音乐观海台五个功能区组成。东北部为树阵区，设有三层开放式圆形平台，由欧式绿篱模块和马牙石嵌草铺装，48棵法桐有序分布形成树阵；中部为偏心广场，

音乐广场

由两个直径不同的圆形组成，中心小圆处建有覆盖面积500平方米、高20米的乳白色锥体软体雕塑——“音乐之帆”，帆下建有占地面积36平方米的石制仿真数字钢琴——“银色波涛”；东南部为椭圆形广场，由三环不同直径和平面高度的椭圆组成，中心椭圆为红色花岗石磨光板，雕有乐器组合图案的浮雕，是举办露天音乐会和文艺演出之地；西北侧最高处弧形排列有12支模结构伞状雕塑，与“音乐之帆”相映生辉；西南部建有宽12米，长30米的水磨石观海台，用钢条界割为一本写有十几首世界名曲的乐谱书，音符下装有按压式感应器与电脑音响相连，随游人的踩踏可播放百余首乐曲。2004年被评为“全国特色文化广场”。

八大峡广场

位于市南区西陵峡路2号， 2000年建成开放。北临游船码头，南至青铜峡路南端。广场填海造地形成，全长3000千米，占地面积6.3万平方米，绿地面积约5公顷，铺设花岗石、彩色地砖和水泥地坪3.3万平方米。造型各异的石质围边花坛，分布于广场中部游览路间。场内铺栽常绿草坪，种植多种植物模纹和时令花卉，共有乔木500余株，花灌木10万余株（丛），常绿草坪2.5万平方米。

湛山广场

位于市南区新湛路、新湛一路、新湛二路和咸阳路之间，总面积为19400平方米，其中绿化面积13934平方米，水系面积120平方米，广场面积5346平方米，总投资270万元。是1999年大湛山村改造配套工程，1999年9月建成。广场内栽植各类乔、灌木20000余株，草坪13800平方米，并设有木质长廊、休闲亭各2处，石刻碑记1处。

第二章　优秀建筑

市南区优秀历史建筑内涵深厚、风格多样，存量较大、分布集中，以历史街区为依托，形成优秀历史建筑—文物保护单位—历史文化街区—历史城区四个层级的体系布局，与现当代文化文脉相继，具有突出的实证价值、科学价值、人文价值与使用价值。市南区是中国近现代海洋科技、教育的发祥地，是我国近现代文化名人故居分布最为集中的区域之一，汇集于青岛湾、汇泉湾和太平湾“三湾”沿岸的名人故居，青岛德国建筑群、八大关近代建筑群、中山路近代建筑群及城市公共建筑与宗教建筑，成为“文化市南”的鲜明地标与亮丽名片，形成与“世界最美海湾”交相辉映的文化遗产与自然遗产叠加优势。

1897年德国侵占青岛后，进行有计划的城市规划和建设。在青岛第一个城市规划草案出台的短短几年内，以总督府为点状辐射中心，迅速沿前海一线展开建筑布局，诞生了城市建筑的第一批奠基之作。其间，德意志复古主义建筑风格，成为这一时期建筑文化的主流，意大利文艺复兴样式、德国“新罗马风格”建筑样式、“青年风格派”装饰样式及中西合璧式建筑样式也得到体现，“对景”式临街建筑，红瓦黄墙的色彩基调，大量花岗岩石料的广泛应用，成为这一时期城市建筑的又一个性鲜明的体貌特征。这一时期的重要建筑设计均出自德国名建筑师之手，建筑形态各异，绝少雷同，其中有行政军事类建筑，市政公用类建筑，工商娱乐类建筑，教育医疗类建筑，宗教建筑，还有大批别墅会馆类建筑，奠定了青岛近代建筑的主体格调。

伴随“五四”新文化运动与国立青岛大学

成立的历史进程，名人故居开始了在今市南区域的聚集。区内名人故居多汇集青岛湾、汇泉湾和太平湾“三湾”沿岸，依山面海，得天独厚的滨海风光，赋予名人故居独特秀丽的滨海特色，呈现山、海、人、居一体的滨海格局。区内名人故居因名人身份呈现多样化特色，包括作家、教育家、科学家、政治家以及实业家等，故居居住年代，主要集中于20 世纪20 年代至40 年代。建筑风格迥异多彩，包括欧洲券廊式建筑、庭院别墅建筑、街市建筑等多种风格，部分采用了中西合璧建筑风格。数量众多、类型多样的名人故居，构成青岛历史文化名城的深厚底蕴和文化精粹，反映青岛在“五四”运动等重大历史事件和多边国际格局中的政治影响力与历史性变迁，透视出“五四”新文化运动以来青岛新文学的发展历程，昭显着青岛海洋科学家在开创中国海洋科学研究事业中取得的重要研究成果及其重大历史贡献，表现了兼容开放的城市文化品格，具有丰富的历史、艺术、科研和文物价值。

1922年中国收回青岛后，开放为胶澳商埠。随着日本特定进出口国地位的削弱，欧美、澳洲及中国香港地区与青岛港之间的进出口贸易日益繁盛，民族金融业纷纷在青岛设立分支机构，由上海或济南总行迁设青岛的各大银行分支机构多集中在市南区中山路商圈。1929年，青岛市政府规划荣成路、黄海路、汇泉路围成区域作为青岛“特别规定建筑地”，专门用以建筑别墅或私人庭院式建筑，促使八大关建筑群应运而生。

20世纪30年代，青岛建筑进入中国传统建筑复兴时期，与现代主义建筑思潮一同主导了这一时期的城市建筑。其间，八大关“特别规定建筑地”建设，产生了兼容多国建筑风格的花园洋房式庭院建筑群，被誉为“万国建筑博览会”，成为青岛近代建筑的典范。以别墅为主要形态的八大关建筑群落，其设计与建设不仅结合了西方古典主义与浪漫主义情调，汇集了古希腊式、古罗马式、拜占庭式、巴拉克式、洛可可式、新艺术、折中主义田园风式等建筑风格，而且严格遵循“尊重自然、契合地景”的基本法则，完美地实现了建筑艺术与“地景”的融合，成为一个不可复制的城市建筑范本。这一时期，青岛局势稳定，经济繁荣，南京国民政府设青岛为直辖国民政府行政院的特别市，随着港口贸易的发展和青岛城市地位的提升，区内银行业加快发展，国内各地商业银行竞相在区内设立分支机构，青岛成为山东的金融中心。上海商业储蓄银行青岛分行、金城银行青岛分行、青岛农工银行、山东省民生银行青岛办事处、浙江兴业银行、盐业银行青岛分行先后进入中山路及周边街区。至40年代初期，八大关建筑群整体格局基本形成。别墅建筑群风姿各异，荟萃德国、英国、美国、俄国、日本等20多个国家的不同建筑艺术风格，体现了欧美近代建筑艺术思潮的互异共荣。同期中山路以金融业为主轴的建筑群基本成型。

新中国成立后，经过全面规划与修缮，八大关成为接待来青岛的国家领导人和重要国宾的地方。50年代末规划为风景游览区。1992年，山东省人民政府将八大关建筑群列为省级文物保护单位。2001年6月，青岛八大关近代建筑与青岛德国建筑群被国务院批准为第五批国家重点文物保护单位。青岛德国建筑群被列入全国重点文物保护单位的有25处，其中今市南区地域有23处。2003年，青岛市公布首批20名文化名人，其中19处文化名人故居位于市南区。2006年中山路近代建筑群被批准为山东省文物保护单位。2005年10月，八大关街区被中国科学院《国家地理》杂志评定为中国最美五大城区之一。自2008年以来，陆续对福山路、福山支路、齐河路沿线的名人故居以及周边78个居民楼院进行修缮。2009年6月，八大关街区入选首批中国十大历史文化名街之列。2010年修缮开放的骆驼祥子博物馆（老舍故居），是全国首家以文学名著命名的博物馆，已成为青岛市重要人文景观和爱国主义教育基地，国家、省、市领导与社会各界给予充分肯定。至2012年，区内的德国建筑除列入全国重点文物保护单位的23处外，其余大部列入省、市文物保护单位和省、市优秀历史建筑。2012年6月，小鱼山文化名人街成功当选中国历史文化名街，市南区成为全国唯一一个拥有两条“中国历史文化名街”的城区，为建筑遗产保护利用搭建了具有全国影响力的开阔平台。

第一节　八大关建筑群

八大关建筑群，位于市南区太平山南麓、太平湾以北，面积约150万平方米，依山面海，环境优美，建有320余栋造型别致具有欧美风格的别墅楼宇，素有“世界建筑博览会”之称。

1929年，青岛市政府规划荣成路、黄海路、汇泉路围成区域作为青岛“特别规定建筑地”。1932年，青岛市政府颁布《青岛市暂行建筑规则》，对该区域的建筑标准作详细规定。基地面积在600平方米以上者，建筑物面积不得超过基地面积30%，300平方米以上者不得超过40%，300平方米以下者不得超过50%；建筑物高度、层数须经工务局审查确定；同一道路上建筑式样不得同样；围墙须用花式铁栏、木栅或砖石砌成空花；建筑物均须装设新式浴室、厕所，楼房每层均须装设；建筑物外部粉刷颜色须经工务局指定等。

俯瞰八大关

20世纪30年代初期别墅区开始兴建，多为寓青的外国侨民、商人、传教士、外交官及国内官僚、富商、社会名流等，30年代中期形成建筑高峰，40年代初别墅建筑群基本形成。八大关建筑群因形就势，因地制宜，与周边环境极为和谐，其体量、尺度、造型等各具特色，形成山海相依、建筑与自然融合的景观特色，融合了欧美24个国家地区的建筑艺术特色，与秦皇岛北戴河、庐山牯岭、厦门鼓浪屿并称中国四大别墅区。

青岛解放后，八大关经过全面规划与修缮，成为接待国家领导人和重要国宾的地方。50年代末，八大关规划为风景游览区。1992年，山东省人民政府将“八大关建筑群”列为省级文物保护单位。1993年7月，中共青岛市委、市政府作出“保护、整理、美化、完善”八大关景区的决策。1994年，制定《青岛市八大关风景度假区控制性详细规划》，确立八大关风景度假区的定位。2001年6月，“八大关近代建筑”被国务院批准为第五批国家重点文物保护单位。八大关别墅区内有历史建筑330余栋，总建筑面积约15万平方米。其中，八大关区域占地面积约为70公顷，有历史建筑190余处；太平角区域占地面积约110公顷，有历史建筑140余处。

八大关区域建筑群

约翰·高尔斯登别墅　山海关路1号，建于1933年，文艺复兴式建筑，中国建筑师刘耀宸与俄国建筑师拉夫林且夫设计，建筑面积583.23平方米。砖石结构，地上二层。原业主为英侨约翰·高尔斯登，后一度转入其女巴利纳·李那克名下。

丁尉农别墅　山海关路5号，日本维新式建筑，建于1936年，1939

年改建，茂康建筑事务所设计。建筑面积606平方米，砖混结构，地上三层，局部有地下室。原业主为丁尉农。1957年邓小平曾下榻此楼。建筑整体造型入欧式，内部装修则含有日本风格。

美国总领事别墅（青岛钓鱼台）　山海关路9号，折衷式别墅，俄国建筑师尤立甫设计，建于1943年以前，建筑面积985平方米，砖木结构，地上二层，有维楼和地下室。原业主是德侨欧万仁，后转卖给日本人三宅。1947年后一度为美国驻青岛总领事署使用。新中国成立后为宾馆，刘少奇、周恩来、邓小平等中央领导及柬埔寨西哈努克亲王等外宾曾下榻此处。建筑造型不对称，不等层，无繁琐装饰，呈现简洁明快的风格。因这里接待的宾客多是政府领导人和外国的国家元首，故有“青岛钓鱼台”之称。

王正廷别墅　山海关路11号，折衷式别墅，建于1934年，中国建筑师陈其信设计，建筑面积326平方米，砖木结构，地上二层。原为王正廷所有，以王儒记名义登记房产。王正廷为中国近代著名外交家，曾任北洋政府外交总长和南京国民政府外交部部长。

韩复榘别墅　山海关13号，建于1935年，中国建筑师张景文设计。中西混合式建筑。建筑面积897.49平方米，砖石结构，地上二层，有地下室及阁楼。建筑中轴对称，造型典雅，屋顶铺中国式红瓦，红砖墙面，庄重大方。初为民国时期山东省政府主席韩复榘所有，1931年11月，以其化名“韩向记”名义请照营造。1988年内部装修改造，与山海关15号楼连为一体。建筑中轴对称，造型典雅，屋顶铺中国红瓦，外墙亦为中国常见的红砖清水墙，内部陈设也是中国传统风格。

高桥商会别墅（元帅楼）　山海关路17号，日欧混合式别墅，建于1940年，中国建筑师陈瑞庭设计，建筑面积827平方米，砖混结构，地上二层，有地下室。原业主为高桥商会。新中国成立后彭德怀、刘伯承、贺龙、罗荣桓、徐向前、叶剑英6位元帅先后下榻此处，故称“元帅楼”。建筑外观入欧式，平面呈折角式，东南角设半圆塔楼，造型优雅，线条流畅，室内陈设呈日本风格。

萨德别墅（公主楼）　居庸关路10号，是一座北欧滨海风格的仿哥特式庭院建筑，其外部由一组不规则斜顶屋面组成，南部为宽敞的方形露台，绿色外墙，宛如安徒生的童话世界。建于1941年，俄国建筑师尤立甫设计。建筑面积607平方米，砖木结构，地上二层，有阁楼和地下室。原业主为德侨萨德，俗称“公主楼”。和花石楼同为八大关建筑群的标志性建筑。

姚协甫别墅　居庸关路11号乙，西班牙田园式别墅，建于1940年，福生与尤立甫设计，建筑面积475平方米，砖木结构，地上二层，有阁楼及地下室。原业主为俄侨姚协甫。1989年，电影《风流女谍》曾在此拍摄。建筑造型

萨德别墅（公主楼）

考究，比例匀称，质感强烈。南立面精美大气，罗马柱拱券墙体构成一层敞廊并支撑起二层露台，显现一种凝固的音乐感，凸显设计上的巧妙与精湛之处。

卜雷鸣别墅　居庸关路14号，欧式别墅，建于1937年，怕士阔夫设计。建筑面积319平方米，砖石结构，地上二层，有阁楼。原业主为曾任东海饭店经理的英侨卜雷鸣。因在此曾拍摄电影《宋庆龄和她的姐妹们》，故有“宋家花园”之称。南立面由两根圆柱形成三个拱形结构并撑起二楼挑台，凸显了建筑的简洁与高雅。

王崇植别墅　临淮关路2号，建于1932年，巴洛克风格，中国建筑师刘耀宸与俄国建筑师拉夫林且夫设计。建筑面积145平方米，砖木结构，地上二层，有阁楼。原业主为曾任青岛特别市公务局局长的王崇植。1955年剧作家曹禺来青居住此楼，创作话剧《明朗的天》。建筑色调明快，取法大自然的纹饰清晰可见，传达出巴洛克艺术的情趣。

米罗诺夫别墅　临淮关路3号，俄国乡村别墅，建于1939年，建筑面积199平方米，砖石结构，地上一层，有阁楼。原业主为俄侨米罗诺夫，后曾转卖于法侨艾克德。建筑南立面西侧半蜂房状凸出，造型小巧精致。

阿尔宾斯基别墅　正阳关路6号，欧式别墅，建于1934年。建筑面积566平方米，砖石结构，地上二层，有阁楼。原业主为法国工程师阿尔宾斯基，1949年曾非正式代理法国驻青岛领事事务。

沈鸿烈别墅　正阳关路7号，欧式别墅，约建于1936年，建筑面积566平方米，砖石结构，地上二层。原为民国时期青岛市市长沈鸿烈所有，以“胡应持”名义办理房产。

安顺堂别墅　正阳关路11号，建于1933年，俄国建筑师拉夫林且夫设计，建筑面积324平方米，砖石结构，地上二层，有阁楼和地下室，原业主为安顺堂。该建筑富有灵动与稳固之感，体现文艺复兴建筑的基本特色，西立面构图颇为丰富，主入口为柱廊式，上为镂空女儿墙围成的半圆形露台，左右各设有多角形斜坡屋面的半圆形翼楼。

墨香堂别墅　正阳关路14号，欧式别墅，建于1940年，中国建筑师关伟设计。建筑面积707平方米，砖木结构，地上二层。原业主为墨香堂。建筑中轴对称，两翼突凸出，花岗岩包镶的拱门典雅精致。

吴云巢别墅　正阳关路19号，欧式别墅，建于1936年，俄国建筑师尤立甫设计。建筑面积719平方米，砖石结构，地上三层。原业主为曾任北京大学法文教授的吴云巢，即晚清军机大臣吴郁生之子。

坡濮别墅　正阳关路21号，建于1934年，俄国建筑师尤立甫设计。建筑面积488平方米，砖石结构，北面地上一层，南面二层，有地下室，原业主为丹麦机师坡濮。建筑整体造型虽然朴实无华，但细部装饰颇多考究之处。

义聚合钱庄别墅　正阳关路36号，建于1942年，中国建筑师赵诗林设计，砖混结构，地上三层。原业主为当时青岛著名私人银号义

义聚合钱庄别墅

聚合钱庄，由其副经理王乡斋请照营造。1946年，宋子文曾入住。1947年蒋介石到青岛也曾入住于此。

谭骏生别墅　正阳关二支路2号，欧式别墅，建于1940年，中国建筑师谭抒真设计。建筑面积252.18平方米，砖木结构，地上二层，有阁楼。原业主为谭骏生。1942年后，此楼让渡于意大利人克法理洛。建筑构图灵活而不失严谨，整体架构于一半圆形花岗岩台基上，在开阔庭院中，显得别有气势。院中花木扶疏，有一眼老井，亦是构成整体意境的一个元素。

雅尔码特霍惟智别墅　函谷关路1号，建于1934年，近代国际式别墅，郭鸿文、范惟滢与穆留金设计。建筑面积582平方米，砖木结构，地上二层。原业主为雅尔码特霍惟智。建筑构图多用圆角，主立面变化丰富，线条流畅，极富现代气息。

马哈力大·安大斯别墅　函谷关路12号，建于1939年，中国建筑师黄佳模与栾廷玠设计。建筑面积387平方米，砖石木结构，地上三层，局部二层，有地下室。原业主为立陶宛侨民马哈力大·安大斯女士。

柯力司甘高别墅　函谷关路28号，建于1941年，福生与尤立甫设计。建筑面积410平方米，砖混结构，地上二层，原业主为俄国医生柯力司甘高。

陆廷撰别墅　函谷关路30号，建于1936年，西班牙田园别墅，中国建筑师苏复轩、孙荣樵和翟克振设计。建筑面积406平方米，砖石结构，地上二层。原业主为时任济南交通银行经理的陆廷撰，后一度为亚细亚火油公司租用。取法西班牙小住宅设计理念，具有纯正的田园风格。

毕娄哈别墅　嘉峪关路3号，建于1935年，建筑面积438平方米，砖混结构，东面一层，向西渐次增为三层。原业主与设计者均为30年代旅居青岛的著名设计师毕娄哈。建筑采用舰楼式造型，线条流畅，南面一层为半圆形引梯晒台。

钧利亚别墅　嘉峪关路4号，建于1939年，俄国建筑师尤立甫设计。建筑面积689平方米，砖混结构，地上二层，有半地下室及阁楼。原业主为德国女医生钧利亚。建筑极富质感，中轴线突出，立面呈山字形，整体结构庄重美观，富于变化。

尤霍茨基别墅　嘉峪关路5号，近代国际式别墅，建于1935年，1939年增建佛堂。建筑面积623平方米，砖混结构，地上三层。原业主与设计者均为已入中国籍的俄国建筑师尤霍茨基。1939年，此楼由祥瑞行经理张柏祥以其子张永虎名义买下。

依瓦洛瓦别墅　嘉峪关路6号，俄罗斯乡村别墅，建于1934年，俄国建筑师尤立甫设计。建筑面积303平方米，砖木结构，地上二层，有阁楼和附属建筑。原业主为俄国教师依瓦洛瓦夫妇。建筑采用非对称自由式立面，整体布局和谐有序，简约中流露精巧与浪漫的风尚。

德霖亨别墅　嘉峪关路7号，建于1939年，南欧田园式别墅，建筑面积441平方米，砖石木结构，地上二层，有阁楼和地下室。原业主为德霖亨，后一度为华北烟草株式会社社长、韩侨林薰所有。建筑出檐很深，西立面开窗较小，整体造型典雅，在质朴与简练中流露出浪漫的南欧风情。

嘉峪关路8号别墅　建于1947年以前，中国建筑师郭鸿文、赵诗麟与赵吟棣设计。建筑面积402平方米，砖木结构，地上二层。1947年的业主为时任大陆煤炭公司总经理的韩侨林溯吾。

柏佐吉别墅　嘉峪关路17号，建于1935年，俄罗斯乡村别墅，俄罗斯建筑师尤立甫设计。建筑面积165平方米，砖石结构，地上一层，有阁楼和地下室。原业主为俄侨柏佐吉，1946年后，归于设计者尤立甫名下。建筑造型别致，西面的大坡度斜屋顶舒展有致，与东面紧凑的屋顶形成鲜明对比，墙面镶嵌的粗石别具生趣，门窗结构灵活，凸显质朴生动的乡村生活气息。

王复生别墅　武胜关路3号，建于1934年，中国建筑师郭鸿文与王屏藩设计。建筑面积401平方米，砖木结构，地上二层。原业主为比利时会计师奇兑如脱，后转于北京福音大学音乐教授王复生。

武胜关路5号别墅　建于1934年，欧式别墅，中国建筑师郭鸿文与王屏藩设计。建筑面积361平方米，砖混结构，地上二层。原业主为俄侨格兰德耶芙。

王复生别墅

武胜关路8号别墅　近代国际式建筑，建于1937年，中国建筑师唐蔼如设计。建筑面积469平方米，砖混结构，地上三层，原业主为外侨克立比克依。

周墀香别墅　武胜关路10号，建于1935年，中国建筑师苏复轩设计。建筑面积582平方米，砖混结构，地上二层。原业主为周樨香。主立面以花岗岩柱支撑二层露台并形成一层回廊，使简洁的建筑有了气势。

宋硕别墅　武胜关路12号，建于1936年，颂声设计。建筑面积652平方米，砖木结构，地上二层。原业主为宋硕。

金城银行别墅　韶关路22号，建于1935年，中国建筑师徐垚设计。建筑面积304平方米，砖木结构，地上二层，有阁楼和地下室，原为金城银行所有，其经理孙汝为请照营造。建筑中轴对称，两翼突出，大倾角折坡屋面与露木贴式外墙十分醒目，表现出典型的北欧风格。

苏联公民协会旧址　韶关路26号，建于1942年，中国建筑师王屏藩设计。建筑面积449.36平方米，砖木结构，地上三层，有阁楼。原业主为德国商人白少夫，后让渡于俄侨娅伏丁斯卡娅夫人。1946年4月，青岛苏联公民协会在此设立。建筑屋面采用不对称多折坡形式，阁楼呈等腰三角形尖塔，整体造型新奇别致。

富华士别墅　韶关路28号，建于1937年，欧式别墅，穆留金设计。建筑面积236.33平方米，砖木结构，地上二层，有阁楼。原业主为英国人富华士。1948年一度由青岛要塞司令部使用。

于立庭别墅　韶关路49号，建于1945年，欧式别墅，中国建筑师赵子红设计。建筑面积440平方米，砖木结构，地上二层。原业主为于立庭。

番利夏波尔特夫人别墅　韶关路50号，建于1934年，近代国际式别墅，中国建筑师范维滢设计。建筑面积403平方米，砖混结构，地上二层，局部一层。原业主为英侨番利夏波尔特夫人。建筑中轴对称，两翼微凸，造型简洁精致。

韶关路54号甲公寓　韶关路54号甲，建于1936年，欧式别墅，中国建筑师马腾建设计。建筑面积3605平方米，砖混结构，地上四层，原业主为奚振久。

伊斐莫夫别墅　宁武关路1号，建于1936年，俄国建筑师尤立甫设计。建筑面积535平方米，砖混结构，地上二层，有地下室。原业主为俄国商人伊斐莫夫。

基督复临安息会疗养院旧址　汇泉路2号，建于1930年，欧式建筑，中国建筑师刘耀宸、俄国建筑师尤立甫及法国建筑师白纳德等设计。建筑面积约1208平方米，砖混结构，地上二层。原业主为可乐地饭店经理、俄侨格列宾斯克。1948年后，为美国基督教复临安息会购得设为疗养院。

青岛游艇俱乐部旧址　汇泉路5号，建于1936年，近代国际式建筑，由俄侨霍梅可发起建设。是当时著名的青岛游艇（短艇）俱乐部的主要活动基地，设有瞭望台、游艇码头、游艇仓库和更衣室等设施。霍梅可原为俄国海军上校，曾任黑海舰队航空队队长。退役后，1927年前后到青岛任该俱乐部负责人。

东海饭店　汇泉路7号，建于1936年，美国“摩登”派建筑，上海新瑞和洋行设计。建筑面积12655.5平方米，钢混结构，主体六层，局部七层。原业主为当时的交通部津浦区铁路局，原名“四海饭店”，英文译称“水边大厦”，后改为“东海饭店”。建筑平面为自由式，呈扇形，立面采用大量曲线与直线交错叠合的形式，使整体造型显得颇为生动。

毕流柯夫与奢唯劳夫别墅　汇泉路14号，欧式别墅，建于1934年，中国建筑师张少闻与俄国建筑师尤立甫设计。建筑面积286平方米，砖木结构，地上二层，有阁楼。原为前苏联汽车工程师毕流柯夫与白俄人奢唯劳夫所共有。

励志社招待所旧址　汇泉路20号，建于1933年，德国建筑师毕娄哈设计。建筑面积1177平方米，砖石结构，地上三层。原业主为俄侨别尔太。1946年秋，一度由励志社使用，改为军人招待所。

玛丽·达尼列夫斯基夫人别墅　汇泉路22号，建于1934年，折衷主义别墅，中国建筑师刘耀宸与俄国建筑师拉夫林且夫设计。建筑面积499.2平方米，砖石木结构，地上二层。原业主为俄侨玛丽·达尼列夫斯基夫人。1935年，洪深编剧、胡蝶主演的电影《劫后桃花》以此为主要拍摄地。建筑坐拥汇泉湾美丽气象，二层设有半圆形海景露台，造型美观，线条流畅，呈复古格调。

张伯诚别墅　荣成路2号甲，建于1935年，欧式别墅，中国建筑师栾延玠与王萍泛设计。建筑面积879.39平方米，砖石结构，地上二层，有地下室。原业主为张伯诚。

邵式军别墅　荣成路3号，建于1930年，欧洲乡村别墅，砖木结构，地上一层。20世纪40年代，房屋为曾任汪伪政权上海税统局局长的邵式军所有。建筑构图别致，立面自墙基至屋檐渐次收分，东立面设计为马面结构，平面亦呈不规则状渐次前凸，由此而在整体上形成一幅富于乡村野趣的画面。

泉修堂别墅　荣成路4号，建于1939年，欧式别墅，砖木结构，地上二层，有阁楼和地下室。原业主为泉修堂。建筑师在罗马柱的运用上独具匠心，将中国经典符号合于其中。

陈宗光别墅　荣成路5号，建于1932年，中国建筑师刘耀宸与俄国建筑师拉夫林且夫设计。建筑面积309.3平方米，砖木结构，地上二层，有阁楼和地下室。原业主为陈宗光。

宫玉珊别墅　荣成路6号，建于1932年，欧式别墅，中国建筑师刘耀宸与俄国建筑师拉夫林且夫设计。砖木结构，地上二层，有阁楼，原业主为宫玉珊等。建筑色调明快，装饰精美，屋檐下红色露木贴饰宛如棋盘一样醒

宫玉珊别墅

目，而蜿蜒的白色弧线则透露了巴洛克艺术的情趣。

奇兑如脱别墅　荣成路7号，建于1933年以前，罗马式别墅，建筑面积1137平方米，砖石木结构，地上二层，有阁楼和地下室。1937年后业主为比利时会计师奇兑如脱。东西立面中部皆为柱廊式，南北两翼各设一堡楼，具有罗马风式建筑的基本特色。同时也具有折中主义建筑的色彩，拜占庭式的连拱券及乡村别墅的露木结构融合于中，细部装饰上可见巴洛克的处理手法，建筑体量不大，却产生了视觉上的宏达庄严之感。

日本航空会社别墅　荣成路8号，建于1933年，中国建筑师刘耀宸与俄国建筑师拉夫林且夫设计。建筑面积314平方米，砖木结构，地上二层，有阁楼和地下室，原业主为艾仁柏。20世纪40年代一度为日本航空会社所有。

精勤堂别墅　荣成路17号，建于1930年，欧式别墅。建筑面积366平方米，砖混结构，地上二层，有地下室及阁楼。建筑师王节尧为自己设计了这幢别墅，精勤堂为其堂号。建筑造型大方，叠涩出檐，东北角为仿堡楼结构。

周钟歧别墅　荣成路19号，建于1933年，中国建筑师王节尧设计。建筑面积605平方米，砖木结构，地上二层，有阁楼及地下室。原业主为曾任燕京大学教务主任和山东大学总务长的周钟歧。建筑造型变化丰富，屋面为北欧式高折坡，东北角有由山蘑菇花岗石砌就的城矩式塔楼，整体呈现出中世纪格调。

荣成路23号别墅　荣成路23号，建于1931年，欧式别墅，俄国建筑师拉夫林且夫设计。建筑面积463平方米，砖木结构，地上二层，有地下室及阁楼。建筑古朴别致，屋角以红砖做散漫隅石状，原业主为俄国商人姚啡坷。

耕馀别墅　荣成路24号，建于1931年，日本维新式建筑，日本建筑师三本幸次郎设计。建筑面积109平方米，砖木结构，地上二层，有地下室及阁楼。原业主为念劬堂，建筑题名“耕馀别墅”。

克雷格别墅　荣成路34号，建于1931年，俄国建筑师拉夫林且夫设计。建筑面积683.3平方米，砖木结构，地上二层，有地下室。原业主为外侨克雷格。建筑师灵活采纳多种古典元素，同时留有新艺术的痕迹，精微而不失大气的手法为厚重的建筑带来了变化，更形美观。

何思源别墅　荣成路36号，建于1930年，建筑面积315平方米，砖木结构，地上二层。原业主为时任山东省教育厅厅长的何思源。

袁家普别墅　荣成路38号，建于1930年，欧式别墅，砖木结构，地上二层，有地下室。法国建筑师白纳德设计。原业主为时任国民党山东省财政厅厅长的袁家普。

八大关小礼堂　荣成路44号，建于1959年，中国特色新古典主义建筑，中国现代著名建筑设计师林乐义设计。建筑面积10865平方米，钢混结构，地上与地下各一层。建筑为中式厅堂风格，花岗岩砌基及墙体，分为主楼、会议厅、附属房，中由长廊连接成为组合建筑体。该建筑为八大关新建筑的代表之作，空间

八大关小礼堂

组织方式灵活，以实现与周边环境的良好融通。建筑师参证北京人民大会堂的设计理路，崇尚典雅与简约之美，整体布局体现现代新古典主义建筑思想的精髓。

花石楼　青岛市文物保护单位、历史优秀建筑，位于黄海路18号。始建于1930年11月，1931年10月竣工。因该楼内部多以莱州滑石装修，又称“滑石楼”。20世纪70年代末始称“花石楼”。该建筑选址于临近海岸的台地上，处于岸线转折的岬角部位，南望大海，北依青山，位置极为优越。建筑设计者刘耀宸，施工负责王云飞。原系俄罗斯商人涞比池的私人住宅。砖石木混合结构，占地面积2295平方米，建筑面积777.15平方米，高约17.15米。该建筑主楼地上三层，地下一层，由圆形和多角形两座石质小楼组成。圆形小楼共5层，第5层为观海台；多角形小楼为4层，第四层与观海台相通。建筑物的东、西、南三面分别设有出入口。平面呈不规则状，墙面全以花岗石砌筑，门窗取券拱式附以蘑菇石窗套，墙体上半部多为细纹粗石，底部和转角为蘑菇石。西北角结合旋转楼梯建为圆塔式眺望楼，东南角高起圆锥形塔尖。建筑造型小巧玲珑，是融希腊、罗马及哥特式等多种建筑艺术风格于一体的欧洲古城堡式建筑。青岛解放后，花石楼成为接待宾馆。1984年被列为市级文物保护单位。1988年被评为青岛市十大建筑之一。现为八大关宾馆使用。

花石楼

太平角区域建筑群

积善堂别墅　太平角一路1号，建于1941年，建筑面积905平方米，砖石木结构，地上二层，有阁楼及附属建筑。原业主为积善堂，其代表人唐庚记于1941年6月请照营造。1948年一度为美国驻青岛总领事署使用。该建筑为“八大关近代建筑”中极具代表性的一栋，比例协调，造型大方，构图严谨而富于变化。花岗石砌成的拱券前廊与露台、半木构山墙、大坡度蒙莎顶均十分醒目，由此而形成的主立面具有强烈的视觉冲击力，呈现坚固与灵动相结合的美感。建筑由英国皇家建筑师学会准会员怕马与合伙人丹拿主导设计。

英国总领事官邸旧址　太平角路9号，建于1940年，中国建筑师张新斋设计。建筑面积378.7平方米，砖木结构，地上二层，有地下室。原业主为英侨克兰慕斯，1940年，他从同胞傅道孚手上购得该片土地租用权并请照营造住宅。1946年后一度转入英国驻青岛总领事署名下，作为总领事官邸使用。建筑造型别致，工艺精湛，乡土气息与田园风情俱称完备。这是中国建筑师在八大关移植西洋别墅的成功之作，欧洲大陆源自中世纪的田园住宅模式得以成功转述。

挪威领事馆旧址　太平角一路12号，建于1925年，欧式别墅，地上二层。原业主为美国长老会牧师卜有存。1938年和1948年，挪威驻青岛领事馆曾两度在此楼办公。1948年11月，芬兰驻青岛领事馆也曾在此办公。

谭育普别墅　太平角一路14号，建于1925年，欧式别墅。德国建筑师哈林斯设计。建筑面积约135平方米，砖混结构，地上二层。原业主为美侨谭育普。

梵都森别墅　太平角路17号，建于1919年，欧式别墅。建筑面积约320平方米，砖木结构，地上一层，有阁楼。该楼为有记载的八大关和太平角区域兴建最早的别墅，原业主为美国牧师梵都森。别墅处于太平角海滨的绝佳地带，坐拥宏阔之海景，完美体现了八大关别墅的亲海特征。

戴世珍别墅　太平角一路18号，建于1930年，欧式别墅。法国建筑师白纳德设计。建筑面积约201平方米，砖木结构，地上二层。原业主为美国基督教圣公会牧师戴世珍。建筑体量并不大，但一所小房子拥有一个相对大的花园，充分体现八大关所特有的屋宇与花园结合的魅力。

美化浸信会别墅　太平角一路20号，建于1929年，欧式别墅。建筑面积215平方米，砖木结构，平房三座。原业主为美国商人高史。20世纪40年代，房屋让渡与美国浸信会。

比利时领事馆旧址　太平角一路21号，建于1931年，欧式别墅。建筑面积221平方米，砖木结构，地上二层，原业主为美国女牧师希尔恩。1947年3月6日，比利时驻青岛总领事馆在此设立。

巴黎工业电机厂别墅　太平角一路29号，建于1926年，欧式别墅。地上二层，有地下室，外墙为船板型水泥墙面。原业主为司美思，1935年后转归巴黎工业电机厂所有，其经理法国人汉佛乐常在此消夏。

安腾荣次郎别墅　太平角二路3号，建于1932年，日本维新式别墅。建筑面积133平方米，砖木结构，地上一层。原业主为曾任青岛取引所理事长的日本人安藤荣次郎。

栾益修与林凤歧别墅　太平角二路4号，建于1932年，中国建筑师黄佳模设计。建筑面积726平方米，砖木结构，地上三层，局部二层。原为曾任四方机车厂厂长及青岛铁路局副局长的栾益修，与滇越铁路局职员林凤歧所共有。

栾益修别墅　太平角二路8号，建于1931年，欧式别墅，建筑面积304平方米，砖木结构，地上二层，原业主为栾益修。

美华地产公司别墅　太平角二路12号，建于1931年之前，建筑面积264平方米，折叠式别墅。砖木结构，地上二层，局部一层。原业主为崇德堂，1931年后转卖于美华地产公司。

米哈伊洛夫别墅　太平角三路2号，建于1935年，欧式别墅，中国建筑师刘铨法设计。建筑面积273平方米，砖木结构，地上一层，有阁楼。原业主为米哈伊洛夫。

梅伟亮别墅　太平角三路3号，建于1932年，欧式别墅，中国建筑师张少闻与俄国建筑师尤立甫设计。建筑面积470平方米，砖木结构。原业主为当时服务于上海海关的英侨梅伟亮。

李池斯基别墅　太平角三路12号，建于1930年以前，欧式别墅。建筑面积399平方米，砖木结构，地上一层。原业主为外侨朋其明。1940年后，房屋为俄侨李池斯基所有。

李馥荪别墅　天平角四路8号，建于1928年，欧式别墅，中国建筑师张绍闻与俄国建筑师尤立甫设计。建筑面积262平方米，砖木结构，地上二层，局部一层。原业主为美国传教士毕克，1931年转入当时就职于上海浙江实业银行的李馥荪名下。

高添多尔别墅　太平角五路2号，建于1931年，日本维新式别墅，日本建筑师松本敦史与小山良树设计。建筑面积644平方米，砖石木结构，地上二层。原业主为日本人高添多尔，后转与坂井贞一井并有所增建。建筑构图丰富，其凸窗设计别具一格。

马骥别墅　太平角五路3号内1号楼，建于1931年，欧式别墅。建筑面积220平方米，砖木结构，地上二层。原业主为马骥。

卜杨氏别墅　太平角五路3号内3号楼，建于1929年，欧式别墅。建筑面积148平方米，砖木结构，地上二层，原业主为外侨上海圣约翰大学美籍教师卜杨氏。

丹麦领事官邸旧址　太平角六路2号，建于1929年，欧洲乡村别墅。砖石木结构，地上一层，有阁楼及地下室。原业主为韩拉比。1931年9月，时任宝隆洋行经理的丹麦人赵亨生将该房购入名下。同年11月，赵亨生出任丹麦驻青岛总领事馆首任名誉领事，以后两度出任丹麦驻青岛领事。建筑外观轮廓线错落有致，在藤蔓植物的衬托下，呈露一派纯正的乡村气息，将简约与内敛的艺术风云表现的恰到好处。

美南浸信会别墅　湛山一路1号，建于1934年，欧式别墅，中国建筑师张绍闻与俄国建筑师尤立甫共同设计。建筑面积252平方米，砖石结构，地上二层，有阁楼。原业主为美国女牧师格雷夫斯，后让渡于美南浸信会。

凯密伦别墅　湛山一路2号甲，建于1928年。建筑面积208平方米，砖石木结构，地上二层。原业主为美国商人凯密伦。

杜华德别墅　湛山一路2号丙，建于1926年，欧式别墅，德国建筑师李希德设计。建筑面积644平方米，砖木结构，地上一层，有地下室和阁楼。原业主为美国浸信会牧师杜华德。1947年让渡于苏联公民协会，设为苏联公民俱乐部。

湛山耶稣教会旧址　湛山一路21号，建于1930年。欧式礼拜堂，建于20世纪30年代。建筑面积409平方米，砖木结构。原为湛山耶稣教会礼拜堂（亦称湛山角礼拜堂），为当时居住于太平角一带的牧师与信徒捐资兴建，代表人为美国牧师罗密阁。

贺清别墅　湛山二路1号，建于1931年，欧式别墅，俄国建筑师尤立甫、中国建筑师唐霭如及日本建筑师大西久雄等设计。建筑面积408平方米，地上二层，有地下室及附属建筑。初，英人魏希德建楼于西，1935年让渡于美侨贺清。复起楼于东遂成连体别墅。贺清曾任上海电力公司总裁，时到此消夏。1956年夏，著名诗人柳亚子曾居此楼。1957—1961年，著名科学家李四光数度到青岛，均居此楼。此楼为太平角区域为数不多的一座全部由花岗岩砌成的楼宇，虽无豪华之貌，却尽显古朴之象。

柯福满夫人别墅　湛山三路5号，建于1929年，欧式别墅。建筑面积201平方米，砖石结构，地上二层。

梅嘉礼别墅　湛山三路10号，建于1926年，欧式别墅，俄国建筑师尤立甫与法国设计师白纳德设计。建筑面积274平方米，砖石结构，地上一层，有地下室和阁楼。原业主为美国牧师梅嘉礼。

赵亨生别墅　湛山三路12号，建于1931年，欧式别墅，法国建筑师白纳德与俄国建筑师尤立甫设计。建筑面积454平方米，砖木结构，地上二层。原业主为丹麦驻青岛领事赵亨生。

海格门别墅　湛山四路1号甲，建于1930年，欧式别墅。建筑面积225平方米，砖木结构，地上二层，有地下室，原业主为海格门。

魏德凯别墅　湛山四路1号乙，建于1930年，欧式别墅，法国建筑师白纳德设计。建筑面积230平方米，砖木结构，地上二层，有阁楼。原业主为魏德凯，1942年让渡于匈牙利工程师阿窦严。房屋设计为双层，可视作蒙莎顶的一种变体，建筑师可能借鉴了中国建筑的重檐结构。

路德罗夫别墅　湛山四路3号，建于1945年以前，欧式别墅。建筑面积356平方米，砖木结构，地上二层。1945年时业主为德侨路德罗夫。

林柏格别墅　湛山四路5号，建于1932年，欧式别墅。建筑面积256平方米，地上二层，原业主与设计者均为当时旅居青岛的法国设计师白纳德，中国建筑师张绍闻协同设计。1934年房屋转让给德国商人林柏格。建筑构图丰富，出檐很深，运用青岛建筑的经典色系，屋顶覆红瓦，墙面着帝王黄色，与老城区的德国建筑一脉相承。

巴约翰别墅　湛山四路7号甲，建于1928年，欧式别墅。建筑面积330平方米，砖木结构，地上二层，原业主为英商巴约翰。

魏亨利别墅　湛山五路2号，建于1925年，欧式别墅，德国建筑师哈林斯设计。建筑面积664平方米，砖石木结构，地上二层，局部一层。原业主为齐鲁大学英籍医生魏亨利，后转归英商胡熙所有。1933年增建，由中国建筑师刘铨法和张绍闻设计。

白纳德别墅　湛山五路6号，建于1929年，欧式别墅。建筑面积265平方米，砖木结构，地上二层。原业主与设计者均为当时旅居青岛的法国建筑师白纳德。建筑整体造型别致，出檐很深，白墙、黄墙与清水红墙分列上下，这种横向分割的手法有“摩登”派的风格。面向大海的主立面构图丰富，墙角成弧形，与檐角形成对比，体现圆融的设计思想。室内装饰多用实木，含有东方情调和巴洛克艺术情趣。

易安凯新夫人别墅　岳阳路9号乙，建于1936年，欧式别墅，俄国建筑师尤霍茨基设计。建筑面积180平方米，砖石木结构，地上二层，有半地下室和阁楼。原业主为英侨易安凯新夫人。

巴贝纳别墅　郧阳路33号，建于1937年，欧式别墅。建筑面积636平方米，砖石结构，地上二层，有阁楼和地下室。原业主为当时万国储蓄会的法国侨民巴贝纳，曾任法国驻青岛副领事。这是八大关近代建筑保护区最北边的一座建筑，坐落于太平山南麓，视野十分开阔。

普吉别墅　石岛路1号，建于1940年，欧式别墅。建筑面积728平方米，砖石结构，地上三层，原业主为德国商人普吉。

卢树芬别墅　香港西路8号，建于1936年，中国建筑师苏复轩设计。建筑面积300平方米，砖混结构，地上二层，原业主为卢树芬。

英国规矩会旧址　建于1935年，香港西路10号，20世纪新式礼拜堂，俄国建筑师尤霍茨基设计。原为英国规矩会（基督教圣公会）青岛支会所有，1935年7月，培孟代表该会请照营造，故亦称“培孟礼拜堂”。这是一处古典与现代相结合的建筑，构图简洁，造型纯净，在现代手法中融入古希腊建筑元素。

周志俊别墅　香港西路40号，建于1931年，欧式别墅，俄国建筑师尤立甫设计。建筑面积243平方米，砖石结构，地上二层，局部一层。原业主为华新纱厂总经理周志俊，以其化名“周明父”名义请照营造。建筑造型别致，色调明快，一层南立面西翼取圆形结构，二层转方出挑，略成凌空飞阁之势。

第二节　德国建筑群

德国胶澳总督府旧址

全国重点文物保护单位，青岛市历史优秀建筑。位于沂水路11号。由德国设计师拉查鲁维茨设计，建筑师为马尔克，德国汉堡阿尔托纳区F.H.施密特公司监管施工，由中国工匠利用传统工艺承建。1904年5月开工，1906年4月竣工，砖石钢木混合结构，建筑面积8960.96平方米，造价85万德国马克。建筑以青岛路为轴线，南面青岛湾，北依观海山。设计严谨规整，造型庄重威严。建筑平面呈“凹”字形，东西长80米，南北宽约40米。建筑主体4层，高20米，主立面为纵三横五对称处理，墙面及立柱用剁斧花岗石板砌筑。底层（为半地下式）用蘑菇石垒砌；南大门依地势设计为二层花岗岩台阶，沿39级宽大石阶直通二层拱券门厅。建筑初为德国胶澳总督办公之地，称“胶澳总督府”。1914年日本第一次侵占青岛后，为青岛日本守备军司令部。1922年为胶澳商埠督办公署办公地。1925年为胶澳商埠局办公地。1929年为青岛接收专员公署和青岛特别市政府所在地。1938年为日伪青岛统治机关所在地。1945年为青岛市政府驻地。青岛解放后先后为青岛市人民政府、青岛市人民委员会办公

德国胶澳总督府旧址

地。1994年后为青岛市人大常委会和青岛市政协办公地。

德国胶澳总督官邸旧址

全国重点文物保护单位，青岛市历史优秀建筑，位于龙山路26号，信号山南麓。建于1905年10月至1907年10月，建筑师为德国人施特拉塞尔，草图设计为总督府建筑师马尔克。建筑平面为不规则式，砖石钢木混合结构，占地面积26000平方米，建筑面积4682.35平方米，耗资45万马克。建筑主体三层，局部四层，楼内设地下室，木构斜坡屋顶覆红蓝等色牛舌瓦、筒瓦，外墙着米黄色波纹面饰或嵌筑花岗方粗石，楼基用蘑菇石叠砌。楼体西立面正门山墙上部砌有阳光喷射状粗石山花，粗石檐口北侧饰有一个诺曼龙。一层设大圆拱廊台，二层由3组圆柱撑起联拱敞廊；南立面中部二层设劵柱廊，西侧建有欧式塔楼，顶覆四面坡式楼顶。东南角二层建有阅兵阁楼，可俯视位于大学路的俾斯麦兵营。一楼中间为双层大厅，与办公室、餐厅相通；二楼为总督家眷私房；三楼为客厅、仆役住房。内部装潢陈设华丽，护墙板雕刻精细，灯具造型各异，壁炉上镶嵌有各种玉石，室内陈设德国钢琴、沙发、茶几、书橱等物。楼后建有钢构玻璃穹顶大花房，楼四周建有多处地堡，庭院内树木蓊郁，绿草如茵。为典型的德式别墅建筑。初为德国胶澳总督寓所，名“总督楼”，俗称“提督楼”。1914年日本第一次侵占青岛后成为青岛日本守备军司令官邸。1922年为胶澳商埠督办官邸。1930年改称“市长官舍”，1934年定名为“迎宾馆”。1938年日本第二次侵占青岛后改作“国际俱乐部”。1945年日本投降后仍称“迎宾馆”。青岛解放后成为青岛最早的国宾馆。1957年毛泽东在青岛召开省市委书记会议期间曾下榻此处。1996年被列为国家级文物保护单位，2001年被评为国家AAA级旅游景点。

德国胶澳总督官邸旧址

胶澳帝国法院旧址

全国重点文物保护单位，青岛市历史优秀建筑。位于德县路2号，德国胶澳总督府前广场右侧。建于1912年春至1914年4月。由德国建筑师卡尔·施特拉赛尔和设计师汉斯·费特考尔设计，德国汉堡阿尔托纳区F.H.施密特公司施工。占地面积3528.65平方米，建筑面积3371.69平方米。红瓦蒙莎屋顶，砖石木结构，地上四层，地下一层，建筑平面近似“E”形，整体设计比例严谨、厚重粗犷。主立面长窗以粗石条竖向分隔为三等份，窗体凹入墙面约50厘米，粗条石檐构成良好的遮阳设施。东向主入口券拱门砌筑大理石门套，门上方镶贴石膏雕花，门厅高6米。黄色拉毛墙面附浅壁柱，楼基蘑菇石勒脚。初为德国胶澳帝国法院办公地，1914年为日本青岛军政署。1922年为胶澳商埠青岛地方审判厅。1929年改称青岛地方法院。1938年为青岛地方法院和青岛高等法院。抗战胜利后，内驻山东高等法院第二分院和青岛地方法院。解放后为青岛市人民法院。1956年为青岛市中级人民法院。1995年市南区法院入驻，2003年改驻市南区人民检察院。

德国警察署旧址

全国重点文物保护单位，青岛市历史优秀建筑。位于湖北路29号。建于1904—1905年，胶澳建设管理局设计，采用德国村镇教堂建筑样式。建筑主体二层，高16.5米，砖木钢混合结构。建筑平面呈“L”形，立面不规则，米黄色墙面，饰以浮雕红砖柱，屋面高陡多变。建筑南主入口为高30米的六层塔楼，塔体四角镶砌红砖角饰，上覆方尖盔状红瓦塔顶，底部配以粗石勒脚。建筑东南部外突，南立面饰以“半木构”饰条，上为塔状尖山，高陡屋顶覆红筒瓦。初为德国警察署办公地，1914年为日本宪兵队驻地。北洋政府统治时期为胶澳商埠督办公署警察厅。1938年为伪青岛市治安维持会警察部。抗战胜利后为青岛市警察局。青岛解放后为青岛市公安局驻地。

欧人监狱旧址

全国重点文物保护单位，青岛市历史优秀建筑。位于常州路25号。始建于1900年，占地面积6369平方米，是一处包括26栋建筑、以古堡式建筑为主体的建筑群。西部主楼建筑面积1236.36平方米，砖木混合结构，主体二层，红瓦坡顶，土黄色墙面，檐下及转角砌清水砖饰，楼层之间饰以凸起的水平腰线，竖条窗上起清水砖拱、下砌清水砖窗台，楼基用方石垒砌。楼内以砖墙、铁栅分割为若干囚室，并设有地下囚室。主楼西侧有与主体相连的圆尖顶塔楼，塔盖下砌锯齿状砖饰，塔身为清水砖勾缝。塔内设47级螺旋楼梯，沿楼梯设高度不一的竖条窗，以对外瞭望警戒。初为胶澳帝国法院羁押欧籍人犯的狱所，时称“欧人监狱”。1914年成为日本青岛守备军司令部囚禁场，院内增建东楼监室四栋。青岛解放后为市公安局第一看守所，至1996年看守所迁址。为国内唯一保留完整的欧式风格监狱。2003年改造为青岛德式监狱旧址博物馆。

德国驻青岛领事馆旧址

全国重点文物保护单位，青岛市历史优秀建筑。位于青岛路1号。1912年竣工，占地面积1408平方米，建筑面积1005.70平方米，砖石木结构，楼体二层，有阁楼和地下室。临街南立面中部外凸，一、二层各设3个竖长条窗，顶部起花边山墙。西南拐角处建有塔楼，上覆双层圆形墨绿色塔顶。西南立面中部外凸，顶部起花边尖山，底层拐角主入口拱门由花岗岩粗石砌筑。一楼房间为客厅、餐厅等，二楼房间为卧室。早期业主为德国律师曼弗雷德·齐摩尔曼。1926年德国政府租用开设驻青岛领事馆。1945年德国战败投降后闭馆成为私

德国驻青岛领事馆旧址

人宅邸。1947年为孔子第75代孙孔祥熙族弟孔祥勉（曾任青岛实业银行总经理兼农工银行总经理等职）买下。青岛解放后，此楼由政府代管。1985年，孔祥勉之女孔令仁捐献国家，设为“青岛南苑孔子纪念馆”。由青岛市政协经管。

德国水兵俱乐部旧址

全国重点文物保护单位，青岛市历史优秀建筑，又名水师饭店，位于湖北路17号。建于1901—1902年，建筑面积4487.5平方米，地下一层，地上三层，有阁楼，斜坡红瓦屋顶。立面中央入口处上起山墙，山部设计为“半木构”式。一层为方柱圆拱廊台，二层设木制敞廊。西南转角处建一高起塔楼，覆四面坡式高尖塔顶。俱乐部中心为一平面为14米×20米砖木结构大厅，内设观众座位700个，有宽敞的舞台，二楼三面均设有观众席。俱乐部内设餐厅、桥牌室、台球室。整体设计活泼明快，具有德国新文艺复兴风格建筑格调。日本第二次侵占青岛时期为日本居留民团、日本侨民协会办公地。1945年为美国海军俱乐部。青岛解放后先后为共青团青岛市委、青岛市人民防空办公室使用。

青岛俱乐部旧址

全国重点文物保护单位，青岛市历史优秀建筑，位于中山路1号。约建于1910—1911年，德国建筑师库尔特·罗克格设计，工程指导和内部设计由德国建筑师W.拉查鲁维茨承担，德国保尔·弗里德里希·里希特公司施工。平面布局为自由式，地上二层，底部为半地下室。砖石木结构，红瓦坡屋顶带阁楼，水泥拉毛墙身，檐口和窗台用粗花岗石砌筑，蘑菇石砌基。主立面东南侧设计为外突山墙，底层大门用4根石柱撑起门廊（门廊上部后改建为阳台），登13级石阶进入交谊大厅，内设精美的蓝彩釉壁炉和贴瓷座椅，地下室为衣帽间。1926年主楼东部扩建了壁球室、保龄球室两栋楼（现已拆除）。建筑为德国青年派建筑风格，构图严谨，造型典雅。初为德国军政官员服务的俱乐部，后成为会员制国际俱乐部。青岛解放后为中苏友好协会青岛分会办公地，现为青岛市科学技术协会驻地。

德国海军第二营营部大楼旧址

全国重点文物保护单位，青岛市历史优秀建筑，位于沂水路9号。建于1899年，占地面积3008.68平方米，建筑面积1518.2平方米。建筑平面呈不规则形，砖石木结构，红瓦斜坡屋顶，地上二层，地下一层，花岗岩方石砌基。主立面南向，东侧设二层木制敞廊，一层入口处设折角券廊，中部外突上起山墙，墙面开竖窗。侧立面建有半圆体堡楼，顶覆帽盔状屋顶。楼房一层南面是书房、会客室，西侧为餐厅，北面为厨房。二层有卧室三间及衣帽间、浴室等。阁楼层为杂役住房。原为德国军官公寓，1912年改为德国海军第二营营部。1923年青岛诊疗所迁至此处。1933年扩建，改称青岛铁路医院。现为济南铁路局青岛办事处招待所。

伊尔蒂斯兵营旧址

全国重点文物保护单位，青岛市历史优秀建筑。建于1899—1901年，砖石木结构，占地面积65932平方米，总建筑面积约6000平方米。1897年德国侵占胶澳后，在太平山南麓依山面海处建此兵营。兵营为德国工兵上尉米勒设计，退休工程师拉斐尔特监工，由兵舍、官舍各两栋和20栋平房组成。主建筑兵舍建在离地面3米的山坡上，坐北面南，东西长110米，中轴线布局，地上二层为营房，地下一层为储物间。主立面纵向设计为三段分割式，中部高起装饰性山花，下设主入口，东西两翼北面起锥式塔楼，格外醒目。一、二层阳面设有木敞廊与两侧翼楼相通。大坡式屋顶斜度平缓，檐口探出墙外，墙身为米黄色水泥抹面，墙基为花岗岩砌筑，屋前设宽阔的绿茵广场。日本第一次占领青岛后，改称旭兵营。1924年私立胶澳职业学校在此开学。1929年改为市立中学校，1937年停办。1938年日本二次占领青岛后又改为兵营。1945年成为国民党青年军兵营。

俾斯麦兵营旧址

全国重点文物保护单位，青岛市历史优秀建筑。位于鱼山路5号。由德国工程师洛塔尔·马尔克斯设计，1903年动工，1909年建成。营房为砖混式结构，折坡式大屋顶，地上2层，局部3层，设地下室及阁楼，砖砌墙身，窗户多起圆拱，墙基为花岗石砌筑。主立面作横五纵三设计，中部及两翼高起阶梯形山花作重点装饰。4座营房平面呈“H”形布局，分前后两排，与礼堂围合成一矩形步兵操练场。1897年德国侵占青岛后，将青岛山命名俾斯麦山，此兵营定名俾斯麦兵营。1914年日本占领青岛后，将俾斯麦兵营与八关山西北侧兵营合并改称万年兵营。1924年原营房创办私立青岛大学。1930年国立青岛大学在此成立。抗日战争期间校舍成为日本兵营。1945年成为美军军营。1948年山东大学收回校舍，立为大学本部及文、理两学院院址。1958年山东大学迁至济南，部分涉海专业在此成立山东海洋学院。现为中国海洋大学鱼山校区。

团岛灯塔

全国重点文物保护单位，青岛市历史优秀建筑。位于团岛西南角，曾称“游内山灯塔”。建于1900年，塔高15.4米，八角形砖石结构，地上三层，地下一层。正门北向，地下设机房和仓库，一、二层螺旋式花岗岩楼梯通达三层灯室。灯室设圆形玻璃窗，外有八角形露天平台，平台四周设铁制栏杆。灯室内安装电闪灯光源和大型水晶折射式鼓形透光镜，灯光射程15海里。还装有特殊的导航设备——气雾号，俗称雾笛或海牛，1960年改装为电雾号。现为天津海事局青岛航标处管理使用。

小青岛灯塔

全国重点文物保护单位，青岛市历史优秀建筑。位于青岛湾小青岛上。1900年德国人在小青岛上设高5米的航标灯，为进出胶州湾的船只导航。1908年改建为灯塔，石砌白色塔身共三层，总高15.5米。基座至二层为底宽上收的八角柱形，三层为圆柱形，塔顶覆钢制平圆顶。塔门位于北侧，内设30级石质螺旋楼梯直达塔顶，塔下设石砌看护小屋。塔顶内装水晶棱镜组装的反射镜，设牛眼形旋转式造镜电力发光，射程12海里。1992年被列为市级文物保护单位，成为青岛市著名的旅游景点。现由天津海事局青岛航标处管理使用。

青岛观象台旧址

全国重点文物保护单位，青岛市历史优秀建筑，位于观象二路21号。1898年春，德国海军港务测量部在后海沿设青岛气象天测所。1905年天测所由馆陶路1号迁建大鲍岛东山（即今观象山），是年在山上建成中国第一座地磁观测室，占地面积576平方米，建筑面积43.8平方米，内置地磁仪、地震仪。1910—1912年在山顶建成青岛观象台（德国建筑师保尔·弗里德里希·里希特设计），由主楼一幢、圆顶天文观测室两座和其他辅助设施组成。主楼共七层，高21.6米，建筑平面为自由式布局，立面高低错落，通体为花岗岩蘑菇石砌筑，墙面开竖长窄窗，牛舍瓦大折坡屋面，顶部建有方体平顶塔楼，上出雉堞式女儿墙。建筑造型浑厚刚劲、雄伟挺拔，具有鲜明的欧洲古堡式建筑风格。大天文观测室三层，顶层覆电动开合旋转的圆顶，内设大型天文望远镜，中层为电力设备室，底层是观测记录室。小天文观测室亦为圆顶，内置一台小型天文望远镜。1912年天测所改称皇家青岛观象台，该山始称观象山。1926年在该山确立了青岛天文基准原点。1931年在西山巅建成中国自行设计的第一座大型天文观测室，楼内装有德国泼林工厂制造的口径32厘米的物镜、焦距3.58米的大型天文望远镜。1954年在山顶设“中华人民共和国水准原点”，作为中国海拔基准点。

圣弥爱尔大教堂

全国重点文物保护单位，青岛市历史优秀建筑，又称天主教堂，位于浙江路15号，是青岛地区最大的罗马式建筑和中国唯一的祝圣教堂。由德国建筑师毕娄哈和阿·弗莱波尔设计，德籍天主教神甫维昌禄向青岛教区教徒募款，在原天主堂地址筹建，1934年10月27日竣工，总占地面积8127.60平方米，总建筑面积3318.61平方米。教堂采用巴西利卡拉丁十字形制，钢筋混凝土与花岗岩混合结构。教堂一层南北长65.88米，东西宽37.6米，占地2477平方米。南向山墙主立面为三段式，中段为三层，下设主入口，两侧分设次入口，入口上部为外突层叠式圆拱。两翼各耸起一座总高56米（包括顶部高4.5米的十字架）的六层方体尖塔，东西塔楼上分别悬挂三口小钟和一口大钟。教堂主厅高18米，宽12米，可容千人聚会。主厅后方设圣坛、祭台，上方穹顶有圣像彩绘。侧廊分间方柱由半圆拱相连，廊间墙壁绘有耶稣苦路彩绘14处。大厅二楼乐池内设有2400多个音调的铜制管风琴，“文化大革命”时期被毁。特殊的地理位置和庄严华美的建筑风格，使教堂成为青岛标志性景观建筑和船舶进出胶州湾的地理坐标。1980年政府投资修复。1981年4月恢复礼拜。1982年对外开放。1999年对外国游人开放。

基督教堂

全国重点文物保护单位，青岛市历史优秀建筑，位于江苏路15号。德国古堡式建筑，砖石结构，建筑面积1297.51平方米（其中地下室130.33平方米）。由德国建筑师库尔特·罗克格（Curt.Rothkegl）设计，汉堡阿尔托纳区F.H.施密特公司施工，柏林德意志福音教会投资，1908年4月19日奠基，1910年10月23日落成。建筑平面呈巴西利卡式，主体由礼拜堂和钟楼两部分组成。礼拜堂面积429平方米，分两层。一层礼拜堂大厅高11米，水泥拱形吊顶，两侧设有较低的边廊，粗短的石廊柱上着斗形柱头。大厅前方设祭台，祭台右侧设高1.5米的大理石讲经台，左侧设大理石洗礼盆，厅内排列带跪凳的排椅。教堂大厅设3个出入口，主出入口面南，西门由江苏路拾阶而上入西边廊，东门由礼拜堂北端入东边廊。教堂西北角建有方形钟楼，总高39.16米，南北两面装有时钟，内有一大两小三口德制宏钟，上覆绿色铜皮盔顶，俗称“钟表楼”。建筑外墙为水泥浪纹曲线抹面，粗条石檐口，墙体转角、门套和墙基均用蘑菇石砌筑。教堂南广场宽阔平坦，周边绿树成荫。建筑平面布局合理，建筑形体凝重粗犷，富有德国古堡式建筑格调，为青岛德占时期建筑精品之一。青岛解放后曾由青岛医学院附属医院使用。1980年市政府拨款维修。1999年对外国游人开放。

基督教堂

青岛特别高等专门学堂旧址

全国重点文物保护单位，青岛市历史优秀建筑，亦称德华高等学堂，位于朝城路2号。德国胶澳建筑管理局规划设计，始建于1905年，1909年建成。建筑群由教学楼、图书馆、礼堂、实验楼、办公楼和宿舍等组成，占地面积4万平方米。教学楼高三层，砖混钢木结构，四面坡式屋顶（中部为复折式屋顶），上建鱼眼式阁楼。楼体横向共13间，长约80米，中部3间与两侧3间墙体外突，立面呈对称式设计。主入口设于中部底层，粗石门柱起券拱，主入口上部设计为假山。地下室外墙面均用花岗粗石砌筑；大礼堂和图书馆在教学楼后侧，与其东翼相连。校园北区建有两幢二层学生宿舍，各有一内院，可分别容纳125名学生。建筑结构严谨，具有德国青年艺术派建筑风格。

德华银行旧址

全国重点文物保护单位，青岛市历史优秀建筑，俗称黑楼，位于广西路14号。约建于1899—1901年，德国铁路设计师海因里希·锡乐巴和路易斯·魏尔勒设计，占地面积8306.71平方米，建筑面积562平方米，砖石与钢木混合结构，二层，设半地下室，建筑造价约8.1万马克。平面为方形，大坡度的蒙莎屋顶在青岛的德国建筑中独树一帜。西、南立面两层均设有券柱式敞廊，入口呈不对称状。大楼的支柱、拱券、墙基、屋檐、装饰线及顶部的细方石皆用花岗石砌成，隅石和勒角以浅褐色花岗石砌筑，中央为大厅。外墙砂浆抹面，屋顶为黑色铅板。整体设计和谐严谨、刚劲典雅，具有鲜明的意大利文艺复兴时期建筑风格。1922—1923年，日本领事馆曾设于此。1946年银行被南京国民政府中国银行青岛分行接收。现为民宅。

海滨旅馆旧址

全国重点文物保护单位，青岛市历史优秀建筑，位于南海路23号，又名沙滩宾馆，与亨利王子饭店同属一家经营。建于1903—1904年，建筑面积5694.24平方米，平面呈条形，砖木结构，中轴线左右对称，大门居中，主体地上三层，地下一层，层高约4米，墙面为红清水砖白灰勾缝，线条清晰流畅。立面采用外敞式走廊，红瓦坡顶，建筑两端设计为山墙式外突墙面，中部山墙顶起盔帽塔楼。建筑一层以餐饮服务为主，上层为客房。1912年孙中山在青岛期间曾下榻此处。该建筑设计造型巧妙别致，有德国中世纪田园式公共建筑格调。青岛解放后为海军招待所，现为青岛城建集团总部驻地。

侯爵饭店旧址

全国重点文物保护单位，青岛市历史优秀建筑，位于广西路37号。建于1906年，占地面积1463.07平方米，建筑面积1474.32平方米，楼高三层，有地下室、阁楼，砖石结构，蘑菇石砌基。南立面不对称式设计，牛舌瓦屋面沿顶层檐口下折，将第三层折裹为阁楼，一、二层间有两条横向饰线。建筑西南拐角处建有圆形角楼，底层由石柱支撑，塔身设竖条窗，顶覆葫芦状塔顶。楼内设木制楼梯，水磨石或木地板。整体设计雅致清秀，细部装饰规整秀美。1922年为胶澳警察厅第一区警察署。青岛解放后为青岛市公安局市南分局办公楼。

医药商店旧址

全国重点文物保护单位，青岛市历史优秀建筑，位于广西路33号。建于1905年，德国人库尔特·罗克格设计，建筑面积约1996.07平方米，使用面积约1000平方米。建筑平面成矩形，主体三层，设地下室和阁楼，砖石钢木混合结构。主立面对称式设计，蒙莎式屋顶辟出顶部阁楼，屋面中部起圆拱老虎窗，圆拱顶雕有蛇体缠绕的权杖（药店标志），檐口花岗岩条石装饰，檐高18米。二、三层设圆拱阳台（后

侯爵饭店旧址

封闭为三联窗），红清水砖勾缝墙面，底部承重柱及墙基花岗石砌筑。设计华丽奇特，造型严谨精美，具有典型的德国青年派建筑风格。建筑初始业主是德国药剂师拉尔茨，一度改为橡树餐厅。青岛解放后为市一轻局办公楼，后改为红房子餐厅，现称红房子宾馆。

路德公寓旧址

全国重点文物保护单位，青岛市历史优秀建筑，位于德县路4号，建于1905—1907年。由德国建筑师库尔特·罗克格设计，占地面积2700平方米，建筑面积1824.73平方米。砖木结构，红瓦折坡屋面中部设宽大的尖圆顶老虎窗，主体二层，设地下室、阁楼，花岗岩方石墙基。立面对称设计，初时业主是德国人海伦·路德。1928年成为铁路中学校舍。后日本人在此开设“若规医院”。抗战胜利后为市教育局驻地。青岛解放后收归国有，曾为市卫生局、市交通局使用。现为青岛市国税局使用。

野战医院旧址

青岛市历史优秀建筑，位于江苏路16号。建于1899—1904年，选址于山坳台地上，北高南低，坡度较大，总投资198万马克。医院有5所大病房，1所小病房，病床共250张。建筑面积5148.87平方米。主楼高12米，立面为“山”字形，分五段设计，中部和两翼地上二层，四面坡大屋顶，二、四段为地上一层（1937年加盖一层），斜坡屋顶，底部均设有地下室，内走廊置于楼内北侧，局部用石料点缀。建筑风格淡雅明快。1914年日占青岛后改称陆军医院。1916年改称青岛病院，1927年改名为同仁会医院，1946年命名国立山东大学附属医院。青岛解放后为青岛医学院附属医院病房楼，原门诊楼拆除重建。现为青岛大学医学院附属医院。

福柏医院旧址

青岛市历史优秀建筑，位于安徽路21号。1905年同善会与欧洲人协会的德、英、美等国侨民为纪念在青岛去世的德国著名医生福柏集资5万银元筹建。占地8432平方米，建筑面积1116.63平方米，钢筋混凝土结构。初为地上两层，层高4米，共34间房屋，折坡屋顶，有阁楼和地下室，南、西立面起山墙，山墙顶部设半圆窗阁楼，双层门窗，花岗岩墙基。西门入口处墙壁间镶嵌有1907年建成时的钢制模型，是青岛市唯一镶嵌有本楼模型的建筑。1946年冬阁楼失火焚毁，次年将阁楼改为平顶式三层楼。1951年更名青岛市人民医院。2006年改为青岛口腔医院。

德国总督府屠宰场旧址

青岛市历史优秀建筑，位于观城路65号，全称“胶澳总督府屠宰场和生物化学制药厂”，俗称打牛房。建于1903—1906年，由德籍埃格布雷希特设计，德国建筑师斯蒂塞尔监造，建筑面积约1110平方米，建筑造价75万马克。主要建筑由屠宰车间和管理用房两部分组成，包括管理楼、大型实验室各一座及宿舍和屠宰大厅等。屠宰车间平面呈“山”字形，三间屠宰大厅（分别为大畜、小畜及肉猪宰杀3部分）东西向临门而立，车间采用工字钢柱结构，四壁镶贴白色瓷瓦。管理楼为二层，顶部设有阁楼，立面装饰精致讲究。屠宰场按德国卫生标准设计，四周禁止建设民宅，生产废水直接排入大海。青岛解放后，该建筑为山东省畜产进出口公司生产车间。现由青联股份有限公司使用。

山东路矿公司总部旧址

青岛市历史优秀建筑，位于广西路14号。约建于1902年，砖石木结构，占地面积约594平方米，地上二层，高约14米，斜坡屋顶，有阁楼和地下室，基础用灰粗方石砌筑。建筑立面为清水墙粉面，封檐、抱角、券拱为花岗石砌筑。南立面采取不均衡设计手法，东侧起外突硬山墙，圆拱大窗，山墙顶部一方石板上贴饰两把交叉铁锤（矿工行业标志，已拆除），一层设方柱圆拱廊，二层设木柱敞廊（后封闭为阳台）。东立面上凸起一座花岗石挑楼，别有情趣。建筑为中世纪德国建筑处理手法，设计严

山东路矿公司总部旧址

谨平实。现为民宅。

亨利王子饭店旧址

青岛市历史优秀建筑，位于太平路29～33号，是青岛最早的欧式大型高级饭店和最早的楼房建筑。由不同时期所建的饭店、音乐厅和旅馆部三部分组成。建于1899年1—9月，德国建筑师库尔特·罗克格设计，德国汉堡阿尔托纳区F.H.施密特公司施工。砖石木结构，二层，临海主立面纵向三段式处理，大斜坡屋顶，两层均设立柱敞廊，中部和两端起山墙，东侧山墙上部雕有中文“寿”字山花；1905年在饭店后侧新建亨利王子饭店音乐厅，位于饭店中轴线上，与饭店平面联为“T”形，德国建筑师库尔特·罗克格设计，1906年竣工。大厅可容纳400～500人，东墙设有5个高大的圆拱竖窗，窗外建有花园与街道相隔。1911年，在东馆西侧增建一旅馆部，称亨利王子饭店中馆，两楼之间有走廊相通。由德国建筑师里希特设计，中轴对称式设计，地上三层，地下一层，占地面积2570.12平方米，建筑面积2989.42平方米，钢筋混凝土结构。平面条形布局，立面为石基粉墙外廊式，顶部起山墙，中央突起曲线山花，红瓦坡屋顶，窗台、勒角嵌花岗岩条石，底部以粗石作拱形窗基底。同年，又在中馆以西新建西馆（中和饭店），建筑面积2053平方米，地上三层，地下一层，主立面纵向三段式处理，红蒙莎屋顶，砖石木结构，门窗上部均起圆拱。1938年东馆为日本部队军部驻地，抗战胜利后为青岛市参议会办公地。青岛解放后为市政协办公楼和礼堂。1994年东馆拆建为泛海名人大酒店（太平路29号）。中馆曾为市妇联驻地，现改建为栈桥宾馆（太平路31号）。西馆拆建为青岛日报社办公大楼（太平路33号）。

车站饭店旧址

青岛市历史优秀建筑，位于火车站东侧兰山路28号，约建于1901年，业主是R.冯特维希。建筑面积2406.82平方米（其中地下室625.07平方米），地上二层，地下一层，有阁楼。主立面沿西北两条道路呈“L”形展开，外墙圆拱门窗用花岗石嵌套。转角处建有八角塔楼，底层设主入口，上覆绿盔帽式塔顶。塔楼两侧和南侧立面各起一个巴洛克式假山，下部设多个入口。二层拐角设有外挑长条式观景阳台，阳台栏杆塑有鱼鳔纹。建筑造型自由活泼，具有欧式建筑的典型风格。青岛解放后曾为青岛铁路分局宿舍。现为饭店。

车站饭店旧址

总督府童子学堂旧址

青岛市历史优秀建筑，位于江苏路9号。德国建筑师贝尔纳茨设计，皮科罗公司施工，建筑面积758平方米，建于1900年12月—1901年8月。砖木结构，四面坡式大屋顶。建筑造型三段式对称设计，中段建筑体为二层，内凹墙面开圆拱窗。底层4根石柱托起外突坡檐，檐下构成敞廊，大门设在中央。二层为教师办公用房，配有中式雕饰木制阳台，中间2根门式立柱抵住屋檐，上部中心建有较大的阁楼。两侧配房为一层，较中段建筑略前突，拥有单间面积60平方米的4间教室，立面各设3个竖长大窗。1914年日占青岛后，为日本第二寻常小学。1924年设办胶澳商埠公立女子两级小学校，1930年改为市立江苏路小学，1945年更名为江苏路中心国民学校。青岛解放后更名为江苏路小学。1994年改称青岛市实验小学。

英国驻青岛领事馆旧址

青岛市历史优秀建筑。位于沂水路14号。建于1907年5月，砖石木结构，建筑面积1027.2平方米（其中地下室251.89平方米），地上二层，地下一层。主立面三段对称设计，中部设折边尖山，山墙上部设方窗，二层设外凸折角观景窗，一层设主入口。主立面两侧折坡式屋顶建有阁楼，墙面开平拱方窗。楼内设有双向通道，室内门窗、地板、楼梯均为木制。1934年在其东侧接建，增建面积约800平方米。整体设计简洁清秀，为典型的欧式办公建筑风格。初为德国律师曼弗雷德・齐摩尔曼的办公室和寓所。1935年英国驻青岛领事馆迁入。1941年被日本军方封闭。1945年复馆。青岛解放后，1951年4月闭馆，馆舍被青岛市政府收回。现为民宅。

美国驻青岛领事馆旧址

青岛市历史优秀建筑，位于沂水路1号。建于1912年，设计师为德国人施密特，建筑面积1225.98平方米，地上两层，地下一层。砖石结构，折坡式屋面，转角、立柱和墙基均用蘑菇石砌筑。建筑正立面为三段对称式设计，中部外突，上起曲线尖圆山，下为主入口，一层入口高出沂水路路面数米，中间设有坚实的护坡，巧妙地掩饰了大楼地下室。楼体一层阳面设宽大的落地窗，二层为方窗。楼内房间高约4米，设有壁炉、暖气、雕花护墙板和“人”字形地板。整体造型具有浓郁的欧洲田园别墅气息。该建筑业主为德国建筑师保尔・弗里德里希・里希特，1934年美国驻青岛总领事馆由河南路8号迁入此处，1941年领事馆被日军封闭。1945年复馆，次年升格为总领事馆。青岛解放后领事馆闭馆。该建筑现由中国人民银行青岛市中心支行管理使用。

总督府学校旧址

建于1905—1906年，建筑采用对称式轴线三段布局，中部高三层，两侧为二层。立面墙体分组密排竖长窗户，窗框由花岗岩条石装饰，一层和中部墙体用粗石贴面，中部起假山，花岗岩粗石砌基。整体设计沉稳厚重、平实无华。1914年日本侵占青岛后，学校改为日本第二寻常小学。1940年日本居留民团出资将两翼改建为三层。

望火楼旧址

位于观象一路45号，建于1905年，由德国

望火楼旧址

人库尔特·罗克格设计，俗称望火楼。建筑为六角塔形，高18米，塔身为砂浆砖墙，外观四层，实为二层。建筑面积约170平方米，基础和入口处周边以方石砌筑，上部为六根圆柱挑起的空透式望火台，上覆尖顶圆形盔帽，整体设计简洁适用。1930年青岛开通自动电话报警后，望火楼弃用。

德国第一邮政代理处旧址

青岛市历史优秀建筑，位于常州路9号。建于1898年，为德占青岛初期邮政业务过渡时期所建，是青岛开埠后最早的邮政建筑，一说为“要塞工程处”驻地。建筑占地面积1508平方米，建筑面积424.99平方米。砖石结构，两层楼，房屋14间。1930年淄博阿訇王万民与回民穆华亭等人用募捐款购得常州路9号、11号、13号房屋，改建为清真寺。门前阶石上雕有“寿”字及古典云纹图案，山墙保留原先镶嵌的“1898”字样，尖山改为3个半圆花饰。1945年另筑平房16间，建筑面积达到716.53平方米。

德国胶澳邮政局旧址

青岛市历史优秀建筑，位于安徽路5号。建于1900—1901年，建筑面积2230.23平方米（其中地下室222.18平方米），花岗岩砌基，红清水砖墙，地上三层，地下一层，二、三层设计为联拱敞廊。楼体立面沿两侧街道呈钝角形，东南角和转角处各建有一个攒尖塔楼，西、南立面上部各有一曲线山花，临街高陡的屋面覆以红瓦并开有弧拱老虎窗，后部平屋顶用铁皮制成，整体设计精细华美。初为冯·提帕斯基希公司私人商业大楼，后为德国胶澳邮政局租用。青岛解放后为青岛市邮电局办公营业楼，现为中国网通（集团）有限公司青岛分公司客户服务中心驻地。

青岛火车站

位于泰安路。建于1900—1901年，德国人路易斯·魏尔勒、海因里希·锡乐和阿尔弗雷德·格德尔茨设计，山东铁道公司施工。建筑平面为“一”字形，由钟楼和候车大厅两部分组成。主楼建筑面积918平方米，二层楼房，大坡顶屋面覆杂色琉璃瓦。一楼为候车大厅，二楼为办公室。主楼南部建有德国乡间教堂式样的尖钟塔，四面山墙各设一部大钟，钟塔基座、山墙用粗毛花岗石砌成。建筑华贵秀雅，具有德国文艺复兴建筑风格。1991年被拆除重建，北侧新建大型二层候车大厅，南侧依照原钟楼式样增高3米建新钟楼。改建工程总投资约2亿元，面积3.1万平方米，1993年竣工。

圣心修道院旧址

青岛市历史优秀建筑，位于浙江路28号。建于1901—1902年，德国人贝尔纳茨设计，工程指导为神父白昭德，业主是安治泰主教。初由上海该修会派修女来此建院，名为方济各玛利亚修会圣心女修院，内设天主圣心堂，负责传教和兴办社会福利事业，由上海修会节制供给。占地面积20968.10平方米，建筑面积7606平方米，砖石结构，二层楼，层高3.8米。建筑屋面为红瓦大坡顶，梁柱采用美国红松制作，花岗岩墙基。立面多设竖长双窗，主立面中部外突，顶部建有一个阶形山花和两个对称的巴洛克式角楼，两侧墙体后掠成钝角形。1928年修道院加盖为三层，山花、塔楼均被拆除。建筑具有德国南部建筑风格，设计简洁肃穆。青岛解放后为山东省海洋仪器仪表研究所使用。

汇泉炮台遗址

1901年德军在青岛建的防御工程。由石块和钢筋混凝土筑成，占地9万平方米。外围石壁，中辟地室，有指挥所、贮水池、炮台群、暗堡等。自岬角腰部可入隧道，铁轨、电灯等设备齐全。1914年德日青岛战争时毁坏，留有遗迹。日本第一次侵占青岛后对游人开放。中国政府收回青岛后，1927年曾一度整修，使之形迹仍俱。1930年修建风景亭。1984年被列为市级文物保护单位。

开治酒店旧址

青岛市历史优秀建筑，位于湖南路16号。德国人施米特设计，建于1913年，地上二层，地下一层，有阁楼，建筑面积1260.29平方米。主楼面南，大折坡红瓦屋顶，立面西侧和近中部各起一假山，山墙面开竖条窗，两山墙间墙面开圆拱大窗。立面东侧二楼设外突阳台，阳台下为方柱门廊。一层窗台以下墙体用方蘑菇石砌筑。建筑造型沉稳平实，为19世纪德国本土酒店建筑式样。初为德国人威廉·开治创办的酒店。抗战胜利后中国银行职员购做私宅。青岛解放后市民政局曾在此办公。现空置。

礼和商业大楼旧址

青岛市历史优秀建筑，位于太平路41号。建于1902年，建筑面积1513.09平方米，高二层，有地下室和阁楼，砖石木结构，花岗石筑基。主立面南向，中轴对称式设计，东、西两翼隆起山花，中部内凹二层设为阳台，一层为主入口。折坡屋面，墙面开圆拱窗，外墙砂浆抹面，屋檐和立面中部有凸起的饰线。结构严谨规整，造型朴实庄重。原为德国礼和洋行。日本第二次侵占青岛时期为日本东京建物株式会社青岛出张所。1945年日本投降后由南京国民政府接收。青岛解放后曾用作河南路小学。现为青岛香港思韵幼儿园。

礼和商业大楼旧址

胶海关税务司阿里文旧宅

青岛市历史优秀建筑，位于鱼山路1号。建造年代为1899—1900年，占地面积13300平方米，建筑面积1396.57平方米，砖石结构，地上二层，地下一层，红瓦折坡屋面，坡屋顶起老虎窗，墙面开圆联拱木窗，花岗岩方石墙基。主立面中部外突，一层设半圆石柱封闭阳台，二层为半圆露天阳台。房间高度约4米，铺长条木板地，木扶梯有雕饰。现为民宅。

胶海关副税务司住宅旧址

青岛市历史优秀建筑，位于鱼山路2号。建于1900年，占地面积13133.39平方米，建筑面积1022.45平方米。砖石结构，红瓦四面坡式屋顶，地上二层，有阁楼和地下室，花岗岩砌基。大门东向，院内地势北高南低。南立面地下室高出地面约3米，地下室墙身全由花岗岩方石砌筑。一层西南转角处设角窗，由两根石柱托起上部层叠的粗石窗檐。室内木板地，木制旋转楼梯，内壁有护墙板。初为胶海关副税务司住宅。现为青岛海洋科技馆办公楼。

贝恩住宅旧址

青岛市历史优秀建筑，位于江苏路8号。建于1901—1902年，德国F.H.施密特公司施工。砖石结构，红瓦折坡屋面，地上二层，地下一层，花岗石墙基，占地面积1026.67平方米，建筑面积571.47平方米。东向主立面不对称设计，中部外突山墙，顶覆红瓦尖顶，下层主入口设折角木构雕花牛舍瓦雨搭，二层墙面开竖长圆拱窗。主立面东南角建方体塔楼，顶覆六角塔式盔帽顶，楼身开竖条窄窗，内设旋转木楼梯。主立面北侧两层均设宽大的圆拱窗。室内设长条木地板、护墙板，净高约4米。为德国施密特公司商人贝恩所建私宅。青岛解放后曾为市质量技术监督局驻地，现为市质量技术监督局市南分局办公楼。

沃特森住宅旧址

青岛市历史优秀建筑，位于江苏路10号。建于1899年，砖石结构，折坡红瓦屋面，地上二层，有地下室及阁楼，占地面积1113.33平方米，建筑面积1175.23平方米。东立面中部突起山墙，顶覆折坡抹角红瓦顶，上部开两个竖条窄窗，二层设联拱双窗，底层设主入口。两侧一、二层各有2个圆拱竖窗，外墙转角交错嵌筑花岗岩方石。初为德国人私宅，由美国牧师柏根·弥勒购买后赠予美国基督教青年会。青岛解放初为中国民盟青岛市委员会驻地。现为民宅。

李德顺住宅旧址

青岛市历史优秀建筑，位于江苏路12号，建于1905年前。占地面积1666.68平方米，建筑面积819.98平方米。砖石木结构，牛舌瓦斜坡式屋顶，地上三层，地下一层，平面自由式布局，立面非对称式设计。外墙通体以红清水墙为主，檐下窗户、阁楼部位辅以仿木构条饰，间以白灰墙。面街东立面正中建六角塔楼，塔体设数个形制各异的竖条窗，顶覆六面坡瓦顶。立面装饰华丽典雅，属德国新艺术运动青年派建筑风格。初为德国海军青岛提督副手的官邸，俗称“二提督楼”。后为广东人李德顺购为住宅。青岛解放后曾为青岛市司法局办公楼。现为青岛市交通稽查支队办公楼。

格尔皮克、科尼希别墅旧址

青岛市历史优秀建筑，位于沂水路3号。建于1901年，占地面积1995.34平方米，建筑面积496.26平方米，平面自由式布局，砖木结构，坡形屋顶，主体高二层，地下一层，带阁楼。立面一层以清水砖墙为主，局部露白墙，圆拱窗周边嵌条石，二层为粉白墙面裸露仿木构架。西南角处建三层多边体塔楼，上覆盔帽式绿铁皮塔顶。建筑构图均衡，颇具特色。初为德国胶澳总督府首位法官格尔皮克宅邸，后为德国军医科尼希居住。青岛解放后为青岛日报社宿舍。现为民宅。

斯提克夫特别墅旧址

青岛市历史优秀建筑，位于沂水路5号。建于1905年，占地1999.34平方米，建筑面积1506.08平方米。平、立面均为不对称式设计，砖石木结构，地上二层，半地下一层，红瓦折坡式屋顶，有阁楼。建筑立面造型多变、清新流畅。原为德国人斯提克夫特宅邸，后为英国麦加利银行（亦译渣打银行）经理住宅。青岛解放后为青岛市政公用局办公楼。

捷成洋行公寓旧址

青岛市历史优秀建筑，位于沂水路7号。1907年竣工，占地3246.68平方米，建筑面积1001.59平方米，地上二层，地下一层。自由式设计，平面矩形布局。立面白墙装饰有裸露的仿木构架，红砖清水墙与粉白墙形成对比，外墙底部为花岗岩粗石勒脚。屋顶为多坡形，红

捷成洋行公寓旧址

瓦顶带阁楼，筑有三层多边形绿顶塔楼，楼内有装饰雅致的客厅、餐厅，建筑风格变化丰富、动感强烈。原为捷成洋行公寓，后为私人别墅。现为青岛市市政公用局。

克烈纳住宅旧址

青岛市历史优秀建筑，位于德县路3号，建于1900—1901年。地上一层，有阁楼，半地下室，折坡红瓦屋面。临街立面中部外突起二层山墙，顶部为曲线花边尖山。山墙两侧坡屋顶建有阁楼。侧立面山墙上部作仿木构处理，下部外设拐角敞廊，敞廊顶部建木制外挑阳台，可眺望街区外海景。设计尺度适宜、造型富有变化，具有德国乡间别墅建筑风格。原为德国商人哈拉尔德·克烈纳购地所建。1902—1904年租给魏玛传教会威廉·舒勒牧师（青岛新教牧师兼胶澳总督牧师）居住。1941年日本侵占青岛后改为私人医院。青岛解放后收归国有，市劳动局曾在此办公，现为民宅。

天主教会公寓旧址

青岛市历史优秀建筑，位于湖南路8号。建于1899年，占地1083.34平方米，建筑面积2397平方米。砖木混合结构，折坡式屋顶，黑清水墙面，花岗石基础。地上二层，地下一层，有地下室和阁楼。主立面中部墙体外突，上部建有塔楼，下部入口门楣正中镶嵌“1899”字样的方石。楼内设有多间卧室、浴室、客厅等。原是青岛天主堂主教安治泰宅邸，后一度为东莱银行下属的物业。现为民宅。

里特豪森别墅旧址

青岛市历史优秀建筑，位于湖南路11号。建于1901年，占地2000平方米，建筑面积620平方米。砖石木混合结构，地上二层，局部三层，有地下室。红瓦折坡式屋顶，刻线花岗石墙面开大圆拱窗，粗花岗石筑基。南主立面中轴对称设计，中部一层入口处由四根圆石柱挑起门廊，二层墙面外突作折角塔式设计，上部建有露台。平檐两翼各有一尖顶饰柱，中部高起弧形山墙，山墙左右和中部均有一尖顶饰柱。初为德国私人别墅，1932年曾改作医院。现为市南区机关幼儿园。

安娜别墅旧址

青岛市历史优秀建筑，位于浙江路26号。建于1901年，地上二层，地下一层，建筑面积719.24平方米，高13.4米。牛舌瓦折坡屋面，墙面开长方形窗户，窗套两侧设计有附柱，墙体转角用花岗石镶嵌。建筑南立面中部外突，一、二层设计为由四根方柱挑起的观景阳台，顶部设有装饰柱头的山墙。两侧立面建有外凸六角塔楼，分别覆盔帽金属圆顶、四面坡瓦顶。建筑格调庄重典雅、华丽精美。初为德国砖瓦商卡普勒以其大女儿命名的别墅。青岛解放后为青岛市房产局使用。现为青岛新园房地产开发公司办公地。

圣言会住宅旧址

位于广西路5号。建于1904年，曾为芬兰领事馆、姬宝璐住宅，占地1271.14平方米，建筑面积1367.79平方米，中国建筑师黄佳模设计。建筑平面对称式布局，高二层，砖木石混合结构。主立面南向，中部内凹设为露廊和阳台，左右起外突山墙，墙面开圆拱大窗。原为

安娜别墅旧址

德国神父姬宝璐住宅。1941年至1948年曾为芬兰驻青岛领事馆。现为民宅。

第三节　中山路建筑群

东莱银行旧址

青岛市历史优秀建筑，位于湖南路39号。建于1923年，占地4420平方米，建筑基地792平方米，建筑面积3579.87平方米，高度27.6米，主体四层，坐北朝南，红瓦折坡坡顶，上设阁楼，花岗岩墙面饰有横直凹线，建筑平面呈“山”字形。建筑正立面对称式设计，中部和两翼略有外突，立面中间顶起硬山，两翼上部建有4根圆柱支撑屋檐的观光楼台。二、三层由8根圆柱间隔为阳台，外设绿瓷釉葫芦状栏杆。底层中间2根圆石柱撑起券廊，沿门外石阶可达一楼门厅。设计新颖和谐，装饰华丽清新。东莱银行创建于1918年2月，总行设在天津路，为青岛首家地方银行。日本第二次侵占青岛后，大楼被日本宪兵队强占。青岛解放后，该楼曾先后为青岛市档案馆、平安保险公司青岛分公司使用。

中国银行青岛分行旧址

青岛市历史优秀建筑，位于中山路62号。由中国建筑师陆谦受、吴景奇设计，1932年10月开工，1934年1月31日竣工，占地面积1557.34平方米，建筑面积4761.42平方米，砖石钢筋混凝土结构，地上三层、地下一层，花岗岩方石砌基。建筑采用轴线式布局，平屋顶。东、南立面一层墙面饰有密集的横向凸线条，各层窗户竖向间隔为2~5个一组的平拱联窗。整体设计简洁清新、质朴庄重，属近代建筑风格。1941年太平洋战争爆发后，被日伪当局接管停业，1946年1月复业。青岛解放后改组为国家经营外汇业务的专业银行。该建筑现为中国工商银行青岛分行分理处。

山左银行青岛分行旧址

青岛市历史优秀建筑，位于中山路64~66号。由中国建筑师刘铨法设计，地上四层，地下一层，占地面积1300平方米，建筑面积2234.05平方米。建筑为钢筋混凝土结构，平屋顶，线饰檐口，顶设密集栅式山墙，花岗岩方石砌基。正立面东向，上面三层横向设计为五段，六根镌有竖条纹的花岗岩平柱直达屋檐，每个房间设计为竖长双窗。底层主入口两侧窗间墙横向叠落贴砌花岗岩半圆形条石，以衬显主入口，门两侧为宽大的方窗。建筑设计线条流畅、清新庄重。抗日战争期间停业，行舍被日伪大阜银行占用，1946年9月复业。1950年停业，该建筑后由青岛市饮食服务公司使用。现为中国银行青岛分行营业处。

山左银行青岛分行旧址

上海商业储蓄银行青岛分行旧址

青岛市历史优秀建筑，位于中山路68号，与山左银行青岛分行相连。由中国建筑师苏夏轩设计，公和兴营造厂承建，占地面积733平方米，建筑面积约2347.21平方米，钢筋混凝土结构，地上四层，地下一层，平屋顶。主入口在临街东侧，顶部中间起折线式山墙，花岗岩方石砌基包裙，矩形竖条窗，窗间墙设横条状装饰线条。建筑一层高6米，二层以上房间设地板，天花板有线饰。整体设计庄重沉稳、清新雅致。1952年12月该行加入公私合营银行青岛分行。该建筑现为中国银行青岛市分行营业处。

大陆银行青岛分行旧址

青岛市历史优秀建筑，位于中山路70号，坐落于中山路、肥城路拐角处，紧邻上海商业储蓄银行。由中国建筑师罗邦杰设计，新慎记营造厂施工建造，地上四层，地下一层，钢筋混凝土结构，占地面积733.33平方米，建筑面积2334.83平方米。建筑平面为“L”形，中轴线布局，平屋顶，花岗石贴墙面，花岗岩方石砌基。一层设宽大的高窗，券式大门位于道路转角正中，饰以墨色花岗石门套，转角顶部设折边平顶山墙，中部镌有几何图案。一、二层间外墙起带型条饰。二层以上墙面设竖长双窗。建筑格调简洁大方、典雅规整，为20世纪30年代流行的西式新型建筑。1952年12月该行加入公私合营银行青岛分行。后该建筑曾为山东省食品进出口青岛分公司、中国旅行社、山孚大酒店等单位使用，现为麦当劳快餐店。

交通银行青岛分行旧址

青岛市历史优秀建筑，位于中山路93号。由中国第一位留美归国建筑师庄俊设计，始建于1929年7月，1931年3月竣工，建筑占地1366.67平方米，建筑面积3814.76平方米，砖石钢筋混凝土结构，地上四层，地下一层，是仿罗马古典风格的近代银行建筑。立面为中轴式布局，墙身用花岗石贴砌。门前设三层高凹廊，4根高约11米的科林斯圆柱撑起凹廊上方横梁，横梁上外挑装饰繁复的檐口，两侧设竖纹平柱与邻墙结合。凹廊檐口上立4组双柱托起顶楼阳台横梁，横梁上部外突水平线饰檐口，檐口中部凸起卷纹山花。一、二层设大方窗或圆拱窗，三、四层为扁方窗，三层两侧窗台外挑雕饰精美的阳台板。底层主入口临街设置，沿八级台阶进入一层营业大厅，二层以上为办公用房。大厅高8米，面积约200平方米。建筑设计尺度和谐，整体造型华贵宏伟，是同时期青岛银行建筑精品之作。1954年并入人民银行和建设银行。该建筑现为中国建设银行青岛分行营业处。

金城银行青岛分行旧址

青岛市历史优秀建筑，位于河南路17号，河南路与肥城路交接处。中国建筑师陆谦受为主设计，施工图为梁华生设计，1935年9月17日竣工。钢筋混凝土结构，花岗岩方石基座，平面近“L”形。建筑占地802平方米，建筑面积2190.9平方米，地上三层，地下一层。立面花岗石贴面，一楼配以竖向条窗，墙面用水平凹缝装饰。二、三层窗间由平柱分割，转角立面由五根爱奥尼克式柱承托三层檐梁，檐顶砌筑三角形山花，顶部建有仿欧洲19世纪市政厅式钟楼，钟楼高12米，上设方体抹角露亭，覆盔帽圆顶。整体造型俊秀典雅，具有欧洲古典复兴式建筑风格。1952年12月该行加入公私合营银行青岛分行。该建筑现为市南区医院分院。

中国实业银行青岛分行旧址

青岛市历史优秀建筑，位于河南路13号。1933年5月12日奠基，1934年1月15日竣工。青岛联益建业华行建筑师许守忠设计，申泰营造厂施工。占地面积1837.33平方米，建筑面积3843.51平方米，钢筋混凝土结构，平屋顶，地上三层（1987年加盖一层），地下一层，花岗岩方石砌基。建筑平面为条式，南端呈弧状。建筑具有简约的西式古典建筑风格。1952年加入公私合营银行青岛分行。现为中国人民银行青岛市中心支行营业处。

青岛银行同业公会旧址

青岛市历史优秀建筑，位于河南路15号，与中国实业银行紧连。由中国建筑师徐尧定设计，华富恒记施工，1934年9月19日竣工。建筑平面为“一”字形布局，钢筋混凝土结构，占地面积457.33平方米，建筑面积1582.76平方米，地上四层。主入口面西，立面对称式设计，墙面开矩形窗，中间四扇窗，两侧各两扇窗，方形花岗岩贴砌墙基，楼内前后双廊道，一层铁窗棂铸有大篆“同业”字样。现为山东省服装进出口公司青岛分公司办公楼。

义聚合钱庄旧址

青岛市历史优秀建筑，位于中山路82号。建于1930年，地上三层，地下一层，折坡红瓦屋面，建有阁楼。占地面积866.67平方米，建筑面积约1000平方米。主立面东向，采用不完全对称设计，墙面花岗石贴饰，二、三层木窗周边镶石条，一层设竖长高窗，花岗岩粗石砌基。一层主入口门两旁设仿罗马石柱托起挑廊，大门上部墙面设计为外凸假山，山墙面两边镌竖条纹石饰，中间为圆拱窗，顶起弧状山墙。房间木板地，宽敞明亮。建筑为仿商业古典式，设计格调典雅端庄。1934年，该建筑被义聚合钱庄收购。1938年，大楼被伪中国联合准备银行占用。青岛解放后，该楼一度为山东省机械进出口公司，现为中信实业银行。

青岛市物品证券交易所旧址

青岛市历史优秀建筑，位于大沽路35号。建于1931—1933年，由建筑师刘铨法设计，建筑面积3062.97平方米。整体5层，局部6层，平屋顶，花岗岩粗石筑基。建筑平面结合周边道路布局呈东宽西窄的狭长矩形。主立面朝西，4条壁式平柱直通屋檐，一层至三层设开间通窗，三层以上设竖向通窗，窗户上下砌有线饰石檐、石台。建筑设计式样奇特、别具一格。青岛解放后该建筑曾为青岛市工业展览馆、青岛科学器材公司所用，现为汇丰大酒店。

谦祥益青岛分号旧址

青岛市历史优秀建筑，位于北京路9号，由王海澜设计，初建于1911年，门市平房5间。1922年原址改建为三层楼房，占地4394.02平方米，建筑面积1172.61平方米，砖混结构，地上三层，地下一层。南立面五开间，平拱檐中部起“山”字状硬山，立面二、三层各间以西式半圆壁柱分隔，墙面开联拱竖条窗。一楼各间由方柱分隔，临街门头字号由清朝翰林、法部侍郎王垿书写。整体设计采用中西结合方式，兼具中国古典建筑和19世纪欧洲建筑风格。

青岛总商会旧址

青岛市历史优秀建筑，位于中山路72号。建于1921年，占地约2000平方米，建筑面积约2899.57平方米（其中地下室913.56平方米），砖石木结构，地上二层，地下一层，坡屋顶，有阁楼，拉毛墙面，花岗岩蘑菇石砌基。平面为中轴“一”字形布局，正门东向。东立面左右各起绿色铜皮尖顶堡楼，堡楼底层出入口嵌圆拱花岗石门套。西立面置木敞廊。室内高大宽敞，设木扶梯，铺地板。青岛解放后，青岛总商会由青岛市工商业联合会筹委会接收。现为青岛市工商业联合会商务中心。

义聚合钱庄旧址

第四节 名人故居

康有为故居

青岛市历史优秀建筑。位于福山支路5号，建于1899年。原为德国胶澳总督副官、海军上尉弗莱海尔·利利恩可龙的住宅。1923年近代思想家康有为购为寓所，取名“天游园”，1927年病逝于此。占地4000余平方米，建筑面积1124平方米，为三层砖木结构楼房。面南主立面一层中部实墙外突，下设主入口，上部处理为半遮阴阳台。主入口两侧设木制敞廊，可观赏海景。西侧立面屋面起一山墙式阁楼，开有4个阁窗。1985年1月25日，列为市级文物保护单位。1987年建康有为故居纪念馆对外开放。1994年因年久失修房屋濒危关闭。2000年9月30日修复后重新开放。为山东省重点文物保护单位和山东省爱国主义教育基地。

沈从文故居

青岛市历史优秀建筑。位于福山路3号，建于1931年。为中西混合式建筑，地上二层，地下一层。占地面积1055.6平方米，建筑面积489平方米。初为私人住宅，1932年秋，著名作家巴金来青岛时在此小住。1931—1933年，著名文学家沈从文任国立青岛大学讲师时居住于此，其间著有《边城》《从文自传》《记丁玲》《月下小景》《八骏图》等。现为民宅。

梁实秋故居

位于鱼山路33号，建于1928年。中西混合式建筑，砖石结构，地上二层，地下一层。1930—1934年，著名翻译家、作家梁实秋任山东大学外文系主任时居住于此，其间翻译《莎士比亚全集》，出版《文艺批评集》等。

洪深故居

青岛市历史优秀建筑。位于福山路1号，建于1932年。占地面积1340平方米，建筑面积501.42平方米，二层楼房。初为英国人私宅。1934年，电影剧作家洪深任山东大学外文系主任时在此居住，其间创作中国第一部电影文学剧本《劫后桃花》。现为民宅。

闻一多故居

位于鱼山路5号、中国海洋大学鱼山路校区东北角。约建于1907年。建筑面积607平方米，砖石结构。1930—1932年，著名诗人、学者闻一多任国立青岛大学教授兼文学院院长时居住于此，其间著有《奇迹》等诗作。新中国成立后被命名为“一多楼”。1978年辟为“闻一多故居展室”。1984年在楼前树立闻一多半身大理石塑像，底座上刻有他的学生、著名诗人臧克家撰写的碑文。1985年被列为市级文物保护单位。

老舍故居

位于黄县路12号（原黄县路6号），建于20世纪20年代。建筑面积约400平方米，为砖石结构二层楼房。1934年8月至1937年，著名作家老舍受聘于山东大学中文系教授时居住于此，其间完成其代表作长篇小说《骆驼祥子》。1985年被列为市级文物保护单位。2010年辟为骆驼祥子博物馆。

王统照故居

位于观海二路49号。1926年，著名作家、教育家王统照来青岛建造住宅，共两幢17间，建筑面积216平方米。其间创作著名长篇小说《山雨》及《号声》《银龙集》等作品。

王献唐故居

位于观海二路13号甲。1923年，著名史学家、考古学家王献唐建此住宅，为中式简陋平房。

萧军、萧红、舒群故居

位于观象一路1号。1934年，著名作家萧军、萧红夫妇与舒群先后来到青岛同住此楼。萧军、萧红夫妇住楼上，舒群夫妇住楼下。在这里，萧红创作完成长篇小说《生死场》，萧军创作完成长篇小说《八月的乡村》。

宋春舫故居

位于福山支路6号。1928年，著名戏剧家宋春舫任观象台第一任海洋科科长（兼观象台图书馆馆长）期间，在该楼创办“褐木庐（取世界三大戏剧家高乃依、莫里哀、拉辛汉译名首字）戏剧专业图书馆”，有文学戏剧类藏书9000余册，是当时国内最大的戏剧专业图书馆。

冯沅君、陆侃如故居

位于鱼山路36号。1947年，现代作家、教育家冯沅君、陆侃如夫妇来青岛任山东大学中文系教授时居住于此。

刘知侠故居

位于金口二路42号。1986年，著名作家、青岛市文联名誉主席刘知侠居住于此，其间创作有长篇小说《沂蒙飞虎》、中篇纪实文学《芳林嫂》《我的童年》等作品。

杨振声故居

位于黄县路7号。1930年，著名作家、教育家杨振声任国立青岛大学第一任校长时居住于此。

华岗故居

位于龙口路40号。1951年至1955年，著名史学家、学者、教育家华岗任山东大学党委书记兼校长时居住于此，其间著有《中国大革命》等著作，创办《文史哲》杂志，担任社长。

毛汉礼故居

位于福山路36号。1954年，海洋学家毛汉礼任中国科学院海洋研究所副所长时在此居住。

赫崇本故居

位于鱼山路9号甲。1949年，物理海洋学家、教育学家赫崇本任国立山东大学教授时居住于此。

童第周故居

位于鱼山路36号。1934年至1937年，著名生物学家、胚胎学家童第周在青岛任国立山东大学生物系教授时居住于此。

束星北故居

位于鱼山路36号。1978年，海洋物理学家、教育家束星北在国家海洋局第一海洋研究所工作时居住于此。

朱树屏故居

位于金口二路13号。1951年，海洋生态学家、水产学家朱树屏在此居住。

张玺故居

位于莱阳路28号甲。1957年，中国贝类学家张玺任中国科学院海洋研究所所长时在此居住。

表3-1　　青岛市市南区名人故居情况一览表

（2012年）

序号	名　称	地　址	文保级别	人文身份	产权归属
1	康有为故居	福山支路5号	省级	思想家、书法家	市文物局
2	老舍故居	黄县路12号	市级	作家、学者	市南区政府
3	王统照故居	观海二路49号	市级	作家、学者	部分归市文物局、部分私有
4	闻一多故居	鱼山路5号海大校园内	市级	学者、诗人、民主战士	海大
5	梁实秋故居	鱼山路33号	市级	作家、学者、翻译家	市房产局、公房承租
6	杨振声故居	龙江路11号	无	学者、作家	个人

续表3-1

序号	名　称	地　址	文保级别	人文身份	产权归属
7	沈从文故居	福山路3号	市级	作家、学者	北航
8	洪深故居	福山路1号	市级	作家、导演、戏剧教育家	北航
9	萧红、萧军、舒群故居	观象一路1号	市级	作家	个人
10	王献唐故居	观海二路13号甲	市级	史学家、考古学家	个人
11	冯沅君、陆侃如故居	鱼山路36号	市级	学者、教育家	个人
12	华岗故居	龙口路40号	市级	学者、教育家	市科技局
13	刘知侠故居	金口二路42号	无	作家	个人
14	童第周故居	鱼山路36号	市级	生物学家、教育家	个人
15	束星北故居	鱼山路36号	市级	物理学家	个人
16	张玺故居	莱阳路28号甲	无	海洋动物学家	市交通委
17	赫崇本故居	鱼山路9号甲	市级	海洋物理学家	个人
18	朱树屏故居	金口二路13号	市级	水产学家	个人
19	毛汉礼故居	福山路36号	无	海洋物理学家	个人

第五节　其他优秀建筑

宁文元住宅旧址

青岛市历史优秀建筑，位于莱阳路5号。建于1931年，占地面积1681.5平方米，建筑面积693.6平方米，由中国建筑师王海澜设计。砖石木结构，地上二层，半地下一层，有阁楼，墙面开长方形木窗。建筑立面中轴线对称设计，两翼外突上起尖山。中部地下室露出地面直面临街大门。立面中部一、二层墙面内凹，下层主入口设两根圆石柱撑起上层半圆形露天阳台，两侧设12级弧形石阶由院内通向主入口门廊。初为私宅。青岛解放后，由青岛市机关事务管理局使用。

海滨生物研究所旧址

青岛市历史优秀建筑，位于莱阳路2号，建于1936年，是国内最早的海洋生物研究基地之一。占地面积195.04平方米，建筑面积399.67平方米，地上两层，高约11米，共11个房间。花岗岩砌基，墙身为水磨石勾缝，临街北大门由四根圆木柱挑起飞檐斗拱，梁架、斗拱由水泥浇注。二层檐角挂铜质风铃，歇山式屋顶，上覆黄色琉璃瓦。造型古朴典雅，具有浓郁的中国传统建筑风格。初称海滨生物研究所，1938年改称山东产业馆，抗战胜利后称市立博物馆山东产业部。1952年更名为青岛市人民博物馆。1955年与水族馆合并改称青岛海产博物馆。1988年在莱阳路北侧建淡水鱼馆、珍稀水生动物馆。

青岛市礼堂旧址

青岛市礼堂旧址

青岛市历史优秀建筑，位于兰山路2号。建于1934—1935年，占地2533.34平方米，建筑面积672平方米，高14米，由基泰工程公司建筑师郑德鹏设计，美化营造厂施工。主体为砖石钢筋混凝土结构，平面呈“凸”字形，轴线居中对称。南立面两侧为二层，中间为三层，一层中间设3个门口，由4个花岗岩壁柱分割，柱头镌有蝶形纹饰，外墙为剁斧石面，墙面开竖条窗。礼堂大厅设700个座位，地面为黑白相间的水磨石，厅顶雕有图案。青岛解放后曾为青岛市群众艺术馆，后为光大银行青岛分行办公楼。2006年改建为青岛音乐厅。

圣保罗教堂

青岛市历史优秀建筑，位于观象二路1号。1938年由鲁东信义会购地兴建，俄国建筑师尤立甫设计，1940年落成，占地2225.34平方米，建筑面积1259.77平方米。建筑设计线条流畅、庄重大方，富有欧美乡村建筑风格。建筑主体由教堂、钟楼和教会楼三部分组成。教堂大厅高10米，建筑面积200余平方米，东、西、北三面山墙各外突一个圆顶半圆形墙体。方体钟楼为四层，高24米，内有电控大钟。1958年设为青岛市基督教联合聚会点。

圣保罗教堂

日本中学校旧址

青岛市历史优秀建筑，位于鱼山路5号，原为清兵广武中营旧址。日本人三上贞设计，公和兴营造厂建造，1920年建成。建筑平面呈“山”字形，砖木钢筋混凝土结构，主体二层，上覆四面坡红瓦顶。立面中轴对称式设计，中部和两侧略凸。立面中部三大开间高起呈山墙形，中开三个圆拱券窗，两边各开竖窗，门窗采用花岗石镶砌，墙面由乱石嵌饰或波纹抹面雕饰，中部屋顶耸立方体平顶塔楼，楼内采用单面内廊连通各房间。抗战胜利后，该楼为国立山东大学校舍。1959年为山东海洋学院校舍。现为中国海洋大学入口主楼。

亚细亚饭店旧址

青岛市历史优秀建筑，位于汇泉路7号。建于1936年，由明华商业储蓄银行青岛分行利用储户存款和美国亚德姆斯资美洋行合资兴建，初称亚细亚饭店，是中国人在青岛开设的首家西餐馆。青岛解放后为中国人民解放军海军招待所，现称东海饭店。上海新瑞和洋行（英）设计，上海锦生记营造厂施工，占地面积6612.03平方米，建筑面积12655.5平方米，主体六层，局部七层，钢筋混凝土结构，是当时中国北方最大、最完备的假日型饭店，也是外国人在青岛设计最早的具有现代风格的大型公共建筑。建筑平面呈扇形，外墙为淡蓝色，花岗石基础。主入口设在东北转角处，由两根高6米的石柱撑起门廊挑台，三层以上墙体后移成折页式椭圆平顶堡楼。饭店海滨建有海水浴场，备有更衣室、划艇等。大楼与周边山海环境融为一体，成为青岛沿海一线著名景点。

两湖会馆旧址

青岛市历史优秀建筑，位于大学路54号。建于1933年，占地2993.34平方米，建筑面积777.19平方米。砖石结构，地上二层，总高10.2米，共有房屋18间。平面“T”形对称式布局，主立面中间外凸上起硬山，二层开圆拱大窗，一层入口门楣挂“楚天在望”匾额。顶部四周建城堞式女儿墙，花岗岩乱石砌筑墙基。两湖会馆由在青岛的湖南、湖北两省各界人士筹资修建。该建筑现为大学路小学。

第六节　中国历史文化名街

八大关历史文化名街

八大关街区建设始于20世纪20年代末。1929年，青岛市政府将荣成路、黄海路，汇泉路围成的区域作为青岛特别建筑地，规划设计10条道路。1931年建成山海关路。是年7月，市政当局决定修筑荣成路东特别规定建筑地涛雒路、青口路、荣成路南段、临沂一路、临沂二路、临沂三路、靖海路及原有荣成路与靖海路接头处靠北一小段8条道路路基（1932年除荣成路外，其余道路改以关隘命名）。同年8月，青岛市购办委员会举行路基修建招标会，由水利工号竞标成功，1932年9月工程竣工。至20世纪30年代末，区域内的道路俱已开辟，形成自南向北“七横”，自西向东“三纵”的道路网络。

三条纵向道路为韶关路、宁武关路、紫荆关路。韶关路以广东省北部重镇韶关为名，北起今香港西路，南至八大关小礼堂，全长约600米；宁武关路以山西省宁武县境内明代所设的宁武关为名，北起今香港西路，南至山海关路，全长约600米；紫荆关路以河北省易县西部汉代所设的紫荆关为名，北起今香港西路，南至今黄海路，全长约550米。

七条横向道路为山海关路、居庸关路、临淮关路、正阳关路、函谷关路、嘉峪关路、武胜关路。山海关路以河北省秦皇岛山海关为名，东起今汇泉路，西至今黄海路，全长约800米。居庸关路以北京八达岭长城以南的居庸关为名，东起今黄海路，西至八大关小礼堂，全长约500米。临淮关路以安徽凤阳临淮关为名，东起今黄海路，西至居庸关路，全长约400米。正阳关路以安徽省西部寿县正阳关为名，全长约900米。函谷关路以河南省灵宝县北部函谷关为名，东起紫荆关路，西至韶关路，全长约600米。嘉峪关路以甘肃省酒泉嘉峪关为名，东起今香港西路，西至韶关路，全长约600米。武胜关路以河南省信阳与湖北交界处的武胜关为名，东起今香港西路，西至今天泰体育场，全长约700米。

1934年，山海关路海滨公园建成，公园位于山海关路之南，与浴场相毗连。此后，八大关纵横交错的道路之间，顺应地势开辟多处大小不一的公共园林，形成一种自由的环境空间，产生峰回路转、曲径通幽的效果，奠定了“海上花园”的基调。青岛解放后，在八大关景区建筑周围辟建小公园和公共绿地，对庭院绿化进行改造。60年代起，以观赏性强的树种替代一般性树种，使八大关每条道路都有各具特色的行道树：韶关路的碧桃、宁武关路的海棠、正阳关路的紫薇、山海关路的法国梧桐、居庸关路的银杏、嘉峪关路的五角枫、紫荆关路的雪松、临淮关路的龙柏等。区内还建有牡丹园、芍药园、玉兰园、樱花园等各种花卉园和雪松、水杉、杜仲、麻栎等特色林地。每年，随着春夏秋冬四季的变化，各条道路掩映在鲜花绿树之中，展现着不同的景色。

八大关街区内有众多欧式风格的历史建筑320余栋，集俄式、英式、法式、德式、美式、日式、丹麦式等20多个国家建筑风格，总建筑面积145368平方米，具有较高的历史、艺术和科学价值。2002年，按照“修旧如旧、文物保护、环境配套、提升综合功能”的原则，实施房屋修复工程，使历史建筑得到有效保护。2005年10月，八大关风景区被中国科学院《国家地理》杂志评定为中国最美五大城区之一。2009年6月，经文化部、国家文物局批准，在由《中国文化报》、中华文化促进会、中国文物报社主办的首届中国历史文化名街推介活动评选中，青岛八大关入选，成为全国10个历史文化名街之一。

小鱼山历史文化名街

小鱼山文化名人街区得名于小鱼山。北起福山路北端，南接海岸线，东及栖霞路，西至黄县路，主要由环绕小鱼山的福山路、鱼山路、大学路和莱阳路4条街道及其周边街巷构成，包括黄县路、观象一路、观象二路、福山支路、金口二路等数条街巷，面积约65公顷。现有康有为、闻一多、梁实秋、杨振声、沈从文、洪深、老舍、赵太侔、童第周等文化名人故居30余处，全国重点文物保护单位4处，省、市级文保单位12处，优秀历史建筑89处，历史建筑200余处。街区保护基础良好，文化景观密集，发育较为成熟。小鱼山文化名人街区位于青岛历史文化名城的中心地带，历史上，由于大批文化名人在此寓居，使之成为近代青岛的文化发祥地，因此而生成了一种博大、深邃的人文景观。小鱼山文化名人街区，是国立青岛大学和国立山东大学数任校长杨振声、赵太侔、华岗的故居地，见证了青岛现代高等教育的发展进程，开启了中国海洋教育与科学研究的恢宏篇章。作为中国现代海洋科学的发祥地，小鱼山文化名人街区，是张玺、朱树屏、赫崇本、束星北、毛汉礼等海洋科学家的故居地，经历了从20世纪30年代初至今90多年的历史传承，这里已发展成为中国海洋科研与教育的中心，昭显着青岛海洋科学家在开创中国海洋科学研究事业中取得的重要研究成果及重大历史贡献。小鱼山文化名人街区也是建筑艺术的宝库，中西合璧，风格各异，分布着大量建于第一次世界大战以前的欧式住宅，如总督副官官邸、胶海关税务司阿里文旧宅等，20世纪二三十年代营造的法国领事馆旧址、宁文元别墅等皆以欧陆风情为依托，构成建筑文化多样性的历史图景，成为欧亚建筑文化的交汇地。2012年6月，在第四届中国历史文化名街评选中，小鱼山以丰富的历史要素、鲜明的文化特色、良好的保存状态、突出的经济文化活力、广泛的社会知名度、科学的保护与管理成功入选，是继八大关当选首届“中国历史文化名街”之后，青岛市第二条获此殊荣的街区。市南区由此成为全国唯一一个拥有两条中国历史文化名街的城区。

第四篇

城市建设与管理

第一章　城市规划

清末胶澳设防前，青岛口一带尚未形成市镇。胶澳设防后，建造了一系列防务工程，青岛口一带近代商业始具一定规模，但迄未进行市镇建设规划。1898年，德国胶澳总督府编制《拟建新城市的开发规划图》，对今市南区地域的大鲍岛等地开发作出规划预案。1900年正式公布实施首个《青岛城市规划》，租借地内界今市南区地域规划为青岛区（今市南区西部）、大鲍岛区、小泥洼区和会前区。规划在青岛区布置了胶澳行政中心（今观海山南麓）、经济贸易商业中心（今广西路西段、太平路、青岛路和中山路南段）、花园住宅区（今观海山以东沂水路、江苏路一带）和别墅区（今莱阳路、鱼山路以东至中山公园），大鲍岛区（今德县路、保定路以北至大窑沟以南区域）为港埠区与中国商民商住区，小泥洼区（今四川路、西藏路一带）为贫民集中居住区，会前区（今青岛山东南至八大关之间区域）为旅游区与军事驻防区。这一规划布局，确立了今市南区西部作为青岛市的行政中心、商业中心和旅游中心的地位。这一时期，依托辖区多元化的地貌特征，采用了自由曲线型、棋盘型、放射型、环岛型等形式进行道路规划设计，形成了山地道路、别墅道路独特的道路风格，造就了道路与建筑物和自然景观之间的“对景”。其间，城市规划由德国胶澳总督府民政部第二工部局承担，实行统一集中管理，各区不设立分支机构或业务对口管理机构。

1914年日本取代德国占领青岛之后，尤重市面商贸之扩充和日本工厂之筹办，未编制城市规划。这一时期，随着市街规模扩大，城市实际发展突破了世纪初的规划框架。1922年中国收回青岛后，无力城市建设规模投资，其市政建设主要集中于台西一带的道路建设。

20世纪30年代中期，《青岛市实行都市计

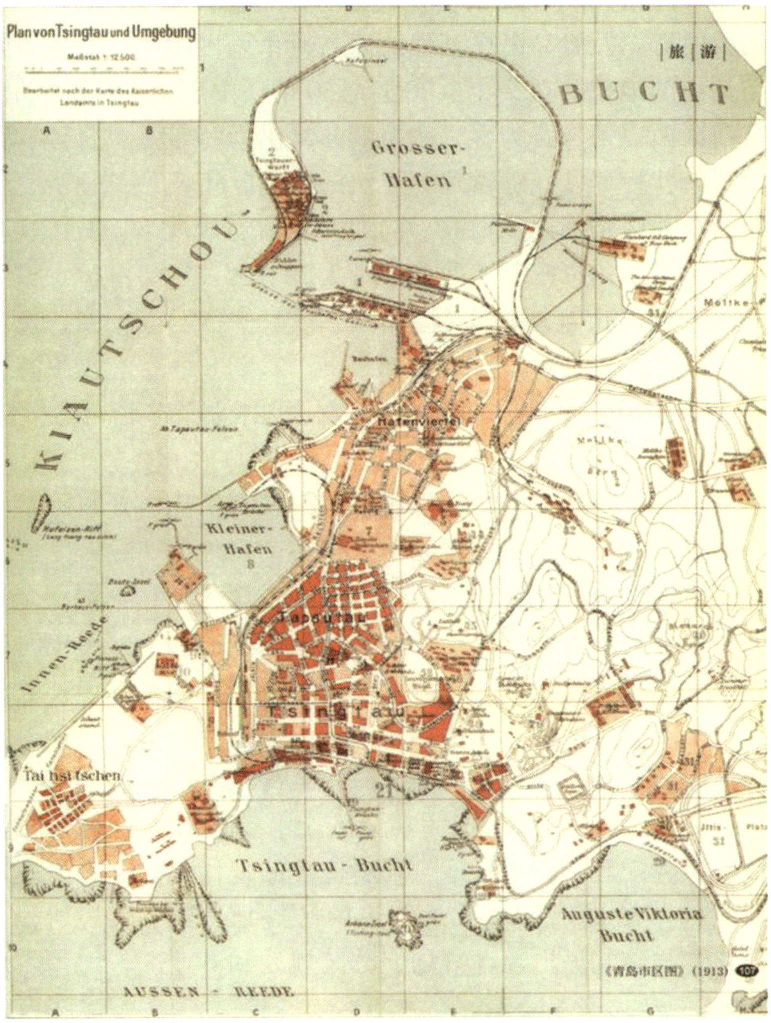

1913年绘制的青岛《规划图》，今市南区老城区已出现最早的轮廓

划方案初稿》出台，今市南区地域之东部括入规划范围，规划范围向东扩至辛家庄、麦岛一带。城市新的住宅区向东开辟至湛山浮山所一带和荣成路东一带，向北开辟至齐东路、莱芜路，向西开辟至台西镇，今市南区地域的宜居规划空间形成既具南北纵深又拥有东西跨度的狭长海岸地带。其中荣成路以东设为特别区域，用以建筑别墅或私人庭园式住宅，即后之“八大关”特别规划区。在都市计划的交通设计方面，提出在浮山所一带采用细胞式结构，形成独立的组团。

20世纪50年代初，市南区作为全市中心区域划入城市5大组团之一“市中区”，规划市中区为青岛市文化行政、经济贸易中心。随着中国人民海军及青岛海军基地的建立，市南区国防基地的地位日益突出。20世纪50年代中期，市南区西以荣成路为界，东至燕儿岛沿海一带形成带状疗养区，随着疗养建筑的兴建，市南区的疗养区功能逐步奠立。同期的全市远景规划确定汇泉角以东至燕儿岛一带为旅游区。这一时期的城市规划仍实行全市集中统一管理，各区不设规划业务管理机构。

“文化大革命”时期，城市规划废弛，城市区际功能混乱无序，严重失调。

中共十一届三中全会以后，城市规划工作全面恢复。在全市总体规划中，今市南区地域划入市区3个组团之一“南组团”，以发展风景旅游和港口为主，东部建设科研、高教区。随着城市化进程加快，对原规划进行补充、调整，中心城区新增东组团和西组团，包括今市南区东部的东组团是青岛市未来发展的新城区，到20世纪末发展成为功能齐全、交通便捷、服务配套、生活舒适、环境优美的现代化新城区。20世纪80年代中期市南区规划处组建，参与编制城市总体规划、分区规划和专业规划。

1992年邓小平视察南方发表重要讲话以后，市南区东部成为全市实施行政中心战略东移的热点。在新一轮城市规划中，包括市南区在内的城市主城中心，其主体功能为全市行政、文化、科教、旅游、居住中心；信息业、金融业、现代服务业集聚中心和高科技产业区。20世纪90年代后，伴随辖区东部大开发的进程，围绕构建现代化城市交通网络进行道路规划。20世纪末，规划权、土地管理权上收到市，市南区规划处更名为青岛市规划局市南分局。进入21世纪，围绕构建快速、立体道路交通体系进行辖区新一轮道路交通规划。2002年，编制青岛市市南区分区规划（1998—2010年），其总体规划布局由相对独立完整且有机联系的六个功能片区和一条滨海风景旅游带构成。首个土地利用规划和东、中片区控制性规划也于同年完成。“十一五”时期，进一步调整分区功能布局，细化各功能区分工，形成更加合理、完善的区域功能布局框架。2012年，进一步完善东部现代商务核心区功能；发掘中部城区历史文化资源，统筹推进风貌建筑的保护、开发与利用；加快西部城区开发建设进度，发展总部经济、国际金融、航运物流、特色旅游、精品消费等服务产业。

第一节　总体布局规划

自20世纪初始，历任市政机构进行城市规划，今市南地域均作为全市规划重点，在各个历史时期的城市组团中均处于重要地位，奠立了其政治、经济、文化、商贸的中心地位。期间今市南地域仅作为全市规划的一个区片，规划事宜统归市管，既未设立区级规划专门机构，也未进行分区总体规划。直至2002年，青岛市规划局设立市南分局，始编制第一个分区规划。“十一五”时期，进一步调整充实分区规划，在六区一带的规划基础上，形成以四个功能区为主体的区域功能布局框架。

六区一带布局规划

依据新一轮青岛城市总体规划和2002年编

制的市南区分区规划（1998—2010年）的要求，按照优化用地资源配置、优化产业与居住布局、创造最佳区位价值、提高城市环境质量的原则，市南区总体规划布局由相对独立完整且有机联系的六个功能片区和一条滨海风景旅游带构成。

西部居住综合区　即青岛火车站以西的区域，用地面积330.8公顷。该片区以居住为主要功能，其中八大峡街道人口密度较低，居住环境较好，是市南区西部中、高档住宅区。云南路一带的旧居住区更新改造，应按规划集中成片有计划、有重点地逐步进行，合理布局、有机组织、重点改善居住环境，增加公共绿地，完善各类配套设施，缓解人口、建筑、交通过度拥挤的状况。规划云南路为该片区商业街，四川路以西仍为工业、仓储用地区，瞿塘峡路东段为外贸商检集中办公区。

中山路市级商贸区　这一区间包括中山路及两侧路段，总面积56公顷。中山路商贸中心区建设要坚持“大中型、综合性、多功能、现代化”的原则，通过渐进式、保护性的更新、完善与改造恢复城市活力，建成最具地方风貌特色，融购物、观光、旅游、文化功能为一体的现代化商贸旅游综合区。严格按国家技术规范配置停车空间，解决好城市交通，适当增加城市游憩活动空间。

历史风貌综合居住区　位于青岛火车站以东、八大关以西的区域，包括中山路街道、江苏路街道所辖区域，用地面积为329.2公顷。原为市中心区，其建设年代久远，建筑质量较高，存留了大量独具风格的名优建筑，青岛市历史文化名城保护体系所确定的“一城、九区、八十八个点”中的主体部分位于该片区范围内，应严格按照《青岛市城市风貌保护管理办法》进行规划管理。

八大关别墅区　这一区间包括中山公园及八大关休疗养别墅区，主要为八大关街道所辖区域，用地总面积为506.9公顷，是青岛市最具特色的别墅区。严格按照《青岛市城市风貌保护管理办法》进行管理，在现有基础上加强区域美化、绿化。

主城中心商务区　即以青岛市人民政府行政办公区为轴心，山东路、香港路为轴线所形成的区域，土地面积为150公顷。该片区规划以香港中路为轴线，南至东海路、北至闽江路、东至泉州路、西至山东路，包括东泰佳世客、国际商业城等大型购物中心，建成集购物、金融、文化、娱乐、商务、旅游为一体的与国内外大型购物中心相媲美的现代化市级商务商贸区（CBD），形成以行政办公、商务商贸、金融信息为主的市级城市主中心。

东部居住、休疗养综合区　这一区间包括延安三路以东的区域，包括湛山街道、香港中路街道、八大湖街道、金门路街道、珠海路街道所辖区域，面积为1475.8公顷。人口密度适中，多为新建小区，居住环境较好，配套设施齐全，有众多休疗养院位于该区南部。主体功能为居住、休疗养用地。

滨海风景旅游带　位于市区南部滨海地带，自西向东包括团岛湾、青岛湾、汇泉湾、太平湾、浮山湾等景区，土地总面积为136.1公顷，该片区岸线蜿蜒曲折、湾岬相间、自然风光优美，是前海风景区主体，规划该片区以海滨观光、海上运动以及滨海旅游服务为主，使其在保护自然资源的基础上，建设成为现代化的旅游风景区，沿海滨建设的步行系统将各景点建成连续的城市公共空间，成为现代化的旅游风景区。

四个功能区规划

“十一五”时期，市南区综合考虑功能定位、发展战略、区位条件、发展现状等要素，进一步调整分区功能布局，把全区分为东部（太平角六路以东区域）、中部（太平角六路以西、河南路以东区域）、西部（河南路以西区域）和海滨一线四个功能区。进一步细化各功能区分工，优化空间布局，确定不同工作措施，形成区域一体、各具特色、优势互补、协调发展的功能布局框架。

东部城区

东部城区　该区域是发展现代服务业、软件信息业和品牌商业的核心区域，也是青岛市中高档住宅小区集中区域。香港中路、山东路等干道沿线区域，加快高档商务楼宇建设，聚集以金融和总部企业为主的现代服务业企业；软件产业基地一期、二期区域，加快园区基础设施建设，搭建公共服务平台，聚集软件信息企业；以区域内大卖场和闽江路商业特色街区为载体，聚集时尚品牌店、专卖店，建设市级商业中心。增加学校、医院等公共服务设施，增强新建小区综合服务功能，完善市政基础设施。

中部城区　该区域是发展旅游业、休闲商业的重要区域，也是传统的居住区。重点发展中山路商贸购物、汇泉文化体育休闲、八大关都市度假、小鱼山文化名人故居、太平山园林游憩和欧陆风情文化休闲旅游六个功能模块，在延续历史文脉和加强生态保护的前提下，实施保护基础上的开发利用，整合资源，挖掘潜力，发挥旅游度假和人文休闲功能。加快修缮改造危陋破旧住房，大力增加供热、供气等基础设施，改善居民居住条件。

西部城区　该区域是发展现代服务业的次中心区域，也是青岛市未来中高档居住小区集中区域。云南路片区，加快危旧房改造，建设商住小区；八大峡、火车站周边区域，加快商务楼宇建设，聚集航运服务、贸易物流等现代服务业；加快商业网点建设，促进餐饮购物、休闲娱乐等商业服务业发展，建设区域商业中心。增加学前教育、养老机构等公共服务设施，完善供热、供气等市政设施。

海滨一线　该区域是旅游休闲的主要区域。重点发展海滨风景观光游览、八大峡海上旅游、莱阳路海洋科普主题旅游、青岛国际帆船中心、银海游艇俱乐部码头五个功能模块，加大自然风貌特色保护力度，完善旅游基础设施和休闲服务功能；加快调整西部海岸线功能，美化西部海滨。

第二节　土地利用规划

2002年以前，市南区一直未独立编制辖内土地利用规划。2002年，市南区首次编制区域总体规划时，一并编制首个土地利用专项规划。市南区土地利用规划，按照优化用地资源配置、优化产业与居住布局的原则，由功能定位准确、结构层次分明的9类用地构成。其中，居住用地、公共设施用地、道路广场用地、绿地构成土地利用规划的主体，随着产业结构的调整，部分工业用地转化为商住用地，部分沿海特殊用地将开发为滨海绿地。立足区域整体规划和未来发展，还规划了仓储用地、对外交通用地、市政公用设施用地和特殊用地。

居住用地

市南区居住用地为861.9公顷，约占城市现状用地的29.03%。其中一类居住用地为45.45公顷，分布于滨海地带八大峡、八大关及东部沿海地区。该区建筑密度低，环境优美；二类居住用地为545.38公顷，分布于中部城市历史风貌保护区和东部新建小区。该区人口密度适中，市政设施齐全，居住环境较好；三类居住用地为106.98公顷，分布于西部居住区和中部局部地段。该区工商业用地混杂，人口密度较大，环境质量较差；四类居住用地为164.09公顷，分布于东部新城区被城市包围的村庄建设用地。该区市政基础设施不足，环境卫生和治安状况较差，是急需改造的居住用地。至2010年市南区规划居住用地面积为988.47公顷，比现状居住用地增加126.57公顷。规划居住用地开发建设分为三部分：一是新区建设，主要分布于东部片区，是新建大型综合居住区的重点地区；二是旧城改造，主要是分布于老城区的三、四类居住用地的改造更新；三是其他性质用地改为居住用地，如部分工业用地、休疗养用地等转为居住用地。

公共设施用地

区内的公共设施用地，主要包括行政办公用地、商业金融业用地、文化娱乐用地、体育用地、医疗卫生用地、教育科研设计用地和文化古迹用地。至2010年，行政办公用地规划用地面积为149.43公顷。规划市级行政中心在"城市主中心"内完善建设，以政府行政办公区为轴心，以山东路和香港路为轴线形成的1.5平方千米的中心商务商贸区。规划区级行政中心位于香港路与徐州路交口西北角。规划在瞿塘峡路东段形成以外贸商检为主的办公区。商业金融业用地规划用地面积223.74公顷。包括西部商贸区、东部城市主中心商贸区区级商业中心和社区级商业服务网点。按照国家居住区规划建设的技术要求和规范配置规划用地。文化娱乐用地规划用地面积为56.06公顷。以海军博物馆、水族馆、海底世界、海产博物馆形成海洋文化博览区；结合居住区建设配置社区文化俱乐部、图书馆、老年和少儿活动中心，多功能剧院，促进多层次、多形式的群众性文化活动的开展。体育用地按照《居住区公共建筑定额指标》和《城市居住区规划设计规范》，全面规划、统一安排社区级体育设施，规划建设好居民日常体育和健身活动场地。医疗卫生用地规划用地面积162.84公顷，完善配套建设社区级医疗、防疫、保健中心。全区现状教育科研设计用地为189.19公顷。由中国海洋大学、海军潜艇学院、远洋船员学院及青岛社会科学院、中科院海洋研究所、国家海洋局第一海洋研究所、黄海水产研究所等高等院校科研单位组成。全区文物古迹用地面积现状为1.07公顷。规划文物古迹用地面积为1.24公顷。严加保护由"一城、九区、八十八个点和文化遗产、文物古迹"组成的历史文化名城保护体系。

绿地

规划绿地面积为614.88公顷，占总用地的20.71%，人均绿地面积为13.37平方米。规划包括：将中山公园、植物园、动物园、榉林公园、青岛山公园、百花苑、汇泉广场建设成高标准的青岛太平山中央公园；改造信号山、观海山、观象山现有山头公园，避免山头绿地被建筑包围；开发团岛角、小青岛、汇泉角、太平角，使南部海滨游览道相通；建设团岛湾、麦岛湾、汇泉湾、浮山湾海上旅游码头；建设团岛湾景区、麦岛湾景区、汇泉湾景区、太平湾景区；加强道路绿化带建设，新建居住区的绿地率不低于35%，旧区改造绿地率不低于30%。

表4-1 市南区土地利用规划统计表

（2002年）

用地项目	面积（公顷）	占总用地(%)	人均用地（平方米）	占公共设施用地(%)	附注
居住	988.47	33.29	21.49	—	居住现状用地为861.9公顷
行政办公	149.43	5.03	3.25	18.7	区级行政中心位于香港路与徐州路交叉处西北角
商业金融	223.74	7.54	4.86	27.97	—
文化娱乐	56.06	1.89	1.22	7	在天山小区北部新建老年人活动中心1处
医疗卫生	162.84	5.48	3.54	20.36	配套建设社区级医疗、防疫、保健中心
教育科研设计	189.19	6.37	4.65	24.6	面积数为现状用地数
文物古迹	1.24	0.06	3.25	—	文物古迹用地禁止单位、个人挪用、占用
工业	61.23	2.06	1.33	—	部分工业用地将调整为商住用地
仓储	16.32	0.55	0.35	—	保留现有仓储用地
对外交通	17.22	0.58	0.37	—	保留现有对外交通用地
道路广场	347.67	11.71	7.56	—	—
市政公用设施	63.83	2.15	1.39	—	—
绿地	614.88	20.71	13.37	—	新建居住区绿地率不低于35%
特殊用地	60.27	2.03	1.31	—	部分沿海用地将开发为滨海绿地
合计	2969.00	100.00	—	—	—

第三节 道路规划

辖内的道路，从原始、自然形态的乡村古道演变而来。19世纪末起，依据城市规划布局和自然地理特点，在城市道路形态的处理上，主要采用了自由曲线型、棋盘型、放射型、环岛型等形式进行规划设计。其山地道路处理、别墅道路处理尤其是道路与建筑物和自然景观之间的“对景”处理，造就了独具特色的城市道路风貌。今市南区地域，因其多元化的地貌特征，成为表现多样化道路设计理念的最具代表性也最为集中的城市单元。从青岛建置开始至今，经过百余年的规划与建设，形成了纵横交错、便捷通畅、布局合理的道路交通网络，具有独特的城市道路风格。

道路形态设计

市南区地域属滨海丘陵地貌，三面临海，

山势突兀，境内多坡麓沟谷，地形地貌丰富多姿。根据这一地貌特征，市南区的道路形态处理，一是采取自由曲线型规划设计，道路走向、坡度随地形而变化，高低曲直顺其自然。自由曲线型道路形态设计，多用于沿海和环山道路，沿海道路太平路、莱阳路、文登路、南海路、汇泉路等大多依据滨海岸线的自然形态设置而成。区内山头众多，起伏有致，观海山、观象山的环山道路及其周边道路，大多依山势坡度、自然走向规划建设。二是采取棋盘型（亦称方格系统）规划设计，这种道路形态设计，主要适用于地貌相对单一，人口密度较大的商住区。大鲍岛区为中国人集中的商住区，台西镇为中国人贫民聚居区，其道路形态设计多采取这种形式。三是采取放射型道路形态设计。这种道路形态设计，适用于空间开阔的道路设计，在道路整体规划上，以广场式的街心作放射源，向周边放射。青岛路、沂水路、明水路、德县路、湖北路交会于市政广场，以胶澳总督府为中心向四周放射。济南路、北京路、天津路、大沽路、肥城路、泰安路6条道路相交于一个街心花坛向四周放射。此外，龙口路、鱼山路、大学路、广西路、金口路以青岛村（现人民会堂）为中心，筑成放射性道路网。四是采取环岛型道路形态设计。顾名思义，这种道路形态设计主要应用于陆连岛、海角、海岬道路设计，一些交叉路口和立交桥多向交汇圆心也借鉴这种设计形式。市南区南部滨海地带，海湾相连，海角、海岬错落其中，为保持海岸线的地理纹脉，通向团岛、燕儿岛、小青岛的道路和连接太平角、汇泉角的道路等，均按其自然走向进行迂回式道路规划，使道路通向各个路连岛、海角、海岬及每一个角落。

山地道路规划

区内道路多在滨海丘陵地貌上规划建设，分别按山顶道路、山坡道路、山沟道路3种方法处理。观海山、观象山、太平山的山顶道路多为回环式设计，全方位地敞开视觉。山坡道路则依山取势，或如苏州路至胶东路的山坡道路（俗称“波罗油子”）盘绕迂回，“之”字形攀升，或如江苏路至莱芜路的山坡道路，一坡到底，缓冉上行。山沟道路侧重与山坡道路的照应关系，并与支干道路相吻接。由于3种道路固有的地理联系，其处理方法既有单一式形态处理，也有交叉式形态处理，更加显示出山地道路的多样性，高度不一，错落有致，尽显城市红瓦、绿树、蓝天的建筑美感。为了防止车辆下行速度过快，在江苏路、上海路、热河路、胶州路交叉处等交通要道交叉点，设有缓冲地带。在德县路、费县路、云南路、鱼山路等陡坡高点处设立街心花坛和三角地，作为路口交汇的缓冲地带。为保护路基路面完好，防止山洪冲毁，在超过15%的斜坡上，采用不同石料铺装，大坡度的曲阜路、黄县路、肥城路、德县路、保定路等采用小方石铺装，黄岛路至平原路的坡道采用长方形剁斧石板铺砌，石砌坡道历经世纪风雨，至今仍完好如初。

别墅区道路规划

太平角、汇泉角、莱阳路、金口路等别墅区建于南部海滨地带，其沿海岸道路均按照自由曲线型或面海环岛型设计。别墅区内，则构建干支结合的道路体系，形成主干道路统领下的单向或双向放射型道路布局，一方面通过干线道路保持与外缘周边的道路连接，一方面不因干线道路重叠过多而导致别墅区环境质量下降。八大关别墅区内，以正阳关路为主干道路横贯东西， 通接南北向的其他支线道路，整个道路布局布列有序，经纬分明。各种建筑风格的别墅，随地势起伏，因势谋景，造型各异，形成独特的景观风貌。汇泉角别墅区，以汇泉路、南海路为贯线引领区域内其他支线道路，既凸显环岛型道路设计营造的“曲径通幽”之韵致，又保持了与汇泉湾景区各元素之间的有机链接。莱阳路、金口路别墅区的道路处理，属于单向式干支道路设计类型，别墅区以莱阳路、金口路为干线道路，与区域内其他支线道路纵横交叉，并通过与广西路、太平路等干线道路的沟通，和江苏路、沂水路一带别墅区达到空间的融合和风格的趋同。

道路对景设计

城市建筑美学在道路规划设计上的应用，使产生于20世纪之交的城市道路呈现街道与建筑物之间的“对景”效果（“对景”，即在道路转折处设置重点建筑物作为对应景观，或在道路的起止点对应山头或海中景物，由此形成的对景，在市南区街道中随处可见。），道路对景处理成为青岛市街的显著个性之一，这一个性表现以市南区南部滨海道路最为典型，也最为集中。

中山路南段与青岛栈桥呼应，青岛栈桥又与小青岛隔海相望，构成了享誉中外的青岛湾景区。高大、匀称的总督府建筑所对应的市街有青岛路、太平路、广西路和德县路。位于信号山麓的基督教福音堂，地处沂水路、江苏路、平原路、龙口路的交汇处，同时也是这几条道路的对景式建筑。拉丁十字式的圣弥厄尔教堂建筑景观，因位于山坡台地上，加以建筑本身的高度，周边的许多道路以它为对景，近有浙江路、德县路和曲阜路，远有中山路、太平路和河南路。其他如火车站、胶澳警察厅、总督官邸等城市主要建筑，其建筑选点、建筑造型均体现了对景处理的风格和特色。

现代城市道路规划

青岛解放后，市南区西部老城区保留了原有的城市道路规划布局，始于20世纪之交的传统道路形态规划设计理念和方法得以传承，道路规划建设与自然形态相融相谐的城市道路脉络得以延续。并结合旧城改造，进行了拓宽改造，提高了道路等级，改善了交通路况。20世纪80年代后，新建道路多为三块板型，中央是车行道，两侧是非机动车道，最外侧是人行道，车行道与非机动车道路之间设分隔带，道路坡度一般在5%以下。20世纪90年代后，市区东部大开发，新建道路宽敞、平坦，形成了布局合理、便捷通畅的城市交通网络。随着城市空间向东扩展，以“四纵（香港路、东海路、宁夏路、江西路）三横（南京路、山东路、福州路）”为主干的道路交通主体框架逐步形成。依托主干道路，次干道路和支线道路的分布愈加细密，呈现细胞式的干支组团格局。进入21世纪，贯通市南区东西部的道路交通实现了立体化，以高架路、立交桥和地面快速路为主体，构建起快速、立体道路交通体系，彰显出国际化城市的现代城市交通风貌。

第四节　东片区控制性规划

区域概况

东片区位于“东部居住、休疗养综合片区”的东半部，背靠浮山，西起福州路，东临青岛大学、大麦岛，南濒浮山湾。南北长约3.5千米，东西宽约1.5千米，面积524.34公顷，属人口高密度区和“老年型社区”。区内及周边有大量城市主次干道穿过，交通比较便利。区内已形成较完善的输配水管网系统和燃气工程设施。

区域规划

规划区内居住、商住及办公住宅用地占总建设用地一半以上。住宅总建筑面积（含在建住宅）占规划区总建筑面积的83.87%。随着经济体制改革的深化，其休疗养功能淡化，逐步向现代旅游功能转化，发展以餐饮住宿、会议接待、旅游服务为主的现代服务业。规划区紧邻以青岛大学为主的高教园区和市南软件园。故规划区功能定位为市南区东部综合居住和高科技研发区，辅以休疗养及旅游服务功能，其主体功能为居住。

区域规划的功能结构，概括为“山海之间，一心两翼，六轴八片”。“山”即规划区域背景的浮山。“海”即浮山湾。“一心”即市南区信息产业及高科技研发办公中心。“两翼”指其他功能片区围绕核心呈南北两翼布局。“六轴”即六条特色道路轴线：东海路观光旅游轴、香港中路旅游服务轴、江西路精品专卖轴、宁夏路科技服务轴、福州路商务办公轴和银川西路汽车销售服务轴。“八片”：隆德路、台南路、辛家庄、天山小区、逍遥花园5个居住片区和市南软件园信息产业区、市南软件园信息产业区二期与休疗养及旅游服务片区3个功能片区。

规划区内人口密度为2.7万人/平方千米，成为人口高密度区，规划人口应恒定在11万人左右。

根据社会发展的需要，适当调整了用地分类标准，增加了商住用地、软件产业工业用地等新的土地使用功能概念，并留有部分弹性空间以适应城市发展的可变性、多样性。近期建设项目主要集中在银川西路以北及银川西路和宁夏路所夹地块内的规划已批未建项目。

鉴于规划区内商业服务业布局不够完善，科技信息特色、业态特色不够突出，产、供、销一体的集聚效应难以形成，体育用地匮乏，难以树立奥帆之都中心区的体育旅游形象。为改善城市环境、完善城市功能、增强城市核心竞争力，对规划区的土地利用进行完善和补充，改造和完善6条主要道路两侧的土地利用形态，形成东海路观光旅游轴、香港中路旅游服务轴、江西路精品专卖轴、宁夏路科技服务轴、福州路商务办公轴和银川西路汽车销售服务轴6条特色景观街。

表4-2　　市南区东片土地利用规划统计表

（2002年）

序号	用地类别	规划面积（公顷）	占总比例（%）	序号	用地类别	规划面积（公顷）	占总比例（%）
1	总规划用地	524.34			商业	6.70	1.65
2	规划城市建设用地	405.79	100		服务业	0.12	0.03
2.1	居住用地	185.86	45.80		旅馆业	8.95	2.21
	一类居住用地	1.30	0.32		贸易咨询	1.80	0.44
	二类住宅用地	168.06	41.42	2.5	商业办公用地	2.30	0.57
	小学	7.31	1.80	2.6	文化娱乐用地	2.32	0.57
	中学	5.68	1.40		图书展览	0.30	0.07
	幼儿园	3.50	0. 86		影剧院	0.98	0.24
2.2	商住用地	24.36	6.00		游乐	1.04	0.26
2.3	办公住宅用地	1.02	0.25	2.7	体育场馆用地	2.38	0.59
2.4	公共设施用地	75. 73	18.66	2.8	医疗卫生用地	22.71	5.60
	行政办公	1.69	0.42		医院	0.52	0.13

续表 4-2

序号	用地类别	规划面积(公顷)	占总比例(%)	序号	用地类别	规划面积(公顷)	占总比例(%)
	卫生防疫	1.26	0.31		粪便垃圾处理	0.10	0.02
	休疗养	20.93	5.16	2.13	绿地	43.70	10.77
2.9	教育科研设计	24.46	6.03		公园	10.32	2.54
	成人与业余学校	3.38	0.83		街头绿地	32.78	8.08
	科研设计	21.08	5.19		生产防护绿地	0.60	0.15
2.10	其他公共设施	1.04	0.26	2.14	道路广场用地	60.47	14.90
2.11	工业用地	0.68	0.17		道路广场	56. 05	13.81
2.12	市政设施用地	6.37	1.57		游憩集会广场	2.45	0.60
	供水	0.13	0.03		社会停车场库	1.97	0.49
	供电	0.42	0.10	2.15	特殊用地	7.60	1.87
	燃气	3.48	0.86	3	规划非城市建设用地	118.55	100
	交通设施	2.12	0.52	3.1	河流、水域	0.26	0.22
	雨水污水处理	0.12	0.03	3.2	自然山体	118.03	99.56

第五节　中片区控制性规划

区域概况

中片区位于市南区中部偏北，东临福州路，西北方与市北区交界，南到江西路，区域东西宽约3千米，南北长约1.8千米，总用地面积4.14平方千米，规划界线与新调整的八大湖街道处的辖区范围基本一致。属人口高密度和典型老龄化社区。中片区主要由山东路两侧商务、金融、办公用地，福州路和南京路西侧教育科研用地和居住区组成，城市绿地比重很小，居民区内部绿地尤少。规划区道路用地比例较高，城市快速路、城市主干道、规划中的城市地铁线在此汇集，交通优势突出。

区域规划

区域规划目标是，协调规划区与城市现状及远景功能格局的关系，确定开发规模、道路交通体系、用地功能配置、设施配套和环境发展目标，建立合理的规划结构和功能布局；继承青岛的独特的建筑风格，塑造空间丰富、多元共存的城市空间；综合协调地上、地下交通关系，完善交通系统。重视对环境的保护与营造，充分发挥地区环境资源优势，结合“山、海、城”相互交融的城市特色，形成与自然环境和谐的城市生态环境。

规划区确定为居住综合区，规划重点控制“三带（沿山东路、南京路、福州路两侧布局的商务、贸易发展带）、一轴（宁夏路快速交通轴）、五区（由山东路、南京路、宁夏路分割而成的相对独立的五个片区）”。规划确定区域的主体功能为居住、科研教育和商务服务综合片区，用地面积414.31公顷。在南京路两侧规划大中型高档商业和商务带，在宁夏路、南京路形成集聚的商业、商务中心。整合利用现有教育科研的资源，形成以海洋水产、海洋地质、海洋化工、信息技术为核心的科技研发集聚区。利用外贸职业学校、远洋船员学院、卫生学校形成教育资源集聚区域，打造该区域特有的教育科研产业区。规划利用全市文化设施较密集区域现有的公共文化和教育资源，加强区域的文化设施建设，形成文化咨询产业带，全面提升区域的城市功能和文化品质。

表4-3　　市南区中片土地利用规划统计表

（2002年）

序号	用地类别	用地面积 (公顷)	占总比例 (%)	人均面积 (平方米/人)
1	总规划建设用地	414.31	100.00	33.88
2	二类住宅用地	182.91	44.15	14.96
3	公共设施用地	84.65	20.43	6.92
3.1	行政办公	4.55	1.10	0.37
3.2	商业金融业	31.73	7.66	2.59
3.3	文化娱乐业	7.41	1.78	0.61
3.4	体育场馆	1.62	0.39	0.13
3.5	教育科研设计	35.25	8.51	2.88
3.6	其他公共设施	1.03	0.25	0.08
3.7	都市工业用地	3.06	0.74	0.25
4	道路广场用地	62.73	15.14	5.13
4.1	道路	62.04	14.97	5.07
4.2	社会停车场库	0.69	0.17	0.06
5	市政公用设施用地	16.48	3.98	1.35
5.1	供应设施	5.42	1.31	0.44
5.2	交通设施	7.72	1.86	0.63

续表4-3

序号	用地类别	用地面积(公顷)	占总比例(%)	人均面积(平方米/人)
5.3	邮电设施	2.15	0.52	0.18
5.4	环境卫生设施	0.22	0.05	0.02
5.5	其他市政设施	0.97	0.24	0.08
6	公共绿地	65.95	15.92	5.39

第二章　市政建设

1862年清政府东海关在青岛口设立常关后，随着商贾往来与人口流动，常关与会前村、上下青岛村之间形成区内最早的道路，称之“会前街”（今莱阳路），是为青岛市街之源头。1891年胶澳设防后，以老衙门为中心伸延出4条官道，构成最早的道路框架。自1892年开建的前海铁码头（今栈桥），为青岛桥涵建设之始。

德国侵占青岛后，以总督府为轴心，选择放射型、环岛型和自由曲线型道路形态设计、构建市街道路，今市南区地域最早形成欧人区市街网络和海岸道路干线的密集区。此外，还借助自然景观，造成道路与建筑物之间的对景与借景，形成别具一格的道路景观。为节约淡水资源，道路养护使用“洒街马车”，实行海水洒街。这一时期，前海一带开始建设十二大雨水暗渠，修筑前海环海大堤，先后建成排水管道、明沟暗渠、排水泵站等排水设施，奠定了城市排水管网系统主体框架。市区道路和排水设施建设以前海一线为中心向大鲍岛、团岛、湛山扩展，并进而向台东、四方、李村辐射。其间，市政建设和管理由德国胶澳总督府民政部第二工部局承担，实行统一的集中管理，各区不设立分支机构或业务对口管理机构。

1914年日德青岛之战爆发，区内市街与市政设施遭受重创，经战后大规模修复后，日本青岛守备军司令部侧重向北开辟新街区，并加强新街区与鲍岛区的商业联系，今市南区地域的市政建设鲜有建树。北洋政府统治时期，系统的市政建设提不到议事日程上来，惟台西、太平角一带新辟道路十几条，并新建铁路“天桥”，打通了台西与市区的交通要道。南京国民政府接管青岛后，青岛特别市的城市地位得以确立，为市街规划与建设提供了较为适宜的社会环境。市南区南部海岸一线，以中国著名关隘命名的街区道路，构成八大关别墅区；围绕莱阳路、鱼山路一带的新增道路，构成休闲度假公馆区。台西镇团岛一带新增道路，与云南路一带路网对接，逐渐形成完整的市街格局。

青岛解放后，区内的市街规划与建设进入全面发展的新阶段。1958年成立市南区建设局，负责辖区市政工程设施的养护和管理。中共十一届三中全会以后，先后辟建南京路、山东路、江西路、宁夏路，是青岛市街东进的历史起点，构成未来东部的井字形路网骨架。20世纪80年代中期，成立市南区城市建设管理局，为区城市建设管理委员会的前身，综合管理辖区城市建设工作。1992年，青岛市正式拉开东部开发的大幕，湛流干路的建设成为实施全市战略东移的重大举措。团岛污水处理厂与前海一线浮山湾段截污工程相继建成，同时对南京路、徐州路、山东路、延安三路、太平角六路和东海一路6个暗渠入海口进行治理，沿海排污专项治理与东部沿海排水管网建设取得重大进展。90年代末至21世纪初，香港中路、东海路相继建成，福州路全线开通，西起火车站东至福州路的东西快速路建成通车，构架起贯穿城市新老城区、纵横市南区东西部的便捷道路网络与快速交通系统。从2005年起，市政工程建设和养护管理水平逐年提升，道路完好率得到不断提高。截至2012年年底，市政设施完好率达到98%。

第一节　道路建设

青岛建置初期，市区仅有4条可通骡马的土路和众多的乡村人行小道。其中，今市南区域有老衙门至沧口、李村、张村的3条土路。

德国侵占青岛后，在前海海滨的欧人居住区以胶澳总督府为中心，以德县路、保定路、大沽路为横线，以馆陶路、中山路为纵线，修建城市道路。广西路、太平路、沂水路、中山路南段、莱阳路、江苏路等城区道路相继建成。道路宽度20米左右，车行道与人行道分开，并铺装了沥青路面。随后在中国人居住的大鲍岛区，以大马路（中山路北段）为纵线，修建了四方路、黄岛路、芝罘路、潍县路、济南路、大沽路、海泊路、即墨路、高密路、李村路等，构成大鲍岛区最初的棋盘式道路格局；在台西镇修建了云南路、广州路和莘县路，奠定了台西镇道路主干框架。大鲍岛区的道路宽10米，而台西镇的道路均为一些宽6～7米的土路。这一时期，今市南区域修建道路55条，总长近50千米。

第一次世界大战时期至1922年，市区采用大小石子和沙子铺基的简易修路法，新建道路40余条，其中今市南区域新建道路20条，主要集中在三个片区，一是南部沿海岸地带的南海路、齐东路、明水路、栖霞路、福山路、鱼山路等；二是大鲍岛商业中心地带的北京路、天津路等；三是火车站—台西镇地带的费县路、单县路、朝城路、范县路、磁山路、四川路、贵州路、西藏路等，总长约16千米。

中国接收青岛后，台西一带增辟东平路、观城路、滋阳路、嘉祥路、濮县路、寿张路、汶上一路和汶上二路，通过主干道云南路和铁路“天桥”与大鲍岛的连接，使“台西一隅，日见起色”。太平角一带增辟7条道路，共约32千米。市区道路已达230多条，其中市南区道路占市区道路总数一半以上。

20世纪30年代，社会局势相对稳定，当局进行了较大规模的市政建设。市区道路建设的重点多集中于今市南区域。一是完善八大关别墅区路网系统，修建了以中国著名关隘命名的10条道路：韶关路、宁武关路、紫荆关路、山海关路、函谷关路、居庸关路、临淮关路、正

马牙石铺装的黄县路老街

阳关路、武胜关路和嘉峪关路。二是扩建湛山别墅区周边道路，在太平角一路、三路与湛山大路之间增修湛山路、湛山一路，在湛山大路与正阳关路之间增建荣成路。三是完善汇泉湾风景区路网系统，增建汇泉路、齐河路和岵山路，并环绕大学区修建黄县路、红岛路、京山路和王村路。四是适应以莱阳路、鱼山路为中心的公馆区需求，辟建金口一路、二路、三路，使公馆区道路系统更趋完备。五是台西镇一带增辟团岛一路、二路。同时在市内繁华路段和高级住宅区内的道路加铺沥青路面，增设路灯。

日本侵华战争时期，日伪当局致力于扩大战争，仅修建道路16.14千米，大部分道路失修失养。抗日战争胜利后，国民党当局加紧准备内战，市区道路建设不多。

青岛解放后，加强城市道路的建设和管理，道路环境逐步改善。“文化大革命”时期，城市道路建设进展缓慢，乱占乱挖道路现象十分严重。

中共十一届三中全会以后，青岛市的道路建设进入全面发展的新时期。1981—1983年，按照城市发展规划，市南区新建了宁夏路、江西路、山东路、南京路、福州路、燕儿岛路、高雄路等市区主干道路。随着城市空间向东拓展，以中国著名湖泊命名的8条道路相继建成。继之，以中国著名峡谷命名的8条道路在市南区西部建成。随着“城中村”改造的进程，以大尧村、逍遥村等老村庄命名的一批道路先后面世。依托东部主干道，纵横交错的次干道闽江路、基隆路、珠海路、澄海路、漳州路、泰州路、金坛路、新湛路、秀湛路等相继建成，并各自形成细胞式组团，进而向支线道路扩展，连缀成干支分明、向心集中的东部道路系统。1997年为庆祝中国政府收回香港，将西起文登路东至崂山路的区街并接，形成香港西路、香港中路、香港东路，总称香港路，成为一条贯穿西部老城区与东部新城区的东西交通干线。同年拓延的东海路是东部新区的另一主干道。1998年，市、区两级政府投入1亿多元，完成了大学路、江西路、山东路的道路综合整治工程和湖南路、莱芜一路、莱芜二路、徐州路的道路改造工程，各类工程共100余项。1999年福州路全线开通，成为贯通东部南北交通的又一主干道。2000年，城市东西快速路开工建设，西起火车站东至福州路，以高架路、立交桥和地面快速路为主体，构架起贯穿城市新老城区、纵横市南区东西部的快速交通系统。至2005年，市南区拥有道路431条，为迎接2008年奥运会青岛帆船比赛创造了良好的交通环境。随着城区建设不断发展，市南区东部燕儿岛路、海口路、增城路、上杭路、古田路、仙居路6条道路相应延长。新增云龙路等17条新建道路。

2012年，整治正阳关路、滋阳路、西藏路等26条道路，完成河南路7号、大沽路27号、鱼台路、香港中路147号等31处背街小巷整治任务，完善基础设施，确保道路畅通安全。截至2012年年底，市南区拥有道路447条，总长度223.43千米，道路总面积366.2万平方米。

表 4-4

市南区东部道路统计表

（2005—2012年）

序号	路 名	起 止 点	车行道 长度(米)	车行道 宽度(米)	车行道 面积(平方米)	人行道面积(平方米)	修建年代
1	东海西路	太平角六路—麦岛路	3288	14	46032	32880	1988
2	东海一路	香港中路—芝泉路	776	7~9	6706	3845	1979
3	东海二路	东海西路—香港西路	182	8	1456	1092	1991
4	东海二路支路	东海二路—东海支路	152	5	760	304	1995
5	东海支路	东海西路—延安三路	232	7	1624	—	2003
6	澳门路	东海西路—珠海支路	2763	5.5~10	26087	19374	1999
7	金平路	东海西路—澳门路	150	12	1800	1200	1999
8	惠东路	东海西路—澳门路	635	9~10	5850	4685	1999
9	香洲路	东海西路—澳门路	110	12	1320	880	1999
10	丰顺路	东海西路—澳门路	175	5.5~10	1630	1200	1999
11	云安路	东海西路—澳门路	215	9	1935	1442	1999
12	普宁路	东海西路—澳门路	73	10	730	440	1999
13	新会路	东海中路—澳门路	200	12	2430	2980	1999
14	增城路	东海中路—澳门路	261	10	2610	1582	1999
15	顺德路	东海中路—澳门路	188	6	1128	—	1999
16	香港中路	延安三路—宁夏路	4633	20~34	135908	46958	1965
17	闽江路	山东路—泉州路	2351	7~14	31335	21958	解放前
18	闽江一路	江西路—闽江路	246	7	1722	738	1999
19	闽江二路	江西路—漳州二路	726	8~10	6688	5152	1999
20	闽江三路	江西路—闽江路	287	8	2296	1148	1999
21	闽江四路	江西路—闽江路	264	8	2112	1584	1999

续表4-4

序号	路　名	起　止　点	车行道			人行道面积(平方米)	修建年代
			长度(米)	宽度(米)	面积(平方米)		
22	江西路	福州南路—延安三路	4214	14	58996	20414	1982
23	宁夏路	香港中路—延安三路	4958	20	99164	42410	1983
24	延吉路	福州南路—绍兴路	823	14	11515	8220	2002
25	燕儿岛路	东海中路—宁夏路	2085	12	24960	20076	1983
26	福州北路	宁夏路—延吉路	1070	35	37450	10700	1998
27	福州南路	东海西路—宁夏路	1967	35	71045	15519	1996
28	南京路	东海西路—延吉路	2961	14~26	63550	28032	1984
29	山东路	东海西路—延吉路	2906	28.4	86895	26156	1983
30	彰化路	香港中路—东海路	726	9	6534	4673	1988
31	嘉义路	香港中路—东海路	702	7~10	5585	—	1988
32	台湾路	海口路—香港中路	738	14	10332	4684	1988
33	台南路	香港中路—东海中路	1462	7~10	11163	6314	1999
34	宁德路	银川西路—青大一路	1510	12	18120	12080	2004
35	台北路	宁夏路—香港中路	529	7~10	3904	3008	1998
36	高雄路	香港中路—宁夏路	773	20	15460	7630	1989
37	金门路	香港中路—莆田路	400	9	3600	793	1985
38	花莲路	香港中路—基隆路	170	7	1190	1050	1983
39	基隆路	香港中路—香港中路	672	7	4704	4361	1983
40	基隆一路	基隆路—新竹路	91	6	546	—	2000
41	基隆二路	基隆路—新竹路	98	8	780	180	1984
42	屏东路	香港中路—基隆路	179	7	1513	82	1984

续表4-4

序号	路　名	起　止　点	车行道			人行道面积(平方米)	修建年代
			长度(米)	宽度(米)	面积(平方米)		
43	屏东支路	屏东路—高雄路	271	3.9~6.3	1306	—	1984
44	新竹路	宁夏路—基隆一路	382	7~14	2842	2037	1984
45	珠海路	燕儿岛路—台湾路	1110	8	8880	6195	1989
46	珠海一路	澄海路—珠海路	308	8	2440	1800	2000
47	珠海三路	珠海路—香港中路	505	7	3535	160	2000
48	珠海支路	东海中路—珠海路	315	8	2520	1800	1989
49	澄海路	台湾路—汕头路	544	8	4352	3118	1989
50	澄海一路	香港中路—澄海路	192	8	1536	1208	1989
51	澄海二路	香港中路—澄海路	214	4.4~5	993	291	2000
52	澄海三路	香港中路—澄海路	250	6.7~7.2	1750	713	1989
53	汕头路	香港中路—珠海路	439	9	4455	3038	1989
54	长汀路	高雄路—仙游路	562	6	3196	1444	1987
55	仙游路	宁夏路—莆田路	675	9	6075	2090	1987
56	仙游支路	仙游路—金门路	180	6	1080	360	1987
57	上杭路	江西路—莆田路	795	9	7155	5948	1987
58	福清路	江西路—莆田路	368	7~9	3056	1568	1987
59	南平路	高雄路—福清路	428	9	3852	1495	1987
60	南平一支路	仙游路—南平路	62	4.4	273	100	1987
61	南平二支路	上杭路—南平路	102	4.1	418	300	1987
62	南平三支路	上杭路—南平路	109	4.2	462	273	1987
63	古田路	宁夏路—江西路	804	7	5628	5495	1987

续表4-4

序号	路 名	起 止 点	车行道			人行道面积(平方米)	修建年代
			长度(米)	宽度(米)	面积(平方米)		
64	莆田路	宁夏路—江西路	790	9	6320	4754	1987
65	三明路	宁夏路—逍遥三路	553	6	3301	1118	1990
66	逍遥一路	古田路—大尧一路	1167	7	8176	4206	1990
67	逍遥二路	古田路—宁夏路	1115	12	12064	6573	1990
68	逍遥三路	古田路—大尧三路	1013	6	5844	4160	1990
69	大尧一路	逍遥三路—宁夏路	572	7~12	5224	3336	1990
70	大尧二路	逍遥一路—逍遥三路	502	7	3514	1138	1990
71	大尧三路	宁夏路—江西路	902	12	10824	6695	1990
72	隆德路	宁夏路—宁德路	560	9	5040	3920	1998
73	银川西路	宁夏路—区界	627	30	18610	6270	2001
74	天台路	天台三路—宁夏路	373	7	2611	板238 土661	1993
75	天台支路	天台三路—天台路	214	7	1498	300土	1993
76	天台一路	天台路—仙居路	245	7	1715	板1131 土577	1993
77	天台二路	天台路—仙居路	248	7	1671	板587 土49	1993
78	天台三路	仙居路—天台路	155	7	1085	土156	1993
79	新昌路	宁夏路—奉化路	476	6~7	3194	1676	1988
80	仙居路	宁夏路—奉化路	418	8	3344	2589	1983
81	奉化路	天台三路—福州北路	403	10	4030	3140	2001
82	丽水路	永嘉路—南京路	299	7	2093	756	1988
83	绍兴路	宁夏路—延吉路	608	10	6080	4612	1988

续表4-4

序号	路　名	起　止　点	车行道			人行道面积(平方米)	修建年代
			长度(米)	宽度(米)	面积(平方米)		
84	绍兴一路	绍兴路—永嘉路	113	7	791	—	1988
85	绍兴二路	绍兴路—永嘉路	113	6	678	200	1988
86	绍兴三路	绍兴路—永嘉路	113	6	678	216	1988
87	永嘉路	宁夏路—延吉路	566	7	3962	1338	1988
88	吴兴路	宁夏路—延吉路	531	10	5310	2857	1988
89	乐清路	宁夏路—丽水路	370	7	2220	565	1988
90	龙泉路	延吉路—南京路	299	7	2093	756	1988
91	漳州路	逍遥一路—闽江路	992	7~8	9071	8095	1990
92	漳州一路	福州南路—燕儿岛路	528	10	5280	4088	1999
93	漳州二路	福州南路—燕儿岛路	472	10	4720	3776	1999
94	泉州路	香港中路—燕儿岛路	406	9	3654	2842	2002
95	漳平路	漳浦路—南京路	632	7	4841	2272	1993
96	漳浦路	南京路—福州南路	543	8	4157	2277	1993
97	云霄路	香港中路—高邮湖路	1174	9	10134	6298	1993
98	云霄支路	香港中路—闽江路	692	6	4152	—	1993
99	云霄支路一支路	云霄路—福州南路	195	7	1365	—	1999
100	微山湖路	宁夏路—高邮湖路	382	7~9	3111	1872	1985
101	高邮湖路	江西路—宁夏路	709	10	7090	4185	1985
102	鄱阳湖路	高邮湖路—江西路	716	7	5012	4456	1985
103	洪泽湖路	鄱阳湖路—宁夏路	874	7	6118	4092	1985
104	洞庭湖路	鄱阳湖路—太湖路	260	10	2600	1500	1985

续表4-4

序号	路　名	起　止　点	车行道			人行道面积(平方米)	修建年代
			长度(米)	宽度(米)	面积(平方米)		
105	巢湖路	鄱阳湖路—洪泽湖路	504	7	2847	985	1985
106	西湖路	太湖路—南京路	490	7	3430	1404	1982
107	太湖路	南京路—宁夏路	695	9~10	6750	3977	1985
108	太湖路一支路	太湖路—高邮湖路	205	4	820	718	1984
109	太湖路二支路	太湖路—西湖路	110	3.7	407	—	1985
110	徐州路	香港中路—宁夏路	1991	9	17919	13938	解放前
111	新浦路	闽江路—东海西路	653	10	6530	5035	1994
112	新浦支路	闽江路—香港中路	314	7	2198	—	2003
113	南通路	香港中路—闽江路	430	10	4300	3726	解放前
114	金湖路	江西路—宁夏路	971	7	6797	3476	1999
115	沛县路	江西路—徐州路	169	6~8	1521	829	1994
116	沛县支路	沛县路—徐州路	125	5	495	526	2003
117	沛县一支路	沛县路—沛县路	110	5	550	550	1994
118	沛县二支路	沛县路—沛县路	138	5	690	690	1994
119	沛县三支路	沛县路—江西路	315	4.5~5	1466	板1260 土1466	1994
120	如东路	山东路—金湖路	761	7~8	5074	4525	1994
121	丰县路	宁夏路—延吉路	157	6~8	1208	1442	1999
122	丰县支路	山东路—丰县路	155	7	1099	892	2002
123	丰县一支路	丰县路—徐州路	81	7	568	337	2002
124	盐城路	香港中路—镇江南路	925	7	6475	3303	1988
125	盐城支路	盐城路—延安三路	113	5	552	330	1999

续表4-4

序号	路　名	起　止　点	车行道			人行道面积(平方米)	修建年代
			长度(米)	宽度(米)	面积(平方米)		
126	泰兴路	山东路—泰州路	292	5~7	1868	1195	1987
127	泰兴支路	泰州路—泰兴路	102	7	714	306	1987
128	宜兴路	宁夏路—山东路	147	7	1161	544	2003
129	宜兴支路	山东路—宁夏路	150	7	1043	250	2003
130	泰州路	江西路—宁夏路	845	9	6760	5360	1982
131	泰州支路	泰州路—镇江路	320	8	2560	1920	2002
132	泰州一路	泰州路—镇江路	146	7	1022	682	1985
133	泰州二路	泰州路—镇江路	333	7	2331	806	1985
134	泰州三路	泰州路—泰兴路	183	4	1464	872	1985
135	泰州四路	泰州一路—泰州二路	100	7	700	273	1985
136	泰州五路	泰州一路—江西路	196	8.7	1705	—	1985
137	泰州六路	泰州路—山东路	300	7	2167	808	2003
138	金坛路	宁夏路—镇江支路	380	7	2660	2660	2003
139	镇江南路	江西路—延安三路	360	8	2880	1548	1975
140	香港中路公交车道	公交车专用道(两侧)	2810	10	28100	—	1999
141	亢家庄加油站路	山东路—加油站	40	13	523	—	2003
142	龙岩路	南平路—莆田路	300	6~9	2322	598	1987
143	海口路	燕儿岛路—麦岛路	324	14	2268	13580	1989
144	宏大路	大尧三路—逍遥三路	661	7~12	6092	2277	2001
145	海丰路	新浦路—南京路	438	9	3938	3060	1999
146	新安路	徐州路—江西路	170	8	1360	68	2001

续表4-4

序号	路　名	起　止　点	车行道			人行道面积(平方米)	修建年代
			长度(米)	宽度(米)	面积(平方米)		
147	新沂路	宁夏路—如东路	420	7	2940	2940	1999
148	新沂一路	新沂路—金湖路	225	7	1575	1126	1996
149	扬中路	金坛路—山东路	206	7	1442	1442	2000
150	燕儿岛路延长	宁夏路—宁德路	548	8	4344	3488	—
151	海口路延长	台南路—区界	900	10	8550	6300	—
152	增城路延长	澳门路—越秀路	292	12~19	4385	1749	—
153	上杭路延长	江西路—香港花园	290	7	2030	2640	—
154	古田路延长	江西路—燕儿岛路	560	8	4480	3200	—
155	仙居路延长	奉化路—金色慧谷	200	7	1400	1000	—
156	金田路	绍兴路—新田路	353	7	2471	1765	—
157	高田路	宁夏路—丰田路	535	7	3745	2270	—
158	新田路	奉化路—宁夏路	450	7	3150	3844	—
159	大田路	古田路—上杭路	250	7	1750	1326	—
160	丰原路	麦岛—小区	360	7	2520	1446	—
161	安庆路	福州北路—银川西路	850	10	8500	3520	—
162	旌德路	福州北路—宁国三路	510	8	4080	2400	—
163	旌德支路	旌德路—宁国四路	613	7	4300	4612	—
164	宁国路	福州北路—安庆路	460	9	4200	3370	—
165	宁国一路	安庆路—银川西路	673	7~10	3800	2235	—
166	宁国二路	旌德路—银川西路	578	7.5	5240	4425	—
167	宁国三路	安庆路—宁国路	300	7	2100	900	—

续表 4-4

序号	路　名	起　止　点	车行道			人行道面积(平方米)	修建年代
			长度(米)	宽度(米)	面积(平方米)		
168	宁国四路	安庆路—银川西路	321	7	2247	2366	—
169	云龙路	山东路—徐州路	326	7	2283	104	—
170	越秀路	增城路—金湾路	154	13	1895	680	—
171	金湾路	澳门路—越秀路	292	12	3500	1750	—
172	清远路	澳门路—奥帆中心1号门	253	12	3030	1514	—
173	东海中路	燕儿岛路—麦岛路	3035	14~15	44871	27255	1988
174	徐州北路	宁夏路—延吉路	666	9	5994	4662	—

表 4-5　　市南区中部道路统计表

（2005年）

序号	路　名	起　止　点	车行道			人行道面积(平方米)	修建年代
			长度(米)	宽度(米)	面积(平方米)		
1	延安三路	东海路—江西路	1556	15~20	25750	15079	1976
2	香港西路	延安三路—柞山路	2996	13~28	63047	29960	1999
3	香港西路公交专道	柞山路—荣成路	257	5.25	1349	1028	2003
4	新湛路	东海一路—秀湛路	465	7	3255	2404	1999
5	新湛一路	新湛路—华严路	483	7	3381	1784	1999
6	新湛二路	华严路—香港西路	559	7	3913	2833	1999
7	新湛三路	新湛一路—新湛路	340	7	2380	1850	1999
8	新湛一路支路	新湛一路—新湛二路	150	7	1050	485	1999
9	秀湛路	香港西路—华严路	565	7~9	4235	4797	1997
10	秀湛一路	延安三路—秀湛路	76	6.7	523	273	1999

续表4-5

序号	路　　名	起　止　点	车行道			人行道面积(平方米)	修建年代
			长度(米)	宽度(米)	面积(平方米)		
11	秀湛二路	新湛三路—秀湛路	116	7	812	493	1999
12	秀湛三路	延安三路—秀湛路	174	7~11	1628	701	1999
13	秀湛四路	新湛二路—秀湛路	115	6.5~9.5	928	550	1999
14	华严路	东海一路—延安三路	538	8	4312	2962	1993
15	华严支路	华严路—秀湛二路	152	5	760	—	1993
16	仰口路	芝泉路—延安三路	386	10	3860	2685	1988
17	旭光路	仰口路—晓望支路	307	7	2149	1535	1999
18	晓望路	晓望支路—延安三路	216	6	1212	403	1993
19	晓望支路	晓望路向西折东止	204	5	1020	407	1993
20	莲岛路	太平角四路—东海一路	576	7	4032	3138	1974
21	芝泉路	郧阳路—延安三路	1041	10	10410	7150	1987
22	芝泉一支路	芝泉路—太平山	144	7	1008	432	2002
23	芝泉二支路	画院—芝泉路	175	5.5~6	1031	155	2001
24	咸阳路	太平角四路—秀湛二路	799	6	4794	4034	1974
25	咸阳支路	新湛一路—咸阳路	189	7	1323	605	2000
26	岳阳路	太平角四路—东海一路	641	7	4487	3809	1997
27	岳阳支路	岳阳路—咸阳路	110	7	770	—	1993
28	石岛路	太平角四路—太平角六路	207	7	1449	1067	1974
29	太平角一路	香港西路—湛山五路	1151	6	6926	5571	1914年前
30	太平角二路	湛山一路—太平角四路	416	6	2496	2088	1914年前
31	太平角三路	湛山路—太平角四路	447	6	2682	2144	1914年前
32	太平角四路	湛山五路—岳阳路	1082	6	6492	5887	1914年前

续表4-5

序号	路　　名	起　止　点	车行道			人行道面积(平方米)	修建年代
			长度(米)	宽度(米)	面积(平方米)		
33	太平角五路	香港西路—湛山三路	214	6	1284	1073	1914年前
34	太平角六路	湛山三路—岳阳路	675	7~14	6027	3892	1914年前
35	湛山路	太平角三路—香港西路	146	6	876	837	1914年前
36	湛山一路	太平角一路—香港西路	666	6	3996	4182	1914年前
37	湛山二路	太平角一路—太平角六路	720	6	4320	4876	1914年前
38	湛山三路	太平角一路—太平角六路	713	7	5019	4097	1914年前
39	湛山四路	太平角一路—太平角四路	283	6	1696	1872	1914年前
40	湛山五路	太平角一路—太平角四路	122	6	732	68	1949年前
41	郧阳路	佛涛路—东海一路	1148	6.5~8	9124	5608	1949年前
42	鹊山路	香港西路—佛涛路	460	7	3220	176	1989
43	鹊山支路	鹊山路—郧阳路	143	4	516	—	2003
44	佛涛路	香港西路—太平山	772	5~6	4912	1209	1977
45	紫荆关路	香港西路—黄海路	584	7	4099	2571	20世纪30年代
46	宁武关路	香港西路—山海关路	668	7	4676	2860	20世纪30年代
47	韶关路	香港西路—小礼堂	641	7	4487	2759	20世纪30年代
48	山海关路	黄海路—汇泉路	774	7	5418	3678	20世纪30年代
49	居庸关路	黄海路—正阳关一支路	515	7	3665	2575	20世纪30年代
50	临淮关路	黄海路—居庸关路	478	5~7	2615	2138	20世纪30年代
51	正阳关路	武昌支路—香港西路	1220	12	14640	7320	20世纪30年代

续表4 5

序号	路　　名	起　止　点	车行道			人行道面积(平方米)	修建年代
			长度(米)	宽度(米)	面积(平方米)		
52	函谷关路	韶关路—太平角一路	595	7	4186	2722	20世纪30年代
53	嘉峪关路	韶关路—香港西路	543	7	3801	2654	20世纪30年代
54	武胜关路	香港西路—武昌路	574	12	6495	2535	20世纪30年代
55	荣城路	香港西路—正阳关路	713	7	4988	5603	1929
56	武昌路	文登路—南海路	831	11	9141	5292	1990
57	武昌支路	武昌路—汇泉路	399	7	2793	622	1990
58	武昌路一支路	武昌路—外贸中心	268	11	2948	852	1990
59	武昌路二支路	文登路—武昌路	458	9	4122	2046	1990
60	武昌路三支路	南海支路—武昌二支路	146	8.5	1241	795	1990
61	南海路	莱阳路—武昌支路	903	12	10836	5418	1914
62	黄海路	山海关路—太平角一路	410	6	2460	1872	1959
63	汇泉路	山海关路—南海路	416	7~8	3152	1767	1959
64	柞山路	文登路—延安一路	463	6.3	2917	3857	1955
65	大学路	太平路—莱芜二路	1267	9~15	13498	10502	1914年前
66	莱阳路	文登路—太平路	1410	12~14	18740	11200	1914年前
67	文登路	香港西路—鱼山路	855	18.5~21.3	17120	7800	1914年前
68	文登支路	文登路—武昌路	458	9	4122	2190	1990年
69	延安一路	广饶路—文登路	1519	10~15	17824	14934	1960年
70	栖霞路	延安一路—齐河路	913	7~8	6483	7257	1949年前
71	栖霞支路	延安一路—栖霞路	101	4.5	454	—	1949年前
72	福山路	鱼山路—齐河路	988	7	6916	3480	1949年前

续表4-5

序号	路　　名	起　止　点	车行道			人行道面积(平方米)	修建年代
			长度(米)	宽度(米)	面积(平方米)		
73	福山支路	鱼山路—文登路	615	4~8	4124	153	1949年前
74	福山一支路	福山支路—福山支路	90	4	360	—	1949年前
75	福山支路一支路	福山支路—福山支路2支路	172	6	1204	—	1949年前
76	福山支路二支路	福山支路—文登路	83	4	312	—	1949年前
77	齐河路	栖霞路—京山路	117	8.5	994	725	1949年前
78	红岛路	京山路—大学路	406	7.3	3075	294	1949年前
79	红岛支路	红岛路—兴安支路	173	5~6.7	2570	—	1949年前
80	京山路	红岛路—广饶路	922	8~10	7616	3466	1975
81	鱼山路	大学路—文登路	1040	10~14	10680	1432	1949年前
82	鱼山一支路	鱼山路—金口一路	300	3.5	1050	—	1954
83	鱼山二支路	鱼山路—鱼山路	217	4	1099	—	1954
84	鱼山三支路	鱼山路—鱼山路	145	4	580	—	1954
85	金口一路	鱼山路—太平路	850	6.2~8.7	6056	770	1929
86	金口二路	鱼山路—金口一路	350	6	2100	—	1929
87	金口三路	鱼山路—金口二路	321	6	1872	—	1929
88	金口一路一支路	金口二路—莱阳路	90	4.5	405	—	1949年前
89	金口一路二支路	金口一路—莱阳路	89	3	288	—	1949年前
90	金口一路三支路	金口一路—莱阳路	90	3.7	336	—	1949年前
91	金口一路四支路	1支路—10支路	282	3.5	904	—	1949年前
92	金口一路五支路	金口一路—莱阳路	119	3.5	438	—	1949年前

续表4-5

序号	路　　名	起　止　点	车行道			人行道面积(平方米)	修建年代
			长度(米)	宽度(米)	面积(平方米)		
93	金口一路六支路	金口一路—莱阳路	105	3	313	—	1949年前
94	金口一路七支路	金口一路—莱阳路	86	4	360	—	1949年前
95	金口一路八支路	金口一路—莱阳路	90	3	262	—	1949年前
96	金口一路九支路	金口一路—莱阳路	98	3.5	358	—	1949年前
97	金口一路十支路	金口一路—莱阳路	415	3.5	1400	—	1949年前
98	金口一路十一支路	金口一路—莱阳路	148	3.5	509	—	1949年前
99	金口一路十二支路	金口一路—山上	65	5	325	—	1949年前
100	金口二路一支路	鱼山路—金口二路	97	6	647	—	1949年前
101	金口二路二支路	鱼山路—金口二路	70	8.8	616	—	1949年前
102	金口二路三支路	鱼山路—金口二路	118	6	743	—	1949年前
103	张店路	龙华路—张店支路	270	7~9	1741	—	1972
104	张店支路	张店路—湖南路	60	4~5	300	—	1972
105	黄县路	龙口路—大学路	349	6.5	3062	180	1949年前
106	黄县一支路	黄县路—大学路	228	5.5~8	1442	—	1949年前
107	黄县二支路	大学路—黄县路	73	10	730	—	1949年前
108	恒山路	龙江路—黄县路	99	6	594	—	1949年前
109	掖县路	大学路—龙江路	489	6.4~9.5	3868	2158	1949年前
110	华山路	信号山路—龙江路	204	7~8	1520	160	1949年前
111	华山支路	龙江路—大学路	210	4~6	1044	204	1949年前
112	牟平路	王村路—延安一路	232	6	1392	71	1949年前
113	登州路	齐东路—大学路	253	10	2530	1486	1949年前

续表4-5

序号	路　　名	起　止　点	车行道			人行道面积(平方米)	修建年代
			长度(米)	宽度(米)	面积(平方米)		
114	登州支路	登州路—登州路	140	4~4.6	791	—	2003
115	莱芜一路	莱芜二路—伏龙路	606	7	4242	4478	1965
116	莱芜一路一支路	莱芜一路—伏龙路	150	5~6	851	—	1949年前
117	莱芜一路二支路	莱芜一路—台阶	64	4	256	—	2003
118	莱芜二路	大学路—伏龙路	728	7.2	5242	4744	1965
119	莱芜二路支路	莱芜二路—伏龙路	258	3.6~5	940	—	1949年前
120	莱芜支路	莱芜一路—伏龙山	93	5	465	—	2002
121	吴县一路	莱芜一路—苏州路	175	3~4	628	—	1949年前
122	吴县二路	莱芜一路—苏州路	217	4.5	992	—	1949年前
123	苏州路	胶州路—江苏路	554	6~8	3651	1684	1949年前
124	苏州支路	胶州路—苏州路	87	6	522	402	1949年前
125	伏龙路	莱芜二路—江苏路	1180	7	9310	3210	1949年前
126	伏龙支路	伏龙路—齐东路	539	6	3078	600	1949年前
127	齐东路	龙山路—登州路	909	7	6412	4491	1949年前
128	信号山路	迎宾馆后门—莱芜二路	561	6.6	3456	1107	1949年前
129	龙华路	龙江路—龙口路	255	4~5.5	1148	—	1949年前
130	龙口路	大学路—江苏路	634	8	5867	1345	1914年前
131	龙口支路	龙口路—龙江路/龙山路—教堂	436	5.5	2398	520	1949年前
132	龙江路	龙口路—信号山路	986	5~8	7323	2965	1949年前
133	龙江支路	龙江路—黄县路	70	8	560	—	1949年前
134	龙山路	江苏路—龙江路	741	7~8	5867	1345	1949年前

续表4-5

序号	路　　名	起　止　点	车行道			人行道面积(平方米)	修建年代
			长度(米)	宽度(米)	面积(平方米)		
135	龙山支路	东起龙山路	222	4~5	1462	—	1949年前
136	常州路	太平路—广西路	170	6~10	1430	450	1949年前
137	常州西路	常州路—广西路	96	6	576	368	1949年前
138	常州东路	常州路—广西路	90	7	630	344	1949年前
139	江苏路	太平路—胶州路	1361	8~15	14948	8248	1914年前
140	太平路	莱阳路—朝城路	1985	11.25~18	24952	17429	1914年前
141	兰山路	浙江路—郯城路	485	10.5	5093	4186	1914年前
142	广西路	龙口路—泰安路	1481	10~15	26250	14098	1914年前
143	湖南路	龙口路—泰安路	1456	10	14560	13218	1914年前
144	湖北路	德县路—泰安路	845	10	8450	5962	1914年前
145	青岛路	湖南路—太平路	180	19	3420	1095	1914年前
146	日照路	湖南路—广西路	156	8	1248	938	1914年前
147	莒县路	湖南路—广西路	148	8	1184	816	1914年前
148	沂水路	江苏路—德县路	449	10	4490	3570	1914年前
149	平原路	沂水路—济宁路	546	8	4608	2892	1914年前
150	观海一路	平原路—安徽路	775	8~13	7560	1050	1914年前
151	观海二路	平原路—平原路	768	7~9	5605	—	1949年前
152	明水路	德县路—安徽路	150	6.2	930	825	1949年前
153	济宁路	四方路—安徽路	120	8	960	996	1949年前
154	济宁支路	济宁路—黄岛路	55	4.5	248	—	1949年前
155	芝罘路	四方路—安徽路	260	6	1560	1368	1949年前

续表4-5

序号	路　　名	起　止　点	车行道			人行道面积(平方米)	修建年代
			长度(米)	宽度(米)	面积(平方米)		
156	黄岛路	四方路—平原路	408	6~6.5	1902	1250	1949年前
157	平度路	安徽路—博山路	362	8	2896	2387	1949年前
158	平度支路	芝罘路—平度路	52	3	156	—	1949年前
159	博山路	四方路—德县路	140	6.5~8	1085	871	1949年前
160	潍县路	四方路—德县路	116	6	696	600	1949年前
161	四方路	中山路—济宁路	425	6	2550	2205	1949年前
162	易州路	四方路—黄岛路	39	8	312	210	1949年前
163	德县路	湖南路—中山路	867	10	8693	7263	1914年前
164	安徽路	太平路—济宁路	918	6.1~10	9316	5943	1914年前
165	浙江路	德县路—太平路	716	4.5~15	6934	5844	1914年前
166	中山路	太平路—市场三路	1329	10~18	17903	11715	1914年前
167	曲阜路	德县路—新泰路	535	10	5350	4415	1914年前
168	肥城路	浙江路—六街口	573	10~11	5867	4534	1914年前
169	肥城支路	德县路—肥城路	136	8	1088	791	1914年前
170	保定路	中山路—河南路	212	8	1696	1596	1914年前
171	大沽路	中山路—六街口	376	8	3008	2696	1914年前
172	新泰路	湖北路—肥城路	238	12~13	3024	2032	1914年前
173	河南路	太平路—济南路	1066	10	10660	9660	1914年前
174	河北路	莘县路—保定路	480	8~15	4582	2667	1914年前
175	济南路	六街口—冠县路	754	8~11	6304	5101	1914年前
176	山西路	莘县路—天津路	281	7.5~15	2694	1526	1914年前

续表4 5

序号	路　　名	起　止　点	车行道			人行道面积(平方米)	修建年代
			长度(米)	宽度(米)	面积(平方米)		
177	北京路	中山路—六街口	548	8	4384	3504	1949年前
178	天津路	中山路—六街口	460	8	3680	3050	1949年前
179	泰安路	六街口—湖北路	352	10	3520	3520	1949年前
180	新泰安路	湖北路—费县路	299	15.6~44.5	6648	1598	1949年前
181	江宁路	中山路—河北路	223	3.5~5	774	—	1949年前
182	蒙阴路	广西路—湖北路	210	10	2100	1909	1949年前
183	泗水路	肥城路—湖北路	235	6.5	1527	564	1949年前
184	宁阳路	肥城路—湖北路	260	7	1820	—	1949年前
185	海阳路	莱阳路南—莱阳路8号院	135	8	1080	—	1949年前
186	莱西路	莱阳路—二中后门	224	6.5~7.2	1549	—	1949年前
187	正阳关一支路	正阳关路—山海关路	271	3~4.5	1054	—	20世纪60年代
188	正阳关二支路	正阳关路—山海关路	199	5~6	1058	—	20世纪60年代
189	正阳关三支路	正阳关路—临淮关路	104	4~6	470	—	20世纪60年代
190	武胜关支路	武胜关路—香港西路	146	5	729	—	1949年前
191	信号山一支路	信号山路—齐东路	63	6	377	—	1949年前
192	信号山二支路	信号山路—齐东路	60	5	300	—	1949年前
193	信号山三支路	信号山路—齐东路	93	5.5	512	—	1949年前
194	观象一路	江苏路—平原路	465	4~6	2492	348	1949年前
195	观象一路支路	从观象一路起	160	5.5	800	—	1949年前
196	观象二路	胶州路—观象台	689	4~6	2561	105	1949年前

续表4-5

序号	路　　名	起　止　点	车行道			人行道面积(平方米)	修建年代
			长度(米)	宽度(米)	面积(平方米)		
197	观象二路支路	观象二路—江苏路	99	5	450	—	1949年前
198	六街口	济南路—泰安路	182	12	2184	239	1949年前
199	王村路	延安一路—齐河路	261	6~7	1260	825	1973
200	苏州一支路	江苏路—苏州路	88	2.6	228.8	—	1973
201	苏州二支路	江苏路—苏州路	90	3	270	—	1973
202	苏州三支路	江苏路—苏州路	85	2.5	212.5	—	1973
203	观海一路支路	观海一路—德县路	97	7	679	250	1949年前
204	观海二路一支路	观海一路—观海二路	—	7.7	242.5	—	1949年前
205	观海二路二支路	观海一路—观海二路	—	8.8	276.4	—	1949年前
206	观海二路三支路	观海一路—观海二路	—	4.3	133	—	1949年前
207	观海二路四支路	观海一路—观海二路	—	6.6	190	—	1949年前
208	观海二路五支路	观海一路—观海二路	—	4.7	155	—	1949年前
209	观海二路六支路	观海一路—观海二路	—	3.5~5	177	—	1949年前
210	观海二路七支路	观海山—观海二路	—	3.6~5	142	—	1949年前
211	寿康路	泗水路—泰安路	83	5	413	—	1949年前
212	郯城路	太平路—广西路	112	10.1	1131	1160	1949年前
213	鱼台路	东起太平路	157	3~5.6	972	—	1949年前

表4-6　　市南区西部道路统计表

(2005年)

序号	路　　名	起　止　点	车行道			人行道面积(平方米)	修建年代
			长度(米)	宽度(米)	面积(平方米)		
1	广州路	单县路—莘县路	942	11.5~14	10955	8056	1914年前
2	云南路	磁山路—莘县路	1460	14	21163	10189	1914年前
3	莘县路	广州路—冠县路	901	12~15	12398	7677	1914年前
4	朝城路	贵州路—云南路	902	7~12	6925	2861	1949年前
5	朝城支路	朝城路—观成路	47	9.5	447	—	1949年前
6	贵州路	朝城路—四川路	1445	14~16	20598	14046	1949年前
7	单县路	成武路—单县支路	973	6~10	9480	5029	1949年前
8	单县支路	太平路—费县路	138	6	828	1040	1949年前
9	费县路	郯城路—磁山路	1100	10~16	14490	6105	1949年前
10	观城路	单县路—四川路	978	9~10	9550	6025	1949年前
11	滋阳路	观城路—西藏路	963	10	9630	5066	1949年前
12	汶上路	贵州路—濮县路	831	8~10	7468	4095	1949年前
13	东平路	费县路—四川路	795	8~10	7506	4394	1949年前
14	定陶路	汶上路—观城路	259	7	1813	1201	1949年前
15	寿张路	西藏路—观城路	465	10	4650	2571	1949年前
16	范县路	单县路—西藏路	237	10~11	2196	1171	1949年前
17	汶水路	贵州路—单县路	237	10	2370	1396	1949年前
18	郓城南路	贵州路—成武路	405	10	4050	2489	1949年前
19	郓城北路	成武路—西藏路	253	7~16	2918	1890	1949年前
20	成武路	贵州路—汶上路	795	10~16	8112	4299	1949年前
21	西康路	汶水路—成武路	348	9	3043	1860	1949年前

续表4-6

序号	路　　名	起　止　点	车行道			人行道面积(平方米)	修建年代
			长度(米)	宽度(米)	面积(平方米)		
22	西康支路	贵州路—南阳路	172	6.5	1180	220	1949年前
23	南阳路	汶水路—成武路	290	9~9.8	2714	1610	1949年前
24	台西一路	贵州路—磁山路	318	10~13	3498	1565	1949年前
25	台西二路	贵州路—磁山路	332	7	2324	1512	1949年前
26	台西三路	团岛一路—磁山路	519	7~16	6337	3286	1949年前
27	台西四路	贵州路—磁山路	332	10	3320	1746	1949年前
28	台西五路	贵州路—磁山路	322	7	2254	1587	1949年前
29	台西纬二路	成武路—台西一路	309	5.8~12.8	2411	425	1949年前
30	台西纬四路	成武路—四川路	440	6~13	3201	2613	1949年前
31	台西纬五路	成武路—台西一路	383	6~8	2450	1738	1949年前
32	团岛一路	团岛二路—贵州路	384	10	3840	2499	1949年前
33	团岛二路	贵州路—团岛一路	368	10	3680	3820	1949年前
34	团岛三路	团岛一路—团岛四路	284	6~8	2132	1339	1949年前
35	团岛四路	团岛污水厂—四川路	277	8	2216	992	1949年前
36	团岛三支路	贵州路—工厂	130	4.5	585	—	1949年前
37	团岛路	红山峡路—团岛二路	413	10	4130	2700	1949年前
38	濮县路	西藏路—滋阳路	312	9	2808	1492	1949年前
39	嘉祥路	磁山路—东平路	670	11~15	9615	3909	1949年前
40	巨野路	西藏路—四川路	415	7~8	3163	2825	1949年前
41	磁山路	成武路—四川路	464	7~11	4496	2396	1949年前
42	西藏路	费县路—四川路	625	7~11	6243	3646	1949年前
43	西藏一路	西藏路—磁山路	245	6	1470	—	1949年前

续表4-6

序号	路　名	起　止　点	车行道			人行道面积(平方米)	修建年代
			长度(米)	宽度(米)	面积(平方米)		
44	邹县路	汶上路—东平路	222	8	1776	1078	1949年前
45	枣庄路	云南路—四川路	420	3~5.8	1657	278	1949年前
46	滕县路	东平路—观城路	226	5.5	1243	288	1949年前
47	南村路	云南路—广州路	169	9	1512	900	1949年前
48	南村支路	云南路—广州路	83	7	581	249	1949年前
49	西江路	菏泽四路—幸福楼西	172	4~6	905	—	1949年前
50	菏泽路	莘县路—水产公司	160	8	1280	264	1949年前
51	菏泽一路	莘县路—原渔业公司	265	6	1590	1042	1949年前
52	菏泽二路	莘县路—废品站	396	5.5~8	3166	1522	1949年前
53	菏泽三路	莘县路—4808厂	120	7	840	563	1949年前
54	菏泽四路	莘县路—西江路	140	8	1120	585	1949年前
55	四川路	贵州路—广州路	1500	12~15	19250	17521	1949年前
56	南阳路	汶水路—成武路	290	9~9.8	2714	1610	1949年前
57	西陵峡路东	太平路—刘家峡路	1811	5	9057	12642	1989
58	西陵峡路西	刘家峡路—团岛路	1470	5	7351	10160	1989
59	西陵峡一路	西陵峡路—贵州路	70	7	490	320	1989
60	西陵峡二路	西陵峡路—贵州路	151	7	1261	655	1989
61	西陵峡三路	西陵峡路—贵州路	176	10	1760	1272	1989
62	瞿塘峡路	西陵峡三路—团岛路	1462	10	14620	10896	1989
63	三门峡路	西陵峡路—贵州路	208	10	2080	1500	1989
64	刘家峡路	西陵峡路—贵州路	536	7~20	6102	2417	1989
65	青铜峡路	西陵峡路—贵州路	464	7~10	3998	2845	1989

续表4-6

序号	路　　名	起　止　点	车行道			人行道面积(平方米)	修建年代
			长度(米)	宽度(米)	面积(平方米)		
66	龙羊峡路	西陵峡路—贵州路	174	10	1740	1336	1989
67	明月峡路	西陵峡路—团岛二路	389	7	2723	1865	1989
68	观音峡路	西陵峡路—团岛二路	350	8	2607	1805	1989
69	红山峡路	西陵峡路—团岛路	135	7	944	655	1989
70	红山峡支路	红山峡路—瞿塘峡路	255	7	1785	1250	1989
71	巫峡路	青铜峡路—西陵峡路	474	8	3792	2634	1989
72	巫西路	巫峡路—西陵峡路	113	8	904	636	1989

第二节　排水工程

青岛建置初期，今市南区地域既无市街建设，也无排水设施，地面水凭借自然地势通过河流、冲沟直接流入海中。1898年从欧人区开始城市排水工程建设，渐次扩及大鲍岛区、会前区和台西镇，先后建成排水管道、明沟暗渠、排水泵站等排水设施，形成了城市排水管网系统主体框架。

排水管道

青岛的排水管道建设，始于1898年。是年，德国胶澳总督府将中山路南段至海边区域的民居一体拆除，在此规划欧人居住区，开辟新市街，在主要街道铺设下水管道，以排泄雨水。同年，因桶运污物有碍卫生，开始污水管道建设。下水道是完全封闭的暗渠，一种是污水管道，用来排泄粪尿及其他污水；一种是雨水管道，专用于排泄雨水。下水道分为两种，一种分流式，即雨水管和污水管分别设置的，铺在欧人居住区和前海一带；另一种混合式，即雨水、污水共用一根管子，铺设在台西镇、市北区的中国人居住区。铺在地下的管道大约离地深2米，系陶土烧制，长约1米，内接口处有螺旋，旋紧后再涂上沥青混合麻丝，十分牢固耐久。下水道一般埋设在街道两侧路边的石条下面，每隔40～50米设一方形或圆形的雨水斗，上面盖着铁箅子，专门用来沉淀泥沙，所有下水管道均系自流式，和厕所、厨房、浴室相连，居民生活污水和工业污水自流入污水管道，再经管道流入各排水泵站，由泵站将污水集中加压后排入远海。1905年，欧人居住区及前海一带的排水管道铺设已具规模，而后向台西镇和市北区延伸铺设。

民国时期，排水设施建设投资乏力，仅在1925年铺设了台西一带滋阳路、观城路、四川路、贵州路等部分排水管道。20世纪30年代，市政建设规模较大，仅1932—1935年铺设下水道达57处，主要集中于市南区东南部滨海地带和台西一带。铺设了八大关疗养区内的韶关路、宁武关路、紫荆关路、武胜关路、嘉峪关路、函谷关路、正阳关路、临淮关路、居庸关路、山海关路10条路和伏龙路、齐东路、龙江路、信号山路、掖县路、荣成路、嘉祥路、濮县路、莱芜一路、莱芜二路等道路的雨水、污水管道和雨污水混合管道，并接入原排水管网。抗战胜利后，铺设台西一路雨水管道，台西二路雨水、污水混合管道和第一海水浴场污水管道。因缺乏应有的养护与管理，管道冒溢，污水横流，海域污染严重。

20世纪50年代中期，辖区铺设范围向东拓展，湛山大路列入雨水、污水管道铺设范围。为进一步完善八大关风景区的排水管网设施，铺设荣成路、韶关路、宁武关路、嘉峪关路、函谷关路、居庸关路、正阳关路雨水管道。并结合太平角路面改造工程，新铺设雨水管道。20世纪60年代铺设常州路、掖县路、大学路、莘县路、东平路至观城路等雨水管道。

中共十一届三中全会以后，先后新建扩建文登路、延安一路、延安三路、山东路、南京路、宁夏路、江西路、燕儿岛路、延吉路等道路的排水管道。1981—1990年，山东路、南京路、宁夏路、江西路、燕儿岛路等新辟道路铺设雨水、污水分流的排水管道。辛家庄一小区、辛家庄二小区及旧城改造区域内的排水设施，实现同步建设，排水设施内外配套。2000年四方路市场退路进室道路改造工程，也新铺设雨污管线。2005—2012年，先后完成云霄路排污改造工程，对浮山湾区域和前海一线53条暗渠进行清淤，并完成100余家酒店的排污系统改造。

表4-7 市南区污水管道建设情况一览表

（1933年）

污水管道			雨水管道		
路段	管径(毫米)	长度(米)	路段	管径(毫米)	长度(米)
大学路	150	220	苏州路	250	10
龙江路	150	691	四川路	250	40
掖县路	150	359	西康支路	220/250	129/40
黄海路	150	293	传染病院后	400	15
栖霞路	200/250	82/5	嘉祥路东段	250	140
龙山一路	150	65	大学路齐河路交口	400	24
信号山路	150	309	青岛体育场	250/300/400	264/140/46
大学路东段	200	800	雨污水合流管道		
荣城路南段	150	80	路段	管径(毫米)	长度(米)
八大关一带	150/200	3256	单县路	250/300	78/60
太平角一路	300	180	西藏路	250/350/400	121/239/28
南海路公厕	150/250	17/234	汶水路	250/300/350	60/107/57

续表 4-7

污水管道			雨污水合流管道		
路段	管径(毫米)	长度(米)	路段	管径(毫米)	长度(米)
青岛体育场	100/200	45/593/420/522	濮县路	250/300/350	230/117/20
台西四路	150/300	41/204/5/252	巨野路	250/300/350	67/83/60
台西五路	350/450	190/345/113	磁山路	250	323
挪庄	150/250	364/100	费县路	250	60
上马虎窝	153/250	86/37	嘉祥路中段	250	152
下马虎窝	150	7	费县路西段	250/300	224/11
脏土沟	150/250	330/97	汶上路北段	200/250	14/30

表 4-8　　市南区排水管道建设情况一览表

(1982—2000年)　　单位：千米

地　址	建设年份	雨水管道	污水管道	地　址	建设年份	雨水管道	污水管道
芝泉路	1982	0.59	0.36	仰口路	1988	0.44	—
山东路	1983	8.86	4.48	镇江南路	1988	0.06	—
南京路	1983	1.77	3.53	台湾路	1988	0.70	0.70
燕儿岛路	1983	1.62	1.41	辛家庄东南小区	1988	0.74	0.25
辛家庄一小区	1983	1.85	1.51	辛家庄三小区	1988	1.99	1.09
辛家庄一小区(外)	1983	—	—	三明路	1988	2.05	—
宁夏路	1984	2.65	1.40	东海路	1988	1.81	1.49
辛家庄二小区(外)	1985	0.78	—	南京路	1990	2.26	1.69
兴安路	1986	0.40	0.40	团岛二路	1990	0.14	—
辛家庄四小区	1987	0.27	—	贵州路	1990	0.98	1.56
辛家庄一小区	1987	2.03	1.23	宁夏路二轻住宅	1990	0.34	0.43
燕儿岛支路	1988	0.08	0.09	湛山小区	1996	5.533	5.533
燕儿岛路	1988	1.54	—	四方路	2000	1.6	1.6

明沟暗渠

1898年前海一带开始建设明沟和暗渠。明沟，是铺设在道路两侧的沟槽式排水渠道，多为石砌，裸露地面，故称“明沟”。暗渠，是深埋于地下的排水渠道，离地深约2米，其结构分为3段，上段为陶瓷管，中段为蛋形混凝土管，下段为石砌沟槽，上覆拱形或长方形钢筋混凝土盖板，位于大桥下或海岸出口处。当时市区设有12大暗渠，总长5464米。其中，市南区设有中山路、郯城路、龙口路、贵州路、山西路、安徽路、朝城路、江苏路、菏泽路9大暗渠，总长4259米。有的设于前海道路交口的海堤下，有的设于大学路、太平路口桥下，还有的设于小港沿海岸。

20世纪30年代，相继在齐东路、莱芜路、大学路、山海关路、无棣二路、龙山路及总督官邸前修筑、改筑雨水明沟，同时在函谷关路修筑14条暗渠，长8839米。至1935年，市区共修筑明沟暗渠15056米，其中80%以上修筑工程在市南区。此后，各历史时期先后又在重点路段修筑排水明沟暗渠。

青岛解放后，随着城市的建设与发展，市南区的明沟暗渠建设步伐加快，对一些影响民生的老大难路段，进行重点整治。涉及苏州路、胶东路、无棣一路、无棣二路、临朐路5条道路的雨水系统改建工程，成为第一个五年计划时期市政建设重点工程之一。太平角二路至四路暗渠新建工程也相继完成。70年代初，建成掖县路暗沟，拓宽红岛路暗渠，砌筑南海路明沟暗渠。中共十一届三中全会以后，区内明沟暗渠建设得到迅速发展。修建了二十五中—湛流路雨水明沟暗渠、伏龙路明沟、辛家庄三小区暗渠、团岛二路明沟。新建南京路暗渠、浮山五六路暗渠、燕儿岛路暗渠，实施南海路暗渠改建工程和大学路暗渠改造工程等，有效地解决了辖区排水不畅的难题。截至2012年年底，市南区排水道总长度53.435千米，其中暗渠35.953千米，明沟17.482千米。

排水泵站

20世纪初，今市南区域设广州路、太平路、南海路3处排水泵站，采集、沉淀、分离污水，经加压后排往远海，同时通过对输污干支管道的控制，解决平日和雨天的污水排泄。排水泵站初设时，大部以电机为动力输送污水，还有的以风车为动力进行污水加压。3处排水泵站均建于1903—1909年，其中太平路泵站系中转式泵站，不直接排污至远海，仅将采集的污水转运至总泵站即广州路泵站。广州路泵站和南海路泵站系终端泵站，污水加压后，一个送至团岛角入海，一个送至汇泉角入海。青岛解放后，市南区又先后建设了团岛一路、太平角、南海路、东海路等泵站，泵站设备得到更新，排水状况得到较大改善。1963年在团岛建设青岛市第一座污水处理厂，处理来自广州路泵站输送的污水，处理方式为一级处理，设计能力为日处理污水1.1万立方米，1965年投入使用。1981年，在延安三路南端建成一座小型污水处理试验站，日处理污水能力为500立方米，处理后的污水达到了浇灌农田的标准，亦可用于土建施工。次在这里又建设了一座日处理能力为3000立方米的中型污水处理装置。

青岛市街的独特地标——“古力盖”

表4-9　　市南区排水泵站建设一览表

（1897—1990年）

泵站地址	始建年代	排水量(万立方米/日)	机组(台)	装机容量(千瓦)		汇水面积(公顷)	流　向	备　注
				单机	合计			
广州路5号	1903	1.00	2	55	110	253	至团岛入海	—
太平路2号	1903	0.80	2	28/30	58	202	南海路泵站	—
南海路6号	1908	0.70	1/3	40/28	124	64.40	太平角泵站	—
团岛一路	1964	1.00	3	28/55	139	1.90	—	1989年停用
南海路4号	1975	0.80	3	30	90	—	太平角泵站	—
东海路7号	1975	1.00	2/17	30/10	230	115	—	—
太平角一路6号	1980	0.80	3	30	90	110	延安三路泵站	—
东海路	1986	5.00	5/1	45/75	300	304	—	—
合　计	—	11.1	—	—	—	—	—	—

第三节　防洪工程与桥涵工程

防洪工程

青岛建置初，市区泄水防洪依靠天然河道及冲沟。20世纪初，为防止海浪冲击道路，在太平路、贵州路、团岛路、四川路一带修筑海岸护坡3.3千米。其中，太平路护坡长1436米、高6.49米，用大块花岗岩石砌成，抗击海浪能力较强。此后，贵州路、四川路及团岛路一带又新筑护坡近2千米（解放后围海造地被填没）。北洋政府统治时期，修建了汇泉路、山海关路、太平角一路一带的海岸护坡1.2千米。青岛解放后，市南区沿海一带护坡建设沿太平路一线向西延伸，先后修筑了太平路至贵州路护坡、东海路护坡、贵州路护坡、贵州路公园护坡。从20世纪90年代起，东起第六海水浴场，西至团岛湾西端的大跨度护岸建设，将市南区沿海一带海岸堤坝和护坡设施推至最西端。东部一线海坝建设，和东海路的建设相配套，完成东海路海坝建设。防洪工程建设保证了沿海道路的安全通行。

表4-10　　市南区海堤护坡建设情况一览表

（1897—1990年）

单位：米

	建造时间	堤堰结构	长度	高度	备　注
太平路海堤	1897—1914	石堤	1437	6.50	大块花岗岩砌成
四川路海堤	1897—1914	石堤	1311	2.25	解放后围海造地填没
团岛路海堤	1897—1914	石堤/混凝土	370/175	1.50/3	解放后围海造地填没
湛山以东海堤	1897—1914	石堤	5000	3.00	—
太平路至贵州路护坡	1952.6	石基	500	—	—
东海路护坡	1954.6	石基	857	6	高5.98米、体积2218立方米
贵州路护坡	1954.10	乱石	379	4	砌乱石1612.70立方米
贵州路公园护坡	1960.8	石基	513	—	—
青岛二中南海坝	1977.8	石基	459	—	—
栈桥至团岛湾护岸	1990.7	石基	3194	—	—
东海路海坝	1990.11	石基	455	—	建围堰470米
金海广场海堤	不详	石基	620	—	—
银都花园海堤	不详	石基	1100	—	—

桥涵工程

青岛解放前，今市南区域仅有栈桥、定安桥、泰云桥等几座桥梁。区内涵洞多是结构简单、跨径小的石桥、砖水泥桥、石垛木桥，多为20世纪初期所建。青岛解放后，现代化新型桥梁建设有了较大的增加，在规模、结构、造型、设计与施工技术等方面都有巨大进步，对城市交通畅通和排水泄洪发挥了重要作用。

定安桥　定安桥由时任胶澳商埠总办高恩洪筹议而建，高恩洪字定庵，谐音取意，此桥定名定安桥，市民称之为“天桥”。位于青岛市南区泰安路与云南路之间，西接云南路，东接泰安路、北京路、天津路、大沽路、济南路、肥城路，与六路口街心花园相对，是横跨胶济铁路的木架天桥，于1924年10月落成。该桥全长622英尺，桥面宽16英尺，共21个桥孔，中间2孔每孔跨度59英尺，下支3个桥墩，石头砌基，水泥浇筑，上托木架桥体，高20余米，往来火车从下经过。另外9个桥孔，分布在桥体东西两端，东端10个孔，西端9个孔，降坡式排列，构成东西两端的引桥，每个孔下立有4根木桩，木柱下面是用铁路道木筑成的台基，中间用大铁钉连接，十分坚固。东西两端的引桥接着石垛，石垛外砌沙石，形成坡面，与两边的地面接平。该桥落成典礼极其隆重，台西镇、大鲍岛万人空巷，观者如堵。30年代初，改定安桥为“国民桥”。抗日战争时期，日伪当局以“防军运泄密和破坏”为由，将桥拆除，仅余东面坡基。

泰云桥　抗日战争胜利以后，青岛市政府在市民强烈要求下，在定安桥旧址往南40米新建一座横跨胶济铁路的木便桥，于1947年8月开建，同年10月30日完成，因其位于泰安路与云南路之间，故名“泰云桥”。泰云桥全长150米，宽4米，共21孔，为木结构，所有木梁、木柱、木方均涂沥青，桥面上铺一层拌沙子的沥青，以延长桥板使用寿命。60年代中期，此桥已腐朽严重。1969年青岛市革命委员会决定将其拆除，在原地重建一座永久性钢筋混凝土桥，以解决市区至西镇的交通问题。

跃进桥　位于市南区青岛火车站北端，系在原泰云桥旧址上建成，是一座横跨胶济铁路的钢筋混凝土双曲拱桥。西接云南路，东与济南路、北京路、天津路、大沽路、肥城路、泰安路六条路交会点相连。是西镇至市区一条重要的人行天桥。桥身只有3孔，全长132.24米，桥面净宽5.38米，主跨径52米，边孔跨径15.3米，桥高11米，人群设计荷载每平方米350千克。上部构造为主孔采用等截面悬链线，边孔采用等截面圆弧线双曲拱。下部构造为石砌重力桥台，两边孔桥台基础采用混凝土灌注桩。建筑形式采用了民族风格的双曲拱，美观大方，坚固实用。这是青岛市第一座双曲拱桥，建成后命名为“跃进桥”。该工程由青岛市城建局设计室设计，青岛市市政工程管理处工程队施工。工程于1968年11月开工，1970年5月竣工。随着城市建设和铁路运输业的发展，跃进桥于1991年拆除，后在其原址上建成一条地下通道。

中山路人工桥　20世纪80年代中期，随着大型现代商业设施和即墨路小商品市场的崛起，中山路商业街日趋繁荣。为缓解商业街人流拥挤的交通压力，实施人车分流，1986年8月1日，中山路人工桥开工兴建，9月30日竣工。该桥由“丫”形主梁和三组梯道组成，桥长44.40米，宽3.50米。该工程由青岛市市政工程设计室设计，北海船厂及青岛大理石厂施工。

第三章　城市绿化

明代中期，今市南区地域已出现民间绿化和花卉养植，在浮山守御千户所官署、军户住所已有分布，大鲍岛村、青岛村、会前村等村落民居房前屋后所植的“四旁树”亦较为常见。市南区最早的公共绿地是位于天后宫外的临海小花园，开街头绿化之端始。青岛建置后，胶澳总兵衙门行道两侧植有行道树，此为市南区街道绿化之始。1898年在今中山公园建设了城市第一个公园植物实验所。随之开辟市区第一条道路亨利亲王大街（今广西路），同时栽植行道树，建设街头绿地，在梯利华兹大街（今安徽路）辟建街心花园，在青岛山、太平山、观海山、观象山等市区山头植树造林，继而兴建西式别墅花园，以西方园林风格配置庭院景观。胶澳总督府大楼建成后，在大楼前的市政广场建成小游园，并逐步在火车站前与基督教堂前推广小游园式街头绿化模式。期间胶澳总督府下设林务局，办公地点在会前村植物试验场西侧，为青岛市最早的园林绿化管理机构。第一次世界大战时期，齐东路一带的日侨别墅庭院，引入常青树木和爬藤类植物，是庭院绿化立体化之始。1922年中国收回青岛主权后，公园建设颇具起色，新建栈桥游园、若愚公园（今鲁迅公园）、太平角公园和小青岛公园。20世纪30年代，国内外达官富豪在青岛湾风景区、汇泉湾风景区和八大关风景区修建别墅群，推动景区内的街头绿化、道路绿化、游园建设和庭院绿化层次提升。尤其是素有“万国建筑博览会”之称的八大关建筑群，其花园式的庭院绿化风格对城市园林产生了很大影响。1938年青岛沦陷后，城市绿地破坏严重，市区山头林木几乎砍伐殆尽。1949年青岛解放前，市区公共绿地大幅萎缩，市区公园所剩无几。

青岛解放后，市南区大力开展群众性植树造林活动，恢复栈桥的4处游园，重建天后宫等4处游园绿地。20世纪50年代中期，在八大关景区建起4处较大的公共绿地，并新建八大关园林、贵州路公园等较大游园设施，小型街头绿地迅速扩展。“文化大革命”期间，公园建设陷于停顿，城市园林绿地占用、破坏现象严重。1978年以后逐步得到恢复。1979年，改造后的汇泉广场成为全市面积最大的公共绿地。20世纪70年代末80年代初，广泛开展植树节造林活动和社会集资建园活动，相继建成植物园、动物园和小鱼山公园。1984年开始进行10个山头公园建设，市南区辖内建成观海山、观象山、信号山、太平山4个山头公园。此后又在伏龙山、辛家庄北山进行山头绿地建设。1988年撤销市南区绿化管理站，成立市南区园林绿化管理处。1989年全区建园面积达31130平方米，相当于前两年建园面积总和的4倍。伴随小区广场的建设进程，街头绿地建设与小区广场建设同步进展。围绕中心广场和主干道路的绿化美化工程，呈现组团式、大型化和精品化的特点。1999年先后完成香港路、五四广场、东海路、福州路绿化美化，八大关景区、栈桥公园改造等工程，其中五四广场和东海路绿化美化环境建设工程获全国第八届优秀工程设计金奖和建设部鲁班奖。2000年，香港路环境绿化工程获建设部市政金杯奖。年内先后完成八大峡广场绿化工程和八大关景区二期绿化改造工程。

进入21世纪以来，市南区大力实施居住区绿化建设和庭院绿化美化工程，辖内相继新建、扩建了五四广场、音乐广场、雕塑园、汇泉广场的大型公共绿地、燕儿岛公园和燕儿岛山公园等。至2012年，市南区建成区绿地总面积1001.2公顷，区绿化覆盖面积1055.29公顷，公共绿地总面积560.79公顷，绿化覆盖率35.16%，绿地率33.36%。有公园14个，小游园绿地64处，街头绿地179处，风景林地、单位庭院绿地、居住区绿地和生产绿地大面积增加。

表4-11　市南区植树情况一览表

（2006—2012年）

年度	2006	2007	2008	2009	2010	2011	2012
数量(万株)	10.11	11.08	14.23	16.2	37.3	20.6	18.84

第一节　道路绿化

区内最早的行道树是章高元总兵衙门口行道两侧的一段，植有银杏、青杨、国槐三种树，今人民会堂一侧仍有当时栽植的树木。

20世纪初，在建成的第一条道路亨利亲王大街（今广西路）两侧栽植了从柏林运来的无刺槐。后在相继建成的斐迭里街（今中山路）、阿拜尔特街（今湖南路）、梯利华兹街（今安徽路）、威廉大街（今太平路）、俾斯麦大街（今江苏路）、郝汉罗尔大街（今德县路）、第利斯街（今青岛路）两侧分别植以悬铃木、刺槐、无刺槐和银杏等树木。此后，道路建设与道路绿化同步进行成为市政基础建设的定例。

1931年在农林事务所的倡议下，始行每年清明节栽植“总理纪念林”制度，成为青岛市义务植树的开端。20世纪30年代中期，农林事务所对台西镇居民进行技术指导，在台西经纬一、二、三、四、五路栽植刺槐、山樱，并在云南路、郓城路栽植加拿大白杨，天津路、成武路栽植无刺槐。

1947年秋始，国民党军队积极备战，铁路运输中断，市区燃料紧缺，“煤荒”严重，军队和市民砍树为炊屡禁不止，市区行道树杀伐损毁严重。

青岛解放后，大力开展群众性义务植树活动，行道树栽植得到快速发展。20世纪80年代后，园林部门根据区域特点栽植了不同品种的行道树，形成了独特的地域风格。至1990年年底，行道树增至20余个树种，由过去的单一树种、单一形式、单行栽植发展为乔木、灌木结合，多树种、多行列结合的栽植形式，由单一的落叶乔木树种发展为落叶和常绿树种结合、纯观叶树种向观花树种发展、单季节观花树种向多季节观花树种过渡。20世纪90年代后，行道树栽植采取乔木、灌木和时令花卉有机搭配的方式，与公共绿地、街心花坛、道路绿化带建设同步发展，增强了街头观赏效果，美化了城市空间环境。

进入21世纪，辖区改建江西路、大学路、江苏路为立体垂直绿化路，芝泉路新植银杏232株，成为特色树种路。至2004年年底，全区共有栽植行道树的道路291条，行道树3.2万余株，主要树种为法桐、白蜡、国槐、银杏等。2005年在香港中路等绿化带内栽植楸树、美国红枫，闽江路栽植黄山峦，贵州路栽植白蜡，澄海路栽植银杏等。2006—2009年，着力突出特色树种路建设，相继建成汕头路、珠海一路、宁夏路、莱阳路、南京路、南海路、珠海路、珠海支路、仙居路、绍兴路、中山路、莲岛路、奉化路等18条特色树种路，造就“枫叶大道”“玉兰大道”“银杏大道”“法桐大道”等多彩树种景观。2010年改造秀湛三路、新湛一路、新湛一支路、华严路、新湛二路五条道路，栽植银杏、黄山栾、樱花228株。2011年在香港中路、香港西路、山东路等7处栽植景观大树489株。2012年，对宁夏路、高雄路、宁德路、芝泉路、贵州路、银川西路、延吉路、云霄路、燕儿岛路、江西路等10条道路实施绿化整治，完成人行道绿篱改造23811米，更新行道树564株，形成绿色景观大道。

第二节　园林绿化

市南区的园林绿化，经历了古代宫观园林、西方别墅花园、近代城市园林和现代城市园林的发展道路，其风格、形式和规制融合了古今中外各类园林的优势和特长。由于植物自身的演化和近代历史原因，其园林植物体系，除具有鲜明的本土特征外，欧美、日本、地中海及东亚区系成分均有分布。

中山公园

位于太平山西南麓，始建于1901年，面积

中山公园樱花盛开

73.3万平方米，是青岛最大的综合性公园。1901年辟建为植物试验场。第一次世界大战时期，在公园主路两侧栽植百余株日本樱花。20世纪20年代，公园内修建道路，辟建花坛，铺设草坪，设立花圃。20世纪50年代，建成芍药园、玉兰园、月季园、桂花园等专类植物园。20世纪80年代，建起大型观赏温室，拆除动物笼舍，铺草造园，形成了花卉展区。现有各类植物360余种，10万余株。其中长柄栎、车轮梅、日本油榧、日本厚朴、西洋山楂、美国鹅掌楸、美洲肥皂荚等珍稀树种国内少见，丛植、孤植的樱花树遍布园内。每年4月上旬至5月上旬的“青岛樱花会”成为蜚声海内外的专项游园活动，日游客超过20万人。

动物园

位于延安一路102号，始建于1977年，占地面积29万平方米。园内树木以常绿、落叶乔木和花灌木为主，依据功能要求、植物生态、意境构思设计配置，并结合动物生态习性和自然环境选择植物种植。园内主干道植有雪松、樱花、银杏和榉树等树种。动物馆舍多掩映于绿树丛中，鸣禽馆、灵长区以庭院式绿化为主调，其余展区以自然式布置为主。2003年，公园有树木152种，共2.66万株，草坪2.24万平方米。

青岛植物园

位于太平山景区南麓，始建于1976年，占地100万平方米。园内有高燥的山地、低洼的泽圹，依山临海，风景秀丽，建有森林乐园、植物精品园、科普馆、中日友好园、法国楼、听涛阁、水榭等景点，是集科研科普、花卉培育和游览于一体的综合性旅游景观。园内荟萃了国内外具有较高欣赏价值的花卉400余种(其中珍稀濒危植物近80种)，是市花“耐冬”、市树“雪松”最大的繁殖培养基地。

信号山公园

位于市南区中部， 海拔98米，占地6.39万平方米。1984年进行封闭改造和整体绿化，修建了道路、亭台、楼阁等。公园原有黑松和刺槐等树种，又增植了黑松、龙柏、冬青等常绿植物和樱花、海棠、迎春、连翘、火炬、枫树、月季、石榴、紫薇、红叶李、千首兰、大花金鸡菊等观赏植物。新栽各类乔木、灌木17853株，建绿篱124.6米，实现四季常绿，三季有花，成为观赏青岛海滨风光的最佳景点。

观海山公园

海拔66米，占地0.57万平方米，1984年建园，植树1562株，铺草坪1176平方米，栽植绿篱60米。1986年竣工开放。

观象山公园

海拔78.9米，总面积为6.30万平方米，1932年建园。1984年进行整治改造，栽植各种乔木、灌木23 665株，铺设草坪384.5平方米，栽植绿篱220米。2000年栽植各类乔灌木16380株，栽花面积1894平方米，草坪5000平方米。2008年植美国红栌、黄栌、银杏、玉兰、枫香568株。

老舍公园

原名安徽路公园、第六公园，俗称“大花沟”。1999年改建成纪念性公园，占地面积9800平方米。其中，园路与铺装场地5500平方米、绿化用地3526平方米、水面1077平方米。园内有长绿乔木45株，长绿灌木327株，落叶乔木55株，落叶灌木247株，草坪2100平方米。

栈桥公园

1923年，胶澳商埠督办公署在栈桥两侧辟建游园2542亩，栽植刺槐、悬铃木、赤松等。1959年铺装了栈桥入口两侧的游览广场地面，架设了绿地花坛的防护围栏，在花坛内栽植了一批花灌木并铺设草坪，定名“栈桥公园”。

小青岛公园

位于青岛湾之南，面积为1.2万平方米，最高海拔17米。该岛生长一种稀有的黄色百合花，驰名国际植物学界，定名为“青岛百合”。1988年初，建成面积2700平方米的广场，筑起80平方米的花坛，铺植草坪3270平方米。

小鱼山公园

位于汇泉湾北侧，海拔60米，1985年建成开放。山阳坡是密集的枫树林，山阴坡是黑松和刺槐混交林，山顶平台为小花坛，栽植常绿植物和应时花卉。近观有江南私家园林“小中见大”的特点，远眺可俯瞰海滨风景区景貌。

鲁迅公园

位于汇泉湾西侧，与汇泉角隔海相望，公园占地面积4万平方米。1930年整修岸坡，铺设台阶，建造小亭等，成为青岛著名海滨人文景观。公园内有黑松1780株，行道树322株，花灌木6805株，草坪11900平方米，浴场绿地10500平方米，古树名木4株。

百花苑

位于青岛山南侧，与中山公园隔路相对，总面积8.25万平方米，俗称“万国公墓”。1923年墓地以南辟为苗圃，主要繁育刺槐。1984年，建成以展示花卉、观赏树木、山石、盆景为特色的公园。1990年在园内堆砌假山、铺设草坪，进行水面处理，从苏州、杭州购进两株近百年树龄的五针松，并配栽了各种花、灌木，定名“百花苑”。

第三节　街头绿化

建于明成化三年（1467）的天后宫前海边的小花园是青岛最早的人工游园，为市南区街头绿化的始端。清光绪十七年（1891），青岛设总兵衙门（现人民会堂址），周围大量栽植国槐、杨树、银杏等，是区域内建筑群绿化配置的开端。西方街头绿化设计模式与空间布局输入市南区，始于光绪二十四年（1898），是年天后宫后建立了第一座教堂“爱道院”，该院东侧建一三角形绿地。此后多处街头三角绿地出现，兼作道路林地和街头游园。光绪二十七年（1901）在今广西路、中山路、德县路、湖南路、安徽路相继建起街头三角绿地和小游园。后海水浴场北侧林地、胶澳总督府前游园、基督教堂前三角园相继建成。日德青岛之战中，多处街头游园毁于炮火，北洋政府收回青岛后恢复增建。1938年青岛沦陷后，街头游园多被占用或毁弃。至20世纪40年代末，大部公共游园损毁不全。

青岛解放后，市南区恢复栈桥、青岛路、安徽路游园、兰山路礼堂前游园和天后宫绿地，重建天桥、费县路、文登路坡等游园绿地。突出八大关景区的街头绿化，景区内新建4处较大的公共绿地，并在武胜关路、嘉峪关路、宁武关路、紫荆关路、正阳关一支路、正阳关二支路、临淮关路、正阳关路、韶关路、居庸关路与第一体育场网球场东侧等建设街头游园。继之，街头绿地建设进而扩展到福山路、鱼山路、江苏路和沂水路。同期，市南区西部街头绿地建设与大、小黑澜填海工程相配套，建成贵州路街头公园，后扩展至台西区主干道广州路、西藏路、贵州路及观城路等。20世纪五六十年代，街头绿地建设继续在八大关景区、汇泉湾景区和青岛湾景区展开，先后建成八大关景区14处街头绿地，青岛湾景区龙口路、大学路、龙山路等街头绿地，汇泉湾景区

优美的雕塑小品草坪

第二海水浴场、湛山大路、湛山一路两旁公共绿地。“文化大革命”时期，市南区街头绿地建设基本停滞，仅建太湖路街心花园一处。

中共十一届三中全会以后，区内大面积的街头绿地建设层出迭现。汇泉广场改造为近11万平方米广场绿地，成为全市面积最大、植物种类最为丰富的街头绿地。莱阳路北坡绿地与第一海水浴场公共绿地也相继建成。1987—1989年，辖区新建游园26处，建园面积近4万平方米。伴随小区广场建设的进展，街头绿地建设与湛山广场等小区广场建设同步进展。2003年防治“非典”期间，整治了卫生死角、荒山空地，新建绿地持续扩大。2004年，完成龙口路、江西路、泰州路3处游园绿地改造工程。2009年新建延吉路图书馆绿地、佛涛路绿地等7处绿地建设工程，面积16550平方米。改建燕儿岛公园等10处绿地，面积148535平方米。2010年改造绿地面积32520平方米。2011年完成金海广场、香港中、西路绿地改造、西陵峡三路绿地、郯城路游园、费县路2路电车站绿地、东海路、正阳关路等16处绿地改建绿地，面积60386平方米。2012年开展植树增绿行动，全年栽植景观大树及乔木5991株，完成软件园、青大三角地等13处绿地改造面积5.04万平方米，栽植灌木18.24万株、地被植物面积3.28万平方米，全区绿化覆盖率35.16%。

第四节　庭院绿化

受近代历史进程的影响，市南区的庭院绿化由居住人口的分布状况所决定，并呈现不同的形态和特色。别墅庭院绿化多集中于20世纪初至30年代以前形成的坐落在青岛湾、汇泉湾一带的别墅区和八大关别墅区。青岛解放后，中央各部委和陆、海、空三军在市南区东南部滨海一带建有多所疗养院，机关部队庭院绿化风格渐次形成。20世纪80年代以后，伴随新建小区相继崛起，大众化的居民庭院绿化迅速普及，改善了居民居住环境。

别墅庭院

1906年位于信号山南侧的总督官邸落成，院内绿化按照德国近代园林艺术风格配置，内建花坛、绿篱、草坪，点缀栽植经过选形的松、无刺槐、悬铃木等，是为西方庭院绿化东渐的先例。第一次世界大战时期，莱芜一路、齐东路一带建起别墅群，开始在庭院里栽植雪松、大叶黄杨等常绿乔木，是常绿树木进入庭院之始。此后，紫藤、地锦、蔷薇等爬藤类植物进入庭院，庭院绿化走上立体化。20世纪20年代中期到30年代末，国内外商贾大亨竞相在八大关建设别墅，形成了集各国建筑风格和庭院绿化配置艺术的豪华别墅群。20世纪60年代起，八大关景区建筑群以观赏性树种替代一般树种，景区各条道路均有各自的特殊树种（韶关路—碧桃、武胜关路—法桐、嘉峪关路—枫树、函谷关路—法桐、正阳关路—紫薇、临淮关路—龙柏、居庸关路—银杏、山海关路—法桐、宁武关路—海棠、紫荆关路—雪松）。至1986年年底，区内建成公共绿地45处（16.85万平方米）和牡丹园、芍药园、玉兰园、樱花园等花卉园和雪松、水杉、杜仲、麻栎等树种的林地，成为青岛海滨风景区的主要组成部分和疗养胜地。

机关部队庭院

青岛解放后，机关与部队接管的多为旧官僚邸宅或兵营，绿化基础较好，通过见空插绿补栽移植，庭院绿地有所发展。20世纪70年代后，机关部队仿效公共绿地建花坛、铺草坪、栽绿篱、修水池、植树木，庭院绿化迅速发展。中央各部委和陆、海、空军在辖区建有多所疗养院，早期疗养院的庭院绿化多为西方别墅式，新建疗养院绿篱草坪、树木花卉品种多样，假山水池、花廊亭榭等建筑小品新颖奇特。80年代后，各大宾馆通过装潢改造，选用常绿观叶和观花树种，突出了绿地植物的观赏性，配以五彩灯光、音乐喷泉、攀藤植物形成了立体绿化效果，庭院绿化水平不断提高。

居民庭院

20世纪50—70年代，城市居民庭院中多插建小房，庭院绿化难以发展。80年代后，新建居民小区预留一定比例的绿地面积，楼群间建公共游园，楼间空地实行乔、灌木和草坪有机组合，观叶和观花植物合理调配，耐荫与喜阳植物科学栽植，加大常绿植物比例等项措施，形成了科学合理的绿化配置体系，城市居民居住环境显著改善。2012年区内大力提升居民（单位）庭院绿化水平。完成莱阳路、八大关等区域73个绿化改造庭院和八大峡小学、太平路小学校园增绿工程。

第五节　园林植物

区内植物栽培历史久远，为数众多的古树名木，成为植物资源中的珍稀品种。就植物的分布范围而言，辖区内的植物分为园林植物和民间花卉。民间花卉的栽培源头，可上溯至明代中期。进入近代社会，市南区地域的近代城市园林荟萃了古今中外诸多优良的园林树种，由于持续不断的引种、培植，其植物体系吸纳了欧美、日本、东亚区系等众多成分，形成了丰富、多元的园林树种谱系，传承发展至今。

园林树种

明清时期，今市南区地域宫观、官署栽植的树种主要是本土树种国槐、白杨、银杏等。德国侵占青岛后，辟建植物试验场，建立森林公园，进行植物引进栽培试验，引进栽植的主要树种为黑松、梧桐、枹树、紫杉、红柳、落叶松、栗树、漆树、泽胡桃、桦树、儿手柏、黑柳、日本樱树、楉树、柞树、榆树、枫树、橡树等。至1913年，进行了总数达650个树种的移植栽培试验，初步形成兼容中西的园林树种谱系。至20世纪40年代中后期，经青岛农林事务所的引种培植，新增栎树、花柏、楸树、榉树、柳杉、扁柏、赤杨、桧树、槲树、柜柳、朴树、榔榆、白桐等树种，进一步丰富了园林树种的品类。1994年青岛植物园建成开放，占地69公顷，园中荟萃了国内外具有较高观赏价值的各类园林花木1000多个品种，其中木本植物600余种，是以园林花木等观赏植物为主的集科研科普、花木繁育于一体的综合性现代植物园，也是青岛园林树种培育、推广的重要基地。2012年，通过栽植水杉、银杏等景观大树和乔木，增加绿化面积，高标准完成软件园绿化提升工程，形成了层次丰富、特色鲜明的园区绿化景观。

民间花卉

青岛地区家庭花卉养植最早起源于明朝中期，一般官吏多喜欢牡丹、芍药、绣球、月季等花大鲜艳的花卉，文士墨客则喜欢梅、菊、竹类清香淡雅的花卉。平民养花大多是大荔花、凤仙花、半支莲、石榴、蔷薇等。20世纪30年代，农林事务所建起花卉温室，供花卉培育、观赏。20世纪80年代中期，温室花卉生产经营由城市传播到农村，成为民间花卉的重要来源，花卉品种日渐增多，档次不断提升。民间花卉养植主要品种随年代进展而变化，50年

香港中路新种植的景观树种“白蜡”

代为月季，60年代为兰花，70年代前期为杜鹃花、后期为君子兰，80年代前期为茶花、五针松、龟背竹、橡胶榕等，80年代后期为鹤望兰、铁树、棕榈类等。

古树名木

树龄在100年以上的树木称为古树。稀有珍贵、树形奇特，具有特殊科研价值、历史纪念意义和重要点缀作用的树木称作名木。明初为防御倭寇侵袭，在区内设立浮山所并建所城，浮山所南阁庙遗址的1株银杏即缘此而生。2005年，市林业局经地方申报和专家鉴定，确认市南区古树名木152株，对古树名木进行挂牌、照相、测量、设立标志，建立了古树名木电子档案，对其进行跟踪管理。

表4-12 市南区古树名木统计表

（2012年）

编号	中文名	树龄(年)	位置	编号	中文名	树龄(年)	位置	编号	中文名	树龄(年)	位置
1	银杏*	500	浮山所庙院	20	银杏	100	信号山路8号	39	银杏	90	黄县路17号
2	银杏	500	香港路小学	21	银杏	100	大学路16号甲	40	银杏	90	黄县路17号
3	银杏	500	香港路小学	22	银杏	100	大学路16号甲	41	银杏	90	中山路1号
4	银杏	500	浮山所	23	银杏	100	大学路16号乙	42	银杏	90	中山路1号
5	银杏	500	太平路19号	24	银杏	100	大学路16号乙	43	银杏	90	延安一路1号
6	银杏	500	太平路19号	25	银杏	100	德县路8号	44	龙柏	90	中山路2号
7	侧柏	400	太平路19号	26	银杏	100	德县路8号	45	龙柏	90	中山路2号
8	冬青	100	太平路19号	27	银杏	100	德县路8号	46	龙柏	90	中山路2号
9	冬青	100	太平路19号	28	银杏	100	安徽路16号	47	侧柏	100	龙江路4号
10	桂花	70	太平路19号	29	银杏	100	安徽路20号	48	侧柏	80	恒山路1号
11	桂花	70	太平路19号	30	银杏	100	安徽路20号	49	枇杷	90	大学路7号
12	厚朴	100	太平路19号	31	银杏	100	安徽路20号	50	雪松	100	龙江路21号
13	银杏	100	太平路9号	32	银杏	100	安徽路20号	51	雪松	90	龙口路1号丁
14	银杏	100	太平路9号	33	银杏	100	江苏路12号甲	52	雪松	90	德县路17号
15	毛白杨*	100	太平路9号	34	银杏	100	莱芜一路8号	53	雪松	90	黄县路4号
16	银杏	100	大学路4号	35	银杏	100	观象二路8号	54	雪松	80	正阳关路7号
17	银杏	100	大学路4号	36	银杏	100	黄县路15号	55	雪松	80	龙江路34号
18	银杏	100	大学路4号	37	银杏	90	栖霞路9号	56	雪松	80	莱芜一路11号
19	银杏	100	信号山路8号	38	银杏	90	栖霞路9号	57	雪松	90	江苏路20号

续表 4-12

编号	中文名	树龄(年)	位 置	编号	中文名	树龄(年)	位 置	编号	中文名	树龄(年)	位 置
58	山茶花★	100	广西路1号	85	美桐	104	鱼山路5号	112	美桐	104	牟平路14号
59	山茶花	100	广西路1号	86	英桐	104	鱼山路5号	113	美桐	104	延安一路67号
60	荷花玉兰★	100	广西路1号	87	美桐	104	鱼山路5号	114	美桐	104	延安一路67号
61	山茶花	90	齐东路19号	88	美桐	104	鱼山路5号	115	美桐	104	牟平路14号
62	山茶花	60	齐东路28号甲	89	美桐	104	鱼山路5号	116	枇杷	70	栈桥宾馆
63	山茶花	60	莱阳路31号	90	美桐	104	鱼山路5号	117	五针松	100	百花苑
64	山茶花	50	大学路34号	91	美桐	104	鱼山路5号	118	五针松	100	百花苑
65	宁夏枸杞	100	漳州路32号	92	美桐	104	鱼山路5号	119	日本榧树	30	百花苑
66	枸杞	90	漳州路32号	93	美桐	104	鱼山路5号	120	银杏	110	正阳关16号
67	桂花	80	黄县路15号	94	美桐	104	鱼山路5号	121	桂花	90	八大关亭子公园
68	桂花	80	黄县路15号	95	英桐	104	鱼山路5号	122	桂花	90	八大关亭子公园
69	二乔玉兰	80	龙华路1号	96	英桐	104	鱼山路5号	123	刺桂	60	八大关网子庄公园
70	紫花玉兰	80	龙华路1号	97	美桐	104	鱼山路5号	124	耐冬	70	山海关路1号
71	白玉兰	100	龙华路7号	98	银杏	104	鱼山路5号	125	龙柏	120	汇泉路22号
72	紫花玉兰	80	龙华路7号	99	银杏	104	鱼山路5号	126	龙柏	120	汇泉路22号
73	紫花玉兰	80	信号山路25号	100	银杏	104	鱼山路5号	127	桂花	90	八大关小礼堂
74	紫花玉兰	80	信号山路25号	101	银杏	104	鱼山路5号	128	桂花	90	八大关小礼堂
75	紫藤	90	沂水路14号	102	榉树	104	鱼山路5号	129	桂花	90	八大关小礼堂
76	楸树	70	安徽路12号	103	榉树	104	鱼山路5号	130	枇杷	60	荣成路9号
77	银杏	90	江苏路32号	104	榉树	104	鱼山路5号	131	耐冬	60	荣成路2号
78	银杏	90	江苏路32号	105	榉树	104	鱼山路5号	132	日本厚朴	80	韶关路54号
79	美桐	104	鱼山路5号	106	榉树	104	鱼山路5号	133	银杏	110	韶关路1号
80	美桐	104	鱼山路5号	107	刺槐	104	鱼山路5号	134	龙柏	120	湛山一路2号
81	美桐	104	鱼山路5号	108	刺槐	104	鱼山路5号	135	龙柏	120	湛山一路2号
82	英桐	104	鱼山路5号	109	毛白杨	104	鱼山路5号	136	龙柏	120	湛山一路2号
83	英桐	104	鱼山路5号	110	美桐	104	柞山路路口	137	龙柏	120	湛山一路2号
84	美桐	104	鱼山路5号	111	美桐	104	柞山路中段	138	龙柏	120	湛山一路2号

续表4-12

编号	中文名	树龄(年)	位置	编号	中文名	树龄(年)	位置	编号	中文名	树龄(年)	位置
139	龙柏	120	湛山三路12号	144	乌桕	90	太平角五路10号	149	龙柏	110	太平角一路2号
140	法国冬青	90	湛山三路12号	145	乌桕	90	太平角五路10号	150	龙柏	110	太平角一路2号
141	法国冬青	90	湛山三路12号	146	海桐	80	太平角一路2号	151	黑松	95	鲁迅公园
142	乌桕	90	太平角五路10号	147	龙柏	110	太平角一路2号	152	黑松	95	鲁迅公园
143	乌桕	90	太平角五路10号	148	龙柏	110	太平角一路2号	—	—	—	—

说明：*树木别名：银杏（白果）、毛白杨（杨树）、山茶花（耐冬）、荷花玉兰（广玉兰）

第四章　公用事业

1897年德国侵占胶澳后，区内邮政通讯和电信业务随即开通。1898年青岛电灯房建立，此为辖区城市供电业之肇始。1899年，城市供水的第一个水源地开通，即铺设水管，送水至水道山（今观象山），配水至青岛区用户，供水管道途经的大鲍岛区还专设公共水栓，免费向居民供水。1901年市区出现两轮人力车，迅速普及青岛区和大鲍岛区，成为当时的主要公共交通工具。1907年德商开通市郊客运交通专线，每周由中山路南端的中央饭店发车，辖区公共交通渐具雏形。1933年市区共开辟10条公共汽车线路，以大沽路为总站，辖区公共交通网络初步形成。

青岛解放后，市南区公用事业揭开历史新篇章。辖区居民区供水进行了管网配套建设，并建成四方山至观象山的供水管道。20世纪50年代初，新增公共交通汽车，新辟至西镇、浮山所、湖北路和中山公园的公共交通线路。1963年，西镇至延安路的第一条无轨电车线路正式投入运营。“文化大革命”时期，公共交通陷入混乱，城市公用事业发展缓慢。

中共十一届三中全会以后，公用事业迅速恢复和发展。“引黄济青”工程，使辖区居民和企业走出了缺水的困境。客车出租业的崛起，成为城市公共交通的一支生力军。小公共汽车作为公共交通的补充形式，在城市公共交通中异军突起。液化石油气和煤制气进入千家万户，提升了辖区居民生活水平和质量。20世纪90年代，区内先后建设了观象山地下供热站、浮山后三小区供热站、龙山地下供热站等5处供热工程，对辖区居民和单位的供热能力显著提高。1992年开通移动通讯业务。1995年开通数字移动电话网，实现电传传真自动化。进入21世纪，电子政务覆盖全区机关各部门、各街道办事处和区直部门，电子网络迅速普及，网络通信进入千家万户。

第一节　城市供水

青岛建置前，区内居民靠凿井取泉饮水。德占青岛时期，1898年在市区凿井160余眼供汲取饮用，但水量不足、水质不良。1900年开始供水设施建设。是年铺设了从海泊河水源地至观象山的铸铁输水管道4.2千米，配水供应青岛区居民，随即在输水管道途径的大鲍岛开设供水管道，通过配水管向居民供水。区内自来水供应由此开始，日供水量为400立方米。1949年日供水达到1.9万立方米，供水区域约40平方千米，辖区居民均在供水范围之内。

20世纪50年代后，随着经济社会发展和人口规模扩大，辖区配套供水设施与市区水源地建设不断拓展，保障了区内生产生活用水。但随着水资源与生产生活需求矛盾日益突出，城市供水仍处于紧张状态。1985年10月，国家计委批准兴建“引黄济青”工程。1990年“引黄济青”工程全部竣工后，辖区城市供水走出了缺水的困境。

表4-13　　市南区储水池统计表

（1901—1983年）

名　称	建设年份	容积(立方米)	贮水量(立方米)	高程(米)	水位(米)	池深(米)	备　　注
观象山储水池	1901	400	97	74.36	3.6	4.5	—
汇泉跑马场储水池	1946	200	—	—	—	2.5	1986年废弃
鱼山路储水池	1947	500	—	—	—	—	20世纪70年代废弃
伏龙山储水池	—	1178	—	87.5	12	12.5	—
佛涛山储水池	1982	10000	2500	56	4	4	—
芝泉山储水池	1983	15000	3000	77	5	5	—

第二节　城市供电

1898年德国企业主朴尔斯曼在今河南路、天津路交叉处附近建立“青岛电灯房”，设50马力引擎发电机2部，发电容量75千瓦，此为青岛电业之肇始。1903年，德商库麦尔电气股份有限公司在今广州路3号建成青岛电灯厂，发电设备3机3炉，成为青岛最早的发电厂，1906年发电量为86.77万千瓦时，初步形成覆盖青岛区和大鲍岛区的供电网络，后延伸至台西镇。1914年全市照明和电力用户发展到400户，供电范围大部分在今市南区，部分延至今市北区。第一次世界大战时期，日本青岛守备军司令部接管青岛电灯厂，更名为青岛发电所。1922年，原德人安装的发电设备全部拆除，新装发电机组4台，用户6841户，最高负荷2420千瓦。1923年5月，青岛发电所改为中日合资胶澳电气股份有限公司。1935年，四方发电所正式投产发电，担负辖区供电。青岛解放后，供电范围逐年扩大。至20世纪90年代中期，已形成初具规模的输电、变电、配电和用电功能齐全的电力生产供应网，为辖区供电提供了保障。

第三节　城市供气

1968年青岛市第一家液化气站成立，发展市革委会、驻军和本厂职工用户共300户。20世纪70年代，液化石油气以其环保、卫生、方便等优点得到社会认可，居民需求日益迫切，青岛市积极扩大气源地，年供应总量达3000吨以上，供气人口17万人。20世纪80年代中期，青岛煤制气一期工程动工建设，至1990年用户发展到51767户。2001年，青岛市引进中原油田天然气项目正式启动。2004年，全市液化石油气用户51.84万户，煤制气用户上升至27.42万户，天然气用户达到13.08万户。区内城市供气实现全覆盖。

第四节　城市供热

辖区城市供热建设起步晚，但起点高，发展迅速。20世纪80年代以前，单位和居民用热使用自备炉具自我供给，能源构成以高硫煤炭为主，空气污染严重。1987年《中华人民共和国大气污染防治法》颁布实行后，区内统筹规划、统一解决热源，发展集中供热，先后建设了观象山地下供热站、龙山地下供热站、双星热力厂扩建和福州路小区等供热工程。20世纪90年代中期，随着全市供热企业加快发展，区内供热站及新建、改建供热企业锅炉增幅较大，供热能力明显上升。2005年，市南区有集中供热企业6家，实现供热面积710.8万平方米，总用户约5.73万户。是年山东路供热高温水管线建成，是华电青岛热力有限公司主要输配干线。2007年新增供热面积100余万平方米，全区热化率达到64%。至2008年奥帆赛前，山东路供热高温管线替代了开源热电福州路供热站，成为辖区最重要的热力输送管网，承担着山东路周边及青岛能源集团有限公司开源东部区域的供热输送。2009年新增供热面积160万平方米，城区热化率达到80%。2010—2011年新增供热面积1000万平方米，是2007年的10倍。至2012年，辖内供热基本实现全覆盖。

第五节　城市交通

20世纪初，区内居民出行多租用木制骡马车。达官贵人多乘坐由欧洲输入的敞篷车和轿式车，制作豪华考究，价格昂贵。德国殖民当局在崂山柳树台修建总督别墅和工兵休养所后，出租汽车应运而生，青岛成为全国拥有出租汽车最早的城市之一。1907年6月，德国人开办的费·理查德商号开业，开通市区至崂山柳树台的汽车客运线路，全长30余千米，每周三、六下午由位于现中山路南端的中央饭店发车，成为青岛和省内最早的公交客运线路。同期，棚式营运马车和人力车初具规模。第一次世界大战时期，日商大力倾销人力车（俗称“东洋车、黄包车”）。1926年市区出租人力车达到2500辆，营运马车逐年减少。同年夏，俄国人拉富林切夫与中国商人王相英等购置高篷厢式客车8辆，在太平路开办了“青蚨汽车公司”，由大窑沟通往台东、四沧、李村等地。1933年7月，全市共分10条公交线路，以大沽路为总站，其中7条公交线路由大沽路或大窑沟始发，由此形成全市公共交通的双核营运格局。同年，全市出租汽车行35家，汽车200辆；马车行27家，马车77辆。出租汽车行和马车行大部分集中在今市南区域。日本侵华战争期间，随着橡胶工业的发展，橡胶轮胎逐渐普及，人力车行业加速发展。20世纪40年代末，市区客运出租人力车有4000余辆，成为城市客运的主体之一，今市南区域成为人力车行聚集区和主营运区。

青岛解放初期，恢复和发展区内公共交通，辖区成为市区联结工业区和近郊营运路线的主轴。这一时期，客运出租汽车被取消，人力车改以货运为主。1956年机动三轮车开始试制，1958年发展到700部，手拉人力车逐渐消失。1960年由西镇始发的二路无轨电车正式投入运营。1985年中青客车出租汽车公司、天鹅旅游汽车公司成立，新式轿车成为居民出行的主要代步工具之一。20世纪90年代，随着全市东部开发战略实施，区内东部交通网络加快建设。2003年，青岛历史上的第一条城市快速通道东西快速路全线贯通，加强了辖区交通东西交融。至2012年，以“一带（海岸带）、一快

（东西快速路）、三横（香港路、东海路、宁夏路）、四纵（山东路、南京路、福州路、延安路）”为主体的立体交通网络形成，区内多元化、立体化、高效能的城市交通网络进一步发展、完善。

第六节　邮政通信

市南区的邮政通信始于19世纪末。1897年德国侵占青岛后即设“战地邮站”，翌年1月改为“邮政代办处”。1899年德国邮政部在区内成立青岛德意志帝国邮局。同年区内开通公众电话。1901年安徽路新建的邮电大楼投入使用，开办邮政、电报、电话业务。此后历经政权迭更，奠立辖区全市邮政通信的中心地位。至1949年，市内电话自动机容量9050门，大部分集中于今市南区域。

青岛解放后，成立青岛邮电局，保障辖区函件、包裹、报刊发行和机要通信等业务。改革开放后，区内邮政主要生产环节实现了机械化、自动化，初步形成了具有较强综合处理能力和水、陆、空多渠道的邮政网络，成为华东地区主要的邮件集散地之一。先后增辟了邮政快件、特快专递、邮政储蓄、ATM自动取款、商函广告等业务。电话业务迅速发展，1987年区内电话实现自动拨号，同年开通120路长途自动拨号业务，实现国际、港澳长话直拨，并开通传真电报电路。20世纪90年代，区内长话业务大幅增长，直拨用户可进入国内770个城市和180个国家、地区，电话普及率居全省之首。其间开通移动通讯业务和数字移动电话网，实现电传传真自动化。随着电话初装费取消，区内民用电话实现全覆盖。1999年，市南区政府完成机关办公大楼信息化基础建设工作。2000年，区政府下发《关于建设市南区办公网络的通知》和《关于启用金宏系统的通知》，在全区部署金宏办公网络系统。同年5月，金宏办公网络系统覆盖全区机关各部门、各街道办事处和区直部门共112单位。2005年，市南区金宏办公系统用户发展到493个，联网微机达到741台。全区非涉密文件、资料和信息基本实现网络化传输，取代了先前印刷、装订、分发等传统的信息传送方式，节省了大量人力财力，有效地提高了机关办公效率。区内多家大型超市、商场在全国率先实施网上交易，多家企业建立网站，扩大了网上采购和交易范围。2012年，区政务网站依托“金宏网”完成行政执法平台建设，实现了全区透明化的权力运作体系。同年完成10家社区服务中心联网工作。

1901年，青岛德意志帝国邮政局大楼投入使用

第五章　房屋建设

今市南区地域的房屋建设始于明代。明洪武二十一年（1388）浮山守御千户所建置。随着卫所墩堡的设置和明代移民人口的徙入，由一般民居聚合而成的青岛村、会前村、小泥洼等早期村落相继出现。青岛建置初，居民住宅以石、土、木结构的单院独户平房为主，院落搭建土墙，梁檩门窗多为木制，起脊草苫屋顶，间有少数青瓦坡屋顶。19世纪末期，随着市镇的发展，城区出现了临街为店铺作坊、后部为住宅的复合型民居。德国侵占青岛后，市区南部沿海一带居民被西移北迁，在大鲍岛区沿大马路（今中山路）两侧及周边街道建房造屋，逐步形成围合式建筑群，是为里院的雏形。台西镇沿街修建的平民住宅，多数仍属传统民居，其中部分临街的复合型民居，成为里院的前身。这一时期，欧人区的别墅建筑建设渐次展开，在龙山路、福山路、鱼山路、沂水路、江苏路形成了官邸建筑群和别墅建筑群。第一次世界大战时期，广州路和台西镇的高地辟为住宅及商业区，云南路、东平路一带多为中国式内天井大院，成为市区一般住宅的主要形式。

北洋政府统治时期，台西镇海滩上出现了大量以炉渣、碎砖等搭垒的贫民棚户，铁皮覆顶，间距米余，高仅2米，形成居民集中的棚户区。20世纪30年代，八大关“特别规定建筑地”建设，产生了兼容多国建筑风格的花园洋房式庭院建筑群，成为青岛近代建筑的典范。同期，市政当局采取政府拨款、平民自建和慈善团体代建3种方式，把台西镇棚户区改建成8处平民住所共14个平民院，改变了这一地区“湫隘污浊”的居住状况。1935年颁布《青岛市施行都市计划案》，湛山、浮山一带规划为特种住宅区，荣成路以东、齐东路、莱芜路等处成为住宅规划重点区域，推动市区住宅建筑迅速发展。

青岛解放后，于1950年成立青岛市房地产管理局，下设区房产办事处，对房地产实施行政管理。20世纪50年代初，市南区逐步进行房屋拆迁改造，由市房地产管理部门采取行政方式，实施房屋拆迁，并采取新建房屋、另择公房、居民自行安置、所在单位安置、用地单位安置等多种办法对被拆迁居民和单位予以安置。1957年，实行全市统一动迁、征地规划、设计施工、工程验收和住宅分配，拆除住宅用房，按人均居住面积4～5平方米的标准安置被拆迁户。1963年开始，实施台西西广场棚户区改造，居民人均居住面积增加1.3平方米。20世纪70年代后期，改造西江路、山西路双鹤里棚户区，改造后人均居住面积分别达到6平方米、7.5平方米。1980年《青岛市国家建设拆迁安置暂行办法》颁布实施，被拆迁户全部由建设单位负责建设和提供住房，按人均4～6平方米安置。2006年，城市住房拆迁安置，改为增加居住改善面积安置住房和货币化补偿两种方式。

中共十一届三中全会后，辖区住宅建设以新区开发为主，旧城改造以改造棚户区为主。住宅建设坚持旧城改造与新区建设、商品房开发相结合，统筹统建和自筹自建相结合的方针，促进了旧城改造的进程。20世纪80年代中期，采取多家联合拆迁改造和联建改造方式，启动青岛市最大的棚户区——台西民众大院改造工程。20世纪80年代末，城市住宅建设实行综合开发，住宅建筑向单元式分室分户过渡，设计标准向多样化、多功能发展。浮山所、辛家庄一带新建住宅区实现了配套设计，部分新建住宅安装了供热、煤制气设施。1992年，区内首个旧村改造项目——大湛山村改造项目启动，推动了全市东部大开发的进程。1993年，市南区动迁安置办公室成立。2001年更名为市南区拆迁服务中心，承担市、区重点工程项目和有关单位交办的拆迁任务，为城市房屋建设提供拆迁安置服务。2000年后，南京路、山东路、延安三路等地新建了多座高层住宅建筑，建筑设计趋于现代化，内部设施更为齐全，住宅建设步入新的发展阶段。2002年，辖区7个自然村改造项目全部完成，成为配套齐全、环境优美、居住舒适的现代化小区，居民居住条件显著改善，城市化水平迅速提升。2006年以来，辖区陆续实施了龙口路20号、云南路片区与中岛组团捆绑改造等18个旧城区改造项目，并配合市重点工程建设实施了拆迁安置工作。2012年，市南区以开发建设、旧城改造和保障性住房建设为重点，积极做好项目征收、拆迁、建设和回迁安置。根据“规划项目抓落实，落实项目抓进度、在建项目抓质量”的要求，加快推进安置房项目建设。

第一节　居住建筑

官邸建筑

1899年，德国胶澳总督府开始着手官邸建设。同年建成胶海关首任税务司阿里文的住宅和总督副官住宅，前者系阿里文本人所设计，他所设计的中式屋顶门房，在当时盛行的欧韵建筑中独树一帜，而后者成为存留至今的康有为故居。建于1905年的总督官邸是市区官邸建筑的典型代表，具波兹南皇宫的宏伟气势。建于沂水路的第三海军营部官邸，也是市区早期官邸建筑之一。分布于龙山路、福山路、鱼山路、沂水路的欧式风格官邸建筑，均系德国人设计、德国建筑商施工，范式不一，风格各异，体现了19世纪末20世纪初的欧洲建筑风格和各种建筑流派。至第一次世界大战爆发前，坐落于青岛区的官邸建筑群已经形成。

庭院住宅

德国侵占青岛初期，在江苏路、湖南路、沂水路、德县路一带设庭院式住宅区，构成辖区沿海一带住宅的主体建筑风貌。同时，原清朝遗老遗少在宁阳路、湖北路一带建有西式庭院住宅、中式四合院楼房等。第一次世界大战时期，区内莱阳路、栖霞路、南海路、荣成路一带辟为别墅区。20世纪20年代末，以日本人为主辟建了太平角别墅区。30年代初，辟八大关为“特别规定建筑地”，建筑形式按“特别区域建筑”的规定进行设计，形成风格各异的八大关别墅建筑群，造就了国内唯一、世界少有的海滨建筑风貌。日本侵华战争期间，小住宅多集中于达官贵人居住的莱阳路，建筑以砖和钢筋混凝土结构、木架居多。至青岛解放前，区内庭院住宅建设基本停滞。

里院建筑

里院，是青岛特有的一种民居形式，其建筑样式融合了中式四合院和西方商住式公寓的建筑风格，建筑特色自成一格。20世纪初，大鲍岛区沿大马路（今中山路）两侧及周边街区开始出现围合式建筑群，是为里院的雏形。此后逐年均有增建，至20世纪30年代，里院建筑遍及中山路、四方路、黄岛路、芝罘路、平度路、济宁路、海泊路、河南路、河北路、山西路、北平路、大沽路、肥城路、湖北路、宁阳路等街区，主要有德兴里、宝兴里、和平里、庆余里、安康里、瑞趺里、珠江里、安庆里、雍和里、怀德里、华严里、信义里、鸿庆北里、三合南里、方圆里、宝华里、游艺里、裕安里、尚义里、敦厚里、存善里、厚德西里、双鹤里、泰山里、大洪泰元兴里、庆业里、森生里、维新里等。

第一次世界大战时期，台西镇沿街出现部分复合型民居。随着广州路和台西镇住宅及商业区的扩展，云南路、东平路一带中国式内天井大院进而稠密，扩展至滋阳路、嘉祥路、巨野路、范县路、汶上路、成武路、云南路、南村路、石村路等街区，里院逐步成为一般住宅的主要建筑样式。云南路沿街建有几十个里院，主要有：居仁里、珍诚里、崇文里、裕泰里、道广里、森兴里、顺泰里、福善里、义善里、江兴里、公德里、得盛里、庆善里、龙云里、宝兴里、观云里、丁昌里、曲因里、新里院等。各里院的称谓本意，多为吉祥如意，多德多福，如观云里是建在云南路和观城路交汇处，该院名为“观云里”。云南路两侧各个里院临街一楼，全为商店、铺庄、货栈、客栈的门头房，里院外围有百货、绸布、食品等各种商店，还有澡堂、理发店、饭店、肉食店、电影院、邮电所、诊所、银行、药店、煤店、奶站、水站和五金土产店等，是西部居民购物的首选之地。

里院建筑，均临街而建，多以两层和三层楼房为主，形成四周围合、内天井式的聚居空间，院落大小不等，小到一户一“里”，大到百户一“里”，其院落呈“口、日、凸、目、回”等多种形态，院落结构又分独院、套院、两进院、三进院及不规则院等多种形式。里院一层楼或一个院只设一个水龙头、一个厕所，房间户型基本一致，多是里外屋的两居套间，随着人口日渐稠密，单间一户现象日益增多。里院建筑，在20世纪二三十年代大体形成规模，30年代中期，台西镇贫民区改造为平民住所后基本停滞。据1933年全市里院统计，共506处，房间16701间，住户10669家，主要分布于今市南区地域。

平民住所

20世纪30年代，早期规划的台西镇（今台西一至四路）周围，由于贫民聚居人口剧增，已成为低矮污秽的城市棚户区，以脏土沟（今四川路）、挪庄（今成武支路）、上马虎窝（今嘉祥路）、下马虎窝（今四川路）等地为最。为改善台西镇居民住房条件，市政府专门成立了筹建平民住所委员会，以择地筹资建筑贫民住宅为宗旨，兴建适宜居住的廉租房。兴建平民住所有三种方式：一是由政府拨款兴建，二是民众自行建筑，三是慈善团体代为建筑。由政府拨款建筑的平民住所，主要用来安顿各地来青难民，以充当佣工、苦力、摊贩和贫苦妇女为限；民众自建的住所，由政府拨发公地建筑，不收取地租，如建筑资金有困难的，则酌量给予贷款，分期归还；慈善团体代建的平民住所，则由政府无偿拨给土地，廉价租给贫民居住。三种方式中，以市民领地自建住宅为主。

1934年，14个平民住所全部建成，合计房间3223间，住户2885户。“每间十二平方公尺，一门一窗”。砖木结构，建筑密度60%，有公用供水和公厕。政府拨款新建住所主要用来安置难民，以佣工、苦力、摊贩和贫苦妇女为限，每间月租金1元，带厨房者1.5元；平民自建住所由政府拨公地建设，3年内免缴地租，资金困难可酌情给以贷款；慈善团体代建住所，政府无偿拨给土地，廉价租给贫民居住。平民住所建设，是对台西镇劳工居住区生存环境的全面更新换代。

改造前的西镇里院

表4-14　　台西镇青岛平民住所一览表

（20世纪30年代中期建设）

平民住所名称	地　址	投资方式	新建房屋		住户（户）	备　　注
			院号	间数		
第1平民住所	台西五路2号	政府拨款	—	172	149	—
第2平民住所	四川路70号	政府拨款	1院	268	267	—
			2院	200	200	每间附带厨房1间
		妇女正谊会投资	3院	100	100	原名青村
第3平民住所	台西四路2号	平民自建	1院	125	127	—
	台西四路6号		2院	85	65	—
	台西四路8号		3院	104	139	—
	台西五路4号		4院	123	103	—
第4平民住所	观城路110号	平民自建	1院	298	326	原名脏土沟
	观城路67号		2院	61	56	—
第5平民住所	嘉祥路5号	平民自建	—	167	157	原名上马虎窝
第6平民住所	四川路21号	平民自建	—	182	143	原名下马虎窝
第7平民住所	成武路28号	平民自建	—	799	600	原名挪庄 旧有瓦房182间保留
第8平民住所	贵州路3号	政府公建	—	357	354	—
合　计	—	—	—	3041	2786	—

第二节　城市改造

棚户区改造

20世纪50年代初，辖内棚户区集中在原台西区沿海一带，房屋低矮，环境恶劣，其中，西广场棚户区人均居住面积仅有2.2平方米。为妥善解决棚户区居民住房，由市房地产管理部门和建设管理部门采取行政方式，对被拆迁居民和单位予以安置。包括就地新建房屋安置、另找公房安置、居民自行安置、所在单位安置、用地单位安置等多种办法。1957年，组建青岛市统一建设住宅办公室，负责全市统一动迁、征地规划、设计施工、工程验收、分配住宅等项工作。拆除住宅用房，按家庭常住户口人数和辈数等情况，以人均居住面积4～5平方米的标准安置被拆迁户。拆除出租私有住宅，只安排现住户，不安排房主。拆除企、事业单位非住宅房屋，按原使用面积由建设单位建房安置。1963—1968年，台西西广场棚户区改造，新建住宅楼7栋，建筑面积17678平方米，人均居住面积增加1.3平方米。“西广场”是四川路1～5号棚户区的总称，形成于20世纪三四十年代，多数居民以“拾破烂”、做苦力为生。

新挪庄庭院一角

青岛解放后，因其开创了青岛市人民政府棚户区改造的先河而盛名于岛城。西广场棚户区改造前，居住达千余户，胡同纵横交错，房屋破漏，30%的房屋面临着侧塌的危险。这里人口众多，只有一个厕所和一个水龙头，有民谣曰“西广场，真蹊跷，吃水要排队，屙屎要挨号”。多数房屋为木板、油毡结构，易引起火灾蔓延。该处地势低洼，每逢下雨，房屋经常被淹，故又称青岛的“龙须沟”。20世纪60年代初，为了改善群众的居住条件，中共青岛市委成立专门的工作组，深入西广场进行调查，决定拆除旧有房屋，新建居民楼，由政府投资兴建七座5～7层的新楼房，建筑面积达17678平方米。1963年改造工程正式启动。1965年9月26日，4号楼率先竣工，命名为“幸福楼”，当年搬进200余户居民，让“破烂市”的住户们过上了幸福的时光。当时《青岛日报》整版刊登了大幅照片，新闻、通讯、特写连篇累牍进行集中报道，中小学生到幸福楼访贫问苦的络绎不绝，连中小学教师出作文题目都以此为题材，一时间幸福楼火爆岛城。1966年10月，2、3号楼竣工，1967—1968年，又相继建成1、5、6、7号楼。至此，西广场棚户区改造全部完成。人均居住面积提高1.3平方米，居民居住条件得到明显改善。

中共十一届三中全会后，辖区住宅建设以新区开发为主，旧城改造以改造棚户区为主，发挥政府职能，拓展投资渠道，综合开发，统一建设，促进了旧城改造工作的进展。1978—1979年，市房管部门改造了西江路、山西路双鹤里棚户区，改造后人均居住面积分别达到6平方米、7.5平方米。1980年5月颁布《青岛市国家建设拆迁安置暂行办法》规定，被拆迁户全部由建设单位负责建设和提供住房，按人均4～6平方米安置。1983年起，被拆迁户原则上按原使用面积安置，原住房拥挤的可适当增加，但常住户口人均居住面积不得超过6平方米。20世纪80年代中期，青岛市最大的棚户区——台西民众大院改造工程启动。1985年结合轮渡工程建设改造了台西六院，1988年建成10层住宅楼2栋，居住面积6424平方米。1994年市南城建开发公司承担了台西四院（面积48000平方米）、石村路（面积65000平方米）棚户区的改造拆迁任务，共建住宅楼10座，安置拆迁居民1400余户。1997年金都房地产公司完成台西五、九院棚户区改造，拆除住宅409户，动迁人口1194人。新建房屋8000平方米。期间，采取多家联合拆迁改造和联建改造方式，先后完成了台西十院和团岛一路通合里院棚户区改造，建成6~8层楼房10栋，建筑面积42399平方米。20世纪90年代末期，辖区棚户区改造基本完成。

片区改造

进入21世纪，市南区旧城改造转入辖内西部片区、商圈、地块改造。2006—2010年市南区共实施了18个在建城中村改造和旧城区改造项目（简称两改项目）、6个市重点工程项目和4个搬迁项目，拆（搬）迁居民约19800户、非住宅520余处，拆除面积130多万平方米，规划面积约320万平方米。2006年12月实施了龙口

新建云南路小区

路20号地块旧城改造项目，拆迁居民163户、非住宅17处。2007年实施了云南路片区、火车站商圈改造、南岛组团、嘉祥路地块、东平路地块及西藏路地块6个两改项目、快速路三期跨铁路段及海底隧道隧道口2个市重点项目和劈柴院保护性修复搬迁项目，共拆（搬）迁居民7200余户，非住宅180余处。2008年实施了北岛组团、莘县路小学周边、食品厂周边、泰州路片区及燕儿岛路片区5个两改项目，快速路三期市南段、海底隧道四川路接线、海底隧道云南路接线及海底隧道团岛二路匝道出口4个市重点项目和台西四路改造项目，共拆迁（搬）迁居民约7700户，非住宅约160处。2009年实施了延吉路改造、中岛组团、南京路片区及济南路搬迁项目4个两改项目和明水路搬迁置换项目，共拆（搬）迁居民约1800户，非住宅25处。2010年实施了八大湖小区及燕儿岛路二期2个两改项目和南村路46号搬迁置换项目，共拆（搬）迁居民1100余户，非住宅1处。2011年新的征收条例实施后，组织实施了地铁综合楼和山东路8号征收项目。

2012年，市南区以开发建设、旧城改造和保障性住房建设为重点，组织全区10个街道办事处完成了市南区危旧房屋初步调查摸底工作，积极协调相关部门，推进各安置房项目建设。年内嘉祥路片区项目和燕儿岛路项目3、4号楼已完工，火车站商圈项目、莘县路小学周边改造项目进入安装施工，食品厂周边改造项目已完成主体封顶。截至2012年年底，房屋安置居民8500余户、货币化补偿5300余户。

表4-15　　台西棚户区拆迁改造情况一览表

（1963—1994年）

改造项目	项目地址	拆迁面积(平方米)	新建面积(平方米)	拆建时间	承建单位	新建住宅
西广场	四川路	—	17678	1963—1967年	市房产管理局	6~7层住宅楼7栋
西江路	西江路	—	11694	1978—1979年	市房产管理局	7层住宅楼5栋
双鹤里	山西路	—	6775	1979年	市房产管理局	7层住宅楼1栋
台西一、三院	台西四路、五路	12855	64359	1987—1988年	振业商品房开发公司	7层住宅楼7栋
台西二院	四川路70号	43500	80000	1987年2—12月	城市建设开发公司	住宅楼17栋
台西四院	枣庄路、观城路	—	48000	1994年	市南城建开发公司	7层住宅楼3栋

续表4-15

改造项目	项目地址	拆迁面积(平方米)	新建面积(平方米)	拆建时间	承建单位	新建住宅
台西五(九)院	嘉祥路	7123	25650	1994—1996年	金都房地产开发公司	6层住宅楼3栋
台西六院	四川路21号	9301	6424	1985—1988年	轮渡工程建设附带项目	10层住宅楼2栋
台西七院	成武路28号	23706	65879	1988—1989年	建东商品房开发公司	5~7层住宅楼14栋
台西八院	贵州路3号	22150	16445	1986年2—11月	市城市建设开发公司	7层住宅楼8栋
台西九院	四川路25~29号	16390	40989	1989年1—12月	市城市建设开发公司	7~8层楼房13栋
台西十院	团岛一路1号	4617	29000	1986年	第二海水养殖场等3单位	6~8层楼房7栋
通合里院	团岛一路	3785	13399	1987年	第二海水养殖场等5单位	7~8层楼房3栋
石村路	石村路	—	65000	1994年	市南城建开发公司	7层住宅楼7栋

城中村改造

市南区的城中村改造工作历经计划经济、市场经济两个时期，前后共有3种运作模式：一是政府运作，统一改造 ，即政府为工程建设的主体，对动迁工作、工程建设、配套设施、居民回迁等一包到底。二是自行运作，滚动开发，即以农工商公司为工程建设的主体，农工商公司与村民易于沟通，动迁、回迁运作自如。三是市场运作，利益共享，即以建筑开发商为工程建设的主体，不需政府投资。利用村庄改造用地，既建回迁户，又建商品房，既改善村民住房条件，又满足了社会需求。

湛山广场

1992年实施大湛山旧村改造，共拆迁居民1895户，计5625人，拆迁面积12.17万平方米，共安置居民新房2740套，面积14.81万平方米，绿化面积96533平方米，小区中心广场被评为青岛市十佳绿地之一。1992—2002年，辖区7个自然村，经过近10年的改造建设，新建住宅及公共建筑面积190.68万平方米。2002年市南区旧村改造全部完成，居民们告别“都市村庄”，住房条件明显改善，市容市貌大有改观，辖区城市化水平得到迅速提升。

表4-16　　市南区旧村改造情况一览表

（1992—1999年）

村　名	拆迁年月	占地面积(亩)	拆迁面积(万平方米)	动迁户数(户)	建筑面积(万平方米)	竣工年月
大湛山村	1992.5	386.00	12	1895	45.00	1999.8
大尧村	1998.10	150.00	8	450	12.00	2004.4
亢家庄	1993	157.00	3	640	14.60	2000.5
田家村	1996.4	326.30	7	620	25.80	2001.4
逍遥村	1999.6	188.25	4	432	16.00	2002
浮山所	1999.7	412.95	18	2100	47.28	2002
辛家庄	1998.10	292.65	11	1458	30.00	2002

危陋楼改造

“八五”时期，市南区在居民大院联片治理的基础上，把危陋楼整治改造提上民生工程的重要议程。1998年对6300余处居民危房进行了维修。1999年开展为群众“排两忧、解三难”工程，维修漏雨房屋1524处，面积77万平方米，修建院内公厕121处，铺设甬道103处，为4472户居民更换破损自来水管道，对全区破陋房进行了摸底调查。2001年更换维修破损自来水管道2038户，修漏房屋1142处，对45处倒危房进行了改造。2004年，结合东西快速路二期两侧可视环境综合整治工程，年内完成南京路至永嘉路22栋楼房“平改坡”及综合整治工程。2005年以创建全国文明城市为抓手，投资3000余万元，粉刷美化楼房210栋，对82栋楼房实施“平改坡”，综合整治605处小街小巷和13条市政道路，居民生活环境明显改善。2006年对23座居民楼进行了“平改坡”和环境整治。2007年实施“平改坡”和旧楼院综合整治，改造居民楼院205个，5000余户居民受益。同年在全市率先完成云南路片区4700户危陋房的拆迁工作，安置房建设顺利推进，圆了几代人的安居之梦。至2012年，对暂时不能改造的危陋旧房逐年进行了维修。

第三节　城市建设开发公司

市南区城市建设开发公司

成立于1985年，是青岛最早成立的房地产开发公司之一。公司成立至今，共开发建设商业网点、写字楼、住宅及其他公共设施楼房60余座，总建筑面积35万平方米，其中三分之一的工程被评为优良工程。其中悦泉公寓1号楼荣获山东省建筑质量最高荣誉“泰山杯”奖。

国际城房地产开发有限公司

成立于1992年，是由市南建委与香港凯达拓展有限公司合资成立的房地产企业。公司成立后，主要开发了天山小区、逍遥花园、田家花园3个房地产项目，总建筑面积43.04万平方米。其中逍遥花园、田家花园为旧村改造建设项目。2000年，公司房屋开发量和投资总额位居全市房地产业首位。

金都房地产公司

1992年成立，先后承担了辛家庄小南村和台西五、九院棚户区两个改造建设项目，总改造面积7万余平方米，拆迁安置600余户。2005年12月，金都房地产公司全部债权、债务由青岛国际城房地产开发有限公司托管。

第六章　房产管理

1897年德国侵占青岛后，设立了土地测量局和土地登录局，对租借地进行土地测量登记，并有计划地收买土地、竞标出售，用于工商设施和住宅建设，同时发布一系列法令，明确了各类房屋的不同租价、房屋建筑的设计要求、审批程序和收费标准，规定了房地产权属管理、房地产转移的办理程序以及房地产纠纷的诉讼受理。第一次世界大战时期，房地产管理基本沿袭旧制，仅对不动产买卖、赠予及分割过户的收费标准略作调整。20世纪20年代，胶澳商埠局加强对房地产的管理，先后对房地产交易的收费办法、标准、房地产普查、官产房屋修缮、公有房产出租等作了规定。30年代，市政府确定由财政局负责市有房产的租赁、产权转移或变更，颁布了《青岛市土地登记细则》，规定了土地权利的取得、设定、移转、变更、消灭等登记法定程序。50年代前，私房出租由房主直接办理或委托“经租账房”、二房东转租。租金按房屋面积、坐落、朝向、设施等确定，租金一般比公房高0.5~2倍。私房租赁转租、转兑、欠租现象普遍，租赁纠纷较多。民间房产交易多由中间人介绍，通过协商定价、书写卖契，纳税后即可交易。

青岛解放后，青岛市房产管理局对全市房地产实施统一管理，房地产管理初步纳入规范化管理轨道。“文化大革命”时期，正常的房管秩序被打乱，私房交易活动一度被禁止。中共十一届三中全会后，随着改革开放的进程，房产管理工作逐步走上法制化的轨道。20世纪90年代，市南区启动区内住房制度改革，实施公有住房出售，实行住房货币化分配，开发公有住房二级市场，对低收入家庭实行廉租住房制度，推动了住房制度改革深入发展。20世纪90年代中期，全面实施住宅小区物业管理，大力推进物业管理企业改革，不断提升物业管理的整体水平。至2012年，区内共有物业服务企业155家。

第一节　房产登记

产权登记

20世纪50年代，依据《青岛市市区房地产登记暂行办法》，区内房地产登记种类有:所有权登记、他项权利登记、转移登记、变更登记、注销登记、更正登记和遗失登记等。通过房地产登记，测绘每户地段图，核实了各种有关文书，建立了一套产权、产籍的基础档案资料，为房地产行政管理提供了依据。1987年，依据《青岛市城镇房产登记暂行办法》，对区内国家机关、部队（营房除外）、团体、学校、企事业单位的自管房产，房管部门的直管房产、拨用房产和城镇居民的私有房产进行全面登记。至1990年基本完成了辖区房产登记工作。

房产普查

20世纪60年代中期，市房产管理局成立了房屋普查队，对辖区进行房屋普查工作，包括测量房屋面积、确认产权、了解来源及变更情况、绘制地段图、路段位置图及各层、各间平面图等。至1971年年底全区完成房屋普查工作。“文化大革命”结束后，曾于1976年年末、1983年进行过房屋普查工作，但限于人力、物力、财力，对全市各类房屋情况仍没有准确的数据。1984年，依据山东省城乡建设委员会暨山东省统计局《关于开展全省城镇房屋普查的通知》，进行区内房屋普查。普查项目为建筑面积、房屋结构、房屋层数、建成年代、房屋用途、产权性质、居住状况和土地面积等8项。至1996年年底全区登记直管公房1478处，自管公房949处，私有房产5992处。

2012年年末，全区房屋普查登记，住宅自有率90%，共130833套，居住户数15.13万户，户均住宅套数0.86套/户，人均住宅建筑面积26.67平方米。人均住宅建筑面积10平方米以下的住户为零。

表4-17　　市南区房屋普查情况一览表

（1987—2002年）

年度	实有房屋建筑面积(万平方米)				住宅房屋建筑面积(万平方米)				使用面积		居住面积(万平方米)
	合计	直管房	自管房	私房	合计	直管房	自管房	私房	合计(万平方米)	人均(平方米)	
1987	700.50	243.88	—	64.11	392.22	179.13	—	63.49	274.91	—	188.51
1988	752.20	249.57	—	62.42	425.60	184.32	—	61.80	297.92	9.57	245.41
1989	827.83	265.46	—	62.77	465.37	199.34	—	62.15	325.76	9.98	225.70
1990	880.27	276.44	—	63.97	494.14	216.87	—	63.40	345.90	10.57	239.66
1991	918.00	292.00	562.00	64.00	516.00	226.00	227.00	63.00	361.20	10.85	255.40
1992	942.79	958.68	597.53	51.63	525.83	235.12	240.13	50.58	368.68	10.70	260.29
1993	1005.00	301.35	653.52	50.13	565.73	245.55	269.84	50.34	357.80	9.65	282.87
1994	1094.26	302.74	744.87	46.65	614.85	247.47	320.79	46.19	430.12	11.61	307.23
1995	1110.3	301.74	762.69	45.87	619.50	248.49	325.55	45.46	433.65	11.30	309.75
1996	1209.46	270.39	—	116.37	687.93	217.98	—	109.31	481.55	12.57	343.97
1997	1299.29	254.27	—	139.17	747.21	194.79	—	139.91	519.55	13.10	371.11
1998	1427.57	269.04	—	160.29	823.59	220.44	—	159.55	576.51	13.75	411.80
1999	1555.29	170.45	—	238.75	906.80	123.35	—	238.73	634.76	15.53	453.40
2000	1667.14	150.90	—	1047.54	985.54	103.40	—	849.81	689.88	16.75	492.77
2001	1742.51	90.49	—	1178.45	1014.44	43.81	—	930.94	710.11	16.61	507.22
2002	1782.92	42.33	—	1178.88	1049.37	30.33	—	979.35	734.56	16.12	—

第二节 房产租赁

私有房产

20世纪50年代初，根据《青岛市民有房地产管理暂行条例》，辖区私房租金参照公房租金标准，由主客协商，发生纠纷按照公房标准予以调解处理。1958年，私有出租房屋进行社会主义改造，出租面积达到100平方米以上的私有房屋由国家统一租赁管理，统一修缮，统一分配使用，房主按规定每月领取定租。“文化大革命”期间，大部分私有房屋交公代管，私房租赁与国家支付定租停止。“文化大革命”结束后，代管房发还房主自管，私房租金按公房租金标准加倍计收。1991年，依据《青岛市人民政府关于城市私有房屋租金标准的规定》，对私有出租房屋的租金标准做出统一规定。城市私有房屋出租，须签订租赁合同，并到房产管理部门办理租赁监理手续。20世纪90年代后，私有房屋租赁多由房产中介和租户自行协商办理，租金由租赁双方根据市价协商确定。

住宅公房

青岛解放后，区内公有住宅用房和公有非住宅用房实行统一规章制度、统一租金标准、统一调剂分配、统一组织维修、统一改造重建的管理方式。1956年，根据房屋结构、地面、内墙、顶棚、门窗五项条件，住宅分为5个等级，租金按使用面积计算，每平方米月租价0.08～0.50元。是年起，对国家机关工作人员住房租金由本人负担52%，国家补贴48%。1987年成立房产经营公司，负责各类房产的经租。直管公房采用住户自缴、集体缴租、单位汇缴、银行托收四种形式收缴租金。1992年，公有住房租金标准每平方米使用面积0.95元。1999年调整为1.43元。2000年提高到1.80元，其中对承租人及配偶双方或一方已计发增量补贴的，其租金标准提高到2.86元。延续至2012年年底。

非住宅公房

1951年，辖区行政机关、文教卫生和商业服务等非住宅公房依照房屋坐落环境划分7个等级，以建筑面积计算租金。工厂分3个区域4个等级计租。仓库分3个区域5个等级计租。1987年，机关事业和工商企业单位用房，分别按成本租金的4项和5项因素计租。理发、浴池、煤店、菜店等，按工商企业用房租金标准60%～80%计租。单位出租非住宅用房租金参照直管公房标准执行。1996年，对区内非住宅公有房屋租金进行调整，办公、生产、营业和其他用房分别上调153%、160%、200%、200%，延续至2012年年底。

第三节 房产交易

20世纪50年代前，私人房地产交易多在交易双方自主进行。1950年后，区内住房交易依据《青岛市房地产交易暂行办法》规定，由市房地产交易所专管。按房屋的结构与设备评定单位造价，扣除折旧和折扣后，即为成交价格。私有房产社会主义改造后，私房交易明显减少。区内的换房业务始于1956年，由市房地产管理局房产科管理，只限于直管公房调配后的互换。民间换房多利用张贴启事、亲朋介绍等方式，房管所只负责办理换住手续。“文化大革命”初期，换房活动中断，禁止私房交易，至1972年开放私房交易活动。1975年后，民间自发换房活动逐渐恢复。1979年落实私房政策后，私有房屋介入换房，因缺少专门换房机构和规范性法规，互换成功率甚低。1984年成立青岛市换房总站，区房产办事处成立换房站，提供不同类型、不同产权的换房信息。1990年颁布《青岛市城市房屋互换管理暂行办法》，规定住户换房可在直管公房、单位自管房和私房之间进行。1995年《青岛市公有住房出售暂行办法》出台，住房交易以公房出售为主，占公房总数的90%以上。20世纪90年代后，随着住房制度改革的不断深化，辖区居民住房消费转向以购房、租赁为主，住房互换基本停止。

第四节 房产修缮

私房修缮

青岛解放初，私房外修由业主负责，内修由承租人负责。业主无力修缮，承租人出资代修房屋，修缮费可折抵租金。私房房主无力修缮房屋，可以委托国家经租，修缮费由市房产管理局垫付，从房租中扣抵。私房亦可按房屋残值出售给政府，由政府修建。中共十一届三中全会后，私房修缮均由房主自行解决，房管部门予以督促、检查。住房制度改革后，国有直管房屋产权发生变化，已购公房共用部位和共用设施，由房屋产权人 启用房屋专项维修资金进行维修，房屋专项维修资金不足部分由产权人自行负担。

直管公房修缮

自20世纪50年代起，区内直管公房修缮先后由市房地产管理局下设的青岛建筑公司及区房地产管理所组织工程队、服务队实施。区内房屋修缮组织包括区劳动服务队、服务站、运输队等，总计1330人。中共十一届三中全会后，区房产办事处和直属工程队，承担区内直管房屋的修缮和养护。1994—2012年，市南区房产管理处承担区管国有直管公房的维修管理。

单位自管房修缮

单位自管房屋的维修，由各系统、各单位自行负责。机关事业单位的非住宅用房的维修费用，由上级财政部门批准的维修计划中列支；企业非住宅用房维修费，从企业固定资产折旧费中列支。企业住宅用房维修费用，在单位房租收入中列支。

第五节 住房制度改革

1992年起，根据《青岛市城镇住房制度改革实施方案》，市南区实施分步提租发补贴、租住公房买债券、实行住房公积金、出售公有住房、统筹住房资金、集资合作建房，启动区内住房制度改革。1995年，根据《青岛市公有住房出售暂行办法》规定，区内符合规定的公有住房，均可出售给个人。区内实施公有住房出售。1998年，根据《青岛市深化城镇住房制度改革实施方案》的规定，新建公有住房一律停止实物分配，实行住房货币化分配，以发放住房补贴的方式合理分配个人住房消费资金，住房公积金单位和个人各自缴存比例由5%调整为7% 最高至20%。同年，提高公有住房月租金标准，扩大公有住房出售范围，稳步开发公有住房二级市场，按房改成本价已购买的公有住房实行上市交易准入制度，允许出售、出租、交换、赠予、抵押等。对不同收入家庭实行不同的住房供应政策：低收入家庭实行廉租住房制度，中低收入家庭购买经济适用住房，高收入家庭购买、租赁市场价商品住房。截至2012年年底，市南区房产管理处管理公有住房6911户（套），累计出售公有住房55881户，占总户数的90%。

第六节 房产纠纷调处

房产纠纷

20世纪50年代初，辖区居民房地产纠纷，由当事人协商解决，双方协商不决者，可申请区公所调处，必要时由房地产管理局协助解决，如仍不能决者，由人民法院裁决。1958年后，由于受“左”的思想的影响，房产纠纷调处工作基本停滞。1978年以后，因住房分配、旧城改造、落实私房政策等问题，各类房产纠纷不断增加。80年代中期，《青岛市城市公有房产管理办法》颁布，规定市房产管理局有房产纠纷裁决权，各区房产管理处有房产纠纷调解权，调解、裁决的范围仅限于公有房产纠纷。1988年，市南区房管处成立仲裁科，受理产权、租赁、使用、换房、占房、相邻权等房产纠纷。1992年成立区房产纠纷仲裁委员会，由公安、司法、房产等部门人员组成，负责辖区租赁、买卖、交换、抵押、修缮、使用权、所有权等房产纠纷的仲裁工作，对拒不执行裁决的案件，申请人民法院强制执行。1995年区房产管理处仲裁委员会被撤销，后成立青岛市仲裁委员会负责房产纠纷仲裁事宜。

拆迁纠纷

青岛解放初期，房屋拆迁纠纷较少。20世纪70年代，房屋拆迁纠纷陆续增多。1980年颁布《青岛市国家建设拆迁安置暂行办法》，区内有关拆迁纠纷由青岛市房产管理局负责处理。1987年颁布《青岛市城市公有房产管理暂行办法》，规定："房管机关对城市公有房产纠纷有调解权。因房屋产权、租赁、拆迁、修缮等发生的纠纷经调解无效时，当事人可申请市房管机关裁决。不服裁决者可向人民法院起诉，对逾期不起诉而又不履行裁决的，由市房管机关提请人民法院强制执行"，房屋拆迁纠纷由法院按行政案件受理。

房屋行政执法

《中华人民共和国行政诉讼法》《中华人民共和国行政处罚法》颁布以来，1989—1996年区房管处每年查处违法装修约70处，申请法院强制执行20余处，其他在执法人员劝解下自行整改。随着人民物质生活的不断提高，居民装修房屋数量逐年增多，自1997年5月青岛市人民政府令第72号、2004年9月第171号颁布《青岛市城市房屋再装修管理暂行规定》以来，区房管处每年查处违法装修120～160处不等，申请法院强制执行30余处。

第七节　物业管理

1994年，根据市委、市政府在全市推行住宅小区物业管理工作"一年试点、三年推开"的要求，成立市南区住宅小区物业管理试点工作领导小组。1996年，西陵峡前海小区物业管理已全面展开，其中对占小区人口三分之一的银座公寓实行的封闭式管理，同年7月已通过省级检查验收。对其他区域实行的敞开式物业管理，也逐步形成规模。1998年成立市南区物业管理办公室。2003年建设部《前期物业管理招标投标管理暂行办法》施行，为促进物业管理市场的公平竞争机制，保护招标投标当事人的合法权益，实行前期物业管理招标投标工作。2005年注册物业管理公司68家，其中25家物业公司通过了ISO 9002国际服务质量认证。2006年《青岛市物业管理条例》实施后，不断加强业主委员会的建设和管理，完成业主委员会备案26家，按照省、市物业管理行业的要求，对物业管理企业部门经理和管理员进行了岗位培训，提高了从业人员的素质。2008年建立市南区物业管理网站。2009年建立物业管理联席会议制度。2012年，区内物业服务企业155家，其中：一级资质7家、二级资质15家、三级资质133家，完成业主委员会备案19个。

第五篇

环境保护与管理

第一章　环境卫生

19世纪末，德国胶澳总督府民政部下设巡捕局颁布市容管理和环境卫生章程，市区卫生清洁管理最先从青岛区和大鲍岛区开始。20世纪初，对欧洲人聚居的青岛区和大鲍岛区住宅厕所建设做出规定，开始建设公共厕所，先后经历了马桶厕所、机器便所和蹲式抽水式厕所等几个发展阶段。区内卫生清洁由巡捕局管理，由官方出资，通过招商实行市区环境卫生私人承包，集中填埋处理垃圾。20世纪30年代，辖区环境卫生依据市政府颁布的城市卫生条规实施管理，垃圾改由官方组建清扫队自办垃圾清运，垃圾容器以土建垃圾箱为主，市容管理和环境卫生管理步入常态化，管理体制渐趋完整。至1949年，区内环境卫生概由警察局或卫生局实行管理，由官办或商办企业接手专业保洁。

青岛解放初期，辖区环境卫生实行市级统一管理，由市公安局清洁队负责区内日常清洁工作。1952年，组织、发动全区开展大规模的清理环境卫生活动，形成群众性爱国卫生运动高潮，清除垃圾，疏通沟渠，迁移粪场，整修、新建厕所，改良、新建水井，区内蚊蝇基本消灭，为青岛市获得全国卫生模范城市称号做出了突出贡献。“一五”时期，全区开展“除四害讲卫生”群众性运动，区内率先取消垃圾箱，实现垃圾定时定点人力车集中采集，在全市率先达到“五洁四无”城区要求，为青岛市成为山东省第一个“五洁四无”城市，并获“全国卫生先进城市”称号做出积极贡献。这一时期，由所在居民和单位负责的街道义务保洁格局已基本形成。“文化大革命”期间，环境卫生工作受到很大冲击，区内环境卫生状况出现严重下滑。

中共十一届三中全会以后，环境卫生管理体制开始改革，以往市级管理的单一模式逐步向市、区、街道三级管理模式转变，市容环境专职监督队伍开始建立。1981年，为适应垃圾清运机械化，改革沿袭多年的生活垃圾收运方式，全区推行生活垃圾方箱，启用机动金属垃圾容器，取消原沿街垃圾集中堆放点，采用清运车辆、配套叉车作业，实行夜间装卸清运垃圾。20世纪80年代，辖区部分陆地和临海滩涂垃圾填埋地逐步减少。至1982年底辖区最后一个垃圾场关闭。1986年青岛市“门前三包”管理责任制颁布以后，进入专业保洁与义务保洁相结合的新阶段。20世纪90年代初，青岛进入“中国卫生城市”行列。继之，市委、市政府提出“创建国家卫生城市”的目标，全区围绕这一目标积极行动，推动区内环境卫生迈上新台阶。1997年成立市南区清洁服务总公司，管理辖区环境卫生。采用登门到户有偿收集居民生活垃圾的方式，积极进行居民生活垃圾多形式收集方式的尝试，并新建垃圾集装箱转运站，在全市率先实现垃圾收集清运密闭化和生活垃圾收运袋装化。建立收费公厕管理制度，全区生活垃圾日产日清，对粪便全面进行无害化处理。撤销垃圾方箱，设立封闭式垃圾容器，实行道路保洁、垃圾收运一体化作业，基本上解决了垃圾二次污染问题。

进入21世纪，在主要街道、旅游景点、部分机关学校设置垃圾分类收集容器和废旧电池等有害垃圾收集点，率先在全省启动对居民生活垃圾进行分类收集。市南区33所小学、2.9万名小学生中推行了垃圾分类试运行工作。辖区环境卫生管理实现了粪便收集密闭化、垃圾收集袋装化、污物运输机械化、公厕排污管道化。

2012年，开展环境卫生整治工作，从垃圾收运整治、公厕整治入手，提升城区环境卫生水平。因地制宜实施多元化垃圾收运和免费登门收集，有效减少了二次污染现象。是年，组织开展"洁净家园"集中整治行动和环境卫生"百千万"竞赛活动，整治居民楼院，改造固定公厕，新增移动公厕，前海一线景区、景点公厕投放免费用纸，加装LED显示屏，播放公益广告及天气预报等，受到广大市民和游客一致好评。

第一节　厕所建设

住宅厕所

20世纪初，为了统一居民住宅厕所规格，便于管理，由官方制作一种标准马桶，贷给青岛区和大鲍岛区居民使用，当时人称"马桶厕所"。马桶厕所的启用，使青岛成为较早结束传统的"旱厕所"的城市。1905年，青岛区上下水道工程投入使用，官方专门设计了一种冲水式厕所，大小便器都和地下污水管道接通，一按冲水阀即可，当时人称"机器便所"。

公共厕所

1901年青岛区与大鲍岛区首次建立了4座有围墙的公共厕所，用可移动粪桶盛运粪便。1949年，市区有公共厕所29座，主要分布在今市南、市北区域。1987年市南区公厕达到53座。此后区内公厕建设标准持续提升，施行等级化建设管理，分环卫统管公厕和单位自管公厕两种。2005年市南区环卫统管公厕47座，单位自管公厕11座。2012年市南区环卫统管公厕49座，单位自管公厕35座。

公用厕所

大鲍岛区开通上下水管道后，推行蹲式抽水便所，属一个楼院、一个楼层或多户共用，在大鲍岛居民区推广。随之，小鲍岛、台东、台西居民区逐步都用上抽水便所，先后告别了马桶厕所。 20世纪70年代以前，辖区居民一般多户人家共用一座厕所或一个楼层、一个院落共用一座或数座厕所。后新建住宅配套建设每户一厕，而数量不多的西部老城区里院仍沿用公用厕所。

厕所保洁

1900年，巡捕局雇人清运马桶厕所的粪便。1902年将其承包给一家欧籍企业，居民称"倒粪公司"，公共厕所则由官方雇人看管清扫。北洋政府统治时期，初由卫生局雇用夫役清理厕所，后交承包商承办。青岛区、大鲍岛区接通下水道后，无须人工清理粪便，但公共厕所、公用厕所仍采取雇工清理的办法。直至1929年卫生清扫队组建后，厕所保洁始改承包雇工为官方自办。

中华人民共和国成立前，公共厕所设施毁坏失修，卫生状况极差。自1955年起，公共厕所加用稀硫酸冲刷，夏季喷药灭蝇，冬季保暖防冻，公厕卫生状况好转，楼院公用厕所保洁由固定清洁工清厕逐步实行一家一户轮流清

改造后的大学路公厕

厕。“文化大革命” 时期，公厕保洁质量下降。1981年后，对甲级公厕实行全天专人保洁，辖区青岛火车站、栈桥、天后宫、鲁迅公园、大窑沟等处公厕实行两班保洁。1987年起，公共厕所由环卫职工承包保洁工作。1992年起对管区公共厕所进行收费管理，以弥补经费的不足。对公共厕所实行承包制，通过公开竞标确定承包人，实行收费管理。至2008年，公共厕所免费开放。

第二节　垃圾清运

清运方式

青岛建置初，居民、店铺垃圾由其自行处理。20世纪初，由巡捕局雇人清运垃圾，或由房主雇人清运。一战时期，向各户征收清洁费，由承包人用马车运除垃圾。1925年胶澳商埠卫生事务所改用汽车运除垃圾，6部汽车每天运除垃圾125余吨。青岛解放前，区内各路段垃圾3～7天清除一次。因燃料短缺、人力不足，垃圾经常积存。

20世纪50年代，环卫部门包干收运生活垃圾，工业垃圾、建筑垃圾和特种垃圾由产生单位自行处理，各类垃圾集中后由环卫部门管理的垃圾场填埋。1956年中山路、泰安路、观海路3个街道办事处所辖45条街道试行夜班收运垃圾，街道清扫也在夜间进行。1987年实行居民夜间倒垃圾，减轻了城市垃圾污染。1989年区内建立垃圾集装箱转运站，实行城市生活垃圾二级运除办法。随着居民住宅小区建设和物业管理体制的推广，区内生活垃圾收运均纳入小区物业管理服务范畴。

垃圾容器

1908年，区内街道设置固定和可移动两种垃圾容器，每隔五六幢房屋设公共垃圾桶1只。20世纪20年代，公用铁制垃圾桶逐渐被木板垃圾箱所替代，各楼院设有公共垃圾箱，独户小院则在临街居民院墙挖洞，墙内用砖砌垃圾池。20世纪30年代中期，辖区街头出现大型土建垃圾箱，为砖灰结构。

青岛解放成立后，随着城市人口急剧增长，公共垃圾箱不足使用。20世纪50年代后期，辖区新建楼房多建有贯通各楼层的通道垃圾箱（俗称“通天池”）。1963年市南区垃圾箱总数为1535个（其中公共垃圾箱65个）。1974年区内启用电动地下金属垃圾箱，垃圾容量约3吨，五分钟可清箱一次，可充当机动垃圾转运站。1979年区内主干道设置圆形机动垃圾桶收集垃圾，容积0.33立方米，配密封式垃圾专用汽车使用。1981年中山路、泰安路两个街道办事处管区试行设置机动金属活底垃圾箱，容积0.86立方米，配机动箱专用叉车，成为主要清运垃圾的容器。1984年市南区设置机动垃圾箱1398个。随着居民生活垃圾清运纳入小区物业管理，各小区设置与垃圾专用车配套的小型垃圾箱，实行二级采集、清运。

垃圾填埋

20世纪初，巡捕局在西镇小泥洼村北海边设垃圾场，其后前海建坝、后海筑港曾用垃圾填埋滩涂。20世纪20年代，在西镇东南海岸（今贵州路沿海一带）和莱芜路沟洼地设垃圾场，贵州路和观城路、四川路交叉处是当时知名的两大垃圾场。四川路以北地面大部由垃圾填成，后成为贫民居住的棚户区和专卖旧货的“跳蚤市场”。

1951年，辖区四川路海边、团岛一路南海岸、团岛三路后海岸、贵州路与汶上路交叉处、天后宫海边、太平角一路海边、山东大学门前、龙口路与龙山路口、掖县路与龙江路口9处设立了小型垃圾场。20世纪70年代，地处海滨的海水养殖场、造船厂、橡胶九厂、海军4808厂等地处海滨的单位均为垃圾填埋地。1981年，市南区仅保留团岛垃圾场一处。1982年团岛垃圾场关闭。

2000年以前，实行垃圾转运站转运方式和袋装化登门收集方式。2000年起取消垃圾落地堆放、集中收集的方式，开始在居民院内设立小型垃圾桶，使用垃圾压缩车统一收集清运的方式。2005年起开始实行垃圾分类收集。2011年起，改变垃圾收运方式，使用拉臂密封车全天清运垃圾，在收运的过程中保持密闭状态，具备降尘除臭、垃圾桶清洗、厨余和其他垃圾分类等功能。2012年，因地制宜实施多元化垃圾收运，按照“定点布桶、定时投放、定时清运、桶随车走”的原则，在六街口、百米食巷等商铺、饭店集中地路段实施免费登门收集，对浙江路、平原路等没有物业管理的居民楼院路段采取定时放桶、定时收桶措施，有效减少垃圾桶长时间占路和二次污染现象。全年清运垃圾1636吨。

2012年，垃圾清运实现了桶车对接

第三节　环卫保洁

专业保洁

青岛建置初期，市区无专业保洁。德占青岛后，雇用清洁包工清扫马路。一战时期，官方指定承包人，由承包人雇请清洁包工，划片分工清扫。1922年中国收回青岛建立胶澳商埠，成立卫生局，雇请清道夫，由工头带领清扫街道。20世纪30年代，区内主要由洒水汽车、捡拾马粪自行车和清道夫清扫，对区内主要马路实行重点保洁。1933年起，在汇泉、太平路、太平角和海滨公园各设夏令临时清道夫1名。1934年，划分为4个清洁区，每日清扫街道，运除垃圾。划区专业保洁办法一直沿袭至20世纪50年代。

20世纪50年代，街道保洁基本沿袭传统办法。区内主要交通干道、商业街和风景区等专业保洁道路35条，每日扫2遍，中间巡回捡扫。其余街道由街道办事处组织居民、单位清扫。1964年成立环境卫生保洁服务队，市南区65条街道为保洁队清扫保洁道路，设保洁工80人。1980年保洁工全部退休、退养，原保洁街道改由区政府组织人员清扫保洁。1981年年初，市环卫局成立全民所有制专业街道保洁队，市南区的环境卫生由市南管理站管理。1985年下放市南区管辖改称区环境卫生管理站。1988年被撤销，成立市南区环境卫生管理处，对辖区主要街道

保洁人员清扫马路

和疗养区的保洁工作，实行“五定一包”（定量、定质、定人、定片、定时，包干到作业组）岗位责任制。

1997年，根据干管分离、政企分开原则，成立区清洁服务总公司，辖区道路均由清洁服务公司统一清扫，人员缺额招用农民工补足。2009年，根据属地化管理原则，实行道路保洁改革，将三级以下道路划归所在街道办事处负责保洁，经费随任务下拨；三级以上道路仍由区环卫清洁总公司实行专业保洁。至2012年，专业保洁道路276条，438万余平方米。

义务保洁

青岛解放初期，居民不缴纳卫生费，居民和单位主动清扫门前街道，义务保洁，蔚成风气。区内主干道和非住宅区街道由环卫人员专业清扫，其余街道及人行边道均由所在居民和单位清扫，至20世纪50年代末，街道义务保洁的格局基本形成。“文化大革命”期间，义务保洁废弛。后实行雇工保洁，由居民分摊费用。1986年市政府公布《青岛市“门前三包”责任制管理办法》，机关、团体与所在街道办事处、公安派出所签订“门前三包任务书”，明确“三包”（包卫生、包秩序、包绿化）责任，居民户由居委会组织实行“门前三包”，由环卫部门履行检查监督。同年在全区街道全面推行。2012年始市政府提出“门前五包”（包卫生、包绿化、包秩序、包信息、包立面）责任区，全区义务保洁责任制进一步完善。

第四节　市容管理

19世纪末，德国胶澳总督府确定由巡捕局统一实行市容管理与治安管理。此后，以警察监督市容环境卫生的制度延续了50多年。1950年起公安部门不再主管环境卫生，警察的市容监督作用随之减弱。次年全市投入反细菌战，各种群众性卫生组织和卫生制度普遍建立起来，环卫专业队伍整治卫生与群众性爱国卫生运动相结合，市容管理取得较好业绩。1953—1958年间，全区开展除“四害”讲卫生，争创“五洁四无”（室内洁、室外洁、街道洁、厨房洁、厕所洁，无鼠、无臭虫、无蚊、无蝇）城市运动，对垃圾收集管理、粪便清除处理及“五洁四无”各个层面的卫生管理订立了管理条规和责任制度，市容管理普及到千家万户，覆盖各个社会层面。1960年，实行《青岛市环境卫生管理暂行办法》的规定，禁止兽力车在中山路、太平路等主要街道上通行。在指定通行的街道上，兽力车必须具备粪兜、粪桶，不得丢撒畜粪。行人不许随地吐痰及乱扔瓜果皮核、纸屑、烟蒂等。强化了辖区重点区域的市容管理。

20世纪80年代初，市容管理专门机构成立，发布了一系列加强市容环卫管理的法规，强化、细化市容管理规定，将标语牌、画廊、橱窗、商店门面、沿街建筑物、电线杆和住宅朝街阳台等纳入市容监管范围，对晾晒、堆放有碍市容卫生的物品，出售、饲养家禽家畜，擅自占用城区街道、广场，占路施工作业，建筑废土积存等实行严规严管，辖区市容管理逐步纳入依法行政的轨道。区政府从驻区单位抽调人员组成临时性群众监督队伍，协同专职监督人员稽查市容环境卫生，开创以法治“脏”的新时期。20世纪80年代中期，区内严格执行市政府发布的“一要三不准”通告，对乱倒垃圾、污水和乱扔瓜果皮核、烟头、纸屑、包装物、乱设摊点、无照营业、擅自移动和扩大经营地点者，分别作出处罚规定。区市容监察中队处理违规建设工地和违规单位，并在火车站、栈桥、天后宫、鲁迅公园、第一海水浴场、中山公园南门外6地设立市容监督咨询服务站，执行监督任务，道路污染现象大为减少。

20世纪90年代，落实市委、市政府提出“创建国家卫生城市”的目标，区政府把市容管理纳入城市建设规划和国民经济与社会发展计划，区市容管理部门按照管理权限，负责本辖区的市容管理工作；各街道办事处按照分工，负责本管区的市容管理工作。建设、规划、公安、市政、交通、工商行政、园林绿化、房产、卫生、环境保护等有关部门按照各自的职责，协同搞好市容管理工作。加强人民群众的市容环境卫生意识，将市容常态化管理置于广大市民的参与和监督之下。实行《青岛市城市市容和环境卫生管理办法》的规定，对辖区内严重影响市容观瞻的建筑物和设施进行了严格排查，并责令限期改造或拆除，创造整洁、优美的环境。

进入21世纪，根据全市的部署，辖区组织5次大规模的联合执法行动，基本达到主次干道、广场无游商浮贩，农贸市场全部退路进室，辖区非法占路经营现象得到有效治理。建立了科学规范的城市道路管理标准，实行全方位定人、定时、定岗巡查管理。按照市城管总队确立的“执法年、创新年”的工作思路，采取联合执法、集中执法、换防执法、便衣执法、延时执法和专项整治的方式，加大了城区环境综合治理的执法力度。采取突击整治和日常管理相结合的工作方式，对群众反映的“难点、热点、乱点”加大整治力度。2003年结合防治“非典”工作，成立“防非典，查陋习”巡查执法小组，对公共场所随地吐痰、乱扔杂物、乱倒垃圾、非法占路经营等社会陋习加大了执法力度。2006年起开展“行政执法进社区”活动，加大沿街单位“门前三包”和居民院内卫生死角管理力度，消除了城市管理和社区管理之间的盲点，形成辖区纵横交织的城市管理大格局。区城管行政执法局采取联合执法、延时执法、前置执法等方式，24小时全天执法，为青岛创建全国文明城市工作做出了积极贡献，成为省内首家通过ISO 9001质量管理体系认证的区级行政执法部门。

2012年，市南区紧紧围绕建设宜业宜居幸福城区这一中心，高标准推进市容环境整治行动，城区环境不断优化，全区市容管理工作迈上新台阶。同年，按照“宁早勿迟、宁远勿近，御浒苔于岸外”的要求，全力做好前海一线浒苔应急处置工作。

第五节　爱国卫生

1952年，全市开展反对美国侵略者细菌战的斗争，市南区的爱国卫生运动由此兴起。反细菌战告捷后，转入以除害灭病为主旨的“除四害讲卫生、为生产建设服务”运动，先后开展了群众性的“三洁四无”“五洁四无”“六洁六无”和“六不要”活动。全区认真贯彻“预防为主”的方针，继续深入开展爱国卫生运动，各种卫生组织和卫生制度普遍建立起来，各街道、居委会、机关、学校订立爱国卫生公约，推行“爱国卫生日”制度，大力治理环境卫生，清除垃圾，整理市容，迅速改变了全区的市容市貌，在全市争创“全国卫生先进城市”中位居前列。1959年，全区爱国卫生运动

1957年，在除“四害”运动中，区内少年儿童在轰赶麻雀

以实现“八无”“八洁”“十灭”为主要目标。后因连续三年的自然灾害和经济困难，爱国卫生运动难以深入开展。“文化大革命”时期，爱国卫生运动被批判为修正主义卫生路线，辖区爱国卫生运动基本处于停滞状态。这一时期，空地搭棚建房、道路堆物作业、走廊阳台养鸡等现象丛生，市容环境脏乱不堪，蚊蝇大量滋生，群众强烈不满。1976年开展以市容环境卫生为主的“三整顿”爱国卫生运动，辖区基本恢复了“五洁”面貌。

中共十一届三中全会以后，爱国卫生运动进入新的历史时期，开创了爱国卫生运动的新局面。各街道办事处、公安派出所与沿街单位签订“门前三包”协议书，区内街道乱闯、乱吐、乱倒、乱摆摊的现象得到有效遏制，环境卫生、交通秩序进一步改善。全面治理市容及游览场所，创建了广西路、江苏路达标路，整顿了辛家庄二小区、第六海水浴场、轮渡码头等场所。1981年市南区爱国卫生运动委员会办公室列入市南区人民政府职能部门。1996年市南区爱国卫生运动委员会办公室划归市南区卫生局。20世纪90年代，爱国卫生运动纳入精神文明建设，丰富、发展新的形式和内容，全区开展了“创三优”和“创建国家卫生城市”活动，市南区被评为省级卫生先进区和青岛市创建国家环境保护模范城市突出贡献先进单位。2002年市南区爱国卫生运动委员会办公室划归市南区城市建设管理局。组织开展辖区环境卫生、单位和居民区卫生、食品卫生、除害防病及健康教育等爱国卫生各项工作的督导、检查和评比。从1995年开始创建省、市级卫生先进单位，到2012年全区被评为省级卫生先进单位52个，市级卫生先进单位62个，市级无烟单位32个，市级健康示范单位8个。

第六节　创建国家卫生城市

20世纪90年代初，全区开展“创建国家卫生城市”活动。1996年青岛市被评为“中国卫生城市”，在创建中市南区于1991年开展了“创三优”（创优美环境、优良秩序、优质服务）活动，为创建全市卫生先进区奠定了基础。1993年，市委、市政府提出了“奋战三年，创建国家卫生城市”的目标，全市“创建国家卫生城市”活动蓬勃开展。市南区把“创城”作为改善投资环境、提高生活质量、促进“两个文明”建设和社会进步的大事来抓，将“创城”与环境卫生事业发展规划纳入全区建设规划和国民经济与社会发展计划，建立区—街道—居委会三级管理体制，按照《国家卫生城市检查考核标准实施细则》的基本要求寻找差距，制定措施，推进全区“创城”工作。同年市南区被评为全市卫生先进区。1994年市南区获得了市容环境、食品卫生、重点行业三个检查项目第一名。1995年结合“创城”活动，对全区4100个脏乱差居民楼院进行了摸底调查，治理脏乱差居民楼院3671个。

1997年，开展了创建城市卫生星级管区和卫生星级家庭活动，被命名为市卫生先进区和模范区。1999年对环境卫生、除四害、食品卫生、农贸市场等进行了全面整治，通过了国家验收。2000年全区7个单位被评为青岛市创建国家环境保护模范城市突出贡献先进单位。2001年被评为“省级卫生先进区”。 2001年结合创建“全国文明城市”和创建“环保绿色小区” 活动，开展“人人动手、美化家园”的城市环境综合整治行动。2002年联合公安、交警、工商、环保、防疫等部门开展联合集中执法行动，占路烧烤、游商浮贩得到有效治理。2003年结合预防“非典”和“禽流感”工作，对58处公共场所进行了全面消毒。全区统一投放灭鼠药约7.2吨，鼠密度由1.39%降为0.74%，有效防止了鼠类传染病的发生。2004年9月，全国爱卫会“灭鼠、灭蝇、灭蟑”先进城市复查验收，全区抽检单位各项指标均达到国家标准。2005年结合城市长效管理，实施

2012年全区实施楼院整治。图为整治后的鱼山路一条街

动态管理，促进卫生管理经常化、制度化，制定切实可行的工作预案，完善重大突发事件预防、报告和处理机制。对主要街道、农贸市场、城乡接合部、背街小巷进行整治改造，重点解决群众反映的热点、难点问题。结合创建全国文明城市工作，加大对沿海风景区的监督检查力度。加强对公共场所禁烟工作的督查，提高人民群众的自我保健能力。省爱卫会检查组对全区38个单位进行现场检查中，各项指标均达到《全省爱国卫生专项整治活动检查标准》。2006—2011年，按照国家卫生城市检查考核标准，做好各项迎检工作，顺利通过每4年一次的复审，巩固了“中国卫生城市”的称号。

2012年，全面实施居民楼院综合整治，营造整洁舒适的生活环境。从群众关心的热点和反映最强烈和最脏乱差楼院入手，对10个片区103个居民楼院进行整治；对辖区内部分居民楼院进行清理、补绿、拆违等专项整治；对火车站片区广西路和湖北路的建筑立面及福州路、南京路的楼院进行整治。年内粉刷墙面18.34万平方米，修缮屋面5万余平方米，拆除乱搭乱建6944平方米，硬化地面4.6万平方米，改造围墙7820米，清运垃圾9498吨，修缮管线井288处，增设健身器材23处，增设文化宣传栏23处。

第七节　数字化城市管理工作

市南区数字化城市管理监督工作于2008年试运行，次年由区数字化城市管理监督中心组织全面运行。整合各种城市管理资源、协调重要城市管理职能，依据“高位监督、监管分离、项目外包”原则，构建覆盖全区的数字化网格，运行内外网两个平台（数字化城管系统平台、全民城市管理网格化信息平台），开展“三位一体”（数字化、专业化、社会化）考核评价，为全区城市环境和社会经济运行发展提供服务保障。

数字化城市管理系统平台（内网平台）

依托数字化城管系统平台，按照万米单元网格管理法将全区30.01平方千米面积划分为1035个单元网格，按照78个社区、每社区采集力量不少于2.8人次标准，将220名信息采集员以区域面积和人口密度为主要依据，配置于各单元网格内。依据《市南区数字化城市管理工

2011年“明晴在基层”数字化城管工作业务技能培训活动

作指挥手册》中确定的12大类140小类部（事）件问题和应急维稳、突发事件、汛期汛情等公共社会问题，对景区干道、背街小巷、居民楼院开展三班次、两圈次以上不间断（节假日不休息）巡视、采集、上报、核查。通过数字化信息采集器快速进行GPS地理坐标和权属单位定位，并第一时间以案卷形式上报系统平台，经甄别派遣至相关责任单位，依托系统平台自动生成的处置标准和数据结果全程监督处置情况，最终以核查反馈方式结案并给予实时综合评价，基本实现了地理区域、主要时段、问题事项的全覆盖。

全民城市管理网格化信息平台（外网平台）

市南区全民城市管理网格化信息平台，为市定重点考核项目，区智慧城区建设实施方案和“十二五”规划目标，是以实现公众参与、社会监督为目标，整合区域城市管理信息资源，集卫星定位、遥感影像、3G传输和网络实时互动、自动统计分析考核等创新技术于一体，全国领先的高监管标准、高智能水平、高便民效率的综合性城市管理系统，自2012年下半年开始建设。该平台整合了区域城市管理部门、街道、社区、作业公司四级城市管理网格数据资源，在全区30.01平方千米的辖区面积中，将1035个数字化城管单元网格和2470个作业网格有机结合，将辖区所有路名牌、公厕等城市管理部件要素全部进行了GPS定位，涵盖9大类45个图层，576条市政道路、2248个社区庭院、3922名网格责任人、5174处门前五包单位、9726个垃圾箱等10余万条信息数据，做到了定人、定时、定岗、定责和管理单位、责任人、联系电话等信息的细化录入，实现了对辖区所有城市管理要素部件的高精度管理，构建起一张全覆盖的权责明晰统一、管护动态精细、运转协同长效的城市管理网络。实现了城市管理由政府包揽向“政府主导、全民参与”的转变，城市管理由粗放式向精细化的转变，搭建起市民参与城市管理的桥梁，打开了市民监督城市管理的窗口，降低了政府的城市管理成本。

第二章　环境保护

20世纪初，区内交通条规有“有响小车禁行”等控制环境噪音的举措。20世纪50年代前，工业发展缓慢，工业“三废”（废水、废气、废渣）排放量少，辖区环境质量受工业污染影响不甚明显，呈平稳均衡状态。

20世纪50年代初，随着工业建设快速发展，工业污染初露端倪。1958年“大跃进”“大炼钢铁”期间，大力发展重工业，辖区生态环境遭到不同程度破坏。“文化大革命”期间，街道利用民房兴建了一些污染型工业项目，由于缺少控制污染设施，引发了环境污染迅速上升。20世纪70—80年代，不同程度的大气污染、水质污染、噪声污染引致辖区环境质量下降。20世纪70年代末，市南区成立环境保护管理机构，环保工作纳入政府工作议程。

20世纪80年代中期，成立环境监测站，加大环境治理力度，环境管理逐步纳入法制化轨道，大气主要污染物的日均值呈逐年下降趋势。1986年市南区在全市率先开展建设“基本无黑烟片”活动，创建了团岛—麦岛沿海一条街“基本无黑烟片”。

20世纪90年代初，市委、市政府提出“创建国家卫生城市”的目标，作为“创城”工作的标志性区域，市南区加大环境卫生治理力度，辖区各种建筑物、构筑物以及临街门面，进行全面清洗、整饰，保持区内道路平整、完好、畅通，整治单位和个人擅自占用道路和公共场地堆放物料，搭建建筑物、构筑物或从事生产、加工、经营活动，拆除临时建筑及施工设施，严格实施夜间建筑施工许可审批，加强环保“12369”（环境保护举报热线）联动值班工作，查处餐饮娱乐服务业噪声扰民行为。20世纪90年代中期起，坚持以教育为主、处罚为辅的方针，重点查处建筑工地夜间施工噪声污染和餐饮服务业油烟噪声污染扰民现象，净化了辖区环境；加强污水控制，督促排放少量电镀、印染、制革等生产废水的区属小型企业改进生产工艺，新建污水处理设施，保证了辖区污水排放达标。20世纪90年代后期，结合创建国家环保模范城活动，加强辖区交通噪声监管，改善大气环境质量，保持良好海水水质和水环境。

2000年道路交通干线噪声值首次达到了国家标准。随着环境综合整治工作的开展，水污染现象得到有效缓解。2004年全区“噪声达标区”覆盖率达100%；来自工业生产、建筑施工等固体废弃物，全部进行无害化处理。至2005年，浮山湾奥运帆船赛场海域整体水质良好，达到一类海水标准。

2012年，根据全区“十二五”时期减排任务，落实重点减排项目，有序推进污染减排进程。强化燃煤单位和团岛污水处理厂污染防治设施的运行管理，督促达标排放，确保已建成减排设施充分发挥减排效益。年内完成年度总量减排任务。同年成立了市南区环境保护纠纷人民调解委员会，是自2011年《人民调解法》实施以来全市成立的首家群众环境权益保护组织。

第一节　建设项目环保管理

1979年，辖区开始实施建设项目环境影响评价制度。新建、扩建和改建企业，防治污染的设施必须和主体工程同时设计、同时施工、同时投产（即“三同时”制度）。同年，实行“工业建筑工程项目三废处理送审单”制度。1982年实行“建设项目环境影响报告”审批制度。1990—2000年，每年审批约250个项目。

2001年，“三同时”执行率和环评率均达到100%，从源头上控制了新污染源的产生。2004年，按照《环境影响评价法》《清洁生产促进法》《行政许可法》和《建设项目环境管理条例》等法规，环保部门对重点建设项目实行领导集体研究审批和公众参与、验收公示制度，严把建设项目审批关、验收关。新建项目执行“居民楼下开办的洗浴、歌舞厅和可能产生噪声污染的加工服务项目不予审批；居民区兴办汽车修理和产生恶臭、异味的修理加工项目不予审批；居民住宅新建的饭店不予审批”的“三不批”制度和“居民楼下开办餐饮业必须进行公示，征求邻近居民意见”的“一公示”制度。业户申报后在规定的时限内实地认真勘察，并进行具体指导与服务。不宜开办项目及时告知业户，以减少盲目投资造成的损失，得到业户的广泛赞许。

“十五”时期，加强项目审批把关，对城市建成区内未按设计规范设置专用烟道的商住综合楼和商办综合楼以及与其他物业相连的非独立住宅房屋等场所新建、扩建、改建可能产生环境污染的饮食经营服务项目一律不批；凡是利用居民住宅经营餐饮的一律不批；凡是无高空排放烟道经营产生油烟项目的一律不批。2005年，审批建设项目274个，验收196个，45个项目因选址不当予以拒批。2009年，加强中小餐饮业环境管理，从源头上解决中小餐饮业经营中出现的污染扰民问题，率先开展了中小餐饮业环保审批与管理试点工作。结合辖区餐饮业特点，根据其污染程度和审批性质，创造性地实施A、B、C、D四大类分类审批，重点加大了对有油烟和异味产生的A类中小餐饮业的控制，对无油烟异味产生的B类饭店，实行简化快速审批，对变更手续的C类饭店和集中场所内的D类饭店重点控制油烟净化设施。“6·5”世界环境日期间，由山东电视台拍摄制作的《环保为民，兴业市南——市南区中小餐饮审批与管理试点工作纪实》新闻专题，向社会介绍宣传了市南分局开展中小餐饮业审批与管理工作试点情况，在社会上引起强烈反响。

2010年，依据2009年中小餐饮业审批与管理试点工作经验，制定了《市南区中小餐饮业环保审批与管理工作试行办法》，进一步规范中小餐饮业审批程序和日常管理。2012年，严格按照建设项目审批程序，依法办理项目审批。强化验收监测，严格环评单位和人员的资质审查，建立报告表退回制度，严把材料审查、现场勘验、公众参与、集体审查和设施验收五个关口，环评和三同时执行率均达100%。年内共审批新建项目142个，变更项目66个，验收项目133个。

第二节　污水控制

20世纪70年代，青岛大学医学院附属医院、青岛人民医院建设了医疗污水处理设施。1979年，北海重工建设了第1套污水处理设施，又陆续引进了2套先进处理设施。1982年中国人民解放军第4808工厂投资30万元，建成了船舶污水处理与回收设施。各造船厂对待修泊港船舶，禁止使用直排式便盆，保证了污水达标排放。1985年全区开始实行排污申报制度，根据重点企业的排污申报和日常监测情况，对污染源实行全面控制管理。1986年后，工业企业经过技术改造，对废水排放进行了处理，但污染未能根本解决。20世纪90年代以前，浮山河沿河区域有浮山化工厂、浮山染厂、钢卷尺厂、钢锯条厂、冷带轧钢厂、针织厂等排污企业，将未经处理的工业废水顺河排入浮山湾，对农田和前海海域造成了污染。1990年青岛钢锯条厂对排放氰化物的淬火工艺进行了改进，新建了污水处理设施，1996年该厂停止了淬火等热处理工艺，1999年迁至四方区河西市南区工业园。1991年青岛钢卷尺厂投资30万元安装了污水处理设施，通过加药沉淀，收集废水中的铬用于烧制砖瓦，避免了向水体排放，2000年该厂迁至四方区河西市南区工业园；青岛针织十一厂漂染车间，排放染织废水不处理，被列为1993—1997年度限期治理项目，1994年停止生产。大麦岛裘革厂未经处理排放制革废水，1998年被责令关停。

1996年前，辖区只有西部部分居民生活污水，通过管网排向团岛污水处理厂。1996—2000年，随着产业结构的调整，辖区工业企业逐步关停或外迁，工业用水逐年减少，水污染源变为以生活污水为主。仅浮山河沿河企业年排放工业污水35.5万吨、生活污水308万吨。2000年，浮山河区域青岛益青味精有限公司、青岛钢卷尺厂、新盛园肉制品厂等水污染企业关停、搬迁。是年辖区污水全部排至团岛污水处理厂（二级处理）和麦岛污水处理厂（一级处理）。2005年加大了污水处理能力，重复用水率达到80%，工业废水排放量降为36.51万吨，连续三年工业废水排放达标率达到100%。

2012年，借助市南区数字化城管中心网格化监控力量，及时发现前海排水问题，联合市政排水处重点解决了莱西路暗渠、五四广场暗渠和山西路暗渠的排污问题，确保了前海一线水环境安全。

第三节　烟尘控制

辖区无工业粉尘排放，燃料燃烧是烟尘和二氧化硫产生的主要来源。1986年，市南区在全市率先开展建设“基本无黑烟片”活动，泰安路和中山路街道办事处管区召开了推广型煤和新式炉具现场会，中山路区域燃煤灶全部改用燃气、燃油、焦炭或型煤，大小灶达标率为100%。1987年创建了团岛—麦岛沿海一条街“基本无黑烟片”。

1990年辖区锅炉、窑炉、茶炉和饮食业灶眼总蒸发量1360.5吨，成为大气环境主要污染源。1994年起，贯彻落实市政府下达的《关于控制经营和燃用散煤的通告》，在居民家庭和农贸市场推广使用型煤、燃气，扩大烟尘控制区覆盖率，加大了燃用原煤的控制力度，通过产业结构调整和企业搬迁，逐步淘汰了部分燃煤锅炉，废气、烟尘排放逐年消减，大气环境得到明显改善。1998年起，贯彻落实市政府发布的《关于禁止居民取暖燃用散煤的通告》，辖区开展了“清除管区散煤、创建环保达标”活动，各居民社区型煤供应点增加了散煤免费兑换型煤业务，区政府召开淘汰燃煤锅炉现场会和新型油、电锅炉推介会，进一步促进燃煤锅炉淘汰工作。1999年起，环保、城管、交警部门每年2次采取联合行动，以严查高硫煤为重点，查堵外来运煤车辆，发现超标高硫煤立即封杀。2000年，辖区燃煤大小灶和火炉、茶炉全部改用燃气和型煤，有效地控制了空气污染，环境大气质量得到明显改善。2005年全区工业烟尘排放达标率为100%。

2012年冬季控制大气污染专项行动期间，加大夜查和抽测力度，对辖区内在用的燃煤锅炉进行加密监察，加强环境违法专项治理，严查环境违法行为。同年，市南区将机动车污染防治工作列入大气污染控制重点治理目标，全面推进高污染黄标车淘汰工作，加大冒黑烟车辆查处力度，区域黑烟车发生率控制在0.1‰，为全市最低。

第四节　噪声控制

市区环境噪声主要来自交通噪声、工业噪声、施工噪声和社会生活噪声。20世纪80年代，区内开展创建噪声控制达标街（区）活动，中山路和八大关成为最早的噪声控制达标街区。1989年实施了创建“沿海一条街固定噪声源达标区”活动，团岛—太平路—文登路—香港西路—香港中路—青岛大学以南区域建成固定噪声源达标区，达标率96%。

20世纪90年代，建筑施工噪声成为主要噪声源。1991年开始，按照国家标准创建噪声达标区在全区铺开。一是实施环境责任目标限期治理，对劈柴院内餐饮店进行综合检查，对其中27家下达限期整改治理。二是通过行政执法强行关停3家噪声污染严重的企业。三是引导企业通过设备、工艺改革，实行降噪、隔音处理，达到噪音控制目标。全区治理噪声源200余个，建成噪声达标区16.3平方千米。辖区德县路、浙江路以东区域，全部为I类噪声达标区。20世纪90 年代中期，区建筑管理和环保部门规范了工地夜间施工审批程序，除因工艺要求必须连续施工的工地外，夜间一律禁止产生噪声污染的施工作业。

1998年结合创建国家环保模范城活动，加强了对交通噪声的监管。东西快速路沿途居民区两侧安装了隔音屏，居民区交通噪声明显降低。2000年交通噪声首次达到国家标准。

20世纪90年代末，湛山美食街、银海小吃街、云霄路美食街、东部酒吧街等餐饮服务业集中区域，列为噪声污染治理重点，区政府组织环保、工商、防疫、消防、城管、规划等部门进行综合整治，在云霄路居民楼一侧加装了隔音墙和透明固定窗，基本消除了生活噪声对居民生活的影响。

随着城市发展和经济结构的调整，噪声污染逐渐由工业噪声、交通噪声为主向社会生活噪声为主转化。至2000年，辖区社会生活噪声源占52.7%，交通噪声源占34.4%，建筑施工噪声源占5.4%，工业企业噪声源仅占2.2%。2001年功能区噪声、道路环境噪声和区域环境噪声全部达到标准，区域环境噪声保持在55分贝以下。

2012年，联合开展“绿色地铁工地”创建活动，及时听取社会监督员的意见建议，对已创建单位实施动态管理，共同敦促地铁施工单位自觉履行环保承诺。同时采取定期培训、行政处罚、排污费征收、多方座谈、约谈等方式，有效处理建筑施工噪声扰民问题。全年共办理夜间施工审批262起，共对擅自夜间施工行为立案处罚38起。

第五节　固体废弃物治理

辖区固体废弃物来自工业生产、建筑施工和生活垃圾等，以锅炉炉渣为主，1996年后，锅炉炉渣全部用以制砖，工业固体废弃物逐年减少，综合利用率均达到100%。辖区医疗危险固体废弃物年产约200吨，全部予以集中焚烧，进行无害化处理。

2012年，全面落实固体废物申报登记和危险废物转移联单制度，完成申报单位25家，其中危险废物产生单位5家、医疗单位18家、工业固废2家，对98家医疗单位发放了转移联单。开展辖区医疗废物专项执法检查工作，检查220家次，督促6家单位整改到位。

第六节　宣传教育

20世纪80年代中期，通过形式多样的宣传活动，普及环境保护意识，营造全社会各种环境保护的有利环境。20世纪90年代，积极开展环保教育和环保社区创建活动。区环保局和文化局联合创作的环保小品“深情”，获山东省环保戏曲小品大赛创作和表演一等奖。嘉峪关小学成立了全省第一个红领巾环保宣传站，进行环保课试点，成为全市第一所将环保课纳入课堂的学校。区环保局面向社会聘任了16名兼职环保监督员，推动了环保宣传工作。在纪念世界环境日活动中，发起“走家串户大行动”，举办了“环保一日”摄影展，发放宣传材料1万份。辖区内6个小区成为全市第一批环境保护达标住宅小区。区环保局与区教体委联合组织了“为了我们的未来”环保活动设计方案比赛，与江苏路办事处组织开展了“海洋、天空、未来与我”环保日活动。

2000年，开展了“十、百、千”环保达标活动，创建了3个环保达标办事处、24个环保达标居（家）委会和420个环保达标居民楼院。2001年，率先在全市开展创建“绿色环保社区”达标活动，八大峡、湛山、浮山、珠海路4个试点街道办事处，被确定为“2001年度创建绿色环保社区先进办事处”。2002年创建8个市级“绿色环保社区”、9所绿色学校。2005年全区创建绿色环保社区覆盖率达到90%，创建数量和质量居全市之首。同年成立宣教信息中心，完成创建绿色学校21所，其中省级绿色学校2所，国家级1所。面向社区开设环保课堂，为街道办事处和居委会人员讲授环保知识。

2012年“世界环境日”期间，举办了以“了解浒苔”为主题的大型环保宣传活动，环保分局、街道、社区民众、高校环保学会、高校环保志愿者等相继参加了环保法律法规咨询、机动车污染防治宣传、发放环保宣传品、环保成果展览、“纪念世界环境日‘了解浒苔’环保主题宣传签名”、锣鼓队展演等活动。

第三章　环境监测

20世纪80年代以前，市区的环境监测，一是对饮用水源水质的理化检验，二是对大气环境质量的监测。20世纪80年代中期，辖区环境监测站建立后，逐步开展了大气、水质、污染源、噪声等主要环境因素的监测。至20世纪90年代，市区环境空气污染属煤烟型污染，主要污染物降尘、颗粒物和二氧化硫浓度普遍超标。20世纪90年代末，大气环境污染得到有效控制，二氧化硫、飘尘浓度稳中有降，市区环境空气质量由“中度污染”转为“良好”。2000年辖区内有大气、噪声和水的监测点位216个，其中国控点146个、省控点1个、市控点69个，覆盖全区环境噪声监测、城市交通噪声监测、工业废水污染监测和大气污染监测，形成国控、省控、市控三级有机结合的监测网络。2003年，辖区环境空气质量达到二级标准。2004年辖区环境空气质量优良率为89.48%，与2003年相比提高了1.68个百分点。

2012年配合冬季控制大气污染工作，完成重点污染源单位废气烟尘、二氧化硫、氮氧化物、废气量等项目监测，上报数据856个。年内，完成区域环境噪声、道路交通噪声、功能区噪声、地下水、污染源废水、废气监测、前海一线排水口、重点污染源自动在线比对监测等监测任务。加大委托监测、信访监测和新建项目的验收监测，积极开展餐饮废水处理前、后监测比对，积极配合环境监察执法工作，完成污染源监督监测、再提高工程建设监测和建筑施工噪声监测等各项目标任务。

第一节　大气监测

二氧化硫监测

1972年1月、8月、9月，市内5区冬、夏季大气中二氧化硫含量监测，夏季市南区最高。1979年、1980年辖区环境空气中二氧化硫年均值分别为0.189毫克/立方米、0.205毫克/立方米，均超出国家环境空气质量二级标准。1981—1990年监测，二氧化硫有逐渐加重趋势。1991—1995年，区内气化率、热化率、型煤普及率逐年提高，二氧化硫年均值为0.195～0.219毫克/立方米，仍超出国家环境空气质量二级标准2.2倍。2000年降至0.055毫克/立方米，初次达到国家环境空气质量二级标准。2001—2005年二氧化硫年均值连续五年稳定达到国家环境空气质量二级标准。2006—2010年，二氧化硫年均值为0.047～0.070毫克/立方米，其中2009年监测值最高，年日均值为0.070毫克/立方米，达到二级标准。2011年二氧化硫年均值为0.048毫克/立方米， 2012年二氧化硫年均值为0.056毫克/立方米，均达到空气质量二级标准。

二氧化氮监测

1980年，辖区环境空气中的二氧化氮年均值为0.024毫克/立方米，未超出国家环境空气质量二级标准。此后，空气中的氮氧化物浓度呈缓慢上升趋势，但仍低于国家环境空气质量二级标准。“八五”期间，机动车辆急剧增加，氮氧化物年均值上升为0.066毫克/立方米，上升幅度达65.0%。2005年二氧化氮年均值为0.024毫克/立方米，达到国家环境空气质量二级标准（0.060毫克/立方米）。2006—2010年，二氧化氮年平均值为0.024～0.058毫克/立方米，市南区大气中二氧化氮2010年监测值最高，年日均值为0.058毫克/立方米，达到二级标准，2006年监测值最低，年日均值为0.027毫克/立方米，达到一级标准；大气中二氧化氮自2006年开始逐年升高，其主要原因为城市车辆迅猛增长，机动车排放尾气是大气中二氧化氮升高的主要因素。2011年二氧化氮年均值为0.046毫克/立方米，2012年二氧化氮年均值为0.044毫克/立方米。

大气降尘监测

1972年1月至1973年1月，辖区每平方千米月均降尘为2.2吨。1977—1978年，市南疗养区每平方千米月均降尘量分别为9.8吨、11吨。大气降尘年均值均低于市内其他各区。随着城市建设步伐加快和北方沙尘暴的影响，大气降尘呈上升趋势。1991年辖区大气降尘年均值为14.93吨/平方千米・月。2000年为17.49吨/平方千米・月。2001年上升为23.66吨/平方千米・月，超过国家评价标准。2002年下降为

16.39吨/平方千米·月，达到国家环境空气质量二级标准。2006—2010年，降尘量年平均值为14.03～7.54吨/平方千米·月，市南区大气中降尘量总体呈逐年下降趋势，最高为2006年14.08吨/平方千米·月，2009年较2008年有所升高，主要原因为2008年举办奥帆赛，建筑工地明显减少，在奥帆赛举办期间，全部建筑工地停止施工，2009年建筑工程比较集中，造成辖区降尘量略有增加。由于对环境质量要求的逐步提高，随着新标准的颁布，降尘数据已无法表明实际的环境状况，故从2011年起，不再对降尘进行监测。

总悬浮颗粒物监测

1981—1998年，市区空气中的总悬浮颗粒物年均值均超出国家环境空气质量二级标准(0.30毫克/立方米)。1999年总悬浮颗粒物年均值降至0.191毫克/立方米，初次达到国家环境空气质量二级标准。2005年市区可吸入颗粒物年均值为0.098毫克/立方米，与2001年持平。自2005年，以可吸入颗粒物（PM10）做为空气质量监测主要指标，2005年可吸入颗粒物年日均值为0.098毫克/立方米，与2001年持平。2006年可吸入颗粒物年日均值为0.089毫克/立方米，达到二级标准。2006—2010年，市南区大气中可吸入颗粒物2009年监测值最高，年日均值为0.118毫克/立方米，达到三级标准，2007—2008年最低，年日均值为0.084毫克/立方米，达到二级标准。2011年，市南区可吸入颗粒物年日均值为0.088毫克/立方米，2012年年日均值为0.070毫克/立方米，均达到二级评价标准，为逐年下降趋势。

酸雨频率监测

1979年5月至1982年9月，市区不定期监测采集到的25个样品中，pH值在3.80～6.40之间，降水酸雨频率为76.0%。“七五”期间，总降水pH值4.42～4.98，酸雨频率为37.6%～80.5%。“八五”期间，总降水pH值4.87～5.17，酸雨频率为26.8%～52.1%。“九五”期间，总降水pH值为4.68～5.73。2000年市区总降水首次高于国家规定酸雨限值。“十五”期间，市区总降水pH值为5.25～5.68之间，除2002年外，其他年度均高于国家规定酸雨限值(pH值5.6)。此后酸雨频率由青岛市环境监测中心站监测，市南环保分局不再监测酸雨频率。

第二节 水质监测

地表水监测

浮山河是辖区唯一可见的地表径流，长约2千米，原为自然泄洪河道，后成为工业和生活污水的纳污排泄渠道。浮山河入海口为省控水样监测站位，每年5月、8月、10月水质监测各1次。监测分析项目有：水温、流量、pH值、悬浮物、溶解氧、化学耗氧量、氨氮、氰化钾等26项。1995年以来，每年5月、8月、10月低潮时，采用改进的“D值”水质评价法，对水质进行采样分析和污染分级。2000年浮山河由沿海截流至市政管道，排入麦岛污水处理厂，浮山河的监测分析中断。同年10月底发现浮山河有少量流水，11月初又对其采样分析，水质较1999年有明显改善，超标项目大为减少，但仍属严重污染级，排海污水系雨后山水、渗水和原存污水所致。2001年监测，除总磷、溶解氧外，其他项目均有所下降，水质与2000年基本持平。2002年后，浮山河例行监测任务由市环境监测站承担，从获得数据分析，COD、氨氮、铅、石油类、硫化物、铜项目有较大上升，硝酸盐氮、总汞、氯化物、溶解氧、活性磷酸盐等9个监测项目大幅下降，其中活性磷酸盐项目降幅为85.9%。2004年，有15个监测项目与往年相比略有升高，其中COD、BOD5、硝酸盐氮、石油类、硫化物、铜、溶解氧项目上升幅度较大，铅、亚硝酸盐氮、总磷、铜项目下降幅度较大。2005年水质有所改善，共有7个监测项目超过GB3838－2002《地表水环境质量标准》中的V类水质标准，仍属严重污染级。2006—2010年，浮山河水质COD、氨氮、BOD5、总氮、总磷普遍超标，依然属于严重污染级。2011年有所好转，只有总氮、总磷两项污染物超标，其余项目达到Ⅴ类水质标准，属于污染级。自2012年起，由于管道截污等措施，浮山河以基本断流，出口水以高潮时倒灌的海水为主。

地下水监测

1996年前，辖区内共有地下水井7眼（海洋大学、汇泉广场、湛山宾馆、广州路15号、宁武关路5号、辛家庄606号、田家村107号各一处）。地下水井监测每年4月、9月各1次，监测分析项目有：pH值、总硬度、细菌总数、高锰酸钾指数、氨氮、氰化物等21项。1994年监测，有4眼井属清洁水质，3眼井水质为中度污染。1995年中度污染水井上升为5眼，清洁水质水井降至1眼，微污染水井1眼。1996年7眼水井已全部污染，其中严重污染级3眼，重污染级2眼，污染级2眼。1997年减为六眼水井，全部为重污染级。1999年减为5眼水井，全部为重污染级。2000年减为4眼水井，均属重污染级，地下水已全部不能饮用。2003年，区域内的3眼水井全部为重污染级，其中氨氮、总大肠菌群全部超标。2004年，除海洋大学、宁武关路5号点位亚硝酸盐氮项目外，其余项目浓度均比上年有所下降。2005年，辖区内的2眼民用水井均为污染级，超标项目为总大肠菌群，其余项目达到《地下水质量标准》Ⅲ类标准。2006—2011年，地下水环境状况基本持平。2012年地下水环境状况有所好转，跑马场地下水井经监测，所有水质项目指标均达到GB/T14848－1993《地下水质量标准》中的Ⅲ类标准，属优秀级水质。

第三节　声环境质量监测

功能区噪声监测

“六五”期间，功能区昼间噪声均超过国家规定标准。“八五”期间，商业中心区昼间噪声级呈下降趋势，交通干线两侧昼、夜等效声级均符合评价标准，居民文教区、特殊住宅区和商业中心区超标值较高。“九五”期间，商业中心区和混合区昼间监测明显下降，交通干线两侧昼间监测明显上升。“十五”期间，各类功能区昼间区域环境噪声达标率为100%，混合区部分频次超标，交通干线两侧夜间达标率为62.5%～100%。2005年，山东路1号、2号测点夜间等效声级均值分别超过评价标准0.7分贝、0.4分贝，其余测点夜间等效声级达标。2005年区域环境噪声均值为52.9分贝，比1996年下降了2.0分贝。2006—2010年，辖区功能区各监测点位监测值呈逐年上升趋势。至2012年，湛山四路、盐城路、台西四路、中山路4个监测点位昼夜等效声级均略有超标。

环境噪声监测

1981年9月，市环境监测站对疗养区、游览区约3.1平方千米的区域环境噪声质量状况进行了首次监测。1982年5月，市南区监测均值为55.5分贝。1990年5月，市区等效声级年均值为62.7分贝。其中，市南区生活噪声源占54.1%，工业和交通噪声源分别占17.6%和14.1%。2000年，市区环境噪声年均值为54.9分贝，低于《城市区域环境噪声标准》(GB3096－93）Ⅰ类区标准。2005年市区环境噪声年均值为52.9分贝，其中生活噪声源占60.20%，仍为主要区域环境噪声源。2006—2010年，区域环境噪声在54.1～53.1 dB（A）之间，区域环境噪声变化幅度较小。2011年区域环境噪声为53.2dB（A），达到声环境质量标准Ⅰ类区标准。2012年区域环境噪声为53.1dB（A），与2011年相比降了0.1dB（A），基本持平。

交通噪声监测

1990年道路监测噪声为72.4～74.2分贝，超过国家噪声标准值。“八五”期间，交通干线噪声72.6～73.5分贝。“九五”期间，市区道路整体状况改善，实现交通调流和单向管制，道路交通噪声呈下降的趋势。2000年交通干线噪声监测平均值为69.0分贝，首次低于国家标准的要求。“十五”期间，交通干线噪声为68.2～68.8分贝，道路交通噪声年均值稳定达到国家噪声标准。2006—2010年，道路交通噪声为67.7～68.1分贝，基本保持较为稳定。2011年道路交通噪声监测平均值为67.8分贝。2012年每小时平均车流量略有增加，道路交通噪声监测平均值为68.7分贝。

第六篇

农业·工业

第一章　种植业

青岛建置前，今市南地域是个体自耕农和渔户的生业之地，村落居民世代以农渔为业，种植业是生业经济之主体形态，土地皆为私有，种植粮食、蔬菜、果品，维系着自由经营、自给自足的自然经济状态。自19世纪末开始，随着城市化进程，境内种植用地逐渐转化为城镇建设用地，种植业人口逐渐下降。

青岛解放后，根据全市功能区划，市南区为机关、学校、文化、外侨区，农田、农户极少。20世纪50年代初，区内始有农业村。全市区划调整后，区界东至浮山所村西，湛山一带成为郊区种植业基地。农业社会主义改造完成后，农村土地统归集体所有。区内自然村几经隶属沿革，种植业空间逐步扩展，全区农村大兴冬耕冬刨、积肥追肥和农田基本建设，充分发掘土地潜力，扩大耕地面积，全区灌溉面积接近4000亩。同时改进种植技术，推广密植、条插、轮作和人工授粉，大力提高粮食亩产量。同期，蔬菜种植每年由四茬提高到六七茬，蔬菜品种由40余种增加到60余种，蔬菜复种面积不断扩大，蔬菜总产量逐年提高，湛山、浮山所成为蔬菜种植专业村，1959年浮山人民公社成为青岛市蔬菜生产供应基地，粮食、蔬菜生产购销先后纳入国家计划经济轨道。“大跃进”时期，全区实现了人民公社化，浮山人民公社率先在全省实行一级核算。这一时期，由于高指标、高征购、浮夸风的错误影响，全区种植业生产水平大幅下降，人民生活随后发生严重困难。后经国民经济调整，全区农业生产开始好转，逐步扭转了严重自然灾害及大跃进等因素造成的困难局面。至60年代中期，种植业生产基本恢复。“文化大革命”开始后，全区种植业生产再次遭受较大冲击。70年代初，由于扩大蔬菜种植面积，粮食种植面积逐年压缩，粮食产量逐渐减少。

中共十一届三中全会召开后，实行农村经济体制改革，调动了广大社员的生产积极性。80年代，随着城镇化的进程，区内可耕土地逐步减少。人民公社解体后，区内尚有的种植业劳动力也陆续向二、三产业转移，成为新兴的农工商公司职工，粮食、蔬菜、果品种植业逐步退出产业领域。

第一节　经营体制

青岛建置前，今市南地域是以村落为主体的农渔业区域，世代以务农渔捞为业的个体自耕农和渔户聚居于此，长期沿袭自然经济模式，土地私有，自耕自给，自由经营。19世纪末，德国租借青岛后，区域内中西部的老村庄悉数被征购平毁，原住民被徙往台东、台西等地，世代赖以为生的耕地变为商业区、住宅区和兵营驻地，这一区域农业经济形态不复存在。

青岛解放后，1951年5月湛山村划归市南区，区内重新出现农业。同年8月，青岛区划调整后，市南区界东至浮山所村西，郊区主要指湛山一带。这一时期，区内种植业仍处于自由经营状态。1953年4月，全区建立居民委员会，郊区归属湛山大路居民委员会，内设生产委员会负责郊区的农业生产。是年，国家实行粮食统购统销政策，区内粮食种植、销售纳入国家计划渠道。1954年7月，青岛市撤销浮山区，将所辖的浮西乡、麦岛乡、浮亢乡3乡及三合乡之田家村合并，设立浮山办事处，划归市南区。1956年基本完成农业生产的社会主义合作化，农村土地统归集体所有。1956年3

月，市南区的丁家庄、辛家庄、大尧村、逍遥村、大麦岛、徐家麦岛、王家麦岛7个自然村划归崂山郊区。次年5月，丁家庄、辛家庄、大尧村、逍遥村4个村重新划归市南区。随着郊区种植面积的不断扩展，种植业人口持续增加，国家在粮食、蔬菜、果品流通领域的领导作用不断加强，计划生产、计划购销格局逐步形成。

1958年9月，工农联盟农业生产合作社（浮山所村、亢家庄、田家村）、五一蔬菜生产合作社（大湛山村、小湛山村）、海防农业生产合作社（辛家庄、丁家庄、大尧村、逍遥村）和湛山渔业生产合作社共同组成了市南区东风人民公社，1959年，东风人民公社更名为浮山人民公社。人民公社成立初期下设3个生产管理区（后改称生产大队）。第一生产管理区管理大湛山村、小湛山村2个村，第二生产管理区管理浮山所、田家村、亢家庄3个村，第三生产管理区管理辛家庄、丁家庄、大尧村、逍遥村4个村。各生产管理区之下设若干生产队。1959年，国家对大中城市和工矿区的蔬菜供应，实行计划生产，统购包销，停止自由买卖，区内蔬菜、果品产销体制从此纳入国家计划渠道。为确保全市蔬菜供应，市政府确定湛山、浮山所为蔬菜专业村，重点发展蔬菜种植业。1960年省委决定，浮山人民公社由“三级所有，队为基础”的核算制度改为一级核算制度，是全省唯一实行一级核算的公社。1963年7月，浮山人民公社划归崂山县领导，其社会治安、文教卫生、居民生活供应等仍属市南区管理。1964年2月，浮山人民公社将原来的3个生产大队调整为7个，即湛山生产大队、亢家庄生产大队、浮山所生产大队、田家村生产大队、大尧生产大队、逍遥生产大队、辛家庄生产大队。1978年12月，浮山人民公社重归市南区领导。

中共十一届三中全会以后，落实中央一系列有关农村农业工作的方针、政策和经济体制改革的指示，促进了全区种植业的发展。1980年以后，全市开放粮食集市贸易，并对蔬菜生产给予政策扶持，进一步焕发了社员粮食、蔬菜、果品生产的积极性，全区种植业呈现蓬勃生机。随着改革开放的逐步深入和城市建设的快速发展，区内可耕土地逐步缩小，种植业严重萎缩。1984年9月，政企合一的浮山人民公社解体。

第二节　种植用地

青岛建置前，市南区域内的居民多以农业为主、辅以渔业等，农村土地皆为私人所有，土地占有者（户）以祖传地约或传统地契作为依据。由于域内多山峦丘陵，可耕地不足，农民贫富以土地占有多寡而定，多数农户占地1～3亩不等，比较大的富户有地14亩之多。区内乡村，除宅地、菜地、果园外，农田多为山地和濒海薄田，分布于山腰岳腹，河沿沟谷，砂质土壤且含砾石，地质贫瘠。

19世纪末，德国占领青岛后，将土地作为主要资源加以经营，德国胶澳督署通过颁布《购地准则》《置买田地章程》《地亩章程告示》等规条，对土地买卖做出具体规定。区内大鲍岛、小泥洼、孟家沟、会前等老村庄被强迁平毁，大批农田成为青岛早期商住区、游览区和劳工聚居区，部分山峦林地被征用修筑炮台。随着城市化进程，境内农业用地逐渐转化为城镇建设用地或军事用地，种植用地日渐萎缩，种植业劳动人口逐年下降。日本侵占青岛后，废除土地标售制，大量农民土地被日占当局或日本人购得。此后，政府机关、各类学校、科研单位、军事部门、工厂企业、市政工程、居民小区等陆续征用了很多耕地，区内耕地面积不断减少。如大湛山村、小湛山村，自1897年德国侵占青岛后，在村庄周围耕地和山峦修筑了很多军事工程；又因这里优越的自然环境，20世纪初就被规划为“颐养区”，许多驻青领事馆和国内外知名人士纷纷占地建造别墅、私人住宅。1933年，市政府在湛山东北山征地500亩建高尔夫球场，1934年又在北山征地150亩建湛山寺。40年代前后，太平角一带大片耕地被辟为避暑颐养胜地。

解放初期，市南区农田、农户极少。1950年12月，中共青岛市委制定了《关于今冬明春三个月完成郊区土地改革的计划》，明确在废除旧地契，将土地重新丈量确界后，颁发由青岛市人民政府印制的“土地房产所有证”。1951年区划调整后，区内共有农民500余户，农业人口2500余人，多以农、渔为业，多数农户占地1~3亩不等，山峦土地归村集体共有。是年，经过土地改革，无地或少地的农民分得了土地，并颁发了“土地房产所有证”。土地证的颁发，标志着土地所有权和经营权、使用权三者统一，土地产权可以流动，允许买卖出租。1952年，区委、区政府号召农民组织起来发展生产，许多农户自愿成立了互助组。1953年起，市南区按照国家统一部署，开始对全区农业进行社会主义改造。1954年7月，青岛市撤销浮山区，将所辖的浮西乡、麦岛乡、浮亢乡3乡及三合乡之田家村合并，设立浮山办事处，划归市南区后，全区共有农业户2743户、11786人，耕种土地16082亩4分；渔业户270户。至1956年，全区农业基本上完成社会主义合作化，共成立高级农业社一处，入社农户占总农户99.2%；高级蔬菜生产社一处，菜农业户全部入社；农民个人直接所有的土地无偿入股，统一经营。

中共十一届三中全会后，全区农业经济得到了较快的发展。自20世纪80年代开始，随着改革开放和城市建设速度的加快，市南区的可耕土地逐步缩小。1982年，浮山人民公社的农业户口全部转为非农业户口，全部耕地被纳入青岛市城市建设规划用地，农村经济逐步由以种植业为主向第二、第三产业转移。

至21世纪初，区内耕地及山峦地所剩无几。历史上曾经是即墨县南部最大村落的浮山所，1949年有土地3096.95亩，至2002年年底仅存零星土地103.45亩；与浮山所土地变革相同原因的辛家庄、丁家庄，农业用地加上山峦地解放初期共4300余亩，至21世纪初被征用殆尽。湛山村周边，自新中国成立后被定为国家疗养地，十多处国家级疗养院相继落成，1958年核定零星土地仅余1341亩。随着城市用地不断扩展，至1995年在太平角的第4生产队的几片菜地被征用，湛山村永远结束了农业生产的历史。亢家庄在新中国成立之前被德、日侵略军强占强征耕地231.86亩，1962年可耕地为650.46亩，自20世纪80年代开始，由于城市东扩、交通建设、机关企业建房、旧村改造等需要，至21世纪初，耕地及山峦所剩无几。田家村在1950年拥有土地、山林2488亩，至20世

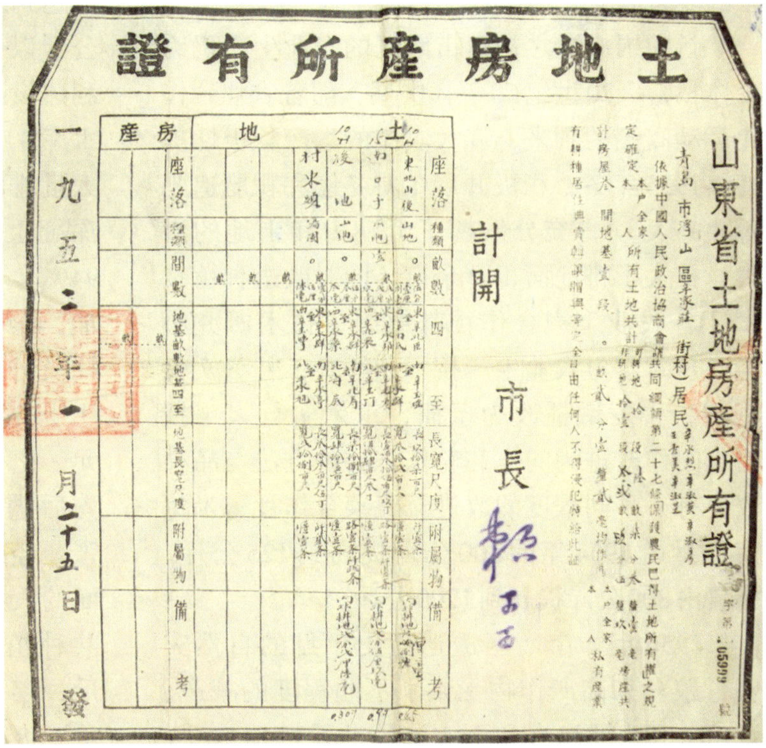
土地房產所有證
山東省土地房產所有證
計開
市長
一九五二年一月二十五日

山东省土地房产所有证（1952年）

纪末农业用地殆尽。大尧村、逍遥村的耕地及山峦自20世纪80年代开始，逐渐被住宅、道路及其他公共设施所覆盖。

第三节 粮食种植

区内粮食种植品种，以小麦、甘薯、玉米、高粱、谷子、大豆为主。种植期内，一般两年可收获3次，即两年三熟，形成固定的轮作制。一般春季4月下种，秋季8月末收获，收获后至10月初（农历八月十五以后）播种冬小麦、大麦或豌豆，次年6月收获。收获后再种植甘薯、大豆等，当年秋季收获。除两年三熟的粮食作物外，还种植一年一熟的花生。轮作种植，周而复始。种植粮食的田间耕作，主要包括耙地、施肥、锄地、播种、起垄等，构成田间作业的传统程式，所需农具主要有犁、锄、耙、镰、锨等。在20世纪50年代大兴水利建设之前，区内农村的粮食种植，世代承袭"靠天吃饭"的传统理念，抵御自然灾害和病虫害的能力低下。

新中国成立之初，市南区的农业生产仍为个体私营。20世纪50年代中期，随着农业合作化运动高潮的到来，广大农民的生产积极性提高。1955年冬，积极开展冬耕冬刨和积肥追肥等生产活动，充分发挥了劳动力和土地的潜力，扩大了耕地面积百余亩。同时改进种植技术，各农业生产合作社都组织了技术研究小组，及时学习农业生产技术和经验，甘薯实行密植，小麦墩播改为条插，玉米实行人工授粉，间作改进为间作和轮作，耕种方法与品种改良有了不同程度的改进。蔬菜合作社玉米每亩产量由1954年的100公斤提高到125公斤、甘薯由800公斤提高到1200公斤。

1956年，市南区遭遇历史罕见的自然灾害，粮食和高产作物受到了不同程度的减产，近400亩地被海水和雨水淹没冲毁。1957年，市南区遭受了严重的旱灾，广大农民群众在抗旱救灾的同时，积极掀起农业冬季生产高潮，农业生产合作社共打大井99眼、小井727眼，修水库7座，灌溉面积扩大到3996亩，完成了深翻土地的任务。是年，虽然部分农作物显著减产，但农业社收入不但没有减少，反而大大超过历年水平，两个农业社总收入693364元，比上年增长55%左右。如"五一"蔬菜社，1956年全年总收入为156000元，1957年为294000元，增长88.4%，100%的社员都增加了收入；"工农联盟社"1957年收入较1956年增加25.2%，90%的社员增加了收入。是年冬，大规模兴修农田水利，"五一"蔬菜社和工农联盟社打井39眼，扩大了灌溉面积1075亩，修建水闸、水库4座，改造荒地248亩，同时大力积肥，每亩春田平均施肥3110公斤，为粮食丰产打下基础。

自1958年起，市南区开始实施第二个五年计划。按照当时统计，1958年粮食总产量180万公斤、比上年增长16%。1959年，小麦生产实现了空前丰收，共收获60余万公斤，平均亩产达到159公斤，其中高额丰产田亩产达到300公斤以上，全社平均亩产比上年提高64%。水利建设除充分发挥原有水利工程作用外，新建水库3座、塘坝4座，打大型机井36眼，增添大批排灌机械，水浇地面积扩大到1400余亩；深翻土地在1.2～2尺以上者占全部可耕地的94%以上。是年，人民公社及社员收入大大增加，全年收入210万元，比上年提高57.08%，社员分配部分为96.9万元，占总收入的46%，比上年提高21.62%，每个社员决分达到104元，比上年决分提高25.13%。1960年，市南区先后遭遇干旱、水涝、虫害、风灾等自然灾害，经过全体干部、社员的共同努力以及各方面的大力支援，仍然取得了较好的收成。全年共种植粮食作物2189亩，总产量18.85万公斤，年均亩产86公斤；油料作物544亩，总产量3.68万公斤，平均亩产67.6公斤。

1961年，全年粮食收获面积为3136亩，总产量为32.25万公斤，平均亩产103公斤，比上年提高20%。同时，根据“大办农业，大办粮食”和“一手抓生产、一手抓生活”的指示，贯彻了“城乡并举，自力更生”的原则，广泛发动群众，大力组织种植业生产，在全区范围内掀起了一个大搞粮菜副食品生产的群众运动，各集体单位共种粮食3600余亩，总产量达到30余万公斤，平均亩产82公斤，除去留种、还种、提成外，社员每人每月可分9公斤粮食。从1962年起，市南区根据水土情况，通过采取各种增产措施，全区农业生产开始好转，逐步扭转了严重自然灾害造成的困难局面。全年生产粮食47.5万公斤，亩产137公斤，比上年增长15%。至1963年，全区通过国民经济调整，种植业扭转了被动局面，全区经济形势明显好转，农业生产基本恢复到正常水平。1965年，浮山人民公社种植小麦2713亩，单产121.5公斤，总产量32.95万公斤。据1965年浮山人民公社年末实有劳动力统计，是年浮山人民公社种植业劳动力总计3945人，其中男劳动力共2074人，女劳动力共1871人。

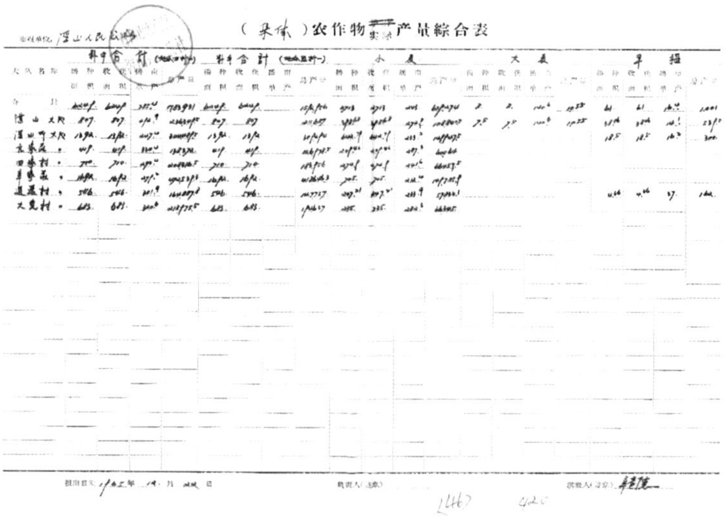

农作物实际产量综合表（1965年）

1966年种植小麦面积2877亩，单产144.15公斤，总产量41.48万公斤。1966年比1965年面积增加164亩，单产增加22.65公斤，总产增加8.5万公斤，单产比1965年提高18.64%。其间，浮山人民公社大兴农田基本建设，大力提高农业机械化水平，促进了全社粮食增产。1963—1973年共修建水渠圹填19座，打大井67眼，修扬水站28处，挖平塘9处，扩大水浇面积2500亩，建设粮产高产田730亩，增加排灌机械185台，汽车5辆，大小拖拉机27台，手扶拖拉机31台，农用机械达86台，农用机械总动力2097马力，每个大队平均290马力，粮食亩产由1963年的194.5公斤增加至1973年的393.5公斤，每亩增加199公斤，增长了1倍以上。

20世纪70年代中期，受征地建设和扩大蔬菜种植面积的影响，浮山公社粮食产量逐年下降。1976年，粮食种植1344.7亩，比1975年减少495.85亩，粮食总产量64.3万公斤，比1975年减少22.73万公斤。1977年与1976年相比，种植面积压缩209.1亩，粮食总产量下降21.84万公斤，粮食单产比1976年减少103.75公斤。

中共十一届三中全会以后，粮食种植业有所恢复。1979年，粮食喜获丰收，粮食总产完成25.58万公斤，亩产达385.7公斤。全社总收入达到1548万元，比上年增长19.6%。社员收益分配普遍增加，全社每人平均收入307元，再加社办工业收益分配，每人平均可达370元以上。1980年，全区耕地减少520余亩，粮食产量有所下降，社员平均分配达到358元，增加51元，增加16%。1981年，粮食生产因遭遇严重干旱，全年产量为4.645万公斤，只完成计划的37.16%。

20世纪80年代中期，政企合一的浮山人民公社解体和各农工商公司成立后，经营结构发生很大变化，投入农业的劳动力逐年下降，粮食种植业逐步萎缩。至90年代初，全区的粮食种植基本停止。

第四节　蔬菜果品种植

在自给自足的自然经济条件下，区内的蔬菜、果品种植和粮食种植同步生成与发展，优越的区位优势，城乡经济密不可分的依存关系，促其逐步成为全市蔬菜、果品的重要生产供应基地。区内蔬菜种植的主要品种有油菜、菠菜、芹菜、韭菜、辣椒、苔菜、卷心菜、白菜、胡萝卜、西红柿、马铃薯、茼蒿、莴苣、豆角、葱、姜、蒜及瓜类等。果品种植的主要品种有苹果、桃、梨、杏、樱桃、石榴、枣、栗、葡萄、李子等。

农业互助合作化运动前，区内农户种植蔬菜每年最多种四茬，收获的蔬菜果品主要为自给自足，余者流向浮山所及周边集市。农业互助合作化以后，随着蔬菜种植技术的交流提高和农田基本建设的进程，区内农户蔬菜种植每年一般都可种六茬到七茬，蔬菜总产量大大提高。1956年，全区农业社会主义改造时，区委区政府鼓励广大农户组织起来，发展蔬菜种植业，区内出现了第一个蔬菜生产高级社。1958年蔬菜总产量2600余万公斤，比上年增长27%。1959年，市南区根据中央提出的“郊区生产为城市服务”的方针，对浮山公社的土地、劳力进行全面安排，凡能种植蔬菜的土地全部种植蔬菜，并不断扩大复种面积，全年复种面积达到1.1万余亩，约为上年的4倍，全年总产量达到1785余万公斤，按耕亩计算，平均亩产达到5059.5公斤，有力地支援了市区居民的食需，蔬菜品种亦有很大增加，由1958年的40余种增加到60余种。

1960年，全区全年菜园种植面积4900亩，比上年扩大971亩，复种面积达到14999亩，全年共产菜2337.5万公斤，为上年的130.9%，亩年产5188.5公斤，为上年的102.74%。公社试验田春季收获的一亩小白菜，产量达到7500余公斤，西红柿一亩茬产达到4000公斤，比1959年亩茬产2000公斤提高了一倍，种植的4.4亩茄子平均亩产3750公斤，其中一亩高产达5000余公斤，比1959年的茄子最高茬产提高了4～5倍，秋季种植的158亩芹菜，平均亩产5500公斤，比1959年同期亩产5000公斤提高了5%～10%，黄瓜亩产2500公斤，比1959年亩产1250公斤提高了一倍以上。年内蔬菜做到了排升播种，分期出园，品种多样，粗细齐全，年供应市场数量仅国庆节一天即达43.75万余公斤，全年安排蔬菜生产170余个品种，为1959年60多个品种的290%，还储备了鲜菜75万公斤，积存干菜6.19万公斤，为确保市场均衡供应及社员的生产度荒，打下了良好的基础。

1961年，市南区按照中央“调整、巩固、充实、提高”的方针和省市委的部署，全面调整国民经济。根据“郊区生产以蔬菜为纲”“郊区生产为城市服务”的方针，以蔬菜种植为

1959年浮山人民公社成为青岛市蔬菜生产供应基地。图为公社社员收获蔬菜，运往市区

主，全面安排生产。同年，浮山人民公社的灌溉面积已达3746亩，占耕地面积的52%。随着农田水利基本建设和蔬菜耕地面积的扩大，排灌机械和其他机具也有很大增加，有80%以上耕地都能用电力灌溉，有力地促进了蔬菜生产。年内蔬菜种植面积3840亩，复种面积达到11902亩，平均每亩全年播种3.1茬，总产量达到2201.5万公斤，平均亩产达到5863.5公斤，比上年提高18.6%，播种越冬蔬菜1790亩。同年，为改善社员生活，还种植蔬菜840亩，年产量达到192.5万公斤，平均每亩产量2294公斤，每个社员平均分菜76公斤。1962年，全区农村从自身水土状况出发，大力发展蔬菜生产。年内虽遭受较严重的自然灾害，但通过各种增产措施的实施，全区蔬菜生产逐步扭转了困难局面。全年生产蔬菜1365万公斤，占国家计划的75.98%，平均亩产3350公斤。1965年，浮山人民公社蔬菜播种面积7550亩，亩单产1976公斤，总产量1491.6万公斤，蔬菜种植品种主要是青白萝卜、马铃薯和芋头。其中越冬菜播种1876亩，采取大田播种和保护栽培两种种植方式，蔬菜种植的主要品种是早菠菜、苔菜、芽葱、小冬葱、蒜苗、芹菜、韭菜、蒜青和香菜。

至1965年，浮山人民公社种植果品的有湛山、浮山所、田家村、辛家庄、逍遥村、大尧村6个生产大队，年内果树总种植面积502亩，总株数15877株，结果3860株，总产量2.2万公斤。其中苹果果树面积468亩，总株数14063株，结果3235株，总产量1.68万公斤；梨树面积5亩，总株数100株；桃树面积19亩，总株数748株，结果625株，总产量5000余公斤；葡萄果树面积10亩，总株数966株。1976年，浮山人民公社果品种植19590株，比上年减少445株，全年果品总产量22.5万公斤，比上年减产6.88万公斤。次年，果品生产继续下滑，年内果品种植17532株，比1976年减少2058株，全年果品总产量21.4万公斤，比上年减产1.1万公斤。

中共十一届三中全会以后，市政府对蔬菜生产销售给予政策扶持，鼓励菜农种植、交售，实行超额奖励，调动了广大菜农的生产积极性。1979年全区蔬菜交售2208万公斤，完成计划的138.5%，超额完成全年交售任务，与1978年同期相比，虽然种植面积减少308亩，但亩产量提高，总产量增加390万公斤，产值完成165万元，比1978年同期增加28万元，完成全年计划144万元的114.4%。同年，浮山公社的蔬菜产量在连年增产的基础上取得新增长，在面积比上年减少290亩的情况下，产量仍比上年增长5.2%，完成年计划的129.7%，产值增长15.3%。1980年，区内种植面积比1979年减少520余亩，粮食及蔬菜产量均比上年大幅下降。1982年，面临种植用地严重萎缩的局面，全区蔬菜总产量完成1531万公斤，超计划的6%。1983年，坚持以菜为主，发展多种经营的方针，精心经营蔬菜种植，全年生产蔬菜1509万公斤，超计划9.75%。1984年，蔬菜生产完成1257.5万公斤，实际交售1242.5万公斤，超计划12.15%。根据上级的有关政策规定，浮山公社从1982年年底起，农业人口转为非农业人口，陆续安排了一批适龄劳力就业，区内蔬菜果品生产，在种植面积逐年压缩的情况下，其产量相应减少。随着蔬菜果品购销政策调整和价格逐步放开，区内蔬菜果品生产日渐式微。东部旧村改造实施后，原蔬菜果品生产用地陆续改作他用，蔬菜果品生产随之退出产业领域。

第二章 渔林牧副业

今市南地域自古以渔捞为业的居民较多，至明清时期，区内渔户的聚集地青岛口已成为舟楫南北的渔港码头，会前、湛山、浮山所一带村庄也不少以捕鱼为生的渔民之家。德国殖民统治青岛后，伴随城市化的进程，渔业与从业人口急剧萎缩，在区内各业劳动人口中占比极低。这一时期，伴随青岛首轮城市规划出台，一系列山林管理和花木保护的法令条规颁行，将区内林业纳入城市管理轨道，市政当局在区内开辟植物实验场，率先引进优良树种，鼓励乡民植树育林，区内的山地林木初具规模。

新中国成立后，渔业生产逐步恢复和发展。50年代，全区渔民先后经历了互助组—初级社—高级社的社会主义改造进程，形成了湛山高级渔业生产合作社、麦岛渔业生产合作社和台西渔业生产合作社鼎足而立、东西相望的渔业生产格局。全区渔业从业人口持续增加，渔业生产水平不断提高，渔民收入成倍增长，湛山高级渔业生产合作社和麦岛渔业跻身青岛地区先进社行列。其间，区内的畜牧业由一家一户、私有私养向个人、集体牧养并举共存转变。全区工副业开始起步，社队办运输业、建筑建材业和服务业，成为工副业创收的主渠道，集体和社员收入均有增加。50年代末，区内渔业生产向海带、藻类养殖领域拓展，渔业社职工扭住育苗、分苗、切割、晾晒等生产环节，连年超额完成国家计划，为渔业增产增收开创了新途径。同期，全区大兴植树造林，1958—1960年的植树量，从20万株跃升至89万株，3年增长了3.5倍，成活率达到95%，成为区内成片林的规模发展期。这一时期，社办工业取得较大发展，生产领域从修配农用车发展到加工机械零件，试制的电动机、内燃机等动力机械达200余件。畜牧业因遭遇严重自然灾害而陷于饲料短缺的困境，由于采取“保大畜，保母畜”的得力措施，加强牲畜防疫管理，实行牲畜聚集增养，牲畜死亡现象大大减少，为畜牧业的回升积蓄了后劲。60年代中期，伴随全市区划调整的步伐，全区渔业进入重要整合期，经划拨、合并与转体，至60年代末期，区内集体渔业组织不复存在，世代沿袭的传统渔业成为历史。70年代初，面临山林资源损毁严重和生猪存栏连年下滑的不利局面，浮山人民公社提出山水林田路综合治理和发展畜牧业5年规划目标，推动区内山地成片林建设，促进生猪存栏量迅速增长。

中共十一届三中全会后，贯彻公私养并举的方针，促进了全区畜牧业发展，集体生猪存养量增幅实现翻番。80年代，畜牧业生产逐步向畜产品加工转化，林业发展和一年一度的全民义务植树月活动紧密结合，工副业生产发展加快，促进集体积累大幅增长，社员收入亦有显著提高。人民公社解体后，牧工商公司和农工商公司成为新型经济体，以工业为主，兼营商业、畜牧业。随着从业人口逐步向二、三产业转移，畜产品加工转入农工商公司经营，社队所有的集体山林按权属划归农工商公司经管，原队办工副业，转为农工商公司的下属企业，为公司后续发展提供了重要产业支撑。

第一节 渔 业

自古以来，渔业为境内居民的主要职业，但在元代以前，发展缓慢。明清时期，渔业生产逐渐发展，至清后期，青岛村已成为渔船集中的港口，村内居民多从事渔业，会前村居民也以捕鱼为生。据胡存约《海云堂随记》记载，1896年时，青岛口与女姑口、沧口共有渔船370余艘，渔捞水产主要包括青鱼、乌鱼、丁鱼、白鱼、带鱼等，另外还有花鱼和蛤贝螃蟹等。

德占青岛后，随着城市化进程，渔业人口迅速减少，渔业生产急剧萎缩。1927年，胶澳商埠局警察厅所进行的劳动就业统计结果显示，第一警察署辖区（大致相当于今市南区地域）内有渔业从业人员89人，仅占从事社会职业（不含外侨和无职业者）的各种劳动者总人数（24700人）的0.36%。

新中国成立后，渔业生产在逐步恢复的基础上得到稳步发展。20世纪50年代，在社会主义改造过程中，区内渔户通过自由结合组成互助组织，解决了个体渔民劳动力不足的问题，渔民生产和生活状况逐步得到改善。此后，又依据自愿互利的原则，经试点，先后组建初级合作社。至1956年年初，基本完成了对渔业的社会主义改造，全区共建立高级渔业生产合作社2个，即湛山高级渔业生产合作社和麦岛渔业生产合作社。区内渔业从业人口达250人。同年，渔业社捕鱼5.3万公斤，超出国家分配任务（4万公斤）1.3万公斤，社员渔业收入占总收入的66.55%。1956年2月，台西区渔民联合成立了台西渔业生产合作社，社址位于台西区四川路边的海崖，由1个中级渔业互助组和4个渔业互助小组为主吸收分散的渔民组建而成，全社总户数226户、总人口1130人，社员234人，常年合同工100名。台西渔业生产合作社成立初期以在胶州湾内挖蛤蜊为主，建社当年产量为732.3吨，产值222850元。1957年，全区渔业大丰收，湛山高级渔业生产合作社和麦岛渔业生产合作社捕鱼共10.5万公斤，渔民收入比1956年增加167%，被评为青岛地区先进社。同年台西渔业合作社蛤蜊产量719.9吨，年产值319514元。1958年，全区渔业生产收入43100元，比1957年增长27%。同年，台西渔业社水产年生产量总计36.59万公斤，其中鱼类产量12.025万公斤，贝类产量23.64万公斤，藻类产量9279公斤。1959年台西渔业社开始组织海带养殖生产，放养总面积320亩，放养总苗数280万株，干海带产量合计450吨，每亩平均产量1405公斤，最高产量2800公斤，亩产5000公斤以上的海带养殖水面达220亩。投入养殖海带劳动力数120人。年内海产品总收入90万元（含水产品捕捞155吨），盈利54万元。当年（海带322吨、捕捞155吨），产值86万元（海带76万元捕捞、10万元）；是年，湛山高级渔业生产合作社和麦岛渔业生产合作社也开始组织海带养殖。

1959—1960年，湛山高级渔业生产合作社和麦岛渔业生产合作社养殖海带128.6亩，捕捞鱼虾等1.328万公斤。其中，1960年渔业总产量为26.2万公斤，产值达到105869.26元（尚未包括社员另产赶海的收入在内），不仅顺利完成国家计划，而且超额完成自订包产计划

人工培育贻贝种苗试养成功（1974年）

（87959.20元）的120.3%，1960年水产捕捞收入比1959年增长85.38%。1961年，共捕捞各种海产品7万公斤，养殖海带13万公斤。1962年，湛山高级渔业生产合作社和麦岛渔业生产合作社捕捞各类水产14万公斤，比1961年增长38%。这一时期，台西渔业生产合作社规模持续扩大。至1960年上半年，有花鱼渔船2只、流网船1只、舢板74只、养殖船43只、花鱼网800个，办公室5间、礼堂8间、仓库15间，以及其他各类固定资产，渔业养殖人员226人。1962年，台西渔业生产合作社海带养殖完成404.5吨，为计划数（332.1吨）的121.8%；渔捞生产完成241.5吨，为计划数（164吨）的147.3%。1963年2月，台西区行政建制被撤销后，台西渔业生产合作社划归市南区。1964年，台西渔业生产合作社划归市水产局直接领导。1965年，市南浮山公社捕捞队并入台西渔业生产合作社，捕捞队所有69名渔民全部转为台西渔业生产合作社社员，享受台西渔业生产合作社社员的待遇，同工同酬，其家属户口仍在浮山人民公社的可以享受台西渔业生产合作社社员家属待遇。是年末，渔业社有捕捞业从业者153人、养殖业从业者160人。

1969年，台西渔业生产合作社于并入青岛市第二海水养殖场，渔民改为国营养殖工人。至此，区内集体渔业组织消失，渔民已不复存在。

第二节　林　业

区内的东部自然村，大多背倚山地丘壑，山林资源得天独厚，自然野生林木以松、柏、榆、槐、杨、柳、楸等树种居多。直至20世纪初现代林业管理体制建立之前，区内山林常年疏于管理，放任当地居民乱砍滥伐，以充居家燃柴之用，山林资源损毁严重。1900年，德国胶澳总督府出台青岛首轮城市规划后，相继发布《保存树木告示》《禁止损坏山林告示》《禁止毁坏树木花草告示》，林木资源保护日渐规范。同时在区内设立植物实验场，引进黑松、银杏、洋槐、梧桐、扁柏、柽柳、枞树等树种，免费提供树苗，奖励乡民植树护林，区内山林渐具规模。此后，政权更迭的各个时期均有保护林木、植树育林的法令条规出台。中国收回青岛后，区内濒海山头林地被划为青岛官林和太平山官林，由市政统一经管，浮山一带山林定为黄草庵林地。历经半个世纪的管理经营，区内山林规模逐步扩展，为农业生产营造了良好的基础条件。

青岛解放后，人民政府十分重视林木资源保护管理，投入大量人力物力实行植树造林。据统计，1958年共栽种各类树木20多万株，培育各种树苗12万棵，1959年全年共植树63万棵。1960年全年造林89万株，成活率达到95%。1973年提出农田基本建设的5年规划目标，以整地改土为中心，山水林田路综合治理，集中领导，统一规划，分批分期，逐山逐峰地把山峰地改造成高标准的大寨田，是年起每年综合治理300亩，按大林50亩、小林30亩的规模配套建设成片林，争取5年内完成。这一规划目标，虽未悉数变成现实，但对区内山地成片林建设产生了显著作用，促进了全区植树造林的持续进展。20世纪80年代后，一年一度的全民义务植树月活动和区内的林业发展紧密结合，成为全区持之以恒的常态化植树活动。人民公社解体后，社队所有的集体山林按权属划归新组建的农工商公司经管。

第三节　畜牧业

农业合作化前，区内牲畜家禽牧养业，为一家一户私有私养。农业社会主义改造完成后，区内牲畜家禽牧养业开始向个体、集体并存的格局过渡。1957—1958年，全区畜牧业生产坚持“以养猪为纲，六畜兴旺，全面发展畜牧生产”的方针，大力发展猪、牛、羊、鸡个体、集体牧养业。1958年，养猪335头、奶牛126头。1959年年底，全区共养猪2023头、羊1848只、鸡19000余只，其他家禽、家畜都比1958年有很大增长。1960年，全区畜牧业克服了因灾情带来的饲料不足的困难，贯彻了“保大畜，保母畜”的措施，牲畜死亡现象大大减少，并已逐步开始发展。年内加强牲畜防疫管理，实行牲畜聚集增养，全区生猪存养量2600头，比1959年增长29%，全年总收入为271516元，比1959年的182429元增长了14%，其中乳牛在1959年161头的基础上又发展了16头，提高了10%（共计177头），牛奶总产量为32.3万公斤，比1959年的28万公斤增长了15%，羊奶总产量为0.685万公斤，比1959年的0.62万公斤增长了10.8%，鸡蛋总产量为9.285万公斤，比1959年的8.7万公斤提高了6.8%，并扩建了鸡房53间、牛栏74间、马棚16间，为畜牧业发展积蓄了后劲。1961年全年繁殖牛92头，孵化鸡18000只，产牛羊奶25万公斤，全区畜牧业生产开始回升。

20世纪70年代初，区内养猪业出现波动，生猪存栏量下滑。1970年，生猪存栏曾达2000多头，至1973年减少至1600头，造成全区种植业肥源短缺，缺肥现象日渐突出。1973年，浮山人民公社提出养猪积肥5年规划目标，要求重点抓好集体养猪，各生产大队和生产小队都要建立养猪场，推广集体养猪，大队100头，小队50头。1976年，浮山人民公社生猪存栏2300头，比1975年增加249头，其中集体生猪存养量1030头，比上年增加327头。1977年，全社生猪存栏3462头，比上年增加1162头，其中集体生猪存养量增幅实现翻番，达到2072头，年增1042头。1979年，贯彻公私养并举的方针，促进了全区畜牧业发展，是年生猪、牛奶、肉鸡产量均超额完成计划。80年代，全区畜牧业面临城市建设征地的冲击和挑战，畜牧业生产逐步向畜产品加工转化，奶产品加工取得较大进展。20世纪80年代初，畜牧业从业人口逐步向二、三产业转移，畜产品加工由牧工商公司经营，家畜私养逐渐成为历史。

第四节　副　业

区内农村的集体副业生产始于20世纪50年代中期。1956年，全区农业遭受历年罕见的严重自然灾害，近400亩地被海水和雨水淹没冲毁，粮食和高产作物大幅减产。为了保证社员增加收入，弥补因自然灾害所造成损失，全区农村在搞好农业生产的前提下，积极组织副业生产。同年，蔬菜生产社组织了木瓦油漆匠等生产组，开办大车运输、开设澡堂、洗衣部等服务项目，农业社也组织了运输、挖沙、采石等副业生产，两社共约收入69000元，集体和社员的收入均有相应的增加。是年，两生产合作社农业收入232642.39元，蔬菜收入194891.69元，副业收入69099.28元，共收入496783.36元，除公积金、公益金、管理费与农副业生产费等，社员收入共计343669.83元，占总收入的72.08%，年内有80%的社员收入增加。

自1957年起，各农业社根据自身特点，在传统的粮食、蔬菜种植基础上，开展了牧场养殖、造林、开磨房等多种副业生产。1960年本着服务生产，忙时少搞，闲时大搞的精神，组织社员从事短途运输、对外包零活、采砂、拉石、挖黄土、拾柴草、赶小海、养家禽，年收入达到27万元，比1959年的20万元增长了35%。社办工业取得较大发展，年内新建厂房12间，添置各种机床10台，各种炉子、轮子、锯等27件，翻砂水管300余米，试制了电动机、内燃机、吹风机、和面机、水泵等200余数件，制造地排车15辆、马车挂斗12个，修配小推车地排车等500余辆，还为五金加工厂等5个工厂加工机械零件20多种。

1964—1974年，全区农副业总收入有很大提高，社队工业的发展成为农副业增收的主要来源。1963年，全区农副业总收入1231000

元，1973年达到4385000元，提高了3154000元，增长2.5倍。随着生产的发展，社员收入不断增加，衣食住行得到一定改善。社员收入分配由1963年673000元达到1973年2628000元，增加近3倍。每人平均分配由1963年63.48元增加到195.10元，增长2倍多。

中共十一届三中全会以后，全区农村的工副业生产取得很大发展。1979年工副业产值完成年计划147.7%，比1978年增长11.3%。1980年完成工副业产值计划103.8%。随着工副业生产发展，集体收入有较大幅度增长，扩大了集体积累，社员收入亦有显著提高。1981年，根据郊区以生产蔬菜和其他副食品为主的方针，积极发展多种经营，在土地面积逐年减少和遇到特大干旱的情况下，工副业、畜牧业、林业和果品生产都取得较好的成绩，年内总收入为1304.69万元。80年代，随着牧工商公司和农工商公司的建立与发展，原社队管理体制下的工副业，成为市南区的重要产业支撑。

第五节　牧工商公司·农工商公司

牧工商公司

1984年9月，政企合一的浮山人民公社解体，同年10月成立市南区牧工商联合公司。该公司经营管理原公社的11个社直企业，职工2334名，厂区面积550亩，年总产值1800万元。该公司所属企业均系在原公社一级核算的基础上，由国家投资补助建成，企业职工全市本市居民常住户口。各企业的设备技术经营管理和产品质量等都有一定基础。其中，钢卷尺、绞肉机等产品已列入长期出口产品；钢卷尺、钢锯条等还获得省“明星杯”称号。许多产品原来由国家调拨或有关部门供给， 绝大部分单位是上级定点企业。1991年，牧工商公司有浮山食品厂、青岛第十一针织厂、浮山冷轧带钢厂、市南食品机械厂、浮山自行车零件厂、市南精工汽车修理厂、青岛钢卷尺厂、青岛钢锯条厂8个独立核算工业企业，总产值5193万元；其“象牌”钢卷尺、“鲨鱼牌”钢锯条分别荣获省、市优质产品称号，所产绞肉机、研磨机行销世界10个国家。1994年9月，牧工商公司转体改制为东方实业总公司，11月更名为东孚实业集团公司。

农工商公司

1985年2月，原浮山人民公社的7个生产大队划归办事处领导后，以原大队为基础分别成立农工商公司，湛山大队更名为湛山农工商公司，亢家庄大队更名为大信农工商公司，浮山所大队更名为浮山农工商公司，田家村大队更名为裕丰农工商公司，大尧大队更名为宏大农工商公司，逍遥大队更名为隆昌农工商公司，辛家庄大队更名为永盛农工商公司。共有工业企业45个、商业企业34个。1987年2月，区经计委设农工商经济工作委员会办公室，负责对7个农工商公司及其下属企业的经济管理工作。至1991年，其管辖48个独立核算工业企业，固定资产（原值）3770.5万元，职工4267人，总产值14471.7万元。1994年，农工商经济工作委员会管理的46个工业企业中有7家企业亏损，总计亏损142万元。8月，43个乡镇企业分别划归7个农工商公司管理，并将7个农工商公司明确为区直企业。1995年12月，农工商经济工作委员会被撤销，其直属的市南汽车修理厂、长兴五金机械配件厂、裕泰注射箱包有限公司进行企业改制，共同组建金山实业总公司。1997—2004年，裕丰、宏大、浮山、永盛、隆昌、大信6个农工商公司按市体改委关于组建集团公司资产总额最低要求，分别从公司资产中抽取部分资产成立股份合作制集团公司，分别转体改制为裕丰源实业（集团）公司、恒大实业（集团）公司、浮山所实业（集团）公司、永盛广源实业（集团）公司、隆昌园实业总公司和大信实业有限公司。至2012年，隆昌农工商公司、宏大农工商公司进行二次改制；湛山农工商公司形成了第一次改制方案。

表6-1　　市南区各农工商公司工业企业经营情况统计表

（1995年）　　单位：万元

企业名称	固定资产	销售收入	利　润	企业名称	固定资产	销售收入	利　润
湛山公司	620	3424	208	特种防护用品制造厂	15.8	152.4	1
工贸联营服装厂	46.8	1711.7	20.1	**隆昌公司**	221	394	−11
青岛安全器材厂	143.5	521.4	0.9	隆昌汽车修理厂	6.7	18.2	−19.2
电子检测仪器厂	72.1	325	102.8	青岛精工机械厂	52	66.5	0.1
湛山客车修配厂	140.2	160.1	13.5	浮山镀锌管厂	73	90.9	2.7
湛山汇线桥架厂	12	109	0.7	浮山弹簧厂	20.9	72.6	5.9
湛山塑料改性材料厂	28.6	15	3	隆昌密封件厂	10.8	17.7	—
湛山空压机配件厂	39.2	256.2	42.6	冠生园肉食品厂	28.6	57.3	−5.4
湛山机动车保修厂	20.5	70.7	13	隆昌木制品厂	12.8	41.5	4.5
嘉丰塑窗型材厂	117.1	173	2.3	隆昌铆焊加工厂	16.3	21.2	—
大信公司	406.2	963.8	118.3	**永盛公司**	1458	5312	574
青岛呢绒制衣厂	73.9	246.6	−64.4	工贸合营包装厂	400.7	3738	281
市南热工机械厂	140.4	325.6	23.6	燕儿岛冷藏加工厂	403.4	663.5	2
市南钢信五金厂	20	104.7	26.1	海珍品冷藏厂	306	360.2	266.1
亢家庄加油站	171.9	286.9	133	联谊汽车修配厂	101.7	121.9	0.1
浮山公司	677	4418	366	青岛电瓶车厂	83.3	239.6	13.4
进口汽车大修厂	500.8	2104.4	223.6	东方机械配件厂	8.9	9.6	—
南海木材加工厂	83.5	207.5	1.3	**裕丰公司**	295.8	1679	130.3
黄海制桶厂	45	753.7	3.7	盛田船用电冰箱配套厂	27.4	384.2	81.3
府都汽车修理厂	48	310.9	70.6	市南制线厂	30.5	114.8	−12.6
华光包装容器公司	—	876.6	101.8	自动化仪表二厂	13.8	94.1	3
协和通风设备公司	—	164.6	−34.6	市南锯材厂	78.8	152.4	0.07
宏大公司	337	802	35	裕丰制钉厂	44.5	147.1	0.02
建筑机械修配厂	6.7	64.6	9	华丽涂料涂装公司	43.4	122.6	0.8
新盛园肉制品厂	162.3	469.8	24.1	市南北海涂料厂	3.1	61.5	3.4
宏大网具厂	61.3	6	0.1	丰田装饰涂料厂	54.3	602.3	54.3
宏大焊接材料公司	90.8	108.8	0.4				

表6-2　　市南区农工商公司工业企业总产值完成情况统计表

（1995—2002年）　　单位：万元

名称＼年度	1995	1996	1997	1998	1999	2000	2001	2002
合　计	17801	14540	19636	16488	12136	13035	13443	12350
湛山农工商公司	3963	2258	2647	1569	1078	1543	1441	1441
大信农工商公司	817	1236	848	912	863	746	704	548
浮山农工商公司	3015	2483	3331	2532	2183	2071	2295	1549
裕丰农工商公司	2139	3453	3778	2361	1974	2216	2014	1462
宏大农工商公司	1059	521	572	683	557	888	467	425
隆昌农工商公司	449	279	264	342	272	409	378	193
永盛农工商公司	6359	4310	8196	8089	5209	5162	6144	6732

说明：各年度产值均按现价计算

湛山农工商公司　1985年2月，原浮山人民公社湛山生产大队更名为湛山农工商公司，独立核算、自负盈亏；原生产大队社员转为公司职工；集体所有制不变，分配形式不变，原大队办的教育、卫生等社会福利事业由公司继续经办。公司成立时有1172户3601人，在职职工904人。同年，工业、商业服务业收入717.32万元；虽有13个生产队的编制，但仅有菜地119.92亩（其中自留地12亩），蔬菜收入（1984年为36.89万元）仅占公司全年总收入的4.9%。

1996年开始实行全员劳动合同制，公司在职职工（原社员固定工）706人全部签订劳动合同；签订劳动合同的期限不一，有签1～5年的，有签至本人退休年龄的，还有签无固定期限的；对合同的实施、变更、终止、续签和解除都有详细规定。

大信农工商公司　20世纪80年代，随着城市化进程的加快，亢家庄的土地逐步减少，传统种植业逐渐被村办工业、商业等企业所替代。1985年2月，原浮山人民公社亢家庄生产大队更名为大信农工商公司。其时，房地产业开始兴起，国家、省、市一些部门及国外一些投资商相继在公司地域建筑了商务酒楼、金融大厦、高档商品楼等，形成机关、商用的城市东部大环境，大信公司抓住机遇，迅速转向楼宇经济。至1997年各类企业7个，经营规模和设备也大有发展，职工收入逐年提高，公共积累大幅增加。2001年，大信农工商公司总经理闫可文被授予“全国创业之星”。

浮山农工商公司　1985年2月，原浮山人民公社浮山所生产大队更名为浮山农工商公司，为集体所有制企业，原社员均成为职工。公司辖有8个工业单位、7个商业单位、9个农业生产队（原有18个农业生产队）和8个直属单位，9个农业生产队耕种零星土地338.5亩，主要种植蔬菜。是年，浮山农工商公司共有1284户，总人口4250人，职工1428人，其中农业职工226人、非农业职工1202人，退休人员398人。

农工商公司成立后，经营结构变化很大，农业经济急剧萎缩，工副业特别是商业服务业发展较快。1986年，浮山农工商公司根据土地逐年减少的情况，将9个生产队合并为4个生产队，保留农业职工115人，其他农业职工分流到二产或三产企业，耕种土地171.1亩，种植少量蔬菜并兼营加工灰膏和第三产业。到1993年农业生产最后一个年头时，从事农业的留守劳动力仅50人，而从事非农业经济的整劳动力达982人。2002年，4名农业留守人员全部转入公司后勤，浮山所村从农村彻底演变为市区。

裕丰农工商公司　1964年2月，田家村独立组建浮山人民公社田家村生产大队。浮山人民公社解体后，田家村生产大队于1985年2月更名为青岛裕丰农工商公司。是年，公司有工业企业5个、商业企业2个、农业组3个，在职职工488人。1997年，有工业企业9个、商业企业7个、农业组1个，在职职工356人。1982—1992年，经市政府批准，有关单位在裕丰农工商公司耕地上兴建了浮山一、二、三住宅小区，部分职工随征地被安排到市内国营或集体企业。1991年，该公司的农业生产基本结束。1996年田家村旧村改造工程启动后，裕丰农工商公司〔裕丰源实业（集团）公司〕根据区域经济发展趋势，适时调整经济结构，逐步转为发展楼宇经济，与多家单位合作开办商业服务项目，其中规模较大的是2002年与台湾润泰集团合作兴办的大福源（后更名为大润发）超市。

宏大农工商公司　1985年2月，原浮山人民公社大尧生产大队更名为宏大农工商公司，世代以农耕为主的大尧村民成了集体企业的工人。1997年宏大农工商公司改制为恒大实业集团公司。2012年，青岛恒大实业集团公司进一步深化企业体制改革，经区政府批准改制为股份制企业——青岛恒大实业集团有限公司。

大尧村处于浮山脚下，南临青岛大学等高校学区，西邻市政府和区政府，交通发达。宏大农工商公司抓住青岛市东部开发的机遇，大力发展二、三产业，几十个企业相继上马，公司的经济收入稳步增长，职工生活水平明显提高。政府和开发商相继征用约1315.79余亩土地，用于城市建设和发展，其中1986年政府征地33余亩，建设青岛市广播电视大楼（现称广电大厦）；1987年青岛城市建设综合开发总公司征地181.79亩，建设辛家庄五小区；1992年政府征地800余亩，建设天山小区和天山小学等；1993年青岛泰能集团征地61余亩，建设天然气加压器大罐；1994年青岛市体委征地50余亩，建设青岛海牛足球队训练场地；1996年政府征地40余亩，开通福州南路；1998年，恒大实业集团公司与青岛城市建设综合开发总公司联合进行旧村改造，用地150余亩，建设82栋多层居民住宅楼和商品房。旧村改造后，在位于公司办公楼西侧约半公里处一条道路，征得“宏大路”冠名权，以此铭记大尧村庄和大尧人的品质精神。2000年政府征地60余亩，开通银川西路。

隆昌农工商公司　1985年2月，原浮山人民公社逍遥生产大队更名为隆昌农工商公司，原逍遥村生产大队的社员同时转为隆昌农工商公司的职工，村经济组织转为集体企业组织。1997年，在职和退休职工一同参加了社会职工养老统筹保险。1999年，青岛隆昌农工商公司首次完成了集体企业改制，组建了股份合作制企业——青岛隆昌园实业总公司。

2012年，青岛隆昌园实业总公司在股份合作制基础上，完成了第二轮深化企业改制，在深化改制中，对青岛隆昌园实业总公司和青岛市南隆昌农工商公司分别进行了全面清产核资，并对清产核资后的优质资产实施了资产重组，将资产重组后的集体资产向公司符合有关条件的自然人股东实施了集体资产量化配送处置。按变更方式成立了青岛隆昌实业有限责任公司。

永盛农工商公司　从20世纪50年代开始，辛家庄和丁家庄周边陆续建设了十几所国家级大型疗养院，农田被大量占用，村民种植蔬菜供应城市，国家提供粮食。1970年又在燕儿岛湾征用大片农田建设北海船厂，村集体所属菜地越来越少，随之逐渐发展起二、三产业。浮山人民公社解体后，于1985年2月，原浮山人民公社辛家庄生产大队（内含丁家庄生产队）更名为永盛农工商公司。

至1988年，永盛农工商公司共有从事二、三产业的企业20余家，村民由农民身份转为职工，1997年实行了养老保险。青岛市开发东部以后，公司所处地段逐渐形成了文教、疗养、科研、购物、旅游一体化的崭新格局，两村先后分四批进行了旧村改造；2000年最后一批村民全部住进新宅，旧村荡然无存，完全城市化。

第三章 工 业

青岛建置后，各类手工业作坊、店铺相继在区内开办。德国侵占青岛后，西方工业渐次进入，中国人经营的工厂、作坊也得到发展。日本占领青岛时期，华资工厂企业因资金不足、设备简陋、工艺落后，难与日本人经营的企业相抗衡。20年代末起，青岛地区社会局势相对平稳，服装、鞋帽、家具、日用品等民营手工业得到迅速发展；至30年代，市南区的工业已经形成了一定的规模。第二次世界大战期间，区内大批民族工商业户歇业、倒闭。抗战胜利后，日伪人员经营的小型工厂和手工业作坊作为敌产拍卖，民族资本家和个体手工业户纷纷集资筹款购厂发展工业。其间，随着解放区的不断扩大，一些地主、富农携家逃来青岛，开办工商业和手工业。此后，因国民党发动内战，运输中断，原料缺乏，产品滞销，大量工业、手工业处于歇业、停产、半停产状态。

新中国成立后，国家采取了前苏联的计划经济管理模式，但区内的手工业仍以个体私营经济为主，与合作经济、私人资本主义、国家资本主义经济成分并存。从1953年起，市南区按照上级的统一部署，对全区的手工业进行社会主义改造，采用公私合营等方式，将私营经济悉数纳入国家计划经济的轨道。1955年年底，全区804户、2774个手工业者全部参加了合作社或生产组，共成立了12处合作社和20个生产组，实现了合作化。1957年，市南区第三钟表社试制成功了3针17钻手表，定名为“青岛牌”，此为山东省手表工业的开端。1958年，全区工业生产总值为3693.5万元，完成国家计划的107.82%，比1957年增长了100.2%。

1961年5月，市南区工业局成立后，按照中共中央“调整、巩固、充实、提高”的国民经济调整方针和省市委的部署，开始对社办工业进行整顿，对部分企业实行关、停、并、转，调整产业、产品结构。1962年9月，撤销工业局，改设手工业联合社，对全区手工业统一管理；是年，全区工业生产开始好转，市场日用品供应情况有了较大改善，但自发的个体手工业户逐渐增多，投机倒把行为不断发生。为解决这些问题，市南区对个体手工业户加强了管理，依托国营、供销合作社、集市贸易三个渠道组织商品流通供应，到1963年年底基本完成了调整任务。到1965年年底，全区的工业生产基本恢复到正常水平。

“文化大革命”时期，全区的工业生产陷于瘫痪。1975年，市南区落实中央有关各项指示，开展全面整顿工作。“文化大革命”结束后，市南区深入开展工业学大庆、普及大庆式企业的群众运动，认真进行了企业整顿，工业生产开始稳步上升，经济发展模式逐渐由计划经济变为社会主义市场经济。

中共十一届三中全会召开后，市南区的工业生产进一步发展，区属工业、街道工业、公社工业连年超额完成年度生产计划，产品质量不断提高，重点考核的主要产品基本达到考核指标，原材料消耗、总成本率、产值资金率等经济技术指标都取得了较好的效益。80年代中期开始，市南区通过对产业结构的调整，工业发展质量不断提升。1986年，全区工业总产值达到12760万元，比上年增长11%；利润实现1788万元，比上年增长2.96%；开发新产品162项，增加花色品种500多个。1987年，全区工业总产值达到14844万元，超计划14.19%，比上年增长16.33%；利润实现1879万元，超计划27.62%，比上年增长12.7%，全区有5个企业达到国家级计量标准，钢圈尺经过复验继续保持省优称号，钢锯条被评为市优产品，卡纸园桶被评为市优秀新产品，裘皮衣、安全器材在全国和省级评比中多次获奖。1989年，全区开发新产品19个，创产值200余万元；实现工业总产值达到19060万元；全面完成市考核的27项质量指标，产品质量稳定提高率为96.55%，居市内五区首位；优质品覆盖率达到25%，比1988年提高19个百分点。是年标准化定级企业发展到10个，计量定级单位达到25个，全面质量管理达标企业16个，市级先进企业5个，省级先进企业3个。1991年又创部优产品4个、省优产品2个、市优产品4个，全区重点考核的30项质量指标全部完成。

20世纪90年代中期以后，市南区开始对产业布局进行以转移、置换、重组、创新为主要形式的战略性调整，工业园区建设取得实质性进展。进入21世纪，市南区围绕工业转型升级工作，加快推动工业转方式、调结构，通过搬迁改造带动了企业规模扩大、产业结构优化和经济效益提高。2012年，全区完成工业增加值32.56亿元，增长7.4%；全区规模以上工业企业完成工业总产值175.53亿元，增长7.9%，产品销售率为99.9%。

第一节　工业企业构成

个体私营企业

青岛建置前后，一些生产木制家具的家庭手工作坊开始出现。19世纪末，西式服装传入青岛，中山路周边有了专做便服、旗袍和短褂的成衣局和专做西服、中山服、学生装和大衣的洋服店；鞋帽店铺也开始在区内出现。1910年，即墨人徐敬兴在河北路22号创办了鸿顺公印刷所，印刷中式账簿、信封、信纸等，成为华人涉足印刷业的开端。1912年，广东人陈乃昭集资2万元大洋在潍县路81号开办宜金印务局，雇工28人，专为跑马场印刷马票、彩票和西式账簿、英文单据、表格、名片等。1913年贺蕴山在潍县路55号创办公华印刷社，雇工16人，各种设备5台，实施铅印印刷。1920年文登人陈敬兴在大沽路创办同文公记印刷局。1933年，位于中山路、海泊路一带的孚德、万德兴、新星、新盛泰、立田、东华等皮鞋店铺相继开业，时有工人20余人，年产各种皮鞋4500余双，兼营箱包、手套等皮制品。1934年万盛和乐铺开业，专业修理民族管弦乐器，兼制胡琴出售，并为华乐戏院等单位的琴师修配各种乐器。1939年，高密人孙德山等人合资在范县路20号创办德民印刷局，有铅印机3台，职工17人，印刷书籍、刊物、账簿等。1945年倪克兰在中山路开设克兰琴行，专修钢琴。1947年6月，盛锡福青岛发行所在河北路32号创立，内设礼帽加工厂，经营礼帽、草帽、四季帽等。其间，广东人匡氏兄弟开办的玉记、安昌木器店和北京人倪顺开办的协泰木器店，成为有名的沙发店铺。1948年5月青友印刷局在广州路25号开业，有工人11人，铅印机2台、脚踏机1台、裁纸机1台，印制单据、表册等；10月，该厂迁至山西路21号，业务转为主印日历头。

青岛解放后，人民政府组织群众开展生产

台西钢铁厂（1960年）

自救，个体私营工业生产迅速复工复业。1953年全区共有私营工业694户。1956年，通过资本主义工商业的社会主义改造运动，全区98%以上的手工业户走上合作化生产道路。1957年，青岛市对自发个体工商业户进行清理，按行业、地区编为行政组，由归口部门负责管理；当年全区手工业合作社总产值为13113952元、比1956年增长110%，劳动生产率提高21.8%，利润增长44.67%，成本降低4.2%，随着企业质检制度的建立，产品质量也有不同程度的提高。

1962年8月，市工商局、公安局和街道办事处配合，对自发个体工商业户进一步进行清理整顿。凡属市场需要、本人生活困难且有一定生产能力者，予以批准经营，由业务主管部门归口管理改造。批准经营业户不准使用字号、不准合伙、不准跨行业经营，以“限制其进行资本主义活动”。“文化大革命”期间，未经工商登记发照开办的工商企业，均视为投机倒把活动，加以打击取缔。

中共十一届三中全会召开以后，全党工作重点转移到以经济建设为中心的轨道。随着经济体制改革的不断深化，国有、集体经济一统天下的局面逐步被打破，个体私营经济得到快速发展。1980年9月，青岛市制定了《关于发展合作社和个体工商业户的试行办法的报告》，报告规定：城市待业青年、社会闲散人员、有技术专长的退休职工和老艺人，可批准从事个体手工业生产经营。1991年，全区个体工业户发展到431户，从业人员546人，注册资金170万元。2000年，个体、私营制造业户分别达到1051户、336户。“十五”期间，市南区结合辖区地少人多，可供开发的土地近于枯竭的实际情况，加快实施“退二进三”的经济发展战略，高科技产业、旅游业和商业服务业成为区域发展重点，个体制造业逐步向第三产业转移或实行规模化生产经营。2005年，全区个体制造业降为156户，私营制造业上升至545户，总产值分别达到25760万元、161280万元。2010年，全区个体制造业降为71户，私营制造业降为369户。2012年，全区个体制造业降为67户，私营制造业降为352户。

表6-3　　市南区个体私营制造业发展情况统计表

（1991—2012年）

年　份	户数(户)		从业人员(人)		注册资金(万元)		产值(万元)	
	个　体	私　营	个　体	私　营	个　体	私　营	个　体	私　营
1991	431	—	546	—	170	—	410	—
1995	614	65	830	538	371	943	571	115
2000	1051	336	2066	2618	674	18197	8286	3785
2005	156	545	360	4786	184	56884	25760	161280
2010	71	369	160	2399	198	55727	—	—
2012	67	352	268	2112	172	69909	—	—

街道工业

1958年，遵照中共中央“全党全民办工业”的指示，全区掀起大办街道工业的高潮。以家庭妇女为主体的街道居民自找门路、自挤厂房、自凑工具办起了服装、鞋帽、编织、纺绳、文具、五金、木器、食品等生产组。至1959年年底，全区共有街道生产组111个，从业人员2434人；各街道办事处建立了生产管理委员会，由区手工业管理科进行业务指导。其间，由于受“大跃进”“大炼钢铁”运动和“共产风”“浮夸风”的影响，国民经济比例关系全面失调，企业劳动生产率下降，市场原材料紧缺，日用品产销渠道受阻，工业生产严重滑坡。

1961年5月撤销手工业联合社成立市南区工业局后。按照中共中央“调整、巩固、充实、提高”的国民经济调整方针，对街办企业进行了整顿，全区街道生产组精简职工2000余人，经过同业兼并调整为35个集体所有制街道工厂，共有职工3052人；通过整顿，使街道工业得到进一步巩固。1962年 9月撤销市南区工业局，改设手工业联合社，对全区手工业进行统一管理。1963年，全区32个集体所有制街道工厂转为生产合作社，改统负盈亏为自负盈亏；同年2月，台西、市南两区合并后，街道工业共有60家；年底全区街道工业调整为40个单位（4个供销社、27个生产合作社、9个生产组），从业人员3005人，固定资产42万元，全年完成产值809万元，实现利润60.1万元。

1965年全区街道工业39个单位，从业人员3932人，固定资产74.3万元；同年5月，街道工业通过调整梳了五条辫子，即：五金加工厂、缝纫加工厂、橡胶配件厂、自行车修配厂和综合服务部5个单位，由市南区生产生活服

台西区云南路街道的民办缝纫厂（1960年）

表6-4　　市南区街道工业经营情况统计表

（1958—1965年）

年度	工业总产值(万元)	固定资产（万元）	企业个数（个）	工资总额（万元）	平均人数（人）	主要产品产量		
						服装（万件）	皮鞋（万双）	布鞋（万双）
1958	1405.2	66.4	9	234.1	5485	9.9	4.1	—
1959	3505.1	7.3	120	—	7929	8.9	4.5	—
1960	4234	14.1	119	—	6088	—	14.4	—
1961	7052	2.2	35	87.8	3052	5.5	—	5.7
1962	5276	69	32	—	2396	—	—	—
1963	809	42	40	121.6	3005	4	—	12.5
1964	1182	58	36	160	3999	3.7	—	15.2
1965	1523.8	74.3	39	165.2	3932	5.6	—	4.8

务总站负责管理。同年，街道工业完成产值1523.8万元。1966年3月公社工业管理局成立，5个单位划归公社工业管理局管理。

“文化大革命”时期，社会政治形势动荡不安，工业生产受到严重干扰，街道企业实行自负盈亏和以工计酬的管理方式，企业各项经济指标逐年缓慢上升。1969年，原市二轻局16个手工业合作工厂（第二制线厂、毛衣编织厂、钟表一厂、秤具厂、电气焊加工厂、车锁厂、靠垫蓬套厂、贝雕厂、红卫电线厂、机修电镀厂、木器二厂、皮件二厂、机床开关厂、抽纱厂、服装七厂、服装八厂）和3个国营工厂（花边厂、皮件一厂、帽厂）下放区公社工业管理局管理。1970年，除第二制线厂、毛衣编织厂、钟表一厂、花边厂4个设备差、产值低和盈利水平不高的工厂外，其他15个工厂又恢复归口管理。1972年10月，撤销公社工业管理局，恢复市南区工业管理局。

1977年5月，撤销市南区生产生活服务总站，成立市南区第二工业局，辖属24个工厂企业，共有职工6177人。1978年11月，除缝纫一厂、缝纫二厂、五金电器厂、建华印刷厂和钟表仪器修配厂5个单位外，其余19个企业划归青岛市各大局领导。

1980年，贯彻国民经济“调整、改革、整顿、提高”八字方针，全区街道工业合并调整为45个单位，共计职工7124人，其中，纳入劳动管理的集体所有制人员5595人。为加快集体所有制企业的发展，全部转为县以上集体企业。

1983年，全区共有街办工厂44个、区属工厂6个，职工6151人。街道工业根据市场需求，采用边角废料，利用简陋的设备，为国家大工业生产和人民生活提供了丰富的原材料和日用品。经过多年的艰苦创业，街道工业逐步摆脱了作坊式的生产方式，走上了机械化、半机械化生产道路，为满足社会生产和人民生活需要、解决城市居民就业开辟了广阔门路。1987年3月，12个街道办事处工业办公室归口区工业公司管理。

表6-5

市南区街道工业企业经营情况统计表

（1966—1983年）

年度	年产值（万元）	全年税金(万元)		年利润（万元）	固定资产（万元）	工资总额（万元）	人均工资（元/月）	平均人数（人）	企业个数（个）
		工商税	所得税						
1966	1803	49	85	180	62	124.20	33.72	3069	38
1967	2451	61	115	236	96	—	—	2806	28
1968	2624	59	144	296	116	—	—	3380	48
1969	6208	240	293	694	452	—	—	—	46
1970	8224	304	231	972	551	365.41	38.50	—	46
1971	8294	363	583	1182	739	390.82	37.70	—	45
1972	5337	152	304	625	551	251.51	37.90	—	29
1973	5522	101	158	341	629	248.75	37.90	—	29
1974	4617	117	136	220	699	251.39	37.70	—	29
1975	6229	173	245	467	784	255.00	38.60	5651	26
1976	7104	197	270	545	847	272.50	38.30	5990	25
1977	9031	235	324	651	932	279.70	37.60	6177	25
1978	7377	250	329	669	1160	299.28	38.70	853	25
1979	5712	151	220	511	506	302.04	40.03	6232	—
1980	6314	196	254	613	497	396.52	46.38	7124	45
1981	6879	201	240	516	676	462.10	56.15	6858	—
1982	6672	192	213	429	738	421.92	53.15	6614	69
1983	8631	210	240	533	776	433.66	55.49	6512	50

表6-6　　市南区街道工业主要工业产品年产量统计表

（1979—1982年）

年度＼产品	印染布（万米）	服装（万件）	烟筒（万节）	水桶（万个）	铁夹（万个）	图钉（万盒）	钢卷尺（万个）	扣吊（万个）	绞肉机（台）	研磨机（台）	童车（辆）
1979	94.5	97.27	8.13	2.22	717.6	63.55	50.28	179.04	37653	600	3672
1980	77.48	164.18	5.7	1.42	810.5	53.38	116.24	279.72	34841	16770	5158
1981	112.06	203.12	11.06	1.01	814	65.58	92.99	359.99	60710	4000	5176
1982	48.37	18.15	1.75	1.26	919.72	79.30	149.39	345.35	64520	23170	5474

区属工业

1984年9月，市南区工业局更名为市南区工业公司，为行政事业性公司，以收取企业管理费为日常经费开支渠道，对区属企业进行管理。1987年3月，12个街道办事处工业办公室归口工业公司管理，公司下属共有61个集体所有制企业（其中工业企业47个、商业企业14个），固定资产1015.6万元，流动资金932.4万元，职工4724名。所属工业企业分为：服装针织（11个厂）、橡胶塑料化工（8个厂）、纸制品印刷（3个厂）、电器元件（5个厂）、机械五金（10个厂）5个行业，共37个企业，厂房面积28360平方米。

1991年，公司有独立核算工业企业39家，职工3890人，固定资产（原值）1231.40万元，年产值（当年价）5866万元，全公司实现利润326万元，其中工业利润98万元。

表6-7　　市南工业公司所属工业企业统计表

（1991年）

单位：万元

序号	企业名称	职工人数	总产值	固定资产	主要产品
	合　计	3890	5704	1231.4	
1	青岛泳装厂	214	219.4	72.2	泳衣、泳裤、彩条衫
2	市南织带厂	104	170.6	33.8	纱带、松紧绳、百代丽
3	市南针织厂	74	41.5	19.2	腈纶衫裤、针织布
4	青岛服装十五厂	157	203.8	34.8	普通服装、童装
5	青岛服装十七厂	82	38.4	12.7	普通服装、呢大衣
6	青岛服装十九厂	90	187.1	16.9	各类服装
7	青岛爱华针织服装厂	142	269.2	31.0	服装

续表6-7

序号	企业名称	职工人数	总产值	固定资产	主要产品
8	青岛童装二厂	214	250.2	30.2	童装
9	青岛童装三厂	138	500.6	61.7	童装
10	青岛童装四厂	125	363.1	24.7	童装
11	市南扬帆服装厂	88	80.9	5.8	童装、女装
12	市南黄海皮件厂	55	67.6	19.3	皮包、皮箱
13	市南纺绳厂	52	194.9	4.5	麻绳、塑料绳、棕绳
14	市南网绳厂	51	68.8	11.7	麻绳、多股绳
15	市南纸制品厂	235	260.9	75.9	纸箱、纸盒、纸筒
16	青岛建华印刷厂	147	115.3	48.4	印刷品
17	市南纸制品印刷厂	69	16.3	11.4	印刷品、装订
18	市南石油化工厂	106	86.1	118.0	柴油机油、机械油、缝纫机油
19	市南塑料化工厂	134	373.9	43.0	建筑涂料、高压聚乙烯薄膜
20	市南日用化妆品厂	76	88.9	13.4	化妆品
21	市南日用品厂	99	135.3	31.5	蜡烛、卫生球
22	市南塑料日用品厂	56	48.1	17.0	牙刷、量衣尺
23	市南塑料制品厂	89	53.2	104.0	塑料皮、镜盒
24	市南塑料加工厂	52	234.1	4.7	各种塑料袋
25	青岛机床刀具厂	92	180.4	49.5	机夹刀具
26	青岛五金电器厂	108	46.2	40.6	电动千斤、门扣吊、讯响器
27	市南金属制品加工厂	46	46.6	28.7	铅字
28	市南铅锡材料厂	148	394.9	30.7	保险丝、焊锡丝
29	市南铁夹厂	90	130.5	49.6	铁票夹、铁书立、木板夹
30	青岛钟表仪器修配一厂	106	22.0	23.6	铜螺钉

续表6-7

序号	企业名称	职工人数	总产值	固定资产	主要产品
31	市南弹簧厂	38	12.3	18.1	支架弹簧、环形天线、密封骨架
32	市南饮料机械配件厂	30	50.0	4.6	饮料机械配件
33	市南标牌厂	55	50.4	8.1	铝制标牌、铜制标牌、玻璃制版
34	青岛医药包装材料厂	48	263.1	23.7	盐水瓶铝盖、西林瓶铝盖
35	青岛电子元件七厂	194	258.4	36.6	电视机天线、电子温控器
36	海滨无线电元件厂	54	35.5	8.0	电源变压器、音频变压器
37	市南电工仪表厂	85	66.9	24.1	散热器、日光灯镇流器、万用表
38	市南气门芯厂	86	51.1	32.7	气门芯
39	市南第一制刷厂	61	27.5	7.0	钢丝刷、铜丝刷、锅炉刷

1996年，公司拥有下属集体所有制企业18个，由于设备技术落后、人才匮乏和退休人员包袱重等原因，全公司亏损415.2万元，亏损企业9户，亏损面达50%，其中6户企业已资不抵债；同年12月，公司本着“以强带弱、以大带小”的原则，将所属13个企业合并调整为华南制衣总公司、包装印刷物资公司、市南标牌厂、机床刀具厂4个区直集团企业。其中，华南制衣总公司以华南制衣厂为龙头，吸纳青岛泳装厂、服装十五厂、服装十七厂共同成立；市南包装印刷物资总公司由钟表仪器修配一厂、建华印刷厂、海滨无线电元件厂（代管）合并成立；青岛市南标牌厂以市南标牌厂为龙头，吸纳市南第一制刷厂、青岛铅锡材料厂、市南纸制品厂（代管）组建而成；青岛机床刀具厂以机床刀具厂为龙头，代管市南铝合金箱包厂。新成立区直企业划转区经计委管理，并将青岛牙刷厂、市南日用品厂、市南塑料加工厂、青岛采暖散热器厂、青岛日用化妆品厂5个小企业划归属地街道办事处管理。

1997年1月，市南区工业公司被撤销，成立坤城实业总公司，为区直公司，业务归口区经计委管理；同年12月，坤城实业总公司更名为金泰龙商贸有限公司。2006年6月公司被撤销，归口丰源物资集团公司管理。

表6-8　　市南区区属工业企业总产值完成情况统计表

（1997—2002年）

单位：万元

名称＼年度	1997	1998	1999	2000	2001	2002
合　计	2679	2776	2406	2200	2670	1593
华南制衣总公司	1181	1619	1336	1093	1426	1158
青岛市南标牌总厂	1181	989	946	975	1084	284
市南包装印刷物资总公司	24	25	31	41	61	49
青岛机床刀具厂	293	143	93	91	99	102

说明：各年度产值均按现价计算

表6-9　　市南区区属企业主要产品产量统计表

（2002年）

产品名称	单位	产量	产品名称	单位	产量	产品名称	单位	产量
服 装 类			食 品 类			其 他 类		
儿童睡衣	万套	19.70	油炸花生米	吨	1059	焊锡丝、条	吨	610
儿童内裤	万件	85.02	蔬菜加工	吨	22300	铝板	吨	10.24
儿童内衣	万件	4.80	粉丝加工	吨	158	钢带	吨	874
妇女睡衣	万件	8.95	水果	吨	1198	焊接钢管	吨	2431
妇女内裤	万件	37.69	加工食品	吨	4698	铸铁件	吨	351
妇女内衣	万件	10.12	模拟蟹肉	吨	965	冷拔钢丝	吨	2.68
绅士背心	万件	0.31	调味料	吨	319	钢丝刷	千支	8
绅士内衣	万件	67.21	水产品	吨	11059	铜丝刷	千支	3
绅士文化衫	万件	0.68	冷冻食品	吨	47	桥架	吨	145
绅士内裤	万件	1.26	方便食品	吨	366	涂料	吨	1455
和服	万件	0.32	标 牌 类			压力表	万只	2.00
对对短裤	万件	3.64	铜牌	平方米	622	冰箱搁物架	万件	37.72

续表6-9

产品名称	单位	产量	产品名称	单位	产量	产品名称	单位	产量
服装类			标牌类			其他类		
对对长裤	万件	0.45	铝牌	平方米	1984	天线座架	台	400
防寒服	万件	5.76	不锈钢牌	平方米	601	电子设备	台	564
长雨衣	万件	0.93	钛金牌	平方米	92	金属包装容器	吨	544
连衣裙	万件	0.43	有机牌	平方米	990	铅字	吨	14.03
短雨衣	万件	0.61	家具类			印刷品	令	6360
裘皮服装	万件	0.41	木制家具	件	655	打印纸	箱	21667
针织服装	万件	23.00	休闲椅	千把	72.5	机制纸	吨	3300
外衣	万件	10.15	咖啡桌	千个	35.7	围油栏	万米	1.29
衬衣	万件	5.13	保险柜	台	22	油墨	吨	130
牛仔服	万件	22.4	文件橱	套	413	油漆	吨	401
面包服	万件	1.8	工具机械类			PP基布	吨	460
围裙	万件	2.00	机夹刀杆	把	7265	107胶	吨	74
睡衣	万件	11.15	机夹刀片	万片	3.19	包装袋	吨	180
裤子	万件	2.23	手工工具	万把	6330	塑钢门窗	万平方米	1.93
裙子	万件	6.68	金属探测器	台	274	塑料桶	万个	4.55
工作服	万套	4.79	收油机	台	30	塑料包装	万条	7.12
圣诞饰品	万件	112.16	电瓶车	台	34	塑料制品	吨	170

部门企业

校办工业公司　20世纪50年代后期，为贯彻“教育与生产劳动相结合”的教育方针，教育部门与工商企业、农村社队建立联系，组织在校学生定期或不定期参加工农业生产劳动，部分学校依据自身条件举办了勤工俭学生产劳动实习基地。经过多年创业，培育了一批具有一定规模和生产能力的非独立核算小型工厂。改革开放以后，校办工厂得到快速发展，对提高学生理论联系实践的能力、补充教育资金不足和解决教职工家属就业等方面发挥了一定作用。20世纪80年代初，市南区成立校办工业公司，负责对校办企业的管理。

民政企业公司　20世纪50年代，为安排残疾人和社会弱势群体劳动就业，各街道办事处兴办了各种形式的社会福利性工厂。1985年6月，设立市南区社会福利综合服务公司，负责辖区社会福利企业的指导监管和协调服务。1986年8月更名为市南区民政企业公司。1997年11月被撤销，成立市南区福利生产管理办公室，隶属民政局领导。社会福利企业为国营、集体企业，招用残疾人比例达到生产人员的50%，生产经营项目符合国家产业政策，具有适合残疾人生理状况的安全生产条件和劳动保护措施，并为残疾人办理各项劳动保险，同时可享受国家减、免税收的优惠待遇。

表6-10　　市南区社会福利企业发展情况统计表

（1987—2005年）

项目／年度	企业个数（个）	职工人数（人）	安置残疾人（人）	全年收入（万元）	全年利税（万元）
1987	7	174	61	502	100
1990	10	355	122	1068	170
1995	21	614	256	3726	346
2000	17	337	132	1610	177
2005	10	194	157	3177	302

劳动服务公司　1979年11月，市南区劳动服务公司设立，在劳动部门领导下并受其委托，行使职业介绍、就业前培训、失业保险及劳动就业服务企业的管理。1984年，公司管理的企业有供销经理部、石墨密封件厂、利丰商行、华康公司、经贸公司等。1991年管理的企业有中山针织服装厂、佳丽日用品厂、市南塑料编织袋厂、社会福利消防器材厂、新星工艺品厂、市南沙发厂6个独立核算工业企业，固定资产53.1万元，职工251人。2000年以前，所属企业均与劳动服务公司脱钩。2002年12月，市南区劳动服务公司更名为市南区劳动就业服务中心。

表6-11　　市南区部门工业企业总产值完成情况统计表

（1991—1994年）

企业名称	1991年		1992年		1993年		1994年	
	企业数（个）	总产值（万元）	企业数（个）	总产值（万元）	企业数（个）	总产值（万元）	企业数（个）	总产值（万元）
合计		2714	48	2591	45	3077	44	3499
劳动服务公司	6	1036	12	697	6	683	7	624

续表6-11

企业名称	1991年		1992年		1993年		1994年	
	企业数（个）	总产值（万元）	企业数（个）	总产值（万元）	企业数（个）	总产值（万元）	企业数（个）	总产值（万元）
校办工业公司	—	1403	34	1576	37	1976	35	2565
民政企业公司	—	275	2	318	2	418	2	310

说明：各年度产值按90年不变价计算

外资企业

19世纪末，德国占领青岛后，德国商人及德占当局开始在租借地内投资设厂，青岛的外资企业由此起步。1900年7月，德占当局在今中山路和湖北路拐角处开办印刷所，印刷出版《胶澳官报》。1901年德国珠宝商高特弗里德·兰德曼（Gottfried Landmann）与啤酒商路德维希·凯尔（Ludwig Kell）合资在天津路开办了青岛第一家啤酒厂，并在门口悬挂了企业标志。工厂规模不大，1903年停业，生产过数量不多的啤酒。1902年德国天主教会在今曲阜路3号修建天主教堂，内建有天主教印刷所，为教会印刷书籍和宣传品，是青岛地区第一个专业印刷厂家。1905年，天主教印刷所更名为天主教印书局，时有职工6人，设备15台，除为教会印刷书籍和宣传品外，对外印刷外文表格、簿册、单据、信纸、信封等。1903—1906年胶澳总督府投资75万马克，在观城路65号建立了胶澳总督府屠宰场和生物化学制药厂，是青岛第一个全面实施卫生检疫的现代屠宰加工企业。1914年侨居德县路34号的德国商人，在家中酿制勾兑葡萄酒，采用前店后场方式自产自销。此后，欧美国家及日本等国的商人纷纷在境内开设工厂。

新中国成立后，国家将外资的生产经营管理纳入全国统一的经济管理计划中，在税收、劳工、福利、就业政策等方面与中国私营企业甚至公营、合作社企业同等对待。此后，随着形势新的发展，境内的外资企业基本消失。

改革开放以后，市南区利用外资工作的起步则相对较晚。1992年，辖区仅有区管合资企业1家，年产值190万元。此后，在“工商并重”发展思路的指导下，外资企业得到了快速发展。至1998年，区内外商及港、澳、台商投资企业增至23个，总产值4039万元。

进入21世纪，市南区适应发展的需要，大力推进招商引资工作，外资企业数量和规模持续增长，质量不断提升。2000年，规模以上港、澳、台投资企业3个，总产值2057万元；外商投资企业8个，总产值11524万元。2005年，规模以上港、澳、台投资企业6个，总产值18925万元；外商投资企业20个，总产值60242万元。2010年，规模以上港、澳、台投资企业6个，总产值15089万元；外商投资企业7个，总产值28595万元。2012年，规模以上港、澳、台投资企业2个，营业收入9183万元；外商投资企业4个，营业收入18973万元。

表6-12　　规模以上外资工业企业产值完成情况统计表

（2002—2012年）

年度	港、澳、台投资企业				外商投资企业					
	合资企业		独资企业		中外合资		独资企业		股份有限公司	
	企业数（个）	总产值（万元）	企业数（个）	总产值（万元）	企业数（个）	总产值（万元）	企业数（个）	总产值（万元）	企业数（个）	总产值（万元）
2002	6	6473	3	6192	4	5644	9	26487	—	—
2003	6	5356	3	8008	4	4787	15	26205	—	—
2004	4	5831	3	14105	5	11884	14	31675	—	—
2005	3	6299	3	12626	5	14108	14	40084	1	6050
2006	3	6663	3	11713	4	12486	14	31933	—	—
2007	4	4321	4	11556	4	12916	12	27047	—	—
2008	2	683	4	7694	3	11423	6	19495	—	—
2009	1	85	4	8614	5	9987	6	17371	—	—
2010	2	6854	4	8235	4	6090	3	22505	—	—
2011	1	8806	2	5569	1	4627	3	19313	—	—
2012	1	7069	1	2115	1	5100	3	13873	—	—

说明：年产值均按当年价格计算

第二节　工业管理体制

手工业合作化

青岛解放后，为扭转经济衰退、工人失业和人民生活困苦的落后局面，区人民政府贯彻执行“生产自救、社会互济”方针，组织群众以工代赈，开展生产自救，私营手工业生产迅速复工复业，社会失业状况有所缓解。1950年年初，人民政府按照“公私兼顾、劳资两利”的方针，对工商业的公私关系、劳资关系和产销关系进行了合理调整。通过加工订货、统购包销和经销代销等方式，扶持帮助私营企业度过了产销难关。1951年10月，为保证国民经济迅速恢复和国家重点项目建设，支援抗美援朝战争，各行各业开展了精兵简政、增产节约运动。区政府发动群众自找门路，组织生产组、合作社为大企业加工零活或生产日用品，支援了国家工业生产，改善了人民生活。

1952年1月，全国开展“五反”（反对行贿、反对偷税漏税、反对偷工减料、反对盗骗国家财产、反对盗窃国家经济情报）运动，打击不法资本家、小业主唯利是图、投机取巧的违法行为，维护了国家经济秩序；同年9—11

月，市南税务分局、工商联和市南区政府组成登记组，对全区工商业户进行登记，其中工业户795户。1953年年底，全区有第二产业的机器制造业24户，大多是国家加工订货。1954年，全区共有个体手工业户1051户，从业人员1751人；是年，市南区按照“先安后改、安改结合、安排一行、改造一行”的方法步骤，开始对全区私人手工业有计划地逐步进行改造。1955年3月，区政府设立手工业管理科；同年8月成立工业科，加强了对工业生产的指导管理；至年底，全区804户2774名私人手工业者全部实现合作化，共成立高级形式的合作社12个、生产组20个，合作社实行集中生产，按劳分配，原材料由国家调拨或自行采购，产品由商贸部门定购包销或代购代销，并承揽带料加工、加工换料等业务，社员缴纳入社费和股金，资产归社员集体所有。通过资本主义工业的社会主义改造运动，全区98%以上的手工业户参加了集体生产，形成了国营、公私合营、合作社（组）和个体生产并存的经济发展格局。

表6-13　　市南区手工业联合社经营情况统计表

（1956年）

单位：元

序号	单位名称	地　址	产　值	利　润	主要产品		
					名 称	单 位	产 量
1	第一缝纫供销社	中山路15号	390000	11000	服装	件	49500
2	第二缝纫供销社	江苏路64号	429400	23672	服装	件	29190
3	第三缝纫供销社	中山路28号	368558	19500	服装	件	75659
4	第四缝纫供销社	北京路89号	508708	12076	服装	件	84176
5	第五缝纫供销社	龙口路22号	90913	1315	服装	件	19652
6	第六缝纫供销社	四方路	212235	9420	服装	件	39854
7	第五木器社	博山路13号	539342	48248	家具	件	24067
8	沙发生产社	博山路13号	629577	41683	椅子	件	10750
9	地毯生产社	济南路	115470	33779	地毯	件	677
10	刺绣生产社	北京路13号	1893956	208484	刺绣	件	1417183
11	食品生产社	大沽路27号	531636	37030	饼干	斤	362404
12	钟表修配社	保定路3号	86629	24738	修理	件	28195
13	自行车修配社	河南路102号	166515	8915	修配	件	83202
14	第一缝纫社	中山路84号	2462004	50000	服装	件	239841

续表6-13

序号	单位名称	地　址	产　值	利　润	主要产品		
					名 称	单 位	产 量
15	第六缝纫社	河南路51号	1723217	85000	服装	件	2448622
16	文化用品社	潍县路51号	187465	9751	墨水	打	14855
17	铁夹生产组	莱芜一路44号	181174	36278	油印机	台	3316
18	制碱生产组	湖北路	87241	1031	面碱	斤	31026
19	靴鞋生产组	安徽路	272284	4265	靴鞋	双	77906
20	糖品生产组	潍县路28号	240299	17860	面油	打	138825
21	毛笔生产组	河北路	38670	1024	毛笔	打	22310
22	猪鬃生产组	济南路	82004	3309	猪鬃	斤	23819
23	五金制钉组	苏州路	42383	5806	洋钉	斤	27380
24	毛衣编织组	中山路49号	178937	3594	毛衣	件	15600
25	豆腐生产组	—	60937	4395	豆腐	斤	60668
26	钟表眼镜组	保定路3号	26770	—	—	—	—
27	水暖修缮组	平度路	154744	23978	—	—	—
28	冰箱修配组	浙江路6号	34157	7054	—	—	—
合计	—	—	11735225	733205	—	—	—

1958年年底，市南区将28个手工业合作社调整为第一靴鞋被服厂、第一被服厂、第一耐火材料厂、第四机械厂、第五化工厂、第六木器厂、五金制品厂、刺绣厂、戏具厂9个集体所有制合作工厂，从业人员共计5485人；工厂实行党委领导下的厂长负责制，产供销纳入国家计划，内部取消入股分红，改行固定工资制，由企业主管部门统负盈亏，当年完成总产值1405.2万元。1960年4月成立区手工业联合社，负责对手工业生产经营进行管理；当年年底，9家工厂全部上交市手工业管理局管理。为克服合作化运动过于集中、难以管理的弊端，手工业联合社又动员162户服装鞋帽业户独立经营、自负盈亏，通过调整，保留28个生产合作社组（其中：供销社6个、合作社10个、生产组12个），共有社员5230人（包括刺绣厂厂外社员3091人），全年完成工业总产值1173.52万元。

表6-14　　市南区手工业合作社统计表

（1963年）

序号	单位名称	地址	人数（人）	序号	单位名称	地址	人数（人）
1	第一供销社	保定路6号	64	22	第二竹器社	汶上路12号	42
2	第二供销社	莱芜一路44号	70	23	第二筐篓社	云南路122号	61
3	第三供销社	云南路155号	136	24	布壳合作社	邹县路25号	50
4	第四供销社	台西纬五路2号	134	25	帆缆合作社	团岛一路63号	36
5	第四纺绳社	曲阜路34号	140	26	第二猪鬃社	滕县路21号	41
6	第五纺绳社	城武路25号	75	27	第一靴鞋社	大学路14号	98
7	第六纺绳社	团岛一路3号	108	28	第一纸制品社	湖南路56号	105
8	第七纺绳社	滋阳路32号	135	29	第一五金合作社	嘉祥路30号	54
9	第八纺绳社	汶上路57号	127	30	第二文教用品社	北京路20号	101
10	第九缝纫社	天津路39号	143	31	第二靴鞋皮件社	博山路13号	116
11	第十缝纫社	城武路4号	111	32	木瓦修缮组	安徽路20号	252
12	第五木器社	兰山路14号	80	33	机械加工组	平原路45号	13
13	第九木器社	嘉祥路63号	56	34	手工糨糊组	安徽路11号	30
14	机械修配社	贵州路2号	76	35	裁纸装订组	德县路8号	31
15	第六五金社	大沽路27号	84	36	誊印合作组	安徽路35号	33
16	电器五金社	云南路33号	54	37	手工针织组	黄县路4号	56
17	五金白铁社	肥城路26号	34	38	纸板加工组	平度路23号	18
18	第二化工社	团岛二路6号	73	39	粮食加工组	安徽路	18
19	制药生产社	黄县路37号	138	40	粮食粉碎组	泗水路16号	13
20	毛衣制品社	中山路49号	62				
21	第二烟具社	莱芜一路27号	65	合计			3133

企业经济体制改革

1984年9月，市南区工业局更名为市南区工业公司，负责对区属工业企业的管理。同年10月，中共十二届三中全会通过《中共中央关于经济体制改革的决定》，城市经济体制改革全面展开。是年，按照“尊重知识、尊重人才”和“科学知识是第一生产力”的要求，调整企业领导班子，一大批有知识的年青管理人才走上了企业领导岗位，企业整体经营管理水平得到普遍提升。1985年，工业企业全面实施厂长负责制，明确了厂长在企业经济活动中的中心地位，扩大了企业经营自主权，初步建立起责、权、利相结合的内部经营管理机制。企业通过定岗、定员、定额，压缩了非生产人员；企业职工实行双向选择，择优上岗，优化了内部劳动组合。1988年3月区体制改革办公室成立后，根据中共十三大关于“继续加快和深化经济体制改革”的会议精神，全面推行企业承包经营责任制；企业内部实行干部聘任制、职工劳动组合制和车间、班组定额承包责任制，企业经营机制改革进一步向纵深发展。

1992年3月，市南区实施企业劳动用工、工资报酬、社会保险“三项制度”综合配套改革，在工业公司石油塑料化工厂和机床刀具厂试点后全面展开。通过“三项制度”综合配套改革，建立起“国家宏观指导，企业自主用工，多种形式并存，全员劳动合同”的新型企业用工制度和“工资能升能降、能多能少”的工资分配新模式，为企业自主经营和落实用工、分配自主权提供了制度保障。

2000年，市南区实施“退二进三”的经济发展战略，加快产业梯度调整，通过外引内联、兼并重组、盘活存量资产，工业企业“二次创业”取得明显成效，高附加值、高科技含量产品所占比重明显增加，工业整体结构得到进一步优化。2002年，通过出售、嫁接、兼并、租赁、联合、破产、股份合作等多种形式，实行规范化的公司制改革。通过改革，健全了企业法人制度，明确了国有产权运营主体，建立了适应市场经济需要的企业财务会计制度和企业内部劳动人事分配制度。以产权制度改革为中心的区属企业改革基本完成，国有资产全部退出，区直企业改制面达100%。区域经济从对国有和集体经济完全依赖模式转移为国营、集体、私营、个体和三资企业并存的混合经济模式，民营经济和“三资”企业成为区域经济的重要组成部分。2003年，以加速发展园区基地工业经济、构建特色工业体系为目标，推进高新技术产业的快速发展，产品结构调整取得明显成效，工业生产运行质量全面提升。2004年，工业产品结构、行业调整进一步优化，新产品产值上升到4.84亿元，占规模以上工业总产值的12.4%。高新技术产业产值10.06亿元，占规模以上工业总产值的24.66%，为全区工业经济提供了新的发展动力。2005年，全区规模以上（年销售收入500万元以上）工业企业共计61家，总产值110.72亿元，实现利润2985万元，实缴税金41057万元。

2010年，全区规模以上（年销售收入500万元以上）工业企业共计34家，总产值147.3亿元，实现利润7729万元，实缴税金47405万元。2012年，全区规模以上（年销售收入500万元以上）工业企业共计18家，总产值175.53亿元，营业利润-26366万元，利税总额4975万元。

表6-15　　市南区工业总产值（现价）及主营业务收入完成情况统计表

（1991—2012年）　　单位：万元

年度	工业总产值	主营业务收入	年度	工业总产值	主营业务收入	年度	工业总产值	主营业务收入
1991	28814	26529	1999	127264	130169	2006	1277366	1301393
1992	29981	29991	2000	203161	192600	2007	1466500	1497875
1993	38392	49607	2001	89195	95270	2008	1467629	1490930
1994	44346	48321	2002	210854	231238	2009	1546215	1537700
1995	48593	48684	2003(区属口径)	137150	150966	2010	1530973	1526913
1996	42027	47237	2003(属地口径)	502580	1049455	2011	1705691	418084
1997	50313	52253	2004	444407	1011071	2012	1836811	438385
1998	62231	62094	2005	1166831	1191803			

表6-16　　市南区规模以上工业企业主要经济指标一览表

（2012年）　　单位：万元

企业类别	企业个数(个)	营业收入	营业利润	利税总额
合 计	18	395361	−26366	4975
国有企业	5	187328	2487	5894
股份合作企业	1	5082	−23	61
有限责任公司	4	163756	−27412	−1143
私营企业	2	11039	−1356	41
港、澳、台投资企业	2	9183	−19	21
外商投资企业	4	18973	−42	102

表6-17　　市南区主营业务收入和利税总额前10位工业企业一览表

（2012年）

单位：万元

位次	企业名称	主营业务收入	位次	企业名称	利税总额
1	中国人民解放军第4808厂	153403	1	泰能天然气有限公司	6615
2	青岛海润自来水集团有限公司	53778	2	海洋化工研究院	4811
3	泰能天然气有限公司	48645	3	青岛海润自来水集团有限公司	3058
4	海洋化工研究院	15368	4	中国人民解放军第4808厂	2364
5	青岛孚德鞋业有限公司	13807	5	青岛孚德鞋业有限公司	1242
6	青岛开源集团有限公司	12454	6	青岛半导体研究所	897
7	青岛光明环保技术有限公司	7806	7	青岛光明环保技术有限公司	610
8	中联农产青岛有限公司	7659	8	海信集团有限公司(市南)	506
9	青岛半导体研究所	7435	9	中联农产青岛有限公司	318
10	青岛惠都食品有限公司	7069	10	青岛前进船厂	306

第七篇

总 部 经 济

第一章　总部发展

总部经济（Headquarters Economy），是在世界经济全球化的大背景下，伴随商务园区、中心商务区（CBD）的出现而产生的一种新型经济模式。市南区是城市综合性经济活动中枢，历来是总部企业办公的首选之地。20世纪90年代，随着青岛市东部开发战略的实施，新的政治、经济、文化、商贸中心加快形成，吸聚一些企业总部入驻，奠定了总部经济的发展基础。进入21世纪，伴随总部经济的勃兴，市南区立足区位优势和市南特色，把大力发展总部经济纳入长期战略规划，着眼总部企业的产业聚合和空间划分，开展先导研究，实施规划先行，依托区内功能区划布局，实施总部经济发展全面规划，推动总部经济迅速形成规模，逐步放大产业空间，形成东部金融与高端管理型总部聚集区、中部文化与专业服务类总部聚集区和西部航运物流总部聚集区。“十五”时期，进行市南软件产业基地和文化创意产业园区规划建设，区域总部经济开拓新的发展空间，形成东、中、西三大片区交融发展的新格局。通过参与协办中国总部经济高层论坛，参与开展全国性总部经济实践研究，在全国范围内广泛宣传辖区总部经济的发展环境和成功经验，进一步为总部经济招商引资。

“十一五”时期，市南区对总部企业人才引进、税收房租、落户安置等问题制定优惠政策，进一步加大对总部企业的政策扶持力度。出台《市南区人民政府关于进一步加快楼宇经济发展（试行）意见》，先后设立鼓励企业自主创新、品牌建设奖励资金，实行新增上缴税收补贴和自建自用办公、营业用房补贴，鼓励、扶持总部企业加快发展。出台《关于进一步加快楼宇经济发展的意见》，提出加快楼宇经济发展的目标，大力推进楼宇商务餐饮、商务会展、商务娱乐休闲等商业、文化、生活配套服务设施，创造良好的商务环境。其间，充分发挥自身优势，建立招商引资工作机制，落实招商引资领导分工负责制，充分调动社会各界招商引资的积极性，加强与多个国家和地区的政府、行业协会、知名企业和著名学府的沟通合作，构建起多层次、开放式、国际化的立体招商体系，招引国际知名商业品牌总部企业、高端服务业企业和世界500强、全球行业排名100强企业分支机构及国内外金融、软件、旅游商贸、文化创意、专业服务、现代物流等产业总部落户市南。随着市南区“一楼四业”发展不断取得成效，金融、软件等领域总部企业的比重呈逐年上升趋势。

2012年，创新招商引资工作思路，加强同国外政府、行业协会、知名企业和著名学府的沟通与合作，充分发挥区内现代服务业的集聚效应，积极开展定向招商、产业链招商。加强区域总部经济宣传推介，全力营造有利于总部经济发展的国际国内大环境。

第一节　市场需求

1996—2000年，青岛东部开发进入新的战略机遇期，辖区东部崛起为集机关驻地、商业购物、金融贸易、文化旅游等多功能、现代化的新的市级政治、经济、科技、文化中心。海信、青啤、双星等名牌企业为谋求品牌经济的新发展，开始在辖区的集聚，依托辖区金融、商贸、中介机构密集以及报关、快递、船代、货代等流通业态配套齐全的区位优势，加快产业升级和资本扩张。

进入21世纪，辖区商业呈现大市场、大流通、大商贸发展趋势，以新型业态、连锁经营、物流配送为标志的现代流通业快速发展，对区内商业流通类总部聚集产生了新的市场需求。佳世客、百盛、家乐福、肯德基、大福源、国美电器、美国星巴克等商业名企先后在区内设立地区性管理总部（公司），成为辖区总部经济新的存量资源。

2000—2005年，山东经济取得高速发展，半岛制造业基地加快形成，带动全市新型工业化进程快速推进，电子家电、石油化工、汽车机车集装箱造船、新材料四大产业基地和电子、家电、石油化工、汽车、造船、纺织服装六大产业群加快在西海岸集聚，发展形成沿海制造业连绵带和制造业产业环。制造业的发展促进了现代服务业的配套发展，吸引服务型企业总部向市南区聚集。市南区作为服务业总部的聚集地，适应总部企业对现代服务业的市场需求，进一步优化了总部经济发展的商务环境，形成辖区总部经济的新一轮发展。

2006—2010年，软件业成为高新技术产业发展新的增长极，青岛市和市南区将软件产业发展列为重点战略目标，由此拉动了园区式软件业总部聚集的市场需求。作为科技部的火炬计划项目之一，市南软件产业基地集软件研发、企业孵化、综合服务等多种功能于一体，既是服务总部经济的高端信息载体，也是辖区招引国内外著名软件企业和跨国公司研发中心的重要平台。一些专业性企业总部纷纷落户基地，为区内总部经济的发展拓展了新的空间。“十一五”时期至2012年，辖区适应转方式、调结构的经济发展大趋势，确立文化创意产业为区域特色经济新的增长点，对文化产业园区建设产生市场需求，区内一批产业园区成为文化创意类企业总部聚集的新兴产业高地。

第二节　规划布局

进入21世纪，区内总部经济发展渐呈规模化趋势，总部经济发展规划提上重要议程。辖区实施规划先行，制定了区域性控制详规和都心住区、商务核心区等具体规划，科学推进城区建设，不断加快写字楼扩容步伐，为总部经济发展搭建载体和平台。在地域布局规划上，城区东部，依托现代化商务楼宇，优化城区综合服务功能，重点培育并吸引国内外金融、保险以及生产型企业的管理型总部聚集发展；城区中部，通过对八大关一带历史风貌保护区内一些别墅逐步功能置换的方式，积极吸纳会计、律师、文化创意企业总部，打造以文化和专业服务、中介服务为主要特色的总部聚集区；城区西部，借助“西改”工程的推进及海底隧道的贯通，加快改造并完善西部城区环境，以现有的800多家航运、物流企业和1000多家外贸企业为发展基础，引进国内外航运物流企业总部，以及报关、快递、船代、货代等航运服务企业总部集群发展，形成以东、中、西三大板块为主体、各具特色、优势互补的规划格局。

2003年，科技部正式确认的火炬计划项目——市南软件产业基地实施规划建设。基地以打造“集软件研发、企业孵化、综合服务等多种功能于一体的国际一流的生态型、智能化软件专业园区”为目标，按照“多楼一区、一区多园”的布局分三期建设，在城市中心形成一个总面积过百万平方米的现代化软件园区。

2004年，辖区继续拓展园区建设规划，把发展文化创意产业作为区域特色经济新的增长点着力加以推进，以园区建设作为推动发展的突破点，着手启动了“创意100”“127创意坊”“南京路122号”等产业园区建设。优越的地理位置、独特的发展模式以及优惠的产业发展政策形成巨大吸引力，几年内3个园区已成为文化创意类企业总部的一个重要的聚集地。

2005年，区内投入使用的写字楼达到98座，建筑面积304.6万平方米，主要聚集在东、中部区域，形成“一横四纵”的分布格局（“一横”指香港中路沿线区域，“四纵”指江西路以南的延安三路、山东路、南京路、福州路两侧区域），成为青岛市最具活力的区域性商务中心区。优越的商务环境和巨大的发展潜力，吸引大量的总部企业在此聚集。总部企业的聚集，带动楼宇企业整体品质攀升，大幅提高了楼宇的产出总量和产出密度，为楼宇经济的持续发展提供了不竭动力。年内，聚集这一区域的总部企业达到251家，占全部企业总部的70%。企业总部的入驻，推动了商务区的繁荣和发展，大量金融资本通过总部实现流通，生产、销售、服务等业务通过总部对外实现辐射，不断强化了商务中心区对内吸纳和对外辐射的能力。

2009年市南软件园正式开园，先后被评为“国家火炬计划软件产业基地管理先进单位”“全国先进科技产业园”和“青岛市留学人员创业基地”，成为全国10个先进园区之一。交付使用的研发楼入驻率达到100%，美国RP公司、日本LINKSNET、创迹、韩国全州信息、海信信芯科技等100多家国内外著名软件企业落户，微软、IBM、浪潮等些国内外著名软件企业也纷纷在此设立了地区性总部、办事处和研发机构。

2011年，《青岛市“十二五”总部经济发展规划纲要》实施，市南国际金融商务核心区、软件和动漫产业集聚园区、国际航运服务区三大区域为全市重点发展的总部经济集聚区得以确立。区内企业总部的行业规划布局，呈现以服务业为主导的行业类型特征，行业主体进一步向以金融保险、批发零售等为代表的现代服务业领域集聚。全区129家总部企业中，服务业企业总部占89%，制造业与建筑业企业总部合计占11%。在服务业企业总部中，金融保险业共65家，批发零售业33家，合计占服务业总部的85%。金融业实现区级全口径税收25亿元，占全区总部经济税收贡献率的56%。

市南区总部企业分布示意图

2012年，辖区金融服务业总部聚集趋势进一步增强，“一纵四横”外延至江西路以北、山东路以东区域，形成以香港中路为东西向辐射轴线，以延安三路、山东路、南京路、福州路等为南北向辐射轴线的面积约为4.3平方千米的区域，聚集总部企业达到101家，约占全区总部企业的78%。以香港中路为主轴的“青岛金融街”，集中了汇丰银行、中国银行、招商银行、工商银行、建设银行、浦发银行等40多家银行，齐鲁证券、新时代证券、中信万通、中原证券 、广发证券、光大证券等证券公司也在此布局，金融服务业总部高度集中的产业密集带基本成型。

第三节　政策扶持

2005年，市南区加大对总部企业的政策扶持力度，对总部企业有关人员的注册落户、子女入学、住房补贴及其家属的出入境、居留等问题，做出明确规定，给予适当优惠。在总部企业的利润异地结算、产品进出口等方面根据企业实际情况创造相应的方便条件，对总部企业的税收、房租视情实行适当减免和补贴，由政府出资购买部分高档公寓或别墅，免费为所引进的企业总部提供办公或高级员工住宿场所。对总部所需的各种高端人才、特殊人才的引进，协调相关部门，在落户安置等方面给予特殊政策，畅通人才交流渠道。

2007年，为鼓励企业开展自主创新，加快品牌建设步伐，推动品牌战略深入实施，市南区参照市政府《关于建立新创工业知名品牌奖励制度的通知》（青政发〔2004〕56号）的有关规定，设立鼓励企业自主创新、品牌建设奖励资金，专项用于奖励获得国家级、省级和市级品牌及认定企业技术中心的企业。

2008年，贯彻落实市委市政府《关于加快发展服务业的意见》，对新引进的跨国公司地区总部，符合条件的中央直属企业、全国500强和民营50强企业在青设立地区总部、研发中心，新增上缴税收形成的地方收入部分，三年内给予100%补贴，后三年给予50%补贴。对于营业期限、纳税规模、员工数量达到一定条件的地区总部，自建自用办公、营业用房的，按所购土地实际支付地价款的50%给予一次性补贴；对于购置办公、营业用房的，按每平方米1000元给予一次性补贴；租赁办公、营业用房建筑面积在1000平方米以上，租赁期在3年以上的，按每平方米500元给予一次性补贴。同年，印发《关于对招商引资中介的奖励办法》的通知，为鼓励积极引入国内外企业总部来市南区投资做出突出贡献的单位和个人，扶持为加快发展以商务楼宇、商业街区、旅游设施为载体的楼宇（总部）经济和金融、软件、旅游商贸、文化创意、专业服务、现代物流等产业领域，不断完善“多楼多业”区域特色经济格局的项目，制定了奖励办法。奖励办法规定：对引进金融保险机构（内、外资）分行级项目的中介，一次性奖励人民币5万元。对引进国际、国内知名服务外包、创意产业、现代物流（内、外资）类项目的中介，一次性奖励人民币2万元。 属于世界五百强、全球行业排名100强企业直接投资设立的项目（内、外资），在按实际兑现奖励金额的基础上再增加10%给予奖励。充分调动了社会各界招商引资的积极性，促进了辖区总部经济持续健康发展。

第四节　总部引进

2000—2005年，辖区充分发挥自身海洋、港口优势和业已形成的物流、外贸产业优势，有针对性的吸引有相关配套需求的企业总部，推动总部经济发展实现产业集聚。以政府为主导，建立、完善招商引资工作机制，成立区招商引资与投资促进工作领导小组，建立全区招商工作联席会议制度，完善项目评估、政策论证、部门联动的工作机制，加大全区招商工作力度。一是建立了多层次、开放式、国际化的立体招商体系。着力加强同美国、印度、韩国、日本、中国香港等多个国家和地区的政府、行业协会、知名企业和著名学府的沟通合作，联合东京和汉城的代理机构和国内的专业部门、社会中介组织，对金融、软件、中介、物流等符合市南区发展战略的重点行业实行定向招商，尤其加强了对产业带动作用和影响力较突出的企业区域性总部、财务总部、销售总部等高端机构的招商力度。二是落实招商引资领导分工负责制，对引进产业项目实行全过程跟踪、全方位服务，力促意向项目尽快签约、签约项目尽快开工、开工项目尽快投产，全力确保项目顺利落户。2004年共引进外资服务贸易企业66户和投资500万元以上的内资服务贸易项目80个，马士基中国北方总部、金鼎担保公司、大韩航空客户服务中心等国内外品牌企业相继入驻。辖区总部经济快速发展，各类总部达286家。2005年，英属维尔京群岛天赋投资有限公司设立的区域性总部山东兴东实业有限公司落户市南。全区各类总部达到341家，被确定为全国首批总部经济发展实践基地。

2006年，随着服务业与基础建设层次不断提升，地区性总部新增51家，总数达到392家，实现税收31.2亿元，增长38.2%，占到区域总税收的46%。2008年，创新招商引资工作思路，通过加强同国外政府、行业协会、知名企业和著名学府的沟通与合作，联合国内外知名中介、专业部门，发挥友好城区作用，特别是与德国弗莱堡市、中国香港地区紧密联系，广开招商渠道。年内充分发挥楼宇资源优势，围绕已经形成的主导产业和支柱产业吸引总部企业入驻，发展与总部企业需求有关的商务服务业，形成面向山东半岛的区域性总部的聚集形态，释放总部企业“产业乘数效应、消费带动效应、劳动就业效应、社会资本效应”，拉动城区经济增长。是年区域性总部达到441家，实现税收46.2亿元，同比增长14%。2009年，新增宇野国际货运等6家总部企业，市级以上总部企业达到131家，实现税收35亿元。2010年，引入华润置地（山东）有限公司等5家总部企业，市级以上总部企业实现税收40亿元，市级以上总部企业达到136家，占全市的45%。2008—2011年，新增总部企业20家，总数占全市的47%。

2012年，充分发挥区内现代服务业的集聚效应，针对企业总部、金融保险、时尚商业、软件外包、航运物流、文化创意等，积极开展定向招商、产业链招商。年内成功引入韩国釜山银行、日本兴亚财保、韩国现代财保、日本美思佰乐超市等总部项目。同年紧密联系海航万邦中心、远雄国际广场、远洋大厦等区内带动力强、支撑力大的高端商务载体，加强对国际知名商业品牌总部企业、高端服务业企业和世界500强、国内500强企业的招商力度，通过戴德梁行、仲量联行等国际知名中介，积极拓展国内外招商引资渠道，主动接洽，提供全面招商服务。全年引入韩国釜山银行、日本兴亚财保、安斯泰来制药、三星（中国）投资等国际知名企业设立的区域性总部或机构16家，数量居全市首位。

第五节　宣传推介

2001—2005年，辖区定期举办政府与企业间的各种形式的座谈会、沙龙、论坛和俱乐部活动，由政府牵头举办各种类型专题推介会，加强总部经济宣传推介。2005—2006年，市南区先后参与协办了第一届、第二届中国总部经济高层论坛。从2005年起，市南区被推选为全国总部经济实践研究基地之一。2005年，成功举办以“打造半岛CBD、服务山东新经济”为宗旨的第二届青岛国际商务周。2007年，辖区承办了第三届中国总部经济高层论坛。

2005—2012年，先后参与接待了丹东市元宝区、淄博市张店区、滨州市滨城区、无锡市滨湖区、潍坊市奎文区等到辖区学习总部经济、楼宇经济的政府考察团。此外，充分利用青岛国际家电电子博览会（CES）、APEC中小企业技术交流暨展览会、青岛德国周、韩国周、日本周、青岛海洋节、青岛啤酒节、青岛国际商务周等节会平台，有重点做好楼宇建设、楼宇招商、楼宇经济发展成果等相关内容的宣传推介活动，全力营造有利于楼宇经济发展的社会环境。

2012年成功协办第八届中国总部经济高层论坛，通过与北京社科院中国总部经济研究中心密切合作，将辖区总部经济的发展环境和成功经验在全国范围内广泛宣传，进一步为总部经济招商引资造势。

第二章　总部业态

市南区总部经济发展初期，以自发性、个体性成长为主要特征，以原有青啤、海信等著名驻区企业总部为基础，形成连贯辖区东西的最初布局。随着城区发展环境的不断优化以及经济实力的不断提升，辖区总部经济发展的竞争力和吸引力不断加强，一些制造业总部、研发中心和一些国外公司区域性总部机构向区内自发流动聚集，日益形成规模。以此为基础，2002年，国内相关经济理论研究机构提出“总部经济”这一概念。2003年，市南区将总部经济纳入楼宇经济范畴重点加以推进。2004年，全区汇集了5000多家服务性企业，其全年税收超过20亿元，其中包括全市90%以上的金融企业和所有的外资银行，成为辐射全市甚至全省的区域性金融中心，产业发展水平在山东省大中城市的中心区中处于领先地位。区内商务活跃带动了服务业日益繁荣，形成了东部休闲购物、中部旅游娱乐、西部文化旅游3个高档商圈，吸引了阳光百货、路易威登、星巴克、保时捷、苏宁电器等大批著名品牌企业纷纷入驻。随着城区综合功能日趋完善，一个融合总部经济的高辐射服务型经济体逐步形成。

2005年，青岛市经济建设进入了新一轮加速发展时期。在良好的外部发展环境下，市南区抢抓机遇，立足自身实际，致力于“高标准建设现代服务业聚集区、高起点建设软件信息产业区、高品位建设滨海旅游休闲区、高质量建设现代商业品牌区”，大力发展楼宇经济、金融、软件和旅游商贸“一楼三业”特色经济，为总部经济的发展构筑了坚实的基础和平台，推动了总部经济加快发展。

2010年，全区总部企业全口径税收达到44.5亿元，约占全区税收的1/2，以市南区为主体的青岛市总部经济连续5年在全国排名前9位。2011年，总部企业实现全口径税收60.42亿元，占全区的44%；实现区级税收7.65亿元，占全区的27.57%。2012年，辖区纳入青岛市统计口径的总部企业共有129家，数量居全市首位，其中，世界500强企业设立的区域性总部达41家，国家级企业总部9家，省级企业总部24家，税收过亿元楼宇达14座，总部企业实现全口径税收77亿元，占全区的47.4%。全区近80%的总部企业主要集中在香港中路一带的国际金融商务核心区内。产业主要分布于金融业、批发零售业及航运物流业，云集了青啤、海信等本土集团总部，丹麦马士基、地中海航运等航运物流巨头，以及永旺、家乐福等零售企业区域总部。同年，区内已投入使用的、建筑面积5000平方米以上的商务楼宇共122座，总建筑面积400万平方米，楼宇入驻企业2.3万余家。在全国15个副省级城市中，以市南区为主导的青岛市总部经济发展能力一直位于前9位。

第一节　金融保险业

区内金融保险业总部企业共有70家，全市74家，约占全市的94.6%。其中包括中国银行、工商银行、交通银行、建设银行、中信银行、招商银行等22家银行青岛分行以及青岛银行总行，还有韩亚银行、瑞穗实业银行、新韩银行、韩国企业银行、东亚银行、渣打银行、南洋商业银行、汇丰银行、日本山口银行、新加坡华侨银行、日本三菱东京日联银行、韩国釜山银行12家全市外资银行青岛分行，还包括中石化山东财务、海信集团财务、青岛啤酒财务3家财务公司，以及平安财产、平安人寿、太平洋财产、太平洋人寿、中国人寿、中航三星人寿、泰康人寿、海尔纽约人寿、日本兴亚财产等保险公司青岛分公司32家。

中国银行山东省分行

省级总部。中国银行是中国五大国有商业银行之一，排名世界500强企业第132位，成立于1913年，是山东省历史最悠久的银行，也是四大国有商业银行中唯一一家本部设在青岛的省级管辖分行，管辖16家二级分行，25家直属支行和600多家机构。

中国工商银行股份有限公司青岛分行

市级总部。中国工商银行成立于1984年，是中国最大的商业银行，中国五大银行之首，排名世界500强企业第77位。青岛分行共有从业人员3264人，营业机构111个。

交通银行股份有限公司青岛分行

市级总部。交通银行始建于1908年，是中国第一家全国性的国有股份制商业银行，现为中国五大国有大型商业银行之一。排名世界1000家大银行第24位，世界500强企业第398位。青岛分行是交通银行全国7家直属分行之一，拥有营业网点58个。

招商银行股份有限公司青岛分行

省级总部。招商银行成立于1987年，是中国境内第一家完全由企业法人持股的股份制商业银行，也是国家从体制外推动银行业改革的第一家试点银行。资本净额超过1400亿元、资产总额突破2.6万亿元、排名世界1000家大银行第60位。青岛分行是招商银行在山东设立的省级管辖分行之一，辖有日照、威海、淄博、济宁4家异地分支行，14家同城支行，2家县域支行。

青岛银行股份有限公司

省级总部。青岛银行成立于1996年，是我国首批设立的城市商业银行之一，也是青岛唯一一家总行级法人银行。拥有46家分支行，网点遍及青岛七区五市，在济南、东营各设有一家分行。主要股东为海尔集团、意大利联合圣保罗银行（ISP）、青岛国信实业有限公司、罗斯柴尔德金融集团控股公司（RCH）等。2010年排名世界1000家大银行第702位。

渣打银行（中国）有限公司青岛分行

市级总部。渣打集团在70个国家设有1700多个分支机构，员工超过85000人，排名世界500强第419位。渣打银行青岛代表处成立于1993年，2006年渣打银行获准筹备将旗下代表处升格为分行。

汇丰银行（中国）有限公司青岛分行

市级总部。汇丰银行是香港最大的注册银行以及香港三大发钞银行之一，排名世界500强企业第49位。汇丰银行在内地有26个网点，包括13间分行和13家支行，青岛分行成立于1992年。

瑞穗实业银行（中国）有限公司青岛分行

省级总部。瑞穗实业银行是全球最大金融集团之一——瑞穗金融集团的核心企业，是日本第二大金融机构，排名世界500强第257位。2007年在上海成立瑞穗实业银行（中国）有限公司，在北京、大连、深圳、无锡、天津、青岛、广州、武汉设有多家分行。青岛分行成立于2008年。

中国石化财务有限责任公司山东分公司

省级总部。中国石化财务有限责任公司成立于1988年，是受中国银监会直接监管的中国石化唯一的非银行金融机构，注册资本80亿元，是中石化统一结算平台、资金集中管理平台和筹融资平台。山东分公司于2007年在青岛成立，为山东辖区的胜利油田、齐鲁石化、青岛大炼油、青岛石化等60家成员企业提供金融服务。

中国人寿保险股份有限公司青岛分公司

省级总部。中国人寿保险（集团）公司是我国最大的商业保险集团，国内唯一一家资产过万亿的国有保险集团，连续9年入选《财富》全球500强企业，连续4年入选世界品牌

500强企业。青岛分公司是中国人寿36家省级分公司之一，在全市设有20个分支机构。

中国平安人寿保险股份有限公司青岛分公司

省级总部。成立于2002年，是排名世界500强企业第327位的中国平安保险（集团）股份有限公司旗下的重要成员，国内第二大寿险公司。青岛分公司是其在山东省境内设立的省级分支机构，下辖烟台、威海、东营、滨州、淄博、潍坊、日照、临沂、泰安、济宁、枣庄11个地市级分支机构。

中国人民财产保险股份有限公司分公司

市级总部。2003年由中国人民保险集团公司发起设立的、中国内地最大的非寿险公司，排名世界500强企业第288位，是亚洲最佳非寿险公司。青岛分公司是青岛地区经营规模最大、经济实力最强、人才技术和科学管理水平均居领先地位的财产保险专业公司。

中国太平洋财产保险股份有限公司青岛分公司

市级总部。中国太平洋财产保险股份有限公司是排名世界500强企业第466位的中国太平洋保险（集团）股份有限公司旗下的一家专业子公司，总部设在上海，注册资本为40.88亿元。青岛分公司成立于1992年，拥有12家支公司、18家营销服务部、15个理赔服务网点。

恒安标准人寿保险有限公司青岛分公司

市级总部。恒安标准人寿保险有限公司于2003年创立，总部设在天津。中方股东为天津市泰达国际控股（集团）有限公司，英方股东为世界500强排名第288位的英国标准人寿。2005年恒安标准人寿第一家分公司在青岛开业。

海康人寿保险有限公司青岛分公司

省级总部。海康人寿保险有限公司由排名世界500强第103位的荷兰全球人寿保险集团（AEGON保险集团）与中国海洋石油总公司各出资50%组建而成，于2003年中国成立，总部位于上海，迄今已在北京、江苏、山东、浙江、广东、天津、青岛与河北等地建立了省级分公司，青岛分公司成立于2009年。

中航三星人寿保险有限公司青岛分公司

省级总部。2005年由中国航空集团公司和排名世界500强第316位的韩国三星生命保险株式会社携手创建，双方各出资50%，总部设于北京，是中国首家中韩合资寿险公司。青岛分公司是其在中国开设的第一家省级分公司，成立于2010年。

第二节　批发零售业

区内批发零售业总部企业共有29家，全市71家，约占全市的40.8%。其中包括家乐福、鲁宁苏宁电器、永旺东泰、阳光百货、第一百盛、中山巴黎春天百货、润泰事业、麦凯乐、百安居、青岛新华书店10家商贸流通企业，以及海润、新华锦、绮丽、益佳国际贸易、欧美投资、省机械进出口、五矿钢铁、中国烟草山东进出口、青岛钢铁进出口、中石油天然气销售公司、中石化青岛石油分公司等19家年营业收入1.5亿元以上大型贸易公司总部，以及山东永锋钢铁、山东首钢钢铁等批发零售业总部企业。

家乐福

市级总部。青岛家乐福商业有限公司是世界第二大零售连锁集团法国家乐福与青岛新兴集团、青岛浮山所实业集团合作设立的外资公司，是青岛市引进的首个世界500强项目。总投资额4859万美元，注册资本1619万美元。在青岛设立了3个店铺。

青岛鲁宁苏宁电器有限公司

市级总部。苏宁电器是中国3C家电连锁零售企业的领先者，商务部重点培育的“全国15家大型商业企业集团”之一。经过20年的发展，现已成为中国最大的商业企业集团，中国民营百强企业，品牌价值508.31亿元。

永旺东泰

市级总部。青岛永旺东泰商业有限公司是日本最大零售企业——永旺株式会社与市供销社资产运营中心共同出资设立的大型商业零售试点企业。总投资额为12385万美元，注册资本金4352.5万美元。公司在山东省共设立了7个店铺。

绮丽集团有限责任公司

国家级总部。绮丽集团是主营各种梭、针织服装、家用纺织品以及服装原辅料等进出口业务的大型外贸企业，是“全国外经贸质量效益型先进企业特别奖”获奖单位，全国服装出口企业20强和中国服务业企业500强之一，在全国乃至世界设立了多家分支机构。

第一百盛

市级总部。青岛第一百盛有限公司位于中山路44～60号，于1998年开业，是由青岛第一百货商店与马来西亚金狮集团属下新加坡金狮百盛企业投资有限公司、狮贸控股公司，经国务院批准成立的大型外资零售企业，总投资额7.8亿元，是定位于创新型的中高档百货商店。

阳光百货

市级总部。青岛阳光百货股份有限公司于2003年开业，位于青岛市政治、经济、金融中心——香港中路商业区，经营面积3万余平方米，经销世界名牌服饰、高档化妆品、名优居家用品、餐饮娱乐等30余个品类4万余品种。

润泰事业

市级总部。2002年，大润发青岛店成立。初名“大福源”，营业面积2.1万平方米，经营2万余种商品，由青岛润泰事业有限公司投资设立，直接向产地、制造工厂采购进货，是一家会员制的国际连锁平价自选式综合大超市。青岛公司为地区总部公司，下辖沈阳、武汉、烟台、张家港等10家分公司。

第三节　住宿餐饮、旅游业

区内住宿餐饮、旅游业总部企业共有8家，全市9家，约占全市的88.9%。其中包括颐中国际、汇泉王朝、香格里拉、海尔洲际、丽晶、海景花园6家年营业收入1.5亿元以上的5星级宾馆，以及肯德基华北区总部和麦当劳山东半岛地区总部。

汇泉王朝

市级总部。青岛汇泉王朝大酒店系一家中外合资的五星级旅游涉外宾馆，位于青岛汇泉湾，楼高25层，拥有总统套房、豪华套房、商务客房及标准客房480余套，设有中、西、日、朝餐厅和近20个宴会包间，拥有鲁菜、粤菜、川菜及意大利风味菜，是山东省最早的旅游涉外宾馆之一，已发展成为由五四广场店、小青岛海鲜楼店、汇泉王朝店、北京大学（青岛）国际学术中心店、韩国大邱店等组成的餐饮连锁企业。

香格里拉

市级总部。青岛香格里拉大饭店，是香格里拉酒店集团旗下的独资涉外五星级饭店。酒店占地面积3万平方米，楼高18

阳光百货

层，拥有客房501间。内设中香宫中餐厅、咖啡苑、啤酒吧、大堂酒廊。饭店拥有青岛市最大的宴会和会议设施，1353平方米的大宴会厅可同时供1650人作酒会之用。

肯德基华北区总部

省级总部。肯德基创建于20世纪中叶，由美国人哈兰创立，是世界最大的炸鸡跨国连锁集团，1万余家餐厅分布于世界五大洲90多个国家和地区。1993年，青岛的首家餐厅落户中山路，同时，把鲁豫两省总部设在了青岛。在青岛陆续开设了家乐福店、田家村店、国贸店、长江店等20余家餐厅。

麦当劳山东半岛总部

省级总部。麦当劳成立于1954年，由麦当劳兄弟和Ray Kroc在美国开创，是以出售汉堡为主的连锁经营的快餐店，3万余家餐厅遍布全世界6大洲121个国家和地区，麦当劳已经成为全球餐饮业最有价值的品牌。1997年，青岛第一家麦当劳餐厅在中山路开业，管辖山东半岛地区全部业务。

第四节　房地产业

区内房地产业总部企业共有8家，全市30家，约占全市的26.7%。其中包括海信房地产、中海盛明置业、伟东置业、新华锦山东锦源房地产、新世界置地、青岛城市建设集团、青岛市房地产开发投资股份有限公司、华润置地（山东）等。

海信房地产

市级总部。青岛海信房地产股份有限公司成立于1995年，拥有建设部颁发的国家一级开发资质、甲级设计资质、国际一级物业服务资质，是山东省综合实力最强的房地产企业之一。海信地产致力于中高端住宅产品的开发和建设，已建成近50个精品住宅社区，拥有12万名业主，年开发量逾百万平方米，业务遍及青岛、济南、烟台、威海、潍坊、东营等省内城市，并进入安徽、深圳房地产开发市场。

伟东置业

市级总部。青岛伟东置业集团成立于1998年，以房地产开发经营为主业，并涉足矿业、酒店业及对外投资等行业。2004—2007年，连续4年入选由国务院发展研究中心评定的“中国房地产百强企业”。集团在青岛、济南、烟台等地现有在建和储备的地产项目近10个，已建和在建项目500多万平方米。

青岛城建集团

市级总部。青岛城建集团有限公司，是工程建设国有骨干施工企业，主要承建城市道路、高速公路、大型桥梁、污水处理厂、隧道、地铁、机场、房屋建筑、爆破拆除、堤防工程、土石方工程等建设施工工程。先后承建东青高速公路、京沪高速公路蒙阴段、日竹高速公路、206国道、同江至三亚高速公路、济南奥体中心配套工程、曲阜污水处理厂、江苏泰州污水处理厂、淄博迎宾大道、浙江温州瓯海大道工程以及重庆中集物流园等，工程遍布全国十多个省区。并已进入国际市场，在斐济、坦桑尼亚、刚果、巴基斯坦、玻利维亚等从事工程建设。

第五节　交通运输、仓储邮政业

区内交通运输、仓储邮政业总部企业共有2家，全市9家，约占全市的22.2%。其中包括青岛远洋运输有限公司和青岛邮政局。另外，区内集聚了马士基、达飞、美国总统轮船、地中海、东方海外、中远等近50家世界知名航运和物流企业的华北区总部。

中国联合网络通信有限公司青岛分公司

市级总部。中国联合网络通信有限公司是中央直接管理的国有重要骨干企业，由中国联通与中国网通于2009年合并成立。建立的300多个分公司和11个子公司遍布全国31个省、自治区、直辖市以及澳门特别行政区，为服务提供了坚实的保障。

中国移动通信集团山东有限公司青岛分公司

市级总部。中国移动通信是国内唯一专注移动通信发展的通信运营公司，在国际移动通信领域占有重要地位，网络规模和客户规模列全球第一，已经100%覆盖全国县（市），与237个国家和地区的404个运营公司开通了GSM国际及台、港、澳地区漫游业务。

马士基（中国）航运有限公司青岛分公司

省级总部。马士基集团成立于1904年，总部设在丹麦哥本哈根，在全球100多个国家设有数百间办事机构，员工6万多名，服务遍及世界各地。1994年设立马士基（中国）航运公司。青岛分公司成立于2004年，是中国华北区总部。

第六节　制造业

区内制造业总部企业共有8家，全市135家，约占全市的5.9%。其中包括双星集团、海信集团、青岛啤酒集团等全球管理总部，以及中国人民解放军第四八零八工厂，还有泰能天然气、海润自来水、开源集团、青岛供电公司等水、电及燃气供应业全市管理总部。

青岛啤酒集团有限公司

国家级总部。青啤集团于1997年4月设立，是国家大型企业集团，也是山东省政府重点扶持的全省八大企业集团之一，控有青岛啤酒股份有限公司44.42%的股权，其全资拥有的子公司有：青岛啤酒房地产开发公司、青岛啤酒广告传播公司、青岛啤酒物业管理公司、青岛啤酒工程公司、青岛啤酒物资经营公司。

山东电力集团公司青岛供电公司

市级总部。山东电力集团青岛供电公司是山东电网大型供电企业，主要担负着7区5市供电任务。公司管辖青岛电网各类变电站119座，各类营业服务窗口146个，是山东电网第一个率先实现双百亿电量供电企业。

泰能天然气有限公司

市级总部。泰能集团是“中国服务业企业500强”企业，名列电力、热力、燃气、给水等供应服务业第10位。下辖12个子公司和1个燃气参股企业，以燃气、热力和焦化为主业。

双星集团有限责任公司

国家级总部。双星集团是一个跨国界、跨行业、跨所有制的国有独资特大型企业集团。拥有5万名员工，140余家成员单位，双星品牌价值 492.92 亿元，已形成鞋业、轮胎、服装、机械、热电五大支柱产业及包括印刷、绣品、三产配套在内的八大行业。

海信集团有限公司

国家级总部。海信集团是特大型电子信息产业集团公司，拥有多媒体、家电、通信、IT智能系统、现代家居和服务等产业版块，品牌价值259.87亿元。在南非、埃及、阿尔及利亚等地拥有生产基地，在全球设有15个海外分支机构，产品远销130多个国家和地区。

第七节　建筑业

区内建筑业总部企业共有3家，全市25家，约占全市的12%。其中包括中交一航局山东地区运营总部、中交一航局第二工程公司以及青岛市市政工程集团有限公司和青岛建安建设集团有限公司。

中交一航局第二工程有限公司

市级总部。中交一航局是一家以港口与航道工程施工为主，多元化经营、跨行业、跨地区的国有大型骨干施工企，下设10个全资子公司、2个控股公司和4个分公司。设立于青岛的第二工程公司在国内外承建了诸多大中型工程项目。

青岛市市政工程集团有限公司

市级总部。成立于2002年，是青岛市大型国有集团公司，资产总额近40亿元。所辖各类企、事业单位共16家，主要从事市政工程、公路工程、桥梁工程、建筑工程、轨道交通工程等施工建设、工程代建及咨询服务、建筑材料生产与营销、路桥专业养护维修、市政工程设计、对外经济技术合作、投融资和房地产开发等业务，年生产经营总值近60亿元。集团参与了青岛海湾大桥、海底隧道、快速路三期、环湾大道、世园会园区基础设施配套及世园大道、地铁3号线、东海路综合整治、疏港高架、重庆路快速路等重点工程建设，在重庆、新疆、合肥、江苏和天津等多个省市进行重点业务开拓，稳步推进在菲律宾、巴基斯坦、厄瓜多尔等国家和中国香港地区的海外工程市场。

青岛建安建设集团有限公司

市级总部。青岛市自2010年实施建筑工程质量观感量化评比办法以来，唯一连续四年承建工程竣前检查质量观感优良率保持100%的施工企业，在海内外设有多个分支机构及多个法人企业，形成了集房建总承包、装饰装修、房地产开发、物流、建筑装饰制品加工等一体化的施工服务优势。承建了2014青岛世界园艺博览会植物馆等世园会主要场馆，以及国家深海基地、世界休闲体育大会体育馆、青岛奥帆中心、青岛流亭国际机场、青岛大剧院、世博山东馆、青岛佳世客购物广场等众多代表性工程。市场逐步拓展至北京、天津、江苏、新疆、西藏、吉林、辽宁和阿尔及利亚、利比亚等海内外多个国家和地区。

第三章　总部环境

市南区是青岛市政治、经济、文化、科技中心和国家历史文化名城核心区，以海滨旅游胜地闻名中外，自然环境优美，人文景观荟萃，交通运输、信息通讯事业发达。区内科研院所云集，商务办公条件优越，具备良好的产业基础和利用信息、资本、人才综合性优势。作为2008年北京奥运会帆船比赛的举办地，随着半岛蓝色经济区战略实施和青岛市海洋强市战略地位日益凸显，辖区服务业进一步扩能升级，产业空间布局放大，整体经济实力和影响力不断增强。作为国际化大都市和山东对外开放的龙头城市中心区，伴随半岛制造业基地加速形成和全市新型工业化进程加快发展，辖区服务型经济对总部聚集的吸引力增强，推动服务业辐射能级持续提升，成为金融、贸易、商务等高端服务业总部布局的理想之选，为区域总部经济生存发展提供了市场需求和存量资源。

2000—2012年，市南区立足区情实际，实施产业战略前导和城市规划先行，制定都心住区、商务核心区规划，不断加快写字楼扩容步伐，大力发展楼宇经济，积极搭建总部经济发展的平台。重点加快高档商务楼宇开发建设，形成了国际5A标准的顶级智能化楼宇群。打造市南区软件产业基地等国际一流软件信息专业楼群，招引国内外著名软件企业和跨国公司研发中心入驻。市南区不断完善政府服务体系，全力服务总部经济发展，建立总部企业联席会议制度，推进总部企业直通车服务，开辟总部企业便捷服务“绿色通道”，实施总部经济人才队伍建设发展规划，做好对高端人才的延伸服务，在全市率先组建商务楼宇“物业联盟”，设置商务楼宇“中小企业服务站”，不断优化服务总部经济发展的政务环境和人才环境。辖区致力于创建“平安市南”和“全国最安全城区”，深化“洁净每一处、温馨每一天”人居理念，建设社区公共事务管理组织，启动城区文明工程，为总部经济成长提供了完善的城区综合环境，推动区域总部经济进入新的发展阶段。

第一节　商务环境

市南区是市委、市政府及中央、省、部、委驻青机构所在地，全国著名的旅游胜地，城市商务中心区和城市综合性经济活动中枢。进入21世纪，随着城区整体经济实力的提升，与周边经济往来和联系沟通日益密切和频繁，交通运输、信息通讯等各项事业迅速发展，与周边地区形成了一小时都市圈、三小时服务圈和八小时腹地圈。作为国际化大都市和山东对外开放的龙头城市中心区，辖区拥有良好的利用信息、资本、人才的优势条件，区内集中了总面积达303万平方米的高、中档写字楼和全市90%以上的高档宾馆、酒店，商务办公条件极为优越。作为国际性的盛会，2008年北京奥运会帆船比赛在区内举行，为区域现代服务业的扩能升级注入新的动力，进一步推动区域商务环境优化提档，愈加成为金融、贸易、商务等高端服务业总部布局的理想区位。

“十五”时期，辖区流通业总部经济率先发展，佳世客、百盛、家乐福等一批商业名企先后在区内设立地区性管理总部（公司），为辖区总部企业加快集聚奠立了基础。作为科技部的火炬计划项目之一，市南软件产业基地是国际一流的生态型、智能化软件信息专业楼群，既是服务总部经济的高端信息载体，也是辖区招引国内外著名软件企业和跨国公司研发中心的重要平台，进一步提升了区域商务环境的服务能级。2005年，韩国四大商业银行之一的新韩银行、世界500强美国纽约人寿保险公司投资的海尔纽约人寿等金融机构纷纷在市南区投资成立了分公司，东京三菱银行、日本瑞穗银行等项目也先后表达了合作意向，辖区金融机构总数达到76家。年内新增律师事务所、会计师事务所等中介服务机构20家，物流航运企业达到800余家，现代服务业在半岛的聚集力、辐射力进一步增强。2006年，世界著名会计师事务所普华永道和毕马威先后入驻，全球知名物业管理公司德国杜斯曼物业、台湾知名房屋中介公司——太平洋房屋总部落户辖区，辖区商务环境进一步优化。

2006—2010年，辖区确立文化创意产业为区域特色经济新的增长点，启动了“创意100”“127创意坊”“南京路122号”等产业园区建设，形成了文化创意类企业总部聚集的新兴产业高地，进一步完善了为总部经济配套服务的商务环境。依托优越的商务环境，市南区加大引导和扶持力度，总部经济发展逐步由自发到自觉，向广领域、新区间拓展。2008年，市南区进一步完善城区功能，优化商务环境，推动总部经济加快发展。从规划建设入手，加快市政基础设施建设，完善楼宇停车场、商务餐饮、商务会展、商务娱乐休闲等商业、文化、生活配套服务设施，创造良好的商务环境。

香港中路的高端写字楼群

第二节　基础设施

辖区总部经济以商务楼宇为重要载体。区内商务楼宇集中在CBD商务核心区的高档写字楼内，区内绝大部分总部企业汇集于此。产业高度聚集的专业园区和散落在著名风景区的别墅类建筑，也吸引了部分总部企业入驻，其涵盖遍及金融、软件、对外贸易、房地产等多个领域。

2001—2005年，在城区东部楼宇经济发达区域，对香港中路、山东路等多个地块开展楼宇新建和升级工程；在西部老城区，抓住旧城改造、桥隧通车、地铁建设等机遇，加快推进国际航运服务区、中山路百年老街商业旅游区建设。这一时期，市南区每年度房地产开发中写字楼所占比例由10.3%上升为18.5%，提高了8.2%。2002年，服务总部经济发展的基础设施建设取得重点突破，重点扶持的软件大厦等8个楼宇已入驻企业560多家，注册资金超过10亿元，上缴税收超过1亿元，成为全区经济发展的亮点。2003年，辖区突出重点写字楼和园区载体建设。成功运作华仁国际大厦、中商大厦、中天恒大厦3座专业写字楼，80多座楼宇中已入驻企业3200余家，注册资本120.1亿元，上缴税金8.9亿元。区内外商直接投资、外贸出口年均增速则分别达到110%和60%以上，楼宇经济作为区域支柱型经济形态，实力迅速增强。2004年成功运作广发金融大厦、百盛国际商务中心等写字楼，形成了14座产业特征比较鲜明的专业楼宇，基础建设进一步靠拢总部经济产业特色化发展目标。至2005年，全区97座写字楼投入使用，总建筑面积达303万平方米，入驻企业5800余家，税收超过全区税收总额的40%。年内市委、市政府在辖区召开了加快楼宇经济和软件产业发展的专题会议，对总部经济基础设施建设起到了积极的推动作用。是年，成立了楼宇经济发展促进中心，培育出2座税收过亿元、6座税收过5000万元、24座税收过1000万元的楼宇，专业特色楼宇达到18座。2005年在建拟建写字楼达到29座，设计建筑面积200万平方米，按照建设现代化的思路，重点加快了智能化程度高、配套设施齐全的高档商务楼宇的开发建设，远洋大厦、乾豪广场、万邦国际航运中心等几座写字楼均是达到国际AAAAA标准的顶级智能化写字楼。同年11月，根据“多楼一区、一区多园”的总体战略布局，市南软件产业基地开工建设，其中占地面积约200亩的二期按照“森林中的软件园、山谷中的研发楼”的理念设计，成为青岛国际动漫游戏产业园。

“十一五”时期，作为2008年北京奥运会帆船比赛的举办地，辖区总部经济基础建设全面提档升级，加快扩容。期间，大力引进包括外资在内的投资者参与城区开发，对现有写字楼，加快路网、电梯等设施升级改造，提高物业管理水平，助推楼宇企业可持续发展。新建成万邦中心、远雄国际等一批大体量、多功能、地标性的城市综合体项目。2006年，进一步明确发展思路，完善扶持激励政策，凯悦大厦等5座写字楼开工建设，颐和国际等9座写字楼投入使用，新增建筑面积31.8万平方米，写字楼总数达到105座，总建筑面积达到334万平方米。楼宇内企业新增1300余家，总数达到7100余家，实现税收30.6亿元，增长37.1%，占到区域总税收的45%。完善楼宇配套设施，新增停车场6处、车位1500余个。加快楼宇升级改造步伐，启动国际金融中心、阳光大厦改造工程，完成金孚大厦立体停车场建设和裕源大厦内部通讯线路改造。至2007年，在用商务楼宇从2003年的84座增加到109座，总建筑面积从266万平方米增加到352万平方米。共培育税收过5000万元楼宇20座，其中过亿元楼宇7座。2007年，楼宇企业达到8100家，比2003年增加了4800家；税收达到38.6亿元，是2003年的3.9倍，占全区税收总额的比重达到

48.3%。

2008年，为加快基础设施建设，促进楼宇开发建设单位、物业管理公司、楼宇所有权人、专业中介服务机构（以下均简称为楼宇企业）在发展楼宇经济中的主体性和积极性，市南区正式出台《关于进一步加快楼宇经济发展的意见》（以下简称《意见》）。把发展楼宇经济与城区规划、市政建设、招商引资、协税护税、特色街区建设、优化环境相结合，调动各方面积极性、主动性，积聚发展要素，盘活闲置资源，为构筑区域性金融中心、信息中心、高新技术产业中心，提高服务半岛制造业基地的能力提供有力支撑。《意见》提出，强化服务意识，协调解决在楼宇规划、楼宇建设、招商引资等方面遇到的各类困难，在楼宇密集区域，着重解决静态交通压力，加快培育楼宇餐饮服务企业，推进绿色“楼宇午餐”工程。是年，全区在用商务楼宇达到112座；新增安永会计师事务所、新东方教育科技集团等企业1000家，楼宇企业总数达到9100家；2座楼宇税收超过5亿元，8座楼宇超过1亿元，13座楼宇超过5000万元。2008—2011年来，新增优质商务载体110万平方米，商务楼宇总面积达到400万平方米，入驻企业1.7万家，税收过亿元楼宇由8座增加到17座。

2011年，全区投入使用的建筑面积5000平方米以上的商务楼宇122座，总建筑面积400万平方米，楼宇入驻企业1.7万余家。年内，122座楼宇实现全口径税收67.6亿元，占全区税收的49.22%，其中，全口径税收过1000万元的楼宇69座，过5000万元的楼宇36座，新增香格里拉写字楼、颐中假日酒店等2座亿元楼，过亿元楼宇达到17座，税收贡献最大楼宇“青啤大厦”实现税收8.7亿元。2012年，新增高端商务载体80万平方米、新增税收过亿元楼宇2座，全区过亿元楼宇达到19座，远洋大厦一期、香格里拉写字楼等9座AAAAA甲级商务楼宇已投入使用，平均入驻率达97%以上，万邦中心等3座AAAAA甲级商务楼宇已基本建成，全面启动招商。

“十一五”时期至2012年，区内已建成楼宇着力完善配套，提质增效，引入美馔、凡夫子等满足白领需求的知名快餐企业，为商务楼宇企业员工解决用餐问题；合理利用楼宇配置的停车位，积极推动阳光泰鼎大厦、华银大厦等多个立体停车场建设，并充分利用社区白天空余车位，解决部分楼宇企业“停车难”问题。

第三节　政务环境

辖区实施总部经济发展战略以来，市南区不断完善政府服务体系，认真履行政府的社会管理和公共服务功能。“十五”时期，加强政府与总部企业的沟通联系，建立联席会议制度，领导干部定期、定点联系重点企业，全力服务总部经济发展。2003年，伴随辖区总部经济的迅速崛起，基础设施建设步伐加快，对楼宇资源及内驻企业情况实施全面普查，经济地理信息系统编制工作初步完成，为充分利用区域资源，加快总部经济发展做好前期调研。

2006—2010年，在全市率先组建商务楼宇“物业联盟”，与商务楼宇物业单位签订联盟协议，实现街道和商务楼宇物业单位之间的信息互通、优势互补和资源共享。成立商务楼宇“红色会所”，将商务楼宇当作“竖起来的社区”来管理，推进非公有制经济组织和社会组织党建工作，成立“商务楼宇红色会所”义工服务队，搭建起街道、社区、楼宇沟通交流的平台。设置商务楼宇“中小企业服务站”，组织有关职能部门联合开展“一门式”打包服务。开通服务热线及专业网站，提供政策咨询、人才招聘与培训、创业辅导、电子商务、融资协助等方面的帮助，组织工商、税务等现场进行企业注册登记咨询、营业执照年检等，进一步优化服务总部经济发展的政务环境。2008年，市南区把发展楼宇经济作为经济工作的重要举措，形成一把手负总责，具体责任落实到人的工作格局。区机关有关部门和各街道办事处（社区委）按照各自责任分工，充分发挥服务作用，提高工作效率，协助入驻企业做好项目调研、选址落户、注册登记、开业准备等服务工作，为总部企业的健康发展创造良好的政务环境。按照“控宅建楼”“建设一批、改造一批”的工作方针，合理规划楼宇布局，提高楼宇整体档次，支持鼓励楼宇企业实施软、硬件改造和智能化评定工作，协助楼宇企业高起点、高标准地做好规划设计，加快楼宇建设，构筑发展载体。以楼宇为招商引资重要载体，拓宽招商信息渠道，完善招商引资的上下联动机制，整合招商资源和招商力量，调动各方面的积极性，把金融保险、软件、货运物流、中介服务机构、服务外包、商贸旅游等现代服务业作为招商重点，切实提高楼宇内入驻企业整体品质。

2012年，积极推进总部企业直通车服务制度，区领导定点联系总部企业、定期走访总部企业制度，为总部企业提供业务申请、咨询、指导、监督及投诉受理等便捷服务的“绿色通道”，加强对重点总部项目提供全程服务，做好对高端人才的户口、子女入学、就医等方面的延伸服务。成立专业工作组，具体负责对总部企业发展的情况分析，提出促进总部经济发展的对策和建议，协调解决总部经济发展中遇到困难和问题。调整理顺区、街二级行政管理体制，强化服务职能，发挥好街道办事处的服务、协调作用，更好地为企业发展和经济建设服务。是年，先后到双星集团、众地集团、马士基、苏宁电器等30余家驻区总部企业走访调研，对辖区100余座商务楼宇进行了摸底调研，统计汇总楼宇的入驻重点企业、重点行业，区级税收贡献等重要信息。建立创新服务平台，推进服务软环境建设，在法律、规则、管理等层面上与国际接轨，优化与总部经济发展要求相适应的投资环境。加快发展电子政务和电子商务，逐步实现网上咨询、网上审批和网上投诉，完善企业与政府交流、沟通的平台，构建多层面信息体系，为总部企业提供方便、快捷、全面的资讯服务。打造招商引资和投资促进综合管理信息平台，建立以楼宇招商为核心的“投资市南”网站，打造以存储楼宇及各类招商引资项目的信息资源库，提升区内楼宇经济的精细化管理水平。

第四节　人才环境

市南区科研院所云集，省级以上科研机构达到14家，全国唯一一所专业性海洋大学——中国海洋大学以及科研实力国内一流的中科院海洋所均坐落在市南，聚集了大量海洋科技、外经贸、金融、软件、企业经营管理等方面的高层次专业人才，驻青岛院士、省市拔尖人才也多数居住在区内，人才优势突出。辖区还集中了全市最好的中、小学，基础教育资源极为丰厚。

2000—2005年，市南区根据总部经济产业特色，做好人才的培养和引进工作，进一步完善总部经济人才队伍建设发展规划，实现人才与产业的有序衔接。

2006—2010年，重点加快推进人才培养、引进、选拔、使用和管理等环节的市场化运作，提高人才资源的配置效率。落实好青岛市委、市政府出台的一系列有关人才的支持政策，加大宣传力度，为人才队伍的成长创造良好的社会环境，使辖区成为区域性人才集聚中心、人才信息中心和人才配置中心，为总部经济发展提供人力资源和智力支持。

至2011年年底，全区本科及以上各类企业经营管理人才总量达5.24万人，总部企业高管人员达6000余人，约占11.4%；其中，外籍高管人员达200余人，有效集聚了研发、营销、资本运作、战略管理等高端人才，对总部经济发展起到重要的支撑和引领作用。

第五节　人居环境

市南区作为青岛市中心区之一，依山傍海，气候温和，环境优美，风景秀丽，拥有融“山、海、城”为一体的独特风貌，是全国著名的旅游胜地，为闻名中外的海洋名城与人居胜地。辖区是青岛国家历史文化名城核心区、中国近现代海洋科技教育发祥地和我国近现代文化名人故居分布最为集中的区域之一，区内的德国建筑群、八大关近代建筑群、中山路近代建筑群，构成丰富多样的建筑景观，包括文化、艺术、体育、娱乐等全市主要资源设施大部集中区内，人文环境堪与“世界最美海湾”相媲美，赋予人居环境以深厚的文化内蕴。

进入21世纪，市南区从总部经济对区域自然环境、人居环境及城区安全等综合社会环境要素的需求出发，以塑造最适宜人居住的城区为目标，集中力量培育塑造繁荣市南、平安市南、洁净市南、温馨市南、诚信市南等城市管理服务品牌，为发展总部经济打造稳定、文明、公正、洁净的营商和生活环境。在全省率先提出并开展了创建“平安市南”品牌活动，以创建“全国最安全城区”为目标，积极构筑城区治安防范网络，有效实施防控联动工程，确保了政治安全、社会安全、信访安全和生产安全，城区刑事案件发案率大幅下降，群众安全满意率逐年提升。深化“洁净每一处、温馨每一天”人居理念，实施道路建设、环境整治和长效管理“二次创业”，进行了城市管理工作ISO 9001服务质量认证，城市长效管理软科学研究成果达到国内领先水平，荣获首届山东省人居环境奖。探索建立“小政府、大社会、服务型”街道管理模式，建立了全国第一家由政府主导、社区单位代表和社区自治组织代表参与的社区公共事务管理组织，社区建设和服务水平进一步提升。2006—2008年，以迎奥为契机，启动城区文明工程，开展了社区义工、市民文明巡访团等一系列丰富多彩的城市精神践行活动，荣获全省第六届精神文明建设先进区。城区科研、教育、城市基础设施、公共设施、居民素质、城市文化等综合环境的不断完善，为总部经济的规模发展和人才聚集提供了优越的人居环境空间。

第八篇

商　　贸

第一章　商业经营

胶澳设防前，区内商品流通方式沿袭自然经济条件下的集市交易。胶澳设防后，青岛口出现广洋杂货、木材店号，兼营海上客、货运输，为最早从事港航贸易的近代商业流通体。1897年德国侵占青岛后，辖区商业流通由自然经济流通体制向商品经济流通体制转化，殖民当局大力发展外商企业，使今市南地域的商业市场呈现明显的殖民地市场特征。纺织、百货、五金、交电、化工、石油等日用工业品的进口打破了传统商品结构框架，机械设备、五金交电、化工建材、百货食品、医药等商业经营业态基本形成。继至1911年，有英国、美国、法国、俄国、荷兰、新加坡、印度、比利时、意大利、西班牙、奥地利及中国香港等国家和地区的商人到青岛开展商贸活动，大部聚集在青岛区和大鲍岛区，促使大鲍岛商贸区加速成形。至20世纪20年代，区内商业行业增至85个，成为山东乃至东部沿海地区的重要商品集散地和消费市场。

民国时期，区内商业基础设施建设已初具规模，纺织品、火柴、面粉、啤酒、精盐、日用化学品和机器工具等地产品为市场提供了商品货源。“七七”事变后，区内民族商业受殖民强权的侵夺和排压，阻遏不前。抗日战争胜利后，物价腾涨，市场动荡，工商企业纷纷歇业或倒闭。

中华人民共和国成立后，建立计划经济体制下的国营商业体制，实行粮食、油料及棉布的计划收购和计划供应，百货、交电、饮食、蔬菜、水产、茶叶、副食、成药、木材、煤炭、土产杂品、文化用品等行业实行商品统一调拨。1958年市南区成立商业局，为区政府主管商业的职能部门，对区属商业流通机构实行统一管理。“大跃进”时期，个体商业基本被取消，市场物资匮乏，商品供应紧张。“文化大革命”时期，商业企业管理混乱，商品供不应求，造成日用工业品和副食品严重短缺。

中共十一届三中全会以后，逐步展开了对商业流通体制的改革，大力发展集体和个体商业，恢复城乡农贸市场，商业经营主体结构多元并存，流通领域形成了“多种经济形式、多种经营方式、多条流通渠道、少环节”的新格局。新型商业流通机构大量涌现，流通方式多样化，市场主体多元化，形成国营、集体、个体、私营、合资等多种经济成分并存的竞争、开放的流通格局。20世纪90年代，区内商业经营规模迅速扩展，多处大型现代化综合性零售商厦相继建成开业，一批新建商业网点先后投入使用，大力发展商业网点和季节性临时摊点，建设大型综合性楼层式商品交易市场和农贸市场，以国有、集体商业为主体，以日用工业品和农副产品市场为辐射源的商品流通格局初步形成。

进入21世纪，区内商业流通业态呈现超市、百货、连锁店、便利店、专业店、专卖店等多业态并存的新格局，大市场、大流通、大商贸的发展趋势进一步形成。伴随楼宇经济、总部经济快速发展，国内外高端生产、生活服务品牌加快集聚市南区，外向型、多元化、规模化发展的新格局加快形成。劈柴院特色商业街、青岛出口产品展销街、佰优坊一期等商业特色街区相继投入运营。至2012年，全区大型商业零售企业15家，商业建筑面积达78.9万平方米。年内区域社会零售商品总额达340亿元。

第一节 商业流通体制

明代卫所设立之后，当时的浮山所集和山会是其主要商业经营之所。明代万历年开放青岛口之后，今市南地域的商业经营活动日趋繁盛。清光绪年青岛设防后，辖区商业经营活动主要集中在青岛村与青岛口一带，其商业经营已具市镇规模，大鲍岛集为当时规模最大的集市。德国占领青岛后，今市南地域的商业流通，开始由自然经济流通体制向商品经济流通体制转轨，大批洋行和买办的商品经营活动，使辖区的商业具有鲜明的殖民市场特征，德商企业均集中于青岛区，民族商业开始在大鲍岛区集聚与发展。大批摊售商贩经营集市交易，部分华商充当买办，由本地或产地收购土特产品、手工艺品，集中后转售外商。有实力的商家以包销、代销形式，替外商推销进口洋货从中渔利。德国商行多数从事进出口贸易和代理远洋航运业务，一业为主兼营其他。经营方式以批发为主，有的批零兼营或附设工厂。货源主要由德国进口。出口商品以土特产品和粗加工品为主，经买办售给洋行，销往德、美、法、英、意等国。

20世纪30年代，青岛地方工业有所发展，为辖区市场提供了纺织品、火柴、面粉、啤酒、精盐、日用化学品和机器工具等商品货源，商品流通随市场需求而自由发展。日本侵华战争时期，日伪当局实行战时统制经济政策下的流通体制，强行吞并一些民族商业企业，限制重要工业品和日常生活商品出境，区内商品正常流通遭受遏制。1945年，南京国民政府接收青岛，通过对一些商品的统购统销和专卖制度，控制市场，大肆盘剥，工商企业纷纷歇业或倒闭。

中华人民共和国成立后，国营商业创立，形成计划经济体制下的商业流通体制。国家先后实行粮食、油料及棉布的计划收购和计划供应，控制了重要商品货源和销售渠道。1955年年底，私营批发业全部转业、歇业或成为国营商业代理商。个体零售坐商、摊商合并组建联营组织，货源大部分由国营公司供给，私营商业走上初级国家资本主义的轨道。1956年年初，全市各行业实现公私合营，商业流通由此纳入计划流通体制。1958年成立市南区商业局，实行计划经济体制下的商业流通统一管理。1958年“大跃进”时期，由于市场物资缺乏，商品供应紧张，盲目撤并商业网点，取消个体工商户，给居民购物造成一定困难，许多商品采取定量供应和凭票凭证供应，居民基本生活用品供应匮乏。“文化大革命”时期，商业管理体制、企业管理制度被打乱，商品供不应求。

中共十一届三中全会后，开放集市贸易和农副产品市场，促进城乡物资交流，改革商业经营管理办法，疏通商业流通渠道，减少流通环节，积极组织货源，加强经营管理，辖区商业经济效益不断提高，市场逐步呈现繁荣景象。其间，开展议购议销业务，建立健全以岗位责任制为中心的规章制度，在办好国营、集体商业的同时，积极发挥社会各方面的力量，兴办各种商业服务事业，商业经营设施和服务网点大幅增加，商品紧缺、供不应求的短缺经济现象从根本上改观。1980年，辖区商业经济管理实行区局独立核算—中心店简易核算—粮店六项定额三级管理办法，建立健全以岗位责任制为中心的规章制度，提高区属商业的经营管理水平。1981年，在65个核算店中推行了利润分档提成、利润包干等形式的经济责任制，迅速扭转了许多商店长期亏损的局面。

1984年，市南区商业局被撤销，成立市南区商业公司。同年商业公司所属企业实行了经理负责制和经营承包责任制。企业内部采取集体承包、划小核算单位承包和个人承包等经营方式，初步建立起责、权、利相结合的企业经营管理机制。1993年，辖区商业企业股份制试点工作有了新的进展。国货公司实行了定向募股的股份制试点；谦祥益绸布店“国有民营、一店四制”的经验在全市商业企业推广，促进了多种经济形式与经营方式的组合。1994年，华联商厦实施“你大我多”战略，向东部扩展，发展连锁店取得明显效果；青岛海滨食品店发挥资金、管理、效益优势，通过租赁、兼并，扩大连锁网点4处，为中小型零售企业规模发展提供了经验。年内，区商业公司更名为商业总公司，实行企业化管理。1996年，辖区大型商业企业现代企业制度改革取得突破，按照股份制改造、组建集团等模式，促进了大中型商业企业机制转换。2002年，通过出售、兼并、租赁、联合、破产、股份合作等多种形式，实行规范化的公司制改革，国有资产全部退出，以产权制度改革为中心的区属商业企业改革基本完成，区域商业经济转移为国营、集体、私营、个体和“三资”企业并存的混合经济模式。非公有制经济的快速发展，加快了商业服务业的专业化、社会化进程。

第二节 商品经营业态

青岛设防前，区内的浮山所集与大鲍岛集是居民主要商品交易之所。青岛设防后，青岛口一带逐渐形成商贸市场，商业初步繁荣。据胡存约所著《海云堂随记》记载：“丁酉年（1897）三月十四日晚，商董首事集议本口禀商铺数目。计：车马旅店9，洪炉1，成衣、估衣、剃发3，油坊、磨坊、染坊6，杂货、竹席、瓷器店铺7，药铺2，当铺1，织网、麻草、油篓、木材8，肉、鱼、盐铺6，酱园、豆腐坊各一，粮店、茶食3，计65家。航载写船（即代办海上客、货运输）多由广洋杂货、木材诸店号兼业。”青岛口已由一个小渔村发展为人流、物流颇丰的小市镇。

1897年德国侵占青岛后，今市南区西部的青岛区和大鲍岛区规划为商贸区。德国商人在青岛区开洋行、设银行、办商店，前海及中山路一带商贸市场日渐繁荣。民族商业集聚在今中山路和今黄岛路、四方路、即墨路、天津路、北京路一带，主要经营土产品、畜产品、铜铁器、纱布绸缎、菜果鱼肉、洋广杂货和其他工业品等。青岛德商企业有48个，均集中于青岛区，经营商品主要有机械设备、五金交电、化工建材、百货食品、医药等。出口商品以花生仁、生油、牛皮、猪鬃、大麻，草帽辫等土特产品和粗加工品为主。至1911年，有英国、美国、法国、俄国、荷兰、新加坡、印度、比利时、意大利、西班牙、奥地利及中国香港等12个国家和地区的商人聚集在青岛区和大鲍岛区，促使大鲍岛商贸区加速成形，纺织、百货、五金、交电、化工、石油等日用工业品的进口打破了传统商品结构框架，经营日用工业品的新兴行业大量涌现，至20世纪20年代，商业行业增至85个，今市南地域成为山东乃至东部沿海地区的重要商品集散地和消费市场。

中国收回青岛后至20世纪30年代，市南区商业基础设施建设已初具规模，地产品如纺织品、火柴、面粉、啤酒、精盐、日用化学品和机器工具等为市场提供了商品货源。前苏联、捷克、波兰及白俄等外商企业集中于今市南地域商业中心和别墅区，如中山路、龙口路、广西路和八大关一带，主要经营杂货、食品、药品和餐饮业。1938年青岛沦陷后，日伪当局限制纺织品、五金、交电、建材、文化用品、医药、食糖等22类商品出境，严重阻碍了市南区商业的发展。抗战胜利后，南京国民政府接收青岛，因内战和通货膨胀的严重影响，商业萧条，大批民族资本店铺商行歇业或倒闭。

中华人民共和国成立后，商业零售额逐年扩大。第一个五年计划期间，日用工业品、副食品零售额有了显著增加，1956年与1952年相比，棉布、汗衫、毛线、食糖等主要商品销售量增长1倍以上。“大跃进”时期，盲目推进

“商业大跃进”的各项高指标，片面强调“快进、快销”，致使日用商品供应下滑，商品品种减少，供不应求，导致居民工业品和日用商品票证化。“文化大革命”时期，居民日用工业品和副食品供应极度匮乏，供求关系濒临崩溃的边缘。

中共十一届三中全会后，大力发展集体和个体商业，恢复城乡农贸市场，市场呈现稳定、繁荣景象。1979年开放了3处集市贸场和农副产品市场。1980年，成立了蔬菜、烟糖、饮食3个区公司和土产杂品、果品两个总店，区内商业的经营业态趋向多元化，经营规模得以扩展。20世纪90年代，继全市首座营业面积超1万平方米的大型商厦——华联商厦主体工程竣工，东方、国货、百盛等多处大型现代化综合性零售商厦在市南区建成开业。同时新建改造了一批商业网点，银海大世界、东亚商场、中山商城等相继投入使用；培育发展了一批连锁店、连锁企业和便民店，强化“菜摊子”工作，保障了“放心菜、放心肉、放心豆腐”的市场供给。大力发展商业网点和季节性临时摊点，建设大型综合性楼层式商品交易市场和农贸市场，以国有、集体商业为主体，以日用工业品和农副产品市场为辐射源，以合理布局的社会网点为补充的商品流通格局初步形成，丰富和繁荣了社会商品供应，较好地满足了群众生活需要。

进入21世纪，以超市、百货、便利店、专业店、专卖店等多业态并存的商业零售网络新格局形成。2003年，中山路旅游商贸区等大项目建设全面启动，辖区商业呈现大市场、大流通、大商贸发展趋势。市南区加快现代服务业聚集区、滨海旅游休闲区、现代商业品牌区建设，香港中路现代商业中心迅速崛起。2004年，5个国际著名服务品牌集聚在香港中路商业中心，阳光百货等2家国际一流高级百货店集聚区内，辖区商业环境和商务环境得到优化提升。至2005年，区内共有各类商业企业2000余家，楼宇经济、总部经济快速发展，推动高端生产、生活服务品牌加快集聚市南区，辖区商业流通形成了外向型、多元化、规模化发展的新格局。2006年，“时尚闽江”建设项目完成魅力女人区和时尚品牌区改造，闽江路荣获中国美食街称号。麦凯乐青岛总店正式开业，海信广场东海路店奠基，东部商业中心再次扩容。建成莘县路社区商业服务中心，完成3处农贸市场（超市）的升级改造，规范了100处便民超市，便民服务网络进一步完善。2009年，劈柴院特色商业街保护性修复完成，实现了改善民生、传承文化、产业提升的有机结合。全省首家日资24小时连锁便利店——永旺迷你岛落户市南，区内新增青岛出口产品展销街、佰优坊一期等4处商业特色街区。

2012年，韩国乐天玛特超市开业，全区大型商业零售企业增至15家，商业建筑面积达78.9万平方米，以海信广场、阳光百货等高端商场为载体，吸引诸多世界品牌进驻辖区。

第三节　商品销售

青岛解放前，区内商品销售处于自由竞争状态，殖民统治时期外商企业的垄断性竞争，使区内商业市场具有明显的殖民地特征，商品货源和批发环节掌控于外商之手，民族商业的正常发展受到遏制。中国收回青岛后，随着地方工业的逐步发展，民族工业产品为区内市场提供了商品货源，在提倡国货的社会舆论推动下，政府对内保护和鼓励民族商业的发展，区内民族商业的经营门类和商品种类与日俱增，今市南地域成为山东乃至东部沿海地区重要的商品流通市场和消费市场。

青岛解放后，市南区作为全市商业中心，市、区人民政府从平抑物价、整顿市场入手，迅速恢复市场供应，全力保障辖区居民的日用工业品和副食品供给。随着居民购买力上升，零售商品销售额逐年提高。“一五”时期，区内零售商品销售额每年递增10%以上，主要日用工业品的销售量显著增长，汗衫、背心、毛线、食糖、暖水瓶等销售量增长1倍以上，自行车、手表、呢绒等高级消费品销售量增长2倍以上。随着工商业社会主义改造的推展，区内公私合营商店和合作小组，统一市场价格，实行明码标价，并根据市场商品需求，增加商品品种，实行跨省采购的大批服装、花布、日用百货、时令果品、副食品，丰富了区内商业网点的商品供应。1958年，面对迅速增长的生产和消费需要，实行大购大销，千方百计地组织货源，扩大商品经营品种，改善商品经营办法，年内全区商品销售总额达5910万元，完成计划的106%。其中商业销售总额4132万元，实现计划的106.18%，上缴利润266万元，完成计划的120%。1959年，商业进货计划完成549万元，为计划的109.82%。销货额为4183万元，完成计划的108.67%，年增长12.08%。全区的社会商品零售总额完成4696.4万元，为计划的106%。利润额为328万元，为计划的105.4%，年增长27.44%。三年自然灾害时期，日用工业品、副食品供应短缺，部分商品实行凭票凭证供应，零售商品销售额严重萎缩。1962年，随着工农业生产的好转，市场日用品供应情况有了明显改善，人民生活必需品的供应有了较大增长。不少原凭证、凭票供应的日用品敞开供应，年内消费品的零售额同比略有增长，日用百货的品种增加到1400多种。

“文化大革命”时期，商品流通秩序陷于混乱，日用工业品和副食品供应严重不足，商品供应不能满足人民生活的基本需要，商品销售跌入历史最低。

中共十一届三中全会以后，区内商业进入改革开放的新时期，商品销售迅速恢复和发展。1979年，区内市场蔬菜、肉、蛋供应量明显增加，全年商品销售额完成商品销货额1632.2万元，占年计划的103.3%，比前年提高15.76%。区商业系统积极开展议购议销业务，扩大货源，丰富了市场供应。年内开放的3处集贸市场和农副产品市场，成交额为185万元。1980年，成立了蔬菜、烟糖、饮食3个区公司和土产杂品、果品两个总店，商品经营规模迅速扩展。年内商品销售额完成5993万元，全区3处农贸市场成交额比上年增加1.7倍以上，上市商品由原来60余种增加到120种。1982年，在办好国营、集体商业的同时，积极发挥社会各方面的力量，兴办各种商业服务事业。全区年商品销货总额和利润的增长幅度进入两位数。街道办商业服务网点全年销售总额1041万元，占国营、集体商业销售总额的13.5%，其中上市的禽蛋、肉类、水产品等十余种农副产品的成交量相当于全区国营、集体商业同类产品销售额的14%左右。1983年，不断疏通商业流通渠道，减少流通环节，积极组织货源，加强经营管理，经济效益不断提高。年销售收入总额为8524.8万元，超计划15.97%，比1980年增长44.2%。1984年年底，全区商业网点发展到1753个，个体工商业户发展到929户，其从业人员1256人，营业额为657万元。1985年，商业销售提前5年实现翻番。物资销售收入853.3元，超计划133.8%。个体经济也有新的发展，个体户增加到1951户，从业人员达到2184人，年营业额为1652万元。1986年，商业销售收入4596万元，物资销售收入1031.4万元。全区商业服务网点增加到5158处，年营业额6769万元，利润实现489万元。1987年，新增商业服务网点525个，全区网点总数达到6340处，农工商企业逐步扩大“贸”的比重，商业销售额比上年增长60%。1988年，新增社会商业服务网点838个，超发展计划62%。全区农贸市场上市商品总成交额达到4321万元，比上年增加68%。

20世纪90年代，加快各类商业设施建设，积极组织参加各种展销、订货会，扩大商品供应渠道，全区第三产业总规模达到9.3亿元，形成国营、集体、个体互为补充，共同发展的良好局面。1993年，全区社会商品零售总额达到5亿元。大力发展连锁企业、连锁店，1998年连锁店已达20家，完成销售收入7600多万元，增幅为连锁前的1.6倍。

进入21世纪，汇集世界知名品牌的阳光百货、海信金座购物中心等相继建成。苏宁电器、星巴克等一批国内外著名商贸企业的区域总部落户辖区，2004年社会消费品零售总额达85.2亿元。在全市评选的5条特色专业街中，“中山路综合商业街”“龙山（地下）服饰街”榜上有名。认真做好“菜摊子”工作，大力实施“放心工程”，加快兴办各类市场，商品销售额大幅攀升。2007年，市南区商贸旅游产业集群成为全省十大特色产业集群。区域社会消费品零售总额172亿元，增长117.3%。2009年全区社会消费品零售总额达到250亿元。2010年，百丽广场、心海广场投入使用，全区社会消费品零售总额达到265亿元。2011年，区内海信广场等大型商贸企业达到23家，佰优坊、中联创意广场等特色街区投入运营，全年实现社会消费品零售总额317亿元。2012年，区内大型商场达到15家，实现社会消费品零售总额340亿元。

第四节　粮油供销

明清时期，浮山所和大鲍岛等村庄定期举办的集市，均有粮油交易。青岛建置后，人口逐年增加，粮油市场逐渐活跃，青岛村一带有油坊、磨坊专事粮油加工。20世纪初，在青德国商人开办粮油货栈。1912年，青岛华商和德商开设的粮油货栈分别为16家、28家，一些土产店也兼营粮米油盐，居民粮油所需均到店铺自由选购，也有贩夫行商推车肩挑，沿街售卖。市面销售粮油大部由郊区或周边县镇供应，粮食品种以小米、杂粮、甘薯类为主，面粉为辅，间以由南方海运而来的大米。一战时期，日商利用当地资源开办了粮油加工厂和粮油商号，对青岛进行了粮油统制和经济掠夺。青岛解放前，粮油流通受阻，商人抢购囤积，粮油价格猛涨，居民家无存粮，生活困苦无着。

青岛解放后，人民政府调集粮食运抵青岛，保证了入城机关、部队、战时俘虏、军烈属、失业工人及居民的粮食供应，并打击不法粮商，平抑粮食物价。1953年，国家实行粮油计划收购和计划销售政策（简称统购统销），私营粮食市场被取缔，设立私人代销店，由国家粮库统一拨付，按国家规定统一牌价出售。1954年，全市实行行政划片定点供应，合并调整粮油供应网点，市南区有15处网点分布辖区各处。1955年9月，实行城镇居民口粮定量供应，居民凭购粮证到定点粮店购买当月供应的粮食。次年辖区私营粮食代销店全部实现了公私合营。1959年农业受灾减产，城市居民粮食定量供应水平降低。1962年，贯彻“调整、巩固、充实、提高”的八字方针，农业生产得到恢复和发展，粮食供应情况开始好转。次年议价粮油转入各粮店门市部销售，至1966年，议价粮食品种接近30种，缓解了居民粮食供应紧张的状况。“文化大革命”期间，议价粮油销售逐步压缩，1970年第二季度起，全部停止对饮食业议价用粮供应，豆汁、甜沫等早餐供应停滞。

中共十一届三中全会以后，农村普遍推行各种形式的联产承包责任制，议价粮油经营开

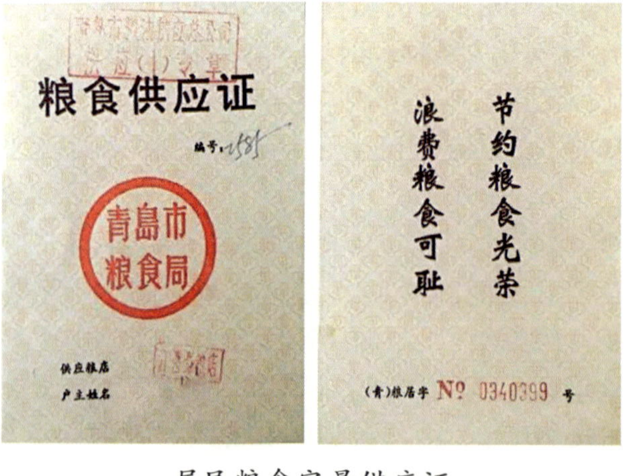

居民粮食定量供应证

始活跃，粮油供应趋紧的状况逐步改观，辖区粮店出现“一业为主，多种经营”的新局面，定点供应的传统单一格局被打破，平议兼营、粮油兼营、生熟兼营的服务领域不断拓展。1981年，市南区粮食分局所辖各中心店、粮店开始执行商业部《市镇粮店管理试行办法》，加大粮油食品加工销售数量、品种，提高加工质量，拓宽销售渠道，三大熟食品种（火烧、面条、馒头）之外新增面包、糕点、豆沙包等新品种，除店内柜台销售外，还摆摊设点，走街串巷，开展流动销售服务。1982年，辖区亢家庄、浮山所、湛山、辛家庄、大尧、逍遥、田家村等生产大队转为非农业人口，每月按城镇非农业人口定量标准供应粮食。1983年，辖区粮油实行国家、集体、个人多渠道经营，同时敞开小麦、面粉、大米和各种小杂粮的议价销售，供居民自由选购。1985年改粮食统购为合同定购，至此结束了30年来粮食统购的历史。同年起，辖区居民粮油不再实行定点供应，一律实行议价供应。1995年，市南经贸公司建成由6家规范的连锁店和1000平方米的配送中心组成的金麦园连锁公司，新增食品生产点，生产经营大众化食品。1997年7月1日，粮油价格完全放开，区内粮油供应走向市场化经营。

第二章　商业市场

青岛建置前，青岛口已有集市商业活动和港口贸易，建于明代洪武年间的浮山所每逢农历四、九举集，是市南区地域见于记载的最早的集市。大鲍岛村亦有规模较大的集。1897年青岛口一带有商铺71家。1900年，胶澳租借地第一次城市规划，青岛区和大鲍岛区规划为租借地的商贸中心区，洋行、商行、商店，公立市场鳞次出现，商贸市场日渐繁荣。德国人经营的欧人商业大楼、亨宝商业大楼、礼和商业大楼和吉利百货公司先后从欧人区现身，大批欧洲商品涌入青岛市场。二三十年代，随着民族商业的发展，区内商业市场发展迅速，形成国货公司、东方市场、洪泰商场、积庆里市场、双合里市场、台西市场、莘县路市场、华北市场、西大森市场等多业态市场集群。40年代，区内商业市场布局基本成型。

青岛解放后，国营商业创立，区内成为全国性专业公司分支机构和地方性市公司的集聚地。随着商业公私合营的进程，合作商店发展迅速。“大跃进”时期，推行公私合营和集体商业过渡升级，盲目撤并商业网点，区内商业市场呈萎缩状态。

中共十一届三中全会后，大力发展集体和个体商业，恢复城乡农贸市场，商品价格基本放开，商业领域形成多元化流通新格局，市场呈现出稳定、繁荣的景象。区内商业企业初步建立起责、权、利相结合的经营管理机制，辖区大型商业设施建设加快建设布局。20世纪90年代，东方、国货、华联、百盛等多处大型现代化综合性零售商厦相继在市南区建成开业，作为新的市级商业中心，香港中路商业区开始崛起。21世纪以来，辖区形成超市、百货、便利店、专业店、专卖店等多形态并存的商业零售网络新格局，呈现大市场、大流通、大商贸发展趋势。中山路旅游商贸区等大项目建设全面启动，以新型业态、连锁经营、物流配送为标志的现代流通产业快速发展。区内商务活跃带动了传统服务业日益繁荣，形成了东部休闲购物、中部旅游娱乐、西部文化旅游三个高档商圈，吸引了阳光百货、路易威登、星巴克、保时捷、苏宁电器等大批著名品牌企业纷纷入驻。许多国际著名服务品牌集聚在香港中路商业中心，辖区商业环境和商务环境得到优化提升。流通业总部经济快速发展，推动高端生产、生活服务品牌加快集聚市南区，区域辐射力增强，流通业开放度、现代化水平进一步提高，形成了外向型、多元化、规模化发展的新格局。

第一节　集　　市

浮山所集，是区内最早见于方志记载的集市。明代，“浮山备御千户所”建置，当时的浮山所城既是千户所的驻地，又是其属下的一个军屯。自明永乐年间起，在屯的周围陆续出现了许多村庄，形成了耕战兼备、屯戍并倚的渔耕经济小社会，浮山所集由此形成。至上世纪初，青岛地区共有李村集等9个集市，浮山所集的规模仅次于李村集。据1928年版《胶澳志》记载，“浮山所集市，为本区东南滨海一带各村庄唯一市场，每逢农历四、九为期，每会莅场人数，盛时可四五千人，平时二千人上下，尤以浮山所、湛山一带居民及各渔户居其多数。”20世纪八九十年代，伴随青岛市的东部开发，浮山所集作为青岛市区唯一的乡村大集达到了鼎盛，每逢集市，“街巷皆成市，有空便设摊”，成为都市人领略乡风民俗之所。1999年浮山所村开始改造，浮山所集被改为集贸市场，暂移至江西路95号广场内，集市内按区域划定，共设千余摊位，赶集的人仍很多。2004年浮山所大集“退路进室”，被重新冠名为“新贵都集贸市场”，依然延续农历四、九赶集的风俗。

大鲍岛集，始于何时无确载。当年，隶属即墨县仁化乡文峰社的大鲍岛村，是这一带唯一有集的大村，据记载，19世纪末的大鲍岛村，有王姓和于姓居民680人，村中有一所带学校的家庙和一座官家庄园，是远近规模最大的村，旧历初一、初六为集日，村西北角便是集上的劈柴市，即劈柴院的前身。

天后宫新正庙会，是庙会形式的集市之所，设于每年正月初一，是青岛市区正月里的首个庙会。天后宫是崂山太清宫建在山外的下庙之一，初建于明成化三年（1467），清雍正十一年（1733）大殿建成，并制定了春秋举祭之制，成为当地渔民商贾出海祭神的供奉之地，每月初一、十五朔望日，市内的善男信女便前往天后宫进香祈福。天后宫新正庙会始于何年今无资料可考。据《海云堂随记》载：“每届新正，（青岛）口上商民人等群集天后庙，焚香祝祷，年复一年，代代如此，已成积俗。”大年初一，当地的商家按例要去天后宫上香，叩拜财神、天后、观音和吕祖诸神，然后回家耍春，押注、斗牌、玩叶戏、扑老鸡。从正月初一到元宵节，天后宫天天设台唱戏，人群络绎不绝，各种饮食、小吃、日用杂货纷纷上市，杂耍、鼓词、山东快书、肘鼓戏、梆子、柳琴，秧歌无所不有，还有设场卖艺的江湖艺人。20世纪20年代，天后宫的新正庙会规模更大。庙会最

浮山所集贸市场

盛时，从太平路、江苏路一直到中山路，各路赶会的摊点络绎不绝。“文化大革命”时期，庙会被禁。20世纪80年代恢复，现为区内重要的民间节会之一。

第二节　商业街

中山路商业街

中山路，位于市南区西部，南起栈桥，北至市场三路，全长1329米。自南向北依次与广西路、湖南路、湖北路、曲阜路、肥城路、德县路、四方路、天津路、海泊路、高密路、北京路、胶州路、李村路、即墨路、沧口路相交，以孙中山先生名字命名。20世纪初，栈桥是青岛港海运中转的主港码头，由栈桥向北辟建了一条500多米的干线路，命名为斐迭里街，为中山路南段。后为了接续与大鲍岛区及新建港区的联系，德县路至大窑沟又修筑了马路，为中山路北段，称山东街，俗称大马路。20世纪初，大批外国洋行聚集于斐迭里街，从事远洋航运和进出口贸易。同期，德国人创办的青岛俱乐部、胶州旅馆、水师饭店、车站饭店等商业企业从中山路南段出现，原青岛口一带的店铺商号迁至中山路北段，外地来青的华商店铺也多集中于这一带，与中山路纵横交错的保定路、四方路、潍县路、天津路、北京路等周边区域的华商企业相继设立，许多店铺商号成为辖区老字号的前身。位于中山路附近的大观楼、顺兴楼、连升栈、保安栈、三盛栈、泰和栈、三义泰、东华旅社等饭店旅店相继开业。至1922年，中山路华商企业21个，分为13个行业。这一时期，德、英、日、美、俄等国在中山路及周边先后设立近10家银行，外资金融业初具规模。

1922年中国政府收回青岛后，中山路的民族银行业得到较快发展。除中国银行外，交通银行、中央银行等相继在中山路设立分支机构，最多时中山路有银行10余家，银号、钱庄30余家，典当行、保险公司20余家，是青岛乃至中国北方重要的金融中心。20世纪30年代，中山路的临街建筑已连成一片。以中山路为中心，包括胶州路、即墨路、北京路、江宁路、曲阜路、四方路、天津路、高密路、湖北路、海泊路、黄岛路等20多条规模、特色不一的商业街纵横交错，组成青岛市区开辟最早、最繁华的商业街区。1937年中山路有商业企业151个，其中，日商企业41个，包括服装、鞋帽、钟表、眼镜、文具、书籍、粮食、食糖、水果、烟草、皮革、杂货、化妆品、装饰品、瓷品、五金、机械、建材、药品、印刷、古物、土产、海运、中介、旅馆、照相、理发等34个行业；华商企业83个，包括绸布、洋服、鞋帽、百货、杂货、肉类、食料、水果、烟草、土产、木材、电器、染料、瓷器、金银器、药品、文具、书籍、照相、理发、建筑、医院、银行、钱庄等25个行业；其他外商企业27个，包括洋服、药品、饮料、文具、书籍、机械、石炭、外贸、船舶、储运、保险、金融、通信、饭店、剧场、不动产等18个行业。日本侵

20世纪40年代的中山路人流不息

华战争时期，中山路更名为山东路。1941年，商业企业增至177个。其中日商企业69个，资本总额1.9亿日元；华商企业80个，资本总额9315.3万元；其他外商企业28个，主要为德国、苏联、美国、英国、希腊等商业企业。抗日战争胜利后，中山路恢复原称。1946年华商企业144个，外商企业11个。

50年代初，中山路的私营商业企业蓬勃发展，1951年年底，中山路私营商业359户，从业人员1206人，年营业额1289.20万元。年内，中山路的商业企业共有百货业、图书文具业、钟表眼镜业、进出口业、橡胶染料业、五金业、药业、菜果业、电料业、食品业、报关业、照相业、茶炉业、理发业、烟酒业、茶业、餐饮业、盐业、文娱业19类商贸行业。同期，中山路金融业获得了较快的发展，形成以中央银行为领导、国有商业银行为主体、多种金融机构并存的金融组织体系。随着国营商业的建立，辖区商业经济体制、流通体制及管理体制发生了巨大变化。至20世纪60年代中期，中山路的公私合营商业企业全部转为国营企业，私营商业企业已不存在。20世纪70年代后，中山路上除市属、区属商业企业外，还有供销、物资、外贸、轻工、机械、文化、医药、园林、金融等系统的商业企业，共计200个左右，与中山路相邻的四方路、海泊路、即墨路和劈柴院商业企业布点密集，并设马路市场，加以便利的交通条件，形成商业购销地域性群体优势，成为青岛市的商业中心。

中共十一届三中全会以后，中山路进一步发展为旅游商贸为特色的综合性商业街，共有商业网点千余家，企业150家，行业广，老字号店多，门类齐全。既有国货公司、东方贸易大厦、青岛第一百货商店、青岛妇女儿童商店、第一百盛有限公司、发达商厦等大型商业企业，又有宏仁堂、瑞蚨祥、海滨食品商店、天兴和玻璃公司、亨得利钟表店等老字号商店，还拥有中山商城等地下商业设施，青岛工艺美术服务部、环球文化体育用品公司、天真摄影专业公司、青岛市打字机商店、青岛文物商店也坐落其中。还有青岛饭店（已搬迁）、天府酒家、春和楼、劈柴院、谷香村饭店、肯德基快餐店及中国电影院、红星电影院（已拆迁）等餐饮娱乐设施，形成了市级商业中心区。20世纪90年代，随着市区政治经济中心东移和台东、李村等商贸中心的迅速崛起，社会购买力出现分流，中山路商家经营逐年滑坡。

2002年全市商业布局优化调整，加快了对中山路商贸区的改造，以中山路商业街为主轴线，形成以经营中高档商品为主的名店、名牌一条街。现代商业购物区、金融商务区、传统商业购物步行街区和旅游观光区四个区域进一步丰富商业区的内涵，使其成为以购物、旅游、观光为特色的商业街区。由于业态组合趋于"单一化""泛众化"，缺乏具有辐射带动作用的专卖店、旗舰店，加之休闲娱乐、停车如厕等商业服务设施明显不足，使中山路失去了往日的商业辉煌。2006年市南区政府全面实施《中山路商业（旅游）区复兴计划》，创意性修复和导入特色商业，使客流量恢复至日均10万人左右的历史上最好水平。2006—2010年，通过对中山路北部地区及河南路以西旧城区的全面改造，导入新的消费人群，使街区内日均客流量达到20万人以上。

香港中路商业街

香港中路位于市南区东部，是市区东部主要交通干线，全长4278米，原名湛流干路，1997年为纪念香港回归而易名"香港中路"。20世纪90年代，市委、市政府实施东部开发战略，加快建设集商业购物、金融贸易、旅游设施为一体的新的市级经贸中心，经过几年的开发建设，包括银行、保险、信息、咨询、商社及涉外机构的金融贸易中心，包括综合商场、专业商场和特种商店的商业购物中心已初具规模，香港中路商业街初步形成，并进而扩展为以新兴业态为主的现代化商业区。香港中路商业区南起香港中路，北至江西路，西靠徐州南路，东临泉州路，总占地面积146公顷，商业网点密集，功能业态多元，各类商务大楼及大型酒店近百座，为功能完善、富有现代气息的市级商业主中心。

香港中路商业区以香港中路为中心，汇集了山东路、南京路、福州路、闽江路、漳州路、燕儿岛路、东海路等20余条商业街。随着市区东部的开发建设，香港中路商业区聚集了以东泰佳世客、家乐福、阳光百货为代表的商业零售业集群，以香格里拉大酒店、海天大酒店、丽晶大酒店、颐中假日大酒店、贵都大酒店为代表的宾馆业集群，以中银大厦、中国建设银行、中国工商银行、中国农业银行、交通银行、中信实业银行、中国人民人寿保险公司、中国人民财产保险公司、中国平安保险公司为代表的金融业集群，以青岛国信实业有限公司、青岛市企业发展投资公司、青岛开发投资有限公司为代表的国有投资业集群，以云霄路美食街、闽江路美食街、漳州路美食街、燕儿岛路美食街为代表的餐饮业集群，以世贸中心、金都花园、泛海名人广场为代表的商住集群，以福泰广场、太平洋中心为代表的会展业集群，以国美电器、苏宁电器、半岛数码生活广场为代表的家电业集群，以中国移动、中国联通、中国网通为代表的现代通讯业集群，以红领、新郎、巴龙、杉杉、顺美为代表的服装业集群，以及青岛国际银行、香港上海汇丰银行有限公司青岛分行、中国银行（香港有限公司青岛分行）、日本山口银行青岛分行、韩国中小企业银行青岛分行、英国渣打银行青岛代表处、新加坡华侨银行青岛代表处等外资金融机构。香港中路商业区以大型商业、现代服务业集群为主，面向中高档、时尚消费，从事物流、配送、创意、信息、咨询以及健身、美容、洗浴等现代服务机构和企业，各类专业连锁店、特色店、特许经营店分布集中、业态完备，各类商家1500余家，使其成为国际化趋势的东部商业中心。

第三节 综合商场

1910年，德国胶澳总督府在欧人区与华人区交界处的德县路和潍县路口建起公立市场，经营日用杂货、菜果鱼肉等，为辖区最早的综合商场。20年代中期至30年代中期，辖区商贸市场发展迅速，东方市场、双合里市场、莘县路市场、西大森市场、台西市场、五起楼等在此期间建成，成为山东乃至东部沿海地区商品货源的产地市场、集散市场和消费市场。

表8-1 **市南区综合市场一览表**

（1947年）

市场名称	地 址	始建年代	户 数	经营范围
东海楼市场	河北路71号	1913	30	百货、杂货、饭食、书场、评剧馆、妓馆
西广场市场	四川路7号	1921	500	铁器、估衣、旧货
东方市场	龙口路	1929	152间	百货文具、成衣、饭店、理发、菜果鱼肉
双和里市场	山西路	1930	—	楼上为住户,楼下蔬、鱼肉摊贩

续表8－1

市场名称	地　址	始建年代	户　数	经营范围
西大森市场	菏泽路西首	30年代	—	外为杂货街市,内为估衣、杂货、饭铺
五起楼	北京路25号	30年代	150	杂货、成衣、花庄、布摊、靴鞋铺
莘县路市场	莘县路15号	1933	4层405间	蔬菜、鱼类、鞋。俗称“菜市楼”
华北市场	中山路潍县路之间	1933	3层186间	副食品、洋杂货、绸缎、栈房等
台西市场	寿张路	1935	30	蔬菜摊20余个、鱼肉摊10余个
新广场市场	四川路8号	1946	200	旧货为主

中华人民共和国成立后，全市经营日用百货、服装零售的著名综合商场主要集中在市南区。主要有国货公司、第一百货公司、妇女儿童用品商店等国营综合商场。

20世纪90年代，区内的现代化综合商场加快发展。1991年，华联商厦开业，是青岛市第一座现代化大型综合商场，营业面积1万平方米，从事百货业零售与批发等业务，经营品种5万余个。1998年，青岛第一百盛有限公司开业，是由青岛第一百货商店与马来西亚金狮集团属下新加坡金狮百盛企业投资有限公司、狮贸控股公司，经国务院批准成立的大型外资零售企业，是山东省拥有国际著名化妆品牌最多的商场和本市经营时尚商品面积最大、品牌最多、款式最新的商场之一，营业面积3万平方米，经营品种近十万种。同年，由日本零售企业永旺株式会社（前身为佳世客株式会社，世界“500强”企业之一）和青岛市供销合作社联合社共同出资建立的全国零售商业试点企业——青岛东泰佳世客有限公司正式营业，营业面积约2.4万平方米，内设大型食品超市、衣料、住余自选商场、大型百货超市和73家专门店，是一座多功能综合性现代化商场。1999年，由世界500强企业——法国家乐福集团开办的青岛家乐福名达店开业，是青岛市引进的首个世界500百强项目，经营服装鞋帽、家用电器、床上用品、日用百货、烟酒糖茶、办公用品及各种生熟鲜食品等4万多个品种。

2002年，大润发青岛店成立。营业面积2.1万平方米，经营2万余种商品，由青岛润泰事业有限公司投资设立，直接向产地、制造工厂采购进货，是一家会员制的国际连锁平价自选式综合大超市。青岛阳光百货股份有限公司于2003年开业，位于青岛市政治、经济、金融中心——香港中路商业区，经营面积3万余平方米，经销世界名牌服饰、高档化妆品、名优居家用品、餐饮娱乐等30余个品类4万余品种。先后接待过参加亚洲合作对话ACD会议的贵宾、12国大使夫人参观团等贵宾，赢得一致赞誉。2006年中国春天百货（集团）有限公司收购位于青岛市山东路9号的“海信广场”，更名为青岛中山巴黎春天百货有限公司（简称“巴黎春天广场”）正式开业，是山东省档次最高、专营中高档国际名品、精品的大型会员制高级百货店之一。同年，大商麦凯乐连锁集团旗下的大型店铺麦凯乐青岛总店（青岛麦凯乐商贸有限公司）开业，以“年轻健康的舒适生活”为经营理念，定位于大型高档生活百货店。2008年，位于澳门路117号的海信广场开业。营业面积4.5万平方米，集购物、休闲、餐饮于一体，采用“高级百货店+ SHOPPING MALL”的最新组合业态，是集“最佳的位置、顶级的品牌、最优秀的设计、最先进的材料、最快的速度、最高端的定位”于一身的中国顶级百货店。同年，位于2008年奥帆赛场中心区域的青岛百丽广场奥帆中心第一MALL开业，总建筑面积约20万平方米，采用了目前欧美最流行的商业模式，将青岛乃至山东省第一个真正意义上的MALL引入青岛。同年开业的还有毗邻百丽广场的心海广场，是由美国美高梅集团与青岛米高梅商业有限公司联袂打造的大型高端商业设施。整体面积3.6万平方米，汇集高端餐饮、精品零售、休闲娱乐、亲子中心于一体，致力打造“奥帆中心公园MALL”。

第四节　专业市场

市南区的专业市场，其前身是经营绸缎、皮货、五金、交电、化工、烟酒副食品的专业商店。1904年胶济铁路通车后，民族商业加快进入大鲍岛商业区。同年，山东章丘孟家总号胶州路上开设瑞蚨祥绸布店，经营绫罗绸缎呢绒皮货，带动了商业老字号在大鲍岛商业区的集聚。1911年，山东章丘孟家老号在北京路上创办了第二家祥字号大店——谦祥益。此后，一批老字号相继在区内开业，成为辖区早期突出专业性特点并具品牌效应的专营店。1916年开设的震泰洋服店，主营来料加工高档毛呢西装。1922年开设的天真照相馆，主营照相材料，兼营照相。始业于1931年的青岛宏仁堂，系京城“乐家老铺”分号之一。建于1936年的环球乐器行，后扩展为环球文具用品专业商场，主营办公用品、账簿表册、学生用品、美术用品、测绘仪器、通信器材、照相器材、体育用品、运动服装、中西乐器等计3000余个品种。

新中国成立后，五金、交电商品实行国家统一调拨和定点销售，收音机及零件、电池等家用电器归类交电商品，均由国营交电专业经营。

中共十一届三中全会以后，多元化商品流通经营体系形成，专业市场迅速崛起，大型日用百货、服装专业市场相继出现。20世纪80年代，农副产品、工业小商品、旧货市场、小吃市场、花卉市场等各类专业市场相继涌现，填补了专业市场空白。20世纪90年代，日用百货类专业市场进入整合期，市场分工日益细化，运用现代营销方式从事品牌经营的日用百货、服装专卖店、连锁店大量涌现，依托大型综合商场的服装专卖区，成为服装专业市场的重要补充，经营业态日益完善。山东雅泰在辖区创办第一个家电专营商场“雅泰电器超市”，结束了青岛没有家电专营商场的历史。

进入21世纪，加快发展外向型商业经济，引进国内外知名品牌商业企业，不断壮大各类

老字号谦祥益绸布店内景

专业市场规模，家电家具市场、建筑材料市场及电子产品市场形成与发展区域性商贸中心相适应的市场规模和经营业态。一大批新的商品专业店和鲜花店、礼品店、高档精品专业店等不断涌现，给不同层次居民的生活消费需求提供了极大的方便。突出专业性特点的专营店占零售企业的比重显著提高，知识性经营开始被众多商家所重视，特色突出、引导性强的专业经营呈现较强的发展潜力。这一时期，市南区专业家具市场和建筑装饰材料市场建立，形成了商场集中、品牌集中、经营规模大型化和品牌文化展示独特的家居消费市场和建筑装饰材料市场。青岛金海马家具城、青岛百安居装饰建材有限公司开业。国内著名家电零售企业苏宁、五星等进入辖区市场，把辖区家电市场纳入全国大的流通体系，家电连锁超市业态进入快速增长时期。

第五节　商业网点

青岛建置前，今市南区地域以传统集市为主要商品交易场所。青岛建置以后，今太平路天后宫东侧青岛村一带有店铺71家，商业零售在原集市商业活动的基础上有所发展。

20世纪20年代，大鲍岛和台西镇的平民商贸市场有所发展，成为网点密集的大型商业场。1921年前后，民间商户在四川路7号自建房屋开办西广场市场，经营铁器、估衣、旧货等，业户计百余家。劈柴院亦形成于这一时期，1926年，劈柴院内有居民135户，435人，店铺多以经营饭食、水果、烟酒等为主。随着经营日用工业品的商业零售门店大量涌现，辖区商业零售网点框架基本形成。

新中国成立后，辖区国营商业创立。20世纪50年代初，先后建立了两级批发机构和零售网点，形成了国营商业体系。1955年，在全市统一规划下，进行了区域商业网的并店撤店，全区共并店100户。1956年公私合营形成高潮，辖区个体商贩组建了合作商店，走上集体经营道路。随着社会主义计划经济体制的建立和强化，以农副产品为主的集贸市场大都被取消，形成结构单一、组织形式单一、经营呆板、公有制一统天下的格局。“大跃进”时期，个体零售业基本被取消，盲目地撤并商业网点，造成商业零售网点布局失衡。1958年辖区集贸市场全部取消。同年为解决商业网点不足的矛盾，辖区在居民集中、网点稀少的路段增设民办代销店13个、寄销处3个，经营烟酒副食品、日用百货、蔬菜、副食品、文具、小百货等。1962年辖区海泊路、黄岛路、云南路、天桥等地自发形成一些市场，称“自由市场”，后被并入全市允许开放的9处自由市场。1965年辖区合作商店共有网点261个，其中：百货业16个、烟糖业155个、饮食业25个。

“文化大革命”时期，货源紧张，物资短缺，流通渠道不畅，商品供不应求，集贸市场被视为资本主义尾巴全部取消。

中共十一届三中全会以后，允许、鼓励国营工业和其他部门积极经办商业，流通格局发生重大变化，具有市场经济性质的消费品市场开始建立，辖区出现工业小商品市场和城乡集贸市场，深受群众欢迎的四方路集贸市场开始形成。1979年，区、街道相继组建许多集体所有制商业企业和零售网点，商业网点迅速增加。20世纪80年代，继续坚持国营、集体、个体一起上的方针，集体商业、合营商业和个体商业发展较快，行业结构也有了改善，辖区内形成以区商业公司、物资公司、工业公司、农经委、牧工商公司、劳动服务公司、民政企业公司、校办工业公司等为主干的多流通渠道、多经营业态的区属商业网点框架。1987年，区商业公司拥有烟糖、百货、蔬菜、饮食、理发、照相、化工、土产、批发、储运10个行业，30个独立核算单位，134个自然门点。

20世纪90年代之后，辖区商业网点的建设速度加快，规模迅速扩大，进而推动了商贸网点的换代升级；新建居民区配套网点群相继开业；旧城区大面积改造片的网点建设进展迅速；辖区各种现代商业零售业态已基本齐全。1991年全区集贸市场11处。1996年成立市南区市场建设服务中心，农贸市场先后退路进室，所辖农贸市场有台西四路、滋阳路、四方路、张店路、泰州一路、浮山所、上杭路、云霄路8处。

进入21世纪，辖区农贸市场建设迅速推进，形成了区级中心农贸市场与居住小区级农贸市场二级农贸市场经营网络。区级中心农贸市场服务半径1000米以上，服务人口3万~5万人；居住小区级农贸市场服务半径1000米以下，服务人口1万~3万人，原则上以居住区、居住小区为基本单元配置。2005年，全区商品交易市场42处。

第六节　历史名店

青岛国货公司

20世纪30年代初，在提倡国货运动的推动下，青岛国货股份有限公司开业，成立初期公司设在河南路北端原东莱银行旧址，曾有26家商店在公司营业，只卖国货，货不二价，主营日用百货，纺织品次之。1934年，上海五和制造厂、中国化学工业社、中华珐琅厂、华昌钢精厂、华生电扇厂等13个厂家在中山路101号开设“上海国货公司青岛联合营业所”。1936年青岛国货股份有限公司与其合作组建“青岛中国国货股份有限公司”。1937年迁中山路149号。1938年1月，营业大楼被日本海军占作司令部，继由日本白石洋行开设百货店，名银町百货大楼。百货大楼跨中山路、胶州路和高密路，一至三楼为商场，店柜货品分层而设，货品齐全，生意日隆，荣膺“华北第一”之誉。抗战胜利后，公司收回产权，1946年4月复业。青岛解放后，公司以丰富的商品、良好的设施和优质的服务而享誉全国。1990年国货公司拆除旧店。1993年建成总面积3.8万平方米的新大楼，成为当时全省规模最大的商业零售企业。

青岛第一百货商店

位于中山路51号，1929年由驻青美国商会会长亚当斯筹资投建，亦称亚当斯大楼，楼高六层，建筑面积2196平方米，是中山路第一楼。1950年中国百货公司青岛分公司移至此址，一、二、三楼为商场，四楼设批发部，经营日用品、文化用品、绸布呢绒、鞋帽服装和烟酒糖茶等。1954年改称青岛第一百货商店，四楼辟为零售商场，并在路对面增设专业门市部。1967年更名为青岛百货商店，大楼南侧接建扩大了一至四楼商场，营业面积增至3000多平方米，成为当时青岛最大的综合性百货商

20世纪60年代初的青岛国货公司

店。1979年后，与全国25个省、市的800多家厂商建立购销关系，经营日用百货、烟酒糖茶、服装鞋帽、家用电器、文体用品、金银首饰、木器家具等万余种商品及全国各地名、优、特商品，成为青岛市零售企业中销售额最大、创利税最高、经营品种最多的商店。1998年，该店与马来西亚金狮集团合资组建具有外贸经营权的大型中外零售企业——青岛第一百盛有限公司在中山路44号建成开业。

亨得利

位于中山路144号，1924年3月由浙江商人郑章华等合资创建亨得利钟表眼镜店，主营钟表，兼营眼镜，附带修理，是青岛历史最久的大型钟表眼镜专业店。座钟、挂钟由烟台、上海等地进货，手表则从上海、广州购入进口货。青岛解放后，仍销进口表兼维修业务。国内自产手表后，主要销售上海、天津、青岛等地产品。1956年亨得利与亨达利、长城、金龙、金星、美丽钟表店和三山诚眼镜店合并。1985年改名为青岛亨得利钟表眼镜公司，实行前店后厂式配套经营，钟表实行零售、批发、维修一条龙服务。1987年联合全国60多个大中城市成立全国亨得利、亨达利钟表联合保修会，实行“一店卖表，全国保修”，扩大了“亨”字号企业的声誉。20世纪90年代公司改称青岛亨得利钟表眼镜珠宝公司。

盛锡福

“盛锡福”是中国帽业老店坊。1911年由山东掖县人刘锡三创建于天津归贾胡同南口，天津总号建立后，陆续建立了北京、上海、武汉、青岛等多个分号。青岛盛锡福创建于1946年，位于中山路141号。以草帽为主打产品，以草细、有韧性、色泽鲜明、四平（帽子顶平、身平、沿平、箍平）为特色，内软外挺，外形美观，戴着舒服。兼产呢制礼帽、皮制三块瓦帽，注册商标为“三帽”牌。1929年菲律宾举办的国际博览会上，其草辫和草帽获得头等奖，成为东亚地区草帽业之冠。20世纪50年代后，草帽、呢礼帽等传统产品已少有销售，盛锡福转产解放帽、八角帽、鸭舌帽、童帽等，成为青岛最大的帽业商场。盛锡福生产各层次上千个花色品种的四季帽子，用料考究、做工精细。2006年企业被商务部重新评审命名为“中华老字号”。

瑞蚨祥

瑞蚨祥是清朝末年山东章丘旧军孟家“祥”字号企业。1904年在青岛建立分号，坐落于胶州路35号。主要经营绫罗绸缎、呢绒皮货、各色布匹。经营方式为批发、零售、加工。店内还兼营药品、报关行、房地产等，是青岛最早的老字号绸布业商店。商店正厅出售绫罗绸缎。各色布匹及呢绒皮货等，西厢设有广济堂药房，延医坐堂，代销雷允祥六神丸。1937年，经营商品3000余种，年销货27.33万银元，绸缎占35%，棉布占50%。1956年公私合营，称瑞蚨祥呢绒绸缎商店。1996年改为青岛瑞蚨祥有限公司。2000年瑞蚨祥有限公司因

青岛最早的老字号绸布业商店——瑞蚨祥

资不抵债而倒闭。

谦祥益

谦祥益是清朝末年山东章丘旧军孟家创办的祥字号商店。1911年，孟养轩（章丘旧军镇人）投资5.8万银元将烟台谦祥益迁至青岛北京路9号，成为青岛绸布业老字号商店之一。初期有门市平房5间，1922年原址扩建为三层楼房，员工100人。门头字号为前清翰林、法部侍郎王垿书写。以经营绸缎、呢绒为主，兼营棉布、百货、皮货及金银首饰。为广采天下名锦绸缎，由上海联号代办苏州、杭州产品。并在日本大阪设庄，采购青岛适销的货源。1955年实现公私合营。1985年命名为青岛谦祥益绸布呢绒服装店，经营品种达4000余种，是全国性“祥联会”成员。2008年年底歇业。

震泰洋服店

1916年由董阳华（浙江鄞县人）在中山路112号开设震泰洋服店，主营来料加工高档毛呢西装，兼做少量布装。解放初期，主要加工男式中山装、女式列宁服。1956年公私合营与太古、时代、玉华、利德、裕昌等8家服装店合并，定名震泰呢绒服装店。1964年店址迁至海泊路75号，经营呢绒等衣料，定制各种服装，批量生产定型服装。1979年，在原址上建了五层楼房，建筑面积7000平方米。该店从日本、德国引进先进设备，实行前店后厂的经营模式，经营时令服装及各种衣料，并设来料加工、代客剪裁等服务项目，形成流水作业线，以技术精湛、款式新颖、做工考究而著称。

青岛环球文化体育用品公司

前身为环球乐器行，建于1936年，位于中山路186～190号，营业面积400多平方米。主营办公用品、账簿表册、学生用品、美术用品、测绘仪器、通信器材、照相器材、体育用品、运动服装、中西乐器等计3000余个品种。1956年，与丰盛昌文具店、新昌百货店、同发和五金店等6家专业商店合并组成青岛环球文化体育用品商店，1993年改称青岛环球文化体育用品公司，是省内经营文化体育用品规模最大的老字号专业商店和青岛市十大专业商店之一。

天真照相材料行

1922年由郭锦卿（浙江镇海人）独资开设，位于中山路131号。主营照相材料，兼营照相。1964—1968年，原址新建五层大楼，改称天真照相馆，营业面积1260平方米。1984年引进美国柯达和霍普整套全自动照相冲印设备，成为全省规模最大、设备最新、技术服务最好的摄影企业之一。

宏仁堂

青岛宏仁堂始业于1931年，位于中山路196号，系京城“乐家老铺”分号之一，前店后场，设有坐堂大夫。该店恪守古训，药材地道，精细泡制，著称于市。20世纪50年代后，中成药由药材批发站统一供货，兼销西药，经营中药材近千种、中成药700多种。宏仁堂奉行“真材实料，加工精良，配方独特，童叟无欺”的经营策略，设有新药特药专柜、滋补营养专柜、药材精品专柜，经营药品近两千种，其中有再造丸、大活络丹、牛黄清心丸、乌鸡白凤丸等传统名牌。宏仁堂以方名、料优、艺精、药灵著称，2010年被商务部重新评审命名为“中华老字号”。

新南京理发馆

1938年由熊延栋（浙江江都人）等3人出资300元于中山路86号开设。专营男、女理发，尤以女发见长，初期理发师均来自南京。新婚伴侣和剧团坤旦、女星多来此理发。1984年装修改造，并从日本引进成套理发工具和设备，营业面积130平方米，成为特一级理发厅。除理发、烫发外，兼营护发、美容、代售理发工具、化妆品等。

青岛工艺美术品有限公司

地处中山路212号，4层楼房，营业面积1500平方米。原为青岛华乐大戏院。1953年戏院拆除改建为工艺美术大楼。2000年成立青岛工艺美术品有限公司，经营工艺美术品和旅游产品，展销金银首饰、宝石珍珠、牙雕玉器、珐琅石刻、抽纱刺绣、民族服装、贝雕刻画、名人字画、文房四宝、陶瓷漆器，书画地毯等计1.5万多种商品。

海滨食品商店

前身为青岛第一家南货食品店——万源永，始业于1928年，位于中山路，由寓居青岛的前清军机大臣吴郁生题写店名。万源永以经营南北食品、名烟名酒、海味山珍、京苏糕点、罐头饼干、干菜果品，江南地方特色食品而闻名青岛，酒类中的贵州茅台，开花林雕；食品类的金华火腿，龙岗松花，福建桂圆、荔枝、木耳、香菇，浙江竹笋、藕片，湖南湘莲，广东蜜饯、明姜；罐头类的凤尾鱼、油焖笋、四鲜烤麸；上海产的各色饼干、糖果、陈皮梅，以及燕窝、银耳等珍品均为万源永独家经营，成为当时岛城食品业的“大字号”。1956年实行公私合营，改店名为“海滨食品商店”。该店是目前岛城规模最大、品种最多、品质优、服务佳的专业食品店，已形成海参、干海产品和高档滋补品专卖的经营特色。公司首创干海产品知识服务，铸就了“海滨小金”商业服务名牌，是商务部首批认定命名的“中华老字号”。

清真志成糕点店

位于中山路173号，始业于1947年，由北京回民陈德忠、陈德志、张崇岐共同集资创办。始为志成古玩店，经营玉器及高档瓷器和木器，1948年秋改营京味清真糕点，生产各类京津风味清真糕点，总计5大类150多个品种。志成糕点店首创多种京津风味的炸货类名点，计有蜜供、麒麟酥、蜜三刀、萨其马、蜜饯果、江米条、脆崩沙、芙蓉糕、雪球、雪饼等20多个品种；炉货类计有红蛋糕、夹馅蛋糕、核桃酥、杏仁酥、奶油酥、玫瑰饼、夹馅小方点、纯椒盐芝麻小烧饼等40多个品种；蒸货类计有白蛋糕、方蛋糕、碗糕、茯苓奶糕、绿豆馅糕等10多个品种；西点类计有奶油喜寿蛋糕、西法方蛋糕、奶油西点、巧克力核桃西点、奶油面包、夹馅面包等20多个品种；此外，其他类志成糕点还包括什锦南糖、油炒面、各式蜜饯、特制各味炒瓜子、花生粘及自制各式饼干等若干品种。志成清真糕点的应节品类也品色各异、式样繁多，主要有春节元宵、中秋月饼、端午粽子和重阳花糕等。志成生产的元宵，计有桂圆肉、葡萄干、橘饼、青梅、玫瑰、桂花、枣泥、豆沙、山楂、巧克力等品种，并以核桃仁、瓜子仁、松子仁、冬瓜条、芝麻、冰糖、香蕉油、红绿丝为辅料，个大馅好，味美适口。中秋月饼系京津风味，馅料多达十七八种，且因前店后厂之便，顾客能吃到刚出炉的热月饼。清真志成糕点店除供应糕点外，还附设小吃部，供应北京风味早点，有莲子粥、杏仁茶、冲油茶、煮元宵、热牛奶、咖啡以及各种拼盘点心，深受各界好评。

万香斋

总号于1932年始建于烟台，是与北京全聚德、广东皇上皇齐名的三大中式肉食品老字号之一。1948年在黄岛路74号开设分号。万香斋青岛分号前店后厂，以四大名产闻名于世，即猪头肉、砂仁宝肚、五香扒鸡、熏鱼，配方独特，工艺精湛，口味纯正，咸淡适中，鲜嫩不腻，名倾胶东。万香斋酱货选料精细，配料齐全，精工细作，风味独特，随着肉食品加工业的发展，产品日益增加，有各种酱猪下货、酱脂渣、酱驴肉、鲜宝肚、酱鸡杂、圆火腿、红肠、牛肉干、香肠、肉松、腊头肉等十几种，为同行业之冠。

裕长酱园

位于今芝罘路55号，创办于1904年，由章丘人沙裕福出资开办，聘请章丘人王雨轩任酱园经理。裕长酱园腌制各种酱汁小菜，市场销路畅旺，酱菜品类众多，主要有虾油黄瓜、酱包瓜、虎皮菜、甜醋蒜等，裕长酱油的生产方式独特，味道纯正，为岛城烹饪佐餐佳品，颇受市场青睐。至20世纪40年代中期，酱园经营达到相当规模，酱缸800口，门市6间，工作间7间，生产设备齐全。20世纪50年代中期，裕长酱园实行公私合营，改名第三酿造厂，迁至黄台路。

三聚成酱园

1930年酱园创办，位于黄岛路48号。创立时，其对面易州路、四方路已有以“三”字打头的两家店铺，与其临街对门，为图吉利，寓意三家相聚、生意兴隆，故名“三聚成”，请著名书法家王埣为酱园题写门匾。创立之初，自制自销各种酱、酱菜、酱油、醋，经营各种食用油、粉丝、干海带，销售纸张、土产杂品及木耳、香菇等山货，尤以加工制作的酱菜风味独特、质优价廉，销售倍加畅旺，后转为以经营酱菜为主。三聚成酱菜，采用自制的甜面酱、黄酱进行酱制，低盐低糖，鲜、甜、嫩、脆诸味兼备，其传统风味酱菜主要有酱黄瓜、酱茄包、玻璃什锦菜等，尤以五香疙瘩最有名，为岛城及鲁省各地所青睐。所制酱黄瓜、虾油黄瓜等行销上海，五香疙瘩皮作为馈赠品，为春节餐桌所必备。

第三章　对外贸易

辖区对外经济贸易历史悠久。明代万历年，明廷批准开辟青岛口为通商口岸。1891年胶澳设防后，对外贸易日益繁兴，青岛口的瑞泰协洋广商号“北为牛庄，西为安东卫、石臼所、胶州、海州，南则江淮闽浙广粤，再北为高丽各处，贸易悉通”，出口以披猪、花生、生油、豆油、豆饼、白蜡、青梨为最；进口以广洋杂货、细白棉布、棉纱、绸缎、糖、桐油、竹木材为多。瑞顺、协昌福、庆泰等商号还经营进口细白棉纱和靛蓝、洋红色布。20世纪初，世界最大规模的远洋轮船公司——亨宝轮船公司，在中山路上设立青岛分公司后，德国禅臣洋行、美最时洋行、捷成洋行、瑞记洋行、英商怡和洋行、太古洋行、礼和洋行、哈利洋行等相继进入中山路商贸圈，形成了以远洋航运和进出口贸易为主的洋行区。

中华人民共和国成立后，山东省对外贸易局及省级各进出口公司相继在辖区设立，出口商品有440余个品种。中共十一届三中全会以前，市南区未设立外贸机构，除市外贸机构仅有的部分对外贸易外，外来资本与对外贸易几乎是空白。1984年青岛市批准为全国对外开放的14个沿海港口城市之一，对外经济贸易实行计划单列。1988年成立区对外经济贸易委员会（以下简称区外经委），负责外资企业设立的审核及外资企业的后期管理工作，对外贸工作不具管理职能。1992年区外经委与区经计委分设，新

1982年9月，山东省对外贸易洽谈会在南海路举行

增“三资”企业出口统计工作职能。至1993年年底，区内有24家中央及省属外贸公司，均为政府出资的国有外贸自营或代理出口企业。1997年市外经委将“三资”企业加工贸易合同的审批下放到各区市。随着利用外资数量的不断增加，区内“三资”企业出口从1997年的1400万美元发展到2000年的4500万美元，区内61家内资企业获得进出口经营资格。区对外贸易只是针对外资企业进行出口统计，内资企业的出口管理及出口统计仍由市外经委负责，权限未下放各区市。

进入21世纪，特别是加入WTO以后，辖区对外贸易得到快速发展。2001—2004年，辖区年均有200家民营企业获得进出口经营资格。2002年，市外经委将部分内资企业的进出口管理和统计下放各区市，同年全年完成外贸进出口总值110071万美元，同比增长12.2%。2009年，市南区认真贯彻落实国家关于保持对外贸易稳定发展的有关精神，开展商标注册、专利申请、质量认证、品牌培育活动与国际市场宣传推介等，促进全区对外贸易平稳较快发展。2012年，区内已有5373家企业拥有了对外贸易经营权，民营企业已成为市南区对外贸易发展的重要增长点，对外贸易的份额逐年上升。

第一节　经营体制

中共十一届三中全会前，区内的对外经济贸易实行指令性计划和统包盈亏的高度集中的经营管理体制。一批行政隶属省外贸局的中央外贸总公司在山东的分公司，如中国粮油食品进出口总公司山东省分公司、中国土畜产进出口公司山东分公司、中国轻工业品进出口总公司山东省分公司、中国纺织品进出口总公司山东省分公司、中国五金矿产机械进出口总公司山东省分公司、中国出口商品基地建设公司山东省分公司等全省11家专业外贸公司，为区内从事外贸进出口的主干企业，均集中在市南区，主要承担外贸出口货源收购调拨任务。1976年，山东省革命委员会对外贸易局批准青岛成立粮油、食品、纺织品、土产、畜产、轻工业品、工艺品、五金矿产、机械、化工10个外贸支公司，分别与山东省各专业进出口公司对口，市南区又成为全市外贸公司的聚集地。

中共十一届三中全会以后，随着对外贸易由中央高度集中管理逐步向地方放权，辖区内相继成立了工贸结合的山东机械设备进出口集团公司、山东省丝绸进出口公司等省级专业外贸公司。1984年，青岛市被列入全国14个沿海开放城市之一，当年成立了青岛对外经济技术贸易公司（1987年更名为青岛市进出口公司），主要承担青岛市利用外资、地方外汇、留成外汇、自筹外汇的进口业务，青岛市产品、新开发产品和技术及有关设备的出口业务。1987年年底，国家批准青岛市对外经济贸易实行计划单列，赋予省级管理权限，为辖区外经贸工作提供了难得的发展机遇。1988年，经青岛市政府批准，成立区对外经济贸易委员会（以下简称区外经委），与区经计委合署办公，主要负责外资企业设立的审核及外资企业的后期管理工作，对外贸工作不具管理职能。1992年区外经委与区经计委分设，并新增“三资”企业出口统计工作职能。同年市南区“三资”企业出口114万美元。截至1993年年底，辖区有24家中央及省属外贸公司，有17家青岛市政府下属的外贸公司，均为政府出资的国有外贸自营或代理出口企业。

1997年，“三资”企业加工贸易合同的审批权下放各区市，区外经委外贸管理工作职能得到初步加强。随着利用外资数量的不断增加，区内“三资”企业出口从1997年的1400万美元发展到2000年的4500万美元。在内资外贸企业方面，加快赋予具备条件的国有生产企业、商业物资企业和部分集体企业外贸经营权。区内青岛啤酒进出口有限责任公司、青岛前进船厂、青岛建豪集团有限公司、商业物资企业的青岛市物资总公司、青岛市医药物资公司、青岛市商业总公司及集体企业的青岛金马来实业总公司、青岛华南制衣有限公司、青岛众兴集团实业有限公司等61家内资企业获得进出口经营资格。区外经委仅对外资企业进行出口统计，内资企业的出口管理及出口统计仍由市外经委负责，管理体制未变。

进入21世纪，特别是加入WTO以后，辖区对外贸易获得了高速发展。2001年外经贸部《关于进出口经营资格管理的有关规定》的出台标志着外贸经营权的放开，该规定取消了企业所有制限制，民营企业从事进出口业务获得准入资格。2001—2004年，辖区年均有200家民营企业获得进出口经营资格。2002年，部分内资企业的进出口管理和统计下放到各区市，同年全年完成外贸进出口总值110071万美元，同比增长12.2%。2004年进出口经营权由审批制改成备案制，取消了注册资金门槛，并允许个人经营进出口业务，外贸队伍进一步壮大。2009年，市南区认真贯彻落实国家关于保持对外贸易稳定发展的有关文件精神，支持出口企业利用电子商务手段开拓国际市场，通过举办或参加境外展览会，建设和完善境外营销及售后服务网络，开展商标注册、专利申请、质量认证、品牌培育活动与国际市场宣传推介等，努力实现"保增长、扩内需、调结构"的工作目标，促进全区对外贸易平稳较快发展。2012年，区内已有5373家企业拥有了对外贸易经营权，且均为民营企业。民营企业已成为市南区对外贸易发展的重要增长点，对外贸易的份额逐年上升。是年，全区已有各种企业性质的外贸经营备案企业达6700余家。

第二节　进出口贸易

改革开放初期，市南区无进出口企业，产品出口通过央企收购后出口，1979年出口商品收购值仅为32万元。1984年，市南区确定以"外引内联"为方向的外向型经济发展目标，区农工商经工委、牧工商公司、工业公司等8个区属公司和7个农工贸公司在内的企业积极发展出口产品的加工制造，1986年全区出口产品收购值达882万元，是1979年出口额的28倍。其中食品机械、服装、海产品、日用化工等占总出口额的85%。同年区属青岛食品机械厂被青岛市评为出口创汇先进单位。1988年，巩固现有出口产品生产厂家的同时，积极引进"三来一补"等直接出口的外经项目，是年出口产品由5个增加到11个，全年出口交货值2275万元，年增长72.8%。

20世纪90年代以后，市南区对外贸易加快发展。随着外资企业的陆续进入，外资企业"三来一补"方式的直接出口逐步增多，从1992年"三资"企业出口114万美元发展到1996年的1860万美元。1998年东南亚国际金融危机对辖区出口贸易造成严重影响，当年"三资"企业外贸出口1203万美元，同比下降14.1%。1999年经济危机恢复后"三资"企业出口2917万美元，首次突破2000万美元大关。1998年市南区动工兴建市南科技工业园，随着园区的逐步建成和外资企业的陆续入驻，2000年"三资"企业出口4500万美元，比1999年增长54.3%，2001年"三资"企业出口7000万美元，同比增长55.6%。2001年有出口实绩的"三资"企业37家，出口过千万美元的企业2家，分别为青岛金岛海珍品养殖有限公司（1212万美元）、青岛冷丰食品有限公司（1492万美元），均为市南科技工业园区企业。2001年辖区"三资"企业水海产品、食品、蔬菜、畜产品等初级产品出口4956万美元，占全区出口比重的70.8%；服装、纺织品、箱包、机电产品等工业制成品出口2044万美元，占出口比重的29.2%。

2001年，随着外贸经营权的放开，市南区对外贸易进入高速发展阶段。2002年市南区内资外贸企业和"三资"企业全口径进出口

110071万美元，同比增长12.2%；其中，出口完成69245万美元，同比增长9.9%；进口40826万美元，同比增长16.4%。从企业性质来看，国有企业是全区外贸进出口的主力军，国有企业完成进出口81940万美元，占全区比重的74.5%；“三资”企业完成进出口18010万美元，占全区比重的16.4%；民营企业完成进出口10121万美元，占9.1%。从出口商品来看，服装、纺织品、化工产品、食品、电器及电子类产品、鞋类、机械设备、金属制品等工业品出口份额提高到60%以上，水海产品、蔬菜、畜产品等初级产品出口份额下降至10%以内。

“十二五”时期，市南区对外贸易取得巨大成就。2011年进出口总额达138.03亿美元，比2002年（11.01亿美元）增长12.5倍。民营企业成为全区出口贸易的主力军，全年出口55.37亿美元，占全区出口比重的81.7%。与市南区有贸易关系的国家和地区已由2002年的143个发展到2011年的217个，在巩固欧盟、美国、日本三大传统市场外，市南区十大贸易伙伴扩展至韩国、东南亚、中东、非洲、俄罗斯、澳大利亚和巴西等国家和地区。随着我国工业化程度的不断提高，市南区出口贸易已达2330类商品，出口商品结构不断优化，工业制成品和高附加值产品出口比重上升，2011年机电产品出口16.80亿美元，占出口比重的25.2%，成为市南区第一大类出口商品；高新技术产品出口0.9亿美元，占出口比重的1.4%，扭转了以纺织服装、农产品和部分资源类产品为主的出口产品单一状况。在进口商品中，铁矿石、成品油、氧化铝等大宗资源性产品所占比重增大，并且保持了较快增长势头，重要资源对国际市场的依存度越来越高。

2012年，全年完成外贸进出口总额143.9亿美元，全年民营经济企业出口56.92亿美元，占全区出口比重83.1%，全年一般贸易出口61.81亿美元，占90.2%。全年对欧盟、美国和日本等传统市场出口额36.45亿美元，对东南亚、南美洲和非洲等新兴市场出口额增长明显，为15.41亿美元。辖区出口总值过千万美元外贸企业达到121家，其中过亿美元企业2家。进口总值过千万美元外贸企业42家，其中进口过亿美元企业8家。

第四章　招商引资

市南区利用外资工作起步相对较晚，1979—1988年，对外经济合作工作归口市对外经济贸易委员会统一开展。20世纪90年代，市南区确立“工商并重”的发展思路，实现利用外资“零”的突破，利用外资、对外经济合作取得实质性进展。1991年至1993年，“三资”企业增长幅度和利用外资增长幅度连续三年居全市首位。

进入21世纪以来，随着区域经济实力不断增强、产业结构不断优化、商务环境不断改善，市南区积极营造区域政策环境和生态环境，对国内知名企业的吸引力不断增强。市南区适应发展现代服务业和总部经济的需要，大力推进金融保险、中介服务、信息技术、仓储物流、房地产开发及商业批发等领域的招商引资工作，外资规模持续增长，外资质量不断提升。同时加大实施“走出去”战略力度，推动企业到境外开办工厂、设立贸易公司和办事处，对外经济合作迈出了较大步伐。2012年，市南区进一步优化发展环境，进一步加大对全区经济发展中的重点领域、重点行业、重点企业和重点项目的扶持力度，推动全区招商引资环境建设迈上新台阶。

第一节　环境建设

1988年区经贸委成立后，市外经委将1000万美元以下的对外经济合作项目、3000万美元以下“三来一补”项目审批权下放到区。1990年，市南区将招商引资工作摆上重要议事日程，确定利用东部地域广阔、有场地、有厂房的地利条件发展工业，中西部地处旅游、文化中心利于发展商业、服务业的“工商并重”的发展思路。区农经委（包括下属7个农工商公司）、商业服务公司、劳动服务公司、工业公司、牧工商公司等区属企业结合本系统的特点制定发展外向型经济的规划和年度计划，配备了专业人才，成为全区开展对外经济合作的主力军。是年，市南区利用外资实现了“零”的突破，当年完成利用外资项目1个，合同利用外资14万美元。1991年，辖区共有12家“三资”企业注册成立，合同金额1445万美元；1992达到60家，合同金额3420万美元；1993年达到110家，合同金额7120万美元。“三资”企业增长幅度和利用外资增长幅度等项统计数据连续三年均居全市榜首。

为进一步加强对“三资”企业的管理，区外经委与工商、税务、劳动、财政、环保、计生等部门协调配合，依照各项法规实施监督、监察、协调、服务。1992年，市南区外商投资服务中心成立，致力于做好“三资”企业的后续管理、综合服务工作，引导企业健康发展。一些“三资”企业劳动合同管理不严、安全生产意识淡薄、亏损企业比例较高等问题得到纠正和解决。为加强与“三资”企业的横向联系，增进合作，研讨市南区外向型经济发展方向，从1995年起开始举办“市南区外商投资企业联谊会”及其他多种形式的活动，通过交流与沟通，进一步“安商、富商”，不断拓宽对外合作领域，推进外商投资企业多元化发展。1999年设立“市南区人民政府招商办公室”，与市南区外经委合署办公，进一步做好招商引资服务工作，营造快捷、公平、高效的服务环境。

进入21世纪以来，市南区对外经济合作加快发展。2003—2008年，共批准外资项目478个，实际利用外资44310万美元，平均年增长率达到46%。外资规模的增长不仅增加了辖区税收，也为社会提供了更多就业机会，据不完全统计，2007年辖区外资企业吸纳就业2.3万人，其中多数集中在现代服务业，为中、高档人才提供了更多的就业渠道。

2003—2008年，招商引资工作适应发展现代服务业和总部经济的需要，重点向金融保险、中介服务、信息技术、仓储物流、房地产开发及商业批发等领域大力推进，共引进现代服务业项目323个，占所有外资引进项目的67.6%，外资规模持续增长，外资质量不断提升。为更好地利用国际国内两个市场、两种资源，增强企业国际竞争力，市南区在积极“引进来”的同时，不断加大实施“走出去”战略力度，推动企业到境外开办工厂、设立贸易公司和办事处取得重点突破，对外经济合作迈出了较大步伐。2003—2007年间，辖区共有24个境外投资项目获商务部批准。

2006—2010年，区内引进内资的门类、规模迅速放大，加快知名企业在区内的聚集。累计引进52家投资额在5000万元以上的国内知名企业入驻，包括中国石化青岛炼油化工有限责任公司等中央直属企业2家，华润置地（山东）有限公司世界500强1家、恒丰银行等国内500强企业3家，青岛千汇投资有限公司等国内服务业500强3家，中海投资担保有限公司等行业龙头企业2家，山东鲁信远致旅游有限公司等山东省内知名企业9家。知名企业的持续入驻，使辖区金融、物流、商贸等产业集聚效应不断增强，经济竞争力显著提升。商业地产项目在利用内资中占据重要地位，华润置地、绿

2007年国际商务周开幕式暨青岛服务外包论坛会场

城集团等商业地产项目投资总额超过240亿元，随着青岛中心、万邦中心、华润中心、银座中心等一批大型综合体项目陆续建设和完工，香港路周边的各类商业载体面积新增99万平方米，为辖区进一步招商引资和未来经济发展提供了充足的空间。

2008—2012年，市南区相继出台奖励办法、实施细则和实施意见，建立协调机制，健全制度措施，突出政策导向，进一步优化招商引资的政策环境和政务环境。2008年，市南区出台《关于对招商引资中介的奖励办法》，调动社会各界招商引资的积极性，吸引外来资本的注入。2009年，印发《市南区招商引资考核协调机制》，进一步加强与各相关单位的联系沟通，促进内、外资招商项目资金及时足额到位，同时建立招商引资项目专人负责制、建立内、外资项目确认备案制度、建立项目调度会议制度等。是年，出台《市南区招商引资考核实施细则》，进一步明确招商引资中内资项目在谈阶段、项目批准阶段及增资、续建项目的实施细则。2012年，出台《关于进一步优化发展环境推动区域经济跨越发展的意见》，进一步加大对全区经济发展中的重点领域、重点行业、重点企业和重点项目的扶持力度，进一步加强全区招商引资环境建设。

第二节　招商活动

1988年以前，辖区未设置专门的对外招商机构。1988年区外经委成立后，开始探索、组织辖区对外招商活动。组织区内企业参加“青岛小商品交易会”“青贸会”等省市举办的招商会，协助区内企业拓宽商品出口，并编纂印制《青岛市市南区外商投资指南》《市南招商指南》等招商推介材料，广泛介绍市南、宣传市南，拓展辖区对外招商工作。

区外经委正式列入区政府工作部门序列后，为提高各级领导对外开放意识，明确招商引资工作的重要性，组织区委、区政府各部门及有关企业领导参加外经贸工作培训班，后又联合区委组织部、宣传部举办2期全区处级以上领导干部培训班，参加培训近500人次，对辖区大力加强招商工作，发展外向型经济打下良好的思想基础，经过反复论证，确定“一园、二区、三街、四中心”和围绕“山、海、洞”“城市和农村”展开外向型经济布局，梯次性展开招商活动的发展思路。

20世纪90年代初始，辖区组团“走出去”的省内外、国内外招商活动逐步扩展。1992年举办的青岛对外贸易洽谈会上，市南区签订合同16项，合同金额2430万美元，为市内五区第一。继之，区外经委不断扩大“走出去”招商的力度，分别组团参加烟台、北京等省内外举办的“经贸洽谈会”。1997年举办“招商年”活动，第一次走出青岛，举办“’97深圳（青岛市南）招商洽谈会”，收到较好效果，并走出国门，赴澳大利亚、韩国、日本等国家举办招商活动。同年10月，组织工业园、银海旅游开发公司等多家企业参加在日本举行的“中国投资洽谈会”和“世界华商大会”，招商工作取得突破性进展，受到外经贸部的好评。1998年为拓展与澳大利亚、新西兰等国的经济合作，在澳大利亚悉尼设立经贸代表处，以此为窗口宣传青岛、宣传市南，了解驻在国经贸需求和投资意向，并介绍澳、新等国客户来市南区考察洽谈。同年区经贸代表团在悉尼举办招商发布会及经贸洽谈活动，签订一项合作协议，达成2个合作意向。

1996—2000年，随着市南区外资企业逐渐增多，区外经委把招商引资的重点放在世界知名企业上。2000年区外经委与市招商局共同赴北京，走访部分世界500强中国代表处，包括日本东芝、欧姆龙，英国太古、怡和运输，港台地区香港电讯、威京企业集团等，并拜访日本国际贸促会、澳大利亚国际商会等多家招商中介机构，建立广泛深入的联系，为以后500强企业的引入打下良好的基础。

2001—2005年，市南区通过引进韩国中小企业银行、新韩银行、东亚银行、海尔纽约人寿、恒安标准人寿等多家外资金融保险企业，进一步巩固了市南区作为区域性金融中心的地位。通过引进鹰谷怡式、中成银储、万邦等10多个房地产企业，为辖区楼宇经济后续发展提供了强有力的支撑。通过引进中基网络、优创数据、中录时空、软脑离岸、泛联信息技术等近30家外资IT企业，促进了辖区软件产业的快速发展。通过引进世邦魏理仕、普华永道会计师事务所、毕马威会计师事务所、仲量联行、杜斯曼物业管理公司等100余家中介服务机构，全面提升了区域综合服务水平。通过引进中航港务、马士基等24家物流企业，进一步拓展了国际航运服务中心功能，不仅为山东经济龙头的青岛地区的制造业提供了服务支持，其服务范围还辐射到山东省及周边地区。2003年，市南区调整招商引资思路，把重点放在促进现代服务业发展上。是年，市南区组团参加新加坡、中国香港地区服务贸易推介会，赴日本参加IT产业服务贸易协商会。2004年，组团赴西安考察西安市软件产业发展情况，赴武汉参加“中南协作区投资贸易洽谈会”，并随全市团组赴深圳参加“山东省赴粤招商推介会”。2005年，赴意大利举办招商投资说明会并拜会摩纳哥国际游艇俱乐部总经理，应英国大飞轮公司邀请，就观光摩天轮合作项目相关事宜赴英国考察。同年组织7家软件企业到韩国进行推介宣传。首批入驻动漫基地的中加数字动漫中心，积极与山东电视台开展合作，形成了一支能够进行剧本创作、人物设计和平台制作的研发队伍，并于是年举行的“韩国周”期间，参与筹办了国际电子竞技大赛。

2006—2010年，建立定向招商制度，完善招商引资协作和激励机制，构建政府主导、社会参与的大招商格局，重点引进税收贡献大、发展潜力大的高端服务业企业。筹办青岛国际金融论坛、金融项目展、半岛银企财智峰会、银企联谊会等活动，承办以金融产业发展为主题的国际商务周，进一步提高半岛CBD知名度，增强半岛金融中心的聚集力和辐射力。2006年，市南区软件代表团赴韩国全州、釜山以及日本福冈、东京进行了参观考察和软件推介，拓展了与日韩软件行业的交流。2007年，参加了在韩国首尔、日本东京举办的2007“青岛周”活动，与日、韩软件行业协会组织建立了密切的联系，和软件企业达成多项合作意向，取得了丰硕的成果。同年，团组拜访了韩国的INTER PARK顾客服务中心，PRCHINA株式会社和NECHINGU COMMUNICATION株式会社，GS加德士总部以及日本的NIS株式会社。至年底已有45家世界500强企业在青岛设立分支机构，全部落户市南区。

2012年，赴京举办“青岛（市南）金融服务投资洽谈会”，对市南区金融业发展、金融投资领域国际合作、上市公司培育进行探讨和推介。在香港举办市南区（香港）招商推介会，30余家中国香港知名金融、物流、商贸业企业、机构高层莅会，香港《大公报》《香港商报》进行专题报道。年内，举行市南区高端商务项目签约仪式暨高端商务载体招商方发布会，30余个重点项目集中签约，总投资额200亿元，涉及金融服务、商贸零售、文化旅游、高端餐饮、房地产和航运物流六大产业领域。

第三节　投资企业结构

1991—2000年，新设立投资企业合计349家。从投资国别和地区看，共有28个国家（地区）到辖区投资。投资项目数量排名前三位的国家（地区）是：港、澳、台（75家），占全部企业的21.49%；美国（24家），占比6.88%；日本（23家），占比6.59%。投资额前三位的依次是：港、澳、台，合同外资8481.3万美元；美国，合同外资2015.8万美元；日本，合同外资1655.9万美元。2001—2010年，新设立企业合计810家，是过去10年的2.53倍。从投资国别和地区看，共有46个国家（地区）到辖区投资。投资项目数量排名前三位的国家（地区）是：韩国（183家），占比22.6%；港、澳、台（135家），占比16.67%；日本（95家），占比11.73%。投资额前三位的依次是：港、澳、台，合同外资24945.24美元；英属维尔京群岛，合同外资9160.02万美元；美国，合同外资5449.8万美元。

投资企业类型，1991—2000年，累计批准外商独资企业共计182家，占比52.15%；中外合资企业139家，占比39.83%；中外合作企业共计28家，占比8.03%。其间，累计批准过千万大项目共28个。2001—2010年，累计批准外商独资企业共计612家，占比75.56%；中外合资企业共计184家，占比22.72%；中外合作企业共计14家，占比1.73%。其间，累计批准过千万大项目42个，同比增长50%。

从投资行业分布来看，1991—2000年，辖区外商投资企业主要集中在制造业（172家）、房地产业（37家）、住宿和餐饮业（36家），合同外资分别为6086万美元、17665万美元和2224万美元。2001—2010年，辖区外商投资的产业结构发生了明显的变化，拓宽到商贸业、商务中介、房地产、餐饮、旅游饭店等服务业领域。批发零售业由过去的10家扩充至200家，租赁和服务业由21家扩充至174家，合同外资分别增长至2.08亿美元和1.35亿美元。2011年，服务业共455家，占企业总数的87.33%；其中传统服务业37家，占总数的7.10%；现代服务业418家，占总数的80.23%。

第四节　投资企业生产经营

自辖区设立外资企业以来，截至1993年年底，“三资”企业增长至100家，全年“三资”企业销售收入1.19亿元，是1992年的11倍，税收达534万元人民币，是1992年的9.53倍。1995年，全区税金总额首次突破1000万元，利税达1070万元，同比增长81.53%。

2000年，全区招商引资工作在引进世界500强大项目上取得新成效。通过调整产业和产品结构，实现市场多元化战略，外向型经济呈现了较快的发展势头。“三资”企业完成工业总产值16.69亿元，年销售收入20.92亿元，纳税总额5991.2万元，同比增长98.96%。“三资”企业资产总值已达到18.53亿元。

2005年，全区外商投资企业主要经济指标较往年增长较大，大企业领跑效用明显，营业收入过亿元和5000万元以上的企业分别是23家和38家，实现收入总额分别是99.5亿元和110.4亿元，占全部比重的80.8%和89.6%。营业收入过亿元的企业中6家是世界500强企业。2006年金融业盈利增幅达93.75%，在各行业中增速最快。2007年的金融风暴对辖区外向型实体包括高级酒店、房地产、物流和动漫等领域产生了系列影响。2008年，辖区房地产企业普遍收缩开发规模，伟东置业、中天企业发展、远洋宾馆、万邦置业等房地产企业纷纷推迟出资。同时，香格里拉、海天等外资酒店的国外客源均有下降。截至2010年，辖区外资企业累计投资总额17.92亿美元、累计注册资本11.19亿美元，营业收入累计171.10亿元、纳税总额累计9.26亿元、安置就业人员22651人。

2011年，批发零售业、交通运输、仓储和邮政业、住宿和餐饮业、房地产业行业营业收入累计和纳税总额排名在前，营业收入累计141.37亿元，占全区的92.38%；纳税总额累计7.99亿元，占全区的90.71%。其中，批发零售业作为区支柱产业，外资企业数量和就业人数较多，2011年度营业收入和纳税总额累计均排名第一。

第五章　民营经济

区内个体工商业户和私营企业始于20世纪初。青岛港实行自由港体制，刺激了区内民族工商业的发展，从属于港口经济和城市建设的各类服务业、加工业与建筑建材业开始起步，今市南区域成为全市个体私营经济起步最早、行业最广、从业人数最多的区域。1904年德国胶澳总督府颁布《订立各项营业执照章程》，开始个体工商业户登记和私营企业管理。

新中国成立初期，全区登记个体工商业户和私营工商企业。包括商业户和工业户，区内5个商贸市场摊贩及行商均列入登记范围。同期，市南区统一实行对小商小贩的改造，从业人员分属百货、交电、饮食等21个行业。区内部分私营工业企业纳入国营工业体系。1956年实行公私合营，私营企业停止登记，个体商户先后组织合作商店、合作小组，或并入国营、集体、公私合营企业。1958年“大跃进”时期，个体商业基本被取消，公私合营和集体商业大部分升级过渡为国营商业。“文化大革命”时期，个体工商业户被取消。

中共十一届三中全会以后，全市个体工商业户和私营企业得到恢复和发展。1978年末，私营企业恢复登记注册。1979年，区内自愿申请从事社会需要，本人又有技术或有经营能力的社会闲散人员或待业人员，开始兴办群众生活需要的修理与服务业、小饮食、小手工业、小土特产品等。资金自筹，自购自销，因地制宜，采取灵活多样的经营方式，成为辖区恢复个体工商业户登记以来的首批创业者。1980年，为适应发展的需要，放宽个体工商业户的经营范围和经营方式，凡社会需要的各种修理业、服务业、饮食业、家庭手工业、房屋修缮、小百货、烟酒糖茶、蔬菜水果、日用杂品等均允许个体经营，允许发展合作社、组、店，并可向银行贷款。1984年，区内个体工商业户大力发展商业、旅游业和各项服务事业，全区商业网点、个体工商业户和从业人大幅增加。

1992年邓小平视察南方重要讲话发表以后，全区个体、私营经济进入全面、快速发展时期。是年，辖区个体私营商业网点和季节性临时网点超过5500处，社会办第三产业收入突破3亿元，国营、集体、个人互为补充、共同发展的良好局面初步形成。随着辖区工商企业改革逐步深化，个体私营企业积极参与合并嫁接、出租转让、公有民营等多种改革形式，促进了私营经济进一步发展，个体、私营经济开始成为促进区域经济发展和建立市场经济体制的重要力量。20世纪90年代末，全区个体业户、私营企业突破13000户，个体私营经济总量迅速增长，经营范围覆盖了批发零售、住宿餐饮、商务服务、纺织、建筑、加工、养殖等八大行业，个体、私营经济开始向产业化、规模化、效益化转变。民营经济已成为全区经济发展的生力军。

进入21世纪，市南区将个体私营经济纳入全区经济发展总体规划，全面贯彻落实市政府关于进一步鼓励和发展个体私营经济的优惠政策，启动民营中小企业成长计划，实施“小老板”创业工程，建立多元化融资体系，实施名牌带动战略，创新特色服务扶持机制，积极为个体私营经济发展营造服务环境，鼓励引导大型私营企业走技术密集型和外向型发展道路，助推民营经济迅速向电子商务、现代物流以及其教育、卫生、公用事业等领域拓展，涌现出一批年销售收入过10亿元、过亿元大型民营企业，全区民营经济增加值逐年提升。

第一节　个体工商业户

1952年，区政府组织市南税务分局、工商联对辖区工商业户进行登记。全区登记工商固定业户1899户，其中商业户1104户、工业户795户；5个商贸市场摊贩共计705户，其中东方市场96户、黄岛路市场122户、单县路市场286户、江宁路市场130户、大小洪泰市场71户；行商共计151户。1956年，市南区统一对小商小贩进行了改造安排。全区共安排小商小贩计1444户，从业人员1800多人。分属百货、交电、饮食、蔬菜、水产、茶叶、副食、成药、木材、煤炭、土产杂品、文化用品等21个行业。“文化大革命”时期，个体工商业户被取消。

中共十一届三中全会以后，个体私营经济恢复发展。1979年，区内从事修理与服务业、小饮食、小手工业、小土特产品等个体工商业户开始出现。1980年，辖区个体工商业户增速加快，在辖区农村，集市贸易、建筑工程队、工业品配件生产集聚了一批个体经营者，成为私营企业的前身。1984年，大力发展商业、旅游业和各项服务事业，给个体经济“松绑”“开绿灯”，全区商业网点发展到1753个，个体工商业户发展到929户，从业人员1256人，为进一步发展第三产业打下了基础。1986年，新增个体业户1580户，从业人员3539人，全区商业网点增加到5158处，对活跃经济、方便生活、解决劳动就业起到了促进作用。1992年，辖区多渠道、多形式发展商业网点和季节性临时网点，年内个体私营网点达到5584处，从业人员7389人，社会办第三产业收入3.2亿元，形成国营、集体、个人互为补充、共同发展的良好局面，从而改善了区域经济结构。

至2005年，区内个体工商户14409户，其中批发和零售业占59.53%，居民服务和其他服务业占17.63%，住宿和餐饮业占12.63%，租赁和商务服务业占3.68%，房地产业占1.46%。2006年起，结合民营经济发展，扶持下岗职工再就业，通过扶持个体工商业户，增加就业岗位，安排社会就业。对持有“再就业优惠证”的个体工商户免收工商管理费，帮扶其实现发展。积极推进“小老板”创业工程，创办了漳浦路、武昌路失业人员创业街、田家花园创业园和“浮山街道创业基地”，培育失业人员进入“小老板”行列。2007年，个体工商户经营范围扩展到卫生、社会保障和社会福利业。至2012年，个体工商户14575户，其中批发和零售业占58.00%，居民服务和其他服务业占19.29%，住宿和餐饮业占12.08%，房地产业占3.18%，租赁和商务服务业占3.12%。

第二节　民营企业

1953年，全区共有私营工业694户，私营商业1259户，随着国家对私营工商业的改造，区内部分私营工业企业纳入国营工业体系。1956年实行公私合营，188个体商户组织合作商店17个，945个体商户组织合作小组98个，并入公私合营企业39户，由商业部门安排160

户，共计1332个体商户进入国营、集体、公私合营商业企业。1958年“大跃进”时期，个体商业基本被取消，公私合营和集体商业大部分升级过渡为国营商业。

中共十一届三中全会以后，区内私营企业逐步恢复和发展。从业者多数是在改革开放以后自发产生，资金多为自筹，区内的建筑工程队、工业品配件生产加工厂成为区内早期私营企业。此后逐步扩展到日用品工业、手工业、饮食业、房屋修缮业、运输业和建筑业等行业。20世纪90年代，民营经济进一步发展，全区以公有制为主体、多种经济成分并存，优势互补，共同发展的格局初步形成。1994年辖区18家企业被兼并，28家商业企业实行了公有民营，106个商业门店实行了承包租赁，部分亏损企业实行了有偿转让，年内私营企业已达218户，个体私营企业营业收入达1.5亿元，比1993年增长28.8%，个体私营企业创收占全区财政收入的31%。1995年，区内私营企业达230余家，总注册资金达1.14亿元，年营业收入2.21亿元，以灵活多样的经营机制和经营方式，在区域经济发展中发挥了重要作用。1997年，民营经济日趋活跃，全区个体私营企业发展到9400余户，从业人员4.2万余人，注册资金达6.2亿元，民营经济已成为全区经济发展的生力军。1998年，辖区个体私营经济总量迅速增长，全区个体业户、私营企业13650户，个体私营业户注册资金达8.6亿元。个体私营经济依托市南区位优势，不断拓展经营领域和范围，行业达八大类，经营产品万余种。

进入21世纪，市南区高度重视、积极发展个体私营经济，不断扩大个体私营经济规模，对个体私营经济不限比例，不限规模，积极鼓励个体私营企业兼并、购买、参股区属集体企业，为民营经济腾出更大发展空间。2000年，个体私营经济发展势头迅猛，新增私营企业1709户，总数达到5335家，注册资金52亿元，其中企业集团16家，注册资金1000万元以上近50家。2001—2005年，市南区出台一系列扶持政策，私营企业逐步向规模化、产业化、外向型、科技型发展。源丰集团、通达科技等10多家企业迈入省、市“百强私营企业”行列。个体私营企业上缴利税连年在全省名列前茅，市南区被评为全省发展民营经济先进区。是年区内个体私营企业注册资金近100亿元。2003年，新增个体私营企业5700余户，总数达25000余户，上缴税金3.49亿元，增长60.1%，新培育营业额过千万元的私营企业达20家，民营高新企业29家，占全区同类企业的67.1%。2004年，民营经济迅速向电子商务、现代物流以及其教育、卫生、公用事业等领域拓展，民营经济总量不断扩大，全区新增个体私营企业6500户，年内实现税收5亿元，22家个体工商户被评为市级以上私营企业。

2006—2010年，市南区启动民营中小企业成长计划，实施名牌带动战略，建立多元化融资体系，打造民营企业信息资源共享平台，努力推动中小企业发展。其间新增年销售收入过10亿元民营企业3家、过亿元民营企业5家，全区民营经济增加值增长25%以上。至2010年，全区私营企业19339户，其中批发和零售业占47.38%，租赁和商务服务业占22.32%，交通运输、仓储和邮政业占5.83%，建筑业占5.77%，信息传输、计算机服务和软件业占4.95%。民营企业产业布局进一步呈现以高端服务业为引领的发展趋势。

2012年，全区私营企业21319户，其中批发和零售业占49.07%，租赁和商务服务业占22.48%，建筑业占5.82%，交通运输、仓储和邮政业占4.86%，信息传输、计算机服务和软件业占4.84%。

第三节　管理与扶持

企业管理

辖区个体工商户和私营企业，由区工商行

政管理机关实施行政管理和监督服务，保护其合法经营，同时由区税收、资源、价格、计量、质量、卫生、环境保护等部门，依据国家有关法律、法规实施有关管理。区个体劳动者协会和私营企业协会通过维权保障、培训学习、经贸交流等多种举措开展服务，积极搭建个体私营经济与政府沟通、了解供求信息、经营管理培训的平台。2006年，依托互联网方便、快捷的优势，试行《验资报告、审计报告电子版核对制度》，从源头上严把验资报告、审计报告诚信关。2008年，建立规范的审批模式。采取审批科室、工作人员和审批项目“三进入”使注册大厅成为部门受理窗口、办理平台、办结出口的一体化实质性工作机构，建立统一规范的“一门受理、统一收费、限时办结”的行政审批模式，设立受理窗口，解答注册咨询，发放办证须知，收取申请材料。制定和完善有关行政审批工作规程、行政审批综合管理办法、行政审批监督检查管理、行政审批限时办理制度、行政审批责任追究等配套规章制度，使行政审批行为规范化、制度化。2009年，推行个体工商户试营业制度，结合登记工作及时向申请人宣传试营业政策，做好个体工商户试营业登记，对高校毕业生、下岗失业人员、老弱病残人员、复退军人等申请个体工商户登记，除经营需办理前置审批许可的事项外，准予申请试营业，免费核发有效期为6个月的营业执照。

服务环境

针对个体民营企业注册登记，制定了《企业登记预先告知制度》，对专业性较强的登记项目明白、详细告知内容与填报方式，帮助企业顺利办理登记。加强窗口建设，开辟专项窗口，实行快速登记，提高登记效率，为企业节约办照成本及时间，实行“零距离”跟踪服务，根据实际情况，给出合理化建议，对企业申请前置审批困难的，及时上报、反馈，帮助企业协调解决。对紧急项目实行无限时加班登记，对辖区重点建设及重点招商引资项目、申办小额贷款公司登记、申办股权出质登记、申办个体工商户试营业登记，以及持有“再就业优惠证”或“残疾证”的个人申办登记的，一律提供“绿色通道”服务。以预约服务、点名服务、行政指导以及优先服务等多种服务措施，进一步提高服务效能。实行服务窗口局长所长值班制、首办责任制、留言通报制和“AB角”制四项制度，创建服务监督卡，进行企业注册登记限时服务公示，自觉接受群众监督。积极开展了“群众有困难帮着办、群众有意见改着办、群众有要求想着办”活动，制作了企业登记样表等便民服务措施。全面落实《文明用语使用规范》，对群众的困难和问题，手续齐全的立即畅通、前置手续不完善的想法变通、相关部门手续不到位的想法疏通、不符合规定的解释沟通。严格落实窗口服务公开承诺制度和窗口岗位问责制，对疑难准入事项实行全程跟踪服务。针对重点扶持企业和招商引资项目，全面落实预约服务和领导干部“一对一”包干服务制度，提高准入效能，营造便捷高效的优质服务环境。

企业扶持

2005—2010年，建立民营及中小企业发展专项资金，启动民营中小企业成长计划，将加快中小企业发展作为转方式、调结构的重要内容，完善促进中小企业发展办法，坚持抓大放小、以小促大，进一步提高民营企业的创新能力和发展质量。定期召开银企恳谈会，通过对接沟通，拓展融资渠道，建立多元化融资体系，引导有潜力的民营企业多途径上市融资，化解民营企业融资难的瓶颈。同期，制定扶持民营企业创名牌产品（商标）的实施意见，强化民营企业的品牌意识，实施名牌带动战略，积极培育省、市级名牌产品。与中介服务机构建立定期联络制度，为民营企业提供社会化、专业化、规范化服务。建立区民营企业家协会，促进民营企业信息资源共享。不断完善会员法律维权中心制度，在接受咨询的基础上，进一步加大宣传力度，切实维护民营企业合法利益，解决民营企业维权难的问题。2006年成立了中介服务业发展办公室，组织对辖区中介服务业进行全面摸底排查，掌握了企业注册数量、行业分布、企业类型、注册资金、从业人员等情况，并结合辖区实际和借鉴先进地区经验，初步确定了“一楼四业”和“一街四区”的中介服务业发展方向，对“创意100”项目提前介入，跟踪服务，同时带动发展房地产、货代、设计策划、信息咨询、科技服务等现代高端中介服务业，促进市南区民营现代服务业不断增长。2007年，对80家名牌企业兼并重组困难企业、7家存在产能过剩、技术落后、污染环境问题的企业，帮助其做好变更登记，促进产业结构和经营业态的优化升级；以楼宇经济和经济园区为载体，为做大做强青岛金融中介交易服务中心、青岛国际航运交易所、市南区西部航运物流产业聚集区等重点现代服务企业提供法律、政策支撑。放宽服务业市场准入，支持辖区中介服务业、金融保险、现代物流、文化旅游、科技与信息服务、房地产、商务服务业和服务外包产业等现代服务业发展，以楼宇经济和经济园区为载体，为做大做强青岛金融中介交易服务中心、青岛国际航运交易所、市南区西部航运物流产业聚集区等重点现代服务企业提供法律、政策支撑。年内实行“一址多照”便企登记措施，即对于内部结构可以分割，登记企业之间互不影响的经营用房，经辖区工商所实地勘察后符合经营条件的，允许一个地址注册多家公司，降低民营企业运营成本。

2010年设立了市南区首家小额贷款公司，填补了银行等金融机构小额贷款业务的空白，为市南区内企业融资提供了新途径。利用掌握的企业登记信息资源，分析经济运行走向，为政府制定经济决策提供可靠依据。积极开展调研，参与企业改制方案的审定，协助企业探索建立现代化公司制管理体制。2011年制定了《青岛市工商行政管理局市南分局进一步发挥登记职能服务企业发展实施意见》，确定了促进民营企业发展的工作任务和总体目标，明确了具体服务措施。为省级重点项目山东交通运输集团有限公司收购山东远东海运集团有限公司开辟全程跟踪的直通车服务。2012年，创新六项特色服务扶持机制。一是建立“工商e线通”在线服务机制。与中国银行合作开通“工商e线通”，企业入资核查、审计验资以及报告核查等可通过“工商e线通”一步完成。二是建立小型、微型企业集中孵化机制。创新试行“集中办公场所”登记，引导鼓励电子商务类、软件动漫类、文化创意类等小型、微型企业入驻孵化楼、园，减轻企业发展初期经营负担。三是建立特色街区培育服务直通机制。在地方政府的统一领导下，主动联合各相关审批部门对辖区10条特色街区入驻市场主体实施集中许可审批制度，95%以上的企业可以当场领到营业执照。四是建立“首席+特色”登记助导机制。设立首席代表服务岗，专门负责辖区内招商引资重点项目的咨询和受理。设立专业特色登记岗，对名称申报及核准、网上登记、股权质押及合伙企业登记、股权转让变更登记、经营范围及企业住所规范和改制企业登记6大类业务设立6个专业服务岗，安排专人提供个性化咨询指导服务。五是建立全时通数字化便企服务机制。利用网上论坛等信息化手段提供便捷周到的工商事务指导服务。六是建立股权出质信息协同服务机制。积极与经济发展责任部门、法院、验资机构沟通协调，搭建信息交流平台，互通公司股权评估情况及评估结果、法院冻结股权情况、公司股权出质、出资登记情况，提高办理效能，累计支持182家中小企业融资5.37亿元。

第九篇

服　务　业

第一章 软件业

21世纪初，以软件园建园决策为标志，区内软件业开发建设正式起步。2001年，初步形成软件产业园、软件技术市场、软件重点实验室、软件企业、软件项目5个层次的产业体系。2002年，科技部正式批准青岛软件园为国家火炬计划软件产业基地，市南区软件产业基地作为青岛软件园核心区，被市政府列入青岛市十大重点建设项目之一。根据“一区多园、多楼一区”的总体战略布局，实施软件产业基地一期、二期和三期的开发建设，在青岛城市中心建设总面积逾百万平方米的现代化软件园区。次年已有近200家企业签约入园，成为全国11个先进国家级软件园之一。2004年，全区软件产业技工贸收入实现26亿元，同比增长121%。2005年，围绕构建国家动漫产业基地，区内动漫游戏产业起始。为增强开拓国家外包市场竞争实力，区内十余家软件企业启动了以日韩、欧美为重点的软件外包业务，在开拓国际市场方面成效显著。

2009年，青岛国际动漫游戏产业园开园运营，是国内首家以国际招商为主的专业化动漫游戏产业园区。青岛IT服务外包平台在市南软件园正式启用，为全市IT服务外包领域提供公共支撑。2011年，市南区软件园已基本形成以软件外包、集成电路设计、数字动漫、嵌入式软件、行业应用软件为主导的软件产业集群，95%的企业以信息技术外包业务为主，形成全区发展服务外包的重要载体。至2012年年底，市南区软件园已有15座研发楼投入使用，入驻率达96%，从业人员约万余人。动漫园入驻企业121家，入驻率达99%。一批国际知名软件、动漫游戏企业入驻园区，成为青岛市软件产业资金、技术、人才最为聚集的区域。全区软件技工贸总收入由2006年的72亿元提高到2012年的140亿元，年平均增长速度达到11.7%；软件出口额由2006年的1600万美元提高到2012年的3450万美元，年平均增长速度达到13.7%。园区先后被认定为“国家火炬计划软件产业基地”“国家科技企业孵化器”“国家动漫创意产业基地”。

第一节 青岛软件园

建园决策

2000年春，青岛市委、市政府领导到市南区调研，在听取了市南区关于发展区域经济的汇报后指出：“市南的发展要以软件信息产业为主体，形成以软件开发公司为重点的企业群，学习中关村。”是年，区委、区政府主要负责同志多次对驻区高校、科研机构、软件和信息技术企业进行走访调研，先后召开部分驻区IT企业、高等院校有关专家座谈会和论证会，征求对市南区发展高新技术产业特别是发展软件产业的意见和建议。在此基础上，决定实施体制创新，创建市南软件园，逐步形成信息产业群，促进青岛市软件产业的发展。是年11月成立市南区软件园建设管理领导小组，制定下发《关于建设市南软件园鼓励软件和信息技术产业发展的通知》，加强市南软件园的规划建设和指导协调工作，并划定市南软件园政策园区。

2001年年初，青岛市委、市政府领导在考察市南软件园时同意青岛软件园核心园区落户市南区，决定青岛大学以北、宁夏路以东的空地为软件园发展用地。2月，正式设立市南区软件园管理办公室。2002年5月，青岛软件园管理办公室成立，确定青岛软件园由市南园和高新园两大区域组成，市南园被确定为“核心园区”，负责基地规划建设、软件研发测试、软件企业孵化、软件成果转化、软件人才培养及国际交流合作等工作。9月，青岛软件园工程《项目建议书》得到青岛市发展计划委员会批准立项，被列为青岛市十大重点建设项目之一。

规划建设

2002年，青岛软件园园区红线、绿线确定，并获得项目选址意见书。2003年4月，委托上海同济城市规划设计研究院进行的《概念性详细规划》和《修建性详细规划》分别完成。10月，经青岛市规划局审批获得“建设用地规划许可证”。12月，《项目可行性研究报告》得到青岛市发展计划委员会批复。到2003年年底，完成园区范围内原有企业的拆迁安置工作。2004年5月，征地工作取得进展，项目用地获得青岛市政府批件。9月，与青岛市国土资源与房屋管理局签订土地出让协议。

2004年初，软件园一期（即市南软件园）正式开工建设。总占地面积12.6万平方米，规划建筑面积26万平方米，园区遵循“以人为本”的原则，按“智能化、国际化、生态型、花园式”的标准布局，依托现有地貌，结合周边山林、山坡、绿地进行绿化和园艺设计，建成生态型人文景观。12月，第一座研发楼投入使用。为满足产业集聚发展需求，园区增建了东园区、南园区研发楼。

软件园二期（即青岛国际动漫游戏产业园）位于银川西路67号，于2006年开工建设，2009年正式开园。总占地面积10公顷，建筑面积11.6万平方米，是国内第一家全新、独立、以国际招商为主的专业化动漫游戏产业园区。园区由A、B、C、D、E 5座楼宇组成，其中A、B座为大企业研发楼；C座为培训楼；D座为公共技术平台及孵化器；E座为综合研发楼。三面环山的自然风光和贯穿其中的万米人工湖使动漫游戏园被誉为“深林中的产业园，山谷中的研发楼”。

产业发展

至2012年年底，市南区软件企业实现技工贸收入140亿元。动漫游戏产值突破10亿元。软件出口额实现3450万美元，同比增长15%。引进北京盛安德、琦译信息、玄武网络等12家软件、动漫企业，过500万元项目10个。其中，盛安德公司是美国微软公司的金牌合作伙伴，与欧、美等国内外300多个客户取得长期合作，涵盖了物流、金融、制造、教育等多个领域；尚达科技公司是一家美国独资的软件开发外包公司，为美国客户提供专业的远程服务；琦译信息公司作为一家新兴的物联网企业，为高附加值商品制造或流通企业、医院等提供RFID综合管理系统。

园区着力促进行业应用软件、物联网、软件服务外包和数字动漫四大优势产业快速发展。行业应用软件浪潮世科推出国内首款面向报刊出版行业的“浪潮电子报刊手机阅读平台”；金蝶“云管理”项目突破了企业管理在组织、时空、资源上的局限，开辟了ERP服务走进云时代的先例。物联网已有21个物联网应用项目立项或投入实施。龙泰天翔的“政民通”

青岛软件园

和“智生活”项目已在市南区各社区试点推行，其携手青岛海尔共同申报的国家创新项目取得阶段性成果，并与以太科技等4家园区企业组团签约“青岛智慧城市——众e通”项目。数字动漫建成了山东省首个“数字动漫技术支撑平台”，为动漫企业提供从造型设计、动画制作、特效合成、渲染、配音到输出等一整套专业设备及技术支持。四维空间、高路动画、灵镜数码、水晶石等多家动漫企业先后入驻企业孵化器和专业工作室进行动漫项目创作。

软件服务外包

至2012年，全区登记承接服务外包业务企业达86家。其中，通过青岛市技术先进型服务企业认定的企业达13家，占全市通过认定企业总数的81%，通过CMMI国际认证企业共6家，被认定为“山东省重点服务外包企业”的企业共10家。其中园区软件服务外包企业32家，已实现组团接包，共同发展。以优创数据、创迹、软脑离岸等为代表的外包企业，建立了几千人的外包队伍，逐渐形成市南软件产业发展的特色。优创数据入选“中国业务流程外包企业二十强”，居山东省服务外包企业前三甲。是年市南区承接离岸服务外包来源地有21个国家和地区。有12个国家和地区执行金额百万美元以上，排名前五位分别是尼日尔、美国、日本、中国香港地区、韩国；其中尼日尔的执行额为3891.5万美元。

是年，市南区全面展开服务外包招商工作。同年7月，由区政府区长华玉松带队，到韩国拜访SBS动漫学院总部，并且邀请韩国著名IT行业专家进行座谈，进行服务外包专题招商推介。同月，第五届全球服务外包大会等服务外包专业展会，推介了辖区服务外包产业发展环境。年内先后安排先锋广告集团、ECC教育集团、君昱数码创意项目、深圳崇德影视集团等到市南区考察，并为企业提供选址、注册程序咨询等服务。组织青岛中科软件、高校信息、易科德软件等5家市南区软件园驻园企业组团参展“2012韩国国际IT技术融合博览会”。组织优创数据技术、烟台创迹软件、青岛德林科姆电子科技等10家知名企业及全区服务外包、外贸出口等领域企业参加了由商务部组织的第一届中国（北京）国际服务贸易交易会。

第二节　动漫产业

2005年，市南区围绕构建国家动漫产业基地，区内动漫游戏产业起始。是年，青岛星动数码科技公司，与一些知名企业及政府部门联合制作的40集《帆船之都》科普帆船知识动画片，与青岛啤酒集团开展的商业动漫合作项目108集《戏说水浒》，以创城为题材的30集《文明一家人》系列公益型卡通动画片和星动公司自主版权的25集《动漫岛》数字动漫产品，标志着市南区已正式具备数字动漫生产和研发能力。

2009年，青岛国际动漫游戏产业园（软件园二期）建成开园，成为区内动漫产业专业园区。以打造“青岛市动漫游戏产业高端集聚区”为目标，形成包括人才培训、动漫原创、

青岛国际动漫游戏产业园

服务外包、播出平台、衍生品设计、出版发行、授权和展览展示等环节的完整产业链条。是年，高路动画原创水墨动画短片《将进酒》和《童趣》在中央电视台电影频道播出，是山东省原创动画项目首次登上央视平台；四维空间制作的大型国庆献礼动画剧《美丽人生》，于“十一”期间在中央电视台少儿频道、北京电视台卡酷动画卫视等多个频道联合播放；青岛天王星影视动画有限公司的原创作品《叽里咕噜巴巴猫》，作为益智类三维电视动画片，在青岛电视台播出。

2010年，26集原创三维动画TV剧《面具部落》四维空间动画剧《小老虎》制作完成。原创动画短片《阿凡提》已与美国动画公司达成在国际媒体播出意向。《梦幻足球之决战南非》等多款网络游戏上线运营。原创小短片《斧头》《华山论剑》分别在央视卡酷频道闪播出。

2011年，灵镜数码突破3D户外立体电影技术，成为国内首家掌握此技术的本土企业。广电动画的《龙斗台球》在中央及30余家省级卫视开播，成为全国第一部体育明星形象励志动画片。由欧亚集团与北京辉煌动画联合制作的大型历史题材动画片《秦汉英雄传》在央视少儿频道黄金时段首播，并荣获2011年中国国际动漫节“美猴奖”。高路动画制作的三维水墨作品《孔府》获得第二届中国文化遗产动漫大赛“优秀游戏动漫作品奖”；水墨制作团队被文化部纳入“原创动漫扶持计划”，成为国内唯一水墨技术扶持对象。青岛数码动漫研究院创作的《三岔口》等多部影片收获国家级和省级的多个奖项。由青岛四维空间动漫有限公司制作的《小老虎》《外星动物园》在法国等地区发行。游戏制作领域，园区企业自主研发的十余款游戏陆续上线，其中美天网络创作的“XBA篮球经理”游戏成功登陆台湾市场，创作的“一球成名”荣获中国游戏产业年度最高奖项。

2012年，动画电影《崂山道士》作为山东省唯一作品成功入选“2011国家动漫精品工程”。凤凰世纪的电影《十五岁的笑脸》举行全国首映。美天网络自主研发的大型武侠类网页游戏“武林盟主”实现上线公测。欧亚传媒的动画片《亮亮历险记》《银河少年》完成全部制作。漫视传媒完成了《剪刀石头布》的制作。金东数字科技打造的山东首个3D主动立体展示系统成功推广应用。广电动画通过国家级动漫企业认定，成为青岛市第一家国家级动漫企业。

第三节　技术创新

市南区从创建创新服务体系入手，融服务平台体系支持、产业资金支持和人才支持为一体，为面向园区软件企业提供服务平台体系支持，扶持软件企业技术创新。服务平台体系支持，一是三库技术资源应用平台与软件公共技术服务平台，为软件企业提高研发能力、降低开发成本提供了支撑。二是由公共游戏开发平台、公共游戏测试平台、公共动画技术平台、公共游戏动漫素材库、公共数据中心和公共客服平台组成的数字动漫技术支撑平台，为网络动漫游戏的开发、测试到运营提供全程技术支持。三是包括网站、投融资服务中心、人才培训中心、外包服务中心和商务服务中心在内的服务体系，为网络游戏动漫业者提供中介服务和基地设施使用服务。四是集成电路设计公共支撑平台，通过与Cadence、Synopsys等国际知名EDA厂商合作，为市南区乃至青岛市集成电路设计、研发外包产业发展提供完善的设计开发环境及优质的深入运营服务。五是IT外包云计算支撑平台，包括项目管理、上游工程设计、人才技能数据库等七个技术支撑体系，引入服务外包巨头NEC公司的技术资源，为全市IT服务外包领域提供公共支撑。

产业资金支持。区政府出台《青岛市市南区人民政府关于加快软件产业发展、推进软件信息产业区建设的意见》，每年拨出约3000万元资金专项扶持软件企业技术创新。组织企业申报创新基金项目，通过多渠道获得国家的部分项目经费支持。以地方投资与国家补贴相结合的方式，对技术含量高、创新性较强、市场前景较为广阔的初创型软件企业予以扶持。2010年起，每年从区财政中安排专项资金支持动漫创意产业发展，扶持动漫创意产业基地和公共技术服务平台建设，为吸引国内外大型动漫创意企业或研发机构落户青岛提供政策性补助，对原创动画片播出和获奖原创作品给予奖励。

人才支持。市南区以建设金字塔软件人才结构、实用型软件人才为目标，与北京大学等名校合作，进行软件工程高级人才培养，提升本地高级师资水平；与同济大学合作开设软件工程硕士研究生班；与哈尔滨工业大学合作建立哈工大青岛人才实习基地，提升青岛在嵌入式软件开发水平。加强与国外机构合作，先后建立了阿尔卑斯技研教育中心、IBM外包人才实训基地、启动“软件人才培养战略工程”、组建软件专修学院等，培养外包高端人才。面向东软、NTT DATA等公司开展订单式培养招生工作。实训基地与中国海洋大学、青岛大学、山东科技大学、青岛科技大学、青岛理工大学等80余所高校合作并全部签署软件人才培养协议。至2012年年末，累计培养学员6000余人，就业率达90%以上。

以创新服务体系为支撑，园区软件企业技术创新成果不断涌现。至2012年，青岛朗进科技有限公司获得发明专利6项，实用新型专利18项，另有20项专利在申请中。青岛高校信息产业有限公司近百项产品取得“计算机软件著作权登记证书”，公司自有品牌“高信软件”被认定为“山东省著名商标”。公司研发的数十个产品簇群，在化工、电力、纺织、煤炭、建材、学校、电信等多个行业和领域得到广泛应用。青岛漫视传媒自主创作的52集三维动画片《剪刀石头布》已通过国家广电总局公示，获形象及版权注册。公司研制的裸眼3D呈像技术测试部分已基本完成，达到国内领先水平。

第四节 软件企业

优创数据技术有限公司

优创数据技术有限公司成立于2003年，由美国DPG集团全资控股，是一家专门为美国保险行业提供“业务流程外包（Business Process Outsourcing—BPO）”服务的跨国公司。公司总部位于纽约，在青岛和济南设两大海外运营中心，同时在美国多个州也成立了客户联络服务中心，致力于开拓美国保险企业相关市场，占据美国保险业服务外包市场份额的65%以上，已成为山东省内最大的对美BPO公司，以及全国范围内最大的对美保险业BPO公司。

青岛鼎信通讯有限公司

成立于2008年，注册资本1.5亿元。在扩频通信、信号处理、通信技术、自动控制、计算机应用及机电一体化等领域具有较强的科研、生产能力，是电力线载波通信和总线通信领域拥有自主知识产权的专业技术公司。主要进行采集器、集中器、载波、消防产品的组装，向拥有自主权的现场通信、电子技术、专用集成电路及系统电子产品开发、生产、服务为一体的高科技公司发展。

青岛高校信息产业有限公司

始创于1990年。主要从事城市能源管理、企业能源管理、建筑节能、数字矿山、锅炉优化等节能技术及产品的研发、生产与销售，并提供新能源领域相关软、硬件产品及解决方案、企业财税信息化解决方案、ERP、系统集成以及节能技术咨询、诊断和培训等，现已成长为国家级高新技术企业和国内领先的软、硬件产品研发制造商和集成服务商。

公司产品与服务范围覆盖全国15个省、40多个城市，已形成辐射全国的技术服务网络。截至目前，公司已获39项国家专利，10项产品获得《国家重点新产品》称号。

山东朗进科技股份有限公司

山东朗进科技股份有限公司是拥有国际先进变频节能技术及系统控制技术的高科技企业。下辖青岛朗进电气有限公司、青岛朗进科技有限公司、沈阳朗进科技有限公司。公司致力于变频空调控制与系统研究，技术研发实力及自主知识产权核心技术已达到国际先进水平，在完全掌握变频节能的核心技术基础上，成功开发了直流变频空调控制器产品系列。

青岛中科软件股份有限公司

成立于2002年，国家高新技术企业，是全球最大的企业管理软件公司SAP、全球最大的数据库软件公司Oracle 金牌合作伙伴。主营业务包括：智慧商业物联网系统、智慧溯源及物流物联网系统、智慧工业、智慧仓储、智慧生产物联网系统；以及电子商务、物流、ERP、CRM、BI、SAP等企业信息化管理软件解决方案；数字城市、Oracle数据库；系统集成及网络安全；对欧美、港日韩的ITO及BPO服务外包。

青岛广电无线传媒集团有限公司

始建于2005年，其前身是青岛广电移动数字电视有限公司。2005年正式开播青岛移动数字电视。公司全力建设青岛广电双国标数字电视产业示范基地、广电动画影视创作基地。2011年，数字电视国家工程实验室正式确立青岛广电双国标地面数字电视产业基地为国家示范基地。

青岛美天网络科技有限公司

青岛美天网络科技有限公司于2006年注册，是山东省第一家拥有自主知识产权的网络游戏开发公司，也是国内第一家获得文化部网络文化经营许可证的网页游戏公司，获得领先门户和互动媒体公司新浪网（SINA）的战略投资，新浪网成为公司重要股东之一。“XBA篮球经理”“梦幻足球”等体育类产品是公司的核心业务。公司还涉足包括3G无线领域、社交游戏及中国传统文化为基础的角色扮演类网页游戏市场。

青岛水晶石数字科技有限公司

公司总部成立于1995年，总部设于北京，现有16个分支机构，分别设于北京、上海、青岛、香港、迪拜、伦敦等城市，目前是亚洲最大的视觉技术应用服务公司。主要从事以三维图像、多媒体设计、展览展示为核心的数字技术应用，并涵盖影视拍摄、互动程序开发、互联网图像应用等多方面技术领域，为房地产、城市规划、体育、文化等行业的客户提供多样化的最终产品和服务形式。2008年奥帆赛期间，公司的视觉创意服务广泛应用于组织筹备、规划设计、汇报宣传、宣传推广、展馆建设、数字内容制作、网络平台开发等环节，在大型活动及国际赛事领域开拓了新的视觉产业方向。

第二章　旅 游 业

市南区是闻名中外的旅游度假观光避暑胜地和青岛现代旅游业的发源地，其丰富的自然旅游资源和人文生态资源开发，始于19世纪末期，经历一个多世纪的建设发展，形成了“红瓦绿树、碧海蓝天”的海滨自然特色和旅游景观，以辖区海滨为主干的青岛海滨风景区，是国务院1982年公布的首批国家级风景区。青岛市的主要标志性景观、著名建筑及名人故居主要分布于此，汇泉湾、八大关、湛山、燕儿岛等著名疗养区及中央各部属疗养院坐落于此，全市主要宾馆、酒店、餐厅、大型购物设施及旅行社也集中于此，为区内度假旅游业的长足发展创造了得天独厚的自然地理条件和人文生态环境。

进入21世纪，市南区发挥区位优势和资源优势，大力发展旅游经济，突出都市风情和滨海旅游特色，建设以现代都市风光、商业文化和商务旅游为主的东部旅游风景区，以“红瓦绿树”“欧陆风情”为主的中西部休闲娱乐风景区，以滨海步行道为主的滨海观光风景区，带动旅游服务、旅游产品等行业加快发展。2008年以来，市南旅游业以奥帆赛为契机，以建设国际滨海度假城市、帆船之都为目标，创新商业运行模式，全面提升旅游功能，向国际标准型、休闲度假型、质量效益型转化升级。重点发展游艇邮轮、商务会展、节庆等高端旅游，构建与国际接轨的旅游服务体系。2011年，市南区创新发展思路，充分发挥奥运文化、海洋文化、建筑文化、节庆文化资源优势，通过全方位、多层次、广角度的专项促销活动，旅游业实现平稳较快增长。全年接待国内外游客2240万人，实现旅游总收入259亿元。年内，景区建设、服务设施建设和旅游机构建设取得显著进展。2012年，市南区旅游业紧紧抓住后奥运时代战略机遇，深度整合优势资源，提升旅游公共服务水平，实现了旅游业的持续稳步发展。是年推动成立了山东半岛蓝色经济区互惠旅游联盟，推出了休闲汇和贺年会等精彩活动，城区旅游业发展水平再上新台阶，全年接待国内外游客2445万人次，实现旅游收入290亿元。先后荣获全省旅游系统先进集体、山东最佳生态旅游示范区、好客山东贺年会优秀组织奖、中国休闲旅游营销创新奖、青岛市“十一五”旅游工作突出贡献单位等荣誉称号。

是年，辖区旅游节会主要有中国青岛海洋节、国际沙滩文化节、游艇帆船节、天后宫新正庙会、青岛金秋菊花节、青岛时尚酒吧节、汇泉欧陆风情啤酒广场活动等。

第一节 旅游资源

市南区旅游资源丰富，具有山、海、湾、岛自然资源与城、街、居人文资源叠加优势。辖区是青岛旅游节庆活动的中心。区内的节庆活动始于明清时期，一年一度的天后宫新正庙会和农历三月的祭海活动是历时最久的传统节庆活动。1897年德国侵占青岛后，依托区内的山、海、岛和绵延起伏的地形地貌，着手辟建服务于欧洲侨民的旅游目的地。1900年出台的城市总体规划专门在区内规划了别墅疗养区和海水浴场。19世纪末开始的市政建设，使区内产生了第一批欧陆风情的现代旅游设施。1902年夏，维多利亚海湾（今第一海水浴场）迎来第一批前来消夏避暑的游客，成为青岛现代旅游业的发端。1912年前后，区内海滨一线和海水浴场附近兴建了跑马场、高尔夫球场、森林公园和一批假日饭店、旅馆、咖啡馆等。20世纪20年代初，夏季来区内避暑游客达26000余人。20世纪30年代初，区内主要景区开通多路公共汽车，青岛湾开辟沿海风景线，随着栈桥扩建完工和水族馆竣工开馆，旅游设施日臻完善，旅游线路进一步拓展。至20世纪30年代中期，市区景点发展到50多处，主要集中在市南海滨一带，市区中西旅馆70多家，咖啡店30多家，中西餐馆数百家，影剧院、舞厅、台球房、俱乐部等娱乐设施百余家，也大部分布于市南地域。中山公园举办的“青岛赏花会”（又称“樱花会”）以“东园花海”名列青岛十大景观之一。

50年代，鉴于市南区得天独厚的海滨度假自然条件和设施，中央各部委、省市有关部门纷纷在区内建设疗养院，度假疗养成为市南海滨旅游的主要特点。辖区得天独厚的气候条件和独特的海滨风光，区内汇聚的众多集疗养康复、特色医疗、预防保健为一体的综合性疗养院，使得青岛成为全国十大休闲度假城市之首。1982年，青岛海滨风景区成为国务院公布的首批国家级风景区，市南区海滨全部在风景区范围内，是整个青岛海滨风景区风景名胜及标志性景观最为集中、最具表现力的主体部分。全市范围内的旅游园区、名优建筑、名人故居等80%在市南区。每年一届的山东省出口商品洽谈会（简称“青交会”）在此连续举办16届。“中国青岛国际啤酒节”接连在区内举办3届。从2003年开始，分别在五四广场、天泰体育场主办“北京2008”奥林匹克文化节（青岛），作为北京奥林匹克文化节的分会场，凸显青岛奥帆赛“海上奥运”的鲜明特色。

第二节　旅游线路

20世纪30年代，辖区栈桥、汇泉湾开辟海上旅游线路，陆上旅游观光，若干标志性景点列入“青岛十景”“青岛城乡二十四景”。20世纪80年代，青岛海滨风景区成为国务院公布的首批国家级风景区，青岛先后进行了“十大优秀建筑”“十大景观”评选，为辖区旅游线路规划设计提供了组合方式与主体元素。青岛成为国家历史文化名城后，结合自然景观与人文景观，贯通区域自然文化地理文脉，辖区旅游线路渐次形成。随着区域文化遗产向现当代延伸，新的人文景观为辖区旅游线路丰富了时代元素和时尚气息。

至2012年，区内旅游线路形成了海上旅游观光线路、陆上旅游观光线路和一日游、三日游旅游观光线路三大旅游线路体系。海上旅游观光线路，主要沿海岸线串联了“四湾”（青岛湾、汇泉湾、太平湾、浮山湾）“二岛”（团岛、麦岛）的自然、人文景观，包括银海国际游艇俱乐部—奥林匹克帆船中心—五四广场—银海格曼码头线路；栈桥—小青岛—第一海水浴场—八大关—奥帆基地线路和八大峡—栈桥—海军博物馆—鲁迅公园—汇泉湾线路。陆上旅游观光线路，兼容区内山海城胜景、特色建筑景观、奥帆风采以及“老街里”民俗文化与美食文化等，主要包括蔚蓝海岸观光游线路、欧陆风情观光游线路、魅力奥帆观光游线路、多彩山水观光游线路和美食购物观光游线路。市南精品一日游线路，主要包括青岛海底世界—小青岛—小鱼山公园—迎宾馆—劈柴院的时尚市南风情游、银海国际游艇俱乐部—海信广场（奥运店）—（奥帆中心）奥帆博物馆—“海上看青岛”—“蓝色畅想”大型全海景实景演出的奥运文化一日游、老街里·中山路—劈柴院—天后宫—青岛音乐厅的百年老街民俗游、栈桥—青岛音乐厅—天后宫—总督府—德式监狱博物馆—迎宾馆—信号山公园—劈柴院的欧陆风情市南游和“创意100”产业园—中联创意广场—“1388”文化街—青岛国际动漫游戏产业园的创意文化市南游。“文化市南”三日游线路，立足文化体验，融合了八大关、小鱼山两大中国历史文化名街以及青岛十大历史文化街区的代表性景观，包括辖区国家级、省市级文物保护单位和优秀历史建筑，荟

青岛的标志性景观——栈桥

萃了辖区陆海旅游观光的特色景观。

第三节 节庆活动

中国青岛海洋节

中国青岛海洋节创办于1999年，由国家海洋局、青岛市人民政府主办，市南区人民政府承办，是当今中国唯一以海洋为主题的节日。举办时间定在每年7月。通过开幕式、海洋科技、海洋文化、海洋体育、海洋旅游、经贸活动、闭幕式七大板块几十项活动，举办航海博览会、海洋科技与经济发展国际论坛、海洋观教育论坛等一批海洋科技项目，先后举办大型视听交响音乐会、万人横渡汇泉湾、海上浪漫婚典、全国沙滩排球比赛、国际钓鱼大赛、迎奥运形象之星评选活动、“海之情”旅游节系列活动以及《同一首歌》《欢乐中国行》等节日活动。2001—2007年，第3届至第9届中国青岛海洋节，由市南区政府承办；2009年之后，由青岛城投集团承办。

第九届中国青岛海洋节开幕式（2007年）

游艇帆船节

创始于2008年，是辖区举办的海洋文化主题节会之一，分为海上展区和陆上展区，为目前中国最高端的水陆游艇展，节会期间举行多个版块活动，吸引了国内外多个品牌上百艘游艇、帆船、休闲艇等参展，为客户提供了良好的选购平台。青岛（市南）游艇帆船节以“传播游艇帆船文化、打造海上高端旅游靓丽名片”的准确定位，成为业界关注度高、国内外品牌参与度高、市民和游客参与度高的城市特色节庆活动。

天后宫新正庙会

起源于明朝，兴盛于清代，青岛建置后已具规模，并延续至20世纪50年代。2000年予以恢复。每年庙会于除夕夜第一声新年钟声开始，历时一个月。期间举办新年撞钟仪式、文化陈列、演艺活动、民间工艺制作展示、灯谜竞猜、民俗特色商品文化交流及商家“财神”庙会等民俗活动，为岛城著名大型文化庙会之一。

青岛金秋菊花节

青岛中山公园素以“金秋赏菊”而著称，已有90余年历史。1984年起举办金秋菊花展，至今已举办28届。中山公园以菊花和各种时令鲜花造景为主，结合全国各地丰富的园林景观艺术，体现菊花隽美多姿、素雅清秀的神韵和普天同庆的喜庆气氛，着力打造菊花盛典。

青岛时尚酒吧节

由青岛市旅游局主办，市南区文化新闻出版局、市南区旅游局、市南区餐饮协会承办的以“时尚酒吧”为主题的大型节会。活动以中联创意广场为依托，通过举办酒吧节“激情之夜”、特色主题酒吧推介、假面派对舞会、“时尚魅力之星”评选等活动，突出个性、时尚、多元的酒吧文化，推动都市夜间文化经济发展。

青岛国际啤酒节（西部会场）

1991年，首届青岛国际啤酒节在中山公园举行，至1993年连续在区内举办3届，经逐年探索、积累举办节会的经验与模式，成为融旅游、文化、体育、经贸于一体的国家级大型节庆活动。青岛国际啤酒节西部会场始创于2003年，会场的位置设在汇泉广场。由市南区人民政府、青岛城市建设集团开发公司主办，活动由开幕式、啤酒品饮、文艺晚会、艺术巡游、文体娱乐、饮酒大赛、经贸展览、闭幕式等组成。每年吸引超过20个世界知名啤酒厂商参节，引来百万海内外游客举杯相聚。

汇泉欧陆风情啤酒广场活动

2009年始办，在汇泉广场举行，由市南区人民政府主办，青岛国信汇泉湾管理有限公司承办。活动期间，各参会商家借助啤酒弘扬品牌、展示实力，开拓市场。其间组织了异域特色的开场演出和外国乐队、街舞专场表演，集合儿童动漫游乐、消夏特色美食、啤酒大篷、展览展示、商贸等多个区域板块，推出形式多样且贴近百姓生活的休闲娱乐项目，将节会打造成为消夏、美食休闲、科普、教育、娱乐等相融合的主题性节庆活动。

第四节　旅游服务

旅行社

2008年，全区共有旅行社181家，其中国际旅行社20家、国内旅行社161家。2009年，全区共有旅行社169家，其中国际旅行社22家、国内旅行社147家。2010年，全区共有旅行社160家，其中出入境旅行社15家、入境旅行社145家。2011年，全区共有旅行社153家，其中出入境旅行社16家、入境旅行社137家。2012年，全区共有旅行社162家，其中出入境旅行社16家、入境旅行社146家。

星级饭店

2008年，全区共有星级饭店54家，其中五星级5家、四星级10家、三星级25家、二星级14家。2009年，全区共有星级饭店55家，其中五星级5家、四星级13家、三星级26家、二星级11家。2010年，全区共有星级饭店53家，其中五星级5家、四星级13家、三星级25家、二星级10家。2011年，全区共有星级饭店50家，其中五星级6家、四星级13家、三星级23家、二星级8家。2012年，全区共有星级饭店50家，其中五星级5家、四星级12家、三星级26家、二星级7家。

第三章　文化创意产业

市南区文化产业积蕴深厚，资源富集，历史悠久。改革开放以来，随着文化体制改革的逐步深入，形成了以文化、广播、电视、新闻、出版五大国有文化企业集团为主导的文化产业空间布局。20世纪90年代中期，会展节庆业、电视传媒业及广告企划业的兴起，进一步拓展了文化创意产业的覆盖，其社会公益性与服务功能日益显现，在提升与重塑区域文化特质方面发挥了重要作用，逐步成为全区国民经济重要的支柱产业。

进入21世纪，高新技术引入文化创意产业，从事数字文化产品研发、生产、传播与服务的新兴文化产业日益繁荣，区内文化企业实施“走出去”发展战略，大力拓展境外市场，提升了全区文化创意产业的国际竞争力。2006—2010年，市南区引进高水平创意产品开发和创意活动组织人才，拓展文化创意产业领域，凝聚产业优势。“创意100”产业园和中联创意广场两个创意园区的集聚、辐射功能，带动富有国际竞争力的文化创意企业集群发育、成长。区内文化创意产业总产值每年以20%的平均速度增长。

2011年，强化政策支持和规划引导，大力推动“八大重点发展行业”和“五大文化产业街区”建设，扩展文化创意产业园区规模，形成文化创意产业核心层、外围层和相关层，实现全区文化创意产业新一轮跨越。是年，区内已建成文化创意产业园区5个，园区企业近500家，其中，创意100产业园入驻企业111家，入驻率达99.62%。区内文化创意产业增加值占全区GDP比重达10.1%，增长速度持续加快，发展活力不断增强，产业集聚效应日益凸显。2012年，辖区实现文化产业增加值49.7亿元，同比增长29.4%，其中中联创意广场全年实现产值10亿元，园区企业达114家。同年，区内瀛森规划、视觉设计等企业成为青岛市乃至山东省文化创意领域特色企业、明星企业。

第一节　产业布局

进入21世纪，市南区依托青岛国家历史文化名城核心区的丰厚积淀，立足文化创意产业聚集区的区位优势，结合产业功能区划的要素配置和优势特长，科学规划产业布局，优化资源配置。

在行业布局上，做强做精做深三个层面的文化创意产业。文化创意产业核心层。一是重点发展工业设计、文化科技、艺术创作、工艺美术、现代旅游产品设计、咨询规划等，壮大设计创意产业规模，使市南区成为创意之区、时尚之区；二是积极拓展动漫产业链，大力开发动漫游戏衍生产品，积极带动青少年动漫培训业、玩具文具业、主题餐厅服务业等多业发展；三是重点推进文艺创作、文艺表演、视听艺术和文化交流，积极进行舞剧、景观剧、音乐剧、话剧等文艺精品创作，引进国内外高水平的文艺节目和音乐人才，打造中外艺术精品演出、国际钢琴比赛、沙滩音乐会等演出节庆品牌。文化创意产业外围层。一是依托独特的历史风貌和东西方交汇的历史文化遗产优势，通过广角度、深层次的发掘，呈现本土历史文化内涵，再造市南区文化旅游新优势；二是通过借鉴现代新技术，区内各种文化娱乐产品的内在文化含量实现拓展、创新，加速娱乐业和“夜经济”的发展，形成休闲长廊、健身俱乐部、养生会所等先进健康有益的休闲娱乐业态；三是开发一批具有涉海性、地方性、娱乐性、竞技性、互动性海上娱乐项目，形成新海洋文化的特色和亮点，设施完善、环境优美、服务一流的“市南海洋文化圈”初步形成；四是专业艺术教育学校、群众艺术馆、文化馆、少年宫、少儿活动中心的公共艺术培训设施面向市场，开展适应社会各层次需求的艺术培训，规模化、专业化、企业化、社会化的艺术教育培训网络基本建立；五是以专业服务形式，为影视外景拍摄提供影视器材、灯光道具、服装租赁、联系拍摄场所、临时演员、住宿等，逐渐形成集提供影视拍摄综合配套服务和展示地方文化为一体的影视外景服务业。文化创意产业相关层。一是引入现代科技手段，加快民间工艺和民俗文化的合理利用，不断创新形式和载体，大力开发与人们生活关联密切的民间传统文化业，打造以“劈柴院”为主体的民俗文化品牌；二是以浮山所传统文化街为平台，造就艺术品交易市场、艺术品拍卖企业、艺术品博览会、艺术品电子商务等有机元素合成的多层次艺术品产业结构。

在品牌发展上，以“帆船之都”品牌和青岛国际帆船中心为依托，开发游艇产业和帆船类文化创意产业；以“音乐之岛”文化品牌为引领，借助青岛音乐厅、奥帆中心大剧场等现代文化设施，培育演艺产业；借助“影视之城”文化品牌和青岛广电影视集团优势，发展影视制作产业；依托“劈柴院”、大鲍岛的市井文化品牌和岛城老字号工商文化品牌，发展民俗文化产业。

在区间布局上，以园区、街区为产业发展载体，坚持规模开发、梯次推进、重点培育、集聚发展，着力培育创意设计、动漫游戏、音乐演艺、文化旅游、休闲娱乐、海洋文化、艺术培训、影视外景服务等“八大重点发展行业”，打造“两大文化产业园区”和“五大文化产业街区”，形成各有侧重、各具特色、优势互补、协调发展、整体壮大的市南文化创意产业发展新格局。

第二节 产业园区

“创意100”文化产业园

坐落于辖区南京路100号，处于全市行政经济中心地界，园区总占地面积约1公顷，新改建后的园区建筑面积约23000平方米。于2006年开园并正式对外开展招商工作，园区产业定位是“创意作品、创意产品、创意商品”，主要进行工业生产和计算机软件领域的研发与设计，包括工业设计、工艺美术品设计、软件设计、服装设计、产品设计、包装设计、广告设计、室内设计、建筑装饰等行业；文化艺术领域的创作、传播和策划，包括文艺创作表演、广播、电视、电影、音像以及咨询、会展、策划等行业；日常消费、生活娱乐中的时尚消费创意，包括休闲娱乐、形象设计行业。

园区聚集了一大批国内创意企业，如意大利博洛尼家具设计公司、青岛绮丽集团、青岛广电集团、北京荣宝斋、北京汉风画廊、RED-STAR、ICEC、金楷设计、锦江之星、浦发银行、SIMULRADIO青岛音乐体育广播等80余家创意企业，成为山东省第一个以广告、设计、服装、影视等创意行业为中心产业园区。目前园区覆盖面已经由青岛辐射至山东省各地及韩国、日本等国家。

中联创意广场

中联创意广场位于区内南京路，地处城市中心商业商务办公核心地段，系在原青岛电子医疗仪器厂原有厂房厂区基础上形成的中联建业商务广场，经创意改造和产业升级换代后，建成为10万平方米互动式创意办公、主题商业时尚街区，占地面积约3公顷，建筑面积10万平方米，被列为青岛市发展创意产业的重点园区。中联创意广场分为创意办公、文化休闲两个园区。其中创意办公园区占地约2公顷，为高端创意办公区域，主要发展管理咨询、科技信息、设计、高科技研发、现代通讯、现代传媒、教育培训等文化产业，引入国际、国内一流的建筑设计、工业设计、广告策划、出版业、电影与录像、动漫、交互式互动软件、音乐、表演艺术、电视广播、软件及计算机服务等文化创意产业企业入驻，形成强大的产业聚集效应，推动城市产业进步和产业升级。文化休闲区占地约1公顷，为创意办公区的商业配套区，是集时尚餐饮、特色酒吧、咖啡厅、艺术工坊为一体的文化休闲区，汇集国际、国内连锁餐饮、高档西餐、咖啡厅、酒吧、特色菜品、多国美食及时装设计、创意展示等文化休闲商业，成为类似上海“新天地”的青岛新文化交流的风尚标志。

第三节 文化产业街区

中山路历史文化街区

区域范围为河南路以东、江苏路以西，重

中联创意广场

点区域是中山路及周边街区。街区内建筑与宗教文化遗产及优秀历史建筑众多，博物馆、美术馆、音乐厅、影剧院等公共文化设施分布集中，功能完备，“劈柴院”、黄岛路、四方路市井文化特色突出，是百年商业老字号荟萃之地，为发展时尚休闲业态、培育休闲娱乐圈拓展出特色空间，提升了青岛文化旅游的整体水平和档次，形成了集文化旅游、休闲娱乐、民俗体验为一体的多功能文化街区，创造了新的城市开放空间。

南京路文化创意产业集聚区

范围为南京路。通过“创意100”产业园和中联创意广场两个创意园区建设，吸引国内外优秀创意设计企业入驻，平面设计、服装设计、艺术纪念品设计、创意礼品设计、动漫游戏衍生开发等创意人才集聚发展，引入富于创意的现代艺术和经营理念，形成了以自主产权开发为龙头的产业链，形成集创意设计、创意教育、动漫游戏、时尚休闲为一体的街区业态，已打造成为国内、国际创意设计交流平台和富有国际竞争力的文化创意产业集群。

浮山所“1388”文化街

范围为闽江三路及周边区域。街区历史积蕴深厚，地域文化特色突出，通过统一规划设计与改造，呈现艺术文化整体景观，成为融历史与现实、传统与现代为一体的特色文化街区，其产业特色是以文物和艺术品鉴赏与交易、工艺品销售、民俗展示等业态为主的、高层次历史与民俗文化创意产业，定期举办书画、古董、古旧家具、风格独特的工艺品展销活动和鉴赏交易活动，已形成文化品牌效应，成为怀旧休闲、旅游观光、文化消费的集聚区。

银海海洋文化创意产业集聚区

范围为东海中路。是融海洋文化产品开发、海洋文化创意、海洋特色餐饮和以奥运主题、帆船游艇运动为一体的多元化、高档文化休闲娱乐区，也是国际知名、国内顶级的海洋文化中心区、帆船训练比赛地和水上运动聚集区。通过开发集旅游、休闲、文化、运动于一体的海洋体育项目，设立帆船运动体验、海上垂钓等项目，形成面向高层次消费群体的游艇、邮轮等业态，形成以海洋为主题的文化产业链，展示市南区独特的海洋文化。

慧谷“国际动漫游戏产业区”

范围为福州路—江西路以东、浮山以西，重点区域是银川西路和宁夏路周边，包括软件园一期、二期、三期，为金门路街道管区。是集动漫游戏人才培训、国际动漫游戏开发、服务外包、公共技术支撑、展示体验等功能于一体的国际动漫产业基地，依托软件产业园的规模和发展空间，集聚国内外知名软件研发、服务外包、集成电路设计等软件企业，成为集IT服务外包、嵌入式软件、数字动漫、互联网信息服务、行业应用软件等业态为一体的国内一流软件产业聚集区。

第四章　中介服务业

20世纪80年代，随着改革开放的进程和商品经济的发展，会计师、律师事务所等一些五六十年代曾经消逝的中介组织在辖区重新崛起，建立起一些经济鉴证类的中介机构或行业协会，此为市南区现代中介服务业的发端。20世纪80年代末，青岛市实行对外经济贸易计划单列后，一批报关、海事、经贸、物流类中介机构，汇聚青岛湾西部海岸，形成中介产业的西部组团。1992年邓小平视察南方重要讲话发表以后，青岛市实施城市发展战略东移，随着新的市级政治、经贸、文化中心的崛起，大批中介机构向东部集聚，实现了区内中介服务业新一轮布局调整。20世纪90年代，随着新生的非国有经济以及证券市场的设立，区内券证中介、职业中介得到长足发展，为个体民营企业服务的社会中介组织不断增加。其间，区内中介组织顺应政府机构改革，先后进行了清理整顿、脱钩改制、归类合并、统一管理的改革过程，实现了自主经营、自担风险、自我约束、自我发展和平等竞争。伴随对外贸易和经济技术合作逐步发展，服务于国内外组团考察、交流的中介机构不断涌现，随着国际劳务输出和出国留学热持续升温，配套服务的中介机构不断增多，区内中介服务业领域进一步扩展。

进入21世纪，市南区制定中介服务业发展规划，大力推进中介产业集群化建设，促进区内中介服务业结构布局不断优化。2007年，按照市人民政府《关于支持企业上市融资工作的意见》的工作部署，区内中介机构积极发挥作用，为企业融资承担上市保荐、财务顾问、审计评估和法律服务，促进专业化中介服务团队建设，为企业上市提供优质服务。2006—2010年，市南区实施“走出去”与“引进来”并举，加快国内外知名高端中介机构向辖区集聚，打造国际化、专业化、多元化中介服务聚集中心。

2011年，在全市率先开展中介服务集聚示范楼宇创建工作，推进中介服务特色楼宇体系建设。全区各类中介服务机构占全市总量的70%以上，主要包括鉴证类、评估类、代理类等八大类别，集聚国际四大会计师事务所中的普华永道、毕马威、安永，五大房地产咨询机构中的仲量联行、戴德梁行、世邦魏理仕等知名中介机构。中介产业层次与能级快速提升。

2012年，市南区重点培育高端中介服务机构外向发展，鼓励本地中介企业与国际国内知名中介合作，大力拓展埠外业务，行业品牌影响力显著提升，行业门类齐全、专业结构优化、机构聚集发展的中介服务业产业体系基本形成。

第一节　产业布局

20世纪80年代，区内中介服务业尚处于起步阶段，经济鉴证类、教育培训类中介服务业与发展较为成熟的城区环境相依存，主要集中在辖区中、西部。1987年，青岛市对外经济贸易实行计划单列后，随着海关、经贸、青啤等一批现代楼宇从辖区西部崛起，一批从事报关、海事、经贸、物流类的中介机构形成区内中介产业的西部组团。1992年市政府作出《关于加快市区东部开发建设的决定》，建设具有沿海开放城市特色、现代化的新的市级政治、经贸、文化中心，带动了银行、保险、涉外机构、商业购物中心、文化娱乐设施及旅游服务设施向东部集聚。区内的信息、咨询、商务类中介机构顺应全市发展重点战略东移，开始向以香港中路为主轴的东部中心区推展。随着打造“青岛金融街”的进程，金融业在香港中路的聚集带动了一批总部企业入驻，服务总部经济的中介服务业开始新一轮布局调整，大批中介机构先后进入东部金融商贸圈。

进入21世纪，按照市场经济的内在要求，制定统一的中介服务业发展规划，采取不同的扶持政策，重点发展扶持一批与市场经济发展关系较为密切的中介组织，促进区内中介服务业结构、规模、布局不断优化。2006年，实行放宽中介服务企业集团登记条件，允许中介服务集团各成员企业注册资本依法分批注入，方便连锁中介服务企业登记注册等政策，大力推进中介产业集群化建设，促进中介产业与总部经济配套协调发展，繁荣各类中介市场，使其向专业化、配套化、市场化提升。

2010年，贯彻市人民政府《关于加快我市现代中介服务业发展的意见》，大力引进国际和国内知名资产评估、信用评级、创业投资、产权交易、会计审计、法律服务、检验检测、安全节能服务、技术转化、设计咨询、人力资源、文体经纪类等中介服务机构。实行对进入国内综合排名前50强和具有独立法人资格、总部设在青岛的中介服务机构给予资金补贴等优惠政策，加快国内外知名高端中介机构向辖区集聚，提升区内中介产业层次和能级。这一时期，辖区立足本土优势，以打造国际化、专业化和多元化中介服务聚集中心为目标，坚持“走出去”与“引进来”相结合，普华永道、毕马威、世邦魏理仕、富登担保等80余家国内外知名中介机构在市南区设立分支机构，本地中介企业与国际国内知名中介企业实现合作，合作范围涉及法律服务、会计服务、人力资源服务、资产评估、管理体系认证、工程造价咨询等多个领域，行业品牌影响力显著。

2011年，在全市率先开展中介服务集聚示范楼宇创建工作，制订中介特色楼宇集聚工作方案，成立专门服务小组，加快中介服务特色楼宇体系建设和集聚步伐，提高特色楼宇内中介企业比例，发挥知名中介机构引领示范作用，积极引导引进中介机构入驻特色聚集楼宇，形成以会计、审计、咨询、担保服务等为特色的高端中介特色楼宇。

2012年，以加快高端中介机构规模集聚为目标，着力推进特色楼宇“腾笼换鸟”加快实施，引导和培育新世界数码港旗舰大厦等11座高起点、高标准、专业化的中介服务集聚楼宇参与市级认定。青岛国际金融中心等4座楼宇被认定为“青岛市第一批中介服务集聚示范楼宇”，占全市的40%。以智能化楼宇为载体，以行业品牌为引领，东、西协调发展、优势互补的中介产业布局基本成型。在东部，发挥普华永道、毕马威等高端中介机构集聚优势，加快引进知名会计师事务所、律师事务所、评级机构、战略咨询机构等高端中介机构，大力拓展公司上市、海事海商、贸易纠纷、人力资源等高端业务，打造省内领先的高端中介服务聚集区。在西部，利用青岛海关、商检局、青岛航运交易所等行政机关以及外轮代理公司、船务公司等航运企业集聚优势，大力发展报关报检代理、船舶代理、航运经纪、航运保险中介等口岸中介服务业，打造航运特色突出、服务功能齐全、在国内外具有较大影响力的航运中介服务聚集区。

第二节 中介门类

20世纪80年代，各级会计、审计、法律事务所等社会中介机构，为个体工商户和私营企业提供经济核算、资产评估和法律咨询等社会服务，工商、税务等行政部门与相关社会中介组织联合举行法制教育宣传、法律咨询等各类培训班，成为区内中介服务业的最初业态。青岛市实行外经贸计划单列后，随着企业进出口经营权下放，进出口贸易日益发展，报关、海事、经贸、物流类中介机构形成区内中介产业的新兴业态。20世纪90年代，区内中介服务业业态进一步丰富，各类教育培训机构与职业中介出现，中介组织不断增加。伴随改革开放的进程，对外贸易和经济技术合作逐步发展，服务于国内外经济、科技、文化往来和国际劳务输出、国外留学的中介机构不断增多，区内中介服务业的门类进一步扩展。

进入21世纪，大力培育各类社会中介组织，加快建设会计、法律、资产评估、海关报关、税务代理、海外市场代理等各类公共性中介机构，为企业提供社会化、专业化和规范化服务。各级中介机构创新服务方式，拓展服务渠道，适应服务经济发展的需要，中介业务向信用担保、创业培训、法律维权、信息咨询、技术咨询等公共服务领域拓展。

2009年，青岛市政府出台《关于加快我市现代中介服务业发展的意见》，大力引进国际国内知名中介机构，中介行业门类扩展到资产评估、信用评级、创业投资、产权交易、会计审计、法律服务、航运物流、检验检测、安全节能服务、技术转化、设计咨询、人力资源、文体经纪等领域。2012年，区内本土中介机构联合国内外知名中介机构开展域外业务，合作范围涉及法律服务、会计服务、人力资源服务、资产评估、管理体系认证、工程造价咨询等多个中介门类。

第三节　中介机构

普华永道

普华永道中天会计师事务所有限公司青岛分所于2006年成立，是目前青岛及山东地区唯一一家经中华人民共和国财政部批准设立的国际“四大”会计师事务所分所。主要业务范围为：立足青岛、覆盖整个山东省并辐射周边省市，充分利用普华永道全球的网络和资源，为该区域内的跨国公司、上市公司、当地优秀企业和外商投资企业就近、便捷地提供包括审计、税务和咨询在内的世界一流的全方位、高品质的专业服务。目前服务的主要客户包括：青岛啤酒、海尔集团、青岛港集团等数十家大型知名企业。

世邦魏理仕

世邦魏理仕青岛分公司于2007年成立，面向青岛、山东半岛及周边省市房地产开发商、机构及投资者提供专业的房地产综合服务。世邦魏理仕总部位于美国加利福尼亚州洛杉矶，是财富500强以及标准普尔500强企业，为全球最大的商业地产服务公司，为全球地产业主、投资者及承租者提供综合的地产服务，具体包括：物业租售的战略顾问及实施、企业服务、物业设施及项目管理、按揭融资、评估与估值、开发服务、投资管理、研究与策略顾问等。

德衡律师集团

于1993年成立，在北京、上海、济南、青岛、深圳、南京、河北、太原、郑州设有分支机构，在中国香港地区、中国台湾地区、韩国首尔、德国柏林、美国华盛顿（D.C.）派驻业务代表，是中国司法部命名的“部级文明律师事务所”。执业以来成功经办过20000余件（起）各类法律事务，尤其在公司、证券、金融、不动产、跨国投资、知识产权和争议解决等法律服务领域，是中国最具综合业务优势的律师事务所之一。

富登投资信用担保有限公司青岛分公司

于2008年成立，位于市南区香港中路9号。总公司是新加坡淡马锡控股公司旗下的富登金融控股有限公司（富登金控）独资设立，是迄今为止国内资金最雄厚、规模最大、专业技术最领先的外资中小企业信用担保公司之一，也是富登金控继投资中国银行、建设银行后，第一个在国内运营的实体平台，致力于为中小企业提供优质专业的担保融资服务。目前青岛分公司与5家银行开展合作，主要面向中小企业开展业务，提供帐易兑、动易兑、达富保等产品，大力扶持符合国家产业政策、具有良好发展潜力的优秀中小企业成长。

山东世通质量认证有限公司

山东世通质量认证有限公司是经国家CNCA、CNAS批准、具有独立法人资格的认证机构。公司总部坐落于辖区福州南路，是目前山东省唯一可直接颁发职业健康安全管理体系、环境管理体系、质量管理体系认证证书的认证机构。其颁发的认证证书在IAF/PAC/MLA成员组织国家实现国际互认，具有良好的声誉，其审核能力和水平得到业界的普遍认可。目前公司已拥有客户总量达3000多家。公司目前开展的业务除上述三体系认证外，还可从事清洁生产、能源审计、节能评估等方面的业务。

第五章　餐 饮 业

19世纪末期胶澳设防之后，区内的餐饮业始见于史籍记载。20世纪初，随着殖民经济体系的建立，春和楼、顺兴楼等中式菜馆及西式菜馆饭店、咖啡店相继开业，区内餐饮业初具规模。

50年代，餐饮服务业的所有制结构和经营体制发生了较大变化，经营主体由个体民营变为国家和集体。由于“大跃进”运动、三年自然灾害特别是“文化大革命”，饮食业网点缩减，经营门类单一，储备空虚，餐饮市场供应短缺。

中共十一届三中全会以后，大力发展第三产业，国家、集体、个体、合资等多种经济成分共同经营餐饮业，带动了餐饮业外向型经济的发展。餐饮业经营结构出现了综合经营、专业经营、配套经营等多种业态，餐饮业的经营品种日渐丰富，并逐步形成了青岛菜的特色谱系。餐饮业积极开发名店、名吃效应，凭借品牌和商誉优势，推动企业组织形式和经营方式转变，连锁经营领域涉及食品、蔬菜、副食品、餐饮、医药、洗染等16个业种。

餐饮业是辖区消费市场的主要拉动力量，在区域经济结构中占有举足轻重的地位。进入21世纪，市南区将加快餐饮业发展作为提升辖区传统服务业的重要突破口，强力推进品牌战略，经培育引进，区内餐饮业风格多样、流派纷纭、中西交融，涵盖了中国八大菜系和谭府菜、京菜、火锅等十余个流派，集聚了西餐、日韩、东南亚、南美等多种富有民族和区域特色的异国风味美食。辖区餐饮业初步建立起多形式、多渠道、多层次、多业态的现代流通体系，新型餐饮业态和连锁经营发展迅速。

2005年，餐饮业形成了以怡情楼、良友、小绍兴、青岛菜馆、肯德基、美达尔为骨干的大型餐饮企业集群，加快向近郊县域城区及省内其他城市延伸经营网络，突显区域性餐饮业中心的功能和地位。

至2012年年底，各类餐饮企业达到3200余家，百家餐饮名店中包含了全国百强餐饮企业7家，国家级品牌餐饮企业35家、占到名店总数35%，省、市级知名餐饮品牌50家、占到名店总数50%。

第一节　产业发展

据《海云堂随记》载，1897年已有酒馆饭铺9家，分布于青岛口及周边村镇。20世纪初，华商经营的中菜馆顺兴楼、春和楼相继开业。由德商经营的亨利亲王饭店、水师饭店、海滨饭店及西点面包坊、咖啡店相继面世。1904年，区内餐饮服务业已具雏形，经营门类主要有饭店、酒馆、茶馆、咖啡馆、照相、洗染、典当和拍卖等，同时还有与传统起居、礼俗消费相适应的大车店、马车店、赁铺及纸扎、古乐业等民间经营业态。随之，日资餐饮服务业进入青岛，1907年日商经营的咖啡店、照相馆已达11家，主要集中在市南区。一战时期，日资餐饮服务业大幅增加，经营门类扩展到饭店、料理、旅馆（下宿店）、理发、澡堂（汤屋）业，除料理店外，其经营门店的数量均多于华商经营的门店，中日餐饮服务业之间的竞争十分激烈。

1922年中国接收青岛后，民族餐饮服务业得到快速发展，大鲍岛一带的客栈、行栈和饭铺迅速崛起，华商经营资本和从业员工数量逐年递增，区内华商餐饮服务业布局稠密，店铺集中。20世纪30年代，城市工商业得到发展，城市人口规模迅速膨胀，刺激了餐饮服务业加快发展，旅馆、饮食店、澡堂增速明显，经营规模扩大。20世纪30年代中期，首个餐饮街区劈柴院业已形成，青岛饭店的前身——青岛咖啡建成开业。旅馆业设备条件、服务方式不断更新，区内较大的内资饭店旅馆达34家，春和楼、顺兴楼、英记楼、馅饼粥、厚德福等餐饮名店领衔岛城中餐业；较大的外资饭店旅馆有39家，青岛咖啡、中央饭店、吉美饭店、上海饭店等餐饮名店成为岛城西餐业的代表，中西餐饮进一步交融，市南区餐饮服务业已形成一定规模。20世纪40年代中期以后，饮食服务业企业持续增长，其中咖啡馆、酒吧、西餐馆等西式餐饮服务业膨胀发展，餐饮服务业主要门类有餐馆业、咖啡馆、酒吧、面食业、豆汁油条、洗染业、理发业、赁铺业、照相业、澡堂业、旅栈业、大车店、马车店等，餐饮业门类区分更为细密，既包括较大的中西餐馆，也包含豆汁油条等早点小吃，旧日的饼铺、馒头铺已扩展为面食业。

表9-1　　　　市南区主要内资饭店旅店一览表

（1936年）

名　称	地　址	名　称	地　址	名　称	地　址
东海饭店	汇泉路	增盛楼	江宁路4号	新盛楼	河南路27号
亚洲饭店	莱阳路	增源楼	江宁路12号	真一斋	河南路29号
青年别墅	浙江路	三盛公	江宁路13号	富华楼	河南路36号
瀛州旅社	曲阜路5号	同顺楼	江宁路24号	厚德福	河南路55号
胶澳旅社	肥城路7号	新顺馆	江宁路26号	亚东饭店	河南路60号
第一旅社	广西路54号	瀛海楼	江宁路28号	春祥楼	河南路63号
东方村	常州路4号	福兴楼	江宁路38号	同德楼	河南路63号
馅饼粥	德县路29号	新美斋	江宁路44号	高升栈	河南路
四如春	平度路23号	元惠堂	江宁路48号	同福楼	北平路3号
泉盛楼	平度路26号	异美斋	江宁路58号	顺兴楼	北平路13号
泰丰园	平度路40号	春和楼	天津路3号	海宾楼	北平路40号
景春楼	云南路59号	文升园	天津路23号	全聚德	北平路61号
四时春	云南路100号	阳春居	天津路29号	泰和栈	泰安路
洪兴楼	费县路16号	东华旅社	天津路39号	英记楼	中山路17号
三义泰	朝阳路13号	悦来栈	天津路63号	新民饭店	中山路81号
文星馆	汶上路7号	裕通旅馆	大沽路44号	中国旅行社	中山路
福德楼	汶上路21号	三义栈	大沽路50号	丰泰栈	山西路23号

表9-2　　市南区外资饭店旅馆一览表

（1936年）

名　称	地　址	名　称	地　址	名　称	地　址
大饭店	太平路	吉美饭店	中山路32号	斯拉特	莱阳路17号
太平饭店	太平路	门德来	中山路42号	马牙饭店	莱阳路30号
松茂里旅馆	中山路	青岛咖啡店	中山路53号	沃罗巴也夫	海阳路2号
开利饭店	湖南路	波连司饭店	中山路75号	古里驼夫	海阳路4号
益牧饭店	湖南路	青岛咖啡	南海路10号	花园饭店	曲阜路22号
中央饭店	湖南路	各拉宾饭馆	南海路12号	大同西菜馆	大沽路18号
海滨饭店	文登路	会泉社	南海路14号	波连司酒馆	肥城路10号
家庭别墅	青岛路	会泉面包店	南海路14号	不郎打饭店	海阳路10号
可乐地	汇泉路2号	可乐地饭店	汇泉路2号	益林饭店	湖南路2号
劳山饭店	安徽路	夏季冷饭店	汇泉路15号	上海饭店	湖南路35号
宜宾饭店	安徽路	满尼拉	汇泉路94号	卫头尔	金口一路9号
马克思饭店	广西路44号	吉司万特	汇泉路100号	沃库路夫斯基	金口一路19号
德国饭店	观海一路21号	拍脱考其	汇泉路147号	保保夫饭店	金口一路35号

中华人民共和国成立后，随着国民经济的恢复与发展，青岛的餐饮服务业发生了巨大变化。咖啡馆、酒吧、舞厅、西餐馆被逐步淘汰，纸扎、古乐业、赁差业相继转业，面食业已并入餐馆业，实际保留下来的只有餐馆、旅馆、浴池、照相、理发、洗染、旧货委托7个行业。在“大跃进”和“文化大革命”时期，餐饮服务业网点稀少，大而单一，经营雷同，饭菜品种和服务项目日见萎缩，造成短缺经济条件下的居民食宿消费难。

中共十一届三中全会后，餐饮服务业得到恢复和发展。1978年，在积极兴办各种经济性质饮食网点的同时，对区内春和楼和青岛饭店等名店、大店进行了扩建、改建，使其具备了涉外服务能力。1985年，市政府出台有关政策，鼓励企事业单位、部队和街道办事处及个体经营者开办饮食服务业，区内饮食服务业网点和个体临时摊点发展迅速。20世纪80年代，辖区餐饮服务业通过改建、扩建，更新设备，引进技术，提高了经营水平和服务能力，基本形成了一个吃住行齐备、高中低档并举的饮食服务网络，形成了国营饭店、集体饭店、企事业单位开办饭店、部队办饭店、街道办饭店、个体饮食店等多种成分共存发展的新格局。

20世纪90年代，全市行政中心东移，带动了餐饮街区的新一轮发展，一批特色突出、功能完备的特色餐饮街相继涌现，初步形成了云霄路、闽江路等规模较大的美食餐饮街区。辖区餐饮业着力开发新的经营领域，肯德基等西式快餐合资饭店开业，成为快餐业规模化、连锁式新型企业，首批地方名优菜点，海鲜菜、特色小吃成为各餐饮企业的招牌。1993年兴办美食节、黄金宴、春和宴，并出售名贵精细食品和菜肴半成品，方便了群众日常和节日需要。这一时期，辖区餐饮业以青岛十大海鲜名菜和20个青岛海鲜优秀菜为品牌，凸显名店、名吃效应，"大众筵席"发展迅速，"便民早点工程"取得显著社会效益。

"十五"时期，辖区规模以上餐饮企业不断涌现，形成了以肯德基、小绍兴、怡情楼、海梦园、香格里拉、麦当劳、良友金都、汇泉王朝、勇丽等大型餐馆企业集群。区内餐饮服务业在假日经济、旅游经济和会展经济的强力拉动下，随着特色餐饮和街区建设不断推进，进入规模化、连锁式发展的新时期，成为第三产业中增长最快的行业。2005年，辖区餐饮服务业面向2008年北京奥运会，相继引进了美国星巴克咖啡、欧洲保时捷、美国哈根达斯冰激凌品牌等10个特色品牌，开设不同国家、地区风味特色餐饮店、西餐厅、快餐厅等，在中心商业区、沿海旅游风景区，发展具有世界风情的酒吧、茶吧、咖啡馆、啤酒屋、雪茄屋等休闲服务设施，形成了高档餐饮服务品牌的集聚发展。年内，区内餐饮企业和烹饪协会，通过组织开展业内研讨、专家论证、网络大家谈等渠道，认定了十个"青岛代表菜品"和十大"青岛特色小吃"，从而确立了"青岛菜"的风味和体系。2008年，以迎接奥帆赛、残奥帆赛为契机，大力提升全区餐饮业的综合管理水平，提高菜品质量和创新能力，创建市南区特色餐饮品牌，100家餐饮企业被命名为"文化餐饮名店"。

2012年，以引进知名企业、创建餐饮品牌为突破口，推动餐饮业质量和档次整体升级。全区餐饮涵盖中国八大菜系和谭府菜、京菜、火锅等10余个流派，集聚西餐、日韩、东南亚、南美等多种富于民族和区域特色的异国风味饮食，形成以海洋餐饮为优势、多元发展的饮食文化格局。市南区被评为"中国文化餐饮示范区"。

第二节　餐饮业街区

劈柴院

劈柴院餐饮街位于江宁路，兴起于20世纪30年代，主街上汇聚了元惠堂、增盛楼、增源楼、三盛公、同顺楼、新顺馆、瀛海楼、福兴楼、新美斋、异美斋等老字号饭店酒馆，后又有李家饺子楼、义盛楼、天兴楼、杏乐春、协聚楼等餐饮名店加盟，以鲁菜胶东菜系为主，

市井里院饮食文化街——劈柴院

兼营各类小吃、酱货。青岛解放后，劈柴院餐饮街依然繁盛，20世纪80年代达到鼎盛期。20世纪90年代，随着市区商业中心东移，劈柴院一度人气大减。2008年，市南区实施劈柴院恢复改造，保留原有人文生态，恢复“老字号”和名店、名吃，引进餐饮新生品牌，打造劈柴院江宁会馆。内设戏台、餐厅、茶楼、客栈，由四个里院组成，形成“外闹内静，雅俗共赏”的市井里院饮食文化圈。

云霄路美食街

位于市南区云霄路，1992年开始建设，1999年市政府将其纳入规划发展的小吃街。该街南起香港中路，北至江西路，全长960米，共有各类餐饮店约60处，总营业面积2.6万平方米，是一条以青岛海鲜特色为主汇集国内各大菜系的美食街。

大麦岛美食街

位于崂山区大麦岛路，市南区与崂山区的交界处，全长约700米。地处市区进出崂山旅游的交通要道，鲜活海鲜货源充足，汇集了约60家以经营海鲜菜为主的餐饮企业，形成了以鲜活海鲜为特色的美食一条街。

湛山美食街区

位于市南区新湛路，1999年市政府将其纳入规划发展的小吃街，汇集了阳光佳日、今鲜源、天天渔港、吕氏疙瘩汤私家菜馆、土大力等经营鲁、粤、川、京、沪、湘、赣、浙等菜系以及韩国餐馆和日本料理的餐饮业户20余家。

闽江路美食街

西起南京路东至燕儿岛路段，与云霄路美食街相交，长约1800余米，共有各类门店约300家，其中餐饮门店80余家。该街的西段、中段汇集酒店近50家，以餐饮为主要特色；东段酒吧、咖啡馆、茶楼、KTV等网点较多，以酒吧、休闲为主要特色，是一条以餐饮和休闲娱乐为特色的专业特色街。闽江路以其鲜明的单街特色，汇集了周边20条道路，构成面积约2.3平方千米的美食街区。2005年被中国美食街展评活动组委会授予“中国美食街”称号。

太平角酒吧休闲街

东起太平角四路，西至太平角一路，北起湛山四路，南到湛山五路及南侧沿街，2005年规划建设。利用太平角一带自然环境和特色建筑，引进国内外知名酒吧、咖啡店、茶社等品牌企业，形成集高档次酒吧、咖啡、茶馆、文化娱乐为一体的国内知名酒吧文化娱乐休闲区。

第三节 餐饮名店

1979年青岛汇泉王朝大酒店正式对外营业，是山东省最早的旅游涉外宾馆之一，担负着全市主要外事接待任务，也是一家中外合资的五星级旅游涉外宾馆，位于青岛汇泉湾，拥有总统套房、豪华套房、商务客房及标准客房480余套，设有中、西、日、朝餐厅和近20个宴会包间。1987年勇丽大酒店创立。1989年，东方饭店建成开业，成为青岛市较大的综合性涉外宾馆之一。1993年，青岛肯德基的首家餐厅落户中山路，同时，把鲁豫两省总部设在了青岛。同年海梦圆大酒店有限公司成立，拥有

闽江路美食街街景

海梦圆大酒店、海梦圆美食城、海梦圆贵宾楼3家酒店，以经营新派鲁菜、粤菜、川菜、海鲜为主，经营品种近2000个。1997年，位于山东路与香港中路交汇处的青岛香格里拉大饭店开业，是香格里拉酒店集团旗下的独资涉外五星级饭店。酒店占地面积3万平方米，拥有青岛市最大的宴会和会议设施。同年岛城纯餐饮业中最大店之一青岛怡情楼海鲜巨无霸开业，经营面积近万平方米。是年，青岛第一家麦当劳餐厅在中山路开业，管辖山东半岛地区全部业务。1998年，勇丽在东部开设营业面积达2000多平方米的青岛勇丽美食城有限公司，是青岛当时规模最大、装饰最好、菜品最多、服务最佳的民营酒店。 1999年，小绍兴大酒店落户青岛。2001年，汇泉王朝大酒店创立了首家纯青岛地方风味的菜馆——青岛菜馆。2002年，区内餐饮业通过引进外资、承包经营、对外联合等多种形式不断扩大经营规模，规模以上餐饮企业青岛菜馆、怡情楼海鲜巨无霸、怡景楼海鲜大世界、银海大世界、海明威大酒店、老转村山东菜馆等大型餐饮企业开业。同年，阳光佳日、勇丽、老船夫、小绍兴、手拉手、新尚等品牌餐饮企业通过发展连锁经营，品牌企业规模不断扩大。2007年青岛良友饮食股份有限公司正式成立，其前身是成立于1996年的青岛良友餐饮管理有限公司，是以经营鲁、粤名菜及高档燕、鲍、翅、参、精品海鲜为主，跨地域、专业化大型餐饮连锁企业。是青岛市规模最大、档次最高的餐饮连锁企业之一。

进入21世纪，区内餐饮名店加快规模化发展，呈连锁化、集团化发展趋势。家乐福陆续在区内开设了多家餐厅，经营业绩连续多年名列全市餐饮业首位。麦当劳在青岛陆续开设了佳世客、国贸等10余家餐厅。青岛良友在青岛、北京、上海、日照等地区拥有20多家大型餐饮品牌酒店。小绍兴先后在云霄路100号、宁夏路139号、东海路161号（小名轩）、延安三路31号、九水路116号开设7家连锁店。青岛勇丽餐饮经营管理有限公司发展为集餐饮投资、经营管理、酒店用品销售、配送餐服务、餐饮物流配送、餐饮技能培训、网络信息开发为一体的大型综合性公司。

第四节　历史名店

春和楼

1897年青岛北京路一带开锅贴铺的周姓人家，在今天津路与中山路交口增辟一店铺，为春和楼之前身，后扩建为中式二层酒楼，名“春和楼”。初以经营锅贴为主，兼有凉菜、散酒。1932年，以天津路3号址正式登记为“春和楼利记”，经营正宗鲁菜，刘景伦、王振才是其第一代名厨。饭店以“香酥鸡”“银丝花卷”“水晶包子”“油爆海螺”“扒原壳鲍鱼”“绣球全鱼”“龙凤双腿”“燕窝凤尾虾”“凤凰鱼翅”“珍珠海参”等正宗鲁菜而驰名青岛，位居岛城老字号鲁菜餐馆“三大楼”（春和楼、顺兴楼、聚福楼）之首，因烹调技术精湛成为有百余年历史的老字号名店。1987年，以青岛风景名胜为主题，推出飞阁回澜、琴屿飘灯、蓬壶胜览、鱼山拥翠、东园花海、汇滨垂钓、湛山清

建于20世纪初的餐饮业老字号春和楼

梵、穹台观象、会崎松月、燕岛秋潮等“青岛十大风景菜”， 将雕刻艺术和美味佳肴融为一体，被誉为“盘中活现岛城风姿”。

顺兴楼

位于北京路，与谦祥益绸布店相邻，创建于1912年，牌匾为清朝翰林大臣王垿所题。为北京鸿顺楼名厨一李姓传人所创，并得王垿代为筹措资金，玉汝以成。创建之始，汇聚福山烹饪名厨高手于一楼，由福山籍的厨师掌勺，其烹制的菜品以具有独特福山风味的鲁菜而著称。清蒸燕窝、高汤燕窝、红烧鱼翅、扒烂鱼翅、高汤银耳等高档菜，在当时的岛城餐饮业中技压群芳，客居青岛的前清遗老、社会名流时常来此聚宴。1933年第十七届华北运动会在青举办，顺兴楼被运动会总务处指定在汇泉体育场外扎帐供应餐饮，一时名声远播海内。此店于1953年停业。

聚福楼

岛城著名鲁菜馆，与春和楼、三盛楼并称为岛城“三大楼”。创建于1921年，由原鲁菜福山系传人、顺兴楼厨师山东福山人高学曾开办，租用清末遗老王序在即墨路12号的二层楼房为店址， 曾因书法大家郑孝胥题写的对联“驱车偶过即墨路，买醉须登聚福楼”而声名大增。以烹制鱼翅、海参、燕窝等见长，其名菜有扒鱼翅、蟹黄鱼翅、砂锅三味、烤鸭、干蒸加吉鱼、奶汤白菜、清汤西施舌等，此外还有红烧加吉鱼、椒油菠菜、奶汤菜花等胶东口味菜肴脍炙人口。20世纪50年代后，聚福楼新创葱烧海参、清蒸加吉鱼、中华大翅、清汤燕窝、油爆鲜贝、芦笋扒鲍鱼、冬菇扒口蘑、两吃大蟹等200多种热菜，其他名菜有：什锦小豆腐、糖酥丸子、挂霜丸子、清汤全家福、雪丽蟹腿、玉米扒鲍鱼、酿冬菇扒干贝等菜肴，并制作各种精细面点，其中挂霜丸子、芦笋扒鲍鱼被评为青岛十大名菜。

青岛饭店

位于中山路53号，原为1932年由希腊人开设的青岛咖啡店，是青岛久负盛名的餐饮业老字号名店。以西餐为主，兼设舞厅。1971年改名青岛饭店，设有3个中餐厅、1个咖啡厅和若干高级雅座餐厅，以中餐为主，兼营西餐，正宗鲁菜，海味为主。在山东鲁菜大赛中，“白扒通天鱼翅”荣获十大鲁菜之冠，与清蒸加吉鱼、扒原壳鲍鱼、葱烧海参、如意大虾、宫门献鱼、茄汁松鼠、锅爆鱼扇、油爆海螺、燕窝凤尾虾等特色菜组成十大海味名肴。其特色菜油爆海螺、葱烧海参、香酥鸡、爆炒腰花享誉岛城。2003年青岛饭店拆除。2004年租用香港中路66号重新开业。

馅饼粥饭店

位于德县路29号，创建于1926年，1936年扩建为三楼一体饭庄，系一家清真饭店，因其小吃中的馅饼和粥的风味独特，故取名“馅饼粥”， 取其长久、固定、极盛、团圆、丰收之意。饭店主要经营北京风味清真饭菜，主营粥、馅饼、家常饼、荷叶饼、涮羊肉，馅饼选用内蒙古黑头羊肉，皮薄馅大、汁浓味鲜。涮羊肉主、佐料均引自京城“都来顺”，被誉为岛城清真正宗。八宝鸡、塔似蜜、黄焖羊肉、扒牛肉条、羊肉小馅饼等传统清真名吃别具风味，堪称岛上一绝。

谷香村饭店

20世纪20年代在中山路20号开店，经营高中低各个档次的打卤面、排骨面、大虾面等16个品种，以排骨面、打卤面叫响岛城。1996年迁至保定路12号。同年排骨面被评为“青岛首届十大特色小吃”，并获得“中华名小吃”称号。

第五节　名菜名吃

山东半岛农产品、畜产品、水产品丰富，为菜肴提供了充足的原料。青岛地方菜系除具有山东（鲁）菜系香脆鲜醇的特征外，又以海鲜珍馐闻名，在吸纳其他菜系特长的基础上，历史上形成独具特色的名店、名吃和名厨体系，历史积蕴丰厚。

中共十一届三中全会以后，恢复、发展富于青岛特色的中、高档名菜和面点，由青岛饮食业第一代名厨师杨保俊、孙云才、刘景伦、程元聚、王振才、王天佑、王旭洲、刘林周、于文卿等创制的白扒通天鱼翅、清蒸加吉鱼、扒原壳鲍鱼、燕窝凤尾虾、雪里大蟹、葱烧海参、清汤燕窝、银耳凤尾虾、博全虾、脯酥全鱼、龙凤双腿以及用青岛景观命名的十大风景菜，被列入山东省及全国的名菜谱，成为青岛特色菜系的代表。

20世纪90年代，区内餐饮服企业不断调整和优化产品结构、经营结构和营销方式，创新、引进名优新品种、新项目，积极开发名店、名吃效应，以青岛海鲜为主要特色，会聚川、粤、沪、京津、江浙等各地风味和特色，初步形成富于本土风味的小吃品牌效应。2000年7月，第二届青岛海洋节期间，云霄路美食街组织了各地名优菜点展销、烹饪技术大赛、名优套菜外卖、大型文娱活动等，吸引了众多中外游客，节日期间共接待30万人次，餐饮业营业额突破1900万元。2004年，第六届青岛海洋节期间，首次联合央视《满汉全席》举办“国际海鲜烹饪大赛”，吸引了来自日本、韩国、欧美以及烟台、威海、温州等国内外众多烹饪选手参加，评选出“十大海鲜特色小吃”“十大海鲜名菜”“十大海鲜面点”三大类最新饮食文化品牌。其间，还举办鲅鱼烹饪、鱿鱼烹饪、蛤蜊烹饪等“海派”厨艺大赛，展示海洋美食文化，从而确立了“青岛菜”的风味和体系。

第六章　其他服务业

区内的民间传统服务业历史悠久。据《海云堂随记》载，1897年，青岛口有9户车马店以及理发铺、染坊、当铺等。20世纪初，区内客栈旅馆迅速增加，沿海一带德商开办的17个旅馆饭店中，旅居餐饮兼具，为现代化宾馆之始。1904年，《订立各项营生执照章程》颁布，规定交纳营业执照费，市区服务业已具雏形，经营门类主要有照相、洗染、典当和拍卖等，同时还有与传统起居、礼俗消费相适应的大车店、马车店、赁铺及纸扎、古乐业等民间经营业态。第一次世界大战时期，日资经营门类扩展到旅馆（下宿店）、理发、澡堂（汤屋）业，除料理店外，其经营门店的数量均多于华商经营的门店，中日餐饮服务业之间的竞争十分激烈。至1921年，市南区的日资旅馆仍有9家，分布于中山路及周边街区，远至海水浴场一带。

1922年中国接收青岛后，由于日本驻青岛守备军及大批日侨回国，大鲍岛一带的客栈、行栈迅速崛起，华商经营资本和从业员工数量逐年递增，市区华商餐饮服务业布局稠密，大部集中在市南区。20世纪30年代，城市工商业得到发展，城市人口规模迅速膨胀，刺激了餐饮服务业加快发展，旅馆、澡堂增速明显，经营规模扩大。 20世纪40年代中期以后，华商服务业企业主要门类有洗染业、理发业、赁铺业、照相业、澡堂业、旅栈业、大车店、马车店等。

青岛解放后，随着国民经济的恢复与发展，服务业发生了巨大变化。1950年，市区纸扎、古乐业、赁差业相继转业，旅馆、浴池、照相、理发、洗染、旧货委托等7个行业得以保留。辖区规模较大的天德塘、建新池、玉生池、三新楼进行了翻新改造，成为领衔洗浴业的名店。1956年私营餐饮服务企业社会主义改造完成后，组建公私合营饮食服务企业。1958

年，成立区商业局领导下的市南区饮食服务公司。1965年，区内理发业37个、洗染业17个、照相业2个、煤建业9个。“文化大革命”时期，各类服务业网点萎缩殆尽，居民日常消费与生活所需困难益增。

中共十一届三中全会后，区内服务业放开经营，企事业单位、部队和街道办事处及个体经营者兴办服务业日趋发展。1980年餐饮服务业开始简政放权，照相、洗染、洗浴业划归区饮食服务公司管理。辖区服务业通过改建、扩建，更新设备，引进技术，提高了经营水平和服务能力，逐步形成了高中低档并举的生活服务业网络。20世纪90年代，全市行政中心东移，带动了区内服务业的新一轮发展，促进了传统服务业的升级改造，一批特色突出的新兴服务业相继涌现。

第一节 旅馆业

德国胶澳租借地时期，区内高升栈、德盛栈、天兴栈、泰和栈、东华旅社、三义泰等旅馆相继开业，旅栈业初步形成。20世纪20年代初，随着城市人口急剧膨胀，旅栈业户迅速增多，华商客栈旅社和日商经营的旅馆及下宿店达43家，另有日商、德商和俄商经营的多家外国旅馆。20世纪30年代，旅馆业设备条件、服务方式不断更新，区内较大的内资饭店旅馆达34家。1935年新亚大饭店开业，为华商合资经营，后改名新亚旅行社，兼营旅游。20世纪50年代区内旅馆业经初步整顿后，大、中、小型旅馆兼备，并有一定数量的家庭旅馆。1971—1977年，区内新建前卫旅社，扩建青岛饭店，全区国营旅馆共7个。

中共十一届三中全会后，旅馆业扩大了经营规模，提高了服务档次，增加了服务设施，开展了交通、电讯、会议、宴席、旅游以及洗涤服务项目，接待服务逐步趋向规范化、制度化。青岛饭店经扩建后，设有218套高中档客房以及商务中心、酒吧、健身房、桑拿中心、歌舞厅、会议室等。备有中高档客厅、会议室、接待室，能够适应不同层次的消费需求。20世纪80年代，以汇泉王朝、东方饭店等大型旅馆业设施为标志，辖区旅馆业进入以现代化宾馆为引领的新时期。位于汇泉湾畔的青岛汇泉王朝大酒店，系中外合资的五星级旅游涉外宾馆，楼高25层，拥有总统套房、豪华套房、商务客房及标准客房480余套，设有商务、会议、娱乐等配套设施。至1992年，全区旅馆业网点发展到520个。20世纪90年代，香格里拉大饭店、丽晶大酒店等高端宾馆设施成为辖区旅馆业的发展先导。香格里拉大饭店，是独资涉外五星级饭店，拥有青岛市最大的宴会和会议设施，1353平方米的大宴会厅可同时供1650人作酒会之用，另设有14间多功能厅，用以各种不同性质的会议或宴会。丽晶大酒店，拥有各类客房及服务式公寓393间（套）。完善的会议设施包括丽晶殿和其他5个大、中、小型会议室，能同时容纳1200人以上的商务、会务活动。全套的

位于香港中路的香格里拉大饭店

健身、休闲、娱乐设施包括游泳池、健身房、足部保健室、美容美发、夜总会等。

“十五”时期，每年一届的啤酒节、海洋节、时装周等活动的举办带动了各大饭店、宾馆住宿消费的增长，期间的客房入住率达到90%以上。2012年，全区以星级宾馆为主体引领的旅馆业发展格局进一步形成。

第二节 理发业

20世纪初，日商理发店发展至33个，大多分布于大鲍岛区，吉星理发公司、白玫瑰理发室和万国理发店均集中在中山路上，20年代理发业出现了火烫、电烫和吹风技术，理发工具和座椅有了较大改进，区内理发店以中山路86号的新南京理发店规模为大，设备技术堪称一流。1984年后，曙光、南京、大新等理发店先后进行了整修改造，并从日本引进成套理发设备和工具，传统的手工工具逐步被电动、自动化工具所代替。服务项目增添了美容化妆、修眉、修指甲、扎耳眼、电动按摩、医疗发疾和发型摄影等时尚内容。理发业从过去单纯理发、烫发，增加了美发、美容、化妆、电动按摩等服务项目，适应了群众不同层次的需要。1992年，全区理发网点共有175个，其中个体网点157个。20世纪90年代后，新建美发店、美容厅增添了美容化妆、修眉、修指甲、扎耳眼、电动按摩、医疗发疾和发型摄影等时尚服务项目，其行业规模和经营档次与时俱进。至2012年，区内理发业适应不同消费需求，形成大、中、小梯次结构，并向社区化、小型化和个性化延伸、发展。

第二节 照相业

20世纪初区内照相业开始发端，至1907年已有德商斯托洛夫照相馆、日商高侨照相馆等5户，广东人胡茂文也开设辉利照相馆专营外照。20年代天真照相材料行、鸿新照相馆也在中山路相继创立，行业规模集聚已初步形成。区内照相业原以室内拍照、冲洗放大黑白照相为主，兼营着色、风景外照、照相器材、冲洗药品及照相机维修等传统业务。1983年，区内组建山东省彩色服务中心青岛服务部，引进美国生产的冲卷机、冲纸机、扩印机，承担省内213个单位彩色照片的冲、洗、扩印任务。同年，天真、万年青两个照相馆增加了彩色照相，使照相技术从传统的黑白照相发展到彩色照相、扩印等现代技术。1992年，全区照相业网点共有122个，其中个体照相网点102个，彩色照相全面普及，彩照洗印流水线大量增加。20世纪末，伴随婚庆礼仪的时尚化，传统的结

建于20世纪20年代的天真照相馆

婚照演进为婚纱照，风格多样的婚纱影楼成为辖区照相业的新兴业态。

进入21世纪，随着互联网的兴起和手机拍摄性能的不断更新，彩色照相在全社会加快普及，呈现个体化、个性化发展趋势，照相业日渐趋淡，传统洗印门店逐步消失，具互联网对接功能的新兴洗印业态开始涌现。

第四节　洗浴业

1912年三新楼澡堂开业，青岛早期的浴池业，设备简陋。20年代后期，区内各澡堂浴池不断更新设备，增加服务项目。服务分为上柜与下柜两部分，上柜专侍洗澡，下柜有理发、洗衣、修脚、捏脚、搓背、捶背等。至20世纪30年代，区内华商旅馆、澡堂大幅增加。五六十年代，区内规模较大的天德塘、建新池、玉生池、三新楼进行了翻新改造，服务项目和服务水平有所改善。改革开放以来，洗浴业传统服务项目逐步恢复。区内浴池业由传统的单一经营向综合型转变，保健、美容、化妆、桑拿等新型业态不断涌现。1985年，新建、改建浴池增设了“桑拿浴”（蒸汽浴）、按摩、足浴等新型健身医疗服务项目，经营设施和服务档次显著提高。

进入21世纪，洗浴业加快产业集聚，提升产业层次，呈现集团化、规模化连锁发展的趋势。洗浴业态新增足疗、头疗、颈疗、肩疗、中医按摩、全身保健及药浴、奶浴等项目，区内大型洗浴业主要有中湾、鼓浪屿、浪淘沙、卓琴、帝都等。

第五节　洗染业

青岛开埠后，区内洗染业发展较快，服务项目主要是洗、染、印、烫、织补，长期以来少有拓展。20世纪70年代后期，由于洗衣机日渐普及，洗衣业务锐减。进入80年代特别是1985年后，由于引进了干洗机、新型印染颜料，洗染业转旺，业户增加。随着居民社会水平的提高，染印服务逐步退出市场，干洗成为业务主流。2005年，在居民生活区发展洗染等现代居民生活服务业，引导外资对传统生活服务业实施嫁接改造，实现连锁化、规范化、现代化，带动行业服务层次和服务品质的提升。区内大型洗染企业主要有洁神、福奈特、赛维、万邦等。

第六节　婚庆礼仪

自青岛开埠以来，今市南区地域工商发达，人文繁兴，形成了中外咸集、五方杂处的社会人际环境，婚庆礼俗活动极为流行。凡富裕人家嫁娶，街面店铺开业，建筑开工下基，多由古乐社、洋鼓队或西洋乐大班承办婚庆礼俗，或招摇过市，或乘车巡游，招徕众目共仰，增添喜庆气氛。青岛解放后，提倡移风易俗，婚事简办，婚庆礼俗之风渐淡。“文化大革命”开始后，被当作“四旧”废止。20世纪80年代后，随着人民物质文化生活日益提高，婚庆礼俗消费形成市场需求，被废止几十年的婚庆礼俗勃发生机，并丰富了新的时代内容，服务婚庆礼俗的专业公司成为现代服务业的新兴业态之一。

区内的婚庆礼仪公司按照辖区人口密度，在东西部均有分布，其中礼仪公司在创意100和中联广场分布较为集中。婚庆服务，专业承办包括婚车租赁、流程策划、司仪督导、乐队视频、摄像摄影、婚礼跟妆、场地装饰及演出表演等全套结婚庆典和婚庆酒宴服务，其价格按消费单项计算。礼仪服务，专业承办开业、开工、开奖、开赛、开盘庆典活动，各种年会、发布会、交流会、联谊会的流程策划、台上布景造型策划、文化艺术表演策划、赛事活动策划、公关活动策划、图文设计制作、会务服务、礼仪服务、摄影服务、广告设计制作代理及发布等礼仪服务。2012年，区内主要婚庆礼仪公司有广电传奇、市南婚庆礼仪、青岛婚庆、栈桥婚庆、凯若特、S&D、花好月圆、大爱无界、四叶草、七彩云等。

第七节 家政服务

家政服务，旧称保姆、佣人或老妈子，其服务范围大多是做饭、理家、看孩子等，青岛解放后特别是“文化大革命”时期，已基本绝迹。改革开放以来，随着农村劳动力进城创业，保姆行业重新得以恢复。进入21世纪，随着经济社会的全面发展，居民家庭生活逐步呈现社会化的发展趋势，家庭服务消费需求不断上升，人们渴望繁杂的家务得到专业料理和服务，对家庭中各个成员、各项事务进行科学管理与实际操作，从而为家政服务业提供了市场需求和多样化发展空间，成为服务百姓日常生活不可或缺的重要行业。

家政服务包括：家庭服务、家庭护理、家宴服务、月子护理、幼儿托管、老年服务、导游导购、宠物托管、维修服务、清洁保洁、配送服务、钟点服务、搬家服务等业务项目。适应当下市场需求的多样性特点，家政服务也呈现出多样化发展态势。传统的保洁、搬家、保姆等项目不断细分，月嫂、陪护、理财、保健等服务不断成为家政服务的主要内容。“十一五”时期，市南区大力扶持、引导包括家政服务业在内的生活服务业发展，进一步完善城市生活服务综合功能，为总部企业及其员工提供更为优良的社会环境。辖区家政服务业顺应“一楼四业”和总部经济发展的总体要求，为楼宇住户提供了保姆、护理、保洁、物流配送、家庭管理等全方位的服务，以利于家庭生活的安宁、舒适，确保家庭关系的和谐、亲密，以及家庭成员的全面发展，为辖区广大家庭提供了高质量、个性化和安全便捷的服务。同时新辟再就业的渠道，实现了服务社会与扩大再就业“双赢”，以此促进整个社会的发展。2012年，辖区家政服务企业主要有福运、乐万家、丽之青、吉美等。

第十篇

财政·金融·经济管理

第一章　计　划

20世纪50年代初期，实行计划经济管理体制，全区经济统一归属市综合经济部门管理。“一五”时期，随着全市行业主管部门的建立，市南区经济运行管理，由统一的综合经济管理部门管理转为行业主管部门管理，并在《青岛市1953—1957年国民经济计划第一个五年计划草案》的统一指导下进行经济建设，发展生产，引导私营工业改进生产关系和经营管理，促进辖区工业加快发展。至1956年年初，全区基本完成了对手工业、农业和资本主义工商业的社会主义改造，以国营、集体经济为主导的区域经济结构初步形成。1958年，市南区计划委员会成立，经济管理改由区综合经济管理部门和市行业主管部门两个层次进行。是年起，由于受到全国性“左倾”错误的影响，“全民大办钢铁”“全民办交通”之风盛行。在“以钢为纲”的政策导向下，传统的轻工业和商贸优势被严重削弱，工业生产水平大幅下降。1961年，贯彻国民经济“调整、巩固、充实、提高”的方针，对部分工业企业实行关、停、并、转，建立健全农业生产责任制，农业生产得到恢复和发展，工业及手工业生产面貌有了显著变化，产量与质量稳步上升。至1965年，区内工业基本恢复，产品技术、质量明显提高，全区国民经济走上了健康发展的轨道。

1966—1975年正值“文化大革命”时期，全区工业生产陷于瘫痪，商业流通秩序被打乱，农业发展缓慢，濒临国民经济崩溃边缘。1975年，认真落实中央全面整顿的各项指示，围绕“把国民经济搞上去”这个中心，进行国民经济全面整顿，企业生产形势趋于稳定，国民经济由下降转向回升，但经济状况仍未发生根本改变。

中共十一届三中全会以后，市南区立足区位优势和产业优势，实施“贸工农”型发展战略，对农村产业结构进行调整，把发展乡镇企业提到重要的战略位置上来，注意发挥市区工业、流通、开放和科技优势，为农村经济发展提供多方面支持，促进了城乡一体化协调发展。20世纪80年代初，区工业管理体制进行改革，各工业主管部门及其职能发生了巨大转变。1982年，区内工业企业进行了全面整顿，全区工业企业“三全”（全面计划管理、全面质量管理、全面经济核算）管理普遍得到加强。80年代中期，落实和扩大企业自主权，推行以承包为主要形式的经济责任制，发展农工商联合体，建立多成分、多形式、多渠道并存的商品批发零售市场。1986年，全区经济发展速度和效益都有了较大幅度的提高，提前四年实现了翻番。1987年，在计划投资、金融、物价、财税、外经外贸等方面扩大区级管理权限，为市南区经济发展注入了活力。1988年，国家批准青岛市对外贸易实行计划单列、自营进出口贸易后，市南区改革外贸管理体制，努力扩大出口创汇。至1990年，全区工商企业通过整顿验收，骨干企业开始形成，主要产品达100多种，初步形成以部优、省优、市优产品为主导的优质产品体系，出口创汇、利用外资能力进一步增强。

1991年，以中央在“八五”乃至今后十年的经济发展战略为指针，首次编制市南区“八五”经济发展规划。1992年邓小平视察南方发表重要讲话之后，加快改革开放步伐，在全面推行承包经营责任制的基础上，进行经营、价格、用工、分配“四放开”改革，制定加快经济发展步伐的实施意见，制定为区属企业服务和扶持个体经济发展的优惠政策，促进了全区经济加快发展。建立区属企业自主经营、自负盈亏、自我约束、自我发展的新型机制，推行出租转让、合并嫁接、公有民营、外商租赁等多种形式改革，引入外资企业、私营企业经营方式，横向经济联合进一步扩大。以生活消费品市场为依托的生产资料、劳务、人才、技术等要素市场体系开始建立。第三产业由单一商业服务业开始向旅游业、房地产业、金融投资业等领域延伸和拓展。产业结构调整取得明显成效，对外开放取得历史性突破，新兴产业迅速崛起，经济活力和运行质量有了显著提高。

1996—2000年，进一步对产业布局进行战略性调整，立足区域优势和特色，积极发展海产养殖业，培育造就新兴产业，科技创新和高新技术产业培育取得明显成效，逐步实现产业结构的战略性转变。这一时期，进一步扩大对外开放，加大招商力度，成功引进世界500强企业，成为全区经济的重要拉动力量。市南区大力发展民营经济，加快推进经济体制改革，从改制和规范入手，推进企业建立现代企业制度，劳动用工、人事制度、分配制度、企业管理等方面改革取得较大成效，技术创新能力逐步增强，企业由单一资本结构向多元化发展，现代企业制度运营框架开始形成。全区GDP总量达到50亿元，第三产业完成增加值36.42亿元，实现了三年翻一番的计划目标。

2001—2005年，采用股份合作制、联合、兼并、拍卖、嫁接改造等多种形式，加快企业改革步伐，提高企业的整体素质和活力。以产权制度改革为中心的区属企业改革基本完成，国有资产全面退出，企业投资主体日趋多元化，现代企业制度基本建立。在基本完成农工商股份合作制改造基础上，进一步推进产权制度改革，完善法人治理结构和运行机制。大力发展楼宇经济和软件产业，进一步壮大商贸经济，增强区域经济实力。至2005年，区域综合经济实力实现历史性跨越，区域税收达到50亿元；软件企业总数占到全市的60%以上。

2006—2010年，进一步提升产业层次，提高经济运行质量，由区属经济到区域经济，由服务贸易到“一楼三业、一楼四业、多楼多业”，逐步形成具有市南特色的区域经济发展模式。这一时期，着力培育高端服务业，大力发展现代服务业，全面提升传统服务业，外向型经济取得突破性进展，区域经济保持了较快增长。2010年，成功跻身“中国现代服务业发展能力十强区”行列，建成“中国高端服务业发展示范基地”。区内金融机构占全市金融机构的90.8%，旅游业实现总收入230亿元，软件及动漫游戏产业总收入达到130亿元，以市南区为主体的青岛市总部经济综合发展实力在全国35个主要城市中连续六年保持前十。

2012年，围绕全市工业转型升级中心工作，加快推动工业转方式、调结构。全区生产总值超过700亿元，区级公共财政预算收入超过100亿元，进出口总额达到144亿美元，继续保持全省县（市、区）首位。

第一节　计划编制

从1953年开始，我国开始执行国家建设的第一个五年计划，市南区进入了有计划地进行社会主义建设和社会主义改造时期。“一五”时期之初，青岛市及市南区未进行国民经济和社会发展计划的编制，在经过两年经济建设的实践之后，全市才开始国民经济第一个五年计划编制工作。“一五”时期市南区的经济社会发展，在《青岛市1953—1957年国民经济计划第一个五年计划草案》的统一指导下进行，直至1990年前，市南区迄未单独编制区一级国民经济计划。

1991年，市南区以中共十三届七中全会精神和中央在“八五”乃至今后十年的经济发展战略为指针，在认真总结“七五”经济发展情况的基础上，首次编制市南区“八五”经济发展规划，提出以推进企业科学技术进步为先导，以提高经济效益为中心，以调整产业结构、产品结构为重点，以发展外向型经济为方向，加强宏观指导，狠抓微观搞活，充分发挥市南区的地理优势和基础条件潜力，推动全区经济在“八五”期间取得新发展。

1996年，市南区根据中共十四大关于我国改革开放和经济建设的总体部署，结合市南区经济、社会现状和发展趋势，编制市南区“九五”发展规划。提出全区“九五”经济社会发展目标，即正确处理改革、发展、稳定关系，深化企业改革，优化产业结构，提高经济整体素质，促进经济体制和经济增长方式转变，加强城市建设和管理，打牢街居工作基础，保持社会稳定，推动社会进步，到20世纪末，初步展现社会主义现代化城市新城区的雏形。在此基础上，再经过十年左右的努力，把市南区初步建设成为以第三产业为主要特色、布局合理、经济繁荣、文教发达、社会安定、环境优美、服务优良的社会主义现代化新城区。

2001年，市南区根据中共十五大精神，在认真总结“九五”经济社会发展情况的基础上，编制市南区“十五”发展规划。提出“十五”时期全区经济社会发展的目标，即坚持以邓小平理论为指针，紧紧抓住经济建设这个中心，抢抓机遇，深化改革，扩大开放，大力发展税源经济，建立和完善以财税建设为中心的经济体制和管理体制。全面推行城市长效管理，不断提高城市管理水平；积极推进社区建设，夯实街居工作基础；保持社会稳定，创造良好环境，经过五年的努力，把市南区初步建成以第三产业为主导，经济发展国际化、城市管理规范化、社区建设社会化、科教文卫发达、社会秩序良好、人民生活富裕、环境优美整洁的社会主义现代化国际城市中心城区。

2006年，市南区在认真总结“十五”经济发展情况，全面分析现状，预测未来的基础上，编制市南区“十一五”经济发展规划。提出高举邓小平理论和“三个代表”重要思想伟大旗帜，以科学发展观统领全局，全面贯彻中共十六大和十六届三中、四中、五中全会精神，围绕全面建设“繁荣市南、平安市南、洁净市南、温馨市南、诚信市南”的奋斗目标，把提高人民群众生活质量、促进人的全面发展作为经济社会发展的根本出发点和落脚点，进一步深化改革，扩大开放，进一步实施“科教兴区”战略，增强自主创新能力，进一步提升产业层次，提高经济运行质量，进一步完善公共服务，改善城区面貌，进一步优化发展环境，增强综合竞争力，推动经济社会发展切实转入科学发展轨道，实现国民经济持续快速健康协调发展和社会全面进步，为青岛市发挥龙头带动作用和建设“五个中心”做出更大贡献。

2011年，市南区根据中共十七大、十七届五中全会精神，编制市南区“十二五”发展规划。提出“十二五”时期经济社会发展目标，即把握建设“蓝色经济区”和实施“环湾保护、拥湾发展”战略的重大机遇，立足区位优势，加快转变发展方式，优化经济结构，提升产业品质，改善民生质量，创新城市管理和社区建设模式，建立“东中西均衡发展”“六大功能区联动”的城区发展新格局；打造以“高端”为引领、以“轻型”为主体的服务经济新体系；实施以改善民生质量、推进公共服务优质均等化为主要内容的社会建设，全面实现建设现代化国际城市“首善之区”。

第二节　计划实施

第一个五年计划实施

新中国成立后，经过3年的努力，区内经济得到全面恢复和初步发展。从1953年开始，市南区和全市一起进入了国家建设的第一个五年计划时期。市南区认真实施《青岛市1953—1957年国民经济计划第一个五年计划草案》，全面贯彻“统筹兼顾、全面安排、积极领导、稳步前进”的方针，从供销入手，对全区804家手工业企业实行了生产改造。1953年，区内缝纫机制造业比上年增长109.5%，铁工业比上年增长160%，百货业比上年增长80.2%。同年建华轧钢厂等24户机器制造业，大部纳入了国家资本主义道路，生产有了较快发展。1954年，区内私营工业，改进生产关系和经营管理，进一步接受国营经济的主导，实行国家统一订货、包销，促进辖区工业加快发展。在全国农业合作化高潮的推动下，至1956年1月，全区44个行业、855家私营工商业户实行了全行业公私合营，全区基本完成了对手工业、农业和资本主义工商业的社会主义改造。是年初，全区贯彻中央“又多、又快、又好、又省”的方针，改造生产工具，改进操作方法，增加新品种，提高产品质量。1956年试制成功新产品129种，创造发明2项，提高了生产效率和技术水平。1957年，全区手工业合作社总产值为1311.4万元，比1956年增长110%。手工业合作社资金由1956年初的40万元增加至197万元，增长460%。全区农业合作化基本完成后，地瓜、小麦、玉米的品种改良和耕种方法取得进步，大大提高了农作物的产量。1957年全区渔业获大丰收，捕鱼21万斤，渔民收入比1956年增加167%。全区商业实行公私合营后，各店普遍订立了服务公约，改善了经营管理，开展了良好服务月活动和生产营销社会主义竞赛运动，商品品种普遍增加，服务质量明显提高，百货业的营业额上升一倍左右。其间，区内商业网点根据全市统一规划进行了调整，并店撤店100户，虽降低了管理成本，但造成区内商业网点大幅萎缩。

第二个五年计划实施

从1958年开始，市南区进入第二个五年计划实施过程。其时，市南区辖有11个管区和东风（后改称“浮山”）人民公社。由于受到全国性“左倾”错误的影响，以高指标、瞎指挥、浮夸风和“共产风”为标志的“大跃进”、人民公社化运动也在市南区广泛开展起来，导致经济严重倒退。1959年年初，全区提出了各项任务比1958年增加30%~303%不等的高指标，全区农村掀起了大办水利的热潮，开展了大面积丰产的群众运动。工业方面，全区范围内掀起了“全民大办钢铁”的高潮，在极短时间内，全区钢铁生产从无到有迅速膨胀。为了确保钢铁运输，“全民办交通”之风盛行，短突击运输达120万千米。“大跃进”时期，在“以钢为纲”的政策下，市南区传统的轻工业和商贸优势被严重削弱，造成了人力、物力、财力的巨大浪费，使国民经济比例严重失调，日用品生产严重不足，人民生活发生严重困难，工业生产水平大幅下降，区内经济蒙受重大损失。

1961年，中共八届九中全会确定对国民经济实行“调整、巩固、充实、提高”的方针。市南区根据中共山东省委、青岛市委的部署，对部分工业企业实行关、停、并、转，拉开了市南区国民经济全面调整的序幕。农业生产方面，建立健全了生产责任制，推行了“三包一奖”等制度，坚持多劳多得的分配原则，使农民的生产积极性重新被调动起来，农业生产得到恢复和发展。工业生产方面，加强薄弱环节，提高产品质量，增加产品品种，提高劳动生产率，加强企业经营管理。对部分缺乏原材料、产品没有销路的厂、组进行合并、撤销。街道工业经过调整改组，由42个厂改组为36个厂，并按照不同所有制形式确定经营性质和经营方式，恢复了若干传统生产方式，努力扩大日用小商品生产。1962年，根据国民经济调整、巩固、充实、提高的方针，对公社工业进行全面调整和精简，对生产条件较好的19个社办企业，有计划地分期分批转为手工业生产合作社，同时优化街道工业布局，广辟生产门路，降低成本，提高质量。至1965年，区内工业基本恢复，产品技术、质量明显提高，品种日益丰富，劳动生产率显著提升，全区国民经济走上了健康发展的轨道。

第三、第四个五年计划实施

1966—1975年第三、第四个五年计划期间正值“文化大革命”时期，全区工业企业生产陷于瘫痪，商业企业的流通秩序被打乱，农业发展缓慢，国民经济发生全面危机，濒临崩溃边缘。1975年，市南区认真落实中央有关全面整顿的各项指示，围绕“把国民经济搞上去”这个中心，有领导、有计划地进行了全面整顿。全区工业企业普遍建立健全规章制度，集中力量恢复生产，重点抓了岗位责任制、考勤制、安全生产制、技术操作规程等规章制度的建立和实施，在此基础上，进一步从安全生产和岗位责任制等基础工作抓起，组织技术力量对设备进行保养和维修，严格操作规程，努力节约材料，降低消耗，使生产秩序逐步好转，各项经济技术指标有所提高。区工业局建立了企业财务管理制度，对企业降低产品成本、提高利润、推动生产起到了有力地保障作用。全区工业企业深入开展“工业学大庆”活动，打好维修设备、技术改革、安全生产“三个硬仗”，不断掀起生产新高潮，经济形势日益好转。在全面整顿中，企业生产形势趋于稳定，国民经济由下降转向回升。1975年9月，全区26个工厂和12个街道管区服务站普遍完成和超额完成当月生产计划。10月，全区工业总产值完成655万元，超计划28.25%，比9月提高5.45%。1975年全区工业总产值4099.88万元，比1966年增长2.4倍。区内经济形势虽见好转，但经济状况仍未根本改变。

第五个五年计划实施

1976—1980年第五个五年计划时期，市南区进入恢复经济、改革开放的发展期，中共十一届三中全会做出了把全党工作重点转移到现代化建设上来的决策以后，市南区开始集中精力发展经济，国民经济得到较快恢复和发展。1978年，工业企业立足挖潜、革新、改造，更新设备，增加产品品种，完成工业生产计划比1977年增长15%。1979年，全区工业总产值完成5711.81万元，比1977年提高17.53%，超额市下达计划的19%，商品销售额完成1632.2万元，完成年计划的103.3%，比1977年增加15.76%。1980年，认真贯彻国民经济调整、改革、整顿、提高的方针和全国、省、市工交会议精神，深入开展增产节约运动，广开门路，根据区街工业的特点，充分发挥在国家计划指导下的市场调节作用，全区工业有了较大幅度的增长，工业总产值达到6314万元，完成国家计划的107.2%，利润达到610万元，完成国家计划的130.9%，商品销售额完成5993万元，超计划6.21%。

第六个五年计划实施

1981—1986年为第六个五年计划时期。1981年青岛市被列为全国15个经济中心城市之一，1984年又被列为全国14个进一步对外开放的沿海开放城市之一，中央决定开始进行以城市为重点的经济体制改革，青岛市被列为全国13个较大城市之一，对市南区经济加快发展，产生了极大的促进作用，推动了全区外向型经济发展的步伐。是年，狠抓企业整顿，放开搞活，全面推行经济责任制，经济工作有了新的发展。年内工业总产值完成9275万元，超计划23.67%，实现利润1047万元。产品质量计划考核达标率87.5%，原材料消耗、总成本率、产值资金率等经济技术指标均取得较好效益。1985年，以抓经济效益为中心，扩大外引内联，战胜台风暴雨等困难，全区工业总产值、商业销售额和利润等主要指标，均创历史最好水平。年内全区工业总产值达到11437.95万元，超计划22.99%。利润达到1641万元，超计划73.65%，商业销售收入达到3875万元，超计划29.17%。全区提前5年实现翻番。

第七个五年计划实施

“七五”（1986—1990年）期间，全区经济工作在改革、开放、搞活方针指引下，速度和效益都有了较大幅度的提高，1986年提前四年实现了翻番。1990年全区完成工业总产值

19800万元，比1985年增长73%，年均递增速度为11.6%。第三产业销售收入完成32000万元，比1985年增长780%，年均递增速度为51%，完成利润3800万元，比1985年增长了128%，年递增速度为18%。截至1990年，工业企业全部通过了企业整顿验收，商业企业整顿验收也已基本完成。骨干企业开始形成，一批竞争力强的拳头产业相继投放市场。至1990年年底，全区生产规模在200万元~500万元的企业有16个，500万元~1000万元的企业有5个。主要产品有服装、食品、安全器材、工程塑料、大小铁桶、纸箱、木箱、化纤针织、食品机械、钢卷尺、钢锯条、刀具、橡塑制品、电子元器件等100多种。其中，重点产品有30多个，优质产品由“七五” 初期的空白达到31个，其中部优产品5个、省优产品6个、市优产品20个。深入贯彻中央关于发展外向型经济方针，出口创汇、利用外资能力进一步增强。 “七五”期间利用外资项目1个，利用外资工作实现了零的突破。社会商业服务网点布局日趋合理，服务范围不断扩大，区属商业通过拓宽经营渠道，提高商品档次，扩大业务范围，已成为全区经济的重要组成部分。

第八个五年计划实施

1991—1995年，实施市南区首次编制的《青岛市市南区“八五”经济发展规划》，市南区经济与社会发展取得突破性进展，经济持续快速增长。1991年，全区完成生产总值1.56亿元，实现财政收入4600万元。1992年邓小平视察南方发表重要讲话后，区委区政府抓住机遇，出台了一系列重大的改革举措，通过对产业结构的调整，培育新的产业增长点。1995年全区完成国内生产总值达到5.2亿元，按可比价格计算，“八五”期间年均递增30%，财政收入完成8264万元，年均递增16%，产业结构调整取得明显成效，第三产业增加值占全区国内生产总值的68%，个体私营企业交纳的税金占财政收入的18.8%。高技术含量、高附加值的新兴产业迅速崛起。对外开放取得历史性突破。随着青岛大开放格局的形成，市南区发挥地理位置优势，加快对外开放步伐，与国内、国际经济联系日益增多和密切。到1995年年末，全区共有“三资”企业200家，累计实际利用外资1.26亿美元，利用区外资金1亿元，整个经济的活力和运行质量有了显著提高。经济体制改革迈出重要步伐。以建立现代企业制度为目标的企业改革和以培养要素市场为重点的市场体系建设取得了突破性进展。行政性公司有的已转为经济实体，有的正在做转体前期工作。7个农工商公司管理体制初步理顺。政府职能进一步转变，各项配套改革不断推进。城市建设与管理取得显著成绩。“八五”期间，累计投资5亿多元，对城区基础设施和旧城、旧村进行了改造，相继完成了一批建设项目。其间，制定并实施科技兴区规划，以产品开发和新技术推广应用为重点的科技成果有效地转化为生产力，5年共取得科研成果30多项，其中有的达到国际先进水平。

第九个五年计划实施

1996—2000年，实施《青岛市市南区经济与社会发展第九个五年计划及2010年发展规划纲要》，对产业布局进行以转移、置换、重组、创新为主要形式的战略性调整，培育和造就体现区域特色的现代产业优势，以国内外两个市场为导向，优先发展第三产业，优化配置第二产业，积极发展海产养殖业，通过改造、重组、培植、创新、逐步实现产业结构的战略性转变。“九五”期间，全区GDP总量达到50亿元，年均增长21.91%。对外开放进一步扩大，全区设立外商投资企业167家，出口总额1.5亿美元。通过加大对亚、欧、美、澳洲的招商力度，成功引进家乐福等世界500强企业，成为全区经济的重要拉动力量。1997年中共十五大召开，全区广大干部群众进一步增强了抢抓机遇、加快发展的紧迫感和自觉性，全区经济保持了持续快速健康发展的良好态势。是年国内生产总值完成8.8亿元，年均递增29.67%，提前实现翻两番的目标。2000年，积极实施国际化战略，对外开放步伐加快，高科技产业实现新突破。年内，全区国内生产总值完成14.79亿元，同比增长25.4%，地方财政收入完成2.17亿元，同比增长27.12%，实现了三年翻一番的目标，初步实现由区属经济向税源经济的转变。

第十个五年计划实施

2001—2005年，实施《市南区国民经济和社会发展第十个五年计划纲要》，把握发展机遇，创新发展思路，加强经济和社会发展领域的重点工程建设，全区经济平稳增长，现代化国际城市首善之区建设初见成效。以税源经济为中心，加快发展第三产业，商贸和中介服务业规模效益不断提高，餐饮业呈现集群化发展趋势，区属企业经济效益明显回升，高新技术产业不断壮大，外向型经济全面发展。结构调整稳步推进，产品结构不断优化，楼宇经济取得重大突破，高新技术产业日趋壮大，软件信息业异军突起，招商引资成效显著，区属企业经济效益明显提高。市南软件园被科技部确定为“国家火炬计划软件产业基地”，软件信息业成为新的经济增长点。2003年，面对“非典”疫情影响，调整思路，积极应对，全区经济保持了快速健康发展。实现生产总值40.86亿元，增长26.3%。2004年，大力发展特色优势产业，突出抓好大项目建设，商贸经济进一步壮大，民营企业迅猛发展，区域经济实力显著增强。2005年，细化经济发展思路，着力调整优化产业结构，不断增强比较优势，突显区域经济发展市南特色，综合经济实力实现历史性跨越。全区生产总值、第三产业增加值、固定资产投资，年均分别增长17.1%、17.2%和50.7%；区级财政一般预算收入年均增长44%，可用财力突破7亿元，区域税收达到50亿元。

第十一个五年规划实施

2006—2010年，实施《市南区国民经济和社会发展第十一个五年规划纲要》，进一步贯彻“科教兴区”战略，增强自主创新能力，进一步提升产业层次，提高经济运行质量，进一步优化发展环境，增强综合竞争力，实现国民经济持续快速健康协调发展。2007年，由区属经济到区域经济，由服务贸易到“一楼三业、一楼四业、多楼多业”，逐步形成具有市南区特色的区域经济发展模式，综合经济实力大幅提升。全区实现生产总值330亿元，现代服务业实现增加值182亿元，占到第三产业增加值的64%；区级财政一般预算收入达到19亿元；可用财力是2002年的4倍。2008年，着力培育高端服务业，大力发展现代服务业，全面提升传统服务业，区域经济质量不断提高。全区生产总值达到436亿元，增长19%；进出口总额突破100亿元，居全市首位。2009年，坚持长远发展目标与短期增长目标相结合，强化企业扶持措施，着力优化经济结构，产业聚集度进一步提高，区域经济保持了较快增长。全区生产总值达到481亿元。制定实施《关于进一步加快发展服务业的意见》等政策措施，不断扩大服务业规模，提升服务业能级，成功跻身“中国现代服务业发展能力十强区”行列，建成“中国高端服务业发展示范基地”。2010年，市级以上总部企业达到136家，税收占全区税收比重超过39%，入驻区内世界500强企业达到47家，以市南区为主体的青岛市总部经济综合发展实力在全国35个主要城市中连续六年保持前十。是年建成全国首家“中国文化餐饮示范区”；旅游业实现总收入230亿元，奥帆中心成功打造为“国家滨海旅游休闲示范区”，市南区被评为“山东最佳旅游生态示范区”。

第十二个五年规划实施

2011—2012年，制定并实施《市南区国民经济和社会发展第十二个五年规划纲要》，把握建设“蓝色经济区”和实施“环湾保护、拥湾发展”战略的重大机遇，坚持国际标准，立足区位优势，加快转变发展方式，优化经济结构，提升产业品质，建立“东中西均衡发展”“六大功能区联动”的城区发展新格局，打造以“高端”为引领、以“轻型”为主体的服务经济新体系。2011年，服务经济加快发展，综合实力大幅提升。全区生产总值超过600亿元，服务业增加值超过540亿元。2012年，制定落实《关于进一步优化发展环境推动区域经济跨越发展的意见》，强化项目推进和企业服务，狠抓招商引资和投资促进，加强地方税收保障，经济实现了平稳较快发展。全区生产总值超过700亿元，进出口总额达到144亿美元，继续保持全省县（市、区）首位。围绕全市工业转型升级中心工作，加快推动工业转方式、调结构。鼓励企业加大研发投入，帮助工业企业开拓市场。同年，制定《市南区促进中小企业发展政策实施细则》，以“完善为企服务体系、提升企业创新能力、促进产业转型升级”为目标，在财税支持、缓解融资、技术改造、服务管理等方面，加大扶持力度，提升中小企业发展能力。

第二章　工商管理

19世纪末，设于天后宫的商务公所调查青岛口一带商号店铺，禀报即墨县衙备案，此为辖区近代工商行政之始。1899年德国胶澳总督府颁布《开设砖瓦窑厂章程》，将大鲍岛、小泥洼、会前一带砖瓦窑厂纳入工商行政管辖之下，此为区内颁行的第一个工商行政管理法规。1904年德国胶澳总督府颁布《订立各项营业执照章程》后，对区内私营企业及个体工商业户实行工商行政管理。20世纪20年代，区内的工商行政管理体制基本建立。

中华人民共和国成立后，设立工商行政管理局市南分局，在全区范围内开展了工商企业总登记工作，促进了辖区工商业的恢复与发展。1956年实行公私合营后，区工商行政管理机构精简，职责限于对集贸市场、合作商店、个体商贩的管理，随着企业归口管理，停止对国营、公私合营企业登记。1962年恢复企业登记，在全区范围内开展第二次工商企业登记工作，解决了长期困扰企业管理的登记名称、经济性质、从业人数及经营范围等问题。“文化大革命”时期，经济秩序混乱，取缔个体商贩和区内集贸市场，阻滞工商业发展，市场流通严重倒退。

中共十一届三中全会以后，工商管理重点转移到为经济建设、生产流通和企业发展上来，恢复开放集市贸易，恢复对私营企业、个体工商户及外商投资企业的登记工作，逐步走上规范化、法制化轨道。20世纪80年代后，积极引导多种经济成分健康发展，促进各类市场的建设与发育，帮助企业搞活生产经营，加强经济合同、商标、广告的管理，及时解决合同纠纷，打击制售假冒伪劣商品等违法行为，查处各种经济违法活动。20世纪80年代末，区内成立消费者权益保护机构。20世纪90年代，区工商部门开展整顿市场环境卫生和食品卫生管理工作，有重点地开展专项治理活动，严厉查处危害公共安全、人体生命健康的市场违法行为。

进入21世纪，紧密围绕区域税源经济战略，服务区属企业二次创业，大力推进经济国际化、高新技术产业化和民营经济发展，放宽登记条件，引导企业运用商标战略开拓市场，并严格规范市场主体资格，严格查办各类经济违法违规案件，查处假冒伪劣案件，维护公平竞争的市场秩序。同时大力促进个体私营经济的发展，鼓励和引导个体私营企业建立现代企业制度。区工商部门设立消费者权益保护机构，逐步构建由专门机构负责消费者权益保护的工作格局，形成市局、分局、工商所三级联动的执法体系。2004年组织开展“食品安全百日集中整治行动”集中整治群众普遍关心的热点、难点问题，重点抓好粮油肉奶类等重点商品的监管工作。2005年，实施“小局大所”改革，并针对市南区东部楼宇经济日益繁盛的特点，设立专业管理楼宇的特色工商所。2008年，市南区“12315”以奥运会为契机，努力打造高素质高水平的对外交流职能窗口，通过转办各类消费投诉、举报、检举案件，强化工商执法，维护消费者的权益。“十一五”时期，通过“3·15”大型名优企业高层论坛、企业送法服务制度、对大型商厦投诉点评和典型案例通报制度，积极开展消费者依法维权社区宣传教育活动。“十二五”时期，建立普及全区的“一会两站”，形成遍布区内的消费维权网络，进一步畅通了维权渠道。围绕打造服务业强区，促进总部经济、高新技术产业和文化创意产业加快发展，进一步优化中小企业发展环境，加大小微企业扶持力度，至2012年年底，全区中小企业总数达4万家，从业人员超过20万人。同年在全市率先完成标准化示范市场建设，实现肉类蔬菜流通追溯体系建设全覆盖。

第一节　市场管理

20世纪50年代中期，市南工商分局开始实施对集贸市场、合作商店的管理。“文化大革命”时期，集贸市场被取缔，市场管理停滞。20世纪70年代中期开始恢复行政职能。20世纪90年代初，市南区工商局采用鼓励企业投资、动员业户集资等方式联合社会各种条件兴办市场、改建和扩建市场、更新市场设施。1993年全部由企业投资的云霄路楼层式室内市场竣工开业，标志着市南区市场建设进入了新的发展阶段。区工商局以建立多渠道、多层次集贸市场为指导思想，促使集贸市场迅速发展，集贸市场管理逐步从经验型、低层次向科学化、高层次迈进，全区集贸市场出现了前所未有的好局面。

1995年，按照政企脱钩、政事分开的原则，开始实施市场管办脱钩，与所办市场实行职责分离、机构分离、人员分离、资财分离，扩充了基层工商所的监管范围和处罚权限，使之实现了向综合管理职能的转变，执法的基础性地位得到显著增强。是年，市南分局深入开展了对“挂靠企业”“三无”（无资金、无场地、无机构）、“四假”（假合资、假亏损、假出口、假破产）企业及出租、涂改、转让、出卖营业执照等违法行为的三项专项治理活动。利用商标注册、广告管理、合同监管和财产抵押登记工作查处不正当竞争行为。发展完善市场巡查制为“四查”（场内巡查、场外巡查、异地巡查和督导巡查），以“着装上岗，全日值守、轮流换班”为日常管理的主要手段，对集贸市场实行动态式、全方位、全日制的监督管理。有效提高了集贸市场日常监管工作力度。1998年，青岛市首家女子工商所——市南分局中山路工商所成立，该所管辖的全国闻名的商业街中山路被中宣部等六部门首批命名为“百城万店无假货示范街”，是山东省唯一获此殊荣的商业街。1999年赋予工商所对辖区各类市场主体行为的区域性监管职责，建立“经济片警制”，实行了全方位区域性综合监管。

“十五”时期，初步形成“经济户口”区域监管网，建立科所联动执法网，联合派出所、公安“110”、海关缉私、检察院、法院形成执法协作网，拓宽执法渠道。围绕树立公正文明的执法形象开展了以“展红盾风采，树工商形象”为主题的系列活动，亮化了“注册登记”和“执法服务”两条线。加大集贸市场整治力度，在全市率先完成了9处占路市场退路进室工作。建立健全了“12315”举报投诉快速反应机制，重点整治了关系群众生命安全的“防非典型样板示范”商品市场，全面推进综合执法组团、注册登记组团、食品安全组团、信用分类监管组团4个组团发展。“十一五”时期，在全区11条街道和11个市场中开展了“食品安全放心街、放心市场”创建活动，采取制定规划、分类指导、典型示范等措施，推进标准化农贸市场升级改造工作，着力培育了一批环境整洁化、布局合理化、价格大众化、商品品牌化、量器具统一化、设施人性化、消费安全化的标准化示范市场。2009年年底，全区列入试点范围的10处农贸市场全部通过市级验收。2012年，在全市率先完成11处农贸市场、6家商场超市、2家集团消费单位的肉类蔬菜流通体系基础建设，配发溯源式电子秤500余台，发放“青岛市肉类蔬菜流通服务卡”500余张，实现肉类蔬菜流通追溯体系建设全覆盖，“菜篮子”安全水平进一步提高。

第二节　企业登记

20世纪50年代初，市南工商分局通过登记、注册进行全区工商业户管理。60年代进行第二次国营工商业登记，规范了工商企业的登记名称、经济性质、从业人数及经营范围。“文化大革命”时期，企业登记停滞。

中共十一届三中全会以后，恢复全区工商行政管理和企业登记工作。20世纪90年代初，市南区工商局立足于简政放权、转变职能、体现服务，简化了企业和个体办理营业执照手续，首次对工厂闲置人员办理了个体营业执照，对个体粮油店、商务咨询代理等曾受限制的行业准予登记，受理外资企业和私营企业登记工作，放宽市场准入，采取多种措施，积极扶持企业发展。为适应建立现代企业制度的要求，积极支持国有中小型企业改制，实行国有民营，引导集体、乡镇企业实行股份合作制，进一步落实青岛市政府支持发展个体私营经济发展的政策，大力促进个体、私营经济发展。20世纪90年代末，注重发挥工商所的综合基础执法作用，于1997年、1998年两年完成注册登记权限下放工作，确立街道、居委会企业受理、初审、看点、打照、发照在工商所、审批在分局的工作格局。先后为企业制定了《支持企业搞活经营七项措施》《加快改革开放十项措施》《扶持企业发展的八项措施》《扶持企业发展七项新措施》《关于进一步鼓励和支持个体、私营经济发展的有关规定》（简称“二十条”），采取“四快四放宽”（快受理、快勘察、快审批、快发照；放宽经营范围、放宽注册资金、放宽经营方式、放宽从业人员）措施，为各类所有制企业创造宽松的登记环境。

2001—2002年，进一步放宽个体私营经济市场准入“门槛”，为个体私营经济发展创造更为宽松的环境。积极培育专业特色街、科技工业园、软件园及“楼宇”经济等区域特色经济。全面贯彻落实《青岛市工商行政管理局关于提高行政效能优化发展环境的实施意见》，开通了并联审批网络，开展了以政务承诺为主要内容的预约服务、靠前服务、跟踪服务、真情服务、延时服务、午间值班服务、亲情式零距离服务等系列服务。2003年市南分局积极探索信用监管的有效途径，建立了企业信用监管网络平台，重点强化“经济户口”属地管理，得到省、市局领导的充分肯定并推广，国家局将辛家庄工商所列为“实施经济户口全国示范点”试点单位。2004实行了“一审一核”制、“AB”角责任制和无缺位服务制，优化服务，提高准入效率；积极发挥商标监管职能，以民营经济为重点，扶持品牌经济发展，走访企业1962家，引导企业走品牌发展道路，年内新认定省著名商标5件和市著名商标4件。2005年全面推进注册登记组团发展，完善了“一个窗口对外”“一审一核”“并联审批”、重点项目“直通车”等服务举措。同年私营企业已达12000户，个体工商户已达14000户以上。2012年，以促进小微企业健康发展为重点，进一步优化发展环境，加大扶持力度。至年底，全区新增中小企业2000余家，总数达4万家，从业人员超过20万人，注册资本287.2亿元。

第三节　商品质量监督管理

1991年，根据市政府要求，区工商部门开展了整顿市场环境卫生和食品卫生管理工作，加大对集贸市场环境卫生和食品卫生“脏、乱、差”的整治，建立卫生达标责任制和保洁队伍，配备保洁设施；经营熟食的业户全部做到统一防蝇防尘设施，统一经营设施，统一食品容器，统一工作衣帽。在全国和省、市三级检查中，所有被检市场均获得满分，受到三级检查团的高度评价。自1991年至2003年以前，区工商部门主要是对假冒伪劣商品和消费者对商品质量方面的投诉按照工商职能进行处理。2003年，山东省机构编制委员会将工商部门的主要职责调整为：“依法组织监督市场交易行为，组织监督流通领域商品质量、组织查处假冒伪劣等违法行为，保护经营者、消费者合法权益。”此后工商行政管理部门在实施流通领域商品质量监督管理中查出的生产环节引起的产品质量问题，移交质量技术监管部门处理。2003年起，区工商局积极组织开展流通领域商品质量法律法规的宣传，进一步加强流通领域的商品质量日常监督管理，根据市工商局制定的流通领域商品质量监督管理工作制度和措施，由其授权组织进行流通领域商品质量抽样检验，受理流通领域商品质量申诉举报，依法查处违反流通领域商品质量监督管理有关法律法规的行为，大力开展食品安全监管、商品质量检测及消费警示、流通领域专项治理等方面工作。

2004年，《国务院关于进一步加强食品安全工作的决定》明确作出规定：工商部门负责食品流通环节的监管。市南区工商局出台《青岛市工商局市南分局流通领域商品质量监督管理实施意见》，本着关口前移的原则，在全区大型商场、超市、市场推行索证备案、进货查验等制度，将27种重要商品纳入准入备案范围。专款购置食品监测车，对各大商场、超市和景区食品情况开展巡回检测，对65种儿童食品、21种蔬菜及成品油质量进行专项抽检，不合格商品及时清理出市场。是年起，青岛市工商局市南分局把食品安全监管作为行政执法工作的重中之重，保障流通领域的食品安全。

2005年，市工商局市南分局制定《食品安全示范街（店）创建活动实施方案》，从主体资格、经营行为、准入工程等方面，细化了45条创建标准和考核内容，实行百分制量化考核。各工商所配备食品快速检测箱，组织食品安全专管员进行食品安全监管知识和快速检测箱使用等方面的技能培训；建立食品安全监控保障网络试点。食品安全监管工作逐步走上规范化、制度化、法制化轨道。

2007年，以流通环节食品安全监管为主线，把加强食品安全及维护消费者的合法权益，作为践行执政为民的出发点和落脚点，以保障奥帆赛残奥帆赛食品安全为重点，深入推行食品市场“四项制度”建设活动。2008年3月，省工商局在济南召开了“全省工商行政管理系统食品安全四项制度总结表彰会议”。会议表彰了我省工商系统食品安全“四项制度”建设中涌现出来的先进集体和个人，市南区工商局等26个单位获得“食品安全监管红盾奖”荣誉称号。

2009年4月，按照国务院办公厅《关于印发食品安全整顿工作方案的通知》（国办发〔2009〕8号）以及《青岛市食品安全整顿工作方案》（青政办发〔2009〕21号）的部署和要求，制订《青岛市工商局流通环节食品安全整顿工作方案》，要求全系统用2年左右时间集中整顿流通环节食品安全存在的突出问题，使食品安全监管责任进一步落实，监管制度逐步完善，主体资格合法有效，行业自律显著加强，市场秩序进一步规范，建立健全食品安全监管长效机制。

第四节　商业市场专项治理

1991年起，区工商局每年根据上级部署和区情实际，有重点地开展专项治理活动，严厉查处危害公共安全、人体生命健康的市场违法行为。1995年，在全区范围内对饮料市场进行集中整治。翌年，针对市区集贸市场面食制品短斤少两现象比较严重等问题，集中一周时间，重点对面食加工点以及馒头、火烧等面食制品短斤少两等行为进行治理整顿。1997年，在全区范围内对矿泉水、饮料、乳品市场进行集中整治。其间，实行工商所、个体劳协组织、消费者“三位一体”的市场监管模式，通过巡查抽查、专项整治、制度规范等一系列措施，取得明显阶段性成果。1999年，以“打假冒、反欺诈”为主题，开展全区节日市场专项整治活动。

2003年，会同有关部门对全区手机市场进行“联合打假治理行动”，在元旦、春节、“五一”“十一”等重大节日，适时组织节日食品市场专项整治。集中力量对餐饮、美容美发行业开展“维权反欺诈”活动，是年，按照国务院关于实施“食品放心工程”的统一部署，还先后组织对毒桂圆、毒大米、毒火腿等产品的检查；配合国家工商总局对肉食品、方便面市场进行抽检，配合省工商局对调味品市场进行检查，配合质量技术监督部门对第二批矿泉水生产企业进行检查验收。

2004年4—5月开展不合格奶粉整治行动；6—9月开展食品安全百日集中整治行动；7月开展建材市场整治行动；8月开展中小学校校园周边环境整治行动；9月开展白酒市场专项整治行动。通过整治，使全区蓝色制售假冒伪劣的违法行为得到有效打击，流通领域商品质量状况得到明显改善。其中“食品安全百日集中整治行动”声势浩大，成效明显。突出紧紧围绕人民群众普遍关心的热点、难点问题，重点抓好粮油及其制品、肉类及其制品、奶类及其制品、蔬菜和调味品、酒类和饮料、海产品和水发食品等重点商品的监管工作，突出重点市场、重点区域，以批发和无照经营两个环节为重点，严厉打击各种制售假冒伪劣食品的违法活动。

2005年，集中开展“关注食品安全，情系百姓健康”“12315”执法行动，严厉打击制售假冒伪劣食品的违法经营行为，确保市南区元旦、春节节日市场的食品安全。是年，根据国家总局、省局和市局关于《开展2005年食品安全三次集中整治行动实施方案》要求，开展对饮料、酒、奶制品、儿童食品、营养保健食品、豆制品、腌熏制品、调味品、罐头、食用油等十大类包装食品的安全专项执法检查。高考前夕，组织检查人员对区2B铅笔市场进行专项检查，共检查经营业户域257家，查扣涉嫌假冒伪劣的2B铅笔1257支，责令下柜729支，维护了高考生的合法权益。结合“创建全国文明城市”工作，组织开展以打击假冒伪劣食

工商工作人员市场监督检查

品、取缔无证经营等为主要内容的专项整治，取缔无证食品经营业户210户。

2008年5月，根据市食品安全委员会的通知要求，为加强2008奥帆赛食品安全运行保障，提高全市食品安全水平，下发《青岛市工商局市南分局开展迎奥运流通环节食品安全专项整治百日会战行动实施方案》，认真组织开展迎奥运食品安全百日会战行动。将奥帆中心、非备案类食品专供商、宾馆酒店、旅游景点等场所定为一类区域，组织力量进行“地毯式”排查，逐户清理规范；将车站码头、繁华街道等场所定为二类区域，确定专人负责，进行不间断地巡查清理；以其他场所为三类区域，落实属地“网络化”监管责任，限期清理整顿。

2012年4月份中俄海上联合军演期间，为保障联合军事演习顺利进行，保护俄方参演人员在购买商品、接受服务时发生纠纷能够得到及时妥善处理，成立青岛市工商局市南分局中俄海上联合军事演习俄方参演人员消费纠纷处理保障工作领导小组及办公室，办公室设在消保科。7月20日，为积极做好流通领域商品质量监管工作，严厉查处不合格儿童塑料玩具，不合格一次性塑料餐盒、一次性筷子等一次性餐具违法行为，切实保障广大消费者合法权益，在全区范围内开展专项整治行动，取得明显成效。11月26日，针对有关小商品批发市场有不法分子公开销售黑心棉被、被褥等制品，严重危害广大人民群众的身心健康和生命安全的问题，全面开展专项清查活动，突出小商品市场，摊点群等重点区域，全面清查“三无”黑心棉被、被褥等不合格黑心棉制品，切实保护广大人民群众的切身利益。

第五节　消费者权益保护

机构建设

市南区消费者协会于1988年5月成立，是区内最早的保护消费者权益的组织机构。直至1997年之前，市南区工商局未设立专门的消费者申诉举报受理部门，接待消费者咨询、来访、受理消费者，投诉工作多数由消费者协会负责，有的通过信访或者职能科室的渠道分流、处理。1997年起，消费者权益保护工作由区工商局市场科、经检科、商标管理科和消费者协会办公室等职能部门分管，主要从打击哄抬物价、欺行霸市、掺杂使假、短斤少两等扰乱市场秩序的行为，查处制售假冒伪劣商品活动，参与对重要商品流通秩序的整顿，维护公平竞争的市场经营秩序等方面来体现对消费者合法权益的保护。1999年，市工商局撤销“青岛市经济违法违章案件举报中心”，成立“青岛市工商局12315举报投诉指挥中心”，同时在各区局和工商所设立“12315举报投诉分中心”和投诉站，初步形成以市局“12315”为中心的执法体系。2002年7月，根据山东省机构编制委员会办公室、山东省工商行政管理局《关于印发青岛市工商行政管理局职能配置内设机构和人员编制规定及青岛市所辖市区工商行政管理局机构编制方案的通知》批复，青岛市工商局公平交易局内设消费者权益保护科，主要负责依法保护消费者合法权益，受理消费者申诉、举报，组织查处假冒伪劣等违法行为。此后，逐步形成由专门机构负责消费者权益保护的工作格局。同年6月，青岛市工商行政管理局市南分局在公平交易局挂“12315申诉举报指挥中心”的牌子，进一步形成市局、分局、工商所三级联动的执法体系。

2009年6月，经市南区人民政府批准，市南区消费者协会更名为市南区消费者权益保护委员会（简称消保委）。市南区消保委的职能是经政府批准，依照法律、法规授权，对商品和服务进行社会监督，保护消费者合法权益的社会组织，区消保委实行全委会制度，由来自不同群体的消费者、司法和相关行政管理部门的人员、经营者和行业协会的人员组成。区消保委在区委、区人大、区政府、区政协的领导和有关部门、社会各界的支持下，在国家有关法律、法规、政策规定的范围内开展活动。全面引导消费者科学合理消费，维护市场经济秩序，促进社会主义市场经济健康发展。

窗口建设

1999年，青岛市工商局“12315”举报投诉指挥中心成立后，开通“12315”特服专线，按照“受理—分流—反馈”的基本工作流程，确定“12315”的基本职能为“受理消费投诉、查处违法行为、指挥协调辖区工商部门工作”。随着“12315”社会影响的不断扩大，2001年，市工商局决定把“12315”建成面向社会的综合性服务“名牌”窗口。在原有职能基础上增加“受理消费者咨询、解答工商行政管理有关业务知识、受理对工商执法人员违法违纪行为的举报”等新内容。2002年，青岛市工商行政管理局市南分局 “12315申诉举报指挥中心”挂牌后，指挥、调度全区“3·15”投诉举报网络的运行，受理消费者申诉、举报。市南区工商局根据职能需要启用了市局开发的“12315信息系统软件”，初步实现“受理处理网络化、转办反馈自动化、办公实现无纸化、档案管理规范化”。同时，按照上级统一部署，适时推行 “12315-维权千万家”的服务理念，把实现“三零”（服务零距离、效能零投诉、执法零败诉）作为服务目标，开展“12315”“五进”活动，即进商厦（市场）、社区、校园、村镇、部队设立投诉指导站。

2008年，市南区“12315”以奥运会为契机，以问题奶制品事件为重点，全面提升应急处置能力，努力打造高素质高水平的对外交流职能窗口，年内接听各类来电17000余次，其中消费者咨询9800余次，申诉1203起，举报690余起。2010年，市南区“12315”通过市“12315”专线转办各类消费投诉、举报、检举案件1534件，其中，投诉928件，举报587件，累计为消费者挽回经济损失115.13万元。“12315”工作进一步强化工商所属地责任，对通过“12315”转办、消费者直接申诉、上级部门交办等各类消费申诉，实行属地责任制，由经营者所在地的工商所处理，不断提升消保维权工作“制度化、规范化、程序化、法治化”建设。2011年，市南“12315”通过市“12315”专线转办各类消费投诉、举报、检举案件2058件，其中，投诉1313件，举报735件，累计为消费者挽回经济损失112.75万元。2012年，市南“12315”通过市“12315”专线转办各类消费投诉、举报、检举案件2195件，其中，投诉1398件，举报789件，累计为消费者挽回经济损失187.31万元。

制度建设

2001年，市南区工商局全面推行市工商局制定的“12315效能承诺制”，通过媒体向社会公开服务承诺：“一争”（争创一流）、“二准”（咨询问题答复准，热点动态抓得准）、“三五”（5分钟内分流；情况紧急，15分钟到现场；快速查处，结果5日内反馈）、“四有”（有问必答、有诉必接、有案必查、有查必果）、“五心”（热心、耐心、公心、细心、诚心）、“六个一样”（不论商品价值大小一样认真；不论案件简单复杂一样重视；不论本地外地申诉一样受理；不论关系亲疏内外一样调处；不论申诉举报难易一样对待；不论消费者、经营者一样保护）。

2010年3月，青岛市工商局、市南工商分局召开全市消费者权益保护工作现场会，出台《关于进一步落实责任完善机制加强消费者权益保护工作的意见》，制定消费者权益保护工作22条措施，进一步健全了消费者权益保护工作制度措施。

网络建设

2007年，建立普及全区的“一会两站”（即消费者协会分会、消费者投诉站和“12315”联络站），由居委会主任任站长，保证教育活动落实到位，将“一会两站” 建设纳入街道办事处工作层面，形成覆盖全区的消费者维权网络。至2012年，全区共建立基层消协分会10个，消费者协会投诉站和“12315”申诉举报联络站85个，聘请兼职消费维权监督员170名，形成遍布区内的消费维权网络，进一步畅通了维权渠道，方便了居民就近投诉。“一会两站”设立以来，共受理申诉举报、投诉2600余起，为消费者挽回经济损失120余万元，其经验在全市进行了推广。新湛二路和仙游路社区的消费维权站点建设得到了国家工商总局有关领导和省、市消协领导的好评。

维权进校园活动走进中小学课堂

宣传教育

区内消费者权益保护宣传教育，结合市南区大型商业企业、服务行业多的特点，围绕增强企业社会责任举办多主题论坛活动，从2007年开始连续举办“青岛·市南‘3·15’大型名优企业高层论坛”活动，先后聘请中国企业公民委员会副总干事长缪瑞兰，中国消费者协会副会长著名法学教授刘俊海等专家教授专题授课，区政府领导莅临指导，参与和专家与企业的交流，岛城的主流媒体共同协办并全面报道，论坛的规模层次、社会效果、社会影响力已成为市南消保委的一大亮点。区消保委利用商家开业、新员工培训之机主动上门服务，建立定期到企业送法服务制度，及时为企业讲授法律法规和解决消费投诉的技巧知识，每年举办培训班，重点对企业的客服领导进行重点培训，采取外聘专家与业内典型授课和交流的方式进行培训。先后为200多家企业授课培训，受到企业的欢迎。区消保委坚持对大型商厦投诉点评和对电信、家电行业的投诉典型案例通报制度，及时警示企业促进自我规范自律。针对市南商贸服务业众多、经营主体发达，各类投诉点多、面广、量大的特点，区消协编著36万字的《商家企业客服指南》，为企业提供做好服务和解决投诉的范本，提高了企业客服人员的解决投诉能力，得到了企业的高度赞扬。积极开展科学消费依法维权的社区宣传教育活动，先后组织开展“绿色消费迎奥运”“食品安全进社区”“消费信心促发展”等200多次主题宣传咨询活动，编印、发放《社区居民消费维权手册》等各类宣传资料6万余份，定期到街道社区进行专题消费教育讲座，真假商品展示， 在青岛市“十佳社区主任”李爱国任职的新湛二路社区设立“社区消费教育学校”。 在45个社区设立“消费维权宣传栏”，为居民解决消费投诉1000多起， 接受居民咨询30000人次，为社区居民提供直接维权服务。

第三章　物价管理

新中国成立前，辖区未有专门物价管理机构。历届行政机构虽进行本地零售、批发物价指数及进口商品价格指数统计，但均未实施市场物价管理。青岛解放后，市、区人民政府采取措施对市场物价进行调整，保证了市场物价稳定。20世纪60年代初工农业生产下降，区内商品短缺，供应不足，市场零售物价指数普遍上涨。“文化大革命”期间，国家冻结物价，取消集市贸易，市场零售物价指数转为稳降阶段。

1979年前，区内各类商品和服务价格由市物价管理部门和业务主管部门实行分级管理，辖区物价行政管理工作归属市工商行政管理局。1979年后，国家有计划地调整和改革不合理的价格体系和价格管理体制，逐步放开商品价格，形成了国家定价、国家指导价、市场调节价3种价格形式。1983年成立市南区物价检查所，为价格执法主体，具有价格监督检查的行政执法权，以审价形式对市场物价进行监督检查。次年成立市南区物价局，负责辖区的价格行政管理工作，制定和调整区内的商品和服务价格，加强物价监督，整顿物价秩序，处理违价行为，有效地控制了市场物价。1987年国务院颁布《价格管理条例》，对价格监督检查机关的行政职权、案件审理程序和强制执行手段等作出原则规定。1998年《中华人民共和国价格法》实施，价格管理和执法正式纳入法制管理轨道。区物价管理部门运用价格杠杆，启动商品市场，加强市场价格监测，促进消费持续增长。

进入21世纪后，开通“12358”价格举报电话，受理价格举报投诉，严厉打击价格违法行为和违法案件，为消费者营造良好的市场环境。2001年，市南区政府成立区经济计划局，原市南区物价局工作职能并入。2005年，市南区政府成立市南区发展和改革局，加挂市南区物价局牌子，原区经济计划局的市南区物价检查所划归市南区发展和改革局管理。是年起，在创建“明码标价示范街”活动基础上，拓展覆盖全区社区、校园、景点、医院的公共价格监管网络，建立价格主管部门与重点商贸流通企业工作联系制度，推行物价管理网格化新模式。2008年《中华人民共和国反垄断法》颁布实施后，加大对价格垄断行为的惩处力度，保护消费者合法权益，规范市场物价秩序。同年，市南区物价检查所更名为市南区价格监督检查局。

2012年，探索建立市场监管长效机制和政府与社会双向互动的价格监督管理形式，在全市率先建立了社会价格监督网，在重要价格监管政策出台的关键时期和重大节日及市场价格异常波动特殊时期，及时召开政策提醒会，引导经营者担当社会责任，加强价格自律，进一步发挥物价部门稳物价、安民生、促发展的社会功能。

第一节　价格政策

新中国成立初期，关系国计民生的主要商品的批发价格，由中央贸易部决定，零售牌价由地方工商行政管理部门按照国家有关规定掌握。1953年国家对粮食、棉花、棉布、食油、油料等主要商品实行统购统销，商品价格和服务收费初步纳入国家统一计划管理的轨道。1960—1962年三年经济困难时期，社会商品供应不足，市场物价普遍上涨。为了安定人民生活，国家冻结了粮、油、布等18种实行定量供应的生活必需品价格。为平衡商品供需矛盾，回笼货币，对自行车、手表、针织品、糖果、糕点等少数商品实行了高价供应政策。1965年国民经济全面好转，取消了高价商品的供应。“文化大革命”期间，全面冻结了物价，取消了集市贸易，部分商品有价无货，市场商品供应紧张。

中共十一届三中全会以后，价格体系和价格管理体制开始有计划地调整改革。1979年，提高了猪肉、牛肉、羊肉、鲜蛋、家禽、水产品、蔬菜、牛奶8种副食品及有关制品的销售价格，同时每月发给职工副食品补贴5元。1980年开始，逐步把由国家定价的三类农副产品和三类工业品（即小商品）价格放开，实行议购议销和工商企业协商定价，并提高了烟、酒和纯棉纺织品的销售价格，降低了电子产品、化纤织物、手表等商品的销售价格，调整了部分医疗、交通运价等非商品收费标准，逐步缩小了国家定价的品种范围，扩大了国家指导价和市场调节价的品种范围，改变了国家价格管理过多过死的状况。1983年小商品价格全部放开，由工商企业协商定价，实行市场调节。1985年，计划外生产资料按照市场供求，由生产、经营企业自行决定价格。同时，对生猪收购和猪肉销售实行指导价，国家职工每人每月增发肉食补贴5元。这一时期，价格改革由“以调为主”转入“以放为主”阶段，国家定价的商品品种范围逐步缩小，形成了国家定价、国家指导价和市场调节价等多种商品价格形式。1986年国家继续扩大工业消费品实行浮动价格的范围，放宽工业生产资料的定价权限。1988年由于宏观经济总量失衡，出现了通货膨胀，主要生产资料、部分工业产品和粮油、副食品等商品价格迅速上扬，引发了市场“涨价风”和“抢购风”。1989年为正确处理改革、发展和稳定三者的关系，国家以遏制通货膨胀为中心，加强了对价格总水平的控制，放慢了价格调整步伐。1991年社会商品零售总额中，实行国家定价、国家指导价、市场调节价商品的比重分别为21%、69%、10%，社会物价水平有所回落。1992年，基础产品价格得到较大提高，相关产品之间的比价得到理顺。1993年年末，由于通货膨胀和物价上涨过快，全国出现“粮油涨价风”。经过一年多的调整，市场物价总水平得到有效控制。1998年《中华人民共和国价格法》实施，除国家垄断行业的商品价格和行政事业收费外，绝大部分市场商品价格和服务收费标准推向市场，由国家宏观调控和市场供求关系自发调节相结合的市场价格机制初步形成。

2005—2008年，在创建“明码标价示范街”活动基础上，把公共价格服务推进到社区、校园、景点、医院，全区建立公共价格监管网络。2008年，围绕奥帆赛期间辖区价格监管服务工作，建立价格主管部门与重点商贸流通企业工作联系制度，各街道办事处（社区委）组织辖区内的商贸流通企业和批发企业与物价管理部门建立联系点，实现区局与有关经营单位价格联系机制全覆盖。是年《中华人民共和国反垄断法》实施，成为价格主管部门依法履行职责的重要法律依据。区物价部门加大对价格垄断行为的惩处力度，维护市场公平竞争、规范市场物价秩序。2009年，在全区推行网格化管理新模式，对区内价格信息宣传、价格问题收集和反馈实行网格化管理。

2012年，特聘40名义务价格监督员，协助政府开展价格政策宣传、价格监测等工作，在全市率先建立了一支覆盖全区的社会价格监督网络，对建立政府价格监督管理与社会价格监督管理双向互动的新形式做了初步探索。同年，印发《市南区物价局行政处罚权裁量标准》，价格行政执法案件全部实现了网上流转。全年共受理各类价格举报及咨询220起，举报案件处理率和满意率均达到100%。

第二节　物价监督

20世纪80年代以前，由有关部门联合组织对市场物价进行不定期地监督检查，是区内物价监督采取的主要方式。1984年市南区物价局成立后，根据国务院颁布的《物价管理暂行条例》和有关物价监督检查规定，对辖区内从事生产、经营的国营、集体单位和个体工商业户，执行国家物价政策法规、作价办法以及商品价格、收费标准进行监督检查，并加强了对计划外生产资料价格的监管，规范了市场经济秩序，维护了消费者利益，促进了社会经济的稳定发展。1985年，在国营、集体零售商业、企业中开展了“物价、计量信得过”竞赛活动。对粮油蔬菜、肉类禽蛋、糕点副食和饮食业等与日常生活关系密切的零售单位短秤少两、掺杂使假和随意提价等违纪行为，采取小额当场罚款的办法，遏制了价格违纪行为的蔓延。1988年，国家物价局颁布实施《对违反物价纪律实行经济制裁的暂行规定》后，对企事业单位和个体工商户，违反物价纪律的非法收入全部没收，根据情节轻重处以数额不等的罚款，对违纪责任人员和单位责任领导人给予经济制裁、政纪处分，触犯刑法的，由司法机关依法追究刑事责任，将制裁物价违法上升到法制层面。

20世纪90年代，行业性商品、服务价格违纪现象呈上升趋势，社会反映十分强烈。区物价局多次组织辖区物价检查，规范市场价格秩序。1997年，对石油、煤炭、电力、钢材、化肥、农药、农膜、粮油及部分事业收费价格进行了检查，制止了企事业单位乱涨价、乱收费的行业行为。1998年《中华人民共和国价格法》实行后，开展铁路、粮食、药品、医疗、教育、农业生产资料价格的专项检查。通过检查整顿，健全了社会价格监督举报制度，抑制了通货膨胀。

2001年物价部门开通“12358”价格举报电话，2002—2004年共受理价格举报投诉400起，处结率100%，退款3698元，为消费者挽回了经济损失。2005年重点对辖区商场、超市、洗浴中心等行业进行价格监督检查，检查单位80余家，对12家存在价格违法行为单位依法进行了行政处罚，罚款1万余元。2006年检查单位80余家，实现经济制裁11200元，严厉打击了不按规定明码标价、虚假打折等违法行为，努力为广大消费者营造了良好的市场环境。 2007—2008年检查企事业单位和个体工商户2000余家，查处违法行为85起，其中违法案件17起，实行经济制裁10.93万元，罚款14.05万元。2009年在全区开展了对成品油价格、药品和医疗服务价格、餐饮市场及电器维修行业的明码标价以及旅游、节日市场等专项检查，规范了消费市场价格。同年获得全省优秀价格监督检查局、全省价格监督检查工作先进集体等荣誉称号。

2010年检查医疗单位、商场超市、景点景

检查人员对商场的明码标价和价格执行情况进行现场指导

区、餐饮宾馆、停车场600余家，罚没款10769.20元。为配合医疗体制改革，开展基本药物过渡期价格政策落实情况专项检查。全年受理“12358”价格举报110件，办结率和满意率均达到100%。 2011年开展医疗服务、商品房明码标价、停车收费、成品油销售等专项检查，检查单位800余家。是年对中山路及劈柴院近300余家经营单位明码标价情况进行逐一规范，免费发放商品标价签1万余个。明码标价率达到100%。2012年，围绕群众举报热点问题，以稳定物价总水平为首要任务，狠抓市场价格监管，先后开展了烟花爆竹明码标价、教育收费、医药卫生、降低经营性收费、工商行政管理部门年检收费、物业收费、商品房销售明码标价等专项检查，加大执法力度，查处曝光了一批市场价格违法案件，探索建立了市场监管长效机制，发挥了物价部门稳物价、安民生、促发展的作用。在重要价格监管政策出台的关键时期和重大节日及市场价格异常波动特殊时期，及时召开政策提醒会，引导经营者担当社会责任，加强价格自律，维持市场价格稳定；同时，加大检查力度，重点对社会热点领域和敏感的价格问题进行全程跟踪，对零售商业、成品油、景区景点、商品房销售、农贸市场等社会关注、矛盾突出的重点行业领域，全面开展“制止价格欺诈、倡导价格诚信”的集中整治活动。

第三节　价格公共服务

1992年市南区价格认证中心成立，对刑事、民事、行政、经济等案件中涉及的各类标的进行价格鉴定，对价格不明，价格有争议的涉案财物的价格进行价格认定，对税务机关在征税过程中涉及的动产、不动产、无形资产和有偿服务等出现的价格不明、价格有争议的情况进行涉税价格认定，对诉讼案件中涉及的各类标的进行价格认证，进行价格纠纷调解，同时对政府机关委托的国有资产进行价格认证，为维护司法公正、公开、公平提供了可靠的依据。

2005年，在全区商业零售业、餐饮业和服务业单位中开展了“明码标价示范街”活动，向400家企业发放各类宣传资料800余份，对70家存在问题的单位下发了整改通知书。2006—2007年，深入开展价格服务进社区、进校园、进景点、进医院工作，以服务、引导为主要内容，全区普遍设立价格监督联络站、社区义务价格监督站和价格信息公示栏，建立联席会议制度，聘请义务价格监督员。规范了景区、医院收费公示和明码标价。

2008年，贯彻落实《关于做好2008奥帆赛期间市南区价格监管服务工作的实施意见》和《市南区物价局关于建立价格主管部门与重点商贸流通企业工作联系制度的意见》，各街道办事处（社区委）组织辖区内的义务价格监督员共同参与，组织辖区内的商贸流通企业和批发企业填写价格主管部门与商贸流通企业建立联系点登记表，汇总建立数据库，实现区局与有关经营单位的正常价格工作联系机制。

2009年，在全区普遍构建了区、街、居三级价格管理组织体系的基础上，推行“价格服务进社区”网格化管理机制。依托全区各街道办事处 共778个网格，每一网格设一个公益性岗位担任兼职价格监督员，进行价格信息宣传、价格问题收集和反馈等工作。网格化管理新模式在全省价格公共服务现场会上作为经验介绍，得到省、市、区各级领导的充分肯定。年内对“劈柴院”特色商业街50余户商家集中开展了价格管理以及商品明码标价等方面的知识培训，指导中山商城推出了具有浓郁“劈柴院”特点的特色标价签，免费发放给商家使用，并逐户进行了明码标价的规范指导。

2010—2011年，开展价格服务进港站、进市场工作。构建起价格主管部门与“港站”企业间的联系桥梁，为企业提供价格政策服务、价格维权服务和价格自律服务。结合“价格服务进万家”活动，组织开展了“明码标价进农贸市场”工作，选取11家农贸市场为试点单位，设计制作具有农贸市场特色的商品标价牌、标价签，免费发放给各经营业户，有效规范了农贸市场明码标价的价格行为。

2012年，成立社会价格监督组织，特聘40名同志为义务价格监督员，进一步加强辖区市场价格行为监管，在全市率先构建起了一支覆盖全区的社会价格监督网络，探索出一条政府价格监督管理与社会价格监督管理互动延伸的新路子。年内，深入到全区10个街道办事处、社区，开展了“价格政策知识宣讲进社区”活动，完成了12家具备条件农贸市场的明码标价工作，统一规范了明码标价的格式、内容，进一步增强了价格信息透明度。分别在阳光百货、海信广场、佳世客、麦凯乐等大型商场、超市举办了物价政策培训班，针对企业实际需求，进行了政策培训和现场指导。

第四章 财 政

青岛建置初期，今市南区地域隶属即墨县仁化乡，田赋、盐税均解缴即墨县衙，地方没有支出管理权。德国侵占青岛后，胶澳总督府设财政部对辖区实施财政管理。第一次世界大战时期，辖区财政归属日本青岛守备军司令部财政部。1922年中国收回青岛主权后，青岛成为中央政府的一级地方财政单位，今市南区地域设有青岛区、别墅区、大鲍岛区和西镇，为胶澳商埠财政的一级收支单位。南京国民政府接收青岛后，今市南区地域划分为第一区、第二区，各区设区公所，掌理区预算、决算编制及区财政收支事项。日本侵华战争时期，区内财政完全为日伪政权所控制。抗日战争胜利后，设市南区区公所，恢复对区内财政的管辖权。

20世纪50年代初期至1987年，市南区为市财政预算收支单位，实行“统收统支”的财政管理机制，财政收入全部上缴市财政，财政支出按照经费支出计划，由市财政统一承担，区财政没有设置国库。中共十一届三中全会以后，区级经济得到快速提升，1984年设立区财政局。1985年，区财政改变“统收统支”的财政管理体制，以1984年的正常经费支出为基数，实行切块包干，按“量入为出”的原则自行安排，超支不补，结余留用。1988年始设立区一级财政，实行“总额分成加增长分成”的财政管理体制，同年设立区级国库。1993年区财政试行“分税制”财政管理体制，按收入来源和税种划分各级财政收入分成办法。1995年，区级预算固定收入实行市与区“二八”固定比例分成办法。1996年各街道办事处全部建立了财政所，实行“收入考核、支出包干、超收奖励、歉收自补、结余留用”的街道财政管理机制。2002年对“分税制”财政管理体制进行改革，理顺了市区财政分配关系，区财政收入实行“当地征收、划分税种、分税分成”制度，预算收入按属地化原则进行划分。自2004年起，建立了适应不同发展时期的街道财政管理体制，实行“确保基数，收支挂钩，比例分成，结余留用”的街道虚拟财政管理体制。2012年，围绕“转变经济发展方式、推进产业结构调整”的发展思路，强化政策资金引导力度，财源建设有序推进，财政收入稳定提升。是年，实现全口径财政收入163.11亿元，同比增长13.5%；财政总支出完成40.95亿元，其中区级公共财政预算支出33.55亿元，占预算的103.24%，同比增长21.14%。

第一节　财政体制

20世纪50年代初期至80年代中期，实行“统收统支”的财政管理体制。1951年，实行中央、大行政区、省三级财政，山东省为一级财政单位，青岛市为山东省的收支单位。1953年，建立了中央、省（市）、县（市）三级管理体制，青岛市有了市、县两级财政。直至1984年，区财政均实行统收统支的财政管理机制。

1985年1月，市财政局以1984年的正常经费支出为基数，切块包干给各区财政局，由区财政局按“量入为出”的原则自行安排。1987年，区级各项财政收入全部上缴市财政，区财政按“划分收支范围，核定支出指标，实行总额分成，收支差额年终结算”的办法办理，区财政收入分成比例为21.59%，财政分成收入与支出差额由市财政给予补助。1988年实行“总额分成加增长分成”的财政管理体制，以上年财政收入总额为基数，加适当增长额为当年计划财政收入总额，区财政按固定比例分成（市南区分成比例为39.1%）。超收部分区财政另按一定比例分成。

1993年市内五区试行“分税制”财政管理体制，按收入来源和税种划分各级财政收入分成办法。1995年，区级预算固定收入实行市与区“二八”固定比例分成办法。

2002年对“分税制”财政管理体制进行了改革，区内地方财政收入实行“当地征收、划分税种、分税分成”制度，预算收入均按属地化原则进行划分，市与区财政按“五五”比例分成。2005年起，统一各区收入增量分成比例，辖区共享收入按增长幅度递增上解改为定额上解。2008年完善财政体制，建立共享收入增长激励机制，以各区2006年实现的共享收入市本级分成部分加增长25%作为2007年收入基数，将各区共享收入市本级分成部分每年增长超过25%以上的部分全部返还各区。

20世纪80年代后，随着经济体制改革的不断深化，中外合资企业、街办企业、个体和私营企业快速发展，非公有制经济逐步成为社会主义市场经济的重要组成部分。为加快街道经济的发展，充分发挥街道办事处当家理财、增收节支的积极性，1994年先后在6个街道办事处进行了组建街道财政所试点工作。1996年各街道办事处全部建立了财政所，并在不同时期制定了相应的街道财政管理体制。1995—1996年实行“收入考核、支出包干、超收奖励、歉收自补、结余留用”的街道财政管理机制；1997—1998年实行“收入考核、支出包干、超收奖励、歉收扣减”的街道财政管理机制；1999—2001年实行“核定税源收入与经费支出基数，实行发展税源经济与经费挂钩”的街道财政管理体制；2004年起实行“确保基数，收支挂钩，比例分成，结余留用”的街道虚拟财政管理体制。2009年至今，实行“确保基数、收支挂钩、切块下放、分类管理”的街道财政管理体制。

第二节　财政收支

财政收入

市南区地方财政收入主要包括工商税收、农牧业税收、企业收入、耕地占用税、国有土地有偿出让收入和其他收入。20世纪50年代初，区内多数企业统归市管，全区财政收入统一上交市财政。20世纪50年代末至80年代中期，部分商业、饮食服务业、加工业等小型企业分期分批由市下放到各区，成为区属企业。由于区属企业数量少、规模小、利润低，区一级财政尚无法建立，也没有设置国库。

中共十一届三中全会后，区属企业、街办企业迅速发展壮大，区属经济得到快速提升。1988年，青岛市对区财政实施了体制改革，市南区成为区一级财政，设立了区级国库。自此，区属企业各项税收、利润收入和其他收入上缴区财政，入区级国库。20世纪末，民营经济和外向型经济迅速崛起，2000年全区财政收入达到2亿元。

21世纪初，全区产业结构不断优化，高新技术产业和现代服务贸易业成为市南区经济发展的主导产业，财政收入迅猛增长，2004年全区财政收入突破10亿元大关，2007年达到19.93亿元。2008年以来，受金融危机、国家调控政策影响，财政收入增速放缓，2011年有所回升，全年财政收入完成33.4亿元。2012年，市南区理顺税源秩序，不断培育新的经济增长点，推动税源建设良性发展，区级地方公共财政收入突破百亿元大关，跃居全省县级财政收入第1位，实现全省县级财政收入的历史性突破。

财政支出

市南区地方财政支出，2007年以前主要有以下支出项目：1.基本建设支出，由地方财政安排的城市基本建设投资支出。2.企业挖潜改造资金，区属企业挖掘潜力、技术革新、设备改造方面的支出。3.科技三项经费，支持企业改革创新，发展企业经济，用于新产品试制费、中间试验费和科学研究补助费三项资金投入。4.文教卫生事业费，用于全民文化、教育、体育、卫生、宣传、计划生育等事业方面的支出。其中教育事业费支出所占比重较大。5.行政管理费，用于地方国家机关行使权力和履行其管理职能所开支的各项费用。6.公检法司支出，用于地方公安、检察院、法院、司法机关行使权力和履行其管理职能所开支的各项费用。7.城市维护费，用于城市道路、市政设施、园林绿化、公共卫生、抗洪救灾等公用事业方面的支出项目。8.抚恤和社会福利救济，包括：牺牲、病故、伤残军人和烈军属、复员退伍军人发放的生活补助费、抚恤费、安置费等项支出；社会残疾人、贫困人员、受灾人员福利救济费；部分离、退休人员发放的离、退休金；其他民政事业费支出等。9.其他支出，包括由区政府当年立项安排的专项支出、年内新出台的增资款项、有关部门年底追加的经费和其他特殊专项支出等。

2007年，按照财政部要求，全面实行政府收支分类改革，调整预算收支科目，主要是调整预算支出科目，将政府支出进行更具体的定位，提高政府预算的透明度。随后，又不断进行修改完善。调整后支出科目为：1.一般公共服务，反映政府提供的一般公共服务的支出。主要包括人大、政协、政府办公厅、统计、财政、审计、人力资源、纪检监察、计生、商贸、港澳台侨、档案、群众团体、组织、宣传、统战、共产党等事务支出。2.国防，反映政府用于国防方面的支出。具体包括兵役征集等方面的支出。3.公共安全，反映政府维护社会公共安全方面的支出。有关事务包括公安、检察、法院、司法等。4.教育，反映政府教育事务支出。有关事务包括教育行政管理、普通教育、特殊教育、干部继续教育等。5.科学技术，反映用于科学技术和科普教育等方面的支出。6.文化体育与传媒，反映政府在文化、文物、体育、广播影视、新闻出版等方面的支出。7.社会保障和就业，反映政府在社会保障与就业方面的支出。有关事项包括民政管理事务、财政对社会保险基金的补助、就业补助、抚恤、社会福利、残疾人事业、城市居民最低生活保障、红十字事务等。8.医疗卫生，反映政府医疗卫生方面的支出。具体包括医疗卫生管理事务支出、公立医院、基层医疗卫生机构支出、公共卫生等事务支出。9.节能环保，反映政府节能环保支出。具体包括能源节约利用、排污费安排的支出等。10.城乡社区事务，反映政府城乡社区事务支出。具体包括城乡社区管理事务、城乡社区公共设施、城乡社区环境卫生等支出。11.农林水事务，反映政府农林水事务支出。具体包括农业方面的支出。12.资源勘探电力信息等事务，反映政府对资源勘探电力信息等事务支出。具体包括制造业支出、工业和信息产业监管支出、安全生产监管支出、支持中小企业发展和管理支出等。13.商业服务业等事务，反映对商业服务业等事务的支出。具体包括商业流通事务支出、涉外发展服务支出等。14.保障性住房支出，反映住房用于住房方面的支出。主要包括廉租住房、公共租赁住房等支出。15.其他支出，反映用于其他方面的支出。

中共十一届三中全会以后，市南区经济社会得到较快发展，但由于区级财政收入增长缓慢，财政支出只能基本满足城市建设、文教卫生、行政管理费等几项主要支出。随着经济的快速发展，地方财政收入逐年上升，在保证财政主要支出项目的前提下，适当增加了文教、科学和卫生事业的投入，逐年加大了城市建设、科技发展、社会福利和社会保障等项财政支出。进入21世纪以后，市南区财力逐渐增长，区财力需保障的项目也持续增加。面对新的形势，区财政不断优化支出结构，保障教育事业优先发展，加大社区建设和社区养老投入，扶持残疾人事业发展，支持实施更加积极的就业政策，着力推动保障性住房建设，稳妥推进医疗卫生事业改革，落实科技文化事业发展保障资金，支持文化惠民工程的深入开展。积极筹措重点项目建设资金，确保优化发展环境各项支持需要，集中财力办好民生实事，解决实际问题，为打造一流的兴业环境和宜居环境提供坚实的财力支持。

2012年，区财政支出坚持“突出重点、有保有压”原则，努力压缩一般性支出，集中财力办好惠民实事。区级财政教育支出占财政支出比重达16.4%，助推教育事业优先发展。同年区级财政支出用于全面提升社区中心管理服务功能，支持充分就业社区创建工程，支持社会保障体系建设，推进保障性住房建设及旧城改造居民回迁安置，用于道路绿化升级及道路养护维修，辖区居民楼院综合整治，推动城区环境日益优化，建立社区卫生和区域医疗服务信息化系统，推进公共卫生服务均等化，扶持文化旅游事业发展，进一步丰富群众性文体活动。年内财政总支出完成40.95亿元。

表10-1　　市南区财政收入统计表

（1990—1993年）　　单位：万元

年度	收入合计	财政收入明细									
		产品税	增值税	营业税	集体企业所得税	个体营业税	个体所得税	农牧业税	耕地占用税	其他税收	其他收入
1990	4137.8	35.3	747.3	750.4	1089.8	1436.3	5.8	1.1	38.7	—	33.1
1991	4619.4	28.3	812.4	967.4	1089.0	1619.7	0.5	1.1	66.4	—	34.6
1992	5223.1	19.0	883.0	1086.0	1124.0	2042.0	26.0	1.1	18.0	—	24.0
1993	6626.6	10.7	1124.4	1986.5	973.3	2400.9	3	1.1	—	13.2	113.5

表 10-2

市南区财政收入统计表

（1994—2006 年）

单位：万元

年度	财政收入合计	一般预算收入合计										基金收入
		国税收入	地税收入	涉外税收	农业税耕地税	行政性收费	罚没收入	城市建设税	教育附加费	征收排污费	其他收入	地方教育费附加
1994	7388	5416	1398	307	—	—	—	—	69	198	—	—
1995	8264	1835	5633	443	102	—	—	—	—	171	80	—
1996	10612	2382	6671	904	86	—	449	—	—	120	—	—
1997	13018	2838	8173	1136	174	—	541	—	—	156	—	—
1998	14295	3301	10137	—	—	105	541	—	—	173	38	—
1999	17078	3734	12611	—	—	132	290	—	—	195	116	—
2000	21709	4381	15725	—	—	709	246	—	—	248	400	—
2001	26969	5593	20816	—	—	—	288	—	—	253	19	—
2002	71066	11695	54746	—	4	437	925	1942	721	596	—	—
2003	75057	12333	58235	—	—	534	640	1890	676	573	176	—
2004	100619	17626	73494	—	—	5056	474	2459	904	—	606	—
2005	117796	23345	88980	—	—	716	257	2899	1055	—	255	289
2006	152472	30733	106636	—	—	6159	553	3960	1448	—	2518	465

表 10-3

市南区财政收入统计表

（2007—2011 年）

单位：万元

年度	财政收入合计	一般预算收入明细										基金收入
		增值税	营业税	企业所得税	个人所得税	其他税收收入	教育费附加	行政事业性费	罚没收入	国有资产有偿使用收入	其他收入	地方教育费附加
2007	199870	19984	81224	33599	15373	28302	1743	1343	433	17316	—	553
2008	231695	22587	81605	40794	18304	39306	5423	2872	1119	18007	—	1678
2009	245879	21966	80804	28174	22132	41540	4856	10843	1360	29848	2665	1691
2010	271043	24284	94638	33164	27255	46509	5772	3312	1447	32518	208	1936
2011	339396	29225	103658	41677	34756	59776	8240	11857	1064	43814	1	5328

表 10-4

市南区财政支出统计表

（1990—1995 年）

单位：万元

支出项目 \ 年度	1990	1991	1992	1993	1994	1995
总　　计	2278.4	2535.1	3511	5146	7806	8646
企业挖潜改造资金	—	—	—	300	308	300
科技三项经费	1.0	—	—	30	40	70
农业发展专项基金	82.0	65.0	16	18	306	101
城市维护费	572.2	524.6	880	856	2021	1565
文教卫生事业费	815.6	977.4	1371	1965	2478	2726
教育支出	559.6	616.5	784	1143	1662	1879
其他部门事业费	43.0	28.7	34	84	137	101
抚恤和社会福利救济	248.5	275.7	333	380	538	583
行政管理费	276.0	311.1	440	649	974	1157
公检法支出	85.9	92.2	140	184	278	361
环境保护补助	—	—	—	—	69	171
肉食价格补贴	38.0	39.0	39	40	59	49
教育费附加支出	—	—	—	—	—	190
其他支出	116.2	221.4	258	640	598	1272

表10-5 市南区财政支出统计表

（1996—2006年） 单位：万元

财政支出项目＼年度	1996	1997	1998	1999	2000	2001	2002	2003	2004	2005	2006
总　　计	11856	15317	17774	21083	28669	33515	43196	44388	67855	81272	122593
企业挖潜改造资金	38	—	1104	1092	1160	2311	3371	3198	8209	7600	11057
科技三项经费	88	103	146	244	518	680	720	810	1798	2318	2157
城市维护费	2943	5031	4823	5059	4617	5554	6941	5744	8117	11914	18453
文体广播事业费	172	199	260	311	406	521	620	799	785	1484	2542
教育支出	2440	2553	3060	3617	6371	7402	8569	9506	10938	16959	25022
医疗卫生经费	831	1200	1115	1255	1492	1178	1323	1482	1097	2853	3173
其他部门事业费	77	70	88	81	216	265	302	318	319	683	1056
抚恤和社会福利救济	845	838	400	766	1095	1190	1422	1814	2680	2879	4465
社会保障补助支出	—	—	75	151	570	1348	1477	1495	2295	2694	2927
行政管理费	1413	1680	1739	2450	3828	4700	5580	5572	3100	9776	15709
公检法司支出	553	583	745	928	976	1502	2321	3328	3351	5326	9227
教育费附加支出	370	611	573	530	913	649	690	704	870	1093	2703
科学事业费	—	—	4	8	8	13	20	25	25	25	28
义务教育费支出	—	—	—	—	—	410	392	468	298	—	—
基本建设支出	—	130	138	—	15	—	3000	1431	2956	1018	—
排污费支出	—	—	—	—	—	253	596	573	—	—	—
离退休支出	—	—	585	572	909	898	878	862	—	1100	1324
文教部门基金支出	—	—	9	21	21	21	23	27	27	316	917
残疾人就业保障金支出	—	—	—	—	—	—	—	26	34	367	710
土地有偿使用支出	—	—	—	—	1290	—	—	—	8365	3023	5988
商贸部门基金支出	—	—	—	—	—	—	—	—	—	268	—
排污费支出	120	156	173	195	248	—	—	—	—	—	—
工交事业费	—	—	—	—	—	—	—	—	—	2	3
其他支出	1831	1940	2687	3660	3586	4618	4947	—	—	9574	15132

表10-6　　市南区财政支出统计表

（2007—2011年）　　单位：万元

年度 财政支出项目	2007	2008	2009	2010	2011
总　　计	249847	218103	390681	369372	394957
一、一般预算支出	166729	182369	208853	231646	298008
1.一般公共服务	22448	27076	33405	38415	45048
2.国防	—	—	—	2	2
3.公共安全	13940	10532	10327	10875	12302
4.教育	35397	39802	41697	45748	58980
5.科学技术	4975	4509	9206	6678	7429
6.文化体育与传媒	2251	1879	2713	2380	2929
7.社会保障和就业	10988	13335	15003	18287	23144
8.医疗卫生	3646	5076	6461	7540	10404
9.节能环保	105	80	90	40	951
10.城乡社区事务	28364	30841	37444	43186	60369
11.农林水事务	—	—	30	300	20
12.资源勘测电力信息事务	28823	35743	21244	39799	49704
13.粮油物资储备及金融监管	—	—	17452	—	—
14.商业服务业等事务	—	—	—	3957	4648
15.保障住房支出	—	—	—	—	401
16.其他支出	15792	13496	13781	14439	21677
二、基金支出	83118	35734	181828	137726	96949
17.地方教育附加支出	687	977	980	1225	4617
18.文化事业建设费	40	44	44	43	45
19.残疾人就业保障金支出	776	1184	1463	1788	2635

续表10-6

财政支出项目＼年度	2007	2008	2009	2010	2011
20.政府住房基金	—	—	—	4079	1223
21.国有土地使用权出让安排支出	81615	32911	178531	129669	86529
22.城市基础设施配套费安排的支出	—	—	—	—	718
23.彩票公益金	—	618	676	922	1182
24.中央对外贸易发展基金支出	—	—	134	—	—

第三节 财政管理

预算管理

青岛解放后至1987年，区级财政没有系统、完整的预算管理。1987年，市内5区建立区一级的财政预算，区辖各职能部门为区财政的预算管理单位。1992年，在各街道办事处建立财政所，区一级财政预算管理形成完整的预算体系。随着经济体制和财政体制改革的不断深化，区级财政预算管理不断完善。财政预算的编制，一般参照上年财政收入，结合当年经济发展计划，本着积极可靠的原则，逐项测算各项收入，合理确定总收入预算。按照收入预算测算出地方可动用财力后，根据社会发展需求，本着保证重点、量入为出的原则编制支出预算。支出预算首先保证行政事业单位人员经费和区政府当年确定的与人民生活有密切关系的重点项目预算支出，再根据经济和社会各项事业的发展需要，合理安排其他支出项目。预算支出须安排留有适当的预备费，以保证国家新出台的改革措施和不可预料的项目支出。财政收支预算经区人民代表大会审查批准后生效实施。2003年市南区开始全面编制部门预算，部门预算制度改革深入进行，调整和优化了财政支出结构，增强了支出管理的前瞻性和规范性。2005年，区财政局相继制定《市南区行政事业单位基本支出管理办法》《市南区项目支出预算管理办法》和《市南区基本支出定额预算管理办法》，进一步细化了部门预算编制中的各项定员定额标准和管理办法，为部门预算的编制提供了政策依据。2007年，制定国库集中支付管理制度，建立国库单一账户体系，确定国库集中支付方式和程序，加强监督制约机制。

2012年，深化预算编制管理改革，严格按照《预算法》要求，健全政府预算编审体系，按照资金保障的优先次序和投向，调整项目支出分类，提高了重点保障能力。

预算外资金管理

预算外资金管理始于1989年。是年区财政局设立预算外科，负责审核行政事业性收费项目、收费标准和预算外资金管理收缴工作，对预算外资金实施全面管理。预算外资金实行两种管理形式：1.对不涉及日常人员和办公经费支出的预算外资金收入，纳入财政集中管理，在不改变资金用向的前提下，由区政府统一安排使用。2.对自收自支单位收缴的预算外资金，其所有权不变，纳入“专户储存，计划管理、财政审批、银行监督”的收支两条线资金管理方式。2008年，全区启用非税收入征管系统，进一步规范了非税收入上缴、收费票据领购核销和收费项目的管理，实现“单位开票、银行代理、财政统管”的非税收入管理模式，确保使用非税票据的行政事业性收费应收尽收。2011年，根据财政部《关于将按预算外资金管理的收入纳入预算管理的通知》，将除教育收费以外专户管理的预算外收入全部缴入国库，纳入预算管理。

企业财务管理

50年代中期，财政部门制定了统一的会计核算制度、费用报销制度和利润分配制度，加强对工商企业部门的财务管理。区财政局负责区属企业财务制度、财会法规的贯彻落实和专项资金的运用，并负责审查汇总区属企业的会计报表，定期分析企业经营、财务状况，及时提出加强企业财务管理，提高企业经济效益的建议和意见。

1993年，全国贯彻执行《企业财务通则》和《企业会计准则》，企业财务管理进行了重大改革。区财政局举办了财务制度改革培训班，提高了财务人员的业务素质和工作水平，为加强新时期的企业财务管理，起到了一定的推动作用。区财政局积极转变职能，加大政策扶持和资金投入力度，全面支持企业发展。对贡献大的经营大户给予税收返还奖励；对有发展潜力面临困境的企业给予资金支持；对重点骨干企业给予重点扶持；对困难企业给予救助。

随着对外开放的不断扩大，外商投资企业迅速增加，按照《中华人民共和国外商投资企业财务管理规定》，财政局除负责办理区属外商投资企业财政登记、联合年检、专项补贴和税收返还等事项外，其资金投入、成本费用列支、利润分配等项财务管理内容均纳入财政管理范畴。1998年以来，区财政局组成检查组，对区内外商投资企业进行专项检查，对查出的违法违规问题及时进行了处理，并责令限期改正，提高了外商投资企业的守法意识。2002年，青岛市财政体制改革，企业财务管理由区属企业管理变更为驻区企业管理，企业管理范围扩大。2006年制定《青岛市市南区人民政府关于加强财源经济建设的意见》和《市南区财源经济建设工作措施及责任分解》文件，进一步加强了财源建设工作力度，强化了责任意识，促进了区域经济发展。

会计事务管理

50年代区财政部门建立后，根据国家、省、市有关规定，组织财务规章制度宣传、学习和培训，实施会计事务管理。1985年全国人大常委会通过《中华人民共和国会计法》，会计事务管理工作纳入法治轨道，区财政部门依法管理行政区域内的会计工作。组织在职财会人员专业知识技能培训，开展会计工作升级达标工作，评选会计工作先进集体和个人，进行区内行政事业单位和区属企业、街道企业会计人员会计技术职称评审工作。1993年，财政部颁布《企业财务通则》和《企业会计准则》，对会计制度实行重大改革。区财政局举办“两则”学习班和会计人员继续再教育培训班，进行上岗培训，为推动会计制度改革，实现新旧会计制度顺利接轨奠定了基础。

2000年7月1日起《中华人民共和国会计法》施行，区财政局利用多种形式，大力开展《会计法》宣传，组织进行《会计法》执行情况专项检查，进一步规范了各单位的会计基础工作，增强了单位负责人作为会计行为责任主体的意识，提高了单位负责人履行《会计法》赋予职责的自觉性，促进各单位会计核算和财务管理水平的进一步提高。区财政局依法对全区会计事务工作实施了有效管理，一是组织实施国家统一的会计准则、内部控制制度；提出会计改革的政策建议，拟订有关规章制度。二是会计从业资格证书管理，主要是办理会计从业资格证书的发放、调转、变更、补证等业务，并对会计从业资格实行信息化管理。三是会计专业技术资格考试管理。四是会计人员继续教育培训管理。五是对代理记账许可资质实行属地化管理。六是指导和监督会计电算化工作。

2007年，为贯彻《中华人民共和国会计法》，宣传新会计准则，普及会计知识，扩大会计工作的社会影响，区财政局积极组织、宣传、发动，共有20103人参加了财政部举办的第三届全国会计知识大赛，参赛人数列全市第一。同时，与青岛大学合作，制作了“市南区会计知识大赛试题”，对部分经验丰富的会计人员进行测试，从中选出4位成绩优异的，代表市南区参加了青岛市组织的全国会计知识大赛第二赛程选拔赛，最终获得团体优胜奖、个人第二名的好成绩，总分列市内四区之首。2008年，入驻市南区政府审批服务大厅，主要办理会计从业资格、代理记账审批业务，并不断完善服务措施，为驻区会计人员和单位提供服务。2010年，开通会计智能总机服务业务专线“88729887”，全天候全方位解答会计从业资格证书的办理、调转以及代理记账机构的办理等会计事务方面的疑问，受到了广大会计人员的一致认可。2011年，根据《青岛市市南区人民政府办公室关于印发青岛市市南区财政局主要职责内设机构和人员编制规定的通知》（青南政办发〔2011〕13号），会计事务管理办公室变更为会计科。

政府采购管理

市南区政府采购工作始于1999年。2001年成立区政府采购管理办公室，对政府采购工作进行了积极的探索。2002年年底，根据政事分开的原则，确立监管与执行分开、采购与使用分离的政府采购管理体制和运行模式，成立区政府采购中心，并组织集中采购，负责政府采购的招投标事宜，建立专家库和供应商库，研究制定政府采购的管理规章制度，编制政府采购预算和计划，拟定政府集中采购目录，审批政府采购方式，受理供应商的投诉以及采购活动中的监督工作等。

2003年实施《中华人民共和国政府采购法》后，政府采购工作严格按照《采购法》要求进行，相继出台《市南区政府采购供应商资格管理暂行规定》和《市南区政府采购咨询评审专家管理暂行规定》，政府采购工作有了法律依据和制度保障。

到2007年，政府采购范围基本涉及了货物类、工程类、服务类，采购方式由最初的五大类扩展到协议供货、定点采购等多种方式并存，既实现了应采尽采，又提高了采购效率。同年，出台《市南区政府采购管理暂行办法》《市南区政府采购操作规程》《市南区政府采购目录》《关于对办公设备、办公家具等实行协议供货的有关事项的通知》《市南区公务用车定点维修暂行办法》等制度。建立由财政、监察、审计相关部门参与的政府采购监督管理联席会议制度，完善了政府采购工作协调和沟通机制。

2010年，在市南软件园1号楼建立市南区政府采购招标大厅，标志着市南区政府采购工作硬件建设上了一个新的台阶，实现了政府采购集中监管和实时监控。出台《关于进一步加强政府采购合同备案管理的通知》，在全面反映政府采购统计数据的同时，规范了合同备案管理；转发了青岛市财政局《关于对单一来源采

2012年8月，全区建成中介机构数据库

购方式实行网上公示的通知》，规范了政府采购方式的使用管理。

2011年，首次转发青岛市财政局《2012年政府集中采购目录》，同时采购限额确定为：货物、服务类3万元，工程类5万元，对未纳入集中采购目录的且金额在15万元以上的货物纳入集中采购管理，努力实现应采尽采。2012年，深化政府采购体制改革，拓宽政府采购范围，加大改革创新力度，完善政府采购法规和政策，全年实现采购规模34091万元，节支率为5%。

财政监督

1990年成立市南区人民政府税收、财务、物价大检查办公室，加强对全区税收、财务、物价大检查工作的领导。2000年，更名为市南区财政局监督检查办公室，隶属区财政局。2000年以来，以专项资金检查为重点，开展专项资金检查工作。将财政资金检查贯穿于财政收入监督、财政支出监督、财政内部监督和会计监督四个方面。加大事前审核和事中监控的力度，围绕财政改革的热点、难点问题，重点把有效性监督贯穿于财政支出的全过程，确保财政支出资金的安全、规范和有效。2009年根据国家、省、市有关文件精神，市南区开展“小金库”专项治理工作，成立市南区“小金库”治理工作领导小组，领导小组办公室设在区财政局，负责“小金库”治理的日常组织、协调、检察工作。2010年根据《全市社会团体“小金库”专项治理实施方案》和《青岛市政府国资委监管企业“小金库”专项治理工作实施方案》的要求，市南区继续深入开展党政机关和事业单位“小金库”专项治理，并向社会团体和国有企业延伸。2011年印发了《2011年市南区“小金库”专项治理工作实施方案》，按照彻底清理“小金库”的工作要求，分级负责，分口把关，统筹兼顾，整体推进，从不同领域、不同层级的实际出发，全面完成了党政机关、事业单位、社会团体和国有及国有控股企业“小金库”治理工作。2012年，坚持创新机制与完善财政监督相结合，努力形成“聚财有道、理财有方、用财有效”的财政管理新机制，财政监督检查力度持续加大。全年检查37项专项资金的管理使用情况，抽查49户企业的会计信息质量。

国库集中支付

2002年成立市南区会计核算中心，纳入集中核算的单位15家。市南区会计核算中心在“单位预算体制不变，财务管理机制不变，会计主体法律责任不变”的原则下，对全额拨款行政事业单位的会计核算工作进行集中管理、统一开户、分户核算，增强政府对财政资金的调控能力。2006年市南区会计核算中心更名为市南区国库支付中心。2008年，在国库单一账户体系基础上，依托国库支付系统和银行信用卡系统在全省率先推行了公务卡制度，构建网络平台，选择发卡行，建立银行清算汇划系统，对公务消费实行动态监控，提高财政支出透明度，有效解决现金管理漏洞。2012年，进一步完善国库集中支付制度，理顺支付业务流程，扩大直接支付范围，加强监督制约机制，规范财政资金支付行为，强化资金支出事前、事中的监督，提高资金使用效益。是年纳入集中核算的单位达到80家，基本实现了全区全额拨款行政事业单位国库集中支付的全覆盖。

财源建设

2008年成立市南区综合治税管理办公室，综合协调财源建设工作，拟定财源建设政策措施。同年印发《市南区实行社会综合治税长效机制管理工作意见》（青南政发〔2008〕44号），加强全区综合治税工作，建立起相关职能部门密切配合的有效管理机制，使税务部门更加有效地控制税源、掌握税基，努力做到税款应收尽收，推动了全区财税工作向纵深发展。2011年，全区税源控管及财源建设工作进一步向基层延伸，牵头区属10个街道办事处与地税市南分局签订税款委托代征协议，召开全区委托代征税款工作业务培训会，在各街道办事处开展属地零散易漏税款委托代征工作。同年，制定印发《市南区个体工商户税源专项治理工作实施方案》，协调相关执法单位在全区范围内开展个体工商户税源专项治理工作。2012年，进一步加强税源控管及财源建设。一是落实积极财政政策，支持产业结构优化升级。二是在全市率先开展税源普查，依法维护区域税源秩序。制定《市南区2012年税源普查工作实施方案》（青南政办发〔2012〕5号），建立起区、街、社、片、楼五级税源普查网，全区近千名普查员用5个月时间入户普查企业单位4万余户，查处纠正漏征漏管企业单位3200余户，增加税收过亿元。三是健全税收保障工作体系，形成税源控管长效管理机制。制定《市南区关于加强地方税收保障工作意见》（青南政发〔2012〕8号），进一步凝聚部门力量，建立以区财源建设办公室为“一办”、街道办事处经济发展办公室专职工作人员为“协管员”、社区公益性岗位专职人员为“信息员”、区税务、工商部门专职人员为“专管员”的“一办三员”税源控管工作体系，全面延伸税源控管链条，大力提高税收征管质量，在全区形成“源头服务、动态控税”的常态化税源控管工作网。四是完善收入调度措施，切实提高组织收入能力。认真分析经济发展态势，加强税源调查分析，深入挖掘财政增收潜力，确保各项税收及时足额入库。严格执行“收支两条线”管理，确保非税收入应收尽收。2012年区级财政收入突破百亿元大关，税收收入占公共财政预算收入的比重达到95%。五是积极落实出口退税政策，筹措资金确保及时、足额退付到位，全年办理出口退税47.5亿元，促进了外贸企业稳定发展。

第五章　税　务

区内税务始于19世纪中叶。清咸丰九年（1859），清政府在青岛口设立厘金局，征收厘金，监管税务，此为区内近代税务之始。清同治四年（1865），东海关设立常关于青岛口，根据清廷户部规定的税率征收进出口正税和厘金。当时，今市南区地域隶属即墨县仁化乡，当地开征的田赋、盐税均由即墨县衙征收。德国侵占青岛时期，区内税收由财源调查委员会依据总督府公布的《征收课税章程》制订课税物及课税方针并征收各税，区内税务稽征始实行税务登记。第一次世界大战时期，由日本青岛守备军司令部财政部统管区内各项税捐。

中国收回青岛后，依据《国家税及地方税法草案》，首次划分了国税、省税和市税。区内国税、省税征收，由财政部和省派出机构征收，市税由胶澳商埠督办公署财政课征收管理。南京国民政府接收青岛后，区内税收收入划分为中央收入和地方收入。中央收入的税收管理权属中央，地方税收的管理权属青岛市，依税类划分税收归属。日本侵华战争期间，区内税收分为国税和地方税两部分，国税征收归属伪南京政府，地方税征收归属伪青岛市政府，下设征收办事处负责征管。抗日战争胜利后，青岛市政府分设货物税局和直接税局两个独立的征税机构，区内税收隶属之。货物税局在区内工厂设有货物税驻厂办事处，直接税局在区内设稽征所，征收各项地方税。

中华人民共和国成立后，统一全国税政，建立新的税收管理体制，扩大了地方税收的管理权限。1950年青岛市税务局按行政区划设立市南分局，对工商业纳税人实行纳税申报，并推行发票管理，对企业实行纳税鉴定。1958年实行财税统管体制，由合并组建的市南区财政局，统管税收、利润监交和财务管理。1971年，对国营、县以上集体工交企业和国营批发企业、物资企业、外贸企业打破区域界限，由各税务分局按行业分工稽征管理。其中，市南分局分管全市商业批发零售企业、物资企业、外贸企业和皮革、服装、五金工业企业、饮食服务企业和区属企业税务稽征。

1987年青岛市经国务院批准为国家计划单列城市之后，享有省一级的税收管理权限，条块结合的稽征形式延续至1990年。20世纪90年代，按照社会主义市场经济体制的要求，对税收体制进行了全面改革，税种由原来的37个缩减为23个，为市场经济的发展创造了良好的税收环境。国税地税分设后，区税务部门采用计算机受理纳税申报，打破计划经济体制下的传统征管格局，以计算机网络为依托，建立邮寄申报、电子申报、集中征收，重点稽查等现代化税务征管新模式。其间，加强税收征收管理，组织拉网检查、重点抽查和复查，遏制税收违纪违章，惩治偷税抗税犯罪，加强税务执法，维护了税法尊严。

进入21世纪后，区税务系统深化税收征管改革，推广应用计算机远程申报、电话申报、代理申报税收稽征方式，建立了多元化电子申报纳税方式的集中征收体系，推行二维条码纳税申报应用技术，税收征管的科技含量显著提高。这一时期，进一步加大税收征管工作力度，建立起区、街道、市场三级协税护税网络，加强执法监督，规范个体税收征管秩序。2012年，围绕税源专业化管理，进一步规范税收业务工作规程，构建风险识别、风险排序、风险应对、查询监控有机链接的风险预警体系，着力打造以风险管理为先导的管理模式，实施管理增收和挖潜增收，全年税收收入取得新突破。全年税收收入40.44亿元，同比增长11.68%。

第一节　税收管理

中华人民共和国成立后，政务院于1950年公布《全国税政实施要则》，统一全国税政，建立新的税收管理体制。同年开展税务稽征。1956年，根据“保证税收，简化税制”的原则，扩大了地方税收的管理权限，青岛市人民政府税务局改称青岛市税务局，下设市南分局。1958年，市南、市北、台西3个分局被撤销，市内分设市南等6个区财政局，实行税收、利润监交、财务管理三者结合的财税统管体制。1987年青岛市实行计划单列后，享有省一级的税收管理权限。1994年青岛市地方税务局第一分局成立，负责青岛市南区地方税收的征收管理工作，主要征收营业税、企业所得税、资源税、个人所得税、土地增值税、车船使用税、房产税、固定资产投资方向调节税、城市建设维护税、教育费附加税、屠宰税、城镇土地使用税、印花税、筵席税等。同年，青岛地税系统第一个征收大厅在一分局建成并投入试运行。2002年9月，青岛地方税务局第一分局更名为青岛市地方税务局市南分局，负责市南区地方税、中央与地方共享税的征收管理和有关行政执法工作。

第二节　税务税种

1950年，政务院发布《关于统一全国税政的决定》和《全国税政实施要则》，废除了南京国民政府的旧税、捐制，建立了全国统一的新税制。区内征收的税种有：货物税、工商业税（包括营业税和所得税两部分）、印花税、存款利息所得税、特种消费行为税（包括筵席、冷食、电影、戏剧及娱乐、旅馆等）、车船使用牌照税、房产税、地产税、屠宰税、交易税、盐税。1950年，将房产税和地产税合并为房地产税。1951年改为城市房地产税。1951年开征棉纱统销税。1953年，货物税税目由358个减为174个，缴纳货物税产品的工厂，其营业税、商业批发营业税及其附加、印花税，并入货物税一次征收。1958年，国务院发布了《中华人民共和国工商统一税条例（草案）》，将货物税、商品流通税、工商业税中的营业税和印花税合并成工商统一税征收。1969年，部分国营企业应纳的工商统一税、城市房地产税、车船使用牌照税合并为综合税，后改为按行业设计税率。

1970年，全区征收的税种有：工商统一税、工商所得税、盐税、城市房地产税、车船使用牌照税、屠宰税和牲畜交易税共7个税种。1973年，简化税目税率，税目由108个减为44个，税率由40个减为17个。

中共十一届三中全会以后，工商税制进行了重大改革，开始增设新的税种。1980年，依据《中华人民共和国中外合资经营企业所得税法》《中华人民共和国外国企业所得税法》和《中华人民共和国个人所得税法》，确定对外商投资企业、外国企业及外籍人员征收的税种。1983年，为了规范国营企业的分配关系，国营企业由上缴利润改征企业所得税（简称利改税）。1986—1987年开征城乡个体工商业户所得税和个人收入调节税。

1994年，按照社会主义市场经济体制的要求，对税收体制进行了全面改革，实行了比较规范的增值税为主体、消费税营业税并行、内外统一的流转税制。税种由原来的37个缩减为23个。

2005年起，增值税、消费税、外商投资企业和外国企业所得税、车辆购置税4个税种由国税系统开征。营业税、企业所得税、个人所得税、资源税、房产税、城市房地产税、城镇土地使用税、车船使用税、车船使用牌照税、印花税、土地增值税、屠宰税、筵席税、城市维护建设税14个税种由地税系统开征。关税由海关征收。农业税、牧业税、耕地占用税、契税由农税机关征收。

第三节　税务稽征

税务登记

德国侵占时期，对营业者通过登记核定应纳捐额。20世纪20年代初，规定开业者到税务机关登记，发给纳税照证，列册进行管理。30年代，纳税人每年进行一次登记，换领营业税调查证。抗日战争胜利后，纳税申请登记时，应有殷实铺保，保证其纳税责任。

50年代，进行工商业纳税登记，并建立开、停、并、转、歇业等登记和注销登记制度。1982年全市开展了纳税登记工作。1986年，国务院发布《中华人民共和国税收征收管理暂行条例》，对从事生产经营的独立核算单位和个人重新进行全面登记，非独立核算的分支机构进行注册登记。登记内容包括纳税人名称、地址、所有制、隶属关系、经营范围和方式等。经税务机关审核，发给税务登记证。纳税人登记后，发生变更应及时向税务机关办理变更登记或注销登记，结清税款。

纳税鉴定

1955年对企业缴纳的主要税种建立纳税鉴定制度。鉴定内容包括税法规定和纳税制度两个方面。由纳税人填写纳税鉴定申报表，税务机关确定适用税目、税率、纳税环节、计算方法、计税依据、纳税期限和违章处理等项，然后填发纳税鉴定表，税企双方盖章后，各执一份据以遵照执行。纳税人纳税项目变化时，自变化之日起15日内，向税务机关申报修订纳税鉴定。税收法规变动时，税务机关应及时通知纳税人，并修订纳税鉴定。1998年，由税务机关根据纳税人提供资料核定应纳税种，填写到税务登记表中。纳税人经营情况发生变化，发生未核定税种纳税义务时，应依法申报纳税。

纳税申报

1950年征收工商业税时，纳税人于每月终

税务工作人员在为纳税人进行指导

了后7日内向税务机关申报纳税。对民主评议户，在申报的基础上按期进行评议核实应纳税款。工商业社会主义改造完成后，开始实行“三自纳税”，以纳税缴款书代替纳税申报表。1981年，试行增值税的企业建立了纳税清算申报制度。1986年全面实行纳税申报制度。1992年9月4日，公布《中华人民共和国税收征收管理法》，明确了纳税人和扣缴义务人办理纳税申报的要求、纳税申报形式以及延期申报管理。1994年国地税分设之后，采用计算机受理纳税申报。1995年打破“一员到户，各税统管”计划经济体制下的旧征管格局，建立有现代化技术支持的“纳税申报、税务稽查、税务代理”三者有机联系、相互制约的新征管模式。1996年起，纳税申报采取直接申报、邮寄申报、电子申报三种方式。推行以计算机网络为依托，集中征收，重点稽查的新征管模式。2000年起，逐步推广电子纳税申报系统。2003年起，全市推行二维条码应用技术，进行纳税申报。

发票管理

1950年规定发货票由各行业公会统一套印公会印章印制，领用登记，使用前到税务机关盖章后启用。1956年，发货票套印税务专用章，由税务机关指定印刷厂印制。1983年，制定《统一发票管理实施办法》，凡在青岛市境内从事生产经营活动的单位和个人，均使用套印山东省青岛市税务局发票监制章的统一发票。1993年执行《中华人民共和国发票管理办法》，规范印制发票、领购发票、开具发票、保管发票与发票监管程序，规定对私自印制、伪造变造、倒买倒卖发票，私自制作发票构成犯罪的，依法追究刑事责任。2011年起施行《中华人民共和国发票管理办法实施细则》，提高了对单位和个人发票违法行为的处罚力度，完善了发票违法行为及其应承担的法律责任，进一步加大了对印制发票单位、使用发票单位和个人合法权益的保护。

第四节　税务稽查

50年代初，税务机关采用自查、互查、重点检查、抽查、专项检查和开展财税大检查等形式，对偷漏税行为实施全面监督。1950—1951年，税务部门重点检查部分私营企业编制假账或设置两套账簿偷漏税收的行为。1953年，税务局在税收自查补报工作中，重点检查了国营、合作及私营企业。1963年，税务局对工商企业采取重点户一月一查，一般户一季一查的形式，打击了偷漏税款的不法业户。1972年，税务局对集体企业进行了纳税检查，对欠税、漏税、少缴税的企业，责令其限期补缴。

1985年，区税务机关设立了税收大检查专门机构，对查出少缴、漏缴的税款进行了补缴，对部分企业视情节进行了处罚。税收大检查自1985年至1998年，每年第四季度开展一次。

1993年，执行《中华人民共和国税收征收管理法》及实施细则，对未按照规定期限办理税务登记、变更或者注销登记的；未按照规定设置、保管账簿及记账凭证和有关资料的；未按照规定将财务会计制度或者财务会计处理办法报送税务机关备查的，由税务机关责令限期改正。纳税人采取伪造、变造、隐匿、擅自销毁账簿、记账凭证，多列支出或者不列、少列收入，不缴或者少缴应纳税款的，除由税务机关追缴其偷税款外，依照关于惩治偷税、抗税犯罪的规定处罚。以暴力、威胁方法拒不缴纳税款的，除由税务机关追缴其拒缴的税款外，依照关于惩治偷税、抗税犯罪的补充规定处罚。1999年采取群众举报、内查外调、蹲点守候、税警联合等措施检查纳税企业，对个体工商业户进行了拉网检查、重点抽查和复查。成立由税务、公安、街道办事处共同参加的快速执法队，对拒不缴纳税款、扰乱秩序现象进行了集中整治，解决了“欠税有理、欠税有利”的错误观念，维护了税法尊严。

2001年，实行修订后的《税收征收管理法》，对税收违法、违章行为作出处罚。同年，出台《增值税一般纳税人资格认定管理实施意见》《增值税专用发票管理办法》，建立起区、街道、市场三级协税护税网络，加大执法监督力度，规范了个体税收征管秩序。

2002年，根据国家税务总局、市国家税务局关于集贸市场专项整治的要求，对市场征收工作中“难缠户”“钉子户”依法采取扣押货物和拍卖抵税货物等强制执行措施。被强制执行的业户一律定性为偷税，并处以税款1倍的罚款。2012年，规范税收工作流程，修订下发了档案管理、股权转让、二手房审查等业务工作规程，形成了与税源专业化管理相适应的一系列的规程和管理办法。持续更新预警指标体系，建立了由风险识别、风险排序、风险应对、查询监控4部分组成的风险预警体系。提高企业所得税风险管理水平，对企业申报资料的横向和纵向分析比对查找纳税异常情况，采取发放“风险提醒函”的方式进行催报催缴，形成了以“风险管理为先导，评估检查保驾护航”的管理模式。年内，应用欠税管理的动态电子台账，加大对欠税企业法人的跟踪监控力度，同时控制新欠户的增加。通过管理增收，挖潜增收，全年税收收入取得新突破。

表10-7　　青岛市地方税务局市南分局税收统计表

（1994—2005年）　　单位：万元

项目＼年度	1994	1995	1996	1997	1998	1999	2000	2001	2002	2003	2004	2005
合　计	38494	41156	73749	98557	115977	130320	146292	170849	179768	117701	137439	163959
营业税	21062	26324	45617	57018	66571	66750	75751	85735	95776	57513	62853	76022
城建税	3037	3184	3534	4403	4726	5932	6974	7826	8465	4528	5818	6488
企业所得税	10742	5826	10064	16731	16208	20865	22179	31367	21552	18568	26290	31704
个人所得税	99	1368	7311	9381	12141	12160	15624	22217	27490	18600	24093	27900
土地使用税	876	859	772	753	1616	1931	2119	2046	2153	952	874	1233
车船使用税	133	144	188	163	191	262	577	490	614	416	445	503

续表10-7

项目 \ 年度	1994	1995	1996	1997	1998	1999	2000	2001	2002	2003	2004	2005
房产税	752	1341	2212	3453	5326	9267	11679	11508	13808	7998	9113	11094
印花税	482	600	800	1148	1179	1457	1819	1710	2133	1289	1279	1622
固定资产投资税	723	830	1200	3185	4177	7072	3695	2140	313	4	—	—
土地增值税	—	—	85	136	243	1109	1993	1550	2744	5741	3892	3563
教育费附加	588	680	1966	2186	2425	2645	2966	3283	3610	1835	2505	2753
文化事业建设费	—	—	—	—	1174	870	916	977	1110	257	277	264
地方教育费	—	—	—	—	—	—	—	—	—	—	—	813

表10-8　　青岛市地方税务局市南分局规费征收统计表

（1995—2005年）　　单位：万元

项目 \ 年度	1995	1996	1997	1998	1999	2000	2001	2002	2003	2004	2005
合　计	370	4803	4351	3856	3436	3600	4085	4010	3911	3992	4534
水利基金	—	1283	1312	1764	2019	—	—	—	—	—	—
教育发展费	—	109	120	126	—	—	—	—	—	—	—
社会治安费	—	1293	432	—	—	—	—	—	—	—	—
保健服务费	—	49	113	108	—	—	—	—	—	—	—
河道工程维护费	—	—	—	—	—	2410	2731	2744	3158	3336	4088
义务教育费	—	525	634	634	640	502	737	730	578	285	3
海外发展基金	—	13	336	22	—	—	—	—	—	—	—
旅馆业增容费	370	1243	964	767	366	361	384	365	141	311	366
外债偿债基金	—	288	440	332	188	116	45	26	21	12	3
旅游事业发展费	—	—	—	103	223	211	188	145	13	48	74

表10-9　　青岛市地方税务局市南分局税收统计表

（2006—2012年）　　单位：万元

项目＼年度	2006	2007	2008	2009	2010	2011	2012
合　　计	194345	252150	246954	263041	313191	381205	426197
营业税	91017	98831	104724	123062	140085	157673	158886
城建税	8412	9121	9863	10823	13276	18936	19590
企业所得税	35597	62041	43976	33693	43951	56912	65709
个人所得税	31276	38421	42749	43880	57929	69030	72398
土地使用税	1252	3554	3784	4302	5602	5728	6108
车船使用税	577	957	39	9	10	9	—
房产税	12505	15561	14259	18590	22760	26078	32870
印花税	1916	2926	3652	2923	5924	6498	7889
固定资产投资税	851	2155	—	—	—	—	—
土地增值税	5738	12886	15791	16494	11758	20050	40320
教育费附加	3585	3904	4182	4635	5684	8068	8396
文化事业建设费	286	357	567	650	828	991	991
地方教育费	1221	1344	1388	1548	1904	5250	5579

表10-10　　青岛市地方税务局市南分局规费征收统计表

（2006—2012年）　　单位：万元

项目＼年度	2006	2007	2008	2009	2010	2011	2012
合 计	4783	5608	7281	6869	2189	3974	2645
水利基金	—	5130	—	—	—	—	2640
教育发展费	—	—	—	—	—	—	—
社会治安费	—	—	—	—	—	—	—
保健服务费	—	—	—	—	—	—	—
河道工程维护费	4352	—	6778	6395	1896	3974	5

续表10−10

项目＼年度	2006	2007	2008	2009	2010	2011	2012
义务教育费	—	—	—	—	—	—	—
海外发展基金	—	—	—	—	—	—	—
旅馆业增容费	346	377	432	467	293	—	—
外债偿债基金	2	3	1	—	—	—	—
旅游事业发展费	83	98	70	7	—	—	—

第六章　金　融

19世纪末，区内设立德国德华银行分行，为青岛银行业之始。1909年，大清银行在区内开设大清银行分号，办理胶海关部分税收和公款收付，为国家银行在辖区设立分支机构的始端。继之，中国银行青岛分行在区内建立，同年被定为“国家中央银行”。同期，区内保险业发展至17家外资保险机构，代理41家保险公司的船货保险业务。中国民族资本保险业随之出现，陆续在区内设立代理处和分支机构，经营火灾保险。第一次世界大战时期，日本龙口银行在区内设立分支机构，掌控金融实权，业务对象以日商为主的日资保险公司亦随之而来。东莱银行在区内开业，领青岛民营商业银行之先。中日合办的取引所开业，为全市首家股票期货交易所。

中国收回青岛后，开放为商埠。英、美、荷兰、加拿大、澳洲及香港与青岛港之间的进出口贸易日益繁盛，民族金融业纷纷在青岛设立分支机构，由上海或济南总行迁设青岛的各大银行分支机构多集中在市南区。20世纪20年代末，区内的民族金融业开始振兴，确立了在全市金融业中的主导地位。区内民族保险业开始有较大发展，外资保险公司垄断青岛保险业的局面被打破。20世纪30年代中期，区内中国银行青岛分行、交通银行青岛分行的地位提升及国内外银行机构在区内的集聚，使青岛成为山东的金融中心。七七事变后，中央银行青岛分行撤离，日本各银行又相继开业，重操青岛金融大权，华商银号、钱庄多自动停业。抗日战争胜利后，多家中资银行在区内恢复营业，中国民族资本的保险机构从内地涌入，到1948年增加到40余家，保险业又呈生机。但由于国民党政府发动内战，通货恶性膨胀，金融业日渐萎缩。

青岛解放后，中国人民银行青岛市分行和中国人民保险公司青岛市分公司在区内成立。证券、期货交易市场活动中止。1951年后，区内各民营银行实行公私合营，1958年并入中国人民银行青岛市分行，实现了银行国有化，区内社会主义金融由此建立。“文化大革命”时期，区内银行业遭受严重影响，信贷管理失去平衡。

中共十一届三中全会后，区内银行机构于80年代初开始银行业改革，逐步建立起以中国人民银行青岛市分行为领导，各专业银行为主体，多种金融结构并存的金融体系，金融业进入加快发展的新时期。中国人民保险公司青岛市分公司恢复国内保险业务，服务范围不断扩大，保险种类持续增加，保险收入迅速增长。随着金融体制改革的深化和对外开放不断扩大，日本山口银行、日本协和银行分别在区内设立代表处，先后引进了韩国中小企业银行、上海浦东发展银行等金融机构，区内初步形成了国有商业银行、股份制银行、外资银行多种金融机构并存、分工协作、共同发展的格局，优化了资金结构和信贷结构，促进了银行业的健康平稳运行。随着金融市场的进一步开放和国内外金融联系的逐步加强，辖区作为山东金融中心的地位与作用逐步巩固和加强。其间，中国太平洋保险公司青岛分公司和中国平安保险公司青岛分公司相继在区内成立，开办各类险种达150多个。青岛证券公司组建后，一些专营和兼营证券业务的机构相继在区内成立，形成了以代理发行、委托买卖、承购包销为主要业务的地方性证券市场。这一时期，我国第一家综合担保中心——青岛市担保中心与青岛民营及中小企业融资担保有限公司在辖区成立，为民营及中小企业提供信用担保服务。山东省首家在中国证券会、国家工商管理局正式注册的大型期货经纪企业在区内开业，从事国内商品的期货代理、期货信息咨询、经纪人培训等。青岛解放后的全市第一家典当行在区内成立，提供民间融资及民品保存、评估等综合性服务。

进入21世纪，市南区以建设区域性金融服务中心为目标，着力构建体系健全、功能完备的金融服务体系。金融产业保持年均20%以上的增长高速，各类金融业态蓬勃发展，金融市场不断完善，已发展成为青岛市金融业聚集核心区，并成为全省金融机构数量最多、业态最丰富的城区。同期，第一家进入青岛的合资保险公司和全市第一家韩资寿险公司在区内开业。至2012年，区内共有银行38家、保险机构56家、证券基金机构26家、期货机构30家。

第一节　银　行

银行机构

区内银行的建立始于德国侵占青岛之后。1898年德国德华银行在青岛成立分行，恃仗其政治特权，发行货币、组织存款、代收关税和铁路运费，垄断青岛的金融业。1909年，中国最早的中央银行——大清银行在中山路设立分号，是清政府在青岛最早设立的国资银行分支机构，主要代收胶海关部分关税并办理公款收付，1913年改组为中国银行青岛分号。随着青岛港的贸易日益繁盛，大英烟公司等英商企业相继开业，1912年汇丰银行青岛分行在中山路设立，主要为在青岛的亚细亚火油公司、颐中烟公司及怡和、太古洋行等欧美企业经营进出口贸易服务。1914年11月日本侵占青岛后，日本各银行纷纷在青岛设立分支机构，成为实施经济侵略的中心。1915年，中日合资的龙口银行在保定路设立支点。1918年，青岛开办最早的地方商业银行东莱银行开业，总行设在天津路，济南、大连、天津、上海设有分支机构，除经营商业银行业务外，还从事兑换外币及有价证券买卖。

1922年12月中国收回青岛后，开放为胶澳商埠，中国银行青岛分号始行代理国库和发行兑换券之权，业务经营权限扩大，金融管理层面提升。同年，明华商业储蓄银行青岛分行在河南路开业，设有商业、储蓄、信托3个部，业务较北京、上海、天津3个分行最为发达。1923年，交通银行青岛支行在中山路建立，除发行兑换券，并经理胶济铁路、青岛邮局款项收付，办理存款、放款、汇兑等一般业务。继之，大陆银行青岛支行、青岛地方银行中鲁银行在区内相继开业。南京国民政府统治青岛后，市政当局收回金融主权，青岛的民族金融

东莱银行旧址

业开始振兴。中国银行青岛支行改为分行，辖有济南、烟台、潍坊3个支行，统辖山东省境内的中行业务。交通银行青岛支行也增设业务，拓展机构，业务蓬勃发展。中央银行青岛办事处落户区内，成为中央银行青岛分行的前身。中国银行青岛分行联合全市银钱业废除“胶平银”，打破了日资银行的金融垄断局面，为民族工商业界挽回经济利权，青岛由此成为全国第一个实行“废两改元”的城市。

20世纪30年代，南京国民政府设青岛为直辖国民政府行政院的特别市，随着青岛城市地位的提升，区内银行业加快发展，国内商业银行竞相在区内设立分支机构，青岛成为山东的金融中心。其间，上海商业储蓄银行青岛分行、金城银行先后在区内开业。大陆银行青岛支行升格为分行，行使对济南支行的管辖权。1933年，青岛市政府联合商会和银行公会，共同创办旨在调剂乡村农工金融的青岛农工银行，同年5月在河南路开业，经营存款、放款，代理市库和发行铜元券。同年10月，山东省民生银行青岛办事处在河南路成立，除经营存、放、汇业务外，并经理山东省库券发行、兑换业务。随之，浙江兴业银行、国华银行、盐业银行在区内建立分行，经办存放、汇兑、储蓄、信托及外汇业务。交通银行青岛分行升格为分行，统辖山东省交行序列内机构，除在山东沿海烟台、威海、龙口等地设有行处外，并在胶济铁路沿线的潍县、张店、博山、济南和津浦铁路沿线的泰安、枣庄、临清等地设立办事机构，成为交行在山东的货币发行和资金调拨中心。中央银行青岛支行推行“币制改革”，以中央、中国、交通三行发行的货币为“法币”，使中央银行青岛支行的业务迅速发展，同年升格为分行，取得了金融界的领导地位。

1938年青岛沦陷后，日本各银行又相继开业，重操青岛金融大权。日伪华北临时政府的中央银行在中山路开设分行，强制推行联银券，强制中、交两青岛分行将库存银元全部交由该行以联银券收兑，同时将联银券送存各银行强制发行，实行货币统制，以支撑其侵华战争的物资需求。抗日战争胜利后，中国农民银行青岛分行、山东省银行青岛分行、中国工矿银行青岛分行先后在区内设立，由于国民党政府发动内战，通货恶性膨胀，金融业日渐萎缩。

表10-11　中华人民共和国成立前市南区银行机构一览表

（1898—1949年）

类别	银行名称	地　址	成立日期	备　注
外资银行	德华银行青岛分行	广西路14号	1898年5月	1946年1月由中国银行青岛分行接收
	汇丰银行青岛分行	中山路	1912年1月	1951年5月因业务清淡申请歇业
	龙口银行青岛支店	保定路	1915年4月	1924年12月并入正隆银行青岛支店
	中国联合银行青岛支行	中山路	1938年4月	系日伪银行,抗战胜利后由中央银行青岛分行接收
	华北储蓄银行青岛分行	河北路	1944年5月	系日伪银行,1945年4月撤销
国家银行	大清银行青岛分号	中山路152号	1909年9月	中国最早的中央银行,1913年5月改组为中国银行青岛分号
	中国银行青岛分行	中山路62号	1913年5月	1913年4月被北洋政府定为“国家中央银行”
	交通银行青岛分行	中山路21号	1923年7月	原系清政府设立的官商合办银行
	中央银行青岛分行	太平路37号	1929年9月	有发行货币、经理国库、经办公债、管理外汇等特权
	中国农民银行青岛分行	河北路23号	1946年1月	有发行货币、代理国库、经办买卖公债等特权
地方银行	青岛地方银行	保定路	1924年5月	1928年6月16日停业
	青岛农工银行	河南路67号	1933年5月	代理市库和发行铜元券,青岛解放前夕停业
	山东民生银行青岛办事处	河南路6号	1933年10月	1937年“七七事变”后停业
	山东省银行青岛分行	天津路17号	1946年5月	解放后由青岛市军管会金融部接管
商业银行	东莱银行	天津路	1918年2月	1952年12月并入公私合营银行青岛分行
	明华商业储蓄银行青岛分行	中山路	1922年10月	1935年5月破产停业
	大陆银行青岛分行	中山路70号	1923年10月	1952年12月并入公私合营银行青岛分行

续表10-11

类别	银行名称	地址	成立日期	备注
商业银行	中鲁银行	保定路	1926年10月	初为中鲁钱庄,后改称中鲁银号,1949年4月停业
	上海商业储蓄银行青岛分行	中山路167号	1931年2月	1952年12月并入公私合营银行青岛分行
	金城银行青岛分行	天津路	1931年6月	1952年12月并入公私合营银行青岛分行
	浙江兴业银行青岛支行	河南路15号	1934年9月	附设货栈仓库业务,1937年10月16日撤销
	国华银行青岛分行	中山路91号	1934年12月	1952年12月并入公私合营银行青岛分行
	盐业银行青岛分行	河南路	1935年10月	专理盐税,"七七事变"后撤往天津清理后停业
	中国实业银行青岛分行	河南路	1936年7月	1952年12月并入公私合营银行青岛分行
	中国工矿银行青岛分行	河南路15号	1946年4月	1949年被同业挤提现款,青岛解放后停业

1949年6月2日青岛解放，中国人民银行青岛市银行成立，行使金融行政管理和业务管理双重职能，对全市金融业实行管理，初步建立社会主义金融体系的框架。中国银行青岛分行、交通银行青岛分行接收后，经整顿改组，成为国家银行领导下的专业银行。区内东莱银行、大陆银行青岛分行、上海商业储蓄银行青岛分行、金城银行青岛分行、国华银行青岛分行与中国实业银行青岛分行6家商业银行和并成立公私合营银行青岛分行。区内金融业由此完成社会主义改造，实现银行国有化。1958年公私合营银行青岛分行并入中国人民银行青岛市分行。“文化大革命”时期，区内银行业遭受严重影响，信贷管理失去平衡。

中共十一届三中全会后，金融业进入加快发展的新时期。中国银行青岛分行升格为厅级单位，扩大金融管理权限和对外经营业务。中国工商银行青岛市分行、中国农业银行青岛市中心支行落户市南区。人民银行青岛市分行开始行使中央银行职能，对全市金融机构实施监管。20世纪80年代，外资金融机构日本山口银行、日本协和银行相继开始在区内设立代表处。随着城市建设和对外经济贸易日益发展，交通银行青岛分行重新组建并开始营业，中国银行青岛分行设立营业部，专门办理青岛地区外贸业务。立足服务中小企业市场定位的青岛市商业银行成立。随着金融市场的进一步开放和国内外金融联系的逐步加强，市南区逐步巩固和加强作为山东金融中心的地位与作用。

进入21世纪，市南区以优越的地理位置、良好的生态环境、优质的服务为着力点，以建设区域性金融服务中心为目标，实行区级领导项目跟踪负责制、[illegible]企[illegible]议、[illegible]企[illegible]策等服务方式，吸引了众多国内外金融机构的入驻，构筑起了丰富的金融业态。2012年，区内新引进12家金融机构，区内金融机构达到138家（全市161家），占全市的85.7%。各类金融业态蓬勃发展，金融市场不断完善，金融业对全区及全市经济增长的拉动效应不断增强，已发展成为青岛市金融业聚集核心区，并成为全省金融机构数量最多、业态最丰富的城区。先后荣获“中国金融生态区”“中国现代服务业发展能力十强区”及“中国高端服务业发展示范基地”等荣誉称号，成为全省金融业聚集强区。

表10-12　　市南区银行机构情况一览表

（2012年）

序号	机构名称	注册地址
1	国家开发银行青岛市分行	东海西路15号甲网通大厦16、17层
2	中国进出口银行青岛分行	汇泉路17号东海国际大厦501室
3	中国农业发展银行青岛分行	东海路51号
4	中国工商银行青岛市分行	山东路25号
5	中国农业银行青岛市分行	山东路19号
6	中国银行山东省分行	香港中路59号
7	交通银行青岛分行	中山路6号
8	中信银行青岛分行	香港中路22号
9	中国光大青岛分行	香港西路69号
10	招商银行青岛分行	香港中路36号招银大厦
11	华夏银行青岛分行	东海西路5号甲22层(华银大厦)
12	平安银行青岛分行	香港中路6号世贸中心A座裙楼
13	上海浦东发展银行青岛分行	香港西路53号
14	恒丰银行青岛分行	香港中路73号
15	中国民生银行青岛分行	福州南路18号
16	兴业银行青岛分行	山东路7号国华大厦

续表10-12

序号	机构名称	注册地址
17	日照银行青岛分行	福州南路40号
18	潍坊银行青岛分行	东海西路2号甲东海公馆
19	威海市商业银行青岛分行	山东路22号
20	齐鲁银行青岛分行	香港中路76号
21	中国邮政储蓄银行青岛市分行	延安三路222号
22	河北银行青岛分行	香港中路61号乙远洋大厦1层东南网点5层
23	青岛银行	香港中路68号
24	日本山口银行股份有限公司青岛分行	香港中路76号颐中皇冠假日酒店2层
25	南洋商业银行(中国)有限公司青岛分行	南京路66号(南门)
26	汇丰银行(中国)有限公司青岛分行	香港中路76号颐中皇冠假日酒店8层
27	韩亚银行(中国)有限公司青岛分行	香港中路12号丰合大厦C区
28	新韩银行(中国)有限公司青岛分行	东海西路28号中信万通证券大厦4层
29	东亚银行(中国)有限公司青岛分行	香港西路67号甲
30	渣打银行(中国)有限公司青岛分行	香港中路40号数码港旗舰大厦35层A区
31	瑞穗实业银行(中国)有限公司青岛分行	香港中路59号青岛国际金融中心44层
32	华侨银行(中国)有限公司青岛分行	香港中路9号香格里拉中心办公楼1层
33	三菱东京日联银行(中国)有限公司青岛分行	香港中路61号乙远洋大厦20层
34	韩国釜山银行青岛分行	招银大厦2201室
35	海信集团财务有限公司	东海西路17号
36	青岛啤酒财务有限公司	东海西路35号4栋青岛啤酒大厦9层
37	中石化集团财务公司山东分公司	山东路2号甲华仁大厦28层
38	东方资产管理公司青岛办事处	香港中路6号甲

青岛金融街

中共十一届三中全会以后，市南区按照市委、市政府“把香港中路建设成为真正的金融一条街”的指示精神，确立“金融先行”的发展战略，加大对金融产业的支持力度，全区金融产业得到快速发展。2005年，辖区计有各类金融机构107处。其中银行25家、银行分支机构40处、保险公司25家、证券业公司10家、投资业公司4家、期货业公司3家。

2006年，市政府命名区内的香港中路为“青岛金融街”，标志着该区域金融功能正式上升为市级战略规划。青岛金融街以高端服务业为重要组成部分，吸引着众多金融机构在周边区域落户， 在以香港中路、东海路为“横轴”和以延安三路、山东路、南京路、福州路、燕儿岛路为“纵轴”的七个轴带及周边区域，引进了众多的知名金融机构总部和新型法人金融机构。青岛银监局、青岛证监局、青岛保监局等金融监管机构，中国银行山东省分行、农业银行青岛分行、工商银行青岛分行、汇丰银行青岛分行等众多金融机构及营业网点在此聚集。西起海天大酒店、东到丽晶大酒店，长约4千米的带状区域形成了国际金融中心、汇融广场、光大金融中心等十几座专业金融楼宇，汽车金融公司、消费金融公司、货币经纪公司等各类专业化、特色化金融机构竞相入驻，风险投资基金、私募股权投资基金等新型业态不断涌现，使该区域成为目前青岛市乃至山东省金融业的聚集高地。

“青岛金融街”依托青岛产权交易中心，积极培育专业化产权交易所，引进地方金融控股集团公司，打造具有要素定价权的“国际金融商务核心区”，使市南区金融产业呈现了东西并举、两翼联动的发展态势，集群效应、辐射效应不断扩大。目前，辖区内拥有5000平方米以上高端商务楼宇119座，总建筑面积376万平方米；辖区律师事务所、会计师事务方所、航运服务企业、软件企业、四星级以上宾馆均占青岛市的50%以上。而作为青岛市的行政中心，会计、审计、律师等高端中介服务业也发展迅猛，2010年，全区中介服务企业达5400余家，世界四大会计师事务所中的普华永道、毕马威、安永，世界五大房地产咨询管理机构中的仲量联行、戴德梁行、世邦魏理仕陆续登陆市南，有效满足全市企业对高质量专业服务的急切需求，市南区也因此成为服务青岛、辐射半岛的重要商务服务功能区。周边的优越环境和丰厚的资源让多元融合的现代高端金融企业确定了在市南设立总部。目前，落户香港路周边的金融企业，多数都已设立了高端客户服务窗口，在服务种类上加强了结构设置和品种分类。

青岛金融街一角

2010年，市南区举行“金融服务年”活动，采取“银行对企业”“担保＋银行对企业”等多种方式，拓宽企业融资渠道，区内有30余家金融机构、500余家企业参加了融资对接活动，达成融资意向近10亿元。市南区充分发挥青岛金融中介服务交易中心和区中小企业应急互助协会等组织作用，为企业提供广泛和有针对性的融资服务，大力发展为金融业提供服务的证券资信评估、投资咨询、经纪等中介服务组织，支持实力雄厚的法律、会计、公估、人力资源等中介服务机构拓展服务领域，提高服务品质，形成了以银行、证券、保险机构为主体，各类金融机构协调发展，结构合理，功能完备的现代金融服务体系，成为全省金融机构数量最多、业态最丰富的城区。随着蓝色经济战略的实施，青岛金融街以建设具有强大资本融通功能的半岛金融核心功能区为目标，从完善金融组织体系、健全市场体系、创新服务体系入手，加大创新力度，构建机构壮大、功能完备、布局合理、覆盖面广、辐射力强、外向度高的金融业发展格局，为全市经济与社会发展提供有力支撑。

第二节　保　险

德国侵占青岛后，开放青岛为自由港，随着港口贸易的发展，设于区内的外资保险机构陆续成立，德华银行、禅臣洋行、礼和洋行、北德轮船公司等纷纷至青岛区和大鲍岛区开发船货保险业务。汉美轮船公司正式开辟青岛至欧洲的第一条远洋航线，刺激了船货保险业的快速发展。20世纪初，青岛区和大鲍岛区已有17家保险分公司或代理处，代理41家保险公司的业务。随后，中国民族资本的保险业在区内面世，由大鲍岛区的一批中国地产商联合组成火灾保险公司。

1914年日本侵占青岛后，日本三菱、三井等6家保险公司进入辖区，业务对象以日商为主，其承保的主要险种为水险、火险和寿险。1930年以后，区内民族保险业开始有较大发展，中国保险公司、太平保险公司、宝丰保险公司、肇泰保险公司、华安保险公司等相继在中山路设立分公司及代理处，开办水险业务。中国保险公司、先施保险公司、永安保险公司、宁绍保险公司、上海联保保险公司、太平洋保险公司、中国平安保险公司等近20家国内较大保险公司先后在中山路及周边街区设立分支公司或建立代理处，经营火险业务。日本侵华战争时期，外资保险机构共有42家，其中日资保险机构31家。抗战胜利后，日资保险机构纷纷撤离，中国民族资本的保险机构复现生机，迅速增加至40余家，其业务为财产保险和人身保险两大类，险种以财产的水、火险为主。青岛解放前夕，货币贬值，物价暴涨，保险公司无法维持经营，纷纷申请歇业。

表10-13　　中华人民共和国成立前市南区外资保险公司情况一览表

（1898—1949年）

名　称	国别	地　址	名　称	国别	地　址
冈崎合资会社	日本	广西路	涩泽仓库株式会社(代理)	日本	保定路
东京海上保险	日本	广西路	兴亚商事株式会社(代理)	日本	中山路
四海保险公司	英国	济南路	辰马海上火灾保险	日本	中山路
保干保险公司	英国	济南路	华北运输公司(代理)	日本	中山路
鹰星保险公司	德国	大沽路	第一生命保险会社	日本	中山路
老公茂保险公司	英国	河南路	保太保险公司	法国	中山路
中华平安保险公司	美国	湖北路			

表10-14　　中华人民共和国成立前市南区华资保险公司情况一览表

（1933—1949年）

名　称	地　址	名　称	地　址	名　称	地　址
中国保险公司	中山路62号	先施保险公司	中山路194号	兆丰保险公司	山西路17号
宝丰保险公司	中山路68号	中孚保险公司	中山路	华泰保险公司	山西路19号
华孚保险公司	中山路70号	民安保险公司	湖南路40号	兴华保险公司	山西路19号
肇泰保险公司	中山路87号	华业保险公司	湖南路40号	联安保险公司	济南路64号
长城保险公司	中山路87号	大东保险公司	湖南路40号	全安保险公司	济南路64号
大公保险公司	中山路91号	大安保险公司	湖南路40号	裕国保险公司	济南路85号
南丰保险公司	中山路91号	上海联保保险公司	湖南路64号	中国保平保险公司	北京路43号
中国平安保险公司	中山路91号	中国天一保险公司	肥城路16号	民生保险公司	北京路43号
保安保险公司	中山路92号	安平保险公司	肥城路16号	维安保险公司	河北路23号
太平洋保险公司	中山路93号	太平保险公司	肥城路16号	中贸保险公司	大沽路24号
中华保险公司	中山路93号	丰盛保险公司	肥城路16号	永宁保险公司	曲阜路11号
四明保险公司	中山路133号	永兴保险公司	河南路15号	永中保险公司	湖北路2号
宁绍保险公司	中山路133号	泰山保险公司	河南路15号	大信保险公司	天津路20号

1949年6月2日青岛解放，外国保险公司撤离，区内仅余4家私营保险机构，青岛市军事管制委员会金融部全部予以接管，并成立中国人民保险公司青岛市分公司（简称人保青岛分公司），统一领导管理全市保险业务。同年中国保险公司青岛分公司改组为国营中国保险公司青岛分公司（简称中保），专门办理国外保险业务。人保青岛分公司自成立起，大力开展港口货物运输保险，1950年保险费收入仅次于上海，位居华东区第二，为全市保险事业奠定了基础。是年，人保青岛分公司开办国外保险业务。1959年，国内保险业务停办。同年4月人保青岛分公司被撤销，其涉外保险业务并入人民银行青岛市分行国外业务部。

1980年中国人民保险公司青岛市分公司在区内恢复国内保险业务，服务范围不断扩大，保险种类持续增加，保险收入迅速增长。同年，涉外保险业务从中国银行青岛分行划归人保青岛分公司。1992年、1994年中国太平洋保险公司青岛分公司和中国平安保险公司青岛分公司在区内相继成立，开办各类险种达150多个，寿险新品种不断上市，投资联结、分红、万能等理财型产品持续热销。进入21世纪以来，区内引进多家保险中介机构，促进了保险业的稳定发展。2005年，第一家进入青岛的合资保险公司恒安保险人寿青岛分公司落户市南区；2010年，全市第一家韩资寿险公司——中航三星人寿保险青岛分公司在市南区开业。至2012年年末，区内共有保险机构56家。

表10-15 市南区保险机构情况一览表

（2012年）

序号	单位	地址	办公电话
1	中国人民财产保险股份有限公司青岛分公司	香港中路66号	85719318
2	中国太平洋财产保险股份有限公司青岛分公司	香港西路47号	88035712
3	中国平安财产保险股份有限公司青岛分公司	香港西路67号光大国际金融中心A2层	80903023
4	天安保险股份有限公司青岛分公司	山东路22号金孚大厦B座26层	80793567
5	大众保险股份有限公司青岛分公司	东海一路28号商务楼	83092088
6	永安财产保险股份有限公司青岛分公司	南京路66号	80790000
7	中国大地财产保险股份有限公司青岛分公司	咸阳路10号	85977277
8	太平财产保险有限公司青岛分公司	海尔路182-6号地恩地财富大厦102、103户	83893589
9	中华联合财产保险股份有限公司青岛分公司	香港中路73号旺角大厦14层	85883695
10	安邦财产保险股份有限公司青岛分公司	山东路16号阳光泰鼎大厦22层	85018256
11	阳光财产保险股份有限公司青岛分公司	东海西路12号甲	86680611
12	都邦财产保险股份有限公司青岛分公司	东海西路43号凯旋大厦东塔楼20层	85706097
13	渤海财产保险股份有限公司青岛分公司	延安三路129号金艺大厦4层	81978150
14	安华农业保险股份有限公司青岛分公司	海尔路61号天宝国际2号楼4层	80976088
15	华安财产保险股份有限公司青岛分公司	南京路66号中天恒大厦	85795608
16	长安责任保险股份有限公司青岛市分公司	香港中路52号时代广场27层	80997996
17	天平汽车保险股份有限公司青岛中心分公司	东海西路35号太平洋保险中心2号写字楼4层	66563001
18	中国人寿财产保险股份有限公司青岛市分公司	南京路8号府都大厦	66980800
19	浙商财产保险股份有限公司青岛分公司	泉岭路8号	80799962
20	永诚财产保险股份有限公司青岛支公司	闽江路2号国华大厦A座20层	80791234
21	招商信诺人寿保险有限公司青岛中心支公司	香港中路9号香格里拉中心办公楼	80927710
22	中国人寿保险股份有限公司青岛分公司	香港中路39号	85823068

续表10-15

序号	单　位	地　址	办公电话
23	中国太平洋人寿保险股份有限公司青岛分公司	香港西路47号	83091508
24	中国平安人寿保险股份有限公司青岛分公司	香港中路61号阳光大厦裙楼2~3层、B座7~11层	80937688
25	泰康人寿保险股份有限公司青岛分公司	香港西路77号裕源大厦B区11层	83093633
26	新华人寿保险股份有限公司青岛分公司	闽江路2号国华大厦A座27层	80791286
27	太平人寿保险股份有限公司青岛分公司	香港中路20号黄金广场北17层	85022667
28	中国人民健康保险股份有限公司青岛分公司	东海西路15号英德隆大厦19层	83079805
29	长城人寿保险股份有限公司青岛分公司	东海西路39号世纪大厦28层	85796630
30	平安养老保险股份有限公司青岛分公司	香港中路61号阳光大厦B座5~6层	88259533
31	合众人寿保险股份有限公司青岛分公司	香港中路59号国际金融中心29层	85795918
32	中国人民人寿保险股份有限公司青岛市分公司	香港中路66号人保大厦	66776990
33	阳光人寿保险股份有限公司青岛中心分公司	香港中路22号黄金广场南楼5层	66062655
34	太平养老保险股份有限公司青岛分公司	香港中路20号黄金广场北1906~1908、1910室	85022045
35	国华人寿保险股份有限公司青岛分公司	香港中路40号数码旗舰大厦18层	86678370
36	信达财产保险股份有限公司青岛分公司	贵州路71号建银大厦	82668108
37	建信人寿保险有限公司青岛分公司	贵州路71号建银大厦17层	55731760
38	天安人寿保险股份有限公司青岛分公司	南京路8号府都大厦	—
39	信泰人寿保险股份有限公司青岛分公司	市南区东海西路39号世纪大厦	86681801
40	华夏人寿保险股份有限公司青岛分公司	山东路2号华仁国际大厦25层	80905555-532918
41	幸福人寿保险股份有限公司青岛分公司	东海西路5号甲华银大厦7层、15层	66706660
42	恒安标准人寿保险有限公司青岛分公司	香港中路59号国际金融中心42层	83079910
43	北大方正人寿保险有限公司青岛分公司	山东路40号广发金融大厦23层	85011888-2301

续表10-15

序号	单　　位	地　　址	办公电话
44	三星火灾海上保险(中国)有限公司青岛分公司	香港中路40号旗舰大厦907室	85027271-8001
45	海康人寿保险有限公司青岛分公司	东海西路5号甲华银大厦15层	89094868-2656
46	中航三星人寿保险有限公司青岛分公司	香港中路7号甲亚麦国际中心2层	66709696
47	现代财产保险(中国)有限公司青岛分公司	山东路22号金孚大厦18层	80991980
48	三星财产保险(中国)有限公司青岛分公司	香港中路40号旗舰大厦23层	86679950
49	韩国现代海上火灾保险有限公司青岛分公司	—	—
50	信诚人寿保险有限公司青岛中心支公司	山东路2号甲华仁国际大厦2层	81970799
51	中宏人寿保险有限公司青岛营销服务部	香港中路52号时代广场32层	80975399
52	中英人寿保险有限公司山东省分公司青岛营销服务部	东海西路5号甲华银大厦19层	80901969
53	中荷人寿保险有限公司山东省分公司青岛营销服务部	南京路8号府都大厦8层	89095629
54	国泰财产保险有限责任公司青岛营销服务部	山东路29号银河大厦	—
55	三井住友海上火灾保险青岛代表处	香港中路38号数码港	88667924
56	日本兴亚损害财产保险(中国)有限公司山东分公司	香港中路76号颐中皇冠假日酒店	85735910

第三节　证　券

第一次世界大战时期，日本侵占青岛后成立证券期货交易机构——青岛取引所，位于今市南区北京路，经日本驻青岛守备军司令部批准，定为官营，由民政署事务官兼任主事，下设书记及检查员。同年9月正式营业，分物产、钱钞、证券3个部，另组信托会社办理交割、担保及垫款事务。信托会社额定资本金800万元，分为16万股，每股50元，中日商人平均认股。各部均设取引委员会，委员中日各半，但负责人均由日本人担任。物产交易以花生米、花生油、豆油为限；银钞交易以正金银行所发行钱票为限；证券交易指定24种，皆为日本人在青岛各株式会社的股票。1921年3月，取引所改为商办，改称株式会社青岛取引所。1928年，在馆陶路建成三层取引所大楼，除作为交易市场外，还出租给外国公司、银行、商店作办公室。后迫于反日侵华呼声日高，中方经纪人全部退出，交易萧条，1942年7月解散。

1931年9月，青岛商民在齐燕会馆创设青岛物品证券交易所，主要经营土产、纱布期货交易。青岛交易所创办后，华商纷纷退出取引所转入交易所，为避免日本人骚扰，交易市场迁至北京路。1935年青岛取引所日商扬言火烧大沽路新建交易所大楼。经市政当局与日方谈判，将两方60%年纯利分给日本取引所。1938年1月日本再次侵占青岛后，没收了交易所金库存款及银行存款36万余元，将其与日本取引所合并，交易所停业。

中华人民共和国成立后，证券市场交易活动停止。1988年青岛证券公司成立，证券市场交易正式恢复。是年，区内青岛证券公司及一些专营和兼营证券机构，主要从事代理发行、委托买卖、承购包销和自营等证券业务，股票交易随之恢复。1992年，青岛市9家企业参股、注册资本5000万元，成立了股份制非银行金融企业的青岛万通证券股份有限公司。是年起为股民办理股票交易开户和与上海异地股票买卖。1993年建立全市证券期货市场统一监管体制，区内证券机构快速增加。是年证券商品有定向募集股票、上市股票及国债、企业债券等品种，开通上海、深圳股市交易线路。年内首次在全国采用无限量发售认购申请表的办法发行了青岛海尔电冰箱股份有限公司国内公众股股票，同时第一个在香港发行了H股股票；首次在全国采用无限量发售定期定额专项存单办法发行了青岛海尔电冰箱股份有限公司国内公众股股票，为全国股票发行方式探索了经验，初步形成证券经营机构和服务机构为主体、证券代办网点为补充的证券市场体系。1995年实现了与深圳证券交易所双向卫星联网，开通了自助刷卡委托系统。1996年先后发行青岛双星鞋业股份有限公司和青岛国货股份有限公司A股股票。1997年海信电器公司、青岛东方贸易大厦成功发行A股股票，分别在上海证券交易所、深圳证券交易所上市。2002年以后，区内证券机构的构成由以达到金融机构为主变为多家全国性大券商设立分支机构，在资金、信息、技术、人才等方面增强了区内证券业的实力，带动了区内证券业务中介机构的发展。至2012年，市南区共有证券基金机构24家。

表10-16　　市南区证券机构一览表

（2012年）

序号	单　位	地　址	办公电话
1	安信证券青岛山东路证券营业部	山东路29号	85016319
2	东海证券公司香港中路营业部	香港中路77号	85729832
3	广发证券青岛香港中路证券营业部	香港中路12号丰合广场C区1层	85027315
4	国泰君安证券南京路证券营业部	南京路108号乙	85848600
5	海通证券青岛湛山一路证券营业部	湛山一路25号	83891006
6	华泰证券青岛宁夏路证券营业部	宁夏路122号	85712584
7	平安证券青岛中山路证券营业部	中山路58号	82021238
8	齐鲁证券青岛广州路证券营业部	广州路47号	82623942
	齐鲁证券青岛江西路证券营业部	江西路78号	85737447
	齐鲁证券青岛香港中路证券营业部	香港中路100号	85886581
	齐鲁证券民航大厦证券营业部	香港中路30号民航大厦3层	82627523

续表10-16

序号	单　位	地　址	办公电话
9	新时代证券青岛福州南路证券营业部	福州南路8号中天恒大厦5层	83971666
10	银泰证券青岛燕儿岛路证券营业部	燕儿岛路26号	85786272
11	中国建银投资证券青岛山东路证券营业部	山东路7号国华大厦3层	80795528
12	中国银河证券青岛广西路证券营业部	广西路16号	82962152
13	中信建投证券青岛瞿塘峡路证券营业部	瞿塘峡路26号	82671074
14	申银万国证券青岛太平路证券营业部	太平路37号	82964918
15	长江证券青岛山东路证券营业部	山东路20号马哈顿广场4层	66708757
16	光大证券公司青岛香港西路证券营业部	香港西路67号光大国际金融中心	81979090
17	国信证券股份有限公司青岛香港中路证券营业部	香港中路68号华普大厦7层	89095992
18	中银国际证券有限责任公司青岛香港中路证券营业部	香港中路59号国际金融中心48层	85795818
19	中国国际金融有限公司青岛香港中路证券营业部	香港中路9号香格里拉中心办公楼11层	66706789
20	第一创业证券有限责任公司青岛南京路证券营业部	南京路8号府都大厦9层	80907122
21	东莞证券有限责任公司青岛营业部	东海西路52号兴源大厦7层	85706978
22	东北证券股份有限公司青岛山东路证券营业部	山东路金孚大厦	—
23	天相投资顾问有限公司青岛分公司	徐州路98号丙2号楼1006户	85800860
24	嘉实基金管理有限公司青岛分公司	香港中路10号颐和国际大厦A座3502室	66777766
25	招商证券香港中路营业部	香港中路89号8、9层	66889588
26	华夏基金管理有限公司青岛分公司	香港中路9号香格里拉中心办公楼1001室	6887501

第四节 期 货

1920年，青岛首家期货、证券兼营的中日合资交易所青岛股份公司取引所设立，开青岛期货业的始端。1931年，由21家民族工商业户发起成立青岛市物品证券交易所。1935年青岛市物品证券交易所大楼在大沽路竣工开业，设土产、纱布、证券3个部，从事花生米、花生油、纱布、面粉等期货交易。青岛解放后，期货交易活动中止。20世纪90年代，区内专业期货交易业务恢复。1993年山东省首家在中国证监会、国家工商管理局正式注册的全民所有制大型期货经纪企业——双飞龙期货经纪有限责任公司成立。同年国大期货经纪有限公司正式开业。区内期货业主要从事国内商品的期货代理、期货信息咨询、经纪人培训等，拥有现代化的即时报价系统、盘后分析和异地同步交易系统，先后开通了与北京、上海、大连、郑州等地的商品、粮油交易所的交易渠道，并在全国各大商品交易所设有会员席位。2004年区内有国大期货公司、金友期货公司、弘信期货公司、经易期货青岛营业部、中州期货青岛营业部等期货经营机构。

表10-17 市南区期货业机构一览表

（2012年）

序号	单 位	地 址	办公电话
1	金友期货经纪有限责任公司青岛营业部	中山路58号百盛国际商务中心1510室	82023818
2	经易期货经纪有限公司青岛营业部	东海西路35号太平洋中心3号楼4层	85780820
3	烟台中州期货经纪有限公司青岛营业部	南京路9号联合大厦19层E~L室	85753012
4	鲁能金穗期货经纪有限公司青岛营业部	东海西路43号西塔楼7层A号房	85976320
5	广发期货有限公司青岛营业部	东海西路39号世纪大厦1501室	85799288
6	格林期货有限公司青岛营业部	山东路2号甲华仁国际大厦17层F、G区	83095258
7	江苏弘业期货经纪有限公司青岛营业部	香港中路10号颐和国际大厦A栋2301户	85039478
8	华泰长城期货有限公司青岛营业部	香港中路12号丰合广场A栋3层A户	85029800
9	中证期货有限公司青岛营业部	香港中路6号世贸中心B座105室	85917796
10	南华期货有限公司青岛营业部	闽江路2号国华大厦B座2501室	85803555
11	新湖期货有限公司青岛营业部	东海西路39号世纪大厦1809室	85796000

续表10-17

序号	单　位	地　址	办公电话
12	海通期货有限公司青岛营业部	南京路2号绮丽大厦1301、1302室	66773188
13	光大期货有限公司青岛营业部	香港西路67号12层J、K室	86129096
14	浙江省永安期货经纪有限公司青岛营业部	香港中路40号906户	86679886
15	鲁证期货有限公司青岛营业部	江西路78号	80776053
16	迈科期货经纪有限公司青岛营业部	香港中路10号颐和国际A座906、907室	85029905
17	中电投先融期货有限公司青岛营业部	香港中路10号颐和国际A座2901室	85029287
18	金瑞期货有限公司青岛营业部	东海西路5号甲16层4户	80901818
19	北京中期期货经纪有限公司青岛营业部	香港中路61号阳光大厦21层E、H单元	82020087
20	华安期货有限责任公司青岛营业部	闽江路2号国华大厦B座2804室	86662579
21	冠通期货经纪有限公司青岛营业部	香港中路20号北栋2102、2106室	85023358
22	国联期货有限责任公司青岛营业部	东海西路35号2栋3层2~4户	89092060
23	东海期货有限责任公司青岛营业部	东海西路39号世纪大厦17层D、E户	86101555
24	成都倍特期货经纪有限公司青岛营业部	香港西路67号光大国际金融中心5层J、K室	83101969
25	中粮期货经纪有限公司青岛营业部	东海西路17号海信大厦1508、1509室	68899801
26	万达期货有限公司青岛营业部	东海中路2号环海大厦20层E-02室	86688507
27	英大期货有限公司青岛营业部	东海西路35号4栋8层	85976320
28	中国国际期货有限公司青岛营业部	东海西路41号2栋西2单元2103户	85778590
29	银河期货有限公司青岛营业部	香港中路12号C201户	80661688
30	锦泰期货有限公司青岛营业部	闽江路2号国华大厦2单元1801室	—

第五节 投 资

20世纪80年代中期，区内3家银行先后成立信托投资公司。1997年，市政府组建成立国有投资公司青岛国信实业有限公司和青岛市企业发展投资公司，作为政府投资主体，运营国有资本，经营国有股权，进行投资、资本运作和资产管理。同年，市政府批准成立青岛市企业发展投资公司，管理企业发展投资专项基金，多渠道融通企业发展资金，对重点企业特别是大中型企业实施投资改造，对中外合资企业的中方企业提供投资和担保，对中小企业银行贷款提供担保，委托金融机构向企业贷款或直接投资、控股、参股企业经营。2000年，青岛市首家国有独资的科技风险投资公司——青岛市科技风险投资有限公司成立，投资领域有电子信息、海洋生物工程与医药、新材料、新能源、高科技农业、环保、光机电一体化领域。2001年，青岛开发投资有限公司成立，主要承接政府重大项目建设、受托运营国有股权、实业投资、高科技风险投资、资产委托管理等，先后介入城市基础设施建设、金融证券、基金管理、信息传媒、高新技术等多个行业和领域。2003年以来，一些以投资咨询、融资顾问为名义的贷款公司成为民间投融资的一种合法形式，激活了民间资本投资市场。2003年，青岛五色土抵押贷款顾问有限公司成立，成为青岛乃至全国第一批从事民间投融资咨询业务的公司。2004年11月，作为成立较早的青岛百众惠抵押贷款代理公司率先在当地媒体刊登“百众惠民间借贷咨询”广告。至2005年，区内民间借贷机构涌现出五色土、福元运通、诚信德等一批规范化操作的借贷公司，成为专业银行融资的重要补充，为缓解企业和个人融资难发挥了重要作用。“十一五”时期，区内成立全市首家小额贷款公司，为中小企业提供灵活多样的服务；培育风险投资基金、私募股权投资基金等金融机构，拓宽了企业融资渠道，构建起集银行、证券、期货、保险、小额贷款、担保、金融中介服务机构等多种业态于一体的多元金融体系。

第六节 典 当

1897年，青岛村一带开设第一家民间当铺。德国侵占青岛后，随着人口的增加，典当业有所发展。1904年，德国殖民当局发布《开设中华当铺条规》。北洋政府统治时期，区内的日商典当业空前发展，自1925年起相继有天顺当、共和当、宝屋、信泰公司、大和号、宝来当6家当铺开业，其中大和号的规模最大，本金1.55万银元。1928年，在胶澳商埠局的倡议下，民间商号谦益当在云南路成立，并相继开设5个分号，形成一定规模，打破了日商对青岛典当业的垄断。南京国民政府第一次统治时期，日商典当行持续增加，自1930年起，河南路和云南路一带先后有横滨屋、东发当、第一和丰当、华成公司、三合当5家典当行开业。随后，华商典当行德裕当、成丰当先后在河南路和云南路开业，与日商典当行形成对峙与竞争。1945年日本投降后，日商当铺相继关闭，因货币急剧贬值，典当业无利可图，华商典当行亦大部关闭。到青岛解放前夕全部停业。

1993年4月，青岛信达荣昌典当行成立，是青岛解放后青岛市第一家典当行。2002年，典当业审批与监管工作由人民银行青岛市中心支行移交市财办，按照优先填补空白、促进适度竞争、发展规模经营、在规范中发展的原则，对申报企业实行评委会论证联批制度，规范了行政审批，促进了区内典当行业的规范有序发展。2003年，按照公开、公正、透明的原则，进一步规范典当行审批发展程序，督促典当行进行股本改造，优化资本结构。区内各典当行建立业务流程、内部控制、人员管理等管理制度，加大科技投入，逐步实现管理现代化。至2004年年底，青岛市金源典当有限责任公司，注册资本3000万元人民币，是山东省最大的综合性典当融资企业。

2005年，区内新设典当行和分支机构增加，注册资本及资产总额显著增长，典当业务及融通资金大幅提高，其中对中小企业融资、对居民融资增速较快。各典当企业针对中小企业、个体工商户和居民“急需、额小、期短”的资金需求特点，探索推出了一系列便捷的融资服务方式，在救急解困、帮助解决临时性资金短缺等方面发挥了作用。民营企业相继进入典当、担保业，把典当作为一种新的理财方式和融资渠道，与银行、民间借贷相辅相成，成为市民和中小企业融资及民品保存、评估等多项功能于一身的综合性服务机构。

第七节　担　保

区内的担保业于1999年开始起步。1999年9月，市政府颁布施行《青岛市企业贷款担保资金管理暂行办法》。同年11月，我国第一家综合担保中心——青岛市担保中心在区内正式挂牌，主要为中小企业、个私企业、高新技术企业、对口帮扶企业、第三产业等在向金融机构申请贷款时，提供信用担保服务。担保资金分为中小企业担保资金、高新技术企业担保资金、个体私营企业担保资金、对口帮扶担保资金等项。担保中心以担保资金提供担保，向被担保企业收取担保费。年内有华夏银行、工行、建行、农行、商业银行、光大银行、中信银行7家银行参与担保业务，并与该担保中心签订合作协议。

2003年7月，市政府颁布实施《关于建立和完善信用担保体系促进中小企业发展的意见》，推动区内担保机构重点面向科技创新型、出口创汇型、吸纳就业型、社区服务型，以及从事仓储、配送、分销业务的服务贸易型中小企业开展业务。年内联合创业担保有限公司在市南区成立。2005年10月，为了进一步建立和完善民营及中小企业融资担保体系，成立青岛民营及中小企业融资担保有限公司，实行多元化投资、股份制经营、商业化运作，主要为民营及中小企业提供信用担保服务。同年，注册资本5000万元的青岛市中元汆焜金融投资担保有限公司和注册资本过亿元的中海投资担保有限公司落户市南区，促进了青岛担保业的发展。2010年9月对融资性担保机构规范整顿以来，区服务业发展局承担了对区内融资性担保机构的监管职能。建立“金融监管和服务企业联席会议”制度，认真落实融资性担保机构和小额贷款公司重大事件报告、应急管理、督察问责、高管谈话等制度，不断加大对小额贷款公司、融资性担保等机构监管力度，健全多层次金融风险防护网络。2011年年末，区内20家融资性担保机构通过省金融办的审核。对已确认的担保公司，根据整改承诺事项完成情况，本着“成熟一家、验收一家、准入一家”的原则，对验收合格的机构发放经营许可证。市南区着力培育引进风险投资基金、私募股权投资基金等新型业态；以私人银行为突破口，高起点推动区域性财富管理中心建设；完善中小企业信用担保奖励补偿机制，引导担保机构开展信用、保函、应收账款、商标权质押等担保业务。至2012年，区内共有20家融资性担保机构，资本金合计24.58亿元人民币。

第七章　国有资产管理·食品药品监管

区内的食品药品监管始于20世纪初。1905年总督府野战医院（青医附院前身）建成后，除从事医疗诊治外，还进行奶制品、饮料及罐头食品的细菌检验。同期建成的总督府屠宰场，则依据《屠杀章程》之规定，由场长例行肉类离场前的严格查验。中药和西药的生产经营，由总督府巡捕局统一监管。民国时期，食品药品改由卫生局监管。

50年代，药品监管纳入全市药政统一管理范畴，食品监管由卫生局、工商局分别依据各自职能实施管理。1996年成立国有资产管理办公室，贯彻执行国家、省、市国有资产监督管理规章制度，实施行政事业单位国有资产管理制度，并对改制、破产企业产权转让、资产评估、清产核资等事项实施监督管理。2004年，青岛市在药品监督管理局的基础上组建了食品药品监督管理局，行使食品药品的行政监管职能，坚持“疏堵结合、打防并举、标本兼治、重在治本”的工作思路，强化长效监管机制，加大对案件的查处力度，努力实现全方位、全过程监管。市南区建立了区、街道办事处二级药品监管网络，聘任两级药品监督协管员、信息员和社会监督员，药品监管网络覆盖率达到100%。2005年年初全市开展创建食品药品安全示范街、示范店活动。辖区组织有关食品生产经营单位按照创建标准进行自查整改，针对突出问题和薄弱环节，加强督促、检查和指导，抓好工作落实。首批确定香港中路、东泰佳世客等4家超市、海天大酒店等9家宾馆、田家花园等5处农贸市场等为全市示范街（店）重点创建区域和单位，并率先在上述重点区域和重点单位全面推行准入制度。

2006年，随着国家行政事业单位国有资产管理办法颁布实施，全区国有资产管理纳入法制化轨道。区财政局对全区行政事业单位进行宣传、培训，建立健全国有资产管理制度，各单位国有资产管理工作普遍得到加强。至2007年以前，辖区设立食品药品专门监管机构。2011年，区内开展了争创“山东省餐饮服务食品安全示范区”活动。2012年，建立全区行政事业单位国有资产管理信息系统，实施国有资产动态监管，国有资产监管手段不断创新。同年，坚持地方政府主导，基层政府参与的创建体制，继续深化示范创建，打造以20条示范街、500余家示范店覆盖全区的餐饮服务食品安全示范区，“全国餐饮服务食品安全示范区”已顺利通过国家食品药品监督管理局、商务部联合委托的现场验收。是年，充分发挥企业在创建工作中主体作用，继续推行餐饮企业现场管理“七统一四上墙”，严格示范街店的检查验收标准。深化医药卫生体制改革，建立国家基本药物制度，是党中央、国务院为保障公众基本用药、提高全民健康水平做出的重大决策。市南分局把保障公众饮食用药安全作为中心任务，把基本药物监管工作作为药品监管工作的重中之重，强化整治措施，加大监管力度，切实保障基本药物质量安全。采取健全“一站四员”，强化基层食品安全网格化监管体系的思路，逐步建立食药长效管理机制。

第一节　国有资产管理

1996年成立国有资产管理办公室，贯彻执行国有资产管理的法律、法规，制定国有资产管理办法，实施行政事业单位国有资产管理制度，处置行政事业单位非经营性资产，并对改制、破产企业的清产核资、资产评估、审验确认等事项实施监督管理，以防止国有资产流失，确保国有资产的增值保值。2006年《行政单位国有资产管理暂行办法》《事业单位国有资产管理暂行办法》正式颁布实行，全区国有资产管理工作纳入了依法管理轨道。2007年，根据财政部《关于开展全国行政事业单位资产清查工作的通知》要求，区财政局认真组织开展市南区资产清查工作，摸清家底，为行政事业单位国有资产管理办法的全面实施奠定基础。2008年，全面加强对房屋、公务用车的监管。对房屋出租实行统一管理，收入纳入财政专户，实行“收支两条线”管理。加强对公务用车的统一管理，对淘汰的旧车进行评估、拍卖，防止国有资产流失，保障国有资产的安全和完整。2009年，下发《关于办理企业国有资产占有产权登记工作的通知》，对区属国有企业办理国有产权登记，并代表区政府派出监事会，加强企业国有资产监管，确保国有资产保值增值。2010年，开始贯彻执行市财政局重新修订的行政事业单位资产配置、使用、处置管理办法，进一步规范行政事业单位国有资产管理工作。2012年，开展行政事业单位资产普查工作，建立全区行政事业单位国有资产管理信息系统，不断加强对国有资产的动态监管，规范国有资产购置处置流程，杜绝国有资产流失。年内，开展行政事业单位资产普查工作，全面掌握行政事业单位国有资源状况，强化国有资源配置管理。

第二节　食品药品安全示范创建

创建食品药品安全示范街（店）活动

2005年1月全市开展创建食品药品安全示范街、示范店活动。创建活动从2005年1月开始，至2005年11月底结束。分三个阶段进行：1.准备部署阶段。成立专门组织协调机构，制定具体实施方案，确定重点创建单位和区域，分解目标责任，组织发动有关企业积极参与创建活动。2.组织实施阶段。组织有关食品生产经营单位按照创建标准进行自查整改。辖区针对突出问题和薄弱环节，加强督促、检查和指导，抓好工作落实。首批确定香港中路、东泰佳世客等4家超市、海天大酒店等9家宾馆、田家花园等5处农贸市场等为全市示范街（店）重点创建区域和单位，并率先在上述重点区域和重点单位全面推行准入制度、进货查验登记和索证索票制度、信息定期报告和公布制度、不良行为记录制度、不合格食品召回和退市制度、食品安全巡查和责任追究制度等。3.总结验收阶段。由市食品安全委员会组成联合工作组进行检查验收。验收采取全面检查、重点抽查、民意调查和专家评估等方式进行。验收结束后，在有关媒体上进行公示，无异议者提交市食品安全委员会审定并命名、挂牌。辖区列入全市示范街（店）重点创建区域和单位，主要商业街、主要市场、超市、药店、宾馆饭店全部通过验收。

创建餐饮服务食品安全示范区

2011年，坚持政府主导、部门协作、基层参与、企业主体、社会监督的方针，深入推进餐饮服务食品安全示范区创建工作，全面提升餐饮服务食品安全监管效能和工作水平。2012年，提出三年内打造全国餐饮服务食品安全示范区的远景目标，并将食品安全示范街（店）创建工作列入市南区2012年八项“为民办实事”工作之一，纳入政府目标考核，为示范创建提供了良好的政务环境。市南分局与区食安办和街道办事处加强工作联系，形成地方政府主导、食药部门牵头、基层政府参与的示范创建工作格局，为示范创建提供了有力的组织保障。通过“一站四员”食品安全监管体系，借力基层政府，以各街道办事处食品安全工作站为平台，开展了示范街店遴选、示范培训、宣传教育等一系列示范创建活动。年内，向示范单位免费发放餐饮服务食品安全公示栏、健康证公示牌等公示载体500余套、索证索票验收登记台账和消毒记录本3000余本、分类标识6000余个。市南区500家示范单位餐饮服务食品安全信息公示率达到100%。为提升安全监管技术支撑，开发了具有远程、动态、实时的餐饮服务食品安全监管应用系统，并将学校食堂、大型餐馆等纳入远程重点监管对象，汇总餐饮单位采购进货记录55664条，实现“全过程、可追溯”控制目标。同时，与街道办事处通力合作，召开示范街店创建动员会、座谈会，推进“为民办实事”示范街店创建工作。发挥行业协会桥梁纽带作用，引导行业强化诚信、自律，实行电子点餐、实时结算、物控管理、“五常法”经营管理。先后开展“食品安全宣传周”、餐饮服务食品安全“进学校、进社区、进企业”等宣传活动。组建“餐饮服务食品安全进社区”巡讲团，在香港中路等街道向社区民众、社区餐饮单位及学校累计巡讲9次，编制2万余字的食品安全宣传材料，以学校食堂、餐饮企业、社区居民等群体为受众，通过宣传册、读本、折页等多种形式，突出餐饮服务食品安全普法宣传和食品安全知识普及，指导餐饮服务单位规范经营，引导公众开展社会监督。2012年，示范创建扩大至市南区10个街道办事处，23条示范街，500家示范店。迎接各级检查考察及广州花都区、安徽怀化、湖北枣阳等各地县（市）局参观学习20余次，创建经验被搜狐网、新浪网、齐鲁晚报、青岛日报、半岛都市报、青岛电视台、青岛新闻网等多家主流媒体报道，扩大了创建工作的示范效应。

食品安全宣传周活动（2012年）

创建药品安全示范区

2011年，市南区成立药品安全示范区创建工作领导小组，制定印发《市南区开展山东省药品安全示范区创建工作实施方案》，明确了卫生、财政、工商等部门的创建职责，理顺了药品安全监管体制。在创建过程中，推行药品零售企业“五统一四上墙”管理方式，印发具体工作指南，督导企业建立完善药品安全管理体系；确定2条路（中山路、闽江路）、50家药品经营企业作为药品示范点先行创建。设计制作并向药品零售企业免费发放药品安全信息公示牌、工作人员相关证件公示牌，药品购进验收记录等一系列创建材料。

第三节　食品药品安全专项整治

食品安全专项整治

针对民生热点和监管重点，认真开展餐饮服务食品安全各项专项整治和日常监管工作。2012年全年累计出动监管人员4500余人次，监督车辆2090余辆次，检查餐饮服务单位5500余家次，取缔无照经营454户，罚没款114254元。通过专项整治和日常监管，建立餐饮服务食品安全长效监管体制，辖区餐饮服务食品安全监管水平得到进一步的提高。年内先后开展食品添加剂、学校食堂及周边餐饮单位、食用油、“瘦肉精”、自制火锅底料等32项70余次的食品安全专项检查，突出抓好学校及托幼机构食堂、小饭桌登记备案、沿海一线旅游景区及周边餐饮单位三项重点整治工作。同年，采取流动巡查与驻点监控、行政处罚与指导培训、现场检查与远程监控的“三个结合”的监管方式，完善餐饮服务食品安全日常监管体系。一是突出火车站周边、旅游景区、商业街三个重点区域和采购、消毒、加工和人员查体四个重点环节的监督检查；二是加强主动服务和技术指导。统一印制并免费发放《餐了饮服务食品安全管理制度》等五项制度以及消毒记录、原料索证台账、关键环节食品加工操作规程等各种材料2万份，进一步规范餐饮单位的经营行为；三是利用现代远程信息平台，使用数字化餐饮服务食品安全监管软件，对餐饮服务单位每日的食品原料采购种类和熟料进行实时监控，大大提升监管效能。先后开展学校食堂及托幼机构、大型及大型以上餐饮服务单位的量化分级工作。从许可管理、人员管理、场所环境、设施设备等9个方面58项内容设定量化标准，统一裁量尺度，划分监管网格，深入辖区内236家量化分级管理对象，现场考评赋分，提出整改意见。累计出动执法人员284人次、监督车辆142辆次，监督检查量化分级对象366户次，提出整改意见516条，学校及托幼机构食堂和500座以上餐饮服务单位监管覆盖率和量化分级率达到100%。

开展药品安全检查（2012年）

药品及医疗器械专项整治

2011年，成立市南区分局药品安全集中整治行动工作领导小组，制定《市南区药品安全集中整治行动工作方案》，对药品（制剂）生产流通环节进行为期三个月的全面检查，规范了市南区药品市场秩序。2012年4月中旬铬超标胶囊问题出现后，立即启动应急机制，结合药品安全集中整治行动，将辖区按地域分成3片，按企业性质分成4类，按通信方式分成短信平台群、QQ交流群，按企业人员层级分领导层、质管层，分组分区划片责任到人，实行现场检查核实和短信通知汇总相结合的方式，下架召回问题厂家的胶囊剂药品6129盒，辖区内没有发现国家通报的不合格药品。年内，开展药品类易制毒化学品专项整治工作。以麻黄碱类复方制剂为重点品种，以流通环节为重点环节，对辖区内药品经营企业进行拉网式检查。同年，加强对互联网发布信息的监测，重点开展打击非法收售药品及制假售假违法行为，规范零售药店和医疗机构药品购入行为，打击利用互联网登载、传播非法收售药品信息的行为。开展辖区药品经营企业、医疗机构采购中药饮片专项检查，完善购进记录、验收、储存、运输、调剂、临方炮制等过程的管理制度和措施。此外，还进行医疗美容机构药械和高风险医疗器械经营使用专项检查。重点对肉毒毒素、麻醉药品和一次性使用无菌医疗器械、植（介）入医疗器械等产品进行检查，进一步规范购进渠道，健全药械合法的资质档案，保障了产品质量要求。开展含兴奋剂药品专项检查，在企业自查自纠的基础上，按照网格化要求，执法人员对全区220家药品企业进行拉网式检查，处罚160余家次，保障了奥帆赛、全运会、海军节、苏迪曼杯羽毛球世锦赛等重大赛事和活动，未发生一例兴奋剂事件。

第八章　安全生产监管

20世纪50年代，区内工业企业相继设置专职人员进行安全管理，安全管理制度逐步形成。20世纪60年代，企业逐步建立健全安全生产责任制、安全生产定期检查制度，对职工开展安全教育，强化安全技术措施，改善劳动条件。“文化大革命”期间，企业安全管理受到削弱和冲击。

20世纪80年代，通过企业整顿、企业升级工作的开展，安全管理得到加强，企业安全宣传教育工作走上经常化、制度化轨道，实行厂、车间、班组三级教育培训制度，每年一度的5月“安全月”活动，强化了企业安全管理，提升了全社会的安全生产意识。1985年开始，企业实行全员安全教育，定期组织安全知识考试，安全管理逐步纳入国家法规。1986年起，安全管理纳入企业年度生产经营目标责任制，实行目标管理。至1990年，区内企业完善了以安全生产责任制为核心的各项安全规章制度，明确了企业各类人员在安全生产中的职守与责任，基本实现了安全管理制度化。

2004年12月前，全区安全生产监管归属区经计局内设的安全生产监督管理局。同年12月，组建区安全生产监督管理科，为区政府工作部门，同时作为区安全生产委员会的常设办事机构，综合监管全区安全生产。是年，市政府出台《进一步加强安全生产工作的决定》，将安全生产监管工作纳入市政府考核内容，由市政府安委会办公室跟踪检查，每月调度、年终考核。市南区将指标分解下达各街道办事处、负有安全生产监督职能的部门及相关企业，并逐级签订责任书，形成了职责明确、网格明晰、层层落实的安全生产目标责任体系。

区安全生产监督管理局成立后，坚持“安全第一、预防为主、综合治理”的方针和“科学发展、安全发展”的理念，按照“政府统一领导、部门依法监管、企业全面负责、群众参与监督、全社会广泛支持”的管理体制和属地化管理原则，先后出台《关于进一步加强安全生产工作的意见》《关于明确党委政府及其部门安全生产监督管理出现的规定》《关于进一步加强高层商务楼宇安全生产工作的意见》等规范性文件，着重加强安全生产监管责任和企业主体责任落实，以建立安全生产监管长效机制为重点，持续开展安全生产大检查和专项执法、隐患排查治理和打非治违专项行动，全区安全生产状况持续稳定向好，实现了安全生产事故起数、死亡人数逐年双下降的目标，杜绝了较大以上生产安全事故发生。

第一节　网格化监管

2005—2010年，区安监局着眼打造全国同类城市最安全城区，坚持贯彻“以人为本、安全发展”的理念，以减少事故总量、遏制一般事故、杜绝较大以上事故为目标，抓好安全社区创建工作，把安全监管网络建设下沉至社区基层。同时强化行政审批执法，强化隐患排查治理，强化重点行业监管，推进网格化监管工程、企业主体责任工程、全员安全素质培训工程，推进安全监管行业基础建设。适应安全监管网络化的客观需求，建设绩效评价体系、综合监管体系、安全文化体系和应急管理体系，优化网络化监管的环境条件，加强专家队伍体系建设，为网络化监管提供人才智力支撑。其间，制定出台市南区《关于明确党委政府及其部门安全生产监督管理职责的规定》，明确了各级党委、政府相关部门监管职责。创新监管方法，全力推进网格化监管。总体框架是“一格三网九定”。“一格”，即区、街道、居委会、企事业单位逐级建全网格化监管体系；“三网”，即建设监督网、管理网、信息网监管信息平台，完善运行机制；“九定”，即实施领导定点、全员定责、监管定位、排查定级、应急定制、配置定量、培训定岗、信息定时、奖惩定格九项制度，规范基层安全生产风险管理。网格化的核心是责任制，手段是信息化，目的是管理细化。全区负有安全生产监管职责的20个政府部门全部实现了网格化监管平台的应用，有141个相关处室和388名工作人员纳入网格化监管体系。各部门通过网格化平台录入日常检查、专项检查、执法检查等各项检查990余条，向区内生产经营单位发布公文93条。全区65个社区的安全巡查员通过网格化平台巡查生产经营单位8187家次，上报安全生产隐患322条；3463家企业利用网格化系统共报送事故隐患8052处，自查整改合格率为99.99%。为保障监管责任落实，市南区不断充实安全生产监管队伍，先后四次调整区安监局机构编制，监管人员从初建局时的6人逐步增加到34人；在街道办事处成立安全生产委员会、安全生产监督管理办公室，负有安全生产监管职责的部门成立领导小组，配备专兼职管理人员。区政府设立安全生产监管专项资金，2009—2012年，每年拨付300万元用于安全生产公共隐患整改、高层楼宇整治和安全社区创建工作。

春节前开展安全联合检查

第二节　隐患排查治理

区安监局成立以来，坚持关口前移、预防为主，强化日常检查和隐患监控。在每年年初制定全年检查计划的基础上，突出消防、危险化学品、烟花爆竹、特种设备、建筑工地、学校、高层楼宇、大型商场、文化娱乐场所和旅游场所等20个重点监管领域和全区1万余家生产经营单位，每季度至少开展一次安全生产大检查，重大节庆活动、重点时段以及法定节假日期间不定期开展联合检查和专项整治，2008—2012年，共排查各类隐患7294处，整改7052处，整改率达95%以上。实行“隐患排查、整改、验收、复查”闭环管理，从排查出的隐患中筛选出危害较大的部分隐患作为区重点隐患进行挂牌督办，公示整改目标，制定整改计划，明确整改责任，确定整改时限，年终进行通报，确保了重大隐患按期完成整改。全力摸排重大安全风险，组织开展了风险评估和预警分析，实行专家查隐患制度，采取政府购买服务的方式，聘请31名各行业领域的专家组成专家库并出台了专家管理办法，不定期开展隐患排查、安全测评和风险评估评价。针对市南区总部经济、楼宇经济的特点，将高层楼宇安全监管纳入工作重点，出台《关于进一步加强高层商务楼宇安全生产工作的意见》，明确了各部门监管职责，加大高层楼宇隐患排查治理力度，聘请中介机构对区内高层商务楼宇进行安全风险评估，出具评估报告，每年投入100

万元专项资金对高层楼宇安全隐患进行排查整改。

第三节　打非治违行动

2006—2010年，区安监局积极推进企业安全生产标准化达标工作，企业生产安全各环节、各部门、各岗位根据安全生产法律、法规和规程的要求建立严格的安全质量工作标准，实行全员安全管理。从2009年开始，实施了为期三年的落实企业主体责任专项行动。在工商贸等15个行业，对全区规模以上企业进行安全生产标准化评级。按照“A级抓巩固、B级抓提升、C级抓整改、D级停产停业整顿”的原则，实行差异化监管，引导企业提升安全管理水平，实现自我约束和自我完善。至2012年年底，全区规模以上工商贸企业已评审验收二级标准化企业2家、三级标准化企业4家，完成网上申报三级标准6家。在实行分级分类监管的基础上，严格执法处罚，以“六打六治”为重点，深入开展“打非治违”专项行动。采取严厉有效的措施打击和整治非法违法行为，按照“四不放过”原则调查处理事故，依法落实对每起事故的处罚和责任追究。2009—2012年，每年约查处各类违法行为1000余起，查封取缔违法生产经营单位200余家，罚款80万余元，有效震慑了违法企业和违法生产经营行为。

第四节　安全宣传和培训

20世纪80年代中期，在安全监督检查的同时，组织开展多种形式的安全宣传和培训活动。20世纪90年代后，结合区域经济特点，着力构建“大安全”的安全文化体系。进入21世纪，利用每年安全生产宣传月、宣传周时机，开展以“关爱生命，关注安全”为主题的送安全进企业、进社区、进学校活动，以群众喜闻乐见的文艺形式普及安全知识宣传教育。2010年以来，与《青岛晚报》联手打造“安全警示天天看”栏目品牌，向全社会宣传安全常识和知识，推广正确的安全价值观、安全道德规范和安全行为准则，汇编成《安全警示天天看》系列丛书，刊印后向社区发放。为使安全文化建设内化于心、外化于型、固化于制、活化于魂，坚持以“问安青岛”活动为载体，组建由公安、交警、消防、安监等20名专业人员组成的 “市南区安全发展宣讲团”，深入社区、学校、企事业单位进行安全常识和法律法规巡回宣讲；组织安全警示巡回展，把消防火灾、交通事故、安全生产事故案例制成展板巡回展示，从中起到警示作用；以“知识守护生命”为主题，宣传社区安全、校园安全和职场安全知识，先后向社区居民和学生发放安全法律法规、安全知识手册2万余册，组织安全生产法律法规知识竞赛10余场，极大地提升了社会安全自治能力。在全社会宣传普及安全知识的基础上，建立基地化的层级培训机制。依托区委党校对政府部门、街道和社区安全监管人员进行分期分批轮训；依托中介机构对企业主要负责人、分管负

街道办事处组织开展安全生产宣传进社区活动

责人和安全管理人员进行培训；联合区教育部门编制《安全知识手册》，并列入本区中小学教学计划，对中小学生实施教育培训；依托社区管理服务中心对社区居民定期开展安全知识讲座和家庭实用技能训练；通过企业安全文化示范建设、企业安全标准化达标活动，强势推进特种作业人员持证上岗，一般行业人员由企业进行二级教育，确保从业人员安全技能达到要求。在全市率先启动了“安全社区”创建工作，按照“边建设、边总结、边推广”的原则，全区10个街道全部获得“青岛市安全社区”称号。在此基础上，区安监局又启动了整体创建“全国安全社区”工作，按照“项目引领、资源整合、全员参与、持续改进”理念，不断加强社区建设，全区有8个街道成功达到国家级安全社区标准，创建率达到了80%，市南区被国家安监总局命名为“全国安全社区”。2012年，八大关、湛山和珠海路3个街道通过国际安全社区专家组认证，成为全市首批“国际安全社区”；市南区安监局被授予“全国安全社区建设先进单位”荣誉称号。

第九章　审　计

20世纪20年代初，区内出现全市首个从事社会审计业务的事务所。抗战胜利后，国民政府审计部在区内设立山东省审计处，掌控中央驻青机关及全省范围的国家审计监督。青岛解放后至1983年前，区内未设立独立的审计机构。

1984年，市南区审计局成立，开始在辖区行政范围内，依法独立地对政府及其各部门的财政收支、国有企事业单位财务收支进行国家审计监督。同时区内国家行政部门和国有企事业单位也建立了各自的内部审计机构，以国家审计为主导，以内部审计为基础，以社会审计为重要组成部分的审计体系在区内逐步建立，成为全区综合经济监督的一支重要力量。1988年市南区审计师事务所成立，接受辖区社会审计业务。1993年，根据全国审计工作会议精神，加强对外资企业的监督管理，决定由各级审计机关对中外合资合作经营企业进行审计监督。1997年，辖区实行对离任领导干部经济责任审计。

2001年全区机构改革后，区审计局增加了对区直机关、区属事业单位及国有企业领导人的任期经济责任审计，取消了指导和管理社会审计的职能，进一步完善审计法制建设，推行依法行政。2008年，市南区政府投资审计中心成立，隶属区审计局领导，主要负责政府投资和以政府投资为主的建设项目的概（预）算执行情况和决算以及与本级政府投资项目直接有关的单位财务收支的审计监督等政府投资审计工作。2011年，调整对社会审计机构审计业务质量的监督范围，不再核查社会审计机构对审计机关审计监督对象以外的单位出具的相关审计报告，加强对经济责任、关系国计民生的资源能源、环境保护和社会保障资金、财政资金使用效益的审计职责，区内审计工作建立起以国家审计监督为主体、内部审计与社会审计为辅，多元结构、功能互补的工作格局。

第一节　财政预算执行审计

市南区从1997年开始进行预算执行审计。1997—1999年，按照“账户入手，下审一级”的总体要求，以财政资金为主线，逐步加大延伸审计力度，对教育经费、城市维护费、综合治理费、困难企业职工救助金、卫生事业费、环保资金、计划生育费、行政管理费和科技三项经费进行了审计，共延伸审计19个一级预算单位和部分基层单位，查出违规行为金额1429.77万元，足额上缴入库。

2000年，进一步深化预算执行审计，着力突出审计重点，加大审计深度。以区财政局执行区级预算和管理其他财政资金情况为主，对教育经费、城市维护费、卫生事业费及民政事业费等专项资金的分配使用情况进行审计，并按照上级审计机关的统一部署审计了青岛国家金库市南支库区级预算资金收纳、拨付、使用情况，查出违规行为金额464.2万元，全额上缴入库，进一步完善专项资金的管理和使用。

2001—2005年，按照“全面审计，突出重点”和“摸清家底，揭露问题，促进规范”的总体要求，把财政财务收支审计的真实合法审计与效益审计相结合、审计与专项审计调查相结合、经济责任审计与预算执行审计相结合，继续加大对重点领域、重点部门、重点资金的审计力度，采取一次进点进行多个审计的方式，达到了“一审多果，一果多用”的目的。共查出管理不规范金额4023.5万元，应交财政金额875.18万元，按审计决定全额上缴入库。区政府高度重视 “同级审”提出的审计建议，修改和制定《市南区基本支出预算管理办法》《市南区行政事业单位基本支出定额管理办法》和《市南区专项经费管理办法》等多项规章制度，加强对专项经费的管理。

2006—2012年，积极拓展预算执行审计思路，注重预算执行审计的关联性，增强预算执行审计的宏观性，提高预算执行审计的层次性，“变平面审计思路为立体审计思路”。将政府负债、政府投资项目、街道财政分成资金、社会保障资金及区属国有企业纳入本级预算执行审计范围，关注财政体制建设和部门绩效管理，将宏观服务型绩效审计理念引入预算执行审计，建立适应科学发展要求的“一体化”财政审计新模式。查出违规和管理不规范金额166517.98万元，应上缴财政金额65064.39万元，全部足额上缴。

第二节　行政事业单位定期审计

1987年开始对全区行政事业单位实行定期审计。定期审计分期、分批实行，通过审计监督逐步代替一年一度的财务大检查。是年，对区文化馆、民政局、城建局和工商局4个单位进行定期审计，占全区一级预算拨款单位覆盖面的33%。审计总金额725.48万元，查出有问题金额12.33万元，占审计总金额的1.7%，其中违规金额6.82万元，占有问题金额的55%，集中表现在截留罚款收入、滥发钱物等。

1988—1989年，对财政拨款的区工商局、法院、文化馆、体委、检察院、教育局、民政局、区委、卫生局、区政府、建管局11个一级预算单位进行定期审计。审计总金额10214.57万元，有问题金额34.67万元。1990—1995年，扩大审计覆盖面，对区机关幼儿园、计生局、公证处、律师事务所、司法局、物价所、劳动保险事业分处、人防办、环保监测站、民政局等21个行政事业单位分期分批开展定期审计，根据查出的问题，提出审计建议，并责令被审计单位予以纠正。

1996年，定期审计制度取消，被年度项目计划安排所取代。

第三节　财务收支审计

1985—1989年，在全区开展财务收支大检查，对行政事业单位财务收支进行专业抽查。同时对专项经费使用情况、行政事业单位收费情况、“职工退休养老基金”“职工待业保险基金”管理情况进行审计和调查，查处违规违纪行为以及擅自购买社控商品、滥发补贴、实物等问题。

1990—1999年，先后对市南区太平路小学、市南区劳动服务公司、市南区工商局所属7个工商管理所、市南区教育局教育附加、区侨联收取侨属企业管理费财务收支、工商局行政事业性收费和罚没收入收支、市南区房产管理处、计划生育委员会、市南区人民医院、市南区民政局、市南区法院、市南区检察院以及市南区教体委教育经费拨付、管理和使用进行审计，发现普遍存在专款不专用、租赁费不开收据、账簿登记不规范、内部控制管理力度不足、固定资产管理不善、呆账死账情况严重等共性问题，根据不同情况，依照国家有关财经审计法规分别进行了处理。

2000—2012年，将财务收支审计作为预算执行审计和经济责任审计的必要补充，开展各街道办事处劳动服务公司政企分开财务专项审计以及市南区城市绿化工程总公司、市南区市政养护工程总公司、市南区环卫清洁总公司、青岛市海洋节办公室、市南区中山路商业（旅游）区改造指挥部等单位部分年度财务收支情况的审计调查，揭示了区属公司和临时机构在专项资金未专用、国有资产产权不清晰、固定资产登记不完整、原始票据审核不严格、临时工管理使用不规范等方面存在的共性问题，提出的审计意见和建议得到区领导和被审计单位的重视和采纳。

第四节　经济责任审计

市南区的领导干部经济责任审计自1997年开始。1998年成立市南区领导干部任期经济责任审计工作领导小组，贯彻“积极稳妥、量力而行、提高质量、防范风险”的方针，强化对领导干部的审计监督。2004年，在任中审计与离任审计相结合的基础上，加强“任中审计”，逐步使任中审计成为经济责任审计工作的主体，将审计监督关口前移，变事后监督为事中、事前监督，从源头上堵塞消极腐败现象发生的漏洞。2006年，制定《市南区党政领导干部任期经济责任审计公示制度》，详细规定了审计公示范围、内容、时间和场所等相关内容，落实了干部群众的知情权、参与权和监督权，最大限度地从社会各界获取与审计对象及有关责任人相关的经济线索，使审计结果更加客观公正。2009年，在关注财政财务收支合规合法性的前提下，注重部门履责绩效监督，全面、客观反映领导干部工作实绩，并通过审计建议促进领导干部在处理经济事项、管理国有资产中，能够依法依规办理，认真履行职责。2010年，以促进科学发展观和正确的政绩观为目标，以经济责任审计和绩效审计理念为核心，重点关注领导干部任期中的重大工程建设、重点民生工程效益和大额资金运用情况，细化领导干部评价指标体系，客观反映领导干部工作业绩。2011年，加强延伸审计，深化审计内容，着重监督检查领导干部履职尽责情况。2012年建立市南区经济责任审计工作联席会议制度，形成经济责任审计工作领导小组决策层、联席会议成员单位成果运用层、审计机关实际操作层、联席会议办公室组织协调层的四层联动、协同共抓的工作运行机制。完善ABC分类法，加强经济责任审计计划管理。拓展审计覆盖面，重点关注部门单位对上级有关经济工作方针政策和决策部署的贯彻执行情况，重要投资项目的建设和管理情况，重要经济事项管理制度的建立和执行情况等。同时，经济责任审计工作联席会议各成员单位加强配合、明确职责，实现联合进点，信息共享，提高审计效能。

1997—2012年，市南区经济责任审计规范化建设逐步加强，结合区情，先后研究出台《市南区领导干部任期经济责任审计暂行办法》《关于进一步加强领导干部经济责任审计工作的意见》《市南区党政领导干部任期经济责任审计公示制度》《市南区党政领导干部任期经济责任审计评价办法（试行）》等制度规定，推动和保障市南区经济责任审计工作稳步开展。共对全区70多个行政事业单位领导干部进行372人次的离任（任期）经济责任审计，审计资金总额2969994.96万元，查出违纪违规金额2096.55万元，管理不规范金额315348.78万元。向区纪检、监察部门移交审计案件3起，受到党纪政纪处分的9人。下达审计决定书3份，下达审计移送处理书1份。审计结果引起全区各部门高度重视。通过审计，客观评价了领导干部任期经济责任履责情况，同时为有关部门考核领导干部提供了重要依据，对促进领导干部遵守财经纪律、加强廉洁自律、提高依法行政、科学决策的能力起到积极推进作用。市南区经济责任审计工作获青岛市2004年度领导干部经济责任审计工作先进区，在全市审计机关优秀审计项目成果考评中，区审计局提报的《关于市南区动迁安置办公室原主任2000至2002年3月任期经济责任审计》项目和《关于市南区劳动局领导干部任期经济责任审计》项目，分别获得青岛市审计机关优秀审计项目成果一等奖和二等奖；提报的关于《开发利用领导干部经济责任审计档案，促进干部廉政建设》项目，获得山东省开发利用档案信息资源成果三等奖。

第五节　政府投资审计

2005年，国家审计的重要内容之一——政府投资审计起始。是年，围绕区政府确定的区发改局（青岛国际商务周）、区教体局（区少儿体育中心）、区人事局（市南人才分市场）和区人防办（人防工程指挥所）四个重点投资建设项目实施跟踪审计，进一步加强对专项资金的审计监督，确保政府投资的安全和有效。2006年，对周期长、资金投入大的区重点建设项目进行全过程跟踪审计，制定《市南区政府投资项目审计监督办法（试行）》，对政府投资项目的审计监督职责和权限、监督内容、监督程序、法律责任等作了具体规定，为政府投资项目审计监督提供了全面规范的操作指南，对进一步加强我区宏观调控、提高政府投资效益及促进经济发展具有重要意义。2007年，以关注民生为出发点，加强对“民心工程”的审计监督。年内制定《关于政府投资项目委托社会中介机构审计质量控制办法》，加强了对中介机构的监管和考核，确保审计质量，进一步降低风险、明确责任。2008年，搞好审前调查，做好审计计划，把握好审计重点，明确审计目的，根据项目的规模、重要性、建设周期、资金投入等因素来划分审计的类型，科学制定实施方案，合理配置审计资源，在保证审计覆盖面的同时，突出审计重点，有效地解决了审计人力不足的矛盾。将工程招投标管理、合同管理作为项目管理的前期关口，帮助被审计单位分析问题、解决问题，从项目源头上降低工程造价，节约财政资金。2009年，围绕区委区政府工作中心，加大对重大投资项目、重点专项资金、基础设施建设和民生工程的审计监督力度，积极创新政府投资审计方式方法，对民生工程开展

2009年，审计工作人员到动漫产业园施工项目现场进行现场审计

绩效审计，取得显著成效。2010年，加大对“转方式、调结构”有关的重大投资项目、重点专项资金审计力度，注重审计调查研究和综合分析，保障重点建设项目顺利进展。年内制定或完善《关于政府投资项目委托社会中介机构审计质量控制办法》《政府投资项目跟踪审计操作规程》等管理办法。并通过公开招投标方式，确定了20家有资质、信誉好、水平高的中介机构进入审计资源库。2011年，加大对旧城改造工程、保障及廉租性住房工程、社区三个中心建设工程、校舍安全改造工程等民生工程、基础设施等重大投资项目的审计力度。同年9月召开的全省投资审计工作会议上，区审计局作了题为《完善机制，创新模式，努力开拓政府投资审计工作新局面》的典型发言，投资审计工作经验在全省审计系统推广。2012年，对政府投资项目参审中介机构库分类进行公开招标，采取择优入库、随机抽取、动态管理、事后评价的方法，加强对中介机构的管理。通过政府投资审计流程再造，在审计项目安排、监督内容、整改落实、监督方式和制度建设等关键节点进行创新，提升工程建设领域审计监督水平，提高审计效率和质量。相关创新工作经验被《中国审计报》、审计署网站刊发。

第六节　社会审计

1988年市南区审计师事务所设立，其他审计中介服务机构也相继设立，接受国家机关、企事业单位或个人委托，对被审计者的财务收支、经济效益、经济责任、资产核实、厂长（经理）离任、经济案件、注册资金、资产评估等进行社会审计。市南区审计师事务所成立之初，是隶属于区审计局管理的科级事业单位，财务上实行独立核算、自负盈亏。随着市场经济的进一步发展，社会审计业务不断拓宽，审计队伍规模进一步扩大，并设立办公室、财务部、基建审计部。1999年年底与区审计局脱钩，成立具有独立法人资格的负有限责任的会计师事务所——山东大明有限责任会计师事务所，成为独立的社会审计机构。

第十章　统　计

区内的近代统计工作始于19世纪中叶。1859年青岛口设立厘金局后，即开始征收厘金和税务统计。1865年青岛口设立东海关常关后，涉及杂捐杂税的税务统计项目达16项。1896年设于天后宫的商务公所开始对青岛口一带经营商品、物价及各业经营情况进行统计。德国侵占青岛后，胶海关及胶澳总督府下属各部门均建立台账，对港航贸易、进出口商品、土地交易、工商金融等进行统计。此后辖区行政历经更迭，统计制度逐步完善，统计项目不断扩展。

50年代，随着国民经济和各项社会事业的恢复发展，统计工作在指导宏观经济和微观经济发展上的重要作用逐渐被人们所认识，统计工作受到了各级行政部门的高度重视。1953年青岛市统计局成立后，对全市统计事物实行综合管理。区政府建立统计工作制度，按市统计局规定的统计项目定期向市统计局报送。1958年“大跃进”时期，群众性的统计评比活动常年开展，基层统计工作得到巩固和加强，基层单位的统计工作多由财务会计兼理，尚无专职统计人员。“文化大革命”期间，统计资料报送渠道中断，工作程序被打乱，统计工作受到严重破坏。

中共十一届三中全会以后，统计工作迅速恢复，各级统计机构逐步健全。1984年市南区统计局成立后，按照国家规定的统计制度和方法搜集、整理统计资料，进行国民经济核算，为全区制定方针政策、编制国民经济和社会发展计划服务，为监督、检查国民经济和社会发展计划的执行情况提供可靠的依据，同时为搞好经济管理及科研工作，提供必要的统计资料。进一步强化统计法制工作，加强统计法制宣传，加大对统计违法案件的查处力度，全社会的统计法律意识进一步提高。统计工作走上正规化、法制化的道路。

2012年，认真搞好统计执法检查工作，将报表数据质量、拒报迟报统计资料和虚报、瞒报、伪造、篡改统计资料的违法行为作为检查重点，对在检查中发现的统计违法行为，严格按照统计法律法规的有关规定予以查处。年内进一步规范全区统计工作流程，建立健全统计资料的审核，交接和移交管理制度，加强基层统计组织机构建设，加强基层统计制度建设，完善基层统计资料库，实现全区基层统计工作统一目标，统一考核的标准化管理。区内统计工作稳步推进，数据质量全面提高，先后荣获山东省统计工作先进集体、创建全国文明单位先进集体等荣誉称号。

第一节　统计要务

国民生产总值统计

中共十一届三中全会以后，适应改革开放和经济社会发展的统计评价体系和指标体系逐步建立完善。1985年建立国民生产总值统计报表制度。1989年市南区国内生产总值指标体系正式建立。1992年，对国内生产总值的资料来源和计算方法作了进一步细化，国民收入统计指标下降到附属地位。1993年，取消国民收入统计报表制度，建立生产部门增加值以净产值为基础的计算方法和国内生产总值支出法年报制度，该制度一直沿用到2003年。

社会发展统计

1991年市统计局建立《社会发展基本情况》统计报表制度，统计范围包括环境、人口、经济、居民生活、劳动、社会保障、卫生保障、科技教育、文化体育、社会治安10个项目。2002年劳动统计范围由城镇单位扩大到乡镇企业、私营企业和个体企业，并建立了全社会劳动就业和居民家庭人均收入、支出统计年报制度。2003年建立《社会综合统计报表制度》和《高技术产业综合统计报表制度》等项统计报表制度，并制定“文化产业统计调查实施方案”。随着统计属地化管理改革的进展，城市居民生活调查正式实施，在全区范围内抽选110户居民，对家庭人员 、家庭收支、贵重耐用品拥有量以及居住条件等方面进行社会调查统计。

工业统计

50年代，随着国有工业体制的建立，自1953年起进行工业统计工作。是年，区工业科对区属企业的产品产量、成本和工业总产值等项经济指标开始进行统计。1992年起，建立以经济效益为主的综合指标评价体系，从投入产出的角度全面反映企业的生产经营活动，纠正了工业企业片面追求产值、忽视效益的错误倾向。

商业统计

第一个五年计划时期，随着国营商业的建立，逐步开展了商业和餐饮业统计工作。1961—1965年国民经济调整期间，逐步恢复了正常的商业统计制度。1966年“文化大革命”开始后，商业统计报表制度一度中断，1969年商业统计工作得以恢复。中共十一届三中全会以后，多种经济成分、多种流通渠道和多种经营方式的商业企业迅速发展，社会商业经营发生重大变化，商业统计工作出现了很多新问题。1987年，建立了以全民所有制商业、集体所有制商业（含供销社）、合营商业和个体商业为总体的社会商品流转统计。1993年商业统计指标体系和调查方法实施重大改革，商业统计更名为批发零售贸易业统计，理顺了政府统计、部门统计及各专业统计之间的关系。1995年，开始实行小型批发零售贸易企业抽样调查。2003年，建立一整套为市场经济发展服务、反映内、外贸市场发展变化和批发零售贸易业基本情况的综合统计指标体系。

餐饮业统计

1955年在对饮食业进行普查的基础上，增加分经济类型的饮食业营业额统计指标。1966—1969年饮食业统计工作一度中断。1979年增加了饮食服务业机构、人员统计年报。2002年小型餐饮业实行抽样调查，餐饮业统计范围进一步扩大，形成了以反映餐饮业基本情况和经营状况为主的统计指标体系。

服务业统计

1994年，青岛市正式建立服务业统计年报制度。随着区内现代服务业加快发展，2004年市南区建立服务业统计季报制度，调查单位包括各种经济类型的服务业企业和行政事业单位。

对外经济统计

1991年市南区按照《青岛市对外经济统计制度》正式建立对外经济统计工作制度。统计范围涉及利用外资、技术引进、对外贸易、对外承接工程和劳务合作等项内容。

固定资产投资统计

1984年市南区固定资产投资统计制度正式建立。1985年建筑业生产情况统计工作逐步健全完善。1993年建立房地产开发企业投资情况统计。随着社会经济和城市建设的蓬勃发展，统计范围逐步扩大，统计调查方式灵活多样，至2003年，基本建设领域建成完整的统计指标体系。

第二节　统计普查

人口普查

青岛解放后至2012年，根据全国人口普查的统一部署，辖区共进行过六次人口普查。通过人口普查，摸清了人口的基本情况，为制定国民经济发展规划和各项国家政策打下了基础。1953年，市南区成立人口普查领导小组，具体指导第一次人口普查工作。第一次人口普查登记的标准时间为1953年6月30日24时。调查内容有姓名、与户主关系、性别、年龄、民族、本户住址6项。对普查资料进行了系统的整理汇总，普查资料为新中国成立后历次人口统计普查工作奠定了基础。1964年，市南区成立人口普查办公室，具体负责第二次人口普查工作。第二次人口普查登记的标准时间为1964年6月30日24时。调查项目除保留第一次人口普查的项目以外，又增加了本人成分、文化程度和职业三项。1982年第三次人口普查，历时一年零两个月。普查项目增加了行业、职业、婚姻、生育情况等项目。第三次人口普查登记的标准时间为1982年7月1日零时。普查建立了严格的质量责任制，运用了电子计算机技术进行数据处理，提高了人口普查资料的质量。普查资料汇总采用手工和机器汇总两种方式，最终以机器汇总结果为准。通过普查建立了人口统计数据库，使普查资料在国民经济各个领域得到广泛的开发利用。1990年第四次人口普查，历时一年零两个月。增加了人口迁移状况等项目，对分散居住在居民家中的、租房居住的、居住在厂企宿舍和工棚的等各类流动人口，进行了分类普查登记。第四次人口普查登记的标准时间为1990年7月1日零时。此次人口普查工作总结了前三次普查工作经验，实行了严格的质量控制，充分运用了电子计算机进行数据处理，提高了普查工作的进度和普查数据的准确性。2000年第五次人口普查，普查项目包括姓名、性别、年龄、民族、与户主关系、户口登记状况、受教育程度、行业、职业、迁移流动、婚姻、生育、死亡、住房情况等。第五次人口普查登记的标准时间为2000年10月1日零时。普查工作从1998年7月开始准备，历经普查准备、普查登记、手工汇总和编码、数据录入处理、发表普查主要数据等阶段，至2002年年底完成普查工作。2010年第六次人口普查，普查项目包括姓名、性别、年龄、民族、与户主关系、户口登记状况、受教育程度、行业、职业、迁移流动、社会保障、婚姻、生育、死亡、住房情况等。普查对象为普查标准时点在中华人民共和国境内的自然人以及在中华人民共和国境外但未定居的中国公民，不包括在中华人民共和国境内短期停留的港澳台居民和外籍人员。第六次人口普查登记的标准时间为2010年11月1日零时。普查工作从2010年年初开始启动，2011年2月底完成普查数据资料的上报工作。

2010年7月13日，工作人员在居民家进行第六次人口普查试点采访工作

表10-18 市南区历次全国人口普查情况表

（1953—2010年）

次别	普查标准时间	普查项目(项)	总户数(户)	总人口(人)	普查项目
第1次	1953年6月30日24时	6	43748	211315	设姓名、性别、年龄、民族、与户主关系、本户地址6项
第2次	1964年6月30日24时	9	48453	227812	增加本人成分、文化程度、职业3项
第3次	1982年7月1日0时	19	67749	261922	增加行业、职业、婚姻、生育情况等项目
第4次	1990年7月1日0时	21	105307	352148	增加人口迁移状况等项目
第5次	2000年11月1日0时	短表19项 长表49项	152202	447532	包括姓名、性别、年龄、民族、与户主关系、户口登记状况、受教育程度、行业、职业、迁移流动、婚姻、生育、死亡、住房情况等项目

续表10-18

次别	普查标准时间	普查项目(项)	总户数(户)	总人口(人)	普查项目
第6次	2010年11月1日0时	短表18项 长表45项	191700	544847	包括姓名、性别、年龄、民族、与户主关系、户口登记状况、受教育程度、行业、职业、迁移流动、社会保障、婚姻、生育、死亡、住房情况等项目

基本单位普查

第一次基本单位普查标准时点是1996年12月31日。普查的主要内容：单位的经济类型、所属行业、从业人员、企业规模、营业状况等项指标。第二次基本单位普查标准时点是2001年12月31日。普查的范围和对象为辖区内的各类法人单位及其所属的产业活动单位和个体工商户。普查内容包括：单位的法定标识、分组类型、登记批准状况、登记注册类型、执行会计制度类别、国有经济控股情况、营业状态、从业人员、企业资产情况、企业主要经济指标等。

工业普查

1950年3月，中央财政经济委员会决定对全国公营、公私合营及生产合作社等工矿企业进行第一次工业普查。普查对象为辖区内公营、公私合营及生产合作社等工矿企业，调查时期为1949年。大、中型工矿企业填报内容：企业概况、动力及运输设备、原材料及燃料耗用量、厂房建筑物、主要产品产量、产品成本、产品价格、职工工资、工作时间和在建工程等内容；小型工业企业及生产合作社填报内容：主要产品产量、产值、从业人数等。通过普查取得了丰富的工业统计资料，为建立工业生产统计报表制度打下了基础。

1986年进行第二次全国工业普查，普查的标准时间为1985年12月3日。普查的内容为工业企业在“六五”期间产、供、销、人、财、物等方面的情况，重点反映工业经济结构状况、工业技术装备状况、企业经济效益、职工状况等。普查工作于1984年8月着手筹备，1987年年底完成普查资料的整理汇总和开发利用工作。第三次全国工业普查是国务院决定建立周期性普查制度后的第一个大型普查，普查的标准时间为1995年12月31日。通过普查查清工业企业所有制结构、行业结构、产品结构、技术状况、资产底数和主要工业产品生产能力等项内容，为实施中长期工业发展规划，调整产业结构，提高企业经济效益提供决策依据。

第三产业普查

1993年开展了第三产业普查，普查年度为1991年和1992年。普查的内容包括：第三产业发展规模、第三产业重点行业业务活动等。通过普查，全区第三产业单位总数1683个，从业人员69562人。此次普查摸清了全区第三产业底数，为制定第三产业发展规划和相关政策提供了全面真实的资料，也为健全完善新的国民经济核算体系打下了基础。

农业普查

1994年国务院下发《国务院关于开展第一次全国农业普查的通知》，决定1997年在全国开展第一次农业普查。普查的标准时间是1996年1月1日至12月31日，时点指标是1996年12月31日。

经济普查

2004年全国第一次经济普查的标准时点是2004年12月31日，是综合了第三产业普查、工业普查、基本单位普查，建筑业普查等项普查的成果后所开展的一项重大的国情国力调查。普查对象是从事第二产业、第三产业的全部法人单位、产业活动单位和个体经营户。普查内容包括单位基本属性、就业人员、财务状况、生产经营状况、企业生产能力、原材料和能源消耗、科技活动状况等。通过普查摸清了我国第二、三产业规模、结构，效益及发展状况，建立起覆盖国民经济各行业基本单位的名录库和普查数据库。

第三节　统计服务

1991年，区统计局对全年统计资料经过认真汇总整理后编印《市南区统计年鉴》，内容包括：综合、国民经济核算、人口、从业人员及职工工资、固定资产投资、财政、城市建设和环境保护、工业、建筑业、国内贸易、对外经济贸易、教育、科技、文化、体育、卫生、民政司法及企业基本情况等。此后，逐年编制《市南统计年鉴》成为一项经常性工作，为各级领导和社会各界了解全区经济和社会各项事业发展状况提供了翔实、准确的数据，成为政府各部门编制社会和经济发展计划的法定数据资料。《市南统计年鉴》出版后，连续多年获得山东省开发利用档案资料奖。此外，区统计局还利用《统计快讯》《统计内参》《统计分析》和《统计信息》等刊物及时向区委、区政府及社会有关部门提供统计信息资料，开展统计优质服务工作。

《市南统计年鉴》

2012年，为了更好地服务发展、服务决策，区统计局通过“下基层搞调研、到现场摸实情、重服务抓质量”主题活动，组织各专业统计人员深入基层搞调研，对区域经济社会发展存在的问题和可行性发展战略提出思考和建议，编印《经济分析资料汇编》。其中，《市南区经济运行分析报告》，对近年区域经济运行情况做出客观分析评价；《工商企业增减变化情况》，通过数字描述市南工商企业发展的近况。年内，积极搜集和整理相关数据，编印《数字市南》《统计季报》手册，以方便快捷、通俗易懂的形式传递信息、诠释发展，现已成为区领导和各部门快速查询数据的“掌中宝”。同时，编写并发布《青岛市市南区国民经济和社会发展统计公报》，全面反映了2011年全区经济社会发展各个方面现状。为了准确提供预测、监督服务，围绕全区经济的热点、难点问题积极开展调查，撰写《关于房地产业对我区经济影响情况的分析》《一季度全区GDP增长因素分析》《市南区与同类城区的人口密度对比分析报告》等材料20余篇，为区领导了解区情区况和制定发展决策提供了依据。撰写的《关于一季度GDP核算数据的汇报》《关于2012年上半年全区GDP完成情况的汇报》《市南区人口负担系数的简要分析》《2012年上半年全区经济运行情况分析》《关于其他营利性服务业营业税增速减缓情况的说明》等材料，受到区委、区政府主要领导的批示。年内《市南区与同类城区的人口密度对比分析报告》《市南区人口负担系数的简要分析》被评为“2012年青岛市人口与经济社会发展学术研讨会”优秀论文。

同年，创建“零距离”服务机制，搭建

"企业一套表"信息交流平台，通过建立"QQ群"、开通24小时服务热线，实现了与企业间的双向互动。同时，建立企业星级管理信息网上申报系统，使企业申报更加便捷，并采取上门服务、电话答疑等方式，做好业务指导，全区星级管理工作稳步推进，447家企业完成星级申报。年内按照全市统一要求，率先搭建"亿元以上新开工投资项目统计监测平台"，定期深入项目施工现场进行摄像监测，并及时上报相关信息。同年建立"GDP变动趋势月度监测机制"，每月通过各有关部门收集整理参与GDP核算的基础性指标，预测分析各行业及全区经济总体的发展走势，进一步增强辖区统计预警能力。

青岛市市南区史志编纂委员会 编

青岛市
市南区志

QING DAO SHI SHI NAN QU ZHI

下 卷

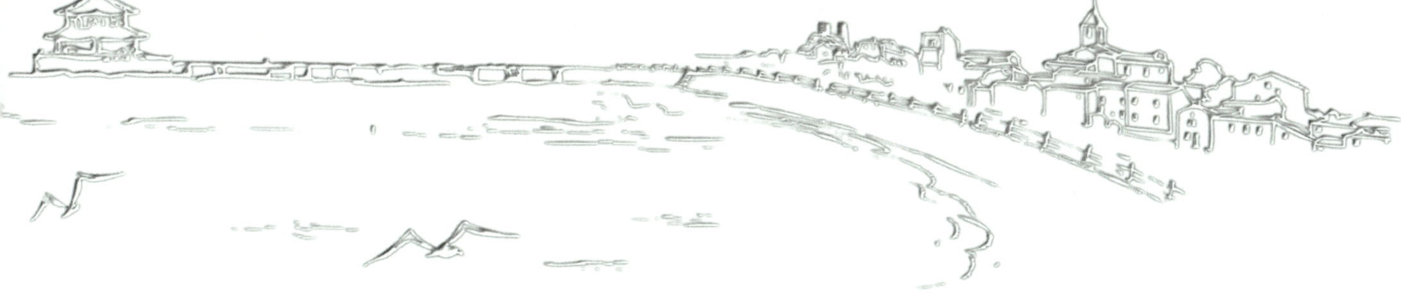

方志出版社
Publishing House of Local Records

总目录

上卷

下卷

Table of Contents

下卷目录

第十一篇 劳动·人事

第十二篇 中共地方组织

第十三篇　地方人民代表大会

第十四篇　地方人民政府

第十五篇　地方人民政协

第十六篇 人民团体

第十七篇 政 法

第十八篇 科技·教育·体育

第十九篇　文　化

第二十篇　医疗卫生

第二十一篇　民　政

第二十二篇　社会生活

第二十三篇　军　事

人　物

附　录

索　引

Contents of Volume II

Part XII Local Organizations of the CPC

Part XIII Local People's Congress

Part XIV Local People's Government

Part XV Local People's Political Consultative Conference

Part XVI People's Groups

Part XVII Politics and Law

Part XVIII Science and Technology · Education · Sports

Part XIX Culture

Part XX Medical andHealth Care

Part XXI Civil Affairs

Part XXII Social Life

Part XXIII Military Affairs

People

Appendix

Index

第十一篇

劳动·人事

第一章　劳动管理

1891年胶澳设防后，青岛村及天后宫一带渐成集市，港航贸易趋于活跃，始有经营商号店铺和洪炉、木材、油坊、磨坊的商工人口出现。随着胶州湾防务工程的实施，包工队和建筑业工人随之产生，多由胶澳总兵衙门雇佣并管理。德国侵占青岛后，殖民当局建港筑路，开办工厂，城市规模大幅扩张，大量劳动力涌入青岛。20世纪20年代初，胶海关对劳动力状况进行调查统计，产生第一份城市劳动工资、工种的统计资料。中国收回青岛后，胶澳商埠局警察厅掌管劳工行政，对辖区居民的职业状况进行详细统计，职业分布近20种。南京国民政府接收青岛后，劳动行政业务由社会局掌管，多是调解劳资争议。日本侵华战争时期，劳工事项由伪青岛特别市社会局掌管，这一时期，青岛成为华北输日劳工最大港，涉及劳工征集、管理事项量大事繁，该局又增设劳工科。抗日战争胜利后，由青岛市政府社会局主管劳工行政及劳资争议处理事项，由于经济萧条，物价飞涨，致使区内劳资纷争剧烈，大量工人失业。

青岛解放后，设立区劳动就业登记处，开展失业职工登记、社会劳动力情况统计和职业介绍，采取组织生产、以工代赈、转业训练等措施，解决区内大批失业工人的安置问题。1952年市南区人委设立劳动科。工商业社会主义改造完成后，逐步将劳动力管理纳入国家计划，初步建立“各尽所能、按劳分配”的社会主义工资制度。第二个五年计划和国民经济调整时期，因为受“大跃进”“浮夸风”等“左”的错误影响，劳动就业失控，职工人数猛增。随着国民经济的调整，劳动管理逐步恢复正常。区人民委员会劳动科建立了“三表”“一卡”（即登记表、政治审查表、体格检查表和基本情况活页卡）制度，实行区、街道办事处、居民委员会三级管理制度，统一计划、统一招收、统一调配社会劳动力。“文化大革命”时期，劳动力调配机构陷于瘫痪，社会劳动力计划、招收、调配管理制度处于混乱状态。企业定员定额被取消，计件工资、奖励工资等工资分配形式被否定，劳动生产率下降，工伤事故上升。

中共十一届三中全会后，恢复建立社会劳动力三级管理制度。1979年成立区劳动服务公司，综合管理区内社会劳动力。各街道办事处设立劳动力管理站。1981年各街道办事处劳动力管理站改为劳动服务公司，负责待业人员登记管理、就业（转业）培训、劳务交流、统筹管理临时用工和待业职工社会保险等项工作。1984年9月，市南区政府劳动科改称市南区劳动局。其间，城镇待业青年和上山下乡知识青年就业问题逐步得到解决。国家对“统包统配”的就业制度进行改革，企业用工由指令性计划逐步转向指导性计划。辖区企业全面推行劳动合同制，企业工资制度实行“工资总额同经济效益挂钩”的办法，对职工退休费用和部分医疗费用实行社会统筹，均衡了企业之间退休费用和医疗费用负担。为提高职工素质，建立就业前培训制度。劳动保护、劳动争议仲裁工作也逐步规范化。通过劳动、工资、社会劳动保险等制度的改革，调动了职工的积极性，劳动生产率明显上升，社会经济迅速发展，职工生活水平有了较大提高。20世纪90年代，劳动力市场建立，为区内劳动力提供职业介绍、职业培训、合同鉴证与政策咨询等服务，逐步形成有形市场和无形市场相结合的市场体系。

安置下岗职工再就业纳入区政府目标管理，建设再就业服务中心，对下岗职工进行再就业培训，开展再就业援助行动，为下岗职工提供基本生活保障。其间，全区顺利完成企业全员劳动合同制改革，实现了劳动合同法制化管理。

2010年，组建区人力资源和社会保障局，原区人事局、区劳动和社会保障局的职能纳入区人力资源和社会保障局。2011年设立区人力资源开发服务中心。2012年，建立大就业工作机制，将失业人员就业和高校毕业生就业纳入统一运行体制，实施充分就业街道创建工程，将充分就业纳入政府考核体系，全区实现新增就业提前完成年度考核目标。

第一节　劳动就业

胶澳设防后，胶州湾防务工程的实施拉动了当地劳动力需求。德国侵占青岛时期，随着青岛城市化的进程，大量劳动力涌入青岛，城市劳动就业激增。据德国胶澳总督府1898年年底的劳动力统计，来自沪、广、闽、浙及山东内地、周边农村的劳动力已达4287人，或充监工、买办、通事，或作工匠、仆役，多数雇工打短，苦务劳作。从20世纪初至20世纪20年代初，城镇劳动就业未进行全面调查统计。据胶海关十年贸易报告（1912—1921年）公布有关劳动工资、工种的统计数据，仅涉及木工、瓦工、石工、炉工4个工种。中国收回青岛后，城市劳动就业统计归属胶澳商埠局警察厅。当时的第一警察署辖区大致相当于今市南区地域，据统计，至1927年有公务员776人、军人3117人、警士757人、教员155人、学生2627人、农业15人、矿业19人、工业4520人、商业9600人、渔业89人、交通业655人、律师12人、医生44人、教士4人、新闻记者34人、劳力4905人、其他978人，除外侨和无职业者外，从事社会职业的各种劳动者共24700人。当时，劳动就业处于无序状态，由用人方自主招募，劳动者自募职业，或由荐头做中介谋求职业。

50年代，建立统包统配、自谋职业等就业制度。区人民政府对新中国成立前遗留下来的公教人员和官僚资本主义企业职工实行“包下来”的政策，给予安排工作，并组织私营工商业者和企业职工互相协助，维持生产，减少失业。对一时不能安置就业的，通过生产自救、以工代赈、成立合作商店等多种方式安置就业。1952年，辖区进行全面劳动就业登记。登记对象为失业工人、独立劳动者、行商摊贩、资方代理人、破产的小工商业主、有求职要求的旧军官、旧官吏和家庭妇女等，由劳动部门根据生产需要按计划介绍就业。1953年，区人委采取企业自行用工与政府介绍相结合的就业方针，扩大了就业门路。部队、机关、学校、医院经劳动部门批准，可在全区范围内自行用工，并到劳动部门备案。为安置城市失业人员就业，禁止企业自行到农村招工。随着社会主义改造的进展，限制个体经济和集体经济的发展，就业门路越来越窄。

1958年“大跃进”时期，因城镇劳动力不足，大量招用农民工，职工队伍猛增，超过了国民经济发展的承受力，大量社会劳动力得不到安置，影响了社会安定。

国民经济调整时期，区内社会闲散劳动力人数逐年增多。1963—1964年，对社会需要就业的劳动力进行统一登记，实行统一计划、统一招收、统一调配，强化统包统配制度。凡符合上山下乡条件的，动员上山下乡；符合有关条件的分配到国营企事业单位就业或安排到街道生产、服务组织从事生产服务性劳动或为工厂企业提供加工性生产。

“文化大革命”时期，企事业单位招工基本停止，个体经济由于割“资本主义尾巴”难以为继，集体经济继续向国营经济过渡，社会就业门路既窄又死，大批人员待业。“文化大革命”结束后，大批在农村插队、支边的知识青年按政策回城安排工作。

中共十一届三中全会以后，劳动就业制度改革，贯彻“劳动部门介绍就业、自愿组织起来就业和自谋职业相结合”的就业方针，实行“公开招工、自愿报名，全面考核、择优录用”的就业办法，全面推行劳动合同制，除国家规定的转业复员军人、大中专院校和技校毕业生等仍实行固定工制度外，其他就业人员一律实行劳动合同制。20世纪90年代后，随着经济体制改革的不断深入，劳动部门通过举办劳务市场和人才交流洽谈会，为用工单位和求职者搭建了供需平台，实现了用工单位和劳动者之间的双向选择。

2012年，首次将就业工作纳入全区科学发展目标责任考核，实施充分就业街道创建工程，制定出台《市南区充分就业街道创建工程实施办法》，与10个街道办事处签订《市南区街道办事处2012年就业工作目标责任书》，建立就业主管部门与街道分管领导定期联席会议制度。年内6个街道达到充分就业街道、53个社区达到充分就业社区。是年，在全市率先完成人才服务中心与就业服务中心、人才市场与劳动力市场的一体化合并，将失业人员、高校毕业生等各类人员就业纳入统一运行体制，实现人力资源管理与岗位的开发、储备、配置一体化服务。年内，市南区优化创业服务，推进创业孵化基地建设，实施创业扶持资金和就业岗位补贴“双百万”政策，采取基地发展与招商引资、与促进现代服务业发展、与创业成果落地、与人才引进相结合的模式，打造创意文化产业、动漫产业、电子商务、零成本商铺等各具特色创业孵化基地，在全市首创对有发展前景的创业企业和个人的奖励性补贴政策，扶持创业2996人，带动就业6849人，组织创业培训652人，小额担保贷款回收率99.59%。2012年，全区新增就业43631人，支出促进就业资金1523.8余万元，完成技能培训2594人，培训后就业率提升至80.6%。全区高校毕业生就业率95.2%，特困家庭毕业生就业率100%。是年，区劳动和社会保障局获山东省就业工作先进集体称号。

第二节　劳动用工

青岛解放前，区内的劳动用工形式，主要有卯子工、长工和包工。卯子工又称日工，是由包工头临时招募并负责管理，按日发放工资的搬运工、壮工等。长工，是由厂主直接雇用、长期使用并按月发给工资的技术工人。包工，则指工商企业的装卸、搬运、清洁、夫役等用工，多由企业规定一定工资数额，依合同承包给工头（也称把头），由包工头负责工人的雇用、辞退、管理和工资发放。青岛解放初期，执行《山东省国营、私营企业雇用临时工试行办法》，辖区各单位雇用临时工需经劳动部门批准和介绍，雇用双方签订短期劳动契约，内容包括生产任务或职责范围、工时、工资、福利待遇、伤亡及病事假待遇、解雇办法等，并规定雇用期限一般不得超过三个月，连续使用六个月以上者应转为固定工。1958年“大跃进”时期区内用工量骤增。“文化大革命”时期，劳动用工管理混乱，计划外仍继续招用临时工。1971年开始办理临时工全面改制转正工作，凡是1970年9月底以前入厂在常年性生产、工作岗位上的临时工、合同工、亦工亦农工均转为固定工。通过社会招工、国家统一分配（大、中专院校和技校毕业生，军转干部及复员、退伍军人）、临时工与合同工转正、外地调入、落实政策回收以及刑满释放就业等途径，固定工数量逐年增加。1983年全民和县以上集体所有制单位新招职工全面试行劳动合同制，实行合同工、临时工、固定工等多种形式的用工制度。至1984年颁布了《青岛市城镇劳动合同制试行办法》，废除了就业终身制，全区通过招工、顶替等方式办理合同制就业的待业青年计2746人。同年全区有固定职工6496人。

1994年上半年，全区顺利完成企业全员劳动合同制改革，实现了劳动合同法制化管理，实行企业全员劳动合同制改革后，固定工制度予以废止。

第三节　劳动力市场

19世纪末期胶澳设防后，胶州湾防务工程所需劳动力主要由官方募集，青岛村天后宫一带的商号店铺作坊所需劳动力均由雇主择用。20世纪初，随着建港筑路工程和城市基本设施建设的推进，劳动力市场开始形成。其市场形态多系自发形成，无统一组织、统一规范、统一场所，或由用工方张贴启事设点招募，或委托商业公司、行会代行招募，或直接赴山东内地、周边农村招募，大鲍岛及台西镇一带亦有待招短工苦力的零散劳动力自发形成的劳动力市场。其间，法、英、俄等国家先后在区内招募华工，拉动劳动力的市场需求。第一次世界大战期间，来自山东内地和区内劳动力市场的大批华工被输往欧洲战场。日本侵华战争期间，日伪当局在区内强制募集输日劳工，造成劳动力市场的畸形状态。

50年代，对社会劳动力实行统招统配，社会劳动力市场自行消失。改革开放以来，随着企业用工制度逐步放开和多种经济体制的出现，劳动力市场重新活跃起来。为促进技术工人合理流动，解决企业后继无人和急需技术人才的问题，1987年市南区在全市首次试办劳务市场人才交流大会，区属各企业和有关部门共107个单位莅会，其间招工（招生）183人，单位委托培训272人。1988年市南区制定《市南区劳务市场管理暂行办法》，建立了劳务市场常设机构。是年举办2次人才交流洽谈会，区属企业、校办企业、民政企业和幼儿园等126家单位参加洽谈会，1227人应聘，912人被录用。

1991年成立市南区职业介绍所，负责收集用工信息和举办劳务市场。1996年投资12万元建立区级劳动力市场，为劳动者和用工单位提供交流平台。2002年劳动力市场由晓望路19号迁至延安三路127号。失业登记、职业介绍、用工备案、合同鉴证、劳务代理等工作项目单设服务窗口。市场大厅安装EMD（滚动式电子大屏幕）和触摸屏，通过电子大屏幕发布用工信息，劳动信息发布、查询实现自动化。2004年劳动力市场迁至悦泉公寓（泉州路21号甲），更名为市南区人力资源市场，场地面积1200平方米。市场设置代管人事档案、代办劳动保险、代办工资基金、代办职称评定、档案查询、失业登记、求职登记、用工备案、职业介绍、职业培训、劳动合同鉴证、劳动政策咨询等多个服务项目，为用人单位及失业人员提供优质高效的“一站式”服务。2009年5月，市南区人力资源市场迁至延安三路105号（民生大厦），是市内四区唯一大型综合性人力资源市场，总建筑面积3600平方米，分三层，一层为面积2000平方米的人力资源市场综合服务大厅。设有总服务台、信息发布区、现场招聘区、就业服务区、劳动维权区、行政审批区、代理服务区、自主服务区等17个服务窗口，市

市南区人力资源市场外景

场服务功能齐全，涵盖就业、创业、培训、劳动维权、劳动事务代理等劳动保障业务。负一层为市南区就业训练中心，建筑面积1000平方米，可承担年培训5000人的任务。设置理论和实作教室8间，其中标准理论教室3间，创业培训教室1间，计算机专业培训教室3间，智能楼宇管理师实作教室1间。四楼劳动监察服务大厅，设有8个工作窗口，分为4个案件组，劳动监察实行网格化管理，其余部分为办公用房。

2012年9月，市南区人才市场人员、业务全部从悦泉公寓（泉州路21号甲）迁至市南区人力资源市场（延安三路105号），实现人才业务与就业服务业务完全融合，统一对外服务。

第四节　劳动培训

20世纪50年代初期，辖区根据政务院《救济失业工人暂行办法》和市劳动部门的要求，对就业条件较差，但有培养前途的失业人员，有计划地组织专业培训。1981年，根据中共中央、国务院《关于广开门路，搞活经济，解决城镇就业问题的若干规定》，辖区开始筹办劳动就业训练中心，认真组织安排对城镇普通高、初中毕业生的就业前培训，至1986年，联系租赁培训场地，聘请培训师资，在全市率先开展就业前培训。次年区劳动局自筹资金筹建了集教学、实习场地为一体的综合培训场所，开办机加工专业培训班，对企业部分在职职工进行初级业务技术培训。1988年，培训人员436人，其中，营业员、服务员培训半年，机加工培训1年。1989年为区商业公司开办8个售货员中级技术培训班，培训321人，结业后对其中技术等级高于工资等级的职工择优晋级。

1991年，1522名应届高、初中毕业生转到街道待业，进行就业前指导培训，经考试合格发放了“就业许可证”。1993年成立市南区就业训练中心，承担下岗失业人员、协保人员、在职人员、进城务工人员、出国人员和劳动预备制人员的转业转岗培训，年培训能力达3000人。1998年，举办烹调师、微机操作员等培训班12期，培训学员732人。

2003年，在太湖路20号建立新的就业训练中心，增设，保健按摩、推销员、插花等专业。2005年，训练中心会同区司法局对“两教”人员进行创业指导培训，培训结业人数116人，并颁发了由市劳动和社会保障局验印的岗位培训证书。2005年职业指导15369人，职业指导率99.1%。是年培训5216人，培训结业4807人，超额完成局下达的培训结业2000人的指标，考试合格率96.7%以上，结业人员安置率78.5%。2007年，市南区职业技能培训中心（成武路5号）启用，为就业再就业工作提供了有力支持。

2011年下半年起，将区职业能力培训中心建设成为青岛市第一家综合性的区级劳动培训机构。培训中心配备现代化的教学设施和高水平的师资队伍，集理论教学和实训、公共服务与市场化运作为一体。同时建立“政府、企业、协会、高校”四方培训联盟，开设高校毕业生“四级”创业培训。2012年，区职业技能培训中心更名为市南区职业能力培训中心，培训专业增加到32个。同年开展订单式、定向式职业技能培训，将岗位开发、技能培训、持证上岗紧密结合，建立技能人才信息库，搭建培训后就业无缝衔接平台，培训后就业率由75%提升到80.6%。年内开展失业人员技能培训2594人，创业培训652人，刑释解教人员专项技能培训148人，社区居民生活常识培训285人，企业人力资源实战培训130人，企业新录用人员技能培训200人，在校大学生技能培训180人。年内全区培训场所面积扩大到4000平方米，形成以中东部为高端，西部为普惠，各街道保障中心为补充的多层次培训格局。

第五节 再就业管理

再就业目标管理

1996年，市南区制定再就业工程实施方案，成立区再就业工程领导小组，实行再就业目标责任制，定期召开汇报会，对全区失业职工和企业职工进行系统调查摸底，把多方式安置下岗职工再就业纳入目标管理。是年接受失业职工1787人，年底实现再就业1102人，其中480人安排在效益较好的大中小型企业，97人从事个体工商，职业介绍380人。1997年，市南区把再就业资金列入财政预算，与48个单位签订再就业工作责任目标。是年，全区失业人员10623人，安置6527人，其中失业职工6067人，安置就业3651人，区属失业下岗职工603人，分流安置453人，区街服务项目591个，从业人员1468人。2001年，安置失业人员8195人，通过社区就业1725人，新办劳服企业18家，新安置下岗职工386人；安置现役军人配偶138人。2004年，全区登记失业22000人，就业率70%，开发政策性扶持岗位2200个。2008年，全区登记失业人员37930人，新增失业人员32761人，实现就业23603人，就业率70%，就业困难人员安置率98.84%。2009年，全区登记失业40830人，实现就业28703人，就业率76.14%，完成企业用工检测390家，帮扶困难人员3206人，安置率94.41%；开发公益性岗位774个，建成启用市南区人力资源市场，举办招聘会43场，1730家单位提供35827个岗位，实现岗位对接14894个。2010年，全区实现就业近4万余人，就业率75%；发挥人力资源市场主渠道作用，举办各类招聘会86场，实现岗位对接近6万个。2011年，全区新增就业41975人，扶持创业2332人，带动就业7015人，全区高校毕业生就业率91%，特困家庭毕业生就业率100%。2012年，建立大就业工作机制。成立大就业工作领导小组，将失业人员就业和高校毕业生就业纳入统一的体制里运行，为求职者在48小时提供一次有效岗位，实现就业。制定创建充分就业街道实施办法，将充分就业的创建纳入政府考核体系，在全市首创企业岗位补贴、个人社保补贴、体彩岗补贴、居家就业岗补贴等多项扶持政策。全区实现新增就业33184人，提前完成全年考核目标，就业率达78.41%；安置就业困难人员1810人，安置率90.86%；扶持创业2806人；高校毕业生就业率90%以上，特困家庭毕业生就业率100%。

再就业服务中心建设

1998年，成立市南区再就业服务中心，对全区再就业服务工作进行指导、协调和服务；组织下岗职工与用人单位进行供需洽谈会，统一管理下岗职工再就业信息；管理下岗职工职业指导和培训工作，负责全区企业下岗职工“待岗证”的管理，负责再就业基金筹集、拨付和管理；保障下岗职工基本生活及社会保险。2004年，区街共同举办小型企业用工招聘洽谈会，开展再就业援助周活动，共走访5278人次，创办田家花园创业园和浮山创业市场，建立非正规就业组织62个，在社区建立基层劳动服务组织——就业服务站，全区6个街道、19个社区实现就业困难人员安置率100%。2007年，设立零就业家庭申报窗口，免费为困难家庭提供政策咨询、创业指导、岗位推荐等服务，发布就业信息2000余个。2008年，广泛开展春风就业援助月、创业带动就业促进周和大学生专场招聘等活动，提供岗位4590个，达成就业意向2600个。2009年，发布缺工岗位38860个；开展“信心2009－60万就业岗位迎挑战”等活动，收集开发岗位53356个。2010年，在全区开展用工调查，促进岗位对接；开展市南区“春风行动”招聘系列活动，达成就业意向4400余人。深入实施创业“双百万”政策；发放各类扶持金、补贴、贷款4500余万元。2012年，举办各类招聘会37场，与社区联

“信心2009－60万就业岗位迎挑战”主题活动招聘会现场

合举办社区招聘会60场，发放各类宣传用品万余份。有19家企业参加网络视频招聘，提供岗位907个。同年开展“惠民岗”专场、广场和社区巡回招聘25场。

下岗职工基本生活保障

1997年，发放失业救济19730人次，发放失业职工安置费35.2万元。是年，批准开办早夜市8处，共1775个摊位，安置下岗职工摊位710个，筹集再就业资金72.7962万元，救助困难职工17281人次，发放救助金189.43万元。1998年，采取财政预算安排三分之一、企业负担三分之一、社会筹集三分之一的办法保障下岗职工基本生活、缴纳社会保险的费用。全年救助困难职工4923人次，其中下岗职工4005人次，发放救助金82.6万元。1999年，市南区下发《关于1999年下岗职工基本生活保障和再就业工作意见》（南发〔1999〕24号），成立区下岗职工基本生活保障和再就业工作领导小组，2001年，全区发放下岗职工基本生活保障金13486人次，共计635.38万元，其中退养职工发放405.69万元、下岗职工229.69万元。

鼓励下岗职工再就业

1996年，鼓励自谋职业、富余职工从事个体，自愿与企业解除劳动关系的按每人2000元给予一次性经济扶持。1997年，举办37期政策宣传会，发布352个用工信息，2608人办理求职登记，通过介绍就业7087人，占求职登记的80%。1998年，发展“自立企业”3户，安置下岗职工66人，鼓励职工自谋职业、规范下岗行为。1999年，建立随下岗随进中心机制，每月对下岗职工至少进行一次职业指导和再就业教育，每半年提供不少于3次就业信息和1次培训信息。贯彻落实国家、省、市关于下岗职工再就业各项政策规定，开展就业政策宣传和宣传周等活动，制定《关于区属企业招聘和调入职工的有关规定》等文件，开展定期不定期岗位政策送到家活动，实施下岗、求岗、清岗、腾岗、派岗、送岗、上岗全程跟踪服务措施，建立下岗职工档案，实施分类安置。2007年，每月举办一次就业政策宣讲会，听众达2000余人次，召开企业人员座谈会、劳动保障站工作例会400余次，对520余名失业人员讲解就业、创业意向、障碍、要求，为200余人解决工作生活困难。同年在10个街道开展十百千素质就业、创业经验交流活动。

下岗职工再就业培训

1996年，开展下岗职工职业培训，举办4期就业前指导，参加人员9414人，补助培训费6万余元，80%人员实现培训后再就业。1997年，对4238人进行就业指导，举办各类职业培训班8期，培训325人。2000年，再就业培训率100%，帮助25人自谋职业。2001年，举办各类培训24期，培训1633人；就业指导32期，指导失业人员6677人。2004年，组织职业培训2000人，有求职要求的“4045”人员安置率85%，失业现役军人配偶安置率100%。2007年建立西部培训中心，面积达3000平方米，专业30个，培训后结业率、就业率达到90%和70%，并与创意100等25家培训机构签订培训就业协议书。2008年，培训创业人员407人，发放小额担保贷款606万元，扶持创业人员2522人，表彰100名创业明星。2009年，通过再就业培训，扶持创业2800人，带动就业8774人，发放小额担保贷款2942万元，培训4519人。2010年，在市内四区率先开展在岗农民工培训、社区居民实用性培训、残疾人职业技能培训、即将刑满释放人员创业指导专项技能培训。同年培训各类人员近2万人。2011年，发放各类扶持金2300余万元，完成各类培训18351人。2012年，开展失业人员技能培训2383人。

开展再就业援助行动

1996年，发展劳服企业83家，安置富余职工570人、失业职工114人，转增利税800万元左右，实现利润2140万元，完成安置任务113%；依托职业介绍所办理求职登记9414人。1997年，采取劳务输出、劳务合作，转移劳动关系等方式，并从下岗职工中择优录用40名社区助理充实到居委会领导班子。2000年，抓好劳动中心建设，安置155人，劳务输出50人，新创办自立企业2家，安置40人。2001年，腾出机关、事业单位后勤岗位151个，在8个街道办事处成立劳务中心，扩大劳动力市场面积。2002年，配合市职介中心开展创建外来劳动力市场工作，发展非正规就业组织23个，提供非正规就业岗位400个。2008年，在区软件园成立青岛市大学生信息产业创业孵化和实训基地；投入百万元在全省开办首家智能楼宇管理员、管理师培训。2009年，制定创业扶持资金和就业岗位补贴“双百万”政策；新建两家创业孵化基地；联合团区委、青岛大学举办“希望2009—青春创业行动”大学生创业咨询推介会；开展2009年创业明星评选活动。2010年，深入开展“四送”援助活动，安置困难人员1000余人；在全市率先建设启用示范性街道劳动保障平台，推行“一柜式”服务；新建见习基地12家，完善6个孵化基地功能，基地内创业86人，带动就业248人。2011年，在全市率先出台《市南区扶持家庭服务业带动就业工程实施办法》，扶持家庭服务业机构15个，实现社区就业500人；实施百分百帮扶工程，先后开展失业人员全覆盖调查、“1户N表”试点普查、高校毕业生信息全覆盖筛查、人工成本调查分析等，为3562名有就业意愿的失业人员提供帮扶4672次，有2764人通过帮扶实现就业；评选出10个充分就业示范社区；新建创业孵化基地2家、见习基地9家，建成全省首家高校毕业生动漫创意创业孵化基地，为未就业毕业生提供2522个见习岗位，见习就业率94%。在全市率先提出“零成本”创业概念，为创业者提供“零成本”创业商铺20余个，创业成功率达到80%以上。

2012年，制定《市南区2012年创业扶持政策的有关规定》，在全市首创对有发展前景的创业企业和个人的奖励性补贴政策。在全市公开征集创业项目库，通过专家评审、筛选活动策划、动漫设计等54个项目入库，推荐12个项目参加YBC创业。完成万人创业大会暨首届创业博览会参展工作，吸引4个高端项目现场签约，签约金额达到22亿元。与青岛中洲集团有限公司合作建立零成本创业园1处，扶持40名失业人员和高校毕业生进驻。同年开展“市南区睿智企管体验式沙龙”等9场商机Party活动。

第二章　劳动工资

德国侵占青岛后，殖民当局对建港、筑路、城建及港口、铁路装卸等工人实行把头包工包薪制，直到20世纪40年代，基本沿用这种制度。把头与企业协定承包工程或作业，由把头负责雇用工人，工人与企业不发生直接关系，把头从承包单位获取承包工程作业费，扣除自己部分再发给雇用工人工资，工人工资很低，“卯子工”工资更低。20世纪30年代，部分企业实行监工薪金制，企业以固定工资雇用把头监督工人工作，工人工资由资方直接付给。工作成绩好，业主给予把头奖励。监工制将把头置于和工人相近的地位，从而减少了把头对工人的盘剥。

青岛解放后，废止包薪制和监工薪金制，实行按劳分配，党政干部和部分职工实行供给制，并适当发给少量津贴。1950年4月起，根据国家规定，在国营、私营企业和国家机关、人民团体、学校实行工资制人员中推行工资分制。1956年4月起，取消工资分制，实行等级工资制。自1951年起先后经过三次重大的工资制度改革，初步建立了“各尽所能、按劳分配”的社会主义工资制度，保障了职工工资水平随着社会生产的发展不断提高。

第一节　工资制度

供给制

青岛解放初期，区内党政干部和部分职工实行供给制，日常生活费用按标准统一供给，并适当发给少量津贴。1951年开始，按一定数量的实物和货币包干发给个人。1952年，提高津贴标准，以职务为主，参照德、才、资历等分等级计算工资分。1953年1月起，实行供给制的企业人员改为工资制。1955年，全区机关、团体废止供给制改为工资制。

工资分制

1950年4月，为保证工资收入不因物价上涨而降低，在国营、私营企业和机关、团体、学校实行工资制人员中推行实物工资，以粮、棉、布、油、盐等生活必需品为计算工资基础，用“工资分”作工资计算单位。工资分值于每月5日、10日、15日、20日、25日和月底各公布一次，其值按公布前一天的物价计算，由中国人民银行负责核算。1956年废除工资分制，实行货币工资制。

等级工资制

1956年4月，国营、公私合营单位实行统一的工资等级标准。多数企业单位工人实行8级工资制，建筑、轻工、食品等行业实行7级工资制，盐业实行6级工资制，邮电业工人实行四等8级制，适当扩大了熟练劳动与简单劳动、繁重劳动与轻便劳动的工资差别。工人一级月工资30元左右，最低27.50元，不同单位相同等级的工资额略有差异。企业职员、技术人员实行统一的职务等级工资标准。机关工作人员实行全国统一的职务等级工资制。区内机关、事业单位按四类工资区（郊区、县为三类工资区）工资标准。1985年起，改按五类地区工资标准执行。

第二节　工资形式

计时工资

分为小时工资、日工资和月工资3种支付形式。青岛解放前，工厂企业多采取按月或按日支付工资。青岛解放后各单位正式职工按月发给工资，临时工一般多采用日工资形式。职工加班按日工资标准加发工资（月标准工作日25.5天，日工资标准=月工资标准÷25.5）。

计件工资

50年代初期，凡产品长年变动少、生产周期短、易制定劳动定额的劳动密集型工种岗位，多实行计件工资制。1958年“大跃进”中，企业先后取消计件工资。1961年，取消计件工资的企业陆续恢复了计件工资制。“文化大革命”初期，再次取消了计件工资。1980年，对已恢复实行计件工资的单位进行清理和整顿，不符合条件的或限期未整顿好的企业停止执行。

提成工资

20世纪30年代初期，理发、浴池等服务业工人工资一般按营业收入的4成或5成支付，雇主管饭工人则得3成或4成，小费一般归工人所有。新中国成立后，提成工资分配形式延续到1957年，1958年改为固定工资。1986年，在饮食业、旅馆业、照相业、浴池业、理发业、洗染业、物资委托业和面食加工厂、饮食机械厂、维修队实行利润包干超额分成及固定工资加提成等分配形式。

浮动工资

20世纪80年代，在部分企业实行浮动工资制度试点。把应提奖金加副食品津贴等与职工标准工资的一部分（多为20%～40%）合在一起，随企业经营情况或车间、班组劳动成果上下浮动。

奖励工资

20世纪50年代前期，建有多种单项奖励制度。1960年又称“综合奖”。“文化大革命”初期批判奖金挂帅，统称“附加工资”。1978年企业恢复计件工资和奖励制度，奖金额为职工月标准工资总额的10%～12%。1980年国营企业试行利润留成制度，从中提取奖金，全年奖金总额为职工1.5～2个月的标准工资额，奖励形式和办法由企业制定。1981年奖金的提取和分配改由企业主管部门调控，全年奖金额为职工1～3个月的标准工资额。1982年执行《国营工厂厂长暂行条例》，规定厂长每年可给不超职工总数1%的职工晋级奖励，1984年改为3%。1983年6月，国营企业税后利润30%用于奖励职工。扩大企业自主权后，部分企业以职工标准工资的一部分或全部与奖金捆在一起作为活工资，除按月发放固定工资外，活工资随经济效益上下浮动。

节日加班工资

1999年9月规定：法定假日（新年：1月1日；春节：农历正月初一、初二、初三；劳动节：5月1日、2日、3日；国庆节：10月1日、2日、3日）共10天。2007年12月规定：法定假日（新年：1月1日；春节：农历正月初一、初二、初三；劳动节：5月1日；国庆节：10月1日、2日、3日；增加清明节、端午节、中秋节各1天。）如逢星期日，在次日补假。节日休息时间不扣工资。法定节日加班，给予同等时间补休，不能补假时发给加班工资。加班工资按本人日工资标准的300%发给。企业干部法定节假日工作不发加班工资。

第三节　工资制度改革

第一次工资制度改革

1951—1953年，分3批对国营、地方国营企业的工资制度进行第一次改革。1951年改革的重点是建立等级工资制，实行以工资分为计算工资单位。按产业分类，工人实行8级（或少于8级）等级工资制，根据职工的技术水平、劳动表现和工龄长短定级；企业管理人员和技术人员实行职务等级工资，按照职务高低、业务能力、工作态度等条件定级。原工资较高的职工，按新工资标准定级后，保留一部分或全部，初步改变了工资高低悬殊等不合理状况。但在国营及地方国营企业中，仍有部分工人、职员实行机关、部队的供给制待遇。

1953年1月起，国营、地方国营企业，企业管理机构的供给制人员，改行以工资分为计算单位的货币工资制。机械、铁路、公路运输等行业适当多增加工资，工资水平较高的行业少增加工资（如纺织业）或适当降低工资（如电信局），合理地调整了各产业的工资水平。

第二次工资制度改革

1956年7月，国务院颁布《关于工资改革的决定》，对国营、地方国营企业和国家机关的工资制度实行全面改革，取消工资分制度，一律实行直接用货币规定工资标准的制度，同年4月1日起实行新的工资标准。产业内部和企业之间性质相同、设备条件相近的企业工资标准基本统一，同一产业存在的几十种工人工资标准减少到4～6种，企业内部工资关系进一步合理。多数行业实行8级制，建筑、轻工、食品行业实行7级制，盐业实行6级制。根据产业在国民经济中的地位、技术复杂程度、工作条件差别，职员和技术人员划分为9类，每一类制定3～5种工资标准，凡能实行职务工资的，均纳入职务工资标准等级。党政机关和事业单位的工作人员按照地区工资标准，分别实行职务等级工资制，最高工资与最低工资倍数由31倍缩小到25倍。工资改革后，职工月平均工资按标准工资由50.75元增加到57.14元，平均增资幅度为12.59%。

第三次工资制度改革

1985年，进行第三次工资制度改革。工资制度改革的范围包括国家机关、企事业单位、人民团体。改革的主要内容：企业职工实行新工资标准，提高工资区类别，企业干部实行职务等级工资，提高新进人员工资待遇和职工进行工资升级。1985年7月1日起，企业工人、干部均实行新工资标准。新工人工资标准仍为8级。工资标准分为三类产业，按产业不同分别执行不同的工资标准。工人以原工资标准的工资额为基数，就近套入新标准，企业行政人员按大、中、小企业类型和所任职务纳入职务工资等级线。工人、干部套入新工资标准后，再普升一级工资，少数职工升两级。是年初，市南区推行工效挂钩的工资机制，将工资总额定量控制改为系数控制。为搞活内部分配，实行计件、定额、联销计酬、利润提成和结构工资等工资分配形式，合理拉开了分配档次，较好地解决了企业吃国家“大锅饭”、职工吃企业“大锅饭”的问题。1989年，全区107个全民和集体所有制企业实行浮动工资制，8945名职工，人均月增工资8元，半年共补发工资40.46万元。1996年，全区各农工商公司及所属企业3349名职工套改了技能工资，企业不再搞“二次分配”。

第四节　工资调整

1956年工资改革后，国营、地方国营企业普遍建立正常的工资调整制度，职工的升级由国家统一安排。1959年，区内企事业单位部分职工的工资做了调整。根据行业、工种的不同，升级面分别不超过原有人数30%、10%和5%。国家机关工作人员原则上不升级。文教、卫生部门重点放在高、中等学校教学人员和卫生技术人员中工资较低的人员，分别按4%～5%的比例调整。1963年，再次调整职工的工资。调整的内容是：职工升级、调整部分职工的工资标准、改进企业干部和商业业务人员的工资制度等。全区职工升级面不超过40%。1972年年初，调整企业、事业单位和国家机关部分工人和工作人员的工资。调整范围是1957年年底前参加工作的3级工，1960年年底前参加工作的2级工，1966年年底前参加工作的1级工和低于1级的工人，一般调高一级。1977年再次进行工资调整，1971年年底前参加工作的1级工，1966年年底前参加工作的2级工。1971年年底前参加工作的生产、工作骨干和科研、技术人员，按职工人数的40%，经评定批准上调一级。1979年，在提高主要8种副食品销售价格给职工实行副食品价格补贴的同时，对劳动好、贡献大的职工，经过考核评比，择优升级。以1978年年底前参加工作的固定职工为基数，按40%计算升级面。一般升一级，个别升两级。

1981—1983年，分3年对全部职工进行一轮普遍性调整工资。1983—1984年，再次对企业职工普调一次工资。调整工资同企业的经济效益、职工的劳动成果挂钩，资金来源由国家分配增资指标和企业自有资金两头分担，采取考核浮动升级，把调整工资和改革工资制度结合起来。1985年后，国家不再统一安排企业工资升级工作，各单位按有关规定自行安排工资升级工作。2000年，青岛市建立工资指导线制度。

第三章 职工福利

新中国成立后，各单位开始实行星期日和法定节日休假制度，国家先后为企事业单位职工增加各种生活补贴，实行合理的工时假期制度，不断提高职工福利待遇。1951年，政务院颁布《劳动保险条例》，规定女职工产前、产后给假56天，产假期间，工资照发。1952年起，公、私营工矿交通运输企业职工实行8小时工作制。自1955年起实行取暖补贴。1958年起，根据国务院规定，国家机关、企事业单位工作满一年的正式职工可以享受探亲假。1965年起，开始执行职工粮价补贴和上下班交通补贴。同年发给回族职工伙食补助费。1979年起，机关和全民所有制企业、事业单位的固定职工、临时工、退休职工实行副食补贴。1980年，国家机关、企事业单位职工开始发放洗理费补贴。1984年，在职的科技、文教、卫生、党政机关和事业单位的大中专院校毕业生或取得中级以上学术和技术职称，工作满18年的知识分子，按年度发放图书补助费。2008年，根据《职工带薪年休假条例》规定，企业职工累计工作满1年以上可以休带薪年假。

第一节 生活补贴

取暖补贴

1955年起实行取暖补贴，每年12月、1月和2月三个月，按本人工资的4%计发取暖补贴费。1966年改为每人每月补贴2.5元，一次性发给7.5元。1978年12月标准提高为每月4元，取暖期为3个月共12元。取暖补贴发放范围包括退休职工和学徒工、在本单位工作满一年以上的临时工、合同工。2010年12月起，企业退休人员调整烤火费，改名为取暖补贴，每人每年1100元（12月、1月、2月）。

粮价补贴

1965年开始执行粮价补贴，职工每人每年补助4.5元，补贴对象是国家职工，包括服役制干部、临时工、季节工，集体所有制单位参照执行。1968年停发粮价补贴。1971年恢复执行粮价补贴。1976年12月，粮价补贴调整为每人每月补贴1.2元。1977年开始，粮价补贴按月随工资发给。1978年10月，每人每月按2元的标准发给。1979年，新参加工作的固定职工、新招用或续订合同的临时工（含季节工）、亦工亦农人员等，均不再实行粮价补贴。

交通补贴

1965年，实行职工上下班交通补贴制度。居住地离工作单位10华里以上的职工，按乘火车、汽车票价面额的60%由企业补贴。住集体宿舍每周回家一次的补贴票价的70%。骑自行车上下班的，每月补助修理费1元。1975年，改为每日上下班乘坐公共汽车3站以上，购买月票个人负担1.5元，超出部分由工作单位补贴。住集体宿舍公休日回家，凭车票补贴票价的70%。工作单位距家超过4华里以上，骑自行车上班的，每月发给自行车补贴1.5元。

副食补贴

1979年11月起，机关和全民所有制企业、事业单位的固定职工、临时工、退休职工、1978年退职的职工，每人每月5元。农业户口的临时工每人每月2.5元。因工死亡职工不分供养人口多少，每月增发副食品价格补贴2.5元。1985年7月后，国家机关和事业单位凡参加工资制度改革的职工，取消副食品价格补贴。企业单位按国务院规定套改工资的人员，原执行副食品价格补贴的政策不变。

肉价补贴

1985年5月开始发放。职工每人每月补贴5元，县及乡镇职工每人每月补贴4元，回族职工按所在地补贴标准增加1元，民办教师补贴1元。

洗理费补贴

1980年，国家机关、企事业单位职工开始发放洗理费补贴。1981年统一洗理费标准，男职工每人每月1.60元，女职工每人每月2.40元（含卫生费0.8元）。1984年国家机关洗理费标准提高后，企业职工洗理费标准改由企业自主决定。

图书补助费

1984年，凡在职的科技、文教、卫生、党政机关和事业单位的大中专院校毕业的或取得中级以上学术和技术职称基本工资100元以下的，工作满18年的知识分子，每人每年发给40元的图书补助费。同年11月实施范围扩大到行政事业单位的工作人员，凡符合1984年6月山东省人民政府规定人员（包括基本工资在100元以上的），其图书补助费标准为每人每月5元，其他在职职工每人每月4元。

回民伙食补助

1965年11月，发给回族职工伙食补助费，每人每月3.5元。1979年11月，提高到每人每月4.5元。

第二节　工时及假期

工时制度

20世纪20年代，工人劳动时间由企业自行确定。实行日、夜班两班制，每班工作12小时。一般工厂工作时间为10～12小时，小型私营工厂在12小时以上。1931—1938年，工时逐步减缩至8～12小时。

1952年，《政务院关于劳动就业问题的决定》规定，公、私营工矿交通运输企业应尽可能实行8小时工作制，企业加班加点应严格限制。1955年8月，规定一天内加点时间不得超过3小时，连同正常工作时间不得超过12小时。

1964年，规定企业职工应严格实行8小时工作制和每周休息1天的制度，职工业余集体活动每周不得超过4小时。除遇国家紧急任务、供水供电和生产设备等发生临时故障必须及时修复或连续性生产企业必须加班加点外，不得任意侵占职工业余休息时间。怀孕或哺乳未满6个月婴儿的女职工，严格禁止加班加点。

1995年1月1日《中华人民共和国劳动法》规定：国家实行劳动者每日工作时间不得超过8小时、平均每周工作时间不超过44小时的工时制度。因生产经营需要，经与工会和劳动者协商后可以延长工作时间，一般每日不得超过1小时；因特殊原因需要延长工作时间的，在保障劳动者身体健康的条件下延长工作时间每日不得超过3小时，每月不得超过36小时。1995年5月1日，国务院出台《关于职工工作时间的规定》，职工每日工作8小时，每周工作40小时，至今仍在实行。

休假制度

新中国成立前企业工人休假很少且不固定，有的每月休息1～2天，有的平时没有休假，端午、中秋节各1天假，春节集中放假。

20世纪30年代，一般企业实行每周、每10天或半月休息1天。小型企业没有休假日，只在中秋、春节放假几天。新中国成立后，各单位多实行星期日和法定节日休假制度。法定节日共7天假，其中：国际劳动节1天，国庆节2天，新年1天，春节3天。部分人节日（妇女节、青年节、儿童节、建军节）未规定休假，一般安排节日活动。1999年9月18日，国务院发布《全国年节及纪念日放假办法》，规定全体公民放假节日为：新年1天，春节3天，劳动节3天，国庆节3天。妇女节：妇女放假半天，青年节：14周岁以上的青年放假半天，儿童节：13周岁以下的少年儿童放假1天，中国人民解放军建军纪念日：现役军人放假半天。根据2007年12月14日《国务院关于修改〈全国年节及纪念日放假办法〉的决定》，全体公民放假的节日，增加清明节1天，端午节1天，中秋节1天，劳动节改为放假1天。

年休假

2008年1月1日起，根据《职工带薪年休假条例》规定，企业职工累计工作满1年以上可以休带薪年假，满1年不满10年的，年休假5天，已满10年不满20年的，年休假10天，已满20年的，年休假15天。

探亲假

1958年2月9日，国务院颁布《关于工人职员回家探亲的假期和工资待遇的暂行规定》。国家机关、企事业单位工作满一年的正式职工，同父母和配偶不在一起，或者虽同父母住在一起但和配偶不在一起，不能利用公休日团聚的，可享受探亲假。探亲假每年12天，往返路程10天以上的两年给假一次，假期24天（不包括途中往返天数）。职工不回家探亲，家属来探望职工，可报销家属往返的车船费。“文化大革命”初，探亲假制度暂停执行。1968年，恢复探亲假制度。1981年，工作满1年的固定职工与配偶不住在一起，又不能在公休假日团聚的，每年给一方探亲假一次，假期30天。与父母都不住在一起，又不能在公休假日团聚的，可以享受探望父母的待遇。未婚职工探望父母，每年一次，假期20天。职工自愿两年探亲一次的，假期45天。已婚职工探望父母的，每4年给假一次，假期20天。探亲假期内工资照发。

产假

1951年，政务院颁布《劳动保险条例》规定：女职工产前、产后给假56天，产假期间，工资照发，产假期满仍不能工作的按病假处理。1980年，青岛市规定：女职工25周岁以上符合计划生育规定者，产假增加1倍。难产、双生再给假14天。2012年，《中华人民共和国国务院令》第619号《女职工劳动保护特别规定》规定：女职工生育享受98天产假，其中产前可以休假15天；难产的，增加产假15天；生育多胞胎的，每多生育1个婴儿，增加产假15天。女职工怀孕未满4个月流产的，享受15天产假；怀孕满4个月流产的，享受42天产假。

第四章　劳动保护

20世纪50年代，辖区建立劳动保护安全管理机构，贯彻国务院和地方政府颁布的劳动保护法规、条例和办法，人民政府逐年投入资金改善企业劳动环境和劳动条件，落实劳动者在劳动过程中的安全和健康等各项保障措施，劳动安全保护措施得到全面加强。“文化大革命”时期，安全生产教育被“政治教育”所取代，劳动保护工作受到很大冲击和破坏。中共十一届三中全会后，特别是随着改革开放的深入，劳动保护法规建设亦随之深化，重新制订劳动保护法规条例，劳动保护工作逐步迈入法制化、规范化轨道。全区多次组织大规模安全生产大检查和“安全月”活动，排查消除不安全因素及事故隐患，保障了企业安全生产。辖区认真实行女工劳动保护和未成年人劳动保护，妇女和未成年人权益得到切实保障。

第一节　安全生产

1951年，贯彻《中华人民共和国劳动保险条例》，工厂企业加强了安全防护措施，安装防护安全装置，发放劳动保护用品。1956年，贯彻执行《工厂安全卫生规程》《建筑安装工程安全技术规程》《工人职员伤亡事故报告规程》，对职工进行三级（入厂、车间、班组）安全教育制，考试合格方准上岗操作。1960年，执行市劳动局《关于特殊工种进行训练和签发安全操作合格证的通知》，并拟定电气、锅炉、电焊、气焊、起重、爆破工种安全技术训练和考试提纲，考试合格报企业主管部门和劳动局审核备案后，始得发证上岗。工厂企业在年节前检查安全生产，车间每周检查安全生产，班组在班前班后检查安全生产形成制度。1965年，对锅炉、受压容器、起重机械、电气及其他机械设备和各种安全防护设备实行定期检查维修制度。“文化大革命”时期，安全生产规章制度和教育培训工作被忽视，工伤事故频发。1980年4月，开展以“消除隐患，遵章守纪，实现安全生产、文明生产”为主题的“安全月”活动。此后，“安全月”活动形成制度，安全生产工作逐步走上法制化、规范化轨道。

第二节　女工及未成年工劳动保护

女工劳动保护

1958年起实行《青岛市女工劳动保护工作暂行办法（草案）》。1962年，市南区劳动局、卫生局、工会、妇联组织开展女工劳动保护检查工作，根据检查情况，对女职工的经期、孕期、产期、哺乳期的保护和从事高空作业、笨重体力劳动等有害女工生理健康的工作，作了具体规定。1980年以后，女工在经期、怀孕期反应严重不能坚持工作的，按病假处理。怀孕满7个月后，每班给1小时的工间休息，产假期满未恢复健康不能工作的按病假处理。未满1周岁婴儿的哺乳女工，每班给2次哺乳时间，每次20分钟。年满25周岁以上，按计划生育的增加产假4个星期。进入21世纪，实施《市南区妇女发展纲要（2001—2010年）》，认真贯彻《劳动法》和《妇女权益保障法》中有关保障妇女平等就业权利和男女同工同酬的规定。各类用人单位禁止招用未满16周岁的女性，不得以性别为由拒绝录用妇女或提高对妇女的录用标准。健全和完善女职工特殊劳动保护措施，加强对女职工“四期”劳动保护法律、法规政策的宣传教育，提高女职工自身的安全生产意识和自我防护能力。根据职业变化需求和妇女从业人员特点，开展就业前培训、在职培训和转业培训，提高妇女职业技能水平和就业能力。根据妇女的就业特点，开辟家庭工、小时工等灵活就业形式，实现下岗女工阶段性就业。鼓励引导有条件的用人单位采用弹性工作时间等形式安排更多的妇女就业。

未成年人劳动保护

1950年起，明令禁止使用童工，对原有未成年工采取了调整工作、限制劳动时间、保障待遇等措施加强管理，尽量安排他们参加文化学习和技术培训，提高未成年工的劳动技能。1991年国务院发布《禁止使用童工规定》，未成年人劳动保护工作得到进一步完善。2005年，全区共组织3次“护苗行动”，开展打击非法使用童工专项检查，设立举报接待窗口和局长信箱，开通举报受理服务电话。责令用人单位将非法使用的童工送到监护人处，对违法使用童工案件，按规定给予用人单位相应处罚。2011年4月20日，市南区人力资源和社会保障局办理第一起未成年工特殊保护登记备案。

第五章　劳动保险

20世纪50年代初，市南区执行《中华人民共和国劳动保险条例》，开始建立职工劳动保险制度。此后，随着国家劳动保险条例的修改完善，逐年放宽条件、提高标准、扩大实施范围，初步建立了企业职工的保险待遇体系和劳动保险统筹制度。“文化大革命”时期，劳动保险业务被迫停止，职工劳动保险统筹制度被废除。

中共十一届三中全会后，伴随全市劳动保险制度的改革，市南区开始建立合同制职工社会养老制度。80年代中期，根据全市《关于国有企业职工待业保险暂行规定》实施办法，建立了待业职工劳动保险制度，规定解除了劳动合同的工人享受职工待业保险待遇。同期开始实行《青岛市统筹退休费试行办法》，市南区统筹基金由区劳动与社会保障局负责征集、调拨和管理，统筹项目有退休费、离休费、退职费、副食品补贴、生活补贴等，暂未统筹的项目仍由原企业支付；本着“以支定收、略有结余”的原则，退休费统筹基金率为参加统筹单位固定职工工资总额加退休费总额的18%。

1995年，市南区开始实行工伤保险，并为女职工办理生育保险待遇；是年起，提高企业离退休人员待遇，实行退休费市区两级社会统筹，全部实现企业离退休金社会化发放，并建立起由社会统筹金、个人账户金和单位调基金三部分组成的医疗保险基金。2001年起，全区企业、机关事业单位，城镇个体、私营企业从业人员，以及自由职业者、非正规和非全日制就业人员全部纳入医疗保险覆盖范围。

2010年后，市南区的社会保障制度进一步完善，基本实现了居民养老保险和医疗保险全覆盖。

第一节　在职职工劳动保险

1951年2月，政务院颁布《中华人民共和国劳动保险条例》，市南区据此开始在100人以上的国营、公私合营、私营和合作社营的工厂、矿场及铁路、航运、邮电3个行业实行。1953年，实施范围扩大到厂矿、交通事业的基本建设单位和国营建筑公司。1956年，实施范围又扩大到商业、外贸、粮食、供销、金融、民航、石油、地质、水产、国营农场、造林等13个行业和部门。20世纪60年代之前，没有临时工和合同制职工退休的规定。1964年，有关部门规定：1957年年底以前参加工作的临时工和固定工一样享受各项劳动保险待遇（包括退休待遇）；临时工因工完全丧失劳动能力的，按固定工的劳动保险待遇执行。1984年，市南区开始建立劳动合同制工人的社会保险制度，在合同期内，除供养直系亲属不享受待遇外，其他待遇与固定工基本相同，劳动合同制职工的养老保险由企业保险改为社会保险，用人单位按工资总额20%税前提取，个人按标准工资2%由单位代扣，按月缴劳动保险公司，由劳动局所属劳动保险公司负责管理和发放。1986年起，全民所有制及县以上集体所有制单位全部实行劳动保险制度。

医疗保险

青岛解放后，实行公费医疗制度，职工门诊看病和住院医疗费全部由单位承担。1966

年，实行职工就医挂号费、营养滋补药品由本人自理的规定。1989年，职工门诊看病和住院医疗费个人负担10%左右，全年负担额以本人工资的5%为限。全民所有制和集体所有制企业中的临时工患病或非因工负伤的医疗期为3个月，其医疗待遇与一般职工相同，医疗期内按本人工资的50%发给病假工资，医疗期满未痊愈者，由企业单位付给本人3个月工资的疾病或非因工负伤救济费。

1990年开始在部分行业进行大病统筹和医疗费全额统筹试点工作。1994年，企业为在职职工和退休人员建立医疗保险个人账户，统一了医疗费个人负担比例。1995年实行《青岛市企业职工医疗保险暂行办法》，医疗保险基金由社会医疗保险统筹金、单位医疗保险调剂金、个人医疗保险金三部分组成。1997年，全区有800余家企业约22000名职工和离退休人员参加医疗保险，参保率达90%以上。

2007年7月起，根据青岛市统一部署，市南区开始实施城镇居民基本医疗保险制度。

伤残保险

青岛解放后，根据国家规定，市南区企业职工因工残废人员的医疗费、药费及就医路费全部由单位承担，住院医疗期间生活费由单位补助2/3，工资照发。1978年起，因工致残饮食起居需人扶助的，改发本人标准工资的90%，单位支付护理费45元；饮食起居不需人扶助的，发本人标准工资的80%；非因工负伤医疗终结确定为残废者，发给本人标准工资的40%，办理退职。1995年起，工伤保险实行社会化管理和企业管理相结合，以社会化管理为主，保险基金实行全市统筹，分类定率，每季度缴纳一次，由社会保险机构统一筹集管理。是年12月，全区共支付工伤保险225人次，支付各类工伤待遇43.4余万元。

死亡保险

青岛解放后，对职工因工死亡的，向其亲属发给所在企业平均工资3个月的丧葬费，并根据供养人员多少按月发给死者工资25%～50%的抚恤费，付至受供养者失去受供养条件为止。职工非因工死亡，发给所在企业平均工资2个月的丧葬补助费，并按供养人口多少发给死者6～12个月的工资，为供养直系亲属救济费。1977年2月后，对死亡职工亲属生活确有困难的，从福利费中酌情给予临时或定期补助。1985年适当提高临时或定期补助标准。

供养直系亲属保险

青岛解放后，职工供养的直系亲属患病时，手术费和药费由企业负担1/2；职工供养的直系亲属死亡时，由企业付给丧葬补助费。合同制工人除独生子女享受半费医疗外，供养直系亲属不享受其他待遇。

生育保险

青岛解放前，女工没有生育保险待遇，多数企业发现女工怀孕即予解雇。1951年，政务院颁布《劳动保险条例》，对女职工生育时的假期、产假工资、生育期间的医疗待遇和生育补助待遇等，作了较全面的规定。根据规定，市南区女职工产前、产后给假56天，产假期间，工资照发；临时工怀孕及生育，其检查费、接生费、生育补助费及生育假期与企业单位正式职工相同，产假期间发给本人工资60%的产假工资。1980年，青岛市规定：女职工怀孕与分娩时的检查费、接生费、手术费、住院费和药费等均由企业负担。1995年，实行《青岛市企业职工生育保险暂行办法》，生育保险基金实行社会统筹，由社会保险机构负责收缴、支付和管理；同年，全区共为1500余名女职工办理生育保险待遇。

第二节　待业职工劳动保险

20世纪80年代中期，区内建立待业职工劳动保险制度，由医疗保险、生活保险、死亡保险、待业保险和灵活性就业保险等组成。

医疗保险

宣告破产企业的职工和濒临破产的企业法定整顿期间被精减的职工患病，在指定医院就医的，其医疗费按原企业的规定执行。职工享受待业待遇期间，在指定医院就医的其医疗补助为70%；因住院个人负担医疗费确有困难的，可给予适当补助。2002年3月，城镇失业人员在领取失业保险金期间，其门诊医疗补助金按本人月领取失业保险金的5%（每月15元）随失业保险金一并发放。

生活保险

待业救济金以职工离开企业前两年内本人月平均标准工资为基数，按月发放。其标准是：工龄不满5年的最多发给12个月的待业救济金，工龄不满3年的每月为本人标准工资65%，满3年不满5年的每月为本人标准工资75%；满5年及5年以上的，最多发给24个月的待业救济金，其中第1~12个月每月为本人标准工资的75%、第13~24个月每月为本人标准工资的50%。2001年7月起，失业保险金的发放标准调整为每人每月278元。

死亡保险

待业期间死亡的，其丧葬补助费、供养直系亲属抚恤费、救济费，均按国家和企业规定标准办理。2004年3月，丧葬补助费标准由500元调整为1000元。

待业保险

辖区企业每季按其全部职工标准工资总额的1%缴纳待业保险金，机关、事业和社会团体按合同制工人标准工资总额1%按年计缴。1993年，失业保险范围扩大到不同所有制的各类企业，调整了统筹基数和救济标准。1996年，各街道办事处成立劳动力管理所，把失业保险与职业介绍、就业服务工作结合起来。1997年7月，企业养老、医疗、工伤、生育、失业保险实行一票缴费。

灵活性就业保险

2002年起，从事灵活就业的失业人员统一到街道劳动保障服务中心缴纳养老、医疗两险，缴费比例分别为20%和10%，缴费基数分别为上年度全市社平工资的100%、80%和60%。2006年起，从事灵活就业的失业人员统一到全市各大交通银行缴纳养老、医疗两险，缴费比例分别为20%和10%，缴费基数分别为上年度全市社平工资的100%、80%和60%。2008年起，缴费比例改为20%和11%；缴费比例改由市保险经办机构统一调整。

第三节　职工退离休与退离职待遇

职工退休待遇

1951年，职工退休制度建立。根据规定，新中国成立前参加工作享受供给制待遇，或1948年年底以前享受国家规定工资制度的固定职工，男满60周岁，女满50周岁（女干部满55周岁），连续工龄满10年；从事井下、高温高空特别繁重体力劳动或其他有害身体健康的，男满55周岁，女满45周岁，连续工龄满10年的；男年满50周岁，女年满45周岁，连续工龄满10年，完全丧失劳动能力的，支付标准为本人工资的100%。新中国成立后参加工作连续工龄满10年不满15年，支付标准为本人工资60%；满15年不满20年，支付标准为本人工资70%；满20年及以上的，支付标准为本人工资75%；退休费不低于31元。因工致残，完全丧失劳动能力的，饮食起居需人扶助的，支付标准为本人工资90%；不需人扶助的，支付标准为本人工资80%；患二、三期硅肺病离职休养，如本人自愿退休的，支付标准工资的90%，退休费不低于41元，饮食起居需人扶助的增发护理费45元。固定职工退休异地安家，在城市的发给安家补助费150元，县以上城镇到农村的，发给安家补助费300元。固定职工退休后，继续享受劳保医疗待遇和取暖、粮价、副食、肉价等生活补贴。

60年代之前，没有临时工和合同制职工退

休的规定。1964年，有关部门就临时工退休安置问题作了专门规定：1966年年底以前参加工作的长期临时工符合退休条件的，按固定工退休规定办理退休。

1984年始对合同制职工退休做出规定：合同制工人男年满60周岁、女年满50周岁，交纳保险金15年的可到社会保险管理机构办理退休，投保15年的按月发给本人标准工资65%退休费，投保超过15年的每满1年加发本人标准工资1%，增加到80%为止；仅年龄符合退休条件而交纳保险金不足15年的，按单位和个人交纳保险金总额70%一次发给；退休后所需医疗费用，由社会保险机构报销90%；退休后去世时，由社会保险机构一次发给2个月本人标准工资的丧葬补助费，并按原单位在职职工去世待遇规定办理；街办企事业人员退休条件和固定工相同。退休待遇标准，除同档次低于固定职工的10%或15%外，其他养老保险待遇也有相应规定。

职工离休待遇

职工退休制度规定，新中国成立前参加革命工作的，享受离休职工待遇。其中，1937年7月6日前参加革命工作的离休职工年增发两个月工资；1942年12月31日前参加革命工作的，年增发一个半月工资；1945年9月2日前参加革命工作的，增发一个月工资。

职工退离职待遇

青岛解放后，根据规定，身体衰弱不能工作而不符合退休条件的职工，可以自愿或行政令其退职，退职金总额不得超过12个月原工资。1958年退职金最高额增加到本人30个月工资。1965年和1978年进行两次修改，职工退职待遇有一次性领取和长期领取两种办法。职工退职按月发给相当于本人标准工资40%或50%的生活补助费。

不具备退休、退职条件的工人要求离职的，经主管部门批准，可以办理离职手续，但不发离职费；家住农村的发给不超过本人工资12个月的一次性离职补助费。1983年起，富余人员自愿辞职自谋生计的，经企业领导批准可办理辞职手续，家居城镇的辞职人员，工龄每满一年发给本人工资半个月生活补助费，最多不超过6个月的工资。

第四节　养老保险基金社会统筹

1986年实行《青岛市统筹退休费试行办法》，统筹项目有退休费、离休费、退职费、副食品补贴、生活补贴等，暂未统筹的项目仍由原企业支付。统筹费本着“以支定收、略有结余”的原则，退休费统筹基金率为参加统筹单位固定职工工资总额加退休费总额的18%。统筹基金由区劳动与社会保障局负责征集、调拨和管理。

2010年1月，实施青岛市城乡居民基本养老保险制度。2012年推进社会保障制度建设，辖区居民养老保险累计参保人数6823人，为23043人办理居民基本医疗保险，基本实现居民养老保险和医疗保险全覆盖。为92119人提供社会化服务，为74203名退休人员办理认证手续，认证率达到99.7%。161名未参保集体企业退休人员被纳入职工社会基本养老保险。是年，区劳动与社会保障局获全省新型农村和城镇居民社会养老保险工作先进单位称号。

第六章　劳动监察和劳动仲裁

20世纪80年代末，组建区劳动争议仲裁机构，进行辖区劳动争议仲裁。20世纪90年代，成立区劳动监察分处，受理违反劳动法律、法规行为的举报、投诉和查处工作，对严重违反劳动法规的用人单位依法进行经济处罚。期间公正裁决全市首例劳动争议案件，维护了职工合法权益。21世纪初，设立区街道劳动争议调解中心，由区劳动争议仲裁委员会授权，负责辖区内劳动争议案件调处，并聘请司法工作者兼任仲裁员协助办案，以提高办案效率和办案的公正性。区内各街道组建劳动争议仲裁中心和劳动保障监察中队，并聘任劳动保障法律监督员和由司法工作者兼任的仲裁员，形成了覆盖全区的两级劳动监察和劳动仲裁网络。2012年，市南区在全省率先开展用人单位“无欠薪承诺”活动，开展“劳动和谐企业”创建活动，组建“劳动维权律师团”，成立大维权工作领导小组，建立健全维权协作联动、四级调解联动、主动执法等相关机制体制，实现企业劳动合同签订率上升、案件调撤率上升、劳动监察查办案件下降33%、劳动争议案件下降的“两升两降”工作目标。

第一节　劳动监察

1994年，市南区成立劳动监察分处，受理违反劳动法律、法规行为的举报、投诉和查处工作。当年共办理批转投诉11起、受理投诉41起。1995年，受理投诉30余件，立案查处70余件，接待投诉100余次，案外调解20余件，结案46件。追回拖欠克扣工资7.7万元、抵押金2000元，对严重违反劳动法规的用人单位依法进行经济处罚。

2004年，各街道劳动保障服务中心组建劳动保障监察中队，负责处理辖区内劳动者投诉案件，检查监督辖区内个体、私营企业劳动合同签订、社会保险金缴纳和劳动法律、法规执行情况。2005年，本着“全面监察、突出重点、立足自我、兼收并蓄”的原则，辖区10个街道办事处细化为21个劳动监察网格，扩大了劳动监察服务内涵。全年受理投诉555件，立案517件，处结517件，按期结案率100%。

2006年，年检各类单位5016户，全年受理案件114起，立案114起，处结114起，按期结案率100%；社会保险扩面14172人。2007年，年检各类单位6619户，全年受理各类案件928起，立案928起，处结928起，按期结案率100%；社会保险扩面9152人。2008年起，对用人单位年检实行网上年检。全年年检各类单位7538户，其中网上年检1868户；全年受理各类案件1040起，立案1040起，处结1040起，按期结案率100%；社会保险扩面16158人。

2009年，年检各类单位8293户，其中网上年检2770户；全年受理各类案件961起，立案961起，处结961起，按期结案率100%；社会保险扩面19088人。2010年，年检各类单位9145户，其中网上年检3774户；全年受理各类案件678起，立案678起，处结678起，按期结案率100%；社会保险扩面不再作为监察大队考核项目，当年扩面198人。

2011年，市南区劳动保障监察大队更名为市南区劳动保障监察局。是年年检各类单位18985户，其中网上年检3709户；全年受理各类案件899起，立案899起，处结899起，按期结案率100%。

2012年，市南区在全省率先开展用人单位

“无欠薪承诺”活动，引导1.87余万户用人单位签订《承诺书》，杜绝欠薪行为，涉及职工2万余人，欠薪案件同比下降30%。开展“劳动和谐企业”创建活动，评选和谐劳动关系典型企业67家；与辖区内5家知名律师事务所组建“劳动维权律师团”，为900家企业职工提供专业法律帮助。是年，成立大维权工作领导小组，实现案件办理“五统一”（即统一接待、统一受理、统一分流、统一调度、统一跟踪）。建立健全维权协作联动、四级调解联动、主动执法等相关机制体制。全区企业劳动合同签订率达96%以上，案件调撤率上升至72.7%，劳动监察查办案件465起案件，同比下降33%，劳动争议案件处理876起，同比下降9%，实现“两升两降”的工作目标。全市仲裁、监察现场会先后在市南区召开，工作经验在全省推广。

第二节　劳动争议仲裁

1988年前，辖区劳动争议仲裁先后由市劳资争议机构和信访部门协商调处。1988年12月，市南区劳动争议仲裁委员会正式成立，劳动争议案件多以调解方式解决，1992年共调解案件6起。1993年9月受理全市首例劳动争议案件，各区、市劳动仲裁机构派员到庭观摩。经过审理，区仲裁委员会依据《国营企业辞退违纪职工暂行规定》做出公正裁决，维护了职工合法权益。2004年设立区街道劳动争议调解中心，由区劳动争议仲裁委员会授权，负责辖区内劳动争议案件调处，并聘请司法工作者兼任仲裁员协助办案，以提高办案效率和办案的公正性。

2005年，市南区劳动争议仲裁委员会更名为市南区劳动争议仲裁院。随着个体、私营企业的发展，劳动争议案件逐年上升。至年底，市南区劳动争议仲裁机构共受理劳动争议案件2141起。通过法律手段调整劳动关系，保护了企业经营者和职工双方的合法权益。2006—2010年，区劳动争议仲裁院共受理劳动争议案件3847件，为劳动者挽回各项损失2199万元。

2011年，市南区劳动争议仲裁院更名为市南区劳动人事争议仲裁院，开始实施兼职仲裁员管理规定，建立街道调解员及巡回庭网络体系。是年，区劳动争议仲裁院共受理劳动争议案件1054件，为劳动者挽回各项损失487.35万元。2012年，市南区人力资源维权中心成立，劳动仲裁、劳动监察、信访窗口合一，由维权中心统一接访，另外，市南区法律援助在维权中心设立窗口，统一为市南区劳动者提供援助服务。年内，市南区劳动争议仲裁院共受理劳动争议案件384件，为劳动者挽回各项损失301.55万元。是年，劳动调解、司法调解、行政调解有机结合，构筑企业、社区、街道、区四级防控与调解网络，实现案前基础预防、案中繁简分流、案后诉裁衔接的大调解、大协

区劳动争议仲裁院巡回庭现场办公

作、大联动的格局。建立企业调解组织20余个、“小巷总理”社区调解室65个、10个街道办事处调解委员会。调解成功各类案件636起，调撤率达72.7%，为劳动者追回损失657万元。设立法律援助窗口，为弱势群体提供免费法律咨询，共协助弱势群体申请法律援助130余件，挽回损失40余万元。是年，区劳动与社会保障局获省劳动保障监察工作先进单位、省劳动人事争议仲裁先进单位等称号。

第七章　人　事

20世纪30年代初，今市南地域未建立统一的行政区建制，在区坊闾邻区划体制下，已有区长、区董、助理员及雇员、坊丁等人事之设。抗日战争胜利后，设市南区公所，区长、助理员、事务员、书记、区丁等一应人事渐成体系，分掌民政、财政、教育及军事事宜。青岛解放后，区人民政府建政初期，下设秘书、民政、财政等科室管理区内事务。20世纪50年代初，区人民政府设正副区长、秘书、助理员、办事员、通讯员之职，设置秘书室、民政科、文教科、调解科、工商科、卫生科、手工业管理科等机构分管区内行政事务，人员编制30人左右。其间，进行干部政治理论培训，组织干部识字扫盲，从全区失学、失业知识分子中吸收录用干部和工作人员。1958年始设立区人事机构，进行全区干部人事管理。

“文化大革命”开始后，正常的人事管理陷于停滞，相当数量的工人进入机关和企事业单位领导岗位，产生大量“以工代干”人员。

中共十一届三中全会以后，为符合转干范围和条件的“以工代干”人员办理转干审批手续，采取分流出机关、调整到机关工勤岗位和退休等办法清理整顿“以工代干”人员。20世纪80年代初，成立区编制委员会，实施机构设置管理、行政机构编制管理与区属事业单位机构编制管理。20世纪80年代中期，干部录用开始面向社会公开招考，区机关干部考核建立岗位目标责任制管理制度，区国家机关和事业单位实行以职务为主的结构工资制。这一时期，区内干部参加中专及以上层次的脱产、半脱产、业余、函授等学历教育蔚成风气，以经济理论和专业知识为主的干部业务培训日趋活跃。

20世纪90年代初，设立职称改革办公室和区人才交流服务中心，专业技术职务聘任制与专业技术职务评聘工作纳入正规化管理，人才引进逐步取消计划调配，实行双向选择。20世纪90年代中期，公务员制度入轨运行后，开始机构改革和推行国家公务员制度，严格公务员录用把关和“凡进必考”制度，主任科员及以下职务人员全部面向社会公开招考。《国家公务员暂行条例》颁布后，进行工资制度改革，实行职级工资制，并开始按照有关规定对干部进行定期考核。这一时期，围绕本职工作的基础理论、专业知识、工作法规和科技知识的学习，成为干部业务培训的主要内容。公务员培训形成初任、任职、更新知识和专门业务培训为主的培训体系。20世纪90年代末，逐步引入量化考核，推进公务员绩效管理。

21世纪初，实行专业技术职务评聘分开、竞争上岗，加大人才资源开发力度，创新人才聘用模式，实施人才跨行业、跨区域派遣，建立软件人才市场，开辟人才网站，完善人才人事公共服务，在全省率先推出政府雇员制度。同期，引入大规模专题讲座的培训模式，创办“每月一讲”专题讲座，开展公务员基本素质能力培训。2006年《公务员法》施行后，完成首批公务员登记工作。同年起，以在职学习和脱产学习为主要形式，进行党的基本理论、路线、纲领和经验的教育培训。2009年，建立高校毕业生见习基地和创业孵化基地，举办动漫创意类高校毕业生创业技能大赛，评选优秀大学生创业孵化项目，选拔优秀动漫创意人才，多措施扶持大学生创业就业。2012年，为期5年的以“忠于国家、服务人民、恪尽职守、公正廉洁”为主要内容的职业道德培训在全区公务员中铺开，全区范围内开展公务员考核示范点创建活动。年内，全区公务员1454人，事业单位人员和专业技术人员5064人。

第一节　管理机构

1958年9月，设区人民委员会人事科。1959年2月，撤销人事监察室。1963年11月，人事科改为人事监察科。中心任务是管理政府系统的一般干部，接收分配大中专毕业生和安置军队转业干部，负责全区党政群机关的工资福利工作。

1966年5月，“文化大革命”开始，区人委被夺权，职能部门不复存在，正常的人事管理被迫中断。1968年9月，经省、市革命委员会批准，建立市南区革命委员会，人事工作由区革命委员会承担。

1979年5月，成立市南区革命委员会人事科，恢复正常的人事管理工作。1981年1月，区革命委员会人事科改称区人民政府人事科。1981年12月，成立市南区编制委员会，下设办公室，与区人事科合署办公，负责统一管理全区各级党政群机关和事业单位、企业行政管理机构的机构编制。1984年9月，撤科建局，主要担负政府管理权限范围内的干部调配、调整、考核、晋升、培训，招收、录用、选聘新干部，大中专毕业生的分配与派遣，军队转业干部的接收、安置和培训，承办国家行政机关工作人员的任免、奖惩，干部的退休、退职，科技人才的交流，办理机关、企事业单位工作人员的工资、福利，干部牺牲、病故后的抚恤和遗属困难补助等。

1990年9月，成立市南区人才交流服务中心，为区人事局所属的事业单位，与区人事局合署办公，增加管理区人才交流服务中心的职能。1991年2月，市南区编制委员会更名为市南区机构编制委员会。1994年6月，成立市南区国家机关事业单位社会保险事业办公室，与区人事局合署办公。1996年，区机构改革后，区人事局内设综合管理科、工资福利科、科技干部管理科；区国家机关事业单位社会保险事业办公室收归市劳动和社会保障局管理，增加科技干部管理、机关及有关事业单位目标责任制考评、工作人员年度考核及专业技术职称资格评审、考试、聘任等职能。1997年4月，成立市南区事业单位登记管理办公室，为区编委办公室的科级机构。

2001年10月，区机构改革后，区人事局内设综合管理科、干部管理科、工资福利科、事业单位登记管理办公室，取消科技干部管理科，增加专家的选拔、评审、申报、管理服务和承办区改制公司董事长、监事会主席任用等职能。2004年12月，成立市南区人事争议仲裁委员会办公室，与人事局合署办公。同年7月，更名为市南区事业单位登记管理局。

2010年9月，将区人事局、区劳动和社会保障局职责整合，组建市南区人力资源和社会保障局。2011年2月，区机构编制委员会办公室单列为区委编制序列部门，主要负责全区行政管理体制改革、机构改革和党政群机关事业单位职能配置、职责关系、机构设置、建制规格、人员编制的管理工作。同年，撤销原区人才交流服务中心、区就业服务中心；设立市南区人力资源开发服务中心，为隶属于区人力资源和社会保障局的事业单位。

第二节　机构编制管理

机构设置管理

机构设置管理包括机构设置与变更。市机构编制管理机关从宏观上规定区级机构设置的限额数，下达区级机构限额。区编制管理机构依据国家规定的权限，负责审批机构的设置、变更与调整。列入行政机构设置管理的机关，包括区委、区人大常委会、区人民政府、区政协、区检察院、法院、各人民团体及其所属机构和派出工作机构。区党政群机关的机构设置随职能变化不断调整。区委和区政府设立部、委、办、局等工作机构。区委和区政府的工作部门为处级，内设机构为科级；区人大常委会与区政协的工作机构和各专门委员会，按有关法律规定和章程设置；区检察院、法院、各人民团体内设机构的规格，与同级党委和政府部门内设机构的规格相同。

行政机构编制管理

行政机构编制管理，即行政机构人员定员、定编。区内行政编制由区编制委员会负责。市机构编制管理机关从宏观上规定区级机构人员编制的限额数，下达编制人员数额。区编制管理机构依据国家规定的权限，负责审批区行政机构人员编制的定额，并依据各机构、部门、单位的职责范围，任务简繁和工作量大小，确定人员数额及领导职位。对区党政机关人员编制和领导职数管理，均使用机关行政编制。群团机关除工会、共青团和妇联使用行政编制外，其他一般使用事业编制。人员编制总额由市机构编制管理机关统一下达，各部门领导职数及其内部工作机构领导职数按规定配备。区级党政群机关机构管理权限与审批程序管理，主要按具体事项的管理权限分别报请市委、市政府或市机构编制委员会、区委、区政府、区机构编制委员会或区编委办批准。

事业机构编制管理

区属事业单位机构编制管理，按照其级别规格、具体事项的管理权限和审批程序规定，由其主管部门提出专题报告，分别报请市编制委员会办公室、区委、区政府或区编制委员会审批。区属事业单位机构层次、领导职数实行处级、科级两级管理，领导职数按规定配备。其工会、共青团等群团组织的专职领导干部按有关规定配备。区属处级以上事业单位的领导职数，由市编委审批；科级事业单位的领导职数，由区编委审批。区属事业单位实行分类管理，对全额拨款、差额补助、自收自支、企业化经营事业单位的机构编制，严格执行各类政策、规定。

第三节　公务员管理

招录调配

青岛解放之初，市南区党政机关有干部15人，其间按照市统一部署，从全区失学、失业知识分子中选拔、录用干部。1956年后，凡区内用人单位必须事先拟定用人计划，经区报市计划委员会和省人事局，在审查批准前不得擅自吸收。被吸收录用的工作人员须进行考试和短期训练或6个月的试用期。

“文化大革命”开始后，正常的干部录用工作停止。有相当数量的工人走上干部岗位。各级机关、企事业单位有大量的“以工代干”人员。

1979年，开始整顿“以工代干”工作。为在国家机关和全民所有制企事业单位中“文化大革命”前脱产当干部使用、仍在干部岗位工作的，经区委、区革委会正式任命担任科长、副科长或企业工段长以上职务的和按照国务院颁发的各种业务技术职称暂行规定，取得业务技术职称的“以工代干”人员补办转干手续；并为1979年年底前在干部岗位工作，仍为工人身份的人员，符合转干范围和条件的“以工代干”人员办理转干审批手续。1998年，继续清理整顿“以工代干”人员，全区101名（机关42人、办事处59人）“以工代干”人员，分流出机关到企事业单位68人，其中，符合条件录用为国家干部的52人，调整到机关工勤岗位31人，到龄退休2人。

1984年，开始面向社会公开招考。1995年，开始机构改革和推行国家公务员制度，实施公务员过渡和登记工作，1996年6月，完成人员过渡。除人大、政协、纪委、法院、检察院机关外，全区符合条件过渡为国家公务员的479人（其中政府机关202人、街道办事处201人、党群机关参照管理76人），分流出机关857人。1996年，公务员制度入轨运行后，严格公务员录用把关，除每年接收部分省委或市委组织部选调优秀毕业生、军队转业干部和调任公务员外，严格坚持凡进必考制度，主任科员及以下职务人员全部面向社会公开招考。1996年机构改革和推行公务员制度前，全区面向社会招收录用干部147名。1996—2012年，全区共录用公务员734人。其中面向社会公开招考87人，毕业生选调197人，接收军转干部445人，处级干部调任8人。

2006年1月《中华人民共和国公务员法》施行后，完成7类机关首批公务员登记工作，除人民团体和群众团体机关参照公务员法管理机关外，全区七类机关符合登记条件1058人，经批准登记1014人，暂缓登记33人，暂不登记11人。事业单位的工作人员录用工作，根据工作需要和编制空缺情况，面向社会公开招考，并在人员录用方面推出派遣、雇员等创新举措。1999—2012年，共招考录用事业单位工作人员1492人。至2012年年底，全区公务员已发展至1454人，事业单位人员和专业技术人员发展至5064人。

其间，干部调配主要有区内调动、市内调动、跨市调动3种形式。处级干部的调动，由区委组织部办理调动手续；其他工作人员的调动由区人力资源和社会保障局办理调动手续；涉及跨市调动须由区人力资源和社会保障局审核后报市人力资源和社会保障局审批。

干部培训

政治理论培训　新中国成立初期，以学习党和国家有关政策、政治和经济建设理论、社会发展史、马列和毛泽东著作为主要内容。1960年起，开展较大规模学习毛主席著作运动，结合学习党和国家有关政策、法规，进行有关社会主义建设、党的建设、反对现代修正主义以及有关阶级斗争方面的学习、培训。中共十一届三中全会后，开始比较系统地学习马克思主义基本理论，并根据不同时期的政治任务，安排不同的学习内容，政治理论学习逐步趋于日常化。2006年起，进行党的基本理论、路线、纲领和经验的教育培训。培训的形式，主要分为在职学习和脱产学习。在职学习，主要以业余自学为主，以党委、支部等为单位自行组织，基本坚持每周半天的学习制度；脱产学习，主要通过市、区党校进行中、短期脱产培训。

业务培训　20世纪80年代，培训的主要内容是经济理论和专业知识。90年代，主要是本职工作专业的基础理论、专业知识、工作法规和必要的科技知识。中国入世以后开展WTO基本知识、法律知识、电子政务等业务培训。2006年起，加强政策法规、业务知识、文化素养培训和技能训练。

文化培训　1958年，开始识字扫盲活动，组织机关干部职工参加职工业余文化学校学习，并成立单位业余文化学校。1960年，区人委机关270名干部参加业余文化学习，占总人数的90%。20世纪80年代以后，主要参加中专及以上层次的脱产、半脱产、业余、函授等学历教育，以自愿参加大、中专院校和各级党校开办学历班为主。1997年，区人事局参与市人事局与山东行政学院联合举办的大专班和本科班招生组织工作，306名干部参加学历教育。

公务员培训　1996年，《中华人民共和国公务员法》颁布后，公务员培训主要分为初任、任职、更新知识和专门业务培训。初任培训。1996年后，面向社会招考公务员，每年招聘人数较少，新录用人员的初任培训由市人事局统一调训。2004年开始，对当年新接收的军队转业干部、选调生及派遣人员、政府雇员统一进行岗前培训。2004—2005年，106名军转干部、44名选调生、21名派遣人员参加培训。任职培训。2002年、2004年、2007年，153名新提拔的科级公务员先后参加4期任职培训班。更新知识培训。1995年以来，举办国家公务员制度更新知识必修培训，每年一个专题并参加全市统一考试，参试率均在98%以上。专业培训。2003年以来，每年组织一期政府系统人事干部培训班，其他各职能部门每年组织1~2次专门业务培训。2005年开展“公务员基本素质能力培训”，轮训科级公务员202人。2006年起，组织4期公务员基本素质能力暨公共管理（MPA）核心课程培训班，累计培训205人；组织894人参加市MPA核心课程考试，合格率为99.3%。2009—2012年，开展公务员核心能力培训，处级及以下公务员参训率达99%以上，培训考核合格率为100%。其他培训。2000年起，引入大规模专题讲座的培训。2004年开始，“每月一讲”专题讲座，至2012年已组织32期，参训9300余人次。2000—2003年，组织6期《公务员暂行条例》、行政管理基本知识讲座，参训2000余人次。2003年，对连续两年年度考核为优秀等次的30名公务员进行奖励培训。2005年，614人参加普通话培训与测试，达标率为92.8%。2007年起，启动“基层公务员轮训计划”，对街道办事处（社区委）科级及以下公务员全部轮训。2012年，区人社局会同区委组织部研究制定开展公务员职业道德培训意见。根据公务员职业道德培训计划，从2012年起，利用5年左右时间，在全区公务员中开展以“忠于国家、服务人民、恪尽职守、公正廉洁”为主要内容的职业道德培训，力使全区公务员的职业道德素质得到全面提升。

干部考核

20世纪80年代中期，区机关建立岗位目标责任制管理制度，为干部考核岗位目标责任制管理阶段。岗位目标的主要内容是岗位主要职责和重点工作目标。考核方法主要是半年检查和年终考核。对干部个人的考核，结合岗位目标责任制评比工作同时进行。

1993年《国家公务员暂行条例》颁布后，开始按照有关规定对干部进行全面的、定期的考核，为干部考核逐步规范及“双考”阶段。考核内容包括德、能、勤、绩4个方面，考核结果分为优秀、称职（合格）、不称职（不合格）3个等次。1995年，在考核公务员德能勤绩的同时，年终增加业务考试，业务考试不及格的公务员，年度考核为不称职。

20世纪90年代末，为量化干部考核及推进公务员绩效管理阶段。1999年开始逐步引入量化考核的方法，将各部分考核内容分解细化为量化指标，各项指标赋予一定的分值，通过打分、测评等形式进行检查评比，各部分考核按一定比例计入总分，并将日常考核分值与年总评分值按一定比例加权计算年度考核分值。2000年起推进公务员绩效管理，把部门目标管理绩效考核和公务员个人绩效考核结合起来，考核与奖励、惩戒、增资、晋升挂钩，单位主要领导年度考核等次与单位考核结果挂钩。2012年起，单位主要领导年度考核等次与单位考核结果挂钩，在全区科学发展综合考核优秀等次的单位（部门），公务员年度考核优秀人员比例按20%掌握，良好等次单位（部门）的优秀人员（公务员、机关工勤）比例按18%掌握，合格单位（部门）的优秀人员（公务员、机关行政工勤）比例按15%掌握。2012年，按照市、区考核工作“示范带动、分类指导、整体推进”的发展目标，在全区范围内开展公务员考核示范点创建活动。坚持理念创新、制度创新、方法创新，探索出一批科学、便捷、实用的先进经验，在评选出10个考核示范点的基础上，择优推荐争创市级平时考核示范点5个。

干部任免

区内不同职务的领导干部的任免，按照国家的有关规定，分别由市、区及所属部门等各级任免机关办理，其任免程序屡经变更。区人事局主要负责政府系统干部任免事项的承办。1960年起，区人民委员会序列的局、科、办的正副职，分别由市、区人民委员会任命。部分职务经区人民委员会批准后在工作人员中宣布，不发任命书。

“文化大革命”期间正常的干部任免程序被迫停止。

中共十一届三中全会后，区政府区长、副区长由区委提名，区人民代表大会及其常委会选举产生；区政府序列的委、办、局的正职任免，由区委提名，提交区人大常委会选举产生；区政府部门、区直事业单位其他处级干部行政职务的任免，由区委研究提名，区政府常务会议研究决定，均由区人事局负责承办任免手续；其他各类职务由各单位提出推荐意见，区人事局进行审核、考察、评议或审核、备案、指导、监督。

干部任免形式有选举制、委任制、任期制、聘任制等。委任制是普遍适用的一种形式。选举制适用于区政府区长、副区长及列入政府序列的委、办、局的正职任免，其结果须经区人民代表大会及其常委会选举产生。2001年起任期制适用于区政府工作部门处级非领导职务、事业单位区管党的领导职务的任用。聘任制适用于区政府工作部门及其派出机构和事业单位中处级行政领导职务的任用（国家权力机关依法任命的除外），事业单位中科级干部的任用也开始实行聘任制。

2007年开始，区委组织部负责管理区委机关各部门、群团组织、人大常委会、政协机关、法院、检察院等部门的科级干部；区人事局负责管理区政府机关各部门及事业单位的科级干部；各街道党工委、教体局党委、建管工委、卫生局党委分别负责管理本系统的科级干部。所有单位（部门）科级干部调整前须经组织人事部门审核职数和干部任职资格，审核同意后方可研究任免。区委组织部对全区科级干部进行统一审定备案，大范围的科级干部任免交流需提交区委常委会研究同意。

第四节　专业技术职务评聘管理

1992年6月，由区科委管理的区职称改革及继续工程教育工作移交区人事局，局内设立职称改革办公室。是年起，专业技术职务聘任制与专业技术职务评聘工作逐步转入正规化。1995年开始实行职业资格制度，凡符合报名条件的人员，通过国家统一考试，取得相应的职业（执业资格）证书，并经注册登记后从事该行业，也属于专业技术人员。

2000年起，在区属全额、差额预算管理的事业单位中实行专业技术职务评聘分开、竞争上岗。专业技术职务的评聘，由各单位根据专业技术工作的实际需要和国家批准的限额，合理设置专业技术职务的岗位，行政领导在经过评审委员会认定的、符合相应条件的专业技术人员中聘任或任命专业技术职务，并颁发聘书（任命书），双方签订具有法律效力的聘约。2002年，在区教育及环保部门的近2000人中实行评聘分开、竞争上岗，对落聘人员分流和转岗，并进行岗前培训，实行定岗定资。同年，全区2899名专业技术人员统一换发使用新版的专业技术人员继续教育证书。专业技术人员继续教育学分主要依据培训、自学、科技奖、论文（著）四大类折算，其计算学分办法，按青岛市人事局《关于实施〈青岛市专业技术人员继续教育暂行规定〉有关问题的试行意见》执行。2004年5月以来，除参照国家公务员制度管理的事业单位及工作人员外，其他各类事业单位的在职在编工作人员均实行聘用合同制。对事业单位新进人员，按照《市南区事业单位工作人员录用试行办法》《市南区对机关事业单位新补充工勤人员、事业单位新补充工作人员实施派遣管理的试行意见》的规定执行。

2008年，启动事业单位聘用制改革与事业单位岗位设置工作。至2012年年底，全区纳入岗位设置管理的事业单位193个，在职5025人。形成岗位设置方案121个，完成岗位设置119个，共设置岗位5925个。

第五节 人才资源管理

人才引进

20世纪80年代，对专业技术干部以计划调配为主，辅以招聘、借调、兼职、兼课等多种方式进行交流。20世纪90年代，人才流动日趋自主、自由，双向选择逐渐增多。1990年9月，市南区人才交流服务中心成立，与区人事局合署办公。1998年4月，青岛市人才市场市南分市场成立，与市南区人才交流服务中心合署办公。至2001年，辖区人才引进基本取消计划调配，全部实行双向选择。2011年2月，设立市南区人力资源开发服务中心，撤销原市南区人才交流服务中心、区就业服务中心，将其职能整合后，一并划入区人力资源开发服务中心。2011—2012年引进本科及以上人才8316人，其中“千人计划”专家2人，博士和正高职称及以上高层次人才15人，硕士、副高职称和高技能人才850人。

人才派遣

2003年，区内创新人才聘用模式，实施人才跨行业、跨区域派遣。是年6月，成立市南区机关事业单位人员派遣中心，与市南区人才交流服务中心合署办公。同年先后与中国人寿保险公司青岛分公司、青岛啤酒销售公司签订人才派遣协议，与中国石化集团安全工程研究院签订人才派遣合同，并将专家派往上海，首次实现跨省区派遣。2005年4月，签订第一份《政府雇员合同书》，在全省率先推出政府雇员制度并聘用首名政府雇员。8月，成立市南区人才交流服务中心派遣服务中心。2008年成立青岛海锦源人才派遣有限公司，将人事人才公共服务与市场化服务分开运作，开展企业人才派遣业务。2010年4月，市南区人才交流中心通过股权招商方式，引进北京外企服务集团有限公司，成立北京外企青岛公司，进一步实现人才派遣高端对接。

人才网站

1999年注册域名http：//www.qdrc.com，中文网址“青岛人才信息港”。2003年与青岛广播电视局“广通网”合作，改版扩建，更名为“市南区人才交流服务中心网”。2004年再次改版，建立求职登记的快速通道，并对人才数据库进行有效的分类，将网上招聘和现场招聘结合，为网站会员单位提供代招代聘服务。2005年网站软件人才专区建成，建立IT人才库，开展网上人才交流、软件企业人事代理、软件人才就业指导。2005年，网站增设人才派遣模块和青岛啤酒销售公司派遣人员模块。2011年与“南方人才网”在共建网络平台方面签订合作协议。2012年，完成对市南人才网改版，实行企业化运作，建立人才招聘数据库，扩大网站在企业及求职者之间的知名度，增加服务项目，并建立“市南区人力资源和社会保障政务网”服务于老百姓及企业用户，共设8个主栏目，105个子栏目。

软件人才市场

2004年，为适应区域发展高新技术产业尤其是软件业的人才需求，市、区联合建成青岛软件人才市场，并举办首届软件人才交流洽谈会。2005年，举办“青岛市高校毕业生暨首届软件人才洽谈会”和“2005年中国青岛第七届海洋节人才交流大会暨软件人才供需洽谈会”；先后调研50余家软件企业、4所高校和8家培训机构，撰写《我市软件产业发展亟待解决的问题及对策建议》，被《中国人事报》《招商周刊》《青岛财经日报》和市政府信息专刊发表；推出“IT人才派遣”服务，解决部分软件企业在使用短期技术人员和项目攻关人员等方面的难题；启动软件人才首期培训，开设60人的高级对日软件外包工程师和外包程序员两个班；与民资股份制合作，开办青岛软件人才培训学校。2005年起，承办全市第一份软件类月刊《青岛软件》中IT人才版面，发表文章10篇，并免费为软件企业刊登招聘信息。2007年起，区财政安排专项资金，启动“软件人才培养战略工程”，开展定单式培养招生工作，与青岛市和全国80多所高校合作，签署软件人才培养协议。至2012年，累计培养学员600余人，被各软件企业聘用90%以上。

人才人事公共服务

2000年，区人才交流服务中心成立集体户，为代理单位接收的毕业生和流动人才提供档案保管、集体户户籍、职称考评和党组织关系管理等服务。2002年起，为代理单位和流动人才设专门人员负责办理保险开户、外来用工、失业登记等手续。2004年年初，建立“人事代理单位回访制度”。2005年，建立“民营经济人才直通车服务”和“VIP（重点客户）服务责任制”。2010年，协助企业办理用工备案、签订劳动合同、保险开户等手续200余人次，为烟台创迹软件公司青岛分公司整体引进33人的软件研发团队，为人事代理单位接收的684名本科以上学历的大学生办理落户手续。至2011年年底，人事代理档案总数16661份、管理集体户口5729人，并为人事档案及时添加材料，出具鉴定和证明，评审职称和确认专业技术职务，为预备党员办理转正，为党员代缴党费等。

就业创业孵化基地

从2009年开始，依托知名企业，建立高校毕业生见习基地。毕业生在基地见习期间，每月享受一定的生活补贴由政府和企业共同承担。在见习期间落实就业单位的可随时办理就业派遣手续；与基地达成就业意向的，由其就业主管部门办理正式就业手续。实习结束后，由基地对其进行实习鉴定，作为今后用人单位招聘和选用的依据之一。2011年，新建9家、撤销6家就业见习基地，1452名毕业生进入30余家基地见习。2012年，新建3家、撤销9家就业见习基地，1216名毕业生进入20余家基地见习。

2009年，区政府出资与企业合作，建立高校毕业生创业孵化基地。2011年，各基地入驻高校毕业生自主创办企业148家，吸纳539名毕业生就业；举办首届动漫创意类高校毕业生创业技能大赛，评选出12个优秀大学生创业孵化项目入驻孵化基地，选拔出18名优秀动漫创意人才推荐到企业就业，并颁发高、中级职业资格证。2012年共扶持大学生创业28人，带动就业140人，营业额2500万元，年度缴纳税费约52万元。

交流推介

1998年4月，举办“’98市南春季大中专毕业生供需见面洽谈会暨首届人才交流会”。2002—2005年，分别举办2场“人才交流大会暨大中专毕业生就业洽谈会”和3届“海之情”人才交流会及“2005年中国青岛第七届海洋节人才交流大会暨软件人才供需洽谈会”。组织企业参加“21世纪中国：国际化人才创业研讨会暨项目洽谈会”“山东省第三届海外人才交流暨经贸项目洽谈会”，并先后组团赴武汉、大连参加“2005年全国人才交流洽谈会”“2005年中国（大连）国际IT人才招聘会”。2010—2011年，每周定期举办高校毕业生就业专场招聘会。2012年，组织4家科研院所赴上海参加“青岛市引进高层次创新创业人才推介会”。

第六节　工　资

青岛解放后，市南区行政机构和事业单位

执行的工资形式经历了供给制、包干制、"工资分"制、工资制的长期衍变。青岛解放初期，区内行政事业单位实行工资供给制。1952年，工资供给制改为包干制，将伙食、津贴、服装、子女保育、保姆费用的供给标准发给供给制人员包干支配使用。同年，区机关工作人员开始改为"工资分"制。1955年7月，市南区机关工作人员全部实行等级工资制。1951—1963年，先后5次分别对部分国家机关工作人员进行工资调整、个别升级。1971—1983年，先后7次分别对部分国家机关工作人员进行工资调整，其中3次在升级人员中，一般升一级，少数可升两级。

1985年7月，市南区国家机关和事业单位实行以职务为主的结构工资制，工资结构主要由基础工资、职务工资、工龄津贴、奖金和职业津贴等部分组成，并增发地区物价津贴。是年对2331人进行工资调整，月人均增资17.50元。1986年、1989年、1992年，分别对国家机关、事业单位中部分工作人员工资进行套改、调整。1992年1月，开始实行职务（岗位）补贴。12月，调整职务（岗位）补贴标准。1993年10月，进行工资制度改革，实行职级工资制。全区105个机关事业单位参加工资改革，在职及离退休人员共9312人，人均增资105元。1994—2006年，先后6次对全区符合晋升职务工资条件的机关事业单位工作人员进行增资；先后12次增加各类补贴，调整工资、补贴、津贴标准。其中1998年、2003年，分别对连续5年考核称职人员，晋升一个级别工资；1994年副处级以上人员执行副省级工资标准；2001年副局以上人员增加工资补贴。2006年改革公务员现行工资制度，完善机关工人岗位技术等级（岗位）工资制，完善津贴补贴制度，健全工资水平正常增长机制，实行年终一次性奖金；事业单位实行岗位绩效工资制度；离休人员相应增加离休费；退休人员适当增加退休费。2007—2011年，连续5年对全区符合晋升级别工资条件的机关事业单位工作人员进行增资，并将岗位津贴、地方福利补贴、考勤奖、规范补贴、过节费、通讯补贴等各项补贴统一规并为工作性津贴和生活性补贴，对离退休人员津贴补贴进行归并。先后在义务教育学校、卫生事业单位实行绩效工资，取消岗位津贴、地方福利补贴、考勤奖、规范补贴、过节费、通信补贴等各项补贴。

第七节　福　利

1956年以前，干部福利费主要靠上级逐级下发。1957年以后，干部福利费改为逐级按工资总额提取。"文化大革命"时期，每人每月按1元、1981年以后按1.2元、1985年以后按1.5元、1994年以后每人每月按8元提取。

干部福利费主要用于救济工作人员的家庭困难，补贴工作人员的家属医疗费及丧葬费，救济工作人员本身的特殊困难，兴办工作人员集体福利事业。补助的原则为困难大者多补助，困难小者少补助。补助的形式分为定期补助和临时补助。福利费年终结余，可转到下年度使用。对机关工作人员牺牲病故抚恤，在各个不同时期，分别执行国务院（政务院）、省、市的有关规定。1994年起执行人薪发〔1994〕48号、鲁人福〔1995〕1号、青人资〔1995〕4号、民优函〔1994〕212号等文件规定，死亡一次性抚恤金的发放标准：批准为革命烈士的，为本人生前40个月工资；因公死亡的，为本人生前20个月工资；病故的，为本人生前10个月工资。对遗属的困难补助，1956年8月前，实行供给制的工作人员，其子女的生活费用由单位负责供给；留用人员病故后，除按规定发给其遗属一次性抚恤费外，生活困难者由民政部门统一给予救济。1956年8月后，改为给予个别生活困难的遗属定期补助。1957年4月，改按中央的统一规定执行。1963年，省人委、人事局下达《关于国家机关工作人员牺牲、病故后遗属生活照顾问题的几点意见》的通知，至2012年前，先后9次进行修改补充，对机关工作人员遗属的困难补助，均按此通知中各时期的规定标准执行。

补贴与津贴

区机关、企事业单位干部职工从1965年11月起，实行交通费补贴；从20世纪70年代以前开始，实行冬季取暖费补贴制度；1978年10月起，每人每月发给粮食补贴；1979年12月起，每人每月发给副食品价格补贴；1998年1月，将机关、事业单位人员的交通补贴、洗理费、粮油补贴、粮价补贴、开放城市补贴、误餐补贴、水价补贴、电价补贴、工资附加、奖励工资、考核奖等11种津补贴，简化归并为地方福利补贴，归并后标准为每人每月220元，执行至今。从1992年1月起，在国家机关、事业单位工作人员中实行职务（岗位）补贴，执行计划单列职务工资标准的职务（岗位）补贴。1992—2004年，先后5次对职务（岗位）补贴进行调整。2005年1月，职务（岗位）补贴更名为岗位津贴，并调整标准后执行至今。

福利待遇

1.女职工生育待遇。从1955年起，执行国人常字〔1955〕第12号文件规定；1988年起至今，执行妇发字〔1988〕21号文件规定；2002年执行《山东省人口与计划生育条例》中的有关规定。2.病假待遇。先后执行国务院1955年12月《国家机关工作人员病假期间生活待遇试行办法》，国务院1981年4月《国家机关工作人员病假期间生活待遇的规定》和2001年6月市人事局《青岛市关于国家机关工作人员病假期间生活待遇问题的通知》（青人发〔2001〕2号）。3.负伤待遇。根据工作人员因公负伤、非因公负伤分别执行规定。4.残废待遇。根据工作人员因公残废和非因公残废分别执行规定。5.死亡待遇。根据国家机关工作人员亡故情况，确定是否授予烈士称号及工作人员亡故后，给予其遗属丧葬费、抚恤金以及生活困难补助等。6.各种假期待遇。包括各时期按照国务院、省、市人民政府规定执行的职工探望父母、配偶的探亲假、职工结婚及直系亲属死亡的婚丧假、事假和国务院《全国年节及纪念日放假办法》规定的节假以及工作人员的年休假等。

附录

知识青年下乡支边安置工作

市南区知识青年下乡支边始于20世纪60年代初。1962—1963年，在压缩城区人口、精减职工的同时，全市动员近千名知识青年下乡，安置到国营农、林、牧、渔场参加劳动，区内知识青年即开始上山下乡。1964年，全市组织动员城市知识青年和闲散劳动力下乡插队，在市南区先行试点。是年，辖区知识青年下乡开始组织动员。1965年起，区内先后组织动员知识青年到甘肃生产建设兵团第11师、青海生产建设兵团第12师、山东建设兵团和内蒙古生产建设兵团参加军垦建设，形成知识青年支边“兵团热”，还先后动员知识青年去招远、临朐、诸城、高密、乳山、益都、潍县、海阳等地下乡。随着知识青年上山下乡运动的进展，对知识青年上山下乡的安置方法和生活待遇作了一系列规定。70年代中期，优先安排农村插队、回乡知识青年就业。70年代末，着手安排甘肃、青海建设兵团知识青年返城就业。80年代初，全区知识青年上山下乡工作结束。

20世纪70年代，区内知识青年上山下乡

一、组织动员

1964年5月27—30日，在永安大戏院召开由各界代表、社会人士、区机关和街道干部共计1600余人参加的“全区各界人民上山下乡动员大会”。时值国民经济调整后期，城市失业人员多，居民生活水平较低，农村生活更为底下，动员下乡插队工作难度很大。全区两次组织31名下乡插队青年和下乡对象到费县、招远、海阳等地农村社队参观访问，了解农村生产生活现状。各街道召开动员会、报告会，发动青年积极分子带头下乡、串联下乡，号召家长中的干部带头动员子女下乡，动员工作要求做到下乡对象本人通、家属通，全家下乡全家通。各街道办事处成立报名站，利用张贴标语、放映电影、文艺演出等形式，宣传“青年人志在四方”“劳动光荣，下乡为贵”等思想观念。为促进下乡插队工作的开展，工商部门取缔无证商贩，公安部门强化无城市户口的人口管理，各街道生产组、服务站清退无城市户口职工，集体企业降低过高的计划外用工的工资标准，并禁止企业私自招用临时工。经过摸底排队全区共有动员对象3928人，其中知识青年2057人、符合全家下乡条件的1006人、可回乡或投亲靠友的547人、城市青年与农村青年结婚的21人、可回乡养老的退休职工39人、农村干部职工家属221人、企业精简职工31人、其他闲散劳动力6人。各街道办事处对报名人员进行了审查落实，选择条件较好的报名者，组成第一批到海阳县下乡插队人员67人。6月底召开第一批下乡插队人员欢送大会。是年，市南区共完成下乡回乡人员1600人。其中，安排海阳县知识青年416人，成户下乡79户418人；安排平度县知识青年166人，成户下乡31户110人；其他县490人。

知识青年下乡前谈心

表11－1　　市南区知识青年下乡插队和回乡人员统计表

（1964年）

街道办事处	分配任务	实际完成人数（人）				实际下乡和回乡人数分类（人）			
		合计	单人下乡	成户下乡		集中插队知识青年	回乡插队知识青年	投亲靠友闲散劳力	城市回乡闲散劳力
				户	人				
合计	1600	1600	743	180	857	1180	156	39	225
台西三路	200	106	48	14	58	94	—	1	11
郓城北路	150	143	40	19	103	111	15	5	12
单县路	160	150	78	18	72	107	18	1	24
云南路	170	139	59	17	80	102	12	2	23
南村路	180	183	64	26	119	126	29	16	12
中山路	140	141	68	14	73	92	26	5	18
泰安路	150	168	69	18	99	118	29	—	21
观海路	150	133	90	9	43	107	3	—	23
江苏路	160	181	91	20	90	133	3	7	38
金口路	100	127	75	11	52	98	13	2	14
文登路	20	56	31	4	25	45	—	—	11
浮山公社	20	73	30	10	43	47	8	—	18

1965年，全市已形成层层发动上山下乡的组织动员队伍达3000余人，仅市南区云南路管区就组织了动员队伍170人。是年6月，区内组织动员知识青年到甘肃生产建设兵团第11师参加军垦建设。同年10月和次年4月区内组织动员知识青年分两批到青海生产建设兵团第12师参加军垦建设。1970年3—12月，区内第三次组织动员知识青年分4批到山东建设兵团和内蒙古生产建设兵团参加军垦建设，形成知识青年上山下乡“兵团热”。1965年5月至1975年1月，全区动员去招远、临朐、诸城、高密、乳山、益都、潍县、海阳等地下乡知识青年共计3653人。1964—1970年，全区随父母回乡青年187人、分散回乡青年113人、随城市疏散人口回乡青年37人、父母因各种政治历史问题被遣返回乡随迁子女394人，共计731人，这部分知识青年也按下乡插队有关政策办理了相关手续。1968年，对知识青年上山下乡的范围、对象、条件、生活待遇、就业等问题作了一系列规定。1973年12月，除直接升学、参军及病残、独生子女、多子女家庭身边只有一个子女的不动员上山下乡外，其他均予动员上山下乡，对应下乡而不下乡的青年不安排就业。1975年，实行由学校定向，单位定位，按系统对口动员上山下乡的办法。

表11－2　市南区知识青年下乡插队人员统计表

（1964—1975年）

时　间	地　点	人　数	时　间	地　点	人　数
1964年12月	海　阳	834	1968年7月	益　都	360
1964年12月	平　度	276	1969年1月	海　阳	719
1964年12月	其　他	490	1969年1月	招　远	296
1965年5月	招　远	505	1969年1月	临　淄	68
1968年7月	临　朐	514	1969年1月	潍　县	105
1968年7月	诸　城	141	1970年5月	临　朐	561
1968年7月	乳　山	32	1975年1月	临　朐	325
1968年7月	高　密	27	合　计	—	5253

二、安置方式

插队安置

集体到农村生产队插队是城镇知识青年上山下乡的主要形式，占上山下乡知识青年的80%以上。知识青年多安排到生产、收入较稳定的生产队，每15人左右组成一个集体户，分住男、女宿舍，在“知青点”实行集中食宿、集中学习，分散到生产队参加劳动。

回乡安置

原籍农村有亲人或亲属的，本人自愿并经所在县同意的可以回乡安置。1964—1972年全区通过各种形式回乡安置知识青年731人。

生产建设兵团安置

1965年6—10月、1966年4月、1970年3—9月，全区分批去甘肃、青海、内蒙古生产建设兵团安置知识青年2866人。

农场安置

1962年开始，国营农、林、牧、渔场由山东省按计划安置城镇知识青年，入场知识青年享受农场职工同等待遇。知识青年入场工作满两年以上可升学、参军或被招工，留场农工从入场之日起算工龄。1970—1972年，全区农场安置知识青年567人。

其他安置

1973—1978年，部分企业、学校、机关和其他事业单位，自建农副业生产基地或农工商联合企业，安置本系统或本单位的城镇知识青年。除按规定拨付安置费外，资金及管理均由其主管部门负责。

表11－3　市南区知识青年回乡人员统计表

（1964—1972年）

时　间	回乡形式	人　数
1964—1970年	随父母回乡知识青年	187
1970—1972年	随城市疏散人口下乡	37
1966—1971年	随父母遣返知识青年	394
1969—1970年	分散回乡知识青年	113
合　计	—	731

表11－4　　市南区知识青年支边军垦统计表

（1965—1970年）

单位名称	安排年月	安排人数	安排基层单位
甘肃生产建设兵团第11师	1965.6	535	农建11师各团
青海生产建设兵团第12师	1965.10—1966.4	1080	格尔木地区1团、3团、工程团,师部及直属连,马海地区2团
内蒙古生产建设兵团	1970.9	1251	3师21团344人、22团327人、23团182人、24团398人
合　计	—	2866	—

表11－5　　市南区知识青年农场安置统计表

（1970—1972年）

单位名称	安排年月	安排人数	安排基层单位
山东省生产建设兵团	1970.3	125	枣庄、齐河、昌北农场
山东省生产建设兵团	1970.6.18	267	寿光巨淀湖农场、清水泊种养场、莱阳果园场
山东省生产建设兵团	1970.12.25	144	齐河、广北农场
济南军区军马场	1972.8	31	—
合　计	—	567	—

三、生活待遇

补助费

1964年城镇知识青年下乡、回乡人员由市发给每人锄、镰、锨、镢各一件。1973年起，从安置经费中，按人均50元的标准，作为购置农具、家具、炊具等的补助费用。

生活费用

1964年按每人每月6～8元（小孩4.5元）的标准发给3～6个月生活费。参加社队分配后，达不到标准的，再进行差额补助，直到再分配为止。1973年参加社队分配前的生活标准提高到9～11元。参加生产建设兵团的知识青年按月发放津贴费，男女不等。

棉布补助

1964年知识青年上山下乡人均补助棉布25尺、棉絮2.5斤。

口粮用具

插队、回乡的知识青年，注销城镇粮食供应，发给2个月原定量粮票和劳动补助粮票（每人每日半斤）。自第二个月起按当地社员口粮标准，由国家按月供应粮食（每人每月净粮39斤或毛粮45斤），直到农村新粮上市为止。参加劳动者全年分配口粮不低于600斤，低于标准的由国家给予补助。生活用具由生产队借用或农村社员赠给，由生产队安排一名农村妇女帮助青年学习做饭。生产队分给与社员等量自留地，以解决蔬菜副食品等生活所需。生产建设兵团和国营农、林、牧、渔场等单位的知识青年，享受所在单位职工的粮油标准待遇。

住房标准

下乡前，调派干部到农村安置社队安排落实住房，采取挤、借、租等办法临时解决住宿。成户下乡的每户安排3～4间房，集体下乡知识青年住房标准为8～10平方米/人。后国家拨款翻建旧房或重建新房解决了下乡插队和回乡人员的住房问题。

医疗待遇

下乡的知识青年医疗费用由当地合作医疗部门和人民公社或生产队补助，民政部门救济和从知识青年特殊经费中补助。因工死亡的从特殊经费中一次性补助亲属300元。1974年后，医疗费按每人每年10元，从安置经费中拨给生产队医疗机构或知青点统一掌握使用。1979年，医疗费标准升为每人每年15元。

安置经费

1964年经费由国家拨发，主要由人民公社或生产大队负责使用。安置经费主要用于建房、生活补助、农具购置等，采取调剂使用的办法，不搞平均分配。插队安置的经费标准为每人242元，回乡为55元。1968年，分别调整为240元和50元。1970年，插队标准提高为250元。1973年起，知识青年上山下乡、回乡的均按每人500元的标准拨付。其中，建房补助费230元，生活补助费170元，农具、家具、炊具补助费50元，学习材料费10元，医药费10元，动员费30元。安置在生产建设兵团和国营农林牧渔场的每人安置费400元、安置在集体所有制知识青年农场的每人安置费500元（1978年增为600元）。

四、回城安置

1974年后，国家优先安排农村插队、回乡知识青年就业。多数上山下乡知识青年通过考学、参军、就业等途径转换了工作，已婚和超过招工年龄的就近在当地县、乡就业，安排不了的收回待业。少数人在农村当了教师、干部后在当地结婚安家。1978年起，着手安置在内蒙古、甘肃、青海生产建设兵团的知识青年陆续返回青岛安排就业。1978年，缩小动员下乡范围，父母双亡的不动员下乡；老红军和二等以上革命残疾军人允许两个子女留城；同父异母和异父同母的，父母身边各留一个子女；父母两地工作的允许身边各留一个子女。1979年又规定：有条件安排就业的不再动员上山下乡；县属林区、盐区，野外勘探、海上捕捞、国营农林牧渔场以及部分在农村的企事业单位，其非农业人口子女不再动员下乡；城市中只有两名子女或已有两名子女下过乡的、有子女参加边疆建设的、父母一方死亡的不再动员下乡；华侨学生、中国籍的外国人子女不动员下乡；老红军、革命残疾军人、烈士子女一律不动员下乡；外援人员和在西藏、青海工作人员的子女不再动员下乡。1980年9月，市委和市政府决定不再动员中学毕业生上山下乡。1981年4月，全区知识青年上山下乡工作全部结束。

第十二篇

中共地方组织

第一章　组织机构

1949年5月24日，经中共中央华东局批准，中共山东分局在莱阳县成立青岛市军事管制委员会，与5月5日组成的中共青岛市委员会同时存在；军管会对内部即为党的委员会，是统一领导全市各种工作的党的领导机关。5月25日，成立青岛市各区军政委员会和分区委，市南区军政委员会书记为李光远，副书记为胡萍；市南分区委书记为李光远，副书记为张蕴珊。6月2日，青岛解放，市南分区委机关随军入城实施接管工作。

1951年8月，市南分区委改称市南区委，并分别于1954年3月、1956年3月召开中共市南区第一、二次代表大会，选举产生了第一、二届中共市南区委员会。“文化大革命”开始后，中共市南区委员会受到冲击。1967年2月6日，中共市南区委被造反组织夺权，全区党组织陷入瘫痪，党员的组织生活被迫停止。1970年2月，中共市南区革命委员会核心领导小组建立后，全区党的组织生活逐渐恢复。1975年11月，召开中共市南区第三次代表大会，党的组织机构重新建立并进一步完善；1979年5月，恢复建立中共市南区委纪律检查委员会。此后，先后召开了9次党员代表大会，选举产生了9届中共市南区委员会和9届市南区纪律检查委员会。

中共市南区地方组织成立后，随着形势的变化、城市的发展和工作的需要，历经多次机构改革调整，市南区委所属工作机构和派出机构屡有变化；至2012年年底，共设有工作部门8个、派出机构11个、区直事业单位1个。

中共青岛市市南区第一次代表大会

时　间	1954年3月28日至30日
出席代表	73名
全区党员	210名
大会议程	1、听取和审议区委书记牟志仁同志作《中共市南区委的工作总结及今后任务》的工作报告；2、选举中共市南区第一届委员会。
大会通过了《关于增强党的团结》的决议，选举产生了由13名委员组成的中共市南区第一届委员会。	

中共青岛市市南区第一次代表大会档件

第一节　中共市南区领导机构

中共青岛市市南分区委员会

李光远
1949.5—1949.7
任分区委书记

1949年5月25日，隶属中共青岛市委的中共青岛市市南分区委员会成立，书记为李光远，副书记为张蕴珊，委员为李光远、张蕴珊、葛冠俊、董绥之。6月2日青岛解放，6月10日，中共青岛市委公布报经上级党委批准的市南分区委员会名单：书记为李光远，副书记为张蕴珊，委员为李光远、张蕴珊、葛冠俊、董绥之、许子言。7月20日，为适应工作需要，中共青岛市委公布了新的市南分区委员会名单：书记为牟志仁，副书记为许子言，委员为牟志仁、许子言、沈勇、于书年。

1950年12月12日，为健全党委制，加强分区党委工作的集体领导，中共青岛市委公布了调整后的市南分区委员会名单：书记为牟志仁，委员为牟志仁、许子言、林青山、王鸿典。

牟志仁
1949.7—1952.6
任区长
1949.7—1951.8
任分区委书记
1951.8—1959.10
任区委书记
1959.10—1960.4
任区政协主席

中共青岛市市南区委员会

1951年8月，中共青岛市市南分区委员会改称中共青岛市市南区委员会，仍隶属中共青岛市委。书记为牟志仁，副书记为胡中夫（1952年6月任职）。此外，中共青岛市委还先后任命了12名委员。

1954年3月28—30日，召开中共青岛市市南区第一次代表大会，会议代表73人，代表全区210名党员，选举产生中共青岛市市南区第一届委员会，委员13人；经一届一次全委会议选出常委5人，其中，书记1人、副书记2人。1956年1月，任命副书记1人。

蔡　宪
1960.1—1963.3
任区委书记
1960.4—1962.3
任区政协主席

1956年3月27—29日，召开中共青岛市市南区第二次代表大会，会议正式代表129人、列席代表31人，代表全区384名党员，选举产生中共青岛市市南区第二届委员会，委员23人；经二届一次全委会议选出常委8人，其中，书记1人、副书记3人。1960年1月，任命书记1人。1962年3月，任命区委负责人1人。1963年3月，任命书记1人。1965年12月，任命书记1人。1956年至1965年，先后任命副书记9人。

王建平
1963.3—1965.12
任区委书记
1963.9—1965.12
任区政协主席

鞠维信
1964.11—1965.12
任区长
1965.12—1967.2
任区委书记
1965.12、1966.3
任区政协主席

1975年11月10—13日，召开中共青岛市市南区第三次代表大会，会议正式代表235人、列席代表50人、特邀代表6人，代表全区1128名党员，选举产生中共青岛市市南区第三届委员会，委员22人；经三届一次全委会议选出常委9人，其中，书记1人、副书记2人。1976年7月，任命副书记2人。1976年10月，经中共青岛市委批准，中共青岛市市南区委领导班子进行调整，书记1人，副书记4人。1977年至1979年，先后任命副书记3人。

修　国
1975.6—1975.11
任区革命委员会
核心领导小组组长
1975.6—1981.1
任区革命委员会主任
1975.11—1984.7
任区委书记
1981.1—1984.8
任区人大常委会主任

1980年9月11—14日，召开中共青岛市市南区第四次代表大会，会议正式代表248人、候补代表25人、列席代表28人，代表全区2223名党员，选举产生中共青岛市市南区第四届委员会，委员23人、候补委员3人；经四届一次全委会议选出常委9人，其中，书记1人、副书记3人，4人均于1984年7月离职；同月，任命书记1人、副书记3人。

曹登宝
1984.7—1990.4
任区委书记
1990.4—1993.2
任区人大常委会主任

1984年10月8—11

日，召开中共青岛市市南区第五次代表大会，会议正式代表205人、候补代表19人，代表全区2720名党员，选举产生中共青岛市市南区第五届委员会，委员23人、候补委员4人；经五届一次全委会议选出常委8人，其中，书记1人、副书记3人。

1987年5月19—23日，召开中共青岛市市南区第六次代表大会，会议正式代表251人、候补代表25人、列席代表23人，代表全区3479名党员，选举产生中共青岛市市南区第六届委员会，委员25人、候补委员4人；经六届一次全委会议选出常委8人，其中，书记1人、副书记3人。1990年4月，任命书记1人。1989年3月，任命副书记1人。

黄绍美
1984.8—1990.4
任区长
1990.4—1993.2
任区委书记、
区政协主席
1993.2—1996.3
任区人大常委会主任

1990年5月18—21日，召开中共青岛市市南区第七次代表大会，会议正式代表255人、列席代表39人，代表全区4712名党员，选举产生中共青岛市市南区第七届委员会，委员24人、候补委员4人；经七届一次全委会议选出常委9人，其中，书记1人、副书记3人。1992年10月，任命副书记1人，次年2月任书记。1993年2月，任命副书记2人。1995年2月，任命副书记1人。

王　国
1993.2—1997.12
任区委书记

1995年2月20—24日，召开中共青岛市市南区第八次代表大会，会议代表255人，代表全区7211名党员，选举产生中共青岛市市南区第八届委员会，委员26人、候补委员4人；经八届一次全委会议选出常委11人，其中，书记1人、副书记3人。1997年12月，任命书记1人、副书记1人。

王宝琪
1990.4—1998.1
任区长
1997.12—2002.12
任区委书记

1998年1月9—11日，召开中共青岛市市南区第九次代表大会，会议代表280人，代表全区8964名党员，选举产生中共青岛市市南区第九届委员会，委员28人、候补委员5人；经九届一次全委会议选出常委11人，其中，书记1人、副书记3人。2002年12月，任命书记1人。1998—2002年，先后任命副书记7人。

郄晋生
2002.12—2008.2
任区委书记

2003年1月8—10日，召开中共青岛市市南区第十次代表大会，会议代表280人，代表全区18781名党员，选举产生中共青岛市市南区第十届委员会，委员29人、候补委员5人；经十届一次全委会议选出常委11人，其中，书记1人、副书记4人。2004年11月和2005年12月，分别任命副书记2人。

2007年1月7—9日，召开中共青岛市市南区第十一次代表大会，会议代表296人，代表全区27509名党员，选举产生中共青岛市市南区第十一届委员会，委员34人、候补委员7人；经十一届一次全委会议选出常委11名，其中，书记1人、副书记2人。2008年2月，任命书记1人。2011年11月，任命书记1人。2010年4月和2011年12月，分别任命副书记2人。

李学海
2008.2—2011.11
任区委书记

2011年12月27—29日，召开中共青岛市市南区第十二次代表大会，会议代表296人，代表全区35285名党员，选举产生中共青岛市市南区第十二届委员会，委员35人、候补委员7人；经十二届一次全委会议选出常委11人，其中，书记1人、副书记2人。2017年1月，任命书记1人、副书记2人。

2017年1月22—25日，召开中共青岛市市南区第十三次代表大会，会议代表296人，代表全区47306名党员，选举产生中共青岛市市南区第十三届委员会，委员36名、候补委员9名；经十三届一次全委会议选出常委10人，其中，书记1人、副书记2人。

王久军
2011.11—2017.1
任区委书记
2012.2—2017.2
任区人大常委会主任

华玉松
2010.4—2011.1
任代理区长
2011.1—2017.1
任区长
2017.1—
任区委书记

中共市南区革命委员会核心领导小组

1966年5月，“文化大革命”开始，中共市南区委及各级党组织受到“红卫兵”和造反组织冲击，陷入瘫痪状态，被迫停止工作。1967年2月，15个群众“造反组织”联合向市南区委、区人委夺权，宣布成立“青岛市南东方红公社”；3月15日，“青岛市南东方红公社”改称市南区革命委员会。1968年9月，经市革命委员会审查，并报省革命委员会批准，青岛市市南区革命委员会正式建立；1969年12月，遵照党中央解决山东问题的“十条”精神，市南区着手组建新一届革命委员会领导班子。1970年1月，报经省、市革命委员会批准，调整组成以军代表毛文义为主任的新一届革命委员会；2月，又经中共山东省革命委员会核心领导小组批准，建立中共市南区革命委员会核心领导小组，毛文义任核心领导小组组长、革命委员会主任。此后，陈惠民、阎同科、修国先后接任核心领导小组组长。

1975年，中共青岛市市南区第三次代表大会召开后，中共青岛市市南区革命委员会核心领导小组不复存在。

表12－1　中共青岛市市南区地方组织领导人更迭情况一览表

（1949—2017年）

机构名称	起止时间	主要领导人职务及姓名	其他领导人职务及姓名
中共青岛市市南分区委员会	1949.5—1951.8	书记: 李光远（1949.7离职） 牟志仁（1949.7任职）	副书记: 张蕴珊（1949.7离职） 许子言（1949.7—1951.6）
中共青岛市市南区委员会	1951.8—1954.3	书记: 牟志仁	副书记: 胡中夫（1952.6任职）
中共青岛市市南区委员会	1954.3—1956.3	书记: 牟志仁	副书记: 胡中夫（1955.10离职） 林青山 王鸿典（1956.1任职）

续表 12－1

机构名称	起止时间	主要领导人职务及姓名	其他领导人职务及姓名
中共青岛市 市南区委员会	1956.3 建立	书记: 牟志仁(1959.10 离职) 蔡　宪(1960.1—1963.3) 刘俭朴(负责人,1962.3—1963.3) 王建平(1963.3—1965.12) 鞠维信(1965.12—1967.2)	副书记: 蔡　宪(1960.1 离职) 王鸿典(1960.3 离职) 林青山(1958.10 离职) 江　滨(女,1956.9—1963.8) 高德新(1956.9—1965.6) 王毓秀(1959.11—1964.1) 徐振哲(1960.4 任职) 于学清(1960.4—1962.1) 吕建嘉(1960.4—1963.3) 鞠维信(1963.3—1965.12) 史记民(1963.3 任职,未到职) 张作典(1965.12 任职)
中共市南区革命委员会核心领导小组	1970.2—1975.11	组长: 毛文义(军代表,1972.5 离职) 陈惠民(军代表,1972.5—1973.12) 阎同科(1973.12—1975.6) 修　国(1975.6 任职)	副组长: 阎同科(1970.12—1973.12) 张作典(1975.6 任职)
中共青岛市 市南区委员会	1975.11—1980.9	书记: 修　国	副书记: 张作典(1977.5 离职) 郁玉兰(女) 徐葆芝(1976.7—1978.5) 梁有新(1976.7 任职) 王振杲(1977.7 任职) 刘启民(女,1978.5—1979.1) 曲鸣皋(1979.12 任职)
中共青岛市 市南区委员会	1980.9—1984.10	书记: 修　国(1984.7 离职) 曹登宝(1984.7 任职)	副书记: 王振杲(1984.7 离职) 曲鸣皋(1984.7 离职) 梁有新(1984.7 离职) 黄绍美(1984.7 任职) 王文明(1984.7 任职) 王增元(1984.7 任职)

续表12－1

机构名称	起止时间	主要领导人职务及姓名	其他领导人职务及姓名
中共青岛市市南区委员会	1984.10—1987.5	书记: 曹登宝	副书记: 黄绍美 王文明 王增元
中共青岛市市南区委员会	1987.5—1990.5	书记: 曹登宝(1990.4离职) 黄绍美(1990.4任职)	副书记: 黄绍美(1990.4离职) 王文明 王增元 王宝琪(1989.3任职)
中共青岛市市南区委员会	1990.5—1995.2	书记: 黄绍美(1993.2离职) 王　国(1993.2任职)	副书记: 王　国(1992.10—1993.2) 王宝琪 王文明(1993.2离职) 王增元(1992.10离职) 王洪良(1993.2—1995.2) 徐学武(1995.2任职) 张清云(1993.2任职)
中共青岛市市南区委员会	1995.2—1998.1	书记: 王　国(1997.12离职) 王宝琪(1997.12任职)	副书记: 王宝琪(1997.12离职) 徐镇绥(1997.12任职) 徐学武 张清云
中共青岛市市南区委员会	1998.1—2003.1	书记: 王宝琪(2002.12离职) 郄晋生(2002.12任职)	副书记: 徐镇绥(2001.4离职) 徐学武(2002.5离职) 张清云(2001.2离职) 李众民(1998.5任职) 刘绪海(1998.6任职) 孙海生(2000.6—2002.12,挂职) 韩永源(2001.8任职) 纪新芳(女,2002.12任职) 吴　伟(2001.8任职) 慕建民(2002.12任职)

续表12－1

机构名称	起止时间	主要领导人职务及姓名	其他领导人职务及姓名
中共青岛市市南区委员会	2003.1—2007.1	书记: 郄晋生	副书记: 李众民(2005.12离职) 万建忠(2005.12任职) 纪新芳(女) 吴　伟 慕建民 朱玉磊(2004.11任职)
中共青岛市市南区委员会	2007.1—2011.12	书记: 郄晋生(2008.2离职) 李学海(2008.2—2011.11) 王久军(2011.11任职)	副书记: 万建忠(2010.4离职) 华玉松(2010.4任职) 韩连德(2011.12离职) 任宝光(女,2011.12任职)
中共青岛市市南区委员会	2011.12—2017.1	书记: 王久军(2017.1离职) 华玉松(2017.1任职)	副书记: 华玉松(2017.1离职) 任宝光(女,2017.1离职) 高　健(2017.1任职) 张　忠(2017.1任职)
中共青岛市市南区委员会	2017.1—	书记: 华玉松	副书记: 高　健 张　忠

第二节　中共市南区委工作部门及派出机构

工作部门

1949年6月2日，中共市南分区委进入市内办公，设组织部、宣传部。1951年3月，增设区委纪律检查委员会。

1951年8月，中共市南分区委员会改称中共市南区委员会，下设组织部、宣传部、纪律检查委员会；12月，设立党员训练班。1952年6月，增设秘书处、统战部。1953年7月，增设私营企业部；至年底，区委下设工作部门7个。

1954年3月起，根据形势发展，陆续增设、调整工作机构，增设生产合作部、财经贸易部、文教部、政法工作部；私营企业部改为工业部，纪律检查委员会改称监察委员会，秘书处改称办公室；撤销生产合作部，党员训练班并入宣传部。至1957年5月，区委下设工作部门9个。

从1958年起，根据中央和省、市委关于精简机构、紧缩编制的指示精神，先撤销政法工作部，后增设党校、政法部，再撤销政法部、文教部。1961年8月后，工业部改为日用品工业工作部，财经贸易部改为财贸政治部。1966年4月，撤销日用品工业工作部、财贸政治部。至此，区委将工作机构缩减为6个：办公室、组织部、宣传部、统战部、监察委员会、党校。

“文化大革命”开始后，中共市南区委各部门被迫停止工作。1967年3月，“青岛市南东方红公社”改称市南区革命委员会并设立办公室、政治部和生产指挥部3个部门。1970年2月，中共市南区革命委员会核心领导小组建立。同年5月，成立教育小组、工业小组、商业小组3个党的领导小组。1975年4月，设立区级机关党总支部。

1975年11月，选举产生中共市南区第三届委员会，次年7月恢复中共市南区委工作机构，设办公室、组织部、宣传部、统战部、党校5个部门和机关党总支，增设区委街道工作办公室、区委知识青年上山下乡办公室。1978年12月，设立区委办公室信访科。

中共十一届三中全会以后，根据改革开放新时期的形势和任务，区委恢复“文化大革命”期间被撤销、削减的工作机构，机构设置及其工作职能得到加强。1979年5月，恢复区委纪律检查委员会；同年11月，设立区委办公室档案科。1981年2月，撤销区委街道工作办公室；区委知识青年上山下乡办公室改为区政府知识青年办公室，并入区政府劳动科。1984年1月，根据省、市委的部署，中共市南区委纪律检查委员会改称中共市南区纪律检查委员会。同年9月，设立政法委；区委办公室信访科、档案科改为区委信访科、档案科，为区二级单位；撤销机关党总支，设立机关党委、老干部科，同为区二级单位。改革后，区委共设7个工作部门：纪律检查委员会、办公室、组织部、宣传部、统战部、政法委、党校；信访科、档案科归区委办公室领导，老干部科和机关党委归区委组织部领导。1985年10月，区纪委升格为副区级单位；同年11月，老干部科改为老干部局，升格为区属局级单位；12月，撤销区委信访科，区委、区政府联合建立信访办公室，为区属副局级单位。1987年6月，档案科改为档案处，为区委办公室副局级单位；同年8月，设立区精神文明建设指导委员会办公室，设在区委宣传部，后更名为精神文明建设委员会办公室。1988年12月，信访办公室升格为区属局级单位。

1990年1月，设区委对台工作办公室（对外挂区政府台湾事务办公室的牌子），为处级单位，后更名为区委台湾工作办公室。1991年7月，设立区社会治安综合治理委员会办公室，与政法委合署办公。1993年4月2日，区纪委与区监察局合署办公。1995年4月，成立外商投资党工团工作委员会办公室，归口组织部，为副处级单位。同年10月，区委、区政府机关实行国家公务员制度，同时实施机构改革，改革后区委工作部门设置为：纪律检查委员会、办公室、信访局（由区委办公室管理）、组织部、老干部局（由组织部管理）、宣传部（内设精神文明建设委员会办公室）、统战部（包括侨务工作，挂台湾工作办公室、民族宗教事务局的牌子）、政法委（社会治安综合治理委员会办公室与其合署）、区直机关工作委员会；撤销档案处，档案馆为区委办公室领导的处级事业单位，挂档案局的牌子；区委党校列为中专体制，1996年11月按副县级配备领导班子，不再列入区委序列。1996年7月，成立外商投资企业党工委。1997年9月，设立党史研究室，归口组织部管理，为处级单位。

2001年区委机构改革，同年10月设立区委组织员办公室，为处级单位。2002年3月，建立区委新型经济社会组织党的建设联席会议办公室，同时撤销外商投资企业党工团工作委员会。经2004年机构进一步调整，至2005年年底，区委设有7个工作部门和信访局、老干部局2个部门管理单位。2010年，原与区人事局合署的区机构编制委员会办公室单独设置，列入区委机构序列。至2012年，区委共设有8个工作部门，分别为区纪律检查委员会、区委办公室、区委组织部、区委宣传部（区精神文明建设委员会办公室设在区委宣传部）、区委统一战线工作部（挂台湾工作办公室、区政府台湾事务办公室和区民族宗教事务局牌子)、区委政法委员会(与区社会治安综合管理委员会办公室合署)、区机构编制委员会办公室、区委区直机关工作委员会。另有2个部门管理机构，分别为区委老干部局、区委区政府信访局；1个区委办公室管理部门：区档案馆（挂区档案局牌子）。

派出机构

为加强对政权系统党的工作的领导，区委于1958—1963年先后在区人委、区人民检察院、区人民法院设立党组。“文化大革命”期间，区人委、区人民检察院、区人民法院党组陷于瘫痪。1970年，市南区12个街道管区相继建立了管区革命委员会党的领导小组。

从1977年12月起，先后在区人民法院、区人民检察院、区人民代表大会常务委员会、区人民政府和政协市南区委员会新设或恢复了党组。1993年8月，在区工商业联合会（商会）设党组。1994年9月，设立区商业党工委。1995年4月，设立区外商投资企业党工团党工委。1996年2月，撤销商业党工委，所属各公司党总支由区委直接领导；同年7月，设立区外商投资企业党工委。

2000年7月，14个街道办事处党委被撤销，改建街道党工委；11月，设立区工业党工委和财贸党工委。2002年3月，撤销区外商投资企业党工团党工委。2003年7月，区城市建设管理局党委被撤销，改设区城市建设管理党工委；同时，行政执法局、动迁服务中心党的组织归城市建设管理党工委管理。9月，设立区新型经济社会组织党工委，撤销区外商投资企业党工委。2004年5月，设立区对外开放党工委；14个街道办事处党工委合署为9个街道党工委和江苏路社区公共服务委员会党工委。同年12月，设立区企业党工委，撤销区工业党工委、财贸党工委、对外开放党工委。

至2012年，区委派出机构11个，分别为区委企业工作委员会、区委八大峡街道工作委员会、区委云南路街道工作委员会、区委中山路街道工作委员会、区委江苏路街道工作委员会、区委八大关街道工作委员会、区委湛山街道工作委员会、区委香港中路街道工作委员会、区委八大湖街道工作委员会、区委金门路街道工作委员会、区委珠海路街道工作委员会。另有1个区直事业单位：中共市南区委员会党校。

第三节 基层组织建设

青岛解放初期，中共市南区地方党组织仅有9名党员，组成1个小组，在分区委直接领导下开展工作。1950年8月，根据中共青岛市委部署，市南区党组织公开，全区所有党员组建为区级机关和街道2个支部；同年9月，随着党员数量增加，全区成立党支部6个，小组领导形式4个；至年底，全区有基层党支部5个。1951年8月，青岛市区划调整，市南区接受浮山区2个支部，移交台西区4个支部；至年底，全区党支部发展到12个，其中机关支部4个、企业工厂支部5个、街道支部2个、农村支部1个。1952年上半年，贯彻中共中央《关于整顿党的基层组织的决议》，对全区党组织和党员进行教育整顿，并在小学系统开展整党。至1954年，全区有1个党总支、15个党支部。1956年，全区党的组织和党员数量都有较快发展，共有基层党支部56个。此后，区划调整及驻区部分单位逐年下放归区管理，党组织的数量不断增加，至1960年年底，全区有党委2个、党总支12个、党支部98个。

1961—1962年，在国民经济调整中，市委陆续将原下放区管的部分党组织收回，至1962年年底，市南区有基层党委1个、党总支9个、党支部89个。自1962年起，全区基本停止了接纳新党员工作。1963年区划调整，中共台西区委被撤销，其5个管区和部分工商业、文教卫生等单位的党组织划归中共市南区委管理。是年底，市南区党的基层组织已发展到158个，其中，党委1个、党总支13个、党支部144个。此后，从党员数量减少的现状出发，对基层党组织分布状况进行调整，组织设置不平衡的状况逐步改观，至1965年年底，全区有党总支7个，党支部83个。

1966年5月，"文化大革命"开始，全区各级党组织遭到严重破坏，党的活动被迫停止。1970年2月，建立区革命委员会党的核心领导小组后，党的各级组织逐步恢复。

中共十一届三中全会后，党建工作进入新的发展时期。至1978年年底，全区共有基层党委1个、总支部16个、支部140个。至1986年年底，全区工厂和商业核算点中基本已无党员空白点，共组建党委15个、党总支3个、党支部250个。

1990年，全区共有基层党委16个、总支部5个、党支部323个、党小组375个。1992年起，注重在"三资"企业和无上级主管部门的单位中建立党组织。1993年，在全区推行"三资"企业党的组织关系属地化管理，"三资"企业、民营企业、个私企业等非公有制企业数量逐年增多，党员队伍、基层党组织不断壮大，至1994年年底，共有区直党委、党总支、支部39个，基层党总支、党支部427个。1995年起，实施"三建一带"工程，基层党组织的战斗堡垒作用进一步增强。1999年，市南区被民政部确定为全国城市社区建设11个试验区之一，社区党建工作随之全面开展。1999—2004年，将全区14个街道办事处党委改建为街道党工委，作为区委的派出机关；将243个居（家）委会重新整合为126个社区居委会，构建"一居一支部"的社区党建工作格局。从2003年起，不断创新党组织设置模式，实施社区建党委、楼宇建支部、楼栋建党小组和基层党建品牌创建工作。2004年5月，14个街道办事处合署为9个街道办事处和1个社区公共服务委员会，将126个社区居委会合并为81个。年内推行社区建党委、楼院建支部、楼栋建党小组、在有条件的党员家中建党员家庭活动点的"四建式"组织体系，将原百人以上支部改建成30~50人左右的支部、10人左右的党小组，改变了因社区场地问题影响党员活动的状况。

2005年7月后，先后有15个市直系统单位、8所中学和其他相关单位移交市南区实行属地化管理，基层组织建设进一步加强。2006年起，结合社区"两委"换届，在街道成立党建联席会，构建覆盖社区—居委会—片区—楼院的组织网络。至2006年年底，全区有党组织863个，其中，党（工）委58个、党总支43个、党支部762个。2007年后，坚持重心下移，成立社区"大党委"，构建"街道党建联席会—社区大党委—居委会党总支—片区党支部—楼院党小组"新型基层组织体系。至2009年年底，市南区有党组织1140个，其中，党（工）委109个、党总支28个、党支部1003个。2010年，创建社区工作站，构筑"两委一站"（社区党委、社区居委会、社区工作站）的新型社区管理体制；探索党代表任期制实践途径，成立全市首个驻社区党代表工作室。2011年，完成社区"两委"换届选举工作，具备条件的非公有制企业和社会组织党组织组建率达到100%。

2012年，在全区各级党组织中开展"基层组织建设年"活动，成立街道"大党工委"，健全社区区域化党委和基层"四责"（社区党委履行组织领导责任、社区居民代表会议履行决策责任、社区居委会履行执行责任、社区居民监督委员会履行监督责任），构建"六联共建"的区域化党建工作新格局。年内，开发《市南区基层党组织数字化管理系统》，向社区、非公有制经济组织和社会组织党组织选派"第一书记"132人，制定《市南区基层党组织示范点建设标准》，新组建非公有制经济组织和社会组织党组织391个，党的工作覆盖率100%。是年底，全区共有党组织1987个，其中，党（工）委109个、党总支96个、党支部1782个。

第二章　组织工作

中共市南区地方组织建立后，根据中央“积极慎重”的建党方针，把发展党员工作与加强党的组织、思想建设结合进行，在机关、学校、工厂企业、农村全面开展建党工作，党员队伍不断发展壮大，区内形成以街道管区委员会为主体的党员管理工作机制。在积极进行党员发展和管理的基础上，贯彻“大胆大量”提拔干部的方针，根据德才兼备的原则，注重选拔优秀青年干部，以适应各级各类干部短缺之需。“文化大革命”期间，干部日常管理工作陷于停顿。“文化大革命”结束后，按照市委的部署，全区党组织开展了整党整风，主要解决思想不纯、组织不纯、作风不纯的问题，抓好领导班子的建设。

中共十一届三中全会以后，随着改革开放新形势的发展，实行干部管理体制改革，把竞争机制引入企业单位干部管理，逐步打破领导职务和干部身份的终身制。20世纪80年代至90年代中期，伴随市南区“城中村”改造进程，实行“农转非”的农村党员组织管理在调整中发展，进一步完善了党员管理机制。同期，改革干部管理体制，实行“分级管理，层层负责”的办法，适当下放干部管理权限。实施“青岛市跨世纪年轻干部选拔培养工程”，通过“双推双考”大力选拔后备干部。加强干部培训，强化党员教育，开展以“讲学习、讲政治、讲正气”为主要内容的“三讲”教育活动。

进入21世纪，对处级后备干部队伍实行全出竞进，采用公开选拔与建立后备干部队伍相结合的形式，加强优秀年轻后备干部的选拔使用。逐步完善对知识分子干部的培养、引进和使用制度，确定技术拔尖（突出）人才，推荐市技术拔尖（学术）人才。制定教育培训计划，对干部分级分类实施培训，选派干部参加境内外各种层次培训班。积极推进基层党组织管理和服务提速增效，保障全区经济发展、城市建设、社会各项事业又好又快发展。

第一节　党员管理

党员发展

1949年7月，中共市南分区委仅有9名党员，其中，地下党员4名、解放区转来的脱离生产工作党员1名、不脱产党员4名。

1950年上半年，市南分区委根据市委部署，把公开党组织同发展党员工作及加强党的组织、思想建设结合进行，根据中央“积极慎重”的建党方针，把发展党员工作的重点放在工厂企业以及搬运、手工业、商业服务行业。同年8月，党组织公开，全区有党员27名；9月，在工厂发展党员9名，在手工业发展党员10名，在商业服务业发展党员13名，在街道发展党员30名，在机关发展党员1名，共计63名。是年底，党员总数为84名。

1951年，全市区划调整，部分党员移交台西区，并接收浮山区党员9名，区划后全区党员数量减少。是年根据市委规定，对87名党员分两批进行培训并吸收70余名青年团员和积极分子入党，至年底党员增至152名。1952年，在机关、学校、工厂企业、农村全面开展建党工作，全区党员发展到225名。1953年，新发展党员21名，全区党员总数为234名。1954年，在经过社会主义“三大改造”后，区委注意解决职工党员数量少、分布不平衡的问题，党员总数达287名。1955年，重点解决公私合营商店中党的力量薄弱问题，发展新党员31名。1956年，在39个党支部发展新党员267名，全区共有党员1157名。1957年，党建工作重点放在“巩固提高党员质量，保证党的质量”上，除公私合营商业、小学等部分党员力量薄弱和空白点单位外，全区基本停止发展党员工作，后随着驻区部分单位下放归区管理，党员数量有所增加，年底共有1213名。1959年，区委提出“必须十分注意接收劳动妇女的先进分子入党”，发展妇女党员占到发展党员总数的30%左右，并重视发展25岁以下优秀青年特别是共青团员入党；重视对少数民族、有宗教信仰的、知识分子中积极分子的教育培养和发展工作，至年底，全区党员总数为1713名。此后，随着驻区部分单位逐年下放归区管理，党员数量增多，至1960年年底，全区党员达到1785名。

1961—1962年，市委陆续将原下放区管理的部分党组织收回，市南区党员数量回落至1278名。1962年起，全区基本停止接收新党员。1963年，全市区划再次调整，中共台西区委被撤销，该区5个管区和部分工业、商业、文教卫生等单位的党组织划归市南区委管理，党员数量增至2171名。1966年年初，根据市委“关于加强党的建设的几个问题”的指示精神，区委又结合“四清”运动，培养积极分子，发展了一批新党员。

1966年5月，“文化大革命”开始，党员发展工作停止。1971年起，恢复发展党员工作，至中共十一届三中全会召开，全区共发展新党员207名。至1979年年底，全区共有党员1926人。

1979—1984年，全区发展党员292名，并对区革命委员会临时党支部“突击纳新”的党员重新进行审查处理。随着1979年以后企业退休工人党员实行属地化管理，每年有大批企业退休工人党员转入街道管理，1984年年底全区党员为2909人。至1986年年底，基本解决了工厂和商业核算点中的党员空白点，全区党员3748人。1987年起，加强发展党员工作制度化建设，逐步形成一套培养、教育、考察入党积极分子的制度和发展党员程序。1985—1990年，全区发展党员590名，其中生产和工作一线党员423名、知识分子党员212名，分别占发展总数的71.7%和35.9%。至1990年年底，全区党员5005人。1992—1994年，注重在“三资”企业和无上级主管部门的单位中建立党的组织，全区推行“党的组织关系属地化管理”，全区党员增至7021名。

2000年起，在全区实行发展党员公示制度，并逐步健全发展党员推荐制度。2001—2005年，全区发展党员782名，其中35岁以下青年472名、女党员425名，分别占发展总数的60.36%和54.35%；从共青团员中发展党员97名，其中91名经过“推优”工作程序。至2005年年底，全区党员25698名，占全区总人口的5.1%。至2012年年底，全区党员总数达38517名，占全区总人口的7.02%。

党员管理工作

20世纪50年代初，区内党员主要由街道管区委员会管理。“文化大革命”初期，由于“左”倾错误和极“左”思潮的影响和干扰，党员管理工作受到很大的冲击，区内党员管理陷于混乱。1970—1976年，区内党员由区革命委员会党的核心领导小组管理。

20世纪80年代至90年代中期，区内党员管理工作在调整中发展。伴随市南区“城中村”改造进程，农村党员“农转非”后并入城市街道社区和农工商公司党组织管理，逐步建立完善了党员管理相关制度。

20世纪90年代中期以来，党员的管理以强化教育为主，开展以“讲学习、讲政治、讲正气”为主要内容的“三讲”教育活动。2003年，在全区党政机关中开展历时两个多月的作风集中整顿活动。2004年，在全区党政机关中开展“单位学海尔、个人学许振超，实施机关提速、提效工程”（简称“双学、双提”）活动。2005年起，用一年半的时间，分两批在全区党组织和党员中开展“保持共产党员先进性教育活动”。2006年起，健全党员教育管理服务长效机制，成立全区第一个非公有制经济组织远程教育站点——市南软件园党员之家站点。2009年，分两批次组织328个单位、3.3万余名党员开展深入学习实践科学发展观活动。2010年，推进流动党员管理信息化、服务常态化、组织活动规范化建设，创新设立“流动党员摊位”“流动党员首善先锋岗”等活动载体，引导流动党员在首善之区建设中发挥先锋模范作用。2012年，开发《市南区基层党组织数字化管理系统》，实现基层党组织管理和服务的提速增效。

第二节　干部管理

范围与权限

1952年，根据中共青岛市委干部管理规定，中共市南区委主要管理区委、区政府所辖各部门的干部。负责对提拔对象培养教育和考察，向市委提出提拔意见或建议，由市委任命。1956年，中共市南区委根据市委《关于加强干部管理工作的八项规定》，制定下发了《关于执行分部分级管理干部制度方案》，对干部实行分部门管理。

1984年，根据中央和省、市委关于改革干部管理体制的要求，实行“分级管理，层层负责”的办法，适当下放干部管理权限。中共市南区委原则上只管下一级领导干部，政府序列二级部门和科长以下职务的干部管理权下放给政府党组管理任免。具有干部管理权的政府部门党组执行向区委组织部或人事局备案制度。

2005—2012年，全区副处以上干部，区直机关、事业单位党组织的正副书记、委员以及区直公司和改制公司的董事长、总经理由区委管理任免。区委职能部门、区人大、区政协、群团组织、法院、检察院的科级及科以下干部由区委组织部管理任免。

选拔调配

青岛解放的当年，市南区共有干部15人，各级各类管理干部十分缺乏。中共市南分区委、区委，贯彻“大胆大量”提拔干部的方针，根据德才兼备的原则，注重从私营工商企业、街道中提拔优秀青年干部。至1953年，全区干部增加到281人。至1961年，全区国家行政干部419人。

“文化大革命”期间，区内大批干部被“审查处理”，干部选拔调配工作停滞。

中共十一届三中全会以后，区委落实党的干部政策，纠正冤假错案，为受迫害的干部平反，恢复工作。1984年，调整各级领导班子。选拔44名中青年干部担任部门、单位的领导职务。调整后的中层以上领导班子的年龄由原来平均51.1岁降到45.7岁；150名干部中，高中、中专以上文化程度由原来的43名上升到71名。1987年，实行干部管理体制改革，把竞争机制引入企业单位干部管理，逐步打破领导职务和干部身份的终身制。1993—1994年，区委在民主评议的基础上，对不协调、结构不合理的领导班子进行调整充实，调整充实干部247人。1995—1996年，区级机关和办事处机构改革中调整交流干部335人。

2003—2004年，结合领导班子换届、街道办事处合署和政府机构调整，调整干部504人。2005年，完成对区管领导班子及95名班子成员的组织考察，选好配强28个区直领导班子，并任免、交流、提拔干部393人。1996年、1998年、1999年、2001年，区委先后4次组织对处级领导干部和科级干部进行公开选拔，100名优秀干部被选拔到领导岗位。2008年，选拔5名区直单位正职领导干部和13名副处级干部并启动名校校长交流轮岗工作，对40位名校正、副校长进行轮岗交流。2010年，结合机构改革，按照“重心下移、固本强基”的工作理念，以“下编制、派干部、进驻社区工作站”的方式，先后选派132名优秀机关干部到基层一线。2012年，组织全区符合条件的年轻干部参加全市公开选拔，7名年轻干部进入考察范围，其中6名获提拔使用。

后备干部培养

青岛解放初期，中共市南区委从加强党的建设和巩固人民政权入手，选拔一批优秀青年作为后备干部进行培养。1965年，根据中央提出的选拔革命事业接班人的五项条件，选拔一定数量的培养对象，进行培养教育。1966年2月，针对全区各级领导班子缺额，领导干部年龄偏大等问题，制定《关于加强党的建设的意见》，决定自1966年起，到1970年培养提拔优秀青年干部142名。“文化大革命”开始后，培养后备干部工作被迫中断。

中共十一届三中全会后，区委抓紧第三梯队建设，至1985年年底，全区确定后备干部142名。1986年后，采取民主推荐，广泛听取意见，提出选拔对象，组织部考察，党委集体讨论审定的方法，完善后备干部选拔程序。1995年，在全区实施“青岛市跨世纪年轻干部选拔培养工程”，通过“双推双考”向市委推荐符合条件的后备干部11名。1996年，区委确定105名处级后备干部。其中，女后备干部37名，占后备干部的35%；党外后备干部14名，占后备干部的13%。

2001年，对处级后备干部队伍实行全出竞进，采用公开选拔与建立后备干部队伍相结合的形式，确定107名优秀年轻干部为处级后备干部。2004—2005年，在对领导班子和领导干部进行经常性考核的基础上，民主推荐45名后备干部。2012年，采取全出竞进、公开选拔方式，选拔区级拔尖人才47人。

知识分子干部培养使用

新中国成立之初，区内的知识分子构成，包括经历战争洗礼的革命知识分子、新中国成立前夕的毕业生和在校青年学生及从旧社会过来的学校教师、医院医护人员、工程师、农艺师等。为争取后两类知识分子为人民服务，中共市南区委对知识分子采取“团结、利用、改造”的方针，在政治上一视同仁，在工作上给予地位，在生活上提供方便和帮助。20世纪50年代的历次政治运动中，尤其在“文化大革命”中，许多知识分子遭受不公正的待遇。

中共十一届三中全会后，区委成立落实政策领导小组，下设办公室。对“文化大革命”中涉及知识分子的案件专门进行复议，受到错误处理的全部给予纠正平反。1984年，结合机构改革，安排109名中青年知识分子进入全区各级领导班子。1985年，区委成立落实知识分子政策领导小组，对1980名知识分子的情况进行考察摸底，建立了知识分子档案，并对知识分子工作和生活中的问题，逐步给予解决落实。1992年，区委调整知识分子工作领导小组，对全区科技队伍发挥作用状况进行调查，开始有计划、有步骤地选拔德才兼备、群众公认的优秀知识分子人才。2003年，采取全出竞进、公开选拔的方式，确定技术拔尖（突出）人才。2005年，区委成立人才工作领导小组，制定具体的选拔管理办法，对知识分子干部的培养、引进和使用制度逐步完善。当年全区共选拔技术拔尖（突出）人才74人，推荐市技术拔尖（学术）人才12人。2008年，选拔专业技术拔尖人才及行业技术突出人才32人。逐步调整提高区级专业技术拔尖人才和行业技术突出人才的津贴标准，并且在休假、医疗、查体、疗养、晋级等方面给予优惠，建立有突出贡献技术人才重奖制度。

2010年，对全区党政、企业管理专业技术和社会工作等人才现状进行了全面摸底调查，并分批组织专业技术拔尖人才和行业技术突出人才外出考察疗养和参观学习。2011年，修改制定《市南区专业技术拔尖人才选拔管理办法》和《市南区高级专业技术人才管理办法》。2012年，引进国家“千人计划”专家2人、高层次人才532人，采取全出竞进、公开选拔方式，选拔区级拔尖人才47人。

干部培训教育

青岛解放初期，全区干部培训教育以马克思列宁主义、毛泽东思想为基本内容，结合学习党和国家的重要法律政策，注重培养干部以马列主义、毛泽东思想为指导，研究解决政治经济建设中的实际问题。1957年起，因受各种政治运动的影响，干部培训教育主要围绕党的路线、方针及中心任务进行，突出毛泽东著作的学习运用。

“文化大革命”期间，干部教育工作受到严重干扰和破坏。

中共十一届三中全会后，区委贯彻中央“培养一支坚持社会主义道路，具有一定专业知识和管理能力的干部队伍”的干部教育方针，对干部进行培训教育。1980—1983年，轮训干部1074人，全区干部基本轮训一遍。1982年、1983年、1985年，先后选派19名中青年干部（后备干部）到山东省委党校、山东经济学院、青岛教育学院、青岛师专学习。1990年，通过党校和各基层党委、支部举办的186期各种类型政治理论培训班，轮训干部党员3143人次。1993年、1994年，分别推荐12人、25人参加上级举办的各类培训。到1995年年底，全区培训干部3806人次。1994—1995年，在培训计划外，举办英语学习班4期，组织247名干部参加市委干部教育小组的初级英语考试，合格率为70%。1996—2000年，区委举办政治理论、社会主义市场经济理论、法律法规、现代管理、科技、财政金融、外经外贸等系列知识培训64期，培训干部2842人次。1996年，全区300名干部在职读大专，73名读本科，4名读研究生。1997年，输送21名处级干部参加省、市有关集训班培训。2000年，选送14名干部参加上级组织人事部门与国内知名高校联办的研究生课程班。2001年起，区委制定教育培训计划，对干部分级分类实施培训，至2005年年底，全区举办培训班192个班次，培训干部31270人次；举办中青年干部轮训班5期，轮训干部210人。2001年，选派35名干部参加境内外各种层次培训班。2005年，组织79名处级干部参加全市公共管理核心课程培训，82人次参加全市举办的各级各类培训班，10名机关干部和企业经营管理人员赴北京参加著名经济学家论坛。2006年起，着力完善干部教育培训工作机制，提高党员干部综合素质。2008年，1090名干部分两批次参加全区干部综合素质测试，占应参加测试人数的94.5%。2011年，举办12期“强能力、提素质”系列专题培训班，参加培训人员960余名。2012年，分类开展主体班次20余期培训班，培训各类人员2600余人次。

第三节　整党整风

整党

1952年7—11月，市南区委根据中央第一次组织工作会议《关于整顿党的基层组织的决议》成立整党办公室，对全区基层组织分两批进行整顿，9个机关单位和工厂、街道党组织的201名党员以及700余名团员、积极分子和群众参加了整党。此次整党以思想整顿为主，在党内普遍进行一次党的基础知识和党的政策教育，通过边学习边对照检查，找出党员中存在的思想不纯问题以及工作中的差距；在学习和检查的基础上，对每个党员进行登记、审查和鉴定，对存在严重问题的5名党员分别给予严重批评或党纪处分。

1963年年底，市南区委按照中央、省、市委的要求，结合正在开展的社会主义教育运动和“五反”（反对贪污盗窃、反对投机倒把、反对铺张浪费、反对分散主义、反对官僚主义）运动，制定了整顿基层党组织的意见，于1964年“五反”运动第二阶段开始整党工作。各级党组织根据本单位的实际情况把整党工作同社会主义教育运动和“五反”运动紧密结合，一批在运动中被揭露出有问题的党员，通过教育帮助认识了错误；对个别蜕化变质分子和混入党内的坏分子进行组织处理；运动后期，结合组织建设，对党员进行一次严格的鉴定和重新登记工作。但由于受“左”倾错误的影响，运动中错整了一些党员和干部，出现了一些冤假错案。中共十一届三中全会后给予纠正平反。

1970年11月至1971年4月，按照省、市革委党的核心领导小组和整党办公室的部署，对“文化大革命”中瘫痪的基层党组织进行整顿，先在6个机关部门和区属单位中进行试点，然后在全区分期分批开展。通过整党，基层各单位普遍建立了党支部，为绝大多数党员恢复了组织生活；整党后期“吐故纳新”，吸收了一批新党员，为一大批“文化大革命”前入党的预备党员办理了转正手续，同时对个别不符合党员标准的取消了预备党员资格，个别有问题的党员受到了组织处理。

“文化大革命”结束后，按照省、市委的部署，在全区党组织中开展整党整风，主要解决思想不纯、组织不纯、作风不纯的问题，重点抓好领导班子建设，解决好领导班子的路线、团结、作风、干劲问题。整党整风从1978年2月开始，首先在第二制线厂和青岛拉链厂进行试点。从5月初开始，分3批在全区铺开。通过整党使绝大多数党员同“江青反革命集团”划清了界限，对极少数不合格党员进行了处置，对在揭批“江青反革命集团”及清查工作中领导不力和存在“软、懒、散”状况的基层党组织进行了整顿。

1985年5月起，遵照中共中央《关于整党的决定》和青岛市委的统一部署，在全区党组织中分两批开展了整党。这次整党的目的是彻底否定“文化大革命”、清除其影响，达到“统一思想、整顿作风、加强纪律、纯洁组织”的要求。全区参加整党的党员3430名，1986年7月结束。整党期间充实调整了42个领导班子，发展了224名新党员，建立健全了民主生活会和“三会一课”制度，解决老大难问题59个，边整边改问题130项，制定整改方案92份，清退滥发奖金补贴和滥发服装实物折款共计312500元，退还党员、群众拖欠的公款达39400元；在组织处理和党员登记中，全区准予登记的党员3423名、占总数的99.8%，缓登记的6名，给予纪律处分的1名，延长预备期的1名。

整风

1950年9—11月，市南区委根据中共中央《关于党组织建设》和《关于在全党全军开展整风运动》的指示，成立了整风领导机构，建立了以支部为单位的整风学习分会，在全区党组织中开展了反对居功自傲、反对官僚主义、反对命令主义的整风运动。通过整风，克服了工作中的官僚主义作风与命令主义倾向，达到上下团结一致、党员与非党同志团结一致，进一步密切了党群关系。

1957年8月至1958年8月，市南区委根据中共中央《关于整风运动的指示》，在全区分3批开展了以正确处理人民内部矛盾为主题，以反对官僚主义、宗派主义和主观主义为主要内容的整风运动。参加整风的有37575人，其中党员1154人。此次整风运动的开始阶段，广大党员、群众响应党的号召，向各级领导机关和领导干部提出了有益的批评和建议，各级党组织认真听取群众意见并采取了一些整改措施。整风后期，根据中央部署，把运动重点由党内转向遍及党内外的反右派斗争，把通过“大鸣大放、大争大辩、大字报”揭发的问题错误认为是“右派分子”向党进攻，错批错整了一批同志，犯了严重的扩大化错误，全区在整风中被带上各种坏分子帽子和所谓犯有各种错误的共计80人，占参加整风运动党员总数的6.93%。在反右派斗争中，被带上“右派分子”帽子的203人，其中党员17人，占参加党员总数的1.47%。1962年和中共十一届三中全会以后，分别根据中央的决定给受到错误批判和处分的党员、干部进行甄别平反，落实政策。

1959年10月至1960年3月，市南区委按照中共中央《为保卫党的总路线，反对右倾机会主义而斗争》《中央关于反对右倾思想的指示》和《中共中央八届八中全会决议》的文件精神，在市委直接领导下开展了一场“反右倾机会主义”的整风运动。全区参加整风运动的共有67个直属党委、总支、支部，1040名党员干部和2205名非党干部。整风运动中，发动广大职工群众，联系实际，大鸣大放，敞思想，摆问题，彻底揭发批判所谓“右倾思想、右倾活动”。运动中受到重点批判的党员干部28人，被定为“右倾机会主义分子”的5人，“严重右倾”的10人，严重个人主义和严重革命意志衰退的66人，阶级异己分子1人。1961年和1979年分别根据中央《关于加速进行党员干部甄别工作的通知》《关于对确定为右倾机会主义分子的平反改正问题的通知》精神，对受到错误批判处理的党员干部全部予以甄别平反。

第三章　宣传教育

青岛解放的当日，中共市南分区委进入市内办公，设立宣传部，开展建设新生人民政权的宣传教育，宣传巩固建设民主政权、恢复发展生产力以及党的中心任务和全心全意为人民服务的根本宗旨。进入社会主义改造和建设时期，宣传党的过渡时期总路线和发展国民经济的第一个五年计划、《中华人民共和国宪法（草案）》和农业、手工业、资本主义工商业社会主义改造的方针政策。1957年6月后，受“左”的思想路线干扰，相继开展反右派、“大跃进”、人民公社化等运动宣传。60年代初，全区开展国民经济调整“八字方针”的宣传，群众性学雷锋、学铁人王进喜的宣传活动高潮迭起。“文化大革命”期间，宣传思想工作受到严重的干扰和扭曲。

中共十一届三中全会后，宣传党的解放思想，实事求是的思想路线和全党中心工作的转移，开展《中共中央关于加快农业发展若干问题的决议》《关于建国以来党的若干历史问题的决议》和党的基本路线的宣传教育。其间，根据市委的要求，加强对国务院先后批准青岛为经济中心城市、沿海开放城市和计划单列城市的改革舆论宣传力度。90年代，开展邓小平视察南方重要讲话和建设有中国特色社会主义理论的学习宣传活动，开展群众性学英模、讲奉献、树新风活动。

进入21世纪，全区先后开展“三个代表”重要思想、科学发展观、党的先进性等一系列宣传教育，深入开展以“八荣八耻”为主要内容的社会主义荣辱观和社会主义核心价值观宣传教育，推进全区和谐社会建设。党的思想建设进一步强化，理论教育机制不断创新，社会宣传工作逐步向道德教育、国防教育、新闻报道等领域延伸，对外新闻宣传从无到有，迅速壮大，为加快全区经济建设和对外开放步伐营造了良好的舆论环境。

第一节　社会宣传

时政宣传

新中国成立初期，市南区委主要向人民群众宣传巩固建设民主政权、恢复发展生产力、进行土地改革、抗美援朝、镇压反革命、“三反”“五反”，以及建立人民民主统一战线的意义，让人民群众了解党在这一时期的方针、任务，树立“共产党好”“新中国好”的思想。

1953年起，社会宣传以社会主义改造和建设为主，着重宣传党的过渡时期总路线和发展国民经济的第一个五年计划，宣传《中华人民共和国宪法（草案）》和婚姻法、兵役法，宣传粮、棉统购统销政策，宣传党对农业、手工业和资本主义工商业进行社会主义改造的必要性及方针政策，宣传巩固工农联盟，宣传党对知识分子政策等；同时，宣传中苏友好同盟互助条约和苏联社会主义革命和建设的伟大成就。

1956年10月起开始宣传中共八大路线，1957年6月后受到“左”的干扰，相继开展反右派、“大跃进”、人民公社化以及“反右倾”等运动宣传。1960年后，区委根据中共青岛市委发出的“全党全民紧急动员起来，深入开展生产救灾运动”的指示，在全区开展贯彻“调整、巩固、充实、提高”的八字方针和“以农业为基础，以工业为主导发展国民经济的总方针”的宣传。1963年起，开展学雷锋、学铁人王进喜的宣传活动。“文化大革命”中，党的宣传工作受到严重的干扰和破坏。

1979年，围绕中共十一届三中全会精神，宣传全党工作重点转移的重大意义；宣传“解放思想，开动脑筋，实事求是，团结一致向前看”的思想和完整、准确地掌握毛泽东思想科学体系；围绕以社会主义经济建设为中心，宣传《中共中央关于加快农业发展若干问题的决议》和农村实行联产承包责任制。

1981年，开展中共十一届六中全会《关于建国以来党的若干历史问题的决议》的宣传教育。从1984年国务院先后批准青岛为经济中心城市、沿海开放城市和计划单列城市后，根据市委的要求，加强改革舆论宣传力度。1987年，在贯彻中共十三大精神的同时，突出进行党的基本路线（即以经济建设为中心，坚持四项基本原则，坚持改革开放）的宣传教育。

1989年，向全区人民群众进行坚持四项基本原则，反对动乱、反对资产阶级自由化的宣传教育；开展向对越自卫反击战英雄、向黄岛灭火抢险英雄学习的思想宣传教育活动。1990年起，进行党的基本路线、爱国主义、集体主义、社会主义思想宣传教育，开展学英模、讲奉献、树新风活动。1992年，开展邓小平视察南方重要讲话和建设有中国特色社会主义理论的学习宣传活动，引导广大干部群众转变观念，提高认识，建立社会主义市场经济。

2000年，根据中央、省、市委的部署，在区党政领导班子、领导干部中集中时间，分两批开展以讲学习、讲政治、讲正气为主要内容的党性党风教育，并将学习宣传“三个代表”重要思想贯穿全过程。2002年11月，党的十六大召开后，先后在全区开展“三个代表”重要思想、科学发展观、党的先进性等一系列宣传教育。2006年起，在全区深入开展以“八荣八耻”为主要内容的社会主义荣辱观和社会主义核心价值观宣传教育，推进全区和谐社会、和谐文化建设。2009年，围绕科学发展观、党的十七届四中全会精神，在全区开展“解放思想百日教育”活动。2012年，重点做好党的十八

社区党员活动日上，由社区党员宣讲中共十八大精神

大的学习宣传工作。

道德教育宣传

1985年，在全区、特别是广大青年中开展做“四有”新人的宣传教育。1999年，根据中共中央、国务院《关于深化教育改革全面推进素质教育的决定》，广泛开展旨在大力提高全民思想道德和科学文化素质的宣传教育活动。2001年9月，开展贯彻落实中共中央《公民道德建设实施纲要》的宣传教育活动。2004年，围绕中共中央国务院《关于进一步加强和改进未成年人思想道德建设的若干意见》，开展未成年人思想道德建设宣传教育。2003年，在全区学校中开展爱国主义教育。2005年，开展公民道德宣传月“优秀影片”四进（进社区、进学校、进军营、进工地）巡演活动，在10个街道办事处放映28场爱国主义教育影片；组织区青年志愿宣讲团走进社区，宣讲与居民道德素养和生活相关的内容，现场观众上千人，利用各街道的宣传栏、黑板报宣传公民道德教育；在学校开展爱国主义教育系列活动。2006年下半年起，在全社会广泛开展“八荣八耻”教育活动，引导广大干部群众特别是青少年树立社会主义荣辱观。2009年，围绕新中国成立60周年，开展爱国主义宣传教育；同年7月，区委宣传部在第十六届全国青少年爱国主义读书教育活动中荣获组织特等奖。2010年，以“践行四心工程、争建文明城市”为主题，宣传普及“公民基本道德行为40则”和青岛市市民文明公约、青岛市市民“八要八不要”行为规范、市南区居民素质基本指标30条，推动群众性道德教育实践活动；在全省开展的公民道德教育优秀案例评选中，市南区“义工志愿服务”“道德点评会”均被评为省优秀案例并编入山东公民道德教育优秀案例；组织中小学生参加全国第十七届青少年爱国主义读书教育活动，区委宣传部获全国组织特等奖。2011年，市南区被评为山东省未成年人思想道德建设先进区。2012年，探索“四德”（职业道德、社会公德、家庭美德、个人品德）建设工作。

志愿者在五四广场清理路边垃圾

国防教育宣传

2003年，在全区学校中开展国防教育。2005年，成立区国防教育委员会，并在区委宣传部设立国防教育办公室；国防教育工作与全区的宣传思想工作和精神文明建设一并纳入文明单位评比和岗位目标责任制考核。之后，每年利用国庆节、建军节、国防教育宣传日、兵役登记、征兵等重大活动，开展宣传咨询、国防知识宣讲、国防知识竞赛，举办联欢会、沙龙座谈会，参观军营、海军博物馆，举办国防教育图片巡展，举行报告会等多种形式的活动。同时设定“国防教育”主题活动月，由各街道社区组织居民开展形式多样的双拥和国防教育活动；抓住迎奥运、建军80周年、纪念改革开放30周年、庆祝新中国成立60周年等重大活动契机，利用社区活动中心、市民文明学校等国防教育阵地“借台唱戏”，广泛开展国防教育和爱国主义教育，增强居民“国无防不立、民无防不安”的国防观念。区属学校在共建单位的帮助下，成立少年军校，聘请解放军辅导员，定期向学生进行国防知识教育，并利用新生开学军训、冬令营、夏令营等形式组织社区青少年住进部队营房、体验军队生活、接受部队光荣传统教育；聘请干休所的老八路、战斗英雄成立革命传统报告团，与青少年和部队官兵进行交流，激发服务祖国的热情和斗志；将国防教育贯穿于课堂教学中，挖掘教材的国防教育资源，对学生进行国防教育；以“国防教育宣传日”为契机，利用社区宣传栏，采取图文并茂的形式，开展《国防教育法》等国防知识的宣传教育。

2008年度，市南区荣获山东省关心国防建设十佳单位称号。2012年，在全区开展国防与宣传用语征集活动，市南区的国防与宣传用语采用量居全市前列，获青岛市优秀组织奖。

新闻宣传

20世纪80—90年代，围绕以经济建设为中心和改革、开放、发展、稳定大局进行了大量的宣传报道，其间，摄制《浮山之光》《大潮之滨》等多部大型专题片和区情片宣传介绍市南。1998年，把社区建设和社区服务作为新闻宣传的主题，发表有关稿件3248篇。年内市南区城管体制改革和道路保洁全面向下岗职工公开招标等工作被中央、省、市新闻媒体和境外媒体进行专题报道。1999年，新闻宣传重点是创文明城区、“海之情”旅游节、迎新中国成立50周年等，在市级以上新闻媒体刊发报道突破3500篇。

2000年，围绕创新工作，在中央、省级新闻媒体发表各类稿件4000余条，制作电视专题片13部。2001年，加大社区建设报道力度，围绕基层民主政治活动，在中央、省、市新闻媒体发表稿件4000余条，其中头版、头条新闻420余篇；制作12部电视专题片，其中有3部在中央电视台《东方时空》和《焦点访谈》栏目播出。2002年，突出“三个代表”重要思想的宣传并继续抓好“创建学习型城区”的宣传，中央、省、市新闻媒体共计刊发4000余篇稿件。2003年，围绕“非典”时期的三项重点工作（预防“非典”、三项整治、三项活动），全年发表新闻稿件4300余篇。2004年，围绕市南四大经济特色区、五大服务品牌、中央商务区、软件产业基地、未成年人思想道德建设、社区体制改革等全区重点工作，在省级以上媒体发稿200余篇，出版《招商周刊》市南专辑1万份。2005年，新闻发稿2000余篇，其中省级以上媒体200余篇。年内创办《青岛软件》刊中刊，编印《媒体看市南》《精彩瞬间》和《市南画册》。

2006年，制定下发《市南区新闻工作管理办法》，年内新闻媒体发稿2800篇，其中省级以上媒体发稿265篇。2007年，围绕西部拆迁、商务周、第二届“激情帆船赛，时尚闽江行”休闲周等宣传重点发稿790余篇；自行设计制作会刊、招贴、海报、广告、调查问卷等宣传材料6000多份。年内编辑出版2006年《媒体看市南》，组织举办3期“新闻回顾展”。2008年，在省级以上媒体发稿275篇，在《青岛日报》发稿255篇。

2010—2011年，在中央、省、市级媒体共发稿5406篇，策划召开6场新闻通报会。2012年，在媒体发稿1490篇，其中，《青岛日报》300篇（头版26篇、整版11篇）、生活类报纸发稿730篇、青岛人民广播电台《1377早新闻》节目发稿256篇、青岛电视台新闻发稿204篇。

第二节　思想理论教育

理论教育

1949年10月起，中共市南分区委动员全区干部、群众学习《中国人民政治协商会议共同纲领》等，进行热爱中国共产党、拥护新生人民政权的教育。从1950年起，对干部、群众分别进行不同内容的马列主义基本理论教育，并在干部和知识分子中开展学习唯物主义理论、批判唯心主义思想的讲演活动。进入全面建设社会主义时期，市南区委围绕社会主义建设这一重大课题，组织全区各级干部结合学习《政治经济学》等社会主义经济建设理论，集中学习《关于正确处理人民内部矛盾的问题》和《论十大关系》。1960—1966年，把学习毛泽东著作摆在首位，组织党员干部学习毛泽东关于社会主义经济建设、阶级和阶级斗争的理论。

“文化大革命”期间，主要学习《毛主席语录》和毛主席著作，以及《共产党宣言》《反杜林论》《法兰西内战》《哥达纲领批判》《国家与革命》《唯物主义和经验批判主义》等马列主义著作的部分内容。

中共十一届三中全会后，学习内容既包括马列主义基本理论，也包括新时期党政干部必须具备的科学文化、管理专业和发展社会主义商品经济知识，学习中采取集中轮训和在职学习相结合、坚持每周两个半天学习的制度。1979年，全区开展真理标准大讨论，统一思想。1981—1984年，组织学习中共十一届六中全会《关于建国以来党的若干历史问题的决议》，组织学习贯彻中共十二大精神，开展解放思想、更新观念的大讨论，集中学习《邓小平文选》、中共十一届三中全会以来重要文献选编、《陈云文稿选编》等。1986年，组织全区干部学习邓小平《建设有中国特色的社会主义》《有理想、有道德、有文化、有纪律》两本书。1987年，组织干部、群众学习中共十三大文件及《社会主义初级阶段理论》和《党的基本路线学习文献选编》，开展生产力标准的大讨论。1989年下半年起，主要学习邓小平、江泽民关于坚持四项基本原则、反对资产阶级自由化的有关讲话和中共十三届四中、五中全会文件及《马克思主义哲学纲要》《党的建设理论纲要》和《社会主义理论纲要》等，并在全区干部、群众中广泛开展基本国情、基本路线的教育。1984—1989年，按照中共中央关于《国营企业职工思想政治工作纲要》的要求，对35岁以下的青年职工实行正规办学脱产轮训，系统学习了《中国工人阶级》《中国近代史》《科学社会主义常识》《马列主义基本知识》《法律常识》和《社会主义道德》等理论知识。1999年，全区党员干部近万人参加市委举办的“祖国在我心中”和“百盛杯”党员学理论两项知识竞赛。庆祝新中国成立50周年期间，党员、干部围绕学习十五大精神和邓小平理论研讨会撰写论文213篇。

2001年，开展建党80周年辅导宣讲活动，举办理论研讨会，收到论文220多篇。2004年，制定两级理论中心组学习实施意见，中心组成员定期深入基层参加联系点的理论学习，举办“树立和落实科学发展观”读书会。是年，市南区委理论学习中心组被评为全省先进单位。2005年，举办保持共产党员先进性、贯彻党的十六届五中全会精神两期区委中心组（扩大）读书班。2006年，组织学习《公务员法》《国家突发公共事件总体应急预案》等法律法规和党的十六届六中全会精神，举办市南区领导干部“每月一讲”暨“构建社会主义和谐社会的背景和任务”讲座，开展以“落实科学发展观，构建社会主义和谐社会”为主题的调研活动，撰写调查报告350多篇，其中区委中心组成员深入基层调研时间人均100多天，区委中心组被评为全省先进县级中心组。

2007年，举办“领导干部决策力与执行力”等6个专题讲座。同年8—9月，举办区委理论学习中心组（扩大）读书会。2008年，邀请中央政策研究室等部门领导、专家围绕金融危机与应对策略、创新思维与领导决策、实施“环湾保护、拥湾发展”战略等为区委中心组及全区领导干部授课，组织区委中心组参加“百名法学家百场报告会”。年内区委中心组再次被评为全省先进县级党委（党组）理论学习中心组。2009年，在全区开展学习科学发展观活动，举办多个专题讲座、报告会，召开区委理论学习中心组学习实践活动交流会，在全区开展“解放思想百日教育”活动，评选出80篇优秀处级干部调研报告。2010年，举办各类理论宣讲活动830余场，征集案例84篇，撰写活动信息45篇。2011年，开展理论宣讲105场，直接听众24000余人。

2012年，邀请专家学者围绕“发展的中国需要幸福观的转型”为区委中心组授课，全年组织集体学习13次。同年组织区直各党组织开展“打造全市百家理论宣教基地”自查自纠活动、学习型党组织案例征集活动、“基层一线手记”征文活动等。区委理论学习中心组第三次被推荐为全省县级优秀党委中心组。年内组建成立区党的十八大精神宣讲团，开展党的十八大学习宣讲活动，宣讲56场，直接听众5300余人。

党员教育

中国共产党入城主政青岛之初，一些党员居功自傲，不求进步、贪图享乐等思想有所滋长，有的党员组织纪律松弛，闹地位、闹待遇，极少数党员经不起资产阶级糖衣炮弹的攻击，堕落现象时有发生。市南分区委从1949年冬开始组织党员学习毛泽东在中共七届二中全会上的讲话、“三大纪律，八项注意”等有关文件，全区党的组织通过报告会、座谈会、组织生活会等形式，向党员干部进行党的产生和发展史、党领导全国人民进行反帝、反封建、反官僚资本主义斗争史、党的优良传统及党员标准8项条件的教育。1951年10月至1952年，在企业党员和积极分子中重点进行共产主义理想、共产主义劳动态度、共产党是工人阶级政党的教育。1953—1954年，对全区17级以上党员领导干部进行了思想鉴定。

1956年10月起，集中对党员、干部进行坚持集体领导、健全党内民主生活、坚持群众路线、进一步增强党的团结的教育。1957年2月，组织党员着重学习中共八大党章和刘少奇《论共产党员的修养》、邓小平《关于修改党的章程的报告》。1960—1963年，对党员进行党的基本知识、发扬党的优良传统的教育。

中共八届十中全会后，党员教育转为以阶级和阶级斗争教育为重点。“文化大革命”初期，党员教育被迫停止。

中共十一届三中全会后，实现工作重点转移，党员教育步入正轨。1980—1983年，对全区党员进行坚持党的政治路线、思想路线和党规党纪的教育，总结历史经验教训，纠正党内不正之风。1985—1986年，结合整党，集中对全区党员、干部进行增强党性教育轮训。1986—1990年，以基层党校为阵地，分期分批地对党员进行马列主义、毛泽东思想和党的基本路线、基本知识教育轮训，党员教育工作逐步正规化、系统化、制度化。2004年，举办全区基层党员教育阵地建设培训班，2个社区党校和2个基层党员活动室被确定为市级社区党校示范点和基层党员活动室示范点，在5个社区试点建立党员家庭活动点，市南区被评为全省党员教育先进工作区。2006年，开展优秀党课和党员教育先进单位、先进个人评比活动，对全区基层党校、党员活动室建设情况进行考核检查，开展“党员奉献日”和创建“党员品牌”活动，在全区党政机关、企事业单位、街道社区、新型经济组织中打造一批有自主特色的“党建品牌”。2007年，开展“百名干部党员入千户”和送温暖、献爱心以及便民服务等活动，在广大党员中开展人文奥运宣传、岗位奉献等活动，推出湛山街道党工委“无忧虑社区”、珠海路街道党工委“人文居家”、江苏路社区党工委“和睦楼院”、香港中路街道党工委“红色家园”和区检察院“阳光检察”等一批基层党建品牌。2008年，开展以整治环境、美化家园，送温暖、献爱心，便民服务，岗位奉献等为重点的“党员奉献日”集中活动。2009年，开展“解放思想百日教育”，在全区举办各类演讲300余场次，直接听众近2万人。同年分两批次组织全区328个单位的3.3万余名党员开展深入学习实践科学发展观活动，举办“每月一讲”9次、听众近4000人次。2010年，深入推进党员电化教育和现代远程教育，全区10个街道办事处、65个社区全部建立现代化远程教育站点，创建软件及动漫游戏产业园“e家”党群活动中心。定期举办“每周一课”，通过视频点播的形式，打造深受党员干部喜爱的立体教育网络。2011年，在各社区“三个中心”中配套建设“党员之家”，实行党员教育经费向社区倾斜，并建立长效经费保障机制，深入挖掘全区基层党组织和党员的先进事迹，与青岛电视台“党建”频道对接，引领党员教育。2012年，完成省委宣传部督查组对市南区开展学习型党组织建设情况的检查验收工作。

市南区第三批青年志愿宣讲团在社区宣讲

第三节　对外新闻宣传

1995年7月，区新闻中心成立，设在区委宣传部。2007年7月，更名为中共市南区委对外宣传办公室，加挂市南区人民政府新闻办公室的牌子。是年，区委外宣办围绕西部拆迁工程、第四届青岛国际商务周暨第三届中国总部经济高层论坛、第二届“激情帆船赛，时尚闽江行”休闲周活动、网络舆论监督、食品安全“四个一”宣传活动、区长公开电话接听日等中心工作和重要活动，完成新闻媒体发稿2400余篇，其中省级以上265篇。2008年，围绕“优化城区新环境”“奥帆赛、残奥帆赛综合保障”“打造环湾保护拥湾发展桥头堡”“东部旧城区改造”和“积极应对金融危机”等开展对外宣传，并对区内楼宇经济、总部经济、软件园、创意园区、中山路特色街区建设等大项目和居民文明素质提升、均衡教育发展、百家餐饮名店、城乡互动游等重点工作进行宣传统筹和组织策划，全年完成平面新闻媒体发稿2005篇，其中省级以上媒体275篇；电视新闻发稿503篇，其中中央媒体7篇。

2010年，在香港《大公报》整版刊登《首善之区 青岛市南》一文，扩大市南区在海外的社会影响力。年内在各级媒体发稿3349篇，其中平面媒体1908篇；开通青岛新闻网市南频道，在新浪网开通“我爱青岛市南”的博客。2011年，着力加强高端媒体的宣传力度，选择《香港商报》《中国日报》和新华网等中央级媒体，以整版文字或图片形式大力宣传市南区经济社会发展的相关内容。年内加大网络舆情监控和研判，做好24小时网络舆情监控，及时启动新闻突发事件应急预案，第一时间向新闻媒体通报关于事件的准确信息以及政府的应对措施。2012年，在中央、省、市级各类媒体发稿1076篇，报送《网络舆情专报》77期，处理市网络办转办舆情29起。年内结合香港招商周，在《香港商报》《大公报》等境外媒体以整版形式宣传市南区经济发展的相关内容。

第四章 统战工作

1949年6月起，中共市南分区委、区委以接管市南、巩固人民民主政权、恢复发展国民经济为工作重点，按照上级部署，开展统一战线工作，团结各方面的力量，调动一切积极因素参加镇压反革命、抗美援朝、“三反”“五反”运动和对农业、手工业与资本主义工商业的社会主义改造，为建立巩固新生的人民政权发挥了重要作用。1952年6月，中共市南区委增设统一战线工作部，简称统战部。1956年2月，中共中央提出党同民主党派“长期共存，互相监督”的方针，区委加强了同民主党派的政治协商和民主监督，对统一战线成员进行爱国主义和社会主义教育。由于1957年反右派斗争被严重地扩大化，党的统一战线工作受到了严重危害。1960—1962年，区委认真贯彻中共中央关于“知识分子大有进步，民主党派大有进步，工商界也大有进步”和不在党外搞“反右倾”斗争的指示，对统战对象进行思想改造和自我教育，贯彻落实党的政策，发扬民主，调整关系。“文化大革命”中，各界统战人士受到不同程度的批判、斗争和冲击，许多侨眷、台属受到歧视。

中共十一届三中全会后，区委认真落实党的各项统一战线政策，1979年起复查平反冤假错案，处理历史遗留问题，恢复和建立区政协、民主党派、区工商业联合会、区归国华侨联合会、台属代表大会，发展涉台和海外统战工作，尊重和保障少数民族的民主权利和风俗习惯，恢复和建立各爱国宗教组织，修复重要寺庙教堂，支持信教群众开展正常宗教活动。同时，坚持完善党外人士座谈会、协商会、通报会和区委常委联系党外代表人士等制度，引导和支持民主党派参政议政，为市南区的发展建言献策。1995年区级机关机构改革，对区委统战机构进行了重新设置，区委统战部作为区委工作部门，由区委主管，区台办与区委统战部合署办公，挂区委台湾工作办公室、区政府台湾事务办公室牌子，加挂区政府民族宗教事务局牌子。2008年8月，区委统战部加挂市南区人民政府侨务办公室牌子。

第一节 党派统战工作

新中国成立初期，中共市南分区委、区委根据党的统战政策，注重安排好青岛解放的有功人士和社会名流，安排部分党外人士担任副区长、区人民政府委员会委员、区政协副主席、区政协常委、山东省和青岛市的人大代表和政协委员等，并保证他们有职、有权、有责，为他们创造良好的工作环境。1956年，中国国民党革命委员会在市南区建立组织，是区内首个建立组织的民主党派，成为中共市南区委领导的爱国统一战线的重要组成部分。其间，中共市南区委坚持同民主党派合作共事的原则，民主党派成员在运动和工作实践中得到了锻炼，在社会主义改造中发挥了一定的作用。1957年下半年起，由于反右派斗争被严重扩大化，区党外人士担任领导职务的比例下降，“文化大革命”中，党的统一战线遭到严重破坏。“文化大革命”期间，民主党派活动被迫停止。

中共十一届三中全会后，区委开展统一战线再教育，加大对党外代表人士的培养、选拔和使用，一大批自觉接受中国共产党领导、坚定不移地走社会主义道路、具有较强代表性和参政议政能力的党外人士担任各级领导职务。

1988年起，中共市南区委帮助区内的民主党派恢复活动，协助中国国民党市南区革命委员会改选了领导机构。20世纪90年代，中国民主建国会、中国民主促进会、中国九三学社先后在市南区建立组织。2003年，中国民主同盟在市南区建立组织。2010年，成立市南区民主党派联合办公室。2012年，中国致公党也在市南区建立组织。

长期以来，市南区认真贯彻同民主党派“长期共存、互相监督、肝胆相照、荣辱与共”的方针和各项政策，坚持和完善中国共产党领导的多党合作和政治协商制度，重视发挥民主党派的参政和监督作用，在智力开发和科技发展中，注重发挥他们的优势，开展科技、经济咨询服务，举办各种讲座，培训专业人才，以智力支援各项经济建设；在引进资金、技术、人才，以及进行国际经济、技术、文化和学术交流等方面，注意全面发挥他们的才能，为国家的建设和发展贡献力量。

2012年，制定《市南区党外代表人士队伍联席会议制度》，建立118人的党外代表人士后备人才库，推荐安排98名民主党派成员担任各级人大代表、政协委员。至2012年12月，全区共有民主党派成员1317人，其中，民革152人、民盟405人、民建315人、民进152人、致公党135人、九三学社178人。

第二节　工商界统战工作

市南区是工商界人士聚集之区，新中国成立前，是青岛市商会的所在地。新中国成立初期，中共市南区委注重与工商界搞好经济合作，巩固政治上的合作。1952年，组建了青岛市工商联市南区办事处（简称区“工商联”），并成立区属行业公会21个、会员1652户。经过“五反”运动，市南区工商业者自觉接受国营经济的领导和工人群众的监督，巩固同工人阶级的联盟。同时根据业务的需要，分别成立各种专业委员会或推行组，如：区民评委员会、爱国卫生分会、增产节约推行组、物资交流推行组等。1953年后，市南区对私营工商业继续实行利用、限制、改造的政策，团结、教育私营工商业者认清形势，自觉接受社会主义改造。进入社会主义改造时期，认真做好工商界人士的安排。1956年1月，全区44个行业855户私营工商业全部批准了公私合营。“文化大革命”时期，区工商联被迫停止了一切活动。

中共十一届三中全会后，中共市南区委贯彻中央决定，对原工商业者的冤假错案进行平反纠正，落实政策。1985年10月，区工商联恢复工作后，随即开展经济技术咨询服务和办学工作，当年成立民联夜校市南分校，开设技术管理、财务等课程，举办工商专业培训及专题讲座。

随着改革开放的深入发展，市南区委加强了对新时期经济领域统战工作的领导，努力发挥工商联在外商投资企业中的作用，做好海外经济界人士的工作，团结教育个体经营者的代表人物和新的私营工商业者，并在街道成立工商联管区分会。1998年4月，市南区民营企业联合会成立，区工商联会员的结构从原工商业者逐渐转为多种经济成分人士组成的、以统战性为主兼有民间商会性质的组织。1999年，成立市南区工商联法律、财务、信息技术三个咨询服务部。

2000年10月，区工商联组建工会委员会。2005年度，获“山东省县级工商联先进单位”称号。2008年12月，成立市南区知识分子联合会，下设知识分子联谊会、律师行业知识分子联谊会、软件行业知识分子联谊会3个分会。2006—2011年，在组织、引导会员认真参政议政、为党和政府经济决策建言献策的工作中，区工商界的政协委员共提出提案95件，其中22件获区委、区政府优秀提案奖。其间建立“企信通”短信平台，向会员企业发送各类信息7500余条次。

2012年，市南区工商联完成了新一届领导班子和10个街道商会换届工作。年内与民生银行合作成立全市首家小微企业城市商业合作社，联合山东岛城律师事务所设立民营企业法律风险防范维权岗，组织会员企业参加“民营企业招聘周”和“民企进高校招聘活动”，组建全市首家小微企业互助联盟——汇利大厦楼宇商会。是年，深入开展调查研究，撰写《关于推进楼宇企业发展的调研报告》和《市南区非公有制企业党建工作调研报告》，组织会员企业开展庆“三八”书画义拍、“慈善一日捐”等助学济困活动。至年底，市南区工商联有会员企业643个、团体会员6个、会员总数812名。区工商联被评为山东省县级工商联先进单位。

第五章 纪检·监察

1951年3月，中共市南区委纪律检查委员会设立，隶属中共市南分区委员会。1956年2月，改称中共市南区委监察委员会，隶属中共市南区委员会。50年代末，区内开始人事监察工作。“文化大革命”开始后，中共市南区委监察委员会工作被迫停止，人事监察部门不复存在。1979年5月，恢复中共市南区委纪律检查委员会。1984年1月，改称中共青岛市市南区纪律检查委员会。1985年10月，升格为副区级单位。区纪委恢复后，加强与公、检、法、税务、财政等执法监督部门的协调配合，并利用信访举报，拓宽案件线索渠道，认真查办违纪案件，开展打击经济领域中严重违法犯罪活动的斗争。先后制定了党内监督、廉洁自律民主生活会制度。开展多形式、多主题的党纪条规专题教育活动，对全区党员普遍进行党规党纪教育和思想政治教育，开展反腐蚀教育、公仆意识教育以及党员干部组织纪律性教育，结合基层整党进行以理想、宗旨、纪律、传统等为主要内容的党性教育。1988年3月，市南区监察局成立，列政府工作部门序列，接受区政府和市监察局双重领导，开展信访、举报等行政监察工作，着重惩治“官倒”案件，检查落实“两公开一监督”制度，进行政风政纪和廉政状况调查。

1993年4月，区纪委与区监察局合署办公。加大廉政教育与监督力度，开展职业道德和廉洁勤政教育，举办企业领导干部廉洁自律培训班，制定企业领导干部廉洁自律实施办法和《关于贯彻执行领导干部收入申报、重大事项、礼品登记三项规定的实施意见》，举办企业领导干部党风廉政条规集训班，开展机关干部思想作风教育整顿工作，通过录像、电视片、参观及重大案例开展警示教育。制定领导干部廉政述职、“两公开、一监督”、对领导干部实行廉政询问、民主评议、离任经济责任审计、建立廉政监督档案等监督制约制度，聘请区廉政询问员，建立党风廉政义务监督员队伍，构建党风廉政监督网络。加强党风廉政责任制建设，按照领导干部“一岗双责”的要求，对党风廉政建设责任制进行分解。建立贯彻执行民主集中制检查制度、领导干部民主评议制度、领导干部廉政询问制度和领导干部“礼品登记、收入申报、生活重大事项申报”制度，实行任期经济责任审计，建立领导干部廉政档案。

进入21世纪，党风廉政建设工作被列入年度公共目标考核，实行廉洁自律承诺制度，进行述职述廉和民主评议，规范出国经费、车辆购置及运行费和公务接待经费，开展配偶子女从业、机关建购住房等专项清理整治，对重大工程建设、重点民生工程效益进行重点监督。完善“纠、评、建”三位一体的纠风工作机制，推动行风、政风建设。创新监督机制，完成网上服务大厅和执法监督系统建设，建立“制单、跟单、评单”监督工作流程。进行商业贿赂专项治理，探索从源头上建立健全治理商业贿赂专项工作的长效机制。建立政府采购监管联席会议制度，实施国库集中支付改革和政府收支分类改革，在全省率先启动公务卡制度改革，实现领导班子决策、执行、监督以及领导干部廉洁自律的动态监督，行政执法业务系统，行政处罚案件上网运行，建立起“三位一体”廉政预警防控管理新模式。

第一节　廉政教育与监督

党风党纪教育

1979年，区纪委恢复和重新建立后，先后开展“学党章、正党风”“党规党纪教育”“反腐败、反演变”“反腐倡廉”“学条规、守纪律、作表率”“政策法规年”“严守纪律、廉洁从政、改进作风、当好公仆”等党纪条规专题教育活动。1980年，以学习贯彻落实党章修改草案和《关于党内政治生活若干准则》为主要内容，对全区2238名党员普遍进行党规党纪教育和思想政治教育，举办党员培训班8期、培训党员919人，占全区在职党员总数的95%。1982—1985年，对全区党员进行以反对资产阶级思想侵蚀为主要内容的反腐蚀教育、“共产主义远大理想”“为人民服务”的公仆意识教育以及党员干部组织纪律性教育，增强党员的党性观念和遵纪守法意识。1986—1987年，结合基层整党进行以理想、宗旨、纪律、传统等为主要内容的党性教育，举办各种专题教育课1193次，组织党员观看党性党风党纪教育电视录像18场次。1988年，组织全区3582名党员观看党纪教育和廉政教育警示片，组织2000余人参观市打击经济犯罪斗争展览。1989年，在全区开展“廉政建设月”活动，进行正反两方面的典型教育，开展廉政为民的大讨论和“提高廉政意识、争做廉政模范”的廉政教育活动。1990年，开展“学党章、正党风”教育活动，组织14场“关于加强党的纪律”的党课，受教育党员达4000余人；组织观看党风党纪录像片和话剧60余场次；27个区直党委（总支、支部）建立党风管理档案，规范党风建设考核、评价工作。1991—1993年，结合社会主义思想教育和机关“思想、纪律、作风”三整顿，开展职业道德教育和为人民服务的宗旨教育，开展反腐败防演变教育，解决现实思想问题、“热点”问题、纠正各种不良倾向。开展职业道德和廉洁勤政教育，组织1800多名党员干部参观反贪污受贿斗争展览，宣扬正面典型40个，剖析典型案例60个。1993年4月，区纪委与区监察局合署办公后，廉政教育与党风党纪教育合一。1994—1995年，举办党风党纪培训班，组织参观展览图片及收看录像，举办企业领导干部廉洁自律培训班，制定企业领导干部廉洁自律实施办法。1996年，组织近9000名党政机关干部、企事业单位干部和群众参加中纪委、监察部举办的“党纪政纪条规知识竞赛”；制定《关于贯彻执行领导干部收入申报、重大事项、礼品登记三项规定的实施意见》；举办120名企业主要负责人参加的企业领导干部党风廉政条规集训班。1997年，全区举办政策法规学习班10多期，上党课60多次。1998年，组织527名县处级以上领导干部参加全省党风廉政法律法规知识考试；开展机关干部思想作风教育整顿工作。1999年，组织观看《纪律处分条例电视系列剧》等录像片170多场次，受教育党员15000人次。

2000年，利用成克杰、胡长清等重大案例开展警示教育；举办企业领导人廉政培训班。2001年，组织观看电视连续剧《一代廉吏于成龙》；全区560名副处级以上干部参加了全省“学党章、学讲话、学条例知识答卷”活动。2002年，组织观看《公仆本色》《大地有江河》等录像、电视片；在全区开展“学党纪政

组织机关干部、社区党员参观反腐倡廉基地

体系2008—2012年工作规划》知识竞答活动。2009年，开展“加强党性修养、弘扬优良作风”教育活动，全区处级以上领导班子和领导干部征求意见800余条，自查、整改问题千余个；组织全区正处级以上领导干部参观市反腐倡廉教育基地和警示教育基地。2010年，开展“增强制度意识、争做执行表率”教育活动；全区党员干部3152人参加《廉政准则》知识测试；组织全区党员干部580人、市管领导干部配偶22人参观市党员干部警示教育基地（北墅）。2011年，开展“以人为本、执政为民”教育活动；编印《警示教育案例选编》；在全区副科级以上干部中开展警示教育。

纪条例，树廉政勤政新风”大讨论；对全区区直党政主要负责人83人、全区1995年以来新任的正、副处级党员领导干部118人分别进行廉政培训；全区444名处级以上领导干部参加全省党纪政纪条规知识考试。2003年，组织全区395名党员领导干部廉洁从政知识测试，50名专职纪检监察干部参加党的纪律检查和行政监察工作基础专业知识考试。2004年，在全区党员领导干部中开展“为民、务实、清廉”主题教育活动。2005年，全区1363名党员干部参加“两个纲要”知识答题活动；组织观看《信天游》等廉政教育影片。2006年，把“勤政廉政、科学发展”主题教育纳入机关干部教育培训中，组织全区党政主要领导干部120人到青岛警示教育基地（青岛监狱）接受现场教育。2007年，全区开展为期2个月的集中警示教育；编发《领导干部应知应会党政纪条规摘编》；全区副处级以上领导干部359人参加应知应会党政纪条规知识竞答活动；创办廉政教育内刊《省身》。2008年，制定《市南区建立健全惩治和预防腐败体系2008—2012责任分解》；举办市南区领导干部“每月一讲”暨“以十七大精神为指导，扎实推进惩防体系建设”专题讲座；全区1500余名党员干部参加中央纪委举办的学习贯彻《建立健全惩治和预防腐败

2012年，组织全区党员领导干部800余人观看反腐倡廉剧《断桥惊梦》；举办领导干部任前廉政知识考试，122名拟提拔的处级以上领导干部通过考试；800余名党员干部作出廉政勤政承诺；对300名提拔交流的干部进行任前廉政谈话；编发《案例精选》13期，进行典型案例警示教育；建立网上“廉政课堂”，开展反腐倡廉网络评论工作。

党风廉政建设责任制

1986年建立党风廉政责任制，以廉政报告会、廉政述职、廉政谈话等多种形式，促进党风廉政责任制的落实。1987年，把整顿纪律和建立机关岗位责任制相结合，制定专职纪检员工作实绩登记制度，定期进行端正党风工作的检查。1988—1989年，开展“争创廉洁机关，争做清廉干部”活动，建立区级机关廉洁勤政检查监督制度，并先后3次对区直单位廉洁勤政情况进行督查。1990—1994年，加强机关自身建设，坚持从严治党、从严治政，进一步落实党风廉政建设责任制，区委、区政府与区直各部门、单位主要领导签订《严禁用公款吃喝责任书》。1995—1998年，开展党风廉政条例

学习教育活动，严格“领导干部收入申报”“生活重大事项申报”和“礼品登记”三项规定的落实工作。1995—1998年，贯彻执行区委对领导干部实行廉政询问的规定，实行干部待岗、国家工作人员诫勉和廉政询问，检查清理违反规定公款安装住宅电话，严格控制移动电话，按照领导干部“一岗双责”（“一岗”：一个领导干部的职务所对应的岗位；“双责”：一个领导干部既要对所在岗位应当承担的具体业务工作负责，又要对所在岗位应当承担的党风廉政建设责任制负责）的要求，对党风廉政建设责任制进行分解，确定责任内容，明确责任考核、责任追究办法。

2000年，制定党风廉政报告会制度、党政主要负责人廉政述职制度和区纪委、组织部领导与区直单位、机关各部门党政主要负责人廉政谈话制度，各单位、部门的党政主要领导结合年度考核进行廉政述职并接受评议。2001了年，确定40项党风廉政建设和反腐败重点任务；党风廉政建设工作被列入年度公共目标考核。2002年，继续完善党风廉政建设责任制目标考核制度，制定下发党风廉政建设公共考核目标。2003—2005年，加强纪检监察信访举报工作，严格通信工具配备使用管理，实行党风廉政谈话，加强党风廉政教育，实行责任范围内发生严重问题有关责任人责任追究。2006年，12名区领导根据《信访专报》对分管的部门领导进行廉政谈话18人次。2007年，区委、区政府领导按照职责分工，对全区140余名调整、提升职务的干部进行廉政谈话。2008年，成立区委落实党风廉政建设责任制领导小组，建立健全惩防体系领导小组等8个有关党风廉政建设的领导和协调机构；全区56个区直单位党政主要领导进行述职述廉和民主评议。2009—2010年，对全区41项反腐败重点任务进行责任分解，开展专项治理12项；对65个区直单位200余名区直领导班子成员进行述廉评议。2011年，加强对执行中央关于“5个严禁、17个不准和5个一律”等换届纪律情况的监督检查。2012年，落实区委、区政府主要领导履行党风廉政建设第一责任人职责，区委常委会、区长办公会研究反腐倡廉工作22项次，区委书记、区长批示部署反腐倡廉工作14件，督办反腐倡廉重要案件3起。

监督机制

区纪委恢复重建后，先后制定了党内监督、廉洁自律民主生活会、领导干部廉政述职、“两公开、一监督”、对领导干部实行廉政询问、民主评议、离任经济责任审计、建立廉政监督档案等监督制约制度，向政协及民主党派通报工作情况，组织区廉政询问员参加党风廉政工作的监督检查和考核等。1984年，组织专门核查班子，对全区在“文化大革命”期间的夺权问题、文攻武卫的组织情况及涉及的有关人员进行核查摸底。1987年，采取民主评议党风、民主生活会、领导干部述职和群众对话的形式及信访渠道实行监督。1990年，对区直党委、支部贯彻十三届六中全会《决定》和区委《实施细则》情况进行监督检查，并建立党风廉政档案。1992—1994年，对全区处级以上干部遵守党内纪律情况进行重点监督。1995年，建立下级党组织向上级党组织定期汇报工作制度和上级党组织对下级党组织贯彻执行民主集中制的检查制度及对领导干部的民主评议制度。1996年，对领导干部实行廉政询问，实行副处级以上领导干部“礼品登记、收入申报、生活重大事项申报”三项申报制度。1997年，实行干部住房登记制度，2969名干部职工按规定进行个人住房登记；345名处级以上领导干部按“三项申报制度”要求填报个人申报；全区80%以上的企业落实企业业务招待费向职代会报告制度。1999年，对30个区直单位、部门的主要领导进行任期经济责任审计，为区直领导班子和360多名副处级以上干部建立廉政档案。1999—2000年，科级及以上干部普遍建立廉政监督档案。

2001年，加强对党政“一把手”的监督，清理领导干部收受现金、有价证券和支付凭证等问题。2004年，实行行政事业单位公务用车定点维修管理。2005年，对处级以上领导干部配偶、子女从业情况进行摸底登记；对区属行政事业单位的主要领导进行经济责任审计。2006年，开展领导干部廉洁自律承诺活动，89名区直单位党政“一把手”作出廉洁自律承诺。年内对32名市管领导干部和368名区管领导干部配偶子女从业情况进行登记，对27名区直主要领导进行经济责任审计。2007年，在全区科以上干部和社区居委会干部中实行廉洁自律承诺制度，对全区56个区直单位66名党政主要领导进行述职述廉和民主评议，对30名区直主要领导进行经济责任审计。2008年，对全区140余名调整、提升职务的干部进行廉政谈话，规范党政干部因公出国（境）管理工作，清理国有企业领导人员执行“七个不准”的情况，对49名区直主要领导进行经济责任审计。2009年，开发廉政预警评估管理系统，对区直领导班子和领导干部进行重点监督。规范出国经费、车辆购置及运行费和公务接待经费，开展配偶子女从业、机关建购住房等专项清理整治，完成经济责任审计项目16个。2010年，对领导干部任期中的重大工程建设、重点民生工程效益和大额资金运用情况进行重点监督，强化节日期间公车管理，完成经济责任审计项目20个。2011年，对领导干部廉洁自律进行专项治理，成立公务用车问题专项治理工作领导小组，对公务用车进行严格登记。2012年，创新监督机制，对全区84项行政审批事项统一核定，实行网上行政处罚及执法监督管理，完成网上服务大厅和执法监督系统建设，将全区行政执法部门3775件行政处罚案件纳入网上运行。年内创新开展“跟单式”监督，建立“制单、跟单、评单”监督工作流程，监督领导干部特别是主要领导权力运行的实效。

社会监督

区纪委恢复后，聘请部分人大代表、政协委员、民主党派人士和离退休老干部为区廉政询问员，在全区各单位建立党风廉政义务监督员队伍，初步形成监督网络。1988年3月，区监察局公布2部投诉电话，设立12个举报箱；制定并实施“两公开、一监督”制度。1989年，区纪委公布3部公开监督电话，设立20个举报箱。同年成立区行政监察举报站，设有举报箱、举报电话。1990年，区纪委、区监察局联合发出《致全区共产党员和广大干部群众的公开信》，号召全区人民行动起来，参与廉政监督，积极举报违法违纪者。1991年，从市、区人大代表、政协委员、民主人士、离退休老干部中聘请区特邀监察员17名，在全区聘请160名党风廉政义务监督员，充实调整区直各级党委廉政工作领导小组。1992年，组织部分特邀监察员，对人事、劳动、财政、工商、环保、物价、司法、教育、城建、规划等部门和单位检查督促。1993年4月，与区纪委合署办公后，调整充实党风廉政监督员队伍，从市、区人大代表、政协委员、民主党派人士和离退休老干部中再聘请区廉政询问员26名。1996年，重新公布举报电话，设立举报箱；要求各单位党组织民主生活会情况如实向干部群众通报，接受监督评议。1997年，建立廉政询问制度，举办首期廉政询问员培训班。1998—1999年，组织6次廉政询问和1次特邀监察员参加的执法监察活动。

2001年，开通公务员效能投诉电话，受理对机关工作人员工作态度和效能问题的投诉。2003年，组织廉政询问员和特邀监察员对社区服务中心、区行政服务大厅的办公、服务情况进行询问和检查。2004年，成立区行政效能投诉中心，实行办理投诉件“回访制”，统一印制办事须知、明白纸、区行政效能投诉电话等材料向群众公开。2006年，在10个社区、6个企业设立16个行政效能监测点；公布治理商业贿赂工作的办公地点、电话、网络举报信箱。2007年，建立“区长公开电话接听日”制度；在10个街道办事处（社区委）设立行政效能监测信箱。2008年，建立每年向党外人士通报党风廉政建设情况制度；运用“行风在线—青岛纠风网”试运行，网上接受群众投诉和监督。2009年，推进政务公开和厂务公开，研发使用“社区数字信息化便民综合服务系统”，接受社会监督。

2011年，在区机关和街道办事处设立“监督台”，对工作人员进行满意度测评。2012年，建立效能监测点687个；创建14个区级廉政文化示范点；制定《市南区网上行政处罚及执法监督管理办法（试行）》，全区行政执法部门3775件行政处罚案件纳入网上运行，处罚结果对外公开。

第二节　源头防治腐败

2006年，市南区积极探索从源头上建立健全治理商业贿赂专项工作的长效机制，对全区18个政府财力投资基本建设项目提前介入监督。2007年，建立政府采购监管联席会议制度，对办公电子设备、家具等采取协议供货方式采购。年内实施国库集中支付改革和政府收支分类改革，全区69家行政事业单位纳入国库集中支付范围。同时对全区行政许可项目实施动态监控，推进网上行政许可；对龙口路20号拆迁安居工程、西部旧城区改造建设工作等重点事项提前介入监督。2008年，在全省率先启动公务卡制度改革；全区28个收费单位59项收费全部纳入“收支两条线”管理，形成预算外资金管理新机制；坚持公务员和事业人员公开招录和政府雇员制度，对事业单位新进工作人员实施派遣管理；采用竞争上岗等形式公开选拔领导干部，建立干部能上能下的用人机制；启用行政审批服务大厅电子监察实时监控系统，安装包含视频录像、音频录音等监控设备，加强对区行政审批服务大厅的监督监察。2009年，开发廉政预警评估管理系统，实现对领导班子决策、执行、监督以及领导干部廉洁自律的动态监督；将行政许可事项向社会公开，方便公众办事和监督；完善“收支两条线”管理模式，启用非税收入征管系统，实现票据缴验同步；开展“小金库”治理工作，检查账户238个。2010年，制定《市南区运行科技手段预防腐败工作实施意见》；建成包括行政审批、效能投诉、政务公开、安全生产、扩大内需项目监督等在内的综合电子监察平台；建立“网上虚拟审批大厅”，把477项办事项目集中在网上审批大厅；开展“小金库”专项治理，组织41户社会团体和公募基金会、2户国有企业进行自查；开展岗位廉政风险防控试点工作，四个单位共408名干部职工参加岗位廉政风险排查，查出风险点994个，制定自我防范措施1331条；指导区检察院开发“检察权运行控制与监督评价系统”。2011年，运用行政监察手段对区政府投资的重点项目和民生项目实施监督检查；全区1421个基层党组织全面实行党务公开；完善行政权力运行电子监察系统功能，实现对4100余件行政审批事项办理情况的实时监控，对近300件举报投诉件进行网络化办理，对部门发布的7800余条主动公开信息进行电子监察；建成行政执法业务系统，行政处罚案件上网试运行；建立“三位一体”廉政预警防控管理新模式；推进工程建设领域项目信息公开和诚信体系建设。2012年，制定《市南区网上行政处罚及执法监督管理办法（试行）》，完成网上服务大厅和执法监督系统建设，全区行政执法部门3775件行政处罚案件纳入网上运行，处罚结果对外公开。

第三节　执纪办案

立案审理

1979年，区纪委恢复和重建后，加强与

公、检、法、税务、财政等执法监督部门的协调配合，并利用信访举报，拓宽案件线索渠道，认真查办违纪案件，是年检查处理3起。1982年，全区开展打击经济领域中严重违法犯罪活动的斗争，揭露贪污受贿、投机诈骗、把大量国家和集体财产窃为己有的案件3起、经济案件2起。1983年，排查经济犯罪线索43件，退赔和追缴赃款赃物15132.80元。1984年，立案查处经济案件23起，涉及25人，其中党员9人。1985年，检查、审理党员违纪案件7起；查处经济案件6起，涉及10人，追回赃款9000余元。1986年，立案查处党员违纪案件3起，涉及党员4人；审理党员申诉案件4起，全部结案。1987年，立案查处党员违纪案件1起。1988年，检查违纪案件5起；受理申诉案件1起。1989年，查处各类举报案件19起。1990年，查处违纪案件16起。1991年，查处违纪案件16起，涉及科级干部12人、一般干部8人。1992年，排查违纪案件线索14起，立案4起，结案4起，处分党员4人。1993年，查处案件线索12起、14人次。1994年，查处案件12起，立案10起，结案9起，给予开除党籍处分2人。1995年，查处党纪政纪案件6起，结案4起，给予党纪政纪处分4人。1996年，查处违纪案件线索16起、16人，其中处级干部9人、一般干部7人。1997年，突破2起大案，移交司法机关；全年立查案件14起，立案8起，结案8起，处分党员干部6人。1998年，初核案件18起，立案12起，结案10起，涉及党员干部10人次。1999年，初核案件9起，立案6起，结案6起，处分党员干部6人次。2000年，初核案件线索13起，立案并结案10起，涉及处级以上干部4人，科级干部6人；另有2起案件经初核后，移送检察机关依法追究刑事责任。2001年，查处案件12起，涉及党员干部12人，处分9人。2002年，初核案件线索13起，立案12起，查结12起，受党纪处分8人、政纪处分4人。2003年，初核案件线索11起，立案9起。2004年，初核案件线索9起，立案查处8起。2005年，初核案件线索11起，立案查处9起。2006年，初核案件线索13起，立案查处9起，处分党员干部9人。2007年，初核案件线索10起，立案9起，处分党员干部9人。2008年，立案查处违纪违法案件9起，其中大案要案2起；处分党员干部8人。2009年，立案查处违纪违法案件9起，处分党员干部10人。2010年，立案查处违纪违法案件9起，处分党员干部9人。2011年，立案查处违纪违法案件9起，处分党员干部8人。2012年，受理初核各类违法违纪线索10件，立查案件9起，审结9起。

甄别复查

20世纪60年代初，市南区重点开展冤假错案的纠正、平反和落实党的政策工作，对错划右派和错定的反党反社会主义分子问题进行复议、改正和善后安置。1961年10月起，中共市南区委先后对1959年“反右倾”、1957年反右派斗争扩大化、1958年在职工中进行社会主义教育运动、1960年冬至1961年春的城市整风运动中受批判处理的案件进行甄别。1976年10月，粉碎“江青反革命集团”后，区委组织清查与“江青反革命集团”阴谋活动有牵连的人和事，并自1977年开始平反冤假错案，落实党的政策。

1980年，全面落实对冤假错案的改正工作，全区在“文化大革命”中受审查、处理的共238人，复议237人，其中全错全纠的25人、部分纠正的125人、维持原结论的87人；对历史问题的申诉案件，本着“实事求是、有错必纠”的原则进行复议纠正，共受理历史申诉案件20起、20人，全部进行复议，其中恢复党籍2人、恢复公职5人、改变原结论6人、维持原结论7人；对在整风和反右倾运动中受批判处理的18人也全部进行复议、纠正，其中恢复党籍2人、撤销党内严重警告处分1人、撤销留党察看处分1人、撤销延长党员预备期1人、撤销行政处分4人、撤销团籍处分2人、改变原结论5人、退还检查材料2人。

1988年，调整充实了纪委审理小组，复议平反1起涉及党员的历史案件，予以恢复党籍。1993年区纪委、监察局合署办公后，设立了案件审理室，加强了案件审理工作。1994年审理恢复党员正式权利案件3起、复议历史申诉案件1起。1997年受理党员申诉案1起。2002年，对受处分党员干部进行转化工作和跟踪教育，回访6名受党纪政纪处分的干部；为2名受留党察看处分的党员干部恢复党员权利。2004年起，逐步加大案件的甄别力度，对上一年度处分决定的执行情况进行检查，确保处分决定执行到位；当年，对上一年度审结的8起案件的执行情况进行检查。

第四节　举报查处

信访举报

1988年区监察局成立后，把信访举报作为行政监察工作的基础性重要工作，至2012年，共受理信访举报3470件（次），属监察范围的2730件，查结2720件。2004年成立区行政效能投诉中心，受理对机关工作人员工作态度和效能问题的投诉，至2012年，共受理行政效能投诉1123件（次）。

表12－2　**信访举报工作情况统计表**

（1988—2012年）

时间（年）	受理信访举报（件)次	属监察范围（件）	查结（件）	提供案件线索（起）	其　他
1988	47	27	27	—	—
1989	92	40	35	6	立案6起，结案2起
1990	38	16	16	—	—
1991	38	16	16	—	其中，重点信访件6件
1992	66	49	49	—	—
1993	108	108	108	10	从4月开始，数据合并计算
1994	126	76	111	—	—
1995	146（101件）	89	89	6	其中，处结上级要结果的6件
1996	147	141	118	—	收缴60人违规出国（境）有关费用10.574万元
1997	211（131件）	126	126	—	—
1998	423（288件）	288	286	—	—
1999	473（334件）	334	331	—	—
2000	301（233件）	233	230	—	—

续表12－2

时间（年）	受理信访举报（件）次	属监察范围（件）	查结（件）	提供案件线索（起）	其他
2001	230(205件)	205	202	—	挽回经济损失43.3万元
2002	133(122件)	122	122	9	转立案4起
2004	104	104	104	—	另:受理行政效能投诉75件(次),查实处理15件
2005	76(69件)	69	69	—	另:受理行政效能投诉95件(次)
2006	89	89	89	—	另:受理行政效能投诉97件
2007	101	101	101	—	另:受理行政效能投诉112件
2008	129	129	124	1	另:受理行政效能投诉185件,查实处理10件
2009	121(88件)	121	120	—	另:受理行政效能投诉193件,查实处理8件
2010	95(71件)	71	71	2	另:受理行政效能投诉127件,查实处理15人次
2011	86	86	86	—	另:受理和处理行政效能投诉128件
2012	90	90	90	—	另:受理和处理行政效能投诉111件

案件查处

1990年，建立案件线索排查制度；重点查处违纪案件5起，行政处分2人。1991年，排查违纪案件线索12起，初核7起，立案2起，均按期结案，及时移送司法机关审理。1992年，排查违纪案件14起，重点查处8起，立案查处案件4起，行政处分4人。1993年4月，与区纪委合署办公后，案件查处工作与执纪办案合并进行。从1993年起合并计算案件查处数量。1994—1997年，查处案件50起，立案18起，结案21起，其中突破2起大案，移交司法机关。1998年起，案件查处工作增设初核案件与初核案件线索。是年起至2011年，查处案件57起，初核案件与案件线索87起，立案58起，结案47起，其中大案要案2起。2012年，受理初核各类违法违纪线索10件，立案9起，审结9起。

执法监察

1988年3月，着重惩治“官倒”案件，对青岛钢卷尺厂、青岛童装二厂、青岛市南裘皮厂的间接涉外经济合同进行认真清查并协助有关单位建章立制。1989—1990年，对江苏路街道办事处及领导干部的政风政纪和廉政状况进行全面调查；参与全区“土地管理”“清理违章建房”“清理三乱”“财务、税收、物价”“依法行政”等法规执行情况的检查工作；参加《中华人民共和国统计法》贯彻执行情况、物价、财税大检查和清理整顿公司、治理经济环境、整顿经济秩序、惩治“官倒”等执法监察。

1991—1992年，整治城管监察罚没款项和园林绿化专项资金的管理、使用情况，收缴湛山农工商公司违反《中华人民共和国土地法》

非法转让土地所得，对统一着装的39个部门和单位进行清理和整顿，对环卫处乱收费问题进行查纠，对贯彻国务院关于粮油副食品价格调整工作情况进行监督监察，对机关、团体摊派占用企业人、财、物问题进行专项治理。1993年，区纪委、区监察局合署后，贯彻落实中办发〔1993〕5号、省办发〔1993〕18号《关于党政机关工作人员在公务活动中禁止接受和赠送礼金、有价证券的通知》，对全区副处级以上领导干部进行登记检查；对“青啤”“海尔”股票发行进行督查。1994年，对区党政机关违反规定配备的小汽车进行清理，对不符合规定的小汽车进行更换。1995年，对1993年以来的公费出国（境）旅游问题进行检查清理，对全区行政性、事业性收费及罚没款管理使用情况进行检查清理，清理收费项目214项，涉及金额23860.5万元，查出违反收费罚没款规定99项，金额1279.6万元。取消违规违纪收费项目4项，查处收缴违纪资金23万元；协助有关部门对“小金库”和企业单位干部职工借欠挪用公款情况进行检查清理，清理小金库29个，金额133万元。1996年，全区298名处级以上干部申报个人收入情况，63人申报个人生活重大事项。1997年，配合有关部门开展预算外资金的检查清理工作，监督122个行政事业单位自查，并对75个单位重点检查，涉及金额1.4亿元，收缴财政专户储存840余万元。1999年，解决党政机关与所办企业脱钩问题，对97家党政机关所办的企业分类处理，清理整顿机关部门违反规定乱办班问题，对4个单位通报批评。

2000年，对社会保障资金管理使用情况进行检查纠正，涉及资金近500万元；对浮山所、逍遥村等旧村改造工程进行执法检查；对全区19个公安派出所的收费情况进行专项检查。2001年，对旧城改造在建的5个工程项目及全区开工建设、造价50万元以上的所有工程项目进行整顿和规范；对18个企业的22个项目进行监察；对70个单位实施统计执法监察，对存在问题的15个单位，分别进行通报批评、行政警告和行政罚款。2002—2005年，对《中华人民共和国招标投标法》执行情况进行监督检查，制止和纠正规避招标、弄虚作假等行为，对社会保障资金、失业救济金、低保费用发放等涉及群众切身利益和由政府投入资金使用情况进行专项监察，对社区服务设施国债建设项目进行全程跟踪监督；对51项政府采购项目、12项招投标及16项人事招聘等工作进行全程监督。2006年，对重点事项提前介入监督，对相关6个部门提出建议24条，督促建章立制10余条，及时纠正3个部门的违规做法；对11处社区34项国债建设项目进行审计监督；对国有总投资18798万元工程建设项目的招投标情况进行11项检查；指导全区85个部门单位开展政府采购自查自纠；对事业单位工作人员的招聘、机关事业单位派遣人员、教体局教师招考、干部竞争上岗、评先评优、军转干部双向选择等14项（次）工作进行全程监督。2007年，对西部旧城区改造、闽江路特色街建设项目进行重点监督；对2007年度环保专项行动挂牌督办环境问题实行领导包案制度；对《中华人民共和国安全生产法》和安全生产责任制的落实、执行情况进行监督检查，先后组织13项专项整治活动，查处隐患138起，重点隐患26起；参与监督政府采购60余批，采购资金5809.43万元，节约率11.97%。2008年，督查参与清理浒苔各相关部门的前期费用逾800万元；加强对抗震救灾募捐活动的监督及救灾资金物资监管；对2006—2007年实际执行政府采购金额10562.8万元进行监督检查；对22个部门的25个备用金账户进行重点检查，涉及金额354.9514万元。2009年，跟踪督查国际动漫游戏产业园公共技术平台一期工程和安徽路历史文化街区保护设施建设2个使用中央扩大内需资金的项目；督查全区重点投资的教育、社区建设、医疗卫生、基础设施建设、社会公共服务及困难群体救助等5个大项22个小项的重点项目和民生项目；严查在领导批办件中发现的某房管所工作人员接受拆迁户吃请，多增测绘面积、增加补偿款等问题，并移送检察机关办理。

2010年，对3个使用中央扩大内需资金的项目开展经常性检查。其中，“安徽路历史文化街区保护设施项目”接受中纪委检查组的抽查；对2008年以来所有政府投资项目进行排查摸底，累计排查项目151个，涉及资金近10亿元，并先后组织8个业务部门开展联合检查4次，检查项目95个。2011年，督查为民办实事项目、“三个中心”建设、楼院综合整治等政府投资工程；对政府采购、政府专项资金使用和工程招投标等制度落实情况进行经常性督查；参与对公务员招考、事业单位人员招聘、竞争上岗等人事考试事项的监督。2012年，督查政府投资重点项目和民生项目，查纠3个中央投资项目、93个政府投资重点项目的苗头性问题；对保障性住房建设、居民楼院整治工程等8个项目的立项审批、招标投标、资金使用管理等环节进行检查；对全区84项行政审批事项进行统一核定。

第五节　作风建设

1981年，全区组织党员、干部学习中央纪委《关于严肃党纪杜绝“关系户”不正之风的通告》和《认真纠正干部中行贿受贿徇私舞弊歪风的通报》。1985年5月起，开始全面整党，进行抵制资产阶级思想影响和清除精神污染（资产阶级自由化思想）的教育活动。1985年，对一些单位多发和滥发奖金、实物，用公款请客送礼，大吃大喝，挥霍浪费，党政机关和机关工作人员经商办企业，出售不健康小报，有奖销售及超范围经营等问题进行清理和纠正；针对利用工作之便“吃、喝、拿、卡、要”等不正之风，开展职业道德教育；对全区购买小汽车、公款旅游、请客送礼、党政机关干部经商办企业以及获取工资外不正当收入等问题进行摸底、清理；下发关于坚决刹住滥发实物不正之风的通报。1986—1987年，针对工业系统存在的“一切向钱看”思想、商业系统中的职业道德问题和经营中的不正之风、离退休党员中存在的“船到码头车到站”思想等，进行理想、宗旨、纪律教育。1989年，检查并公布了区直单位和部门会议费、招待费开支情况。

1990年，清理纠正用公款过年、用公款吃喝、用公款送子女上学、利用职权为子女报销学费等问题，收缴所侵占公款34475元。1991年，监督机关招干考试、考核及确定录用全过程；严肃查处4起行业不正之风的人和事，遏制群众反映强烈的吃请受礼、索拿卡要等问题。1992年，会同区工商局对8个工商所和1个督察队进行行风专项治理整顿，整顿张店路工商所私存私分公款、贱买白拿、以费顶菜、以业谋私问题。1993年4月，区纪委与区监察局合署办公后，纠正行业不正之风与党员干部作风建设合并进行。同年检查公款吃喝、外出参观考察、行业不正之风、自由主义4个方面的问题。1994年，对全区各单位、各部门所办经济实体进行清理检查，全区共27个部门和单位所办各种实体189个，对其中的58个按照不同情况分别作了撤销、脱钩、移交、划转的处理。1996年，以教育、卫生、工商、城建、规划、房管、检察院、法院等执纪执法部门（单位）为重点开展纠风工作；对全区企业招待费使用情况向职代会报告制度的落实情况进行监督检查；全区13个国有企业、133个集体企业建立报告制度，分别占国有企业的100%，集体企业的67%。1997年，清理预算外资金和“小金库”6692万元；对社会公房“一空三转”情况进行摸底调查；检查11个重点部门、单位的纠风工作，开展职业道德建设和服务承诺活动。1998年，根据中央“八条规定”，检查清理通信工具、严格控制会议压缩会议经费、遏制各类会议赠送和接受礼品现象、制定公务活动接待标准、建立招待费在财务上单独列项的制度、制止公款吃喝玩乐。1999年，整治党政机关内部用公款相互宴请问题；对公款配置的93部移动电话和325部寻呼机全部作价转给个人，收回资金99002元；收缴移动电话16部、寻呼机21部，实行移动电话通话费限额报销和寻呼机月租费补贴制度。

2000年，先后4次检查区内50多个医药购销单位和医疗机构，收缴5个单位的超收医药费21000余元，取缔和处理12家违法经营药品业户和医疗单位，收缴和销毁假药劣药；区属医疗单位全部实行药品集中采购制度；对用公款为领导干部住宅配备电脑和支付上网费问题进行清理。2001年，完善“纠、评、建”三位一体的纠风工作机制，推动行风、政风建设；纠正医药购销中的不正之风，整顿药品价格秩序和药品生产流通秩序，推行药品集中招标采购和医药分开核算、分别管理制度，落实医院销售药品收入实行“收支两条线”管理的规定。2002年，下发《关于对党政机关事业单位用公款为干部职工购买商业保险情况进行调查的通知》，在全区党政机关事业单位中开展调查清理，对用公款为干部职工购买商业保险的4个单位追缴投保金额60余万元；下发《关于对党政机关工作人员借用公款问题进行集中清理的通知》，并按照规定全部完成清理工作。2003年，对党政机关、事业单位和国有及国有控股企业的公务小汽车进行登记摸底；出台《关于改革移动电话通话费的管理办法》，对移动电话通话费实行话费补贴和限额发放制度；开展“行风示范窗口”评选活动；成立抗击“非典”执纪执法组，开展对防治“非典”社会捐款和物资管理及使用情况的监督检查。2005年，实行治理学校乱收费责任制，禁止和纠正学校擅自设立收费项目、提高收费标准、扩大收费范围；对群众在上学、看病、食品药品安全、生态环境保护等方面反映的突出问题开展专项治理。

2006年，加强对各种庆典的审核、管理和监督，制止借庆典之名收取礼金、礼品以及向企事业单位摊派费用等行为；开展治理商业贿赂专项工作。2007年，成立市南区清理评比达标表彰活动工作联席会议及办公室，督促区政府及36个政府部门、17个具有行政管理职能的事业单位进行自查自纠，共撤销表彰项目43个。2008年，对全区党政机关、事业单位个人“小灵通”捆绑单位办公电话及用公款支付个人话费的问题进行集中清理纠正；在全区国有企事业单位组织开展“小金库”专项治理整顿工作，查处侵占、截留国家和单位收入及私存私放的各项资金；在全区国有企业集中开展贯彻落实中央纪委“七个不准”专项检查工作；成立制止党政干部公款出国（境）旅游专项工作领导小组，严格控制因公出国（境）经费预算规模；落实“收支两条线”规定，社区卫生服务机构的全部收入全额上缴财政专户，共检查单位275家，下达整改意见书40余份；开展治理商业贿赂活动，全年区属医院共采购药品10批次，总金额1026万元，其中招标采购932万元，招标比例为90.8%。2009年，清理规范区委、人大、政协和法院、检察院等系统评比达标表彰活动；对辖区内的医疗卫生机构开展“百日安全检查”活动，对存在问题的61家单位责令改正，取缔无证非法行医5家；建立区行政效能投诉及“行风在线”事项办理工作人员网络，推进效能监察和纠风工作。2010年，开展“政务环境大家谈”活动；成立“市南区纪委监察局从严管理干部治理庸懒工作领导小组”，开展治庸治懒活动；对“小金库”开展专项治理；对经济和社会管理、行政执法、公用服务三类共58个部门和行业、68个基层重点单位的政风行风情况进行满意度测评。

2011年，开展作风建设民意调查活动，设立监督台，接受社会各界对全区工作的监督；对公款出国（境）旅游、“小金库”、公务用车等开展专项检查治理，清理违规车辆5辆，因公出国经费同比下降47%；推行教育收费“一卡通”，杜绝乱收费问题；以“行风在线”“民生在线”和“青岛纠风网”为平台，处理群众反映急难事项1200余件次。2012年，以治理“庸、懒、散、慢、拖、瞒”为重点，查处不作为、乱作为问题，对工作不力的3个单位和存在问题的24个单位、37名工作人员通报批评；治理环境保护、食品安全、教育乱收费，规范诊疗行为，纠正医药购销和医疗服务中的不正之风；开展民主评议政风行风工作，办理群众反映问题1270余个。

第六节　制度建设

1986年建立党风廉政责任制，区纪委制定“廉政报告会”“廉政述职”“廉政谈话”等50多项党风廉政制度。1988年，区纪委制定《审理工作细则》和“关于对违纪案件实行五种表格填报程序的规定”；区监察局制定《监察局主要任务和责任范围》《行政监察信访工作制度》《案件审理工作制度》《行政执法监督监察的暂行规定》及监察机关“两公开、一监督”措施，建立案件汇报研究制度和举报工作制度。同年区纪委制定《市南区党政领导关于进一步加强自身建设的补充规定》《关于进一步加强党内监督的具体规定》《关于党政机关保持廉洁的规定》。1989年区纪委制定《关于加强党内纪律监督的具体规定》《区级机关廉洁勤政检查监督制度》，区监察局协助区委、区政府制定《关于党政机关保持廉洁的有关规定》。1990年，区纪委制定《关于审理案件备案的规定》。1993年4月，区纪委与区监察局合署办公后，协助区委、区政府制定《关于加强党风廉政建设的意见》《在区级机关集中开展从严治党、从严治政教育活动的意见》等。1994年，制定《关于贯彻执行“领导干部收入申报”“个人生活重大事项申报”“礼品登记”三项规定的实施意见》等。1995—1998年，协助区委、区政府制定《关于加强党风廉政建设责任制的规定》《关于企业领导干部廉洁自律实施办法》《关于严禁公款吃喝玩乐的实施意见》《关于对领导干部实行廉政询问的暂行规定》，并制定《关于案件审理和办理程序问题的若干规定》等文件，规范案件审理工作。同期还制定《关于贯彻执行三项规定的实施意见》《贯彻区委〈关于对领导干部实行廉政询问的暂行规定〉的实施办法》《关于建立干部住房制度的实施意见》《关于贯彻执行市委、市政府〈关于建立干部待岗、国家工作人员诫勉和廉政询问三项规定〉的意见》《关于检查清理违反规定公款安装住宅电话和严格控制移动电话的通知》《关于认真落实中央13号文件厉行节约制止奢侈浪费的意见》《关于执行市委、市政府〈关于实行党风廉政建设责任制的暂行规定〉的实施细则》；参与制定《市南区预算外资金管理暂行规定》《市南区行政事业性收费票据管理暂行办法》等。1999年，制定《关于落实党风廉政建设责任制的实施办法》《关于推行“政务公开”“厂务公开”的实施意见》《关于建立巡视制度的规定》等。

2000—2003年，补充完善《区机关车辆管理办法》，修订《节假日非公务用车暂行办法》，制定《关于对区直党政“一把手”监督的意见》《市南区清理行政审批行为方案》《市南区行政审批管理规定》《市南区政府采购招标暂行规定》《关于对行政审批中违纪行为处理的暂行规定》等。2004—2005年，制定《政府雇员试行办法》《机关事业单位派遣人员管理暂行办法》《市南区关于严格执行规范区级机关工作人员补贴标准纪律的规定》，建立《市南区行政效能投诉中心受理投诉工作流程》等4项制度，规范行政效能投诉工作。2006年，制定《市南区治理商业贿赂专项工作实施方案》《市南区关于组织开展不正当交易行为自查自纠的实施方案》《关于进一步加强重点事项提前介入监督工作的意见》和《关于做好2006年政府财力投资基本建设项目提前介入监督工作的通知》等。2007年制定《市南区政府采购管理暂行办法》《市南区行政执法责任追究办法》《政府投资项目管理暂行办法》《深化完善廉洁自律承诺制度》《党员违纪案件审理程序规则》。2008年，制定《市南区行政事业单位公务卡制度实施方案》《市南区行政事业单位公务卡管理暂行办法》《市南区非税收入专项资金管理制度（试行）》《市南区强制采购节能产品暂行规定》，并补充完善《党员违纪案件审理程序规则》。2009年，制定《关于进一步健全查办案件工作组织协调机制的实施意见》《市南区机关行政效能监察评估工作实施办法》，编制《工程建设项目政府采购及招投标资料汇编》。

2010年，制定《市南区运用科技手段预防腐败工作实施意见》，建成综合电子监察平台；规范党政干部因公出国（境）管理工作，完善出国（境）计划报批制度。2011年，出台《党务公开指导目录》《党务信息例行公开办法》《检举、控告人参与信访调查办法（试行）》等。2012年，制定《关于区纪委机关建立纪检监察信息工作调研制度的意见》《市南区政府投资项目中介机构库管理使用暂行办法》，并建立中介机构库和黑名单制度。

第六章　其他工作

中共市南区地方组织建立后，根据经济建设发展的需要和党在不同时期的中心任务，开展党校教学、调查研究和信访等各项党务工作，保障经济发展、城市建设、社会各项事业的顺利开展。“文化大革命”期间，各项党务工作因受到严重干扰和破坏曾一度停止。改革开放后，市南区党务工作不断创新，党务工作制度化、规范化、信息化进程加快，党校教育与信访工作日益拓展和深化，政策调研、督查、老干部、党史征集与研究等相关机构先后建立，并根据各自职责开展了卓有成效的工作。

第一节　党校教育

1951年12月，中共市南区委设立党员训练班，负责对党员的培训教育。1957年5月，党员训练班被撤销，职能并入区委宣传部。1959年3月，设立中共市南区委党校。“文化大革命”期间停办。1976年7月，区委党校恢复。1995年3月机构改革，党校设立办公室、教研室、教务处3个科室。1996年11月，区委党校升格为副区级单位。2007年5月，增设科研工作室，原办公室、教研室、教务处分别更名为党政办公室、干部培训室、学历教育室。

干部培训

即主体班次培训。主要以提高全区党员干部的政治理论素质和业务能力素质为中心，根据全区中心工作和形势发展需要及时调整培训内容和培训形式，培训内容上采取政治理论培训与业务知识和党员干部基本能力素质培养相结合，重视干部的实际应用能力培养，培训方式采取区委安排与区委、区政府及有关部门协作举办专向培训相结合。至2012年年底，共培训干部18000余人次，其中，1991年前培训约1000人次、1991—2000年培训1500人次、2001—2005年培训4233人次、2006—2012年培训12100万人次。另外，承接市直机关干部轮训2000余人次。

业余学历教育

主要指参加全市党校系统业余学历教育工

作。1988—1992年，开办2期区委党校党政和经济管理专业函授中专业余学历教育。1993—1995年开办2期省委党校经济管理专业大专专业证书班函授业余学历教育。1994—1995年开办1期经济管理专业电视中专业余学历教育。1993—2012年开办15期省部分高校和省委党校行政管理、经济管理、涉外经济管理、法律、政法等专业函授大专班业余学历教育。2000—2012年开办14期中央和省委党校经济管理和法律专业大学本科函授业余学历教育。2004—2005年开办2期同济大学工商管理专业在职研究生学历学位班。2009年起，党校的业余函授教育停止面向社会招生。通过业余学历教育共培养2530名干部达到中专以上学历层次，其中，培养中专毕业生264人、大专专业证书毕业生199人、大专毕业生1411人、大学本科毕业生656人。

第二节　政策调研

1994年起，根据区委加强调研工作的要求，建立健全调研网络，并建立每半年一次的调研例会制度，区委常委、副区长确定分工，就带有全局性的重大问题和关键环节展开调研。

2009年，编发《内参》20期、《调研报告》12期，编辑《文摘参考》14期、《文件阅读摘要》88篇，完成调研报告10余篇。2010年，重点就服务业结构优化调整、旧城改造、基层基础建设走访调研，完成调研报告10余篇，编发《内参》20期、《文摘参考》30余期、《文件阅读摘要》百余份。2011年，联合街道办事处、各部门及企业开展专题调研10余项，完成调研报告10余篇，其中《关于市南区基层组织建设情况的调研报告》被评为全省党委政研系统优秀调研成果二等奖。年内编发《内参》20期，并就全国总部经济发展情况、“择校”等问题开展专题调研。2012年，围绕区委工作重点、工作推进难点和社会舆论焦点开展调研活动，形成《关于市南区总部经济发展情况的调研报告》等决策参考10篇。

第三节　督查工作

1993年，根据区委部署，重点抓好重大决策后的督查落实工作，督查的重点从以领导批办件为主转向以决策督查为主，建立以领导督查为核心、专门机构和督查职能部门结合参与的三层次督查工作机制，全年深入60多个基层单位调研，现场办公解决问题，完善6个督查工作联系点和10个最基层联系点的各项制度及督查工作程序。

2009年，重点对社区“三个中心”建设、重点项目进展等进行专项督查，编发各类《督查专报》130期，办理区委领导批示件150件，办结率100%。2010年，重点对信访稳定、解决旧城改造历史遗留问题、基层基础建设等进行督查，编发各类《督查专报》120期，办理区委领导批示件130件，办结率100%。2011年，重点围绕区委重大决策部署、上级要求办理的事项、有关经济社会发展的重要项目和重点工作、群众反映的热点难点问题督查落实，编印《督查专报》，督查落实区委领导批示事项，办理领导批示85件，妥善办理“人民网”网民留言6件次。2012年，建立区委决策部署事项督查台账，打造“一督到底”工作品牌，探索实行“账单式”督查模式，完善“建账、查账、销账”工作机制。年内编发《督查通知》50余期，办理市委主要领导批示交办事项14件，全部按要求办结并回复，办理区委主要领导批示事项83件。

第四节　老干部工作

1984年前，市南区老干部工作由区委组织部具体负责。1984年9月，成立老干部科，列为区委二级部门，归口区委组织部。1985年，老干部科改为老干部局，升格为区属局级单位。其间，市南区先后为465名符合条件的干部办理了离休（含退休改离休）手续，落实了有关政治和生活待遇。至2011年年底，全区共有离休干部643名。

落实政治及生活待遇

1982年起，对新中国成立前参加革命工作的离休干部、行政14级以上未担任厅（局）级职务和行政18级以上未担任处（县）级职务的分别落实享受厅（局）级、处（县）级政治生活待遇；对抗日战争时期参加革命工作的、行政15级和担任处（县）级职务的，落实享受厅局级医疗、乘车待遇；对1937年7月6日前参加革命工作的原工资级别在行政15级以下的离休干部、工资级别不到原行政14级的，均提为行政14级，并享受厅局级政治生活待遇。

1986年，区委为老干部设置了阅览室，定期按规定将文件送达老干部阅读并坚持每年为老干部通报情况。同年，市南区为16名厅局级（含享受厅局级待遇）离休干部的家庭安装了住宅电话。1987年起，对离休干部在香烟、白糖、肉蛋、大米、小杂粮和取暖等方面给予供应照顾；为新中国成立前参加革命工作、行政14级以上（含享受厅局级待遇）和1945年9月2日以前参加革命工作、行政18级以上的离休老干部办理液化气供应。1988—1990年，对享受厅局级待遇和1937年7月6日以前参加革命工作的离休干部，每人每月按照150公里的用车标准计算，发给乘车费15元；对县处级以下离休干部发放每人每月7元交通补贴。1990年，提高离休干部用车经费标准。1987—1998年，市南区还采取财政拨款、统筹统建等形式，按政策规定和标准，解决老干部住房问题。

对离休干部的医疗费按鲁发〔1983〕59号和中组发〔1990〕5号文件的规定执行，按时组织离休干部查体，在医院设立老干部保健门诊和保健病房，增设家庭病床，对“生活不能自理，或患有严重疾病，饮食起居需要人扶助的离休干部”，发给护理费。《离休人员医疗管理暂行办法》出台后，区财政每年为机关事业单位离休干部全额交纳医疗统筹费，区属困难企业离休干部的医疗费由区财政予以支持保障。至1992年，市南区共接收外省的易地安置离休干部134人，其中享受厅局级待遇的34人，均与区内离休干部同等待遇。1997年，为全区25名军队离休干部办理提高护理费、公勤费标准并增加水、电费补贴。1999年，落实军队离休干部的生活补贴。至2001年12月，为全区314位符合享受护理费条件的离休干部全部办理了发放护理费手续（每人每月200元）。2009年10月，为86名符合条件的离休干部提高了副司局级医疗待遇标准。

至2011年，全区建立离、退休干部党支部19个，坚持每月一次的党组织生活，开展政治理论学习和各种文体活动。从2012年7月起，为678名抗日战争时期和解放战争时期参加革命工作的离休干部调整护理费（每人每月1300元）。是年，全区10个街道全部成立退休干部党支部，离退休干部全部纳入党组织教育管理，就近参加党的组织活动；为老干部局配备工作用车4部，保证老干部特殊用车。

关心下一代

1997年12月，市南区成立关心下一代工作委员会（简称区关工委），办公室设在区老干部局。1998年2月，制定工作规则和成员单位工作职责，组建老干部革命传统报告组、教育指导组、校外教育辅导组和后进青年帮教组。1999年，以“祖国在我心中”为主题，组织部分离退休干部和小学生100余人参观海军博物馆；联合区教体委组织上百名优秀小学生开展进京夏令营活动。2000年，组织部分学生到栖霞英灵山为革命先烈扫墓；举办热爱生活，远离毒品和自救、互助、消防知识讲座，听众1000余人。2001—2002年，举办“童心颂党情”书法绘画创作展、“扬帆青岛百米画卷寄深情”现场书法和迎奥运帆船知识竞答等活动。2003年，以“振兴民族精神，展现精神文明”为主题开展爱国主义和国防教育活动，并在区法院的协助下组成有老干部参加的未成年人犯罪人格社会调查小组，对未成年犯罪情况进行人格调查，开展有针对性的帮教工作。2005年，围绕“怎样应对新形势下青少年思想多样化的问题”“如何拓展家庭教育新途径”“在新时期如何开展亲情帮教工作”等，到街道办事处和社区开展调研工作；在青少年中开展“追溯革命历史，弘扬民族精神”“讲抗战、激发民族热情”等主题教育活动；40多位老干部和社会各界人士捐款16300元，资助胶南、平度两市的133名贫困学生。2006年，组织老志愿者到莱西市特教中心奉献爱心、捐资助学，为64名聋哑学生捐款7500元；组织老干部对青少年开展社会主义荣辱观教育。2007—2008年，先后举办“携手童心迎奥运两代人书画笔会”“情系奥运，携手社区，青年志愿者在行动”海洋科普知识宣传等活动。2011—2012年，成立法制教育、“五老”（老干部、老战士、老专家、老教师、老模范）宣讲指导、宣传调研、关爱指导、青工教育指导、校外教育指导等7个团队，在街道办事处组建“五老”宣讲团和法制报告团；为各学校聘请法制副校长，到社区和学校为青少年普及法律知识；为管区网吧选配162名网吧“五老”义务监督员，各街道办事处关工委均组建“五老”网吧监督小组，开展网吧义务监督活动。

1999年、2001年、2007年，区关工委先后被评为山东省关心下一代工作先进集体；2011年，区关工委获全国“关爱明天 普法先行”青少年法制教育先进集体称号。

第五节　信访工作

1978年12月，市南区成立由分管信访工作的区委副书记、区政府分管副区长及有关职能部门主要负责人组成的信访工作领导小组，负责全区信访工作的领导和组织协调，并在区委办公室内设信访科。1984年9月，区委办公室信访科改为中共市南区委信访科。1985年12月，撤销区委信访科，建立中共市南区委、市南区政府信访办公室；1988年12月升格为正处级单位。自1986年起，逐步在村、居委会和企业配备信访信息员，形成全区三级信访工作网络。1995年11月，信访办公室更名为中共市南区委、市南区政府信访局。同年，依据国务院颁布实施的《信访条例》和山东省人民政府制定的《山东省信访规定》，市南区建立“‘四位一体’稳定工作排查调处机制”，制定《市南区信访矛盾排查调处工作规程（试行）》《市南区重大紧急信访信息处理工作程序（试行）》《市南区信访工作规程》等制度。1998年6月，区委、区政府制定《关于区级领导公开接待人民群众来访的实施意见》，接访时间为每月一天。

2002年，区信访局制定《关于办信工作“绿色通道”实施意见》，推行“一信通”和“绿色邮政”，凡群众写给市级以下机关的来信均免贴邮票。2003年，成立市南区处置群体性事件指挥部，制定相关工作预案，并利用市南政务信息网开通市南区信访信箱。2004年起，区级领导公开接访由每月一次改为每周一次。同年9月，成立区集中处理信访突出问题及群体性事件联席会议，下设多个专项工作组。2007年，制定《关于实行信访工作领导责任追究制的规定》，设立信访救助资金，解决生活困难群众反映的“于法无据、于情有理”的信访问题。

2008年，在各街道办事处建立和推行部门联动排查调处工作机制，建立全区四级矛盾隐患排查网络；推行人民调解、行政调解、司法调解与信访工作“四位一体”调处机制，把各类信访矛盾和隐患解决在基层。2009年，在全区10个街道办事处设立信访工作办公室，在全区78个社区居委会（2011年年底调整为56

个）设立社区信访代理站。2010年，区委下发《关于落实区级领导包案解决信访突出问题工作的通知》，先后4次抽调150余名机关干部与相关街道办事处一起分片包户走访，深入拆迁现场和居民家中进行政策解释和宣传沟通，化解旧城改造引发的不稳定因素；对重大隐患和突出问题，有针对性地制定信访工作预案，展开拉网式排查调处活动，及时排解矛盾隐患。2011年8月，设立中共市南区委群众工作部，与区信访局一个机构、两块牌子，并在各街道办事处设立群众工作站。2012年，落实信访工作"一岗双责"领导责任制、领导干部定期公开接访责任制、风险评估和超前排查化解责任制等7个方面的责任。

市南区党史丛书

第六节　党史征集与研究

1997年之前，市南区未设党史征集和研究机构，主要工作由区委组织部承担。1997年9月，成立"中共市南区委党史研究室"，归口区委组织部管理，为处级单位。

资料征编与党史研究

1982年下半年，完成《中共市南区组织机构及领导成员沿革变化情况》的编纂工作。1986年完成《中国共产党山东省青岛市组织史资料》（市南部分）的编辑工作。1987—1999年，开展并完成《中共山东省青岛市市南区组织史资料（1949—1987）》自编本征集编纂和出版任务。1999—2002年，完成《中共山东省青岛市市南区组织史资料（1987—2001）》的征集编纂出版工作。2003年，编辑出版《中共青岛市市南区历次党代会报告汇编（1954—2003）》。2003—2005年，完成《"一五"时期的市南区》《市南区的"大跃进"运动》《二十世纪六十年代市南区的国民经济调整》《二十世纪六十年代上半期市南区农村政策的全面调整和农村经济的全面发展》《市南区1975年的整顿》5个专题资料的编辑任务；组织撰写《浅析中国现代化与国民科学素质》等一批资政论文。2006—2008年，完成《青岛红色旅游导览》相关材料收集及76处革命历史纪念馆和历史遗址遗迹普查；开展抗日战争课题调查工作，形成调查报告、工作报告和大事记等成果；完成《青岛（市南）的"三反"运动》的编写任务；启动"市南区改革开放与发展回顾"党史专题、《中共市南区地方史（1949—1978）》口述史资料征编等工作，其中《中国共产党市南区地方组织》征编工作获得由省档案局颁发的开发档案信息资源成果三等奖。2009年，编写《不平凡的历程——青岛市市南区改革开放三十年经济社会发展回顾》一书，并作为科学发展观学习材料向全区党支部发放2000册。同年完成《市南区抗战时期人口伤亡和财产损失大事记》的收集、整理、核实工作。2010年，完成全区革命历史遗址普查任务，形成文字资料6万余字、声像资料78分钟、照片523张，上报革命遗址4处、其他遗址19处；其中，列为全国爱国主义教育基地1

处、省爱国主义教育基地1处，列为全国重点烈士纪念建筑物保护单位1处、省级文物保护单位1处、市级重点保护文物14处。同年开展市南区地方党史征编工作；完成《解放初期市南区民主建政工作》《浮山西麓中的崛起——青岛国际动漫游戏产业园纪实》《青岛加快转变经济发展方式的实践和思路》等资政论文和专题的征编、撰写工作；采访10位老领导，整理口述史采访录音资料934分钟，查核档案形成口述史资料约4万余字。2011年，完成《山东省抗战时期人口伤亡和财产损失（大事记卷）》市南部分的补充、订正工作；完成《中共青岛市南地方史》第一卷（1949—1978）并出版发行；完成《中共青岛市南地方史大事记》1998—2007年部分的修改补充，并形成征求意见稿；完成《中共青岛市南地方史大事记》1949—1997年部分的档案资料和书报资料的查阅工作。2012年，开展《中共青岛市南地方史大事记》（1949—2012）的征集编研工作，形成初稿36万字。

党史宣传与教育

长期以来，区委坚持以重要党史事件纪念日为契机，举办报告会、理论研讨会、座谈会、党史党建知识竞赛、革命诗歌朗诵比赛，参观革命传统教育基地以及党史图片展览等活动。2009年，组织参加青岛解放60周年朗诵比赛，举办“光辉的历程·纪念中国共产党成立90周年——中共青岛市市南区地方组织发展与成就展”，组织开展“学党史、铸党魂”主题系列活动。2003年，确定区委党校、云南路街道办事处广州路社区居委会为市南区党史宣传教育联系点，以点带面，逐步扩大教育覆盖面，并建成“‘三个代表’在市南”网站，在党员电教栏目中开设“党史园地”。2004年，在网站开辟“视频再现课堂板块”，将党史党建知识定期及时上传至网络，解决传统党史课程中内容多党员接受难、授课时间长党员集中难、专家讲课深党员理解难的“三难”问题。2006年，推进党史工作下基层活动，利用区域内社区“三个中心”资源优势，培育和打造新的党史教育阵地。2010年，协助八大湖街道办事处吴兴路社区完成党史主题社区中心建设；以共建联谊等方式，组织党史教育进校园、军营、企业和社区；组建校园党史宣讲员队伍，对青少年开展党史宣传教育，在学校设立党史图书角，赠送学校党史图书，在校园举行党史图片展览。2011年，探索推出网络“党史微课堂”，为党员群众提供人性化的教学服务。至2012年年底，区委党史研究室与区委电教中心合作，先后录制完成《乐龄春秋》《鲜红的党旗》《不曾远去的记忆》《老飞行员的第二航线》《劈柴院启示录》《给居民一个健康的社区》《洁净市南》《社区的热心人》《红色记忆——两代情》等电视片，分别在青岛电视台《岛城先锋》等栏目播放。

第七节 信息工作

1993年下半年，区委办公室成立秘书科和研究室，加强信息调研工作，当年编发《市南信息》23期，专题反馈信息报道140余条，其中100余条被上级部门和新闻单位编发采用。1997年，编发《市南信息》85期，在《市南信息》上开辟“社区建设专刊”“企业文化建设专刊”等；全年有12篇调研论文和新闻通讯被省、市报刊采用；向市委报送信息277条，其中140条被市委办公厅采用。2009年，上报市委信息600余条，被采用200余条；编发《市南信息》52期，刊用信息400余条。2010年，向上级党委报送工作信息1000余条，分别被省、市委办公厅采用转发120余条；印发市南区《党政信息考核办法》，建立全区信息员队伍；编发《市南信息》30期，刊用信息300余条。2011年，向上级党委报送工作信息1700余条，被省委办公厅、市委办公厅采用转发200余条；编发《市南信息》22期，《信息专报》12

期。2012年，上报信息800余条，被省、市委办公厅采用转发150余条；编发《市南信息专报》55期、《市南信息》12期。

第八节　保密工作

“文化大革命”结束后，市南区贯彻中央〔1978〕39号文件精神，改变保密工作的无政府主义状态，逐步“恢复、整顿、总结、提高”。1979年12月，成立区委办公室档案科。1980年，区委贯彻中办发〔1980〕4号文件精神，调整保密委员会，充实基层保密工作机构，清理历年的档案文件，建立健全有关规章制度，开展保密工作检查。至1987年，应清退上交的中央、省级文件一份未缺，全部清退上交。1990年，对区内120个印（复）制点进行复核注册，其中3个不符合要求的被撤销注册。1991年，学习贯彻《中华人民共和国保密法》和《保密法实施办法》，建立6个小组、54个单位的全区保密工作网络。1996年，制定《市南区委、区政府机关各部门保密工作职责》，将保密工作列为党建工作年终检查和干部考核的内容之一；开展多种形式的保密宣传教育和培训，全年受教育者达900余人次；投资30余万元对联网微机进行加密，调整通报13个要害部门和6个要害部位。1997年，区委举办保密工作培训班2期，50人次接受培训；在区委党校开设保密教育课，受教育者230人次；出台《保密办工作职责》《市南区机关各部门保密工作职责》《市南区保密委员会关于党政领导干部保密工作责任制的规定》等，建立保密规章制度34项。

2001年，调整保密委员会，健全保密组织机构和工作网络，对保密工作实施目标考核；全年约有15000份纸介质文件收发、销毁、归档，无一丢失；约有3000余份密级文件上网，无任何泄密现象。2010年，从宣传教育、制度建设保障、监督检查等方面入手，加强在信息化条件下全区的保密管理工作，举办4期保密培训班，分层次开展保密教育，培训180余人次，开展“保密宣传月”“保密普法进机关”等活动，完善各类保密制度170余项；落实保密承诺制度，签订保密承诺书1167份，建立《计算机及移动存储介质保密管理台账》，明确计算机使用人、责任人、保密工作负责人，对全区涉密载体、网络及政务公开情况进行检查，对全区废品收购站、再生资源集散场所进行拉网式摸排，清查各类废品回收站点32处，未发现涉密文件资料非法交易情况。2011年，与全区75家单位（部门）签订《2011—2012年度保密工作目标管理责任书》，组织3批160人次参观“全国窃密泄密案例警示教育展”并开展办公自动化设备保密大检查活动，举办涉及保密内容的专题培训班12期，参训人员1000余名，制定《关于建立保密检查长效机制的意见》，规定对密码电报、涉密文件信息资料、网络及计算机和移动存储介质、废旧报纸刊物等管理工作的保密检查内容。

2012年，举办12期系列专题培训班，将保密知识培训和保密技能作为必选内容，对全区处、科级干部和居委会主任、新选调工作人员实行培训，完善15项配套制度，优化5项工作流程。同年，对区委主要领导房间、常委会议室、专题会议室等重点部位进行常规性的保密检查，全年抽查30多个单位的100余台计算机，下发督查整改通知20余份，指导有关单位完成整改措施30余项；全区涉密计算机、连接金宏网的计算机，以及所有碎纸机、传真机、打印机、多功能一体机等办公自动化设备的报废销毁与国有资产管理紧密结合，由青岛市涉密载体销毁中心统一销毁，年内有16个单位的102台电脑按照规定程序完成办公自动化设备的销毁处理。是年，对全区机关、单位废旧的涉密文件、信息资料、党内刊物和废旧报刊等统一送至涉密销毁中心销毁。

第十三篇

地方人民代表大会

第一章　机构设置

青岛解放后，青岛市军事管制委员会、青岛市人民政府根据山东省人民政府的有关指示，在召开人民代表大会之前，先行召开各界人民代表会议。青岛市自1949年9月至1951年10月先后召开了四届各界人民代表会议。根据中央人民政府政务院和青岛市要求，市南区于1951年12月和1952年12月先后召开两届各界人民代表会议，其中第二届各界人民代表会议代行区人民代表大会的职权。

1954年4月，市南区第一届人民代表大会召开，选举产生区人民政府；市南区各界人民代表会议即予撤销，结束了各界人民代表会议代行区人民代表大会职权的过渡形式。1956年11月至1966年3月，市南区先后召开第二至第六届区人民代表大会，选举产生区人民委员会区长、副区长、委员以及区人民法院院长。1966年后，由于“文化大革命”时期“左”倾错误影响，区人民代表大会制度遭受严重破坏，各项活动被迫停止；根据《中华人民共和国宪法》有关规定，“文化大革命”期间产生的区革命委员会作为一届政权列入人民代表大会序列，称为区第七届人民代表大会。1978年5月19日，市南区第八届人民代表大会召开，选举产生革命委员会和区人民法院院长、区人民检察院检察长。

中共十一届三中全会后，人民代表大会制度逐步完善。1980年8月，采取差额选举的办法，由选民直接选举产生区第九届人民代表大会代表。1981年前，市南区人民代表大会未设常设机构，大会闭会期间，区人民委员会作为区人大的执行机关。根据《中华人民共和国地方各级人民代表大会和地方各级人民政府组织法》有关规定，市南区从第九届人民代表大会起设立区人民代表大会常务委员会（简称区人大常委会）。区人大常委会设立后，根据工作需要设立了相应的办事机构。

第一节　市南区各界人民代表会议

1950年11月3日，中央人民政府政务院第57次政务会议通过《大城市区各界人民代表会议组织通则》，依据该通则及青岛市政府《关于召开区各界人民代表会议的计划》，市南区先后召开两届各界人民代表会议。

市南区第一届各界人民代表会议

1951年10月，市南区成立29人的各界人民代表会议筹备委员会；12月上旬，经区各政党、各人民团体民主协商，产生第一届区各界

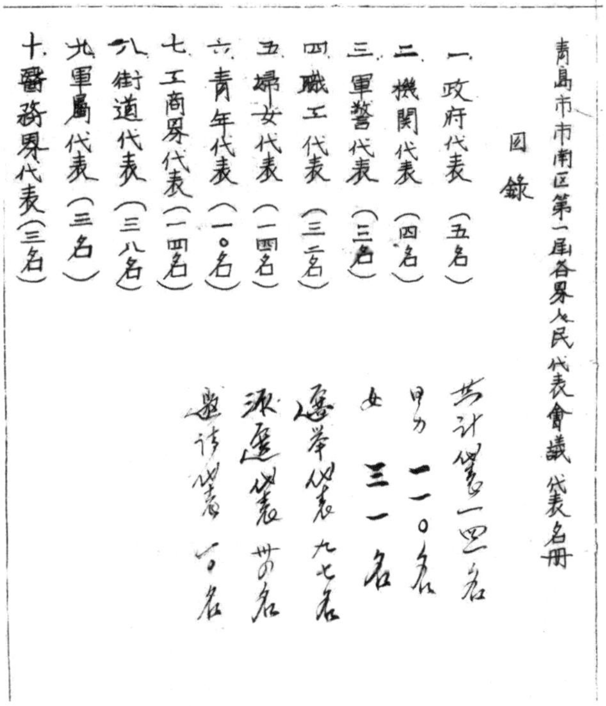

青岛市市南区第一届各界人民代表会议代表名册

人民代表会议代表141名，其中，工人代表32名、工商界代表15名、文教卫生界代表8名、居民代表38名，分别占代表总数的22.7%、10.6%、5.7%和26.9%。

12月13—15日，市南区第一届各界人民代表会议第一次会议召开。会议听取区政府工作报告和市公安局关于公安工作的补充报告，选举产生23人组成的区协商委员会和区政府区长1名、副区长1名，其中区长为牟志仁、副区长为王鸿典。

市南区第二届各界人民代表会议

1952年12月，区各政党、各人民团体民主协商产生第二届区各界人民代表会议代表149名，其中，工人代表35名、工商界代表15名、文教卫生界代表9名、居民代表36名，分别占代表总数的23.5%、10.1%、6.0%和24.2%。

12月23—25日，市南区第二届各界人民代表会议召开。根据《大城市区各界人民代表会议组织通则》的规定，经上级批准，本次会议代行区人民代表大会职权。会议听取了区政府一年来的工作报告、区协商委员会的工作报告、公安工作补充报告和提案执行情况的报告，选举产生区政府区长1名、副区长1名、区政府委员会委员15名，同时选举产生27人组成的区协商委员会，其中，协商委员会主席为牟志仁、区长为王鸿典、副区长为孙宝友。

第二节　市南区人民代表大会

1953年3月，《中华人民共和国全国人民代表大会及地方各级人民代表大会选举法》颁布实行。1954年9月21日，第一届全国人民代表大会第一次会议通过《中华人民共和国地方各级人民代表大会和地方各级人民委员会组织法》。依据上述法律，自1954年至2012年，市南区在普选的基础上先后召开17届人民代表大会。

市南区第一届人民代表大会

1954年4月11—13日，区人大一届一次会议召开，会议代表99人。会议听取《关于区人民政府一年来的工作报告》，并根据国家过渡时期总路线、总任务的精神和实际情况，审查了区政府一年来的工作情况；选举产生区政府区长1名、副区长3名、委员17名，通过了58人的区法院人民陪审员名单。

1954年6月至1955年12月先后召开区人大一届二次至七次会议。其中，区人大一届二次会议选举产生第一届市人大代表45名；区人大一届四次会议补选市人大代表1名、区人大代表7名、区政府委员3名，选举赵春生为区人民法院院长；自区人大一届四次会议始，市南区人民政府改称市南区人民委员会；区人大一届七次会议补选市人大代表3名。

市南区第二届人民代表大会

1956年11月30日至12月3日，区人大二届一次会议召开，会议代表111人。会议听取《青岛市市南区人民委员会一年来基本工作情况和今后任务的报告》和《青岛市市南区人民法院一年来主要工作情况和今后意见的报告》；选举产生区人民委员会区长1名、副区长5名、委员23名，第二届市人大代表48名，市中级人民法院陪审员31名。1957年4月和12月，又召开区人大二届二次、三次会议。

市南区第三届人民代表大会

1958年5月17—20日，区人大三届一次会议召开，会议代表119人。会议听取《继续深入开展整风运动，以争取整风运动的彻底胜利》的工作报告，听取并审议《市南区人民委员会关于一年多来工作的基本情况和今后任务的报告》《关于区法院一年多来工作情况的报告》；选举产生区人民委员会区长1名、副区长3名、委员23名，区法院院长1名，第三届市人大代表48名。

1959年5月至1960年11月又分别召开区人大三届二次、三次、四次会议，其中三届二次会议补选区人民委员会委员3名、撤换区人大代表2名。

市南区第四届人民代表大会

1961年4月17—19日，区人大四届一次会议召开，会议代表121人。会议听取《关于认清形势，明确任务，鼓足干劲，战胜困难，为争取1961年国民经济全面持续跃进》的政治报告，听取并审议《市南区人民委员会关于1959年和1960年两年来工作情况和今后工作任务的报告》；选举产生区人民委员会区长1名、副区长4名、委员23名，区法院院长1名。1961年12月和1962年8月分别召开区人大四届二次、三次会议。

市南区第五届人民代表大会

1963年9月9—12日，区人大五届一次会议召开，会议代表215人。会议听取区委的政治报告，听取并审议市南区人民委员会工作报告及市南区法院关于1961年以来的工作情况报告；选举产生区人民委员会区长1名、副区长3名、委员25名，区法院院长1名，区法院人民陪审员61名，市五届人大代表91名。1964年4月和12月又分别召开区人大五届二次、三次会议。

市南区第六届人民代表大会

1966年3月17—20日，区人大六届一次会议召开，会议代表215人。会议听取《高举毛泽东思想伟大红旗 乘风破浪 勇往直前 为取得新的更加伟大的胜利而奋斗》的政治报告，听取并审议区人民委员会工作报告和区法院工作报告；选举产生区人民委员会区长1名、副区长3名、委员25名，第六届市人大代表91名，区法院人民陪审员89名。

市南区第七届人民代表大会

1968年9月，经市革命委员会审查，并报省革命委员会批准，青岛市市南区革命委员会建立。根据《中华人民共和国宪法》有关规定和上级指示，“文化大革命”期间产生的区革命委员会作为一届政权列入人民代表大会序列，称为区第七届人民代表大会。

市南区第八届人民代表大会

1978年5月19—22日，区人大八届一次会议召开，会议代表566人。会议听取、讨论《市南区革命委员会工作报告》；选举产生区革命委员会主任1名、副主任8名、委员54名，区法院院长1名，区检察院检察长1名，第八届市人大代表199名。

1980年7月3日召开区人大八届二次会议，听取审议市南区革命委员会、区法院、区检察院的工作报告，讨论通过市南区革命委员会《关于召开市南区第九届人民代表大会和区第九届人民代表大会代表选举工作的意见》和《关于罢免青岛市第八届人民代表大会个别代表资格的意见》，增补第八届市人大代表14名。

市南区第九届人民代表大会

1981年1月24—27日，区人大九届一次会议召开，会议代表389人。根据上级指示，此届开始正式建立区人大常委会常设机构，区革命委员会改称区人民政府。会议听取并审议区革命委员会工作报告、区法院工作报告、区检察院工作报告；选举产生区九届人大常委会主任1名、副主任4名、委员19名，区政府区长1名、副区长4名，区法院院长1名，区检察院检察长1名；通过区人民法院陪审员名单。1982年2月和1983年4月又分别召开区人大九届二次、三次会议，其中区人大九届二次会议选举产生第九届市人大代表199名。

市南区第十届人民代表大会

1984年8月6—8日，区人大十届一次会议召开，会议代表300人。会议听取并审议区政府工作报告、区人大常委会工作报告、区法院工作报告、区检察院工作报告；选举产生区十届人大常委会主任1名、副主任4名、委员19名，区政府区长1名、副区长3名，区法院院长1名，区检察院检察长1名。1985年3月和1986年3月分别召开区人大十届二次、三次会议。

市南区第十一届人民代表大会

1987年4月12—16日，区人大十一届一次会议召开，会议代表230人。会议听取并审议第十届区人大常委会工作报告、区政府工作报告、区法院工作报告、区检察院工作报告；选举产生区十一届人大常委会主任1名、副主任4名、委员19名，区政府区长1名、副区长4名，区法院院长1名，区检察院检察长1名。1987年11月、1988年3月和1989年3月分别召开区人大十一届二次、三次、四次会议，其中区人大十一届二次会议选举产生第十届市人大代表65名。

市南区第十二届人民代表大会

1990年4月22—27日，区人大十二届一次会议召开，会议代表210人。会议听取并审议区人大常委会工作报告、区政府工作报告、区法院工作报告、区检察院工作报告，审查并批准《关于市南区一九八九年财政决算和一九九〇年财政预算安排意见的报告（草案）》；选举产生区十二届人大常委会主任1名、副主任6名、委员19名，区政府区长1名、副区长5名，区法院院长1名，区检察院检察长1名，通过区法院人民陪审员名单。1991年3月和1992年2月又分别召开区人大十二届二次、三次会议。

市南区第十三届人民代表大会

1993年2月12—17日，区人大十三届一次会议召开，会议代表210人。会议听取并审议区政府工作报告、区人大常委会工作报告、区法院工作报告、区检察院工作报告，审查并批准《市南区一九九二年财政预算执行情况和一九九三年财政预算（草案）》；选举产生区十三届人大常委会主任1名、副主任6名、委员19名，区政府区长1名、副区长6名，区法院院长1名，区检察院检察长1名，第十一届市人大代表67名。

其后，又先后召开区人大十三届二次至五次会议。其中，1996年3月6—9日召开的区人大十三届四次会议补选梁作民为区法院院长；1997年2月26—28日召开的区人大十三届五次会议补选潘永裕为区检察院检察长。

市南区第十四届人民代表大会

1998年1月15—20日，区人大十四届一次会议召开，会议代表196人。会议听取并审议区人大常委会工作报告、区政府工作报告、区法院工作报告、区检察院工作报告，审查并批准《市南区一九九七年财政预算执行情况和一九九八年财政预算（草案）》；选举产生区十四届人大常委会主任1名、副主任6名、委员18名，区政府区长1名、副区长5名，区法院院长1名，区检察院检察长1名，第十二届市人大代表64名。

1999—2002年，分别召开区人大十四届二次至五次会议。其中，区人大十四届二次会议补选刘皖为区法院院长；区人大十四届四次会议补选柏敏为区法院院长。

市南区第十五届人民代表大会

2003年1月16—20日，区人大十五届一次会议召开，会议代表206人。会议听取并审议区人大常委会工作报告、区政府工作报告、区法院工作报告、区检察院工作报告，审查并批准《〈市南区二〇〇二年国民经济和社会发展计划执行情况与二〇〇三年国民经济和社会发展计划（草案）〉的报告》和《〈市南区二〇〇二年财政预算执行情况和二〇〇三年财政预算（草案）〉的报告》；选举产生区十五届人大常委会主任1名、副主任6名、委员20名，区政府区长1名、副区长6名，区法院院长1名，区检察院检察长1名，第十三届市人大代表66名。

2004—2007年，分别召开区人大十五届二次至五次会议。其中，2005年1月12—14日召开的区人大十五届三次会议补选李存基为区检察院检察长；2006年1月12—16日召开的区人大十五届四次会议补选初鲁宁为区法院院长。

市南区第十六届人民代表大会

2007年12月2—7日，区人大十六届一次会议召开，会议代表215人。会议听取并审议区人大常委会工作报告、区政府工作报告、区法院工作报告、区检察院工作报告，审查并批准《市南区2007年国民经济和社会发展计划执行情况与2008年国民经济和社会发展计划（草案）》和《市南区2007年财政预算执行情况和2008年财政预算（草案）》；选举产生区十六届人大常委会主任1名、副主任5名、委员19名，区政府区长1名、副区长6名，区法院院长1名，区检察院检察长1名，第十四届市人大代表73名。

2009—2011年，分别召开区人大十六届二次、三次、四次会议。其中，2009年1月14—17日召开的区人大十六届二次会议补选薛振环为区检察院检察长；2010年1月12—15日召开的区人大十六届三次会议补选崔巍为区法院院长。

市南区第十七届人民代表大会

2012年2月1—4日，区人大十七届一次会议召开，会议代表219人。会议听取并审议区人大常委会工作报告、区政府工作报告、区法院工作报告、区检察院工作报告，审查并批准《市南区2011年国民经济和社会发展计划执行情况与2012年国民经济和社会发展计划（草案）》和《市南区2011年财政预算执行情况和2012年财政预算（草案）》；选举产生区十七届人大常委会主任1名、副主任5名、委员21名，区政府区长1名、副区长6名，区法院院长1名，区检察院检察长1名，第十五届市人大代表46名。

其后，又先后召开区人大十七届二次至五次会议。其中，2012年12月27—30日召开的区人大十七届二次会议补选程宏谟为区检察院检察长。

市南区第十八届人民代表大会

2017年2月25—28日，区人大十八届一次会议召开，会议代表233人。会议听取并审议了区人大常委会工作报告、区政府工作报告、区法院工作报告、区检察院工作报告，审查并批准《市南区2016年国民经济和社会发展计划执行情况与2017年国民经济和社会发展计划（草案）》和《市南区2016年预算执行情况和2017年预算（草案）》；选举产生区十八届人大常委会主任1名、副主任5名、委员32名，区政府区长1名、副区长5名，区法院院长1名，区检察院检察长1名，第十六届市人大代表42名。

第三节　市南区人民代表大会常务委员会

根据1979年第五届全国人大二次会议通过的《中华人民共和国地方各级人民代表大会和地方各级人民政府组织法》，1981年1月召开的区第九届人民代表大会第一次会议决定设立区人大常委会，作为区人民代表大会的常设机构，在大会闭会期间，依法行使监督权、决定权和人事任免权等项职权。区人大常委会设立后，在其内部先后设立相应的办事机构。

第九届区人大常务委员会

1981年1月24—27日召开的区人大九届一次会议决定建立市南区人民代表大会常务委员会，并选举产生区第九届人大常委会，委员19名，主任为修国，副主任为凌一欧（1983年3月离职）、郁玉兰（女）、解传荣、傅培耕。1981年2月，区人大常委会设立办公室。

第十届区人大常务委员会

1984年8月6—8日召开的区人大十届一次会议选举产生区第十届人大常委会，委员19名，主任为王振杲，副主任为魏秋海、夏本英、傅培耕、高志华（女）。1984年9月，区人大常委会增设代表联络科、调研科。

王振杲
1981.1—1984.8
任区长
1984.8—1990.4
任区人大常委会主任

第十一届区人大常务委员会

1987年4月12—16

日召开的区人大十一届一次会议选举产生区第十一届人大常委会，委员19名，主任为王振杲，副主任为魏秋海、夏本英、耿玉坤、高志华（女）；同月，区人大常委会代表联络科、调研科分别改为代表联络处、调研处。1990年1月，设置办公室、人事代表工作处、法制工作处、财经城建工作处、教科文卫工作处，撤销原调研处、代表联络处。

第十二届区人大常务委员会

1990年4月22—27日召开的区人大十二届一次会议选举产生区第十二届人大常委会，委员19名，主任为曹登宝，副主任为刘全斌、耿玉坤、高志华（女）、赵亚光、王经武、于正琪。

第十三届区人大常务委员会

1993年2月12—17日召开的区人大十三届一次会议选举产生区第十三届人大常委会，委员19名，主任为黄绍美（1996年3月离职），副主任为耿玉坤、鲁瑛（女）、高志华（女）、刘伟、马祥君、徐麟谦。1996年3月6—9日召开的区人大十三届四次会议补选王文明为区人大常委会主任、刘信昌为副主任。

王文明
1993.2—1996.3
任区政协主席
1996.3—2003.1
任区人大常委会主任

第十四届区人大常务委员会

1998年1月15—20日召开的区人大十四届一次会议选举产生区第十四届人大常委会，委员18名，主任为王文明，副主任为李宝聚、鲁瑛（女）、王积国、高志华（女）、刘伟、刘信昌。1998年7月，区人大常委会将4个工作处更名为工作委员会，各工作委员会分设主任或副主任，并配备相应的工作人员。

1999年2月2—5日召开的区人大十四届二次会议补选区人大常委会委员1名；2000年1月24—26日召开的区人大十四届三次会议补选区人大常委会委员1名；2001年2月14—17日召开的区人大十四届四次会议补选盛志海、郭喜为区人大常委会副主任。

第十五届区人大常务委员会

2003年1月16—20日召开的区人大十五届一次会议选举产生区第十五届人大常委会，委员20名，主任为张清云（2007年1月离职），副主任为韩永源、郭喜（2007年1月离职）、郭威济、宇春芳（女）、解家祯（2007年1月离职）、崔茂和（2007年1月离职）。2004年2月9—12日召开的区人大十五届二次全体会议补选区人大常委会委员1名。2007年1月17—21日召开的区人大十五届五次全体会议补选纪新芳为区人大常委会主任，朱玉磊、张萍、卢伟建、石岩为副主任；补选区人大常委会委员1名。

张清云
2001.2—2003.1
任区政协主席
2003.1—2007.1
任区人大常委会主任

第十六届区人大常务委员会

2007年12月2—7日召开的区人大十六届一次会议选举产生区第十六届人大常委会，委员19名，主任为纪新芳，副主任为朱玉磊、宇春芳（女）、卢伟建、石岩、杨斌。2009年1月14—17日召开的区人大十六届二次全体会议补选区人大常委会委员5名；2010年1月12—15日召开的区人大十六届第三次全体会议补选区人大常委会委员5名；2011年1月9—12日召开的区人大十六届第四次全体会议补选张守润为区人大常委会副主任，补选区人大常委会委员4名。

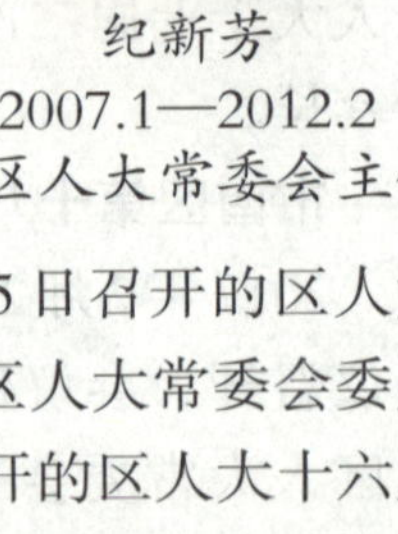

纪新芳
2007.1—2012.2
任区人大常委会主任

2011年7月，区人大常委会设立财政经济工作室、城建环资工作室；人事代表工作委员会、法制工作委员会、教科文卫工作委员会分别更名为人事代表工作室、内务司法与法制工作室、教科文卫工作室；各街道办事处（社区委）设立人大工作室，为区人大常委会的派出机构，其主任一般由街道党工委书记兼任，并配备专职副主任1人。

第十七届区人大常务委员会

2012年2月1—4日召开的区人大十七届一次会议选举产生区第十七届人大常委会，委员21名，主任为王久军，副主任为韩连德、张守润、杨斌、苏刚、岳洁（女）。

第十八届区人大常务委员会

2017年2月25—28日召开的区人大十八届一次会议选举产生区第十八届人大常委会，委员32名，主任为韩连德，副主任为张守润、孟祥杰、苏刚、岳洁（女）、蒋延灿。

韩连德
2012.2—2017.2
任区人大常委会党组书记、第一副主任
2017.2—
任区人大常委会主任

第二章　行使职权

1952年12月，根据《大城市区各界人民代表会议组织通则》的规定，并经青岛市人民政府批准，市南区第二届各界人民代表会议代行区人民代表大会职权。区各界人民代表会议作为协助区人民政府推行政策、联系人民的协议机关，听取与审查区人民政府、区协商委员会的工作报告，决定区人民政府的施政方针，讨论有关市政建设和人民福利事业，并提出批评和建议；向区人民政府反映人民的意见和要求，提出执行政策的建议；协助区人民政府贯彻其施政方针和工作计划；选举区协商委员会主席、区人民政府区长、副区长、委员，组成区协商委员会和区人民政府委员会。区各界人民代表会议成立后，依据法律赋予的各项职权积极开展工作，在民主建政和经济社会的恢复发展等方面发挥了重要作用。

市南区人民代表大会，自1954年召开第一届人民代表大会至1979年6月，根据1954年9月21日第一届全国人大第一次会议通过的《中华人民共和国地方各级人民代表大会和地方各级人民委员会组织法》的规定，在市南区行政区域内行使下列职权：保证法律、法令和上级人民代表大会决议的遵守和执行；在职权范围内通过和发布决议；规划经济建设、文化建设、公共事业、优抚工作和救济工作；审查和批准预算和决算；选举本级人民委员会的组成人员；选举本级人民法院院长；选举上一级人民代表大会代表；听取和审查本级人民委员会和人民法院的工作报告；改变或者撤销本级人民委员会的不适当的决议和命令；保护公共财产，维护公共秩序，保障公民权利；保障少数民族的平等权利；有权罢免本级人民委员会的组成人员和由它选出的人民法院院长等。根据1979年7月1日第五届全国人大第二次会议通过的《中华人民共和国地方各级人民代表大会和地方各级人民政府组织法》的规定，市南区人民代表大会自1979年7月1日起，主要行使下列职权：在市南区行政区域内，保证宪法、法律、政策、法令、政令和上级人大决议的遵守和执行，保证国家计划和国家预算的执行；审查和批准本行政区域的国民经济计划和预算、决算；讨论、决定本行政区域政治、经济、文化、教育、卫生、民政、民族工作的重大事项；选举区人大常务委员会的组成人员，决定区长、副区长的人选；选举区人民法院院长；选举区人民检察院检察长；选举市人大代表；听取和审查区人大常委会的工作报告；听取和审查区人民政府和人民法院、人民检察院的工作报告；改变或者撤销区人民政府的不适当的决议和命令；保护社会主义的全民所有制的财产和劳动群众集体所有的财产，保护公民私人所有的合法财产，维护社会秩序，保障公民的人身权利、民主权利和其他权利；保障少数民族的权利；保障妇女权利；有权罢免本级人民政府的组成人员，有权罢免本级人大常委会的组成人员和区人民法院院长、区人民检察院检察长等。自1986年12月2日起，根据重新公布施行的《中华人民共和国地方各级人民代表大会和地方各级人民政府组织法》，区人民代表大会行使该法赋予的职权。

区人大常委会设立后，认真行使《中华人民共和国地方各级人民代表大会和地方各级人民政府组织法》确定的县级以上地方各级人民代表大会的16项职权，先后制定《市南区人大常委会工作职责范围》《市南区人大常委会工作细则》《市南区人大常委会议事规则》等20余项制度，不断规范各项工作；在此基础上，积极联系人大代表，受理代表议案和建议、批评、意见，认真听取和审议区人民政府、区人民法院、区人民检察院（简称“一府两院”）和区人大常委会的工作报告，对区内重大问题作出决议，选举区级机关领导成员和市人大代表，依法行使各项职权，为推动全区社会主义民主政治建设和全区物质文明、政治文明、精神文明、社会建设的协调发展发挥了积极作用。

第一节　行使监督权

监督权是宪法和法律赋予人大及其常委会的重要职权，是保障法律法规实施及本级人大决定权得以最终实现的手段。市南区各界人民代表会议和人民代表大会成立后，紧紧围绕党和国家的中心工作，抓住全局性、关键性和长远性的问题，以及人民群众普遍关心的“热点、难点”问题，进行法律监督和工作监督。

法律监督

1951年10月市南区第一届各界人民代表会议第一次会议和1952年12月第二届各界人民代表会议都听取和讨论了区公安分局的工作报告；1954年6月27—29日召开的区人大一届二次会议讨论了《中华人民共和国宪法（草案）》，区二届至六届人大均听取和审议区法院的工作报告。这些工作，有力地推动了新中国建立初期全区治安状况的好转、法制观念的强化和城区社会环境的改善。

区人大常委会设立后，法律监督更加常态化。1981年1月至1984年8月，区九届人大共召开21次常委会议，其中11次会议针对较为突出的社会治安秩序问题对区政府、区法院、区检察院贯彻实施有关法律法规工作情况进行检查和审议；共听取和审议区公安分局、区法院、区检察院、区司法局关于打击犯罪、整顿社会治安秩序的情况报告13次，并先后作出《关于进一步整顿社会治安，保障经济调整顺利进行的决议》《关于严厉打击刑事犯罪活动的决议》等5个决定、决议，还组织委员、代表对公、检、法机关严厉打击各类犯罪活动情况进行视察、检查，确保全区社会治安秩序实现根本好转。

区十届人大期间，先后7次听取审议“一府两院”贯彻落实法律法规情况的报告18个；听取、审议区政府《关于在全区公民中五年内普及法律常识的规划意见》的汇报，作出《关于在全区公民中加强法制宣传普及法律常识的决议》，并组织有关部门对全区进行普法大检查；3次听取审议“关于集中打击严重经济、刑事犯罪活动”及审判、检察工作情况报告，作出《关于进一步加强综合治理和严厉打击刑事犯罪活动的决议》等决定、决议；2次听取开展全民普法教育情况汇报，先后检查《食品卫生法》《经济合同法》《教育法》《药品管理法》《统计法》《会计法》《环保法》和《继承法》的实施情况。

区十一届人大期间，共听取并审议区政府《关于普法教育情况的汇报》和《坚持不懈地强化和深化普法教育，为治理整顿和全面深化改革服务》、区检察院《关于打击严重经济犯罪和法纪检察工作的情况》等"一府两院"关于贯彻落实法律、法规情况的汇报18次，其中第十一届区人大第八次会议作出《关于在全区开展执法大检查的决定》，组织进行全区范围的执法大检查，各单位自查问题186件，全部进行处理或纠正，对犯有玩忽职守错误的人员给予行政处理。其间，区人大常委会针对社会上出现的问题加强对"一府两院"贯彻实施治理经济环境、整顿经济秩序和有关法律法规执行情况的监督检查，并组织代表对普法工作和实施《环境保护法》《计量法》《食品卫生法》《保护老年人合法权益的若干规定》等法律、法规情况进行视察，还多次听取和审议有关工商、物价管理执行情况和检察机关的汇报，着重对打击经济犯罪斗争进行监督。此外，还参与《中华人民共和国城市居民委员会组织法（草案）》《中华人民共和国集会游行示威法（草案）》等8个法律法规的讨论修改工作，提出修改意见和建议50余条。

区十二届人大期间共召开常委会议20次，审议"一府两院"工作报告63项，其中，审议贯彻执行有关法律、法规和人大及其常委会决议方面的报告、汇报11次，审议、审查社会治安方面的报告、汇报3次，组织代表、委员视察执法情况128次，视察检查政府、法院、检察院工作265次，共形成调查、视察报告82个。先后听取区政府《依法行政、强化管理，繁荣我区经济工作报告》、贯彻实施《义务教育法》《城市居民委员会组织法》《统计法》《山东省计划生育条例》《城镇集体所有制企业条例》情况的汇报，审议通过《市南区人民政府依法治区五年规划》《关于在全区公民中深入开展第二个五年法制宣传教育的决定》等；多次听取并审议公、检、法执法情况和区法院贯彻实施《民事诉讼法》《行政诉讼法》准备工作的情况汇报。

区十三届人大期间，常委会、主任会议共听取和审议"一府两院"有关执法情况汇报68项，审议批准区政府第二个《依法治区五年规划的报告》，审议通过《关于在公民中开展法制宣传教育的第三个五年规划的报告》；听取并审议《公司法》《食品卫生法》《国家公务员暂行条例》等有关法律、法规执行情况的汇报和全区各检查部门执行执法责任制情况的报告，分别对《行政处罚法》《环保法》《教育法》《义务教育法》和《审计条例》《消防条例》以及《青岛市流动人口计划生育管理办法》在市南区的实施情况进行监督，并组织代表委员对22个执法部门落实执法责任制情况进行全面检查；根据部分法律修改和变动情况，修订《青岛市市南区执法部门法律法规目录汇编》；召开全区执法责任制经验交流大会，对实施第二个依法治区五年规划的执法责任制工作情况进行总结。

区十四届人大期间，常委会、主任会议共听取审议"一府两院"有关执法情况报告71项，组织各类视察检查227次；多次部署对执行法律法规情况的监督，40余次组织委员、代表深入现场、听取汇报，监督检查《劳动法》《食品卫生法》《教育法》《建筑法》《档案法》《统计法》《人民防空法》《大气污染防治法》《行政监察法》《行政复议法》《城市居民委员会组织法》及《道路交通管理条例》等40余部法律法规的贯彻实施情况；制定出台《市南区人大常委会关于制定行政执法责任制度》《市南区人大常委会关于监督司法工作的办法》，作出《市南区人大常委会关于实行司法机关就重大案件、事件报告制度的决定》。其中，1998年4—5月，全市治安形势严峻，常委会及时组织委员和代表到市南公安分局、派出所等单位深入调查，并专门听取和审议区政府关于社会治安情况的工作报告，推动治安形势的好转。

区十五届人大期间，把贯彻实施《中华人民共和国人民代表大会常务委员会监督法》作为重要职责，按照监督法规定的原则开展监督工作。2003—2007年，主任会议多次听取区检察院清理超期羁押、交警大队《道路交通法》执行情况和行政监察等多个部门执法情况的汇报；多次组织委员、代表视察、调研刑事审判和少年案件审判工作；围绕《劳动法》《未成年人保护法》《传染病防治法》《安全生产法》《环境保护法》《城市房屋拆迁管理办法》等法律法规的贯彻实施，先后开展执法检查27次，并督促执法、司法部门认真整改执法检查中发现的问题。区人大常委会共听取和审议“一府两院”专项工作报告60个，开展专项视察70余次，其中，多次听取审议区政府的依法行政、区法院刑事审判工作和区政府对《审计法》《行政复议法》《人口与计划生育法》《政府采购法》《行政监察法》等多部法律法规贯彻执行情况的汇报，先后2次听取审议并现场检查区政府维护社会稳定暨创建“平安市南”工作情况，4次听取审议区法院关于案件执行、区检察院关于公诉、查办和预防职务犯罪情况的报告。

区十六届人大常委会先后对区法院案件执行难、民商事案件审判、预防职务犯罪、诉讼监督、侦查监督和公诉工作等开展调研、视察，提出意见建议，一些长期困扰法院执行工作的问题得到解决，限制高消费的经验做法在全国推广；先后听取区政府“五五”普法情况和“六五”普法规划报告，作出《关于实施市南区法制宣传教育和依法治区第六个五年规划的决议》，对区政府《融资债务管理暂行办法》等6个规范性文件进行备案审查；对《劳动合同法》《人口与计划生育法》《检察官法》《法官法》《青岛市安全生产条例》等法律法规的贯彻执行情况进行视察、检查。

工作监督

1951年10月，区第一届各界人民代表会议第一次会议听取了区政府工作报告和市公安局关于公安工作的补充报告。1952年12月，区第二届各界人民代表会议听取了区政府一年来的工作报告、区协商委员会的工作报告和区公安工作补充报告，对区政府及相关部门进行工作监督。

区人大成立后，历届区人民代表大会均认真履行工作监督职责，通过听取区政府工作报告和专题工作报告等形式审查区政府及有关部门工作情况，查找存在的问题和不足，讨论提出改进工作的意见和建议。

区人大常委会设立后，对“一府两院”工作监督的重点更加突出、内容和形式更加广泛。区九届人大常委会重点围绕贯彻落实中共十一届三中全会精神和逐步把工作着重点转移到社会主义现代化建设上来的方针，依法对“一府两院”的工作进行审议监督，共听取审议“一府两院”工作报告36次，其中，4次听取审议区政府重点工作的汇报，分别对审判、检察、工业、农业、商业、教育、计生、民政、文化、公安、司法、体育、工商行政管理等方面的工作情况进行监督，每次会议经过认真审议后，针对不同情况提出具体意见、建议，或作出相应的决议或决定；并对整顿改选居民委员会、全国第三次人口普查、爱国卫生、节约用水、市场供应和执行物价政策以及“开展全民文明礼貌月”活动等重点工作进行视察、检查，履行专项监督职责。其间，区人大共收到人民群众来信96件、接待来访187人次，除对人大常委会的意见建议或批评由区人大常委会直接处理外，其他方面的问题均转交区政府、区法院、区检察院和其他相关部门处理。

区十届人大重点围绕改革、开放、搞活经

济和人民群众关心、关注的问题进行监督。专题听取审议区政府《关于市南区经济体制改革的情况》《关于经济工作和发展第三产业的情况》《关于纠正新的不正之风的情况》等汇报；听取、审议区经计委、科委、工商、物价、劳动、民政、城建、环保、财政、审计、统计、教育、文化、卫生、计生及经济审判、检审工作等41项工作报告，并分别提出具体意见、建议，或作出相应的决议或决定。其间，共受理代表和群众来信70件、来访130余人次，其中属于民事纠纷方面的8件、干部作风方面的20件、落实政策方面的18件、审判方面的17件、治安管理方面的4件、其他方面的3件。

区十一届人大重点围绕“治理经济环境、整顿经济秩序、全面深化改革”的指导方针展开工作监督。区人大常委会多次听取并审议“一府两院”有关经济、城市管理、教育、卫生、文化、体育、公安司法等工作汇报31项，审议区政府《关于进一步清理整顿公司、加强个体经济管理、打击“假、冒、骗”活动的情况汇报》《加强价格管理，稳定市场物价的情况汇报》《关于加强文化市场的管理，开展“打非扫黄”的情况》以及区公安分局《关于开展扫除“六害”斗争情况》的工作汇报；专题听取审议“一府两院”《关于乡镇企业“七五”发展规划意见》《关于进一步搞好企业经营机制改革的意见》《关于整顿公司，加强个体工商户管理，打击假冒伪劣商品的情况》《关于治理经济环境，整顿经济秩序的情况》《关于律师、公证工作为经济建设提供法律服务的情况》以及经济审判、打击经济犯罪等工作情况的汇报。针对群众关注的旧城改造、夏季网点安排、食品卫生、治理烟尘、物价、城市综合治理以及居委会的整顿改选和社会福利工作情况等热点问题审议监督，并组织代表委员调研视察。其间，受理群众来信来访611件，其中属于刑事审判方面的121件（次）、民事审判方面的108件（次）、检举揭发违法问题51件（次）、干部作风方面的71件、房产纠纷38件（次）、政纪问题8件、其他方面214件。

区十二届人大重点围绕深化改革、扩大开放和发展社会主义商品经济等问题对区“八五”经济发展计划的实施及社会关注的问题实施监督。区人大常委会审议并提交人代会批准《市南区“八五”经济发展计划纲要（草案）》和《市南区人民政府关于依法行政规划（草案）》；专题听取审议、审查经济、财政方面工作7次，城市、工商管理方面3次，教育、科技、文化、体育方面3次，社会治安方面3次，其他方面36次；分别对社会治安综合治理、区街经济发展、企业改革、对外开放、发展第三产业、开展品种质量效益年活动、贯彻实施《城镇集体所有制企业条例》、劳动合同制工人使用管理和社会劳动保险以及区政府每年要为群众办的几件实事、群众关心、关注的问题等开展视察、调研，通过审议、视察、检查共提出建议157条。共受理人民群众来信来访620余件（次）。其间，接受市人大批转办理110余件，办结率97%以上。

区十三届人大重点围绕改革和建设中的重大问题、人民群众关心的热点、焦点问题加强监督。区人大常委会议、主任会议听取和审议“一府两院”工作报告93项，组织视察检查72次；审议、修改《市南区经济与社会发展第九个五年计划及2010年发展规划纲要》和《市南区1993—1995年科技兴区规划》。专题审议、监督依法治区、科技兴区、外经外贸、城市规划、环境保护、计划生育、审计、统计等工作，针对小学校舍改造的问题，经过视察、调研，作出《关于动员社会力量完成我区小学校舍改造任务的决议》，并先后组织市、区两级代表3次视察校改工作，推动校改任务的按期完成。听取区法院、区检察院的工作报告各4次，并组织代表委员对区法院、区检察院、区城建委及区卫生防疫站、上杭路工商所、中山路派出所的工作进行评议。其间，接待群众来访302人次、受理人民来信312件、接受市人大转办人民来信85件，办结率均达99%以上。

区十四届人大重点围绕经济建设这个中心，抓住全局性、关键性和长远性问题以及人民群众关心的热点、难点问题进行监督。听取审议“一府两院”有关执法情况报告71项，围绕社会关注的热点难点问题组织各类视察检查227次，制定《市南区人大常委会与区人民政府、区人民法院、区人民检察院联系办法》；专题听取和审议“两院”、劳动、工商、教体、民政、城建、外经、环保、物价、科技、文化、卫生、统计、人防、档案等部门工作汇报62次，以及公、检、法、工商落实行政性收支两条线情况的汇报、区政府关于新财政体制下财政收入和预算执行情况的报告等。针对城市环境综合整治、农贸市场退路进室、石村路棚户区改造工程、江南大厦动迁安置、小学冬季取暖工程以及街道区划调整、社区文化建设等群众关心的问题，组织委员、代表调研、视察近50次，并对社会治安、“严打”整治斗争、检查部门的执法责任制执行情况等进行视察、检查；组织委员、两级代表200余人，对区教体委、城管委、财政局、公安分局、民政局、文化局、计生局、软件园等部门、单位的工作情况进行评议。其间，接待群众来访352人次、受理人民来信331件、接受市人大转办的来信来访96件，均协调有关部门依法办理。

区十五届人大重点围绕关注民生、和谐社会建设加强工作监督。专题听取审议市南区“十一五”规划编制、社会治安综合治理暨创建“平安市南”等重点工作情况汇报；先后审议监督涉及民生的社会治安、人口与计划生育、民族宗教事务管理、义务教育体制调整、中小学校园硬件建设、食品市场安全管理、红十字会工作、老龄工作、消防工作、社会保障等工作；专题听取和审议龙口路20号、云南路片区改造和中山路商贸旅游区规划等实施方案，并组织代表实地视察、督导检查工程项目进展情况；每年都听取和审议有关区域特色经济发展的专题工作报告，并组织多次视察调研活动。主任会议听取并视察全区的“非典”防治、夜经济发展、青岛（市南）软件基地、实施园林绿化和庭院增绿工程进展情况、《道路交通安全法》的执行情况以及人事、劳动、工商、城管、规划、国地税等工作情况30余次；协助上级人大座谈、调研20余次。区人大常委会先后向区政府提出促进楼宇经济发展和加快区域性金融中心、软件产业集群、重点商贸旅游项目、“半岛文化创意产业核心区”建设等多项建议。其间，接待群众来访153人次、办理市人大转办的群众来访107人次、受理人民来信750件（次）、转办人民来信525件（次），全部办结。

区十六届人大围绕区委工作重点、政府工作难点和人民群众关注的热点，依法实施工作监督。围绕旧城改造等51个议题开展调研，形成高质量的调研报告51份，提出意见建议180余条，为“一府两院”改进工作提供了可靠的参考依据；专题听取审议《市南区国民经济和社会发展第十二个五年规划纲要》、政府债务管理、财源建设等工作情况汇报和文化产业重点是文化创意产业、旅游业发展、区域基础教育、学前教育优质均衡发展、区外经贸、经济普查等方面的工作汇报；听取关于学校校舍改建工程和部分学校产权遗留问题工作情况的汇报，协调督促解决大学路小学教育资源长期被非法侵占的问题；多次组织专题调研组，对城市长效管理、拆除违法建筑、数字化城管、人防工程建设、城区环保、浒苔清理、创建全国文明城市等工作进行视察调研；对社区“管理、医疗、文化”三个中心建设、大学生就业、社区卫生服务、计生优质服务、残疾人事业发展、民族宗教事务管理、食品市场安全管理、红十字会和档案等工作进行审议监督。其间，接待受理人民群众来信来访728件（次），及时督促有关方面改进工作。

第二节　行使决定权

1951年10月区第一届各界人民代表会议第一次会议依据《大城市区各界人民代表会议组织通则》赋予的职权，在听取审议区政府工作报告和公安工作补充报告的基础上，通过《关于各项工作报告和今后任务的决议》及大会提案审查委员会提出的《关于提案审查的工作报告》。1952年12月区第二届各界人民代表会议通过《市南区人民政府组织条例》。

区人大成立后，主要是以听取审议区政府有关报告并在此基础上形成决议的形式行使决定权。中共十一届三中全会召开后，随着人民代表大会制度的进一步完善，区人大常委会依据《中华人民共和国宪法》关于"县级以上的地方各级人民代表大会常务委员会讨论、决定本行政区域内的政治、经济、教育、文化、卫生环境和资源保护、民政、民族等方面的重大事项"的规定，紧紧围绕本行政区域内政治、经济和社会各方面的重大事项，认真行使决定权。

区九届人大常委会任期内，先后作出《关于〈市南区人大常委会工作职责范围〉的决议》《关于〈市南区人大常委会主任办公会议制度〉的决议》《关于进一步整顿社会治安保障经济调整顺利进行的决议》《关于努力把我区的爱国卫生运动提高到一个新水平的决议》《关于努力抓好工业生产和继续深入开展"五讲四美"活动的决定》《关于动员全区人民开展〈宪法〉（草案）讨论的决定》《关于贯彻执行打击经济领域严重犯罪活动的两个"决定"的决定》《关于认真做好第三次人口普查工作的决定》《关于进一步整顿社会治安秩序，确保夏季安全，为争取一九八二年社会治安秩序有更加明显好转的决议》《关于全面贯彻党的教育方针，培养少年儿童在德育、智育、体育等方面全面发展的决议》《关于切实抓好计划生育，严格控制人口增长的决议》《关于进一步加强综合治理搞好治安工作的决议》《关于区政府一九八三年上半年工作情况和下半年工作意见的决议》《关于严厉打击刑事犯罪活动的决议》《关于做好计划生育工作的决议》《关于推迟市南区第十届人民代表大会代表选举时间的决定》《关于政府工作报告的决议》《关于区人民法院和人民检察院工作报告的决议》及关于召开人大会议等多项决定、决议。

区十届人大常委会任期内，先后作出《区人大常委会关于联系代表、开展代表活动的决定》《关于设立市南区第十届人民代表大会常务委员会代表资格审查委员会及其组成人员名单的决议》《关于进一步加强综合治理和严厉打击刑事犯罪活动的决议》《关于加强教育工作的决议》《关于在全区公民中加强法制宣传普及法律常识的决议》及关于召开3次人大会议等多项决定、决议。

区十一届人大常委会任期内，先后作出《关于对〈市南区乡镇企业"七五"发展规划意见〉的决议》《关于解决区农工商小学教育问题的决定》《关于加强计划生育工作的决议》《关于在全区开展执法大检查的决定》《关于对〈计量法〉实施情况进行全面检查的决定》《关于同意逮捕张志武的决定》《关于区人民代表大会换届选举时间的决定》《关于设立市南区选举委员会并任命组成人员的决定》及关于召开3次人大会议等多项决定、决议。

区十二届人大常委会任期内，先后作出《关于区政府五年普法教育情况报告的决定》《关于在全区公民中深入开展第二个五年法制宣传教育的决定》《关于在"一府两院"实行部门执法责任制的决议》《关于设立市南区选举委员会并任命组成人员的决定》和关于区人民代表大会换届选举时间及召开3次人大会议等多项决定、决议。

区十三届人大常委会任期内，先后作出《关于动员社会力量完成我区校舍改造任务的决议》《关于1998年市南区人民代表大会换届选举时间的决定》《关于设立市南区选举委员会并任命组成人员的决定》及关于召开5次人大会议等多项决定、决议。

区十四届人大常委会任期内，先后作出《市南区人大常委会关于在“一府两院”实行部门执法责任制的决议》《关于司法机关就重大案件、事件向人大常委会报告的决定》《关于撤销区政府设立市南区中小企业担保基金的决定》《关于市南区2001—2005年法制宣传教育和依法治区规划的决议》《关于设立市南区选举委员会并任命组成人员的决定》《关于推迟区级人大代表选举日的决定》《关于批准区政府2002年财政预算调整方案的决定》及关于召开5次人大会议等多项决定、决议。

区十五届人大常委会任期内，先后作出《关于许可对市南区第十五届人大代表冯志毅采取强制措施的决议》《关于在全区公民中深入开展第五个五年法制宣传教育的决定》和《关于设立市南区选举委员会的决定》及关于召开5次人大会议等多项决定、决议。

区十六届人大常委会任期内，先后作出《关于批准青岛火车站周边地区旧城改造及配套基础设施项目有关事宜的决定》《关于市南区人民代表大会换届选举的决定》《关于设立市南区选举委员会的决定》《关于实施市南区法制宣传教育和依法治区第六个五年规划的决议》及关于召开4次人大会议等多项决定、决议。

第三节　行使人事任免权

人事任免权是宪法和法律赋予地方人大常委会的一项重要职权。市南区九届人大设立常务委员会后，在审议“一府两院”提请的人事任免案时，先由提请任免机关提供拟任意见，介绍拟任人员基本情况、考察情况后，经主任会议同意，提交常委会议审议、进行无记名投票或举手表决，现场颁发任命书。九届区人大常委会先后任免干部70名，其中，区人大工作机构负责人2名，区政府各委、办、局正职13名，区法院干部29名，区检察院干部26名。十届区人大常委会先后任免干部52名，其中，区人大工作机构负责人4名，区政府各委、办、局正职12名，区法院干部24名，区检察院干部12名。

区十一届人大第二次常委会通过《市南区人大常委会关于严格依法任命国家干部的办法》，先后任命干部79名，其中，区政府副区长1名，区政府各委、办、局正职21名，区人大工作机构负责人5名，区法院干部35名，区检察院干部17名；并对十一届一次常委会议以来由人大常委会决定任命的区政府组成人员进行政绩考核，参与述职报告的机关干部902人次，召开座谈会44次，个别谈话140多人次。区十二届第一次常委会通过《市南区人大常委会关于人事任免办法》，行使人事任免权更加规范。十二届区人大常委会依法任免国家机关工作人员108名，其中，任免区政府副区长4名，区政府委、办、局正职27名，区人大办事机构负责人9名，区法院干部42名，区检察院干部26名。

区十三届人大常委会依法任免国家工作人员234名，其中，任免行政干部71名（任47名、免24名），任免审判员134名（任88名、免46名），任免检察员29名（任25名、免4名）。自1995年十三届区人大十六次常委会议开始，区人大常委会分期分批安排对其任命的干部进行述职评议，或委托“两院”对本部门部分审判员、检察员进行述职评议；其间，先后对区政府18个局（委）的主要负责人进行述职评议，并委托区法院和区检察院分别对4名庭长、4名科长进行述职评议。

区十四届人大常委会在继续加强对人大任命干部进行述职评议的基础上，首创按任职审计、实施公示，并坚持法官、检察官任前考试制度，使述职评议工作走在全市的前列。1998

年3月，区十四届人大第二次常委会议作出《关于试行“供职”报告制度的规定》，此后即对区政府副职、各委、办、局正职和“两院”副职以及区人大常委会办事机构主要负责人在由区委组织部提供拟任人员有关材料的基础上，在常委会议决定任命之前，本人须向会议提交供职报告并到会与常委会组成人员见面或作供职发言，经会议审议后，采用无记名投票方式表决，经表决通过的人员，由常委会现场颁发任命书。区十四届人大常委会依法任免“一府两院”干部219名；对4名副区长、区法院3名副院长、区检察院3名副检察长及区政府的9名局长进行述职评议，并对常委会所任命的“一府两院”干部、区政府副区长全部进行民主评议。

2003年1月至2007年12月，区十五届人大常委会共任免地方国家机关工作人员170名，接受1名区人大常委会副主任、3名副区长的辞呈，先后对2名副区长、区法院院长及区政府的6名局长进行述职评议。

区十六届人大常委会依法任免国家机关工作人员235名，并对区法院、区检察院拟任人员实行人大知识和法律知识考核。

第十四篇

地方人民政府

第一章　组织机构

1946年，市南区建置，为青岛市内四区之一。1949年6月青岛解放后，市南区人民政府随之成立；12月，市南区人民政府改称青岛市人民政府市南区区公所，为市政府派出机构。1951年7月，全市区划调整，市南区区公所改称市南区人民政府。1954年9月，崂山郊区所辖的浮西乡、麦岛乡、浮亢乡划归市南区，设立浮山办事处，为区政府派出机构；12月，全区组建了9个街道办事处。1955年6月，区人民政府改称区人民委员会；到1966年5月，区人委派出机构达到13个。

“文化大革命”开始后，市南区党政组织受到严重冲击。1967年2月，市南区15个造反组织联合成立“市南东方红公社”，夺取了中共市南区委、市南区人民委员会的一切权力；3月，该公社更名为市南区革命委员会。1968年9月，经青岛市革命委员会审查，并报山东省革命委员会批准，青岛市市南区革命委员会建立。

1975年11月，中共市南区委恢复，政府职能由区革命委员会履行。1977年5月起，先后恢复、设立了16个工作部门。1981年1月，撤销市南区革命委员会，建立市南区人民政府，下设19个工作部门。1984年8月，经省、市人民政府批准，市南区浮山、辛家庄两个街道办事处建立；至1987年1月，全区共设有14个街道办事处。此后，随着社会发展和工作需要，历经多次机构改革和调整。

至2012年年底，市南区人民政府设有工作部门21个、派出机构10个、政府办公室管理部门2个、区直属事业单位5个、其他机构2个。

第一节　领导机构

1949年6月2日青岛解放，市南区人民政府随即成立，区政府日常工作大多由区军政委员会领导下的工作队及留用的旧保甲人员协助办理。同年12月，市南区人民政府改称青岛市人民政府市南区区公所。1950年3月，青岛市委、市政府给市南区区公所配备8～12名工作人员；同年8月，市南区区公所的干部配备充实为12～18人。1951年7月，市南区区公所复称市南区人民政府。1949—1952年，历任区长、副区长均由青岛市人民政府任命。

1952年12月，召开市南区第二届各界人民代表会议，经上级批准，此次会议代行人民代表大会的职权，选举产生区人民政府区长和副区长。1954年4月，市南区第一届人民代表大会第一次会议召开，选举产生区第一届人民政府。

1955年6月，根据第一届全国人民代表大会通过的《地方各级人民代表大会和地方各级人民委员会组织法》，市南区人民政府改称市南区人民委员会，为市南区第一届人民委员会。1956年年底至1966年3月，市南区人民委员会先后5次召开人民代表大会进行换届，区长、副区长均由区人民代表大会选举产生。

1967年2月，市南区东方红养殖场燎原战斗兵团等15个造反组织联合成立“市南东方红公社”，夺取了中共市南区委、市南区人民委员会的一切权力；同年3月，该公社更名为市南区革命委员会。1968年9月，经青岛市革命委员会审查，并报山东省革命委员会批准，市南区革命委员会建立。1970年1月，报经省、市革委会批准，调整组成以军代表为主任的新一届区革命委员会；同年2月，建立中共市南区革命委员会核心领导小组。1975年11月，恢复中共市南区委；区革命委员会履行区人民委员会职能。“文化大革命”期间的区革命委员会主任、副主任均由市革命委员会任命，并报省革命委员会审查批准。

1981年1月，市南区召开第九届人民代表大会第一次会议，选举产生第九届区人民政府，市南区革命委员会被撤销；此后至2012年2月，市南区人民政府先后8次换届。其间，根据《中华人民共和国地方各级人民代表大会和地方各级人民政府组织法》（第二次修正）规定，自1993年2月的市南区第十三届人民代表大会起，每届区人民代表大会和区人民政府的任期由原来的3年改为5年。

青岛市市南区人民政府

1949年6月2日，青岛解放，青岛市市南区人民政府建立，市人民政府任命区长1人、同年7月，市人民政府任命区长1人、副区长1人。同年11月，市人民政府任命副区长1人。1951年7月，市南区区公所复称市南区人民政府，市人民政府任命区长1人、副区长1人。1952年6月，市人民政府任命区长1人、副区长1人。1952年12月23—25日，市南区第二届各界人民代表会议召开，这次会议经上级批准代行人民代表大会的职权，选举产生区长1人、副区长1人。1953年9月，任命副区长1人。1954年3月，任命副区长1人。

张蕴珊
1949.6—1949.7
任区长

王鸿典
1952.6—1960.4
任区长

1954年4月11—13日，召开市南区第一届人民代表大会第一次会议，选举产生区长1人、副区长3人。同年11月，任命副区长1人。

1981年1月24—27日，召开市南区第九届人民代表大会第一次会议，将市南区革命委员会改称市南区人民政府，选举产生区长1人、副区长4人。

1984年8月6—8日，召开市南区第十届人民代表大会第一次会议，选举产生区长1人、副区长3人。

1987年4月12—16日，召开市南区第十一届人民代表大会第一次会议，选举产生区长1人、副区长4人。1988年12月，任命副区长1人。

1990年4月22—27日，召开市南区第十二届人民代表大会第一次会议，选出区长1人、副区长5人。1992年10月、11月，分别任命副区长2人。

1993年2月12—17日，召开市南区第十三届人民代表大会第一次会议，选举产生区长1人、副区长6人。1994年7月，任命副区长1人。1996年3月，任命副区长2人。

徐镇绥
1998.1—2001.4
任区长

1998年1月15—20日，召开市南区第十四届人民代表大会第一次会议，选举产生区长1人、副区长5人。2001年10月，任命代理区长1人，次年1月任区长。1998年7月，任命副区长2人，2000年11月、2001年10月，分别任命副区长2人。

李众民
2001.10—2002.1
任代理区长
2002.1—2005.12
任区长

2003年1月16—20日，召开市南区第十五届人民代表大会第一次会议，选举产生区长1人、副区长6人。2005年12月，任命代理区长1人，次年1月任区长。2003年5月、2004年12月和2006年4月，分别任命副区长3人。

2007年12月2—7日，召开市南区第十六届人民代表大会第一次会议，选举产生区长1人、副区长6人。2010年4月，任命代理区长1人，次年1月任区长。2009年12月，任命副区长1人。2011年12月，任命副区长1人。2012年2月，任命副区长4人。

万建忠
2005.12—2006.1
任代理区长
2006.1—2010.4
任区长

2012年2月1—4日，召开市南区第十七届人民代表大会第一次会议，选举产生区长1人、副区长6人。同年9月，任命副区长2人。同年12月，挂职副区长1人。2013年8月，任命副区长1人。2014年4月，挂职副区长1人。2015年10月，挂职副区长1人。2017年1月，任命代理区长1人，2月任区长。同年1月，任命副区长1人。

高　健
2017.1—2017.2
任代理区长
2017.2—
任区长

2017年2月25—28日，召开市南区第十八届人民代表大会第一次会议，选举产生区长1人，副区长5人。

青岛市人民政府市南区区公所

1949年12月，市南区人民政府改称青岛市人民政府市南区区公所，市人民政府任命区长1人、副区长1人。1950年10月，任命副区长1人。

市南区人民委员会

1955年6月，根据第一届全国人民代表大会通过的《地方各级人民代表大会和地方各级人民委员会组织法》规定，市南区人民政府改称市南区人民委员会，任命区长1人、副区长4人。1955年11月，任命副区长1人。

徐振哲
1960.4—1963.3
任区长
1968.9—1970.3
任区革命委员会主任

1956年11月30日至12月3日，召开市南区第二届人民代表大会第一次会议，选出区长1人、副区长5人。

1958年5月17—20日，召开市南区第三届人民代表大会第一次会议，选出区长1人、副区长3人。1960年4月，任命区长1人、副区长1人。

刘宝江
1963.3任区长
（未到职）

1961年4月17—19日，召开市南区第四届人民代表大会第一次会议，选出区长1人、副区长4人。1962年1月、1963年4月，分别任命副区长2人。1963年3月，任命区长1人，但未到职。

刘　华
1963.9—1964.9
任区长

1963年9月9—12日，召开市南区第五届人民代表大会第一次会议，选出区长1人、副区长3人。1964年11月、1965年12月，分别任命区长2人。1965年12月，任命副区长2人。

张作典
1965.12—1966.3
任区长

1966年3月17—20日，召开市南区第六届人民代表大会第一次会议，选出区长1人、副区长3人。

青岛市市南区革命委员会

1968年9月，经市革命委员会审查，并报省革命委员会批准，建立市南区革命委员会，任命主任1人、副主任3人。1970年3月、1972年5月、1973年12月和1975年6月，分别任命主任4人。1970年3月，任命副主任4人。1970年12月、1975年11月，分别任命副主任2人。1976年7月，任命副主任2人。

1976年10月，青岛市市南区革命委员会进行换届，任命主任1人、副主任5人。1977年7

月，任命副主任1人。

1978年5月19—22日，召开市南区第八届人民代表大会第一次会议，选出市南区革命委员会主任1人、副主任8人。1978年12月、1980年1月，分别任命副主任2人。

表14－1　青岛市市南区人民政权领导人更迭情况一览表

（1949—2017年）

机构名称	起止时间	区长（主任）	副区长（副主任）
青岛市市南区人民政府	1949.6—1949.12	区长: 张蕴珊（1949.7离职） 牟志仁（1949.7任职）	副区长: 沈　勇（1949.7—1949.10） 王绪宾（1949.11任职）
青岛市人民政府市南区区公所	1949.12—1951.7	区长: 牟志仁	副区长: 王绪宾（1950.10离职） 王鸿典（1950.10任职）
青岛市市南区人民政府	1951.7—1952.12	区长: 牟志仁（1952.6离职） 王鸿典（1952.6任职）	副区长: 王鸿典（1952.6离职） 孙宝友（1952.6任职）
青岛市市南区人民政府	1952.12—1954.4	区长: 王鸿典	副区长: 孙宝友（1953.8离职） 李本义（1953.9任职） 江　滨（女,1954.3任职）
青岛市市南区人民政府	1954.4—1955.6	区长: 王鸿典	副区长: 李本义 江　滨（女） 杨浩春 刘文周（1954.11任职）
青岛市市南区人民委员会	1955.6—1956.12	区长: 王鸿典	副区长: 李本义 江　滨（女,1955.9离职） 杨浩春 刘文周 陈永安（1955.11任职）
青岛市市南区人民委员会	1956.12—1958.5	区长: 王鸿典	副区长: 李本义（1958.4离职） 杨　钧（女） 杨浩春 刘文周 陈永安

续表 14－1

机构名称	起止时间	区长(主任)	副区长(副主任)
青岛市市南区人民委员会	1958.5—1961.4	区长: 王鸿典(1960.4 离职) 徐振哲(1960.4 任职)	副区长: 王凤侠(女) 陈永安 杨浩春 傅培耕(1960.4 任职)
青岛市市南区人民委员会	1961.4—1963.9	区长: 徐振哲(1963.3 离职) 刘宝江(1963.3 任职,未到职)	副区长: 王凤侠(女) 林治松(1963.3 离职) 傅培耕(1962.9 离职) 杨浩春(1963.4 离职) 强　彪(1962.1 任职) 凌一欧(1963.4 任职)
青岛市市南区人民委员会	1963.9—1966.3	区长: 刘　华(1964.9 离职) 鞠维信(1964.11—1965.12) 张作典(1965.12 任职)	副区长: 强　彪(1965.12 离职) 王凤侠(女,1965.12 离职) 凌一欧 李之亭(1965.12 任职) 刘启民(女,1965.12 任职)
青岛市市南区人民委员会	1966.3 建立	区长: 张作典	副区长: 李之亭 刘启民(女) 凌一欧
青岛市市南区革命委员会	1968.9—1976.10	主任: 徐振哲(1970.3 离职) 毛文义(军代表,1970.3—1972.5) 陈惠民(军代表,1972.5—1973.12) 阎同科(1973.12—1975.6) 修　国(1975.6 任职)	副主任: 丁正竹(群众组织代表,1970.3 离职) 冯殿华(军代表,1970.3 离职) 张作典 陈惠民(军代表,1970.3—1972.5) 李之亭(1970.3 任职) 王建龙(军代表,1970.3—1973.9) 徐振哲(1970.3—1972.5) 阎同科(1970.12—1973.12) 刘启民(女,1975.11 任职) 徐葆芝(1976.7 任职) 梁有新(1976.7 任职)

续表 14－1

机构名称	起止时间	区长(主任)	副区长(副主任)
青岛市市南区革命委员会	1976.10—1978.5	主任: 修　国	副主任: 张作典(1977.5离职) 李之亭 刘启民(女) 徐葆芝 梁有新 王振杲(1977.7任职)
青岛市市南区革命委员会	1978.5—1981.1	主任: 修　国	副主任: 王振杲 刘启民(女,1979.1离职) 郁玉兰(女) 梁有新 张文武 夏本英 李文成 解传荣 曲鸣皋(1978.12任职) 魏秋海(1980.1任职)
青岛市市南区人民政府	1981.1—1984.8	区长: 王振杲	副区长: 梁有新 魏秋海 夏本英 李文成
青岛市市南区人民政府	1984.8—1987.4	区长: 黄绍美	副区长: 鲁　瑛(女) 石凤鸣 王　丹
青岛市市南区人民政府	1987.4—1990.4	区长: 黄绍美	副区长: 王　丹 鲁　瑛(女) 石凤鸣 王积国 崔延南(1988.12任职)

续表 14－1

机构名称	起止时间	区长(主任)	副区长(副主任)
青岛市市南区人民政府	1990.4—1993.2	区长: 王宝琪	副区长: 王　丹 鲁　瑛(女) 石凤鸣 王积国 崔延南 楚振刚(1992.10任职) 赵　鸣(1992.11任职)
青岛市市南区人民政府	1993.2—1998.1	区长: 王宝琪	副区长: 楚振刚(1996.11离职) 崔延南(1994.7离职) 王积国 姜岱积 赵　鸣 李宝聚(1996.3离职) 单强炜(1994.7任职) 王建祥(1996.3任职) 樊金云(1996.3任职)
青岛市市南区人民政府	1998.1—2003.1	区长: 徐镇绥(2001.4离职) 李众民(2001.10代理,2002.1任职)	副区长: 李众民(2001.10离职) 朱玉磊 王建祥(2000.9离职) 董随福(1998.7任职) 赵　鸣 刘圣珍(女) 郭　喜(1998.7—2001.2) 陈　勇(2000.11任职) 卢伟建(2001.10任职)
青岛市市南区人民政府	2003.1—2007.12	区长: 李众民(2005.12离职) 万建忠(2005.12代理,2006.1任职)	副区长: 朱玉磊(2004.12离职) 董随福(2007.1离职) 刘圣珍(女,2006.4离职) 卢伟建(2007.1离职) 倪志涛 刘伟政 朱铁一(2003.5—2007.10) 孙兆军(2004.12任职) 刘青华(女,2006.4—2006.12)

续表 14－1

机构名称	起止时间	区长（主任）	副区长（副主任）
青岛市市南区人民政府	2007.12—2012.2	区长: 万建忠（2010.4离职） 华玉松（2010.4代理,2011.1任职）	副区长: 辛永年（2012.2离职） 赵　斌（2009.12—2012.2） 倪志涛（2011.8离职） 管习会（2012.2离职） 刘伟政（2012.2离职） 陈　伟（女） 孙兆军（2009.12离职） 王维礼（2011.12任职） 李海涛（2012.2任职） 李钦坤（2012.2任职） 周国栋（2012.2任职） 刘存东（2012.2任职）
青岛市市南区人民政府	2012.2—2017.2	区长: 华玉松（2017.1离职） 高　健（2017.1代理，2017.2任职）	副区长: 王孝芝（2012.9—2017.1） 李钦坤（2017.1离职） 王维礼（2013.9离职） 周国栋（2017.1离职） 刘存东 管寿果（2012.9任职） 李海涛（2012.6离职） 陈　伟（2012.9离职） 李令建（2012.12—2013.5挂职） 郭建礼（2013.8—2017.1） 扎西次仁（2014.4—2015.2挂职） 付　蕾（2015.10—2016.10挂职） 孙晋华（2017.1任职）
青岛市市南区人民政府	2017.2—	区长: 高　健	副区长: 刘存东 管寿果 孙晋华 宋建青 辛民志

第二节　工作机构

区人民政府机构设置

工作部门　青岛解放初期，市南区人民政府未下设工作部门。1951年7月，设立秘书室、民政股、文教股、调解股和工商劳动股；1952年12月，将股改为科，工商劳动股改为劳动科、工商科，增设卫生科。1952年10月至1973年2月，青岛市公安局市南分局曾3次下放市南区领导。1953年12月，设粮食科。

1981年1月，市南区人民政府设19个职能部门：办公室、人事科、民政局、劳动科、工商行政管理局、卫生局、爱国卫生运动委员会办公室、教育局、文化科、体育运动委员会、工业管理局、商业局、财贸办公室、人防领导小组办公室、计划生育领导小组办公室、环境保护办公室、科学技术委员会、物资供应站、司法局。1981年2月，区委知识青年上山下乡办公室改为区政府知识青年办公室，并入区政府劳动科；同年12月，计划生育领导小组办公室改为计划生育局。1982年9月，人防领导小组办公室改为人防委员会办公室。

1984年4月，区级党政群机关进行第一次机构改革，市粮食局市南分局收归市局领导，区政府设职能部门19个：办公室（含侨务工作）、经济计划委员会、科学技术委员会、体育运动委员会、人事局、劳动局、民政局、司法局、工商行政管理局、统计局、物价局、审计局、财政局、教育局、文化局、卫生局（含爱卫会办公室）、计划生育局、环境保护局、人民防空委员会办公室。1985年1月设立市南区城市建设管理局，1988年12月更名为市南区城市建设管理委员会。1987年4月，根据《关于我市实行国家计划单列后，机构建制级别和干部配备管理、工资待遇的通知》，区属各党政群部门的行政级别为处级，内设机构为科级。1988年3月设立市南区体制改革办公室、市南区监察局，1989年10月市南区体制改革办公室更名为市南区经济体制改革委员会，1993年4月区纪委、区监察局合署办公。1990年5月，市南区计划生育局更名为市南区计划生育委员会；6月，设立区政府法制办公室。1992年6月，设立市南区对外经济贸易委员会。1994年9月，设立市南区财政贸易办公室。

1995年10月，区级党政群机关进行新一轮机构改革。改革后，区政府设职能部门19个：区政府办公室（包括经济体制改革、法制、外事工作）、经济计划委员会（包括区街工业行政管理工作）、对外经济贸易委员会、教育体育委员会、科学技术委员会、民政局、司法局、财政局（挂国有资产管理局的牌子）、人事局（机构编制委员会办公室与其合署）、劳动局、城市建设管理委员会（包括园林绿化、环卫、房产、土地规划、市政等行政管理工作）、财贸委员会、文化局、卫生局（内设爱国卫生运动委员会办公室）、计划生育委员会、审计局、统计局、环境保护局、物价局；另外设有由区政府办公室管理的人防办公室和与纪律检查委员会合署的监察局。1996年10月，市南区工商行政管理局归市局管理，实行垂直领导；1998年4月，市南区城市建设管理委员会更名为市南区城市管理委员会。

2001年年底，区级党政群机关再次改革后，区政府设有工作部门17个：区政府办公室、财政局、监察局（与区纪委机关合署办公，列入政府工作部门序列，不计政府机构数）、民政局、司法局、人事局、文化局、卫生局、计生委、审计局、统计局、经济计划局、教育体育局、科学技术局、劳动和社会保障局、城市建设管理局、对外贸易经济合作局、财贸办公室；另有部门管理机构2个（由区政府办公室管理的区政府法制办公室和人民防空办公室）、政府议事协调机构的办事机构1个（经济体制改革办公室）。

2004年政府机构调整后，区政府设有17个工作部门：区政府办公室、发展和改革局（加挂物价局牌子）、教育体育局、科学技术局（加挂地震局牌子）、财政局、民政局、劳动和社会保障局、司法局、人事局（机构编制委员会办公室与其合署）、城市建设管理局、安全生产监督管理局、对外贸易经济合作局、文化局（加挂新闻出版管理办公室牌子）、卫生局、人口和计划生育局、审计局、统计局、监察局（与区纪委机关合署办公，列入政府工作部门序列，不计政府机构数）；政府法制办公室、人民防空办公室为由区政府办公室管理的机构。

2010年9月，区政府再次进行机构改革，至2012年年底，共设置工作部门21个：区政府办公室、发展和改革局（挂区物价局牌子）、教育局、科学技术局、监察局（与纪律检查委员会机关合署，列入区政府工作部门序列，不计入政府机构个数）、民政局、司法局、财政局、人力资源和社会保障局、城市管理局（与区城市管理行政执法局合署）、开发建设局、商务局、服务业发展局、法制办公室、文化新闻出版局（挂区旅游局牌子）、卫生局、人口和计划生育局、审计局、体育局、统计局、安全生产监督管理局和人民防空办公室。另有政府办公室管理部门2个（机关事务管理局、电子政务办公室），区直属事业单位5个（软件及动漫游戏产业园管理办公室、数字化城市管理监督中心、文化市场行政执法局、市场建设服务中心、房产管理处），其他机构2个（城市管理行政执法局、老龄工作委员会办公室）。

派出机构　1981年1月，市南区人民政府建立后，设有13个派出机构：台西三路街道办事处、郓城北路街道办事处、单县路街道办事处、云南路街道办事处、南村路街道办事处、中山路街道办事处、泰安路街道办事处、观海一路街道办事处、金口路街道办事处、江苏路街道办事处、文登路街道办事处、浮山所街道办事处、浮山人民公社。1984年8月，经省、市人民政府批准，撤销浮山人民公社行政建制，区政府设派出机构为14个：台西三路街道办事处、郓城北路街道办事处、单县路街道办事处、云南路街道办事处、南村路街道办事处、中山路街道办事处、泰安路街道办事处、观海一路街道办事处、金口路街道办事处、江苏路街道办事处、文登路街道办事处、湛山街道办事处、浮山街道办事处、辛家庄街道办事处。

1995年10月第二次机构改革后，区政府派出机构仍为14个：辛家庄街道办事处、浮山街道办事处、湛山街道办事处、文登路街道办事处、江苏路街道办事处、金口路街道办事处、观海路街道办事处、中山路街道办事处、泰安路街道办事处、云南路街道办事处、南村路街道办事处、单县路街道办事处、西陵峡路街道办事处、台西三路街道办事处。

1998年12月，部分街道办事处行政区划调整、更名后，派出机构为：八大峡街道办事处、台西街道办事处、云南路街道办事处、中山路街道办事处、观海路街道办事处、江苏路街道办事处、金口路街道办事处、八大关街道办事处、湛山街道办事处、浮山街道办事处、珠海路街道办事处、金湖路街道办事处、八大湖街道办事处、金门路街道办事处。

2004年5月，14个街道办事处合署为9个街道办事处、1个社区公共服务委员会：金门路街道办事处、八大湖街道办事处、珠海路街道办事处、香港中路街道办事处、湛山街道办事处、八大关街道办事处、中山路街道办事处、云南路街道办事处、八大峡街道办事处、江苏路社区公共服务委员会。2008年6月，江苏路社区工作委员会改为江苏路街道办事处。

区人民委员会机构设置

工作部门　1955年6月，市南区第一届人民委员会设有秘书室（7月改称办公室）、办公室、民政科、劳动科、工商科、卫生科、文教科、调解科、工业科、手工业管理科、粮食科等；同年8月，设工业科，撤销粮食科，成立青岛市粮食局市南分局。1956年4月，设手工业合作社联合社筹委会；同年9月，撤销调解科。1957年7月，设农业科。1958年5月，设体育运动委员会；同年6月，青岛市粮食局市南分局改称区粮食局；8月，农业科改为农林科；9月，设人事监察室、人事科；11月，设财政局、税务局、文化科、交通科、建设局、商业局、计划委员会，撤销工商科，文教科改为教育局。1959年2月，撤销人事监察室；同年5月，农林科与浮山人民公社合编，对外保留名义。1961年5月，设财贸办公室、公社工业管理局，撤销计划委员会、手工业管理科，手工业合作社联合社并入公社工业管理局；同年8月，撤销工业科。1962年1月，将财政局、税务局一并撤销，成立青岛市税务局市南分局，归市税务局直接领导；同年6月，区粮食局改称青岛市粮食局市南分局，上交市管理；8月，恢复工商行政管理科；9月，重设手工业管理科、手工业联社，将文化科、交通科、建设局一并撤销，教育局改称文教科。1963年3月，重设公社工业管理局，原属台西区的部分工厂、商店、文教卫生单位划归市南区领导；同年11月，人事科改称人事监察科。1964年10月，设公社修配服务总站。1966年1月，文教科改称教育科；同年3月，撤销手工业管理科，手工业联社并入公社工业管理局，公社修配服务总站改称生产生活服务总站；5月，设立人民防空委员会办公室。至此，区人委共设办公室、人事监察科、民政科、劳动科、卫生科、教育科、工商行政管理科、商业局、公社工业管理局、生产生活服务总站、人防办公室等11个职能部门。

派出机构　1954年9月，崂山郊区所辖的浮西乡、麦岛乡、浮亢乡划归市南区，设立浮山办事处，为区政府派出机构；同年12月，组建中山路街道办事处、四方路街道办事处、泰安路街道办事处、观海一路街道办事处、金口路街道办事处、龙江路街道办事处、江苏路街道办事处、文登路街道办事处、湛山大路街道办事处、浮山街道办事处（1957年10月改为浮山所街道办事处）10个街道办事处。1958年9月，湛山大路街道办事处农村部分与浮山所街道办事处合并，成立市南区东风人民公社（1959年1月改为市南区浮山人民公社）；同年11月，撤销四方路、龙江路、湛山大路街道办事处，所辖区域分别划归中山路、金口路、江苏路、文登路街道办事处管辖。1963年2月，台西区被撤销，台西三路街道办事处、郓城北路街道办事处、单县路街道办事处、云南路街道办事处、南村路街道办事处划归市南区。1963年6月，浮山人民公社的生产管理和党务工作划归崂山县。1964年7月，重新建立浮山所街道办事处。至1966年5月，区人委派出机构共12个，分别为：中山路街道办事处、泰安路街道办事处、观海一路街道办事处、江苏路街道办事处、金口路街道办事处、文登路街道办事处、浮山所街道办事处、台西三路街道办事处、郓城北路街道办事处、单县路街道办事处、云南路街道办事处、南村路街道办事处。

区革命委员会机构设置

工作部门　1967年3月，市南区革命委员会下设办公室、政治部、生产指挥部；其中，政治部下设组织科、宣传科、教育科，生产指挥部下设生产部办公室、商业组、工业组、卫生组、工商组、服务总站、民政组、劳动工资组。1972年10月，恢复区教育局、商业局、工业局。1977年4月，设立爱国卫生运动委员会办公室；同年5月，恢复民政科、劳动科，设立文化科、第二工业局、计划生育领导小组办公室、环境保护办公室、体育运动委员会。1978年4月，设立科学技术委员会；同年5月，工商组改为工商行政管理局；7月，撤销生产指挥部；11月，设立财贸办公室；12月，恢复设立办公室，民政科改为民政局，卫生组改为卫生局。1979年3月，撤销第二工业局，工业局更名工业管理局；同年4月，设立区物资供应站；5月，成立区人事科；7月，市粮食局市南分局归区领导。1980年11月，设立区司法局。

派出机构　1967年3月，市南区革命委员会将全区12个街道办事处陆续改称为管区，分别为：台西三路管区、郓城北路管区、单县路管区、云南路管区、南村路管区、泰安路管区、观海一路管区、金口路管区、江苏路管区、浮山所管区、东方红路管区（1967年2月至1972年9月，太平路、莱阳路、文登路合称东方红路，故文登路街道办事处被改称东方红路管区）、反修路（中山路）管区（1970年2月至1976年10月，因中山路改为反修路，故中山路街道办事处被改称反修路管区）。从1968年8月起，12个管区中先后有7个成立革命领导小组。1970年2月，12个管区全部改设革命委员会。1978年12月，撤销各管区革命委员会，恢复各街道办事处名称；浮山人民公社又划归市南区管辖。1981年4月，撤销浮山人民公社革命委员会，选举产生公社管理委员会。

第二章　施政纪略

第一节　市南区人民政府
（1949年6月至1955年6月）

1949年6月，市南区人民政府成立。12月，市南区人民政府改称青岛市人民政府市南区区公所，为市政府派出机构。1951年7月，市南区区公所改称市南区人民政府。区人民政府建立后，在市、区军管会的领导下，迅速进行区域旧机构、各街区及域内工商业和手工业的接管，肃清匪特，稳定金融物价，恢复生产，赈济灾民，完成土地改革，开展民主建政工作，开展生产自救，镇压反革命，取缔反动道会门，贯彻《中华人民共和国婚姻法》，大办市民业余学校、补习学校，组织区内市民开展文化学习和文化补习。朝鲜战争爆发后，开展抗美援朝爱国主义运动，镇压肃清反革命分子，开展“三反”“五反”、增产节约和爱国卫生运动，贯彻国家在过渡时期对私营工商业的利用、限制、改造政策。发动全区订立爱国卫生公约，大规模清理环境卫生，为青岛市获得全国卫生模范城市称号做出了突出贡献。1953年起，对全区农业、手工业、资本主义工商业进行社会主义改造，确立社会主义公有制地位。实施青岛市经济建设的第一个五年计划，调动各方面的积极性加快经济建设，不断提高人民物质、文化、生活水平。

接管市区

1949年6月2日，青岛解放。当日，市南区人民政府成立。在市、区军管会的领导下，按照“各按系统，原封不动，自上而下，整套接收”的方针，由部队派出的工作队协助，各部门人员入驻接管，接管了市南区的旧机构、各街区保甲等。市南区军管会卫生队接管了区内的中心卫生所，负责开展卫生管理、防疫注射、传染病预防、妇幼卫生等工作。在市人民政府文教局直接领导下，接管了区内的市立小学和部分机关小学，调整合并了区立、保立、私立和教会小学。接管了区内的工商业和手工业，组织复工复业，恢复市面工商秩序。同时，接管、收缴流失民间的枪支弹药，肃清匪特，稳定金融和物价，恢复生产，赈济灾民，恢复经济秩序，推进新解放区的土地改革，开展民主建政工作，开展生产救灾，进行新民主主义改革和建设。废除旧的保甲组织，除对旧保甲组织中罪大恶极分子惩办外，其余均予留用。至1949年年底，全区接管工作结束，社会秩序初步稳定。

抗美援朝运动

朝鲜战争爆发后，配合市、区委开展抗美援朝爱国主义运动，开展抗美援朝教育、订立爱国公约、捐献飞机大炮款、优待烈军属以及镇压肃清反革命分子等工作。同时，开展“三反”“五反”、增产节约和爱国卫生运动，并在区属的124个工厂、商店中开展民主团结运动，结合“五反”运动，解决劳资纠纷，贯彻国家在过渡时期对私营工商业的利用、限制、改造政策，开展与资本家“五毒”行为的斗争。

民主建政

1953年起，开展民主建政工作，在试点的基础上，在全区11个派出所建立12个居民委员会，组织全民普选，选出区人大代表89名。1954年，在建立街道办事处的同时，对居民委员会进行调整改选，按100～300户的范围，每一公安户籍段，建立1～2个居民委员会；职工集体宿舍组建职工家属委员会，受基层工会直接领导。1955年，根据国家《城市居民委员会条例》和青岛市《居民委员会工作范围与工作制度》，在街道办事处的指导下，建立群众自治性居民组织，居（家）委员会的工作步入正轨，在办理居民公共福利、反映群众意见、维护社会治安、调解邻里矛盾等方面，发挥重要作用。

反细菌战

1952年1月开始，美国飞机在朝鲜前线阵地和后方，大量投放传播细菌的毒虫和毒物，并把细菌战扩大到中国东北地区。同年3月6日，又把细菌战扩大到青岛地区，美国飞机先后4次9架侵入青岛地区上空，投放大量病毒生物和毒物。市人民政府当即组成青岛市细菌战防御专门委员会，市南区成立防疫分会，区防疫分会之下，按主要路段设立防疫站，站以下各街道设卫生小组，作为防疫机构的最基层组织。全区组成灭虫大军，男女老幼齐上阵，掀起扑虫灭虫高潮。至3月底毒虫基本消灭。在初战告捷的基础上，青岛市人民政府印发《青岛市清洁卫生运动实施办法》，全区订立爱国卫生公约，大规模地清理环境卫生，清除垃圾，疏通沟渠，排泄污水，迁移粪场，修建公厕，改良水井，灭除蚊蝇，挖蛹、捞蛆，为青岛市获得全国卫生模范城市称号做出了突出贡献。

全市青年学生踊跃报名参军参干，投身抗美援朝、国防建设的战斗行列。图为参军参干青年学生队伍行进在中山路上

第二节　市南区人民委员会

（1955年6月至1968年9月）

1955年6月，市南区人民政府改称市南区人民委员会。同年全区工商业进入社会主义改造的高潮，全区私营工商业全部批准了公私合营，手工业者全部实现了合作化，全区农村基本完成社会主义合作化，确立了社会主义公有制。实施青岛市经济建设的第一个五年（1953—1957）计划，不断提高人民物质、文化、生活水平，超额完成“一五”经济建设计划。注重普及初等教育，大力推进扫盲运动，提高市民文化水平，以防治疾病

为中心的群众性爱国卫生运动蓬勃开展。其间开展了全民大炼钢铁、"大跃进"运动和人民公社化运动。随后贯彻中央"调整、巩固、充实、提高"的方针，积极应对严重经济困难时期的各项紧急措施，组织保粮减灾，压缩城市户口和居民口粮标准，对部分工业企业实行关、停、并、转，支援农业生产，扭转被动局面，经济形势明显好转。60年代初，在压缩城区人口、精减职工的同时，区内知识青年即开始上山下乡。全市组织动员城市知识青年和闲散劳动力下乡插队，在市南区先行试点。1965年起，区内先后组织动员知识青年到甘肃生产建设兵团第11师、青海生产建设兵团第12师参加军垦建设。"文化大革命"开始后，市南区人民委员会工作停滞。

社会主义改造

"一五"时期，市南区按照上级的统一部署，对全区的农业、手工业、资本主义工商业进行社会主义改造，采用公私合营方式，将私营经济纳入国家计划经济的轨道。1956年，市南区的工商业进入社会主义改造的高潮，全区44个行业855户私营工商业全部批准公私合营；全区804户、2774个手工业者全部参加合作社或生产组，共成立12处合作社和20个生产组，全区的手工业全部实现合作化。1956年2月底，市南区农村基本完成社会主义合作化，成立高级农业社一处，入社农户占总农户99.2%；高级蔬菜生产社一处，蔬菜农业户全部入社；高级渔业社一处。全区对农业、手工业和资本主义工商业的社会主义三大改造的完成，确立了社会主义公有制，市南区开始全面进入计划经济时期。

完成"一五"计划

实施青岛市经济建设的第一个五年（1953—1957）计划，调动各方面的积极性加快经济建设，不断提高人民物质、文化生活水平。积极组织手工业生产，满足城乡群众的需求。工厂企业开展先进生产者运动，改造生产工具，改进操作方法，增加产品品种，提高产品质量。大力开展农业互助合作化运动，积极组织开展冬耕积肥打井，改进农业生产技术，改良农作物生产品种，组织广大农民从事渔副业生产。全区商业开展优良服务月活动，订立服务公约，改善经营管理，开展社会主义竞赛，增加商店经营品种，调整商业网点布局，营业额显著上升。注重普及初等教育，小学由1953年的16所增至17所，在校生由12947人增至16889人。扫盲运动取得良好成绩，组织开办职工业余初等教育班、市民初等教育班及各种文化补习班，提高市民文化水平。1957年公私合营商业总产值达到718.5万元，比1953年增长12.98%；手工业合作社总产值为1311.4万元，比1956年增长110%；合作社资金由1956年年初的40万元增加至197万元；农业总收入67.68万元，比1953年增长26.6%。至"一五"期末，全区超额完成"一五"经济建设计划。

开展扫盲运动

"一五"时期，全区开展大规模扫盲运动。动员全区职工、居民中的文盲参加各种识字班、扫盲班，组织全区干部、教师、在校学生及社会各界知识分子，充实扫盲师资队伍。各单位分工包干，层层负责，广大职工居民中形成"一人学习全家保证""一人扫盲全院支持"的良好氛围，推动全区扫盲运动不断深入。至1957年，全区7023名文盲中，有6182名报名入学，占文盲总数的88%。

爱国卫生运动

1957年起，全区掀起"除四害，讲卫生"的新高潮，"苦战七昼夜，大战半个月"，全区出动130万人次，灭鼠、捕雀、挖蛹、灭蝇、灭蚊、灭蟑螂、清除垃圾、改良厕所、疏通沟渠，不断深入开展以除害灭病为中心的爱国卫生和卫生保健运动。1961年，开展以防治疾病为中心的群众卫生运动，先后掀起12次群众性活动高潮，出动18万人次参加各种卫生活动，并坚持划片清扫与垃圾日产日清制度。1963

年，开展以防治肠道传染病为中心的爱国卫生运动，大力开展灭蝇活动。1964年春，发动群众连续开展声势、规模最大的三个卫生突击回合，出动17多万人次，清理140多处公共场所和卫生较差的里院，清理143条大小马路，处理1600多吨垃圾及砖瓦碎石，处理大量鸡、兔，拆除大量鸡、兔窝棚，全区的环境卫生得到进一步改善，逐步形成"卫生为荣，不卫生为耻辱"的道德风尚。

"大跃进"

1958—1961年，按照中央"以钢为纲"全面跃进及"两条腿"走路方针，开展全民大炼钢铁、"大跃进"的群众运动。1957年11月起，掀起农业冬季生产高潮，浮山人民公社共打大井99眼、小井727眼，修水库7座，灌溉面积扩大到3996亩，完成深翻土地的任务，农田水利建设得到很大发展。1958年，全区迅速掀起全民大炼钢铁的高潮，家家户户捐献铁器、铁件，土法炼铁炉、小高炉遍布工厂、街道、学校。全区成立钢铁生产单位29个，土法上马建立上千座"小、土、群"式小高炉、小炼焦炉。"大跃进"运动中，全区形成人人搞生产的民办工业高潮，办起服装、鞋帽、编织、纺绳、文具、五金、木器、食品等民办工业生产组143个。贯彻全民办交通的方针，组织居民运输连、排、班、组，出动18万人次参加突击运输。

建立人民公社

1958年8月，中共中央作出《关于在农村建立人民公社问题的决议》，向全国发出大办人民公社的号召。1958年9月，市南区成立东风人民公社。1959年1月更名为浮山人民公社，由基本队有制过渡到基本社有制，成为全省两处实行一级核算而不是以生产队为基础实行三级核算的人民公社之一。人民公社所有制和管理形式，追求"一大二公"。"大"是指行政管理规模大、经营范围大、统一核算单位大；"公"是指所有制的公有化程度高，农村所有生产资料一律归公。在大办人民公社过程中，社员自留地、家禽家畜、生产资料和粮食统统归公社集体所有，平调生产队的人、财、物力，大办工业、大办水利。在耕种方式上，不顾实际情况，强行规定翻地深度、用种数量、作物品种等。1984年4月，经山东省人民政府批准，撤销市南区浮山人民公社建制。

国民经济调整

1961—1963年，市南区根据中央"调整、巩固、充实、提高"的方针，实施国民经济全面调整，压缩企业规模，调整产品结构，同时采取积极应对严重经济困难时期的各项紧急措施，组织保粮减灾，压缩城市户口和居民口粮标准，对部分工业企业实行关、停、并、转，支援农业生产等。同时，积极贯彻"大办农业，大办粮食"和"一手抓生产、一手抓生活"的指示，组织和发动广大职工群众生产自救，全区集体单位利用一切可利用的边缘地角，种植粮食作物，缓解粮食供应不足的矛盾。在农村推行"三包一奖"等制度，调动农民的生产积极性。从1962年开始，全区工农业生产开始好转，市场日用品供应情况有了较大改善。至1963年年底，全区基本完成调整任务，扭转了被动局面，经济形势明显好转。到1965年年底，全区的工农业生产基本恢复到正常水平。

第三节　市南区革命委员会

（1968年9月至1981年1月）

1968年9月，经市革命委员会审查，并报省革命委员会批准，建立市南区革命委员会。1976年10月进行换届。1978年5月，召开市南区第八届人民代表大会第一次会议，选出市南区革命委员会主任、副主任。其间经历"文化大革命"以来全市乃至全国性的"反逆流""反复旧""斗批改""批林批孔""反击右倾翻案风"等政治运动。1967年，全区知识青年上山下乡运动进入高潮，至1970年，先后动员组织1.1万余名知识青年上山下乡或支边。1975年，根据中央、省、市的部署，全区进行全面治理整顿，普及大庆式企业，进行企业整顿工作，全区工业总产值比1965年增长3倍多。商业、交通、教育、卫生、文化等各行业状况开始好转。

知识青年上山下乡

1964年5月下旬，市南区根据中央、国务院和省、市委关于动员城市知识青年和其他闲散劳动力下乡、回乡参加农村社会主义建设的指示，开展动员知识青年和其他闲散人口上山下乡工作。1967年，全区知识青年上山下乡运动进入高潮。全区先后动员知识青年去招远、临朐、诸城、高密、乳山、益都、潍县、海阳等地下乡。其间，区内还有随父母回乡、分散回乡、随城市疏散人口回乡及父母因各种政治历史问题被遣返回乡随迁子女等部分知识青年上山下乡。1975年，成立中共市南区委知识青年上山下乡办公室，对上山下乡知识青年按家长工作单位分系统归口，厂社挂钩、对口安置。至1979年年底，除个别情况外，市南区的上山下乡知识青年全部收回市区安排工作。70年代末，着手安排甘肃、青海建设兵团知识青年返城就业。1981年4月，全区知识青年上山下乡工作全部结束。区委知识青年上山下乡办公室改为区政府知青办，负责处理知识青年善后工作。

进行全面治理整顿

1975年1月邓小平主持中共中央和国务院的日常工作后，对全国的混乱局面进行大刀阔斧的整顿。同年2月，根据中央、省、市关于全面整顿的部署，全区开始全面治理整顿，开展工业学大庆、普及大庆式企业的群众运动，认真进行企业整顿工作，促进工业发展，先后召开多次生产誓师大会和抓革命、促生产祝捷大会、现场会等，动员全区人民掀起工业学大庆运动的新高潮。1975年，全区12个管区的街道工业全部提前完成国家计划，工业产品质量显著提高，消耗不断下降，劳动生产率、产品成本、产值资金周转率超额完成国家计划，全区工业总产值比1965年增长3倍多。全区商业开展“双学”活动，改善服务态度，提高服务质量，增加经营品种，延长营业时间，广泛听取群众意见，及时改进服务工作。全区教育、卫生、文化等各行业通过全面治理整顿，逐步得到恢复，一度停顿的爱国卫生运动重新恢复开展。通过全面治理整顿，调整充实了各级领导班子，“软、懒、散”的状况有了明显改观。

第四节　市南区人民政府
（1981年1月至2012年12月）

1981年1月，撤销市南区革命委员会，建立市南区人民政府，市南区政治、经济、社会加快发展。1992年，邓小平视察南方发表重要讲话后，市南区进一步加快经济体制改革，对产业布局进行以“转移、置换、重组、创新”为主要形式的战略性调整，培育和造就体现区域特色的现代产业优势，经济持续快速增长。21世纪以来，加快发展第三产业、高新技术产业、特色优势产业、现代服务业及“一楼四业”（楼宇经济、软件业、金融业、商贸旅游业、文化产业），扶持、引导民营经济发展，全面完成棚户区和旧村改造任务，强化六大功能区建设，吸引优势产业加快聚集，打造服务业聚集强区，积极推进事业单位体制改革、机构改革和行政审批制度改革，优化政务环境，推动总部经济加快发展。

实行改革开放

1981年，青岛市被列为全国15个经济中心城市之一；1984年又被列为全国14个进一步对外开放的沿海开放城市之一；中央决定开始进行以城市为重点的经济体制改革，青岛市被列为全国13个较大城市之一，对市南区改革开放尤其是外向型经济发展，产生极大的促进作用，经济体制改革开始向以公有制经济为主体的多种所有制经济（国营、集体、个体、私营、中外合资、外商独资）并存发展。1992年邓小平视察南方发表重要讲话后，市南区出台一系列重大的改革举措，通过对产业结构的调整，培育新的产业增长点，高技术含量、高附加值的新兴产业迅速崛起，对外开放取得历史性突破，行政性公司先后转换体制，理顺7个农工商公司管理体制。

1996—2000年，对产业布局进行以转移、置换、重组、创新为主要形式的战略性调整，培育和造就体现区域特色的现代产业优势，优先发展第三产业，优化配置第二产业，积极发展海产养殖业，初步实现由区属经济向税源经济的转变。

2001—2005年，由区属经济到区域经济，由“都市经济”到“四大经济特色区”“一楼三业”，形成具有市南特色的区域经济发展模式，综合经济实力实现历史性跨越，被评为全省发展民营经济先进区和全省外经贸工作先进区。

2006—2010年，围绕全市工业转型升级工作，加快推动工业转方式、调结构，加快转变经济发展方式，突出“高、精、尖”，高端服务业聚集度不断提升，市南区成为全国首家“中国高端服务业发展示范基地”中国现代服务业发展能力十强区。2012年，全区经济实现跨越式发展，全年实现生产总值710.11亿元，区级公共财政预算收入101.77亿元。

进行产业调整

一产转移　从1981年起，随着改革开放和城市建设速度的加快，郊区的可耕土地逐步缩小。1982年，市南区7个自然村村民全部转为城市居民，全部耕地被纳入青岛市城市建设规划用地，农村经济逐步由以种植业为主向第二、第三产业转移。1984年，市南区牧工商公司成立。为浮山人民公社解体后的社直企、事业单位组成，以工业为主，兼营商业、畜牧业。1985年，7个大队分别成立湛山（湛山大队）、大信（亢家庄大队）、浮山（浮山所大队）、裕丰（田家村大队）、宏大（大尧大队）、隆昌（逍遥大队）、永盛（辛家庄大队）7个农工商公司，共有工业企业45个、商业企业34个。

“退二进三”　中共十一届三中全会以后，市南区不断进行产业布局调整，实行一产转移，优化配置第二产业，优先发展第三产业，逐步实现产业结构的战略性转移。20世纪80年代，贯彻国民经济“调整、改革、整顿、提高”八字方针，全区街道工业合并调整为45个单位，全部转为县以上集体企业。由浮山人民公社解体后组建的牧工商和农工商公司，快速发展起以工业为主，兼营商业、畜牧业的乡镇企业。校办企业和福利生产企业迅速发展。

20世纪90年代，市南区抓住市级机关东迁的契机，加大产业结构调整力度，实施老城区企业的“内调外迁”和现有企业“退二进三”计划，大力发展新型主导行业，扶持发展新兴产业；以老企业改造为重点，通过招商引资以及采用高新技术等途径，嫁接改造部分老企业；以经济结构调整为主线，努力转变经济增长方式，发展优势产业、优势企业、名牌产品。区工业公司下属13家企业合并调整为4个区直属集团企业，形成“以强带弱、以大带小”的发展格局。牧工商公司所属工业企业形成食品、针织、冷轧带钢、食品机械、自行车修理、汽车修理、钢卷尺、钢锯条8个工业门类。西部老城区三产发展势头不减，东部新城区二、三产业齐头并进；工业园区基础建设进展加快，产业产品结构调整逐步改善，第二产业“走出去、引进来”，优化培育新的经济增长点，工业园区建设取得新进展。

进入21世纪，继续实施“退二进三、退城进园”战略，通过搬迁改造，企业规模扩大，产业结构优化，经济效益日渐提高；加大产品结构调整力度，不断提高产品科技含量和档次，一批新产品陆续投放市场，提高了企业的市场竞争力；特色经济、楼宇经济迅速崛起，楼宇经济取得重大突破，成为全区经济发展的新亮点。

三产发展　20世纪80年代，随着改革开放后第三产业全面迅猛的发展，市南区的现代服务业开始兴起，第一、二产业迅速向第三产业跃升。市南区发挥地理区位优势，为民营经济“松绑”“开绿灯”，助推饮食业、旅游业发展，开发综合市场，增加商业网点，一些工业企业由单纯生产型向生产经营、服务方向转移。工业公司、牧工商公司采取一业为主、多种经营，商业企业和社会商业服务网点迅速增加，农贸市场成交额大幅上升。

20世纪90年代，大力发展社会商业服务业，建成全市规模最大的楼层式云霄商品交易市场，新发展大、中型网点，新增早市饮食点、季节性临时摊点，新开辟集贸市场，大力发展社会办第三产业和商业服务业个体业户。全区第三产业由过去单一的商业服务业，开始向房地产业、旅游业、金融投资业等领域延伸和拓展，浮山游乐园、中山路地下商业街、信号山公园、云霄路美食街美化、亮化和湛山美食街建设工程等项目的实施，区属房地产公司，专业旅游公司和规范化市场的涌现，初步形成了全方位、多层次的发展新格局。

21世纪以来，建成云霄路等5条特色街，路易·威登、星巴克等一批品牌企业陆续开业；创建食品安全放心街，规范社区便民商业网点；组织“市南城乡互动游”活动，开展百家文化餐饮名店评选活动，海尔洲际酒店、海信广场、佰优坊、中联创意广场等大型商业旅游设施和特色街区投入运营，奥帆博物馆、骆驼祥子博物馆、劈柴院、海上欢乐巴士旅游交通航线正式开放，10家餐饮企业成为中国文化餐饮名店，八大关、小鱼山文化名人街区成为中国历史文化名街，市南区被评为全国首家“中国文化餐饮示范区”、山东最佳旅游生态示范区。

2001—2005年，市南区软件产业从小到大，加快集聚发展，市南软件园被确定为国家火炬计划软件产业基地，中天科技成为我省首家以红筹模式在香港主板市场上市的软件（民营）企业，软件企业总数占全市60%以上；金融产业快速聚集，初步形成以香港中路为轴心的青岛金融街区；马士基、美国总统船运等世界著名企业相继落户，市南区现代服务业在半岛地区的优势地位初步确立。大力培植为民企服务的各类社会中介组织，旅游、商贸、咨询、货代等服务业快速发展，市南区以东部为轴心的现代化中心商务区渐显雏形。实施服务贸易发展战略，高标准建设现代服务业与服务贸易聚集区，特色经济快速发展，高新技术产业日趋壮大，软件信息业异军突起。

2006—2010年，大力发展楼宇经济和金融、软件、商贸旅游、文化创意“一楼四业”，产业结构进一步优化，区域经济总量不断扩大，发展层次不断提升。集中打造以金融业、物流业、软件业、中介产业和商贸旅游业为主体的现代服务业五大产业集群。新增文化创意企业43家，产业园区实现产值15亿元。第三产业增加值占全区生产总值的比重从81.6%增加到86%；现代服务业实现增加值182亿元，占到第三产业增加值的64%，市南区被评为中国金融生态区和全省首批国际服务外包示范基地，青岛软件园被认定为国家高新技术产业孵化基地；市南区被评为中国现代服务业发展能力十强区。

2011年，拥有“创意100”等5个专业园区，文化创意企业达到1900余家，文化产业实现增加值62.5亿元。2012年，支持金融商务、总部经济、时尚商业、商务旅游等重点产业加快发展。市南区先后荣获“中国金融生态区”“中国现代服务业发展能力十强区”“中国高端服务业发展示范基地”和全国首个“中国文化餐饮示范区”等荣誉称号，被省政府评为“全省服务业发展绩效考核先进单位”。

进行企业改革

1984年，全区企业在管理体制上实行政企分开，迈出企业改革的第一步。同年10月，中共十二届三中全会通过《中共中央关于经济体制改革的决定》后，市南区开始全面推行以承包为主要内容的经济责任制，各公司、工厂、商店制定了多种形式的经济责任制。1985年，全区工厂企业全面实施厂长负责制。1986年，贯彻“巩固、消化、补充、改善”的方针，简政放权，搞活企业，撤销12个街道的企业主管部门；各企业采用合资经营、产销联营、外协加工等形式，扩大经济联合；推行以承包为主要内容的多种形式的经济责任制。1988年，在企业内部实行干部聘任制、职工劳动组合制和车间班组定额承包责任制，把承包责任制落实到车间、班组和职工个人，引进竞争机制，优化劳动组合，推行抵押承包，实行租赁经营。

1992年，进行企业劳动用工、工资报酬、社会保险“三项制度”综合配套改革，建立新型用工制度和“工资能升能降、能多能少”的工资分配新模式。1993年，区属企业自主经营、自负盈亏、自我约束、自我发展的新型机制进一步完善，商业系统全部实行经营、价格、用工、分配“四放开”，外资企业、个体私营企业的经营方式被引入企业管理机制，部分区属企业进行了合并嫁接、出租转让、公有民营、外商租赁等多种形式的改革。1994年，进行以产权制度改革为重点，以股份合作制为主的公有民营、租赁经营、拍卖转让等多种形式的企业改革，推行企业股份合作制改造，推进企业集团化进程，实行商业企业公有民营，亏损企业有偿转让；社会保障制度配套改革全面展开，全区国有和县以上企业全部实行全员劳动合同制，绝大部分区直公司的企业参加了社会养老统筹、失业和待业保险。1996年，实施工业公司、物资公司、市南糖酒副食品公司、市南百货糖酒公司转体改制，实现制度创新、政企分离的改革目标；进行企业股份合作制、兼合并、零字出售、关停并转等多种形式的改革，初步扭转企业“小、散、差”的局面；区农工商系统全面推行技能工资制和全员劳动合同制，建立新型劳动用工和分配机制。1997年，区属国有、集体企业改制面达96%，企业改制任务基本完成，牧工商、工业、商业等行政性公司转轨改制，成为资产经营或资本运营的新型企业；组建东孚、丰源、裕丰源、恒大、银海、永盛广源6家具有一定规模和市场竞争力的企业集团，对扭亏无望的企业实施关闭、破产。

2000年，启动企业产权制度改革，采取股权置换的方式逐步降低集体股的比重，投资多元化体制初步形成；改革分配制度，实行年薪制，调动经营者的积极性。2001—2005年，区属企业产权制度改革步伐不断加快，部分企业实行“整体出售、不再保留集体股”的改革，通过出售、嫁接、兼并、租赁、联合、破产、股份合作等多种形式，实行规范化的公司制改革；以产权制度改革为中心的区属企业改革基本完成，国有资产全部退出；区域经济从对国有和集体经济完全依赖模式转移为国营、集体、私营、个体和“三资”企业并存的混合经济模式，民营经济和“三资”企业成为区域经济的重要组成部分。

发展总部经济

2003年起，市南区立足区位优势，逐步退出第二产业，实施以服务业为主导、以辐射和服务为目标的发展模式，为总部经济的确立和发展奠定了基础。2005年起，实施“高标准建设现代服务业聚集区、高起点建设软件信息产业区、高品位建设滨海旅游休闲区、高质量建设现代商业品牌区”的特色目标，现代服务业的高速发展和区域经济的国际化前景吸引了企业总部的聚集。市南区先后参与协办第一、二、四、八届，承办第三届中国总部经济高层论坛，被推选为全国总部经济实践研究基地之一。

2006—2010年，引进普华永道、毕马威、马士基、世邦魏理仕、杜斯曼等一批全球知名企业地区性总部。中国国际金融有限公司、中航三星人寿等国内外金融机构落户，盈科律师事务所等高端中介机构入驻，市南区被确定为全国首批总部经济发展实践基地和全国首家“中国高端服务业发展示范基地”。

2011—2012年，驻区金融机构、总部企业总数分别占全市的90%、47%；商务楼宇总面积达400万平方米，入驻企业1.7万家，税收过亿元楼宇17座，外贸进出口总额达138亿美元，居全省市（县）、区首位。市南区纳入青岛市统计口径的总部企业共有129家，数量居全市首位，其中，世界500强企业设立的区域性总部达41家；在全国15个副省级城市中，以市南区为主导的青岛市总部经济发展能力一直位于前9位。《青岛市“十二五”总部经济发展规划纲要》将市南国际金融商务核心区、软件和动漫产业集聚园区、国际航运服务区三大区域，明确规划为全市重点发展的总部经济集聚区。

发展民营经济

中共十一届三中全会以后，实施改革开放政策，市南区的民营经济日益成长壮大，经济地位日显重要。至20世纪90年代末，个体私营经济依托市南区位优势，行业达八大类，经营产品万余种，成为全区经济发展的一支生力军。

21世纪初，个体私营经济保持强劲发展势头，新增个体工商户和私营企业以年增2000家的速度增长，注册资金1000万元以上的62家、过亿元的1家，上缴税收占地方财政收入的一半以上。2003年，民营经济不断壮大，新增个体私营企业5700户，总数25000余户，注册资金135.8亿元，新培育营业额过千万元的私营企业20家；拥有自营进出口权的企业102家，占全区同类企业的40.3%；民营高新企业29家，占全区同类企业的67.4%。民营企业迅速向电子商务、现代物流以及教育、卫生、公共事业等领域拓展，民营经济总量不断扩大。2005年，市南区被评为全省发展民营经济先进区。2007年，民营企业上缴税收35亿元，占全区总税收的44%，是2002年的3.2倍。2009年，设立2000万元中小企业专项扶持资金，全区民营企业18900余户。2012年，全区注册个体工商户达14575户，从业人员58300人，私营企业21319家，从业人员127638人，注册资本（金）284.03亿元。

事业单位体制改革

1996年起，继区机构改革后，事业单位开始进行体制改革，建立起目标责任制考评、工作人员年度考核及专业技术职称资格评审、考试、聘任工作制度。事业单位的工作人员录用工作，是根据工作需要和编制空缺情况，面向社会公开招考，并在人员录用方面推出派遣、雇员等创新举措。2000年，推出《市南区事业单位人员考试录用办法》，确定全额拨款事业单位录用工作人员实行“凡进必考”的原则。2003年，推出《市南区事业单位工作人员录用试行办法》和《市南区机关事业单位新补充工勤人员、事业单位新补充工作人员实施派遣管理的试行意见》，打破传统用人模式，对事业单位新进人员实行派遣管理，实现合同管理、协议工资、占编不进编、能进能出的用人模式。2004年，推出《青岛市市南区政府雇员试行办法》，在全省率先实行政府雇员制度。同年5月起，市南区除参照国家公务员制度管理的事业单位及工作人员外，其他各类事业单位的在职在编工作人员均实行聘任合同制。2008年起，启动事业单位岗位设置工作。针对每个岗位制定岗位说明书，对任职资格、任职能力，有具体的量化要求，按岗考核，以岗定酬，按岗培训。

实行机构改革

1984年4月，市南区根据中共中央〔1983〕39号文件精神和改革、开放和现代化建设的需要，对全区党政群机关进行机构改革。改革后，区政府设工作部门19个、派出机构14个（街道办事处）。在区级党政群机关建立健全岗位责任制，并从体制上实行政企分开，另行组建经济实体。

1995年10月，根据市委、市政府青普发〔1995〕81号文件精神，区委、区政府按照“小政府、大服务”的改革思路，启动新一轮机构改革。改革后，区政府设工作部门20个，比原来减少7个，精简25.9%。另设部门管理机构1个。

2001年年底，根据《青岛市党政机构改革实施意见》（青发〔2001〕20号）等文件精神和有关部署，市南区进行新一轮的党政机关机构改革，重新调整区委、区政府的工作机构，共减少工作部门2个，区委机关行政编制精简10%，区政府机关行政编制精简20%。改革后，区政府设工作部门17个，较改革前减少3个，其中，部门管理机构2个，议事协调机构的办事机构1个，派出机构14个（街道办事处）。

2004年12月，按照《市委、市政府关于区市政府机构调整的通知》（青发〔2004〕17号）精神，对区政府机构进行调整。调整后，区政府设工作部门17个、部门管理机构2个、政府派出机构10个（街道办事处）。

2010年9月，根据市委、市政府《关于市南区人民政府机构改革方案的批复》，正式启动新一轮区政府机构改革工作。改革后，区政府工作部门由17个调整到21个；对全区机关事业单位编制结构进行大幅度调整，机关精减编制129名；办事处增加编制111名，增长28%。至2012年年底，市南区政府设工作部门21个、派出机构10个、政府办公室管理部门2个、区直属事业单位5个、其他机构2个。

行政审批制度改革

2001年10月《中华人民共和国行政许可法》颁布，市南区立即组织实施自查，制定《市南区行政审批管理规定》，对132个行政审批项目进行调研，进行第一轮行政审批事项清理，取消、合并部分行政审批项目，全区保留90项行政审批项目。

2002年，市南区成立第二轮行政审批改革领导小组，制定《深化行政审批制度的改革意见》，组织全区各部门对已有的行政审批事项进行改革，建立审批责任追究制度，改革后行政审批事项由90项压缩至79项。2003年在《市南区第二轮行政审批事项清理方案》的基础上对行政审批事项再作梳理，由79项减为77项。2004年3月，按照许可法规定和“谁许可，谁负责”的原则对行政审批事项进行全面自查清理，确定行政许可事项30项，非行政许可审批事项26项，取消12项，不列入事项9项。

2006年制定《市南区关于加强行政许可窗口建设实施网络受理审批的有关规定》《市南区行政许可窗口工作流程及有关规定》，实施网络受理审批工作流程。2009年开展第四轮行政审批事项清理工作，确定行政许可事项37项、非许可审批事项26项、转接事项15项、备案事项19项，重新规范审批流程。加强对行政审批服务大厅的管理，完善“一门受理、统筹协调、规范审批、限时办结”的运作方式和联合审批办理机制。

2012年，在国内区级政府层面率先构建并推行“法治政府指标体系”，将法治政府建设的目标任务细化量化为13个大项、51个子项、173个细项；组织修订政府工作规则，组建区政府法律顾问人才库，严格落实重大行政决策合法性审查制度。

实施“两改工程”

中共十一届三中全会后，辖区旧城改造提上重要工作日程。1978—1979年，首先改造辖区较大的西江路、山西路双鹤里棚户区。20世纪80年代中期，采取多家联合拆迁改造和联建改造方式，完成全市最大的棚户区——台西民众大院改造工程。20世纪90年代末期，辖区棚户区改造基本完成。进入21世纪，市南区旧城改造转入辖内西部片区、商圈、地块改造，陆续实施18个“两改”项目（在建城中村改造和旧城区改造项目）及4个搬迁项目，分步实施龙口路20号旧城改造项目、云南路片区、火车站商圈、南岛组团、嘉祥路片区、东平路片区、西藏路地块旧城改造项目、劈柴院搬迁项目以及泰州路片区和燕儿岛路片区一期改造2个旧城改造项目。2009年实施北岛组团、莘县路小学周边、食品厂周边、延吉路、济南路搬迁置换、中岛组团、南京路民政局干休所周边7个改造项目以及明水路2号、湖南路19号搬迁项目。2010年实施八大湖小区、燕儿岛路二期改造项目。至2010年，市南区共实施28个拆（搬）迁改造项目，其中，18个“两改”项目、6个市重点工程拆迁项目、4个搬迁项目。2012年，嘉祥路片区项目和燕儿岛路项目3、4号楼已完工，火车站商圈项目、莘县路小学周边改造项目进入安装施工，食品厂周边改造项目已完成主体封顶。

第三章　政务工作

1949年6月，市南区人民政府成立后，在市、区军管会的领导下，按照“各按系统，原封不动，自上而下，整套接收”的方针，由部队派出的工作队协助，各部门人员入驻接管区内的旧机构、各街区保甲等。随着经济恢复和社会秩序逐步稳定，市南区的民主法治建设不断得到加强，对台宣传、民族事务等各项政务工作相继开展，区内少数民族居民的政治、经济、文化地位得到提高。

自20世纪50年代末开始，民主法治建设、政府自身建设和各项政务工作一度受到影响。“文化大革命”时期，区党政机关被夺权，法规废弛，政令不行，政务工作陷于停滞。

中共十一届三中全会以后，市南区人民政府认真执行中央、省、市各项方针政策，自觉接受人大常委会和人民代表的监督，坚持工作报告和通报制度，积极办理人大议案及代表建议、批评、意见和政协委员提案。在不断加强自身建设的基础上，认真依法履行职权，通过各种会议、调研、信访和督查等方式了解情况、听取意见和建议、部署工作任务及处理日常行政事务，并主动进行信息公开，自觉接受社会监督。90年代，区政府进一步完善人大代表建议和政协委员提案办理制度，坚持依法行政，大力纠正行业不正之风，完善专业检查，群众举报，社会监督体系，实行政务公开制度，推进机关廉政建设。外事工作开始起步，随着改革开放的逐步深入，由单纯的接待任务向多方向、深层次的外事工作领域拓展。

进入21世纪，宣传贯彻《中华人民共和国行政许可法》，建立行政执法社会监督员制度，对行政许可事项进行清理，政府各行政部门根据法律法规、审批期限对社会团体、企事业业单位和个人办理相关业务，做好各项政务服务工作。开办全市首家“法律义工流动服务超市”，畅通覆盖全区的法律援助维权网络，逐步建立全区政府系统信息工作网络，不断拓展政务公开渠道。其间加强侨联组织建设，积极维护归侨侨眷的合法权益，扩大海外联谊，鼓励侨胞亲属为贸易往来牵线搭桥；加强对民族工作的领导，保证少数民族行使当家做主的权利，促进少数民族经济发展，侨务工作与民族事务呈现发展活力。“十一五”末期，建立专业化调解组织，成立全市首家驻法院调解工作室，加大公开电话办理力度，开展区长公开电话进社区活动，有效排查、化解信访积案和重大矛盾纠纷。2012年，在国内区级政府层面率先构建并推行“法治政府指标体系”，细化量化法治政府建设的目标任务，组织修订政府工作规则，落实重大行政决策合法性审查制度，在街道办事处、信访等部门设立行政复议联络员，通过联动机制和复议方式实现息诉罢访和妥善解决；全年办理市、区两级人大代表建议和政协提案满意率98%以上。至2012年年底，先后接待日、韩、法、美、英、德等十余个国家的外宾，对促进全区对外开放、发展友好关系和外向型经济起到重要推动作用。

第一节　民主法治建设

民主选举

新中国成立后，市南区通过典型试点，以代表普选的方式成立5个居民委员会。在此基础上，于1953年3月开始普遍在街道划分居民组，通过群众结组和讨论选举居民代表，于4月中旬分别召开居民代表会议选举居民委员会主任、副主任及委员，新成立7个居民委员会

1953年9月，市南区人民代表大会代表普选工作开始

及各种专门委员会，统一了街道组织。1953年9月，开始区人民代表大会代表普选工作，全区登记人口为90863人，选民为51904人，根据全区人口数和选举法的规定，以联合提名的方法确定正式代表候选人89名；12月中旬，全区分为82场召开选举大会，选出区人民代表大会代表89名。

接受监督

中共十一届三中全会以后，市南区人民政府认真执行区人大及其常委会的决定、决议，坚持工作报告和通报制度，积极办理人大代表建议和政协提案。1985—1986年，承办市、区人大代表和政协委员建议、提案786件。1987年，办理人大议案及代表建议、批评、意见和政协委员提案600余件。1988年，制定《关于接受人大常委会和人民代表监督的十项规定》《关于党政机关保持廉洁的有关规定》《关于实行公开办事制度，推进机关廉政建设的几项规定》等，加强对机关工作人员的廉政教育，公布举报电话，主动接受群众监督。年内向区人大常委会报告工作13次；办理人大代表建议、批评、意见和政协委员提案130余件；在全市率先建立街道居民代表会议制度。1989年，区政府向区人大常委会报告工作16次，办理人大议案24件，人大代表批评、建议175件，办理政协委员提案128件。

1990年，区政府制定《加强廉政建设，坚持依法行政，纠正行业不正之风的意见》，完善了专业检查，群众举报，社会监督体系；初步形成《市南区人民政府依法治区规划》；当年，区政府向区人大常委会报告工作19次，办理人民代表建议批评意见146件，办理政协委员提案38件。1991年，区政府向人大常委会报告工作14次，办理区政府职权范围内的人民代表建议批评意见89件，代表满意和基本满意率达95%以上，承办市人大代表建议和政协委员提案18件。1990—1992年，区政府向区人大常委会报告工作47次，办理人民代表建议、批评、

意见751件，政协委员提案174件，办结率100%。1993年，办理人民代表建议、批评、意见144件，政协委员提案85件，办结率100%，对代表提出问题解决和基本解决的占50%。1994年，办理人民代表建议和政协委员提案190件，办结率和面复率分别为100%和80%，代表、委员满意和基本满意率100%。

1995年，进一步完善人大代表建议和政协委员提案办理制度，办理市、区人大代表建议和政协委员提案213件，面复率96%，代表、委员满意和基本满意率100%。1996年，承办市、区两级人大代表建议99件、政协委员提案72件，办结率100%，面复率分别为80%、83%，满意和基本满意率100%。1998—2001年，分别办理人大代表建议和政协委员提案156件、165件、121件、123件，办结率均为100%。2002年办理人大代表建议和政协提案近1500件，办结率100%。2003—2004年，办理两级人大代表建议、政协提案287件，办结率、面复率100%，满意率99%。2006—2012年，办理两级人大代表建议、政协提案1504件，办复率100%，满意率98%以上。

教育培训

2001年12月，市南区人民政府设置法制办公室（简称区法制办），大力推进法治政府建设，开展依法治区法制宣传教育，强化执法监督，建立和完善规范性文件审查、重大行政处罚备案、执法情况报告、执法统计、执法证件管理等监督检查制度，以全面推进依法行政、建设法治政府为目标，以指标体系建设为统领，以行政程序建设为主线，为建设宜业宜居幸福市南区提供法制保障。2002年，区法制办结合“四五”普法教育活动，制定《市南区2002年法制宣传教育工作和依法治区实施方案》，部署开展法制宣传教育和依法治区工作。2003年4月举办依法行政专题讲座，组织全区处以上领导干部学习《青岛市行政执法评议考核办法》。利用多种形式和方法在社区、广场和媒体进行行政执法、依法行政的学习和宣传。2004年按照“重点突出，全面覆盖”思路，开展不同层次的行政许可法学习、宣传、培训工作，在区建管局、区司法局、区劳动和社会保障局、区城管行政执法局成立首批政府法制宣传基地，组建政府法制宣传联络员队伍。区城管行政执法局开展行政执法进社区活动，创建“用心执法每一天”服务品牌，编写出版《城市管理行政执法人员读本》；通过ISO 9001：2000贯标审核的现场认证审核，成为省内首家通过ISO 9001质量管理体系认证的区级城管行政执法部门。同年，宣传贯彻《行政许可法》，组织开展领导干部专题讲座、《行政许可法》考试等活动，建立行政执法社会监督员制度。2005年，市南区成立贯彻国务院全面推进依法行政实施纲要领导小组，制定《市南区人民政府贯彻国务院全面推进依法行政实施纲要的实施意见》（五年规划）和《市南区人民政府2005年全面推进依法行政工作要点》。2008年组织开展行政复议法实施条例进社区宣传活动，召开政府法制理论研讨会，建立政府法制网站。2010年建立领导干部集体学法制度，举办领导干部专题法制讲座10余场次。对全区480余名行政执法人员进行法律知识全员测试，测试成绩作为执法人员任职晋升的重要依据。

行政审批服务

2000年起，大力实施政府管理体系五项工程（转变职能、规范审批、政务公开、依法行政、效能监督），开展创建“四型机关”（学习型、创新型、竞争型、服务型）活动，开始实施行政审批制度改革。制定《市南区清理行政审批行为方案》《市南区行政审批管理规定》《关于对行政审批中违纪行为处理的暂行规定》《市南区行政效能投诉工作流程》《市南区机关行政效能监察评估工作实施办法》，开通市南区公务员效能投诉电话，受理对机关工作人员工作态度和工作效率问题的投诉；建立“市南区行政审批服务大厅”，在部分街道办事处试点并在全区街道办事处推行“一站式”窗口服务大厅。建立市南政务网站，在部分街道办事处进行社区电子政务试点，创建以“委托式”服务为核心的政务服务中心。推进电子政务建设，实现区、街、居三级网络互联。2008年，市南区新的行政审批服务大厅正式启用，112项行政审批服务事项实现“一站式”办理，涉及全区22个部门的行政许可事项、非行政许可事项、转接事项、备案事项共97项，基本纳入区行政审批大厅进行办理。2012年，对全区84项行政审批事项进行统一核定；建立效能监测点687个；制定《市南区网上行政处罚及执法监察管理办法（试行）》，全区3775件行政处罚案件纳入网上运行，处罚结果对外公开。

行政执法监督

2002年落实行政执法责任制和错案追究责任制，建立和完善规范性文件审查、重大行政处罚备案、执法情况报告、执法统计、执法证件管理等监督检查制度。全年共完成规范性文件审查4件。2003年加强行政执法规范化建设，制定《市南区行政执法评议考核办法》《行政执法评议考核实施细则》，修订《行政执法情况统计制度》《重大行政处罚备案制度》等，全年共实施行政处罚17945起，其中重大行政处罚35起。2004年从社会监督和内部监督两个方面加强行政执法监督。成立市南区行政执法监督工作领导小组，建立完善行政执法联席会议制度和行政执法评议考核制度，行政执法评议考核纳入全区目标管理绩效考核体系。建立行政执法社会监督员制度，聘任区人大代表、政协委员、驻区企事业单位人员和社区居民担任行政执法社会监督员。2005年重点检查区政府各部门实施行政许可、落实行政许可公示制度等有关情况，制定《青岛市市南区人民政府关于规范行政处罚自由裁量权的若干意见》，加强行政许可制度建设，规范行政处罚自由裁量权，创建行政许可网上受理咨询机制。2006年，制定市南区《关于规范行政处罚自由裁量行为的意见》《行政处罚裁量权实施办法》和《行政违法行为处罚参照执行标准》，作为行使行政处罚自由裁量权的依据。同年，贯彻落实《全面推进依法行政实施纲要》，建立行政执法评议考核机制。

2007年继续推行行政执法责任制，全区35个行政执法主体、37项行政许可事项、1243项行政处罚事项、398项其他行政行为均有明确的执法依据、执法职权和执法责任，通过政务网向社会公布。2008年，规范执法行为，坚持依法拆迁、依法拆违，保障重大民生工程的顺利推进，维护广大群众的合法权益。同年健全行政执法人员资格管理制度，开展行政执法证件清理，全区567名执法人员相关信息通过政务网向社会公布，接受社会监督。完善执法案卷评查制度，制定行政执法案卷评查标准，开展案卷评查活动。

2010年将案卷评查工作作为规范执法行为、衡量执法水平的重要标准，组织开展行政执法案卷评查活动，随机抽查执法案卷160余卷。依法规范行政处罚自由裁量权，对全区15个处罚职能部门、1600余项处罚职权进行全面

全区2012年度行政执法证件审验考试

清理和裁量细化，搭建行政执法网络管理运行平台和电子监督系统。2011年落实行政审批统一标准制度，对全区84项行政审批事项名称进行统一核定。健全行政审批备案制度，强化对涉及行政审批调整、增加、废止事项的实时备案和监督检查，加强行政审批项目的动态管理。组织处罚职能部门对1630项处罚职权进行梳理，划分7018个行政处罚阶次，行政处罚权裁量标准上网试运行。2011年成立法治政府建设领导小组，制定《关于进一步加强与区人大、区政协报告联系工作的规定》，邀请人大代表、政协委员、民主党派代表列席政府常务会议，确保会议决策过程公开、透明。2012年，以指标体系建设为统领，将法治政府建设的目标任务细化量化。健全评价考核机制，把法治政府建设的目标任务纳入区委、区政府科学发展考核机制，实行“一票否决”。2012年，加强执法队执法人员的资格管理，严格执法人员准入制度，组织进行行政执法证件审验考试。53人获得行政执法资格，481人通过了行政执法证件审验。

行政复议应诉

2002年政务中心增设《行政复议法》内容公示，公布行政复议办公室地址及电话，开展信访法规宣传教育活动，加大行政复议的宣传和受理力度。2003年通过区政府网站公示行政复议案件的办理规定，提高行政复议工作透明度。2004年建立专家咨询制度，邀请市中级人民法院、市政府法制办等有关专家对重大行政复议案件进行咨询，确保行政复议工作质量。2005年完善案件集体讨论、专家咨询等工作制度，加大对具体行政行为适当性的审查力度，依法纠正滥用行政自由裁量权行为，健全对行政复议决定履行情况的监督机制。2007年制定《关于健全行政争议解决机制加强行政复议工作的意见》《关于行政复议调解的若干规定》。建立信访、区长公开电话，行政效能投诉和司法求助热线等机构联动的案件移送机制。2008年设立行政复议案件审理室，建立行政复议规范化流程。行政复议工作与基层人民调解工作相结合，成功调解2起行政案件。改革行政复议审签听证制度，明确由行政复议被申请人的区分管领导参与听证并审签决定，使行政复议程序的层级监督功能得以充分发挥。2010年充分发挥复议调解机制的作用，40余起房产、拆迁、劳动领域的案件经调解后实现案结事了，相关案例入选《山东省行政复议案例汇编》。2011年推行行政复议公开承诺制、首问负责制和跟踪负责制，健全行政复议案件移送机制。改革行政复议案件审理机制，吸纳法律顾问、专家学者参与案件审理，通过行政复议意见书的形式加强复议监督力度。2012年开展创建省行政复议示范单位活动。在街道办事处、信访等部门设立行政复议联络员，积极引导行政争议当事人通过行政复议程序解决行政争议，年内有13件行政纠纷经由联动机制受案，通过复议方式实现息诉罢访。

规范性文件审查

2002年，根据《市南区行政执法责任制实施细则》要求，建立健全检查制度，对规范性文件审查、重大行政处罚备案、执法情况报告、执法统计、执法证件管理等实施监督。2003年制定《关于加强行政执法情况及规范性文件制定情况统计工作的通知》，对加强执法情况统计，行政执法情况统计与重大行政处罚及规范性文件备案相互衔接提出明确要求。2004年重新修订《市南区行政机关规范性文件管理办法》，建立规范性文件备案审查制度。2007年重新修订《市南区规范性文件管理办法》，编制规范性文件管理程序，建立有效期制度和定期清理制度。建立规范性文件专家评估论证机制，提高规范性文件的制定质量。对2002年以来政府及政府部门的63份规范性文件进行清理，清理结果在区政府网站公布。2009年开展规范性文件实施效果评估工作，组织专家、法律人士、社会执法监督员和规范性文件责任单位，在对17件实施满两年的区政府规范性文件进行评估论证后提出处理意见。2010年修订《市南区行政机关规范性文件管理办法》，对涉及私设行政审批项目和收费项目的政府规范性文件严格审查、清理。年内，审查备案各类规范性文件6件；对区政府现行有效的37件规范性文件进行全面清理，保留30件，修改5件，废止2件。2012年，在制定《关于进一步优化发展环境推动区域经济跨越发展的意见》等规范性文件过程中启动专家论证和风险评估程序，充分发挥规范性文件在引导、推进、保障经济社会发展方面的重要作用。

合同审查管理

2002年成立区政府法律顾问工作领导小组，组建区政府法律顾问团。2007年政府法律顾问由5人增为10人。全年共审查合作项目、拆迁改造、政府采购等重大合同60余项，参与政府决策30余起。2008年，完善政府合同审查备案制度，采取法律顾问、法制办逐级审查方式，避免合同风险。2009年，制定《市南区行政机关事业单位合同审查暂行规定》，区政府及各部门、区直事业单位和街道签订的标的额在50万元以上的合同全部纳入审查范围。对全区2005年以来的合同订立履行情况实施拉网式排查，共检查各类合同1000余份，提出整改意见80余条。同年设立政府法律顾问值班室，实行坐班制度，为政府领导和各有关部门提供及时高效的法律服务。2010年，加强合同实务培训，推行《房屋租赁合同》等5类常用合同示范文本。2011年，修订完善政府合同审查规定，对区政府及各部门、各街道办事处、全额拨款、差额拨款和自收自支事业单位签订的合同全部纳入审查范围。对建设工程施工合同、楼院整治合同、房屋租赁合同等12类合同制定示范文本，组织开展合同审查规定执行情况专项检查。2012年，遵循人员精干和团队支持相结合、优势突出和专业互补相依托的遴选原则，特聘13名业务能力高、责任心强、有较高声誉的律师组成新一届法律顾问团，加强合同审查管理，强化合同审查制度成效。全面推行合同示范文本，对建设工程施工等13类合同文本进行全面修订和风险提示。年内共审查各类合同710余份，提出审查意见3000余条。

第二节　日常政务

会议

区长办公会议　是区政府日常工作中需集体作出决定的最重要会议。

会议设有专门的工作制度，一般每周召开一次，地点相对固定，内容围绕当时形势任务、区政府重点工作、重要问题和日常工作中需集体决定的其他重要事项，研究讨论，安排、决定，每次会议都有会议纪要，并根据会议的内容，确定发放范围。区长办公会议研究、决定的主要事项，具体包括贯彻落实中央、省、市重大战略部署的措施、步骤、进度和责任分工；全区一个时期或年度经济社会发展的主要目标和任务，年度、季度、经济计划执行情况和年度、季度全区经济计划安排；全区重要任务、重要活动的计划、安排及其他需要提交会议研究、决定事项。

区政府常务会议　是区政府区长、副区长参加，区人大、区政协相关领导、区政府其他党组成员、区政府办主任、区人武部部长等列席（相关部门列席相关议题）的、重大的非日常事务性的、需要作出决定、决策的会议，一般每年不少于5次，或根据会议内容与区长办公会合并召开，地点相对固定，每次会议根据内容需要，专发常务会议纪要。区政府常务会议研究、决定的主要事项，具体包括全区国民经济与社会发展规划、专项规划、年度计划的起草；区政府发布的地方行政管理办法、规定、通告的起草；区政府重要工作任务、目标的具体实施与需要研究解决的问题；区政府机构的人事事项；政府部门提交会议研究、解决的相关议题及其他需要提交会议研究、决定事项。

区政府全体会议　是区政府全体组成人员出席的会议，以（扩大）会议居多，并根据内容需要，邀请区人大常委会、区政协的分管领导，区人民武装部部长，各街道办事处主任及区委有关部门的主要领导列席会议。全体会议每年不少于两次。区政府全体会议的主要事项，一般为传达贯彻市人民政府全体会议精神，总结政府半年、一年的工作，安排部署今后一个时期的工作；通报以区政府名义完成的政府工作报告、重要意见、决定、规划、报告的起草情况说明等。

区政府专题会议　是区政府不定期召开的专门会议。一般是根据中心、重点工作的需要，针对影响全区改革发展稳定和经济社会发展中的某项重要工作任务，由区长、副区长主持召开的有关方面参加的专门性的会议，会议对某项工作进行专题研究并作出意见、决定。区政府专题会议研究、决定的具体事项，主要包括区政府中心、重点工作目标实施过程中存在或出现的问题，需要进行专题研究、现场办公或形成意见、决定加以推进的专门事项。

调研

2001年，成立区政府调研室，为科级单位，设专职人员4名，主要职责是围绕区政府中心工作、重点工作，对影响全区改革发展稳定和经济社会发展中的重要课题进行调查研究，提出对策建议；组织协调全区政府系统的调查研究工作；吸纳街道、部门的优秀调研成果，写成调研文章，以《调研专报》的形式下发，指导面上的工作；通过报刊媒体、网络等各种信息渠道搜集有指导意义的文章刊发，为领导决策提供参考；将形成的调研报告，通过电子邮件的形式向《参阅件》《决策参阅》等省市级刊物投稿，宣传市南的典型经验和做法；每年编发《调研专报》5期以上，为区政府领导科学决策服务。

信访

1949年6月，市南区人民政府成立后，区内开展了民主改革和一系列政治运动，提高人民群众对民主政权的认识，纷纷来信，向区政府反映情况，提出改进意见和建议。1951年，共收到对政府工作的批评和建议268件，比前一年增加7倍多。1952年起，通过开展民主建政工作，全区人民的民主思想政治觉悟和参加民主政权的积极性更加提高，1953年共收到人民群众批评与建议来信568件，是上一年的两倍以上，质量也大有提高，来信中揭发政府干部有关问题的16件（区干部的8件）、街道干部的63件、对政府工作批评建议的134件、检举类54件、询问类60件、要求类95件、其他146件；通过落实和整改，将21个有政治历史问题且一贯违法乱纪、欺压群众的干部给予开除并予以处理，淘汰72名作风差、脱离群众的干部，解决街道中不团结现象164起。1955年8月至1956年9月，全区通过街道群众调解组织帮助群众解决纠纷1561起。1964年，全区共接受来信来访462件次，处理382件。1978年，根据中央和省、市委指示，市南区对全区学校教职员工中的150名需要落实政策者，短时间突击为142人做出结论；区委对多年遗留的108起信访积案处结77起；同年起，根据国家统一部署，认真做好摘掉右派分子帽子人员的安置工作，到1979年9月，原错划右派分子132人全部予以纠正，大多数人都予以妥善的安置。

中共十一届三中全会以后，市南区把落实政策工作列入重要议事日程，组织专门班子具体负责，在短时间内复议、纠正、平反大量冤假错案，各项政策逐步得到落实。1979年，受理来信来访1104件，处理结案80.7%；平反纠正“文化大革命”以来审查的各类脱产干部238人，结案率99.58%；“文化大革命”前多次政治运动和平时处理的申诉案件21起，处理80%；农村“四清”运动中处理的基层不脱产干部和党员64人，复议结论98%；“四清”运动中在城市居民中定案的地富分子不服申诉的案件复议结案98.3%；“文化大革命”中遣返农村791户，解决处理99.7%；对“文化大革命”中查抄的物资进行认真清理，存款5000元以上、万元以下的巨额存款户全部发还结束；对公检法“文化大革命”期间处理的各类案件全部进行复查，冤假错案绝大多数平反纠正；“文化大革命”期间受理的刑事案件500起，复查98.4%；结束对113名“戴帽”四类分子的复查工作，属错划改正的占5.3%，摘帽的占83%；完成改变长期劳动守法的地主、富农分子成分工作和对反革命分子、坏分子的摘帽工作；对民族政策、宗教政策、原工商业者政策和原国民党起义投诚人员的政策全部落实。

1982年，对区人代会转来的95件提案以及各次代表视察中提出的批评建议作了认真处理，其中代表提案已经解决的53件、占51.4%，正在解决和作为今后工作参考的46件、占44.7%，因限于条件暂时不能解决的4件、占3.9%。1985年，受理人民来信来访442件次，处结438件次，占99%；其中，落实私房完成108户、占96.3%，落实党的知识分子政策和侨务政策等方面也都取得新的成绩。1986年，受理群众来信来访1897件次，处结1674件次，处结率88.2%。1987年，受理来信来访383件次，处理完毕364件次，处结率达95%。是年起，实行区长挂牌接待制度。1988年，设立区长信箱，专门收集群众反映；在全市率先建立街道居民代表会议制度，开通民意诉求渠道。1989年，受理区长公开电话248次，处结率98%；街道居民代表会议制度全面推开。

1990年，依托各街道法律咨询服务机构和居（家）委会，共调处各类民间纠纷532件，调解成功率93%，及时发现并疏导纠纷苗头986起，避免因矛盾激化可能造成的重大悲剧事件7起；坚持区长挂牌接待日、区长信箱等制度，全年受理区长公开电话412次，处结率98%。1991年，调查处理各类民间纠纷500余起，及时发现并疏导纠纷苗头1000余起，避免因矛盾激化可能导致的伤亡事件18起；全区查处各类信访举报案件16起，严肃处理涉及的单位和个人；在执法监督检查中，纠正和收缴滥用资金80余万元；在打击经济领域犯罪斗争中，查处各类经济犯罪115起，为国家和集体挽回经济损失100余万元。1996年，对群众举报公务员队伍的以权谋私、违法违纪案件认真查处，共收到群众举报78起，处结74起，并对查处案件中暴露出来的问题进行整治。1998年，受理来信来访1338起，处结1303起，处结率97.4%；受理市长、区长公开电话2323件次，处结率97.3%；区政府领导坚持每周接访和每月公开接访制度。1999年，区领导公开、集中接访7次，接待群众来访69起238人；受理来信来访1523件，处结1493件，处结率98%；受理市长、区长公开电话2316件次，处结率90%。

2000年，受理来信来访864件，处结845件，处结率达97.8%；受理市长、区长公开电话2732件次，处结率96.5%。2001年，受理援助案件78件；市长、区长公开电话共受理1487件，处结率96%；受理群众来信来访1300余起，处结率97.2%。2002年，实行信访公开承诺、领导公开接访和包案制度，开展集中整治“三访”案件活动，受理市长、区长公开电话7300余件，办结率达98%。2003年，受理来信来访356件，同比下降17.9%；企业军转干部问题得到妥善解决；受理区长公开电话1600余件，办结率达98%。2004年，进一步建立健全信访“一案四究”制度，妥善解决法宝超市装修等群体性事件30余起，化解各类矛盾纠纷2600余件；受理区长公开电话1300余件，办结率达98%；信访工作达到无越级集体上访、无到省进京上访、无异常上访的“三无”标准。2005年，贯彻新颁布的《信访条例》，受理区长公开电话3200余件，办结率达98%；实现无到省进京上访、无越级集体访、无信访积案的工作目标；受理区长公开电话3200余件，办结率达98%。

2006年，建立“一岗双责”等制度，全区未发生非正常上访；在市内四区率先成立矛盾纠纷排查调处中心；建立区、街、居法律援助网络，实现法律援助的全覆盖；受理区长公开电话3800余件，办结率98%。2008年，开展大接访活动，完善区长公开电话接听日长效机制，1100余件群众反映事项全部办结。2009年，在全区10个街道办事处增设信访办公室编制，配备副处级信访员和工作人员各1名；举办信访工作培训班2期，培训134人次；开展大排查、大化解活动，变群众上访为领导下访，有效化解56件信访积案和重大矛盾纠纷；建立城市管理调解委员会等专业化调解组织，成立全市首家驻法院调解工作室，妥善化解462件矛盾纠纷；加大公开电话办理力度，开展区长公开电话进社区活动，14000余件群众反映事项全部办结，群众满意率90%。2010年，充分发挥街道信访工作室和社区信访代理站作用，1300余件信访矛盾纠纷在基层和首办单位得到有效化解；加大公开电话办理力度，开展区长公开电话进社区活动，1.5万余件群众反映事项全部办结，满意率95%。

2011年，发挥街道信访工作室和社区信访代理站作用，深入开展大排查、大化解活动，4400余件矛盾纠纷在基层得到有效化解；5万余件群众反映事项全部办结。2012年，在全区56个社区设立社区信访代理站和接访场所，全年代理矛盾纠纷434起，化解342起；年内，省交办的9起信访积案全部化解，市交办的14起信访积案化解13起，市南区排查的19起信访积案化解18起，协助市北区化解信访积案1起，总化解率95.3%。

政务信息

2001年，区政府办公室成立信息科，负责全区政府系统的信息工作，此后逐步建立全区政府系统信息工作网络，在各部门和各街道办事处培养和选拔一批专职信息员，实现上情下达、下情上报，每年上报信息600余条。

2007年，制定下发《信息工作考核意见》和《关于进一步加强政务信息工作的意见》，将政务信息工作纳入岗位目标责任制考核体系；编发《信息快递》76期、《信息简报》30期，上报信息920余条，被省、市政府采用300余条。至2011年，累计主动公开信息21166条，全文电子化率100%；其中2009—2011年主动公开政府信息10222条。

2012年，完成信息调研12篇，上报经验性、亮点性信息超过1200条；全年主动公开政府信息2986条，累计主动公开信息24152条，全文电子化率100%；受理政府信息公开申请6件，全部按期答复。

第三节　政务活动

外事

1995年10月，市南区党政群机关进行第二次机构改革，外事工作被列入区政府办公室职责范围，从次年起开展外事工作。随着改革开放的深入发展，市南区的外事工作由单纯的接待任务向多方向、深层次转变，对促进对外开放、发展友好关系和外向型经济起到重要推动作用。至2012年年底，先后接待日、韩、法、美、英、德等10余个国家的外宾。

1996年5月，韩国仁川广域市中区访问团访问市南区。同年8月，该区访问团再次访问市南区，并与市南区签订友好意向书。9月，国际计生联领导人在国家、省、市领导陪同下到西陵峡街道办事处考察计划生育协会工作。

1997年7月，韩国仁川广域市中区友好访问团一行14人访问市南区。同年8月，应韩国仁川广域市中区邀请，市南区政府访问团、经贸团及大信公司舞龙队赴韩国访问并参加仁川广域市中区国民节。

1998年3月，法国阿瓦（AWA）公司的外商对市南区科技工业园进行考察。同年8月，美国亚洲基金会官员在省、市民政部门领导陪同下到市南区就社区建设、社区服务和基层政权建设情况召开座谈会，并参观考察了台西三路街道办事处社区服务中心。

1999年3月，日本庄司兴产股份有限公司董事高桥荣夫访问市南区，并被聘为市南区政府经济顾问。同年6月，加拿大泛太平洋家庭有限公司一行6人，就模块别墅组合项目的开发考察市南区科技工业园和浮山公园。同月，国际计生联秘书长助理包自迪在中国计生协会领导陪同下，对市南区开展的青年性健康教育工作进行考察。8月，联合国儿童基金会、国家教委专程考察市南区托幼工作；巴勒斯坦青年代表团一行3人参观市南区社区服务中心。9月，美国适宜卫生技术组织3位项目官员在中国计生协会领导陪同下，对市南区未婚青年性健康教育工作进行考察。10月，国际计生联中央执委会主席、亚太地区主席倪绪保和国际计生联亚太地区新任执行主任拉兹·卡瑞姆博士在中国计生协会领导陪同下，考察市南区计划生育协会生殖健康工作。

2000年1月，澳大利亚妇女权益考察团考察市南区人民调解工作在维护妇女老年人合法权益方面的做法。同年2月，澳大利亚人权与机会平等委员会主席郑汝纯一行20余人在全国妇联维权部部长的陪同下参观市南区社区服务中心。2003年，市南区在新加坡、中国香港地区成功举办服务贸易推介会，参加日本福冈IT及金融企业对华交流会。

2009年1月，韩国驻青岛总领事金善兴一行访问市南区。同年2月，美国Resource Pro. LLC公司董事会主席戴维·沃特金斯一行访问市南区。

2010年4月，美国库珀蒂诺市市长胡宜兰一行3人参观市南软件园。同年12月，美国优创（青岛）公司数据技术有限公司IT经理克里斯托弗一行访问市南区。

2011年1月，德国巴登州弗莱堡市经济旅游会展促进署首席署长贝恩特·达勒曼博士一行访问市南区，探讨市南区与德国弗莱堡市缔结友好合作关系事宜。同年8月，日本中央大学综合政策学部教授丹泽安治一行13人到市南区调研服务外包业务；市南区人民政府与微软（中国）有限公司举行有关软件外包产业平台建设和运营的合作签约仪式。9月，NEC（中国）有限公司副总裁久保田亮一行到市南区洽谈NEC青岛研发中心项目；德意志银行（中国）有限公司考察团Richard Gibb （高瑞诚）一行到市南区考察投资环境。10月，韩国三星SDS服务外包考察团金春浩一行考察市南区软件园投资环境并洽谈三星SDS青岛研发中心项目；澳大利亚Inforbis服务外包考察团凯文戴森一行到市南区洽谈澳大利亚医疗外包项目。11月，澳大利亚昆士兰科技大学乔本龙教授一行参观调研市南区“创意100”文化创意产业园。

2012年3月，优创数据技术董事局主席大卫·沃特金斯一行访问市南区。同年4月，加拿大BC省列治文教育局Richard Hudson到市南区访问；日本世嘉集团代表团董事兼娱乐事业部部长Joseph Peter Schmelzeis Jr.一行18人访问市南区。5月，德国巴登州弗莱堡市经济旅游会展促进署首席署长贝恩特·达勒曼到市南区考察探讨老城区改造有关事宜。9月，由软件园企业优创（青岛）数据技术有限公司母公司DPG集团总裁杰里米·希齐格率领的美国目标市场管理项目协会和美国保险管理总代理协会代表团访问市南区。10月，韩国驻青岛总领事黄胜炫一行5人拜访市南区政府。12月，德国专家贝恩特·达勒曼博士到市南区考察，区政府聘请贝恩特·达勒曼博士为区政府经济发展顾问；市南区与德国巴登州弗莱堡市友好关系协议在德国弗莱堡市市政厅签署，弗莱堡市成为市南区在欧洲第一个正式建立友好关系的城市。

涉台事务

市南区是台胞、台属和台资企业比较集中

的地区。1956年起，市南区开展对台宣传工作。1979年元旦，全国人大常委会《告台湾同胞书》发表后，市南区根据和平统一祖国的大政方针，向全区广大干部群众和台胞、台属进行“爱国一家”的宣传教育。1987年11月台湾当局有限开放民众赴大陆探亲后，市南区台属联谊会于是年12月成立。市南区在台胞接待工作中，认真贯彻“政治上不强加于人，经济上不索钱要物，接待工作不弄虚作假，活动上尊重台胞意愿”和“常来常往，来去自由”的原则，热情、周到、文明、廉洁地接待台胞，为返乡探亲和来区办厂、经商的台胞提供优质便捷的服务。

1988年，区委建立对台工作办公室，1991年8月更名为中共市南区委台湾工作办公室。1995年，区台办与区委统战部合署办公，挂区委台湾工作办公室、区政府台湾事务办公室牌子。

随着国家对外开放政策的不断深入和青岛投资环境的不断改善，台胞中许多工商界人士希望在内地投资办厂和开展经贸活动。市南区发挥经济优势，动员广大台胞台属通过多种渠道，为经贸洽谈“穿针引线”，推动对台工作不断深化。区台属联谊会坚持对探亲的台胞进行走访，还对台属进行经常性的家访，积极开展“叙亲情、送温暖”活动，帮助其落实政策、解决实际困难、寻找亲人和处理家庭纠纷与日常琐事。区台属联谊会成立以来，先后走访台属3000多户次、7000多人次，走访台胞1000多人次，帮助台胞台属解决各类困难500余起。

2002年以来，市南区先后接待中国台湾地区知名人士郝柏村、中国国民党副主席林正丰以及中国台北市松山区公所、中国台湾地区基隆市社区发展协会理事长联谊会等近30个单位约560人次的到访；办理驻区单位因公赴台人员610余人次；组织教育、经贸、社区等13个团队约280人赴台交流考察。

2012年9月，中国国民党荣誉主席吴伯雄参观游览位于市南区的小鱼山。至2012年年底，全区有台资企业59家，暂住台胞421人，台属1800户。

侨务

市南区是归侨侨眷居住比较集中的地区，至1978年5月，有侨眷380户。1985年4月，由居住在市南区的归侨、侨眷组成的市南区归国华侨联谊会成立。随着改革开放的深入，出国探亲和海外亲友回国探亲观光的逐年增多，各街道办事处相继组建侨联小组。区侨联成立后，分级分批接待985名海外侨胞、港澳同胞；区侨办每年组织开展侨法宣传月和为侨服务宣传月，宣传《中华人民共和国归侨侨眷保护法》，围绕开展“送关爱，构和谐，促发展”等活动，对归侨侨眷进行走访，帮助其解决生活和工作中的实际困难。

市南区积极维护归侨侨眷的合法权益，扩大海外联谊、增强侨联组织的实力和凝聚力，引导归侨侨眷积极参加“侨界人大代表、政协委员听侨声活动”，组织侨商代表、归国留学人员参加“百名海归博士及华商看青岛”等社会考察活动。市南区在对侨胞接待中，坚持“放宽视野、广交朋友、宣传政策、争取人心”的方针，鼓励侨胞亲属开展“三引进”和为贸易往来牵线搭桥活动。改革开放以来，经侨胞亲属提供信息与海外商家洽谈项目100多项，成交12项，投资额230多万美元。

进入21世纪，区侨联每年组织归侨侨眷参加全区“我为青岛（市南）发展献计策”活动等，多年被评为全市基层侨联先进集体。2009年，市南区被评为全省侨务工作先进单位；金门路办事处社区被授予“全国社区侨务工作示范单位”称号。同年，由国务院侨办、青岛市侨办联合举办，人民日报社、新华社、中新社、中央人民广播电台、中国国际广播电台、新华网、中国网络电视台、山东侨报8家新闻媒体共同参加的“侨乡走基层”采访团到金门路街道进行社区侨务工作实地采访。

2010年，对10个街道办事处的侨联小组进行调整。年内区侨联开展侨法宣传、专题调研、定期走访活动和“侨界报社会，侨情注社区”等各项社区为侨服务活动。至2012年年底，市南区有归侨180余人，侨眷3000余人，留学生和新移民4000多人，分布在23个国家和地区。

民族事务

1891年青岛建置后，少数民族陆续来青岛谋生，市南区成为少数民族同胞聚集的主要地域之一。在半殖民地半封建社会，区内少数民族同胞深受帝国主义、封建主义和官僚资本主义的统治和奴役，同时还遭受民族歧视和压迫。

1949年6月，市南区人民政府成立后，认真贯彻执行民族平等和民族团结的政策，尊重少数民族的风俗习惯、语言文化和宗教信仰，禁止民族间的歧视、压迫和分裂民族团结的行为，区内的少数民族居民在政治、经济、文化等方面发生了很大的变化。1978年5月，市南区有少数民族成分8个，人员468人。

中共十一届三中全会后，市南区认真贯彻平等、团结、友爱、互助的民族政策，加强对民族工作的领导，帮助少数民族居民解决工作生活中的实际问题，并根据《山东省民族工作条例》，严格贯彻落实“国家举办的各级各类学校的招收新生时，应对少数民族考生适当降低录取分数线”的规定；各级党组织注意从少数民族干部中选拔干部，发展党团员，各级党代会、人代会、人民政协和群众团体，都注意有一定数量的少数民族的代表，保证少数民族行使当家做主的权利并注意发展少数民族经济，促进全区民族经济的发展。2005年5月和2009年10月，市南区人民政府先后两次被国务院授予全国民族团结进步模范团体。

截至2012年，市南区共有少数民族成分36个，人员4025人，回族、撒拉族、朝鲜族人口数分别占前三位，其中少数民族常住人口数为3278人，占总人口比例约0.9%。

第十五篇

地方人民政协

第一章　组织机构

中国人民政治协商会议市南区委员会的前身是市南区人民代表会议协商委员会。1951年12月，市南区召开第一届第一次各界人民代表会议，选举产生23人组成区协商委员会。次年12月，市南区第二届各界人民代表会议召开，选出27名代表组成协商委员会，并代行人民代表大会的职权，选举产生区人民政府区长、副区长、区政府委员会委员。1954年4月，市南区第一届人民代表大会第一次会议召开，各界人民代表会议不再代行人民代表大会的职权。

1959年7月，根据《中共山东省委对青岛市委关于建立区政协组织的意见的批复》，决定成立市南区政协。同年10月，中国人民政治协商会议青岛市市南区第一届委员会第一次会议召开，中国人民政治协商会议市南区委员会（简称市南区政协或区政协）正式成立。“文化大革命”期间，区政协及其常委会遭到破坏，各项活动被迫停止。1976年10月起，区政协有关活动开始恢复。

中共十一届三中全会后，区政协及其常委会在复建的基础上，组织机构进一步健全，各项制度不断规范。至2012年，市南区政协先后选举产生12届常务委员会，根据工作需要和开展活动要求，历届常务委员会分别设立1～6个不等的专门委员会，并内设多个工作部门。2012年8月，根据《关于设立街道政协工作室的批复》（南编字〔2012〕4号），各街道设立政协工作室，街道办事处主任兼政协工作室主任，另设1名专职副主任（副处级）。

第一节　常务委员会

按照《中国人民政治协商会议章程》规定，市南区政协委员会设常务委员会主持会务，常务委员会由区政协主席、副主席、秘书长和常务委员组成，其候选人由各党派、团体、各民族和各界人士协商提名，经区政协全体会议选举产生。市南区政协自1959年成立起，先后选举产生12届常务委员会，其中，第一届任期四年，第二届任期不足三年，第三届换届未满二月便因受“文化大革命”影响被迫停止工作，第四至七届任期三年，第八届以后任期均为五年。

第一届区政协常务委员会

1959年10月23—25日，区政协第一届委员会第一次会议召开，由来自中共、共青团、工会、妇联、民建、农民、青联、工商联、文化、教育、医药卫生、少数民族、归国华侨、宗教、特邀15个界别的代表经过两次协商产

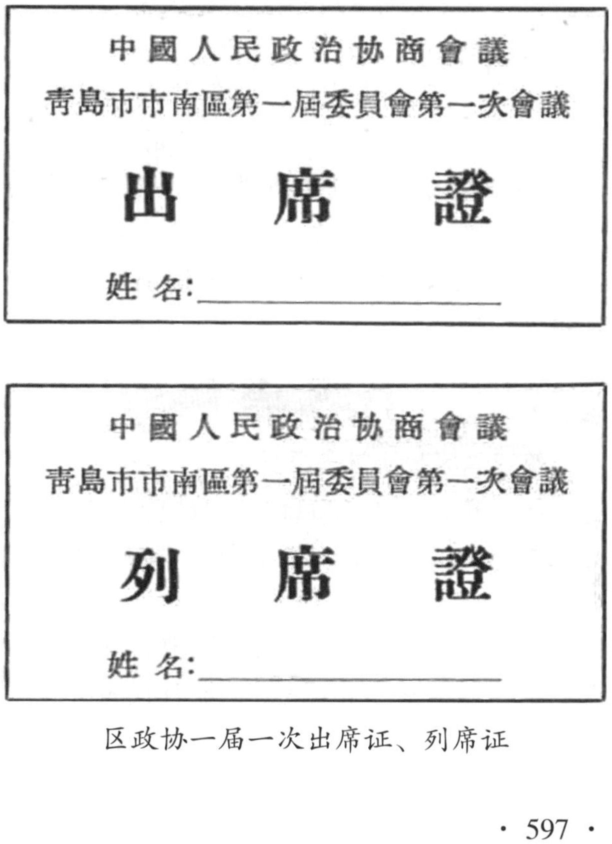
中國人民政治協商會議
青島市市南區第一屆委員會第一次會議
出　席　證
姓　名:

中國人民政治協商會議
青島市市南區第一屆委員會第一次會議
列　席　證
姓　名:

区政协一届一次出席证、列席证

生的102名委员出席会议。会议选举主席1名、副主席4名、秘书长1人、常务委员25名，组成区政协第一届常务委员会；其中，牟志仁为主席，王鸿典（1960年4月离职）、张贯千、刘明东、王宾卿为副主席，曲乃孔为秘书长。1960年4月，牟志仁离职，蔡宪继任主席（1962年3月离职）；1960年4月、10月和1963年4月，徐振哲、张辑五、杨浩春分别任职副主席。本届委员会设工商专业组、社会专业组、妇女专业组、教育专业组、医务卫生专业组5个活动小组。

1963年2月，中共青岛市委决定撤销政协台西区委员会，政协台西区第一届委员会委员79人、常委26人转到政协市南区委员会继续任职。

第二届区政协常务委员会

1963年9月8—12日，区政协第二届委员会第一次会议召开，由来自中共、共青团、工会、妇联、青联、工商联、科技、文化、教育、医药卫生、农民、手工业者、少数民族、归国华侨、宗教、特邀等16个界别和无党派民主人士协商产生的155名委员出席会议。会议选举主席1名、副主席6名、秘书长1名、常务委员37名，组成区政协第二届常务委员会；其中，王建平为主席，张辑五、杨浩春、孙德伦、胡烈勋、刘明东、王宾卿为副主席，曲乃孔为秘书长。1965年12月，王建平、张辑五离职；同月，鞠维信和强彪分别任主席、副主席。

本届委员会按照第一委员组、第二委员组划分方法，共分7个委员组。

第三届区政协常务委员会

1966年3月16—20日，区政协第三届委员会第一次会议召开，由来自中共、共青团、工会、妇联、青联、工商联、科技、文化、教育、医务、少数民族、侨眷、宗教、特邀等14个界别和无党派民主人士、区联社代表协商产生的155名委员出席会议。会议选举主席1名、副主席4名、秘书长1名、常务委员25名，组成区政协第三届常务委员会；其中，鞠维信为主席，强彪、杨浩春、胡烈勋、王宾卿为副主席，曲乃孔为秘书长。本届委员会参照上届区政协分组方法，共分7个委员组。

1966年5月，“文化大革命”开始，本届区政协被迫停止工作；1976年10月后，政协组织逐步恢复。

第四届区政协常务委员会

曲鸣皋
1981.1—1987.4
任区政协主席

1981年1月22—28日，区政协第四届委员会第一次会议召开，由来自中共、共青团、工会、妇联、青联、工商联、科技、文化、教育、医务、少数民族、侨眷、宗教、特邀等14个界别和无党派民主人士、区联社代表协商产生的164名委员出席会议。会议选举主席1名、副主席3名、秘书长1名、常务委员30名，组成区政协第四届常务委员会；其中，曲鸣皋为主席，宋时珍（女，1983年12月离职）、杨浩春、胡烈勋为副主席，曲明德为秘书长。

本届委员会按照第一委员组、第二委员组划分方法，共分8个委员组。

第五届区政协常务委员会

1984年8月3—9日，区政协第五届委员会第一次会议召开，由来自中共、工会、共青团、妇联、教育、科技、医务、文化、体育、归侨、侨眷、少数民族、宗教、特邀等14个界别协商产生的167名委员出席会议。会议选举主席1人、副主席4人、秘书长1人、常务委员23人，组成区政协第五届常务委员会；其中，曲鸣皋为主席，李文成（1986年8月离职）、杨浩春、胡烈勋、于锡纯为副主席，曲明德为秘书长。

本届委员会沿用上届分组法，共分为8个委员组。

第六届区政协常务委员会

1987年4月11—16日，区政协第六届委员会第一次会议召开，由来自中共、工会、共青团、妇联、工商联、侨联、教育、科技、医务、文化、体育、民族、宗教、特邀等14个界别协商产生的167名委员出席会议。会议选举主席1名、副主席3名、秘书长1名、常务委员26人，组成区政协第六届常务委员会；其中，陈波为主席，于若琴（女）、于锡纯、李晨（不驻会）为副主席，曲明德为秘书长。1988年5月，区政协第六届委员会第三次会议补选谭生智、袁嘉绪（不驻会）、刘广金（不驻会）为副主席。

陈　波
1987.4—1990.4
任区政协主席

本届委员会共分中共组、工会组、共青团组、妇联侨联组、教育组、体育组、工商联组、特邀组、文化民族宗教组、医药卫生组、科技组等13个委员组。

第七届区政协常务委员会

1990年4月21—26日，区政协第七届委员会第一次会议召开，由来自中共、工会、共青团、妇联、工商联、侨联、民建、民盟、民革、教育、科技、医务、文化、体育、民族、宗教、特邀等17个界别协商产生的190名委员出席会议。会议选举主席1名、副主席7名、秘书长1名、常务委员26名，组成区政协第七届常务委员会；其中，黄绍美为主席，于若琴（女）、谭生智、于锡纯、袁嘉绪（不驻会）、李晨（不驻会）、刘广金（不驻会）、夏清泉为副主席，王春尧为秘书长。

本届委员会共分中共组、民建和工商联组、工会和妇联组、共青团和体育组、民革民盟和文化组、侨联和民族宗教组、医药卫生组、教育组、科技组、特邀组等14个委员组。

第八届区政协常务委员会

1993年2月10—15日，区政协第八届委员会第一次会议召开，由来自中共、工会、共青团、妇联、工商联、侨联、民建、民盟、民革、教育、科技、医务、文化、体育、民族、宗教、特邀、经济、科协等19个界别协商产生的190名委员出席会议。会议选举主席1名、副主席6名、秘书长1名、常务委员25名，组成区政协第八届常务委员会；其中，王文明（1996年3月离职）为主席，于若琴（女）、于锡纯（1996年3月离职）、李晨（不驻会）、夏清泉、张礼铭（不驻会）、李裕发（不驻会）为副主席，王春尧（1993年4月离职）为秘书长。1995年2月28日至3月3日召开的区政协第八届委员会第三次会议补选陈繁虎（不驻会）、谭生智为副主席；1996年3月召开的第八届委员会第四次会议补选李时振为主席，倪志涛（不驻会）为副主席，孙兆军为代理秘书长（1997年2月正式任职）。

李时振
1996.3—2001.2
任区政协主席

本届委员会共分中共组、经济组、工会组、工商联组、科技科协组、教育组、卫生组、共青团和妇联组、民建和侨联组、民族宗教组、体育文化和民革组、特邀组等19个委员组。

第九届区政协常务委员会

1998年1月14—18日，区政协第九届委员会第一次会议召开，由来自中共、经济、民建、工商联、科技、科协、教育、民盟、卫生、工会、共青团、妇联、台联、侨联、文化、体育、民进、民革、少数民族、宗教、特邀等21个界别协商产生的198名委员出席会议。会议选举主席1名、副主席6名、秘书长1名、常务委员25名，组成区政协第九届常务委员会；其中，李时振（2001年2月离职）为主席，于若琴（女，2000年1月离职）、樊金云（不驻会）、陈繁虎（不驻会）、夏清泉

（2000年1月离职）、倪志涛（不驻会）、郭威济为副主席，孙兆军为秘书长。1998年4月，孙兆军离职，李相云（女）代理秘书长；1999年2月召开的区政协第九届委员会第二次会议补选李相云（女）为秘书长；2000年2月召开的区政协第九届委员会第三次会议补选杜守君（任职至当年11月）为副主席；2001年2月召开的区政协第九届委员会第四次会议补选张清云为主席。

本届委员会分为科技工作组、经济工作组、祖国统一工作组、城建工作组、区街工作组、政法工作组、民族宗教工作组、工会妇女和青年工作组、教育体育工作组、医药卫生工作组、文化艺术工作组等13个委员组。

第十届区政协常务委员会

刘绪海
2003.1—2007.1
任区政协主席

2003年1月16—20日，区政协第十届委员会第一次会议召开，由来自中共、经济、民建、工商联、科技、科协、教育、民盟、卫生、工会、共青团、妇女、台联、侨联、文化、体育、民进、民革、少数民族、宗教、特邀、社会福利与保障、九三学社等23个界别协商产生的199名委员出席会议。会议选举主席1名、副主席6名、秘书长1名、常务委员28名，组成区政协第十届常务委员会；其中，刘绪海为主席（2007年1月离职），李晶珠（女，2007年1月离职）、樊金云（2007年1月离职）、陈繁虎（不驻会）、李庆、孟祥杰、周红（女）为副主席，赵克俭为秘书长。2007年1月召开的区政协第十届委员会第五次会议补选吴伟为主席，董随福、王洪林为副主席。

吴伟
2007.1—2017.2
任区政协主席

本届委员会分为科技工作组、经济工作组、祖国统一和民族宗教工作组、城建工作组、区街工作组、政法工作组、工会青年团和妇女工作组、教育体育工作组、医药卫生工作组、文化艺术工作组等12个委员活动工作组。

第十一届区政协常务委员会

2007年12月2—6日，区政协第十一届委员会第一次会议召开，由来自中共、经济、民建、工商联、科技、科协、教育、民盟、卫生、工会、共青团、妇女、台联、侨联、文化、体育、民进、民革、少数民族、宗教、特邀、社会福利与保障、九三学社等23个界别协商产生的199名委员出席会议。会议选举主席1名、副主席6名、秘书长1名、常务委员31名，组成区政协第十一届常务委员会；其中，吴伟为主席，董随福、李庆（2010年9月离职）、孟祥杰、周红（女）、王洪林、修先约为副主席，赵克俭（2010年1月离职）为秘书长。2010年1月召开的区政协第十一届委员会第三次会议补选孙兆军、齐士国为副主席，邢奇光为秘书长。

本届委员会分为科技工作组、经济工作组、祖国统一和民族宗教工作组、城建工作组、区街工作组、政法工作组、工会青年团妇女工作组、教育体育工作组、医药卫生工作组、文化艺术工作组等12个委员活动工作组。

第十二届区政协常务委员会

2012年2月1—4日，区政协第十二届委员会第一次会议召开，由来自中共、经济、民建、工商联、科技、科协、教育、民盟、卫生、工会、共青团、妇女、台联、侨联、文化、体育、民进、民革、少数民族、宗教、特邀、社会福利与保障、九三学社等23个界别协商产生的226名委员出席会议。会议选举主席1名、副主席6名、秘书长1名、常务委员37名，组成区政协第十二届常务委员会；其中，吴伟为主席，齐士国、孙兆军、孟祥杰、周红（女）、修先约、王胜山为副主席，王守强为秘书长。2014年7月，孙兆军被撤销职务；2015

年1月召开的区政协第十二届委员会第四次会议补选吕俊川为副主席。

本届委员会共设科技工作组、经济工作组、祖国统一工作组、民族和宗教工作组、区街工作组、政法工作组、城建工作组、工会青年团妇联工作组、教育体育工作组、医药卫生工作组、文化艺术工作组等13个委员工作组。

第十三届区政协常务委员会

任宝光
2017.2—
任区政协主席

2017年2月25—28日，区政协第十三届委员会第一次会议召开，由来自中共、经济、民建、工商联、科技、科协、教育、民盟、卫生、工会、共青团、妇女、台联、侨联、文化、体育、民进、民革、农工党、致公党、无党派、少数民族、宗教、特邀、社会福利与保障、九三学社等26个界别协商产生的235名委员出席会议。会议选举主席1名、副主席6名、秘书长1名、常务委员37名，组成区政协第十三届常务委员会；其中，任宝光（女）为主席，王胜山、杨斌、修先约、吕俊川、王宇平（女）、刘树国为副主席，王守强为秘书长。

本届委员会共设科技工作组、经济工作组、祖国统一工作组、民族和宗教工作组、区街工作组、政法工作组、城建工作组、工会青年团妇联工作组、教育体育工作组、医药卫生工作组、文化艺术工作组等13个委员工作组。

第二节　工作机构

专门委员会

1959年10月，第一届区政协常务委员会第一次会议决定设立2个专门委员会：学习委员会、提案审查委员会。1963年9月，第二届区政协常务委员会第一次会议决定设立1个专门委员会：提案审查委员会。1966年3月换届的第三届区政协委员会由于“文化大革命”而处于瘫痪状态，没有设立专门委员会。

1981年1月，第四届区政协常务委员会第一次会议决定设立1个专门委员会：提案审查委员会；5月，建立学习委员会、文史资料委员会。1984年8月，第五届区政协常务委员会第一次会议决定设立1个专门委员会：提案审查委员会。1987年4月，第六届区政协常务委员会第一次会议决定设立1个专门委员会：提案审查委员会。

1990年4月，第七届区政协常务委员会第一次会议决定设立1个专门委员会：提案审查委员会；之后于1991年12月第七届区政协常务委员会第四次会议协商决定增设3个专门委员会：科技经济委员会、文化教育卫生委员会、社会政法委员会。1993年2月，第八届区政协常务委员会第一次会议决定设立4个专门委员会：提案工作委员会、科技经济委员会、社会政法委员会、文教卫生委员会。1998年1月，第九届区政协常务委员会第一次会议决定设立5个专门委员会：提案工作委员会、学习委员会、科技经济委员会、社会政法委员会、文教卫生委员会。

2003年1月，第十届区政协常务委员会第一次会议决定设立5个专门委员会：提案工作委员会、学习委员会、社会政法委员会、科技经济委员会、文教卫生委员会。2007年12月，第十一届区政协常务委员会第一次会议决定设立5个专门委员会：学习宣传委员会、提案委员会、科技经济委员会、社会政法委员会、文教卫生体育委员会。

2012年2月，第十二届区政协常务委员会第一次会议决定设立6个专门委员会：学习委员会、科技经济委员会、社会政法委员会、民族和宗教委员会、文教卫体委员会、提案委员会。

内设机构

1959年10月区政协成立时，配备3名工作人员。1981年5月，政协机关设立办公室，工作人员为5人。1986年10月，增设宣传科、委员联络科，工作人员增至13人。1987年4月，根据市编委文件精神，原内设的办公室、宣传科、委员联络科升格为处级，分别改称政协委员会办公室、宣传处、委员联络处，同时设立城市建设工作组、祖国统一工作组，工作人员为15人。

1990年4月，政协工作组增至7个，分别是城市建设工作组、祖国统一工作组、医药卫生组、政法工作组、青年工作组、体育工作组、街道工作组；同年10月，根据市编委文件规定，经政协市南区第七届委员会第四次会议协商决定，撤销宣传处、委员联络处，新设科技经济委员会办公室、社会政法委员会办公室、文化教育卫生委员会办公室。

2011年10月，市南区委出台《关于进一步加强和推进人民政协工作的意见》，根据该意见精神，同年12月在区政协机关增设提案工作委员会办公室和民族宗教委员会办公室。

第二章　主要工作

市南区政协成立后，在中共市南区委领导下，认真贯彻政协章程和各项规章制度，积极履行政治协商、民主监督、参政议政职能，在协助团结各界人士和推动社会力量完成社会主义改造、参与社会主义建设、克服三年国民经济困难、争取国民经济形势的好转，以及发扬人民民主、活跃政治生活和调整统一战线内部关系等方面都做出了重要贡献。1966年5月“文化大革命”开始，区政协组织遭到严重冲击，政协及其常委会各项工作被迫停止。

1976年政协组织恢复以后，尤其是中共十一届三中全会以来，根据《中国人民政治协商会议章程》规定的新时期人民政协的性质、地位、作用和任务，区政协的整体功能进一步发挥。

20世纪80年代后期，随着改革开放和民主政治建设的不断推进，中共市南区委和区人民政府对发挥政协组织的作用更加重视，政协自身参政议政能力也不断提高，发挥作用的渠道进一步拓宽。政协政治协商的舞台逐渐从会议走向平时，范围逐渐从政治、经济领域拓展到社会生活的方方面面，民主监督由最初以提案为主，发展到提案、建议案、民主评议同时并举。在参政议政方面，视察调研贯穿政协活动的始终，且随着形势任务的发展变化，视察的范围越来越广，调研的力度越来越大，由最初的每年三五次“神仙会”（即邀请专家学者献计献策的专题会议），发展到周周有视察；与此同时，创新开展以“委员大会发言”“集中献计献策”“反映社情民意”为主要内容的“建言献策”活动，拓展参政议政的渠道。

20世纪90年代末以来，政协组织的优势和能力进一步发挥，通过创新开辟公益慈善活动平台，扶贫济困、赈灾救灾，丰富人民政协的职能作用，为市南区经济社会发展发挥了政协委员的积极性和聪明才智。

第一节　政治协商

市南区政协成立初期，参与政治协商的形式主要体现在换届和届中的全体委员会议上。1976年区政协恢复以后，协商内容逐步扩大到政府工作报告、区法院和区检察院工作报告、人事选举、政治决议等。

20世纪80年代后期，政治协商的形式逐步发展完善，具体包括：利用每年一次的政协全体会议对全区经济社会发展的大政方针和决策部署进行整体性协商；利用半年一次的政协常委会议，围绕全区发展大局和群众诉求，紧扣综合性、战略性、前瞻性问题进行专题协商；利用每月一次的政协主席会议，就区委、区政府和政协委员关注的问题进行重点协商；利用专门委员会定期不定期的视察、调研、座谈等活动，就某个领域、某个时期的热点难点问题进行对口协商；利用协商座谈会，参与对国家大事和本区主要事项的讨论。

协商决定区政协自身建设重要事项

区政协成立后，通过召开全体会议、常委会议等方式，协商决定政协领导机构、政协议事规则、提案审查报告、政协会议决议、新一届政协委员等政协自身建设方面的有关事项。

20世纪80年代，政治协商的范围有所扩大。1987年5月14日，区政协六届二次常委会研究设立政协工作组和专门委员会事项。1988年11月3日，区政协六届十三次常委会审议通过常委会工作细则。

20世纪90年代，区政协在关于自身建设方面的政治协商作用进一步发挥。1991年6月26日，经协商决定创立民主协商新形式“双月座谈会”，通过邀请区委、区政府领导介绍重要情况，广泛听取各民主党派、工商联、无党派人士意见；或者组织民主党派和各界人士参加区委、区政府重要会议，提高广大政协委员参政议政的积极性。1995年10月18日，区政协八届十七次常委会协商通过《政协青岛市市南区委员会关于贯彻政协全国委员会关于政治协商、民主监督、参政议政的规范的实施意见》(讨论稿)。1998年4月23日，区政协九届三次常委会协商通过区政协常委会工作规则。1999年3月18日，区政协九届九次常委会协商决定制定《加强常委会建设的意见》。次年7月18日的区政协九届十六次常委会协商通过该意见。

2002年4月8日，区政协九届二十七次常务会议协商通过《关于进一步加强社情民意工作的意见》和《关于提案工作的规定》。2003年5月8日，区政协十届三次常委会协商通过《区政协专门委员会工作规则》。2005年6月29日，区政协十届十六次常委会协商通过《市南区政协第十届委员会关于进一步加强常务委员会建设的意见》。

2012年4月20日，区政协十二届二次常委会协商通过区政协第十二届专门委员会工作规则。同年9月24日，区政协十二届四次常委会协商决定成立街道政协工作室、十二届委员增补名单和政协机关人事任免事项。

协商讨论区委、区政府重点工作

区政协成立之初，主要通过召开全体会议或常委会议听取讨论区委、区人民委员会工作报告和有关工作专题报告的形式参与区委、区政府重点工作的协商。

改革开放初期，区政协积极协助党和政府拨乱反正、落实各项统战政策，参与组织政协委员对党和政府的方针政策进行讨论并提出意见建议，参与两个文明建设和改革开放。20世纪80年代中期以后，区政协及政协委员参与协商讨论区委、区政府重点工作的范围逐步扩大。1984年8月至1986年3月召开的区政协第五届委员会第一至三次全体会议，先后听取区委关于“整党”“纠正新的不正之风”“加强社会主义精神文明”的通报；讨论区政府关于进一步实行对外开放，搞好经济体制改革的报告和贯彻执行食品卫生法情况、改革劳动人事制度、财政收支情况，以及文化教育、计划生育、城市建设、环境保护、普法教育、审计、民政、物价、市场管理等工作的报告；并参与全区经济发展、体制改革、两个文明建设等方面的协商活动。1987年4月起，增加政协主席列席区委常委会，政协副主席列席区政府全体会议、常务会议，政协常委和委员参与全区重点工作和重要活动等协商议政形式。

20世纪90年代，政治协商的内容和形式进一步丰富。1991年3月召开的区政协七届二次全体会议，围绕全区经济发展、城市管理等问题，组织全体委员考察黄岛经济开发区，安排部分委员大会交流发言。2003—2007年，区政协十届委员会在政协全体会议、常委会议、主席会议、专题协商等会议上，就全区经济和社会发展、创建全国文明城市、社区建设工作、社会治安综合治理、应对突发事件、重大节庆活动、进一步加强政协工作等重要事项协商讨论，为区委、区政府科学决策提供参考。2006年6月29日，区政协十届二十二次常委会听取区发改局关于“时尚闽江”特色街区项目建设和区红十字会关于创建全国社区红十字服务示范区两项工作的进展情况，并提出意见建议；根据常委们的意见，会后分别组织委员对这两项工作进行视察、调研，形成报告呈交区政府，其中的许多建议被采纳，对“时尚闽江”特色街区项目建设和创建全国社区红十字服务示范区工作发挥了重要作用。

协商人事安排和干部管理

区政协成立后，即依据工作职责对政协有关人事安排和干部管理进行协商。1959年10月召开的区政协第一届委员会第一次会议，在充分酝酿的基础上，民主选举政协主席、副主席、秘书长、常委等领导班子。1960—1963年，区政协常委会依法进行第四届、第五届区人代会代表候选人名单的协商工作。1964年11月召开的区政协二届三次会议上，在充分协商的基础上，选举产生政协领导机构。

20世纪80年代，区政协开始参与区委、区政府有关重大人事安排的协商和监督。1987年4月13日，区委邀请出席六届一次政协会议的各界人士30余人，共同协商区人大常委会主任、副主任，区政府区长、副区长，区政协主席、副主席和区检察院检察长、区法院院长的候选人名单。1988年10月，区委召开区政协参加的民主协商对话会，就增补市南区副区长人选进行认真协商、听取意见。

1993年8月28日，区政协召开各民主党派、各界人士座谈会，通报市委、市政府《关于国家行政机关辞退工作人员的暂行规定》。1999年11月18日，区政协九届十一次常委会听取市南区人事制度改革的情况通报。2009年6月26日，区政协十一届九次常委会通报中共市南区委关于建议区政协人事任免事项。2010年9月28日，区政协第十一届十六次常委会听取市南区政府机构改革有关情况通报。此外，从1990年4月至2012年2月的第七至第十二届区政协换届期间，区政协或以主席参与个别酝酿，或以政协主席会议、常委会议听取区委通报，或以代表座谈等形式，对区人大、政府、政协领导人选的安排充分发表自己的意见。

协商讨论全区经济社会中长期发展规划

20世纪80年代后期，区政协开始参与全区经济社会中长期发展规划的协商讨论。1987年7月30日，区政协六届三次常委会听取并讨论区政府《乡镇企业“七五”规划》。1991年，市南区政府在制定“八五”经济发展计划过程中，先后六次组织各民主党派、工商联、无党派人士中的20多位专家、学者进行座谈讨论，集思广益、反复论证，共提出52条修改意见和建议。1990—1993年，区政协七届常委会先后就市南区“八五”经济发展计划纲要（草案）、《市南区经济发展的实施意见（讨论稿）》《市南区“八五”期间精神文明建设规划》以及市政建设规划、改革开放的重大措施等的起草和修改完善参与讨论、论证，提出意见和建议。

1993年7月，区政协八届三次常委扩大会听取区委、区政府《科技兴区规划》内容详介。同年8月，向区委提出《关于我区政协积极参与改革和经济建设的实施意见》。1995年10月，区政协科技经济委员会举行通报会，区经计委通报《市南区经济与社会发展第九个五年计划及到2010年发展规划（草案）》制定情况，并听取政协委员对该草案的意见和建议。

2000年，区政协委员和各界人士围绕《市南区“十五”计划和2015年远景目标发展规划》所涉及的经济发展、改革开放、社会稳定和党风廉政建设及重要的人事安排等，提出许多有价值的意见和建议。

第二节　民主监督

委员提案

区政协成立后，各民主党派和各界委员积极围绕市南区中心工作提出意见建议，为全区经济社会各项事业的发展出谋划策。20世纪60年代，政协委员提案主要围绕恢复和发展国民经济、巩固新生人民政权、推动社会主义改造、促进社会主义革命和建设等问题，对经济、文化、教育、市容卫生、房屋维修和调整、社会福利、社会治安等各项事业发展提出意见、建议；其中，区政协第一届委员会收到提案10件，第二届委员会收到提案174件，第三届委员会因受“文化大革命”影响无提案记载。其间，区政协常委会的工作以办理和督导提案落实为主，第一至第三届常委会均设有提案审查委员会，作为唯一的专门委员会，负责委员提案的审查、提报和督促落实工作。

中共十一届三中全会以后，区政协提案工作进入一个全新的发展时期，政协委员紧紧围绕团结和民主两大主题，服务党和国家的中心工作，为社会主义现代化建设献计献策。1981年1月，区政协第四届委员会成立后，累计收到委员提案290件，处理255件，占总数的87.9%。第五届和第六届委员会分别收到提案322件、454件。

1991年，《中国人民政治协商会议全国委员会提案工作条例》颁布实施，区政协第七届委员会据此制定《加强提案工作的意见》，进一步推动提案工作的开展，共收到委员提案339件。区政协第八至第十届委员会分别收到提案630件（立案616件）、544件（立案438件）、742件。这些提案主要围绕党和国家的中心工作、改革开放和社会主义现代化建设事业建言献策，其中，1996年3月建议命名“香港路”庆祝香港回归祖国、2002年1月建议借奥运东风促市南旅游发展、2003年1月建议设立食品卫生义务监督员、2007年12月建议开创中小企业直接融资新局面等提案引起市、区有关部门高度重视，很快进入决策，付诸实施。

2007年，区政协设立提案工作办公室，2011年配备专职人员，制定《全委会提案工作指南》，并协调区委、区政府办公室各由一名副主任担任提案委副主任，加大对提案落实的督查，同时促进委员大会发言和专委会视察调研报告向提案转化，并倡导专委会、界别提出提案，委员提案的数量和质量得到全面提升。2008—2012年，共提出提案808件，立案597件，确定重点提案54件，办结率100%，这些提案紧扣事关全区经济社会发展的重要工作咨政建言，对推动全区各项事业持续健康快速发展做出了重要贡献。区政协《发挥专委会作用，促进提案工作上水平》《抓质量上水平，开创提案工作新局面》《提高质量，注重实效，推进提案工作上新水平》《推行一二三工作法，全面提升提案工作质量》等提案工作经验先后被上级政协组织转发推广。

建议案

区政协成立以来，围绕事关全区经济社会发展的重要工作，先后以政协市南区委员会的名义向区委、区政府提出多件建议案，内容涉及全区政治、经济、社会、民生等各个领域。其中，1992年《关于建立市南区文化市场的建议案》、1996年《关于湛山小学继续保留并进行扩建的建议案》、1998年《关于市南区西部地区幼儿园设置与发展的建议案》、1999年《关于尽快解决市南区东片小学布局不合理问题的建议案》、2004年《关于加快建设市南区文化艺术休闲特色街的建议案》等，受到区委、区政府的高度重视，并逐件得到落实。

民主评议

民主评议是在事先进行调查研究、征求多

方意见的基础上，以促进工作为目的，以提出批评建议为重点，以委员评价为依据，形成评议报告并及时反馈，以促进职能部门不断改进工作。2002年起，区政协增加对政府部门工作专题民主评议的监督形式，每年被评议的政府部门在10个以上。同年8月，区政协九届二十九次常务会议协商通过对区建管局工作进行民主评议的实施方案，随后根据《政协章程》的有关规定，组织部分委员对区建管局的工作进行民主评议。11月，区政协九届三十次常务会议通过《区政协关于对区建管局工作进行民主评议的报告》。此次民主评议收效良好，得到区委、区政府和社会各界的充分肯定。

2004年，区政协组织政协委员对区民政局的低保救助工作、区经计局的楼宇经济工作和区教体局的教师专业化工作情况进行民主评议。同年12月，区政协十届十二次常委会听取区政协科技经济委员会、社会政法委员会和文教卫生委员会对区经计局、区民政局和区教体局进行民主评议工作的情况汇报。是年，区政协还选派30多名委员担任社会各部门、各行业义务监督员。

2006年区政协组织对区人事局人才管理工作、区财政局实行街道虚拟财政工作和区卫生局社区卫生服务机构建设情况进行专题民主评议。2007年，区政协组织委员参与政府目标绩效考核评议，参加工商、税务、司法等部门的行风评议；聘请部分政协委员担任法律、医疗、食品安全等方面的特约监督员，并开展“网络问政”、问卷调查等活动。2008年，组织政协委员对区教体局全民健身工作进行民主评议，并对本区的全民健身工作提出七个方面的建议，区委、区政府主要领导分别予以批示，当年增建10处社区健身中心。2009年，组织政协委员对全区政务公开和党政机关的作风进行民主评议，多名委员应邀担任司法机关和政府部门的特约监督员。2010年，对区科技局、建管局、区红十字会的工作进行民主评议。年内先后4次组织委员100多人次参与政府目标绩效考核评议、政府部门工作评议、“网络问政”活动，以及税务、工商、司法等部门的民主评议。此外，区政协还先后对城市管理执法人员水平和管理质量、民营经济、社区文化建设等相关业务工作进行专题民主评议，成为帮助政府职能部门改进工作的有效手段。

第三节　参政议政

视察调研

视察调研是人民政协履行职能和发挥作用的一项基础性工作，也是政协委员参政议政、参与民主监督的重要渠道。区政协成立之初，主要围绕政治形势和阶级斗争、生产斗争、科学实验三大革命运动，组织委员深入实际、深入基层、深入现场，通过实地察看、听取情况介绍、座谈讨论等方式开展视察调研活动，在此基础上，采用讲一讲、谈一谈、听一听、认一认的“神仙会”方法提出意见和建议，推动各项工作开展。20世纪60年代，区政协组织政协常委、委员积极参与经济恢复、爱国卫生、增产节约、发展社会事业以及生产救灾等各项活动，多次视察、考察区内工业、商业、文教卫生事业和农村人民公社等，对社会各界进行爱国主义、国际主义、社会主义思想教育，调动各界人士为社会主义事业服务的积极性。

20世纪80年代，区政协着重围绕改革开放、发展经济及群众关心的问题开展视察调研活动。1981—1984年，区政协第四届委员会多次组织委员赴泰安、曲阜、南京、常州、苏州等地参观学习政协工作经验；并先后到胶南县、蓬莱县及区内各地考察、视察，调研实行农村联产承包责任制后农村经济发展和进一步繁荣城市面貌等情况，在此基础上提出意见建议。此外，还组织政协委员参与区人大、区政府等有关方面组织的物价政策大检查，配合区人大、区政府视察市容面貌、人口普查、计划生育、文明礼貌月活动，参与慰问驻区解放军等活动。区政协各工作组还围绕城市建设、胶州湾填海和引黄济青工程、增加商业网点和中山路一条街布局以及计划生育等重点工作开展考察调研并提出合理化建议。1984—1987年，区政协第五届委员会先后组织开展参观视察活动25次，在提出意见建议的同时，积极协调有关部门解决视察中发现的相关问题。

1990年，区政协第七届委员会对委员工作组活动提出“五个一”的具体要求，即：本着量力而行、发挥优势、讲求实效的原则，组织进行一次调查或视察活动，写出一份有内容、有分析、有建设性意见的调查或视察报告，开展一次有影响、有意义的活动，为市南区的改革和两个文明建设提出一项有价值的合理化建议，帮助区里解决一些实际问题。根据此要求，区政协各委员工作组先后通过举办委员活动日、召开“振兴市南经济座谈会”等方式，从提供宏观决策依据和解决实际问题两方面入手，对全区经济社会发展提出对策建议，推动各项事业发展。1998—2002年，区政协第九届委员会围绕市南区科技兴区规划、民营科技企业发展、个私经济和专业特色街建设等情况进行视察，并建言献策。2003—2007年，区政协第十届委员会视察调研的重点则集中在经济和民生两大领域，提出的一些意见建议受到有关部门的高度重视。

2008年后，区政协委员关注的范围更加广泛、视察调研的密度更大、质量更高、参政议政的成效更加显著。区政协第十一届委员会期间组织视察调研活动300余次，形成调研报告70余篇，其中13篇得到区委、区政府主要领导的批示，对区委、区政府科学研判形势、及时出台有关政策起到了较好的参考作用。

2012年，区政协第十二届委员会组织政协委员先后视察调研学校食堂监管、市场药品管理、公共场所紧急避险、“垃圾分类”试点、污水处理厂升级改造等设施，其中针对流通环节食品安全和社会养老服务工作形成的调研报告分别得到区委、区政府的充分肯定，报告中提出的一些富有针对性、可操作性的对策建议被采纳。

建言献策

区政协成立初期的20世纪60年代，政协委员们主要利用政协会议分组讨论或书面形式向区委、区政府及有关方面建言献计。闭会期间，区政协先后召开10多次专题“神仙会”，贯彻“三不”（不打棍子、不戴帽子、不抓辫子）原则，围绕时事政策，引导入会委员联系辖区实际广开言路，建言献策，还多次召开专题座谈会征求各方意见，推动各界人士积极筹备办学，帮助区政府解决中小学生的学习问题。

中共十一届三中全会后，市南区为政协委员和各界人士全面落实政策，平反冤假错案，解决历史遗留问题，并经常主动征询意见，极大调动了他们协商共事、建言献策的积极性。政协委员们开始走出去，围绕党和政府的中心工作深入考察调研、集思广益、献计献策，为两个文明建设服务。1982年，政协委员针对中山路一条街的布局先后两次提出37条建议，对繁荣市场起到积极作用。1990—1992年，政协委员200余人次参与专题调研24次，向区委、区政府建言献策100余条。

进入21世纪以来，区政协适应广大委员表达意见、献计献策、反映诉求的意愿，创新参政议政新形式，采取委员大会发言、开展献计献策、反映社情民意活动等多种形式为委员搭建建言献策的平台。北京“申奥”成功后，区政协于2001年9月举办“奥运赛场在市南，市南应该怎么办”献计策理论研讨会，征集建议38篇，相关建议获得青岛市委、市政府和市南区委主要领导、分管领导批示，有的被列入当年的重要工作任务加以落实。2002年7月起，区政协不定期编发《社情民意》简报，将政协委员反映的居民群众所思所想所怨所盼以及委员的意见建议编印刊发，内容涉及社区居民医疗、下岗失业、军转干部上访、房屋维修、危旧房改造、城市管理、火灾隐患、小区用电、楼道乱贴乱画、自由市场脏乱差、企业军转干部生活和思想状况等，为区委、区政府了解民情和解决问题提供参考，进一步调动了政协委员建言献策的积极性。2005年，市南区开展“我为青岛（市南）发展献计策”市民月活动，区政协组织委员所献计策不但数量在全区最多，而且质量很高，其中文艺组委员所提《突出区位优势整合节庆资源实现我区节庆文化产业化的建议》获唯一的一等奖。2006年，区政协组织开展“我为市南发展献计策”活动，收到委员建议410项，6个政协专门小组、76名委员分别获得一、二、三等奖和优秀奖。此外，每年一次的区政协全体会议也增加了委员大会发言的日程安排，以此引导委员就社会关心的问题进行专题交流发言，并提出建设性意见，其中仅2009年1月召开的区政协十一届二次全会上就有11位委员发言，内容涉及文化创意产业、社会救助、老城区改造、医患关系、青少年犯罪、食品安全等方面。

第四节　委员活动

公益慈善

20世纪60年代，区政协组织的公益慈善活动主要表现为特定环境下的走访慰问送温暖，诸如利用春节、劳动节、建军节、国庆节等重大节日组织政协委员到部队和烈军属、劳模、困难户等家庭走访慰问；遇到灾荒年景或突发自然灾害时，组织政协委员向困难群众捐献钱物、送医送岗上门、慰问灾区群众等。这些活动，大都在区委、区政府的统一组织下，区政协以单位或委员个人名义参与。

1998年起，区政协充分发挥政协组织的社会优势、资源优势和动员能力，把公益慈善活动作为发挥作用、服务社会、履职为民的新平台，采取集中捐献、义务服务、书画义卖等形式为困难群体排忧解难，是年医药界委员为76名特困家庭小学生义务查体，举办书画赈灾义卖并将获得的3万元人民币善款送到抗洪救灾一线。1999年，组织驻区各大医院的11名专家教授为500余名军烈属、孤寡老人、残疾人和60岁以上老年人义务查体。

进入21世纪，区政协以救灾、扶贫、助学为切入点，组织一系列大型公益活动。2001年，举办书画义卖，售出50余名书画家的作品，共筹集善款近10万余元。同年组织委员和政协机关工作人员捐款8万余元。2002年，英雄葛路舍身救人后，组织60多名书画家举行书画义卖活动，获得善款5万元送到葛路家中。2003年，为抗击“非典”，政协委员累计捐资折合人民币50余万元。2005年，举办“爱心搭建助学桥”书画慈善义卖会，开展送教、送医、送文化“三下乡”和书画义卖活动，捐款捐物折合人民币约300万元。2008年，南方冰雪灾害后，筹集善款近20万元支援救灾；四川汶川地震后，组织300人参加市南区政协及各界人士抗震救灾募捐义卖会，现场筹集善款计人民币103万元；委员、书画艺术家及社会各界为赈灾和慈善事业捐款捐物折合人民币约350万元。

2010年起，政协公益慈善活动进一步常态化，是年组织资助“春蕾”女童的书画义卖笔会，现场创作100多幅佳作，捐助给“春蕾女童”工程；组织政协委员到沂蒙老区平邑县流峪镇开展送医、送教、送文化“三下乡”活动，捐赠图书价值近万元，书法、国画、水彩画作品共计100多幅，价值15万元；举办“大手拉小手”迎新年书画展活动，捐献作品300余幅。2011年，举办书画慈善义拍，所得善款70余万元，用于救助新市民特困家庭子女80余名；卫生、教育和文化界部分委员及部分教学能手、医疗专家、书画家一行20余人，前往胶州胶北镇开展送医、送教、送文化“三下乡”

活动；组织10余名岛城知名医疗专家到珠海路街道香港花园社区义诊。同年3月，全国基层政协成立的首个公益基金——微尘·市南政协基金成立，每两年开展一次“微尘·市南政协基金关注儿童成长书画义拍”和“爱心认购”活动。2012年，区政协组织20名企业界委员参加书画名家作品慈善义拍活动，捐款550180元；组织女书画家联谊会参加世界无偿献血者日纪念宣传活动，为无偿献血者赠送书画作品。

截至2012年年底，已有151位岛城知名书画家、62位爱心企业家委员参加“关注儿童成长书画义拍”奉献爱心；300余位学生及家长，60余名委员参与“心手相牵，爱暖人间”公益活动献出真情；20余位教育界政协委员定期到特教机构做义工；280余名政协委员、300余位政协联谊团体成员常年参与公益活动，10余位政协委员迈入市红十字会微尘基金理事会行列。

社会服务

20世纪60年代，政协委员的社会服务活动主要是不定期地参与时政宣传、组织老年委员参与征集文史资料工作、举办国庆书画展览等。1959—1963年，区政协第一届委员会组织政协常委和部分委员参与组织创办民办学校，多次召开座谈会征求各方意见，推动各界人士积极筹备办学，帮助区政府解决中小学生的学习问题。1964年国庆节前夕，120余名知名书画工作者参与举办国庆十五周年书画展览，收集作品200余幅，展出100余幅，参观者17800多人。

20世纪80年代，为发挥政协的人才、智力优势和委员各自专长，区政协通过举办星期日医疗咨询、开办民联技术夜校、为“三引进”知情出力等方式服务社会。1984年8月至1987年4月，区政协第五届委员会举办咨询服务活动84次；组织老年知情人撰集文史资料，共征集文史资料29篇，其中，市政协刊用出版发行19篇。其间组织委员结合各自专长开展工作，医药卫生组为解决群众找专家、教授看病难的问题，举办星期日医疗咨询门诊，开诊两年多，接待15个省、市、县的咨询门诊3000多人次。

2000年以来，区政协委员积极探索新的服务社会模式，开始以专业组团的形式回馈社会。2007年，由25位居住或工作在本区的医药界各科专家组成的市南区政协医药卫生专家顾问团成立，受区法院委托参与医患纠纷案件的调处工作以及为促进区公共卫生事业发展提供建议或咨询等服务。在法院审理医疗损害责任纠纷案件中，参与诉前指导、诉讼调解、判后答疑，促进法院医疗损害责任纠纷案件的审理，2009—2012年，由专家参与调处的案件无一上诉、上访，收到良好的法律效果和社会效果。2010年，医疗专家顾问团成员与部分委员赴贵州省为当地群众义诊，被誉为“大爱无疆、医德双馨”。2012年，医药专家顾问团探索医疗纠纷调处新机制，在全市率先提出“关于成立医疗纠纷调解委员会的建议”。

2009年2月成立“市南区政协人文历史研究会”，认真研究区域历史、文化，先后出版《里院——青岛平民生态样本》《中山路——一条街道和一个城市的历史》《五十年我们一起走过》《台西镇》《单威廉与青岛土地法》等文史书籍9本。2011年1月，创办期刊《市南人文历史研究》，每年编印4期，每期约8万字。同时，区政协注重加强文史会员与政协各工作组、各联谊会、政府各有关职能部门的联系和沟通，发挥文史研究优势，组织相关视察调研，搭建参政议政平台。

交流联谊

区政协成立初期，交流联谊活动主要以组织委员开展各种庆祝活动，或走出去参观访问和分批选派委员参加上级政协组织的会议和学习为主。1964年，区政协第二届委员会组织32名委员参加省、市各界人士学习会议，组织72名委员参加省、市政治学校。1979年元旦，全国人大常委会发表《告台湾同胞书》后，区政协鼓励委员与“三胞”“两属”进行交流联络，协助党和政府做好统战工作，并加强横向联系和情况交流，不断扩大政协的工作影响，先后与省内外近60个地市县区政协建立联系，互通信息，组织委员双向交流参观学习。1984—1987年，区政协第五届委员会在做好“三胞”摸底调查的基础上，建立履历卡片160份，填写各种表格300多份，多次举办座谈会、报告会、仲秋和春节茶话会等。

20世纪90年代起，政协委员充分发挥专业组团优势，各种联谊活动健康发展。1990—1993年，区政协第七届委员会先后成立政协之友联谊会、市南区书画艺术名家联谊会、市南区海外联谊会等。1997年3月区政协女书画家联谊会成立后，积极搭建活动交流平台，为女书画家创作、交流和联谊做了大量工作，组织联谊会会员到学校、进军营、赴企业、下农村、入社区，挥毫染翰，遍播芳馨；或捐献作品、筹集善款，帮扶弱势群体、关爱儿童成长，赢得了社会各界的赞誉。2009年3月“市南区政协摄影之友”成立后，定期组织会员学习摄影知识、交流摄影技艺、进行摄影创作，不断提高会员摄影水平，鼓励会员积极参与社会活动和摄影实践，2012年在全区10个街道65个社区举办摄影作品巡展，宣传宜业宜居幸福市南区建设成果。

第十六篇

人 民 团 体

第一章　市南区总工会

市南区工会组织成立于青岛解放之初，其机构名称和组织设置几经变迁，至20世纪90年代初期始正式更名为青岛市市南区总工会。其间，市南区总工会围绕各个时期党和国家经济建设的中心任务，引导全区职工积极开展劳动竞赛、“三技（技术学习、技术练兵、技术比武）比武”等各种活动，涌现出一大批技术革新能手和革新成果。加强文体活动载体建设，开展职工喜闻乐见的文体活动，丰富企业、职工的文化生活。

进入改革开放的新时期，区总工会进一步加强组织建设，先后建立女职工委员会、退休职工工会组织，组建街区工会联合会，积极发挥基层工会组织在不同职工群体和社会层面的组织性能与工作活力，通过组织职工建立集体协商制度、订立集体（共保）合同、对职工进行文化教育与技能培训、帮助职工再就业等方式，引导和帮助广大职工维护自身合法权益，建立和谐、稳定劳动关系，努力做好维护职工权益与职工队伍稳定工作。

进入21世纪以后，随着工会管理体制的改革，市南区工会组织与会员队伍进一步壮大。“十五”末期起，15个市直系统单位（包括工会组织）和青岛8所中学移交市南区进行属地化管理，全区基层工会组织与会员总数大幅增加，涵盖基层单位的社会层面和行业领域得到较大拓展。其间，实施“送温暖”工程，救助困难企业劳模，与困难企业、困难家庭、困难职工结对帮扶。“十一五”末期，区工会基层组织建设进一步向现代服务业领域延伸。市南区总工会先后两次被中国职工保险互助会授予“职工互助保险先进代办处”，荣获“山东省厂务公开民主管理工作先进单位”称号。

至2012年，市南区总工会有基层工会组织1637个，涵盖基层单位13200个，会员总数18万人，作为中共市南区委领导下的工人群众组织，是区委、区政府联系职工群众的桥梁和纽带。

第一节　机构沿革

1949年6月8日，青岛市以山东省职工联合总会驻青岛办事处的名义召开全市第一次职工代表座谈会，决定取消国民党统治时期的青岛市总工会，成立青岛市职工联合总会筹备委员会，在市南区设立办事处；10月，青岛市职工联合总会筹备委员会改称为青岛市总工会筹备委员会。次年2月，青岛市总工会正式成立，青岛市职工联合总会筹备委员会市南区办事处遂改称青岛市总工会市南区办事处。1953年9月，青岛市总工会改称青岛市工会联合会，青岛市总工会市南区办事处改称青岛市工会联合会市南区办事处。

1956年7月，公私合营后各行业成立产业工会，区工会办事处被撤销。1957年5月，重新建立青岛市工会联合会市南区办事处。1959年5月，市产业工会被撤销；市工会联合会市南区办事处改为市南区工会；同年12月，再改称青岛市工会联合会市南区办事处。1960年4月，改称青岛市总工会市南区办事处。1966年5月，“文化大革命”开始，工会组织遭到严重破坏，市南区的工会工作被迫停止。

1970年4月，市南区召开第一次革命工人代表大会，选举产生市南区革命工人代表大会委员会，工会工作得以恢复。1973年3月，改称青岛市市南区工会委员会；1979年6月，改称青岛市总工会市南区办事处。

1992年10月，正式更名为青岛市市南区总工会。1999年11月，在新建成的云霄路中苑美食街召开第一次职工代表大会，选举产生美食街工会联合会，34家私企、1家台资企业的员工加入该行业工会。

2005年5月，区总工会在全区开展"集中建会月"活动，新建工会组织13个，发展会员2000余人；同年7月，市属国有资本整体退出，企业下放接收，青岛美术广告有限公司等15个市直系统单位（包括工会组织）移交市南区进行属地化管理。2006年7月，根据市总工会《关于市内四区初中学校工会组织属地移交问题的会议纪要》，青岛五中、七中、二十四中、二十六中、四十八中、五十一中、五十七中、五十九中的工会组织实行属地化管理，归属市南区总工会管辖；2005年和2006年，市南区总工会先后两次被中国职工保险互助会授予"职工互助保险先进代办处"。2007年4月，麦凯乐（青岛）总店成立工会组织；同年7月，市南区总工会分别在全区10个街道办事处的离岗待退干部中选聘10名人员，作为各街道的专职工会干部。2010年7月，市南区总工会荣获"山东省厂务公开民主管理工作先进单位"称号。2011年6月，组织开展"团工共建"活动，协助13名大学生创业者建立企业工会组织。

第二节　代表大会

市南区第一次革命工人代表大会

1970年4月召开。选举产生市南区革命工人代表大会委员会，张作典当选主任。

市南区第二次工人代表大会

1975年12月召开。选举产生市南区工会第二届委员会，梁有新当选主任。

市南区总工会第三届代表大会

1992年11月召开。选举产生市南区总工会第三届工会委员会，王维风当选主席。会议还选举产生第三届工会常务委员会和经费审查委员会。

市南区总工会第四届代表大会

1998年3月召开。会议通过区总工会三届委员会所作工作报告、财务工作报告和经费审查委员会工作报告；选举产生市南区总工会第四届委员会，刘祥当选主席。会议还选举产生第四届女职工委员会和经费审查委员会。

市南区总工会第五届代表大会

2003年8月召开。会议通过区总工会第四届委员会工作报告、财务工作报告和经费审查委员会工作报告；选举产生市南区总工会第五届委员会，潘中生当选主席。会议还选举产生第五届女职工委员会、经费审查委员会。

市南区总工会第六届代表大会

2009年7月召开。会议通过区总工会第五届委员会工作报告、财务工作报告和经费审查委员会工作报告；选举产生市南区总工会第六届委员会，于忠耿当选主席。会议还选举产生第六届经费审查委员会。

第三节　主要工作

宣传教育

1994年《中华人民共和国劳动法》颁布后，区总工会集中4天举办两批124名基层工会主席参加的学习班；先后5次组织基层工会干部433人次参加市总工会举办的《劳动法》及工会干部业务知识学习培训班；160名工会干部获得由中华全国总工会印发的"工会干部轮训资格证书"；4人参加市总工会的劳动争议调解员培训，取得资格证书。

1999年起，先后组织区劳动局、区属企业、驻区大企业及北极星律师事务所等10余个单位开展《中华人民共和国工会法》颁布7周年及市总工会成立50周年庆祝活动和《工会法》《劳动法》等法律法规咨询活动，现场发放宣传资料6000余份，接待百余人咨询。2002年4月，组织区五大班子领导、部分基层工会干部参加《工会法》等法律法规知识讲座。2004年2月，组织“市南区工会干部业务知识暨‘十五’期间工会干部教育培训班”，80名工会干部经过学习考取全国总工会印发的《工会干部轮训资格证书》。

2005年6月，区总工会被省总工会、《职工天地》杂志社评选为全省工会宣传报道50强单位；7月，举办全区“职工互助保险”代办员培训班，基层工会的80多名代办员参加培训；12月，被省总工会授予山东省工会系统“五四”普法工作先进单位。2006年10月，被市总工会授予“全市工会法宣传教育先进集体”。2007年和2009年，分别举办全区工会主席培训班，基层工会主席各80余人参加培训。

2012年，全区各级工会根据企业工作需要和职工需求，利用各种形式培训职工3.6万人次。

文化教育与技能培训

市南区总工会把职工群众的文化学习和岗位技能培训作为工作的重要组成部分，通过知识竞赛、建立“图书屋”、专业轮训、技术练兵、技能竞赛，为职工搭建学习、培训平台，提高职工的技术业务水平和科学文化素质。

1998年，市南区总工会建立下岗待业职工再就业培训基地，首期42人美容美发及微机培训班开学，集中培训一个月，经考试颁发技能结业证书，持证上岗。2004年，联合举办全区职工职业技能系列竞赛，约3000人次参加各专业的技能比赛。2002年度、2004年度、2005年度，市南区总工会先后3次被市劳动竞赛委员会评为实施经济技术创新工程先进单位或优秀组织单位。

2007年，举行青岛市“女农民工素质教育流动课堂”（市南区）活动启动和“我为奥帆添光彩”为100个志愿者服务队授旗仪式，并组队参加全市工会系统“我为奥帆赛添光彩”演讲比赛和奥运知识竞赛。2009年，联合举办全区医疗系统职工技能比武竞赛，4个单位57人参加多项目比赛。2010年开展“职工书屋”示范点建设，扶持嘉峪关学校、青岛5中、太平路小学、区绿化总公司工会资金各1万元；扶持裕丰实业集团公司、青岛高校信息公司工会资金各5000元。年内建成6个“职工书屋”示范点。

2012年组织开展“职工书屋”规范化建设，市南区市政养护建设有限公司等6个单位被评为“青岛市职工书屋”规范化建设示范点；开展以“创业创新创优”为主题的职工技能竞赛活动；在区卫生系统开展“岗位练兵、技能比武、职业技能竞赛”活动。

职工维权与再就业

20世纪90年代以来，区总工会把维权与再就业作为工作重点，把坚持建立集体协商、签订集体合同制度作为建立和谐、稳定劳动关系的有效手段，努力做好维护职工权益与职工队伍稳定工作。

1997年，市南区总工会促成市南区12家集体企业、70家乡镇企业、19家外商投资企业实行集体协商签订集体合同制度；在各街道办事处、东孚集团、6个农工商公司实行签订区域性集体合同制度，并增加签订法律法规以外有实际效益的条文。1998年，召开再就业和下岗、在岗职工代表、促进再就业先进单位代表等60余人“凭劳动吃饭最光荣”座谈会，华南制衣总公司、区清洁服务公司分别介绍经验。

2003年，市南区有21人被市总工会授予“创业带头人”称号；3个单位被命名为“助你创业行动”工作示范基地；区总工会被评为“全省工会保障工作先进单位”。2008年组织开展“助你创业行动”，培树带头人7名。2005年度、2007年度和2011年度，先后3次被授予青岛市厂务公开民主管理工作先进单位或优秀组织单位。

2012年，制发《市南区总工会关于积极构建和谐劳动关系的实施意见》，推动全区企业创建和谐劳动关系，各街道工会联合会、企业工会主动做好集体合同、女职工专项保护合同和工资集体协商工作。同时，继续深化“助你创业行动”，重点培养选树有自主创业能力的下岗失业人员、农民工、大学生，培育市南区大福成便利店等创业典型，有6人被评为青岛市2012年度“助你创业行动”带头人，带动就业65人。

扶贫帮困

1996年，区总工会全委扩大会议通过《关于建立市南区送温暖互助基金的决议（草案）》，筹集第一笔扶贫帮困基金18万元，用于帮困救急和缓解贫困职工的生活困难。

1997年，组织区委办公室等16个部门、单位与16户特困家庭“联姻”；8个部门、企业与特困家庭扶贫帮困结对。至2005年，先后组织7次结对资助活动，84户特困职工家庭受助。此后，每年组织扶贫帮困单位与筛选的特困家庭结对，近140户困难职工家庭先后结对受助。

1998年元旦、春节前夕，开展扶贫帮困送温暖活动，全区各级工会组织走访困难职工589人次，发放慰问金12.7万余元，此后每年开展扶贫帮困送温暖活动。2000—2005年，区领导和区总工会走访慰问困难企业90余次；各级领导和工会组织走访慰问及开展“春节送温暖”“为农民工送温暖”活动，救助困难职工2000余人次；区总工会向困难企业发放困难劳模、职工生活救助金近90万元，并多次组织青年志愿者为特困职工运送冬季烤火型煤等。

2006—2009年，通过开展“春节送温暖”“为农民工送温暖”活动，区总工会先后3次与68名困难职工结对帮扶，为60多家单位和100多名困难职工送去20余万元救助金和物品，为556名困难农民工送去价值1.3万元的物品和近3万元的棉被。

2009—2012年，在开展“夏送清凉、金秋助学”活动中，对590多名困难家庭在校和考取大学的子女发放近20万元的助学金和学习用品。其中，2009年、2012年的中秋、国庆节期间，分别为全区104名、295名困难职工发放4万元、30多万元的慰问金和物品。

2005年10月，被省总工会、省总工会经费审查委员会评为“全省工会经费审查工作先进单位”；2007年5月，被中国职工保险互助会评为“2006年度县级工会财务会计工作竞赛先进单位”；2002—2011年，先后8次被市总工会评为“青岛市工会实施送温暖工程先进单位”。

劳模表彰

1993年4月，区总工会首次组织召开市南区职工劳动模范表彰大会，区委、区政府表彰周吉祥等9名区级劳模，其中4名被推荐为市级劳模，郭清伟被省政府授予“富民兴鲁”劳动奖章，区卫生防疫站、区绿化游园队分别被市政府授予“先进集体”“先进班组”称号。此后，区委、区政府先后6次召开表彰大会，隆重表彰1995—1996年度16名、1997—1999年度10名、2000—2002年度22名、2003—2005年度30名、2006—2008年度40名、2009—2011年度50名区级劳动模范。2003—2011年，市南区共有50人获得市级劳动模范称号，其中2003—2005年度15名、2006—2008年度16名、2009—2011年度19名。

2005—2012年，全区有4人被省政府授予“山东省富民兴鲁”劳动奖章、2人被授予山东省劳动模范称号。2008年和2009年，信号山公园、青岛海底世界美人鱼组分别被省总工会授予山东省“工人先锋号”称号。2011年，信号山公园被中华全国总工会授予“全国五一劳动奖章”先进集体，八大湖街道工会工作委员会被中华全国总工会授予“全国百家示范乡镇（街道）工会”称号。

文体活动

区工会组织成立以来，不断加强文体活动载体建设，探索创新文体活动形式，广泛开展职工喜闻乐见的各种文体活动，丰富企业、职工的文化生活。每1～2年举办一次市南区职工田径运动会，历时两天，各设50多个竞赛项目，30多支代表队千余名运动员参赛，至2012年，已连续举办38届。

1993年和1995年，分别举办全区职工文艺会演，共有30支代表队、1100余人次参加初赛、复赛和演出。1994年，举办迎国庆职工书画展，46人的作品参展。1995年以来，在新中国成立50周年、国庆节、“五一”国际劳动节、“三八”妇女节和全国总工会成立80周年等节日期间，多次组织全区职工文艺会演和卡拉OK比赛，区属各单位及驻区企业众多职工参加演出。

1995年举办“市南区职工沙滩趣味竞技赛”、全区职工游泳比赛以及职工钓鱼比赛。1998—2007年，连续10年举办“市南区双拥杯”乒乓球比赛，每届由军地双方数十支代表队、数百名运动员参加。2000年举办的市南区职工乒乓球赛有11个代表队、71名运动员参赛，至2008年，连续举办8届；2006年，区总工会获得青岛市职工乒乓球比赛女子团体第三名。

1999年和2002年，两次承办“军警民欢聚·海之情文艺晚会”，由青岛澳柯玛歌舞团及海军官兵主演，驻区部队官兵、公安干警及市民1000余人观看演出；其间，还先后举办“劳动者之歌”联欢会，“庆国庆”“庆澳门回归，迎新千年”文艺招待会及“海之情‘欢乐今宵’交谊舞会”“‘情系市南’欢乐舞会”和“‘海之情’化装舞会”。2006—2009年，先后4次组织全区职工足球比赛，共有60多支代表队参赛。2010年举办的“市南区职工羽毛球比赛”，有18个队、160名运动员参赛。2002—2009年，在第33、34、37届全市职工运动会上，市南区代表队分别夺取区、市组团体总分第三、第二和区、市级田径团体总分第三名的成绩，并囊括体育道德风尚、最佳入场方队和优秀观众组织奖。2005年8月，与区委宣传部同时被市委宣传部、市委组织部、市总工会等单位授予“青岛市企业文化建设优秀组织奖”。

2006年，组织700多名职工先后两次参加在崂山仰口举办的全国登山大会启动仪式和“安利杯”万人健步行活动。2008年，组织100多名职工参加残奥帆赛火炬传递活动；举办全区职工游泳比赛，12个队、134名运动员参加比赛。2009年，组织100多名职工参加市总工会举办的“我们与共和国同行”职工艺术节活动。

2010—2012年，市南区职工帆船队在全市第一、二届职工帆船比赛中均获第一名。

第二章　市南区妇女联合会

1949年6月青岛解放，青岛市市南区妇女工作组建立。次年，先后改称青岛市市南区妇女代表委员会、市南区民主妇女联合会，本着以女工为主的工作方针，团结争取各阶层妇女实行生产自救，在迅速恢复生产的同时，有效解决旧社会遗留的妇女失业问题。

1957年，市南区民主妇女联合会正式改称青岛市市南区妇女联合会。其后，逐步建立健全区妇联、妇委会、妇代会三级妇女组织，并不断对基层妇代会进行整顿。“文化大革命”期间，市南区妇女工作一度停止，1975年得以恢复。

中共十一届三中全会后，市南区妇女组织在整顿改造的基础上得到快速发展，基层妇女组织逐步完善。自20世纪80年代中期起，市南区妇联先后6次被省妇联授予“全省妇联系统先进集体”称号；被全国妇联授予“全国家庭教育先进集体”称号；区妇女儿童工作委员会被省委、省政府授予“山东省妇女儿童工作先进集体”称号。

至2012年，市南区妇联共辖区直机关妇委会11个、街道妇工委10个、社区妇联65个，全区妇女总数27万余人，成为区委、区政府联系妇女群众的桥梁和纽带。

第一节　机构沿革

1949年6月26日召开的全市各界妇女座谈会决定成立青岛市民主妇联筹备委员会，并宣布取消国民党统治时期的妇女协会；同月，青岛市市南区妇女工作组建立。

1950年4月16日，全市首届妇女代表大会召开，青岛市民主妇女联合会宣告成立；次月，青岛市市南区妇女工作组改称青岛市市南区妇女代表委员会；11月，市南区召开第一次妇女代表大会，选举产生市南区民主妇女联合会第一届委员会。

1957年9月，根据中国妇女“三大”通过的章程规定，青岛市市南区民主妇女联合会改称青岛市市南区妇女联合会（简称市南区妇联）。1963年，补选妇代会正副主任59名、基层妇代会委员和小组长以上干部435名，在区属厂组中建立妇代会34个。

1966年5月，“文化大革命”开始，妇联组织遭到严重破坏，妇联工作被迫停止。

1975年4月，市南区妇女联合会筹备小组成立；12月，召开市南区妇女第三次代表大会，选举产生市南区妇女联合会第三届委员会，妇联工作得以恢复。

1981年，区妇联对全区街道妇代会进行全面整顿改造，12个街道管区共建立妇代会128个、居民小组1961个，选出妇代会主任192人、妇代会委员543人、居民小组长2734人、妇女代表1818人。1985年，14个街道妇联全部配备专职妇女干部，平均年龄38岁，高中以上文化水平占78.6%。1990年，根据居委会自治法，改选17个妇代会。1991年，全区共建有妇委会48个、基层妇代会253个，153名离退休干部、女知识分子在妇代会任职，初步改变了基层妇女干部年龄大、文化低、参与能力差的状况。

1998年，全区妇代会进行换届选举工作，基层妇女组织由302个缩减到208个，妇代会主任的平均年龄为49岁；部分街道的妇联和区属各局、公司妇委会也进行换届选举工作。2004年，将社区妇代会改建为社区妇联，执委会成员中增加驻社区单位的女干部；4月，全市第一个社区妇联在湛山街道办事处仰口路社区建立；5月，在改制后的9个街道办事处和1个社区委员会建立妇工委，在居委会建立社区妇联81个。2007年，全区调整为78个社区居委会，全部建立社区妇联。2011年，全区社区居委会调整为65个，社区妇联进行相应调整。

2012年，在符合条件的非公有制经济组织和社会组织中建立妇女组织、开展妇女工作，覆盖率均达95%以上；新建示范点10个，被推荐为市非公有制经济组织和社会组织妇女工作示范点3个。

第二节　代表大会

市南区妇女第一次代表大会

1950年11月召开。选举产生市南区民主妇女联合会第一届委员会，董淑英当选主任。

市南区妇女第二次代表大会

1952年8月召开。选举产生市南区民主妇女联合会第二届委员会，柯宝兰当选主任。

市南区第二次妇女代表大会

1959年2月召开。代表299名，选举产生市南区妇女联合会第二届执委会，李顺翠当选主任。

（注：按会议顺序为第三届，但原档案记载为第二届。为避免以后会议届次顺序混乱，故仍按原档案记载编写）

市南区妇女第三次代表大会

1975年12月召开。选举产生市南区妇女联合会第三届委员会，张玉兰当选主任。

市南区妇女第四次代表大会

1986年3月召开。代表271名，特邀代表15名，选举产生市南区妇女联合会第四届执行委员会，孔宪秋当选主任。

市南区妇女第五次代表大会

1989年10月召开。代表255名，特邀代表14名，选举产生市南区妇女联合会第五届执行委员会，孔宪秋当选主任。

市南区妇女第六次代表大会

1994年8月召开。选举产生市南区妇女联合会第六届执行委员会，孔宪秋当选主席。

市南区妇女第七次代表大会

2000年1月召开。代表210名，选举产生市南区妇女联合会第七届执行委员会，来玉杰当选主席。

市南区妇女第八次代表大会

2005年6月召开。代表251名，选举产生市南区妇联第八届执行委员会，来玉杰当选主席。

市南区妇女第九次代表大会

2010年5月召开。代表256名，选举产生市南区妇联第九届执行委员会，张艺当选主席。

第三节　主要工作

宣传教育

青岛解放后，市南区面向辖区城乡工人及其他劳动群众，广泛开展以扫盲为主的文化补习教育，区妇联组织辖内各阶层广大妇女群众踊跃参加。1955年8月成立区扫盲协会，在工厂、企业、农业社、手工业社、街道中普遍成立扫盲协会和扫盲小组，当年涌现出19名优秀工作者、24名优秀教师、45名优秀学员和8个扫盲先进单位。1958—1959年，全区扫除文盲6075人，绝大多数为妇女。同年成立街道妇女红专学校5处，107人参加学习。

1963—1965年，召开妇女计划生育积极分子会议，大力宣传计划生育工作，各街道办事处成立计生委员会，63.22%的育龄妇女实行计划生育措施。同期组织妇女参加区委各项宣传教育活动，80%的妇女干部和90%的妇女群众接受教育；召开回忆对比大会，受教育妇女900余人。同期建立862个学习毛泽东思想小组，20196人参加学习，18000余名妇女参加各种形式的学习会，同期涌现好人好事542人次。1979年，举办对越自卫反击战英雄事迹报告会，在全区妇女中形成向英雄学习的热潮。

1990—1992年，每月组织街道妇联干部例会学习，举办中共中央《关于加强和改善党对工会、共青团、妇联工作领导的通知》培训班，组织妇联干部脱产学习。同期各级妇女组织举办学习《妇女权益保障法》培训班300多期。

2003—2004年，举办向“岛城十杰”杨秀花同志学习事迹报告会，在八大峡纬五路社区建立全市首处“打工妹”书屋，选购图书700余册。

2004年起，先后通过举办健身周、时装表演、工作经验交流会、演讲比赛、诗歌美文朗诵会、风采展示等群众喜闻乐见的活动，寓教育于活动之中，不断加强对全区妇女群众的文化审美与健身体育教育。2007年，积极开展各种专题教育培训活动。年内举办全区巾帼文明岗“五学一讲”培训班，各有关单位妇委会主任和各级巾帼文明岗、创岗单位负责人50余人参加培训。2008年，举办巾帼文明岗优质服务迎奥运培训班，相关单位和部门的巾帼

全区纪念"三八"国际劳动妇女节100周年文艺演出（2010年）

文明岗负责人60余人参加培训。

2007—2010年，每年举办一期社区妇联主席、家庭纠纷调解员培训班，学习妇女心理健康、应急自救知识与技能、婚姻家庭法律知识、妇女保健知识。

妇女就业、创业

1950年，区民主妇联组织开展生产救灾突击周活动，帮助3700名妇女解决就业问题。1958年，全区3606名女职工中涌现出商业先进生产者199名、工业先进生产者111名。1979年，全区12个街道兴办各种生活服务项目150项、集体福利行业49处，1198名妇女进入生活服务行业。

1991年，成立市南区"巾帼建功竞赛活动协调小组"，在妇女中开展岗位练兵和竞赛活动。1997年，为创建中山路全国文明街，与区计生委联合开展"巾帼示范岗"授牌仪式，11个单位的16个柜台、班组被授予市南巾帼示范岗称号。1998年，区、街妇联签订安置大龄下岗女工目标责任状，实现67名大龄妇女再就业。

2004年，与区劳动和社会保障局联合举办市南区妇女就业创业工作表彰、就业招聘与创业项目推介会，40余个招聘单位在会上提供51个工种、380个就业岗位。2008年，联合区劳动局等单位举办促进妇女就业、创业宣传咨询服务活动，1000余名下岗失业人员、妇女群众参与，发放资料400余份，接待咨询人员100余名。

2012年，制定《市南区关于实施女大学生创业引领计划分工》，协调区人社局，组织10个街道妇工委，为女大学生提供创业就业实践基地5个，组织创业培训、技能培训640人次，促进就业500余人。

和谐家庭建设

1950—1959年，在全区妇女中开展勤俭持家、节约储蓄活动，其中，1957年评选增产节约勤俭持家积极分子7341人。

1980年，在开展争创"五好"（爱国守法，热心公益好；学习进取，爱岗敬业好；男女平等，尊老爱幼好；移风易俗，少生优育好；勤俭持家，保护环境好）活动中，召开动员会514场次，编写黑板报、宣传栏267期，印发"五好"宣传提纲16750份，受教育群众14870人次，评选出"五好妇代会"26个、"五好家庭"689个、"五好院"142个、"五好楼"4个、"五好个人"1424名。

1999年，召开"美在家庭"示范点命名大会，授予11个基层妇代会为"美在家庭"示范点；2000年，组织"五好文明家庭"事迹报告团，举办4场报告会，听众3000余人。

2004—2006年，开展妇女"三学一创"（学上网、学礼仪、学健身，创建学习型家庭）活动，招募学上网志愿者105名，举办5期家庭学上网培训班，200多户家庭受益；举办家庭礼仪知识讲座3场，对600余户家庭进行礼仪培训；举行"弘扬巾帼文明队精神，让'八荣八耻'进家庭"活动启动仪式，1000多个家庭在横幅上签字。2007年，举办"百万家庭牵手奥运"活动和巾帼才艺暨万家迎奥运艺术作品展，征集作品200余幅，有30幅作品参加全市迎奥运才艺作品大赛。2008年举办“迎奥运、促和谐”家庭趣味运动会，24个家庭获优胜奖。

2010—2012年，先后举办“做首善市民促家庭和谐”演讲比赛，“五好文明家庭”和好夫妻、好婆媳家庭成员评选，“书香伴我行”家庭读书月、“我家的幸福生活”摄影大赛和“家庭助廉”征文等活动，并举办6场文明礼仪、婚姻家庭讲座。

家庭教育及少儿工作

1950—1959年，配合有关部门兴办公共食堂、托儿所、幼儿园、哺乳室、妇产院、缝纫组、服务站等集体福利事业。至1959年，全区托儿所组织由1950年的5处增加到115处，其中街道民办35处。1965年，组织保教人员学习毛主席著作和王杰等英雄人物的革命精神，对孩子进行革命教育。

1979—1983年，将全区各幼儿园、所分类建立协作组，各组之间定期交流、互相检查，大园带小园，示范带一般，促进全区托幼事业同步发展。其间举办教养员拼音、普通话、风琴学习班，组织教养员到上海参观托幼组织，区属17个园所开展优良服务及保育员、炊事员、会计练兵活动，进一步加强幼儿园、所师资队伍建设和管理。

1981年青岛市家庭教育研究会市南区分会成立后，举办育儿讲座、座谈会，向散居儿童的家长和代养人宣传科学育儿知识。各街道通过聘请专家讲座、为散居儿童查体、黑板报增设教育专栏、组织亲子活动、优选家长介绍经验等推广优生优育知识；为少年儿童筹集捐款3万余元，购买各种玩具，走访、捐赠给幼儿园、托儿所。1983年，组织有关部门负责人和街妇联干部29人，对19处幼儿园和20处工厂、企事业、居委会公办托儿所及6处个体托儿户等45处托幼组织进行全面检查。

1985—1986年，先后成立区儿童少年福利基金会、市南区家庭教育促进会，各街道妇联成立家庭教育领导小组，妇代会设家庭教育辅导员，举办家庭教育培训班，对各级妇女干部轮训，各级妇联构建起多层次、多渠道的家庭教育网络。其间，各街道妇联举办育儿讲座130场次，听众6787人次。1986年，根据《青岛市个体托幼组织合格标准》，对全区个体托幼组织大检查，为48处发放合格证。1992年，举办幼儿家长学校学习班9期，1210人次参加学习；举办学生家长学校学习班8期，850人次参加学习；举办新婚夫妇学习班11期，600余名新婚夫妇参加学习。

2002—2003年，与区教体局共同制定《市南区家庭教育工作“十五”计划》；在14个街道办事处开展家庭美德参与式培训，招募志愿者做培训教师，组织社区妇代会主任、家长代表等参训。2004—2005年，聘请家庭教育义务工作者深入10个社区做家庭教育报告，听众1000余人；邀请全国知名家庭教育专家闵乐夫教授为500多名学生家长作《给孩子健康成长的金钥匙》报告。2006年，联合举办市南区“好苗苗”大赛活动，300名小朋友参加比赛，17名“市南区好苗苗”参加了青岛市“岛城新苗”100名大赛，3名参加了山东省“齐鲁新苗”比赛，区妇联获山东省“齐鲁新苗”比赛优秀基层组织奖。2009年，在社区“父母学堂”开展家庭教育示范普及，湛山社区被全国妇联、教育部评为全国家庭教育工作示范社区。

2011年，区妇女儿童工作委员会被省委、省政府授予山东省妇女儿童工作先进集体称号。2012年，制定《市南区妇女儿童家园项目建设方案》，区政府拨款37万元，在11个社区建成各具特色的“妇女儿童家园”。同年市南区被评为山东省家庭教育工作示范区。

妇女维权

1950年5月《中华人民共和国婚姻法》颁布，同年7—8月，区民主妇联与有关部门配合，在全区开展《婚姻法》宣传月活动。

中共十一届三中全会以后，随着改革开放的进展，妇女维权及婚姻家庭提上各级妇联的

宣传婚姻法

重要工作日程。1979年，利用学习班、学习组，宣传法制教育、婚姻自由等，调解一批婚姻案件。1981年，受理有关婚姻家庭的来信来访253件，解决247件。1984—1986年，开展妇女儿童合法权益宣传月活动，受理妇女儿童合法权益受侵案件77件，解决54件；接待婚姻家庭来信来访240件，解决224件。1985年开始，每周三、五在区妇联举办法律咨询服务，“三八”“五一”等节假日在车站、公园等地设立法律咨询站；575名法律顾问和信访工作者接待有关婚姻家庭的来信来访和法律咨询269件，结案率97%；全区688户女个体经营者组成24个学习小组，定期接受法律教育。1990年，接待婚姻家庭来访150件次，处理重大案件3起。1992年，举办《妇女权益保障法》培训班300多期。同年召开市南区女法律工作者表彰会，向全区推介为妇女维权的典型经验。

2005年，举办“巾帼新市民法律伴你行”普法讲座；开展评选十佳、优秀巾帼新市民和保障巾帼新市民权益优秀维权岗活动。2007—2010年，市级巾帼文明岗区检察院控告申诉科在湛山广场设立服务咨询点，现场提供法律咨询服务；举办6期妇女组织建设和维权服务专题培训，各级妇女干部、家庭纠纷调解员累计参训近600人次；在81个社区全部建立家庭纠纷调解站，其中9个站被评为青岛市社区家庭纠纷调解示范点。

2011年，区妇联与珠海路街道办事处联合举办《婚姻法》司法解释三宣传培训活动，为各街道的60余名工作人员和居民进行现场讲解；“12·4”全国法制宣传日期间，接受群众咨询1000余人次，发放宣传品、宣传折页等1万余份。

2012年，开通“12338”莲姐热线；在全区10个街道、65个社区全部建立妇女维权服务站和社区妇联信访代理站；各级妇女组织共接待来信来访来电900余件，处结率达99%。年内各街道、社区、成立妇女维权、心理疏导、矛盾纠纷调解志愿者队伍，在册妇女维权志愿者800多人；联合区司法局、人社局成立“市南区妇女维权法律服务团”，全年援助妇女1221人次，挽回经济损失17.8万元。

帮扶救助

1985年第9号台风袭击青岛时，组织广大妇女抢险排难、接待难民，被评为抢险救灾先进集体。是年向云南前线指战员送慰问信286封、慰问品6678件，走访烈军属1999户。1986年，成立13个拥军优属领导小组、14个现役军人婚姻介绍所、30个义务服务组，1500余名妇女参加服务，为军属送礼品、买粮、送衣服等3500余次，走访烈军属5591次，并为全区31名对越参战人员邮寄录有亲人及区领导慰问的录音带、录音机、彩照、食物、衣物、日用品等。

2000年，为在全国开展的“爱心奉献西部，捐建集雨水窖”的募捐活动募集资金59438.7元，被全国妇联等单位授予“助西爱心集体”称号。2003年，联合区直机关妇委会向全区妇女发出向杨秀花学习暨捐款的倡议书，全区捐款67125元。2005年，开展“构建和谐社会 爱心奉献春蕾”捐资助学活动，全年筹集捐款近5万元，结对资助145名“春蕾女童”；联合区总工会等7个部门，开展“关爱巾帼新市民爱心加盟活动”，印发“爱心卡”2000份，并为近1000名新市民妇女查体。

2006年，全省首家妇女儿童救助站在云南路街道办事处成立。2008年，慰问清理浒苔的部队官兵，赠送毛巾、袜子、鞋垫各1200条（双），价值近万元；区妇联被评为全市迎奥运综合保障先进集体。2010年，与区政协女书画家联谊会举办纪念“三八”国际劳动妇女节100周年书画义卖笔会，现场创作近百幅义卖，所得善款24100元，全部捐助“春蕾女童”。

2011年，继续落实“春蕾计划”，筹集捐款95100元，结对资助春蕾女童245人。2012年，发起“送温暖、献爱心”倡议，号召各界妇女参与巾帼志愿服务行动，为空巢老人、留守儿童、贫困母亲开展家政、健康保护、文化体育、法律援助等服务；与区慈善协会联合发放资助金14万元，实施“两癌”救助，共资助贫困患病妇女47名；发放资助款73300元，资助春蕾女童238名，并推荐市级春蕾女童7名；组织巾帼志愿者与贫困母亲结对帮扶；各级妇联组织在春节、中秋等节日期间，走访慰问单亲贫困母亲和困难妇女家庭1000余户，送米、面、花生油等近20万元慰问品。

第三章　中国共产主义青年团市南区委员会

1949年6月青岛解放后，市南区即着手在工厂、学校和市郊农村开展建团工作。1950年，随着青年团青岛市第一届委员会选举产生，中国新民主主义青年团青岛市市南区总支部委员会成立，后改称中国新民主主义青年团青岛市市南区工作委员会。这一时期，区青年团委配合党的中心工作，积极组织全区青年踊跃报名参军，参加国防建设，支援抗美援朝。1957年改称中国共产主义青年团（简称共青团）青岛市市南区委员会。“文化大革命”开始后，市南区的共青团组织遭破坏而停止工作。1976年重新恢复。

中共十一届三中全会后，市南区青年组织在逐步完善的基础上，围绕党在新时期的中心任务开展工作，广泛开展各种活动，带领广大团员青年为全区经济发展和社会建设做出积极贡献。1988年，全市第一个跨行业、地区性的青年社团——市南地区青年联谊会成立，有16个市直团委参加，辖区形成涵盖多个文化艺术门类的青年组织。20世纪90年代，适应社会主义现代化建设的需要，加强区共青团组织建设。“市南区青年活动中心”初具雏形，各单位“青年之家”相继成立，市南区团组织的影响力进一步扩大。1993年起，实施共青团基层整体化建设，在一些“三资”企业、私人企业中初步建立团组织，加强农工商公司团组织建设。同步实施“流失团员回家工程”，进一步整顿基层团组织。“九五”末期，全区街道团组织全部实行改制，社区团组织建立新的工作机制，充盈新的发展活力。

2006—2010年，进一步加强社区团的工作，继辖内建立全市第一个社区居委会团支部后，全区各街道全部建立青年中心，并依托青年建立协会、俱乐部等社团组织。在全区街道开展非公有制经济组织和新社会组织团建创新工作，全区共青团组织对青年群体的社会覆盖广为拓展。2008年奥帆、残奥帆赛期间，大规模组织青年志愿者队伍，开展社区集中服务日，承担300多个站点的城市运行志愿服务，累计组织上万人次清理浒苔，累计志愿服务对象超过百万人次，并成功打造“红黄绿”预警机制等创新工作成果。“十二五”初期，开创“街道团工委—社区团总支—基层团支部”区域化团建新格局，在驻区非公经济组织、社会组织、青年社团中建立团组织或青年组织，覆盖新兴领域青年1万余人。同期，开展区校联合，依托高校高层次人才资源，为辖内社区配备大学生团建助理，建立市南区青少年服务中心和青年企业家协会。开通新浪、腾讯微博，用新媒体宣传、组织青年工作。建立青年就业、创业见习基地，扶持青年小额贷款项目，走访企业、社区，搭建青年就业、创业信息平台，多措扶助青年创业。

至2012年，共青团市南区委共有基层团组织604个，其中，非公有制团组织473个，登记团员总数13102人，有效联系青年2万余人，成为中共市南区委领导下的先进青年群众组织和区委、区政府联系青年的桥梁和纽带。同年，区团委被评为“山东省五四红旗团委”“第七届山东省青年志愿者服务先进集体”；市南区被评为山东省“两新”组织团建工作先进区。

第一节　机构沿革

1950年7月，中国新民主主义青年团青岛市市南区总支部委员会成立；10月，改称中国新民主主义青年团青岛市市南区工作委员会。1952年12月，选举产生了中国新民主主义青年团青岛市市南区第一届委员会。1953年，青岛市民主青年联合会市南区办事处成立；同年，组织成立市南区青年文化学校并成立了团支部，并在全区14个小学都建立少年先锋队组织，少先队工作逐步开展起来。

1957年，中国新民主主义青年团改名为中国共产主义青年团；6月，中国新民主主义青年团青岛市市南区第一届委员会改称中国共产主义青年团（简称共青团）青岛市市南区委员会。

“文化大革命”时期，团组织遭到严重破坏，团的工作被迫停止。1974年12月，市南区成立筹备小组，开始重新组建共青团市南区委；1976年10月，共青团青岛市市南区委员会恢复。

1986年，中国少年先锋队市南区第一届代表大会召开。1989年制定《市南区团员证管理细则》，各基层团委、支部也相应建立团员证管理制度和档案。1990年，成立市南区业余团校，团员培训工作步入正轨。

1991年，联合区委组织部、区编委、区人事局制定下发《关于切实加强团干部队伍建设的意见》。1992年制定《共青团市南区基层整体化建设实施意见》。1993年，在一些“三资”企业、私人企业中初步建立团组织。1994年，制定《关于加强七个农工商公司团组织建设工作的意见》。1995—1997年，在各办事处辖区内的“三资”企业中开展团建工作和“流失团员回家工程”，整顿较为松散、瘫痪的团组织。1999年，区委制定《关于进一步加强共青团工作的意见》和《关于市南区街道办事处团组织改建团工委工作的若干意见》，14个街道办事处团组织全部顺利改制。1999年起，先后组织开展创建“青年文明社区”、义务奉献日、青少年文明网络行动、评选“青少年放心网吧”、帮助“残疾人上网”、争创青岛市志愿服务品牌等活动。2006年，选拔81名优秀大学生志愿者挂职居委会主任助理；组织志愿者与社区孤寡、空巢老人“一助一”帮扶结对100余个；承办全市大型志愿者服务活动，市、区2000余名志愿者为600余人义诊和提供各类咨询1500余人次；发动200余名志愿者参与区“背街小巷”整治工程、“爱国卫生月”集中宣传活动；组织百余名志愿者在帆船赛期间，服务于全市75个站点；招募百名交通志愿者，在道路高峰时段引导行人安全过马路，该“红黄绿”预警机制被评为市南区2005年度创新工作优秀奖。

2000年，出台《关于进一步加强社区团的工作的意见》，以云南路街道办事处广州路社区居委会为试点成立全市第一个社区居委会团支部，并指导12个社区成立居委会团支部，吸纳社区团员青年150余人。2006年，全区10个街道全部建立青年中心，各青年中心累计建立协会、俱乐部等社团组织56个，发展会员1200余人。2010年，在全区10个街道开展非公有制经济组织和新型社会组织团建创新工作，非公有制经济组织建团145家，社会组织建团30家，覆盖“两新”青年8000余人。2011年，在八大湖街道试点建立“街道团工委—社区团总支—基层团支部”的区域化团建新格局；在“创意100”产业园成立团总支；在300余家驻区非公有制经济组织、社会组织、青年社团中建立团组织或青年组织，覆盖新兴领域青年1万余人；联合青岛大学，为全区65个社区配备大学生团建助理70名，协助社区团支部建立团组织31个。2012年，建立市南区青少年服务中心和青年企业家协会。

第二节　代表大会

中国新民主主义青年团市南区第一次代表大会

1952年12月召开。选举产生中国新民主主义青年团市南区第一届委员会，王世臣当选书记。

中国新民主主义青年团市南区第二次代表大会

1954年7月召开。选举产生中国新民主主义青年团市南区第二届委员会，侯文明当选书记。

中国新民主主义青年团市南区第三次代表大会

1956年4月召开。选举产生中国新民主主义青年团市南区第三届委员会，侯文明当选书记。1957年6月，改称中国共产主义青年团青岛市市南区委员会，邹本娴任第一书记，侯文明任书记。

共青团市南区第四次代表大会

1975年12月召开。代表250名，特邀代表50名，选举产生共青团市南区第四届委员会，委员17名，常委8名，夏清泉当选书记。

共青团市南区第五次代表大会

1979年12月召开。代表250名，选举产生共青团市南区第五届委员会，委员17名，常委5名，夏清泉当选书记。

共青团市南区第六次代表大会

1982年7月召开。代表242名，选举产生共青团市南区第六届委员会，委员18名，常委5名，来玉杰当选书记。

共青团市南区第七次代表大会

1985年9月召开。代表215名，选举产生共青团市南区第七届委员会，委员19名，常委7名，来玉杰当选书记。

共青团市南区第八次代表大会

1988年4月召开。代表189名，选举产生共青团市南区第八届委员会，委员19名，常委7名，李众民当选书记。

共青团市南区第九次代表大会

1991年4月召开。代表204名，选举产生共青团市南区第九届委员会，委员18名，常委7名，赵宝玲当选书记。

共青团市南区第十次代表大会

1994年5月召开。代表138名，选举产生共青团市南区第十届委员会，委员19名，常委7名，赵宝玲当选书记。

共青团市南区第十一次代表大会

1997年8月召开。代表151名，选举产生共青团市南区第十一届委员会，委员21名，常委9名，张建刚当选书记。

共青团市南区第十二次代表大会

2000年5月召开。代表154名，选举产生共青团市南区第十二届委员会，委员23名，常委9名，高健当选书记。

共青团市南区第十三次代表大会

2003年5月召开。代表180名，选举产生共青团市南区第十三届委员会，委员23名，常委7名，谭鹏当选书记。

共青团市南区第十四次代表大会

2006年12月召开。代表177名，选举产生共青团市南区第十四届委员会，委员23名，常委9名，郑海涛当选书记。

共青团市南区第十五次代表大会

2010年11月召开。代表189名，选举产生共青团市南区第十五届委员会，委员37名，常委7名，赵爱萍当选书记。

第三节　主要工作

宣传教育

1951—1955年，配合党的重点工作，号召各界青年支援抗美援朝、学习党的总路线和培养青年共产主义道德品质、抵制资产阶级思想腐蚀的教育活动，对广大青年进行形势与任务教育，协助党组织做好补充兵员的宣传工作，区内230多名团员青年报名参加国防建设，43名团员青年光荣参加人民海军。1956年，建立市南区夜团校，对团员进行新团章、初级常识和青年修养的教育，召开"同昌太"等生产单位青年积极分子会议，总结推广团员积极分子的优秀事迹。

1976—1980年，建立青年业余理论学习小组149个、政治夜校21处，2100多名团员青年参加学习马克思、列宁和毛泽东著作。其间举办120多期学习班，召开学习交流、理论讨论会110多次，开展法制教育座谈会、报告会、座谈会、专题讨论会等137场次，对团员青年进行四项基本原则教育。

20世纪80年代末至90年代，集中开展"做合格共青团员教育""学雷锋活动月""为团旗增辉""强素质，比贡献，争创'青'字号工程"团员教育评议活动，开展市南区第三届待业青年文化活动月，组织团员青年学习《邓小平文选》第三卷，以多形式、多主题的活动为载体，对团员青年进行思想教育。

进入21世纪以来，根据形势发展需要，积极创新宣传教育方式和手段，通过集中培训、广泛宣传和"牢记历史 知荣明耻"主题教育日、"我为团旗添彩 我为奥运建功"主题团日竞赛、"弘扬'五四'精神，共建和谐市南"教育月等丰富多彩的主题教育活动，不断提高广大团员青年的理论素养和专业技能。团区委获得"全省增强共青团员意识主题教育活动先进单位"等称号。

2011—2012年，组织开展"创先争优，争做青年先锋"实践、"学党史、知党情、跟党走""我与祖国共奋进，我与市南同发展"等主题教育活动近60次；开通新浪、腾讯微博，用新媒体展示市南共青团工作；中共十八大召开后，举办专题知识讲座、座谈，在新浪、腾讯微博发起微话题，在市南新青年网站、QQ群发起倡议，掀起学习宣传十八大精神热潮。

少先队工作

1953年，全区14所小学全部建立少先队组织后，市南区的少先队工作逐步开展起来。

1979年，组织开展"为红领巾增添光彩"和"学守则、树新风、创三好、做合格的小学生"活动，发展少先队员2000多名，建立红领巾班61个，评选"三好学生"4120名。1980年，进行"五爱"教育，4900多名少年儿童加入少先队组织。1988年，在全国"红领巾小建设"竞赛中，全区获全国奖26个，名列全市第一名；大学路小学被评为"全国红旗大队"。

1991年，组织开展"三史三热爱"系列活动，《人民日报》多次报道；中央电视台《新闻联播》对基隆路小学与孟良崮完小开展的"手拉手"活动进行报道，该活动获得全国同类活动比赛前三名。1994年，以"做现代化国际城市小主人"为主题开展"手拉手"等活动，组织捐款11.3万元，2名少先队员被评为全国百名“手拉手”好少年赴京参加颁奖大会。

1998年，以科技教育为主线，以“雏鹰假日小队手拉手文明行动”活动为载体，向贫困地区的小伙伴和特困下岗职工子女伸出友谊援助之手，建立“手拉手文明大院”“手拉手文明监督岗”等。同年建立少先队员志愿者护绿园地230余处。1999年，成立街道“社区少工委”10个，以观海路街道办事处为试点成立的“社区红领巾理事会”得到团中央、团省委的肯定。

2000年，建立社区少工委（包括社区红领巾理事会）12个，朝城路小学被全国少工委命名为全国城乡“手拉手”活动百所学校。年内在全市开展的“雏鹰争章”活动中，全区少先队员参与率100%。2006年，组织30余名大学生志愿者举办庆“六一”、大学生与小朋友同欢同乐联欢会，并向全区55所中、小学派驻社区民警担任“校卫警官”。

2007年，14个小社团荣获2006—2007年度“童趣杯”全国优秀红领巾小社团称号；南京路小学荣获“山东省十佳魅力少先队集体”称号；定陶路小学、南京路小学荣获全国少先队“魅力杯”称号。2006—2008年，市南区少工委连续3年获山东省少先队工作最高荣誉奖——贡献奖。2009年，市南区少工委举行“祖国发展我成长，队旗伴着国旗飘”庆祝少先队建队60周年等活动；2人获得青岛市“首届十佳美德少年”称号；市南区少工委荣获“山东省少先队工作红旗单位”“山东省少先队宣传工作先进单位”。

2010年，全面启动“争做四好少年”活动。2011年，区少工委在八大湖街道吴兴路社区创建市南区首家社区少先队工作服务站；同年区少工委荣获山东省少先队工作红旗单位、山东省信息宣传先进单位称号。2012年，市南区少工委举行“红领巾心向党——感受你的爱”庆祝建队63周年等主题活动，并再次荣获山东省少先队工作红旗单位、山东省信息宣传先进单位称号。

志愿者服务

1994年，市南区建立60余支志愿者服务队，开展奉献日和为离退休老人、孤寡老人送温暖及志愿者宣传和义务服务活动。1995年，成立市南区志愿者协会，建立各级100余支志愿者服务队。1997年，在全市首次推出“青年文明社区”活动，组织“一助一”助老帮困服务，泰安路街道办事处被团中央确定为“全国百个创建青年文明社区活动示范点”。

1999年起，先后组织开展创建“青年文明社区”、义务奉献日、青少年文明网络行动、评选“青少年放心网吧”、帮助“残疾人上网”、争创青岛市志愿服务品牌等活动。2006年，选拔81名优秀大学生志愿者挂职居委会主任助理；组织志愿者与社区孤寡、空巢老人“一助一”帮扶结对100余个；承办全市大型志愿者服务活动，市、区2000余名志愿者为600余人义诊和提供各类咨询1500余人次；发动200余

志愿者为空巢老人送生日蛋糕

名志愿者参与区“背街小巷”整治工程、“爱国卫生月”集中宣传活动；组织百余名志愿者在帆船赛期间，服务于全市75个站点；招募百名交通志愿者，在道路高峰时段引导行人安全过马路，该“红黄绿”预警机制被评为市南区2005年度创新工作优秀奖；牵头三生缘工艺品有限公司投资30余万元，在即墨市段泊岚镇建立亦宁希望小学。

2007年，组织316名城市运行志愿者，在34个站点为国际帆船赛提供信息、语言、交通志愿服务，131人被评为“每日之星”、31个站点被评为星级服务站。2008年，组织2400名社会志愿者在全区10个街道开展社区集中服务日；组织近千名志愿者第一时间打捞浒苔，并累计组织上万人次清理浒苔3000余袋；奥帆、残奥帆赛期间，担负99个站点的708名城市运行志愿者和233个站点的2489名社会志愿者分批次陆续上岗服务，累计服务对象超过百万人次。2009年，成立青岛市志愿者协会治安志愿者（市南）分会；为第十一届全运会招募302名城市运行志愿者，累计服务21000小时，10余万人次；组织30个团支部与30户孤、老、残、弱家庭结成“一助一”登门服务。

2010年，启动“2010·爱心敲门在暖冬”志愿服务行动，组织26个志愿团队与26对空巢老人结对服务达1856人次；先后组织千余名青年志愿者在沿海一线清理浒苔和文明劝诫；招募300余名青年志愿者为创建文明城市志愿服务。2011年，为全区65个社区配备大学生团建助理70名，协助建立团组织31个、开展社区文化活动10余项；组建首善志愿联盟，吸纳各类民间公益性社团和自组织志愿者团队21支、500余人；为迎办世园会开展市容环境整治、楼院卫生清理等志愿服务活动20余次、200余人清理浒苔6次；创城期间，4支服务队、50余人在沿海旅游景区设点，开展文明旅游、便民咨询及文明交通上岗等志愿服务。

2012年，选派28名优秀大学生干部担任社区团建助理，参与建立非公有制团组织28个，协助开展社区文化活动10余项；组织“学雷锋”“微笑青导”旅游景区志愿服务、卫生清理等各类活动20余次；组织广大团员青年投身“学雷锋”行动等各类活动20余次。

扶助青年就业创业

2003年，实施青春创业行动，推出3个创业项目，对116名青年进行业务培训，指导协助114名失业青年就业，扶持21个“小老板”；开设市内首家失业青年SYB（Start Your Business）培训，并聘请法律顾问为失业青年提供法律援助。

2006年，全区10个街道（社区委）的青年中心共创设服务项目12个；签订和启动青春创业行动项目13个，帮助28名青年创业成为“小老板”；就业青年356人，培训青年418人；在10余家驻区单位新建学士后流动站，为高校毕业生提供预备就业岗位和自主创业基地；由团区委管理、区政府投资50余万元的近300平方米的“新市民之家”启用，为新市民提供维权服务、学习教育、文化交流、党团活动等多方面服务。

2009年，成立市南区（软件）青年俱乐部，吸纳优创、高路等14家行业代表企业加盟；开通“市南青年俱乐部”网站，建立QQ群等网络互动模式；协调多家企业，为创业青年提供零租金和超低租金商铺26间、免费摊位40个，并免费提供创意设计展区、免除创业人员入场保证金，节省青年创业成本累计近百万元；深入各高校开展就业创业政策信息咨询活动近10次，发放政策资料5000余份，参与大学生1000余人次；建立青年就业创业见习基地14个，提供见习岗位1500余个，接纳实习青年200余名；华夏银行出资4万元，由团区委联合《青岛财经日报》为50名创业青年寻找“一配一”导师，协助科学创业。

2010年，建立青年就业、创业见习基地15个，提供见习岗位806个、上岗446人，正式聘用71人，为创业青年递交390余万元贷款申请。2011年，建立青年就业、创业见习基地15个，提供见习岗位200个，扶持青年小额贷款项目41个，并为60名大学生和青年提供60套免费店铺；建立“市南新青年”、软件青年俱乐部、创业青年、基层团干部等QQ群，公开书记电子邮箱，开设短信平台，收集青年需求信息。2012年，组织青年企业家观摩项目、举办“战略品牌管理”讲座、企业家与创业者研讨会，多措扶助青年创业。年内走访企业、社区近50家，广泛收集企业劳动力需求和产品、产业信息，为扶助青年就业、创业搭建信息平台。

第四章　市南区工商业联合会

青岛解放后，青岛市工商业联合会成立，设立市南区办事处筹委会。“一五”初期，市南区工商业联合会正式成立，是中共市南区委领导下的人民团体和民间商会，通过推动会员参加政治运动和贯彻对私营工商业利用、限制、改造政策等方式积极开展工作。“文化大革命”期间，工商联一度停止工作。

中共十一届三中全会后，工商联组织逐步恢复。20世纪80年代初起，市南区工商联组织经历了工商大组—工商联市南区办事处—市南区工商联的演进过程，至80年代中期正式恢复。区工商联大力发展企业会员、团体会员和个人会员，会员总数迅速提升。20世纪90年代初，区工商联开始发展个体私营企业入会，并增选优秀民营企业家进入工商联常委班子。90年代末，区工商联适应社会主义市场经济发展需要，组建法律、财务、信息技术咨询服务部，服务民营经济发展的途径和方式进一步拓展。

进入21世纪，深入民营企业，会诊把脉，出谋划策，开展“安商、稳商、扶商”活动，建立区工商联网站和“企信通”短信平台，多渠道沟通会员联系。围绕中山路商业街区的振兴和东部新兴商业街区建设与发展，成立依托商业街区的商会组织，组建青岛市首家小微企业互助联盟。引导会员企业捐建光彩小学，资助贫困社区，创建农业科技创业园、旅游观光园，参与社会主义新农村建设。市南区工商联通过为企业提供咨询服务、推动对外友好交流等方式，积极为会员发展和经济建设服务，成为区政府管理、服务非公有制经济的助手和区委、区政府联系非公有制经济组织的桥梁和纽带。2005年、2007年、2008年、2012年，市南区工商联分别被评为山东省工商联系统县级工商联先进单位。

2012年，开通24小时维权咨询服务热线，开办“企业法务培训大讲堂”，合作成立全市首家小微企业城市商业合作社，搭建小微企业融资平台。年内，市南区工商联有企业会员643个，团体会员6个，个人会员163人，会员总数812名。

第一节　机构沿革

1952年7月，青岛市工商业联合会市南区办事处筹委会组建，共有筹委27人、职员20人。筹委会成立后，组织区属企业成立行业公会21个、会员1652户，根据业务需要分别成立各种专业委员会或推行组，具体领导各行业公会开展工作。1953年9月，筹委会组织召开市南区第一届会员代表大会，青岛市市南区工商业联合会正式成立。

1966年5月，"文化大革命"开始，工商联工作被迫停止，机构不复存在。1978年，市工商联恢复活动。1981年，市南区成立工商大组，作为市工商联的基层组织。1982年，在大组的基础上成立青岛市工商联市南区办事处，作为市会（市联）的派出机构。1985年10月，市南区工商联恢复。1986年，根据中央"发展新会员、恢复工商联"的指示精神，市南区工商联新发展企业会员167个（其中企业会员118个、团体会员2个、个人会员47个），会员总数由699个增加到866个。

1991年7月，根据中央要求，市南区工商联开始发展个体私营企业入会。1993年，增选16名优秀民营企业家为第九届工商联常委；同年10月，中共中央、国务院明确工商联同时称民间商会，负责人职务名称由主任委员改为会长。1998年4月，组织成立市南区民营企业联合会。1999年，市南区工商联又成立法律、财务、信息技术3个咨询服务部。

2005年，在中山路和闽江路街区的700余家商户中，分别筹备成立"市南区中山路商家商会"和"市南区闽江路街区商会"，全区共有企业会员293个、团体会员4个，原工商业者和"三小"（小商小贩、小手工业者、小业主）会员117人、个人会员262人，实有会员总数559名。

2008年6月，根据《中华全国工商业联合会章程》规定，区工商联会长更名为区工商联主席、副会长更名为副主席。

2012年，市南区工商联组建青岛市首家小微企业互助联盟——汇利大厦楼宇商会。

第二节　会员代表大会

市南区工商联第一届会员代表大会

1953年9月召开。选举产生市南区工商业联合会第一届执行委员会，杨浩春任主任委员。

市南区工商联第二届会员代表大会

1957年6月召开。选举产生市南区工商业联合会第二届执行委员会，杨浩春任主任委员。

市南区工商联第三届会员代表大会

1958年12月召开。选举产生市南区工商业联合会第三届执行委员会，杨浩春任主任委员。

市南区工商联第四届会员代表大会

1963年5月召开。选举产生市南区工商业联合会第四届执行委员会，杨浩春任主任委员。

市南区工商联第五届会员代表大会

1986年4月召开。选举产生市南区工商业联合会第五届执行委员会，杨浩春任主任委员。

市南区工商联第六届会员代表大会

1989年9月召开。选举产生市南区工商业联合会第六届执行委员会，袁嘉绪任主任委员。

市南区工商联第七届会员代表大会

1992年10月召开。选举产生市南区工商业联合会第七届执行委员会，张礼铭任主任委员。

市南区工商联第八届会员代表大会

1997年2月召开。选举产生市南区工商业联合会（民间商会）第八届执行委员会，徐顶华任会长。

市南区工商联第九届会员代表大会

2002年1月召开。选举产生市南区工商业联合会第九届执行委员会，孟祥杰任会长。

市南区工商联第十届会员代表大会

2006年11月召开。选举产生市南区工商业联合会第十届执行委员会，孟祥杰任会长。

市南区工商联第十一届会员代表大会

2012年1月召开。选举产生市南区工商业联合会第十一届执行委员会，杨斌任主席。

第三节　主要工作

服务会员

1953年区工商联正式成立后，积极协助区政府对私营工商业进行社会主义改造。1956年，推动全区私营工商业全部实现公私合营。1957年，推动各方人员参加以增产节约为中心的社会主义劳动竞赛和整风运动。

1982年开始，配合统战部门落实党对私方人员的政策。1985年，成立民联夜校市南分校，开设技术、管理、财会、计划、工商知识等课程，并举办短期工商专业培训和专题讲座。1990年，创办本会经济实体，开展专业培训工作。1991年，根据中央要求，开始发展个体私营企业入会。1999年，推荐5名非公有制经济代表人士参加全国工商联与中国人民大学联合在青举办的工商管理硕士培训班。

2003年，针对突如其来的非典疫情，发出致各会员企业的一封信，并到会员企业调研慰问，开展“安商、稳商、扶商”活动，形成《非典对会员企业产生影响的调查报告》，会员企业共捐资、捐物达20万元。是年，依托会员企业建立区工商联网站，编制印发《市南区会员企业通讯录》。2006—2011年，改版区工商联网站，建立“企信通”短信平台，向会员企业发送各类信息7500余条。金融危机期间，走访调研金融危机对企业的影响，为企业会诊把脉、出谋划策。2012年，联合律师事务所，设立民营企业法律风险防范维权岗，开通24小时维权咨询服务热线；开办5期“企业法务培训大讲堂”；与民生银行合作成立青岛市首家小微企业城市商业合作社，通过“商贷通”联保方式向企业发放贷款3500万元。

参政议政

1985—1990年，市南区工商联主要通过推荐非公有制经济代表人士成为各级人大代表和政协委员的方式，引导会员参政议政。2003—2005年，会员共提出提案、合理化建议等100余条。2005年，组织非公有制经济代表人士学习十六届五中全会精神，召开学习第十一个五年规划座谈会，围绕国务院“非公经济36条”的《若干意见》、青岛市《关于民营经济大发展的决定》和市南区《促进民营经济发展的实施意见》研讨、座谈。2006—2011年，区工商联界别的区政协委员共提出提案95件，其中22件获区委、区政府优秀提案奖。

扶贫救助

1999年，配合市委、市政府支援贵州省安顺、铜仁地区“温饱试点村”的建设，发动10名非公有制经济代表人士捐款3万余元，援建一个“温饱试点村”卫星电视接收插转设备。

2003年，为抗击非典，会员企业共捐资、捐物达20万元。2006—2011年，引导会员企业参与社会主义新农村建设，捐建光彩小学2所，资助贫困社区5个，创建农业科技创业园、旅游观光园3个；向汶川、玉树地震灾区及南方雪灾地区捐款110余万元；向奥帆项目捐款67万余元。2012年，与市南慈善协会合作，开展“慈善一日捐”，募集善款30.5万元。

友好交流

21世纪以来，区工商联积极拓展友好交流，发展跨地域的会际联系，为市南区经济社会发展搭建交流合作平台。2004年，与山东海阳市和江苏姜堰市工商联（商会）结为友好商会。2005年，与云南省水富县、山东省莱阳市、贵州省安顺市西秀区工商联结为友好商会。2006—2011年，与上海市嘉定区、武汉市武昌区、成都市双流区等20多个区工商联结成友好商会。2012年，组织常委赴临沂、青州学习工商联的先进经验并结成友好商会。

第十七篇

政　　法

第一章　政法委及综治

20世纪50年代中期，区委设立政法工作部门，主管全区政法工作，后在60年代初国民经济调整时期被撤销。80年代中期，区委政法委员会成立，从宏观上组织领导区政法各部门的工作，研究制定全区政法工作的部署、决定、规定和要求，组织协调指导全区维护社会稳定和社会治安综合治理工作，支持和监督区政法各部门依法行使职权。建立社会治安综合治理联合工作网，建立健全区级普法宣传、治保、帮教、民间纠纷调解、治安巡逻五位一体的综治组织和领导组织，进一步完善社会治安联防联控体系，推进治安防控工程建设，布建点线面全覆盖、网上网下相结合的立体化动态防控网络，扎实推进平安市南、法治市南和过硬政法队伍建设。建立影响稳定突出问题排查化解工作机制，全面细化维稳工作职责，围绕“奥帆赛”“残奥帆赛”“海军节”“十一届全运会”“世博会”等重大活动，制定各项应急预案，整治重点隐患，排查处置不稳定事项，打造安全和谐稳定的社会环境。各街道办事处建立完善“街道和社区”社会稳定风险评估体系，初步形成“区、街、社区”三级社会稳定风险评估工作网络。加强政法工作制度建设，建立健全政法各部门岗位目标管理制度、内部激励制度、监督制约机制和错案查究机制，靠健全制度进行管理，规范司法活动，促进司法公正。加强全区政法队伍的思想政治和业务建设，提高政法干警的侦查破案能力，强化队伍作风整顿和纪律培养，不断增强干警的法制和纪律观念。至2012年，市南区相继获得“全国平安建设先进区”“全国和谐社区建设示范城区”和“平安山东建设模范区”等称号。

第一节　机　构

1956年5月，中共市南区委员会设立政法工作部，1958年4月撤销。1960年1月，设立区委政法部，1962年8月撤销。1984年9月，根据《中共中央关于加强政法工作的指示》精神，区委政法委员会成立，是区委领导和管理政法工作的职能部门。1991年，撤销社会治安综合治理领导小组，成立社会治安综合治理委员会，下设综合治理办公室；街道办事处、驻区单位和区属单位相继成立社会治安综合治理委员会和办事机构，其中，街道办事处设立综合治理办公室（简称综治办），基本形成区、街、企三级综治网络，实行治安目标责任制，社会治安综合治理工作逐步纳入规范化轨道。1996年5月，区委政法委设立秘书科、政法科。2001年6月，设立综合科；12月，政法科更名为执法督查科。2002年4月，秘书科更名为政治处。2011年2月，区委政法委设置2个内部机构：政治处、综合科（加挂执法督查科牌子），撤销执法督查科和综治办综合科。

第二节　综合治理

区委政法委员会成立后，在区委领导下，组织领导区政法各部门开展社会治安综合治理，为全区改革开放和经济社会发展创造有利的社会环境。1986年5月，区委、区政府制定《社会治安综合治理各部门齐抓共管的意见》，并于年底对贯彻落实《意见》情况进行检查。同年6—10月，开展“反盗窃、反破坏”斗争，建立基层安全防范“两制一网”管理。1987年，制定社会治安综合治理工作实施细则，明确部门任务和职责，建立由社区治保会、巡逻队伍、联防民兵、企业护厂队、学校护校队、商店护店队组成管区群防群治组织，完善组织网络和保卫值班制度，年内群防群治组织达到340支、20100人。1988年5月，区委、区政府制发《关于社会治安工作暂行条例》，组织和动员社会力量，全面落实打击、防范、建设、教育、管理、改造等各项综合治理工作措施。1989年4月，实行社会治安综合治理承包责任制，将社会治安综合治理的安全防范、治安巡逻、法制宣传、帮教转化、纠纷调解等列入承包内容，年内签订责任书850份，建立以管区为块、以驻区单位为条的三级领导体制。

1991年，撤销区社会治安综合治理领导小组，成立区社会治安综合治理委员会，形成区、街、企三级综治网络，并实行治安目标责任制。1992年4—5月，开展打流窜、反盗窃的专项斗争。1993年5月，开展铁路护路联防工作，成立护路联防领导小组，分别在中山路、云南路设立两处护路房，管辖0.64千米铁路线。1994年，组建市南区社会治安信息控制工作组，制定重大情况随时报告、一般情况每月报告工作制度，同年，初步建立区街联防、楼院联防、警区联防、配套联防、巡警联防等5种联防形式，形成楼院有治安员、管区有联防队、街面有巡警、支路有岗亭的联防网络。1995年，在全区开展创建示范居委会活动，对各管区社会治安综合治理办公室、居委会、群众自治组织、基层政法组织等情况进行专门调查，针对存在问题提出对策措施及建议。1996年，开展争创社会治安综合治理模范区活动，确定争创活动的目标、责任单位及验收办法，评选出安全小区86个、安全居委会106个、安全单位510个。年内，全区街道居委会普遍建立治安、调解、普法、帮教、巡逻“五位一体”综治办。1997年，形成区街、军警民、楼院和配套联防的机制，重要部位和民宅人防、物防、技防率达96%以上，防盗门安装率达80%以上；同年在全区开展创建安全文明小区活动。1998年，区委、区政府召开常委联席扩大会议，6次专门研究社会治安综合治理工作。年内成立区维护稳定工作领导小组，各管区和驻区单位层层成立领导小组，针对薄弱环节，强化治安防范，开展争创安全街道、安全单位、安全市场、安全小区和文明家庭活动。年内将交通安全管理纳入社会治安综合治理目标责任制考核范围，构筑“六位一体”防范信息网络。1999年，区委先后9次召开常委联席会议，专门研究分析和部署综合治理工作。年内建立和完善以公安干警和社区保安队伍为主体，以创安工作为载体，以小区和单位为依托的多渠道的防控工作机制，全区组建14个社区保安队，加大对各类刑事犯罪的打击整治力度。

2000年，在全区集中开展破门盗窃案件专项治理活动和居民住宅防盗百日安全知识竞赛活动。同年组织“打非扫黄”联合行动。2001年，加强寄住、暂住人口管理，规范房屋租赁专项治理，对发生严重危害社会稳定重大问题的单位实行领导责任查究。2002年，建成全方

实施“防控联动”工程，打造“平安市南”品牌

位、全天候、动静结合的群防群治工作网络；整治混乱场所，对排查出19个治安混乱场所和突出治安问题，实行包片责任制和挂牌督办制。2003年，实施“防控联动”工程，全面构建治安信息员队伍，打造“平安市南”品牌；打击各类违法犯罪，有效遏制各类刑事案件的上升势头。2004年，开展“平安出租”“平安公用”“平安电力”“平安烟草”等平安行业和“平安楼宇”等基层创建活动；成立区国家安全人民防线工作领导小组，落实责任，严密部署，确保ACD会议、APEC会议、全国国有企业思想政治建设座谈会、海洋节、啤酒节、商务周等233次重要会议和大型节庆活动的安全。2005年，推进社区联保限额保险工作，开展保险行业参与平安建设活动。同年多部门联合开展集中行动，清理整顿互联网服务场所、音像制品连锁企业、出版物市场和娱乐服务业，精心组织，严密部署，确保海洋节、啤酒节、商务周、中俄联合军演等重要活动的安全，并对2008奥帆赛场馆区域，特别是居民小区周边、案件高发路段、重点要害部位加装监控探头，构建区域监控网络。

2006年，开展娱乐服务场所、校园周边、出租房屋、打击传销、反扒等10项集中整治，加强对海洋节、啤酒节和国际帆船赛等重大活动和重要会议期间的社会秩序治安保卫工作。年内市南区《坚持“四抓四建”，打造平安楼宇》的经验，在全国社会治安综合治理工作苏州会议上印发专集在全国推广。2007年，开展严打整治斗争和治安专项整治活动，在社区组织1万名治安志愿者队伍，试运行奥帆安保工作机制，对公共娱乐场所及宾馆、饭店、车站、码头等进行集中清查，重点检查铁路沿线、建筑工地周边的废品收购站点，取缔非法经营站点，拆除临时搭建棚屋，严打整治和专项治理取得显著成效。年内出台《市南区矛盾纠纷和苗头隐患排查化解实施办法》，排查各类矛盾纠纷259起，处结253起，处结率98%；构建平安校园工作机制，经验做法被中央、省、市转发；实施街面、社区、信息、科技“四网覆盖”工程，遏制刑事犯罪高发势头，经验做法被省、市转发。是年，市南区被评为“平安山东建设先进区”。

2008年，制定《市南区奥帆赛和残奥帆赛社会稳定保障工作方案》《市南区综治委成员单位参与奥帆安保社区防范工作行动方案》《市南区奥帆安保督查暗访方案》等安保工作方案，成立区奥帆安保办公室，督导7个专项工作小组、12个重点责任部门、10个街道办事处落实奥帆安保工作，督导检查12轮，单位3000余家，下发责任查究51份，整改问题隐患530余起；建立奥帆安保联席会议制度，落实监督协调部门，现场研究解决措施，消除安全隐患500余处；制定“一线、多点、七十八格”的群防群治布局，保证奥运会火炬在青岛安全传递，推动社会治安防控体系向奥帆安保体系转移，为奥帆赛和残奥帆赛营造和谐稳定的社会环境。年内市南区被评为“平安山东建设先进区”，全区政法综治战线37个单位、94名个人先后荣获省、市、区突出贡献和先进表彰。2009年，推进社会治安综合治理制度化、规范化、标准化建设，围绕重点节会活动，制定方案，确保社会稳控与安保工作。同年，率先组建全市首家治安志愿服务组织——青岛市志愿者协会治安志愿者（市南）分会，实施社会治安“防控联动”工程。是年市南区被评为“全国平安建设先进区”。2010年，推进综治“三化”建设和源头治理“五项行动”，制定重大事项社会稳定风险评估、突发事件信息接报处置办法及重点项目维稳应急预案；完善以公安为主，特勤、协警为辅，各类群防群治力量为补充的联控机制，组建社会化群防群治队伍8500余人。同年开展“打黑除恶、打霸治痞”等专项行动，制定街面、社区视频监控系统具体规划，健全校园视频监控网络；成立香港中路管区综治工作协会及华仁物业楼宇分会，设立五四广场治安联防办公室，组建山东国华大厦、金光都市名家等综治工作站，10个街道全部成立综治工作中心，40所学校全部设立校园综治警务工作站。年内投入1300多万元组建治安特勤和校园安保队伍，投入500万元实施校园物业化管理。2011年，着力提升服务管理社会的能力水平，排查各类矛盾隐患680件，有效处置越级上访人员17人次；在全区40所中小学配备法制副校长和法制辅导员。2012年，区社会治安综合治理工作委员会改称社会管理综合治理工作委员会。加大社会公共安全投入，为10个街道安装楼栋单元电子对讲门313个；为65个社区、6000个居民楼单元配置消防灭火器材箱；为42842户居民办理社区联保限额保险；全年破获刑事案件528起，打掉违法犯罪团伙50个，查处“黄赌毒”等治安案件200起。

第三节　维护稳定

1994年，市南区组建由政法部门、街道管区、驻区单位组成的区信息控制工作组，建立情况报告制度，为全区维稳防范工作服务。2006年，制定《市南区维护稳定工作信息月报制度》，加强和规范维护稳定工作的信息工作，依托公安情报信息搜集队伍、综治队伍和“110”接警指挥中心等网络渠道，全方位收集有关社会稳定的各类信息。同年市南区成立区维护稳定工作领导小组，下设办公室，制定维护稳定工作领导小组及其办公室工作职责，明确维护稳定成员单位工作分工，全面细化维稳工作职责。2007年，建立影响稳定突出问题排查化解工作机制，对矛盾纠纷和苗头隐患实施排查化解。在西部拆迁改造项目中，相继制定启动多项重点项目的“维稳应急预案”，及时处理旧城改造的维稳工作；对东西快速路三期工程、海底隧道接线工程、地铁项目等市重点工程建设，严格布控，加强疏导，确保工程区域治安稳定。2008年，成立市南区奥帆赛和残奥帆赛综合保障工作领导小组及奥帆安保工作办公室，明确下属7个专项工作小组牵头单位、12个重点责任部门，确保奥帆赛期间的各项维稳工作机制到位。

2009—2010年，成立维稳工作督查组，围绕“海军节”“十一届全运会”“世博会”等重大活动，制定《关于切实做好“五一”节和上海世博会期间社会安全稳定工作的通知》等文件和各项应急预案，整治重点隐患，排查并处置不稳定事项，打造安全和谐稳定的社会环境。2009年，部署多国海军活动、全运会稳定工作和国庆60周年活动的治安维稳措施；成立海军节安保工作领导小组、复退人员稳定工作领导小组和市南区国庆期间维稳工作督查组；排查处理西部、燕儿岛片区拆迁改造、复退参战人员诉求、省外贸机械公司职工劳资纠纷、泛海名人二期工程启动、佳世客超市伤人事件、团岛三路海底隧道接线工程居民群体性阻挠施工等各类不稳定因素39起。2010年，成立市南区旧城改造指挥部和“世博会”维稳工作领导小组，切实做好“五一”节和上海世博会期间社会安全稳定工作，实施重大事项社会稳定风险评估办法，建立区、街、居三级情报信息网络，报送各类信息700余条，获取有价值线索1024条，采取各项应急措施有效超前预防化解矛盾纠纷810起。

2011—2012年，围绕“建党90周年”“换届选举年”“创建文明城、迎办世园会开展环境整治冲刺年”以及迎接党的十八大召开等重点工作，强化排查化解、风险评估、应急处置“三项机制”，防范处理境内外敌对势力煽动的非法聚集活动，集中整治突出治安问题；制定《党的十八大期间信访稳定工作预案》和《市南区党的十八大期间维稳信访隐患专项督导整改工作方案》，成立“市南区党的十八大期间维稳信访工作督导组”，开展专项督导活动。2011年，围绕“建党90周年”“换届选举年”及“创建文明城、迎办世园会”开展环境整治；围绕回迁安置、选房定位、拆迁补偿等导致群众集体上访的突出隐患，加强信息上报，全年收集涉及拆迁改造的维稳动态、信息60余条，协调处置30余起矛盾隐患。2012年，制定“重大事项社会稳定风险评估备案制度”，并将其列入年度“平安建设工作考核”，社会稳定风险评估工作全面推进。同年，成立“市南区政法系统涉法涉诉信访工作领导小组”；排查各类矛盾纠纷隐患30余起；协调处置矛盾纠纷50余起。

2006—2012年，区政法委被评为“全省践行社会主义法治理念先进单位”；市南区获“全省维护稳定工作先进单位”称号。

第四节　制度建设

1987年3月，制定《关于社会治安综合治理工作部门任务、职责暂行规定的实施细则》和《关于建立社会治安综合治理联合工作网》，在全区推行《安全保卫责任制》，建立社会治安综合治理网络体系。1988年5月，区委、区政府制发《关于社会治安工作暂行条例》，组织和动员社会力量，全面落实打击、防范、建设、教育、管理、改造等各项综合治理工作措施，构建打防结合，综合治理的社会治安管理机制。1990年，制定《市南区社会治安综合治理责任目标考核实施细则》《市南区见义勇为奖励基金管理使用办法》等规章制度。1992年6月，根据中央社会治安综合治理委员会《关于实行社会治安综合治理工作一票否决权制的规定》制定社会治安综合治理、政法各部门领导责任制考核标准和领导责任书，并开始推行居民住宅楼院治安管理暂行办法。1993年，贯彻执行市综治委《关于建立重大案件防范责任查究通报制度的意见》，制定《重大问题领导责任查究通知书》，实行一票否决进一步建立、完善社会治安综合治理考核机制与激励机制。同年深化政法机关内部改革，建立健全政法各部门岗位目标管理制度、内部激励制度、监督制约机制、错案查究机制和干警违法违纪警告、辞退等制度，初步形成靠健全制度进行管理、保证干警正确行使职权、严格依法办事的内部管理机制。1994年，制定全区社会治安重大情况随时报告、一般情况每月报告工作制度，全面、及时、准确掌控全区社会治安信息源。1996年，制定下发《市南区争创社会治安综合治理模范区的实施意见》和《市南区社会治安综合治理委员会成员单位争创模范区的职责任务》，确定争创活动的目标、责任单位及验收办法，促进争创模范区活动广泛深入开展。1998年，制发《市南区春季治安整治行动实施方案》，调整社区治安防范力量，开展争创安全街道、安全单位、安全市场、安全小区和文明家庭活动。

2002年，政法各部门进一步完善执法责任制、监督责任制、错案追究制和领导责任追究制等各项监督制约机制，规范司法活动，促进司法公正。2006年，制定下发《市南区维护稳定工作信息月报制度》《市南区维护稳定工作领导小组工作职责》《市南区维护稳定工作领导小组办公室工作职责》《市南区维护稳定成员单位工作职责》，全面细化维稳工作职责。同年建立首访负责制、律师参与接访制，设立“民意访问中心”，开通民意热线和民意网站。2007年，制定下发《关于建立影响稳定突出问题排查化解工作机制的意见》和《市南区矛盾纠纷和苗头隐患排查化解实施办法》，建立排查化解维稳隐患工作机制。2009年，开展以“加强执法监督，促进公正司法、严格执法”为主题的活动，在岗位职责、执法程序、办案流程等方面完善规章制度，科学制定执法规范，解决执法不严、判罚不公、执行难等问题；建立执法信息网上录入、执法流程网上管理、执法活动网上监督、执法质量网上考核等执法办案新机制；定期组织开展领导干部公开接访、带案下访、电话接访、案后回访等活动，拓展群众诉求渠道，从源头上预防和减少涉法涉诉信访问题的发生。年内出台《市南区社区综治助理管理暂行办法》，从公益性岗位中招聘80名综治助理，充实社区综治工作队伍。2010年，推行“阳光政法”，开展执法检查、专项督察和跟踪督办等活动，提高执法透明度和公信力。2011年，制定《维稳信息报告制度》，健全完善维护稳定信息网络体系。年内规范执法行为，完善执法工作流程和内部管理制度；加强执法信息化建设，推行网上办案和网上过程监督；建立执法监督联动机制和执法办案质量点评机制，落实执法责任查究制度。2012年，实践“加强和完善社区管理服务体系建设”，创新社会管理机制，完善政法、综治、信访、维稳、调解“五位一体”机制。同年建立执法监督联动机制和执法办案质量点评机制，落实执法责任查究制度，组织执法评议检查活动。

第五节 教育培训

20世纪60年代，区委政法部从严管理政法队伍，对犯有贪污受贿、挪用公款问题的政法干警进行严肃处理，并研究起草《关于充实、调整、加强政法队伍的请示报告》，加强政法干警队伍建设。

区委政法委员会成立后，加强全区政法队伍教育培训，提高政法干警的侦查破案能力，增长了对敌斗争的经验和才干。1987年，组织广大干警开展“新时期共产党员如何发挥模范先锋作用”的大讨论，通过作风整顿和纪律培养，增强干警的法制和纪律观念，涌现出一批救死扶伤、助人为乐、拒请、拒收实物的优秀干警。1992年，区委政法委牵头建立健全监督机制百余项，广泛开辟监督渠道和监督形式，鼓励广大群众对政法干警进行监督，提出批评意见；组织开展“光荣岗位、光荣职责、光荣使命”教育活动，及时总结经验，树立榜样，政法干警爱岗敬业意识不断提高。1993年，加强政法干警思想教育、廉政教育、职业道德教育、群众路线教育和法制教育，使广大干警整体素质有了新提高。1997年，以内强素质、外树形象为要求，进一步加大队伍建设力度，特别强化领导班子建设和提高干警的思想、素质和工作能力、业务知识水平。年内，全区共有220名干警立功受奖。1998年，根据中央、省、市政法委的统一部署，集中时间、集中人员、集中精力在区政法系统中开展为期70余天的思想作风、组织纪律集中教育整顿，制定整改措施292项，规章制度18个，对挂靠公司、实体及行政事业性收费进行专门清理。1999年，着重加强政法队伍素质建设，结合“三讲”教育，提出“全面提高队伍素质和服务水平，努力达到‘四个满意’”的要求。即，政治素质让人民满意，服务质量让人民满意，工作业绩让人民满意，公仆形象让人民满意；建立政法队伍建设领导责任制，把政治建警摆在首位，坚持从严治警与从优待警相结合，严格落实各项规章制度和监督制约机制，有力推动了政法队伍建设，年内立功受奖干警64人，受到表彰的政法基层单位67个。

2000年，制定《关于进一步加强政法干部队伍建设的意见》，区委政法委组织人员分别对基层派出所、法庭等6个基层单位进行队伍建设现状调查摸底，撰写《关于基层政法干部队伍建设的调查报告》，提出今后政法干部队伍建设的具体意见；开展政法队伍专项治理活动，结合“三讲”教育，在区政法系统中开展为期2个月的纪律作风教育整顿活动，有针对性地重点查摆执法不公、执法不严、贪赃枉法等问题，取得显著成效。2002年，制定下发《关于全区政法干警理论学习的安排意见》，集中开展“关于政治理论学习重要性认识”大讨论活动，完善政法各部门管理制度。2003年，深入开展“争创人民满意政法单位（个人）活动”和“忠诚、公正、服务和效率”教育，下大力气抓机制、抓素质、抓落实，进一步提升政法队伍的行业形象；以政法品牌建设为抓手，以强化服务、优化经济软环境助推政法工作上水平。

2006年，全区政法系统开展社会主义荣辱观和社会主义法治理念教育活动，组织政法部门科处级干部政治理论和政法业务培训班。2007年，开展“社会主义法治理念教育”“社会主义荣辱观教育”“集中学习教育”等活动。同年，建立政法文化建设目标责任制，把政法文化建设工作纳入政法队伍建设考核体系，组织开展公安、检察、法院、司法行政等各种文化内在规律和特征的研究探索，大力开展各具行业特色的政法文化建设。2009年，开展“帮千企走百社区访万户，服务‘三保’任务”主题实践活动，成立“帮访”活动领导小组，排查各类矛盾纠纷，抓好化解工作；开展“恪守职业道德、公正廉洁执法”“反特权思想、反霸道作风”“增强制度意识、争做执行表率”等主题实践活动，对社会稳定工作中存在的庸懒行为开展专项治理。全面提升阳光执行、阳光检察、平安市南、鼎铸公平等子品牌的执法公信力和公众知晓度，争创市级品牌。

2010年，开展创先争优、深化“首善先锋”党建品牌创建、治理庸懒、创建学习型政法机关等主题活动。2011—2012年，开展“发扬传统、坚定信念、执法为民”主题教育实践活动，成立革命传统教育宣讲团，组织9个专场的传统教育宣讲，组织开展社会主义核心价值观学习等5个专题大讨论。运用论坛、座谈等形式抓好政法干警教育培训工作，提高政策法律水平、做群众工作能力、突发事件处置能力和舆论引导能力。开展政法队伍作风纪律整顿活动，培树先进典型，创建政法文化品牌。

第二章 公 安

20世纪初，德国胶澳总督府即在区内设立巡捕局，为今市南地域的地方行政、司法综合体，兼理华人词讼；台西、浮山等地均设巡警所，署理地方治安。后随着政权更迭，区内遂有警察厅、警察署、警察分局及分驻所、派出所设立。

青岛解放当日，青岛公安大队一中队组建成立青岛市公安局市南分局，接管国民党青岛警察局市南分局及下属8个分驻所和21个派出所。次年，市公安局成立交通队，下设市南交通分队，负责区内道路交通管理。新中国成立初期，开展镇压反革命和取缔反动会道门等斗争，肃清旧政权残余反动势力，重点打击抢劫、杀人、敲诈和扰乱经济秩序等犯罪活动，取缔妓院，禁毒除霸，清除旧中国遗留下来的社会丑恶现象，巩固新生的人民政权。1950年撤销分驻所建制，区内各派出所直属市南分局领导，并由原21个派出所调整合并为11个。“一五”期间，伴随市区区划调整的进程，区内公安机构建设得到较大拓展。市南公安加强刑事侦查业务建设、队伍建设和社会治安体系建设，以保护社会主义经济建设为中心，适时组织集中行动，打击刑事犯罪活动。20世纪60年代初，台西分局被撤销，南村路、云南路、台西三路、郓城北路、单县路5个派出所划归市南分局，另成立中山公园派出所，区内社会治安管理格局进一步向东西两翼拓展。

“文化大革命”开始后，公安工作遭受严重破坏。1973年，市南分局及所属派出所的组织机构陆续恢复。

中共十一届三中全会以后，经过拨乱反正和清除“左”的思想影响，公安工作迅速恢复。20世纪80年代初至90年代，根据市南区在全市改革开放的重要战略地位与经济社会发展的需要，先后增设汇泉、湛山、浮山、辛家庄、疗养区、火车站站前、西陵峡路、前海治安派出所，辖内社会治安管理体系、格局进一步优化和强化。这一时期，市南分局将侦破大要案件、深挖严重刑事犯罪分子作为工作重点，根据全市统一部署，开展“严打”斗争和反盗窃、反破坏、打流窜专项斗争，遏制了刑事犯罪案件上升的势头，维护社会治安环境的稳定。同时以保卫组织建设为基础、以预防工作为重点，不断建立完善经济文化保卫体系，打击各类经济犯罪活动，为全区经济社会发展创造了健康有序的环境。

进入21世纪，根据市南区发展规划和街道调整的新格局，市南区的社会治安管理体系进一步调整和完善，相继成立五四广场、轮渡、奥帆中心和中山公园治安派出所。其间，市南公安将破案会战、专项斗争作为打击刑事犯罪的重要举措，综合运用侦查破案、巡逻守候、网上追逃等措施，加大对涉黑涉恶犯罪、流窜犯罪、严重暴力犯罪和多发性犯罪的打击力度，相继开展“三打一整治”行动、“利剑卫帆”系列整治行动和“打黑除恶、打霸治痞”专项行动，对治安复杂场所、重点部位进行集中整治，一批影响大、危害大的恶性刑事案件及特大吸贩毒犯罪团伙案相继告破。至2012年，市南分局下辖12个户籍派出所、4个治安派出所。其间，全区公安系统以严厉打击严重暴力犯罪和团伙犯罪为重点，不断强化社会治安管理，依法实施户政管理、消防管理和交通管理，有力地保障了国家安全与全区社会治安秩序的稳定。

第一节　机　构

1949年6月2日青岛解放当日，青岛公安大队一中队即接管国民党青岛警察局市南分局及下属8个分驻所21个派出所，组建成立市南分局，当日即组建青岛市公安局消防队，下设市南区分队。市南分局办公地址设广西路37号，下辖中山路、湖南路、江苏路、太平路、文登路、湛山大路、广州路、郓城北路8个分驻所，分驻所下设21个派出所。1950年撤销分驻所建制，各派出所直属分局领导，原来的21个派出所调整合并为11个。同年青岛市公安局交通队下设市南交通分队。1953年改称市南交通中队。1954年原崂山县公安局所辖浮山派出所划归市南分局。1956年市南区消防分队改称市南区消防中队。1963年台西分局被撤销，南村路、云南路、台西三路、郓城北路、单县路5个派出所划归市南分局；同年成立中山公园派出所。

“文化大革命”期间，市南分局机构遭到破坏。1967年市南区公安、检察院、法院三部门实行合署办公，市南公安分局改称“青岛政法公社市南分社”，派出所改称政法工作站。1968年改称“中国人民解放军青岛市革命委员会政法部市南分部军事管制小组”。1973年，市南分局及所属派出所的组织机构陆续恢复。“文化大革命”结束后，市南公安工作逐渐走向正规。

1982年增设汇泉、栈桥两个治安派出所。1984年浮山派出所拆分为湛山、浮山、辛家庄3个派出所。同年市南交通中队改称交通大队。1988年增设疗养区治安派出所。1990年增设火车站站前治安派出所。1993年撤销郓城北路派出所，增加西陵峡路派出所；栈桥治安派出所改为前海治安派出所。1997年市南消防中队改为市南消防大队。2000年增设五四广场治安派出所。2004年撤销台西三路派出所，与八大峡派出所合署办公；撤销金口路派出所，与江苏路派出所合署办公；浮山派出所更名为香港中路派出所。2008年成立轮渡治安派出所。2009年成立奥帆中心治安派出所和中山公园治安派出所。2010年，市南分局治安科改为治安管理大队，下设3个中队；户政科改为人口管理服务大队，下设2个中队。2012年，市南分局直属部门设指挥中心、警务督察大队、国内安全保卫大队、治安管理大队、刑事侦查大队、巡逻警察大队、网络警察大队、人口管理服务大队、机动大队。市南区消防大队改为青岛市公安消防支队市南区大队，下辖5个中队。市南交通大队下设6个执勤中队。同年，市南分局共下辖12个派出所、4个治安派出所。

表17－1　市南分局派出所分布情况一览表

（2012年）

名　称	地　址	名　称	地　址
八大关派出所	文登路2号	湛山派出所	延安三路155号
江苏路派出所	齐东路19号	中山路派出所	中山路106号
观海路派出所	观海一路26号	香港中路派出所	徐州路7号
云南路派出所	观城路110号	金湖路派出所	金坛支路27号
八大峡派出所	瞿塘峡路27号	五四广场治安派出所	山东路1号
金门路派出所	仙游路5号	轮渡治安派出所	四川路21号
珠海路派出所	珠海一路6号甲	中山公园治安派出所	文登路1号
八大湖派出所	太湖路19号	奥帆中心治安派出所	越秀路2号

第二节　打击反革命

青岛解放初期，市南分局在市南区委、区政府的领导下，根据市公安局的部署，相继开展镇压反革命、肃清反革命分子和取缔反动会道门的斗争，巩固了新生的人民政权。1953年，随着“镇反”“肃反”等运动的深入开展，以反革命为目的的犯罪活动明显减少。

镇压反革命

解放初期，反革命残余势力趁人民政权建立伊始百废待兴之机相互勾结，大肆进行窃取情报、武装袭扰、杀人抢劫、造谣惑众等破坏活动。市南分局依靠广大人民群众，以“清剿武装匪特，摧毁潜伏特务组织”为重点，严厉打击各种反革命破坏活动，相继侦破“铁血挺进团”“华北剿匪挺进纵队”“鲁西南人民反共救国军第三纵队”“中国青年反共救国团”等反革命匪特组织案件。至1949年年底，共抓获反革命分子9名、特务10名、武装匪特1名，登记特务分子38名，收容散兵游勇906名。

1950年10月10日，中共中央发出《关于镇压反革命活动的指示》。市公安局根据第二次全国公安会议精神对镇压反革命运动进行具体部署，重点打击土匪、特务、恶霸、反动会道门头子、反动党团骨干分子5类反革命分子。同年11月，市南分局进行第一次集中搜捕行

公安部门在街头宣传镇压反动道会门的阴谋破坏活动

动，至1951年7月底，共捕办各类反革命分子935名，其中土匪63名，恶霸176名，特务374名、反动党团骨干34名、反动会道门头子46名、其他反革命分子242名，经过审查，按罪恶轻重、民愤大小，依照政策分别给予惩处。至1953年年底，镇压反革命运动结束。

取缔反动会道门

新中国成立前，市南区是各种反动会道门活动的中心区域，规模较大的会道门组织有“一贯道”“九宫道”“圣母军”等10余种，道徒会众达2万余人。青岛解放后，反动会道门道首和骨干分子与其他反革命残余势力遥相呼应，散布政治谣言，煽动道徒对抗政府法令，大肆进行反革命破坏活动，妄图颠覆新生的人民政权，还以“神灵保佑”“祛灾避难”等封建迷信邪说及“道事”为幌子奸淫妇女、骗取钱财，坑害群众。1951年3月，市政府颁布《取缔反动道会门布告》，宣布取缔“一贯道”“九宫道”“后天道”等11种反动会道门组织，市公安局成立指挥部，市南分局成立指挥分部，统一指挥取缔反动会道门组织斗争。根据全市统一部署，市南分局专门组织召开控诉反动会道门罪行群众大会，通过受害道徒的血泪控诉，教育广大群众认清反动会道门的罪恶本质，动员群众破除迷信，自觉退道，至6月30日，共组织控诉会十余次、参会群众达16万人次，逮捕各类道首15名，传讯登记道首及办道人员133名，查封坛口佛堂9处，退道群众5708名。此后，经过数次打击和取缔，市南区的反动会道门组织基本被摧毁。

“文化大革命”期间，公安机关的正常工作受到干扰和破坏，打击反动会道门工作也受到影响，一些漏网会道门骨干分子暗中进行非法活动。

改革开放初期，市南区政府落实宗教自由的政策，开放宗教活动场所，保护人民群众正当的宗教活动，少数漏网会道门骨干分子认为有机可乘，利用各种机会重新抬头，秘密进行复辟活动。1983年8月，在全国开展的打击严重刑事犯罪分子的斗争中，市南分局将打击反动会道门作为工作重点之一，侦破“一贯道”复辟案件，将7名进行秘密串联、传抄反动道书、散布反动妖言邪说的道首全部抓获并予以惩处。

肃清暗藏反革命分子

1955年7月1日，中共中央发出《关于开展斗争 肃清暗藏的反革命分子的指示》。同年7月18日，中共青岛市委成立“肃反领导小组”，统一领导全市“肃反”运动。11月，市南分局开始内部肃反。此次运动实行“严肃与谨慎相结合”的方针，以及“提高警惕，肃清一切特务分子，防止偏差，不冤枉一个好人”和“坦白从宽，抗拒从严，立功折罪，立大功受奖”的政策，有组织有步骤地进行。至1956年8月，“肃反”运动基本结束，市南分局肃反领导小组共收到检举揭发材料626件，有87人主动交代了自己的问题，通过对28人的重点审查，有6人被确定为反革命分子，其中有土匪、还乡团等。

打击反革命破坏活动

自青岛解放至20世纪50年代中期，经过“镇反”“肃反”等运动，公开的反革命破坏活动明显减少，市南分局加强对敌情、社情的调查研究，不断总结侦查工作经验，及时准确地打击反革命破坏活动。其中，结合清特工作，对辖区内国民党军政特务及反动会道门等五类人员实行登记审查制度，随时掌握社情动态。在此基础上，加强政治侦察工作，及时侦破反革命现行案件。自1958—1962年，共侦破各类反革命案件22起。“文化大革命”期间，公安工作受到严重干扰，也影响了打击反革命破坏活动等专门工作的正常进行。

中共十一届三中全会以后，国家实行改革开放，政治局面安定，反革命分子和反革命案件在数量上减少，但作案手段日趋诡秘，危害性仍然存在。市南分局根据形势变化研究制定对策，重点打击进行反革命煽动和以反革命为目的的劫机、劫船、爆炸等犯罪活动。其间，通过技术手段和细致排查，侦破6起反革命通敌案件和5起反革命标语案，打击处理2人。1981年，市南分局经过缜密侦破，掌握了非法组织“海浪花编辑部”的犯罪事实，采取措施给予严厉打击，以反革命宣传罪判处为首分子管制2年，剥夺政治权利5年。2002年，该犯又因煽动颠覆国家政权罪被判处有期徒刑3年。

第三节　打击刑事犯罪

青岛解放初期，市南分局在市公安局的统一指挥下，以肃清反革命分子、建立社会新秩序为中心，重点打击以抢劫、杀人、敲诈等犯罪方式进行破坏活动的反革命分子和扰乱经济秩序的犯罪活动。1949年6月28日下午，正在巡逻的中山路分驻所警员一举擒获两名正在持枪抢劫的歹徒，缴获手枪1支、黄金4两，受到市公安局的通令嘉奖和奖励。1949年6月至1950年4月，先后破获各类案件1379起，抓获各类违法犯罪分子2067人。1953年起，新滋生的盗窃公私财物、扰乱金融和经济秩序等犯罪案件上升，市南分局根据刑事犯罪的规律和特点，采取相应对策及时打击。其间，加强刑事侦查业务建设和队伍建设，破案能力明显提高。

“文化大革命”期间，虽然公安工作受到严重干扰，但仍然破获一些重大刑事犯罪案件。1972年10月29日，市南分局快速出击，一举将13名在中山路酒后滋事殴打群众的流氓犯罪分子全部擒获。1973年，针对一起流氓分子当众拦截侮辱猥亵女青年的“2·4”恶性案件，市南分局采取有力措施，仅用3天时间将31名案犯全部抓获。

改革开放初期，少数不法分子利用对内搞活、对外开放之机，大肆进行违法犯罪活动，社会治安形势十分严峻。1983年8月，中共青岛市委和市人民政府遵照中共中央《关于严厉打击严重刑事犯罪活动的决定》和全国人大常委会《关于严惩严重危害社会治安的犯罪分子的决定》，组成“青岛市打击刑事犯罪联合指挥部”，统一领导全市开展严厉打击严重刑事犯罪活动的斗争（以下简称“严打”斗争）。在“严打”斗争中，市南分局把长期称霸小港码头、市场一带，实施抢劫、伤害、敲诈勒索、侮辱奸淫妇女、聚众斗殴、寻衅滋事等犯罪活动的杨宝成流氓团伙作为“严打”突破口，组织精干力量进行突击侦查，将杨宝成等36名流氓团伙成员全部抓获，杨宝成等3名首犯被判处死刑，其他团伙成员也受到法律的严惩。1986年6—10月，根据区委、区政府社会治安综合治理的部署，在全区开展反盗窃、反破坏专项斗争，投案自首犯罪分子17人，打击处理318人，其中提请逮捕131人、劳动教养61人、其他处理126人，遏制了刑事犯罪案件上升的势头。

20世纪90年代，市南分局将侦破大要案件、深挖严重刑事犯罪分子作为工作重点。1992年4—5月，按照市委政法委开展社会治安重点治理工作会议精神，分别开展打流窜、反盗窃的专项斗争，对旅馆、饭店、发廊、房屋出租、暂住流动人口、卖淫嫖娼等重点部位、重点区域进行集中清理和打击，共查破案件843件，查获违法犯罪分子79人。同年开展刑事破案会战，刑警队与派出所密切配合，共侦破各类刑事案件95起，其中重特大案件28起。1997年组织开展“春季严打整治行动”，共侦破各类刑事案件810起，其中大案311起，摧毁各类犯罪团伙22个。

进入21世纪，市南分局将破案会战、专项斗争作为打击刑事犯罪的重要举措。2001年5月，分局刑警大队将涉枪涉黑逃犯胡国平、孙洪果、郑青、毛家军一网打尽，当场缴获自制左轮手枪1把、子弹6发。2003年，综合运用侦查破案、巡逻守候、设卡堵截等措施，严厉打击各类违法犯罪，1—10月，全区共立各类刑事案件3111起，破案2183起，打掉各类犯罪团伙34个，抓获拎包扒窃犯罪嫌疑人202名，追捕网上逃犯385名、在逃犯373名，提请逮捕劳教犯罪嫌疑人633名，移送起诉犯罪嫌疑人98名，各类刑事案件的上升势头得到有效遏制。2005年1—11月，全区共破获各类刑事案件1945起，提请逮捕劳教犯罪嫌疑人625名，抓获拎包扒窃犯罪嫌疑人269名，7起杀人案件全部告破。同年6月，破获一杀人抢劫团伙，抓获5名朝鲜族犯罪嫌疑人。2007年开展“三打一整治”行动，加大对涉黑涉恶犯罪、流窜犯罪、严重暴力犯罪和多发性犯罪的打击力度，对治安复杂场所、重点部位、单位进行集中整治，全年共破获各类刑事案件2558起，刑事拘留989名，提请逮捕劳教犯罪嫌疑人694名，抓获逃犯233名，追缴赃款物价值230万元，“9·24”“11·5”“12·24”等一批影响大、危害大的恶性案件相继告破，全区破案上升11%、立案下降33%。2008年全面启动“利剑卫帆”系列整治行动，破获“1·12”抢劫杀人案、“9·2”抢劫杀人案以及“7·3”“7·13”等多起电话散布虚假恐怖信息案件。年内集中警力全力攻坚，刑事拘留犯罪嫌疑人981名，提请逮捕劳教656名，抓获逃犯370名。2009年，组织精干力量，开展专项打击行动，年内共抓获各类违法犯罪分子1920人，其中刑事拘留1214名，提请逮捕劳教犯罪嫌疑人668名，抓获逃犯405名，追缴赃款物折合人民币1580余万元。同年，市南分局通过日常侦查办案获得一个特大吸贩毒犯罪团伙的犯罪线索，在省公安厅缉毒总队领导下，市南分局会同市公安局禁毒支队将38名团伙成员全部抓获，端掉一个制毒窝点，缴获冰毒3000余克、麻古500余粒、麻古粉末1000余克，查获手枪1支、仿消防枪1支、子弹1发、枪支零部件若干。2010年，开展“打黑除恶、打霸治痞”等专项行动，破获刑事案件2102起，抓获犯罪嫌疑人900余名，命案侦破、打黑除恶和追逃工作综合考评成绩均居全市前列。同年，成功破获“3·20”抢劫杀人案等命案12起，实现了全年命案侦破100%的目标；破获“6·23”公安部目标贩毒案等涉毒案件160起，抓获违法犯罪嫌疑人224人，缴获各类毒品4400余克，切断多条外埠通向青岛市的贩毒通道；加大对经济领域犯罪活动的打击力度，破获经济案件88起，抓获犯罪嫌疑人57人，挽回经济损失600余万元。

2011年，对严重刑事犯罪保持高压态势，开展清网行动、安民行动、缉枪治爆等专项整治活动，侦破刑事案件546起。年内，先后破获闽江二路“海边人”餐厅门口持枪杀人案、“6·11”绑架案等大案要案；在全国开展的“清网追逃”专项行动中，将追逃工作纳入各单位年度评定考核目标，严格奖惩制度，共参与抓获各类逃犯153人，其中，公安部B级通缉逃犯7人。2012年深化“打黑除恶”严打整治，启动优化社会治安环境“警盾行动”，集中打击多发性侵财犯罪，严惩危害企业生产经营秩序的违法犯罪行为。

第四节　经济文化保卫

改革开放以后，随着市南区经济建设和社会事业的快速发展，经济文化保卫任务日益繁重，市南分局以保卫组织建设为基础、以预防工作为重点，不断建立完善经济文化保卫体系，加强重点要害部位保卫和单位内保工作，打击各类经济犯罪活动，为全区经济社会发展创造健康有序的环境。

公安保卫

1987年4月，市南分局设立保卫科，组织指导全区团体、企业、事业等单位的安全保卫工作，承担区级重点单位要害部门的安全保卫工作，掌握控制经济文化内保单位内部的敌情、治安情况和政治动向，指导侦破高校内部发生的一般刑事、治安案件和治安灾害事故，对发生在区内金融、财税系统的经济犯罪案件开展侦破工作。1988年5月，青岛市对经济、文化保卫管理范围和工作体制进行调整后，市南分局原则上管理区直属以上设党委或职工人数500人以上，或虽不足500人但性质重要的单位，不列入分局管理的单位由所在公安派出所作为社会面管理。1998年，市南分局内保部门实行警队建制，保卫科对外加挂经济案件侦查大队牌子。同时，针对经济保卫工作业务体制、职责任务和管理模式与经济发展形势不相适应的现状，市公安局推行内保体制改革，调整下放管理职能，实行“属地为主，以条制约，确保重点”的工作模式。2002年，经济案件侦查大队更名为经济犯罪侦查科。2009年，根据市局业务职能调整的统一部署，经济保卫工作划归治安部门，文化保卫工作划归国保部门负责。

内部保卫

中共十一届三中全会后，全区机关、团体、企事业单位内保组织陆续恢复，其中大型工厂、高等院校及性质重要的企事业单位设保卫处，县（团）级企事业单位设保卫科，其他单位设保卫股或专职保卫干部，保卫干部按一般不少于本单位职工总人数3%的比例配备。1981年，公安机关对辖区经济文化内保（简称“经文保”）单位和要害部门实行分级管理，大型工厂企业、高等院校、重要机关、科研院所和重要物资仓库等由市公安局经文保处管理，中型工厂企业、中等学校等由各分局保卫管理，小型工厂企业和基层文化、卫生、教育、财贸等单位由所在派出所管理。1988年，根据单位保卫工作的需要，开工的大中型“三资”企业设保卫部或保安部，有的企业设专职保卫干部。1990年9月，青岛市印发《青岛市要害部门和要害部位保卫工作暂行规定》，明确要害部门、要害部位的范围和审批权限，实行分级管理制度。1996年7月《青岛市单位内部治安保卫工作条例》发布实施，对公安机关、内部单位在治安保卫工作中的职责、单位保卫机构设置和保卫工作人员任职资格，以及对违反条例所应承担的责任及相应的处罚都作出明确规定。20世纪90年代末期，因国有企业改革，内保部门、保卫干部大幅削减。2001年，市南分局保卫科列管经文保单位780家、重点单位32家、要害部位208处，其中存放使用放射性同位素的单位6个、金融单位19个、大中型企业16家。同年，辖区列管内保单位“三防”措施覆盖面100%，重点要害部位技防安装率97%。2005年，根据国务院《企业事业单位内部治安保卫条例》，结合山东省公安机关治安保卫重点单位判定工作实施方案，市南区确定辖内的经文保部门列管的治安保卫重点单位，其中申报一级重点单位11个、二级重点单位14个、三级重点单位115个。

打击经济犯罪

1988年，共查处各类经济案件113起，缴获赃款、赃物价值人民币230万元。1996年，市公安局下发《关于将“五类案件”由刑侦部门划归经文保部门管辖的通知》，将金融、涉税类犯罪案件划归经文保部门管辖。2001年开始，市南分局根据上级公安机关统一部署，深入开展打击非法经营犯罪、涉税犯罪、非法传销、侵犯商标专用权犯罪、非法集资、信用卡诈骗、追逃等专项行动。2002年8月，成功侦破省厅督办的重大销售假冒“坦博”润滑油案；2003年5月，一举打掉一个以河南开封人张某某为首的诈骗台湾客商犯罪团伙，抓获犯罪嫌疑人14名，破案20余起。至2012年，全区立案侦办各类经济犯罪案件2151起，破案2150起，抓获犯罪嫌疑人1260名，其中提请逮捕369人，挽回经济损失4.49亿元。

第五节 治安管理

区人民政府建政初期，为巩固新生的人民政权，建立社会新秩序，保障人民群众安定生业，市南分局不断加强治安管理工作。1952

年，全区建立41个治保会，群众选出397名治保委员参与治安管理。是年8月，根据《青岛市贯彻禁毒指示及省决定的具体执行计划及办法》，市南分局广泛发动群众，全面开展禁毒运动，抓捕烟毒贩子106名，缴获大量烟土。1958年，市南区97名下乡青年因对农村生活艰苦不满等问题返回青岛，准备集会闹事，市南分局在市南区委的统一领导下制定应急措施，及时平息了事件并劝其重返农村参加农业生产。1960年，为加强安全防范措施，在治保会的基础上，全区成立257个安全片、310个安全组、314个协作户，形成严密的治安管理群众防线。"文化大革命"期间治安管理工作濒于停滞，1976年后重新步入正轨。

改革开放以后，市南分局针对新的形势，采取各种措施加强治安管理，大力维护社会稳定。1989—1990年，贯彻《关于进一步认真落实〈青岛市治安联防工作暂行规定〉的通知》《关于新增民兵参加治安巡逻工作力量部署方案》和《关于进一步加强市区民兵治安巡逻工作的几点意见》等文件精神，加强全区治安联防巡逻队伍建设，稳定巡逻民兵力量。1990—1992年，对治保会和治安联防队进行整顿训练，建立健全各项规章制度，加强内部管理，清理辞退不合格人员。1999年，组建社区保安队伍，成立公安、工商、计划生育、财政等部门组成的社区保安工作办公室。2010年，实行定人、定段、定责任，对辖区实行昼夜不间断巡逻，形成"联防联控，共保平安"的治安管理格局。2011年，推进治安防控工程建设，对辖区西部的铁路青岛客运站、中部的五四广场、东部的佳世客、北部的中联广场等区域加强防控建设，以各个派出所和全区地标性建筑为点，沿线建立无障碍信息通讯网络，安排组织特勤人员在全区范围内巡逻，形成点、线、面全方位防控体系。

公共娱乐场所管理

1987年，按照《青岛市娱乐场所管理规则》和《舞厅管理规则》要求，对聚集于马路、集市、居民院等公共场所打台球的人员进行集中整治，对录像点、闭路电视中心、音像市场进行集中检查。1990年，根据公安部《关于加强台球、电子游戏机娱乐活动管理的通知》，并按照市局《青岛市电子游艺场所管理规定》的统一要求，将电子游戏室纳入场所管理。1992年，公共娱乐场所开始实行分级管理，将审批权由三级审批改为一级审批，市南分局承担非属"三资"性质的公共娱乐场所审批。1993年，对电子游戏场所进行彻底整顿，督促所有电子游戏室挂出"除节假日外，中小学生不得入内"的警示牌。1995年，根据公安部《关于进一步加强电子游戏机娱乐场所管理取缔有奖电子游戏机经营活动的通知》，取缔有奖电子游戏机；根据《关于我市市区集贸市场退路进室实施意见的报告的通知》，对集贸市场进行清理整顿，基本解决了集贸市场占路问题。1998年开始实行公共娱乐服务场所治安管理责任制。2011年，在全区实行娱乐场所备案制度，对未取得公安备案、证件不全的场所予以处罚。

特种行业管理

1987年，根据国务院文件精神，列入治安管理的特种行业主要有：旅店业（包括经营接待旅客住宿的宾馆、饭店、旅店、招待所、客货栈、车马店、浴池等）、刻字业、印刷业、收购生产性废旧金属和信托寄卖行业等。1988年，遵照公安部《关于改革城市公安派出所工作若干问题的意见》，规定国营集体旅馆和中外合资、涉外宾馆，由分局审查批准，个体旅馆由派出所审查批准。1990年，根据公安部《关于加强废旧金属收购站点治安管理和打击查处销售赃物活动的通告》，禁止个人收购生产性废旧金属。1992年，根据公安部指示精神，将出现问题较多的小熔炼厂纳入治安管理。1995年，根据省公安厅的统一部署，对全区旅馆、刻字、旧货、印刷、复印业分阶段进行检查整顿，其中对废旧点进行勘查定点，实施限量发展。2002年启用旅馆业微机管理系统，加强审批、监督和管理。2003年按照省政府办公厅《转发关于在全省推广应用印章治安管理信息系统的意见的通知》，开始启用印章管理系统。按照2008年颁布的《青岛市人民政府办公厅转发市公安局关于在全市推广应用印章治安管理信息系统的意见的通知》，从2010年12月1日起，在全市范围内取消非网络编码公章的应用，至2012年市南区共处罚未按规定私刻印鉴企业37家。

社会秩序管理

禁娼　解放初期，由于旧中国遗留下来的污毒尚未完全清除，特种行业成为藏污纳垢、产生各种犯罪行为的主要场所。1950年，根据市局下达的“歌舞女管理规划”，市南分局针对复杂的治安形势，果断采取处理措施，对辖区内9处娱乐场所的营业性歌舞女进行登记，并在全市统一行动中取缔所有妓院，妓女全部收容于河北路71号妇女生产教育所。

20世纪70年代中期以来，针对卖淫嫖娼活动重新出现并逐年增多的情况，重点加强对宾馆、舞厅、公园、“路边店”等复杂公共场所的管控。1996年成立临时性扫丑队，对夜总会、桑拿浴室等场所的“三陪”、异性按摩行为严加治理。2000—2012年，针对卖淫嫖娼行为趋向隐秘、高端、复杂化的情况，治安大队二中队集中开展治理行动，加强打击力度。

禁赌　20世纪80年代后期至90年代初，市南分局每年组织开展禁赌专项行动，对赌头、赌棍和惯赌分子依法从严处理。1992年，针对不法分子使用电子游戏机大搞赌博活动的情况，市南分局按照全市电子游戏机市场清理整顿的部署，对辖内电子游戏机市场进行整顿。1996年，市南分局贯彻文化部、公安部、国家工商行政管理局《关于加强电子游戏机娱乐场所管理取缔有奖电子游戏机经营活动的通知》，对电子游戏机市场进行反复整治，取缔有奖电子游戏机经营活动，压缩游戏机室数目，查处红星电影院电子游戏机室赌博案等一批案件。

2000—2012年，在每年的重大节日和重大活动前夕，市南分局在市局的统一部署下，开展治安清查行动，对辖区娱乐场所开展突击检查，结合日常检查等工作流程，确保了市南治安环境的安全、洁净。

危险物品管理

1994年之前，对烟花爆竹的燃放和经营销售没有管理措施，每年因燃放烟花爆竹引发的火灾和伤害事故居高不下。1994年5月实行《青岛市禁止制作销售燃放烟花爆竹的规定》后，火灾和伤害事故明显下降。同年，理顺爆炸物品购销渠道，确定爆炸物品购销、运输统一由化轻公司归口负责。1996年开展“收枪治爆”专项整治行动，收缴流散社会的爆炸物品。2003年，针对少数民族人员聚集旅游景点买卖刀具的情况进行集中整治。2007年启用民用爆炸物品管理系统，辖区爆破施工企业所需爆炸物品均需经市南分局审核批准。2011年，烟花爆竹燃放分为5个等级，三级以下的审批工作由分局承担，同时启用全国烟花爆竹流向管理系统。至2012年，先后组织开展收缴非法枪支统一行动12次，对收缴的枪支全部集中统一销毁。

大型活动安保

改革开放后，全市性大型活动不断增多，确保大型活动的安全成为市南分局的重要职责。1982年，市南区相继承担8项重大内外事活动，共组织200名干警实行定点、定人、定任务的分工负责制，保证各项活动顺利开展。1990年，组建专门处置重大治安事件和维持大型文体活动的警务分队，完善大型活动的安全保卫工作。1991年首届国际青岛啤酒节举办期间，市南分局加强安全检查，制定安保方案，圆满完成安保任务。

青岛作为2008年北京奥运会帆船项目的比赛场地，市南成为承载比赛、队员住宿、休息、购物的主要活动地，为做好2006—2007年

“平安奥帆”誓师大会

测试赛和2008年奥运会帆船比赛项目的安保工作，市南分局全警出勤，取消所有休息参与安保活动，为比赛成功、顺利、安全地举行保驾护航。2007年，试运行奥帆安保工作机制，开展奥帆安保测试赛，在社区治保力量、治安积极分子和治安志愿者队伍协助下，市南公安机关查获各类违法犯罪人员380名，破案561起；对公共娱乐场所及宾馆、饭店、车站、码头等复杂场所进行集中清查，破获“黄赌毒”案件339起，查处涉案人员673名。2009年，按照奥运标准完成第十一届全运会的安保任务。

第六节　户政管理

户籍管理

青岛解放后，根据青岛市军事管制委员会颁布的《户口迁移暂行规则》《关于军管时期内办理出入境手续暂行办法》，市南区开始对居民迁移入住进行户口登记。之后，根据市公安局颁布的《青岛市居民户口申报暂行规定》《户口登记办法》等法规，对申请登记的内容和申报手续作出规定，建立户口簿册和每旬户口统计报表制度。1951—1952年春，根据市局制定的《青岛市区户口登记实施方案》，进行全区户口总登记。1956年，根据国务院《关于农村户口登记、统计工作和国籍工作移归公安部门接办的通知》，农村户口由民政部门转由公安机关管理。同年7月，落实全国第一次户口工作会议精神，根据市公安局制定的《青岛市机关、团体、学校、企业户口管理暂行办法》，市南区在管理居民常住户口的基础上，相继建立公共（集体）户口。1958年1月9日《中华人民共和国户口登记条例》颁布，户口管理工作纳入国家统一的法制管理轨道。1964年，国务院批转公安部《关于处理户口迁移的规定（草案）》，青岛市对进市户口实行三级审批制度，严格控制人口迁移。“文化大革命”时期户口管理工作受到严重冲击，管理极为混乱。

改革开放后，户籍管理工作进入新的发展时期。20世纪70年代末，废止旧居民户口簿，换发新的居民户口簿。1981—1982年，贯彻落实国务院批转公安部《关于处理户口迁移的规定》，将市南区亢家庄、浮山、湛山、辛家庄、大尧、逍遥、田家村等生产队的常住人口由农业户口转为非农业户口。1990年启用一人一表式《常住人口登记表》，取代一户一表《居民登记簿》，各派出所户籍室配备微机，实现了户口办理办公自动化。1993年换发适应打印的活页式《居民户口簿》，户口迁移使用居民户口簿《常住人口登记表》代替户口迁移证。1996年，按照市公安局制定的《青岛市公安局申办户口双向承诺制度》，市南区全面实施申办户口责任制，户籍管理工作进一步规范化、制度化。同年，启用插页式打印棕色横版《居民户口簿》。

根据公安部和省公安厅的要求，1997年1月起用1年的时间统一更换《常住人口登记表》。1998年1月1日起，市南区用两年时间为辖区居民集中换发封皮颜色棕色的插页式《居民户口簿》。同年，市政府批转《青岛市购买新建内销商品住宅迁入户口管理办法》，市外迁入政策增加购房入户，购房人是农业户口的可转为非农业户口。2004年10月1日起，根据省厅要求，青岛市取消农业户口、非农业户口划分，统一登记为“居民户口”。2007年，市政府出台《青岛市人民政府关于进一步深化户籍管理制度改革的通知》，增加投资创业人员入户；购房入户条件由过去购房款达到100万变更为购买100平方米以上单套新建商品住宅。

居民身份证管理

1985年，《中华人民共和国居民身份证条例》颁布。1986年，公安部发布《中华人民共和国居民身份证条例实施细则》；1987年4月，市南区开始对全区居民制发第一代居民身份证。1996年1月1日，启用新的防伪居民身份证。2000年，对居民身份证编号进行升位，由原15位编码升为18位，将出生日期码由6位升为8位，分配顺序码后加1位校验码。2005年全面换发第二代居民身份证。

暂住人口管理

改革开放以后，随着经济的开放搞活，流动人口流量逐渐增多。20世纪80年代中期起，实行流动人口有效管理成为新形势下市南分局户籍管理的一项重要任务。市南分局依据《青岛市暂住人口管理暂行规定》《青岛市暂住人口管理暂行规定实施意见》，对区内务工经商等暂住人口进行登记和发证。1997年，市南分局设立流动人口管理办公室，各街道办事处设立暂住人口管理站，出台《暂住人口管理工作目标》《暂住人口管理站工作职责》等12项制度和规定，从机构和制度上落实暂住人口管理工作的各项规定。2009年，以全力做好新中国成立60周年和十一届全运会安保工作为契机，不断深化“以房管人”工作机制，全面开展摸底排查，以社区负责民警为主体，吸纳社区、单位管理人员及社区保安人员等社会力量参加管理服务工作。同时加强信息化建设，通过程序设计和制度设计，建立暂住人口管理数据库，将暂住人口信息采集、过滤、核查、管理、服务融为一体，有效提高信息化、动态化社会环境下暂住人口服务管理的效能和水平。年内加大对出租房屋、旅馆饭店、建筑工地等暂住人口聚集场所的日常检查，全年登记暂住人员110455人。2010年，加强流动人口落脚点管理，对出租房屋实行“旅店式”登记管理，及时与房东签订治安管理责任书，强化出租房主的治安责任意识，实行出租租赁房屋登记备案制度和承租人员登记制度。年内利用全国第六次人口普查的时机，组织派出所做好流动人口信息采集核对工作，提高信息采集率和准确率。2011年，探索流动人口“以证管人、以房管人、以业管人”的动态服务管理模式，组织警力深入辖区单位、工地、出租房屋等暂住人口聚集场所，做好实名登记工作，做到不漏人、不漏户、不漏项，逐人逐户建立起信息档案并及时录入、更新和维护；完善长效管理机制，将入户走访活动制度化、规范化，指导社区民警深入到暂住人口居住地和就业单位了解掌握情况，开展登记办证上门服务，年内，全区登记暂住人口64334人，出租房屋16392户，通过暂住人口管理发现和查处治安案件13起，抓获网上逃犯2人。

江苏路派出所民警在管区工棚现场进行暂住人口登记（2009年）

第七节 道路交通管理

1950年4月，市公安局成立交通队，下设市南交通分队，负责管理市南区的道路交通。1953年，市南交通分队改称市南交通中队。1958年，市南交通中队下放，由所在区公安分局和交通队双重领导，以分局为主。1984年，市南交通中队改称市南交通大队。2010年，市南交通大队成立隧道中队。2012年，市南交通大队下设6个科（所）、6个执勤中队。其间，市南交警围绕全区交通管理实际，遵照依法管理、严格管理、科学管理、文明管理的方针，发挥交通管理部门的职能，以降事故、保安全、保畅通为重点，大力维护交通秩序，保障行人和车辆的安全畅通。

道路交通秩序整治

青岛解放后，市公安局于1949年6月15日颁布《交通管理暂行规定》，对区内车马行人、指挥信号及标志设施等做出明确规定。1950年，市公安局颁布《交通规则修正案》，区内交通改红绿旗为徒手手势指挥，同时实行占用道路施工和堆放货物办理许可证的制度。1955年青岛市成立交通改革委员会，制定《城市交通规则青岛市实施细则》，区内交通管理推行全市改革措施。1965年，整顿区内交通秩序，禁止地排车、畜力车在中山路等交通要道行驶，拆除街道两侧石条轨，限定机动车在市区的行驶时速不得超过25千米。

1984年6月，市南区公安交警部门依据市政府颁布的《青岛市道路交通违章处罚规定》，开始实行交通违章罚款制度。2008年，开展道路交通安全春季专项整治行动，重点整治公交车、出租车争道抢行、酒后驾驶、闯红灯、不按规定礼让行人等违法行为；开展学校周边道路交通秩序整治，确保中、小学生人身安全和学校周边道路交通的畅通有序；开展查处酒后驾驶交通违法行为暨“家庭责任”行动，查获酒后驾车交通违法行为70起。

2010年，与驻军部队联合开展查车行动20余次，查处军车交通违法100余起，查获假军车牌证20余套；对辖区注册登记大货车、校车、危险品运输车及大客车进行重点摸排，建立完善管理台账，检查车辆350辆，审验教育驾驶员580人；与辖区9家出租车公司签订《出租车交通安全管理议定书》，制定《出租车交通安全管理教育七条工作规范》。2011年，先后开展“涉牌涉证”“机动车排气污染”“大货车违法”“公交车违法”“主干道违法停车”等10余项交通违法行为专项整治活动；开展公交专用车道、主干道违法停车专项治理，清理非法占用泊位1840余个，没收占路物品1320余件，对290余个店铺进行口头警告；开展联合执法活动，对机动车尾气超标、占路经营、残疾人三轮车交通违法、军车违规等违法行为进行治理，查处未粘贴环保标识违法行为220余起，清理占路经营车辆510余辆，清理违法营运三轮车52辆。2012年，开展重点区域整治，将五四广场、百丽广场区域及火车站周边区域、前海一线太平路、莱阳路一线作为重点整治区

交警市南大队实施零时查处酒驾行动（2010年）

域，重点治理残疾人车辆、出租车违法停车候客等违规行为；开展“平安隧道”品牌创建活动，在隧道进出口开展不定期的夜查行动，查处酒后驾驶违法行为24起；落实重点车辆“三见面”制度，完成出租车月检11958台、出租车年审3297台、危化品运输检验车辆108台、大型客车检验407台、大型货车检验321台，下达整改通知书120起。2008—2012年，共查处各类交通违法1302957起，其中，吊扣驾驶证（酒后驾驶）1306起，行政拘留711起，查获涉嫌假牌照、假证1249起，查获涉嫌盗抢车辆36起，驾驶证计满12分708起，“三超”（超载、超速、超员）5370起。

表17－2

市南区交通秩序管理情况统计表

（2008—2012年）

年度	查处违法行为（起）	行政拘留（起）	查处违法行为类别				
			假牌照	假证	盗抢车辆	“三超”	酒驾
2008	195735	298	46	48	15	159	—
2009	197634	105	43	7	7	—	352
2010	212302	165	84	24	11	1168	289
2011	417856	74	228	—	3	3108	97
2012	279430	69	769	—	—	933	52

机动车管理

青岛解放后，机动车归山东省交通厅青岛车辆监理所管理，市公安局协助监理所每年对机动车状况、牌照审验一次。1976年市公安局交通大队设车管股，各中队设专职车管干部，对驾驶员进行安全教育，配合车辆监理部门管理机动车。1983年市公安局车辆管理所成立，管理市区机动车的检验、转籍和号牌、驾驶证的核发，乡村的机动车仍归车辆监理所管理。1987年车辆监理所并入车辆管理所，全市城乡机动车及驾驶员由公安机关统一管理。

2012年，市南辖区机动车保有量139787台，其中，大型客车978台、中型客车379台、重型货车519台、中型货车104台、小型车辆137807台；辖区驾驶人保有量211522人，其中，大型客车驾驶人5646人、大型货车驾驶人22464人、其他类型驾驶人8824人、小型车辆驾驶人174588人。

表17－3　　市南区车辆、证件管理情况统计表

（2008—2012年）

年度	办理机动登记证书	补换车牌	异地年审车　辆	补　换驾驶证	补　换行驶证	驾驶证年　审	检　审机动车
2008	315	790	512	28776	1288	15103	31247
2009	371	1047	—	31990	1262	13265	31740
2010	412	1133	429	39399	1495	14364	30096
2011	353	1011	819	23682	1264	13023	1728
2012	—	1144	1312	17632	1032	19750	2170

非机动车管理

1949年9月5日，市公安局宣布原有机动车牌照作废，重新核发。1950年，实行“限制发展、逐渐转业”的方针，不再增发载客马车、人力车牌照。1956年取缔载客马车，人力车移交市交通局所属的各区运输组管理。1958年青岛市三轮车合作社成立，人力车被人力三轮车取代。20世纪60年代，运输合作社自制简易机动货车（俗称“叭嗒叭”）从事货运营业，手推车、货运马车的数量日渐减少。

1978年以后，非机动车管理仅限于自行车、人力三轮车和地排车，每年审验一次。2002年后电动车成为非机动车主流，由于其性能马力大、速度快，又不具备挂牌的国标，管理难度大增。2012年，非机动车管理范围主要包括电动车、自行车和人力三轮车。

疏堵保畅

改革开放后，随着经济的快速发展，车辆数量急剧增多，经常出现道路堵塞现象。自1979年起采用限制机动货车和外地车辆行驶时间、开辟单向行驶路线等方法缓解交通拥挤状况。1996年在香港路、山东路、福州路施划或新建公交车辆专用道。2008年，为确保奥帆赛交通安全，市南区制定《奥帆赛道路交通管理保障工作方案》，精心组织部署，圆满完成奥运火炬在青岛接力传递等系列交通安保工作任务。

2010年，开展交通秩序基础调研活动，较好地解决了香港西路佛涛路路口等10余处交通“卡脖子”路段的拥堵等问题，合理调整优化香港路、东海路一线路口的信号灯配时，改进东西快速路东部两处下桥口交通疏导措施。同时，在车流量较大的路口，通过安放锥型筒，引导车流有序通过；与沿街单位、学校沟通，采取调整作息时间或路线，实行不同年级分不同路线送学生入校等举措，有效缓解交通压力。当年组织开展16次专项整治行动，治理影响道路畅通的交通违法行为。

2011年，科学应对地铁开挖对城市交通带来的“阵痛”，完成4个站点的地铁建设交通调流，保证交通顺畅；确保胶州湾隧道开通与辖区交通的顺利对接，提高交通事故快速处置能力，不断调整优化道路交通秩序。2012年，实施动态交通勤务，开展前海一线交通治堵工作，确定旅游季节大客车限行路段，协调公交、交运等部门做好游客转运等工作；开展交通微循环工程，较好地解决居民区周边交通拥堵问题。

交通事故受理

1993年12月，公安部下发《关于使用计算机网络传输道路交通事故数据的通知》，从

1994年1月起，正式使用公安计算机网络传输道路交通事故数据。2008年实行快速理赔制度，对仅造成财产损失的轻微交通事故，要求当事人自行协商，迅速撤离现场，到快速理赔中心进行理赔，最大限度地减轻交通事故对交通安全畅通的影响。2008—2012年，市南区共受理交通事故（包含简易、一般以上事故）案件61579起，其中，死亡21人、伤214人，直接经济损失284.1万元。

表17－4　　市南区道路交通肇事情况统计表

（2008—2012年）

年度	受理事故(起)	伤人数(人)	死亡数(人)	经济损失(万元)
2008	11783	53	7	41.5
2009	12268	30	5	85.5
2010	13609	16	4	41.6
2011	12979	17	2	83
2012	10940	98	3	32.5

第八节　消防管理

1949年6月2日，市公安局成立当日即组建消防队，下设市南区分队。1956年，市南区消防分队改称市南区消防中队。1980年3月，市南分局设消防股；1994年改称消防科。1997年，市南区消防中队改为市南消防大队。2012年，市南区消防大队改为青岛市公安消防支队市南区大队，下辖5个中队：浙江路中队、南京路中队、辛家庄中队、团岛中队、八大关中队。

新中国成立后，市南区火灾形势一直相对平稳。1994年行政区划调整以来，发生较大影响的火灾有2起，造成10人死亡。市南消防队在历次灭火战斗中不怕牺牲、英勇顽强，为保护国家和人民生命财产安全做出重要贡献。1989年，浙江路消防中队参加黄岛油库灭火战斗，经过104个小时的英勇扑救终将大火扑灭，保住了价值3亿元的东黄输油管线和油港的安全，4名官兵因4号油库突然爆炸壮烈牺牲，国务院、中央军委分别授予阎正连等4名烈士“灭火战斗英雄”“灭火勇士”称号，51人立功受奖，中队被记集体一等功。

防火宣传

自20世纪50年代初开始，由市公安局消防队印制《消防检查提纲》《取暖炉安装使用方法》等宣传材料，分发到区内各基层单位和居民组织，并定期组织“冬令防火宣传队”到街

公安消防支队市南区大队在滨海花园组织消防演练

头巷尾演出防火题材的文艺节目，放映防火常识幻灯片，在居民院和企事业单位放映，此法延续至70年代中期。1958年起，全市防火教育期间，区内集中开展全民防火宣传活动，区内中山公园、栈桥等行人较多的场所是消防图片展览等消防宣传活动举办地。1975年以后，区内开始利用广播、电影、电视、宣传橱窗等传播媒介进行防火知识普及教育。至2012年，区内消防宣传教育的主要形式为消防知识专题讲座、消防知识演讲、消防运动会等，受到辖区人民群众喜爱，宣传成效显著。

消防监督

1949年9月1日，市军管会颁布《青岛市公安局制定各工厂防火计划方案》，确定公安消防部门对各行各业负有消防监督管理的职责。1957年11月，《消防监督条例》颁布实施，依法对各单位和居民住宅的消防工作实施监督检查，督促单位消除火灾隐患、制定防火措施，对建筑项目进行设计审核和竣工验收，检查督促有关部门维护和改善公共消防设施，统计火灾起数，调查火灾原因，监督消防器材的生产等。1962年起，确定火灾危险性大的消防保卫重点，派出专人实施监督管理。此后，根据防火需要逐年重新划分重点保卫对象，在重点保卫单位中建立“防火检查记录簿”和“防火档案”“防火责任人卡片”。1965年4月起，全市实行防火工作分级管理制，按照与经济文化保卫工作分级管理相同的范围划分了三级，由市公安局消防队（一级）、区公安分局（二级）、派出所（三级）分别行使管理职权。“文化大革命”期间，分级管理和重点保卫制度未能继续实行。1978年，市区试行消防大队（市级）、中队（区级）分级管理制。

1979年11月，根据火灾危险性和发生火灾后对政治、经济和人民生活影响的程度，重新划分消防管理等级。从1982年4月起，在消防保卫重点单位实行《消防安全工作的十项标准》，逐年进行检查验收。1984年10月以后，消防监督依照《中华人民共和国消防条例》实施。1998年《中华人民共和国消防法》实施后，市南区对消防重点单位的管理日益细化，“九小场所”（建筑面积较小的餐饮、购物、住宿、公共娱乐、休闲健身、医疗、教学、生产加工、易燃易爆危险品销售储存等场所）纳入公安派出所监管重点。

2002年，市南区率先在全国开展消防进社区，社区火灾防控能力显著增强，2003年全国社区消防工作现场会在市南区举行。2008年开始，市南区高层数量建筑迅速增加，高层建筑成为消防监督检查重点。

群众防火联防组

1965年，按行业、生产性质和所在区域划分组合，以各单位专（兼）职消防员、专业技术人员为主体组成安全检查小组，形成群众防火安全网。20世纪80年代初，各区陆续组建“防火联防组”，每组8~16个单位，在区公安分局消防科指导下定期召开联席会议，学习消防专业知识，协同开展防火工作。2002年，开展社区消防安全建设，建立社区消防安全预警机制，配置消防器材。至2012年，全区共投入资金约400万元，为65个社区、500个楼院、6000座居民楼配置水枪、水带、灭火器、应急灯和安全锤等常用消防器材，增强社区抵御火灾的能力。

防火安全检查

青岛解放后，每逢元旦、春节、“五一”、国庆等重大节日之前以及麦收期间和冬季来临之前，区内均对用火用电、规章制度、预防措施、消防组织、消防设施等开展防火安全检查活动，此外还不定期进行专业性和群众性安全检查，专业性检查由消防队派人对重点防火单位实施例行检查，发现不符合防火规范的问题即下发《火险隐患通知书》限期整改；群众性检查由各单位的消防组织和职工群众根据本单位的防火制度通过“自查”或“互查”的形式进行。1964年消防队在各工厂、企业、单位内确定防火负责人，承担安全检查责任并协助检查。

1980年国务院批准实行“安全日”活动以后，每年5月，在市安全委员会统一领导下，公安和工业、交通、基建、财贸、文教、宣传等部门相互配合，进行防火安全大检查。市南消防大队组织进行经常性消防安全检查，春节、清明节等火灾易发时段进行大型检查，年均检查单位约3000个（次）。

2000年以来，市南区针对域内高层建筑日益增多的情况，制定《关于加强高层建筑消防安全管理的意见》等文件，加大对高层建筑消防安全隐患的排查力度，督促落实安全监管措施。2007年，区消防大队提请区政府出台《市南区消防工作三年规划》。2008年奥运会前，区消防大队对全区高层、人员密集型场所等单位开展地毯式隐患排查。奥运会期间，大队组织人员对各场馆、运动员住宿场所进行驻会，保障了奥运会帆船比赛的圆满完成。2009—2010年，开展“119”“110”“120”三警合一巡逻工作。2012年市南大队建成首个“365”服务大厅，实现手续办理咨询规范化。

第三章　检　察

1956年7月9日，市南区人民检察院成立。“文化大革命”开始后检察工作陷于瘫痪；1978年，区检察院重建。1980年设立秘书股、刑事检察一股、刑事检察二股、法纪检察股、经济检察股、监所检察股。1985年撤股改科，设立技术科、监所检察科。1994年设立反贪污贿赂局。1998年5月，区检察院司法警察大队成立；法纪检察科更名为渎职犯罪侦查局。1999年设职务犯罪预防科（隶属反贪局）。2006年渎职侵权检察科更名为反渎职侵权局。2012年内设部门18个：办公室、政治处、侦查监督科、公诉科、反贪污贿赂局、反渎职侵权局、监所检察科、民事行政检察科、控告申诉检察科、职务犯罪预防科、法律政策研究室、检委会秘书科、警务科、检察技术科、计划财务装备科、监察室、检务督察办公室、信息中心。

区检察院成立后，全面履行法律监督职责，依法处理严重危害社会治安的刑事案件及各类团伙犯罪案件，维护社会稳定。改革开放以来，针对新的形势，加大对黑恶势力犯罪、严重暴力犯罪、多发性侵财犯罪的打击力度，坚决维护人民群众和国家的利益。1985年，区检察院开始开展现场勘验、法医鉴定等工作。1993年积极参与重大刑事现场、重大责任事故现场及经济犯罪现场的勘查活动，拍摄、录制影像资料和罪证档案；开展保外就医人员的身体健康状况复检、对活体的检查与尸体的检验工作以及重大事故现场的摄影、摄像及勘查。1994年陆续展开文检、痕检和司法会计工作，勘验现场22次，法医检验22次；并开始建立预防和打击职务犯罪工作机制，查处贪污贿赂、渎职侵权案件。1995年，共进行现场勘验21次，进行法医检验30次，拍照27次，改变原司法鉴定1起；当年，与人民保险公司市南支公司联合成立保险理赔鉴定中心。1998年，区检察院被最高检授予全国检察机关“文明接待室”称号。2000年，开展多媒体计算机法医示证技术，不断加大技术装备建设，充分运用检验鉴定、文证审查等技术手段，收集固定、鉴别证据，为办案服务。2004年，将司法会计鉴定、音像制作等科技手段充分运用到办案实践中；受理检验鉴定、文证审查、司法会计账目检查及计算机维护维修等工作464件。2006

年，多媒体计算机法庭示证3次，司法会计账目检查68件（次）并首次实施司法会计鉴定；当年被评为“全国基层院规范化建设示范院”。2007年被评为“全国先进基层检察院”。2008年制定《青岛市市南区人民检察院实行全程同步录音录像工作规定》，同步录音录像51次，现场搜查8次，物证书证拍照15次，文件检验鉴定3次，技术协助14次；获“全国青少年维权岗”“全国巾帼文明岗”“全国文明接待室”等称号。2009年，被评为“全国青少年维权岗”“山东省文明单位”。2010年法医文证审查72件，死刑监督9人次，讯问职务犯罪嫌疑人同步录音录像22件62次，现场搜查9次，技术协助8次；荣获全国检察机关“集体一等功”。2011年，先后被评为“全国文明接待室”“全国青少年维权岗”。2012年，建立完善职务犯罪侦查案件远程侦查指挥及信息传输、“业务、队伍、信息化三位一体”规范化管理、刑事案件标准化审查等10余个信息化管理系统；建立动态虚拟人物引导的“网上检察院”，实现网上举报申诉、视频接访答疑、在线预约查询；获得“全国检察机关优秀公诉团队”“全国检察机关优秀反渎职侵权局”“全国检察机关计财装备工作先进集体”等称号。

第一节 刑事检察

审查批捕

1957年，区检察院正式承担批捕工作，1957—1965年共受理公安提请批捕案件326起。“文化大革命”结束后，区检察院从1979年恢复审查批捕工作。1981年，审查批捕公安提请逮捕127起，批准逮捕119起，不批准逮捕6起，退查4起，公安提请复议4起。1982年审查批捕公安提请逮捕155人，批准逮捕150人，不批准逮捕5人，公安撤回1人。1983—1986年“严打”期间，共受理公安机关提请逮捕人犯962人，批准逮捕912人，不批准逮捕28人，退回公安机关补充侦查6人，公安撤案18人。1987年起，积极贯彻“稳定压倒一切”的指导方针，紧密围绕“两打”，全面开展检察业务。1994年，与公安、法院密切配合，在春季严打集中行动中突击办案，当天受案、当天提审、当天审结，两天时间批捕人犯40余名，创建院以来批捕案件最高纪录。1995—1996年，重点打击杀人、抢劫、强奸、爆炸、车匪路霸等恶性暴力犯罪以及流氓恶势力及带有黑社会性质的团伙犯罪，共批准逮捕529件777人，不批准逮捕34件46人、退回补充侦查16件23人、追捕4人。1998年将打击矛头对准严重危害社会治安的抢劫、杀人、伤害、强奸等严重刑事案件及各类团伙犯罪案件，全年受理公安机关提请逮捕犯罪嫌疑人429人，批准逮捕395人。1999年，贯彻全市批捕工作会议精神，不断提高“案件质量是检察工作的生命线”的认识，深入开展“案件质量年”活动，确保审查批捕率达100%，全年受理公安机关提请逮捕犯罪嫌疑人554人，批准逮捕504人。

2000年，先后制定《审查批捕工作办案程序》《审查批捕工作办案质量措施》，确保打击犯罪的准确性和合法性；坚持案件复查制度，重点复查办案程序是否合法，有无错捕，超期羁押和捕后撤案、不诉等情况。2001年，贯彻各级党委社会治安工作会议精神，开展为期两年的“严打”整治斗争，有效遏制了各种犯罪，社会治安明显好转。2006年建立《立案监督工作规程》《立案监督工作内部协调制度》《目标责任制》等一系列适合基层检察院开展立案监督工作的制度，使立案监督工作有章可循。2008年，贯彻落实“宽严相济刑事政策”，把促进社会和谐作为检验检察工作的重要标准，在对犯罪依法打击的同时，对犯罪分子依法能争取的尽量争取、能挽救的尽量挽救、能从宽处理的尽量从宽处理，最大限度地化消极因素为积极因素，为构建社会主义和谐社会提供有力的司法保障。2009年制定《讯问未成年犯罪嫌疑人工作办法》，完善并运行五项机制，对未成年犯罪嫌疑人实施特殊司法保护。2010年，在全市开展的“严打整治”行动中，共办理打黑专案31件118人；开展打击侵犯知识产权和制售假冒伪劣商品专项行动，办理破坏市场经济秩序、侵犯知识产权等犯罪74人。

2012年，始终保持对严重刑事犯罪的高压态势，全年共审查批准逮捕451件629人，提起公诉532件808人；办理故意杀人、抢劫、放火等严重暴力犯罪36人，办理盗窃、抢夺、诈骗等多发性侵财犯罪170人；开展整顿和规范市场经济秩序专项活动，办理虚报注册资本、非法吸收公众存款、集资诈骗等破坏市场经济秩序犯罪311人，犯罪团伙9个。

表17－5　　市南区检察院审查批捕情况统计表

（1987—2011年）　　单位：件

年份	受理案件	批准逮捕	不批准逮捕	退回公安	备注
1987	196	179	15	2	—
1988	291	254	28	7	—
1989	288	255	15	6	—
1990	362	345	10	—	追捕3人
1991	362	353	6	3	—
1992	324	303	18	—	—
1993	182	177	3	6	追捕4人
1994	241	232	9	8	追捕2人
1995	273	251	9	8	追捕2人
1996	311	278	25	—	—
1997	385	342	43	—	—
1998	301	275	26	—	—
1999	387	348	37	—	—
2000	322	305	17	—	—
2001	413	399	—	—	—
2002	394	374	19	—	追捕16人
2003	377	362	15	—	追捕10人

续表17－5

年份	受理案件	批准逮捕	不批准逮捕	退回公安	备注
2004	414	387	16	—	追捕6人
2005	436	396	40	—	追捕24人
2006	448	421	23	—	追捕17人
2007	435	418	16	—	追捕7人
2008	335	315	20	—	追捕3人
2009	428	386	36	—	追捕7人
2010	404	356	43	—	追捕14人
2011	491	417	59	—	追捕12人

审查起诉

区检察院成立后即承担审查起诉职责。中共十一届三中全会后，根据形势发展的需要，不断改进审查起诉工作。1983—1986年开展“严打”斗争期间，审查起诉的工作量成倍增长。1994年后，刑事检察工作重点打击暴力、重大、团伙犯罪，打击盗窃公私财物和餐饮旅游服务业中危害社会安定的刑事犯罪分子，为配合“严打”斗争，制定《关于开展“严打”斗争的实施方案》，突出打击重点，对杀人、抢劫、重大盗窃、带有黑社会性质的犯罪团伙和流氓恶势力等严重刑事犯罪分子，做到快捕快诉，优先办理。1998年制定《审查起诉工作办案操作规程》，进一步规范审查起诉工作程序，促进办案质量的提高。

2001年，公诉工作突出庭前证据开示制度、试行普通程序简易审制度、引导侦查机关取证制度“三项改革”，全年受理公安机关移送审查起诉案件499件750人，经审查决定起诉431件610人，移送其他检察院18件46人，案件审结率达98%，起诉准确率100%。2004年，开展“百案评析”活动，向市检察院公诉处上报案例80余起，被采用8起。2008年，深入开展“诉讼监督年”活动，不断破解办案工作难题，大力提升刑事诉讼监督能力。2010年根据高检院提出的刑事案件引入附条件不起诉制度，探索制定附条件不起诉办法及附条件不起诉所附条件的考核方法。2011年，批捕新中国成立以来青岛市最大的聂磊黑社会性质犯罪团伙154人，起诉熊某等团伙成员41人。

1979—2012年，区检察院共计受理起诉案件11109件，其中，起诉9596件，免于起诉322件（1997年后，根据修订后的《刑事诉讼法》，取消免于起诉），不起诉66件，移送、退回等处理784件。

表17－6　　市南区检察院审查起诉情况统计表

（1979—2011年）　　单位：件

年份	受理	起诉	免予起诉	不起诉	未结	移送处理
1979	20	12	4	—	—	退2
1980	88	62	13	1	9	退3
1981	113	88	—	—	12	退2
1982	113	99	—	—	4	退9
1983	238	224	6	1	2	退撤12
1984	129	115	6	1	—	退撤7
1985	85	70	4	1	4	退6
1986	120	96	15	1	7	退2
1987	125	95	14	1	—	退5
1988	179	149	11	—	—	退6
1989	265	211	16	—	—	退4
1990	323	222	53	1	—	抗1、退撤追17
1991	287	206	—	—	—	退追31
1992	248	184	37	2	—	追退20
1993	199	165	28	—	—	移3、退撤14
1994	295	224	40	—	—	退撤移38
1995	285	248	23	—	—	退撤移追30
1996	372	295	52	—	—	追退移34
1997	392	357	—	4	—	撤退移68
1998	384	348	—	5	—	撤退移27
1999	442	375	—	6	—	退68
2000	370	324	—	3	—	—
2001	499	431	—	—	—	移46
2002	500	430	—	4	—	—
2003	464	444	—	4	—	追8、抗2

续表17－6

年份	受理	起诉	免予起诉	不起诉	未结	移送处理
2004	501	477	—	4	—	退撤抗85
2005	537	473	—	5	—	抗1、退80
2006	554	495	—	4	44	退62、移8
2007	513	472	—	4	12	退24、移11
2008	399	365	—	—	16	退1、移16
2009	433	398	—	—	31	退2、移3
2010	490	459	—	—	25	退1、移6
2011	503	456	—	5	34	退1、移8

第二节　职务犯罪侦查与预防

反贪污贿赂

区检察院成立后，针对社会主义改造进程中一些不法分子破坏国家统购统销政策和市场管理的违法犯罪现象，集中侦查贪污盗窃、投机倒把、盗窃国家资财、偷工减料、偷漏国税、扰乱市场等危害社会主义建设的犯罪案件。1958—1959年，开展反贪污、反投机倒把的“双反”运动，区检察院与区委整风办公室通过对44个单位的统计调查，对发现的贪污案件，除对个别情节恶劣追究刑事责任以外，对一般违法行为交有关单位酌情处理，两年间共提起刑事案件41件（其中贪污国家资财22件），投机倒把、破坏统购统销政策20件，其他2件。1960年对全区财贸系统、工业系统、街道办事处的部分单位进行深入细致的排查，查办投机倒把案件5件，贪污案件2件。1962年围绕反对商品“走后门”运动和清仓核资以及合并撤厂的物资保管工作，查处严重违法乱纪案件16件。

1988年，重点查处贪污、受贿等严重破坏经济秩序的犯罪案件，共受理各类经济案件96件，为国家和集体挽回经济损失32万余元。1989年，根据最高人民检察院“把反对贪污受贿犯罪的斗争作为检察工作第一位的任务”的部署和要求，经济检察工作转为以查处贪污受贿犯罪为主，全年共受理各类案件344件，立案侦查61件，比上一年上升74.2%，结案55件，追回非法所得78.3万元。1993年开始，重点查办“三机关一部门”（党政领导机关、司法机关、行政执法机关和经济管理部门）贪污受贿案件。1994年，针对反贪污贿赂斗争日益尖锐复杂、办案难度不断增大、犯罪手段更加狡猾和智能化的特点，重点在解决侦查工作的薄弱环节上下功夫，努力提高突破大案要案和“窝案”“串案”的能力，坚持把惩治贪污贿赂犯罪作为头等工作来抓，反贪污贿赂斗争取得突破性进展，先后侦破全总疗养院院长潘某某贪污受贿等7件要案、外汇管理局青岛口岸曾某等18件万元以上大案、青岛市劳动局就业培训中心主任刘某某等8件案件；全年共受理贪污贿赂等经济犯罪线索109件，立案侦查37件，贪污盗窃案13件，受贿案18件，挪用公款1件，偷税抗税案5件，逮捕17人，其中，大案要案24件，挽回经济损失165万元。1995年，共受理贪污贿赂经济案件线索214件，查处85件，立案侦查42件42人，其中大案要案34件，“三机关一部门”案件13件，法人犯罪案件2件；在立查的案件中，贪污案8件，受贿案22件，挪用公款案9件，涉税案3件4人，通过办案追缴赃款、偷漏税款、赃物折款及没收非法所得，共为国家和集体挽回经济损失404万余元。1996年，先后查处北海宾馆总经理傅某某、党委书记葛某某等受贿案，海岸明珠置业有限公司副经理孟某某侵占公款案，外贸学校会计室副主任金某某受贿案等一批大要案；共受理贪污受贿和经济案件线索215件，查处79件，立案侦查34件，其中大案要案29件，“三机关一部门”案件9件，侵占案件11件，挪用公款、挪用公司资金案16件，贪污案6件，受贿案5件，通过办案追缴赃款、赃物折款及没收非法所得，共为国家和集体挽回经济损失1000余万元。1997—1998年，共受理涉嫌贪污贿赂经济犯罪案件线索267件，查处157件，其中大案要案66件，挽回经济损失1163余万元。2000年，共受理贪污贿赂案件举报线索114件，初查56件，从中立案27件（其中大要案19件，占立案数的70%），其中，涉嫌贪污案件6件、贿赂案件7件、挪用公款案件14件。

2010年，共受理贪污贿赂案件举报线索16件，初查16件，立案16件19人；侦查终结并移送审查起诉10件13人，提起公诉10件13人，有罪判决15件15人，实行判决8人。上述案件包括原青岛市福利彩票发行中心主任王某某涉嫌贪污、受贿、挪用公款案；原青岛市规划局法规处副处长江某受贿行贿案；市教育局、市财政局、市规划局、市公积金管理中心工作人员受贿案等。2011年，共受理贪污贿赂案件举报线索14件，初查14件，立案14件15人；侦查终结并移送审查起诉12件15人；提起公诉10件11人；有罪判决13件15人。区检察院反贪局协同反渎局配合市纪委办理一起粮食局渎职案件，并从中获取发改委两起受贿案件的线索，最终成功办理该两起大要案。2012年，反贪局共计立案13件20人，起诉20人，判决18人，实刑判决10人，重刑判决7人，其中国家机关工作人员8人。

反渎职侵权

区检察院成立初期，法纪检察由侦查部门负责，重点查处侵犯人身权利案中的虐待、敲诈勒索等违法乱纪案件。

1980年法纪检察工作恢复后，主要处理人民来信来访，重点查办违犯刑法及其他经济法规需要追究刑事责任的案件。1981年，法纪检察工作进一步加强，全年共受理案件18件，其中，通过摸底发现贪污受贿千元以上的经济案件线索5件；收到人民来信117件，接待人民来访32人次，收到揭发犯罪的来信共30件，均查结或转公安、法院处理。1982年，共受案13件，查结9件（1件立案作了免诉处理，4件非法侵入、3件重大责任事故、1件诬告陷害）；收到人民来信123件，首次信访99件（其中检举和控告38件、申诉12件、其他49件）；其他业务部门自行查办30件，存查1件，直接答复28件；转其他部门36件。1983年，认真贯彻新宪法精神，为维护公民合法权益不受侵犯，对违法案件进行认真查处，全年共受理法纪案11件，其中非法侵入6件、非法拘禁1件、侵犯通信自由2件、重大责任事故1件、诬告陷害1件，立案3件（非法侵入2件、重大责任事故1件），做免诉处理2件，纠正违法1件。1986年，按照最高人民检察院关于要加强法纪检察工作并要有新的突破的指示，紧紧围绕“两打”斗争积极开展工作，共受理各类法纪案件9件，立案侦查6件，查结5件。1989年共受理各类法纪案件77件，经调查构不成犯罪转有关单位处理的31件，立案查处43件；追回赃款及赃物折款43000余元及世界履行支票149000余元。

1990年．共受理案件17件，其中重大责任事故12件，非法侵入2件，玩忽职守2件，打击报复1件；探讨法纪立案标准的情况，勘验事故现场13次，尸表检验12次，摄制现场照片100张，为发案单位追回被骗款14万元。1991年，依法查处弄权渎职，侵犯公民民主权利、人身权利的犯罪案件，共受理案件24件，查处18件，勘验现场12次，尸表检验8次，摄制现场照片180余张，绘制现场示意图8张，深入发案单位进行法律宣传6次，发出检察建议6份。1994年，针对新形势下“侵权”“渎职”犯罪案件的特点及动向，加强法纪检察工作的力度，做到抓住难点、突破重点、狠抓办案，全年共受理案件37件，查结32件，从中立案侦查10件，其中非法拘禁1件、徇私舞弊1件、诬告陷害1件、重大责任事故7件。1995年在审查青岛海事法院审判员陈某某徇私舞弊一案中，针对被告人的身份及所从事工作，通过深挖细查掌握其受贿的犯罪事实，以受贿罪立案侦查逮捕法办，这是区检察院查处的首例司法人员受贿案。1996年共受理各类案件24件，已查处18件，从中立案侦查8件；在查处司法人员徇私舞弊和国家工作人员玩忽职守案方面取得突破，先后查处中国银行山东分行外汇资金处科长刘某某玩忽职守案（涉案金额1.76亿美元）、市南公安分局预审科预审员王某某徇私舞弊案等社会影响大的案件。1997年共受理各类案件18件，查处18件，立案10件，其中非法拘禁3件，重大责任事故4件，玩忽职守2件，违规发放贷款1件；定期对发生事故单位的规章制度进行回访检查，有力地促进了规章制度的落实。1998年，修订后的《中华人民共和国刑法》对检察机关案件管辖范围进行调整，犯罪主体限定为国家机关工作人员，全年共受理案件线索6件，立案2件。

2011年狠抓规范化执法，先后制定《反渎局办案工作流程》《反渎局办案质量标准》等规定。2012年，立案3件7人，起诉2件5人，荣获最高人民检察院颁发的“全国检察机关优秀反渎职侵权局”称号。

表17－7　市南区检察院查办渎职侵权案件统计表

（2001—2011年）

年份	受理线索(件)	办理情况
2001	16	初查13件,立案3件
2002	20	初查17件,立案5件,其中要案1件、特大要案1件、重大案件2件
2003	9	初查立案4件,其中大要案3件,玩忽职守1件,滥用职权案3件
2004	13	初查13件,从中立案7件,其中玩忽职守案3件,商检徇私舞弊案3件,放纵走私案1件,大要案5件,所立查案件均移送审查起诉
2005	10	初查10件并已全部查结,从中立案3件6人,移送审查起诉3件6人
2006	7	初查7件,从中立查渎职犯罪案件3件7人,全部为大案,移送审查起诉6人,提起公诉5人,有罪判决6人
2007	3	初查3件,从中立查渎职犯罪案件3件9人,移送审查起诉2件7人,有罪判决1件3人

续表17-7

年份	受理线索(件)	办理情况
2008	30	初查20件,从中立查渎职犯罪案件3件7人,移送审查起诉3件6人,有罪判决6人,答复上访人20余次,化解社会矛盾20余起
2009	10	初查10件,从中立查渎职犯罪案件3件5人,移送审查起诉3件4人,有罪判决4人,答复上访人10余次,化解社会矛盾10余起
2010	3	初查3件,从中立查渎职犯罪案件3件6人,移送审查起诉3件5人,有罪判决3人
2011	1	初查1件,从中立查渎职犯罪案件1件5人,其中大案4人,要案1人,大要案比例达到100%,移送审查起诉1件6人,有罪判决0人

预防职务犯罪

2006年，采取四项措施加大预防职务犯罪工作力度：成立由56家驻区企事业单位为会员的“市南区域预防职务犯罪协会”，建立社会化的预防职务犯罪网络；建立警示教育基地和“预防职务犯罪警示街”；制作并树立大型预防职务犯罪公益广告；利用多媒体技术把在法制课拍摄的照片制作融合到法制课记录表上。2007年，向发案单位发出检察建议8份；结合高检颁布的《人民检察院预防职务犯罪工作规则（试行）》，制定《预防职务犯罪工作细则》《预防职务犯罪操作规程》《预防职务犯罪操作标准》《预防职务犯罪工作流程图》等制度，并成立“反腐败、促廉政”预防职务犯罪巡回宣讲团，在会员单位开展巡回宣讲活动；采取联席会、座谈会等形式开展预防咨询64次、进行案件剖析8件；率先在全市建立首个预防职务犯罪网络宣传教育基地。2008年，向发案单位发出检察建议4份；采取上法制课、组织参观监狱、听取服刑犯人现身说法、参观警示宣传教育展览等形式开展警示宣传教育16次；采取联席会、座谈会等形式开展预防咨询12次、进行案件剖析5件、开展行贿档案查询166次、发现案件线索5件，其中立案1件；举办廉政文化演出3场。2009年，发出检察建议11份；采取走访、座谈会等形式开展预防咨询32次；为企业上法制课10次、开展警示教育11次，受教育人数达3000余人；通过开展预防工作，发现职务犯罪案件线索2件；与珠海路街道办事处联合建立“预防职务犯罪志愿者服务站”和警示教育基地。2010年，发出预防检察建议6份；采取走访、座谈会等形式开展预防咨询27次；为企业上法制课12次，开展警示教育24次，受教育人数达5500余人；开展行贿档案查询214次；通过开展预防工作，发现职务犯罪案件线索3件；与青岛市市立医院集团在市立医院东院区共同建立预防职务犯罪警示教育基地。

2011年，发出预防检察建议14份；撰写行贿及单位行贿犯罪、司法系统工作人员、政府采购代理机构工作人员职务犯罪等调查分析报告11份；采取走访、座谈会等形式开展预防咨询40次；采用上法制课、参观警示教育基地等形式开展警示教育16次，受教育人数达2000余人；开展行贿档案查询498次。2012年，推进预防职务犯罪专业化、社会化建设，与青岛市住房保障中心、青岛市立医院分别建立“职务犯罪同步预防联系人制度”，在全区预防职务犯罪协会会员单位中开展“争创无职务犯罪单位”活动。

第三节　监所检察

1959年区检察院开始实施监所检察工作，由法纪、经济、监所、控告申诉科联合执行，未设专门的机构。“文化大革命”期间监所检察工作遭到彻底破坏，1978年检察机关重建后工作得以恢复。

1981年对保外就医和监外执行人犯在区的人数及表现情况进行摸底，处理在押人犯的申诉工作，年内判处管制1人，缓刑10人、保外就医11人、落实监外管理措施的13人、不落实9人；每月和公安、法院联系一次，及时掌握监外管理人员的动态和情况，协同管理。1982年监所检察受理申诉案件2起，均及时查结，全部维持原判；还办理5起经济、法纪、控告申诉案件。1983年“严打”斗争开始后确定了新的工作重点，围绕对外执犯法律手续是否齐全、管教小组是否落实实行严格监督；加强对重点罪犯的检察，预防重新犯罪；对保外就医、监外执行罪犯是否符合出监规定进行检查监督。全年有计划地对37名监外4种人员作全面考察，并进行4次重点考察。1984年走访29个单位和派出所，对51名外执犯进行全面检察，检察督促18名到期犯，对羁押的182名人犯进行时限检察。1985年，集中力量对全区72人四种外执犯进行全面考察。1986年，帮助单位建立帮教小组11个、成员44人，年底进行回访考察；配合公安机关加强对管制、缓刑、假释和监外执行4种外执犯的管理。1987—1989年，继续加强对外执犯监管改造情况进行检察，对区属范围内的65名外执犯进行考察。

1990年，贯彻落实两高两部对外执犯考察工作的通知精神，对辖区内120名剥夺政治权利、缓刑、管制、假释和暂予监外执行的五类外执犯进行全面考察。1991年，对全区184名监外罪犯和44名免诉人员进行监督考察；召开各类座谈会45次，找外执犯及免诉人员谈话240人次，发现漏管失控7人，为预防和减少重新犯罪发挥了积极作用。1992年，配合监管改造机关落实劳改、劳教方针，对监管改造过程中发生的超期羁押的违法问题及时进行纠正，全年共考察监外罪犯281人次，其中缓刑175人次、假释75人次、暂予监外执行（保外就医）28人次、管制3人次，考察免诉人员9人次；找外执犯和免诉人员本人及家属、监管干部谈话600人次，召开各类座谈会60次，帮助建立帮教组织39个。1993年监所检察工作共考察监外罪犯267人次，其中缓刑137人次、假释107人次、保外就医23人次；建立帮教组织41个，提出监管措施160条。1994年，继续加强对辖区内外执罪犯的监管控制和考察工作，先后对外执罪犯进行4次考察，全年共考察监外罪犯224人次，对新增的67人进行建档立卡，协助派出所建立帮教组织54个，提出监管帮教措施102条，召开座谈会38次，纠正法院违法案件1件，对表现差的7人进行重点帮教。1995年共考察外执犯195人次，协助建立帮教组织68个，建立和落实帮教措施162条，召开座谈会37次，通过考察纠正监管违法24起，对2名已失去保外就医条件的外执犯向有关部门发出收监执行建议。1996年配合“严打”斗争，加强对监外罪犯的执行监督，重点加强对保外就医外执犯的考察。共考察外执犯334人次，为新增的88名外执犯建立档案，协助监管部门建立帮教措施100条，纠正漏管、监管失控、监管违法2起，对4名失去保外就医条件的外执犯及时向狱政管理部门发出收监执行建议。1997年起，重点加强对保外就医外执犯和收监执行的考察，当年考察外执犯450人次，为新增的97名外执犯建立档案，纠正监管违法14起，提出监管帮教建议99条，对监外执行的6起案件进行监督检查，并对4名外执罪犯进行身体复查。1998年考察外执犯502人次，对235名外执犯进行谈话教育；对失去外执条件的10人向执行机关发出收监执行建议，已收监执行2人，并对4名保外就医外执犯进行身体复查。1999年共审查起诉五类外执犯重新犯罪案件21件，结合考察，对五类外执犯上法制课92次，考察430余人次，对失去监外执行条件和应收监而没有收监的外执行犯依法提出收监建议13件，已被采纳并收监执行8人，有力地保证了对判决执行的监督。

2002年，建立收监和重新犯罪通报制度，对考察发现的脱管失控情况发出收监建议12份，收监执行2人。2004年，对监外罪犯和保外就医（暂与监外执行）罪犯进行专项检查，发现脱管失控罪犯2名，发出收监建议依法收监。2005年，根据高检院、公安部、司法部《关于开展减刑、假释、保外就医专项检查活动的通知》，对2002年以来的减刑、假释、保外就医案件进行全面清理。2007年，开展专项检查活动，共清查监外执行罪犯448人，发现存在脱漏管问题的96人，漏管纠正率60%，脱管纠正率100%。2009年首次开展自侦工作，对2件行贿、受贿案件进行初查和立案。

2010年与公安、司法部门组成联合考察组，对全区12个公安派出所的498名外执人员进行考察，对2名脱漏管人员提出收监建议。2011年，进行2次监外执行考察，发出监外执行书面纠正违法8件，立查职务犯罪案件1件1人。2012年，建立“四查四听”（“四查”，即查负责监管的司法所是否将被监外执行人员列为重点人口管理，是否建档立卷，各种法律文书是否齐全；查有无对保外就医期满或刑满执行完毕的罪犯依法办理有关手续；查监管制度是否落实；查罪犯是否认罪伏法，有无违法违纪行为。“四听”，即听监管部门对社区服刑人员及其接受监管情况的意见；听街道综治办主任的意见；听当地群众对社区服刑人员的反映；听社区服刑人员本人的情况汇报。）“检察官约谈”等外执犯日常监督机制，纠正脱管4人次，查办职务犯罪3人，办理执行监督、纠正违法等新型案件7件。

第四节　民事行政检察

1995年，对法院判决生效的民事、经济、行政案件在认定事实，适用法律、办案程序等方面进行监督，全年共受理案件14件，经审查立案3件，建议提请抗诉2件，终止审查10件。1996年，按照高检院提出的“敢抗、会抗、抗准”的办案原则，积极开展对法院判决生效的民事、经济、行政案件的申诉受理和审查工作，共受理案件24件，依法立案审查10件。1997年，加强对法院判决生效的民事、经济、行政案件的申诉受理和审查工作，全年共受理案件36件，经审查立案13件，（建议）提请抗诉8件，发检察建议1件，正在审查6件。1998年加强对审判活动是否合法和判决、裁定是否正确的监督，共受理不服法院生效判决的民事、经济申诉案件39件，经审查立案18件，提请抗诉和建议提请抗诉8件，对1件发出重审检察建议，法院按照抗诉理由和检察建议开庭再审6件，已改判4件；对2件法院判决无罪的刑事案件依法提起抗诉。1999年以抗诉为重点，抓住民事行政案件的特点，准确把握查证、取证等环节，探索民事行政检察调查取证的有效方法，共受理各类不服法院判决、裁定的申诉案件线索106件，其中，立案81件，提请抗诉和建议提请抗诉57件。

2000年，正确运用检察建议、纠正违法、庭前调解、二次监督等手段，多渠道、多形式地开展民事行政检察工作，形成以抗诉为主，多种监督手段并存的监督模式，办案数量较以往大幅增长，全年共受理不服法院已生效的判决、裁定的民事、经济、行政申诉案件线索112件，立案80件，提请抗诉39件，建议提请抗诉35件，发出检察建议2件，法院改判4件；提请和建议提请抗诉的案件共76件，并首次受理17名当事人集体申诉案件。2001年共受理申诉案件52件，立案37件（立案后终止审查1件）。2002年积极探索民行检察工作有效途径，确保抗诉案件质量，针对案源少的实际情况，主动深入各街道办事处、律师事务所寻找案源，聘任40多名特邀联络员，建立案源信息网络；并加大对证据的调查核实力度，严把证据关，确保每一起抗诉案件的质量。全年受理民行申诉案件59件，立案35件，提请民行抗诉案件16件，建议提请抗诉17件，法院改判6件。2003年，坚持“敢抗、会抗、抗准”的办案原则，加大对证据的调查核实工作，针对立法不完善、职能重叠、抗诉滞后、再审时限长等因素的制约，采取各种有效途径广开案源，狠抓案件质量，确保民行检察工作顺利开展。全年受理民事行政申诉案件103件，立案71件，提请抗诉49件，建议市院提请抗诉22件，经市南区人民检察院主持双方庭下合解3件。2005年共受理民事行政案件线索63件，审结57件，立案26件，提请抗诉8件，建议抗诉15件，息诉31件，改判32件，调解3件，向法院发出检察建议2件。

2010年共受理民事行政申诉案件40件，其中一审案件18件、二审案件22件；一审共立案12件，向市院提请抗诉9件被采纳6件，二审抗诉案件被省院采纳3件。2011年共受理民事行政申诉案件29件（一审7件、二审22件）；办理一审提抗案件6件，现已采纳5件；办理执行监督案件2件，调解监督案件2件，纠正违法案件1件，督促起诉案件3件（追缴保险金700余万元）；法院改判案件5件。2012年，受理各类民事行政等申诉案件33件（其中一审19件、二审14件），一审提抗案件5件、再审检察建议3件，法院改判7件；办理执行监督案件3件；办理法院超审限纠正违法案件5件，2件发纠正违法通知书、3件发检察建议。

第五节　控告申诉检察

1956年，区检察院成立后即开展信访接待工作，承办分管的控告申诉案件。“文化大革命”期间信访接待工作被迫中断。1979年区检察院重建后，信访接待工作作为法纪检察的一项内容开始恢复。

1981年，根据青岛市人民检察院下发的《处理人民来信和接待人民来访工作的几点意见》和《切实执行省院关于检察官处理信访工作细则的通知》精神，建立来信来访登记、建卡、统计审批、转办、催办以及检察长接待人民来访等项制度。1982年，信访接待工作更名为控告申诉检察工作，职能进一步明确。同年4月，中共中央、国务院公布《关于打击经济领域中严重犯罪的决定》，控告申诉检察工作成为打击经济犯罪的一个有力环节。1983年，根据中央办公厅〔1983〕9号文件精神，对历史案件进行复查，共受理申诉案件11起，立案复查5件，查结6起。1984年，控审检察工作以配合打击刑事、经济犯罪和查处申诉案件为重点，从来信来访中密切注意社会动向，积极慎重、稳妥地处理控告、检举、申诉案件，并组织力量对申诉案件进行认真复查，全年立案5件（贪污1件、严重违法乱纪1件、投机倒把1件、反革命2件）。1985年受理不服判刑、劳教和其他处理的再审案件10件，通过复查复议，改判宣布无罪的1件、维持原判或原决定的6件。1986年根据山东省人民检察院、青岛市人民检察院《关于落实政策、解决历史遗留问题的通知》，对“文化大革命”前免予起诉的150余起案件进行复查，纠正3起。1988年，认真处理群众来信来访和开展举报工作，为打击经济犯罪活动提供案件线索、扩大案源发挥重要作用，全年共受理来信来访147件次，举报线索54件，其中自行查办28件，提供犯罪案件线索44件，已立案侦查9件、立案复查申诉案件

5起，全部查结。1989年，最高人民法院、最高人民检察院发布《关于贪污、受贿、投机倒把等犯罪分子必须在限期内自首坦白的通告》后，把举报工作作为反贪污、反受贿和促进为政清廉的一项重要措施，全年共受理群众来信来访571件次，其中首次信访502件次，群众举报447件次；为自侦部门提供犯罪线索369件，立案侦查104件。1991年受理群众来信来访163件次，全部处结。1998年，受理不服市南区人民检察院决定和法院判决、裁定的申诉案件40件，接待群众来信来访423件次，其中检察长接待51人次。1999年，共接待来信来访453件次，其中检察长接待108件次、受理举报线索273件、移送反贪局查处120件。

2000年，率先在全市将计算机语音系统应用于举报工作，为群众提供24小时全方位的法律咨询、举报、维权等服务。共接待来信来访406人次，受理举报线索178件、初查70件，举行大型法律宣传、咨询活动4次。2005年，制定《案件线索管理办法》《检务公开办法》《来访群众与当事人的接访规定》等制度，对各窗口部门确定引导接访、确定首办人、分流办理、安排答复均作出明确规定，提高接访水平；加大督办力度，窗口部门收案系统与各业务科室联网，输入的内容自动对内、对外公示，避免办案部门人为调剂。

2008—2010年，开通24小时举报热线电话，建立与区长公开电话和街道办事处公开电话的联动机制。2012年，制定《办理来信来访责任分工暂行办法》，接听民生热线361个，化解群体性信访事件8起。

第四章 法 院

1955年8月市南区人民法院正式成立；同年，市南区人民政府委员会批准人民陪审员79人，采取轮值陪审的方法参加法院陪审工作。1963年台西区人民法院撤销后并入市南法院。1964年成立市南区人民法院审判委员会。“文化大革命”开始后，区公安分局、区人民检察院、区人民法院组成市南区法制组合署办公，设立刑事审判组和民事审判组分别审理刑事和民事案件，陪审制度取消。1973年，区法院恢复办公。

1978年，依据最高人民法院《关于刑事案件审理程序制度的规定（试行）》，依法实行群众代表陪审的制度。20世纪80年代，市南法院先后成立刑事审判庭、民事审判庭、经济审判庭、执行庭、刑事审判第二庭和行政审判庭。台西法庭、泰安路法庭和成武路法庭相继建立。其间成立浮山人民法庭，是青岛市建立的第一个街道人民法庭；在刑事审判庭设立少年案件审判合议庭，专门审理未成年人犯罪案件。

20世纪90年代，原刑事审判第二庭与原接待室合并，成立告诉申诉庭。其间经济纠纷调解中心、少年案件审判庭、市南法院法警大队、中山路人民法庭、立案庭和知识产权审判庭相继成立。2000年机构调整，撤销民事审判庭、经济审判庭、涉外经济审判庭、知识产权审判庭和7处人民法庭，另行设立民事审判一至四庭、少年刑事案件审判庭。2001年，设立市南法院执行局，下设执行一庭、二庭。2002年设立司法鉴定中心。2005年成立劳动人事争议审判庭。2012年，市南法院主要业务部门有立案庭、刑事审判庭、民事审判一至四庭、劳动人事争议审判庭、速裁庭、云南路法庭、行政审判庭、审判监督庭、执行局、执行一至三庭、少年案件审判庭、法警大队。

市南区人民法院成立后，认真践行“为大局服务、为人民司法”的工作主题，切实加强审判、执行工作和法院自身建设，有效地维护了司法的公信力。刑事审判坚持以事实为根据，以法律为准绳，正确适用法律，努力做到程序合法、事实清楚、证据确凿，量刑适当，及时审结；民事审判依法保护国家、集体和公民的合法权益；合理公正审理经济纠纷案件，维护市场秩序；行政审判注重保护公民、法人和其他组织的合法权益，同时支持和监督行政机关依法行使职权；此外，坚持“寓教于审，惩教结合”原则，建立对未成年人教育、感化和挽救机制。2008年被评为全省政法系统公正执法先进单位。2010年被评为全省法院文化建设先进示范单位。

第一节　刑事审判

区法院成立后，即根据市区和农村的不同情况分别开展刑事审判工作，市区主要以保障社会主义经济建设为中心，打击反动资本家和城市坏分子的破坏活动，审判贪污、惯窃惯盗、冒充敲诈和破坏现役军人婚姻家庭等刑事案件；农村主要打击小偷小摸和破坏生产的坏分子，每年秋收时向农村派出临时法庭，保护秋收、秋种。1955—1965年，共审理各类刑事案件1208件，判处刑罚的人犯1114人，作其他处理的94人。1966—1976年，共审结刑事案件524件，给予刑事处罚的447人，作其他处理的77人。1983年“严打”斗争开始后，区法院遵照中共中央、全国人大常委会《关于严惩严重危害社会治安的犯罪分子的决定》和《关于迅速审判严惩危害社会治安的犯罪分子的程序的决定》，认真贯彻执行“打击少数，争取教育多数”的方针和惩办与宽大相结合的政策，依法从重、从快判处一批强奸、流氓、重大盗窃、拐卖妇女、引诱容留强迫妇女卖淫等严重危害社会秩序和人民生命财产安全的犯罪分子，摧毁一批危害严重的犯罪团伙，当年收案236件、466人，审结231件、457人，其中判处10年以上有期徒刑的52人、5～9年有期徒刑163人、1～4年有期徒刑的177人、其他处罚的65人。1985年以后，重点打击贪污、受贿、挪用公款的犯罪活动，同时加强对投机倒把、诈骗、偷税漏税等经济犯罪活动的打击。1955—2005年，共受理各类刑事案件9007件，其中，反革命案件551件、盗窃3248件、贪污201件、伤害1082件、强奸381件、流氓353件、破坏军婚28件、抢劫抢夺887件、诈骗403件、受贿149件、故意杀人32件、过失杀人13件、强奸幼女103件、妨害婚姻家庭102件、投机倒把44件、交通肇事139件、非法持有私藏枪支弹药罪47件、票据诈骗罪24件、非法拘禁绑架罪43件、职务侵占罪35件、出售购买运输假币罪9件、其他罪名1023件；依法审结8997件，审结率为99.9%，给予刑事处分的11681人(其中含少年犯782人)，其中，刑期15～20年的168人、10～15年的545人、5～10年的1580人、3～5年的2796人、1～3年的1782人、缓刑的2239人、管制的704人、拘役991人、无期徒刑4人、死刑死缓的共9人（主要是镇压反革命时期)、其他处理872人。

2006年以后，贯彻宽严相济刑事政策，实行刑事审判量刑规范化，依法严惩暴力犯罪和破坏市场秩序的经济犯罪。2011年，定期开展涉黑、涉毒和“两抢一盗”等专项整治活动，加强“平安市南”建设。同年8月以寻衅滋事罪公开宣判6名在医院闹事的违法犯罪人员。2006—2012年，共计审结各类刑事案件1446件，其中，处有期徒刑10年以上112人、5～10年150人、3～5年113人；调解刑事附带民事案件458件，152名非监禁刑犯进行社区矫正。

刑事审判

反革命案件　解放初期，残余的反革命势力活动猖狂，企图推翻建立不久的人民民主专政。1950年，根据《中华人民共和国惩治反革命条例》和“严惩匪首，平息民愤，首恶必办，胁从不问，立功者受奖”的政策，开展第一次镇压反革命运动，打击反革命分子的破坏活动，巩固人民政权，但仍有一批漏网的反革命分子和散匪隐蔽伪装起来，有的混进机关学校和工厂企业，伺机制造反革命谣言，扰乱人心，破坏生产，窃取国家情报，危害国家安全和社会主义建设。1955年开展第二次镇压反革命运动（亦称肃反运动），市南区法院认真执行中央“今后从严”的方针和“惩办与宽大相结合”“少杀长判”的政策精神，按照法定程序和制度审结反革命案件337件。1962年，国家遭遇暂时经济困难，少数反革命分子趁机和台湾方面遥相呼应，加紧“心战”宣传，散发反革命传单，进行反革命活动，妄图颠覆人民政权，市南区法院及时给予打击，1959—1962年共审理反革命案件144件。1966—1976年的“文化大革命”期间，区法院共审理反革命案件45件。1977年修订后的《中华人民共和国刑法》将原《中华人民共和国刑法》分则第一章的反革命罪改为危害国家安全罪，反革命罪从刑法上取消。其间，市南法院共审理各种反革命案件551件，结案551件，判处528人。

经济犯罪案件　区法院成立后，根据中央人民政府《惩治贪污条例》，重点打击经济领域的贪污、投机倒把和破坏粮棉统购统销的经济犯罪分子，至1965年，共审理经济犯罪案件144件，判处有期徒刑159人。1966—1977年共审结经济犯罪案件38件，判处有期徒刑38人。

改革开放以后，经济领域中的贪污受贿、投机倒把、走私诈骗、偷税漏税等严重破坏社会主义经济的犯罪明显增加。1982年，中共中央、全国人大、国务院分别发出关于打击严重经济犯罪的《紧急通知》《关于严惩严重破坏经济犯罪的决定》和《关于打击经济领域中严重犯罪的决定》，区法院据此把审判经济犯罪案件作为一项重大任务来抓，严惩一批经济犯罪分子。1985年以后，重点打击贪污、受贿、挪用公款的犯罪活动，同时加强对投机倒把、诈骗、偷税漏税等经济犯罪活动的打击。2001—2005年，共审理贪污、受贿、挪用公款等严重经济犯罪案件186件，给予刑事处罚的254人。其间，对影响大、人民群众关注的热点案件和大案要案，快审快判，对疑难案件的犯罪事实、证据、定性、量刑4个方面，都由审判委员会研究，严格把关，保证适用法律、政策的统一性，防止偏差和量刑畸轻畸重。2006—2012年，共审理经济犯罪案件471件、672人，占刑事案件的12.9%。

盗窃案件　1955—1965年，共审理盗窃案件193件，给予刑事处罚167人。1966—1977年，共审结盗窃案件138件，给予刑事处罚160人。改革开放后，针对城市流动人员增多，盗窃案件不断增加的情况，加大打击力度，召开多次反盗窃专项审判、公判大会，给盗窃犯罪分子以震慑。1978—2012年，共审结盗窃案件4760件。

复查冤假错案

1979—1986年，按照“有错必纠”和“不留尾巴”的原则，对已经审结的案件进行复查，对1955—1965年期间需要复查的399件案件全部完成复查，维持原判的251件、占62.9%，宣告无罪的122件、占30.58%，免于刑事处分的11件、占2.76%，减刑的6件、占1.5%，作其他处理的9件、占2.76%；对“文化大革命”期间判处的511件刑事案件，经全部复查，维持原判的370件、占72.4%，宣告无罪的41件、占8%，判刑的67件、占13.11%，免于刑事处分的25件、占4.9%，作其他处理的8件、占1.57%；对1983年“严打”斗争以后的113件申诉案件进行复查，立案37件，审结24件，审结率为64.86%；其中，减刑的10件、占41.17%，免于刑事处分的2件，维持原判的8件、占8.3%，作为其他处理的3件、占12.5%。此后未发现冤假错案。

未成年人案件审判

1989年，刑事审判庭成立少年案件合议庭，专门审理少年犯罪案件。1994年，在全省率先成立单独列编的“少年案件审判庭”。1997年少年案件审判并入刑事审判庭；2000年重新恢复。2004年起，青岛市内五区少年犯罪案件均由市南法院集中审理，市南法院根据对未成年人教育、感化、挽救的方针，制定《市南区人民法院少年法庭审理刑事案件工作细则》《市南区人民法院关于对未成年被告人进行人格调查的若干规定（试行）》等制度；并创办阳光学校、心理咨询辅导站，与社区联手建立犯罪预防机制，开创圆桌式审判方式。至2005年，两年间共审结少年犯782人。2006—2012年，审理未成年刑事案件173件、685人。

区法院“阳光学校”青少年法制教育基地启动仪式（2010年）

第二节　民事审判

区法院成立后，根据《青岛市人民法院办理民刑事案件暂行办法规定》《民庭工作改进办法》进行民事案件的审理，在审判中主要采取就地审判、巡回审判、公开审判、同类案件集中审理及临时邀请人民陪审员参加陪审等形式进行。1956年审结民事案件458件；1957年审结445件。“文化大革命”期间，成立“民事审判组”，审判工作由军管会负责，其间审结民事案件1532件。

1980年执行“依靠群众、调查研究、就地解决、调解为主”的办案方针实行公开审判，全年共审结民事案件213件。1986年成立浮山人民法庭，后相继成立台西法庭、成武路法庭（后更名为四川路法庭）、泰安路法庭（后更名为广州路法庭）、湛山法庭、中山路法庭、江苏路法庭等7处人民法庭。1988—1991年，人民法庭共审结民事案件1784件，占民事案件的58.47%；1994—1996年，共审结民事案件2693件，占民事案件的79.95%。2000年对民事审判机构进行调整、改革，成立民一庭审理传统的民事案件，民二庭审理经济纠纷案件，民三庭审理知识产权案件，民四庭审理小额债权案件。2001年，市南法院形成一整套小额案件审判的规则，专门审理小额债务案件的民四庭共受理1344件，审结1343件，4个审判员人均结案336件。2005年成立民事审判第五庭，即劳动人事争议审判庭，专门审理劳动争议案件。2006年，根据“调解优先、调判结合”的审判方针，建立专业化民事审判体系，组建婚姻家事、侵权赔偿、劳动争议3个专业化审判庭及下辖十余个专业化合议庭；把调解作为解决民事纠纷的首选方式，邀请代表委员、人民调解员、行业专家等多方力量参与诉前调解、委托调解、特邀调解，努力实现“案结事了人和”；与区总工会建立委托调解机制，与区人社局建立诉裁衔接机制，调处劳动争议1330件；实行医患纠纷“三位一体”调处机制和远程网络鉴定机制，审结医患纠纷218件，为当事人节省诉讼费用125.9万元。2011年，在珠海路、湛山等办事处试点建立“社区网络调解法庭”，对社区调解的53件纠纷进行司法确认。

1955—2005年，受理各类民事案件35082件，审结34930件；2006—2012年，共审结各类民事案件15016件，调解撤诉率为51.5%，服判息诉率为78.8%。

婚姻纠纷与抚养案件

婚姻纠纷案件是民事案件的重点。20世纪90年代，实施庭审方式改革，在审理离婚案件时查清产生矛盾原因，分清责任主次，把感情是否破裂作为准予离与不离的重要依据；对第三者插足的离婚案，则严肃批评教育责任方，切断与第三者的关系，做好和好工作；创办“婚姻家庭学校”，每月定期将婚姻双方当事人集中起来由法院指派人员讲课，宣讲婚姻法、妇女儿童权益保障法等有关法律法规，使婚姻双方当事人增强对婚姻、家庭的责任感，不少离婚当事人重归于好。1955—2005年，市南法院共审结婚姻纠纷案件1.76万件，占民事案件的50.42%。

抚养案件主要针对离婚夫妻子女的抚养费承担，市南法院坚持以《中华人民共和国婚姻法》为依据，根据双方的经济情况和子女的需要作出处理决定。1955—2005年，审结扶养纠纷案件共930件。2006—2012年，建立离婚证明书制度，发放离婚证明书28份。

区法院“离婚证明书制度”新闻发布会（2011年）

房屋纠纷案件

20世纪50年代是房屋纠纷案件高发期，1955年区法院成立当年即审结房屋纠纷案56件，占民事案件的25.80%。1958年青岛地区对私房进行社会主义改造后，房主和房客租赁纠纷明显减少，房屋案件也随之下降。

20世纪80年代，房屋纠纷案件逐年增多。对房屋拆迁纠纷，市南法院根据国家有关法律、法规和城市房屋拆迁安置办法的规定，促使当事人双方互谅互让、达成协议，若调解不成，根据事实和具体情况做出判决；对无理取闹拒不执行判决的，依法予以强制执行。1955—2005年，共审结房屋纠纷案件2323件，占民事案件的6.65%；2006—2012年，共审结房屋纠纷案件855件，占民商事案件的1.98%。

继承与赡养案件

1980年之前，继承案件和赡养案件不是很多，1963年和1964年，分别审理继承案11件、9件，占民事案件的2.7%、3.11%；1955—1960年共审结不赡养老人的案件77件，1960—1970年审结87件，1966—1976年共审结57件。继承案件审理，坚持法定继承、遗嘱继承为先，坚持男女平等、照顾老幼，分割遗产时尽量照顾同一顺序继承人中生活有困难或缺乏劳动能力的老人、残疾人和未成年人；赡养案件的审理，坚持以调解为主的方针，通过审理化解家庭纠纷，使老人老有所养、安享晚年。

20世纪80年代尤其是1985年颁布的《中华人民共和国继承法》对公民私有财产的继承和夫妻、父母及子女相互继承权利有了明确规定后，继承案件逐年增多。1982—1990年共审理继承案113件，1998—2005年审结继承案共206件。1955—2005年，共审结继承案件474件，占民事案件的1.36%。同时，不赡养老人的案件也逐渐增多，此类案件重点是赡养费的处理，经过调解协商确定给付标准，协商不成的由法院做出判决。2002—2012年，共审结继承案件727件，占民商事案件的1.09%。

债务案件

1980年前债务纠纷案件由民庭审理。改革、开放以后债务纠纷案件逐年上升。1981年成立经济审判庭，合同纠纷案件归经济审判庭审理。1987—1991年审结债务案件231件，平均每年审结46.2件。2002—2005年，因合同发生的债务纠纷由民二、民三庭审理、民间借贷债务纠纷案件由民四庭审理，案件的审理按照有合同约定的依约定、没有合同约定的按法律规定公平解决。2006—2012年，共审结债务纠纷案件8650件，占民商事案件的19.99%。

知识产权案件

1996年，市南法院成立知识产权庭，初期案件类型较少，主要是侵犯商标专用权、著作权和不正当竞争等。随着科技文化发展，新型案件如侵犯商业秘密纠纷、侵犯驰名注册服务商标专用权、技术合同转让纠纷、软件著作权侵权等类案件不断增加。由于知识产权立法属起步阶段，许多案件没有明确的法律依据，审理有一定难度，对此法院依照知识产权法的基本原则，参照有关国际条约慎重审理。至2000年，共审结知识产权案件98件。

2000年知识产权庭被撤销，有关案件审理归民事三庭。2006年以来加强对影视音像、出版传媒、游戏动漫等文化产业知识产权的司法保护，与软件动漫园区联动，举办“企业商业秘密”“员工竞业限制”等系列法制讲座，设立服务热线，为20余家园区企业提供法律咨询；与市新闻出版局、区文化局等知识产权行政执法部门建立保护知识产权合作机制，针对网吧侵犯著作权纠纷较多的实际情况，先后40余次为网吧业主提供法律咨询。2006—2012年，共审理知识产权侵权案件211件，标的额1000余万元。

第三节　商事审判

商事审判原为经济审判，在未成立经济审判庭以前，经济纠纷案件统由民事审判庭审理。1981年市南法院成立经济审判庭，逐步开展经济审判业务，当年收案8件，审结6件，标的额为17.4万元。1982年受理经济案件107件，审结104件。1984年根据最高人民法院关于各级法院经济审判庭收案范围的规定，市南法院确定经济案件的收案范围为诉讼标的额在30万元以下（包含本数）的经济纠纷案件、青岛市所辖县（市、区）级工商行政管理部门核准登记企业的破产案件、不服仲裁的劳动争议案件和经济损害赔偿案件。1989年受理经济案件201件，审结178件，标的额上升到400万元。1993年，经济纠纷调解中心成立，协助经济庭解决各种经济纠纷。2000年，民事、经济审判庭被撤销，成立4个民事庭。对经济纠纷案件的审判，贯彻“依靠群众，调查研究，就地解决，着重调解”的方针，立案审理与集中调解相结合，现场就地解决纠纷。

1981—2012年，经济审判庭依法审结各类商事（经济）案件6.20万件，诉讼标的额达61.01亿元；审结的经济案件中，调解的8397件、占19.96%，判决的19642件、占46.71%，移送1136件、占2.70%，撤诉9220件、占21.92%，驳回起诉2529件、占6.01%，终结137件、占0.32%，其他963件、占2.29%。其间，随着社会经济的发展，因买房、买车而产生的借贷关系大量增加，因贷款后不能按期还本付息造成的借贷纠纷以及买卖合同纠纷逐年上升，1981—2005年，审结借款合同纠纷案共7573件、审结买卖合同纠纷案件3923件，在各类商事（经济）案件中占首位。

第四节 行政审判

1987年市南区法院成立行政审判庭，专司行政诉讼案件的审理工作，次年正式受理案件。行政审判坚持“以事实为根据，以法律为准绳”的原则，既支持国家行政机关依法行政，维护国家行政机关的行政权威，又依法纠正行政机关的某些行政违法的决定和处罚，切实保护公民、法人和其他组织的合法权益。1988—1991年，因《行政诉讼法》初步实施，诉讼案件数量较少，年收案数均未超过10件。1992—1995年，收案数量快速增多，但案件类型单一，多为诉拆迁行政裁决案、治安行政处罚案。1996—2000年收案数量和上升速度较为均衡，但各种新类型的行政诉讼案件不断出现。2001—2005年收案数量增加较快，年收案数、审结数均超百件，其中，2001年审结105件、2004年审结275件、2005年审结157件。1988—2005年，共审结各类行政案件1269件，其中，公安行政案件154件、工商行政案件13件、卫生行政案件13件、计划生育案件3件、城建规划行政案件319件、税务案件6件、技术监督案件12件、劳动社会保障案件36件、其他行政案件713件；判决维持的443件、全部撤销的175件、部分撤销的20件、撤诉的311件、移送21件、终结2件、变更3件、履行职责36件、驳回起诉151件、其他107件。

2006—2012年，共审理、执行各类行政案件1502件，和解撤诉437件，和解率29%。

公安行政案件

1991年前，行政审判庭未受理一起公安行政案件。随着《中华人民共和国治安管理处罚条例》的施行，公民运用法律保护自己合法权益的意识不断增强，各类公安行政案件不断出现。1992年受理5件，主要是治安方面的案件。1994年案件开始逐年上升。市南法院在审理这类案件时，所适用的法律法规主要有《中华人民共和国行政诉讼法》、最高人民法院关于《人民法院审理治安行政案件具体应用法律的若干问题的暂行规定》《中华人民共和国治安管理处罚条例》及其配套法规《关于治安管理处罚担保人和保证金的暂行规定》《关于没收处理违反治安管理所得财物和使用工具的暂行规定》，以及有关治安行政管理法规。1995年审结行政案件96件，其中公安行政案件占18件（治安10件、劳教6件、收审2件）。至2005年，共依法审结公安行政案件154件，多为当事人不服公安机关作出的治安拘留、收容审查、罚款等处罚而起诉到法院的。

城市规划案件

2000年之前，城市规划案件发生较少。进入21世纪，随着城市建设的快速发展，因房屋拆迁和商品房经营等所引发的行政案件大量增加，市南法院不断加大行政审判服务力度，提出改进行政执法的法律意见，推行行政诉讼和解机制，努力以和解方式解决行政争议。其间，成立专门工作组，建立拆迁行政纠纷化解机制，为云南路、火车站等拆迁改造工程提供有针对性的法律服务。2002年审结行政案件118件，其中城建规划案件审结31件，占26.27%；2003年审结行政案件120件，其中城建规划案54件，占45%；2004年审结行政案件275件，城建案件181件，占65.81%。

2005—2012年，共审结行政案件1780件，其中城建规划案件713件，占全部行政案件的40.06%。

第五章　司法行政

1980年11月，市南区司法局成立。1981年建立市南区公证处。1982年12月，建立市南区法律顾问处。同年在全区14个街道办事处配备14名司法助理员。1993年，市南区法律服务中心成立。同年8月，市南区法律顾问处更名为青岛市中信律师事务所（国办所）。1997年，市南区安置帮教工作领导小组成立，各街道办事处及居（家）委会也相继成立帮教组织。1995年年底，区司法局开始组建刑释解教安置帮教机构，各街道办事处及居（家）委会也相继成立帮教组织，各级安置帮教组织共697个，帮教专管人员1200余人，形成安置帮教工作管理网络。1998年成立市南区法律援助中心，与法律服务管理科一个机构、两块牌子。1999年，市南区委成立“148”法律服务专线联动工作领导小组，区司法局成立市南区“148”专线协调指挥中心。2003年成立市南区法律援助工作协调指导委员会。2004年全区10个街道全部建立司法所（与综合治理办公室合署办公），与综合治理办公室合署办公，每个街道办事处配备2名司法助理员，业务受区司法局的指导，人事管理实行双重领导。2011年2月16日，根据青南政办发〔2011〕12号文件，全区每个街道设置一个司法所，作为区司法局的派出机构，正科级规格，定编2名，设所长1名；司法所实行区司法局和街道办事处双重管理，以区司法局管理为主的管理体制。

市南区司法局成立后，以化解矛盾纠纷、维护社会公平正义为目标，充分发挥法律保障、法律服务、法制宣传职能作用，紧密围绕维护社会稳定、服务和保障经济发展开展工作。实施依法治区工程，建立依法治区工作领导机制和监督机制。加强人民调解工作，建立健全区、街、居三级调解组织网络，创新调解机制，化解社会矛盾。实施教育改造安置帮教一体化工程，组建刑释解教安置帮教机构和基层安置帮教组织。建立基层法律服务中心。

第一节　法治教育

法制宣传

解放初期，市南区未设置专门的法制宣传机构，法制宣传任务分别由区公安分局、区法院、区检察院等部门及有关群众团体按照上级机关的工作部署组织开展。区司法局成立后，设有法制宣传教育科，负责组织开展法制宣传教育工作，自此开始大范围、有重点的法制宣传教育工作。

1980年9月10日第五届全国人民代表大会第三次会议通过新的《中华人民共和国婚姻法》后，区司法局组织辖区各街道办事处及企业、学校广泛开展新《婚姻法》宣传活动，采取印制宣传材料、出黑板报、口头宣讲、图片展览等形式，深入进行婚姻自主、婚事新办、提倡晚婚、计划生育、反对包办和买卖婚姻、破除封建迷信等方面的教育，并结合开展评选“五好家庭”“好媳妇”“好婆婆”等活动，使新《婚姻法》深入人心。1982年新宪法正式颁布后，区司法局重点宣传宪法总纲、公民的权利与义务等内容，把宣传《宪法》作为法制宣传的重要内容长期坚持，使宪法的宣传经常化。

1982—1983年，在开展严厉打击经济领域严重犯罪活动和刑事犯罪活动的“两打”斗争中，广泛深入开展以“两打”为中心内容的法制宣传活动，突出宣传有关政策，重点加大《刑法》《刑事诉讼法》宣传，营造强大的“严打”声势，教育和鼓舞广大干部群众同犯罪分子做斗争。

2012年，开展法律“六进”活动，组织律师、公证及法律服务工作者到机关、单位、家庭、企业、学校进行普法宣传，增强普法宣传工作的针对性和实效性；同时加强普法阵地建设，建立65个社区法制宣传咨询工作站，规范法制宣传橱窗（栏）7处，建设普法一条街2处、普法场所1处；完善八大关、湛山街道青少年法制教育培训基地，开设青岛广播电台法制专栏，建立“市南区普法网站”。

普法教育

1982年教育部颁布《小学思想品德课教学大纲》之后，市南区开设思想品德课，主要对小学生进行法制启蒙教育，对低年级学生主要开展注意安全、遵守交通规则等内容的教育，对高年级学生则结合实际生活中经常遇到的事例重点普及学习《交通管理条例》和《治安管理处罚条例》中的有关条款。

1986—1990年，在全国开展普及法律常识教育活动（简称“一五”普法）中，市南区成立由区委、区人大、区政府分管领导和部门主要领导组成的普法工作领导小组，下设普法办公室，制定《“一五”普法规划》，组织开展一系列学习教育活动。1991—1995年，按照《中宣部、司法部关于在公民中开展法制宣传教育的第二个五年规划》（简称“二五”普法）的部署和省、市“二五”普法工作的要求，组织开展“二五”普法教育。其间，各普法单位首先进行自查，然后由区普法办组织进行考核验收。1996—2000年组织开展“三五”普法教育，2000年年初组成考核检查组，对14个街道办事处和各区直单位进行考核验收。

2001—2005年，组织开展“四五”普法教育，制定《市南区2001—2005年依法治区规划》，各街道办事处、区属主管部门及基层单位制定《“四五”普法规划》，区领导与各单位签订《普法依法治理目标责任书》，并组织开展普法宣传日、宣传周和送法进社区活动。“四五”普法教育期间，发放宣传材料3万余份，展示宣传图版500块；举办普法骨干培训班，培训300余人。

2006—2010年，组织开展“五五”普法教育，制定《市南区2006—2010年依法治区第五个五年规划》，基层单位层层制定《“五五”普法规划》，区领导与各单位签订普法依法治理目标责任书。其间，举办300人参加的普法骨干培训班，并在居民居住较集中的社区广场开办“送法进社区”活动。

2011年开始开展“六五”普法教育，各单位根据统一部署积极开展工作，贯彻落实《市南区2011—2015年依法治区第六个五年规划》。

第二节 人民调解

1952年，按照山东省人民政府《关于加强区乡政府调解工作的指示》精神，市南区在街道办事处试建人民调解委员会。1953年市南区建立第一批调解委员会，有调解委员多人。

“文化大革命”开始后，人民调解组织遭到严重破坏。1973年，随着各级人民法院的恢复，人民调解组织陆续建立。

1987年，全区14个街道办事处、75个居民委员会和101个家属委员会全部建立人民调解委员会，有调解人员898人；驻区和区属企业中有117个较大的单位建立二级、三级调解网，有调解组织215个，拥有一支1225人的调解队伍。1988年，全区有基层调解组织190个，调解人员921名。1989年全区配备信息员3842人，纠纷信息员队伍遍布居民院楼。1991年，进一步加强调解组织的正规化建设，全区达到“三化”（革命化、法律化、规范化）要求的调委会230个，占调委会总数的51%；基层调解组织增加到241个，调解人员发展到1770人，纠纷信息员增加到4046人。1993年，根据《人民调解委员会组织条例》，调整充实13个调委会，在新建居民小区新建调解组织11个，增加纠纷信息员320名，全区人民调解委员会达到252个，共有人民调解员1825名，纠纷信息员4366人，基层调解组织网络和信息网络得到进一步加强。1998年起，逐步拓展调解工作范围，在全区11个集贸市场建立市场调解组织，发展市场调解信息员85名，调处纠纷101起，成功率达98%以上。1999年市南区区划调整后，重新调整区、街、居三级民事调解委员会，整顿7个二类调委会、2个不发挥作用的调委会，调整主任128名，并吸收一些年富力强、政治素质好、群众威信高的同志，使调委会保持生机与活力；是年，全区共建有调委会446个，占应建数的100%，共有调解人员1759人。

金门路街道张秀珍调解工作室

2003年，市南区成立全市首家暂住人口调委会和全国首家涉外民事调解委员会，涉外民事调解委员会聘任17名人员，其中4名外籍人士组成的民生调解委员会专门调解外国居民与中国居民之间、外国居民之间以及外国居民与其他企事业单位之间的各类民事经济纠纷。2006年成立“四位一体”的矛盾纠纷调解中心，以及中山路商会调解委员会、物业管理纠纷调解委员会。2008年，积极探索专业化调解建设，在金门路街道成立以个人命名的张秀珍调解工作室，在中山路街道组建专职调解员队伍，并成立楼宇纠纷调解委员会。2009年，探索成立全市首家驻法院调解工作室，选派3名经验丰富、业务能力强的老同志担任专职调解员，负责办理诉前、诉中、诉后等法院委托的民事案件。

2010年，规范“三级五层一中心”调解组织体系，继续拓展调解工作领域，建立金融、房产专业性调解委员会；针对邻里纠纷上升趋势，建立巡回调解机制，实现小纠纷不出居、大纠纷不出街道的目标；在区法院、云南路法庭建立调解工作室，实现人民调解与司法调解的有机衔接；在交警市南大队建立调解室，实现人民调解与行政调解的有机衔接；在劳动仲裁院建立调解室，实现人民调解与仲裁调解的有机衔接。2011年深化大调解建设，依托云南路法庭建立调解员培训基地；建立人民调解与刑事和解联动机制，在区检察院设立调解室，办理轻微刑事案件调解工作，缓解检察机关工作压力。2012年，深化人民调解与仲裁调解联动建设，在各街道社区建立调解委员会，与市南区人社局联合举办劳动人事争议调解培训，全区75名调解员获得劳动人事争议调解员证；成立医疗、环保纠纷人民调解委员会，将人民调解工作引入热难点领域；实行调解员准入制、聘任制，完善调解组织备案工作。

第三节　基层法律服务

服务机构

1989年12月，辛家庄街道办事处建立了市南区第一家法律服务站。1991年，全区各街道办事处全部建立起法律服务站。1998年，根据山东省司法厅规定，法律服务所由司法局直接组建，不再由街道办事处组建。1999年，经区司法局批准，成立了9家法律事务所：青岛德诚法律事务所、青岛中杰法律事务所、青岛同捷法律事务所、青岛银海法律事务所、青岛天祺法律事务所、青岛信合法律事务所、青岛诚信法律事务所、青岛光大法律事务所、青岛德海法律事务所。2000年，原直属青岛市法院的青岛联泰法律事务所、青岛综合法律事务所转归市南区管理，另成立市南区湛山法律服务所、市南区金口法律服务所、市南区中山法律服务所；是年4月，经市南区司法局批准，原法律事务所全部变更为法律服务所。

2001年，青岛市南洪兴合、八方、正浩、万衡、泽仁法律服务所成立，原四方区山东法律服务所变更为市南北极法律服务所；是年6月，青岛市南区法律服务中心正式脱钩，成为独立核算，自收自支单位；7月，经青岛市司法局批准，市南区20个法律服务所全部完成脱钩改制，由区属法律服务所转变为社会中介组织。2003年1月，青岛市南金口法律服务所转入市北区；2005年3月，青岛市南万衡法律服务所转入崂山区。2009年，在10个街道司法所开展司法所与法律服务所两所分离、合署办公模式。

2011年17个所、138名法律服务工作者通过年检；2012年，全区17个法律服务所、118名法律工作者通过年检注册，另考核录用14名法律工作者。

法律服务

1991年，区内各法律服务站共担任法律顾问11家，审查修改合同22件，接待咨询350人次，调处纠纷63件，代写法律文书65件。2000年，各基层法律服务所担任126个社区的法律顾问，每周深入社区1次，每月开展法律宣传和法律咨询活动1次，每季举办法制讲座1次，解答涉法问题，协助调解疑难纠纷；与居民签订家庭顾问协议，通过便民服务卡、法律服务专线为居民提供法律服务。

2003年，开展法律进社区活动，制定《市南区基层法律服务管理办法》和《市南区基层法律服务所考核办法》；建立委托代理、执业利益冲突审查、法律服务质量监督、执业风险保证金等诚信建设八项制度，全区19个基层法律服务所和134名法律工作者向社会公示，接受监督。2004年，通过开展争创“诚信法律服务单位”评选活动，增强基层法律工作者的职业道德和执业纪律，促进法律服务市场的健康发展；同年建立了基层法律服务所和基层法律服务工作者诚信档案，详细记载了法律服务所个人的社会服务、表彰奖励、投诉查处等情况并实行微机化管理。2007年，配合云南路拆迁改造，组织法律服务工作开展法制宣传、纠纷调解等工作，取得了较好效果；成立新市民维权工作站，依法维护新市民的合法权益。2008年，组织开展基层法律服务社区专项促进活动，不断加强内部管理工作，建立健全主任例会、业务学习和档案管理等各项制度，进一步提高规范化水平；积极做好法律服务布局调

区司法局在老舍公园组织全区返青务工人员劳动法律服务大集

整，实现配置合理，一街一所目标；加强法律服务工作者职业道德和执业纪律教育，开展法律服务等级评定，完善投诉查处机制。2009年，17个法律服务所与10个街道结成对子，定期深入街道开展法律服务工作，缓解基层的工作压力。

2011年，修订基层法律服务管理规定，下发法律服务所考核办法，进一步健全投诉查处机制；司法所与法律服务所联动工作初见成效，法律服务所依托法律门诊、法律超市、法律服务热心开展多种形式的公益活动，社会效果明显。

第四节　安置帮教

1996年，市南区出台《关于进一步加强对刑满释放、解除劳教人员帮教工作意见》，明确了安置帮教工作的目标、任务及要求；在此基础上，组织对全区刑释解教人员安置帮教情况进行摸底调查，建立刑释解教人员档案。1997年，街道办事处及居（家）委会共成立安置帮教组织697个，帮教专管人员1200余人，形成安置帮教工作管理网络。1999年市南区区划调整后，14个街道办事处和210个居（家）委会重新调整安置帮教工作领导小组，配备专管人员1108名，对317名帮教对象落实帮教责任，签订帮教协议书。2003年印制《市南区刑释解教人员安置帮教工作记录本》，三年内的刑释解教人员人手一册，随时记录帮教措施、帮教内容等基本情况，确保帮教工作取得实际效果。2005年实施教育改造安置帮教一体化工程，制定《实施意见》和《实施细则》，建立安置帮教工作网站、刑释解教人员和服刑在教人员数据库，建立上下互通的工作机制，实现管控、培训、帮教、安置“四到位”。2008年制定《市南区奥运期间安置帮教和社区矫正工作应急预案》，区、街、居层层签订《奥帆期间社区矫正和安置帮教工作责任书》，对刑释解教人员实施层级管理，重点管控。2012年，与青岛监狱联合举办第十届服刑人员文化艺术节开幕式，服刑人员与专业演员同台演出；邀请市南区心理医院医师为青岛监狱服刑人员进行心理辅导和心理讲座，促进教育改造。

安置基地

1996年创新“联手不联营”安置模式，在驻区及区属企业创办过渡性安置实体5家。1997年成立“市南区安帮工贸中心”，建立青岛航天汽车修理厂等3个安置基地。1998年建立不同类型的安置帮教基地10个，安置刑释解教人员55名。1999年，全区建立安置帮教基地11个，安置1996—1999年回归社会的刑释解教人员289名，市南区市场服务中心被青岛市命名为“安置帮教基地”。

2003年出台《关于进一步加强刑释解教人员安置帮教基地规范化建设的通知》，开展规范化基地达标示范单位评选活动，中山地下商城、永盛农工商公司、龙山地下商业街、浮山农贸市场、大信农工商公司等基地被评为达标示范单位。2010年，在青岛金黄海船舶有限公司建立过渡性安置基地，最大限度地安置无家可归、无亲可投、无业可就的刑释解教人员。

联合帮教

1998年，市南区安置帮教工作委员会分别与青岛市劳教所和青岛监狱签订《联合帮教协议书》，并赠送价值5000余元的书籍。1999年，市南区安置帮教工作领导小组会同市南区工、青、妇和关心下一代工作委员会开展“送温暖，献爱心”活动，到市劳教所对市南籍的在教人员进行帮教。2003年8月，与市关心下一代工作委员会、区帮教志愿者协会联合，在市劳教所举办“珍惜生命，把握人生”报告会，对劳教人员进行人生观教育。2007年分别与青岛监狱、北墅监狱联手举办服刑劳教人员文化艺术节、电影专场放映，“五一”、中秋节给服刑、劳教人员送去节日物品和多种书籍。2008年在青岛监狱举办“奥运与法治”图片展览、“名家讲奥运”专场讲座，为北墅监狱服刑人员发放3000余份“奥运法律知识手册”和“人文奥运、法治同行”宣传彩页。2012年开展“节日救助送温暖、视频会见送亲情、联合演出送文化、心理矫治送健康、心理矫治送技能、出监接茬送回家”的“六送”主题实践活动，使服刑在教人员感受到社会的关爱和温暖。

技能培训

2001年，区司法局与区劳动局联合成立市南区刑释解教劳动技能培训基地，开设社会劳动保险、税务和工商知识及《劳动法》《消费者权益保护法》《合同法》等6门课程，为刑释解教人员提供系统学习的机会，提高回归社会的就业能力。2001—2003年共举办3期创业指导班，113名学员经过考试拿到了市劳动局颁发的劳动技能证书。2003年，在青岛监狱开办服刑人员创业指导培训班，将创业指导培训纳入出监、所教育的考核内容。到2005年共开办培训班7期，参加培训服刑人员413名，其中209人获得市劳动局颁发的职业技术资质认证证书。

2006年，根据就业形势和政策的变化，调整更新培训内容，聘请劳动部门专业老师授课，为服刑在教人员回归社会后自主择业、自主创业提供指导，积极探索教育改造安置帮教一体化工程。2007—2012年，分别在青岛监狱、青岛劳教所举办创业指导培训班25期，927名服刑在教人员经过考试获得市劳动保障局颁发的职业资质认证证书。

社区矫正

2005年8月市南区开始社区矫正试点工作，成立社区矫正工作领导小组并设立办事机构，形成“政法委统一领导、司法局组织实施、相关部门协作配合、司法所具体执行”的工作格局；建立由司法所人员、派出所民警、法院法官、各级矫正组织成员和社区志愿者组成的矫正队伍，至年底，全区建立各级社区矫正组织92个，专、兼职工作人员280余人；制定出台《市南区社区矫正试点工作意见》《市南区社区矫正工作实施细则（试行）》等工作制度。对全区181名服刑人员进行调查摸底，将45名符合矫正条件的对象纳入管理范围；建立“一帮一”帮教网，严格执行社区服刑人员各项管理制度，形成以日常管理、学习教育、公益劳动、帮扶解困为主要内容的矫正工作模式。2006年，制定《关于对社区矫正对象实施分类矫治的试点工作方案》，对矫正对象分别不同类型实施宽松式、牵引式和严促式矫治；制定《市南区社区矫正公益劳动管理办法》，各街道司法所通过不同形式组织矫正对象参加社区公益劳动，强化服刑意识，增强社会公德意识和社会责任感。2007年，与第七人民医院协作成立心理矫正专家督导组，每个街道配备一名心理矫正师，对矫正对象实施心理健康教育、心理咨询和心理治疗。2009年制定《市南区关于开展社区矫正管理规范年活动的实施方案》，进一步规范社区矫正工作制度、工作程序和工作档案，探索将被判处非监禁刑的未成年罪犯纳入社区矫正的措施。

2010年制定《市南区未成年人轻罪犯罪记录封存暂行办法实施细则（试行）》《未成年罪犯社区调查规程》，6名被判处非监禁刑的未成年罪犯纳入社区矫正。2011年，将假释人员纳入矫正对象管理，确保教育改造的连续性；召开社区矫正“见面会”，23名假释人员与家人会面，签订接受社区矫正保证书、协助监督管理协议书等法律文书。2012年，建立中山路街道社区矫正监察工作站，加强对涉及社区矫正案件的法律监督。

第五节　公　证

1981年3月，市南区公证处建立，有公证员1人；初期主要办理子女收养、财产继承、遗嘱、委托、赠予、转让、房屋买卖等民事协议公证，当年接待来访200余人次，办理公证40件。此后，办理公证数量逐年递增。1985

年，办理公证426件。1989年，办理公证731件。1990年，区公证处开始办理涉港、澳、台公证业务。1994年，区公证处核定编制2人，全年办理公证1447件。1996年增加自收自支事业编制5人，全年办理公证2229件。2003年被省公证员协会评为“山东省公证行业携手共进捐赠活动突出贡献单位”。2004年由行政体制改为自收自支事业体制。2007年3月更名为山东省青岛市市南公证处，增加自收自支事业编制3名。2009年7月1日，各类公证书开始启用要素式格式。1981—2012年，全区共办理各类公证77823件，其中国内民事41709件、国内经济4188件、涉外31445件、涉港澳台481件。

其间，区公证处于2008年被省公证协会评为“全省公证质量普查先进公证处”，2010年被评为“山东省公证质量专项检查先进公证机构”，2011年被评为“山东省优秀公证处”。

表17－8　市南区公证处历年业务统计表

（1999—2012年）　单位：件

年度	内民	内经	港澳台	涉外	合计
1999	2720	33	31	1353	4137
2000	4737	487	14	1595	6833
2001	4219	680	14	1996	6909
2002	1888	669	15	2520	5092
2003	3040	509	30	4038	7617
2004	1409	364	32	4083	5888
2005	922	1151	44	1905	4022
2006	815	198	51	1468	2532
2007	957	59	40	1624	2680
2008	642	14	51	2627	3334
2009	1177	3	52	1912	3144
2010	620	21	50	1925	2616
2011	1236	—	45	2029	3310
2012	579	—	12	2370	2961

第六节　律师管理

20世纪50年代前，区内律师以个人的名义开设律师事务所，一般一人一所。新中国成立后，律师事务所改称法律顾问处。1982年12月，经市南区政府批准，成立市南区法律顾问处。1989年3月，经市编委同意，法律顾问处更名律师事务所。

1995年5月，市南区司法局设立法律服务管理科，专门负责公证处、律师事务所的管理工作，同时开始探索区属国办律师事务所的改革事宜。1996年7月，市南区组织区内5家律师事务所宣传《律师法》，当天接待群众法律咨询达1000多人。同年制定《关于在市南区聘请律师执业监督员的通知》，规范监督律师的执业行为。1998年，制定《关于进一步加强律师事务所规范化管理的通知》，加强统一登记审批、统一收案、统一收费、统一归档管理。同年制定《市南区律师、公证办理重大案件请示汇报制度》《关于转发市政法委、市中级人民法院、市司法局〈关于法官与律师在诉讼活动中廉洁从业的规定〉的通知》，并组织区内律师认真学习贯彻。

2001年5月，全区开展律师职业道德和职业纪律教育评查活动，区内5个律师事务所及59名执业律师参加教育评查活动。同年制定《关于进一步加强政府法律顾问工作的建议》，成立政府法律顾问团，明确政府法律顾问的职责。2003年，制定《市南司法局开展“法律进社区”活动的实施意见》，开展法律服务进社区活动，各律师事务所与办事处签订法律服务进社区顾问协议，为办事处依法行政提供法律保障。年内制定《全面加强诚信建设意见》《律师、公证员投诉查处办法（暂行）》《加强律师、公证员诚信制度建设的意见》，开展“四类标兵”评选表彰活动，进一步加强律师诚信建设，保证律师行业健康发展。2004年，制定下发诚信法律服务单位评选办法，开展全区诚信法律服务单位评选活动。山东诚功律师事务所、山东信中律师事务所、山东兴田律师事务所、山东文锦律师事务所被评为“诚信律师事务所”。年内制发《市南区律师队伍集中教育整顿活动实施方案》，在律师队伍中开展集中教育整顿活动，整顿的重点内容是：律师与法官违规接触和不正当交往，少数律师向法官行贿的问题；律师不遵守职业道德和执业纪律，诚信缺失，私自收案收费和乱收费，接受当事人委托后不尽职责，搞不正当竞争，出具虚假法律意见书和伪造证据等问题；律师事务所在人员管理、财务管理、业务管理等方面存在的“散、乱、差”问题，大力推进律师队伍教育整顿工作。2005年，根据市司法局的要求和部署，开展全区律师事务所规范建设年活动，召开全区规范建设年动员誓师大会，全区130多名律师参加大会并签订诚信公约。2006年10月，根据区政法委的要求，制定律师预防和处理群体性事件突发性处置预案，精心筛选10名政治素质强、业务素质好的律师组成律师团，及时有效地处置浮山所群众大规模集体上访事件。同年建立律师执业诚信档案，全区18家律师事务所和165名律师，一所一档、一人一档。2008年，按照市司法局要求，迅速行动、统筹安排、及时召开区属合作律师事务所终止和改制工作会议，年内7家合作性质律师事务所终止和改制工作完成。2009年，经山东省司法厅批准成立8家律师事务所，分别是：山东嘉伦律师事务所、山东昶睿律师事务所、山东华爱律师事务所、山东世誉律师事务所、山东瑞康律师事务所、山东龙旭律师事务所、山东聚青律师事务所、山东正尚律师事务所。

2010年，全区22家律师事务所与10个街道办事处的78个社区结对子，免费提供法律咨询，解决社区居民因纠纷引起各种矛盾，全面构建社区法律服务体系。2011年，按照省、市司法局要求成立首批6家法律援助案件受理点。至2012年，市南区共有律师事务所37家，其中，合伙所24家、个人所13家，执业律师362人。

第七节　法律援助

区法律援助中心在闽江路社区开展农民工法律援助专项维权活动

1998年，市南区法律援助中心成立，向缺乏能力、经济困难或特殊案件的当事人提供法律帮助。1999—2005年，共计办理案件2379件、免收服务费334.13万元，为群众挽回经济损失1591.14万元；组织法律服务人员解答群众法律咨询8000多人次、为群众代写法律文书600余份、利用多种形式开展宣传活动200多场（次）、办理法律援助案件711件。2006—2011年，区法律援助中心接待群众来访3628人次（其中集体访9次），解答群众电话咨询6316人次。

2012年，成立“市南区妇女维权法律服务团”，在区劳动仲裁院和区交警大队设立“法律援助便民服务岗”，使维权法律服务常态化；建立“资深律师”服务制度，在援助中心服务大厅公示律师的业务专长，方便申请援助的当事人查阅选择代理人。承办福彩公益金法律援助案件，将婚姻家庭、扶养赡养、继承等事项纳入法律援助案件受理范围。当年接待群众来电来访2656人次。

表17－9　　法律援助案件办理情况统计表

（1999—2012年）

年　度	办案(件)	免收法律服务费(万元)	为贫弱群众挽回经济损失(万元)	发放办案补贴(万元)
1999	18	2.00	未统计	未统计
2000	41	4.15	未统计	未统计
2001	69	7.25	未统计	未统计
2002	66	11.35	未统计	未统计
2003	142	17.75	42.55	未统计
2004	110	11.9	116.85	未统计
2005	265	23.9	283.58	2.53
2006	164	19.5	295.48	3.6

续表17－9

年　度	办案(件)	免收法律服务费(万元)	为贫弱群众挽回经济损失(万元)	发放办案补贴(万元)
2007	269	43.10	76.01	7.55
2008	192	39.00	96.95	7.795
2009	228	54.10	190.80	7.065
2010	203	35.73	393.92	8.205
2011	292	23.00	40.00	6.9
2012	320	41.40	55.00	7.5

第十八篇

科技·教育·体育

第一章　科学技术

19世纪末，今市南地域成为青岛近代科学技术的发祥地与传播地。1892年清政府胶澳驻防军在青岛口修建的前海栈桥，是采用近代中国筑港工艺建造的第一座军用码头。德国侵占青岛后，西方先进科学技术得到广泛应用和推广，火车站、灯塔、海底电缆、观象台、验潮井、电灯厂、屠兽场、上下水道等市政公共设施先后在区内建成，今市南地域成为西方科学技术的示范与传播窗口。同期，验潮测量、气象观测、地震观测、潮汐观测、地形测量以及西医诊疗、城市防疫、食品检验也从区内起步，为青岛多学科科学技术的发展奠定了基础。20世纪三四十年代，中国最早的海洋研究机构、中国最早的海洋调查船、中国自己建成的第一座宣传普及海洋知识的博物馆、中国海洋水产教学研究领域的第一个大学本科院系均汇集市南区，奠立了青岛这座海洋科学城的未来发展之基。

新中国成立后，市南区以其优越的科研环境和地理位置吸引集聚众多中央、省、市各级科研机构和大批科研人员，不仅成为青岛市的科技中心，而且成为中国海洋科学教育研究的重要基地。中国第一个海洋生物研究机构、中国唯一的海洋地质科研机构、中国水产科学研究机构及中国第一个波浪观测站、中华人民共和国水准原点先后在区内建立，中国唯一一所以海洋和水产学科为特色的高等学府也设于市南区，中央、省、市自然科学学会、协会、研究会也相继汇集市南区。全国海洋科技的中心地位和强力辐射功能，学科门类较为齐全的科学技术体系，为区内的科技发展和科学普及创造了极为有利的环境和条件。"文化大革命"期间，科技事业遭到严重破坏，许多科研机构被撤销或被拆散，科技人员受到排斥和打击，部分人员下放劳动，一些仪器设备、图书资料或散失或被毁坏，许多科研项目一度陷入中断。

1978年中共中央召开全国科学大会后，市南区科学技术委员会成立，全区科技事业开始恢复。中共十一届三中全会之后，市南区科学技术事业进入蓬勃发展的新时期。区科学技术委员会成立后，紧紧围绕区域经济发展，将科技作为转方式、调结构的有力手段，加大科技创新投入，充分发挥科技创新支撑、引领区域发展的重要作用。通过办四化讲座、科技电影、召开座谈会等形式宣传、学习科学技术，推动技术革新活动的开展。80年代中期，市南区科学技术协会与市南区科技工作领导小组相继成立。1986年10月，召开区科协第一次代表大会，选举产生区科协第一届委员会。

1991年，成立区"科技开发中心"，融技术开发与咨询服务为一体，较好地发挥了科技为经济建设服务的作用。1993年确定"科教兴区"战略方针，制定《科技兴区规划》，并以提高劳动者素质、引进人才和先进技术为重点加快实施，取得良好的经济效益和社会效益。1997年5月，各街道办事处分别成立科委、科协（与街道办事处经计委一个机构、两块牌子）；当年，市南区迈入全国科技先进区行列。

2000年，制定《市南区科学技术普及工作五年规划》，把科普工作纳入全区精神文明建设、社区建设和素质教育规划责任考核目标。2001年12月，市南区科委更名为市南区科学技术局。2002年，市南区科普工作领导小组成立，126个社区全部成立科普工作小组，构建起区科协、街道科协、居委会科普小组三级科普网络，形成科普宣讲团、青少年科技辅导员和科普志愿者三个层次的科普队伍。2005年，市南区被评为全国科技工作先进区、科技进步先进区；2007年成为国家科技进步先进城区、全国科普示范城区。2009年7月，市南区政府决定将区科技局扩编；同年，市南区软件及动漫游戏产业园管理办公室成立。2011年、2012年，市南区先后获得“全国科技进步考核先进区”和“山东省知识产权先进单位”称号。

青岛国家海洋研究中心

第一节 驻区科研机构

科研院所

1949年10月，农业部所属的综合性海洋水产研究机构中央水产实验所由上海迁来青岛。1950年8月，中国第一个从事海洋生物研究的专业机构——中国科学院水生生物研究所海洋生物研究室在青岛建立；同年，山东省水产局在市南区建设了国营山东水产养殖场，1958年改为山东省海水养殖试验场，1961年又改为山东省海水养殖研究所。

中共十一届三中全会以后，国家、山东省和青岛市在区内设立的科研机构逐渐增加。至2012年，驻市南区的自然科学研究机构中，国家所属的7个、山东省属的5个、青岛市属的12个、高等院校所属的2个。

表18－1　驻区国家、省属科研院所情况一览表

（2012年）

序号	院所名称	成立时间	隶属单位	办公地址	备注
1	中国水产科学研究院黄海水产研究所	1947年1月	农业部	南京路106号	前身为1947年在上海成立的农业部中央水产实验所，1949年10月迁到青岛，1982年10月改为现名
2	中国科学院海洋研究所	1950年8月	中国科学院	南海路7号	—
3	冶金部钢铁研究总院青岛海洋腐蚀研究所	1974年	冶金部钢铁研究总院	小麦岛	—

续表18-1

序号	院所名称	成立时间	隶属单位	办公地址	备注
4	青岛海洋地质研究所	1979年	国土资源部中国地质调查局	福州路62号	前身是1964年在南京成立的地质部海洋地质科学研究所,“文化大革命”中被撤销;1979年在青岛重建,并改为现名
5	海洋化工研究院	1979年	中国昊华化工集团总公司	金湖路4号	前身为建于1979年的化工部海洋涂料研究所;2000年改制为企业,并改为现名
6	中国化工股份有限公司青岛安全工程研究院	1979年	中国化工股份有限公司	延安三路218号	—
7	青岛洁瑞自动化有限公司	1998年	中国船舶重工集团公司	山东路27号	中国船舶重工集团公司第七一六研究所的科研分支机构,2005年改制,并改为现名
8	山东省海水养殖研究所	1950年	山东省海洋与渔业厅	贵州路47号	—
9	山东省科学院海洋仪器仪表研究所	1966年9月	山东省科学院	浙江路28号	—
10	山东省社会科学院海洋经济研究所	1982年7月	山东省社会科学院	金湖路8号	—
11	山东省纺织科学研究院仪器研究所	1985年	山东省纺织科学研究院	山东路195号	—
12	山东省眼科研究所	1991年1月	山东省医学科学院	燕儿岛路5号	—

重点实验室

1987年，中国科学院在海洋研究所建立“实验海洋生物学开放实验室”，是青岛市重点实验室建设的发端。1991年，山东省教育厅在青岛大学建立“纤维差别化重点实验室”和“新型成纱”两个重点实验室。2000年，青岛市启动创建重点实验室工作，次年1月第一家市级实验室挂牌。

至2012年，市南区内共有国家级重点实验室4个、省（部）级重点实验室36个、市级重点实验室13个。

表18－2　驻区国家级重点实验室情况一览表

（2012年）

序号	实验室名称	依托单位	批准部门	成立时间
1	数字多媒体技术国家重点实验室	青岛海信集团有限公司	科技部	2007年11月
2	危险化学品安全控制国家重点实验室	中国石化安全工程研究院	科技部	2007年
3	啤酒生物发酵工程国家重点实验室	青岛啤酒股份有限公司	科技部	2010年1月
4	海洋涂料国家重点实验室	海洋化工研究院	科技部	2010年

表18－3　驻区部级重点实验室情况一览表

（2012年）

序号	实验室名称	依托单位	批准部门	成立时间
1	中国科学院实验海洋生物学重点实验室	中国科学院海洋研究所	中国科学院	1984年
2	物理海洋教育部重点实验室	中国海洋大学	教育部	1999年
3	海水养殖教育部重点实验室	中国海洋大学	教育部	2000年
4	海底科学与探测技术教育部重点实验室	中国海洋大学	教育部	2002年
5	海洋环境与生态教育部重点实验室	中国海洋大学	教育部	2002年
6	中国科学院海洋生态与环境科学重点实验室	中国科学院海洋研究所	中国科学院	2002年
7	海洋腐蚀与防护重点实验室	中国船舶重工集团公司第七二五研究所	国防科工委	2004年
8	海洋药物教育部重点实验室	中国海洋大学	教育部	2004年

续表18－3

序号	实验室名称	依托单位	批准部门	成立时间
9	海洋化学理论与工程技术教育部重点实验室	中国海洋大学	教育部	2005年
10	山东省眼科学重点实验室——省部共建国家重点实验室培育基地	山东省眼科研究所	省部共建（科技部）	2006年
11	海洋油气资源与环境地质重点实验室	青岛海洋地质研究所	国土资源部	2007年
12	中国科学院海洋地质与环境重点实验室	中国科学院海洋研究所	中国科学院	2007年
13	中国科学院海洋环流与波动重点实验室	中国科学院海洋研究所	中国科学院	2007年
14	海洋生物遗传学与育种教育部重点实验室	中国海洋大学	教育部	2008年
15	农业部水产动物营养与饲料重点实验室	中国海洋大学	农业部	2011年
16	农业部水产品质量安全检测与评价重点实验室	中国水产科学研究院黄海水产研究所	农业部	2011年
17	农业部海洋渔业可持续发展重点实验室	中国水产科学研究院黄海水产研究所	农业部	2011年
18	天然气水合物重点实验室	青岛海洋地质研究所	国土资源部	2012年

表18－4

驻区省级重点实验室情况一览表

（2012年）

序号	实验室名称	依托单位	批准部门
1	山东省海洋药物重点实验室	中国海洋大学	山东省教育厅
2	山东省海洋物理化学重点实验室	中国海洋大学	山东省教育厅
3	山东省光学光电子重点实验室	中国海洋大学	山东省教育厅
4	山东省海洋生物工程重点实验室	中国海洋大学	山东省教育厅
5	山东省海洋生态系统动力学重点实验室	中国海洋大学	山东省教育厅
6	山东省电子信息系统重点实验室	中国海洋大学	山东省教育厅

续表 18-4

序号	实验室名称	依托单位	批准部门
7	山东省海底资源与探测技术重点实验室	中国海洋大学	山东省教育厅
8	山东省水产遗传育种重点实验室	中国海洋大学	山东省教育厅
9	山东省水产生物制品安全性重点实验室	中国海洋大学	山东省教育厅
10	山东省地球探测与信息工程重点实验室	中国海洋大学	山东省教育厅
11	山东省特种海洋材料重点实验室	中国海洋大学	山东省教育厅
12	山东省腐蚀科学重点实验室	中国科学院海洋研究所	山东省科技厅
13	山东省海洋环境监测重点实验室	山东省科学院海洋仪器仪表研究所	山东省科技厅
14	山东省特种纺织品加工技术重点实验室	山东省纺科院	山东省科技厅
15	山东省渔业资源与生态环境重点实验室	中国水产科学研究院黄海水产研究所	山东省科技厅
16	山东省海水养殖病害防治重点实验室	山东省海水养殖所	山东省科技厅
17	山东省代谢性疾病重点实验室	青岛市市立医疗集团、青岛大学医学院附属医院	山东省科技厅
18	山东省特种焊接技术重点实验室	山东省科学院海洋仪器仪表研究所	山东省科技厅

表18-5　　驻区市级重点实验室情况一览表

（2012年）

序号	实验室名称	依托单位	批准部门	成立时间
1	青岛市海洋酶工程重点实验室	中国水产科学研究院黄海水产研究所	青岛市科技局	2001年
2	青岛市海洋药物重点实验室	中国海洋大学	青岛市科技局	2001年
3	青岛市海洋精细化工重点实验室	中国海洋大学	青岛市科技局	2001年

续表18－5

序号	实验室名称	依托单位	批准部门	成立时间
4	青岛市光学光电子重点实验室	中国海洋大学	青岛市科技局	2001年
5	青岛市海洋环境腐蚀与防护重点实验室	中国科学院海洋研究所	青岛市科技局	2001年
6	青岛市海洋生物技术重点实验室	中国科学院海洋研究所	青岛市科技局	2001年
7	青岛市智能信息系统重点实验室	海信集团有限公司	青岛市科技局	2003年
8	青岛市常见病重点实验室	青岛市市立医院、青岛大学医学院附属医院	青岛市科技局	2007年
9	青岛市海洋涂层及功能材料重点实验室	海洋化工研究院	青岛市科技局	2007年
10	青岛市致盲性眼病防治重点实验室	山东省眼科研究所	青岛市科技局	2007年
11	青岛市啤酒酿造技术重点实验室	青岛啤酒股份有限公司	青岛市科技局	2007年
12	青岛市海水鱼类种子工程与生物技术重点实验室	中国水产科学研究院黄海水产研究所	青岛市科技局	2008年
13	青岛市海洋可再生能源重点实验室	中国海洋大学	青岛市科技局	2012年

第二节 科技管理

科技成果管理

20世纪70年代末以前，市南区科技创新成果很少。改革开放以后，全区科技事业紧紧围绕发展高新技术，大力促进科技新产品的研发，加快科技创新步伐。1979年，全区组成7个厂办、街办技术革新小组，研制形成革新项目46项，新产品27项，新品种28项，有些科研成果受到国家有关部门的重视。1986年，市南区第一人民医院承担并完成市科委下达的“甲型肝炎早期诊断”科研课题，获得市级科技项目拨款1万元。同年，区科委专门拨出科技事业费1万元，组织完成自行安排的电子脉冲点火器、可燃气体警报器（太平路小学校办工厂承担）和药物花露水、药物奶液、特效染发膏、方便擦皮鞋纸、弱酸清洗剂（市南区化妆品厂承担）等新产品开发项目。1988年，组织完成新产品“姜黄天然色素”（永盛农工商公司承担）、“触电保安器”（青岛五金电器厂承担）的研制；由区第一人民医院承担的“甲肝早期诊断课题”通过专家鉴定。1990年完成耳穴治疗仪、纱线伸长仪、系列海藻酸化妆品和电冰箱温控器等新产品的研制。

1994年，区科委组织开展“渔船柴油机预热制冷”和“医用焚烧炉”两项科技项目的研发。年内，模块式重型切削刀具、数控机床专用国产化研究、可转位立铣刀、镗孔刀具和渔船柴油机排气余热吸附式制冷机5个科技项目列入市级科技项目发展计划。1996年，市南区制定《关于进一步实施科技兴区战略的意见》（即市南区科技“九五”计划），把促进科技成果转化和依靠科技进步提高劳动者素质作为规划的重要内容认真组织实施。区科委开始加大科技管理工作力度，不断完善科技成果管理体系，通过建立科技成果库和组织申报省级、市级科技进步奖，加强对科技成果的立项、奖励和申报鉴定、科技新产品统计、建档等管理。

1997年共申报市级以上科技奖4项，其中，省级科技进步奖1项、市级科技进步奖2项、市级科技星火奖1项。1998年，市南区科委完成科技成果专家鉴定5项，其中，由青岛机床刀具厂承担的“苹果纸袋套装技术”获得青岛市1998年度“星火科技成果”一等奖，“粘度法测定血浆蛋白质技术”获得青岛市医药卫生系统科技进步三等奖，电瓶车厂研制的“游览电瓶车”项目参加在埃及举办的“中国星火产品及适用技术展览会”获得“金字塔奖”。1999年，在实施科技计划立项方面重点突出高新技术项目，上半年组织申报各类科技计划18项，其中高新技术项目10项，占总数的56%，其中机床刀具厂研发的“苹果增色防菌套袋”项目被列入国家级火炬计划，是市南区高新技术产品获得的最高级别项目，企业获得国家800万元科技贷款；华光包装容器有限责任公司自行研制开发的“微型二氧化碳供给装置全不锈钢碳酸饮料（啤酒）保鲜容器”专利项目顺利通过专家技术鉴定，并组织申报中国专利奖。同年，市南区四川路小学的“小班化教学提高教育质量的研究”和市南区环境检测站的“二氧化硫排放总量及脱硫技术筛选研究”，开区内软科学项目研发之先河。

2000年，区科委组织40项科技项目参加各类科技项目申报，其中，申报国家级1项、市级20项；钢卷尺厂自行研制生产的“整体螺旋不等矩贯流风扇”项目被列入2000年国家重点新产品计划，获得国家科技三项费用30万元资金支持。2001年，组织38家企业和单位的52个科技项目参加首批科技发展计划申报工作，其中，市级41项、区级11项；在市科技局下达的第一批科技发展指导计划中，市南区有5个项目被列入，即：电子检测仪器厂的“智能交通控制系统路口设备研制”项目、网星电子商务有限责任公司的“网星DRP/分销管理系统的研发”和“网星网络化办公系统的研发”项目、驿媒特使信息技术有限公司的“专用集成电路设计研发”和“信息家电与PDA研发”项目，均为企业自行研制开发的具有自主知识产权的电子信息及软件技术项目。年内，由四产新型建材公司研制的“超轻质淤积海泥陶粒”科技项目通过市级科技成果鉴定，性能达到国内领先水平，开辟了海洋淤积污泥烧纸轻质陶粒的新途径。同时，加大民营科技企业的科技计划申报力度，年内申报的科技计划项目中70%以上是由民营科技企业研发成果，在全市科技发展计划10项重大项目中，民营科技企业中南贸易有限公司研发的“离子高能净水仪的研究”项目入选，兰海系膜工程有限公司等6家民营科技公司的9个项目参加了国家“奥运科技（2008）行动计划”项目申报，3家民营科技企业的项目参加了国家科技贷款项目申报，为区内中小科技企业的发展开辟了新的融资渠道。2002年，市南区有9个科研项目列入青岛市科技发展计划并获得科技经费支持；区科技局组织的2002年度第一批市科技发展计划中，有28家企业的34个项目进行申报，范围涉及电子、环保、生物工程、海洋科技、农业、城乡建设等诸多领域。同年，由兰海系膜有限责任公司中标承建的平度新河镇“苦咸水淡化工程”项目、青岛耐森高技术科研所有限公司承担的“低温等离子体技术在果蔬保鲜应用开发”项目通过市、区科技局组织的成果鉴定，由区政府组织承担的“建立城管长效管理机制研究”项目通过市科技局的成果鉴定，青岛东易科技发展有限公司承担的“海洋生物澄清剂”项目被科技部列入国家科技型中小企业技术创新基金项目并获得100万元的科技拨款。

2007年，全区有15个科研项目被列入第一批国家中小企业创业计划，获得经费支持共计595万元，占全市的29%，2个项目获得国家577万元的退税支持，共计争取国家经费拨款支持1172万元。在年度第二批国家中小企业创新基金项目中，全区有10个项目被推荐至科技部，占全市总数的25%。2008年，有6个科研项目被列入科技部科技中小企业技术创新基金项目，其中，海信信蕊科技有限公司的“液晶电视SOC视频处理芯片及产业化”项目被列入国家科技支撑计划和政策引导类计划相关项目（课题），共计争取国家经费260万元。同年，市南区争取市级科技经费拨款650万元、市信息产业专项资金支持520万元，共计1170万元。2009年，组织开展科技发展项目申报和评审工作，制定《市南区科技项目评审办法》，组织成立专业化评审团队，经过专家评审、项目答辩，最终确定151个区级科技项目立项。

2010年，区科技项目管理系统启用，实现科技项目网上申报、网上受理、网上评审，通过规范项目中期评估和结题验收工作，确保项目监管全程化；同年，以多种形式的招商活动引进科技企业60余家。加大科技重点项目扶持力度，共有20个项目被确定为重点项目，10个项目获得国家中小企业科技创新基金立项，获得资金支持750万元；13个项目获得市级科技项目、信息产业项目立项，获得扶持资金548万元。2011年，建立科技项目储备库，对重点科技项目进行跟踪培养，全年储备企业科技创新项目87个、科技机构及公共服务项目50个，每个重点项目领域选择1～2家具有核心技术和发展前景的企业进行跟踪培养。

2012年，加强科技项目全程管理，严把项目立项审批关，委托专业机构对申报项目的创新性、可行性及申报企业的成长性与财务状况进行评价；开展项目实地考察，确保项目资金使用的规范性；对项目落实进程进行跟踪检查，严把项目结题验收，由专业机构作出验收结论；加大科技项目扶持力度，指导企业积极争取各级项目扶持，年内向国家、青岛市推荐科技类项目66个，推荐软件、物联网、两化融合、电子商务、电子信息、网络平台类项目58个，有15个项目获得国家科技型中小企业创新基金立项，资金支持额度达969万元；有12个项目获得青岛市科技计划项目立项，资金支持额度达250万元；有235项专利取得青岛市专利专项资金扶持171.6万元。

高新技术企业管理

20世纪末，市南区不断加大对民营科技企业的扶持和管理力度，通过制定与区域经济发展相适应的科技创新促进政策，引导区域科技创新发展。1996年，银河电子公司被市科委认定为市南区首家高新技术企业。1998年，共组织4家企业参加高新技术企业申报并通过认定，提前实现《市南区“九五”计划》提出的培育认定3～5家高新技术企业的目标，其中，盛福电子有限公司是首次参加申报并得到认定的民营科技企业。1999年，选择5家骨干企业作为高新技术产业增长点重点培植，依据《市南区科技三项费用管理使用办法》对区内最大的民营科技企业通达科技发展（集团）有限公司给予10万元科技拨款支持，协助盛福电子有限公司申报青岛市火炬计划和重点新产品计划项目，获得市科委的审核认定并获得10万元科技三项费用的支持，年内审批民营科研机构及办理技术贸易许可证6户，民营科技企业累计达到22家。2000年，贯彻落实《关于高新技术企业享受优惠政策实施办法》，对凡经市高新技术指导委员会批准的区属高新技术企业，经由税务和财政部门审核同意后，3年内享受所得税减按15%征税的优惠政策。

2001年，市南区政府在《关于进一步加快个体私营经济发展的意见》中，将鼓励发展科技型私营企业作为重要内容之一，加强对民营科技企业的管理，建立民营科技管理库，实行微机化管理，并根据《青岛市高新技术产业发展五年计划》，不断加大科技创新投入，完善科技创新体系，优化科技企业发展环境，努力推进企业自主创新、提升区域发展的核心竞争力。2001年，组织9家企业参加青岛市高新技术企业及产品的申报认定，有8家通过初审，参加认定的17个项目均获得通过。2000—2002年，市政府先后出台《青岛市高新技术产品认定管理办法》《青岛市高新技术企业认定办法》《青岛市高新技术企业认定办法实施细则》，市南区进一步加大了高新技术企业的培育扶持力度，广泛走访域内科技企业，宣传有关方针政策，引导企业开发高新技术产品。2002年，经青岛市科技局认定并纳入区属地管理的高新技术企业增加16家，累计达到32家，提前超额完成市南区“十五”规划中提出的2005年高新技术企业发展到20家的计划指标。同年，以民营科技企业为重点，加大招商引资力度，对有投资意向的民营科技企业实行跟踪服务，上门宣传政策信息，上半年引进民营科研机构14家，增加注册资金1698万元。2005年，市南区深化政策服务，年内申报3家高新技术企业，有2家获得认定，其中，鑫众油墨有限责任公司为合资企业，龙腾高层楼设备有限公司为外资企业。至2005年，全区高新技术企业开发、引进科技项目105项，其中10个项目分别被列入国家“火炬计划”和“星火计划”，35个产品获得市级以上科技进步奖；通过引领培训指导，138户企业通过ISO等系列质量体系认证。

2007年，有7家高新技术企业获得认定，15项科技成果通过高新技术产品认定，16个项目被列入国家科技计划。自2009年，先后制定《市南区科技发展资金使用管理办法》《市南区科技计划项目管理办法》《市南区知识产权奖励扶持资金管理办法》《关于推进科技型中小企业发展的扶持办法》《市南区促进区域科技创新与发展扶持政策实施细则》等政策性文件，优化科技企业发展的政策环境，大力推进科技创新，鼓励发明创造，促进区域经济建设快速发展。

2011年，区科技局组织开展高新技术企业申报培训，帮助企业全面了解相关政策与程序，全区有8家企业通过高新技术企业复审，9家企业通过高新技术企业认定。年内区科委建立科技信息发布平台、科技企业短信群发平台、QQ交流平台，帮助科技企业及时了解科技动态，掌握科技政策；同时，完善重点企业跟踪服务机制，建立多渠道沟通机制，对行业领军企业、重点项目企业、高新技术企业、知识产权优势企业、各级创新型企业实行一对一跟踪服务。同年，先后印制企业服务卡、科技政策汇编，面向企业发放；通过举办科技界新春联谊会、企业座谈会、政策培训会、设立周五走访日等方式建立多渠道沟通机制，通过组织企业参加金融产品推介会、组织银行为企业提供贷款咨询、进行授信等方式搭建银企对接平台，通过加强与区各部门间的横向联系、协调协同做好为科技企业服务工作，通过建立企业走访台帐和走访“会诊”机制对行业领军企业、重点项目企业、高新技术企业、知识产权优势企业、各级创新型企业实行一对一跟踪服务。是年，成功组织20家科技企业与10家银行及风投公司开展企业融资对接。

2012年，区科委创办《市南科技》简报，加强机关与企业的沟通，使企业及时掌握政府的决策、支持方向、扶持重点等信息。年内多次举办中小型科技企业融资对接会、金融政策研究座谈会，为科技企业拓展融资渠道，12家金融机构与近百家科技企业对接，达成合作意向23个，融资贷款2700余万元。是年，全区高新技术企业总计29家，国家、省、市级创新型企业总计23家，高新技术企业年产值达到14亿元，高新技术产品收入达到18亿元，研发投入2.5亿元，从业人员3876人，拥有知识产权1125项。同年，区科技局用三个月的时间走访重点科技企业，针对企业发展、人才需求、区域知识产权推进、科技金融发展等重点工作展开全面调研，并先后为8家企业解决市场拓展、办公用房、政策落实等问题，促进区域科技企业加快发展。是年，区内3家企业通过高新技术企业复审的初审。

科研经费管理

20世纪90年代初期，市南区不断提高对科技投入的认识，完善科技投资机制，在区财政资金紧张的情况下，多渠道加大科技资金的投入。1993年7月，市南区在制定的《科技计划》中提出："设立科技三项费用，每年按区财政支出的1%提取，采取专款专用、滚动积累的办法。同时，区财政每年安排科技贷款200万元，用于企业的技改项目。"市南区的科技投入由此纳入正常规范的管理渠道。之后，区科技三项费用每年均列入区财政年度预算，每年按财政预算支出的1%安排到位，并逐年增加。1994年安排科技三项费用75万元，1995年为88万元，各占当年财政预算的1%。1996年安排100万元，占当年财政预算的1.01%；1997年安排140万元，占当年财政预算的1.08%。1998年，区科委出台《市南区科技三项费用管理使用办法》，重点支持高新技术企业的发展，并根据市南区《关于高新技术企业享受优惠政策的实施办法》，向机床刀具厂和电子检测仪器厂等高新技术企业返还所得税合计11.53万元。自1996—1999年，市南区共争取市级以上科技贷款计划8项，总金额达到2000万元。

2000年，制定《市南区科技三项费用管理实施细则》，把科技三项费用分为拨款、周转金和贷款贴息三种形式，用于区属公有制企业和非公有制企业单位在科研及科技成果产业化过程中的资金支持，年内先后给区属企事业单位拨付科技三项费用64万元（含国家级拨款30万元）；区科委还制定《2000年科技优惠政策实施意见》，规定对科技三项费用实行拨款方式，以申请单位完成科技项目研制开发任务后补拨款的形式拨发资金。

2006年，市南区科技投入实现跨越式增长，年初科技三项经费财政预算为1707万元，实际到位2157万元，占财政预算支出比例为2.66%，比上年度增长44.09%。年内其他渠道对科技工作的投入也大幅增加，其中，科技产业孵化器建设投入2.85亿元，奖励软件企业科技投入67万元，科普经费支出28万元。年内还争取国家科技经费拨款支持1035.89万元，列入扶持范围的科技项目有73项获得市级以上科技奖励。

2007—2009年，为取得国家创新基金扶持的16个项目拨付285万元配套资金，为14家企业技术创新项目办理加计扣除、减免企业所得税579万元。科技三项经费占全区财政预算支出的比例逐年增长，2008年实际到位3517万元，占财政预算支出2.12%；2011年达到7089万元，占财政预算支出的2.56%。2010—2011年，区级累计科技投入11428万元，获上级部门科技经费支持近3000万元。其间23个项目获得市级以上（含市级）资金支持，总金额达1330万元。2012年，制定《市南区科技发展资金使用管理办法》，首次明确每年区级财政用于科技经费的增长幅度，不低于本级财政经常性收入增长幅度的3%；年内有30个项目获得市级以上（含市级）资金支持，总金额达1829万元。

专利管理

20世纪80年代末至90年代初，青岛市的专利工作体系初步建立，市南区认真宣传、贯彻和落实国家、省、市的相关政策法规，加强专利管理，为企业申请各类专利提供全方位服务。2003年区内企业申请专利量为406件。

2005年1月《青岛市专利保护规定》正式实施后，区内企业专利申请量和授权量迅速增加。2011年，市南区组织近60家企业进行专利知识培训，帮助16家企业与知识产权中介机构进行对接。2012年，全区专利申请量2280件，专利授权量1130件。

表18－6　市南区专利申请、授权数量统计表

（2003—2012年）

年度	申请数(件)	授权数(件)	年度	申请数(件)	授权数(件)
2003	406	—	2008	949	636
2004	833	595	2009	821	611
2005	1724	774	2010	1028	706
2006	1750	881	2011	1470	950
2007	934	1068	2012	2280	1130

第三节　科学普及

区内的科普宣传始于20世纪50年代，群众性科学技术普及活动主要以传播科学知识、服务工农业生产为主。“文化大革命”期间，全区城乡的科学普及活动基本停滞。中共十一届三中全会以来，区内科技机构日益增多，为大众化科学普及工作奠定了坚实的基础。市南区紧紧围绕经济建设，大力开展科普和科技教育、培训工作，不断提高公众科学素质。区科协成立后，为了更有效地向普通大众介绍科学知识、推广科学技术的应用、倡导科学方法、传播科学思想和弘扬科学精神，通过建立科普报告团和科普志愿者队伍，形成健全的科普组织网络，并通过组织举办科技活动周、科普活动日、“科教进社区”等各种形式的科普活动，大力开展科普工作。至1984年，全区有校际科技小组33个、班级科技小组341个，通过开展科普活动，提高了少年一代爱科学、学科学的积极性，促进了少年儿童德、智、体全面发展。2004年，市南区被命名为“全国科普示范城区”。2009年，区科协被山东省科协命名为山东省十佳县（市区）科协。2011年，市南区被中国科协命名为“2011—2015年度全国科普示范区”；区科协被中国科协等6部委授予《全民科学素质行动计划纲要》实施工作先进集体，并被中共山东省委组织部等9部委授予山东省全民科学素质工作先进集体；区老科协被评为山东省老科协工作先进集体。至2012年，市南区已建立科技学会5个，被山东省科协命名为山东省首届“县级科协三十强”。

科普宣传

20世纪五六十年代起，区内的省、市科普组织举办科技展览，开辟科普专栏，放映科普影片，发放科普宣传材料，举办科普夏令营，传播天文、地理、气象科学知识，指导工农业生产，倡导发明创造，普及医药卫生常识，服务城乡人民群众。其间，街办企业组成革新小组，围绕产品开发和改进生产工艺，进行群众性科学技术普及活动。“文化大革命”期间，全区城乡的科学普及活动基本停滞。

中共十一届三中全会以后，区内的科普宣传得到恢复和发展，科普宣传适应社会主义现代化建设的需要，其内容、形式发生很大变化。1985—1986年，青少年科技辅导员协会先后举办“创作心理学”“飞机模型原理”“空气动力”等讲座7次。1988年，区科协与有关部门联合举办人体健康与奥秘展览，参观人数达8万多人次；各学（协）会举办科技讲座38次，参加人员560人次。1989年，区科协与有关部门共同举办破除封建迷信图片展2次，6800余人参

观；青少年科技辅导员协会与有关部门合作举办人体科学展览，参观人数达4700多人；医学会组织传染病防治、计划生育、爱牙日、性病防治等宣传11次，发放资料2000多份；药学会组织药学科普宣传11个版次；全年举办各种业务培训班、讲座46次，参加人数达2719人次。

1991年，区科协组织4期科普展览，内容为破除迷信、身边科学、卫生科普和中国科协在前进，并与国家物资局青岛疗养院联合举办身边科学展览，2万余人参观；全年举办各种讲座、培训班15期，760余人参加；在区委门前修建20个展窗的科普宣传橱窗。1992年，区科协配合科技宣传周、唐山地震纪念日、国际环保日等活动，组织科普宣传8期；药学会在3个医院举办12期药学科普宣传，并组织各种药学讲座12期，400余人参加。1993年，利用科普画廊举办8期身边科学的宣传活动，发放各种宣传科普知识小册子500余件。1994年，举办宣传专栏6期，约2万人参观。1995年，举办科普画廊展览6期，参观人数1.5万人次。1997年，把区委门前湖北路原13米的科普橱窗扩建为27米，并建成18个主题、百余幅画面的科技画廊。1998年，全区新建10米以上科普橱窗2处；以国际海洋年为主题，举办科普橱窗、画廊12期，放映科技录像30场次，观众达16万人次；举办科技讲座18次，参加人数1万人次。

2001年，为台西、中山两个街道办事处联合建立两处科普画廊。2003年，充分利用社区科普橱窗，向全区14个街道办事处发放5000多张“预防非典”科普图片资料与报刊，接受宣传教育人数达44万余人次；在全区已建科普画廊300余米的基础上，又在区委、区政府门前新建1处长15米的区级电子科普画廊及3米长的楼院科普宣传栏；成立“市南区抗‘非典’义工宣传队”，开展抗“非典”科普宣传活动。2005年，利用社区科普学校举办各类科普讲座271次，受教育居民达22万人次；新建4处不锈钢画廊，移建2处科普画廊，共计36.5延长米，并对全区118处科普画廊进行了整治、维修，其中3处入选中国科协首批命名的“全国科普示范画廊”。2006年，区科协围绕全国科普月、科普日开展大型科普宣传活动，共举办各类科普展板宣传、现场咨询261次；发送各类科普读物、科普宣传册12000余册（份）；展出各类展板400余块，张贴科普挂图2000余幅；1800余人次科普志愿者深入一线开展科普宣传；全区新增科普画廊53延长米，在八大湖社区新建光照式不锈钢画廊1处；利用科普宣传画廊，定期向广大市民宣传“反对邪教，崇尚科学”、保护环境、消防安全、科学育儿、计划生育、禁毒、防震减灾等科普知识。2007年，区科协安排专项资金，组织开展“擦亮科普窗口”行动，先后在珠海一路、江苏路、湛山等城区街道改建3处总长60延长米的科普画廊，全区共有科普宣传画廊123处、700余延长米；编印《相约健康》《智慧节能》科普书籍和科普宣传彩页3万余份，免费发放到居民手中；展出科技、环保、生物、地震等知识的各类展板400余块；张贴科普挂图900余幅；1000余人次志愿者开展科普宣传。2008年，区科协投入资金10万余元，在永嘉路广场新建科普画廊10延长米，为珠海、中山、八大关等街道办事处改建画廊2处，维修科普画廊9处；开展各类展览、参观、演出、竞赛、讲座、咨询等科普宣传活动396次，参与群众近20万人次；发送各类科普读物、科普宣传册53000余册（份）；张贴科普挂图2300余幅；展出科技、环保、海洋、生物、地震等知识的各类展板800余块；2000余人次志愿者开展科普宣传。2009年，开展“蓝色畅想——科普动漫大赛”，40余件动漫作品参赛；开展社区防震减灾演示宣传活动，举办“探寻星空的奥秘——追日之旅”日全食观测活动；在机关、社区开展“防震减灾”和“防范邪教”巡展活动；“如何预防H1N1流感”“家庭装修如何避免二次污染”“夏季预防食物中毒”等10堂科普优秀课在10个街道循环宣讲；开展各种服务活动3000余次，受众人数达10万余人次；编印的《百姓科学 生活宝典》一书获省科技项目资助；全区各街道办事处充分挖掘管区内的专家资源，组成专家讲师团深入社区开展“科普大讲堂”，开设甲型流感预防、家庭安全知识、天文知识、知识产权保护等22节公益课面向社区居民开放。

2010年5月，市南区举办为期两周的市南区首届科技成果展，全面展示2009年市南区科技亮点工作、科技特色产业、科技创新成果和科技发展动态，展示部分企业的最新科技创新成果。同年，投资10万元设计新建4处（青岛第二十四中学、燕儿岛路第一小学、香港中路街道、金门路街道）科普画廊105延长米，科普画廊建设首次走进校园；举办“科技周启动仪式暨科普志愿者便民服务日”“牵手科普基地、体验科技魅力”科教行动、“百姓科学”科普大讲堂宣讲行动、中小学生科技节等8大项活动，5万多居民享受到免费科普服务；免费发放《百姓科学 生活宝典》丛书和《倡导低碳生活》《市南区科普场馆指南》等科普读物6万册；围绕环保低碳、气象与自然灾害、科学养生等社会热点内容，举办科普知识讲座20余节，受众3.7万人次。2011年，新建、整修科普画廊5处，全区优质科普画廊累计107处；举办市南区第三届科普动漫大赛，以“低碳生活、节能减排、防灾减灾、食品安全”为创作主题，经广泛动员和宣传，面向全区动漫爱好者征集动漫、动画代表作品100余幅，29位获奖者受到表彰奖励；举办蓝色经济、节能减排、防震减灾、家庭心理、天文知识等内容的科普知识讲座100余场次，受众人数达3800余人；2000多人次走进科普场馆，海洋、地质、口腔等科普知识已渗透到居民群众的生活中。2012年举办了海洋科技成果展，全面展示区域海洋科技资源和海洋科技新产品、新技术、新成果。年内设立4000万元的区级海洋科技专项资金，全力推进海洋科技成果展示与交易平台建设，同时大力推广科技惠民项目，全区10个街道办事处、65个社区全面建成数字化社区服务应用平台——“众e通”项目，该项目得到青岛市经信委、工业和信息化部的认可并在全市推广。同年，加大基础设施投入，为社区新建科普画廊4处50延长米；举办海洋科技与海洋经济、食品与食品安全等内容的各类科普讲座31场次，受众人数达1.8万人次；印制科普宣传挂图、科普工作日历1.5万余份。

社区科普

2000年，区科协制定《市南区科普文明街道、居（家）委会和文明家庭评价标准》，举办“文明——从我做起”科普进社区宣传活动。同年，在青岛黄海水产研究所、中科院海洋所、青岛少儿活动中心、青岛海洋大学生物实验室创建4处科普教育基地。2001年，举办海洋科普知识讲座系列活动，编印科普读物《认识海洋》1.5万册发放到社区；同年2月成立区反邪教协会，深入基层社区进行科普宣传，提高群众鉴别、抵制邪教的能力。2002年，开展创建“科普特色化社区”活动。

2012年，争取国家财政资助项目经费20万元，为中山路街道配备社区（青少年）科普活动室，引进各类科普展件、多媒体互动展品及配套软件30余件；江苏路街道龙江路社区建立“天文科普活动室”，被评为全国基层科普行动先进单位，获得中国科协、财政部20万元奖补资金；八大湖街道天台社区、八大关街道金口路社区被评为青岛市科普示范社区，获得市科协3万元奖励；珠海路街道香港花园社区等10个社区被评为青岛市优秀科普社区、市南区科普示范社区，分别获得区科协1万元科普益民奖励。加大基础设施投入，全年为社区新建科普画廊4处50延长米（2006—2012年共计增建社区科普画廊143延长米、改建80延长米），印制科普宣传挂图、科普工作日历15000余份；在10个社区成立科普大学分校，按照“六有”原则规范管理，共举办各类科普讲座31场次，受众人数达18000人次。

科技教育培训

1985年，市南区青少年科技辅导员协会成立，负责开展青少年科技活动和普及科技知识。1997年起，在每年举办的小学生科技节期间，开展以环保、海洋为特色的科技创新、科技竞赛活动；各小学均配备专兼职结合的科技教师队伍，设有科技活动室、校园科普廊、小天文台、小禽鸣园、小植物园等科技活动点。2000年10月，市南区科协获全国青少年科普工作先进单位、全国青少年科技活动先进集体称号。2003年11月，金门路街道科协成立青岛市首家社区青少年科学实验基地。

2012年，组织编写《市南区小学科技活动课》，在8所小学进行试点，实现了科技活动课程化目标；举办市南区中小学生科技节，聘请28名各行业专家组成讲师团，为中小学校提供菜单式服务，25所学校1万余名师生受益；开展“天文大篷车进校园”活动，邀请北京流动天文馆到市南区，在部分中小学校开展为期一周的科普活动，激发广大青少年学科学、爱科学、用科学的积极性。此外，区科协还制定《干部科技教育五年计划》和年度教育计划，每年举办6次以上的科普知识讲座和报告会，把科技知识学习列入机关干部理论学习、公务员和党校培训计划，干部学科技的普及率达95%以上。到2012年12月，全区建有13处科普教育基地，其中，国家级1处、省级3处。

区科协开展“天文大篷车进校园”系列活动（2012年）

学术交流与服务

区科协成立后，大力组织开展科技咨询服务活动，发挥科技对经济发展的推进作用。1988—1996年，累计开展科技咨询服务活动3200余项次，其中1995年在石村路棚户区改造咨询论证会上对喷粉搅拌桩地基处理提出合理施工建议1项，节约工程资金200余万元。

2001年和2002年，先后与省、市科协共同主办“山东省海洋产业可持续发展研讨会”。2002年，与省、市科协共同主办《2008奥运帆船赛场环境》学术研讨会，为2008年青岛奥运帆船赛场的环境建设提供科学依据；同年，在青岛市首届学术年会上，与山东省海岸工程学会共同举办“山东省海洋旅游专题学术研讨会”，有32篇论文收入《山东海洋产业可持续发展研讨会论文摘要集》。2006年9月，与市科协、市委办公厅联合举行“科技进步与自主创新报告会”和“打造帆船之都 促进海洋旅游业发展”学术研讨会。2007年，以“节能环保和谐发展”为主题在全区开展理论研讨活动，《发展循环经济构建和谐社区》等7篇论文参加中国科协2007年学术年会交流；《防范邪教提高素养努力构建社会主义和谐社会》等6篇论文上报中国反邪教协会；在青岛市科协系统开展的优秀工作成果评选中，区科协荣获一等奖1项、三等奖2项。2009年，与中国科学院海洋研究所、青岛海洋地质研究所等10处科普场所建立长期合作关系，开展“牵手科普基地，体验科技魅力”品牌创建活动。

2010年，举办“2010年市南区

创意动漫论坛”“瑞士使馆走进市南——‘关注气候变化’报告会”。2011年，邀请台湾国立台北科技大学博士、中华创业发展协会理事曹筱玥女士到青岛国际动漫游戏产业园参观讲学，与青岛四维空间科技有限公司和青岛飓风文化传媒有限公司等知名动漫企业进行互动交流。2012年，区科协分别在海南召开的全国县级科协主席培训班和在兰州召开的24届全国城区科协工作理论研讨会上作《谋科普创新之篇、谱首善璀璨华章》《搭建平台、凝心聚力、全面推动城区科学素质工作》交流发言。

全民科学素质行动

2006年，国务院颁发《全民科学素质行动计划纲要》，区委、区政府成立以分管区长为组长的工作领导小组，按照“政府推动、全民参与、提升素质、促进和谐”的要求，组织协调各有关部门整合资源、形成合力，共同抓好公民科学素质建设，区委组织部、区委宣传部、区人事局、区教体局、区劳动局、区财政局、区科技局等部门相继制定《科学教育与培训基础工程》《科普资源开发与共享工程》《科普基础设施工程》等8个工作方案。2007年，在10个街道（社区委）相继成立由主要领导牵头、管区有关单位与社区居委会负责人共同参与的管区全民科学素质工作领导小组，区科协具体承担领导小组办公室职能，组织协调开展公民科学素质建设。

提高重点人群科学素质 自2007年始，区科协、区工会、区劳动局及各街道办事处等部门密切合作，面向企业职工积极开展以提高城区劳动人口的科学素质为目的的“讲理想、比贡献”竞赛活动，围绕大学生、失业人员、农民工就业需求大力开展以提高全民劳动技能为主要目标的职业培训，至2012年，共培训各类人员14810人，实现就业3936人。其间，区科协、区教体局等部门先后推出“头脑奥林匹克竞赛”“绿信箱环境保护”“科普大篷车进校园”和“大手拉小手科技传播行动”等系列科普活动，提高青少年科学技能和实践能力；充分发挥“市南科普讲坛”的作用，实施机关干部《科学素质》课程教育；开展“与院士面对面”“走进院士工作室”等科普活动，增强领导干部和公务员的科学意识，拓宽知识层面。

社会化大科普活动 2007年以来，区科协先后承办“携手建设创新型城区”青岛市科普活动月启动仪式，“节约资源、保护环境、保障健康”全国科普日青岛主会场活动，“走进海洋”全国科普展青岛站启动仪式，“科技圆梦想，和谐迎奥运”大型科普互动体验全国巡展活动等社会化科普活动。区科协注重发挥《全民科学素质行动计划纲要》领导小组成员单位在科普宣传教育中的作用，区委宣传部开展的“五进社区”、区民政局的“和谐楼院”、区卫生局的“健康大篷车”以及区委、区政府每年举办的海洋节、社区教育节等都与科普工作紧密联系，成为传播科学思想、弘扬科学精神的主旋律。

2012年，依托区老科协，在全区范围内开展公民科学素质调查活动，根据需要研究制定操作流程和方法步骤，采取调查员与被访者一对一面访和被访者独立填写问卷两种方式，面向全区18～69岁公民印发问卷825份，此次测评是首次由区级科协独立组织的公民科学素质调查，测评结果显示，市南区公众具备基本科学素养的比例为8.38%；开展引领性科普活动，加快形成多方联动、全民参与的大科普格局；围绕“携手建设创新型城市，推进海洋科技服务区建设”和“食品安全与公众健康”等主题，组织开展科技周、科普日主题宣传活动，举办大型“海洋科技与海洋经济”知识讲座和科技企业成果展；组织10个街道近万名居民走进辖区各科普场馆，开展科普益民“馆馆通”活动；举办“食品与食品安全”等科普知识讲座；在市南区“第七届社区教育节公益课堂”活动中，推出海洋极地科考等5节课程，受到社区欢迎。

社区科普益民计划 2012年，重新调整“市南区全民科学素质纲要实施工作领导小

组”，由一名副区长任组长；当年印发《市南区全民科学素质行动计划纲要实施方案（2011—2015）》。年内，组织实施《社区科普益民计划》，区科协加大科普资源的开发、利用与整合，与驻区科研单位、科技场馆等共同搭建社会化科学普及与科普资源共享交流平台，提高全区居民科学素质；科技展馆、博物馆、标本馆、重点实验室、展（园）区等场所加挂“市南区科普益民场馆”牌子，对有组织的社区群众定期开放，在全国科普日、科技周等重大宣传活动期间向全体市民免费开放，为公众提供广泛有效的科普服务，当年共有挂牌“科普益民场馆”6个：银海国际游艇俱乐部、青岛消防博物馆、青岛海洋地质研究所科技馆、青岛口腔教育基地、中国紫金山天文台青岛观象台、中科院海洋原生动物有孔虫科普基地。

第二章　教　育

明代洪武年间，浮山备御千户所开办卫所教育，是区内见于史料记载的教育之始。时浮山所城内设有学署，面向军户子弟招生，委派专人任教授，主持教务，是青岛最早的教育之所。市南区是中国沿海城市现代教育发育最早、特征最为鲜明的区域之一。1898年，区内出现第一所外国人学校，即今江苏路小学的前身。19世纪末期，随着德国在青岛的殖民统治体制建立，西方各教会与驻青岛的德国公民团体、企业先后在区内开设小学、中学和职业学校，形成较完整的初等教育体系。20世纪初，清政府诏令废科举、兴新学，浮山所改私塾为蒙养学堂，大鲍岛蒙养学堂也相继建立，即今北京路小学前身。1909年，中德合办的青岛特别高等专门学堂在区内创立，开青岛现代高等教育之端。1924年，国人在区内创办私立青岛大学，是国人在山东创办的第一所本科起点的现代高等学府。1930年，国立青岛大学在区内成立，为国立山东大学的前身，开创名师名校模式的国立高等教育。30年代，区内职业教育、平民教育、女子教育与幼儿教育也得以发展，形成了包括幼儿教育、小学教育、中学教育、大学教育的较完备的现代教育体系。

青岛解放后，市南区设立了专门的教育管理机构，经过对区内各级各类学校的接管、整顿、调整，为进一步发展教育事业创造了良好条件。在恢复小学教育的基础上，重点推进以提高劳动者素质为目的的职工业余教育、扫盲教育和文化补习教育。到1958年，全区的学龄儿童全部入学，基本上实现了普及小学教育。1966年“文化大革命”开始后，区内中小学相继停课“闹革命”，教学秩序被打乱，教学设备被损坏，以学工学农学军代替课堂教学，市南区教育事业遭到严重破坏。

中共十一届三中全会后，市南区贯彻落实中共中央、国务院《关于普及小学教育若干问题的决定》，改小学五年一贯制为六年制，进一步调整中等学校布局、整顿教学秩序、积极开展教学研究活动。《中华人民共和国义务教育法》颁布实施后，市南区在普及小学教育的基础上，大力普及初中教育。20世纪90年代初，在区内实施“巩固中部、提高西部、发展东部”的教育发展战略，中部重点学校与西部、东部薄弱学校开展“手拉手”对口支援活动。90年代中期，市南区进一步开展创建特色学校工作，区内各中小学在注重学生全面发展的基础上，突出各自的办学特色，发展学生个性和特长，培养多种才能的人才。“九五”期间，市南区改革办学体制，探索国有民办学校、与企业联合办学以及民办公助办学等多种模式。改革小学升初中的办法，取消升学考试，逐步实行划片就近入学。“十五”期间，市南区在管理体制、教育教学、教师培训、改善办学条件、教育科研等方面进行一系列改革和探索，构建创新教育体系和适应形势发展的终身教育体系，建立以培养创新精神和实践能力为核心的人才教育机制，提高素质教育水平。2006年，市区义务教育管理体制进行调整，8所公办初中和2所民办初中整建制划转市南区，实行属地管理。2010年国务院发布《国家中长期教育改革和发展规划纲要（2010—2020年）》后，市南区制定《市南区落实国家、省、市中长期教育改革和发展规划纲要实施意见》《学前教育三年行动计划》等一系列文件，为教育发展提供政策保证。至2012年，市南区已全部实施九年义务教育并迈入全国先进行列，基础教育从粗放阶段走向精细阶段，一批中小学校达到全国一流水平，教育教学质量不断迈向新台阶。

其间，市南区先后成为全国幼儿教育先进区、全国课程改革实验区、全国社区教育示范区、中国教育学会教育改革实验区、全国区域教育发展特色示范区、中国教育学会系统先进单位和山东省义务教育示范区、山东省素质教育先进区、山东省规范教育收费示范区、山东省教育工作示范县、山东省“两基”工作先进区、山东省艺术教育示范县，并先后荣获全国第九届“地方教育制度创新奖”优胜奖和山东省教育科研先进单位、山东省少先队工作红旗单位、山东省少先队宣传工作先进单位、山东省“三项活动”先进单位、山东省教育系统财会工作先进集体、山东省教育报刊图书宣传发行工作先进单位、山东省普通话推广先进集体等荣誉。

2006年，市南区荣获“全国区域教育特色示范区”称号

第一节　教育行政

管理机构

1951年，市南区人民政府设文教股，负责文化、教育工作，1952年改为文教科；1958年11月成立市南区教育局；1962年9月，区教育局改称文教科。1966年“文化大革命”开始后，市南区教育部门因受到严重冲击而陷于瘫痪，1972年10月区教育局恢复。1982年9月，成立市南区教研室。1989年9月，区人民政府成立教育督导室，办事机构设在区教育局。1995年，区教育局与区体育运动委员会合并，成立市南区教育体育委员会（简称区教体委）。1996年3月，区教体委设办公室、政工科、人事科、教育科、体卫艺科、财审科、托幼办公室。

2001年，区教体委更名为市南区教育体育局，主要负责小学及直属幼儿园管理。2006年，青岛市调整市区义务教育管理体制，区内8所公办初中和2所民办初中整建制划转区管，实行属地管理。2011年2月，区人民政府办公室下发《青岛市市南区人民政府办公室关于印发青岛市市南区教育局主要职责内设机构和人员编制规定的通知》（青南政办发〔2011〕9号），将市南区教育体育局更名为市南区教育局，设教育科、办公室（挂市南区人民政府教育督导室牌子）、群众团体办公室、安全管理办公室、招生办公室，财审科、人事科、体卫艺科、托幼办、政工科。

管理体制

学前教育管理　1950—1953年，托幼工作由区妇联和区民政局管理；1953—1957年，各工厂、企业、机关、部队、街道及一部分有条件的小学都办起幼儿园、幼儿班，爱国人士捐资开办的幼稚园、幼儿班，统一由区妇联和区民政局管理。1976年市南区成立托幼工作领导小组，加强对幼教事业的领导和管理。1980年，市南区制定托幼事业发展目标，随后根据市教育局有关学前班教育管理的规定，纠正了学前班管理不严、小学化严重的状况。1986—1988年，区教育局和区托幼办加强托幼园所的管理，建立健全各项规章制度，制定幼儿一日活动标准，对幼儿园实行目标管理和分类管理。

1992年，贯彻国家教委制定的《幼儿园工作规程》《幼儿园管理条例》，理顺学前教育管理体制，区托幼领导小组下设的办公室移交区教育局管理，区教育局先后出台《市南区幼儿园财务管理制度》《市南区个体托儿所管理规定》《市南区幼儿园临时工管理规定》等文件，从政策和制度上保障了依法治教的落实，使幼儿园的管理走向科学化、规范化。1995年，制定区幼儿教育"九五"发展规划，积极发展幼教事业，巩固幼儿入园率，各幼儿园据此根据制定了五年发展规划和工作措施。1997年3月，区教体委制定《幼儿教育现代化工程实施方案》，进一步提高保教质量，平衡园所发展。1998年，区政府决定将区政府机关、区妇联和11个街道办事所办的18所幼儿园划归区教体委管理，改革了管理体制，进一步理顺关系。

2001年，区内各幼儿园进一步修改完善各种规章制度，建立办园章程，实行按章程自主管理，全区幼儿园实行财务公开、园务公开、人事工作公开等重大项目的"六公开"，逐步使幼儿园的各项工作规范化、程序化、法治化。2005—2006年，根据"日常管理精细化，教师执教规范化，保教工作精细化"的工作目标，全面实施精细化管理。2007—2008年，区教体局制定《关于加快学前教育发展全面提升学前教育质量的意见》，编印《幼儿园制度建设指导手册》，修正、补充学前教育管理制度20余项，同时推行幼儿园保育管理精细化标准，切实提高保育工作质量。2009年制定《市南区各级各类学前教育机构管理办法》《市南区幼儿园文化品牌建设创建标准及指导意见》《幼儿园六大环节安全操作规程》，评选出"市南区学前教育十大品牌"。2010年，制定《青岛市市南区学前教育三年行动计划》《市南区幼儿园网站建设与管理指导意见》《市南区优质幼儿园发展评价指导意见》《市南区2010—2015年幼儿园师资配备计划》，促进区域学前教育优质、均衡发展。2011年区教育局制定《市南区学前教育困难家庭资助办法》《关于建立市南区0～3岁婴幼儿早期教养指导中心工作方案》《市南区学前教育专业人员5518培训工程实施方案（2011—2013年）》，促进区域学前教育普惠性发展，提高师资队伍的专业水平。

2012年，制定《市南区学前教育机构升类达标、创优创新奖励办法》《青岛市市南区扶持学前教育发展专项资金管理办法》，建立三项扶持资助制度，使市南区公办园、普惠民办园所提供普惠学位占全区学位的92%；同年制定《市南区公办园与民办园互派教师管理办法》，建立向民办幼儿园派驻公办教师机制，为市南区民办幼儿园发展注入新的活力。

中小学教育管理　青岛解放初期，教育实行分级管理，市南区管理小学和工农教育。1951年推行五年一贯制，暂不具备条件的学校仍实行六年一贯制。1953年暂停推行五年一贯制，学制分初高两级，初级四年、高级两年。1954年改由市教育局决定小学的设立、变更和停办。1956年，实施普及六年制义务教育计划。1959年，辖区教育管理范围为区内初级中学和重点小学。1963年《全日制小学暂行工作条例（草案）》颁布后，逐步建立健全各项规章制度，确立以教学为中心的学校工作新秩序。1963年，辖区教育管理范围为区内非重点小学，山东省教育厅管理重点中小学。1964年改革考试办法，减少考试次数，语文、数学举行期中、期末考试，其他学科只举行期末考试。

“文化大革命”初期，多数学校为五年一贯制和整日制学制。1967—1969年实行七年制学制。1975年实行小学五年毕业后留校继续学习两年为初中毕业的学制，称“留校戴帽”。1976年后逐步由二部制改为全日制学制。1977年恢复1963年的管理体制。1980年，入学年龄由7周岁降至6.5周岁。1981年学制由五年制改为六年。1985年，为普及初等教育，体现就近入学的原则，开始升学考试制度改革，采取小学毕业升学一次性考试。1994年，教育工作的重点转向全面提高教育质量和学生素质。1995年实行校长负责制和学校人事、分配制度改革。2001年区教体局制定《小学、幼儿园依法按章自主管理章程》，明确由教育行政部门实行宏观管理，学校、幼儿园自主管理，依法实施教育教学活动。

2006年，青岛市人民政府调整市区义务教育管理体制，赋予区级政府对初中的管理职责和权限，青岛5中、7中、24中、26中、48中、51中、57中、59中8所公办初中和青大附中、智荣中学两所民办初中整建制划转市南区，实行属地管理。2007年，免除义务教育阶段学生（包含民办及改制义务教育学校在校学生）的杂费。2010年国务院发布《国家中长期教育改革和发展规划纲要（2010—2020年）》后，市南区制定《市南区落实国家、省、市中长期教育改革和发展规划纲要实施意见》《学前教育三年行动计划》等一系列文件，为教育发展提供政策保证。

2012年，以“双轨并行”方式，借助新教材及新课标学习、各级优质课比赛、省级远程研修磨课、生活化案例研究等，加强区域、学校两级“本土化”教学法研究、共享和交流，加强研究导向作用和典型培植力度，使各学科教学法初具规模并逐渐推进；是年秋季起，免除全区范围内义务教育段学生教科书费和作业本费。

第二节　学前教育

青岛解放后，在区政府与区妇联的倡导支持下，市南区群众组织和社会人士积极开办幼儿园、托儿所（站），推动全区学前教育的发展，观海路托儿站曾获得一等模范单位荣誉称号。至1960年，全区共有幼儿园、托儿所73处，入园（所）人数6970人。

“文化大革命”期间，学前教育遭到严重破坏。“文化大革命”结束后，区政府及主管部门在大抓小学教育的同时，积极抓好幼儿教育，1980年有17处小学创办29个学前班，1000余名幼儿入学。至1981年，区属各类幼儿园（所）和小学附设学前班共计107处，招收儿童6409人。此后，为缓解“入托难”问题，市南区采用国家、集体、个体一齐上的办法，大力发展托幼组织，至1987年，托幼组织达到1030处、11500多名幼儿入托。

1998年，区政府将辖区内街道办事处和区妇联所办幼儿园划归区教育局统一管理后，设立每年120万元托幼专项经费，主要用于扶持局属自收自支幼儿园的建设和发展，促进全区幼教事业的发展，幼儿园办园条件逐年提高。2001年，市南区参加教育部和联合国儿童基金会2001—2005年周期“早期儿童养育和发展（ECCD）项目”的研究与实践，进一步加快早期教育事业的发展进程。2005—2006年，全面实施精细化管理，通过园长管理论坛、召开现场会等形式，促进区域学前教育内涵发展。2007年开始推行幼儿园保育管理精细化标准，加强对保育员、保健员、炊事员的专业指导培训，启动第一届三员岗位练兵和专业技能比武活动，切实提高保育工作质量。2008—2009年，组织“市南区幼儿园文化品牌建设”研讨会，引导幼儿园将各自独特、优质、稳定的教育特色进一步拓展提炼为具有影响力的教育品牌，以品牌战略提升学前教育品质；开展民办幼儿园自律与诚信建设活动，规范民办园自主办学行为，树立民办教育良好社会形象，促进民办教育事业健康发展。2011年，积极推进公办园建设，逐步解决了入公办园难的问题。

改造后的成武路幼儿园（2011年）

2012年，开展公办园与民办园一对一结对帮扶活动，促进区域学前教育均衡、可持续发展，普惠学位占在园幼儿的93%以上。年内成立10个早教中心，编印《市南区0～3岁婴幼儿教养人员使用手册》，每月组织“三个一”活动（即一次早教研讨活动、一次免费亲子活动、一次家长公益课堂），使全区0～3岁适龄幼儿接受早教率达70%以上。建立并落实公办及公办性质幼儿园生均公用经费财政拨款制度，并按照700元/生·年的标准为全区6163名幼儿拨付公用经费431万元；研究制定普惠民办园补助标准，将青岛市补助标准提高一倍，按照每生每年2000元的标准进行补助，同年年底对4所普惠性民办园的补助发放到位。

教育教学

新中国成立初期，在国家的统一部署和要求下，市南区婴幼儿早期教育逐渐有了相对稳定的教学内容。“文化大革命”时期，幼儿园增设政治课，幼儿教育呈现小学化、成人化趋向。1976年市南区托幼工作领导小组成立后，逐步建立健全各项规章制度，加强对托幼园所的管理，幼儿教育逐步恢复正规。1979年，贯彻执行教育部制订的《城市幼儿园工作条例（征求意见稿）》，根据幼儿年龄大小制定不同教育内容，通过游戏、体育活动、娱乐等方式完成。1981年实行教育部和卫生部颁布的《三岁前小儿教养大纲（草案）》。1982年制定《市南区幼儿教育1982—1983年工作意见》，各幼儿园开展体育活动，搞好卫生保健工作；培养幼儿的学习兴趣，发展幼儿智力，进行“五爱”教育和“五讲四美三热爱”教育，同时进行美育教育，培养幼儿初步的审美能力。1991年，部分幼儿园在课程模式上进行改革，探索综合教育课程模式，制定适合幼儿自身特点的课程方案，从分科教学转向综合教学。1997年制定《幼儿教育现代化工程实施方案》，提出幼儿教育现代化的具体目标任务和保障措施。

2000年起，开展园本化课程管理研究，组织编写幼儿园园本课程方案。2002年成立“学前教育资源中心”，为全市0～6岁婴幼儿家长提供培训、指导服务；各中心根据孩子的不同情况制定不同的教育与训练方案，并进行“亲子教育”、对家长进行科学的家教指导等活动。2005年，市南区80%的幼儿园开设0～3岁婴幼儿班，30%的幼儿园设立“亲子园”，利用双休日有计划地组织家长开展亲子活动，满足不同家长、婴幼儿对教育的需要。同年从0～3岁课程构建入手，组织0～3岁课程培训、座谈交流、观摩等活动，推动0～3岁婴幼儿教育逐步走向科学化、规范化。2008年，全区幼儿园开展拍球、跳绳两项强身健体系列活动并深化为“快乐体育2＋1活动”，即在拍球和跳绳两项之外，各园自主选取一项特色运动项目。2010年，遵照学前教育公益性和普惠性原则制定《青岛市市南区学前教育三年行动计划（2011—2013）》，推进学前教育健康快速发展。同年开展项目管理和流程标准化管理研究，总结出102个项目研究成果，推广65项流程标准，进一步提高幼儿园的工作效率和工作质量。2011年，成立10个“市南区0～3岁婴幼儿早期教养指导中心”，开办三期高级育婴师培训班，共有127名教师获得国家认证的高级育婴师资格证，免费发放近万册《市南区0～3岁婴幼儿教养人员使用手册》，全区0～3岁适龄幼儿接受早教率达70%以上。

教师队伍

1991年，市南区部分幼儿园进行主题综合教育改革，要求教师在教学过程中围绕教育目标多方面多角度表现一个主题，围绕同一主题，使幼儿在语言、思维、想象、行为、技能等方面得到综合锻炼。2007年开展民办托幼园所自律与诚信建设活动，建立“自律与诚信建设公约”等各项制度，促进民办园的健康发展；推行幼儿园保育管理精细化标准，指导幼儿园建立和落实保育工作质量评估制度，加强保育员、保健员、炊事员专业指导培训，组织“市南区首届三员岗位练兵和专业技能比武活动”。2009年制定《市南区幼儿园文化品牌建设创建标准及指导意见》，开展“幸福教师五个一”活动，即建立一个教师活动室、每月开展一次文体活动、每学期园长与每位教师谈心一次、每学期组织一次心理辅导、每学期组织一次读书交流活动，营造充满关爱与幸福感的团队精神文化土壤。2011年制定《市南区学前教育专业人员“5518”培训工程实施方案（2011—2013年）》，启动园长、教师“5518”培训工程（对全区50名园长、50名业务园长、100名骨干教师、800名一线教师实行全员轮训），加强园长、中层干部、全员教师、骨干教师队伍建设，有计划、分层次组织开展培训和研讨活动，不断提升管理者的管理水平和指导能力，全面提高教师的业务能力和整体素养；建立公办园与民办园对口帮扶机制，启动“市南区公办园与民办园一对一合作助教活动”，充分发挥省市十佳园、省示范园的模范作用，从中选取师资队伍水平高、教育教学质量优的10所公办园与10所民办园建立姊妹园关系，开展一对一合作助教活动。2012年，制定《市南区公办园与民办园互派教师管理办法》，建立向民办幼儿园派驻公办教师机制，分两批向民办园派驻公办教师，为民办园发展注入新的活力。

山东路幼儿园开展棋类健康教育研究

托幼一体化工程

2001年，青岛市提出发展0～3岁婴幼儿早期教育，并与3～6岁儿童教育相衔接，逐步实现托幼一体化；同年，青岛市参与教育部—联合国儿童基金会“早期儿童养育与发展（ECCD）”项目，确定市南区为项目区之一，市南区为此建立了实施项目工作的三级管理网络，由区政府、区妇联、区教体局、街道办事处等单位组成ECCD项目领导小组，从组织领导、经费投入、项目监测等方面对项目研究作出部署，成立由区托幼办公室、区教育中心、幼儿园骨干、儿保所专家等组成的项目指导小组，为项目研究提供技术服务；成立由各实验点园长、教师、家长等组成的项目研究小组，负责项目工作的具体实施；为确保项目的实施，成立4个0～3岁婴幼儿研究中心，建立婴幼儿成长档案，对婴幼儿的发展进行跟踪监测。

2002年成立“学前教育资源中心”，下设7个实验点，面向社会，为全市0～6岁婴幼儿及家长提供培训、指导服务，各中心根据孩子的不同情况制定不同的教育与训练方案，并进行“亲子教育”、对家长进行科学的家教指导等活动。

表18－7　　市南区重点幼儿园情况一览表

（2012年）

名　称	地　址	建园时间	隶　属	性质	荣誉称号
湖南路幼儿园	湖南路3号	1952年	市南区教育局	公办	省级示范幼儿园 省、市级十佳幼儿园
山东外经贸厅幼儿园	旌德支路7号	1955年	山东省对外贸易厅	公办	省级示范幼儿园 省、市级十佳幼儿园
中国海洋大学后勤集团幼儿园	香港东路23号	1958年	中国海洋大学	公办	省级示范幼儿园
市民政局幼儿园	文登路8号	1949年	青岛市民政局	公办	省级示范幼儿园 省、市级十佳幼儿园
海军青岛示范幼儿园	正阳关路36号	1950年	中国人民解放军海军北海舰队政治部	公办	省级示范幼儿园 省、市级十佳幼儿园
市南区实验幼儿园	天台一路1号	1994年	市南区教育局	公办	省级示范幼儿园 省、市级十佳幼儿园
新贵都幼儿园	徐州路2号	2002年	中澳合作	民办	省级示范幼儿园
市南区教育第二幼儿园	汶上路15号	1963年	市南区教育局	公办	省级示范幼儿园
爱心幼儿园	澄海三路6号	1994年	个人	民办	省级示范幼儿园

第三节　九年制义务教育

解放后，市南区的小学教育迅速恢复。1951年，全区公、私立小学21处，班级由原来的230班增至246班，学生增至13246名。1952年，对区立、保立、私立和教会小学进行调整合并，大部分改为公办。1953年全面推行社会主义教育方针，中小学教育加快发展。1955年，新建大沽路小学，并将部分企业办小学改为公办，全区16个小学共有336个班，学生增至16357人。1956年，开始实施普及六年制义务教育计划，在注重教育质量的同时加速学校设施建设，新建部分小学增加招生数。1957年相继建立青岛第24中学、第25中学。1958年，贯彻"两条腿走路"的办学方针，充分挖掘公立小学的潜力，扩大二部制，合并班级，将图书室、办公室及辅助性房屋改为教室；发动部队、机关团体、企事业单位、街道办事处及农村人民公社兴办小学，全区儿童入学人数明显增加，学龄儿童入学率达98%以上，全区普及了小学教育。1959—1965年，先后建立青岛36中学、莱芜一路小学、青岛第26中学、团岛二路小学和3所工读中学，区内中小学布局进一步优化。"文化大革命"初期，区内中小学"停课闹革命"，学校教学工作受到严重冲击。1967—1972年，小学恢复招生，学制改为5年，学校管理和教学秩序曾有短暂恢复。其间团岛二路小学被撤销改建为青岛第51中学，撤销3所工读中学，合并成立市南中学，并改为春季始业（1974年恢复秋季始业）。1973—1975年，在"批判修正主义教育路线回潮"和"反击右倾翻案风"的冲击下，区内中小学又陷入混乱之中。1976年后，市南区继续普及小学义务教育，并逐步由二部制改为全日制。至1977年，全区小学初步形成区、片、校三级教研网，加强了教学研究工作，多年来教育质量严重下降的状况有了明显好转。

表18－8　　市南区小学情况一览表（一）

（1952年）

序号	学校	地址	序号	学校	地址
1	辛家庄小学	辛家庄东北	11	德县路小学	德县路14号
2	浮山所小学	浮山所38号	12	河南路小学	太平路41号（含新泰路分校）
3	湛山小学	湛山村	13	北京路小学	北京路65号
4	汇泉小学	中山公园内	14	朝城路小学	朝城路5号
5	大学路小学	大学路54号	15	广州路小学	广州路45号
6	江苏路小学	江苏路9号	16	定陶路小学	定陶路9号
7	太平路小学	太平路17号	17	成武路小学	成武路10号
8	芝罘路小学	芝罘路45号	18	汶水路小学	汶水路2号
9	观象二路小学	观象二路9号	19	云南路小学	云南路287号
10	观海一路小学	观海一路27号	20	濮县路小学	濮县路10号（含嘉祥路分校）

续表18－8

序号	学校	地址	序号	学校	地址
21	贵州路小学	贵州路12号	24	台西五路小学	台西五路5号
22	四川路第一小学	四川路56号乙	25	复真小学 （教会办）	常州路5号
23	四川路第二小学	四川路64号			

中共十一届三中全会以后，市南区教育事业发生历史性变化。1980年，以征收教育费附加、社会力量集资捐资和勤工俭学等形式扩大初等教育经费来源，新建学校、扩建改建校舍、整顿校容校貌、添置仪器设备；入学年龄由7周岁降至6.5周岁。1982年，全区共有35处小学，其中教育部门办的26所、工厂企业办的2所、村办的7所（湛山村办小学、浮山所村办小学、辛家庄村办小学、田家村村办小学、亢家庄村办小学、大尧村办小学、逍遥村办小学），在校学生200838人，适龄儿童入学率为99.9%、巩固率为99%，小学毕业生合格率为84.34%。1983年小学生毕业率为99.21%，考入初中升学率为98.01%。1984—1987年，全区适龄儿童入学率达100%，在校学生巩固率99.6%，毕业率99.8%，居全市之首。1986—1990年间，先后撤销辛家庄、浮山所、湛山、亢家庄、逍遥、大尧等7所村办小学，合并到相应的公办小学；1987年，撤销芝罘路小学，建立市南辅读学校。1992年以后，随着城市中心东移，东部新区陆续建立南京路小学、金门路小学、宁夏路小学等12所小学和第5中学、第51中学、第57中学3所中学，同时根据省、市部署，采取各种措施，大力开展规范化学校建设。1994—1995年，先后改造北京路小学、朝城路小学、定陶路小学、德县路小学、四川路第二小学、莱芜一路小学、大学路小学等学校校舍，同时扩建太平路小学、贵州路小学、文登路小学、嘉峪关学校等学校，所有学校全部达到省级一类学校标准。至1999年，全区有省级规范化学校2所、市级红旗学校1所、市级规范化学校15所、区级规范化学校11所。同年创办第一所国有民办小学——育宏小学，实行学校国有、校长承办、经费自筹、办学自主的模式。

2000年，区教育局与青岛华青发展有限公司联合创办新世纪学校，开启政府、企业联合办学的新模式。之后，相继创办海利丰学校、银海学校2所联办学校。2004年，青岛铁路第一小学转交市南区，后该校被撤销，改建为青岛榉园学校。2006年，青岛市人民政府调整市区义务教育管理体制，区内8所公办初中整建制划转区管，实行属地管理，辖区范围内两所民办初中也移交区管。

2012年，市南区共有义务教育学校40所，其中，小学学校28所、初中学校10所、九年一贯制学校1所，在校小学生27485名、初中生11985名；特殊教育学校1所，在校学生90名。省、市级规范化学校36所，占全区义务教育学校总数的90%。

表18－9　市南区部分小学撤并情况一览表
（1955—2004年）

学校	撤销时间	学校	撤销时间
台西五路小学	1997年合并到贵州路小学	清真小学	“文化大革命”前改为常州路小学，1968年3月合并到太平路小学
观象二路小学	2001年改为三江学校	汇泉小学	1955年改为文登路小学，地址迁至文登路4号
河南路小学	1998年被市征用	湛山小学	1995年迁到市南实验小学
嘉峪关学校中学部	1989年被撤销，全部归于小学用	南村路民办小学	1967年合并到莘县路小学
芝罘路小学	1987年改为市南辅读学校，后改为三江学校，2001年改为区教体局装备办公室	云南路民办小学	1967年合并到定陶路小学
濮县路小学	1999年改为市南第二实验小学	中山路民办小学	1967年合并到北京路小学
四川路第二小学	1996年改为市南教育中心，后改为市南体校	费县路民办小学	1967年合并到成武路小学
成武路小学	1999年改为育红小学，后合并到定陶路小学	工读一中	“文化大革命”期间改为市南电机厂
大沽路小学	2000年改为市南小学体育活动中心	工读二中	“文化大革命”期间被区饮食服务公司占用
观海一路小学	1985年改为市南教师进修学校，1995年改为区教体局办公楼	湛山村办小学	1988年划归湛山小学分校，1993年改建为市南区实验小学
团岛二路小学	1967年与嘉祥路小学合并，原址改为区工读三中、51中学、幼儿师范，现为智荣中学	浮山所村办小学	1990年与浮山所小学合并，改名浮山所小学分校
四川路第一小学	1985年改为市南辅读学校，1996年前边盖教师宿舍，后边改为市南校办企业总公司办公室	辛家庄村办小学	1990年被撤销，改建为区教师宿舍
嘉祥路小学	2004年被撤销	田家村村办小学	1990年被撤销，改建为宁夏路第二小学

续表18－9

学校	撤销时间	学校	撤销时间
汶水路小学	“文化大革命”前与成武路小学合并，原址于1982年改为教师宿舍	亢家庄村办小学	1986年并入镇江路小学
广州路小学	1977年7月被撤销，原址改为教师宿舍	大尧村办小学	1990年被撤销
单县路小学	1970年改为市南中学，后与市南干校合并，原址改为市、区教师宿舍	逍遥村办小学	1990年被撤销，并入燕儿岛路小学

表18－10　　市南区小学情况一览表（二）

（2012年）

序号	学校	建立时间	地址	序号	学校	建立时间	地址
1	青岛北京路小学	1894年	北京路65号	16	青岛南京路小学	1982年	洪泽湖路2号
2	青岛德县路小学	1900年	德县路14号	17	青岛镇江路小学	1983年	泰州一路1号
3	青岛市实验小学	1901年	江苏路9号	18	青岛金门路小学	1984年	上杭路7号
4	青岛香港路小学	1903年	徐州路28号	19	青岛基隆路小学	1985年	基隆路2号
5	青岛定陶路小学	1921年	定陶路9号	20	青岛宁夏路小学	1986年	宁夏路173号
6	青岛朝城路小学	1932年	朝城路5号	21	青岛宁夏路第二小学	1990年	高田路72号
7	青岛太平路小学	1933年	太平路17号	22	青岛八大峡小学	1992年	明月峡路1号
8	青岛大学路小学	1933年	大学路54号	23	青岛新昌路小学	1994年	天台二路20号
9	青岛贵州路小学	1934年	贵州路12号	24	青岛燕儿岛路第一小学	1994年	燕儿岛路46号
10	青岛市市南区实验小学	1934年	新湛二路11号	25	青岛天山小学	2001年	宁国二路18号
11	青岛市市南区第二实验小学	1941年	濮县路10号	26	青岛福林小学	2001年	宏大路12号
12	青岛文登路小学	1946年	文登路4号	27	青岛新世纪学校	2000年	逍遥三路4号
13	青岛嘉峪关学校	1953年	嘉峪关路20号	28	青岛银海学校（小学部）	2003年	东海东路16号
14	青岛莘县路小学	1958年	莘县路162号	29	青岛榉园学校	2004年	湖南路29号
15	青岛莱芜一路小学	1960年	莱芜一路19号	30	青岛三江学校（特教）	1983年	观象二路15号

初中学校选介

山东省青岛第一中学　位于单县路46号。前身为1924年2月创办的私立胶澳中学，该校由山东各地士绅发起创办，校址初在位于今延安路的原德国毛奇兵营旧址，后迁至原德国伊尔蒂斯兵营旧址（今香港西路）。1927年10月改为公立，称胶澳商埠公立中学校，有学生300人，教职员20余人。1929年3月改称青岛市立中学校，为青岛市第一所公立中学。抗日战争期间停办。抗战胜利后复校。因原校址被驻青美军占用，迁至单县路原日本青岛商业学校旧址。1950年9月改为现名。该校是新中国成立后第一批确定的省属重点中学，1978年又被定为首批办好的省属重点中学。2012年，校园占地46668平方米，建筑面积17176平方米，有办公楼、教学楼3座，教室52间，教学实验楼1座，仪器2680件，图书馆藏书10万册。

山东省青岛实验初级中学　前身为1925年青岛市公立女子小学校（现青岛江苏路小学的前身）设立的女子中学班。1927年8月迁出，设公立女子中学校，校名为“胶澳商埠公立女子中学”，暂租用观海二路民房（现观海二路25号）为校址；1928年迁往湖南路14号（现湖南路31号）校舍。1929年改称为“青岛特别市市立女子初级中学”。1930年迁至莱阳路26号（即太平路2号），增设高级班，改校名为市立女子中学。1938年1月因莱阳路校舍为日军占用，暂用朝城路小学校舍，改校名为“青岛治安委员会会立女子中学校”。次年改名为“青岛特别市市立女子中学校”。1944年8月改名为“青岛市立第一女子中学”。抗战胜利后，校名恢复为市立女子中学，校址仍在朝城路。1949年青岛解放，与校址在大学路的崂山中学合并，校名改为青岛市立第二中学。1999年，青岛二中高中部迁往崂山区新校区，改为寄宿制；初中部留在太平路原址，2000年改名为青岛育才中学。2010年更名为山东省青岛实验初级中学。

山东省青岛第五中学　位于上杭路5号，是一所建于1986年的初中学校。1991年开始招收高中生。2000年最后一届高中学生毕业，成为初级中学。2012年，市南区政府把青岛五中重建列为为民办的八件实事之一；9月，学校整体临时搬迁到山东路15号继续办学，有教学班22个，在校学生965人，学校教职工96人，其中专任教师78人。

山东省青岛第七中学　位于德县路27号。初为1931年美国天主教圣方济各会开办的“青岛私立圣功女子中学”。1944年改为市立第二女子中学，1945年9月恢复原名；1952年改现名。1968年，学校改为男女生均收。1996年实行高初中分离，成为初级中学，同年被确定为青岛市计算机特色学校。

私立青岛智荣中学　位于团岛二路23号。建于1994年，是改革开放后青岛最早建立的民办初中学校，占地面积3540平方米，建筑面积3106平方米。2004年在李村西山通真宫路79号建立智荣中学北校。2012年学校有35个班级，共1348名学生，专职教师106人。

山东省青岛第二十四中学　位于云南路287号。前身是建于1915年的台西镇公学堂，1922年改为台西镇公立两级小学，1947年改为青岛市立台西区云南路中心国民学校，1957年改建为青岛第二十四中学。2000年最后一届高中学生毕业，成为初级中学。2005年，学校被确定为青岛市首批重点建设初中；2008年区政府与华东师范大学合作办学，学校正式冠名为“华东师范大学青岛实验中学”。2012年，学校建筑面积12398平方米，有30个教学班，1198名学生，教职工113人。

山东省青岛第二十五中学　建校于1957年，位于江西路70号，是一所重点纯高中学校，2010年4月改为青岛二中分校，现有30个教学班，教职工160余人。校园占地6公顷，建筑面积17000平方米。学校建成了高质量的校园网，实现了班班通。建有标准的田径、足球、篮球、排球、网球等场地，还有体育馆、画室、音乐教室等，是青岛市教育条件装备先进单位。

山东省青岛第二十六中学　位于京山路18号。建于1970年。1983年学校停止招生，校舍出借给青岛大学专科部。1989年学校恢复，只招收初中学生。2009年，市南区政府投资1.5亿元重建，学校建筑面积22354平方米，成为符合国际准二代标准的多功能的富有示范意义的现代化学校。2012年，学校有31个教学班，教职工118人，学生1689人。

山东省青岛第三十九中学　前身为创建于1952年的“山东大学附设工农速成中学”，1958年更名为“山东大学附属中学”，1959年更名为“山东海洋学院附属中学”，1963年更名为“山东省青岛第三十九中学”。2003年，加挂“中国海洋大学附属中学”校牌。学校占地面积18900平方米，建筑面积16000平方米，建有仪器设备先进的实验楼、藏书近10万册的图书馆。

青岛大学附属中学　位于逍遥三路4号。2003年由（香港）华青发展有限公司、青岛大学和青岛育才中学联合创办的全日制民办中学，建筑面积7282平方米。2012年有49个教学班（初中40个、高中9个），共2289名学生、226名教职工。

山东省青岛第四十八中学　位于菏泽四路4号。建于1967年，时为24班普通初级中学；1978年增设普通高中班；1980年改为“青岛市第四职业高级中学”，设服装、食品、化工、财会等专业；1994年调整为18班普通初级中学。2009年因旧城改造，教学楼拆除，学校借址办学，2010年学生全部毕业。

山东省青岛第五十一中学　始建于1986年。原为青岛第五十中学，1986年在金坛路改建为青岛教育学院附属中学，1990年6月由金坛路迁到市南区永嘉路17号，改为青岛第五十一中学，是山东省首批规范化学校。2012年有29个教学班，1229名学生，教职工108人。

山东省青岛第五十七中学　位于江西路152号，建于1990年。学校占地面积19901平方米，建筑面积7641平方米。2012年有21个教学班，在校学生856人，专任教师69人。

山东省青岛第五十九中学　位于延安三路216号，建于1995年。学校占地约1.27公顷，建筑面积9000平方米，是全国中小学外语教研工作示范学校。2012年有38个教学班，在校学生1930人，在岗教职工129人。

青岛银海学校　位于东海东路16号。2003年由青岛银海旅游集团与江苏路小学（青岛市实验小学）联合创办，占地面积12000平方米，建筑面积7500平方米。2008年初中部成立并开始招生，成为市南区第一所初小一体化的九年制学校。

教育教学

课程设置　1952年10月，区内小学采用青岛市整日制小学教学计划。1953—1954年执行教育部颁发的《试行小学教学计划（草案）》。1955年起执行教育部颁发的《小学教学计划》，每学年上课34周，每节课45分钟，其中，语文课一、二年级每周写字3课时，三、四年级每周2课时，五、六年级每周1课时；四、五年级在算术课内加授珠算，每周1课时。1957年增设政治课。1967年课程设置有：毛泽东思想教育课（天天读）、语文、算术、科学常识、军体、革命文艺。1974年部分小学试教“三算”（笔算、珠算、口算）。1980年，小学开设思想品德、语文、数学、自然、历史、地理、体育、音乐、美术等9科课程。1986年起，中高年级增设青岛市地方课程说话课；同年，区内各校开设法制教育课，部分学校开设“电算机活动课”。1988年，12所小学开始开设英语课。1993年秋季，小学一年级开始执行国家教育委员会公布的《义务教育全日制小学、初级中学课程方案（试行）》，小学开设思想品德、语文、数学、自然、说话、英语、社会、音乐、美术、体育、劳动、活动共12科课程。1999年出台《创意课教学大纲》。2000年小学五、六年级开始增设信息技术课。2001年，市南区成为国家级课程改革实验区，是年秋季开始在小学一年级执行教育部颁发的《基础教育课程改革纲要（试行）》教学计划和课程标准，小学低年级开设品德与生活、语文、数学、体育、音乐、美术6科课程；小学中高年级开设品德与社会、语文（含写字）、数学、科学、英语、综合实践活动、体育、音乐、美术9科课程，其中高年级增设信息技术课。

2007年，贯彻落实《青岛市教育局关于调整青岛市义务教育课程设置方案的通知》要求，区内有条件的小学一、二年级每周增设2课时英语课程，占用地方课程课时。2011年，区内小学1～6年级开设海洋教育课程，切实加强地方课程建设，强化必修课程和选修课程相结合的地方课程体系。2012年秋季，区内小学一、二年级体育与健康周课时数由3课时调整为4课时，地方与学校课程周课时数由4课时调整为3课时；小学三到六年级语文课程中，每周安排1课时的书法课；鼓励有条件的学校在每周总授课时间不变的情况下，适当调整每节课授课时间，提高课堂效率，开设学校课程，促进学生全面而个性发展。

小学生在科学课上亲自动手进行实验探究

素质教育　20世纪50年代初，区内各小学贯彻“整顿巩固，重点发展，提高质量，稳步前进”的工作方针，开展思想政治教育和劳动教育。1957年2月，毛泽东提出“我们的教育方针，应该使受教育者在德育、智育、体育几方面都得到发展，成为有社会主义觉悟的有文化的劳动者”的教育方针，区内小学教育进一步坚持全面发展的方向，全面提高教育质量。

“文化大革命”期间，否定以课堂为中心，以教师为中心，以课本为中心的教学制度，小学的文化知识课只讲与生产相结合，以生产应用代替基础知识学习，打乱了教材的科学性和系统性，区内中小学严重偏离素质教育的正确轨道。

中共十一届三中全会以后，区内中小学的素质教育逐步得到恢复和发展。区内中小学针对片面追求升学率的新情况，全面贯彻国家的教育方针，加强德育工作和劳动教育，全面提高教育质量。1993年，中共中央、国务院颁布《中国教育改革和发展纲要》，提出“中小学要由‘应试教育’转向全面提高国民素质的轨道”。根据这一指示精神，1994年开始，市南区将教育工作的重点转向全面提高教育质量和学生素质的轨道。1996年，把全面推进素质教育作为重点，构建实施素质教育的框架和评价体系，确定实施素质教育的年度目标，建立素质教育年度目标考核评估制度。1998年，区政府下发《关于全面贯彻教育方针、推进小学实施素质教育的意见》等一系列文件，并制定《市南区小学实施素质教育教学具体要求》，为实施素质教育创造良好的外部环境；同时，改革、完善考试制度和评价制度，对各年级的考试方式进行改革，1～6

年级全部实行等级制，被省教委命名为“山东省素质教育示范区”。至2000年，“以人为本，以学生的终身教育为本”的素质教育理念初步形成。此后，全区的素质教育深入推进。2005年被确定为全国首批区域教育特色实验区，并荣获山东省素质教育先进区称号。

教育经费

新中国成立后，市南区的教育经费主要来自上级财政下拨、地方财政自筹资金划拨和教育部门内部收入（学生缴纳学杂费、勤工俭学收入），并有社会捐资等。中共十一届三中全会召开后，省、市、区政府陆续出台多项政策，加大教育经费的投入，地方机动财力亦有适当比例用于教育。1980年，以征收教育费附加、社会力量集资捐资和勤工俭学等形式大幅度增加教育经费，用以新建学校、扩建改建校舍，改善办学条件。进入21世纪，教育经费逐年增长，政府教育拨款的增长速度高于财政经常性收入的增长。

2012年，安排国家财政性教育经费73748万元（含教育费附加8614万元、地方教育附加6184万元），其中，区级教育拨款达到65200万元，高于财政经常性收入增长比例（7.82%）；教育费附加和地方教育附加及时足额拨付，增长幅度较大；预算内生均公用经费初中为995元，小学为795元，均有较大幅度的提升。年内，区财政为义务教育阶段学生免除杂费1053万元，为困难学生提供免费午餐、发放助学金和慰问金等共计75万余元。自是年秋季，免除义务教育段学生教科书费和作业本费，总额达到388万元。

教师队伍

任用与管理　1958年区教育局成立后，负责小学教师的管理与任用。1958—1960年，为应对教育事业发展的急需，从社会上招收一大批小学教师和代课教师。1966年开始的“文化大革命”打乱了正常的教育教学秩序，造成师资力量严重短缺且年龄老化。1978年青岛市出台《关于加强中小学教师队伍管理工作的意见》后，经过几年的调整、培养、培训，教师数量基本得到满足，教师总体素质大幅度提高。1994—1995年，根据青岛市教委《关于改革学校人事管理工作若干问题的暂行规定》，相继实行专业技术职务聘任制和“校长负责制、教职工聘任制、岗位责任制、绩效工资制”的“四制”改革，学校建立考评制度和以校长为首的考评机构，按照岗位职责要求，定期考评任职人员。1999年逐步实行教职工全员聘用合同制，以用人制度和分配制度改革为重点，落实教职工聘任制和绩效工资制，进一步规范教师职称评审办法，把教师职称的评聘与提高教师素质紧密结合起来。2003年，根据《青岛市事业单位人员聘用暂行办法》，学校首先与教职工在平等自愿的基础上签订聘用合同，明确双方责任、权利和义务，在此基础上再与教职工签订学校内部岗位聘任合同，实行内部岗位聘任；同时实行专业技术职称评审与聘任分开，职称聘任实行双向选择、竞争上岗，按照实际聘任的专业技术职称确定相应的工资待遇。2011年，制定《市南区优秀教师交流制度》，84名教师参与交流，占专任教师总数的4%，中小学交流参与率达100%。

教师培训　青岛解放后，对教师从思想觉悟和业务能力两方面培养提高。“文化大革命”期间，教师业务培训工作停止。1977年后市南区加强教师培训工作。1978年建立市南区教师进修学校，采取多种形式对干部、教师进行培训。至1981年，参加学习的教师1290人次，其中中师毕业的199人。1984年，依据“教什么，学什么，缺什么，补什么”的原则，对在职教师的培训坚持把日常进修和长远、系统的文化专业知识学习结合起来。1989年，区教育局成立师资培训领导小组，建立地面卫星接收站，配备了电视、录像、录音等现代化教学仪器，为培养青年教师创造良好条件。90年代，把30岁以下的366名青年教师培训作为全区教育工作的重点任务来抓，鼓励他们进行高层次的进修学习。1991年有82名青年教师通过参加教育学院、山师大夜大学的进修和自学考试取得大专学历，大专已经毕业和大专在读的青年教师约占全区青年教师总数的40%。2000年，市南区把《教师继续教育证书》作为推动小学教师继续教育工作向纵深发展的一项重要措施，明确规定没有参加继续教育或继续教育学分达不到规定标准的教师不能参加职务评聘；部分小学开始试点校本培训工作，以学校为培训基地，提高教师的教育教学水平。2001年，成立集师训、教研、科研为一体的市南区教育中心。2003年，与青岛三家高校合作建立五所“教师发展学校”，与青岛大学团委、中国海洋大学建立“青年教师发展联盟”，借助高校的师资力量培训小学教师，促进小学教师专业化。2004年与中国教育学会联手建立“中国教育学会青岛市南区教师发展培训基地”，邀请中国教育学会的专家对全区教师进行培训，这是全国首个教师发展培训基地，此后全区教师的培训走上专业化道路。2008年成立科研、教研、师训、信息技术“四位一体”的市南区教育研究指导中心。2009年出台《市南区教师专业素养提升计划》，开展为期三年的全区教师专业素养提升工作，依托中国教育学会市南区教师专业发展基地组织开展各种专题培训、集中培训、远程培训、二级培训。2011年，实施千名班主任心理专业素养提升工程，帮助班主任及教师掌握心理健康教育的基本知识、方式方法和途径，增强自身心理健康水平和能力，将心理健康教育的原则与精神渗透到日常学生管理和各项教育活动中。

2012年实施教师分层培养，依托清华大学教育研究院，启动为期3年的市南区研训教师高级研修班培训；组织100名初小英语教师进行为期15天的国内培训，择优选拔20位优秀学员赴加拿大外培；组织全区44所初中、小学、幼儿园的2104名教师参加山东省初小幼教师全员远程研修。同年，针对各梯队教师专业发展需求，规划实施为期3年的市南区教师素养提升“五格”工程，即以“入职引领”为目标的“新教师入格培训”，以打造具有示范作用的骨干教师为目的的“骨干教师升格培训”，以培养在省、市具有较高学术影响力的领军人物为目标的“学科带头人风格培训”，以高标准、精专业为目标的“研训人员高格培训”，以提升学科专业素养、拓展国际视野为目标的“英语教师优格培训”。年内，市南区教育研究指导中心被评为“全国示范性教师培训机构”。

第四节　特色教育

思想品德教育

1953年，全区小学广泛进行“五爱”（即爱祖国、爱人民、爱劳动、爱科学、爱护公共财物）和“四观点”（即阶级观点、群众观点、劳动观点、辩证唯物主义观点）为主要的思想政治教育和共产主义道德教育。同年，全区14个小学全部建立少先队组织。1955—1957年，把《小学生守则》作为思想品德教育的基本内容，主要

组织教师参加山东省远程教育培训

进行时事政策、爱国主义、集体主义教育及劳动、纪律教育。20世纪60年代，重点进行革命传统教育，培养学生艰苦朴素、勇于克服困难的精神。1963年，开展学雷锋、学英雄模范人物、学解放军等活动，聘请解放军指战员、民警、老工人、老贫下中农担任校外辅导员。

中共十一届三中全会后，抛弃思想教育中极左的做法和内容，加强了思想政治教育工作的领导和队伍建设。1979年，开展“为红领巾增添光彩”和“学守则、树新风、创三好、做合格的小学生”活动。1981年区教育局建立思想政治教育工作领导小组和教研组，结合实际和身心发育规律，研究改革思想品德教育工作。这一时期，爱国主义教育和社会主义精神文明教育成为思想品德教育的基本内容，各校制订文明礼貌用语、校规、校训、校歌等，使精神文明教育经常化、制度化。1983年，规定各校必须设专职或兼职的思想品德课和劳动课教师，制定教学计划，建立集体备课和检查考核制度，对学生的思想品德从知识、感情、意志、行为4方面全面考查评估。1988年，贯彻落实国家教委《小学德育纲要》《小学班主任工作暂行办法》《小学生日常行为规范》，重点放在文明礼貌教育和行为的训练上。1990—1994年，深入开展“学赖宁”活动、“三史三热爱”系列活动、“争戴少先队劳动奖章”活动和“做现代化国际城市小主人”“手拉手”等活动。1995年各学校成立德育处，德育工作成为学校的重点工作之一。1999年，成立10个街道社区少工委；2000年，建立12个社区少工委（包括社区红领巾理事会），组织全区少先队员参加全市“雏鹰争章”活动。2001年，市南区成立苗苗儿童团，实现少先队组织管理、教育的层次化，使少先队对低年级的儿童教育更有针对性。

2004年起，以“德润校园”为品牌，构筑德润学校、德润家庭、德润社区三位一体的相互衔接、相互贯通、相互补充的德育立体网络，通过“细、小、实、新、活”的德育活动，促进未成年人思想道德建设工作不断向纵深发展。2006年，“市南区红领巾让座大行动”荣获青岛市百件精神文明好事。2008年，全区开展“同心同赢同分享，齐把圣火来点燃”“小手大手拉起来，文明迎奥我先行”“‘祖国我为您骄傲’国庆专版画报汇编评选”等一系列活动。2009年，实施“我们在成长”现代公民教育工程，将培养具有民族精神、文明素养、时代责任和国际视野的现代合格公民作为促进未成年人健康成长的新着力点，致力于提高学生的思想道德素质，促进学生健康和谐发展；制定《市南区“幼小初一体化”德育目标体系》，指导幼儿园、学校明确德育总目标和分段德育目标，全区幼儿园、中小学校德育工作迈上科学化、规范化轨道；举行“祖国发展我成长，队旗伴着国旗飘”庆祝少先队建队60周年活动，市南区少工委荣获“山东省少先队工作红旗单位”称号。2010年，全区全面启动“争做四好少年”活动。2011年，在八大湖街道吴兴路社区创建市南区首家社区少先队工作服务站，全面启动“红领巾创城在行动”活动。2012年，将社会主义核心价值体系融入中小学教育全过程，高位推进现代公民教育工程，中小学实施全员育人导师制、班教导会制度，通过完善德育管理机制，加强德育队伍建设，创新德育模式等措施，加强“德润校园”品牌快速发展，“德润校园”品牌和市实验小学的“自能公民”活动被评为首批青岛市十大德育品牌。

艺术教育

1963年市南区少年宫成立后，根据学生的特点大力开展校外艺术教育，举办儿童绘画、美术、书法、硬笔书法、声乐、器乐、舞蹈、国际象棋等各类培训班，开展文艺演出训练，至1979年6月，直接组织学生开展校外教育达10万人次，通过学校开展校外教育达60万人次以上。

1992年10月举办首届小学生艺术节，其间

丰富多彩的小学艺术教育课堂

举办绘画、工艺、书法、篆刻、摄影作品展览，《金色时光》200米画卷现场绘画表演，课本剧调演等，此后每年举办一届。1992—1996年，将原来每年一度的全区小学生文艺会演、小学生美术展览增加到每年两次，开展音乐、舞蹈、国画、书法、空模、海模等单项比赛活动。1994年，市南区少儿艺术团组建26个分团。2000—2001年，建立市南区少儿艺校、青岛小孔雀艺术培训学校两所附属学校，组建成立市南少儿艺术团合唱团、舞蹈团。2002—2007年，组织全区各学校参加由中国教育学会主办的“世纪之星”全国少年儿童艺术教育成果展活动，20余所学校获得优秀组织单位，千余名学生获得不同奖项。2006年开始，组织学生参加由教育部艺教委主办的历届全国中小学生美术书法比赛，参加人数累计达2万余人次；在教育部主办的全国中小学生艺术展演中，10名学生分别获得一、二等奖。2010年举办市南区师生美术作品展，展出中小学师生美术作品254幅；同年成立市南区少儿书画院，作为市南区中小学生美术活动实践基地，定期举行美术技法培训、美术作品展览和美术作品交流活动。2012年，启动“向大师致敬”市南区中小学生美术教育系列活动，举办中小学生美术创意作品展，展出全区37所中小学的2000余幅中小学生作品。

海洋教育

1998年，市南区实验小学建立“青岛少年海洋学校”，开设“海洋科普活动课”，自编出版《少年海洋科普活动学校教材》，努力打造“海洋特色”教育品牌。2011年，青岛市选择市实验幼儿园、市南区实验小学等10所学校作为首批市级蓝色海洋教育实验学校，开设《海洋教育》地方课程。

2012年，市教育局下发《关于印发青岛市蓝色海洋教育实验实施方案等四个教育体制改革实验实施方案的通知》，要求在全市中小学开设海洋教育地方课程。区教育局根据通知精神，成立海洋教育实验项目领导小组，设立市南区海洋教育实验项目办公室，全面统筹海洋教育的规划发展；建立海洋教育实验试点学校，以市南区实验小学为中心，片区联动，组团发展；加大特色学校建设投入，年内共拨付340余万元用于学校开展文化建设及海洋教育实验研究。加强海洋教育实验试点学校的专用处室建设，市南区实验小学以影触摸屏的形式设置“数字海洋博物馆”，学生们可以在课间查阅和学习相关的海洋科普知识；青岛第24中学设立“海洋原生动物有孔虫科普基地”。建立试点实验学校海洋教育教师研究团队，在教师培训中增加海洋教育内容，指导教师将海洋教育渗透到各学科教学之中。借助“请进来、走出去”的方式，提升教师自身的海洋专业素养，提高自身的能力水平。建立市南区海洋教育实验项目管理研究体系，与中国科学院海洋研究所、中国海洋大学等科研院所建立合作关系，借助海洋专业研究机构为市南区海洋教育实验提供智力支持与课程资源保障。市南区实验小学依托学校的“专家课堂”，每月定期聘请海洋专家到校举办讲座；嘉峪关学校建立中科院海洋科普实践教育基地，中科院海洋研究所的18位博士组成讲师团定期在学校举办系列讲座。实施“蓝色海洋”地方课程教育，制定教育实施方案和实施计划，开发海洋教育学校课程，将海洋地理、海洋生物、海洋国防、海洋环保、海洋经济、海洋科技、海洋文化等教育内容贯彻到中小学教育教学全过程中；同时，组织举办海洋知识竞赛、专题讲座、征文演讲、主题班会等活动，在海洋专家指导下开展科学实验、科学考察和勘探活动，定期开展海洋科学探究、社会实践等教育活动。

第五节 成人教育

扫盲教育

新中国成立后，市南区的扫盲工作广泛开展起来，1951年有男女识字班（组）51处，学员1750名。1952年9月开始速成识字法准备与推行工作，成立速成识字法推行委员会，并在江苏路、四方路民校中设立2个速成识字法实验班，在这一基础上，先后在6处职校中开办12个班、477名学员，民校中开办18个班、691名学员。至1955年形成扫盲高潮，上半年扫盲及业余小学在学人数有高小班4815人、初小班11038人，其中，机关干部高小扫盲82人、职工高小扫盲2512人、市民高小扫盲8102人、农民高小班扫盲343人；当年8月成立区扫盲协会，在工厂、企业、农业社、手工业社、街道中也普遍成立扫盲协会和扫盲小组。截至1957年4月25日，全区剩余的7023名文盲中有6182人报名入学，占文盲总数的88.2%，其中职工、手工业合作社中的文盲入学率达90%以上。至1958年，全区青壮年中的文盲基本扫除，总计26000多人摆脱文盲状态，掌握了一定的文化知识。

干部职工业余教育

解放初期，市南区依托中、小学和机关建起各种干部职工业余学校，大力培养工农干部。1951—1954年，先后设立5所机关干部业余中学、3所干部职工业余学校，分别附设于各有关中、小学和机关单位，其中，机关一中建于1951年9月，附设于青岛商业学校；机关二中建于1951年9月，附设于青岛二中；机关六中建于1954年3月，附设于青岛疗养院；机关七中建于1951年9月，附设于青岛七中；德县路职工小学建于1951年9月，附设于德县路小学。1953年6月，机关一中并入机关七中。这一时期的教育重点主要是在干部职工中普及小学和初中文化教育，以解决工农干部文化基础与工作要求不相适应的矛盾。1956年开始举办高中文化班，实行文理分科；1957年，开始举办单科的大、中专政治班和各类技术班。1958年，机关七中更名为机关四中。1961年6月，机关二中、四中、六中、德县路职工小学合并，成立市南区干部职工业余学校（简称市南干校），校址设于青岛七中；职工第三业余中学更名为台西区干部职工业余学校，校址设于大沽路31号。1959年，根据“普通教育与业余教育并举”的方针，加强业余教育的领导，全区共有各级各类业余学校53处，参加业余学校学习的人数达11400余人，占应参加学习人数的93.8%。1963年，台西区建制被撤销，市南区干部职工业余学校和台西区干部职工业余学校分别更名为市南区第一、第二干校；1970年，两校合并为市南区干部职工业余学校，校址在大沽路31号。

“文化大革命”期间，正常的教学管理秩序被打乱，1966—1980年期间，干部职工业余学校没有毕业学员，只有结业学员。1978—1985年，学校以职工文化补课为主，开设大量初、高中文化班，在校学员人数多达近万人。

1985年，经山东省教育厅批准，市南区干部职工业余学校更名为青岛市市南区干部职工中等专业学校，改建成为以举办学历教育为主的成人中专学校，学校隶属于市南区教育局，教学业务归口于市教育局成人教育处。此后开始举办业余中等专业学历班，在把重点转向成人中专的同时，继续开办高中文化班。90年代初，为大力发展中专学历教育，根据经济建设和社会发展对人才的需求，先后开设《财务会计》《企业管理》《市场营销》《轻工机械》《电工》《护理》《微机应用》《文秘》《外贸英语》《机电一体化》等专业。1998—2000年，根据市教委有关文件精神，开始招收初中毕业生，开办财会、旅游英语等专业的职业中专班。1988年，市南中专与中央财政金融学院合作，设立中财大青岛函授站，面向全省招生，开办国民教育系列的《金融》《会计学》专业的大专和专升本学历班。1989年，学校自筹资金100万元，在新泰路13号建成新教学办公大楼，建筑面积近2200平方米，共有16个教室、14个办公室。1994年7月，受市南区委宣传部委托，与山东省干部函授大学青岛分校合作设立市南函授站，又与山东行政学院挂钩设立教学班，开办非国民教育系列的财会专业、经济管理和行政管理等专业的大专、本科班。1994—2002年，山东省干部函授大学市南函授站共毕业本科班学员近2500人，山东行政学院教学班毕业300余人，共计近2800人。2001—2004年，还先后与北京师范大学、河北师范大学、烟台师范大学、青岛大学成人教育学院等高校联合开办各种专业专升本科班和专业大专班。2010年5月，市南区干部职工中等专业学校被撤销。

非学历教育

1992年，以市南中专为基地，成立市南区成人教育中心（简称区成教中心），开展非学历教育工作。经过考核，区成教中心被确定为市、区两级组织、人事、财政等部门的培训基地，承担干部英语、法律、微机培训，以及专业技术人员的继续教育，会计职称考试、年检考核的辅导等各项任务，同时面向社会招生，大力开办各种类型的短期培训班，平均每年培训达2000人次。2010年5月，学校停止办学，被正式撤销。其间，共培训学员近30000人次。

社区教育

20世纪90年代初，市南区成立社区教育工作领导小组，将发展社区教育作为社区建设的重点。1997年3月，建立第一支社区教育专职队伍，开展向街道办事处派驻社区教育助理试点工作，逐步形成社会、家庭、学校一体化的教育格局。2002年10月，根据青岛市委、市政府《关于创建学习型城市的意见》，市南区政府决定依托市南中专建立市南区社区学院，由区委副书记任校长、区委政府分管领导任副校长。同年，市南区制定《关于创建学习型城区的实施意见》，开设社区建设的有关课程，对全区近400名社区工作者进行系统培训。是年，市南区被评为山东省社区教育实验区。

2003年成立市南区社区教育指导中心，向全区126个居委会派驻252名社区教育辅导员、1000名社区小助理，建立6支社区教育义工队伍，协助社区开展教育宣传活动。是年市南区被教育部命名为“全国社区教育实验区”。2004年，按每年人均一元的标准纳入区政府财政预算，作为发展社区教育的固定经费。2005年，启动“周日教育广场”培训活动，全区10个街道办事处在每月第一周周日上午同时举行教育培训。年内龙羊峡社区被评为全国学习型社区。

2006年起，每年举办社区教育节，开展“百节公益课堂”等活动。是年，在社区工作者中开展学历教育，组织122名在职人员利用3年时间完成社区管理专业的学习。2008年“以节促学，提升素质，构建和谐社区教育节，叫响节庆活动品牌”被评为全国社区教育示范项目。同年市南区被评为全国社区教育示范区，中山路、江苏路和湛山街道被评为全国社区教育示范街道。自2009年起，每年开展1000节“市南公益课堂”，内容涉及英语、法律、养生保健等，被市南区政府列为为民办实事之一。2010年，《青岛与海洋》《走进市南》《社会志愿者手语培训》3门课程荣获全国社区教育特色课程荣誉称号，金门路街道、八大峡街道和

第七届社区教育节公益课堂

八大湖街道被评为山东省社区教育示范街道，八大湖街道、八大峡街道被评为全国第二批社区教育示范街道。2011年，与35家区内单位合作，成立“市南区社区教育基地”。

2012年，充实社区教育讲师团队伍，聘请大学教授、行业骨干等到街道、社区“公益课堂”讲课。同年，《和孩子一起成长》在首届全国社区教育特色课程资源评审活动中荣获三等奖，市南区教育局社区教育指导中心荣获优秀组织奖，金门路街道办事处荣获第三批全国社区教育示范街道称号。

第三章　体　育

市南区是青岛现代体育运动的发源地，中国传统体育与西方现代体育交相融汇，推动了区内体育事业的进步与发展。19世纪末德国侵占青岛后，修建网球场，开辟海水浴场和跑马场，建立各种专业体育俱乐部，现代体育传入区内，体操、田径、球类运动等率先在区内新式学校流行。继之，国人在区内创办青年会、中华武术社、青岛中华体育会和青岛国术馆，开始有组织的群众体育活动，国术也纳入政府管理的轨道。20世纪30年代，区内的汇泉海水浴场组织首次全市游泳比赛，每年一度的全市中小学生春、冬季运动会也在区内举行。青岛体育场建成后，成为第十七届华北运动会的举办地，进一步扩大了现代体育运动的社会影响力，推动了区内体育事业的发展。

青岛解放后，市南区重视并大力开展群众体育活动，先后举行游泳、划船、小足球等较大规模的体育活动。20世纪50年代末，在“为生产建设和国防建设服务”方针的指导下，配合各项中心工作的群众性业余体育活动蓬勃开展，参加各种业余体育活动的人数逐年增加，体育比赛水平亦逐步提高，在增强人民体质、支援国防建设和为工农业生产服务等方面均收到积极效果。其间，成立区体育运动委员会，建立健全各级体协组织，在全区机关、工厂、企业、学校及街道中推行劳卫制，推动群众体育运动的开展，全区性的各种竞赛活动逐渐增多。60年代，市南区贯彻“发展体育运动，增强人民体质，更好地为生产和国防建设服务”的方针，广泛开展各种群众体育活动，承办各类市级棋类比赛，举办大象棋表演赛。1962年9月区体育运动委员会被撤销，1977年重新设立。70年代初，区内相继举行全国少年足球集训大会和全国足球分区赛，引发足球运动热潮。这一时期，市南区乒乓球队称雄青岛乒坛，男女篮球在全市比赛中取得突出成绩。

中共十一届三中全会以后，随着经济社会

的发展和群众物质生活水平的提高，群众体育、竞技体育、学校体育等体育活动从内容到方式发生深刻变化。改革开放后，市南区坚持普及与提高相结合的方针，群众体育活动的开展更加广泛。80年代初，青岛市构建以青少年足球为重点的足球培训体制，促进了区内青少年足球运动的发展。市南区太平路小学足球队成为山东省跻身全国比赛的代表队，先后在全国首届“萌芽杯”足球赛和全国小学生足球赛华北赛区比赛中获得佳绩。80年代后期，市南区学校体育教育以田径为重点，加强科学训练，建立起完整的三级训练网络，促进了学校田径锻炼成绩的提高，连续3年蝉联青岛市小学生田径比赛的冠军。同期，区老年体育协会等群众体育协会相继成立，举办门球、台球、竞走、太极拳剑、健身球操、秧歌、登山、旅游、健步走等老年人体育活动，老年人活动遍及海滨、公园及广场、社区，在全国、省、市各级老年体育赛事中取得较好成绩，群众性体育运动得到进一步普及和提高。这一时期，幼儿体育推出四人制小足球竞赛和小篮球定点3人传球投篮比赛，打破幼儿不能参加体育比赛的禁区，开拓幼儿体育的创新空间。90年代初，太平路小学获得青岛市“市长杯”足球赛冠军，之后市南区小学生男足基层队连获八届“市长杯”足球比赛冠军。同期，市南区少儿游泳运动跃升全市领先地位，以绝对优势蝉联全市冠军。同时对开展群众体育活动实施量化管理，尝试举办由社会赞助的体育赛事，组建以少年儿童为主体的区武术队，通过举办区级武术比赛选拔武术人才。90年代中期，市南区认真贯彻落实国务院颁布的《全民健身计划纲要》，积极开展全民健身活动。先后举办“市南杯”全民沙滩排球公开赛、全国沙滩排球巡回赛、11城市少儿足球赛、8城市老年门球赛等赛事活动。这一时期，市南区连续获得青岛市小学生游泳比赛团体总分第一名，为国家、省、市游泳队输送一批优秀运动员，在国际、国内各种大赛中取得优异成绩。其间，市南区体育运动委员会与市南区教育局合并，成立青岛市市南区教育体育委员会。

进入21世纪，市南区青少年排球运动强势崛起，相继在全国首届青少年软式排球锦标赛、第六届中日小学生排球对抗赛、山东省青少年排球锦标赛和全市首届运动会排球锦标赛获得冠、亚军。同期，市南区被评为全国网球巡回赛总决赛最佳赛区，促进了区内网球运动加快发展。同时大力扶持乒乓球场馆和俱乐部建设，进一步提升乒乓球竞技水平。“十五”期间，群众体育逐步向居民社区延伸，呈现趣味性、规模化特点，老年人体育崛起为群众体育的劲旅。这一时期，区内各级各类学校加强体育场馆和体育设施建设，改善了学校的体育教学条件，同时加大区财政投入，建设各种群众健身场所，公共体育资源状况大为改观。2010年，承办青岛市第九届社区健身节“家庭趣味比赛”活动，市南区健身气功、柔力球、健身操代表队获得第一名。2011年，全区群众性体育活动更加蓬勃发展，相继举办市南区首届全民田径运动会、首届体育大会等赛事；先后获得山东省老年人健身操比赛一等奖和全市柔力球、健身秧歌比赛一等奖。同年9月成立市南区体育局。

2012年，全区有10所中小学被授予市帆船运动进校园先进单位称号，11所学校被命名为青岛市首批帆船特色示范学校，位居全市第一，创建传统体育项目学校呈现蓬勃活力。年内，市南区获青岛市中小学生田径运动会市内四区团体总分第一名，彰显学校体育教学的显著成果。至2012年，全区有各类体育健身队伍、群众性体育组织298个，其中包括体育协会7个、健身俱乐部89个、健身站点196个等。是年，市南区拥有标准体育场馆125处，全区体育场地总占地面积约为188.3万平方米。

第一节　群众体育

市南区的群众体育具有广泛而深厚的社会基础，武术与弈棋等传统体育历时久远，在社会民间流传甚广。20世纪初，西方现代体育传入区内，各种球类运动及海水浴成为群众体育运动的主要方式。20世纪二三十年代，区内成立民间武术组织，推动了武术运动的进一步普及。青岛解放后，市南区大力开展群众体育活动，游泳、划船、棋类、小足球等较大规模的群众性业余体育活动蓬勃开展，参加各种业余体育活动的人数日益增加，为增强人民体质、支援国防建设和工农业生产发挥了积极作用。实行改革开放后，区内的群众体育活动更加广泛，广场、街道、大院成为群众体育活动场地，门球、竞走、气功、踢毽、够级、健身操等各类形式的群众体育活动走进居民社区，各类群众体育协会相继成立，群众体育运动得到进一步普及和提高。市南区先后举办“市南杯”全民沙滩排球公开赛、全国沙滩排球巡回赛、11城市少儿足球赛、8城市老年门球赛等专项赛事活动，相继举办青岛市第九届社区健身节“家庭趣味比赛”活动、市南区首届全民田径运动会、首届体育大会大型综合性等赛事活动，举办三级社会指导员科学健身培训活动，培训骨干430余人，全区三级以上体育指导员共达1900多人，为群众体育活动的开展奠定坚实的基础，市南区群众体育工作跨入全国先进行列。

武术

新中国成立前，市南区武术运动就多有开展，群众基础深厚。1923年，王子平、沙吉福开办以教查拳为主的“中华武术社”。1930年，张鹏福在浮山所开办“青岛市国术馆第十一练习所”，推动武术的大众化普及。解放后，市南区武术运动发展更为迅速。1959年4月，市南区武术协会成立。“文化大革命”初期，武术运动一度陷入停顿，1973年开始恢复，同年成立市南区业余武术队，并组建武术训练班。1975年，武术训练班易名为武术辅导站，武术运动复又受挫。“文化大革命”结束以后，武术活动得以恢复。

改革开放后，群众武术运动蓬勃开展。1982年，举办武术、气功辅导站，有3400多人参加各种活动，深受群众欢迎。1988年，区武术拳师接受青岛市有关部门的考评，参加武术正规套路的学习班，业余拳师的素质和业务水平得以提高。1991年，成立以少年儿童为主体的市南区武术队，每年通过举办区级武术比赛选拔队员参加各级各类武术赛事。1999年，在梁山举办的全国太极拳比赛上，市南区武术协会的薛举进获六合八法拳第二名。2003年，薛美勤在美国举办的国际功夫大赛中获个人太极拳、刀术两个项目的金牌，在青岛市太极拳、太极剑比赛中获42式太极拳、剑竞赛套路两项第一名。2011年，市南区武术协会代表市南区参加青岛市中老年人太极拳比赛并获团体第二名。

2012年5月，市南区武术协会指导员培训班在市南区少儿体育活动中心举行，共培训武术三级社会指导员60人。是年，市南区武术协会组队参加2012年香港国际武术邀请赛并获得5枚金牌、1枚银牌；在2012年台湾国际武术比赛中获6枚金牌；在第十一届社区健身节暨中老年人太极拳、剑比赛中，获得太极拳集体一等奖、太极剑个人二等奖；在青岛市杨氏太极拳全国邀请赛中获18金7银5铜。

海水浴

市南区拥有众多优良的海湾浴场，为海水浴运动提供了得天独厚的条件。自20世纪初开辟汇泉海水浴场后，海水浴吸引了大批泳客。20世纪30年代，海水浴（俗称“洗海澡”）成为夏季最受群众喜爱的体育项目，参加人数日益增多。20世纪50年代，夏季参加海水浴的人数平均每日3万～4万人次，最多时达8万人次。60年代，夏季每天平均有5万~10万人次入浴。1965年6月，市南区体委和市南区少年宫联合组织教师游泳训练班，24所小学的54名教师参加。同年7月1日，位于栈桥以西的第六海水浴场开放，各海水浴场均成立游泳辅导站。1967—1976年，每年7月16日组织举办海上游行、横渡汇泉湾活动，夏季参加海水浴的人数平均每天突破10万人次。同期，集日光浴、冷水浴、沙浴于一体的冬泳运动从区内兴起，自发组成第一支冬泳队。

随着改革开放的深入和旅游业的发展，海水浴的队伍愈加庞大。80年代，青岛市冬泳队、青岛市冬泳协会、市老年体协冬泳队、首次冬泳表演先后从区内现身。其间，市冬泳队在苏州13城市邀请赛和全国17城市冬泳邀请赛上，分别获得老年组团体总分第一名与老年男女组团体总分第一名。1990年，中华冬泳联谊赛在第一海水浴场举行，包括中国台北、香港在内的46个代表队570多名冬泳爱好者参加这次海峡两岸首次冬泳聚会。2011年3月，市南区冬泳协会代表市南区参加在青岛第一海水浴场举行的青岛市第三届体育大会暨公开水域比赛并荣获优秀组织奖。同年8月，市南区体育局组织1200人参加在青岛第一海水浴场举行的青岛市全民健身日万人畅游汇泉湾活动。

2012年1月1日，市南区冬泳协会在第一海水浴场举行纪念世界冬泳日活动，300多名冬泳爱好者畅游汇泉湾。同年8月8日，青岛市全民健身日万人畅游汇泉湾在青岛第一海水浴场举行，市南区全民健身领导小组组织1400人参加畅游活动。11月25日，青岛市公开水域市南区邀请赛在青岛市第六海水浴场举行，共吸引100多名冬泳爱好者参与。

老年人体育

20世纪70年代，随着老年人体育锻炼日渐增多，老年人体育、老年人体育比赛开始纳入政府和体育部门的议事日程，先后组织开展老年人长跑、网球、冬泳、足球、乒乓球等多项运动。1984年市南区老年体育协会成立后，举办门球、台球、太极拳剑、健身球操、秧歌、登山、旅游、健步走等老年人体育活动，老年人活动遍及海滨、公园及广场、社区，在全国、省、市各级老年体育赛事中，市南区均取得较好的成绩。1994年，区老年人体协组队参赛，获得全市老年中国象棋比赛团体总分第一名。1995年，市南区体委主办“深海龙杯”全国部分城市老年人乒乓球邀请赛，北京、天津、上海等11个城市的老年运动员参赛。1999年，在全国健身球大赛中，市南区获优秀表演奖；在全省秧歌比赛中获第一名；在青岛市第十七届老年运动会上获团体总分第三名和“精神文明单位”称号。

2011年，市南区代表队获得山东省老年人健身球操比赛一等奖，青岛市柔力球比赛一等奖。2012年，获全国健身球大赛最佳编排奖、优胜奖、优秀组织奖，全国第十一届老年人柔力球大赛自编套路第一名。

幼儿体育

新中国成立后，全区幼儿园均设有体育设施并开展体育活动，多次举办幼儿运动会，幼儿体操活动的开展尤为广泛。20世纪五六十年代，主要以自编团体操为主。70年代末，竞技体操引入重点幼儿园，跳绳、踢毽子、短距离跑广泛开展。80年代，小乒乓球、小足球运动在部分幼儿园中开展。1988年，打破幼儿不能参加体育比赛的禁区，由市南区体委、市南区妇联联合举办市南区首届幼儿四人制小足球竞赛、幼儿小篮球定点三人传球投篮比赛两项赛事，共30个队、128名幼儿参加比赛。1989年，设立市南区幼儿体育中心，举办首届幼儿小篮球比赛。2002年，市南区组织举办庆“六一”健康宝宝健身操比赛，15所幼儿园获一等奖、23所幼儿园获二等奖、4所幼儿园获创意一等奖、16所幼儿园获创意二等奖。2004年5月，市南区获得青岛市首届“高校软控杯”幼儿基本体操表演最佳组织奖。2007年，市南区组织迎奥运室外体操、器械表演赛活动，全区幼儿、教师及家长共同参与。2008—2010年，市南区面向幼儿园3~6岁幼儿开展拍球、跳绳两项强身健体达标活动。2011年市南区深化拍球、跳绳达标活动，开展快乐体育“2+1”活动。2012年市南区组织幼儿园创意体育活动展示，42所幼儿园近2000名幼儿展示了100多种创意玩法。

第二节　竞技体育

20世纪50年代，市南区的竞技体育在逐步恢复的基础上得到新的发展，每年都举行不同项目的竞技体育比赛，涌现出一大批等级运动员。仅1959—1960年就举办全区性的各种大型竞赛活动30次，培养出685名等级运动员。60年代，贯彻“发展体育运动，增强人民体质”的方针，广泛开展球类、田径和国防体育运动，运动水平有不同程度的提高。1964年，先后举办田径、球类、游泳、举重、射击等19个项目的运动会和单项竞赛，参赛运动员达7807人次。20世纪80年代中期，市南区在普及群众体育活动的基础上，确定和优化竞技体育项目，强化体校和传统体育项目学校建设，完善业余训练体系，不断提高竞技体育水平。

足球运动

区内的足球运动始于20世纪初。青岛最早的足球活动、国人组建的第一支足球队和各国侨民联合成立的足球队均出现于此。20世纪20年代，区内的机关、银行、铁路职员开始自发组织足球赛，一年一度的青岛国际足球赛也开始在区内举办，春季、冬季足球竞赛两大赛季，市南区域成为角逐岛城足坛的主赛场。

解放后，青岛的足球运动不断发展兴盛。50年代，青岛市首届足球锦标赛和全国足球锦标赛相继在区内举行，推动市南区足球运动水平的提高。1971年在区内举行的全国少年足球集训大会和1972年举行的全国足球分区赛，引发足球运动热潮，区内企业、中小学组建一批足球队，小足球活动开始普及。1979年，青岛被确定为全国16个足球重点城市之一，青岛市确定26所中、小学为足球重点学校，区内半数以上的中小学均组建起足球队。是年，市南区四二小足球队获全市冠军，参加全国小学生足球比赛。1980年，青岛市制定足球发展规划，构建以青少年足球为重点的足球培训体制，促进区内青少年足球运动的发展。年内，在上海举办的全国首届“萌芽杯”足球赛上，市南区太平路小学获得第五名，后于1983年获得山东省小学生足球选拔赛第一名，并代表山东省参加在山西太原举行的全国小学生足球赛华北赛区比赛获得季军。

1990年始，青岛市举办中、小学生“市长杯”足球赛。1993年，太平路小学获得青岛市“市长杯”足球赛冠军；之后连续8年的“市长杯”足球比赛，冠军均被市南区小学生男足基层队夺得。1993年，青岛市举办“家樑杯”少儿足球俱乐部联赛，推动少儿足球运动的发

意大利国际米兰足球教练对区内小学足球队进行技术指导

展。1995年，南京路小学组建青岛市第一家少儿足球俱乐部——乐阳足球俱乐部，1998年更名为海牛足球学校，该校足球队分别夺得1999年、2000年、2001年“市长杯”足球赛季军、亚军和冠军。2000年，市南区举办全国少年儿童足球赛。2004年10月，经亚足联考察，批准青岛、武汉为亚洲国家发展青少年足球运动计划先行试点城市，并拨出专款对足球发展环境予以支持。2005年5月，“亚洲展望计划”首届青岛城市足球联赛在天泰体育场举行，33所中、小学成为首批“亚洲展望”青岛项目足球试点学校。2005年，在青岛市第一届运动会上，市南区男、女足球队分获冠军。2011年10月，市南区体育局组队参加2011年青岛市青少年足球锦标赛，取得男子组第三名，女子组第八名的成绩。

2012年10月，在城阳体育训练基地举行的青岛市青少年足球锦标赛中，市南区男女代表队分别获得团体总分第五名和第八名；在“市长杯”足球赛中，市南区2所学校分获乙组第二名和第三名。当年，市南区引进鲲鹏、中能、阿森纳3个足球俱乐部分别进驻9所小学，全区组建足球队伍30支。

篮球运动

20世纪20年代初，经基督教青年会传入，市南区篮球运动开始兴起。1924年8月，青岛大学成立一支篮球队，之后，区内几处中学也成立篮球队。时，各篮球队大都没有正规球场，多利用一些空旷场地，支简易篮球架或在树上挂铁圈开展活动，正式场地仅有汇泉跑马场篮球场、广西路电报局篮球场、浙江路青年会篮球场3处。篮球友谊赛多在电报局球场举行；每10球为一局的擂台赛多在青年会球场进行。20世纪30年代初，各类篮球比赛频繁举行。1947年在汇泉体育场篮球场举行青岛市“市长杯”篮球赛。

青岛解放后，于1949年年底在市南区广州路电厂室内举行篮球义赛，山东大学队、铁路队等7支篮球队参赛。1954年始，青岛市把篮球比赛纳入竞赛计划，每年组织全市性比赛，推动了区内篮球运动的发展。“文化大革命”时期，篮球运动一度中止。1970年，市少年业余体校开设篮球专业，恢复篮球训练。其间，市南区群众性篮球运动十分活跃，男篮以浮山公社成绩最为突出，女篮以市南区混合女队成绩为佳。

改革开放以后，市南区将抓好小篮球项目的训练和竞赛作为体育工作的重点之一，学校篮球运动得到普及，全区各中小学基本都建有篮球场。2011年11月，市南区体育局组队参加在青岛市城阳训练基地举行的青岛市青少年篮球锦标赛，取得男子组第三名、女子组第四名。

2012年7月，山东省第四届百县篮球市南赛区的比赛在金门路小学举行，共有9支篮球队参加比赛；同年9月，山东省百县篮球青岛赛区比赛在城阳体育训练基地举行，市南区代表队获冠军，并获得代表青岛市参加全省比赛的资格；10月，市南区体育局组队参加“2012山东省百县篮球比赛”并荣获第五名。11月，青岛市青少年篮球锦标赛在城阳训练基地举行，市南区代表队分别获得男子组团体总分第四名、女子组团体总分第五名。

排球·沙滩排球运动

20世纪20年代，排球运动传入市南区，时称队球，一些洋行和海关、银行、铁路的职工开始在市南区浙江路青年会球场和信义会医院（现青岛中医院）打球。1929年，青岛大学成立青岛大学队，铁路职工组织胶济队，各个排球队经常相约对练和比赛。1932年，在青岛市体育协进会倡导下，区内的市立中学、铁路中学相继建立男子排球队；市立女中、圣功女中和山东大学也建立女子排球队，参加全市首届排球赛，学校排球运动初具规模。40年代，山东大学队、胶济队、未名队成为全市排球强队。其中，未名排球队在天后宫后操场定期活

青岛市沙滩排球市南邀请赛竞赛现场（2012年）

动，曾代表青岛参加“华北都市交欢会”，击败北平冠军队——北师大排球队。新中国成立初期，区内的排球竞技水平居全市、全省上乘，未名排球队和同期崛起的海鸥少年排球队，是组成山东省队的骨干。1957年，全国排球锦标赛第二阶段比赛在青岛第一体育场举行，其间国家领导人毛泽东、周恩来曾亲临观看。

“文化大革命”初期，排球运动训练停滞，比赛取消。1971年恢复，次年纳入业余体校重点项目。

改革开放以后，市南区排球运动发展迅速，兴建多处排球训练和比赛场地。1990年国家将沙滩排球列为体育竞赛项目，沙滩排球运动开始在区内兴起。自1993年起，市南区组织、承办或协办全国级、省级、市级沙滩排球比赛30余次。自1995年起，沙滩排球比赛成为市南区“海之情”旅游节的传统体育项目。1998年，由中国排球协会资助经费，在市南区举办全国首届“中国排协杯”沙滩排球公开赛。1999年，市南区少儿体校成立“青岛少儿排球训练中心”，该校少儿女排参加全国各级各类比赛均获得优异成绩，2001年在四川成都获得全国首届青少年软式排球锦标赛冠军；2002年代表中国B队赴京参加第六届中日小学生排球对抗赛获得第二名；2002年在淄博获得山东省青少年排球锦标赛女子乙组冠军。2005年，市南少儿体校排球队代表市南区参加青岛市首届运动会排球锦标赛获得男子冠军、女子亚军；2011年，获得青岛市排球锦标赛女队第一名、男队第二名。2012年8月，市南区体育局在第三海水浴场举办青岛市沙滩排球市南区邀请赛，100多名沙滩排球爱好者及国外友人参加比赛。

乒乓球运动

20世纪30年代中期，市南区乒乓球运动开始活跃，多支乒乓球队相继组建。1946年春，青岛市乒乓球锦标赛在市南区兰山路礼堂举行。1948年4月，在兰山路礼堂举行“市长杯”乒乓球比赛。

青岛解放后，乒乓球运动成为广大群众喜爱的体育项目。1970年恢复举办全市中小学乒乓球比赛，湛山小学队获得男子团体冠军。20世纪七八十年代，市南区乒乓球队一直称雄青岛乒坛。90年代，由于多方面原因，市南区乒乓球运动水平有所下降。

进入21世纪，区教体局投资兴建多处乒乓球场馆，扶持乒乓球俱乐部建设，乒乓球竞技水平明显回升。在市南区历届“海之情”旅游节上，乒乓球大赛均是系列体育活动之一。2002年举办的青岛“新华锦杯”市南海之情旅游节第三届乒乓球大赛，143个代表队800余人参加，是青岛市有史以来规模最大的乒乓赛事。2011年，市南区体育局在青岛市妇女儿童活动中心艺术宫四楼乒乓球馆举行市南区体育大会——乒乓球比赛。2012年7月，山东省第四届千乡乒乓球（市南赛区）在青岛市市南区少儿体育活动中心举行，共有60多人报名参与比赛。

网球运动

网球运动是区内开展最早的竞技体育项目之一。1897年11月，德国侵占青岛后不久即在市南区域内的金口路、太平路、莱阳路接壤处修建5片网球场地，供外国人使用。1914年起，日本占领当局又在金口路增设3片网球场，时称“国际俱乐部”。20世纪20年代，网球运动开始在国人中开展，参与人员主要是洋行职员、胶济铁路职工和政府公职人员。30年代，网球场地不断增多，网球活动逐渐活跃。日本全面侵华战争时期至40年代末，区内的网球运动趋冷。

2010年，香港路小学教师赵蕾夺得第16届亚洲运动会软式网球女单冠军

青岛解放初期，网球运动有所恢复。1960年后基本停止。改革开放以后市南区网球运动日益活跃。1996—2003年，市南区每年承办全国网球巡回赛。1998年，承办国际女子网球挑战赛；2000年，成功举办全国网球总决赛。2002年，市南区被评为全国网球巡回赛总决赛最佳赛区。2010年，青岛香港路小学教师赵蕾在第十六届广州亚运会上获得软式网球金牌。

2011年9月，市南区体校青少年网球训练中心在济南军区二炮疗养院网球场举行揭牌仪式，同时启动青少年网球训练班。2012年，在青岛市网球锦标赛上，市南区获得男女单打、双打共12枚金牌；同年8月全国短式网球锦标赛在江西赣州举行，市南区体育局组队参加了比赛，并获得团体第三名；10月，举办“市南体育杯”青岛市业余网球市南邀请赛，全市15支队伍100余名网球选手参赛；11月，市南区体育局组队参加在青岛天泰体育场举行的青岛市青少年网球锦标赛，获得“2012青岛市青少年网球锦标赛”团体总分第一名，金牌12枚、银牌11枚、铜牌9枚。

田径运动

青岛解放后，市南区的田径运动迅速恢复，各田径运动项目广泛开展。1959—1960年，市南区有5人7项次破全国少年田径记录。60年代，在全区职工中广泛开展田径运动，举办多次田径体育比赛。

改革开放之后，区内田径运动呈现快速发展态势，市南区在各项田径体育活动中取得可喜的成绩，并向上级体校和专业队输送多名运动员。20世纪80年代中期，市南区把田径运动作为重点抓好的体育运动项目之一，区内运动员在全国、省级一些重大比赛中获得较好成绩。1989年区小学生田径在全市夺取团体总分和混合队两个第一名。90年代，进一步加强以田径为重点项目的小学生体育训练，1990—1992年连续三年取得全市小学生田径运动会团体总分第一名。90年代中期以来，市南区体校田径运动员在市级田径运动会上一直位列团体总分前三名，并为市级运动队输送40余名运动员。2005年，在青岛市第一届运动会上，市南区体校田径运动员共获得10枚金牌、9枚银牌、10枚铜牌。

2012年6月，市南区少儿田径锦标赛在天泰体育场举行，共有300多名小学生参赛，是首次从入学最小年龄抓起的少儿竞技体育比赛，对进一步提高市南区少儿竞技体育水平、选拔培养体育人才、推动全区体育事业发展具有重要作用。同年11月，市南区体育局组队参

2012年，市南区举办少儿田径锦标赛

点项目的小学生体育训练，取得全市小学生游泳比赛团体总分第一名的成绩。1991年，由市南区输送到青岛市体校的韩斌、张一、韩家硕3名小选手代表国家队参加在新加坡举行的亚太地区少年儿童游泳锦标赛，获得儿童组2枚金牌、3枚银牌、2枚铜牌；同年，文登路小学参加在枣庄举行的山东省传统项目学校游泳比赛，获金牌6枚、银牌1枚、铜牌4枚。1992年，市南区参加华东地区“娃娃杯”游泳邀请赛，获得省市组团体总分第一名。1993年，在全国少年儿童游泳锦标赛中，市南区运动员韩斌、冷静打破1项全国年龄组纪录，获金牌3枚、铜牌1枚；在山东省第十七届运动会游泳比赛中，市南籍运动员获得金牌18枚；在山东省“希望杯”游泳比赛中，市南区参赛选手获得金牌20枚、银牌23枚、铜牌9枚。1994年，市南区在青岛市少儿游泳比赛中以绝对优势蝉联青岛市冠军。1995年，在山东省“雏鹰起飞杯”游泳比赛中，市南区4名运动员代表青岛市参赛，分别获得第一名、第四名和第六名。自1995年以来，市南区连续9年获得青岛市小学生游泳比赛团体总分第一名，为国家、省、市游泳队输送了30余名优秀运动员，其中周亚菲、刘荫等参加国际、国内各种大赛并取得优异成绩。在2005年青岛市第一届运动会游泳比赛中，市南区游泳队以30枚金牌的赛绩夺得金牌总数和团体总分两项第一。

加在青岛市体育学校举行的青岛市青少年田径锦标赛，获得团体总分第三名，取得11枚金牌、7枚银牌、9枚铜牌的优异赛绩。

游泳运动

市南区是青岛游泳、跳水竞赛运动的发源地，汇泉海水浴场和前海栈桥是青岛最早的水上赛场。1933年第十七届华北运动会期间，青岛游泳选手在此参加游泳比赛，获得男子高级部、中级部和女子部3个团体总分冠军、9个单项第一名和9个单项第二名，在全国重大游泳赛事中显示出突出实力。青岛解放后，自1950年9月在汇泉海水浴场举行青岛市首届游泳比赛大会起，至1954年连续举办5届，推动了市南区游泳运动的进一步普及和发展。60年代，游泳运动被列为市南区大力开展的重点体育运动项目之一。

“文化大革命”初期，包括游泳在内的各项体育比赛基本停止。1970年，青岛市重新恢复游泳竞赛后，市南区的游泳运动重现活力，取得可喜成绩，并向上级体校和专业队输送数名运动员。80年代中期开始，市南区将游泳作为重点体育项目狠抓训练和竞赛，在全国、省级重大比赛中获得较好成绩。1988年，市南区选手参加山东省“希望杯”游泳比赛，获金牌2枚。1990年，市南区进一步加强以游泳等为重

2011年9月市南区体育局在市南区少儿体育活动中心游泳馆举行全区中小学生游泳比赛，同年11月又举行市南区体育大会——游泳比赛，进一步推动游泳运动的发展。2012年8月，市南区少儿游泳锦标赛在市南区少儿体育活动中心举行，100多名小学生参加比赛。

拳击运动

20世纪20年代以前，拳击伴随外国侨民的

涌入传入市南地域，与中国传统武术一起作为居民的防身之术。直至50年代以前，从事拳击活动的人数不多，未列入体育竞赛项目。50年代起，青岛市把拳击列入体育竞技项目，在全市第四届人民体育大会拳击比赛上纳入竞赛。至50年代末，拳击运动以“不合国情”被打入冷宫。后此项运动潜入社会民间低势运行。

1981年6月，市南区体委组建市南区拳击队，成立市南区拳击运动协会，各类拳击表演、比赛随之而起。是年起，青岛以各区为单位参加全国各地举办的邀请赛、大奖赛、对抗赛20多次，成绩优良，其实力已跨入全国先进行列。1986年2月，拳击被列为全国体育正式竞赛项目，并确定青岛等15个地市先期试点。1988年，在全国“富奇杯”拳击邀请赛中，市南区李嘉铮获63.5公斤级冠军；在青岛市“青美杯”拳击比赛中，市南区获得团体总分第二名。1989年，在山东省“建行杯”拳击比赛上，市南代表队的李嘉铮获得57公斤级第一名、申维刚获得81公斤级第一名，陈岩在山东省第十七届运动会拳击比赛中获得54公斤级冠军。1995年，在青岛市拳击比赛中，市南区获得3项冠军、5项亚军。

2012年1月，市南拳击协会在拳击训练基地组织包括拳击技术、掌握健身防身技巧等内容的“迎新春拳击在丰合活动”；同年11月，青岛市拳击赛市南区邀请赛在闽江路文化市场举行，比赛吸引60多名拳击爱好者参加；12月，市南区体育局组队参加“2012年青岛市拳击锦标赛”，共获得金牌13枚、银牌5枚、铜牌2枚，并获团体总分第二名、男子团体第一名。

第三节　学校体育

20世纪初，伴随新学制、新式学堂的面世，体操“以学校为推行基础”，成为区内学校体育教育的发端。其间，中德合办的青岛特别高等专门学堂开设体操、游泳、田径等体育课，每学期终考后，届期举行大规模的体操、游泳比赛。20世纪二三十年代，私立青岛大学与国立山东大学均设有体育部，专门负责校园体育活动的开展和球赛组织。这一时期，区内大中学校的体育比赛频繁开展，女子体育兴起，现代体育与传统武术并行，形成中西交糅的体育教育氛围。

青岛解放后，市南区贯彻“健康第一”的精神，各学校把体育课列为必修课，大中学校体育运动委员会和锻炼小组先后建立，专项运动队与业余训练点纷纷涌现，体育活动趋向经常化、普遍化。20世纪五六十年代，区内中小学普遍开展了广播操活动、游泳活动、舰船模型比赛、无线电运动和水上竞技体育活动，学校体育技术水平不断提高，活动领域不断扩展。“文化大革命”开始后，体育课取消，学校体育跌入低谷。1972年体育课恢复。1977年，市南区办起业余体育学校，加强专项体育训练，学校体育开始逐步回升。

改革开放后，市南区学校体育经历劳卫制、体育锻炼达标率、素质教育等不同发展阶段，进入快速发展的新时期。90年代，市南区因小学生体育达标工作成绩突出被评为全国实施国家体育标准先进单位。2012年，全区有10所中小学被授予市帆船运动进校园先进单位称号，11所学校被命名为青岛市首批帆船特色示范学校，位居全市第一；是年秋季举行的青岛市中小学生田径运动会上，市南区以领先第二名275分的巨大优势获得了市内四区团体总分第一名，取得了15年来组队参加全市中小学生田径运动会的最好成绩。同年举办市南区首届师生田径运动会，开幕式上，来自全区的25所小学、8所中学的4000名学生进行了展示，是历年来参与学生最多、表演项目最全的开幕式展示，充分展示了全区阳光体育活动和学校特色体育的阶段性成果。

体育教学

青岛解放后，市南区把体育课列为学校必

修课，配备专职体育教师，制定体育工作制度和教研制度，培训提高师资，各校将课外体育活动时间列入课程表，保证学生每天有一小时有组织的体育锻炼。“文化大革命”开始以后，学校体育教学基本停止。“文化大革命”后期，学校体育教学开始逐步恢复。

1979年，区教育局贯彻《中小学体育工作暂行规定》，成立体育中心教研组，实行集体备课制度，开展教研活动和观摩教学，各校大力开展群众性体育活动，学生体质不断增强。1983年根据国家体委制定的《体育传统项目学校试行办法》，开展创建传统体育项目学校的活动。80年代后期，制定《关于加强学校体育工作的若干规定》和《学校体育工作条例》，以田径为重点，加强科学训练，建立起完整的三级训练网络：第一级为30所小学的田径队、第二级为区小学生田径集训队、第三级为以区体委为主的区业余体校，三级训练体制的建立，促进了市南区学校田径锻炼成绩的提高，连续3年蝉联青岛市小学生田径比赛的冠军。1987年，试行体育课本教学，足球、田径、游戏等项目列为重点教学内容，通过命名体育传统项目学校、评选推行《国家体育锻炼标准》先进学校等措施，促进学校体育教育的发展。

90年代中期以后，市南区学校体育教学在稳步发展中注重进一步普及，进入快速发展阶段，涌现出一批省、市级教育教学能手，多人多次在各级各类体育教师基本功比武中获得佳绩。1997年举办第一届小学生体育节，此后，各校每年举行体育节。年内全区“体育传统学校”建设启动。1998年举行教师基本功比赛，全区所有青年体育教师参加体操、田径、球类、体育理论、传统体育项目等五大项目的比赛，共有16名教帅获得一、二、三等奖；区教体局获得青岛市第二届体育教师基本功比武团体总分第一名。年内，全区有“山东省体育传统项目学校”4所、“青岛市体育传统项目学校”8所。1999—2004年，市南区先后有近40名体育教师获得省、市教师基本功比武、优质课、论文比赛优异成绩。2005年，强化体育骨干教师梯队建设和中青年体育教师培养，围绕“速度”“柔韧”“姿势”进行随机质量检测，通过教学质量监控，提升课堂教学质量，德县路小学、金门路小学、基隆路小学成为青岛市文体活动示范学校，9所小学成为市南区文体活动示范学校。

2006年，建立第一批学生体质监测点，为全面掌握小学生体质情况积累第一手资料，为建立市南区小学生体质健康资料库奠定基础。2007年，根据教育部及省、市教育局关于开展“阳光体育活动”的要求，区教体局成立工作领导小组，制定实施方案，全面推行“阳光体育活动”。2009年，在41所中小学校推行体育“1+X”工程，“1”即每校确立一项竞技体育特色或重点发展的体育项目，“X”即在一项特色或重点项目外，根据学生的兴趣爱好，设置若干项可供学生选择的体育项目。2010年，在青岛市中小学课外文体活动展示大会暨全市百万学生阳光体育活动启动仪式上，市南区30多所学校的2000多名学生展示、表演武术、球类、击剑、健美操、软式棒垒球、抖空竹等近20个学校特色项目。

2011年开展活力健身操普及推广活动，在全区4万名中小学生中掀起了健美操运动的热潮。年内组队参加全国健美操联赛，11所学校进入决赛，6所学校包揽两个组别的冠、亚、季军，创造了区域组队参赛队伍最多、获奖等次最高的新纪录。同年，以“市南区阳光体育联赛”为依托，组织举办全区中小学校各个学段10余项比赛，推进学校素质教育的全面开展。2012年，全区共发展篮球、足球、游泳、帆船、武术、橄榄球、软式棒球、垒球等15项学校体育特色项目，形成“人人有项目、班班有团队、校校有特色”的校园体育工作新格局。

学生体质健康

20世纪五六十年代，区内各级学校普及广

全区中小学深入实施校园“1＋X”工程，形成篮球、橄榄球、帆船等15项学校体育特色项目

播体操，推广“准备劳动与保卫祖国”体育制度（简称“劳卫制”），增进学生体质健康。60年代初，“劳卫制”改称“青少年体育锻炼标准”。1979年起，广泛开展以《国家体育锻炼标准》为内容的体育“达标”活动，学校根据“学校体育以教学为主，课外活动以达标为主”的要求，恢复“两课、两操、两活动”（两课：体育课和运动训练课；两操：早操和课间操；两活动：课外体育活动和运动竞赛活动），把上好体育课、坚持课间操、开展每人每天锻炼一小时达标作为评选优秀教师、先进班级和“三好”学生的条件之一，为学生体质健康提供制度保障。

2001—2005年，区内先后建成3处小学生体质监测站。2007年，《国家学生体质健康标准》（以下简称《标准》）在全国各级各类学校全面实施，市南区按照领导到位、积极负责、慎重稳妥、注重实效、分层指导、整体推进的指导思想，广泛组织实施，将《标准》的实施与培训学习相结合、与体育新课程相结合、与阳光体育活动相结合，充分发挥学生的主体作用，激发学生体质锻炼的自主性、积极性和创造性。在完成常规《标准》测试和数据上传工作的基础上，进一步加强对学生的锻炼和指导。充分发挥市南区学生体质健康工作组的作用，开展面向全区中小学生体质健康达标的指导和抽检工作，对全区所有39所中小学学生体质健康情况进行巡回指导抽测；在全市率先采用政府出资购买服务的模式，聘请第三方体质监测机构全年分两次实施学生体质健康检测抽测工作，确保抽测数据真实、准确，并针对发现的问题和存在的不足现场进行反馈，各校及时制定整改措施，有计划、有目的、有针对性地指导学生体育锻炼。

2012年，全区学生体质健康抽检活动共抽测万余人，全面了解学生体质健康状况，掌握翔实的数据。

传统体育项目学校创建

1983年5月，国家体委印发《体育传统项目学校试行办法》，规定传统体育项目学校的评定条件、验收标准。至2012年，市南区共有4所学校被命名为省级体育传统项目学校，8所学校被命名为市级体育传统学校。

表18－11　　市南区体育传统项目学校情况一览表

（2012年）

学校名称	项目	类别	学校名称	项目	类别
文登路小学	游泳	山东省体育传统项目学校	南京路小学	足球	青岛市体育传统项目学校
			金门路小学	田径	

续表18－11

<table>
<tr><th>学校名称</th><th>项目</th><th>类别</th><th>学校名称</th><th>项目</th><th>类别</th></tr>
<tr><td rowspan="2">嘉祥路小学</td><td rowspan="2">田径</td><td rowspan="6">山东省体育传统项目学校</td><td>基隆路小学</td><td>田径</td><td rowspan="6">青岛市体育传统项目学校</td></tr>
<tr><td>四川路第二小学</td><td>足球</td></tr>
<tr><td rowspan="2">太平路小学</td><td rowspan="2">足球</td><td>八大峡小学</td><td>篮球</td></tr>
<tr><td>大学路小学</td><td>田径</td></tr>
<tr><td rowspan="2">嘉峪关学校</td><td rowspan="2">帆船</td><td>燕儿岛路第一小学</td><td>乒乓球</td></tr>
<tr><td>宁夏路小学</td><td>足球</td></tr>
</table>

“帆船运动进校园”活动

2004年，市政府公布《2004—2010年帆船发展行动计划》，在全市青少年中广泛宣传普及帆船知识，开展帆船运动技能培训活动。2006年，市南区组织开展“帆船运动进校园”活动，文登路小学、银海学校、嘉峪关学校、区实验小学分别被授予青岛市“帆船运动特色学校”称号。2007年，举办市南区首届中小学帆船比赛，全区30多所学校的150余名小运动员参加了比赛；5所学校成为青岛市第二批帆船特色学校，总数达到9所。2008年，在青岛市帆船俱乐部对抗赛、青岛市第三届“市长杯”大中小学生帆船赛中，市南区均获得团体总分第一名，30名体育教师、100名中小学生受到表彰，21名中小学校长、24名教师、48名中小学生获得先进个人的称号。2011年，在“市长杯”帆船比赛中，市南区获OP级团体总分第一名。

2012年，市南区分别组织中小学生参加市级国际帆船营和市南区帆船特色学校校队集中训练营活动；区教体局被评为青岛市“帆船运动进校园活动突出贡献单位”，10所中小学被授予“帆船运动进校园先进单位”称号，11所学校被命名为2012年青岛市首批“帆船特色示范学校”。

阳光体育活动

2007年，区教体局根据教育部以及省市教育局关于全面开展“阳光体育活动”的有关要求，制定实施方案，通过举办市南区中小学生田径运动会等一系列体育竞技和集体项目比赛，将“阳光体育”活动由学校延伸到家庭和全社会。同年，教体局组织9所学校与青岛市足协签订“2007亚洲展望青岛项目足球试点学校”协议，把足球运动的普及、训练、竞赛水平的提高作为目标，为市南区“阳光体育”活动的开展注入新的活力，年内10所学校被评为“课外文体活动示范学校”。

“市长杯”中小学生帆船比赛

2012年，深入开展阳光体育运动，以“区长杯”十项联赛为依托，全区中小学校各个学段分别举行田径、球类、游泳、健美操、帆船等10项比赛，既有全员参与的校级比赛，也有重点提高的区、市级比赛。年内举办市南区首届师生田径运动会暨阳光体育运动展示活动，全区25所小学、8所中学的4000名学生参与表演。

第四节 全民健身活动

1995年，市南区认真贯彻落实国务院颁布的《全民健身计划纲要》，积极开展全民健身活动。年内举办小学生、职工群众、老年人、残疾人等体育运动会达20余项（次）。1996年，举办基层体育竞赛活动40余项（次），参赛人员达4万余人次。1998年，全民健身运动广泛开展，群众性体育活动丰富多彩，建立群众体育组织300多个，并在燕儿岛路9号建成全市第一条健身路径。2000年，建成区少儿户外活动中心和15条全民健身路径，市南区珠海路办事处全民健身基本建设项目被评为样板工程；此后，相继建成辛家庄北山、八大峡、永嘉路、三明路和燕儿岛山5处大型健身广场，形成遍布全区的健身广场网络。

2001年，建成八大峡健身广场、北山健身公园和6条健身路径，市南区被评为全国群众体育工作先进单位。2002—2007年建成健身路径100余处，开展全民健身登山等一系列群众性体育活动，被评为山东省“全民健身活动月先进单位”。2006—2010年建成户外健身场地300余处。

2011年2月，国务院发布《全民健身计划（2011—2015年）的通知》，提出进一步发展全民健身事业，广泛开展全民健身运动，加快建设体育强国的目标，市南区据此制定《市南区全民健身计划（2011—2015）》，以“健康运动，幸福市南”为宗旨，以“体育生活化，生活体育化，锻炼科学化”为主线，推动全民健身活动深入开展，区委、区政府将全民健身工作纳入市南区国民经济和社会发展规划，并且作为市南区为民要办的实事工程和重点发展项目，形成政府主导、部门联动、全社会参与的机制。是年起，市南区先后举办全民健身节、登山节、世界行走日、欢迎来航海、春秋季学生运动会、少儿田径锦标赛、沙滩运动会、社区休闲运动会、老年人运动会、残疾人运动会等各种专项群众体育赛事和冬泳、万人健身长跑、拳击、气功、沙滩排球、球类、冬季公开水域市南邀请赛等40余项体育系列活动。2011年12月，山东省全民健身领导小组授予市南区体育局山东省全民健身活动优秀组织奖。

2012年1月1日，市南区组织15个方队、1500人参加青岛市2012年全民健身万人健康跑活动；4月14日，“世界行走日”活动在青岛奥帆中心举行，市南区体育局组织200人参加；4月22日，市南体育局在市南区信号山组织500人参加全国登山节活动；4月29日，市南区“全民健身节”启动仪式暨市南区全民健身“齐心协力趣味运动会”在青岛第三海水浴场举办，600多名机关干部职工和居民参与活动。同年开展专业培训，形成一支具有专业国民体质监测能力的1000多人健身服务队伍，对全区不同工作性质的人群实施全方位的体质监测，及时发现、了解居民身体素质方面存在的问题，正确指导群众科学健身；8月7日，青岛市全民体质监测市南监测点在八大湖广场进行，市南区共组织750人参加检测活动。年内，市南区投入资金1100万元建设20处社区健身休闲广场，投资200万元更新维修、安装68处527件适合社区居民健身娱乐的健身设施，全区已建成社区休闲广场45处、健身路径400多条，构建完善区、街道、社区三级体育公共基础服务网络，进一步提升市南区百姓生活质量的软实力，满足社区群众日益增长的健康娱乐、休闲生活的需求。

第五节 体育设施

市南区是全市体育场馆和体育设施的主要分布区域。自20世纪初至30年代中期，先后建

建于20世纪30年代的青岛体育场

有汇泉海水浴场、汇泉跑马场、青岛体育场（包括田径场、高尔夫球场、曲棍球场、网球场、棒球场、足球场）及第二、第三、第四和第六海水浴场，篮球场、高尔夫球场和网球场分布区内。新中国成立后，市政府对这些体育设施进行维护和改造，成为开展群众体育运动和举办体育竞赛的场所。90年代以后，市南区不断加大投入，兴建各种体育场馆和体育设施。“十一五”期间，以迎办2008年奥帆赛和残奥帆赛为契机，区内的体育场馆和体育设施建设规模扩大，层次提升，布局进一步优化。2011年，全市少儿体育培训资源实行优化配置，区少儿竞技体育学校和区少儿体育活动中心，成为市南区培养体育人才、开展群众体育、组织赛事活动的基地和中心。

体育场馆

区内的体育场馆建设始于20世纪30年代初，建于这一时期的青岛体育场，为30年代国内一流，同期竣工的山东大学体育馆，为当时青岛市唯一的体育馆。改革开放后特别是90年代以后，市南区大力建设各种体育场馆和体育设施，为开展群众性体育锻炼和全民健身活动创造良好的条件。实施东部开发和中、西部改造中，市南区投资新建高尔夫球场、户外活动营地、体育俱乐部等体育设施。“十五”期末，区内中小学及民办学校建有体育馆、训练馆和游泳池，改善了学校的体育教学条件。区内高档宾馆大多配套建设网球场、游泳池、乒乓球房、羽毛球场、健身健美房以及其他运动场地等设施。其间，市南区累计投资近千万元建设各种群众健身场所。至2012年，全区健身场所总计60余处，其中，乒乓球馆9处、棋牌室26处、健身房13处、门球场6处、台球馆4处、游泳池7处。

2012年，市南区拥有标准体育场馆125处，其中，大型体育场1处、学校体育场17处、网球场7处、足球场5处、篮球场14处、乒乓球场6处、综合场馆6处、室内游泳馆5处、室外游泳场1处、武术馆3处、健身房35处、棋牌室8处、台球房8处、排球场4处、轮滑场1处；非标准场馆76处，其中，乒乓球场12处、篮球场22处、门球场2处、排球场4处、游泳馆2处、综合房6处、台球馆3处、健身房3处、其他类场馆22处。全区体育场地总占地面积约为188.3万平方米。

表18－12

市南区体育场馆设施情况一览表

（2012年）

场馆名称	地 址	始建时间	建筑面积（万平方米）	容纳观众数（人）
中国海洋大学田径场	鱼山路5号	2001年	1.2000	3000
青岛天泰体育场	文登路9号	1933年	1.6535	22000

续表 18－12

场馆名称	地 址	始建时间	建筑面积（万平方米）	容纳观众数（人）
青岛远洋船员职业学院体育场	江西路84号	2001年	0.8088	1000
新东大酒店游泳馆	福州南路22号	2002年	0.2000	100
市南区少儿体育活动中心游泳馆	大沽路29号	2006年	0.2600	80
青岛宁夏路小学体育场	宁夏路173号	2005年	0.5700	800
青岛金门路小学运动场	上杭路7号	2003年	0.5000	200
青岛第五中学体育场	上杭路5号	1986年	0.7564	1500
青岛第五十一中篮球馆	永嘉路17号	2009年	0.1200	800
青岛第五十一中体育场	永嘉路17号	2005年	0.7500	900
青岛第五十七中体育场	江西路152号	2003年	1.4765	500
青岛亮亮游泳馆	太平角一路2号	2001年	0.2400	80
青岛奥星游泳馆	金湾路6号	2010年	0.2616	100
青岛银海羽毛球培训学校羽毛球馆	东海中路30号	2010年	0.3000	80
海关总署青岛教育培训基地游泳馆	宁夏路319号	1996年	0.2100	60
市南区喜爱健身俱乐部游泳馆	闽江二路2号	2002年	0.1200	60
青岛奥帆中心	澳门路121号	2006年	13.80	—

体育学校

市南区少儿竞技体育学校　始建于1995年12月，2011年3月成建制划归市南区体育局。学校位于市南区四川路64号，占地面积1810.64平方米，建筑面积3000平方米。学校坚持“以训练为中心，以育人为基础”的宗旨，结合实际情况，不断改革训练机制，采用走训制、俱乐部训练等形式，做好体育后备人才的选拔和培养。同时，在全区范围内积极组织开展田径、游泳、足球、乒乓球、排球、篮球等项目的训练和竞赛活动及各类群众体育活动，促进全区少年儿童身体素质的提高和群众体育工作的开展。

市南区少儿体育活动中心　成立于2005年，位于市南区大沽路29号，占地面积3400平方米，2011年3月成建制划归市南区体育局。2011—2012年，体育中心面向全区免费培训少年儿童12.5万人次，培训方式以全天课时训练为主，分为普及和提高两个层次，重点进行基本功、技能、心理素质、战术、体能等训练。中心依据《全民健身计划纲要》的要求，认真贯彻《青岛市全民健身计划》，大力开展全民健身活动及群众性体育活动，先后组织和承办市南区体育大会、游泳比赛、乒乓球比赛等区、市级综合性运动会和单项体育竞赛。中心常年开展国民体质监测工作，建立相关数据库，为居民科学健身提供指导并为区域群众体育的整体规划、组织实施提供科学依据。2012年成为青岛市首家少儿艺术体操试点单位。

第十九篇

文　　化

第一章　机构·设施·社团

明代成化年间，岛城最早的戏剧演出场在区内面世，为区内见诸记载的首个文化设施。19世纪末，德国胶澳总督府在沂水路建立青岛最早的现代图书馆——胶州图书馆，青岛现代图书馆建设由此发轫。20世纪初，青岛第一家电影院在区内建立，今市南区成为青岛最早建立电影院并感受电影魅力的地方。同期区内建立的青岛第一个剧院，昭示着殖民体制下华人社会对弘扬民族文化、本土文化的自信与自觉。1909年，区内青岛特别高等专门学堂设立教学实验器材陈列室，陈列机器模型、技术装置、仪器用具等，是青岛最早建立的博物馆。同年，胶海关设立海关博物馆，专门陈列山东土特产品和外国货物及中国历代瓷器等。北洋政府统治青岛时期，区内建立胶澳商埠通俗图书馆，成为青岛市图书馆的前身。南京国民政府接管青岛后，始设文化事业管理机构，对市区文化设施实施管理，促动区内文化机构的发展。20世纪30年代，青岛民众教育馆建立，是青岛历史上第一个兼具文体功能的综合型群众文化机构，青岛水族馆是中国第一座海洋生物博物馆，开青岛现代博物馆事业之先河。这一时期，青岛市图书馆藏书量已跻身全国城市前列，同期建成的国立青岛大学图书馆，成为当时国内收藏莎士比亚戏剧作品最多、最全的图书馆。区内文化社团进入繁荣期，四大京剧票社活跃在大鲍岛的工商阶层，文学社团、美术社团、话剧社团、音乐社团相继涌现。同期区内的电影院建设围绕城市商业文化中枢中山路展开布局，逐步形成“中山路影院一条街”。俗称“华北第一大剧场”的永安大戏院建成，国内京剧名伶纷纷到此联袂献艺，推动了京剧艺术和京剧票社活动进一步普及与发展。适应底层平民的文化需求，大小不一的说书场、落子馆从区内的商场、里院竞相现身，成为区内文化娱乐场所新的结构元素。

青岛解放后，区内文化设施加快建设。20世纪50年代起，区内相继建立青岛市第四人民教育馆、台西区文化馆、市南区工人俱乐部、市南区文化馆（1963年台西区文化馆并入）和市南区少年宫。金城电影院西移与二七剧场落成，拉动影院布局向辖区西部伸展。继之，位于区内的市人民会堂和青岛市博物馆建成，成为全市艺术表演的重要场所和城市历史人文的展示窗口。区内初步形成由市区两级文化系统、工会系统、共青团系统建立的覆盖广大社会层面的文化网络体系。“文化大革命”期间，文化管理体系遭冲击，说书场等文化娱乐场所被关闭，区内文化设施遭受空前浩劫。

中共十一届三中全会以后，市、区两级政府在域内新建和改扩建一大批文化设施。辖区街道开始建立群众文化组织，群众文化工作网进一步向基层推进。20世纪80年代初期，以市南区第一家音乐茶座出现为标志，辖区经营卡拉OK的音乐茶座迅速发展。80年代中期，市南区文化局成立，依法对区内出版物市场、文化娱乐市场和音像制品市场实施管理，构建文化市场四级监管网络，实施文化市场社会综合监管。80年代末，区内建成中国海军博物馆，为全国唯一海军军事博物馆。至20世纪90年代，区内形成了包括图书发行、音像租赁、录像放映、印刷业、打字复印业、电子游戏业等多个门类的综合性文化市场体系，成为活跃群众文化生活的重要场所。同期区文化市场稽查大队和新闻出版管理办公室相继成立。20世纪90年代末，以品牌产品、品牌企业为依托的双星鞋文化博物馆和青岛市民俗博物馆建成，区内博物馆建设进入新的发展期。区内电影院经改造、整合后，资源配置进一步优化，重现蓬勃生机。这一时期，区属文化社团加快发展，书画类协会、联谊会、画苑相继成立。进入21世纪，以总督官邸旧址、“欧人监狱”旧址辟建的遗址类博物馆，以康有为故居、老舍故居辟建的名人故居类博物馆、纪念馆，以天后宫、德国胶州邮政局旧址辟建的公共建筑类博物馆和奥帆博物馆等当代文化遗产博物馆相继涌现，呈现博物馆集群化、专业化、多元化规模效应。区内建成一批新型影院，呈现高端化、个性化、数字化发展趋势，一批新建影院纳入全国电影院线运行体系。至2012年，区属文化机构共有12处，其中，文化馆1处、文化站10处、公共图书馆1处，区内共有博物馆14处、影剧院18处。文化设施结构布局进一步科学、合理。

第一节　管理机构

自清末民初至1929年以前，辖区历经政权更迭和社会变迁，但未有文化管理机构设立。1929年南京国民政府接管青岛后，成立市教育局，兼管市区文化设施。抗日战争胜利后，市教育局始设社会文化科，实行专门管理。

青岛解放后，区内文化设施由市军管会文教部接管，文化事业管理归属青岛市文教局。“文化大革命”时期，文化行政管理体系遭受严重冲击，文化事业管理陷入极“左”思潮掌控之下。“文化大革命”结束后，文化行政管理机构得以恢复。随着辖区文化事业的不断发展，1984年成立市南区文化局。1994年，市南区文化市场稽查大队成立，加强对文化市场的监管，组织开展“扫黄打非”“反盗版”等专项行动，查处各种违法违规经营行为。1996年，市南区新闻出版管理办公室成立，遵照“一手抓繁荣、一手抓管理”的方针，与工商、公安、新闻出版等部门携手开展“扫黄打非”等专项整治行动，严厉打击各类生产、贩卖和传播色情、淫秽物品的违法犯罪活动。2008年，市南区旅游局成立，与市南区文化局一个机构、两块牌子。2009年市南区文物局成立，与市南区文化局一个机构、两块牌子。同年，市南区文化局更名为市南区文化新闻出版局，挂市南区版权局牌子。2010年成立市南区文化市场行政执法局，依法全面履行对文化、文物、广播电影电视、新闻出版和版权等方面的文化市场执法工作，依法对文化经营单位和文化经营活动进行监督检查，组织开展文化市场专项治理行动，组织联络、协同有关执法部门实施联合执法工作，保护合法经营，繁荣文化市场。

第二节　图书馆・文化馆

青岛市图书馆

前身是成立于1924年的胶澳商埠公立通俗图书馆。馆址在莒县路2号。有藏书室2间、阅览室1间，1928年藏书量达6893册。南京国民政府第一次统治时期，改称青岛市立图书馆。1932年改称青岛市图书馆。青岛解放后，1950年在青岛市图书馆的基础上建立青岛市立人民图书馆，藏书量达34000册。1953年改名为青岛市图书馆。改革开放以后，1986年在山东路99号开建新馆，1991年图书馆迁入，建筑面积8300平方米。1999年在原址实施二期工程建设。2003年进行扩建改造，至2004年工程完工，总建筑面积2.6万平方米。

市南区图书馆

位于大尧三路19号，2001年6月建成开放，建筑面积2100平方米。2012年藏书14万册（其中地方文献5000册），持证读者1.8万人，年外借图书15万册（次），年接待读者16万人次。少儿阅览室藏书3万余册，是青岛市“小公民道德建设基地”。为国家一级图书馆。

市南区文化馆

1958年成立。1977年，市南区政府将天后

区文化馆免费开办各类艺术培训，提供多层面的公共文化服务

宫辟给市南区文化馆、市南区少年宫作为办公和活动场所，同时保留德县路和台西文化馆旧址。1999年5月，在西部八大峡建成总面积5700平方米的市南区文化馆新馆和市南区少年宫新馆。2009年市南区文化馆搬迁至延安三路105号（民生大厦）5~7层，新馆面积3100平方米。市南区文化馆以培训、辅导群众文化骨干为目标，举办市区级各类群众性文化活动，编创群众性文艺作品，是全区群众文化活动中心。2007年至今被文化部命名为国家一级文化馆。

青岛民众教育馆

1930年建立，馆址在市南区朝城路7号，是区内设立的第一个综合型群众文化机构。馆内设有总务部、讲演部、康乐部、科学部、图书室、阅览室、游艺社、乒乓球室、篮球场、网球场、儿童运动场、电台播音室等，举办游艺会和戏剧、曲艺演出，组织开展各种体育比赛和体育锻炼。1946年迁址泰山路。

第三节　博物馆·美术馆·少年宫

青岛市博物馆

1965年建馆，馆址位于市南区大学路7号。是一座集历史、艺术为一体的综合地志性博物馆，首批国家一级博物馆和全国古籍重点保护单位。2001年迁往崂山区梅岭东路51号新址。

青岛市民俗博物馆

位于市南区太平路19号（青岛天后宫）。1998年12月正式对外开放。（详见第三篇《海滨景观与优秀建筑》）

康有为故居纪念馆

位于福山支路5号。始建于1899年，原为德国侵占青岛时期德国胶澳总督副官住宅。1923年康有为到青岛购为寓所。2000年全面修复后对外开放。（详见第三篇《海滨景观与优秀建筑》）

德国总督楼旧址博物馆（迎宾馆）

位于龙山路26号，原为胶澳德国总督官邸。始建于1905年，落成于1907年，建筑面积4083平方米。1934年改为迎宾馆。（详见第三篇《海滨景观与优秀建筑》）

中国海军博物馆

位于莱阳路8号，1988年12月开始筹建，1989年10月开展，是全国唯一的海军军事博物馆，分别被山东省和青岛市定为爱国主义教育基地、国防教育基地。

青岛德国监狱旧址博物馆

位于常州路21号，原为1900年德国人建造的“欧人监狱”，2007年建成开馆。（详见第三篇《海滨景观与优秀建筑》）

青岛海产博物馆

位于莱阳路4号。1932年5月建成开放。1955年，水族馆与山东产业馆合并为青岛海产博物馆。（详见第三篇《海滨景观与优秀建筑》）

青岛革命烈士纪念馆

位于芝泉路6号。1981年6月建成开放。占地面积3.586公顷，总建筑面积4050平方米。为全国重点烈士纪念建筑物保护单位。是国家、省、市三级爱国主义教育基地，山东省

党员教育基地。(详见第二篇《海滨景观与优秀建筑》)

奥帆博物馆

位于新会路1号（奥帆中心内），2009年8月建成开放。总建筑面积9359.8平方米，地上两层、地下一层，展览面积约3500平方米。馆藏展品3000余件，其中，书籍类751件、书画类61件、电子类115件、印章类498件、衣物类76件、旗帜类126件、文稿类144件、其他类946件，各类电子资料总容量近1000G。馆内还有全海景式奥帆赛场立体沙盘、多元化的青少年帆船互动教室、模拟帆船驾驶体验、360度环幕影厅以及奥运会、奥帆赛的相关资料。是山东省科普教育基地。

青岛邮电博物馆

位于安徽路5号，原为建于1901年的胶澳德意志帝国邮局旧址。2010年，由青岛联通公司投资改造为青岛邮电博物馆。该馆共4层，展出面积1500平方米，展品包括1000余件珍贵的历史文物和图片资料，还有20多个国家不同历史时期的电话机。

青岛消防博物馆

位于金湖路16号。2001年11月建成开放，是全国首家消防博物馆。展陈面积2000余平方米，设十余个展厅。室外建有消防文化广场。为国家三级博物馆。

骆驼祥子博物馆

位于黄县路12号。是国内首座以一部文学名著命名的专业性博物馆。2010年建成开放。(详见第三篇《海滨景观与优秀建筑》)

双星鞋文化博物馆

馆址在瞿塘峡路49号，建于1998年，原名双星发展史馆，2012年改为双星鞋文化博物馆。总建筑面积6299平方米，主要有中国古代和近现代制鞋工艺文化展、轮胎工艺展等。

青岛海川博物馆

馆址在闽江三路10号“1388”文化街。建于2006年。馆内收藏有从商周到明清的各类文物藏品10万余件，分为陶瓷瓷器、青铜器、木器、古旧字画、金器等。

青岛市美术馆

2005年开馆，位于市南区鱼山路37号原青岛万字会旧址。占地面积14183平方米，总建筑面积4108平方米。美术馆共设展厅22间，总面积为900平方米。以展览油画、水彩、水粉、摄影等美术作品为主。

市南区少年宫

1964年成立，原馆址天后宫。1999年5月，建成八大峡新馆。是集科技、艺术、文化、体育等教育内容于一身，融培训、娱乐、交流等多功能为一体的校外教育机构。

第四节　区属文化社团

青岛市南政协书画艺术家联谊会

成立于1990年。是市南区政协领导的书画艺术家组织。联谊会荟萃青岛市优秀书画篆刻艺术家，经常组织会员深入部队、农村、学校进行慰问活动，参与扶贫、赈灾、义卖等慈善活动。

青岛市市南区书法家协会

成立于1996年，登记机关是市南区民政局，业务主管单位是市南区文化局。办公地点设在登州路24号丙。协会宗旨是弘扬民族文化，振兴书法艺术，开展拥军、助学、赈灾、送文化艺术下乡等多项社会公益活动。

青岛南苑名家书画院

成立于1996年，登记主管机关是市南区民政局，业务主管部门是市南区文化局。画院组织举办各种文化艺术活动、少儿美术培训班和美术冬、夏令营等，促进市南区文化事业的发展。

青岛市市南区美术家协会

2005年年底成立，办公地点设在高邮湖路26号1号楼201室。由工作和居住在市南区的专业及业余美术家、美术工作者组成。协会举办美术展览、创作笔会、艺术研讨和其他方式的交流活动；开展讲座、咨询、辅导等多种形式的美术普及活动。

青岛市市南区琴岛画院

2001年成立，办公地点在市南区香港中路155号，以专业与业余书画家组成，举办书画展览、讲座咨询、笔会、义捐等活动。

第五节　文化娱乐场所

明代成化年间，区内出现岛城戏曲艺人最早的表演场所——天后宫戏楼，每逢年节，戏楼连台演出兆姑（茂腔）、柳梆（柳腔）等戏剧，“三月间，海航各船，云集口内，许愿奉戏，尝延至四月或端午”（引自《海云堂随记》）。进入近代，市南区成为青岛最早建立剧院、电影院并最早感受电影魅力的地方。20世纪初，青岛第一家电影院——亨利王子饭店电影院建立。同期建立的水师饭店，也定期放映电影。中国剧院是青岛建立最早的剧院，成为市区本土剧种的演艺场。随着联结乡谊的会馆兴起，江苏、江西、浙江三省的同乡在三江会馆内建成旧式传统戏楼，先后有余叔岩、杨小楼、筱翠花等京剧名伶在此演出。此后陆续兴建一批电影院、剧院，成为引领民众文化消费的现代文化场所。至20世纪二三十年代，区内先后建成共和大舞台、金星电影院、永安大戏院、福禄寿电影院、中国电影院和金城电影院，形成以中山路为轴心的“影院一条街”。其中，永安大戏院有华北第一大剧场之称，福禄寿影戏院以放映中西影片而著称，中国电影院则是青岛历史上第一家中国人开办的电影院。这一时期，茂腔、柳腔戏班进入今市南地域，位于南村路的天成戏院及沧口路、劈柴院、西大森（指云南路以东南村路、石村路一带，因系大森木场所在地而名之。）一带小戏园成为地方戏的演艺场地。随着区内多元社会人际环境的形成，劈柴院和四方路“积庆里”、北京路“洪泰商场”、小港一带“东海楼”出现大小不一的说书场，成为底层平民的文化娱乐场所。仅劈柴院一带就汇集了丁树德说书场（河北路62号）、王教顺说书场（江宁路31号附1户）、刘迁乐说书场（江宁路37号）、赵康祥说书场（江宁路37号）、王兰芝说书场（江宁路37号）、苗心诚说书场（江宁路37号附2户）、王尚元说书场（河北路44号）、钧乐茶社（北平路25号）、京韵大鼓说书场（北平路25号）等近10家说书场。同期，伴随话剧活动的兴起，山东大学小礼堂和永安大戏院成为海鸥剧社的话剧演出地。

青岛解放后，位于广州路的二七剧场建成，成为辖区西部的最大影院。中苏友好馆电影院对外放映，福禄寿电影院成为市区专门放映新闻纪录片的最大片场，适应了辖区居民日益提高的文化消费需求。同期活跃于大鲍岛、西大森的茂腔、柳腔戏班开始上变为专业剧团，登上区内各大戏院的表演舞台。20世纪60年代，区内建成市人民会堂，除具备集会接待功能外，还具备文艺演出接待功能，成为重要

20世纪50年代初的中国电影院

的艺术表演场所。“文化大革命”开始后，地方剧演出停滞，区内说书场关闭。

中共十一届三中全会以后，区内改造淘汰一批旧影院，建成一批设施先进的剧院、电影院。20世纪80年代末，随着文化领域对外开放和社会文化消费的发展，域内电子游戏室、台球点、录像放映点、卡拉OK、歌舞厅等成为新兴文化经营场所。20世纪90年代，区内音像制品业发展迅速，音像连锁企业及连锁门店大批涌现。进入21世纪，全区网络信息呈规模发展，网吧成为大众文化消费的重要场所。随着市民文化消费层次的提高、文化消费方式和消费群体的转化，一批高端化、个性化、数字化新型影城、影港、影院相继建成。汇泉影城是青岛第一家五星级电影院，汇泉影城魅力影港是青岛第一家网络数字电影院，青岛广电影视剧场兼具电影片场、电视节目制作和舞台演出等多功能。其间，原以京剧演出为主的兰山路礼堂，经改造后变身青岛音乐厅，每年承接国内外艺术团体演出近百场，观众3万余人次，推出视听音乐会、周末音乐会、相声专场等形式多样的艺术表演，承接中国国际小提琴比赛和全国小提琴比赛，成为精品荟萃的高雅艺术殿堂。至2012年，区内共有影剧院18个，其中，剧院7个，电影院11个。据统计，区内互联网经营场所65家，网吧连锁企业36家，歌舞娱乐场所46家。

青岛音乐厅落成（2006年）

第六节　文化市场管理

实行改革开放后，随着区内文化市场的繁荣与发展，市南区加强文化市场的规范与管理，组织开展“扫黄打非”“反盗版”等专项行动，查处各种违法违规经营行为。1994年市南区文化市场稽查大队成立后，进一步加强对文化市场的监管。1996年市南区新闻出版管理办公室成立，遵照“一手抓繁荣、一手抓管理”的方针，与工商、公安、新闻出版等部门携手开展“扫黄打非”等专项整治行动，严厉打击各类生产、贩卖和传播色情、淫秽物品的违法犯罪活动。2010年成立市南区文化市场行政执法局，依据文化市场管理的法律、法规和规章，全面履行对文化、文物、广播电影电视、新闻出版和版权等方面的文化市场执法工作，依法对文化经营单位和文化经营活动进行监督检查，制止和查处文化市场经营中的违法行为。

出版物市场管理

1987年，全区广泛开展“打非扫黄”活动，加强出版物市场管理。1990年，根据中央提出的“打非扫黄”要求和山东省制定的对印刷书报经营管理的各项规定，区文化局组织开展集中整治活动。各街道办事处成立由分管领导挂帅，工商、市容、派出所及文化站干部参加的文化市场管理领导小组，持续开展对淫秽出版物和非法出版物的清理打击行动，净化文化市场。年内，收缴各种淫秽、非法出版物11万册，全部予以销毁。1987—1990年，清理整顿书店、书摊、放像点、印刷厂共276个，收缴违禁和非法出版物19.4万册。1994年，区文化稽查大队开展2次清理打击贩卖淫秽、非法出版物的“扫黄打非”集中行动。1997年共检查图书经营单位174家，收缴盗版图书735册，实施处罚30起，移交司法机关1起，取缔无证经营业户6家。1998年开展了3次大规模的“扫黄打非”集中行动和专项治理，取缔无证经营单位41家，收缴盗版音像制品8000余盘、内容反动、淫秽图书1300余册，被评为市“扫黄打非”先进集体。1999年成立市南区清理整顿印刷业领导小组，制定《市南区清理整顿印刷业实施方案》，对区内印刷业进行为期一个月的全面治理整顿，对121家符合经营条件的印刷业户予以保留，对19家存在问题较多的暂缓登记，压缩22家。是年坚持开展“扫黄打非”集中整治，共取缔无证经营单位95家，收缴盗版VCD 1.3万张，CD 2500张，电脑软件7000余张，图书103册。

2000年开展4次大规模的“扫黄打非”行动，对区内200余家出版物经营业户进行全面清理整顿，共收缴盗版VCD 4956张、CD 687张、电脑软件5859张，取缔无证业户35家，5名违法经营人员受到公安机关查处。1998—2002年，打非扫黄工作取得明显成效，累计收缴盗版音像（图书）等各类非法出版物15万余张（册）。2005—2007年在全市率先建立文化信息共享系统和网络远程监控平台，建立出版物市场管理信息化平台，进一步规范出版物市场秩序。2010年开展打击侵犯知识产权和制售假冒伪劣产品专项活动。根据国家、省、市关于开展“打击侵犯知识产权和制售假冒伪劣商品专项行动”的有关要求，把政府系统和大中型骨干企事业单位软件正版化作为重点环节，把新闻出版产业、高新技术产业版权保护作为重点领域，把图书、音像、软件等作为重点监管产品，在全区范围内分层次、分阶段的开展版权保护与执法专项行动。2011年对市南区软件园和动漫游戏产业园72家驻区企业进行反盗版软件专项治理，17家企业实现软件正版化，55家落实正版化改进方案，限期整改率100%。2010—2012年，全区共查办各类侵权盗版案件80余起，涉案金额3100余万元，为权利人挽回经济损失1000余万元；查缴各类非法出版物45652册（盘），其中图书期刊32582册，电子出版物和音像制品13070盘；取缔各非法出版物摊点88个，案件办结率100%，举报查处率100%。

文化娱乐市场管理

20世纪80年代末，随着文化市场的不断发展，域内电子游戏室、台球点、录像放映点等文化经营业发展迅速，处于放任自流状态，无证经营和违规经营等问题突出。1990年根据《山东省文化市场管理条例》对电子游艺室进行突击检查整顿，对问题严重的两家电子游艺室予以关停，对台球室制定严格的管理措施，设立群众举报箱，发现问题及时处理。同年制定《舞会暂行规定》《舞会工作人员守则》《舞会审批办法》《舞会演奏员守则》《舞会检查人员有关规定》等各项制度，规范对歌舞厅的管理。加强对舞厅从业人员的管理，每周组织开展两次检查。制定《文明舞厅评比条件》，组织开展文明歌舞厅评选活动。1996年查封13家违规经营的电子游戏厅（室）。1999年，针对群众反映较大的电子游戏机市场，组织力量进行清理检查，取缔10家，收缴电脑43台。

2004年，把加强网吧管理，打击网吧违规经营行为作为文化市场管理工作的重中之重，开展为期半年的网吧专项整治行动。一是在全区20多所中小学校开展“安全文明网上行”的专题教育活动，教育学生不进营业性网吧，不浏览色情、赌博、迷信、暴力等不良网站，不沉迷于虚拟时空，正确对待网上聊天和网上交友。二是开展百名网吧义务监督员受训上岗活动，根据其提供的线索，有33家违规经营的网吧被查处并受到处罚。三是建立网吧监管平台，实施监管与场所互动检查，严厉查处网吧各项违法经营行为，6家隐居在居民楼院内、2家距离中小学校不足200米的“黑网吧”被联台执法小组及时发现予以取缔，61家网吧因违规接纳未成年人、超时经营、经营非网络游戏被查处，15家被停业整顿。四是配合公安部门对全区网络信息进行检查，有5家网吧因消费者上黄色网站被警告，1家网吧因涉嫌传播淫秽色情信息被公安部门依法查处。2009年，以创建文明城市网吧迎测指标为主线，大力净化网吧市场。全年共查处违规经营网吧64起，其中因接纳未成年人被立案处罚的有7起。2010年，充分利用监控平台，并结合错时检查、联合执法及义务监督员包片包干等有效措施，对网吧和学校周边环境进行专项整治，对证照不上墙的限期整改，3家证照不全擅自营业的被停业整顿。2012年开展暑期互联网上网服务营业场所专项整治活动，对接纳未成年人上网的网吧，注销其网络文化经营许可证。

音像制品市场管理

20世纪90年代，四方路市场一带贩卖盗版、淫秽VCD光盘一度泛滥，屡禁不止。针对此，1999年一举查获四方路市场5家违法经营盗版出版物的钉子户，查获盗版光盘6663张，违法经营人员被移送公安部门处理。是年，区文化稽查大队与公安、街道办事处联合行动，一举查获设在江苏路44号、87号、91号的3处制售盗版软件黑窝点，当场收缴非法制造的软件3240张，6名犯罪嫌疑人被移交公安处理。

2004年，在音像市场检查整顿中，以音像连锁企业及连锁门店为重点，采取重点部位与重点业户重点查，调查、暗访与突击检查相结合，以举报为线索，加强音像市场整治力度，每月组织一次拉网式检查。是年先后7次会同市文化稽查大队、公安、工商部门进行突击检查，收缴非法音像制品20000余盘，取缔4家隐身集贸市场的非法音像店，查获位于团岛的1处制售盗版音像制品窝点，一次性收缴涉嫌淫秽光盘369盘、盗版光盘2600盘，2名涉案分子被移交公安部门。2007年查处一特大贩卖盗版、淫秽光盘犯罪团伙，捣毁非法音像经营点及批发窝点4处，缴获盗版、淫秽光碟5万余张，8名团伙成员全部抓获。2010年开展打击低俗音像制品等非法音像制品专项行动，共破获2起非法经销盗版淫秽光盘案件，收缴盗版淫秽光盘2万余张，2个非法经销窝点被公安部门立案查处并取缔。2012年开展“扫黄打非·雷霆”行动、打击淫秽色情及低俗信息专项行动，查缴电子出版物和音像制品10150余盘。

社会综合监管

2005年，积极探索在新形势下加强文化市场管理的新方法、新途径，构筑起以街道为“片”，以城区为“面”，以社区居委会、街道办事处、区文化局“互动”为主要内容的“三位一体”网络管理机制。通过建立联合执法等机制，把文化市场管理延伸到社区，实现由单一部门执法，到全区职能部门全面参与的全覆盖、无缝隙管理。同年，在全区81个社区聘请91名社会义务监督员，实施街道办事处量化考核，建立联合执法机制，实现由一个部门执法到各职能部门全面参与的全覆盖、无缝隙管理。2009年，聘任义务监督员，建立文化市场社会综合监管模式，充分发挥老干部、老战士、老专家、老教师、老模范等“五老”志愿者对网吧与游艺场所的社会监督作用，在10个街道办事处聘请144名“五老”义务监督员，通过培训持证上岗，反馈有效信息45条，查处落实26条。2011年，进一步发挥“五老”义务监督员作用，对文化市场经营重点场所进行不定时监督；强化落实文化市场经营场所监督牌上墙制度和区“扫黄打非”工作领导小组成员单位协调沟通、联合执法等制度，形成区属地管理、街道具体负责、居委会日常监控、社会义务监督员广泛参与的管理模式。同年加强对经营业户法律法规培训，定期召开网吧、娱乐场所、出版物、版权、印刷企业等参加的法律法规培训会议，增强经营业户依法经营意识。

同年推进“四无”示范小区建设，开展拉网式检查，严格查处非法安装、销售卫星电视地面接收设施的行为。2012年设立举报电话，全年收集有效信息130条，查处落实96条，查处各类违规违法行为56起，收缴各类非法出版物1598件。

“文化环保城区”建设

2010年区文化市场行政执法局成立后，以建设“文化环保城区”为目标，严格按照全市文化执法“1711”基本工作思路，全面加强文化市场监管执法。针对文化市场管理存在的问题，周密部署，详细制定了文化市场综合整治及专项整治行动方案，把全区划分为3个片区，组成3个工作组，采取明查、暗访、交叉互查等多种方式，分工负责执法督查和检查工作，重点抓好网吧市场、出版物市场、娱乐市场等关键领域，突出管好中小学周边、旅游景点、旅馆酒店、商业街、早夜市、车站、码头等重点区域，开展“文化环保行”系列宣讲活动，成功承办全市“4·26”著作权保护启动仪式，举行“世界文物遗产日”宣传活动以及“12·4”普法宣传日等活动。通过张贴宣传海报，发放宣传品等多种方式，鼓励引导社会各界及广大群众关注、支持和参与文化市场管理。

第二章　文学艺术

青岛建置后，区内天后宫的“正月正庙会”就有兆姑、柳腔、大鼓、评词等民间艺术面世。20世纪初，区内出现白话文学研究社团，伴随殖民文化东渐，西方美术、西方音乐、摄影随之而入，区内现代文化艺术由此发端。辛亥革命前后，一批精于书法的前清遗老寓居区内，或书艺酬答，后题写匾额，区内近代书法艺术起始。20世纪20年代初，区内出现曲艺演出活动，曲艺艺人或浪迹在道旁或广场“撂地”演出，或在茶社卖唱，主要演出评词、渔鼓、琴书、大鼓。20世纪30年代，国立青岛大学创办，国内一大批著名教授、学者、作家聚集区内，推动了青岛的新文化运动，产生了一批中国现代文学史上的巅峰之作，涌现出许多本土题材的优秀小说、散文、诗歌作品。这一时期，话剧活动逐渐兴起，国立山东大学的地下组织发起成立海鸥剧社，先后在山东大学小礼堂和永安大戏院演出独幕话剧和进步话剧。随着京剧票友组织不断从区内涌现，京剧艺术大师梅兰芳、荀慧生、尚小云、杨小楼、余叔岩、于连泉、程继仙等来青演出，促进京剧在区内的兴起与普及。同期，伴随江宁路劈柴院、南村路西大森和海泊路一带固定说书场的汇集，曲艺形式更趋丰富多彩，大鼓形式中增加西河大鼓、梨花大鼓、京韵大鼓。相声、山东快书（武老二）、双簧、落子（评剧）、杂耍等演出活动在大鲍岛、西大森一带日趋活跃，为区内居民所喜闻乐见。抗日战争爆发后，区内爱国文化人士大部离开青岛，国立山东大学内迁后，区内文化艺术活动衰退。抗日战争胜利后，国立山东大学复校，区内的文化艺术活动又趋活跃。

青岛解放后，一批进入文学创作领域的工农兵作者从区内涌现，儿童文学、话剧创作取得重要收获，美术进入新的活跃期，群众性歌咏活动迅速发展，京剧、茂腔、柳腔传统剧目以崭新的面目出现在舞台上，美术、雕塑、摄影、音乐、曲艺创作取得令人瞩目的成就。区内专业文艺演出阵容不断壮大，区、街道群众文化工作网络发挥凝聚队伍、培养人才的作用，群众文化艺术创作蓬勃发展。“文化大革命”时期，区内文化艺术事业遭到全面破坏，文化艺术创作队伍受到严重摧残，专业文艺演出团体纷纷解体。

中共十一届三中全会以后，文化事业进入全面发展的新时期。区内文化艺术创作空前繁荣，文化艺术作品在内容与形式上取得突破，文化艺术创作题材广泛、风格多样，小说、诗歌、散文、电影剧本创作、戏剧曲艺创作取得丰硕成果，群众性书法、摄影活动发展迅速，美术、音乐创作蓬勃开展，涌现出一大批文化艺术创作人才，一批具有深厚生活底蕴、观赏性与教育性相融合的艺术作品不断涌现，相继获得国家、省、市各种奖项。

第一节　文学创作

20世纪初，随着现代白话文学的兴起，区内出现新文学研究团体，多种文学期刊和报纸副刊相继创办。国立青岛大学创办后，一批现代文学作家汇集区内，产生了《骆驼祥子》（老舍）、《八骏图》（沈从文）、《山雨》（王统照）、《奇迹》（闻一多）、《八月的乡村》（萧军）、《生死场》（萧红）、《羽书》（吴伯箫）等优秀小说、诗歌、散文作品，在中国现代文学史上产生了重要影响。这一时期，梁实秋开始了《莎士比亚全集》的翻译，洪深创作出中国第一个电影文学剧本《劫后桃花》，臧克家的诗集《烙印》《罪恶的黑手》轰动中国现代诗坛。其间，12位居青作家联手推出的散文周刊《避暑录话》，代表青岛散文创作的层次和水平，在中国现代文学史上占有一定地位。日本全面侵华战争时期，大多数作家离青，文学创作陷入萧条荒芜。抗日战争胜利后，区内一批青年作者踏上文坛，创作出一批中、长篇小说。

新中国成立后，小说创作着力反映解放后工农业发展中出现的新人新事，短篇小说集《捕鱼的人》，长篇小说《渔岛怒潮》（姜树茂）先后出版。诗歌作者以饱满的热情进行诗歌创作，推出一批新诗新作。国内一批著名作家的咏青散文，推动了这一时期青岛散文创作的发展。中共十一届三中全会以后，区内涌现出一批优秀作家，一批文学作品在全国、全省获奖。散文诗创作走在全国的前列。高胜历的报告文学《东部热土》获第六届中宣部精神文明建设“五个一”工程奖。尤凤伟的长篇小说《中国1957》、杨志军的长篇小说《藏獒》分别获得2001年、2003年中国小说家协会长篇小说排行榜第一名。纪宇的长篇诗作《风流歌》收入《中国新文艺大系诗集》。组诗《北京抒情诗》（赵伟）、《历史的回声》（宋端斌）获1979—1987年山东省文学创作奖，《我骄傲，我属于中国》（曲庆玮）获全国青年文学创作奖，一批报告文学集、散文集、曲艺集、民间文学集、文艺评论集等相继出版。

第二节　艺术创作

辛亥革命前后，精于书法的前清遗老康有为、刘廷琛、吴郁生、王垿等寓居区内，通过互赠书法或应邀为商号、会馆、酒楼、店铺题写匾额，留有一批书法传世之作。20世纪20年代，西方音乐、戏曲音乐开始在区内流行。民间传统节日和喜庆活动中的民乐演奏也十分流行。随着现代中学教育体系的建立，区内的音乐教育开始起步，催生了校园音乐社团和小型音乐会。20世纪30年代，话剧活动逐渐兴起，国立山东大学中共地下组织发起组织海鸥剧社，在山东大学小礼堂演出《月亮东升》和《工厂夜景》两个独幕话剧，还排演《暴风雨中的七个女性》《乱钟》《SOS》《婴儿的杀害》《饥饿线上》等进步话剧，在永安大戏院举办社会演出。同期的美术活动趋于活跃，少海书画社在区内成立，刘海粟、李苦禅等一批国画大师先后在区内举办画展。这一时期，固定说书场在大鲍岛一带的集中分布，吸引了著名相声艺人马三立、刘宝瑞，西河大鼓艺人刘泰清，山东快书艺人高元钧等先后在区内劈柴院、积庆里说书场献艺，促进了青岛曲艺业的发展。区内报业推出摄影图片、明星影照、剧照、艺术摄影，摄影作品展览和个人影展在区内面世。

新中国成立后，青岛市国画研究会建立，全市第一届、第二届国画展览在区内举办。1957年，中国名人书法展览在区内展出，青岛书法家刘诗谱、王梦凡的书法作品参展。中共十一届三中全会以后，书法创作和展览活动蓬勃发展。1979年，修德的行楷《元稹连昌宫词》、贺中祥的小楷《小楷鲁迅诗13首》获全国群众书法征稿一等奖。1980年高小岩、蔡省庐、杨慕唐、贺中祥的书法作品，张叔愚、苏白、任全书、孟庆泰的篆刻作品获全国第一届书法篆刻作品展览一等奖。1984年，在第六届全国美展上，赵建成的国画《铺路石》获铜奖，张白波的《载月归》获银奖。高东方创作的《船厂写生》参加庆祝建国35周年全国职工美术书法摄影展览获三等奖。1986年，张白波、陈国贵、许风鸣、龚静如参加第九届全国版画展，其中，张白波的《小岛之晨》获优秀创作奖。1988年青岛市摄影家协会正式成立后，开展各种摄影艺术创作和艺术交流活动，举办各类摄影艺术展览。1991年举办“青岛新人新貌”摄影作品展、全国14个沿海开放城市“人、海、情”摄影作品联展。1992年举办“青岛市摄影家50人作品联展”。1998年举办任锡海“圆梦俄罗斯”摄影展，宫秀芬书法作品获第七届中青年书法家展览二等奖。进入21世纪，区内书法、美术、摄影创作呈现出历史未有过的繁荣景象。2000年王建民的《挽留海鸥》获世界华人艺术展铜奖。2001年任锡海的《10号大院》先后获德国“徕卡·奥斯卡”巴纳克国际比赛摄影比赛优秀奖、全国新闻摄影比赛最佳专题图片奖和第20届全国摄影展铜奖。李学亮《吴丽英与加拿大水兵的故事》获2001年全国新闻摄影比赛银奖，王群《啤酒节上的女外宾》入选中国第九届国际摄影艺术展览。2002年万钢祝《浪花里的故事》获文化部文化艺术群星奖银奖，王新正《曙光》获全国第十二届“群星奖”金奖，宫秀芬书法作品获全国行书展三等奖，高小岩、贺中祥、张伟等11人的书法篆刻作品入选《山东50年书画精品集》。在2004年第十届全国美术作品展览中，王绍波的水彩画《渔歌》获金奖，赵建成的作品《西部放歌——灵光》、王伟的作品《战士》获银奖，谭乃麟的作品《祥云》、李前的油画《渤海湾》、宋守安的水彩画《乡恋》、苏海青的水彩画《大潮——百年沉浮·百年奋进》获铜奖，徐青峰的油画《天空》获优秀奖。同年王从民的《偶像》获山东省第八届摄影艺术作品大赛数码类金奖，戴利群的《西藏纪实》获山东省第八届摄影艺术作品大赛纪实类银奖。

第三章　群众文化

青岛解放后，区内的群众文化事业开始起步。1958年市南区文化馆成立后，创作大量群众文化优秀作品，培养一大批群众文化艺术人才。60年代，区文化馆经常深入街道、居委会体验生活，发掘创作题材，培育创作人才，扶持社区群众文化艺术创作。“文化大革命”时期，区文化机构解体，群众文化活动中断。

中共十一届三中全会以后，市南区群众文化艺术创作得到迅速恢复和发展，涌现出一大批高质量小品、声乐、美术等艺术作品。随着人民生活水平的提高，广大群众对精神生活的追求更为迫切，参与文化活动的意愿更加强烈。区文化部门适应新形势，大力组织开展各种文化活动，丰富群众的精神文化生活。20世纪80年代中期，先后组织开展“新春乐”春节社区文艺会演和“同乐会”演出活动。90年代，区内群众文化艺术创作成果不断涌现，声乐、话剧、曲艺、舞蹈、戏剧小品、手工艺品多次在全国获奖。1994年春节举办“市南之春”群众文化活动，举办22场系列群众演出，丰富了节日群众文化生活。“十五”期间，每年开展各项文化活动300余场，打造“市南之春”百姓文化艺术周、“夏季纳凉晚会”“金秋十月合唱周”等品牌文化活动，创办“相约冬季”室内文化系列活动。

进入21世纪，根据中共山东省委和省政府的部署，市南区开始创建省级社会文化先进区活动。2001年成立市南区创建省级“社会文化先进县”领导小组，加强对创建工作的组织领导和业务指导并确定创建工作的具体目标，要求通过创建活动，实现市南区文化设施和文化队伍建设有较大发展，文化市场管理和群众文化活动水平有较大提高的目标，推动了市南区社区文化蓬勃发展，营造出“无处不飞歌、四季有演出”的良好社会文化环境。2001年开始，以迎接北京奥运会和青岛奥帆赛为契机，创办“奥运之声周末音乐会”“沙滩大舞台”等品牌文化活动。加强群众文化队伍建设，成立海之情文化艺术学校，以“每周一讲、每月一歌、每季一舞”的形式，培养一批高素质的文艺骨干，成立业余文化队伍180余支。这一时期，区内中老年群众文化艺术异军突起，时装表演在全国首届中老年广场舞蹈大赛中获奖；区文化馆和银帆艺术团连获第十三届中国上海国际“世博白玉兰杯”艺术大赛、全国首届“七彩夕阳”中老年合唱艺术节暨全国中老年“合唱之星”邀请赛最佳组织奖、表演金奖和明星奖。

2011年，根据文化部关于在全国创建一批公共文化示范区（项目），推动公共文化服务体系建设科学发展的要求，青岛市政府决定在全市开展创建全国文化服务示范区活动，要求各区市按照国家有关标准，新建或改扩建图书馆、文化馆、博物馆等重点公共文化设施，实施街道综合文化站、社区文化活动室建设提升工程。区文化新闻出版局遵照文化部和青岛市的部署，制订《市南区创建国家公共文化服务体系示范区建设工作实施方案》，积极推进国家公共文化服务体系示范区建设。

第一节　群众文化艺术创作

区内的群众文化艺术创作，始于50年代中期区文化馆成立后。60年代，区文化馆经常深入基层社区，发掘创作题材，组织群众文化艺术创作，区内群众文化艺术取得较快发展。“文化大革命”时期，区文化馆解体，群众文化艺术创作活动停滞。

改革开放以后，市南区群众文化艺术创作得到迅速恢复和发展。80年代末，一大批高质量小品、声乐、美术等艺术作品相继问世。1989年，李春创作的美术作品《邪恶》入选全国第七届美术作品展；区文化馆钱盛源创作的山东琴书《一只金耳环》获山东省欢笑曲艺节大奖赛二等奖。

1992年，徐昭荣获全国十二城市青年新人新作歌曲大赛美声组金奖。1994年，甘畅创作的剪纸作品《藏书票》入选《山东省妇女美术书法作品展览》，翌年获得全国妇联举办的“中华巧女”全国大赛一等奖。1995年在青岛市“122”交通安全小品大赛中，市南区获得最佳集体表演一等奖，市南区文化馆选送的小品《同在蓝天下》获“重钢杯”全国话剧小品大赛演出奖。1996年李娜创作的小品《上梁大吉》获全国曲艺节牡丹奖，小品《并非家庭问题》获得青岛市职工戏剧小品大赛一等奖。1997

年，李娜创作的小品《都市平安》获得第五届华东地区戏剧小品大赛二等奖；甘畅创作的剪纸获首届中华巧女手工艺品大奖赛优秀奖。1998年，区文化馆编排的舞蹈《青岛梦寻》获全国第三届中老年健身舞蹈会演优秀奖，合唱《蓝色的爱》获全国广播音乐作品大赛二等奖；选送70多位作者的作品参加“黄岛杯”全国书画大赛，获得二等奖1名；协办青岛“济青杯”服饰、交谊舞大赛，区文化馆获得最佳组织奖，中老年时装表演《梦里水乡》获得二等奖；组织中老年时装表演队参加在上海举行的全国中老年健身舞蹈会演，获得优秀组织奖。1999年，李娜小品《零点守门人》获全国职工戏剧小品大赛二等奖；区文化馆排演的时装表演《青岛梦寻》获得山东省庆祝新中国成立50周年广场民间文艺展演优秀奖。

2000年，区文化馆编排的时装表演《琴岛风采》《好收成》获全国首届中老年广场舞蹈大赛二、三等奖；音乐快板《他们都很像》获全国第五届“四进社区”广场文艺展演银奖、山东省“四进社区”广场文艺展演金奖。2001年，李娜小品《对号入座》获全国第十一届“群星奖”戏剧比赛三等奖；甘畅设计的藏书票《袋鼠》等作品入选波兰、中国香港等国家和地区的画册，还多次入选全国、省、市的藏书票大展。2003年，区文化馆编排的时装表演《多彩的市南》获得山东省创建社会文化先进县广场艺术展演纪念奖。2004年，区文化馆选送的小品《重阳之夜》和快板书《祖国好》获得青岛市公民道德小品曲艺大赛一等奖，小品《明天会更好》获得青岛市小品会演二等奖；2005年，区文化馆甘畅创作的剪纸《大吉团花》获全国乡土艺术手工艺作品大赛贡献奖。2009年，区文化馆创作的作品《和谐家庭》获全国妇联才艺大赛“家庭之星”奖。

2010年，在第十三届中国上海国际“世博白玉兰杯”艺术大赛上，区文化馆获最佳组织奖，银帆艺术团获表演金奖及5个单项奖；在全国首届“七彩夕阳”中老年合唱艺术节暨全国中老年“合唱之星”邀请赛大赛上，银帆艺术团获组织奖和两项明星奖；摄影作品《五彩迎归》和《戏》分获山东省“颂歌新中国、喜迎全运会”系列图片展一等奖，相声《祸患无穷》获山东省曲艺会演比赛三等奖，群舞《烛》获得山东省第二届“星光奖”三等奖。2011年，区文化馆选送的摄影作品《山东印象》《江山如画》获得“夕阳秀”第十一届全国艺术大赛两项金奖。2012年，区文化馆创作的歌曲《万里青天》《当兵不后悔》和《岛城之恋》，山东琴书《同学会》，小品《圆梦》《家比天大》，情景剧《教室变奏曲》等7个文艺作品，分别获山东省群众文化学会年度评比2个二等奖、5个三等奖。

第二节　社区文化设施建设

20世纪80年代前，辖区内社区文化活动虽有开展，但社区文化设施匮乏，社区文化活动主要依托中山路、大沽路、云南路一些小型广场开展，文艺演出或放映电影，或广场露天演出放映，或商借驻区单位的礼堂进行，迄无固定的与区内人口分布相适应的文化设施。改革开放以后，市南区加强社区文化设施建设，投入资金建设社区文化设施，扩大活动面积，增加文化活动设施，大力改善基层文化活动条件。

2000年，投资建成市南区图书馆，兴建和改造湛山广场、老舍公园文化广场和八大峡广场，通过旧城改造在物业小区及社区内建设25处小型广场。2001年4月，市南区按照山东省“万里海疆文化长廊”的要求，开展打造“市南沿海文化风景线”文化品牌活动，创建社会文化先进区。活动以“创造多彩生活、建设文化名区”为主题，依托沿海一线的八处文化广场建立市南沿海文化风景线，建设36处社区文化活动中心，形成区、街、居三级社区群众文化活动网络。2002年，与企业联姻，共同开展文化长廊建设，在辖区内的学校、社区、码头周边等8处地点设置文化长廊。2005年，投资260万元对23个社区文化活动中心进行装修改造，每处活动面积由原来700平方米增至4000平方米，全区文化活动中心总面积增加为2万余平方米，达到创建全国文明城市测评体系每万人500平方米的标准。同时，投资20万元为社区图书室增加新书2万余册，达到人均1.6册标准；投资12余万元为社区文化活动中心配备打印机、照相机、数码钢琴、大屏幕投影仪、舞蹈排练器材等设施，14个街道文化站有11个达到国家一类文化站标准。

2006年，投入600万元资金着力打造特色、品牌文化社区。经过改扩建，15个活动中心每处活动面积由原来的575平方米增加为5047平方米。各街道（社区委）先后组建起社区锣鼓队、合唱队、时装表演队、读书会等特色群众文化队伍，组织开展“群文辅导员暨文化义工进社区”培训辅导、文化义工宣传队进社区、主题宣传日、优秀电影展映等各种特色文化活动。2010年新建5个社区文化活动中心，投入50万元为活动中心配备图书、文化共享一体机等文化设备。2011年，建设龙江路社区等5处公共电子阅览室，投资20余万元配备电脑及桌椅40套。投资近10万元在26个社区广场设置“市南社区文化广场”标识牌。区文化馆“阳光书吧”装修竣工，23个门类的3万余册书籍和22种期刊全部上架。根据街道、社区的固有资源建设一批特色文化活动中心。其中，八大湖街道天台路社区设立历史文化墙、儿童手工制作室；江苏路街道龙江路社区建设天文科技馆；珠海路街道香港花园社区建设中英文儿童图书室、在文化中心内设立老年大学社区分校；湛山街道盐城路社区建设“社区影院”，湛山社区建设“金平安书屋”；金门路街道仙游路社区开辟儿童图书阅览室。至2012年，市南区累计投资近9亿元，建设65处社区文化活动中心，总面积达到7万余平方米，最大的单体面积达到4000多平方米。年内对区级公共电子阅览室和部分社区公共电子阅览室进行升级改造。新建13处图书通借通还服务点，实现市、区、社区之间图书的“无障碍”流通网络。投入30万元为基层社区文化中心购置电脑80台及电脑桌120张，投资1100万元建设20处集体育健身、文化娱乐等功能为一体的社区休闲广场，改造总面积4.8万平方米。同年3月，文化部考察组经过对齐东路社区的实地考察，对市南区创建工作给予肯定。八大峡街道、红岛路社区和齐东路社区被命名为青岛市第三批基层文化建设示范街道和示范社区。

太湖路社区管理服务中心图书阅览室

第三节　社区文化活动

青岛解放后，市南区社区文化活动逐步开展。20世纪50年代，围绕爱国卫生运动、抗美援朝、参军参干、破除迷信、实行婚姻法等开展多种形式的社区文化活动。60年代，发挥区文化馆的组织功能与辅导力量，围绕学习雷锋、王杰、焦裕禄的群众性学英模活动，以移风易俗、科普教育为主要内容，以街道、居委会为主干，开展了丰富多彩的社区文化活动。“文化大革命”期间，区文化馆解体，街道、居委会组织瘫痪，社区文化活动停滞。

中共十一届三中全会以后，随着区各级文化机构恢复，社区文化活动设施建设加大投入，社区文化活动逐步恢复、发展。1997年，组织开展“市南之春”系列文化活动，举办市南区“海之情”旅游文化节。1999年，组织举办“市南之春”社区文化广场大展演、“海之情旅游节”“欢乐千万家”等活动，以社区文化、群众性文化活动为主线开展各类文化活动大展演，14个街道办事处，20多支社区文化艺术表演队伍，2000余人参加演出，观众达10余万人。组织四个办事处的民间文艺表演队伍参加青岛市“顶益·康师傅杯”广场民间文艺调演，均获得最佳表演奖，市南区获得最佳组织奖。

2001年开始，市南区大力创建省级社会文化先进区。年内创建“市南沿海文化风景线”，共设立“文化涌进广场”“文化绽放社区”“文化撒满楼院”“文化融入万家”“文化情系百姓”五大板块，组织开展一系列群众喜闻乐见的社区文化活动，丰富群众精神文化生活，打造市南区沿海一线的“文化长廊”。2002年创建省级社会文化先进区期间，组织开展各种形式的群众文化活动，把广场、社区、家庭、企业、校园等文化融为一体，推动社会文化繁荣和发展。打造“海洋节”开幕式大型文艺演出、海上浪漫婚典民俗文化活动等品牌文化，形成大型文化为龙头，小型文化活动多样化，广场文化活动品牌化，社区文化活动经常化的文化活动格局。成立“海之情”时装表演队、“老朋友”艺术团、“左邻右舍”艺术团等业余文艺表演队伍，先后参加全国、省、市各种比赛和文艺演出，获得各种奖励。至2005年，群众文艺创作取得丰硕成果，参加全国和省以上举办的演出、比赛30余次，多人获得全国、省以上创作、演出、美术、摄影作品奖。

2007年，分别举办“欢乐大家庭”社区文化艺术节暨“缤纷假日”文化游系列文化活动、社区教育节和百场电影进社区活动，社区开展各种文化活动近2000场，举办读书讲座、艺术培训班等408场（期），培训3万余人次。2009年，举办“市南之春”百姓文化艺术周、“桑榆情”中老年时装风采大赛等活动。

2010年，各街道、社区根据各自地域特点开展“文艺演出进社区”、社区名家讲堂、民俗艺术节等群众喜闻乐见的活动。是年举办“金秋文化之旅”暨市南区“欢乐大家庭”社区文化艺术节，共组织广场文艺演出、文艺娱乐、读书培训、展览展示等五大板块近两百余项活动。2011年，湛山街道与青岛老年大学联合，在社区开办电脑基础、书画等多种门类培训班；金门路街道与青岛大学联合，邀请高校外教到社区举办暑期少儿英语夏令营活动；珠海路街道举办名人名家书画展、作品鉴赏等活动。2012年，在10个街道办事处开展“幸福市南 欢乐社区”公益文化展演30余项活动，全年组织开展文艺演出、公益讲座及各类展览展示活动超过1000场次，营造全民参与文化活动

“幸福市南 欢乐社区”公益文化展演开幕式

的浓厚氛围。建成6处未成年人文化辅导基地，设立4处市级文化辅导点和5处区级文化辅导点，定期组织文化业务骨干到基层辅导点进行授课；在社区广场开展20场图书置换和好书推荐活动，并组织“书香家庭”“书香社区”评选活动。是年，联合各街道办事处组织开展为期5个月的“幸福市南、欢乐社区”公益文化展演，推出4大板块30余项活动。开展“一街一品、一居一特色”创建活动，打造一批街道文化活动品牌。

第四章　文　物

市南区是青岛历史文化名城核心区，人文荟萃，文化遗产丰富，各级文物保护单位众多。区内文化遗产的形成，最早可上溯至明代成化年间建立的天后宫。19世纪末，德国胶澳总督府进行大规模城市建设，一批西方风格的近代建筑遗产由此而生。20世纪二三十年代，被誉为“万国建筑博览会”的八大关建筑群形成规模，成为荟萃多国建筑艺术风格的集大成者。作为“五四”新文化运动的重要传播地和中国近现代海洋科技、教育的发祥地，市南区是我国近现代文化名人故居分布最为集中的区域之一，汇集于青岛湾、汇泉湾和太平湾“三湾”沿岸的名人故居，中山路近代建筑群及城市公共建筑与宗教建筑，成为区域文化遗产的鲜明地标，形成与“世界最美海湾”相辉映的文化遗产与自然遗产叠加优势。

青岛解放后，青岛市文化古物管理委员会在区内建立，文物考古工作从此起步。继之，青岛市博物馆成立，文物征集工作由此发端。位于中山路的青岛市文物商店开业后，开拓了收集流散文物的流通渠道。

“文化大革命”时期，文物管理工作遭受冲击，大批文物受到严重损坏。

中共十一届三中全会后，文物保护工作提上市、区政府工作的重要议程，得到高度重视。恢复文物管理机构，颁布实施文物保护管理法规，规范文物市场的管理，陆续申报、公布一批国家、省、市重点文物保护单位，逐步将文化遗产保护纳入法制化轨道。2004年市南区文物管理委员会成立。2009年成立市南区文物局，与市南区文化局一个机构、两块牌子。2007年，市南区组织开展历时五年的第三次文物普查。

改革开放以来，市南区对文物保护单位与优秀历史建筑保护利用进行了积极的探索和尝试。自2008年以来，陆续对福山路、福山支路、齐河路沿线的名人故居以及周边78个居民楼院进行修缮。2010年修缮开放的骆驼祥子博物馆（老舍故居），是全国首家以文学名著命名的博物馆，已成为青岛市重要人文景观和爱国主义教育基地，国家、省、市领导与社会各界给予充分肯定。八大关街区和小鱼山文化名人街区以其显著的自然环境、人文环境和街区景观特色，相继成功推荐为“中国历史文化名街”，市南区成为全国唯一一个拥有两条“中国历史文化名街”的城区，为建筑遗产保护利用搭建了具有全国影响力的广阔平台。

至2012年，市南区共有文物保护单位72处，其中，国家级文物保护单位5处，占全市的50%；省级文物保护单位5处，占全市的17%；市级文物保护单位27处，占全市的30%；区级文物保护单位35处。文物管理部门严格执行“有效保护、合理利用、加强管理”的文物保护方针，对文化遗产实施有效保护，保存完好率95%以上。

第一节　文物普查

20世纪50年代初，区内开始对历史文物的全面调查。1973年，进行第二次文物普查，对区内的德国建筑群、八大关建筑群等进行重点调查。根据此次文物调查，山东省将毛泽东1957年在青岛第二海水浴场作夏季形势报告地列为省级重点文物保护单位。1981年第三次文物普查，对区内的古建筑、近现代重要史迹及代表性建筑、老舍故居、闻一多故居、王统照故居及第一次世界大战军事建筑群、宗教建筑、公共建筑等做全面普查。1987年第四次文物普查，对区内的古建筑天后宫、栈桥及回澜阁、近现代代表性建筑、中山路近代建筑群进行重点调查。1998年对区内的名人故居和历史优秀建筑进行全面调查，由此形成青岛市历史文化街区的框架轮廓。2002年，成立市南区文物普查工作领导小组，对区内名人故居与历史优秀建筑进一步发掘、整理。

2007年，市南区根据国务院《关于开展第三次全国文物普查的通知》要求，成立第三次文物普查工作领导小组，制定《市南区第三次文物普查工作实施方案》。2008年，召开全区第三次全国文物普查动员会，全面部署开展普查工作。年内，大力组织开展文化遗产保护教育宣传。利用“文物保护宣传周”“5・18国际文博日”等活动，采取散发宣传单、张贴悬挂宣传标语、图片展览、设立咨询台等形式开展宣传活动，全面宣传《中华人民共和国文物保护法》《文物保护实施细则》。在全区中小学校中开展以迎奥运“开启城市记忆，迎接八方来客”的文化遗产保护教育为主题的“老建筑新照片”摄影展、“我知道的名人故事”“让帆船载满青岛的记忆启航”主题班会、“听爷爷奶奶讲老房子的故事”等活动。通过广泛宣传，切实增强全区干部、群众文物保护意识。严格遵循普查标准和规范，采取抽查、划片检查、定点复查等方法，对普查工作跟踪检查。采取传统的普查方法与现代科技相结合，充分利用配备的电脑、GPS卫星定位仪、数码照相机等先进设备，严格遵循普查的标准和规范，确保普查各项数据的采集质量。对信息模糊、资料不详的普查对象，普查人员反复徒步深入街道社区入户访问，查找线索，获取准确信息。及时、认真录入相关材料1000余份，共计10万余字。在普查中，对10个街道办事处、78个社区、约24.5平方千米、2800余处楼院逐一进行调查。其中，复查各级文物保护单位66处、新发现历史建筑257余处，工业遗产3处，军事建筑及构筑物4处、传统里院建筑3处。拍摄照片近5000张，整理文字材料1000余份。在此基础上，区政府公布设立区级文物保护单位35处。

第二节　文物保护单位

全国重点文物保护单位

1996年11月，青岛德国胶澳总督官邸旧址和青岛德国胶澳总督府旧址入选国务院公布的第四批全国重点文物保护单位名单。2001年6月，八大关近代建筑群入选第五批全国重点文物保护单位。八大关近代建筑群，位于太平山南麓汇泉角与太平角之间，南临太平湾，北依太平山。现存320余栋重点保护建筑，汇集古罗马式、古希腊式、拜占庭式、巴拉克式、洛可可式、田园风式等20种建筑风格，集中体现当时东西方建筑艺术的变化轨迹，被誉为“万国建筑博览会”。2006年6月，青岛德国建筑群（域内21栋）和青岛万字会旧址入选第六批全国重点文物保护单位。青岛万字会旧址，位于市南区鱼山路37号，建于1934—1940年，该建筑融合中国传统建筑、罗马式建筑、伊斯兰建筑三种不同的建筑风格，在中国建筑史上是一比较特殊的例子，具有较高的历史价值。青岛德国建筑群，建于1897年德国强占青岛后，共包括21栋西式建筑。

表19—1　　德国建筑群一览表

（2012年）

序号	名称	位置	年份
1	德国警察署旧址	湖北路29号	1904年
2	胶州帝国法院旧址	德县路2号	1912年
3	欧人监狱旧址	常州路25号	1900年
4	俾斯麦兵营旧址	鱼山路5号	1899—1901年
5	伊尔蒂斯兵营旧址	香港西路2号	1899—1901年
6	游内山灯塔	团岛西南角	1900年
7	小青岛灯塔	小青岛	1900年
8	观象台办公楼	观象二路15号	1910—1912年
9	德国领事馆旧址	青岛路1号	1899—1903年
10	德华银行旧址	广西路14号	1899—1901年
11	山东路矿公司旧址	广西路14号	1899—1902年
12	德华高等学堂旧址	朝城路2号	1905—1909年
13	基督教堂	江苏路15号	1908—1910年
14	天主教堂	浙江路15号	1932年
15	海滨旅馆旧址	南海路23号	1903年
16	德国第二海军营部大楼旧址	沂水路9号	1899年
17	青岛国际俱乐部旧址	中山路1号	1910年
18	侯爵饭店旧址	广西路37号	1906年
19	路德公寓旧址	德县路4号	1905年
20	医药商店旧址	广西路33号	1905年
21	水师饭店旧址	湖北路17号	1901—1902年

山东省文物保护单位

2006年12月，山东省政府公布第二批省级重点文物保护单位名单，市南区域内有康有为故居、栈桥及回澜阁、天后宫、水族馆和中山路近代建筑（域内12栋）共5处。其中，中山路近现代建筑位于中山路、河南路一带，共12栋。建筑风格以欧式建筑为主，历经百余年基本保持原建筑格局和街区风貌。

表19-2 **中山路近代建筑一览表**

（2012年）

序号	名称	位置	建成年份
1	德式建筑	中山路17号	19世纪末至20世纪初
2	中国银行青岛分行旧址	中山路62号	1934年
3	山左银行旧址	中山路64号	1934年
4	上海商业储蓄银行旧址	中山路68号	1934年
5	大陆银行旧址	中山路70号	1934年
6	义聚合钱庄旧址	中山路82号	20世纪20年代
7	交通银行青岛分行旧址	中山路93号	1931年
8	山东大戏院旧址	中山路97号	1933年
9	中国实业银行旧址	河南路13号	1934年
10	青岛分行公会旧址	河南路15号	1934年
11	金城银行旧址	河南路17号	1935年
12	胶澳商埠电气事务所旧址	中山路216号	20世纪20年代初

青岛市文物保护单位

自1982—2012年，青岛市先后公布了9批市级文物保护单位，其中市南区27处。其中，名人故居14处，德国军事建筑5处，宗教建筑3处，当代建筑1处，其他还有公共建筑与科技卫生建筑等。

表19-3 **青岛市文物保护单位一览表**

（2012年）

序号	名称	位置	建成年份	公布时间
1	湛山寺	芝泉路2号	1945年	1982年
2	观象山地磁房	观象二路21号	1905年	1989年
3	团岛炮台旧址	团岛内	1891年	2005年
4	汇泉炮台遗址	汇泉角	1902年	1984年
5	台西镇炮台旧址	团岛公园	1891年	2005年
6	太平山北炮台及东炮台旧址	太平山顶部	1899年	2005年
7	湛山炮台旧址	盐城路	1897年	2005年
8	德国临时检疫所旧址	嘉祥路3号	1906年	2005年

续表19－3

序号	名称	位置	建成年份	公布时间
9	浸信会礼拜堂	济宁路31号	1925年	2005年
10	青岛汽水厂办公楼旧址	香港西路25号	1905年	2005年
11	老舍故居	黄县路12号	1934年	1985年
12	王统照故居	观海二路49号	1945年以前	2005年
13	沈从文故居	福山路3号	1945年以前	2005年
14	洪深故居	福山路1号	1945年以前	2005年
15	华岗故居	龙口路40号	1945年以前	2005年
16	闻一多故居	鱼山路5号	1930年	1985年
17	梁实秋故居	鱼山路33号	1945年以前	2005年
18	萧红、萧军、舒群故居	观象一路1号	1945年以前	2005年
19	王献唐故居	观海二路13号甲	1945年以前	2005年
20	冯沅君、陆侃如故居	鱼山路36号	1945年以前	2005年
21	朱树屏故居	金口二路13号	1945年以前	2005年
22	束星北故居	鱼山路36号	1945年以前	2005年
23	赫崇本故居	鱼山路9号甲	1945年以前	2005年
24	童第周故居	鱼山路36号	1945年以前	2005年
25	青岛市礼堂旧址	兰山路1号	1945年以前	2005年
26	观象二路基督教堂	观象二路1号	1938年	1999年
27	青岛奥林匹克帆船中心	燕儿岛路1号	2008年	2011年

市南区文物保护单位

2007年，区内开展全国第三次文物普查。在全面普查的基础上，2009年和2012年，市南区政府分两批公布区级文物保护单位35处。

表19－4　市南区文物保护单位一览表

（2012年）

序号	名称	位置
1	青岛春和楼	中山路146号
2	东莱银行旧址	湖南路37号

续表19－4

序号	名称	位置
3	青岛两湖会馆旧址	大学路54号
4	劈柴院	中山路北端与北京路交界
5	美口酒厂原址	湖南路34号乙
6	青岛物品证券交易所旧址	大沽路35号
7	青岛三江会馆旧址	四方路10号
8	宋春舫旧居	福山支路6号
9	望火楼旧址	观象一路坡顶
10	青岛广东会馆旧址	芝罘路与四方路口
11	徐州路炮台遗址	徐州路28号
12	中山公园石桥及石碑	中山公园南门内东北方向
13	总督府屠宰场旧址	观城路65号
14	黄县路石桥	黄县路与黄县路交汇处
15	德国胶州邮政局旧址	安徽路5号(3号甲)
16	谦祥益青岛分号旧址	北京路9号
17	青岛商会旧址	中山路72号
18	天主教会宿舍旧址	湖南路8号
19	福柏医院旧址	安徽路21号
20	青岛中国银行广厦堂旧址	大学路14号、14号甲
21	比利时领事馆旧址	金口一路19号
22	日本商校宿舍旧址	鱼山路36号
23	杨振声旧居	黄县路7号
24	赵太侔故居	龙江路7号
25	吕美荪故居	鱼山路7号
26	张玺旧居	莱阳路28号甲
27	青岛湛山小学旧址	盐城路1号
28	青岛圣功私立女子中学旧址	德县路27号

续表19-4

序号	名称	位置
29	东平路37号里院	东平路37号
30	云南路179号及枣庄路里院	云南路179号及枣庄路
31	吉祥里	宁阳路11号
32	宁阳路26号建筑	宁阳路26号
33	早稻善本德旧宅	莱阳路3号
34	宁文元旧宅	莱阳路5号
35	苏州路27号建筑	苏州路27号2号楼

第三节　文物保护

青岛解放后，区内的文物保护工作起始。1949年成立青岛市文化古物管理委员会，在大学路7号开展文物接收、征集、管理工作。20世纪50年代末，成立青岛市博物馆，对全市文物实施博物馆式保护。20世纪60年代初，青岛市文物商店在中山路挂牌，通过流通渠道收集流散的文物，为市博物馆提供够级文物藏品达1200余件。

改革开放以来，市南区坚持“保护为主、抢救第一、合理利用、加强管理”的方针，重点做好文物保护单位的保护工作，妥善处理文物保护和旧城改造之间的关系。文物主管部门主动与有关部门和单位协调沟通，参与旧城改造工作，对文物保护单位和历史优秀建筑实施“有效保护、合理开发”。1993年，文物部门与《青岛晚报》联合举办现代文化名人在青岛旧居的立牌纪念活动。1997年，市政府出资700万元对天后宫进行全面修复，并将修复后的天后宫辟为青岛市民俗博物馆。2000年，经过整修的康有为故居纪念馆正式对外开放。2004年，组织实施“青岛历史优秀建筑和文化名人故居中英文标识工程”，为区内历史优秀建筑和名人故居实施挂牌保护。同年完成万字会旧址保护维修工程，启动国家重点文物保护单位——胶澳总督官邸旧址原貌修复工程。2005年，市文物局成立八大关建筑群建筑调查小组，组织社会力量对区域内的所有历史建筑进行全面普查，为贯彻实施《青岛八大关建筑群保护管理办法》，加强和完善对八大关建筑群的保护打下坚实的基础。2008年，启动市级重点文物保护单位老舍故居维护改造工程，市区两级政府先后投资

骆驼祥子博物馆

近1200万元，完成居民搬迁、产权置换、场馆建设等工作。2010年5月骆驼祥子博物馆建成开馆。2009—2010年，对小鱼山区域的福山路、福山支路、齐河路沿线文化名人故居进行保护性维修，对周边78个居民楼院进行集中整治，划定保护范围和建设控制地带，维持文化名人故居及周边环境的历史风貌。

劈柴院江宁会馆举行文化遗产日活动（2011年）

第四节 非物质文化遗产保护

2009年，市南区政府公布第一批区级非物质文化遗产项目名录，入选项目有“浮山所民间传说”“剪纸”两项。2009年，根据全市统一部署，市南区开展非物质文化遗产项目普查工作。成立区普查工作领导小组，组建普查队伍，建立普查数据库，制定《市南区非物质文化遗产普查工作手册》《市南区非物质文化遗产普查工作验收方案》，全区共收集普查线索近300条，确定资源项目95条。同年，公布第二批区级非物质文化遗产项目名录，入选项目有“湛山庙会”“劈柴院市井民俗”“鸳鸯螳螂拳”“武当太乙门”4项。2010年，整理编印《市南区非物质文化遗产普查资料汇编》《市南区非物质文化遗产资源资料汇编》专辑2册，建立非物质文化遗产项目电子资料库，印发《关于公布市南区第一批区级非物质文化遗产项目代表性传承人的通知》，鸳鸯螳螂拳传人孙丛宅为市南区第一批区级非物质文化遗产项目代表性传承人。2011年，印发《关于公布第三批非物质文化遗产名录的通知》，传统中医药“植物八白散”“艾灸”和“李德修小儿推拿秘笈”三项列入第三批区级非物质文化遗产名录。2012年，“鸳鸯螳螂拳”被确定为省级第三批非物质文化遗产拓展项目，“劈柴院市井民俗”被确定为市级第三批非物质文化遗产项目。

第五章 新闻出版·广播电视

今市南地域的新闻出版业始于19世纪末，和青岛的德国殖民统治时期相伴而来。继青岛历史上第一家德文报纸问世之后，区内的近代出版业也随之发轫。20世纪初年，由国人创办的报业和出版业相继面世，德国报纸独领一方的局面被打破，以德文印刷社与教会印刷所为出版业主流的历史被改写。此后，相继有官办、民办和社会团体办的中文、德文、英文、日文等多种报纸创刊。辛亥革命后，宜今兴印务局、成文堂青岛分号在区内建立，大鲍岛的潍县路、天津路、河北路一带逐渐成为民族资本印刷机构的聚集地。中国收回青岛后，中华书局青岛分局、商务印书馆青岛分馆在即墨路、中山路建立，成为全市层次最高、规模最大、品种最多的印刷机构。1933年，第十七届华北运动会在汇泉体育场举办，位于朝城路的民众教育馆广播电台和位于中山路的民办广播电台同时开播，为青岛广播事业发端。20世纪30年代，区内教育、科研、司法、行政机构先后建立行业性印刷机构，分布于太平路、湖北路、伏龙山路一带。20世纪40年代，主办文艺期刊的出版社，成为区内出版业新兴一派，主要集中于中山路、云南路、观象二路和福山支路。

青岛解放后，青岛人民广播电台成立，中共青岛市委机关报《青岛日报》创刊，新华书店青岛分店在区内成立，市南区作为全市新闻、出版、传播中心的地位和作用愈益凸显。20世纪70年代初，青岛电视转播台建成。20世纪80年代，青岛出版社成立，出版范围包括政治经济、文学艺术、科学技术、文化教育、少年儿童、对外宣传旅游等。青岛海洋大学出版社继之在区内成立，出版教材、专著和与专业相关的图书。这一时期，区内报业进入快速发展时期。导报、晚报、画报及通俗文艺、老年生活类报刊等相继创办。20世纪90年代，区内新闻出版业进入快速发展期，呈现规模化、集团化发展态势，报刊加快扩版升级，缩短印刷周期，扩大发行范围，区内形成以青岛日报社、青岛出版社、青岛广电中心为引领的新闻出版、广播电视产业高地。由大众日报社主办的《半岛都市报》在区内创刊后，成为区域新闻出版业的又一产业高地。进入21世纪，由《青岛生活导报》变身而来的《青岛早报》，成为辖区内发行量和社会影响力较大的地方传媒之一。

至2012年，区内共有各类报刊16种，出版社2家，广播电台、电视台各1家。

第一节　报　刊

解放前报刊

辖内报业的兴起，始于19世纪末德国占领青岛之初，1987年11月14日“胶州湾事件”仅一周之后，辖内即有第一份德文报纸问世。20世纪初，由德国胶澳总督府创办的官方报纸出版，用德文和中文对照刊出，继之由国人创办的第一家民营周报在今中山路南端出刊发行。辛亥革命后，辖内出现3家国人创办的中文报纸，第一家英文报纸也于同期面世。第一次世界大战期间，日本取代德国殖民统治青岛后，即在辖内创办中、日文报纸，形成中、英、日文报纸并存的局面。这一时期创办的报业，大多集中于辖内今中山路、太平路、兰山路一带。中国收回青岛后，国人创办报刊蔚然成风，1923—1926年，辖内新增中文报纸15份，其中《青岛公民报》社会影响力较大，发行量达10000份以上，被誉为“工人的喉舌”，由英文报改组而来的《青岛时报》日发行量达五六千份。南京国民政府接收青岛后，国人创办中文报纸再次风行辖内，1929—1931年，先后有8份中文报纸创刊，其中《民国日报》是国民党市党部创办的机关报，《青岛民报》出刊的《汽笛》副刊产生较大社会影响力，该报推出的《避暑录话》周刊在中国近代文学史上具有一定地位。“七七”事变后，辖内国人创办的中文报纸和英文报纸停刊，只有2家日本人创办的中文报纸和日文报纸发行。抗日战争胜利后，辖内国人报业再度复兴，1945—1948年，共14家中文报刊在辖内创刊，报刊业主体包括军、政、商界，办报形式有日报、晚报、午报、小报、联合版及画报、晚刊等。随着人民解放战争进入决战阶段，辖内一些报业携产外逃，组织所谓“八报联合”，辖内报业数量骤减，余者于青岛解放后被勒令停刊。

表19－5　**青岛地方报纸一览表**

（1912—1931年）

名　称	出版年月	每日销数	名　称	出版年月	每日销数
民国日报	1929年6月	3500	胶济日报	1931年7月	700
青岛时报	1924年9月	3200	公报	1930年5月	1000
正报	1929年3月	3000	晚报	1931年9月	1000
平民白话报	1925年8月	700	快报	1929年8月	800
民报	1930年2月	2500	磊报	1931年9月	700
中华报	1926年7月	1600	大青岛报	1914年	2000
工商新报	1929年7月	800	青岛新报　日文	1914年	3000
大中日报	1930年12月	1000	泰晤士报　英文	1912年9月	1000

解放后报刊

青岛解放后，1949年12月1日，中共青岛市委作出关于出版《青岛日报》的决定。是年12月10日《青岛日报》正式创刊，为中共青岛市委机关报。报社社址太平路33号。1956年，《青岛广播》创刊，即《青岛广播电视报》前身，由青岛广播电台主办，4开2版，每周一期。1959年文艺杂志《海鸥》创刊，即《青岛文学》月刊前身，青岛市文联主办，社址信号山路25号。1960年《青岛广播》停刊。

中共十一届三中全会以后，辖内报刊业加快恢复发展。1979年，山东新闻出版局决定将《山东儿童》交由青岛市出版办公室编辑出版。1980年更名为《小葵花》画刊。由前国家名誉主席宋庆龄题写刊名。社址徐州路77号。1980年9月，山东省新闻出版局决定，将《红蕾》月刊交给青岛市出版办公室编辑出版。1981年《红蕾》月刊正式创刊。刊名由著名教育家叶圣陶先生题写。社址徐州路77号。1985年《信息画报》创刊，即《青岛画报》前身，青岛日报社主办，社址太平路33号。1988年，《公共关系导报》创刊，为对开4版，每周3期。

1991年，《读报参考》创刊，系半月刊，国内外发行。1992年，《青岛晚报》创刊，由青岛日报社主办，为解放后青岛第一份晚报。初为4开4版，每周3期。同年7月1日起改为日报，社址太平路33号。1993年《老年生活报》创刊，初为周刊，社址太平路33号。1994年《公共关系导报》划归青岛日报社主管主办，1996年更名为《青岛生活导报》，为4开8版。1996年创刊的《通俗文艺报》，由青岛市新闻出版局和中国通俗文艺研究会主办。社址徐州路77号。1997年，《少年电脑世界》创刊，青岛出版社主办。社址徐州路77号。1999年，《半岛都市报》创刊，由大众报业集团主办，为山东省第一家都市类晨报。社址南京路110号。2001年，《招商周刊》创办，青岛出版社主办。社址徐州路77号。2002年，《青岛生活导报》改名为《青岛早报》，社址太平路33号。同年《通俗文艺报》更名为《青岛财经日报》正式发行。日出对开20版，国际流行瘦报版式，是青岛市唯一面向大众的城市综合性经济类媒体。2004年《半岛新生活》创刊，半岛都市报社主办，是青岛市第一份拥有正规刊号的本土时尚杂志，发行区域扩至烟台、威海、潍坊等地。至2012年，辖区有各类报刊16家。

班鹏志与《接收青岛纪念写真》

第二节 出 版

辖内的现代出版业始于20世纪初，位于中山路31号的德国印刷出版社是今市南地域的首个出版机构，创办于1900年。1905—1913年，今曲阜路、潍县路、天津路成为青岛出版业的聚集地，天主堂印书局、宜今兴印书局、成文堂青岛分号在此设厂经营，出版社由教会组织扩展到国人经营。20世纪二三十年代，民族资本创办的出版社扩展到今太平路、河北路、湖北路、伏龙山路、李村路、安徽路一带，分布区域更广，产业聚集度更高，辖内的出版社近10家，其中机关和科研单位创办的出版机构占一半以上。20世纪40年代，辖内出版机构的分布，继续向观象二路、福山支路、云南路扩展。市南区作为全市文化出版业中心的地位进一步奠立。青岛解放后，新华书店青岛分店在辖内建立，是青岛解放后第一个出版发行机构。20世纪80年代，青岛出版社、中国海洋大学出版社相继建立，是迄今为止全市最大规模的出版机构。

青岛出版社

1987年1月12日，青岛出版社成立。青岛出版社出版范围包括政治经济、文学艺术、科学技术、文化教育、少年儿童、对外宣传旅游等类别。同时编辑出版山东《小葵花》画刊和山东《红蕾》月刊。2004年，青岛电子音像出版社成立，组织出版经教育部审查、准予立项的具有独立知识产权的小学《数学》和《科学》教材，并在重庆、贵州、黑龙江、安徽等地使用。2005年，该社图书销售码洋达2.72亿元，图书销售收入1.536亿元。

中国海洋大学出版社

1989年4月20日成立，由教育部主管、青岛海洋大学主办。出版范围为专业教材、专著等。1996年4月停业整顿。1997年恢复。2002年12月4日，更名为中国海洋大学出版社。2010年改制并更名为中国海洋大学出版社有限责任公司。1989年建社当年出版图书7种，共印刷5.5万册。至1993年，年出版图书239种，印装数量125万册。1997年恢复出版业务后，图书出版数量逐年增加，每年达100多种，2005年达162种。每年印刷图书约70万册。

第三节 广播电视

辖内最早的广播电台出现于1933年青岛市举办第十七届华北运动会期间，即由位于今朝城路7号的民众教育馆创办的青岛无线广播电台。同年，青岛宏波电器公司广播电台创办，是青岛的第一家民办广播电台，台址位于中山路60号亚当斯大厦。抗日战争时期，民众教育馆广播电台改为日伪青岛广播电台。抗日战争胜利后，又改为国民党青岛广播电台。青岛解放后，定名为青岛人民广播电台。20世纪90年代末，青岛电视台迁入宁夏路200号青岛广播电视中心。

青岛人民广播电台

1949年6月2日青岛解放当天，青岛市军事管制委员会文教部接管国民党的青岛广播电台，组建青岛人民广播电台，于当晚8点30分第一次播音。1988年开通调频转播台。1999年迁址宁夏路200号。2012年，广播电台有新闻、经济、文艺、交通、音乐体育5个频道，另有1个立体声频道和2个中波调幅频率转播中央台和山东台节目。

青岛电视台

1971年9月15日，青岛电视转播台建成开播，台址在青岛贮水山，主要转播中央电视台和山东电视台节目。1975年1月1日，青岛市广播事业管理局成立。1976年1月1日青岛电视转播台改称青岛电视台。1979年10月由试播改为正式播出。1992年，青岛有线电视台成立，1993年青岛有线电视台开播。1995年青岛电视塔竣工，塔高232米，可同时发射11套广播电视节目。1999年，青岛电视台迁入宁夏路200号青岛广播电视中心（青岛广电大厦）。2012年，青岛电视台拥有新闻综合、文体、电影、生活服务、电视剧、公共6个自办频道。

第六章　档案·史志

清代乾隆年《即墨县志》关于仁化乡地丁钱粮及收并浮山所的记载，是区内见于记载的历史最早的档案。自东海关在青岛口设立分卡始，继之以胶海关建立，形成一批海关档案。德国胶澳总督府也曾设立档案室，专管租借地官方行政档案。此后随着政权更迭、时局变换，历届政权机构均形成各自的档案及其管理体制，但迄无实施辖区档案统一管理的机构之设。1959年，市南区档案馆成立，为区内第一个统一管理辖区档案事业的专门机构。“文化大革命”期间，区档案馆及其档案管理体制不复存在。

中共十一届三中全会以后，开始恢复档案机构，初为区委办公室档案科，后改设为区委档案处。1991年区档案馆恢复，与区委档案处合署办公。1995年区委档案处被撤销，建立区档案局，与区档案馆合署办公，由党政档案分别管理体制转化为党政档案统一管理体制。加强档案法制化建设，开展档案业务指导，实施档案工作规范化目标管理，推进社区档案建设和机关档案信息化建设，广泛开展对历史档案、人物档案、音像档案和城区记忆档案征集工作，增加馆藏存量和历史延续，加强档案精细化管理，开展档案史料编研工作，档案工作逐步走上规范化、专业化、法制化管理的轨道。档案馆迁至宁夏路后，进一步加强档案馆服务环境和硬件设施建设，设置文档服务中心，开放文档查阅社会化服务，建成全国首家区（县）级馆藏文书档案全文数据库，区档案馆跻身国家二级档案馆行列。2012年，通过数字档案馆建设验收，成为全市首家达到“3A+”标准的数字档案馆。

2003年区史志办公室成立，启动《市南区志》编纂工作，建成运行“市南区情网”。编纂出版市南区第一部村志《浮山所志》，积极推进其他6个自然村的村志编纂工作。编印出版《市南年鉴》，形成记述市南区自然、政治、经济、文化、社会等方面情况的资料性年度文献。区史志办公室制定《市南区方志馆建设实施方案》，着力构建完善公共文化服务体系，利用与区档案馆资源共享的优势，将区档案局资料室扩建为市南区方志馆。同时开展史志文化进社区活动，在盐城路社区和中山路社区分别建立社区方志馆。

第一节　档案馆

区档案馆迁入新址（2008年）

馆舍

市南区档案馆1959年建馆，时实用面积为16平方米。1982年馆舍位于青岛市市南区湖北路9号，馆舍面积扩大为31.94平方米。档案保管设备主要采用战备箱，至1989年，共有战备箱105节、档案橱5个。档案技术保护主要采用传统的人工手段。1996年档案馆配置了第一台微机。1999年迁入香港中路19号市南区政府办公大楼，建筑面积336.56平方米，使用面积280.47平方米，其中库房面积168平方米。两个档案库房各安装一套档案密集架，配备中央空调系统、火灾自动报警器、防盗监控系统，设有防磁柜、温湿度仪等一系列档案保护设备。2004年又购置全文存储服务器、消磁柜、除湿机等现代化档案管理设备。2008年迁至宁夏路286号，总建筑面积1670平方米，配套建设3个库房、办公室、资料室、微机室、陈列室、监控室、消毒室等功能用房，安装档案密集架、七氟丙烷自动灭火系统、温湿度自动调控系统、视频监控系统、库房门禁出入系统等硬件设施，此外还在区政府一层行政审批服务大厅内设置文档服务中心，为社会提供文档查阅服务。

市南区档案馆于2001年通过山东省档案管理考核三级档案馆认定，2004年通过山东省二级档案馆的认定，2005年建成国内首家区（县）级馆藏文书档案全文数据库，2009年，通过国家二级档案馆测评。

馆藏

区档案馆馆藏档案的来源，一是定期接收立档单位的档案；二是广泛收集和征集散存在社会上的档案；三是及时接收临时机构、撤销单位的档案。截至2012年年底，市南区档案馆藏有1949年以来的档案共99个全宗，其中以卷为保管单位的档案32366卷，以件为保管单位的档案32170件，音像档案468盘、照片档案146750张、实物档案1322件，寄存廉租房档案3060卷。馆藏档案门类主要有文书档案、专业档案、音像档案、实物档案等。区档案馆资料共计27182册，包括图书、刊物、报纸三大类。

区档案馆遵循“按照档案形成的特点和规律，保持档案文件之间的历史联系，使整理出的档案能够反映历史活动的真实面貌，便于保管和利用”的基本原则，对同一立档单位形成的各门类档案作为一个全宗集中保存，馆藏99个全宗全部建立各种检索工具，以便更好地提供利用。

表19－6　　馆藏档案一览表

（1990—2012年）

年度	全宗数量	档案数量		排架长度（米）
		卷	件	
1990	28	4161	—	65.72
1995	29	5517	—	113.6
2000	42	22532	—	594.8
2005	57	17628	4731	284.5
2010	99	30288	22549	449
2012	99	32366	32170	555

档案接收

1990年以前，机关各部门形成的档案逐年进行移交，区委档案处发挥机关档案室的作用，至1990年共接收区委、区政府、区纪委、区人大、区政协、区团委、浮山人民公社等28个全宗、4033卷档案。1994年，区档案馆制定《市南区档案馆收集档案范围及实施办法》和《关于征集档案资料的通知》，开展档案收集工作。1999年，区档案馆库房增加，档案保管条件得到改善，加大档案接收力度，组织街道办事处抢救婚姻档案并接收进馆，当年共接收档案8668卷，其中，文书档案56卷，婚姻档案443卷，诉讼档案8169卷。2004年档案资源建设年，共接收档案10494卷。2007年、2008年，完成机关、街道（2001年以前按“卷”管理）全部文书档案的移交进馆工作，共5559卷。2010年，接收全区照片、多媒体、实物等特殊载体档案，共5884卷12982件。2012年，制定《青岛市市南区档案馆接收档案办法》和《青岛市市南区档案馆收集档案范围细则》，重点把劳动仲裁、拆迁、婚姻档案等38种与人民群众切身利益相关的专门档案纳入进馆范围，使婚姻（2206卷）、劳动仲裁（1800卷）、职称（216卷）、统计（341卷）、审计（131卷）、经济普查等馆藏民生档案大幅增加。

区档案馆工作人员深入西镇社区采集口述档案

档案征集

开展对历史档案、人物档案、音像档案和城区记忆档案的征集工作，征集一批具有历史意义和极富保存价值的档案材料。2002年，征集历任副区级以上领导干部的照片，7个自然村改造前后的照片及音像资料。2007年起，开展“市南记忆工程”史料记录、征集活动。组织人员对市南区西部街道、楼院进行全面拍摄，发动和组织工作人员、青年志愿者到西镇一带街区院落进行采访、拍摄，开展“口述档案”采集，同时接收市民捐赠的老照片和实物。2011年，在纪念中国共产党建党90周年和青岛市建置120周年之际，面向社会各界征集档案资料，与青岛大学文学院联合开展“记忆中的老村庄”档案采集活动，组织学生采访原浮山所、辛家庄、亢家庄等7个老村庄的居民，收集整理口述档案，共征集录音、照片档案资料8053件（张）。2012年，以记录城区发展变化为重点，征集照片档案8769张；征集2008年奥运会运动员颁奖服、纪念邮票、海报等实物档案157件。

档案管理

建馆之初，档案保管条件相对较差，档案技术保护主要采用传统的人工手段。21世纪以后，开始档案的计算机管理，将馆藏各种载体档案和资料，重新分类、整理、编目、上架，对馆藏档案案卷目录、文件目录进行计算机录入。2008年，档案馆搬迁，库房面积增加，设有各种功能用房，安装档案密集架、二氧化碳自动消防报警灭火系统、温湿度自动调控系统、安全监控系统、库房门禁出入系统等硬件设施，档案保管设施进一步现代化。按照分类科学、排列有序的原则，将档案整理上架，并制作《档案位置索引》《全库档案统计表》，档案管理进一步精细化。

档案编研

利用馆藏档案，编辑、编写多种专题资料。1987年，编写《市南区第六次党代会简介》《市南区第十一届一次人民代表大会简介》《政协市南区委员会第六届一次会议简介》。1990年，编写《市南区档案馆事业发展简介》等。随着档案增加和历史延续，区档案馆编研工作逐渐由弱到强。2000年之后，编辑《市南区大事记汇编》《市南区成立机构文件汇编》《市南区干部任免文件汇编》《市南区历次党代会工作报告汇编（1954—2003年）》、市南区党代会、人代会、政协会会议简介等编研材料，共计272万字。2003年12月，编纂出版《市南概况》，反映青岛建置以来市南区的基本情况。2012年，编印完成《青岛市市南区历届党代会工作报告汇编（1954—2011）》《青岛市市南区人大常委会工作报告汇编（1982—2012）》《青岛市市南区人民政府工作报告汇编（1950—2012）》《中国人民政治协商会议青岛市市南区委员会常务委员会工作报告汇编（1959—2012）》。

档案利用

区档案馆通过展览、档案服务进社区、开辟媒体专栏、拍摄电视片等形式，利用档案资源开展档案宣传教育。2008年，联合青岛电视台新闻综合频道国际部，制作一系列反映市南区历史风情和民俗风貌的专题片，包括电视系列片《西镇》《城市地标：大鲍岛》《城市地标：浮山所》等，在青岛电视台《话说青岛》栏目播出。利用馆址所在楼层走廊设立“市南历史风情图片展”，利用机关办公楼东、西两侧1～28层楼梯走道，设立“美丽市南我的家”“扬帆青岛—激情市南”主题展，在社区设立“市南风情展”。2009年，举办“家·60年”展览，庆祝新中国成立六十周年。2010年，举办“家在市南”展览，并在《青岛画报》开辟“经典市南”专栏，刊登一系列记录老青岛的文章和图片。2011年，举办“‘今昔市南的特别记忆’——纪念青岛建置120周年图片巡展”“光辉的历程·纪念中国共产党成立90周年——中共市南区地方组织发展与成就展”。2012年，开展“档案史志文化进社区”活动，送档案、政府公开文件、年鉴史料汇编进社区。在中山路社区和湛山社区分别建立以“百年中山、世纪印象”和“湛山村的变迁”为主题的社区档案展馆，成为社区文化建设亮点。

档案馆档案利用服务工作逐步由初期的封闭型向开放型转变，服务对象由机关单位向人民群众转变。自1988—2012年，市南区档案馆共接待利用者14651人次，提供档案资料21583卷（册）、3070件。2012年，共接待查档1816人次，2473卷次、83件次。其中，查阅婚姻档案1526人次，2121卷次；查阅工龄档案225人次，137卷次。与2000年相比，查档人数增加了8倍，利用卷数增加了5倍；与2005年相比，查档人数增加了6倍，利用卷数增加了3.5倍。

档案信息化建设

1996年，开始对馆藏档案案卷目录、文件目录进行微机录入。1998年，实施“区县综合档案馆计算机管理系统”数据录入工作。此后，逐年对纸质档案进行数字化工作。2003年，将馆藏婚姻档案数据52892条全部录入系统，实现婚姻档案微机检索。2004年，使用“综合档案馆数字管理平台”，开始馆藏档案目录数据库的建设。2005年，完成馆藏纸质档案全文扫描工作，建成数字档案馆，实现馆藏文书、照片、音像、实物等各种门类档案的数字化工作。2010年，依托金宏电子政务网建成机关档案工作平台，实现机关各单位档案归档、管理、利用一体化。2012年，通过数字档案馆建设验收，成为全市首家达到“3A+”标准的数字档案馆。

第二节　档案行政管理

档案法制建设

20世纪80年代以前，各单位自设档案管理规定，没有统一的档案管理条例法规。20世纪80年代以后，《中华人民共和国档案法》《中华人民共和国档案法实施办法》《山东省档案条例》和《青岛市档案管理条例》（以下简称“一法一办法两条例”）相继颁布实施，档案管理进入法制化时期。区档案局积极贯彻实施“一法一办法两条例”，不断提高全区档案工作者的档案意识和法制观念。自1997年以来，市南区人大常委会经常听取区档案局关于市南区档案法制建设和贯彻实施档案工作法律法规的情况汇报，区档案局多次与区人大教科文卫工作委员会、区法制办等部门联合对全区贯彻实施“一法一办法两条例”情况进行执法检查，以增强全区依法治档、依法治密的法制观念。区档案局每年上半年，依法对区直单位立卷归档工作情况进行检查，确保文件材料归档质量。2004年，配合《中华人民共和国行政许可法》的实施，相继制定《档案局行政许可公示制度》《行政许可档案管理制度》和《行政许可告知制度》；针对行政执行过程中的具体情况制定《档案局行政许可监督检查制度》《档案局行政许可决定制度》等制度，保证依法行政工作顺畅有效。

档案业务指导

自1987年开始，市南区委档案处开展档案业务指导工作，对全区机关、街道、企事业单位的文件材料立卷、归档工作实施规范化指导。1990年开始，先后出台《机关档案材料归档范围》《机关文书档案保管期限》《街道办事处案卷类目》《公司及所属企业档案文件材料归档范围及保管期限表》《文件材料归档制度》等文件，对文书档案、会计档案、音像档案、设备档案、实物档案的归档范围、分类大纲及保管期限作了详细的规定与说明。同时，修订下发《机关档案工作岗位责任制》《档案保管制度》《档案查阅利用制度》《档案资料保密制度》《档案鉴定销毁制度》《档案统计制度》《档案设备维护使用制度》《重大活动档案登记制度》等档案工作规章制度。2003年，区档案局全面推行机关文书立卷改革，将以卷为单位改革为以件为单位。2008年，开展机关单位《文件材料归档范围和保管期限表》的审批工作，先后共审批机关单位63家，进一步确保全区档案工作规范化建设。2009年，加强企业职工档案规范化管理，建立1个企业职工档案管理示范点，建立健全各项管理制度，确保职工档案的安全保管与有效利用。2010年开始，实行新的《青岛市机关档案类别号编制规范》，统一为全区66个机关单位刻制新的归档章。同年开展企事业单位《文件材料归档案范围和保管期限表》审批备案工作，对8所中学和3所医疗机构的《文件材料归档范围和保管期限表》重新进行补充和调整。

自1991年开始，区档案局通过依法开展档案业务培训和年度立卷归档年检制度等方法加强对我区档案工作的监督和指导。到2012年，全区共有2000余人次参加了学习培训，进行年

区档案局召开业务培训会议

度检查21次。

区档案局由1998年开始重大活动档案监督指导工作，2005年，建立《市南区重大活动档案工作跟踪服务制度》，对市南区在政治、经济、科技、文化、体育、卫生、外事等方面开展或发生的、具有较大影响和重要意义的活动，由专人负责跟踪收集资料，确保资料及时归档。截至2012年，相继对“三讲”教育、防治非典型性肺炎、保持共产党员先进性教育、经济普查、海洋节、商务周、预防禽流感、奥帆赛残奥帆赛、西部老城区改造、学习实践科学发展观活动、党代会、人代会、政协会换届、“创先争优”党建品牌创建活动等重大活动的档案进行档案管理跟踪服务和监督指导，有效地保障了市南区重大活动文件材料的齐全、完整、准确与安全，积累了以文字、图片、声像等不同载体记录的档案资料。

档案规范化建设

1990年开始在全区开展《山东省档案管理升级达标活动》，到1998年全区机关有2个单位升级到省一级，6个单位升级到省二级，11个单位升级到省三级，企事业有1个单位升级到省三级；1999年开展《山东省档案工作规范化目标管理认定》工作，到2002年全区机关有8个单位通过省一级认定，26个单位通过省二级认定，23个单位通过省三级认定，企事业有2单位个通过省一级认定，1个单位通过省二级认定；2003年开展《山东省档案管理考核》工作，到2012年全区执行机关档案管理标准的66个单位中，有4个单位通过省特级考核，15个单位通过省一级考核，4个单位通过省二级考核，其他单位均达到合格。在执行企事业档案管理标准的55个单位中，有12个单位通过省二级考核，其他单位均达到合格。

社区档案建设

市南区社区档案建设始于21世纪初。2003年，制定社区档案管理规范化建设目标，指导社区建立各种门类的档案，同年区档案局、区民政局联合在社区开展档案规范化管理工作认证活动，全区127个社区居委会中有93个社区居委会自愿申报参加此项活动并通过认证。2004年，开展创建“社区档案信息一体化管理”示范点工作，推广使用“社区档案信息管理系统”。2007年，承担“社区一点通”综合信息管理软件的研发工作，创建信息互动、数据共享、动态管理的社区管理服务新模式。2007年以来，区档案局以服务基层建设为突破口，将档案工作融入社区日常工作中，不断推进社区档案示范工程建设，到2012年，市南区已有6个社区通过“青岛市档案管理示范社区”验收。2011年，利用网络优势，在社区建立“区、街、居档案信息远程查阅服务平台”，社区居民在本社区即可查阅区档案馆中已公开的档案信息以及法规文件。2012年，为社区研发、配备“虚拟档案馆”触摸屏查询系统，实现多种途径向社区居民提供民生档案的查阅利用。市南区的社区档案工作得到国家、省、市领导的肯定，国家档案局局长杨冬权考察并题词：“社区档案是社区管理和建设和谐社区的有力手段”。

机关档案信息化建设

2003年，推行机关文书立卷改革后，市南区机关、事业单位全部使用计算机归档，并大力推广应用“易初档案管理系统”。2004年，全区执行机关档案业务标准的单位全部安装“易初档案管理系统”，使用率100%，全面实现文档一体化管理。2005年，全区开展目录中心建设、电子文件收集整理和室藏档案数字化工作，有39个单位将室藏2001年前的案卷级、文件级目录移交进馆并用于检索，全区各机关室藏档案应数字化率达100%。2011年，为适应新形势下的档案管理工作，在全区正式启用“金宏网络归档系统”，到2012年，市南区90%机关单位使用“金宏网络归档系统”，停用“易初档案管理系统”。同年，启用网络远程视频监督指导工作模式，以“金宏网络归档系统”为基础，利用视频在线开展档案业务远程监督和指导工作，增强工作的实效性和主动性，提高归档效率和质量，开辟监督指导工作的新局面。

第三节　史　志

2003年，市南区史志编纂委员会成立，由区长任主任，区委、区政府分管领导任副主任，机关各部门、各街道办事处的主要领导任成员。区史志编纂委员会负责领导全区史志编纂工作，协调解决修志工作中存在的问题，研究制定史志方面的规范性文件。区史志编纂委员会下设区史志办公室，负责组织、协调、指导、综合全区史志工作。2009年，经区编委会批准，区档案馆（局）加挂青岛市市南区史志办公室牌子。2011年区档案局（馆）增设史志科，承担全区史志资料的收集、整理、编修工作。

《市南区志》编修

2009年8月，市南区史志工作由区政府办公室转归区档案局。2012年，市南区委常委会议、市南区政府常务会议分别听取区史志办公室关于《市南区志》编纂工作的情况汇报，会议决定《市南区志》的编纂工作自2012年5月正式开始。2012年9月，市南区委办公室、市南区政府办公室联合下发《关于启动〈市南区志〉编纂工作的通知》，明确《市南区志》承编单位的责任，要求承编单位按时完成供稿和补充资料的任务。2012年年底，67个承编单位基本完成资料的收集补充工作。

村志编修

区史志办公室负责指导域内各自然村开展村志编纂工作。2005年7月，市南区第一部村志《浮山所志》完成编纂出版。《浮山所志》由浮山所村志办公室负责编纂，自1999年开始，历时6年于2005年完成。上限由1388年浮山所建所始，下限至2002年。全书共513页，57万字，图表130余幅，分为文化篇、政治篇、姓氏篇、社会篇、志余和图片6大部分，记载浮山所600多年的发展历史，展示其独有的地域特色、人文特色、景观特色、移民特色、时代特色等。

至2012年，其他6个自然村的村志编纂工作也在进行中。

《市南年鉴》编纂

2010年，区史志办公室编印出版首部《市南年鉴》。《市南年鉴》是系统记述市南区行政区域自然、政治、经济、文化、社会等方面情况的年度资料性文献。旨在真实地反映市南区的基本情况，为各级领导、社会各界和国内外广大读者全面、系统、翔实地了解、研究市南提供依据，为领导统筹规划、科学决策提供参考，为全区新一轮创业发展提供服务。《市南年鉴》内设正文、随文照片、宣传彩页等三大部分。正文设特载、区情综述、大事纪要、政治·政务、经济、城区建设与管理、社会生活与各项事业、街道概况、附录9个类目。年鉴为大16开精装本，由中国海洋大学出版社出版。

《市南年鉴》（2010卷）出版后，分别获得山东省人民政府颁发的齐鲁新方志奖——优秀年鉴奖和第五届全国年鉴编校质量检测特等

首部《市南年鉴》出版发行

奖。2011年、2012年，相继编印出版《市南年鉴》（2011卷）、（2012卷），其中，《市南年鉴》（2011卷）获得第四届全省优秀年鉴综合奖项一等奖、条目编写奖和印刷装帧奖。

此外，区史志办公室每年还完成《山东年鉴》《青岛年鉴》市南部分的供稿工作。

方志馆建设

为了更好地开发利用本地文化资源，构建完善的公共文化服务体系，市南区史志办公室制定《市南区方志馆建设实施方案》，并利用与区档案局资源共享的优势，将区档案局资料室扩建为市南区方志馆，面积约100平方米。在区档案局资料室的基础上增加地情资料、方志资料、年鉴资料、史志期刊等门类书籍400余册，不断扩大图片、音像等其他介质资料的收藏，至2012年共有馆藏书籍2万余册。为使史志工作更好地服务百姓，开展史志文化进社区活动，在盐城路社区和中山路社区分别建立社区方志馆，史、鉴等书籍达到百余册。

区情网建设

为大力开展史志宣传工作，让广大群众查阅地方史志资料、了解本区区情有一个良好的信息平台，在全市统一要求下，“市南区情网”于2003年1月建成运行。“市南区情网”内容不断丰富完善，2010年根据青岛市对区市地情网站改版升级的要求，又将“市南区情网”内容进行完善，设置“史志工作组织机构设置”“市南概况”“史志动态”“市南要闻”“市南年鉴”“地情文献”“市南名胜”“史志业务”“区情研究”“地情书讯”“画说市南”“民俗风情”“市南大事”“市南人物”14个板块。

附录

迎奥运文化活动专记

文化是奥林匹克运动的支柱之一，多种文化形式合为一体的文化活动是举办奥运会的重要组成部分。2001年7月13日，北京赢得2008年第二十九届奥运会主办权，青岛作为北京奥运会的伙伴城市，成为2008年奥运会帆船比赛的主办地。奥帆赛比赛场地在市南区域内，给予市南区参与实施迎奥运文化活动一次千载难逢的机遇。市南区作为2008年奥帆赛、残奥帆赛的主赛场、迎奥运文化活动的主会场，依据奥帆委制定的文化纲要和行动规划，以奥帆赛为契机，将城市文化与奥运文化融为一体，开展以奥运、奥帆为主题的城市文化活动，彰显“中国风格、青岛特色、市南优势”，营造了浓重的城市奥运气氛。

2001年7月13日青岛市在青岛电视塔奥运大厅举行“申奥之夜”大型庆典晚会，标志着全市迎奥运文化活动正式启动。至2008年整个奥帆赛筹办期间，青岛市和市南区举全市、全区之力，精心策划，积极组织，以“绿色奥运、科技奥运、人文奥运”“新青岛、新奥运”“相约北京、扬帆青岛”“同迎奥帆赛、共建奥运城”为主题，举办奥林匹克文化节（青岛）、专题演出和赛事期间演出活动等一系列迎接奥帆赛大型专题文化活动。各街道社区积极组织群众文化队伍，举办“我把奥运迎到家”活动、“市南区迎奥运双语小品比赛”“市南区奥运歌曲传唱活动”等多种形式的迎奥运文化活动。在奥帆赛筹办期间，全市共组织开展各类奥运文化活动、演出和展览4000余场（项），举办各种形式的专场演出200余场，街道社区奥运文化活动5000余项（场），参加演出活动约700多万人次。市南区充分发挥主赛场、主会场的优势，全力组成迎奥运文化活动的主力阵容，通过组织开展迎接奥帆赛文化活动，大力弘扬“相约奥运、扬帆青岛”的城市精神，传播奥林匹克文化，促进多元文化交流，营造“热烈、欢快、祥和”的奥运气氛。

一、奥林匹克文化节（青岛）

北京自2003年起创办“北京2008”奥林匹克文化节，并在每年的6月23日国际奥林匹克日至7月13日北京申奥成功日举办。青岛作为2008年奥运会帆船比赛的承办城市，市奥帆委和市委宣传部决定，每年与北京同步举办奥林匹克文化节。2003年9月21—29日举办首届奥林匹克文化节，其间，共组织开展文艺演出、体育活动、奥运论坛、迎奥展览、外语演讲比赛和奥运志愿者主题活动日等六大板块18项活动。第二届于2004年6月23日至7月13日举行，开幕式上进行“相约北京·扬帆青岛”大型文艺演出。2005年第三届与青岛海洋节合办，主题是“文明青岛、情系奥运”。其间举办奥林匹克文化、奥林匹克主题竞赛、帆船活动和奥林匹克纪念活动四大板块17项活动。第四届于2006年6月23日至7月15日举行，以“体验文明，共享奥运”为主题，组织开展四大板块142项活动。第五届于2007年6月23日至7月15日举行，以“同一个世界，同一个梦想—我参与、我奉献、我快乐”为主题，共举办四大板块29项活动。2008年6月23日至9月16日举办第六届。该届奥林匹克文化节（青岛）历时3个月，至9月16日残奥会结束时闭幕，共举办“放歌奥运”“五洲同庆”“映像中国”“律动青岛”“欢乐广场”“童心迎奥”六大板块178项活动，是青岛筹办奥帆赛以来时间跨度最长、活动规模最大、内容最丰富的一届。

二、专题文化活动

“奥运之声”——钢琴王之友周末音乐会

2001年7月，在北京申奥成功时，市南区即适时推出“奥运之声”周末音乐会。2001年首届“奥运之声”——钢琴王之友周末音乐会于8月17日晚在音乐广场举行，晚会上表演了迎奥运千人大合唱、百名鼓童迎奥运等文艺节目。音乐会由市南区文化局与中国海洋大学共同创办，其间每周六晚在音乐广场举办舞蹈、民乐、声乐等专场音乐会。音乐会弘扬奥运会“和平、友谊、进步”理念，根据重大节庆活动等因素确定演出主题。2006年第六届周末音乐会由奥帆委、青岛市委宣传部、市文化局、市南区人民政府与半岛都市报共同主办，市南区文化局、市群众艺术馆承办。8名钢琴家演奏了钢琴协奏曲《保卫黄河》等精彩节目。2006年11月8日，在第二届全国特色文化广场评选活动中，“奥运之声”周末音乐会被评为“全国特色广场文化活动”。2007年第七届周末音乐会共举办专题音乐会20场。在4月22日开幕式上，演出千人合唱奥运之声歌曲《心愿》。至2008年，每年一届的“奥运之声”周末音乐会

“奥运之声”——钢琴王之友周末音乐会

连续举办8届，演出196场，参加演出的演职人员达3920人次，累计观众数突破10万人次。

“金猪送福迎奥运——青岛文化大拜年”春节文化活动

2007年2月18日在五四广场举行启动仪式，由市委宣传部和市文化局主办、市群众艺术馆承办。文艺演出与迎接奥运紧密结合，是这次活动的鲜明特色。其间全市各主要文化广场和文化单位同时启动春节文化大拜年系列文化活动。市南区在汇泉广场举办“激情奥运、魅力汇泉”新春文艺大舞台群众演出活动，在老舍公园举办“锣鼓声声庆新春”锣鼓展演。康有为故居纪念馆举办康有为珍品藏品、书法珍品常规展览等各种活动。

“迎奥运——欢乐青岛”广场文艺周周演

2007年4月22日在五四广场启动，由市委宣传部、市文化局主办，市群众艺术馆及各区市文化局承办。启动仪式上，市南区文艺队伍与市群众艺术馆、青岛幼儿师范学校、市小海燕艺术团等单位演出精彩的文艺节目。

“迎奥运·啤酒飘香”——欢乐青岛广场天天演

2007年8月11—31日每晚在五四广场举行，由中共青岛市委宣传部、青岛市文化局主办。其间，市内四区的社区艺术团及群文舞蹈团陆续上演21场文艺演出，包括奥运综艺专场、少儿迎奥专场、扬帆奥运专场等，充分体现“同一个世界、同一个梦想——我参与、我奉献、我快乐”的主题。

“大手牵小手”迎奥运书画展

2007年11月3日在青岛市美术馆开展，由市南区政协、交通银行青岛分行及市南区教育体育局举办。展出的200余件书画作品，由市南区政协书画艺术名家联谊会会员与中小学及幼儿园中的书画爱好者创作，作品紧扣奥运主题，凸显绿色奥运、科技奥运、人文奥运的理念。

“奥运之声”——2008青岛市中小学生新年音乐会

2007年12月28日在市人民会堂举行，由青岛市教育局主办，市南区教体局、青岛市实验小学承办。

“千鼓百琴奥运情”——奥运倒计时200天广场庆祝活动

2008年1月21日在青岛奥林匹克文化广场（汇泉广场）举行。由青岛奥帆委、市文明办、市推进人文奥运工作办公室联合主办，市南区人民政府承办。活动包括四大板块：千人鼓队敲响迎奥欢庆鼓、百名老人律动迎奥欢快舞、百名儿童齐奏迎奥欢乐颂、百名歌手唱响迎奥欢喜歌。

“千鼓百琴奥运情”——奥运倒计时200天广场庆祝活动

“我把奥运迎到家”——奥运会倒计时200天音乐会

2008年1月21日在青岛音乐厅举行，由青岛市文明办、青岛市推进人文奥运工作办公室和市南区政府联合主办。青岛市实验小学管乐团演奏《五环旗下》《青岛进行曲》《奥林匹克进行曲》等十余首中外名曲。

“北京—青岛手拉手，和谐中国奥运情”——奥运会倒计时100天广场文化活动

2008年4月29日在汇泉广场举行，由北京市朝阳区、青岛市市南区共同主办。北京市朝阳区是2008北京奥运会主场馆所在地。市南区是青岛市的中心城区也是奥帆赛场所在区。来自北京市朝阳区迎奥文化交流艺术团和青岛市市南区的演出队伍表演了精彩的节目。

“春之声”奥帆演出季

3月5日至6月16日举行，演出季分为奏响春天——交响乐演出季、走进春天——歌舞系列演出、春之韵——电影经典视听音乐会、欢乐春天——童话剧展演、新编现代京剧汇报演出、文化交流演出等6个板块70多场演出。

“走进残奥·共享激情·情系灾区·奉献关爱”公益演出

2008年5月16日在青岛天泰体育场举行。全国政协副主席、北京奥组委执行主席、中国残联主席邓朴方，国际残联主席菲利普·克雷文等出席晚会。中外艺术家卡雷拉斯、刘德华、于魁智、吕思清、戴玉强、谭晶等联袂出演。

“激情夏日”迎奥帆文化演出季

2008年6月25日至9月5日举行。以“百年青岛、百年奥运”为主题，共六大板块116项活动。其间，7月13日青岛交响乐团在市人民会堂演出由美国著名作曲家罗纳·杰弗里创作的《奥帆组曲》、青岛市歌舞团在市人民会堂演出大型综合歌舞晚会《蔚蓝青岛》70场。

清明节奥运健身公益演出活动

2008年4月4—6日在五四广场举行，由青岛市委宣传部、青岛市文化局主办，青岛市群众艺术馆、市南区文化局等承办。共有15支演出团队和健身队伍参加演出。

“和谐市南迎奥运、欢乐社区连五环”活动

2008年，以“和谐市南迎奥运、欢乐社区连五环”为主题，市南区各街道办事处组织开展“奥运之声”“放歌奥运”“映像市南”“律动市南”“欢乐广场”“书香相伴”六大板块200余项社区文化活动。

“庆奥运”曲艺新作品展演

2008年8月30日在青岛音乐厅举行，由市南区文化产业发展中心、华夏银行青岛分行和青岛市曲艺家协会联合举办。整场演出全部为青岛市曲艺界为奥帆赛举行创作的作品。

三、奥帆赛赛事文化活动

2008年奥帆赛、残奥帆赛举办期间，青岛市及市南区分别举办丰富多彩的场馆文化活动，主要有青岛奥运村开村仪式文艺演出、赛时期间民族器乐演奏、“映像中国”民俗文化展示、燕儿岛晨练表演及青岛奥运村体育活动。7月27日在奥运村开村仪式上，青岛市群众艺术馆群星少儿艺术团为参赛的各国运动员演唱《闲聊波尔卡》《让世界充满爱》等歌曲。每天有10名演员在奥运村分别演奏二胡、古筝、琵琶、扬琴等民乐，从开村到奥帆赛结束，共计演奏300人次。从奥运村正式开村至奥帆赛、残奥帆赛举办期间，每天9—21时在奥运村国际区举办“映像中国”民俗文化展示，民间艺人现场表演制作剪纸、草编、烙画、面人、糖画、陶艺、刺绣等，吸引国际奥委会及各国奥运会官员、来宾前来参观，参与体验学习。在奥帆中心举办奥林匹克景观雕塑展、青岛国际帆船赛摄影大赛优秀作品展。赛时期间，在燕儿岛山举办螳螂拳、太极拳等晨练表演，在青岛奥运村举办毽球、柔力球、抽陀螺、套环等互动性项目和武术表演。整个赛时共参演600多人次。大型奥运广场文化活动设有七大功能区，包括奥运赛事转播区、文艺演出区、奥运主题展示区、赞助商展示区、特许产品售卖区和纪念品交换区。在文艺演出区，组织专业演出团体、各区市的群众文艺队伍以及全民健身精品项目展演方队每天轮番表演。在奥运主题展示区，举办《相约北京，扬帆青岛——奥林匹克文化广场奥运主题展览》，展示奥林匹克运动的历史画卷和青岛人民筹办奥帆赛的光辉历程。

第二十篇

医疗卫生

第一章　卫生防疫

20世纪初，青岛成为全国最早建立防疫法规体系的城市之一，区内的卫生防疫行政管理由此发端。今市南地域时为德国殖民地的青岛区、大鲍岛区和台西区，按照德国胶澳总督府发布的防疫法令、章程和布告，对法定的传染病实行疫情报告、疫情控制和疫病隔离。后青岛历经政权更迭，防疫法规体系更趋完备，区内卫生防疫实行疫苗接种，推行城乡免费义务巡回种痘，逐步由儿童普及至全体居民。

青岛解放后，成立青岛市防疫委员会，市南区、台西区等成立防疫分会，区内以派出所管区为单位建立卫生防疫支会，支会下设卫生小组，组织医务工作者参加卫生防疫日常工作，施行计划免疫，推广城乡居民免费义务接种牛痘，进行健康卫生宣传教育，举办健康卫生展览会。以此为基础，全区建立卫生站，下设以企事业单位和街巷里院为依托的基层卫生小组，开展健康卫生宣传教育，举办防疫卫生训练班，训练街道青年防疫员和检疫员。1957年成立市南区卫生防疫站，依据卫生部颁布的《传染病管理办法》，对全区疫情报告实行统一管理，并根据辖区疫情实际，确定各个时期的传染病防治重点，围绕乙类传染病特别是病毒性肝炎、麻疹、白喉、百日咳等区域流行性传染病开展重点防疫。1967—1972年，区卫生防疫站被撤销，疫情报告和传染病防治工作中断。1972年重新恢复疫情报告，先后报告解放后首例霍乱病人和山东海洋学院大学生中发生的麻疹流行。1990年，全区计划免疫“四苗”覆盖率提前3年完成国家计划指标。

进入21世纪，适应经济社会快速发展的需要和卫生防疫社会职能不断拓展的新形势，按照疾病控制和卫生监督职能分离的原则，市南区卫生防疫站被撤销，职能科室分解组建为市南区疾病控制中心和市南区卫生局卫生监督所。区疾病控制中心与各级医院重新建立健全疫情报告和死亡报告网络，借助互联网对法定传染病进行网络直报，提高疫情报告的时效性和应对传染病的快速反应。敏锐把握疫病流行的新规律和新特点，疫情报告与疫情控制由乙类传染病扩展至非典型肺炎、艾滋病与高致病性禽流感等流行疫病，在抗击“非典”和禽流感中发挥重要作用。大力开展艾滋病防治宣传，努力造就有利于艾滋病防治的社会大环境。区卫生监督所严把食品准入关，按照相关卫生标准进行卫生许可审批验收发证，对违法食品生产经营进行依法处罚，组织实施防“非典”食品安全监督检查。参与亚洲合作对话第三次外长会议、APEC会议、中国青岛韩国周等大型节庆活动和重要会议的卫生监督工作，实施2008年奥帆赛、残奥帆赛期间公共卫生安全保障卫生监督，开展食品安全进校园活动和“蓝盾行动”，组织对春运食品安全、“3·15”监督执法、创建文明城市等10多项执法专项检查活动，有效控制各类传染病源流入辖区。

第一节　卫生防疫机构

青岛市防疫委员会市南区分会

青岛解放后，于1952年成立青岛市防疫委员会，市南区、台西区等成立防疫分会。同年，区内各派出所管区建立卫生防疫支会，下设879个卫生小组，医务工作者113人参加卫生防疫工作，进行经常性健康卫生宣传教育，举行卫生展览会，观众达15000余人；放映幻灯2次，观众8000余人。年内全区建立17个卫生站、1086个卫生小组，与全区医务工作者及街道干部密切配合，通过黑板报、读报组、大小型座谈会、巡回展览会、集体演讲等形式进行广泛深入的宣传教育，还举办防疫卫生训练班，全区1086名卫生小组长参加学习，训练街道青年防疫员460人、检疫员100人。1952年12月，根据中央人民政府政务院的决定，青岛市防疫委员会改称市爱国卫生委员会，市南区分会遂于次年3月改为区爱国卫生委员会。

市南区卫生防疫站

1957年，根据山东省人民委员会关于建立县级卫生防疫站的通知要求，市南区成立卫生防疫站，负责全区的爱国卫生和卫生防疫工作。站址在德县路30号。1967年“文化大革命”期间，防疫站被撤销。1972年恢复卫生防疫站建制。改革开放以后，防疫站卫生防疫工作逐步走向正规化。1980年成立流行病组、检验组、卫生组和办公室。1985年根据市编委、市卫生局文件精神，经区卫生局批准，区防疫站改组为科，设有流行病科、食品卫生科、劳动卫生科、检验科、卫生宣传科。1994年，防疫站食品卫生科、劳动卫生科、卫生监测科合并为综合监督办公室，下设监督一科、二科、三科，保留站办公室、疾病控制科、体检科、检验科。1995年12月，搬迁至朝城路37号办公。2001年6月，根据全市卫生体制改革的统一部署，按照疾病控制和卫生监督职能分离的原则，市南区卫生防疫站被撤销，职能科室分解组建为市南区疾病控制中心和市南区卫生局卫生监督所。

市南区卫生监督所

2001年，根据市南区编制委员会《关于成立市南区卫生局卫生监督所和市南区疾病控制中心的批复》的精神，市南区卫生局卫生监督所由原市南区卫生防疫站职能科室分解组成，是市南区卫生局行使卫生监督职能的专设机构，办公地点在朝城路37号。2004年9月迁至河南路20号。2010年3月迁至徐州路90号。2011年5月，按照青岛市机构编制委员会《关于七区卫生监督机构职责调整和编制划转的通知》（青编字〔2010〕27号）文件要求，将原承担的餐饮服务许可、餐饮服务环节食品安全监管和保健食品、化妆品卫生监管职责划入食品药品监督管理局。卫生监督所内设综合科、监督一科、监督二科、监督三科、监督四科。

市南区疾病控制中心

2001年，根据市南区编制委员会《关于成立市南区卫生局卫生监督所和市南区疾病控制中心的批复》的精神，成立市南区疾病控制中心，办公地址朝城路37号。2005年更名为市南区疾病预防控制中心。2006年9月成立市南区公共卫生事件应急处理中心，与市南区疾病预防控制中心一个机构、两块牌子。2010年3月迁至徐州路90号。

第二节　卫生监督检查

卫生监督所成立后，依照《中华人民共和国食品卫生法》《公共场所卫生管理条例》等法律法规，严把准入关，严格按照相关卫生标准进行卫生许可审批验收发证，依照有关法律法规，对违法的食品生产经营单位和公共场所经营单位进行依法处罚。2001年成立预防食物中毒工作领导小组，组建处理食物中毒机动队。2003年预防食物中毒工作领导小组改为防控突发公共事件工作领导小组。每年召开辖区餐饮业经营单位负责人及主管食品卫生人员的预防食物中毒工作会议，部署全年预防食物中毒工作，进行相关法律法规及预防知识培训，及时处置食物中毒事件。是年，在抗击传染性非典型肺炎（简称“非典”）行动中，成立防治“非典”工作领导小组，建立防治“非典”应急机动队，实行24小时值班制度，制定《学校、托幼机构食品卫生要求》《公共场所消毒间卫生要求》《高考期间餐饮卫生管理的具体规定》，组织实施防“非典”监督检查。

2001—2004年，参与亚洲合作对话第三次外长会议、APEC会议、中国青岛韩国周等大型节庆活动和重要会议的卫生监督工作，确保会议和活动圆满成功。2007年，开展食品安全进校园活动。针对个别学校、幼儿园食品安全管理制度不够落实，卫生设施设备简陋，周边中小饭店超许可范围经营，无证食品摊贩经常出现等校园食品安全隐患，按照校园食堂集体用餐卫生管理的有关规定和校园食物中毒事故行政责任追究制度的有关要求，进行严格检查，确保校园食品卫生安全措施落实。依照《食品卫生法》，制定统一卫生制度，圆满完成中国（青岛）奥运与旅游国际论坛会议、中日韩旅游部长会议、第八届中国美食节、“五一”黄金周、高考、中考等重大活动的卫生保障任务。

2008年奥帆赛、残奥帆赛期间，成立以区卫生监督所为主体的奥帆赛卫生监督保障工作临时指挥部，全面协调并实施公共卫生安全保障卫生监督。7月24日至8月22日，区卫生监督所、省支援卫生监督员和省、市志愿者开展联动巡查和联合执法，保障奥帆赛公共卫生安全。奥帆赛期间，全区重点监管区域14个，公共卫生安全保障监管单位2751家，组织出动监督员4187人次、监督车辆965辆次，监督检查经营单位9503户次，处理举报投诉234件。同年，四川汶川发生特大地震灾害，根据省卫生厅统一安排，组织医疗卫生队赴北川县陈家坝乡实施卫生监督保障，建立疾病预防控制体系和急诊抢救、常见病诊治等基本医疗救治体系，救治和诊治伤病员近4000人次。年内按照市区统一部署，对餐饮业开展为期4个月的打击违法添加非食用物质和滥用食品添加剂专项整治行动。

2010年，开展“蓝盾行动”，围绕国家卫生城市复检，对餐饮经营单位进行餐饮食品安全专项整治，净化餐饮环境，保证群众和外来游客的餐饮安全。开展“地沟油”“泔水油”“毒韭菜”的专项监督检查，监督检查经营单位1473家，处罚违法单位138家，罚款78800元，取缔无证经营违法业户52户。2011年全力以赴投入创建全国文明城市工作中，通过“五统一”、“三级”创新管理工作模式及倒计时排查机制，圆满完成创城工作。加大督查力度，严厉打击违法行为，开展热电职业卫生、春运食品安全、“3・15”监督执法、创建文明城市、医疗美容集中整治、游泳场馆水质统检等10多项执法专项检查活动。年内共受理行政许可1705件，办理保健食品销售审核证明38份。2012年，充分利用卫生监督协管资源，对10个街道办事处进行排查督导、回头检查，同时做好信息汇总上报工作，圆满完成全国文明城市测评工作。年内所有行政处罚、许可事项全程网上运行，对社会公开，并由市南区纪委监察局全程实时监督监控，全力打造市南阳光执法品牌。按照区法制办的相关要求对490项行政处罚事项进行梳理，形成1800多个裁量标准，进一步规范行政处罚行为。

区卫生监督所开展餐饮单位监督检查

第三节　流行疫病管理

疫情报告

新中国成立后，区内突发疫情报告，按照1951年公布的《传染病报告暂行草案》规定的15种传染病执行，各区疫情报告统一由市防疫委员会负责。1954年市卫生防疫站成立后，各区疫情报告改由市卫生防疫站统一管理。1955年10月，台西区暴发大面积猩红热，疫情报告后及时隔离治疗。1957年市南区卫生防疫站组建后，全区疫情报告统一由区卫生防疫站管理。疫情报告的范围，根据卫生部颁布的《传染病管理办法》，甲类传染病包括鼠疫、霍乱、天花，乙类传染病包括流行性乙型脑炎、白喉、斑疹伤寒、回归热、痢疾、猩红热、麻疹、百日咳等15种传染病。区卫生防疫站接报后，对疫病散发点及时消毒，并对病人实行隔离治疗。1967—1972年，区卫生防疫站被撤销，疫情报告中断。

1978年，卫生部颁布《中华人民共和国急性传染病管理条例》，将乙类传染病更定为白喉、流行性脑脊髓膜炎、百日咳、猩红热、麻疹、流感、痢疾、伤寒及副伤寒、病毒性肝炎等22种，区卫生防疫站据此实施全区疫病报告管理。1979年6月21日，台西医院报告了解放后首例霍乱病人，系食毛蚶所致。1981年3月，山东海洋学院大学生中发生麻疹流行，疫情报告后即采取隔离诊治，防治扩散蔓延。

2001年报告乙类传染病9种，共计1015例（无甲类传染病），发病率235.10/10万。2002年共报告乙类传染病823例，发病率184.76/10万，比上年下降21.41%。2003年按照《国家疾病信息管理系统》疫情软件，下发《关于加强疫情管理和死亡报告工作的通知》，各医院重新建立健全疫情报告和死亡报告网络，同时对有关人员疫情卡片、死亡证明书的填写进行培训。共报告乙类传染病7种，计577例，（无甲类传染病发生），发病率126.02/10万。2004年法定传染病使用互联网进行网络直报，提高疫情报告的时效性和对传染病进行快速反应，并在规定时限内实现疫情网络直报。共报告法定传染病14种，计956例，发病率200.80/10万。2007年，做好结核病的归口管理工作，定期对社区卫生服务机构进行督导检查，与派出所、居委会协同做好流动人口管理工作，1—10月共发现新涂阳病人51人，复治涂阳病人14人，涂阴病人52人，追踪病人65人，接触者调查170人，及时进行隔离诊治。2009年，按照《2003—2010年全国保持无脊髓灰质炎状态行动计划》和《山东省急性弛缓性麻痹病例（AFP）监测方案》要求，继续加大对消灭脊灰的免疫、监测与管理三大措施的力度，重点防范脊灰野毒株的输入和VDPV的传播流行。加强AFP病例快速报告、常规报告和主动监测工作，在保持生物安全的基础上，认真做好标本采集、送检，提高合格采便率；对重点医院进行重点督导，加强主动监测，切实防止AFP病例漏报；全年共流调AFP11例，采便样22份，合格率100%，检测结果全部为阴性。2010年，针对甲型H1N1和手足口病等传染病疫情，认真落实各项应急准备工作，科学、有效地实施各项防控措施。严格疫情报告制度，明确报告程序。甲型H1N1流感、手足口病防控取得了阶段性胜利。2012年，对辖区内发现的传染病病例和疑似病例，进行现场疫点处理，网络报告和审核及时率均在98%以上。

计划免疫

新中国成立后，大力推广城乡居民免费义务接种牛痘。1952年上半年接种牛痘225063人；7月儿童预防注射2次，共19664人；全区贫苦烈军属与儿童2066人进行体格检查；同时完成中学学生2800人的体格检查；11月进行卡介苗接种及饭馆业登记与体格检查等工作。1955年，在工厂、企业、机关、街道居民中，进行免费霍乱预防注射26290人，伤寒及副伤寒注射1913人。为学生儿童白喉预防注射共计4777人，流行性乙型脑炎11117人，百日咳菌苗注射8819人，接种牛痘12524人，接种卡介苗3321人，防止传染病发生和蔓延。为防止麻疹、脊髓灰质炎、猩红热等传染病，按照全市统一部署和要求，在各街道组织8个地段组，实行路段负责制，大大降低发病率。1961年，加强疫情管理和消毒隔离，并进行各种疫苗接种达118000余人次，使白喉、痢疾、小儿瘫痪、猩红热、百日咳、流感等传染病比上年同期有所下降。1965年，市南区率先对8个月至5岁的麻疹易感儿童施行预防接种。

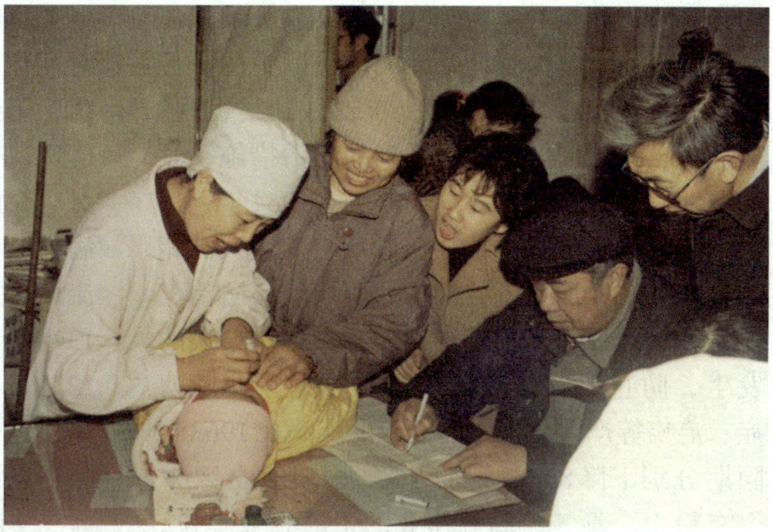

医护人员为儿童服脊髓灰质炎米广丸（1995年）

1990年，以贯彻实施《中华人民共和国食品卫生法》《中华人民共和国传染病防治法》为主要任务的卫生防疫工作取得明显成效。全区计划免疫“四苗”覆盖率达97.2%，提前3年完成国家计划指标。2001年，将原来全区28个预防接种门诊调整、合并为13个接种门诊，全区接种门诊全部达到规范化标准，被授予青岛市计划免疫规范化接种门诊。2004年，青医附院预防接种门诊、市南区人民医院预防接种门诊、浮山医院南京路预防接种门诊、辛家庄预防接种门诊被授予山东省规范化接种门诊。2004年1月新生儿乙肝疫苗实施免费接种。2008年12月，开展麻疹疫苗强化免疫和脊髓灰质炎疫苗查漏补种活动。2010年以提高疫苗接种率为目标，全面落实扩大免疫规划。全年建立预防接种证2831个。一类疫苗常规免疫接种62825针次；甲流疫苗接种4896人次。2011年，继续提高适龄儿童疫苗常规免疫合格接种率和及时接种率，提高并保持市南区高水平的免疫接种率，消除免疫空白人群，防范传染病的暴发和流行。2012年全年一类疫苗接种80474针次、二类疫苗接种5815针次。

第四节　流行疾病防治

乙类传染病防治

1955年，卫生部《传染病管理办法》将传染病分为甲、乙两类。其中乙类传染病为15类，包括流行性乙型脑炎、白喉、斑疹伤寒、回归热、痢疾、伤寒及副伤寒、猩红热、流行性脑脊髓膜炎、麻疹、脊髓灰质炎、百日咳、炭疽、波状热、森林脑炎和狂犬病。1958年，青岛市根据当地具体疫情，又确定增加钩虫病、丝虫病、疟疾和黑热病4种疾病为乙类传染病。区内流行疾病防治工作即照此范围实施，并根据辖区疫情实际，确定各个时期的传染病防治重点。1961年，按照以“防治肝炎为重点，带动防治其他传染病”的原则，突出流行性肝炎防治工作，整顿健全肝炎防治组织、根据营养、休息、治疗、轻工“四结合”的原则，对现症病人进行积极治疗。年内治愈和基本治愈肝炎病人662名。1962年，在搞好群众性卫生运动同时，加强疾病预防，对容易传染的几种传染病，广泛进行预防注射。1963年春，根据全市统一部署，组织全民注射，共达153000人，有力地控制了各种传染病的发生和流行，年内白喉、伤寒等8种传染病的发病率均有下降。同年对肝炎等慢性传染病，加强传染源的管控，除加强群众性的防治肝炎的宣传教育外，还安排定期进行复查，做到早发现、早隔离、早治疗。通过一系列的防治措施，各种慢性病及营养性疾病逐步减少。1964年，采取中西医结合、土洋结合、群众与专业人员相结合的办法，加强了传染病和职业病的防治工作，有效地控制了肠道传染病和其他传染病的发生，防止了副霍乱的传入。年内小儿麻痹症、疟疾等严重危害人民健康的疾病比1963年同期分别下降84.6%到51.4%。同时，全区71个有粉尘、毒气、高温作业的工厂企业单位，普遍采取了适当措施，加强了劳动保护，减少了职业病的发生。1977年，卫生防疫取得较好成绩。1977年与1967年相比，法定的乙类传染病，其中白喉、小儿麻痹、伤寒基本消灭，其余传染病发病率、死亡率均有显著下降。

防治非典型性肺炎

2003年春季，全国部分地区陆续发现传染性非典型性肺炎（简称“非典”，也称“SARS”）病例。是年4月，青岛市卫生局成立“防治‘非典’领导小组”，并设立专家指导组和应急处理指挥中心。区疾病控制中心也于4月建立“传染性非典型肺炎应急组织体系”，制定“非典型肺炎责任目标管理制度”，在最短的时间内建立和完善了应急处理、组织指挥系统，组建5支流行病调查队，每天实行24小时值班，密切监视、处理非典型肺炎发生发展情况。在两个多月的抗击非典型肺炎工作中，疾病控制中心紧急出动254次，处理疫情81起，流调、隔离观察非典型肺炎病例密切接触者137人，医学观察疫区来青岛人员和发热人员123人，对全区6个高考点8518名高考学生的体温进行检测，区政府投入20万元购买防护物品和消毒药品。本区未有非典型肺炎病人发生。

艾滋病防治

1992年，青岛市在劳务输出归国人员中发现首例HIV感染者。2004年，区疾病预防控制中心根据青岛市卫生局制定的《青岛市预防与控制艾滋病中长期规划（2001—2010）》，采取各种措施，加强对艾滋病的预防控制。将检验科原微生物实验室改建成艾滋病筛查实验室，制定实验室操作程序性文件，严格规范操作程序；购买艾滋病检验仪器设备7件；组织检验人员参加市艾滋病筛查培训班学习。是年6月，艾滋病筛查实验室通过山东省艾滋病筛查实验室综合考评验收，获得山东省艾滋病筛查实验室标牌和证书。2006年，构建以目标责任、宣传教育、艾滋病检测、艾滋病患者管理和救助为主要内容的艾滋病防制长效管理机制。发放宣传材料40844份，在德县路建立艾滋病宣传一条街，对369家夜总会、洗浴中心、洗头房等开展艾滋病干预工作；建立13个疫情报告点，共为109528人做了艾滋病病毒抗体筛查，查出艾滋病病人2例，感染者5例。实施从咨询、检测到治疗一整套的艾滋病母婴阻断工程，对凡一方为市南户口的新婚夫妇和孕产妇免费进行HIV（艾滋病病毒）检测。2007年，把艾滋病防治工作向社区卫生服务中心推进，

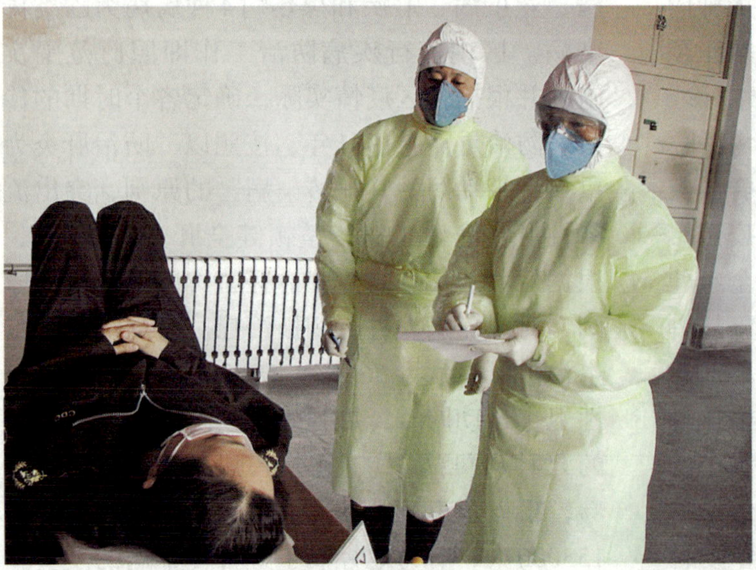

防“非典”演练（2003年）

充分利用社区卫生资源开展免费自愿咨询检测，围绕宣传教育、高危人群干预、疫情监测三个重点开拓社区艾滋病防治工作新局面。与青岛市“你我健康服务中心”联合，在青岛电视台、广播电台、轮渡开设防艾教育专题，对19家宾馆、酒店以及娱乐场所的服务人员进行生殖健康、性病艾滋病知识讲座，受训人员1099人；为9个工地的建筑工人进行防艾宣传教育。制作防艾宣传折页5万份，发放宣传材料18218份、安全套10219只，印刷发放《高危行为干预工作培训会议材料》30本。2008年11月，市南区防艾委、市南区卫生局结合国家和青岛市艾滋病防治专项资金项目要求，认真组织落实，制定宣传方案，举办“履行承诺 控制蔓延”世界艾滋病日大型系列宣传活动。携手各街道办事处、驻青岛高校、玛丽斯特普国际公益组织、青岛你我健康服务中心等单位在火车站广场、八大峡广场、湛山广场举办三场主题为“履行承诺　控制蔓延”的大型宣传活动，引导全社会参与艾滋病防治工作，关心、帮助艾滋病病毒感染者和患者，努力创造有利于艾滋病防治的社会大环境。2009年共制作各类宣传材料12.8万份，购买安全套1.2万只，对居民、卫生人员、农民工、流动人群、娱乐场所服务人员、高危人群（性服务者、男性同性恋、吸毒者）等各类人群开展知识讲座40场，大型宣传活动2场，干预活动158场次，发放宣传材料2.4万余份，覆盖人群近3万人；HIV监测119137人次，查出感染者26人，较2008年同期上升767倍（2008年同期3例）；完成流调18人次，随访42人次，CD4检测19人次。2010年利用医疗机构在二级以上医院和社区卫生医疗机构摆放艾滋病宣传材料。通过重点人群干预活动，为MSM和DU人群发放宣传材料5800余份。为前来咨询检测的人员发放宣传材料600余份、安全套1500余只。通过接听热线电话宣传艾滋病知识。在中盖艾滋病项目和全球基金艾滋病的促进下，市南区成立了3个民间组织，分别对性服务人群、男男同性性行为人群和吸毒人群开展干预活动40多场次，覆盖1700余人次，采血进行HIV监测600余人次。2012年，大力加强艾滋病宣传，制作小手电3000只、艾滋病性病宣传折页7000份、手册3000册、艾滋病性病展板12块用于艾滋病性病的宣传活动。全年完成HIV检测4500余人，HIV初筛阳性38例，送检确认30例，共发现确认艾滋病感染者95人。对辖区内的艾滋病病毒感染者和病人进行流行病学调查，填写个案流调表，上报国家艾滋病专病系统，并进行首次随访。对现管理的75例艾滋病感染者和病人共进行随访170余人次，进行CD4检测150余人次，并将相关数据录入艾滋病专病系统。

高致病性禽流感防控

2005年，针对全国大面积出现的高致病性禽流感疫情，区卫生局采取一系列措施加强防控。成立防控禽流感指挥部，制定防控人感染高致病性禽流感预案，建立和完善疫情应急机制，落实各项防控措施，成立工作队伍，坚持24小时值班，严格执行禽流感日报告制度，高度注意聚集性病例发生等异常情况；加强对公共卫生监测点的管理，确保监测报告渠道畅通；加大宣传力度，举办培训班、座谈会，制作宣传横幅，发放《防控高致病性禽流感知识问答》手册和宣传画。全区共宰杀处理家禽872羽，信鸽及其他鸟类全部免疫，散养禽类全部实现圈养，家养禽类免疫密度达到100%。由于“禽流感防控”组织严密，措施有力，全区未发现人感染禽流感病例。

第二章　医疗机构

近代青岛的医疗体系建设始于德国占领青岛后。1898年德国胶澳当局设立海军野战医院（为国立山东大学附属医院的前身），1900年改称胶澳总督府医院，是青岛历史上第一所现代化医院。之后青岛铁路医院和一些教会医院相继建立。1905年，同善会与欧洲人协会在安徽路21号创办福柏医院，收治中国病人。市南区沿海一带风光秀丽，气候宜人，是著名的避暑疗养胜地。早在1905年，美国教会就在汇泉湾畔建立伊尔梯海湾美国教会疗养院。30年代金口路建有万国疗养院，分医疗和休养两部分。1949年青岛解放时，市南区城乡卫生机构有76处，其中大小医院26处，余为床位很少的私人医院和私人诊所。

青岛解放后，区内疗养事业发展迅速。50年代起开始疗养区建设，建立疗养院所13处。1958年对私人诊所和个体医院进行整合，分别建立市南区医院和台西区医院。1959年成立浮山卫生院。1963年台西区建制被撤销，台西区医院改称市南区第二医院。1964年市南区医院改称市南区第一医院。1978年区内疗养院增为17处，形成汇泉湾、八大关、湛山和燕儿岛等著名疗养区。80年代，区内疗养事业逐步转型，大部转向社会开放，在楼院建筑、会议与旅游接待、餐饮服务等方面有较大发展。部队驻区疗养院仍以军队干部疗养保健为主，并有条件地向社会开放。这一时期，区属医院与市立医院、青医附属医院等开展医疗联合，不断拓宽医疗服务领域，提高医疗服务水平和接诊能力，为缓解住院难的问题，开设家庭病床方便群众就医。同时新增医院门诊，扩建医疗面积，更新医疗设备，改善医疗条件。1991年，市南区投资40余万元，新配备先进的大中型医疗设备78台（件），增设病床36张，医疗条件进一步改善。1992年，市南区第二医院10000平方米门诊大楼扩建工程开工建设。1995年，医疗卫生基础建设有了较大发展。根据区十三届人民代表大会第三次会议提出的议案，撤销原市南区一医、二医，新建立市南区人民医院，提高了区级医疗机构的综合能力。1996年，加大对全区医疗卫生整体水平的投入，区人民医院争创二级甲等医院工作全面完成。1999年，医疗卫生工作水平不断提高。引进、开发新技术、新项目32项，其中区人民医院的7项新技术获省、市先进称号。

1898年德国胶澳总督府设立的海军野战医院

进入21世纪，加快发展医疗卫生事业，市南人民医院改造工程顺利完成，并设立了东部分院；与荷兰签订的社区卫生服务和慢病防治援助项目全科医生及社区护士培训工作全面展开，建立了老年康复、护理、照料、检验和诊断等多处社区医疗保健服务中心，社区医疗卫生探索出一条“以居民为中心，以家庭为单位，以社区为范围”的新路子，形成“大病进医院，小病在社区”的新型医疗体制，社区卫生服务体系逐步完善，市南区成为全省首批社区卫生服务示范区。

2006—2010年，医疗卫生事业持续发展。对社区卫生服务中心（站）进行了标准化建设，进一步提高了服务质量和覆盖率。成立突发公共卫生事件应急处理中心，提高了应急处置、组织协调和科学防治水平。至2007年，基本建成全国领先的“一刻钟社区卫生服务圈”社区卫生服务网络覆盖率达98%。在全市率先建立双向转诊制度，社区卫生服务机构全部纳入医保定点范围，居民就医成本大幅降低。采取政府购买服务的方式，为社区居民提供11项免费公共卫生服务。市南区社区卫生服务经验被国务院研究室以送阅件形式呈报中央领导。2008年，公共卫生服务取得新进展。在全市率先建立社区卫生服务管理中心，将社区卫生服务机构从区属医院剥离，实行收支两条线管理。健全双向转诊制度，开展名医进社区活动，社区卫生服务质量进一步提高。2009年，大力推进区属医院改造，社区卫生服务质量明显提高。区肢体残疾人康复中心投入使用，市南区被评为全国首批白内障无障碍区。2010年，在全市率先实行公立社区卫生服务机构“收支两条线”管理，推行基本药物制度和药品“零差率”销售制度，公共卫生服务水平进一步提升。区人民医院升级改造工程基本完成，康复医学中心投入使用。

2012年，全面推行基本药物制度，扩大区医院医疗专护病房规模。是年全区共有卫生机构403处，其中，医院27处，疗养院14处，社区卫生服务中心（站）47处，疾病预防控制中心1处，妇幼保健机构1处，卫生监督所1处，血站1处；各类卫生技术人员7466人，其中医生3064人；全区拥有医疗床位6569张，其中医院床位3654张。

第一节 市级医院·驻军医院

青岛医学院附属医院

位于市南区江苏路16号。前身是1898年设立的德国海军野战医院，1900年改称德国总督府医院。1946年命名为国立山东大学附属医院，隶属于南京国民政府教育部。青岛解放后，改为山东大学医学院附设医院，隶属于华东军政委员会卫生部。1956年改为青岛医学院附属医院，隶属于山东省卫生厅。为省属综合性教学医院，山东省东部区域医疗中心。该院以内科、外科、心血管、血液、神经内科、骨科，泌尿科和眼科为重点专业。拥有先进的门诊楼、病房楼和现代化的继续教育与临床技能培训中心及数字化图书馆，以及PET－CT、3.0T磁共振、宝石能谱CT、256层极速iCT、640层动态容积CT等国际一流设备。在急危重症抢救、疑难危重病会诊、腔镜微创技术、介入诊断和治疗、器官移植、干细胞诊断与治疗、医药生物技术诊断与治疗等领域具有鲜明技术特色。

区社区卫生服务中心工作人员耐心解答社区居民医疗咨询

四〇一医院

位于市南区闽江路。海军综合性中心医院。全称中国人民解放军海军四○一医院。前身是1950年成立的海军医院。占地38万平方米，建筑面积5.8万平方米。擅长断肢再植、急症手再造、潜水病高压氧治疗、异体肾移植、泌尿系结石及胆石结石碎石术、放射介入疗法、冠状动脉造影术、中药胃萎康治疗萎缩性胃炎、血液光量子疗法、角膜移植及人工晶体植入等。医院向社会开放后，与美国、日本、韩国、中国香港、中国台湾等国家和地区建立了广泛的学术交流关系。

青岛市第九人民医院

位于市南区朝城路2号。前身是1904年修筑胶济铁路时建的胶济铁路医院。1949年6月改称为济南铁路局青岛铁路医院，隶属济南铁路局青岛铁路分局。2004年移交青岛市卫生局改称青岛市第九人民医院。是集医疗、教学、科研、预防保健于一体的二级甲等公立综合性医院，也是青岛大学医学院和大连医科大学的教学医院。

青岛市人民医院

位于市南区德县路17号。前身为1907年欧洲人协会所建的福柏医院。1950年由青岛市卫生局接管。1951年改现称。1980年改称青岛市红十字医院。在脑部疾病、心血管疾病、老年医学和抗衰老等方面的研究成果显著。与美国、日本、加拿大等国建立医学合作关系并进行多方面的技术交流。以干部保健工作为重点，是全市胸外科的骨干医院。

青岛市第五人民医院

位于市南区嘉祥路3号。前身为博济医院，原址在太平路。1950年8月在莱阳路25号建成新址，改称青岛市公安医院。1958年8月迁现址，改称青岛市台西医院。1975年被确定为山东省中西医结合基地。1983年更名为青岛市第五人民医院。1986年成立山东青岛中西医结合医院，并称青岛市第五人民医院。该院是山东省中西医结合研究会急腹症分会主持单位，山东省、青岛市中西医结合研究基地。主要仪器设备有500毫安X光机、多向X线诊断机、手术显微镜、B型超声诊断仪、妊娠监护仪、纤维导光内窥镜、心脏遥控监护仪、血气分析仪、气道过敏测定仪和四导生理记录仪。

第二节 区属医院

市南区第一医院

市南区第一医院，1958年由四方路等5家联合诊所、妇幼联合保健站、道济医院等4家医院及清和诊所等10家诊所合并组成。原名市南区医院，1964年改称市南区第一医院。1995年被撤销，与市南区第二医院合并组建市南区人民医院。院址在河南路19号，主要承担辖区居民基本综合医疗和社区卫生服务。先后成立的临床科室有急诊科、内科、外科、妇科、儿科、眼科、耳鼻喉科、中医科、针灸科、口腔科、家庭病床科、保健科。医技科室有放射科、检验科、药剂科、特检科、手术室、消毒室、病案室等。

市南区第二医院

市南区第二医院，1958年由分散的联合诊所和妇幼保健站合并组成，原名青岛市台西医院，1963年改称青岛市市南区第二医院。1979年建成五层医疗大楼，下设台西一路、南村路、火车站、郓城南路和云南路5个门诊部和市南区结核病防治所。1995年被撤销，与市南区第一医院合并组建市南区人民医院。市南区第二医院，主要承担辖区居民的基本综合医疗和社区卫生服务。医院设有内科、外科、妇科、儿科、中医科、眼科、口腔科、耳鼻喉科、皮肤科、家庭预防保健科、急诊室、针灸科、检验科、放射科、心电图室、药房等医疗医技科室。

市南区人民医院

1995年由市南区第一医院和第二医院合并建成，是集医疗、预防、保健、教学、科研为一体的区属综合性二级甲等医院，地址广州路29号，建筑面积12276平方米，主要治疗常见病、多发病及外科小型手术。区人民医院建院后，加快人才培养、人才引进、技术引进，购置医疗设备，扩大了医疗范围提高了技术水平。对较疑难的心脑血管疾病、呼吸系统疾病及消化系统疾病的诊疗水平大幅提高。放射科、检验科引进新型X光机、半自动生化仪、血液流变仪等设备，甲型、乙型肝炎的检测在全市处于先进水平。1996年检验科的“粘度法测定血浆纤维蛋白质”科研课题通过了市科委组织的专家鉴定，并获青岛市科技进步三等奖。血管外科“下肢静脉曲张的诊断和外科治疗研究”“经皮腘静脉穿刺置管造影的临床应用研究”两项市级科研项目，通过市科委组织的专家鉴定，均达到国家先进水平。2003年，先后引进开展新技术新项目155项。2012年有开放床位274张。

浮山医院

前身是浮山公社卫生院。1953年3月，由毕岩亭发起，周亚南、孙余庆参加创建了湛山中西医联合诊所；1956年更名为湛山、浮山中西医联合诊所；1958年湛山、浮山中西医联合诊所分成浮山工农联盟社保健站、湛山“五一”社保健站、辛家庄海防社保健站3个保健站；1959年，浮山人民公社卫生院成立，联合诊所划归卫生院。1980年浮山公社卫生院划归市南区卫生局，更名为青岛市市南区浮山医院，为二级综合医疗机构，主要承担辖区居民的综合基本医疗和社区卫生服务。2008年被撤销。

摄于20世纪90年代的浮山医院

第三节 社区卫生服务中心（站）

区内的社区卫生服务点建设始于20世纪末。1999年，区内新建社区卫生服务点11个，建立家庭医疗档案370份，建立个人医疗档案3200份，同年为社区居民查体5300人次。2000年，与荷兰签订的社区卫生服务和慢病防治援助项目全科医生及社区护士培训工作全面展开，为社区卫生服务提供了人才支持和技术支撑。2001年建立老年康复、护理、照料、检验和诊断等多处社区医疗保健服务中心。同年新建居民健康档案2.2万份。至2002年，社区医疗卫生探索出一条“以居民为中心，以家庭为单位，以社区为范围”的新路子，建立居民健康档案6.2万份，形成了“大病进医院，小病在社区”的新型医疗体制。2004年，社区卫生服务体系逐步完善，市南区被确定为全省首批社区卫生服务示范区。2005年，新培植社区卫生服务机构11个，覆盖率达95%，社区卫生服务水平显著提高。建立区、街两级公共卫生电子信息网络，公共卫生长效机制建设进一步推进。2006年，对15个社区卫生服务中心（站）进行标准化建设，严把准入关，进一步提高了社区卫生服务质量和覆盖率。市南区社区卫生服务经验，被国务院研究室以送阅件形式呈报中央领导。至2007年，市南区基本建成全国领先的“一刻钟社区卫生服务圈”。年内对44个社区卫生服务机构进行了规范化、标准化建设，社区卫生服务网络覆盖率达98%。在全市率先建立双向转诊制度，社区卫生服务机构全部纳入医保定点范围，居民就医成本大幅降低。采取政府购买服务的方式，为社区居民提供11项免费公共卫生服务。同年，加强“六位一体”社区卫生服务示范中心建设，推荐金门路、八大湖、中山路社区卫生服务中心3个单位为全市“六为一体”社区卫生服务示范中心，推荐5个免费向群众开放的社区健康教育活动室，明确创建目标和实施步骤，从基本设施建设、人员配备、功能完善、监督管理等方面实施全面规划。2008年，公共卫生服务取得新进展。在全市率先建立社区卫生服务管理中心，将社区卫生服务机构从区属医院剥离，实行收支两条线管理。健全双向转诊制度，开展名医进社区活动，社区卫生服务质量进一步提高。

市南区社区卫生服务管理中心建立后，开展一系列基层卫生服务工作，举办健康教育讲座、建立社区健康档案、管理精神疾病患者、为老人查体、开展妇女保健指导等。2009年进行健康教育讲座120余次，参加人数2000余人。2010年，累计建立健康档案291772份，门（急）诊人次数111612人，管理重性精神疾病患者2346人，管理3岁以下儿童3463人，妇女保健健康指导3420人，举办健康教育讲座150次，居民接受教育28248人次。2011年，累计建立健康档案32.8万份，门（急）诊人次数242285人，管理重性精神疾病患者2773人，管理6岁以下儿童6736人，妇女保健健康指导21342人，产后访视1914次，举办健康教育讲座187次，居民接受教育人次48567次。至2012年，社区卫生服务管理中心下辖14个社区卫生服务机构。年内进一步加强社区居民健康管理，建立居民健康档案46.6万份。

表20－1　　市南区公立社区卫生服务机构情况一览表

（2012年）

序号	名称	地址
1	八大峡街道社区卫生服务中心	观音峡路1号
2	八大峡街道台西一路社区卫生服务站	台西一路4号乙
3	中山路街道社区卫生服务中心	河南路19号
4	江苏路街道社区卫生服务中心	黄县路37号
5	江苏路街道江苏路社区委社区卫生服务站	龙江路37号丁
6	湛山街道新湛三路社区卫生服务站	新湛三路2号
7	湛山街道镇江南路社区卫生服务站	镇江南路3号甲
8	八大湖街道巢湖路社区卫生服务中心	巢湖路2号甲
9	八大湖街道镇江路社区卫生服务站	镇江路58号
10	八大湖街道吴兴路社区卫生服务站	吴兴路6号
11	八大湖街道天台路社区卫生服务站	新昌路24号甲
12	金门路街道社区卫生服务中心	仙游路7号
13	金门路街道福林小区社区卫生服务站	大尧一路4号
14	珠海路街道社区卫生服务中心	海口路5号东门

第四节　疗养区·疗养院（所）

汇泉湾和八大关疗养区与疗养院（所）

位于汇泉湾畔，紧邻八大关风景区。区内地势起伏，花木葱茏，空气清新，环境幽雅，有200多幢汇集欧、亚、美建筑风格造型迥异的别墅楼。山东省青岛疗养院、青岛市黄海疗养院、铁道部青岛疗养院、铁道部四方机车车辆工厂疗养院、新华社青岛休养所、中国科学院青岛疗养所等均分布于此，是闻名中外的风景游览区和疗养区。山东省青岛疗养院，是山东省卫生厅直属医疗事业单位，主要承担为中央组织部老干部和山东省省部级老干部、驻鲁“两院”院士提供疗养保健、医疗康复等接待服务工作，50年代是全国最大的理疗建筑，多次接待过党和国家领导人及部长级以上领导。中国科学院青岛疗养所，主要接待中国科学院所属各所科技人员到青岛疗养，中国科学院的许多工作会议、学术会议都曾在这里召开。

湛山疗养区与疗养院

位于八大关东边，北依湛山，南临大海，各疗养院以湛山寺为轴心，向东、西、南延伸。1950年开始，相继建成中华全国总工会青岛疗养院（现名青岛湛山疗养院）、中国纺织工人疗养院、航空航天工业部疗养院、国家计委国家物资储备局青岛疗养院等。中华全国总工会青岛疗养院（改名青岛湛山疗养院），与青岛医学院附属医院及青岛市立医院横向联合，收治医院抢救后和手术后住院治疗的康复期病人。在治疗腰椎间盘突出和重症肌无力等病方面有较丰富的经验。该院50年代至60年代初，接待大批苏联与东欧国家专家以及日本、印度尼西亚、斯里兰卡、泰国和蒙古党、工会休养团短期休养。中国纺织工人疗养院，主要以防治心血管系统、消化系统、神经和运动系统方面疾病为主。航空航天工业部青岛疗养院，为合性疗养院，80年代中期以后，该院疗区规模、医疗设备和技术力量都有很大发展，收治对象扩大为以非传染性各类慢性病为主，也接收职业病和健康疗养。国家物资储备局青岛疗养院，主要开展物资储备系统内疗养接待、查体、康复、保健，职业病调查、防治，健康教育、健康促进等。

燕儿岛疗养区与疗养院

太平角与燕儿岛相抱，中间为一清澈海湾，建有海水浴场。西为湛山，北为浮山，东为麦岛。这里丘陵起伏，背山面海，环境幽静。1955年青岛工人疗养院迁入辛家庄北山。1962年核工业部疗养院落成。1980年以后，水利电力部疗养院、外贸青岛疗养院、化工部青岛疗养院、邮电部青岛疗养院、齐鲁石化总公司青岛疗养院等相继落成，开辟为一个新的疗养区。青岛工人疗养院，为综合性慢性疾病疗养院，原隶属中华全国总工会，现主管部门为山东省总工会，同时挂山东省总工会青岛脑血管病医院牌子。该院开展鼻导管给药治疗肺结核空洞取得突出业绩，被评为全国先进单位。核工业部疗养院，以非传染性疾病、放射性中毒及职业病疗养为主，80年代中期起向社会开放，进行高血压、冠心病、肿瘤化疗、白细胞减少症等疾病诊治。国务院国有资产监督管理委员会冶金青岛疗养院，原名为冶金部青岛疗养院，主要开展康复、保健业务，恢复期病人治疗和护理、常见病多发病诊治与护理。

第五节　个体诊所

解放初期，在市南区和台西区办理登记的个体医诊所的医务人员除开业行医外，在区卫生科的领导下，负责划片地段的爱国卫生和疾病预防工作。1954—1957年，在全国农业、手工业和资本主义工商业实行社会主义改造的形势下，大部分个体医自愿成立联合诊所和妇幼保健站。1966年“文化大革命”开始后取消个体开业行医。1968年，根据青岛市革命委员会要求，由区卫生科重新把个体医组织起来成立联合诊所，部分医务人员被分配到区医院。1983年，市卫生局制定《青岛市个体开业行医和联合诊所管理办法》，恢复个体开业行医。1986年，区卫生局根据“实行多渠道、多层次、多种形式办医”的改革方针，制定《个体开业行医管理细则》，对个体医开业条件、审批手续、执业范围、行医科目等作出具体规定。1994年，区卫生局按照卫生部颁布的《医疗机构管理条例实施细则》有关规定，严格医疗机构审批，坚持医疗市场的技术和资格准入制度，对技术和资格不符合《医疗机构管理条例》规定的，不予审批。2012年年末，全区共有诊所261个，卫生技术人员974人。

第六节　医疗机构管理

区内的医疗卫生管理始于20世纪初。1911年，德国胶澳总督府设立医院监理部和医院检查官，实施对医院的管理，由总督府巡捕局管理药政。此后历届市政均依循卫生机构和公安机构分管医政与药政的管理体制。至南京国民政府统治时期，医政、药政始由市卫生局统一管理。

新中国成立后，建立青岛市卫生局，对医疗卫生事业实行全面管理。1951年设立台西、市南卫生所，分别管理区内医疗卫生事业。1953年组建市南区政府卫生科，地址德县路30号，负责全区个体医的管理，贯彻预防为主的方针，组织医务人员进行预防注射，开展以除害灭病为中心的爱国卫生运动。1955年改为市南区人民委员会卫生科。1967年改为市南区革命委员会生产指挥部卫生科。1970年卫生科与防疫站合并为卫生防疫站。1978年组建市南区革命委员会卫生局。同年全区卫生系统普遍试行《全国医院工作条试行草案》《医院工作制度》《医院工作人员职责试行草案》《综合医院组织编制原则》，逐步恢复和建立健全各项规章制度。1980年5月设区卫生局业务股，对区属医疗单位进行管理。1981年2月，市南区革命委员会卫生局改为市南区卫生局。1989年，全市开展医院分级管理与医院评审工作，建立健全医院各项规章制度，区内二级医院、三级医院普遍开展单病种质量控制等。

1997年，区卫生局按照《医疗机构基本标准》《中华人民共和国药品管理法》和《青岛市药品使用管理办法》，分别对医疗机构和药品经营机构进行清理整顿。整改仍不合格的予以取缔。此后，对申报医疗机构的单位和个人逐一进行评审、注册、发证，使医疗机构的管理走向法制化、规范化和科学化的轨道。1999年区卫生局成立执法责任制工作领导小组，设立法制办公室，把打击非法行医、无证行医、游医药贩、治理虚假广告作为医政执法的重点，不断加大执法力度，对无证行医、无证制剂、游医药贩予以取缔，对不合格的医疗机构注销其许可证。

2000年组织对医疗机构检查436次，取缔无证行医、无证制剂、游医药贩25家。2002年对全区194家个体医疗机构进行全面检查，取缔非法行医、无证行医36家。2006年4月，在全区开展打击非法行医专项行动，对医疗机构进行“拉网式”检查。重点打击未取得“医疗机构执业许可证”擅自开展诊疗活动的“黑诊所”，打击无行医资格证游医、假医和药店无证“坐堂行医”等行为。2007年，坚持依法管理医疗卫生机构，把好准入管理、日常监管，维护群众健康权益和就医安全。落实“四级”审批制度，进一步规范医疗机构行政许可流程。从受理、审核、现场检查、研究决定等环节，严格医疗机构设置、执业登记审批和变更登记程序，提高行政许可的质量和效率，杜绝空挂科目等现象的发生。对辖区医疗机构进行拉网式监督检查，取缔无证行医11家，对19家超期未参加校验且原登记医疗机构执业地点已不存在的医疗机构予以注销。对辖区内医疗广告进行全面清理整顿，对7家未经批准的违法医疗广告，责令其停止违法宣传。2010年，立案查处并撤销一家医疗机构执业许可，吊销两家医疗机构的2项诊疗项目。2011年围绕医疗机构设置、年审、变更、延续等各项审批工作，严格审查程序，对不达标的单位限期整改，暂缓审批。年内办理医疗机构设置、注册、年审、变更、延续244件，医师注册81人，医师变更注册519人，受理医疗纠纷20余起，医疗技术鉴定9份。2012年首次聘用法律顾问，对医疗机构设置、审批、变更流程进行规范，严格办事程序；全年办理医师注册变更575人次、护士注册变更52件、医疗机构年审283件、变更审批79件；受理医疗纠纷40余起，提请医疗事故鉴定8起。年内对辖区医疗机构进行规范化建设，规范化建设率达74.4%。

第三章　医疗保健

19世纪末至20世纪20年代，西医传入青岛初期，只能诊断治疗一般疾病，外科只能做阑尾手术。之后，西医诊断及防治手段如X线机、化学检验、手术器械等相继传入，医疗诊治范围逐步扩大，诊治技术不断提高。日本第一次侵占青岛时期，骨外、胸外等各种手术治疗均能够开展。南京国民政府第二次统治时期，西医技术水平有所发展。

新中国成立后，中医事业不断发展壮大，个体中医由民营进入公立院所，中西医互学互融，中西医结合诊疗和中草药开发研究取得长足进步。20世纪60年代，区内西医对呼吸系统、循环系统、消化系统疾病的诊断处理能力大为提高。青岛地区肝炎流行期内，肝炎病诊治恢复率达患者半数以上。70年代初，胃镜、十二指肠镜、国产人工呼吸机等开始临床应用，血液病诊治开始起步，心血管病房和呼吸病房开始建立。

改革开放以后，区内各级医院的西医医疗技术迅速提升。随着大批先进的精密医疗器械的引进，临床诊断水平大为提高，一些疑难病症治疗和高难度手术等达到国内先进水平。区内中西医结合治疗技术上不断取得新成果，青岛市第五人民医院获全国医药卫生科学大会奖及省、市科学大会奖。80年代初建立区妇幼保健所，开展产后访视和围产期新生儿保健护理。80年代，区属医院坚持面向群众、预防为主、中西医结合的方针，广泛开展“假如我是一个病人”的活动，进一步提高医疗水平和服务质量。一医的抗甲肝诊断血清，二医的节育粘堵手术，浮山医院的整容整形手术等医疗服务项目，都取得较好成果。各区属医院加强对医护人员的业务培训和技术考核，积极与市立医院、青医附属医院等开展医疗联合，不断提高医疗水平。积极开展专家门诊，不断发展专科医疗优势，热情为群众服务。为缓解住院难的问题，广泛开设家庭病床，方便群众就医。新增医院门诊，更新医疗设备，引进新医疗项目，区属医院的医疗技术水平和医务人员素质有了显著改进和提高。这一时期，青岛市中西医结合研究所在市第五人民医院成立，推动临床治疗技术不断提升，运用中西医结合制剂治疗胆石症，治愈率达90%。90年代，市南区加大医疗设施投入，扩建门诊配套工程，新建门诊大楼，配备先进的大中型医疗设备，推进市、区院际联合体建设，医疗条件进一步改善，医疗技术水平进一步提高。其间，新建市南区人民医院，实现区域医疗卫生资源的优化组合。区人民医院争创二级甲等医院工作全面完成，区人民医院的7项新技术获省、市先进称号。

2000年，区人民医院改造工程顺利完成，并设立了东部分院，整建制划归青岛大学医疗集团。区人民医院升级改造工程基本完成，康复医学中心投入使用。2002年青岛市第五人民医院采用自制中药，用于降血脂和治疗神经性衰弱，取得明显疗效。2003年市南区医院完成全市首例腹主动脉—股动脉搭桥术获得成功，人造血管异位移植转流术、人造血管旁路移植术、穿刺置管造影术等治疗技术居省市领先水平。2005年，青岛市第五人民医院中西医结合治疗胆石症、心脑血管、糖尿病、过敏性疾病及神经衰弱等方面效果明显。2006年，贯彻实施《市南妇女发展纲要》和《市南儿童发展纲要》，对妇女儿童的健康实行系统化、规范化保健服务。2012年，区人民医院开展中医诊疗技术十余种，中药内服法得到广泛应用。年内引进A1肢体智能反馈训练系统，用于治疗下肢肢体活动不灵患者，取得显著疗效。同年在全市率先开展孕产妇免费产前筛查工作。

第一节　西医诊疗

新中国成立初期，医生为病人诊治主要采用望、触、叩、听，辅以化验三大常规和X线透视等方法。肺结核、消化系统疾病、疟疾、性病以及其他传染病为当时常见病，危重病抢救成功率较低。50年代初，区内各医院添置中小型医疗设备，内科医生初步掌握了胸穿、腹穿、肝脾穿刺活检、骨穿等诊疗技术。静脉输液给药广泛应用于临床，抢救成功率有所提高。区内各市级医院先后建立妇产科，开展部分难度较大的妇产科手术。50年代，内科诊治的大多数疾病为消化系统疾病胃溃疡病出血、肝硬化、肠炎、菌痢等，对胃肠病的诊断主要靠X线钡剂造影，并逐步开展了硬质胃镜诊断胃肠疾病，已有医师侧重诊治呼吸系统疾病，但治愈率较低。1958年后开展A型超声波检查，用以诊断各种肝病。区内市级医院均建立小儿科，静脉输液已广泛应用于临床。60年代，呼吸系统疾病占医院首位，慢性支气管炎、肺心病、肺气肿病逐年增多，区内医院对呼吸系统、循环系统、消化系统的疾病已能正确诊断和处理。这一时期，青岛地区肝炎流行，区内医院主要收治肝炎病人。70年代初，青医附院开展了胃镜、十二指肠镜等导光纤维内窥镜的应用，提高了胃肠疾病的诊断率，同时开始血液病专业诊治。70年代中期，区内各医院将国产人工呼吸机应用于临床，抢救呼吸衰竭的病人。1975年后，区内各市级医院先后开展心电向量检查并成立心血管病房，开始心电监护。70年代后期各医院呼吸专业组及病房先后成立。1979年后，第五人民医院成立脱敏门诊，检查治疗过敏性哮喘、过敏性鼻炎、过敏性荨麻疹等疾病。1979—1980年用10联菌苗治疗内源性过敏性哮喘，用粉尘螨注射液治疗外源性过敏性哮喘。1984年第五人民医院引进日本产过敏因子仪，成立了变态反应科。

1995年市南区人民医院建立心电监护室、胃镜室，成立腹膜透析病房，开展一般腹部外科手术，乳腺根治，甲状腺次全切术，骨科手术和泌尿外科手术。1998年市南区人民医院开展腹主动脉—股动脉搭桥技术。同年市南区人民医院开展的“下肢静脉曲张的诊断和外科治疗研究”“经皮腘静脉穿刺置管造影的临床应用研究”两项市级科研项目研究，通过市科委组织的专家鉴定，达到国家先进水平。

2003年市南区医院完成全市首例腹主动脉—股动脉搭桥术获得成功；在全省率先开展了经胸腹皮下通道腋—股动脉人造血管异位移植转流术，腹—股动脉人造血管旁路移植术，腹—股动脉人造血管异位移植转流术治疗下肢动脉缺血性疾病，皆取得满意疗效。在全市率先开展经皮腘静脉穿刺置管造影术，大隐静脉段股静脉原位移植成形术，股动脉及股神经一期吻合术，先天性下肢动静脉瘘结扎术。同年市南区人民医院妇产科开展经阴道子宫切除术，无痛性流产，腹部横切口剖宫产手术，输卵管吻合术，会阴Ⅲ度裂伤修补术。2004年市南区浮山医院先后开展下肢高位截肢术、股骨颈骨折三翼针内固定术、双髋关节置换术。2012年，区人民医院引进A1肢体智能反馈训练系统，用于治疗中风后遗症患者，并对颅脑损伤、脊髓损伤、截瘫以及骨关节、神经系统疾患引起下肢肢体活动不灵患者取得显著疗效。

第二节　中医诊疗

新中国成立后，贯彻执行“团结中西医”，“创造中国统一的新医学、新药学”的方针，区内中医事业不断发展，个体中医逐步实行联合，从民营个体进入公立院所。从1956年开始，区内中医逐步进入公立医疗机构，中医医疗技术不断得到提高。1972年，青岛市台西医院研制成功主治胆道感染及胆石症、主治阑尾炎和治疗各种炎症的方剂“利胆汤”“阑尾解毒汤”“抗菌消炎汤”等，投入临床使用。1978年，青岛市第五人民医院（台西医院）先后运用自制中药方剂“胆道排石汤”“利胆汤”“利胆片”等治疗胆石症，排石率达90%。1985年，青岛市第五人民医院李明顺，完成中药痛经灵治疗原发性痛经的研究，临床治疗效果明显，获青岛市科技进步一等奖。1993年，青岛市第五人民医院李达祥，辨明心脏寒热虚实及与肺、脾、胃、肝等脏腑之间的制化关系，特别是肝的疏泄，肺的宣降和胃的通调对心的影响，以及心与肾交合的关系，针对冠心病的辨治提出补通结合疗法，并研制“保心汤”治疗早搏和“调肝舒心冲剂”治疗稳定性心绞痛，疗效显著。在癌症治疗方面，先后研制出“痛舒膏”“白仙灵”“肝癌一、二号”“肺癌一、二号”“胃灵散”等十几种中成药，治疗效果明显。其中“痛舒膏”治疗晚期癌痛有效率达95%。

2012年，区人民医院开展中医诊疗技术十余种，包括：中药内服、中药熏蒸、中药溻渍、中药换药、穴位注射疗法、针灸、拔罐技术、中药离子透入、TDP、中频治疗、中医体质辨识、冬病夏治三伏贴等。其中，中药内服法应用最为广泛，疗效肯定。中医内科运用中药内服通过辨证与辨病相结合治疗妇科常见病，运用健脾行气，新开苦降等方法，辨证治疗胃炎等均取得独到良效。

第三节　中西医结合诊疗

自1956年始，区内公立诊所和疗养院通过多种渠道和各种形式，开展西医学习中医与中西医结合，治疗效果明显。1958年，青岛工人疗养院采用中西合剂治疗脓胸和球型病灶，开区内中西医结合诊疗之先。70年代，青岛市台西医院、青医附院对急腹症的中西医结合诊疗研究取得进展。1976年，青岛市台西医院研制“痛经灵”方剂治疗妇女原发性痛经，取得良好临床效果。1976—1978年，青岛市台西医院与青医附院合作以中医辨症和西医分型疗法治疗小儿肺炎，取得良好疗效。

中共十一届三中全会后，中西医结合医疗事业快速发展。青岛市第五人民医院（原青岛市台西医院）于1975年被山东省卫生厅确定为山东省中西医结合基地，在中西医治疗技术上不断取得新成果。1978年青岛市第五人民医院的《中西医结合治疗急腹症》一书，获全国医药卫生科学大会奖及省、市科学大会奖；《中药麻醉剂的实验及临床研究》《常见急腹症》《抗菌消炎片的研究》《阑尾消炎片和利胆片的研究》均获青岛市科学大会奖。1983年，青岛市第五人民医院成立青岛市中西医结合研究所，推动临床治疗技术不断提升。1984年该院研制的“复方苯酚胶浆4输卵管粘堵绝育术”通过市级鉴定；1985年研制的“痛经灵治疗原发性痛经”通过省级鉴定并获青岛市科技成果二等奖。1986年青岛市第五人民医院运用中西医结合制剂，开展胆石症的治疗，有效率达

98.4%，治愈率达90%。1998年青岛市第五人民医院运用脱敏、免疫加中药的中西医结合的方法治疗过敏性疾病，运用中药及微波药物导入治疗妇女盆腔炎及不孕症，均取得显著疗效。

2002年青岛市第五人民医院开展对中青年早衰、植物神经紊乱、血管性痴呆的治疗，并通过自制的“缓秘冲剂”“神衰一号”“通络舒经擦剂”等中药，在降血脂、通便、改善睡眠和治疗神经性衰弱等方法，取得明显疗效。2005年，青岛市第五人民医院中西医结合治疗胆石症、心脑血管、糖尿病、过敏性疾病及神经衰弱等方面效果明显；并研制“益脑冲剂”“舒心冲剂”“排石汤”等十几种中药制剂。2012年，区人民医院中医外科引进超声雾化清创机，配合中药外用传统膏、散、丹等，对糖尿病足坏疽、静脉性溃疡、褥疮等有创面，疼痛明显的患者进行治疗，大大减轻患者痛苦，对促进创面清洁，加快创口愈合有显著作用。该院采取中西医结合的方式，诊治疼痛明显的溃疡病人，痛感明显减轻，并减少因疼痛诱发的心脑血管疾患。

第四节　妇幼保健

1953年全区宣传和推行无痛分娩法与新接生法，全年用新法接生的产妇3592人。后新法接生逐年普及。1979年10月建立市南区妇幼保健站。1980年12月更名为市南区妇幼保健所。1981年开展围产保健工作，培训妇幼卫生人员。对孕妇管理提出早诊断、早建卡、早评分、早指导，定期产前检查，对孕妇健康和胎儿生长发育进行观察，加强妊娠监护，做好产后访视和围产期新生儿保健护理。在妇女卫生统计工作中，统一使用山东省卫生厅规定的“四薄四卡”，确保妇女卫生统计资料的准确性和科学性。孕产期保健服务，从怀孕开始至产后42天内为孕产妇及胎儿、婴儿提供系统保健服务。1984—1987年，创建三级妇幼卫生保健网，建立孕妇学校，举办保健讲座和咨询服务，深入基层为妇女儿童查体治病，保证了妇女儿童的身心健康。区妇幼保健所连续多年荣获全国先进单位。

1993年开展婚前健康检查和婚前保健服务工作，包括婚前卫生指导、咨询和医学检查，发现影响婚育的疾病，医师除进行诊治外，对结婚和生育提出医学建议，并及时向业务主管部门上报有关信息。2002年，市南区计划生育服务中心归并市南区妇幼保健所。自2003年起开展计划生育四项手术服务。为育龄妇女提供避孕知情选择、计划生育技术服务（早期终止妊娠、放置宫内节育器等）。建立0～3岁儿童系统管理机制，定期对婴儿进行健康查体，提供有关母乳喂养、合理膳食等科学育儿的指导和咨询服务。开展儿童常见病的防治工作，按照托幼机构分级管理原则，指导和监督托幼机构的卫生保健业务工作。全面落实辖区内新生儿疾病筛查工作，筛查率达出生数的99%以上，合格率100%，可疑随访率100%。落实儿童听力筛查网络管理、信息收集汇总，做好42

区妇幼保健所为育龄妇女开展咨询服务

天婴儿听力监测工作及可疑儿童阳性者的追访和高危儿听筛转诊、追访工作，听力筛查率达90%以上。

2006年，贯彻实施《市南妇女发展纲要》和《市南儿童发展纲要》，从已婚育龄妇女生殖健康、计划生育服务、婚姻保健服务（优生）、孕产妇系统管理、新生儿保健、7岁以下儿童系统管理、三项生命监测（孕产妇死亡、5岁以下儿童死亡、新生儿出生缺陷）、儿童听力筛查、计划免疫等方面，对妇女儿童的健康状况实行系统化、规范化保健服务。在金门路、巢湖路社区卫生服务中心、友好医院建立儿童系统保健管理点，将儿童保健管理融洽入社区卫生保健中，使广大儿童得到便捷系统的保健服务。根据《市南区关于实施出生缺陷干预工程的意见》，对一方户口在市南区的准备结婚的青年男女免费提供包括婚前体检和优生咨询与指导的婚前医学检查；为至少一方户口在市南区的夫妇提供免费孕前优生项检查；免费为户口在市南区的无业育龄妇女建立《孕产妇保健手册》。2008年，为市南区失业、流动育龄妇女开展免费进行宫颈癌的液基细胞早期筛查工作。2010年，贯彻实施《市南妇女发展纲要》和《市南儿童发展纲要》，落实全区妇女病普查工作和0～3岁儿童系统管理工作。2012年，建立孕妇保健手册5562人，产前筛查4200人；散居儿童管理、入托儿童查体共计8610人次；为驻区62所幼儿园的12000余名儿童和1456名教职员工进行查体。孕产妇死亡率保持为零；婴儿死亡率3.84‰，在市内均处于领先水平。年内在全市率先开展孕产妇免费产前筛查工作。

第四章　爱国卫生

区内的爱国卫生运动始于20世纪50年代初。青岛解放初，全区居民大规模清除垃圾、整理市容，为爱国卫生运动奠定了广泛的社会基础。1952年，美帝国主义把细菌战扩大到山东和青岛地区，全区居民投入反细菌的斗争行列，扑杀毒虫，消灭细菌，成为全民性爱国卫生运动的先声。年内全区主要路段设立防疫站，各街道设立卫生组，全区分片包干，利用火烧、土埋等方法，搜查扑杀毒虫。严密排查区内饮食店、果菜摊点及公共场所，进行紧急防疫处理，确保居民饮食卫生安全，至3月底毒虫基本消灭，取得反细菌战的初步胜利。

1953年3月，组建青岛市市南区爱国卫生运动委员会（简称区爱卫会），由区政府主要领导担任主任。区爱卫会是市南区人民政府的非常设机构，爱国卫生工作实行政府组织、分级负责、部门协调、群众参与、科学治理、社会监督的方针，坚持条块结合、以块为主的原则，实行目标管理和部门分工负责制，统一领导、统筹协调全区爱国卫生工作，组织开展辖区环境卫生、单位和居民区卫生、村镇卫生、除害防病、食品卫生、健康教育及创建、巩固国家卫生城市和各类卫生先进等爱国卫生各项活动的督导、检查和评比。是年起，组织全区居民和机关企事业单位，人人动手，捕捉害虫，清除垃圾，净化环境卫生，进一步扩大反细菌战取得的战果。50年代，市南区大力开展创建“三洁四无”“五洁四无”城区的群众性爱国卫生运动，消灭“六害”，改良厕所，挖沟疏河，清除积存垃圾，整顿改善环境卫生，努力实现“八无”“八洁”“十灭”的卫生目标，区爱卫会积极组织落实，推动全区爱国卫生运动常态化、全员化发展。同期，全区饮食行业和单位食堂饮食卫生主要以“五洁四无”为管理目标，确立“两要”“四不”的行业管理规范。60年代，深入开展以除害灭病为中心的卫生保健运动，建立健全各级医疗卫生组织和群众性的防病疗养机构，深入生产和群众中开展防疫灭病和巡回医疗，为生产和人民群众服务。1963年台西区被撤销后，原所属爱国卫生工作划归市南区。“文化大革命”初期，区爱卫会机构被撤销，爱国卫生运动基本停滞。1969年9月，重新成立区爱卫会，并设办公室。1976年中共青岛市委决定，重新恢复、调整各级爱国卫生运动委员会。同年10月，根据市委的安排部署，区内开展以市容环境卫生为主的“三整顿”爱国卫生运动，重点整治城乡接合部和卫生管理薄弱地段的环境市容。

进入改革开放新时期，区内环境卫生全面实行“门前三包”，全区组织开展“一要三不准”“三要三不准”和“卫生达标”活动，全面治理市容及游览场所，新建、扩建、改建公厕，基本解决了游览场所上厕难的问题。1981年1月，区爱卫会办公室列入市南区人民政府职能部门。区爱卫会加强对食品卫生的全面质量监测，食品卫生监督检查步入长效法制化轨道。90年代，全区开展以“创三优”为主要内容的创城活动，开展创建城市卫生星级管区和卫生星级家庭活动，对环境卫生、除四害、食品卫生、农贸市场等进行全面整治，在创建国家卫生城市活动中被评为卫生先进区。1996年政府机构改革后，区爱卫会办公室划归市南区卫生局。

进入21世纪，市南区加强全区饮食卫生管理，大力推进“健康山东行动”，对全区饮食行业、食品销售、食品加工等行业进行全面监督检查，市南区“全国餐饮服务食品安全示范区”创建工作取得显著成效。2012年市南区组织开展“洁净家园”集中整治行动，整治居民楼院，改造固定公厕，新增移动公厕，推广“门前五包”责任制，全区爱国卫生运动进一步实现规范化管理。

第一节　反细菌战

1952年3月6日至3月28日，美国飞机先后4次9架侵入青岛地区上空，投放大量病毒生物和毒物，域内太平山、湛山、浮山所一带普遍发现美机散布的细菌毒虫。青岛市人民政府成立“青岛市细菌战防御专门委员会”（后改称“青岛市防疫委员会”），市南区成立防疫分会，全区主要路段设立防疫站，各街道设立卫生组，层层布防，组织动员，开展全民反击美国侵略者细菌战的斗争。3月17日，市政府发布《关于扑杀毒虫的办法》，区防疫分会组织全区分片包干，采取由内及外、由近及远、重点扑杀与普遍扑杀相结合的方式，利用火烧、土埋等方法，对毒虫进行搜查扑杀。3月20日，市政府发布《青岛市饮食店、蔬果及饮食摊贩预防毒虫沾染及管理办法》，区防疫分会进一步组织对区内饮食店、果菜摊点及公共场所严密排查，进行紧急防疫处理，确保居民饮食卫生安全。区防疫分会组织人员散发《防御细菌战》《防疫手册》材料，张挂大量反细菌战的挂图，开展声势浩大的示威活动。经过半个月的突击扑杀，至3月底毒虫基本消灭。

反细菌战初战告捷后，组织全区居民和机关企事业单位，人人动手，捕捉害虫，清除垃圾，修缮厕所，排泄污水，拔除杂草，改良水井，进一步扩大反细菌战取得的战果，根除毒虫和疫病滋生、传播的土壤。截至11月底，全区捕捉老鼠14147只；捕苍蝇和毒虫23700447又9676斤；打捞孑孓3022斤；灭蛆约3000斤；堵塞树洞240个；清除垃圾14623吨；改善厕所408处；修缮厕所232个；拆除不合卫生的厕所170处；挖沟27条，长约8100米；填污水坑220处；污水排泄改善448处；拔除杂草面积678030平方米，除草2712120斤；床铺消毒除虫17125个；其他地区消毒面积8667平方米；水井每日消毒有29眼，改良5眼；建立公共汲水箱7个。

第二节　环境卫生

1957年12月，青岛市提出在1958年全市实现“三洁”（室内洁，室外洁、街道洁）“四无”（无鼠、无雀、无蚁、无蝇）的城市目标。根据这一要求，市南区大力开展争创“三洁”“四无”城区的群众性爱国卫生运动。次年，“三洁四无”争创目标增改为“五洁四无”（增加厕所洁、厨房洁）和“六洁六无”（增加衣服洁、被褥用具洁、无臭虫、无蟑螂），并开展“六不要”（不要随地吐痰、不要随地大小便、不要随地倒垃圾污水、不要随地扔瓜果皮核纸屑和烟头、不要在马路两旁晾晒有碍卫生的东西、不卖不买不吃不做腐烂变质的食物）活动。1958年4月，全区开展围歼麻雀突击活动。同年7—9月，全区进行4次大突击，机关单位、街道、居民院划片包干，实行日小扫、周大扫、节日突击，严格检查，重点消灭“六害”（苍蝇、蚊子、老鼠、臭虫、蟑螂、跳蚤），改良厕所，挖沟疏河，清除积存垃圾，整顿改善环境卫生，消除蚊蝇、臭虫、蟑螂的滋生条件，达到无“六害”标准，全区传染病患病人数比1957年同期下降40%以上。1959年，中共青岛市委提出，市区要彻底实现“八无”（无苍蝇、蚊子、老鼠、麻雀、臭虫、虱子、跳蚤、蟑螂）、“八洁”（室内洁、院子洁、街道洁、厨房洁、公共场所洁，衣服被褥用具洁、个人身体洁）、“十灭”（消灭黑热病、疟疾、钩虫病、电光性眼炎，争取消灭丝虫病、狂犬病、现症梅毒、伤寒、痢疾、乙型脑炎）的卫生目标，区爱卫会积极组织落实，推动全区爱国卫生运动实现规范化、常态化。1959—1960年，认真贯彻执行“卫生为生产，生产讲卫生”的方针，不断深入开展以除害灭病为中心的卫生保健运动，并建立健全各级医疗卫生组织和群众性的防病疗养机构，特别自开展以粮、钢为中心的增产节约运动以来，医务工作者纷纷下乡、下厂、下街道，深入生产和群众中开展防疫灭病和巡回医疗，直接为生产服务。两年来全区共建立健全各级医疗卫生机构15处。

“文化大革命”时期，爱国卫生运动基本停滞，城市规划和管理松弛混乱，市容环境脏乱不堪。1976年中共青岛市委决定，重新恢复、调整各级爱国卫生运动委员会。同年10月，根据市委的安排部署，区内开展以市容环境卫生为主的“三整顿”爱国卫生运动，通过清理街道、疏通下水道、拆除违章建筑、迁除占路物资、劝阻养鸡等，辖区基本恢复了“五洁”面貌。年内，以城乡接合部和一些卫生管理薄弱地段为区内环境卫生整顿重点，先后集中整治铁路沿线（市南区段），清理铁路沿线的垃圾，用草皮和灌木绿化铁路沿线。从市区到流亭机场的公路两侧（区内段）进行整治，拆除违章建筑，在全区范围内基本解决了“四乱”（乱搭、乱建、乱堆、乱放）问题。1984年，各街道办事处、公安派出所与沿街单位签订“门前三包”协议书。1985年，青岛市政府先后发布《关于“一要三不准”的通告》《关于贯彻执行“三要三不准”的通知》，全区组织开展“一要三不准”“三要三不准”“门前三包”和“卫生达标”及创建文明卫生居委会等活动，重点整顿中山路、前海一条街、湛流干路等30多条马路和火车站、铁路两侧、栈桥、第六海水浴场等公共场所及湛山村；全区统一按人划段，包干负责，佩带市容监察证和臂章上岗值勤，市容监察人员对违犯者给予批评教育和罚款，市区街道乱闯、乱吐，乱倒、乱摆摊的现象得到有效遏制，环境卫生、交通秩序进一步改善，全区大街小巷基本上恢复原来面目。先后在大窑沟、鲁迅公园、火车站等处新建、扩建、改建公厕，全区公厕原有26座增加41座，基本解决游览场所上厕难的问题。是年，全区开展春季灭鼠活动，共投入灭鼠药饵5000斤，见死鼠

5000余只，其结果鼠密度到零，灭鼠率100%，对防病保粮起到积极作用。1988年，全面治理市容及游览场所，创建广西路、江苏路达标路，整顿辛家庄二小区、第六海水浴场、轮渡码头等场所。1989年，全国爱卫会确定，每年4月开展全国爱国卫生月活动。是年4月，辖区开展第一个爱国卫生月活动。

1991年，全区开展“创三优”（创优美环境、优良秩序、优质服务）活动。1993年，在“创建国家卫生城市”活动中，市南区被评为卫生先进区。1994年市南区获得市容环境、食品卫生、重点行业三个检查项目第一名。1995年结合“创城”活动，对全区4100个脏乱差居民楼院进行摸底调查，治理脏乱差居民楼院3671个。1997年，开展创建城市卫生星级管区和卫生星级家庭活动。1999年对环境卫生、除四害、食品卫生、农贸市场等进行全面整治，通过了国家级验收。

2001年市南区被评为省级卫生先进区。2012年市南区因地制宜实施多元化垃圾收运，按照“定点布桶、定时投放、定时清运、桶随车走”的原则，在六街口、百米食巷等商铺、饭店集中的路段实施免费登门收集，对浙江路、平原路等没有物业管理的居民楼院路段采取定时放桶、定时收桶措施，有效减少了垃圾桶长时间占路和二次污染现象。全年组织开展“洁净家园”集中整治行动9次，出动21346人，整治居民楼院654个，清运垃圾1636吨。改造台西四路、大学路、伏龙山路等10座固定公厕，新增移动公厕5座。推广“门前五包”责任制。至2012年4月，市南区已连续开展23个爱国卫生月活动，爱国卫生运动走上规范化、法制化的轨道。

第三节　饮食卫生

20世纪50年代初，区环境卫生检查组及公安局通过卫生检查促进辖区饮食卫生管理，检查重点是区内饮食物品店及露天摊贩。1958年，全区饮食行业和单位食堂饮食卫生主要以“五洁四无”为管理目标，还必须做到“两要”（要新鲜、防尘）、“四不”（不卖、不买、不做、不吃腐败变质食物）。60年代初，开始贯彻《食品加工销售、饮食行业卫生“五四”制》。1964年，加强饮食行业和集体食堂的卫生监督。1981年在各农贸市场设食品卫生专管员。1984年后，贯彻执行《青岛市1984年食品卫生基本要求》，对违反《中华人民共和国食品卫生法》者责令停业整顿或给予罚款。1985年，管理部门严格食品生产审批手续，加强对食品卫生的全面质量监测，食品卫生监督检查步入长效法制化轨道，食品卫生质量合格率明显提高。

为加强全区饮食卫生管理，2002年成立青岛市市南区有害生物防治中心，由区爱卫会办公室负责管理。2011年市南区顺利通过“全省餐饮服务食品安全示范区”验收。年内推进“健康山东行动”，组织专门人员对全区饮食行业、食品销售、食品加工等行业进行拉网式大检查，对个别违反《食品安全法》规定的单位进行限期整改等处理。同时还对全区的大中小学食堂进行全面监督检查，对个别卫生条件较差的单位提出整改意见。对114个获得省、市、区级卫生先进单位称号的驻区单位的卫生和部分驻区农贸市场、食品行业、饭店、宾馆、招待所、窗口单位、机关、企事业单位、学校、医院、居民楼院、物业小区、公厕、工地等单位进行拉网式大检查。2012年市南区“全国餐饮服务食品安全示范区”创建工作取得新成效，年内通过远程监控系统全程监控餐饮单位152家，汇总餐饮单位采购进货记录55664条，并对500家示范店逐家逐户进行现场指导和检查验收，累计指导监督示范单位650余家次。

第五章　红十字事业

新中国成立后，中国红十字会是在国际组织中得以恢复的第一个合法席位。1952年9月，经青岛市人民政府批准，正式改组中国红十字会青岛分会，设在市卫生局。1958年5月，市南区人民政府组建市南区红十字委员会，设在市南区卫生防疫站，合署办公，日常工作由区卫生局兼管。1966年5月至1976年，受“文化大革命”冲击，红十字会停止活动。1981年12月，恢复区红十字会，设在区卫生局，日常工作由区卫生局兼管。区红十字会建立后，积极为灾区募集捐款和衣物，全面开展群众性卫生救护知识宣传培训，开展无偿献血宣传活动，以学校红十字青少年为重点，开展多主题系列活动。

2003年12月，市南区下发《关于理顺青岛市市南区红十字会管理体制的通知》，红十字会由原来的区卫生局代管改为区政府领导联系，独立设置机构，独立办公场所，独立开展工作，经费由政府财政拨款。管理体制理顺后，红十字会救灾救助活动趋于经常化和规范化，人道救助和备灾救灾能力逐步提升。2005年2月成立学校红十字工作委员会，结合学生的素质教育、思想道德教育以及实施校园安全工程等主题，系统开展了传播“人道、博爱、奉献”精神、普及救护知识以及创建红十字学校等有益于青少年身心健康的红十字青少年活动。深入社区开展卫生保健咨询、义务查体和防病知识讲座，开展救护培训进机关、进学校、进社区、进企业，实施应急救护培训“百千万”计划，提高居民和学生的应急避险意识和自救互救能力。逐步加大对遗体捐献和造血干细胞捐献的宣传力度，提高全区居民认知。配合奥帆赛和残奥帆赛，组建服务奥运无偿献血志愿者队伍，联合各街道、高校组织无偿献血宣传推动活动。利用各种纪念日和纪念活动，在社区、广场、公共场所开展人道主义、救死扶伤宣传和公益讲座，组织查体义诊、助人为乐等形式多样的宣传和志愿服务活动，进一步传播红十字文化，拓展社区志愿服务新平台。

至2012年年底，区红十字会先后6次换届；全区10个街道、65个社区、41所中小学校全部建会；成立教育、卫生2个行业红十字工作委员会；有基层红十字会组织53个，团体会员单位19个，成人会员1015人，青少年会员11880人；红十字骨干志愿者1052人，志愿服务基地5个。先后被评为“全国社区红十字服务示范区”“全国十佳县级红十字会”“山东省红十字会系统先进集体”等。中国红十字会总会会长彭珮云为市南区红十字会工作亲笔题词：“发展红十字事业，更好地为群众服务”。

第一节　募捐救助

区红十字会建立后，积极为灾区募集捐款和衣物。1958—2003年红十字会组织单列前，共为灾区募集捐款13500余元，募捐衣物13200余件。

2004年理顺管理体制后，救灾救助活动趋于经常化、规范化，红十字会人道救助和备灾救灾能力逐步提升。2006年，为印度洋海啸灾区募集捐款近50万元；在社区、学校开展“送温暖，献爱心”活动，协调驻区近400家单位与386困难家庭结成帮困对子；全区先后有900余人次得到红十字救助；建成募捐接收站和博爱超市3处。获评青岛市红十字会系统“募捐救助先进集体”。2007年，建立“市南区人道救助基金”，区财政拨付30万元作为创世基金；开展“博爱送万家”“帮贫困家庭过个年”等主题帮困活动，共慰问救助330户困难家庭。2008年，发动社会各界奉献爱心，为南方冰冻雪灾和四川特大地震灾害募集捐款、捐物总计为687万余元。同年荣获青岛市“抗震救灾贡献奖”。2009年，建立全市第一个区级红十字冠名基金——“晨光博爱基金”，用于帮助困难群体共享社会温暖。年内，共募集救助款物33.5万元，救助贫困家庭1036户。2010年，开展为西南干旱地区、青海玉树地震灾区和甘肃舟曲泥石流灾区及日常募捐救助活动，共募集捐款355.07万元，支援灾区重建。同年，区财政投入近30万元在江苏路街道新建1处社区红十字备灾仓库。2011—2012年，多方募集救助款107.5万元，物品价值为29.8万元；开展“博爱送万家——幸福在市南”“温暖中秋”等人道救助活动，共救助因病致贫等困难居民和爱心志愿者家庭1477户，发放救助款物合计100余万元；通过小天使基金、微尘基金、市南政协基金等救助白血病儿童和困难学生74人，救助金额26.52万元。年内获评全省红十字会系统“救灾募捐工作先进集体”。同期在八大峡街道和珠海路街道增建2处社区红十字备灾仓库，共配备30万余元的救灾物资，从而实现了全区红十字备灾救灾设施以点带面全覆盖。

第二节 救护和防病知识培训

区红十字会建立后，积极开展群众性卫生救护知识宣传培训。先后组织部分学校的红十字青少年，进行简易急救知识及操作训练；组织工厂、街道、合作社的10%~20%的红十字会会员，进行简易急救知识及操作训练；开展驾驶员初级卫生救护培训活动，先后对6万余名机动车驾驶员进行初级救护培训知识讲座，并颁发“红十字救护员证”。

2004年开始，救护知识普及培训的范围不断扩大。至2006年，印发《市南区人民政府关于加强社区红十字卫生服务的意见》，在社区开展卫生保健咨询、义务查体和防病知识讲座。针对社区老年人和空巢家庭的增多，居民自救互救知识较贫乏，开展“每月一讲、一培训”活动，先后组织61期初级救护知识培训和防病保健知识讲座，10000余人受益，救护应急小分队多次进行现场培训和演练。2007年，确定为“初级救护年”，开展救护培训进机关、进学校、进社区、进企业“四进”活动。全年共组织救护培训48期，6150人参加培训。同年组织学校开展“预防艾滋，共建美好校园”主题宣传活动，市实验小学制作的《爱，在你身边》，贵州路小学制作的“预防艾滋病”课件，在学校、社区进行演示。12月1日世界预防艾滋病日，与区卫生局在中国海洋大学举办“爱心你我相传 责任你我共担”——预防艾滋病知识讲座，有500余名大学生参加。年内联合八大峡街道、第九人民医院举办“遏制艾滋履行承诺”宣传活动，收到良好效果。2008年，开展“迎奥运——博爱健康促进工程”及“红十字服务奥运”等公益活动。同年3月，市红十字会在区内召开“红十字与奥运同行——救护演练现场会”；5月，参加了在青岛举办的全国“红十字与奥运同行——救护演练”，展示市南区小学生救护演练成果。年内加大群众性自救互救、灾难逃生、应对突发事件知识普及，重点在社区、学校、宾馆、酒店员工中开展救护培训和演练，6000余人次参加普及培训，其中300余人获得“红十字救护员证”。是年在山东航空公司成立“空中红十字救护员队”，93名空乘人员参加救护技能培训，取得“红十字救护员证”。年内，区红十字会荣获青岛市“红十字与奥运同行——群众性自救互救技能比赛组织奖”。2009年起，实施应急救护培训“百千万”计划，即年培训100名救护辅导员、1000个家庭得到救护技能培训、1万名中小学生和居民得到救护知识指导。年内举办中小学生“美赞臣”杯救护技能决赛，区内17所学校的550名师生参加决赛，国际委员会东亚地区代表处代表布丽吉塔·孔茨女士、中国红十字总会联络部副部长任浩到场观摩。全年共举办救护培训71场次，15800余人参加。2010年，救护培训“百千万”计划进一步深化，培训对象调整为100家单位、1000个家庭和1万名中小学生和居民，培训目标纳入区政府工作报告，经费纳入区财政预算。选派救护师资赴京参加专业培训班，对全区42所中、小学校卫生老师和班主任进行再培训。全年开设救护培训班56场次，16777人参加培训。在海水浴场成立3支红十字海上应急救援队，配备了必要的救生设施。同年2月5日《中国红十字报》头版头条刊登《市南区救护培训开出绚丽花朵》的报道，市红十字会下发《关于推广市南区红十字会初级救护培训“百千万”活动经验的通知》。在民政部举办的“多方合作参与灾害管理研讨会”上，区红十字会作《更新理念创新思路 以救护培训为抓手 提升居民备灾能力》发言。2011—2012年，突出“关爱生命，关注健康”主题，强化技能培训，联合区教育局、各街道等分别在社区、大中小学校、幼儿园、酒店、商场、浴场及区党校干训班等举办培训讲座211场次，操作训练32场次，应急演练16场次，受益人数达34100余人，867人考取“红十字救护员证”。年内为社区近千户家庭发放应急包，为部分学校、幼儿园及校车和10个街道、65个社区、15个城管执法中队及市南交警各中队配备500余个应急救护箱，并发放应急救护知识光盘和宣传册等，提高了居民和学生的应急避险意识和自救互救能力。年内被评为全省红十字会系统“应急救护与健康培训工作先进单位”。

第三节 “三项捐献”工作

“三项捐献”即指无偿献血、遗体（器官）捐献、造血干细胞捐献，是救死扶伤的重要途径之一。广泛宣传推动“三项捐献”，是红十字会核心业务的重要组成部分。

无偿献血

无偿献血工作隶属于卫生局系统，组织实施主要在市中心血站，红十字会主要参与宣传推动。市南区无偿献血宣传工作与市同步，开始于1993年，从单纯的动员个人无偿献血发展到号召单位集体无偿献血。2004年始，区红十字会更为广泛地开展无偿献血知识宣传和组织动员工作。至2006年，先后组织区机关干部、驻区单位及社区居民开展“无偿献血光荣，博爱奉献可敬”“博爱人间——每一份献血都是生命的礼物”等主题的宣传动员活动约30次，发放知识问卷2万份，3000余人参与活动。2007年，联合部门、街道开展“微尘传真情——我健康、我献血、我快乐”“关爱无极限——热血铸真情”等主题的无偿献血活动，共有326人无偿献血近8万毫升。2008—2009年，配合奥帆赛，联合区文明办和区机关工委组建120人的市南区服务奥运无偿献血志愿者队伍，联合各街道、高校等分三期组织500余名志愿者参加无偿献血宣传推动活动，组织“博爱传真情”无偿献血活动6次，近500人参加献血达12万毫升，获评“青岛市无偿献血先进集体”。2010—2012年，在“5·8”红十字日、“6·14”世界献血者日及9月“无偿献血推动月”中，分别在广场、社区组织集中宣传咨询活动20余场次，印发宣传材料10000余份，联合有关部门及街道组织集体无偿献血20次，1900人献血约46万毫升。其中2012年3月公务员献血日，区机关300名公务员参加献血6万多毫升。

遗体（器官）捐献

2003年，山东省出台了遗体捐献条例，确定红十字会负责遗体（器官）捐献宣传和接受捐献志愿者的登记。2004年以来，通过发放相关宣传资料、开办专题讲座、集中培训、集中主题宣传咨询等多种形式，逐步加大对遗体捐献的宣传力度，提高市民认知。至2006年，为46名志愿者办理捐献遗体登记，其中青大三口教师之家一起签约捐献遗体，《青岛早报》第5版进行报道；2人实现捐献，4人在市遗体捐献“奉献林”认领纪念树。2007年，召开捐献遗体（器官）志愿者座谈会，并为20名老年志愿者免费订阅《老年生活报》，为8人办理志愿捐献遗体登记。2009—2012年，重视做好对遗体捐献的咨询服务，制定并落实捐献志愿者的回访制度，对部分家庭困难的志愿者进行走访慰问和人道救助，先后为近百人提供专门咨询，为69人办理志愿捐献遗体登记，实现捐献4人。

造血干细胞捐献

2004年，从青岛市第一位捐献造血干细胞志愿者谢振华顺利完成捐献后，根据全市统一部署，市南区造血干细胞捐献的宣传推动工作有序展开。通过宣传栏、折页、主题宣传、专题讲座、走访慰问、面对面交流等多途径，开展相关知识普及、动员和登记服务。至2006年，全区有930余人完成捐献造血干细胞血样采集及入库登记。市南区法院和区劳动局近百人登记志愿捐献造血干细胞，其中有7位女法官现场采集了血样，《青岛早报》予以报道。2007年，中国海洋大学爱心社联合在大学生中开展“迎奥运——志愿捐献造血干细胞”活动，有52名大学生志愿者现场采样入库登记。2009年，完成捐献造血干细胞采样入库登记62人，全程陪同湛山寺寂通法师成功实现捐献，成为全区第一例也是全国宗教界首例实现造血干细胞捐献者。2010年，完成捐献造血干细胞采样入库登记72人，实现捐献2例，其中马川青为全区第一位实现捐献的居民。年内在全市率先制定落实捐献志愿者回访慰问制度，获评山东省“造血干细胞捐献工作先进集体”。2011—2012年，对12名捐献初筛相合志愿者进行再动员，为10名志愿者进行高分辨检测，完成造血干细胞采样入库登记160人，1人成功实现捐献。

第四节　宣传活动与志愿服务

自2004年开始，每年坚持在志愿服务月、“5·8”世界红十字日、“5·12”防灾减灾日、世界急救日、国际减灾日、《青岛市〈实施中华人民共和国红十字会法〉办法》等纪念日，通过印发宣传手册、制作展牌、媒体报道等形式，在社区、广场、公共场所等组织开展各主题宣传、公益讲座、查体义诊、助人为乐等形式多样的宣传和志愿服务活动。截至2012年，先后印发宣传手册（折页）约8万份，制作宣传展牌500余块，年组织大型主题宣传和志愿服务均在10次以上，年平均在《中国红十字报》及各大宣传媒体刊发稿件100篇以上。连年获评“中国红十字会总会宣传组织工作先进奖”“全省红十字会系统信息宣传工作先进单位”。“中国红十字会总会报刊宣传工作先进集体”“全省红十字会系统宣传工作先进单位”。

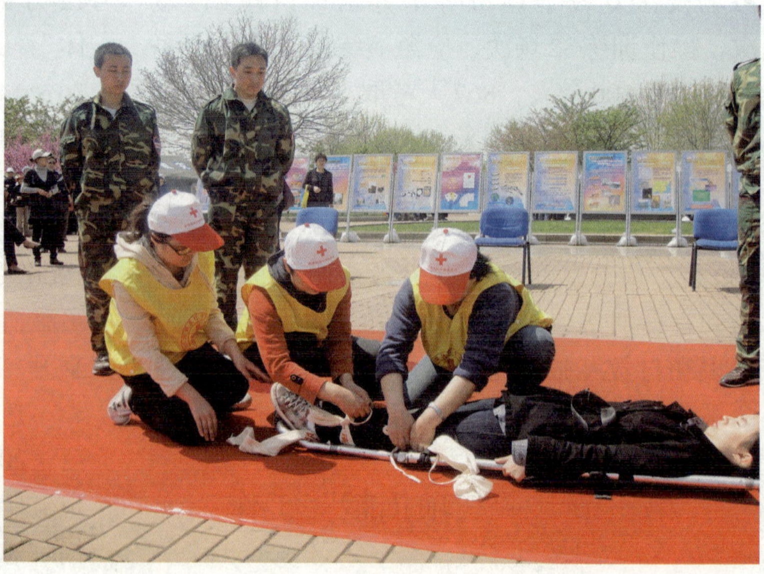

市南区防灾减灾演练观摩现场会（2010年）

2004年，启动“红十字关爱进社区”活动，为居民提供文化传播、保健查体、救助救护等咨询服务。2005年，印发《市南区人民政府关于创建全国社区红十字服务示范区的意见》，明确了在社区开展红十字服务的目标任务；在全区组织开展“博爱健康进万家”等一系列志愿服务活动。同年4月和10月，中国红十字会总会和省红十字会主要领导考察市南社区红十字服务工作。2006年，印发《红十字知识调查问卷》32000份，以家庭为单位约8万人参加了答卷；市南区志愿者创作的《红十字会旗之歌》，应邀参加了中央电视台的《同一首歌》——博爱情大型公益演唱会。同年10月，以山东省第一的得分，获评“全国社区红十字服务示范区”。2007年，开展“红十字宣传月”“与法同行”等大型宣传活动；在全省红十字会信息宣传工作会议上作《以信息宣传工作为抓手推动红十字工作全面发展》发言。2008年，联合优视广告传媒有限公司制作“红十字与法同行——红十字在行动”公益广告，在主要街口的电子屏幕播放。2009—2010年，对骨干志愿者进行分类登记和业务培训，进一步推进公益讲座、助老助残等社区志愿服务活动，湛山、八大关和八大湖街道志愿者服务基地被评为市级“优秀志愿者服务基地”，湛山街道“博爱四季救助”、珠海路街道“博爱托老服务”和云南路街道“博爱奉献残疾人”服务项目被评为市级“优秀志愿服务项目”。2011年，创新思路，全市率先在八大峡街道三门峡社区和八大关街道八大关社区建立2处红十字博爱驿站，开展红十字宣传、培训、义诊、义卖、救助等志愿活动，拓展了红十字宣传阵地，搭建了社区志愿服务新平台。2012年，在珠海路街道澳门路社区建立1处博爱驿站，扩大了社区志愿服务和红十字文化传播场所，市政协和区政协领导多次视察。八大峡街道三门峡社区红十字博爱驿站被评为市级“优秀志愿者服务基地”。

第五节 红十字青少年活动

开展红十字青少年活动，是《中华人民共和国红十字会法》规定的红十字会工作职责和任务之一。自1958年区红十字会建立起，市南区红十字青少年工作重点以学校为主，先后以红十字会历年工作主题为主题，开展“为了保护生命”（1967年）、“行动中的青少年”（1985年）、“捐献血液拯救生命”（1986年）、“保护儿童生命”（1987年）、“人人享有尊严——关心儿童”（1994年）、“人道的力量——迎接新世纪”（2000年）、“捐献骨髓关爱生命，青少年身先士卒”（2001年）等一系列活动。

2004年以来，市南区红十字青少年工作趋于常规化，效果不断显现。2005年2月成立学校红十字工作委员会，结合学生的素质教育、思想道德教育以及实施校园安全工程等主题，系统开展传播“人道、博爱、奉献”精神、普及救护知识以及创建红十字学校等有益于青少年身心健康的红十字青少年活动。至2006年，结合青少年特点，联合区教体局、各学校红十字会通过开办红十字青少年夏令营、绘画、征文、知识竞赛等多种方式，开展“庆百年，红十字在行动”“红十字活动宣传月”“争做爱心好少年”“红十字精神从娃娃抓起”等丰富多彩的红十字青少年活动。开办校园急救课堂，在学校推广初级卫生救护知识普及培训。市实验小学“红十字研究课题”分别在全国、全省青少年工作会议上作经验交流；青岛贵州路小学在全省红十字青少年工作会议上作典型发言。“预防艾滋病课件研究”“红十字精神从娃娃抓起——红十字幼儿园工作”，分别被评为全市创新品牌。

2007—2008年，以“红十字进校园”为载体，开展争创“全国（省）红十字模范校”活动。结合“5·8”世界红十字日，组织以“五个一”（献一份爱心、开一次主题班会、出一期宣传栏、办一期红十字知识和救护培训、办一次知识竞赛）为主题的“红十字宣传月”活动。贵州路小学组队参加全国“红十字与奥运同行——救护演练比赛”，现场展示学生三角巾包扎技术。召开全区创建“红十字模范校”动员会暨贵州路小学红十字工作现场会，各学校结合本校实际，推广借鉴，扎实开展“红十字模范校”创建工作。在青岛大学举行“救护生命”宣传周启动仪式暨红十字模范校现场观摩会。贵州路小学荣获首批“全国红十字模范校”称号，也是全市第一所国家级红十字模范校。青岛市实验小学荣获“山东省红十字模范校”称号。

2009年开始在青少年中广泛开展红十字文化传播、救护知识演练、三项捐献宣传等活动。同年5月，在宁夏路小学举行市南区中小学生“美赞臣”杯救护技能决赛颁奖暨红十字救护培训“百千万”计划启动仪式，42所中、小学校1300余人参加预赛，17所学校的550名师生参加决赛。2010年，在各学校开展新“五个一”活动（即献一份爱心、上一堂红十字知识课、出一期文化宣传栏、组织一次逃生救护演练、举行一个入会仪式）。2011—2012年，利用志愿服务月、“5・8”世界红十字日、“5・12”防灾减灾日、世界急救日等，各学校积极开展主题宣传和红十字青少年活动。在燕儿岛路第一小学举行“市南区中小学生红十字救护员队成立暨授旗仪式”。41所中小学校“红十字青少年救护队”的代表接受了队旗，同时为9所“红十字学校”的281个班级配发应急救护箱。在各中小学校、幼儿园广泛普及应急救护知识，年内普及培训学生万名以上。累计有18所学校荣获市级以上“红十字模范校”称号，其中有3所学校为省级红十字模范校。

第二十一篇

民　　政

第一章　机构设置

1949年6月，青岛解放当日，市南区人民政府民政科成立。各街道广泛建立了生产自救组织和居民大组、居民小组，又相继建立了众多隶属关系不同的居民组和各种工作委员会，形成了各种形式的临时性组织二三十种。20世纪50年代初，市南区根据市人民政府建立居民委员会实施方案和计划，在全区公安派出所警区的基础上开始建立居民委员会组织，组建街道居民代表大会，制定居委会组织条例与工作制度，设立专门委员会，初步形成了街道居委会的组织形态与工作机制。区民政部门依据《城市居民委员会组织条例》，对区内居民委员会工作进行统一管理。

“文化大革命”期间，市南区民政组织和群众自治组织遭到严重破坏，民政工作的许多文件、卡片、资料丢失。“文化大革命”结束后，市南区恢复民政管理机构，重新建立街道居民组织，各居委会工作仍由区民政部门管理。20世纪80年代，适应民政工作的新形势、新任务，市南区社会福利综合服务公司。市南区残疾人联合会先后建立。这一时期，市南区根据《城市居民委员会组织条例》的规定，先后通过民主选举的方式进行3次居委会换届选举。1990年《中华人民共和国城市居民委员会组织法》颁布实施后，市南区据此采用居民直选方式，先后8次对居委会进行换届选举。其间居委会干部选用方式进一步完善，采用组织推荐、面向社会招聘、自荐相结合，通过考试、考察，择优产生候选人，由居民代表会议民主选举。换届后，各居委会领导职数减少，平均年龄下降，文化程度普遍提升。这一时期，随着民政工作领域的拓展，市南区社会福利有奖募捐管理办公室、市南区社区服务中心相继建立，进一步拓宽社会募捐渠道，建立健全社区服务网络体系。

21世纪初，市南区作为全国首批社区建设实验区之一，探索新的居委会组织形式，建立全国第一个社区居民委员会，开启了社区建设的新篇章。随着组织机构的不断健全，市南区各项民政工作全面推进，先后获得“全国民政工作先进单位”“全国和谐社区建设示范城区”“全国养老服务示范单位”“全国基层低保规范化建设先进单位”“全国志愿者服务先进集体”“全国数字地名服务示范单位”“山东省文明机关”“全省和谐社区建设示范区”“全省社会救助体系建设示范单位”“全省双拥模范城区”等称号。

第一节　管理机构

1949年6月2日，青岛市市南区人民政府民政科成立，1951年10月改为民政股，1952年12月改为民政科。“文化大革命”期间民政科陷于停滞。1977年5月恢复民政科。1978年12月民政科升格为民政局。1985年6月，经区编委同意，市南区社会福利综合服务公司成立，次年8月更名为市南区民政企业公司。1989年8月，青岛市编委同意成立市南区残疾人联合会，为副处级事业团体。1995年7月，市南区社会福利有奖募捐管理办公室成立，为自收自支的科级事业单位。1997年11月，区民政企业公司改企业编制为自收自支的科级事业单位，更名为青岛市市南区福利生产管理办公室。1998年4月，市南区社区服务中心成立，为副处级自收自支事业单位。

2001年12月，根据市南区人民政府机构改革方案，区民政局内设综合管理科、基层政权和社区建设科、社会优抚科、婚姻登记管理科、民间组织管理局（该局于2000年2月批准设立，为副处级单位）。

第二节　基层群众自治组织

1952年，根据青岛市人民政府建立居民委员会实施方案和计划，市南区组成“建立街道居民组织工作委员会”，在济南路派出所辖区进行试点。至1953年5月，在全区11个公安派出所警区的基础上，通过街道居民代表大会民主选举建立12个居民委员会，居民委员会下设治安、卫生、文教、调解、拥优、福利6个专门委员会；同年10月，根据市政府要求，将居民委员会改为自治性群众组织。

1954年2月，根据全国人大常委会通过的《城市居民委员会组织条例》，居民委员会的工作由民政部门管理。同年12月，区政府在组建9个街道办事处的同时，对居民委员会进行调整改选，按100~300户的范围，每一公安户籍段建立1~2个居民委员会；职工集体宿舍组建职工家属委员会，受基层工会直接领导。根据1955年9月国家颁布的《城市居民委员会组织条例》和青岛市《居民委员会工作范围与工作制度》，居民委员会进一步明确为群众自治性的居民组织。下设人民调解、治安保卫、社会福利、文教卫生4个工作委员会。职工家属委员会兼任居民委员会的工作，受基层工会和办事处的双重领导。此后居（家）委会的工作步入正轨，在办理居民公共福利、反映群众意见、维护社会治安、调解邻里矛盾等方面发挥了重要作用。

“文化大革命”期间，居（家）委会组织遭受严重破坏，各项工作陷于停顿。“文化大革命”后，街道居民组织逐步恢复，居委会的工作仍由民政部门管理。80年代，市南区根据《城市居民委员会组织条例》的规定，先后通过民主选举的方式进行过3次居委会换届选举。

1990年《中华人民共和国城市居民委员会组织法》颁布实施，市南区按照居委会组织法的要求，采用居民直选方式进行了居委会的换届选举，其中等额选举约占70%、差额选举约占30%，选举产生居（家）委会正（副）主任612人，组成居委会173个、家委会61个，下设工作委员会804个、居民小组352个。

1993年8—10月，市南区进行居委会组织法实施后的第二次换届选举。全区279个居（家）委会中，除14个因连片改造搬迁无法进行改选外，其余全部进行了换届，并新组建17个家委会。通过差额选举，共选出居（家）委会正（副）主任718名，建立健全人民调解、治安保卫、文教卫生、计划生育等工作委员会和居民小组，共建立委员会1238个，居民小组3931个。

1996年3—4月，市南区进行第三次居（家）委会换届。全区共选举出居（家）委会正（副）主任851名，建立人民调解、治安保卫、文教卫生、计划生育等工作委员会1231个，居民小组4927个。

1998年5—7月，进行第四次居民委员会换届。全区居委会由原先的255个调整为200个，家委会从原来的47个调整为17个。共选出居（家）委会主任、副主任400名。此次换届，居委会干部选用方式，采用组织推荐、面向社会招聘、自荐相结合，通过笔试、面试、考察，择优产生候选人，然后由居民代表会议民主选举。居委会领导职数，由过去1正3副减少为1正1副。居委会主任、副主任补贴由原来的每月135元提高到主任300元、副主任280元。居委会规模，按照每个居委会700户左右设置。

2001年，进行第五次社区居委会换届，市南区作为全国首批社区建设实验区之一，对新的居委会组织形式进行探索。在与现行法规相衔接的基础上，成立全国第一个社区居民委员会——珠海路街道燕儿岛路社区居委会，并按照西部老城区1500户、东部新城区2000户的标准，对社区规模进行调整，由原来212个居民委员会调整为120个社区居委会。按照“一居一支部”要求，选举产生5个党总支和112个社区党支部。全区新的社区党组织和居委会实行统一命名。全区居民委员会由原来的212个调整为120个，新建立社区居委会平均规模为1571户。此次换届选举使社区“两委”班子结构合一，支部书记、副书记兼任社区居民委员会主任、副主任，“两委”领导指数均为1正2副，“两委”正职月补贴从原来的300元提高为420元，副职月补贴从原来的280元提高为400元。

2004年7—9月，进行第六次社区居委会换届，将原有126个社区调整合并为81个。在本次换届选举中，共有17个社区进行直选，直选比例为20.99%，直选社区的选民参选率均超过80%。81个社区居委会共选出主任、副主任229名。

2007年8月，进行第七次社区居委会换届。全区社区总数由原来的81个减少至78个。有6个社区因拆迁暂缓选举，实际开展社区换届选举的为72个。其中，有16个社区采用直选或者户代表方式进行选举，居民平均参选率达85%以上。本次换届共选出社区居委会主任、副主任216名。

2011年3—4月，进行第八次社区居委会换届。本次换届选举共产生社区居委会成员352人，其中本科及以上学历93人（含研究生6人，为历届首次）、专科学历194人，平均年龄41.2岁。

第二章　救济救灾

1949年6月，市南区成立生产救灾委员会，根据当时的经济条件，坚持“生产自救、社会互助为主，政府扶持为辅”的方针，对灾民、难民以及失业半失业的工人、鳏寡孤独、老幼残疾人和流浪街头的乞丐进行救济和救助；并积极安排有劳动能力者参加各种长期工、临时工和以工代赈，解决居民贫困问题。至1958年年底，基本消灭了解放前遗留下来的失业贫困现象。“文化大革命”期间，社会救济工作受到严重干扰，救济工作无法正常进行。中共十一届三中全会后，随着民政工作的正常化，救济扶贫工作也相继展开，区（街）政府认真做好生活救济和残疾人员安置工作；各街道、社区大力发展包括小饭店、小食堂、托儿所、修理修配厂等生活服务性行业，安排闲散人员和待业青年就业，解决了困难家庭的生活困难，促进了安定团结。90年代中期，市南区建立“低保”制度，社会救济工作进而步入制度化、规范化、动态化轨道。

为有效应对和避免可能发生的灾害事故，市南区及各街道相继成立减灾机构，建立并不断完善减灾组织网络和工作队伍，出台相关政策措施，积极开展防灾减灾工作。市南区政府和人民群众参加了国内外历次重大自然灾害的救援活动，通过“送温暖、献爱心”捐赠衣被活动、“慈善一日捐”系列活动、交纳抗震救灾“特殊党费”、填写“爱心家庭订单”等公益活动和经常性捐赠活动，募集衣被、接收捐赠，积极参与外部灾区救助，支援外部灾区恢复和重建工作。

第一节　救　济

青岛解放后，区人民政府组建生产救灾委

员会，积极开展灾民救济工作，至7月14日，全区共救济1482户6343人，发放救济粮16226.5斤，区内社会秩序得到基本稳定。1950年，以恢复发展生产、优抚救济、稳定社会为中心，组织烈、军、工属256人参加生产和或以工代赈，介绍短工、临时短工918人，开展生产救灾突击周活动，帮助3700名妇女解决了就业问题。1951年，在开展抗美援朝爱国运动的同时，进一步做好社会救济工作，组织困难家庭有劳动能力人员参加各种临时工和以工代赈；为无依无靠的鳏、寡、孤、独和贫困居民发放救济粮100660.5斤，减免医药费22380390元。1952年成立劳动就业登记处，全面开展劳动就业登记，登记对象为失业工人、独立劳动者、航商摊贩、资方代理人、破产的小工商业主、有求职要求的旧军官、旧官吏和家庭妇女等，对参加登记人员介绍长期工或安排以工代赈。1953年，对254户贫苦市民进行临时救济，发放救济款14996万元；冬季对缺乏棉衣的239户1058人发放衣物。年内开展劳动光荣教育，纠正部分人存在的"不劳而食"和骗取政府救济问题，年度登记贫苦困难户由254户减为129户。

1954起，市南区的社会救济基本上分为临时和定期两种形式，临时救济对象主要是无固定职业、无固定收入、人口多无劳力的病灾户，主要形式为年度冬令救济；定期救济对象包括无依无靠、无生活来源和无自救能力的孤老残幼，精简退职的老职工，国民党起义、投诚和宽大释放的人员、犯罪人员家属等。1955年，市南区组织洗衣、油漆、纺棉等生产组，开展生产自救，同时对生活困难居民展开救济。至1956年10月，共发放救济款39010元，发放衣料1031件、棉花110公斤，贫苦市民疾病巡回医疗1198人，为231人减免医疗费用。1958年，全区掀起大办街道工业高潮，以家庭妇女为主体的街道居民自找门路、自挤厂房、自凑工具，办起服装、鞋帽、编织、纺绳、文具、五金、木器、食品等街道生产组111个，从业人员2434人。同年年底，全区仅有救济户14户，发放救济款比1957年减少97%。

20世纪60年代初，加强对社会困难户的生活安排。1961年发放优抚补助款54000元、社会救济款1万余元，发放补助粮7万公斤、代食品35万余公斤，发放棉衣399件。1962年重点检查安置精简职工，组织工作组深入访问了解生产生活情况，对有困难的采用适当办法解决。1963年，发放救济款12432元、棉布3400尺、棉花1250公斤、代食品35万余公斤；大力开展生产自救，1250余人参加生产自救组织或手工业分散生产，保证了困难户的基本生活。

80年代，市南区救济对象集中在孤寡老人、残疾人以及困难企业职工；救济措施为政府补贴、安置就业、有奖募捐等。1981年全区有生产生活服务厂、组161个，安置就业966人；同时政府发放补助款18000元。1982年发放社会救济款14000元，608名有劳动条件的残缺人员中492人得到妥善安排。1985年妥善安置部分孤老、残疾和精神病患者，为社会困难户发放一批棉衣棉被和棉鞋。1987年，试发行残疾人有奖募捐券35万元。1988年，采取多种形式为困难居民提供社会福利和社会服务，年内落实社会孤老户包户25户，安置残疾人100多名；同年，在14个办事处成立老龄委员会，开展有益于老年人参加的活动。1994年，对102户152人实施社会救济，积极筹措资金向困难企业职工发放救济金48万元。

2001年，为1037户困难家庭发放救济金316万元，保障率达100%。2009年，落实配套救助政策，发放临时困难救助金、助学金、大病救助金、拆迁困难家庭救助金等各类救助金2087万元，在全市率先设立100万元困难群众应急救助资金，发放应急救助金30余万元，1700余名困难群众受益，办理大病救助487人次、发放救助金167万元，为低保及低保边缘、重点优抚对象办理基本医疗保险缴费补助1724户、发放补助金82万元。2010年，为1.87万人次困难群众发放临时救助、大病救助、物价补贴、取暖费、助学金、医疗保险补助、拆迁救助、春节补助等1466万元；在全市率先开展医疗救助取消起付线和扩大救助病种调研。

区民政局举办“送温暖惠民生”困难群众救助活动（2010年）

2011年，出台《青岛市市南区困难群众医疗救助“一站式结算”办法》，将困难居民医疗救助与城镇职工基本医疗保险、居民基本医疗保险进行衔接，通过定点医疗医院建立“一站式结算”平台，对低保对象的医疗救助金即时结算，使困难群众享受到更加方便快捷的医疗救助服务。是年发放各类救助金952余万元。2012年，进一步加大帮扶救助力度，累计救助困难群众2.3万余次，发放保障金、救助金等4800万元；通过“送温暖 惠民生”系列救助活动，把价值290余万元的过节物品发放给困难群众和优抚对象；为3279户低保户家庭发放总价值270万元的基本生活用品；在全市率先推行“医前救助”医疗救助服务，为低保和优抚对象垫付医疗费用，缓解困难居民看病难；将临时救助、大病救助资金列入年度预算，区财政负担比例达到50%以上，为家庭突遭困境、处于低保边缘的困难群众及时办理临时救助和大病救助，累计救助1877人、284万元。

第二节 救 灾

区域救灾减灾

市南区地处沿海一线，台风袭击是主要自然灾害。自新中国成立至2012年，青岛市遭受过大小30多次台风袭击，其中1981年14号台风、1985年9号台风、1992年16号热带风暴、1997年11号台风、2004年台风“麦莎”，对全区影响较大，狂风、暴雨、海潮、洪水造成巨大损失，部分区域停电、停水，道路两旁树木大批刮倒，致使交通堵塞；海堤被冲毁，厂房、住宅漏雨进水。历次台风来袭，市南区党政军民严阵以待，区领导、机关组成抗台风指挥部，昼夜坚守，公安、交警、城管、民政、街道人员冒雨巡查，抢险救灾、转移群众；台风过后，迅速组织抢修道路、危房和其他设施，救济安置受灾群众，恢复正常生产生活。

2005年，市南区作为全国“减灾进社区”试点，区、街道成立减灾机构，制定完善《市南区自然灾害救助预案》《市南区救灾减灾应急预案》，通过社区学校、宣传栏、社区纳凉晚会等形式宣传社区防灾减灾常识，建立区、街、居三级社区减灾组织网络和工作队伍。2006年，实施亚洲基金会灾害管理公共合作项目，通过举办研讨会、培训班、印发宣传手册、开办社区减灾课堂以及进行社区救灾演练等多种方式，提高居民防灾意识和避灾自救能力；推动社会各界参与灾害管理，促进政府、企业、慈善机构之间在灾害管理领域开展交流与合作，形成“政府主导、企业参与、公共合作、全民动员”的防灾减灾工作新格局。2008年，全国城市防灾减灾工作现场会在市南区召开。同年，八大峡、江苏路、湛山、中山路、八大湖、珠海、金门路7个社区被表彰为“全国综合减灾示范社区”。是年起，受天文潮汐、风向的影响，沿海一线海域海滩连年出现大量浒苔，给沿海旅游、养殖业带来不利影响，区政府成立浒苔应急处置指挥部，按照“宁早勿迟、宁远勿近，御浒苔于岸外”的要求，提前谋划、迅速反应，组织城管、街道、部队官兵和志愿者，在最短时间内将浒苔清理干净。2008—2012年，清理浒苔20万吨，投入经费2030万元。

2009年，落实救灾工作分级管理机制，修订完善《市南区救灾应急预案操作手册》，5次进行救灾应急演练，帮助居民群众了解灾害知识、掌握防灾技能。严格灾情报告制度，设立区防灾减灾工作办公室，区、街、居等三级都确定灾情信息联络员，开通全天24小时值班电话，确保在第一时间掌握灾情，及时核查汇总，迅速上报。完善组织网络和队伍建设，成立由分管区长挂帅、相关职能部门参加的市南区减灾委员会，制定《社区减灾应急预案》，定期进行灾情会商。区、街道办事处两级投入60余万元用于社区减灾工作，新建3处社区避难场所，为社区配备1000余件减灾器材，创建3个减灾示范社区。制订《全区防灾减灾宣传教育活动月实施方案》，区民政局牵头组织多个部门，在中小学校和社区进行4次预防甲型H1N1流感等联合演练，在全区开展“三个一”活动（举办一场防灾减灾知识讲座、制作一期宣传板报、观看一部防灾减灾宣传片），向居民群众宣传防灾减灾基本常识和避险自救互救的基本技能。

2010年，按照“统一领导、分类管理、分级负责、条块结合、属地为主”原则，构建区、街道、居委会三级应急管理体系。组织编制《突发公共事件总体应急预案》，修订13个重点专项预案、17个部门预案和操作手册。指导社区和驻区学校、幼儿园、企事业单位制订《应急避难场所疏散预案和地震应急预案》《校园突发性重大事件应急预案》等120余项安全预案，形成覆盖全区的预案体系。建立报灾网络，确保灾情信息畅通。定期开展业务知识学习和培训，各级报灾联络员熟练掌握报灾程序，按照规范查灾、核灾、报灾。区减灾委不定期深入社区组织消防灭火、地震逃生等培训和演练，利用特定场景让居民学会逃生技能。“全国减灾日”期间，在八大峡广场举办大规模防灾减灾综合演练，1000余名群众参加紧急疏散、医疗救助、灾民安置和消防救灾等4个科目的演练，起到良好的宣传教育效果。全年累计组织社区防灾减灾演练、宣传35场，举办自救互救咨询会15场，600名工作人员参加防灾减灾知识考试；在7处社区减灾广场建立紧急疏散通道、临时疏散点，设立棚宿区、物资储备点、医疗点等设施，安装灾害风险设施图，明确标示救生设施位置。金门路街道漳州路社区、珠海路街道澳门路社区通过“全国综合减灾示范社区”验收。

2011年，开展社区防灾减灾演练、宣传活动11场，发放宣传资料2万余份；组织50余名灾害信息员参加市、区专题培训；申报民政部组织实施的救灾应急志愿服务体系建设试点项目，组建三级救灾应急志愿者队伍，组织开展志愿者队伍培训、演练25场，解答自救互救咨询1000余次。2012年，依托街道、社区建立救灾志愿者队伍，招募专业志愿者60人，组建150人的网络志愿者队伍，发展联建队伍15支，完成民政部在市南区实施的救灾志愿者服务体系试点工作；修订完善《市南区自然灾害救助预案》，对全区灾害信息员进行调整并登记造册，开展灾情知识培训，规范查灾、核灾和报灾程序，灾害信息员参训率100%；“‘5·12’防灾减灾日”期间，在八大峡广场举行救灾应急演练，通过“防灾减灾宣传周”活动，发放宣传册3000份，制作宣传展板30块。

支援外部灾区

新中国成立后，市南区政府和人民群众参加国内外历次重大自然灾害的救援活动。1950年10月，捐献一批棉衣支援皖北灾民。1985年，非洲大旱，市南区从5月11日至6月20日开展了援非募捐。同年9月，在抢险救灾中，市南区为兰村、胶县一带的392名灾民安排食宿。1986年11月，以民政为主，工会、共青团、妇联等团体和企事业单位、驻区部队踊跃捐献衣被和其他物品，支援临沂多灾贫困地区。1987年5月，黑龙江大兴安岭发生火灾，市南区接待安置和资助了回籍或投亲靠友的部分灾民，直到7月灾民返回原址。20世纪90年代至21世纪初，全区每年冬季开展大规模捐款捐物活动，对口支援贵州贫困地区。2007年冬季，我国南方六省市爆发低温冷冻灾害天气，给当地人民生产生活带来很大损失，市南区积极响应国务院号召，及时开展向灾区捐款捐物活动。

2008年四川汶川发生8.0级特大地震后，区机关企事业单位、广大干部、群众及社会各界人士迅速行动起来，区成立协调领导小组，区慈善协会、区红十字会积极参与，全区上下掀起抗震救灾捐赠工作的高潮，17734名党员自愿交纳抗震救灾“特殊党费”370.7万元；至是年10月中旬，党政机关、社会各界捐款共计518.48万元、捐物折价79.35万元，350余户家庭填写了“爱心家庭订单”，认领孤残儿或与灾区困难家庭结成长期一对一帮扶对子。10月，又组织开展向汶川灾区捐赠过冬衣被活动，全区共捐赠新棉衣、棉被36万件。

2009年，开展“送温暖、献爱心”捐赠衣被活动，接收捐赠12万余件。年内开展经常性捐赠活动，建立区级捐赠接收中心1个、街道办事处捐赠站10个和社区捐赠接收点78个，通过开展“慈善一日捐”等系列活动，募集捐款210余万元。2010年，通过“送温暖、献爱心”捐赠衣被活动接收捐款3.5万元、捐赠衣被8.8万余件，捐赠数量和质量居全市之首。是年通过经常性捐赠活动，接收捐款16万元；通过向玉树地震灾区和舟曲泥石流灾区捐赠活动，接收捐款55万元；通过“慈善一日捐”活动，接收善款31.9万元。

第三章　优抚安置

市南区人民政府成立之初，即开始有计划地开展复转军人接收安置和优抚对象的优待抚恤工作，并把烈军工属工作摆到重要位置，坚持以生产自救为主、政府扶持为辅，通过安排就业、组织参加各种生产组织、以工代赈、政府扶持补贴等措施解决烈军工属的职业和生活问题。50年代初起，对参战牺牲人员实行国家抚恤，其形式由发放抚恤粮改为发放抚恤金，抚恤标准逐年提高。50年代中期以后，市南区在做好需城镇安置的退伍军人安置工作的同时，不断发扬拥军优属传统，坚持利用各种形式对群众进行国防教育和拥军优属传统教育，提高军人和烈军属、残废军人的政治地位和生活待遇，并帮助困难家庭解决生产生活困难。“文化大革命”期间，尽管受到“左”的思潮干扰破坏，但市南区基本保持了军政军民关系的融洽稳定，拥军优属工作始终没有间断。

中共十一届三中全会后，拥军优属和优抚

安置工作逐步由“以政府为主、群众配合”向社会各界广泛参与的服务网络化方向发展。90年代，市南区深入开展争创“双拥模范城区”活动，通过开展“爱心献功臣”活动，为驻军优惠让利销售，为部队干部子女解决入学、转学、入托难题，丰富了“双拥”活动的形式和内容，市南区先后获得山东省“双拥”工作模范区和山东省“双拥模范区”称号。

21世纪初，按照民政部的要求和青岛市民政局的安排，区民政局组织实施新中国成立以来规模最大的一次优抚对象普查登记。此后，知识拥军和大型活动中军地相互支援成为市南区拥军优属工作的主旋律。2008年奥帆赛临近之际，军地联手、相互支援，取得抗击浒苔的决定性胜利。同期，市南区探索实行“一保三助”医疗保障模式，出台《市南区优抚对象医疗保障办法》，全面提升优抚医疗保障水平，有效缓解不同属别优抚对象的医疗难问题，实现对优抚对象医疗保障的全员覆盖、应保尽保。2012年，市南区第七次获得“山东省双拥模范区”称号。

第一节　拥军优属

解放初期，市南区把烈军工属工作摆到重要位置。1950年，组织烈军工属256人参加生产或以工代赈，免费或半免费为279名患病烈军属进行治疗。1951年，先后组织880名干部，分成199个小组，深入街道楼院开展抗美援朝宣传教育和拥军支前活动；完成30000张布壳、3260双鞋底加工任务，动员13名青年报考军干校，30名驾驶员、53名医务人员赴朝支前；开展“捐献飞机大炮，支援抗美援朝”活动，捐助拥军款79414960元。与此同时，成立拥军优属委员会、优抚小组和军属委员会，为全区853户烈军属、复员荣军服务，解决其生产生活困难；当年介绍245名军属就业，拨款10680万元帮助军属企业扩大生产，为军属送米送面3.5万余公斤，优抚款1000余万元。1952年，利用春节、建军节，开展群众性优抚工作大检查，对有劳动能力的烈军属，介绍长期工和临时工；建立生产组织，拨付机器设备；对无劳动能力或无固定工作而生活困难者，及时救济，减免房租、医药费等，解决烈军属子女失学问题，全区形成了“热爱解放军、关爱烈军属”的社会风气。1953年，介绍烈军属就业143人，为年老无力的128户464名烈军属发放生活补助费13898万元。是年，市南区充分利用重大节日开展大规模的群众性拥军优属活动，赠送慰问品；食品副食品供应部门送货上门；对困难家庭逐户走访，解决生产生活困难；累计发放生活补贴54万余元，确保了优抚对象的生活不低于或略高于一般群众水平。

20世纪80年代，市南区的拥军优属工作由以政府为主、群众配合，向社会各界广泛参与的拥优服务网络化发展，区属和驻区260多个大小单位、部门都与驻军建立“双拥共建”关系。其间，建立“中山路拥军优属一条街”，确立5个拥军商店、3个国防教育基地、3个军地活动中心。仅1985年，拥优活动服务网就为烈军属和伤残军人送粮1150公斤、煤125吨，修缮房屋1200户。

20世纪90年代，市南区以“同呼吸、共命运、心连心”为总要求，深入开展争创“双拥模范城区”活动。1992年，开展“爱心献功臣”活动，发放伤残金、抚恤金、义务兵优待金200万元，部分优抚对象的生活、医疗、住房困难得到解决，市南区首获山东省双拥工作模范区。1994年，市南区税务、银行部门根据有关政策，为部队减免税款和提供低息贷款近百万元，商业部门为驻军优惠让利销售商品15万元，教育部门为200名部队干部子女解决了入学、转学、入托问题。1994—1996年，全区共为756名义务兵发放优待金143万元，为700余名伤残军人发放伤残抚恤费27.9万元。1999年市南区首获山东省“双拥模范区”称号。

21世纪第一个10年，知识拥军和大型活动中军地相互支援成为主旋律。2006年，区政府拨款100余万元，为驻区部队配备了电脑和VCD。各社会团体倡议开展了“送知识到军营”活动，区科协经常聘请专家进军营进行知识讲座，并赠送科普读物1000余册。为方便广大官兵读书学习，市南区先后为驻区部队建立9个“双拥”图书室、5个学习室，配备多媒体教学设备，为飞行员建成一个高标准、多功能双拥篮球馆，为部队开展军事训练创造了有利条件。2008年奥帆赛临近之际，青岛近海海域爆发大规模浒苔，对奥帆赛赛前训练和景观造成不利影响，驻青和驻鲁部队近万名官兵迅速投入这场“攻坚战”，成为抗击浒苔的“主力军”。在整个浒苔清理期间，市南区共为参与清理的部队官兵提供价值约280万元的快餐、矿泉水、劳保用品等，并派人派车巡回为作业机械提供油料，各项供应及时足量到位，为浒苔清理工作提供了有力的支持。2009年多国海军活动期间，市南区投资400多万元对路面盖被、人行道、建筑渣土整治及道路两侧绿化，确保各项庆典的顺利召开。是年投入20万元用于重点优抚对象春节、建军节、国庆节等节日慰问活动，建立和完善地方单位、个人、部队官兵与“三老”优抚对象“结对认亲”制度并开展系列帮扶活动。2010年，继续坚持重大节庆日走访慰问制度，为优抚对象和困难官兵家庭送慰问品和慰问金25万余元，为42名重点优抚对象、伤残人员发放价值13万余元的助听器、轮椅、假肢等康复辅助器具。同年，市南区获双拥模范城“六连冠”称号。2012年，市南区第七次被中共山东省委、山东省人民政府、山东省军区授予“山东省双拥模范区”称号。

第二节　退伍安置

复员军人安置

青岛解放后，市南区正式开始有计划地接收安置复员军人。1949年6月至1952年11月，共接收复员军人200余名，按照劳动就业和复员军人条件，安置相应工作。1953—1957年，相继接收复员军人1000余名，根据“归口包干，各安其业”的原则，重点在机关部门、商业、文化、城建等区属单位安排工作，做到随接收随安置。

1958年以后，退出现役的军队干部，以办理转业为主，到地方仍作为干部使用；但因组织需要或本人自愿也可办理复员，复员干部原则上同战士一样，按照“从哪里来回哪里去”的原则进行安置。

“文化大革命”期间，大批军队干部被处理复员。1980年，按照中共中央3号文件要求，为这批复原干部改办转业手续，大部分恢复干部职务。

退伍军人安置

1955年，全国开始实行义务兵役制度。从1958年起，每年都有一批义务兵退伍回青岛。市南区按照“从哪里来回哪里去”的原则，对青岛市分配需城镇安置的退伍军人进行安置：入伍前本人是国家机关、人民团体、企业、事业单位和军工

部队官兵在栈桥清理浒苔（2008年）

单位正式职工，属于复工复职的，直接介绍回原单位工作；入伍前本人系市南区非农业户口，或原从农村入伍，入伍后全家迁住市南区落户，按城镇退伍军人安排；原从农村入伍，在对越自卫反击作战中被评为二、三等残废及荣立二等功以上，或入伍前系大专院校毕业生的，统一按劳动（人事）部门下达的安置计划安排工作。此后，历年安置率均为100%。

转业志愿兵安置

1983年，市南区开始接收安置退出现役的志愿兵。1989年以前，对符合接收条件的退役志愿兵，采取“随到随安置”的办法。1990年后，分批接收安置，接收名额和安置办法，由市人事局、市复员军人安置办公室统一下达。1990—2012年，市南区共接收退出现役的志愿兵60余名，根据本人专长和志愿，全部在区机关各部门安排相应工作。

第三节　国家抚恤

1950年，市南区按照规定为参战牺牲人员发放小米，其中，民兵、民工250公斤，战士和勤警人员300公斤、病故的225公斤，班、排、连及区县科长300公斤、病故的225公斤，营、团及区县长级400公斤、病故的325公斤，旅、师及专员以上级人员600公斤、病故者450公斤；另发棺葬费300～400公斤小米。1952年，调整参战牺牲人员发放粮食标准，民兵、民工600公斤、病故的450公斤，战士和勤警人员900公斤、病故的675公斤，班、排、连和区县科长级1500公斤、病故的1125公斤，营、团和区县长级2400公斤、病故的1800公斤，旅、师及专员以上级600公斤；另发棺葬费500～750公斤。

1953年1月1日起，将发放抚恤粮改发一次性抚恤金，抚恤金为第一套人民币，以万元为单位，其标准为：战士、勤警人员、参战民兵、民工，牺牲者140万元，病故者110万元；班、排、连长、区县科长级，牺牲者210万元，病故者160万元；营长、团长、县区长级，牺牲者350万元，病故者260万元；旅、师和专员以上级，牺牲者550万元，病故者410万元。1955年第二套人民币发行后，抚恤金以元为单位（1元相当于旧币1万元），抚恤标准调整为：师以上军人和13级国家机关工作人员，牺牲抚恤金650元，病故520元；团长级军人、14至16级国家机关工作人员和1至3级人民警察，牺牲的450元，病故的360元；营长级军人、17至18级国家机关工作人员和4至5级人民警察，牺牲的350元，病故的280元；连排级军人、19至22级国家机关工作人员和6至9级人民警察，牺牲的280元，病故的230元；班长级军人、23至24级国家机关工作人员和10至11级人民警察，牺牲的230元至200元；战士级军人、25至29级国家机关工作人员和12至13级人民警察，牺牲的180元，病故的150元；参战民兵民工，牺牲的150元，病故的120元。

1979年2月1日，军人、机关工作人员、参战民兵民工牺牲、病故抚恤金又做调整：师以上军人和13级以上国家机关工作人员，牺牲的700元，病故的600元；团长级军人、14至17级国家机关工作人员，牺牲的650元，病故的550元；营长级军人、18至20级国家机关工作人员，牺牲的600元，病故的500元；连排级军人、19至21级国家机关工作人员，牺牲的550元，病故的450元；班长、战士级军人，国家机关勤人员，牺牲的500元，病故的400元；参战民兵民工，牺牲的470元，病故的370元。

1984—2011年，按照国家统一规定，又先后4次调整革命烈士和军人、国家工作人员牺牲、病故一次性抚恤金标准。其中，对革命烈士，1984年4月起按其牺牲时40个月的工资发放，2004年2月起按80个月工资发放，2011年8月始按上一年度全国城镇居民人均可支配收入的20倍加本人40个月的工资发放。因公牺牲人员，1986年7月始，军队干部、志愿兵、机关工作人员按其因公牺牲时24个月工资计发，义务兵、参战民兵或工作低于所在部队二十三级正排职干部的军队院校学员志愿兵均按军队二十三级正排职干部20个月工资计发；2004年10月始，按其牺牲时40个月工资发放，月工资或津贴低于排职少尉军官工资标准的按排职少尉军官工资标准发给其遗属一次性抚恤金；2011年8月始，按上一年度全国城镇居民人均可支配收入的20倍加本人40个月的工资发放，月工资或津贴低于排职少尉军官工资标准的按排职少尉军官工资计算。对病故人员，1986年7月，军队干部、志愿兵、机关工作人员病故的按其因公病故时10个月工资计发，义务兵、参战民兵和工作低于所在部队二十三级正排职干部的军队院校学员、志愿兵病故的均按军队二十三级正排职干部10个月工资计发；2004年10月起按其病故时20个月工资，月工资或津贴低于排职少尉军官工资标准的按排职少尉军官工资标准发给其遗属一次性抚恤金；2011年8月起按上一年度全国城镇居民人均可支配收入的2倍加本人40个月的工资，月工资或津贴低于排职少尉军官工资标准的按排职少尉军官工资计算；同时规定，获得荣誉称号或立功的烈士、因公牺牲军人、病故军人增发一次性抚恤金，获中央军委授予荣誉称号的增发35%，获军队军区级单位授予荣誉称号的增发35%，立一等功增发25%，立二等功增发15%，立三等功增发5%。

2008年，区政府出台《市南区优抚对象医疗保障办法》，探索实行“一保三助”医疗保障模式（“一保”指为无工作单位的优抚对象免费缴纳医疗保险，确保每一位优抚对象均能享受到基本医疗待遇。“三助”指：设立优抚医疗专项资金，对优抚对象的住院和大病门诊费用进行二次报销补助；对一至六级残疾军人按照上年度城镇职工平均工资6%的标准，其他优抚对象按照年龄不同分别给予500～1000元的普通门诊补助；对因治疗旧伤自负费用较大，导致家庭生活出现困难的优抚对象，酌情给予特殊补助），全面提升优抚医疗保障水平，有效缓解不同属别优抚对象医疗难问题，实现对优抚对象医疗保障的全员覆盖、应保尽保。

2009年，做好兑现义务兵家庭优待金工作，为320名义务兵发放优待金102万元，优待率、及时足额发放率和“义务兵优待安置证”发放率均为100%；兑现优抚对象抚恤定补，为896名伤残人员、120名“两参”人员（1954年11月1日以后入伍并参加过为抵御外来侵略、完成祖国统一、捍卫国家领土完整、保卫国家安全而进行的武力打击或抗击敌方的军事行动和参加过核试验，迄今已经从军队退役的人员）、65名“三老”（老烈属、老伤残军人、老复员军人）等发放抚恤金、定期生活补助金681万元，为60岁以上“三老”等重点优抚对象增发养老补助、保健金和“三属”（烈属、因公牺牲军人家属、病故军人家属）抚恤金年人均11071元，在乡复员军人定期生活补助年人均8391元。

2010年，发放各类抚恤定补优待金1558万元，为35名伤残军人办理残情初审、伤残关系转移和换发新证套改，为2名部队因公牺牲、病故军人遗属和2名老复员军人办理抚恤定补手续，为14名参战参试人员办理定期生活补助及门诊医疗补助，为325名抚恤定补优抚对象办理医疗投保，发放医疗补助、报销111.2万元。

2011年，对“在乡”“在职”革命残废人员抚恤金标准进行调整。在乡残废抚恤金，因

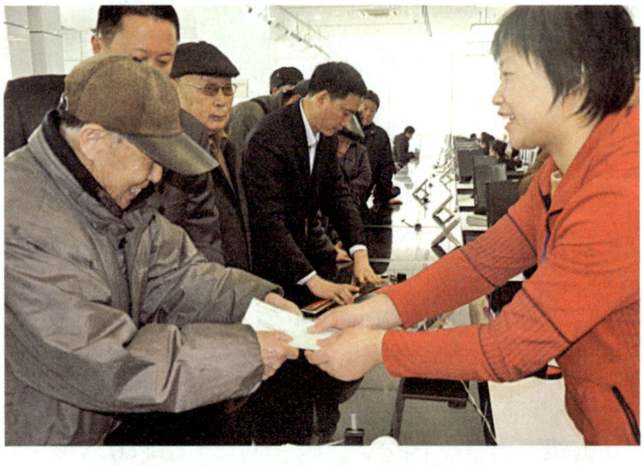

区民政局工作人员将抚恤金送到优抚对象手中（2010年）

公特等残废待遇由774元提高到1200元，因战特等残废由722元提高到1100元；一等残废因公由702元提高到1020元，因战由668元提高到950元，因病由668元提高到860元；二等、三等甲乙级残废待遇，也分别提高了60元至242元。在职残废抚恤金，特等因公致残，提高108元，因战致残提高96元；一等因公致残提高86元，因战致残提高76元，二等、三等甲乙级残废待遇，也都有不同程度提高。全年发放抚恤优待金1860万元，其中，为889名伤残人员发放伤残抚恤金763万元，为159名参战、参核人员发放定期抚恤金、定期生活补助金45万元，为牺牲、病故军人发放一次性抚恤金1000万元，为65名“三老”优抚对象发放抚恤、养老、保健等补助金52万元。全区“三属”抚恤金年人均18660元，在乡复员军人定期生活补助金年人均11340元。

2012年10月1日起，根据国家伤残评定等级的调整变化，对残疾军人、伤残人民警察、伤残国家机关工作人员、伤残民兵民工的残疾抚恤金又有新的调整。

至2012年年底，全区优抚对象合计1156人，其中，伤残人员906人，在乡复员军人14人，参战参核人员181人，烈士子女12人，退伍老兵7人，“三属”36人；政府年支出抚恤金3000余万元。

表21－1　残疾军人、伤残人民警察、伤残国家机关工作人员、伤残民兵民工残疾抚恤金标准一览表

（2012年）

残疾等级	残疾性质	抚恤金标准(元/年)
一级	因战	37940
	因公	36740
	因病	35540
二级	因战	34330
	因公	32530
	因病	31310
三级	因战	30120
	因公	28310
	因病	26510
四级	因战	24690
	因公	22290
	因病	20480
五级	因战	19290
	因公	16860
	因病	15660
六级	因战	15070
	因公	14260
	因病	12050
七级	因战	11450
	因公	10240
八级	因战	7230
	因公	6620
九级	因战	6010
	因公	4820
十级	因战	4220
	因公	3610

第四章 社会事务管理

解放初期，市南区民政部门办理婚姻登记，实行社会救助，发放救助金和救助物品，形成社会事务管理的基本工作范畴。20世纪50年代末，开始实行殡葬管理，推行殡葬改革，限制土葬、提倡火葬，至60年代中期，区内土葬彻底禁绝。

20世纪80年代中期，面临日益显现的人口老龄化趋势，市南区成立“老龄问题委员会”，积极开展敬老宣传、助老服务等活动，不断开辟老年人活动场所，维护老年人权益。90年代初，区民政部门按照《中华人民共和国收养法》规定，开始进行收养登记管理工作。此后，随着经济社会的持续发展和财力的不断增加，市南区开始探索建立最低生活保障制度。

进入21世纪，市南区在探索中逐步形成“阳光救助”模式，即在落实国家、省、市低保政策的基础上，从单一的低保救助，逐步发展为以政府低保救济为主，以分类救助、临时救助、医疗救助、教育救助、就业援助、法律援助和公益慈善救助等相配套的多层面、广覆盖、立体化的救助模式。其间，其他各项社会事务管理工作也得到长足发展，先后荣获全国基层低保规范化建设典型单位、全国老龄工作先进区、全国老年维全示范岗、省级城乡低保规范化建设示范单位、全省老龄工作先进集体、山东省老年维权工作先进单位等荣誉称号。

第一节 婚姻登记和收养

婚姻登记

1949年11月，青岛市人民政府颁布《办理婚姻登记暂行办法（草案）》，规定市南区民政部门为办理婚姻登记的主管机关，具体登记手续由街道办事处负责。1950年《中华人民共和国婚姻法》颁布后，区内结婚登记工作依规进行，当年办理450件，补办121件。1951年，随着新婚姻法“男女平等、婚姻自由”政策的宣传教育，广大妇女追求婚姻自由与封建残余思想的矛盾比较突出，出现了部分人虐待家庭妇女、阻挠寡妇改嫁等现象，市南区成立“贯彻婚姻法检查委员会”，对贯彻执行新婚姻法情况进行检查，严肃处理虐待妇女、干涉寡妇改嫁和阻挠妓女改造后恋爱结婚的案件，开展“移风易俗”教育，新的婚姻制度和家庭关系开始建立起来。1952年，区内婚姻登记依据《山东省婚姻登记暂行办法》实施。1955年，执行国务院批准的《婚姻登记办法》。1976年2月，执行青岛市民政局革命委员会规定：结婚登记双方需持所在单位革命委员会或政治部门准予结婚证明、户口簿，到男方或女方居住管区登记。

区婚姻登记处开展“婚礼式颁证”服务

1981年1月，修改后的《中华人民共和国婚姻法》正式公布实施，市南区积极开展新婚姻法的宣传教育，并对贯彻婚姻法情况进行调查。1986年6月，婚姻登记手续由街道办事处改由区民政局直接办理，市南区在大沽路50号正式成立婚姻登记处，并开始建立婚姻档案。1987年1月1日起，正式启用全国统一的《结婚证》《离婚证》《结婚申请登记表》《离婚申请登记表》《夫妻关系证明书》《解除夫妻关系证明书》《申请出具夫妻关系证明书》《申请解除夫妻关系证明书》8种新的婚姻登记件。2003年开始执行国务院新颁发的《婚姻登记条例》。1991年市南区婚姻登记处迁至伏龙路9号，1999年4月迁至东海一路7号，2007年4月迁至燕儿岛路7号；2009年5月迁至延安三路105号，建筑面积达600平方米，办公设备得到更新。

表21－2 市南区婚姻登记情况统计表

（1986—2012年）

年份	结婚(对)	离婚(对)	年份	结婚(对)	离婚(对)
1986	2630	43	2000	3075	343
1987	4296	87	2001	3287	389
1988	4074	121	2002	3203	444
1989	3641	99	2003	3850	975
1990	2799	129	2004	5395	1055
1991	3101	89	2005	3584	1061
1992	2922	130	2006	7067	1164
1993	3176	181	2007	5790	1164
1994	2856	274	2008	6908	1355
1995	3176	183	2009	9533	1386
1996	3505	330	2010	5866	1536
1997	3588	364	2011	8476	1558
1998	3775	425	2012	6048	1228
1999	3345	351			

收养登记

收养，是领养他人的子女为自己的子女，须符合法律规定的条件和程序。青岛解放后，在国家颁布收养法之前，市南区居民收养非婚生子女时须在公证机关办理收养登记。1980年《中华人民共和国婚姻法》及一些司法解释、规章制度均对收养做出了规定。20世纪80年代，收养程序步入规范。

1991年《中华人民共和国收养法》正式颁布。1992年4月1日起，青岛市民政局将收养登记职能下放各区，根据《收养法》第十五条规定，市南区收养登记管理工作由区婚姻登记部门负责。2008年9月，民政部发布《收养登记工作规范》，国家五部委（民政、公安、司法、卫生、人口和计划生育）共同下发《关于解决国内公民私自收养子女有关问题的通知》，市南区根据通知精神，对2009年4月1日前符合收养条件的私自收养家庭进行调查摸底，按照有利于被收养的未成年人健康成长、平等自愿、不违背社会公德、符合计划生育法律法规、维护收养秘密、严格审查收养当事人提交的各种证件材料、确保依法收养依法登记的要求，共为791户符合条件的家庭办理了收养登记，解决了大量私自收养弃婴在落户、上学、继承等方面的合法权益得不到有效保护的问题。2011年，市南区将收养登记工作上交市民政局。1993—2011年，市南区共办理收养登记1978件。

表21－3

市南区收养登记情况统计表

（1993—2011年）

年份	份数（件）	年份	份数（件）	年份	份数（件）
1993	17	2000	31	2007	160
1994	10	2001	24	2008	178
1995	14	2002	38	2009	791
1996	17	2003	24	2010	320
1997	7	2004	20	2011	114
1998	13	2005	64		
1999	30	2006	106		

第二节　最低生活保障

保障标准

20世纪90年代前，市南区对困难群众以临时救助为主，政府对因病、因灾造成家庭困难的居民，根据困难程度给予一定数额的救助金和救助物品。随着经济发展和财力增加，市南区从1994年开始探索建立最低生活保障制度，将城市孤儿和孤老列入保障范围，首批保障人数37人，每人每月保障金96元，年累计发放救助金42624元。1995年12月，青岛市开始实行城市居民最低生活保障制度，市内四区统一保障标准为：1—6月每人每月120元，7—12月每人每月140元。市南区保障人数360户、823人，年累计发放救助金54.8万元。1999年9月，国务院出台《城市居民最低生活保障条例》，市南区把具有市南区常住居民户口、家庭人均纯收入达不到保障标准的困难群众全部列入保障范围，当年保障949户、2208人，年累计发放救助金281万余元。此后又多次调整最低生活保障标准。到2012年年底，市南区有低保户3360户、5998人，月人均保障标准达到480元，年累计发放低保金3345万元，低保实现“应保尽保”。

表21－4　**市南区城市居民最低生活保障情况统计表**

（1994—2012年）

执行时间		低保标准(元/月)	保障对象		年发放保障金额（元）
			户数	人数	
1994年6月1日		96	37	37	42624
1995年		96	243	506	474387
1996年	1—6月	120	360	823	548000
	7—12月	140			

续表21－4

<table>
<tr><th colspan="2" rowspan="2">执行时间</th><th rowspan="2">低保标准(元/月)</th><th colspan="2">保障对象</th><th rowspan="2">年发放保障金额(元)</th></tr>
<tr><th>户数</th><th>人数</th></tr>
<tr><td colspan="2">1997年</td><td>140</td><td>530</td><td>1223</td><td>767100</td></tr>
<tr><td colspan="2">1998年</td><td>160</td><td>788</td><td>1900</td><td>1715465</td></tr>
<tr><td rowspan="2">1999年</td><td>1—6月</td><td>160</td><td rowspan="2">949</td><td rowspan="2">2208</td><td rowspan="2">2814313</td></tr>
<tr><td>7—12月</td><td>200</td></tr>
<tr><td colspan="2">2000年</td><td>200</td><td>966</td><td>2166</td><td>3109092</td></tr>
<tr><td colspan="2">2001年</td><td>200</td><td>1065</td><td>2357</td><td>3322656</td></tr>
<tr><td rowspan="2">2002年</td><td>1—3月</td><td>200</td><td rowspan="2">1097</td><td rowspan="2">2441</td><td rowspan="2">3453840</td></tr>
<tr><td>4—12月</td><td>210</td></tr>
<tr><td colspan="2">2003年</td><td>210</td><td>1920</td><td>4292</td><td>5541350</td></tr>
<tr><td colspan="2">2004年</td><td>230</td><td>2199</td><td>4505</td><td>8288601</td></tr>
<tr><td rowspan="2">2005年</td><td>1—6月</td><td>230</td><td>2099</td><td>4355</td><td rowspan="2">10044009</td></tr>
<tr><td>7—12月</td><td>260</td><td>2166</td><td>4452</td></tr>
<tr><td colspan="2">2006年</td><td>260</td><td>2429</td><td>4907</td><td>11997961</td></tr>
<tr><td rowspan="2">2007年</td><td>1—6月</td><td>260</td><td>2515</td><td>5038</td><td>7052977</td></tr>
<tr><td>7月</td><td>300</td><td>2549</td><td>5081</td><td>1401894</td></tr>
<tr><td colspan="2">2008年</td><td>300</td><td>2803</td><td>5439</td><td>18254375</td></tr>
<tr><td rowspan="2">2009年</td><td>1—9月</td><td>300</td><td>2858</td><td>5482</td><td>12958391</td></tr>
<tr><td>10月</td><td>350</td><td>2908</td><td>5556</td><td>7092848</td></tr>
<tr><td colspan="2">2010年</td><td>350</td><td>3001</td><td>5622</td><td>23040660</td></tr>
<tr><td rowspan="2">2011年</td><td>1—9月</td><td>350</td><td>3033</td><td>5558</td><td>17708870</td></tr>
<tr><td>10—12月</td><td>420</td><td>3215</td><td>5841</td><td>9764697</td></tr>
<tr><td rowspan="2">2012年</td><td>1—6月</td><td>420</td><td>3173</td><td>5663</td><td>14827688</td></tr>
<tr><td>7—12月</td><td>480</td><td>3360</td><td>5998</td><td>18627435</td></tr>
</table>

保障模式

20世纪90年代，市南区低保审批采取区、街道、社区三级管理机制，实行低保受理、入户调查评估、社会公示、民主议事会评议、街道复核、民政局审批的低保审批程序。2002年起，建立低保管理操作系统，低保业务实现网上审批，并实行区、街道联网管理；低保金通过财政专户拨入民政专户，再由民政专户指定金融机构，保障对象凭证件按月领取低保金。其中，对低保户中的残疾人家庭、单亲家庭、三胞胎以上家庭、艾滋病家庭分别给予分类救助。从2008年起，对低保家庭、患大病的低保边缘家庭给予取暖补助。

2009年，区政府、街道办事处设立社会救助管理科和专门工作窗口，区、街道办事处、社区三级都有专职人员从事低保工作，实行低保信息系统联网和分级归档保管，实现低保档案完整、准确、真实、安全，统计台账无误，从咨询、受理、调查、核实、评估、公示、审核、审批、发放等9个关口进行规范，使系列救助政策真正惠及困难群众；全年为低保家庭2908户、5556人，发放保障金及各类补助金2005万元。2010年，开展低保规范化建设，开通"低保绿色审批通道"，对低保对象实行动态管理，做到"应保尽保、应保必保、应保快保"，全年为3001户、5622人发放低保金2300万元，全部实行社会化及时足额发放到位。2011年，及时为全区符合条件的困难群众3200余户、5800余人办理最低生活保障，发放低保金及各类救助金3500余万元。2012年，努力加强低保动态管理，做好低保提标的资金筹集和政策衔接，年度动态复核率100%，低保资金全部实现社会化发放，累计救助困难群众2.3万余次，发放保障金、救助金等4800万元。

临时救助　2002年起，市南区对基本生活方面存在严重困难的居民给予临时救助，发放临时困难救助金。2008年起，救助面扩大到家庭成员患大病、重病医疗支出较大或因重度残疾丧失劳动能力，造成家庭生活严重困难的低保和低保边缘家庭。2010年，制定应急救助办法，对家庭中因遭受突发性意外灾害造成重大财产损失、生活严重困难的，采取先救助后补办手续的办法实施应急救助，简化救助程序，提高救助实效。区财政每年列支专项资金，用于困难群众节日临时救助。

医疗救助　从2003年起，对全区城市居民最低生活保障人员、患大病的城市低收入家庭人员给予医疗救助，根据困难居民的医疗费支出情况按比例发放救助金。2007年起，政府为低保家庭、患大病的低保边缘家庭缴纳医疗保险金，资助他们免费参加城镇居民医疗保险，实现城镇居民医疗保险在困难群众中的全覆盖。

困难学生救助　2003年，市南区开始开展"爱心搭建助学桥"活动，为低保家庭入学子女每年分春季、秋季两次发放教育生活补助。2005年，设立"爱心搭建助学桥"专项资金，用于资助品学兼优、有特长的困难学生。2003—2010年9月，共救助困难学生1507名，其中大学生218名、中学生338名、小学生951名，发放助学资金共计130余万元。2012年又启动"爱心搭建助学桥"困难中小学生救助活动，资助低保家庭和低保边缘家庭，特别是单亲、患大病、残疾的低保边缘困难家庭的小学、初中、高中学生顺利入学，资助标准为：每名小学生救助800元、初中学生1000元、高中学生1500元。

流浪乞讨人员救助　2002年起，市南区抽调专人组成日常收救小组，配备救助设备，在辖区主要旅游景点、重点区域和重要道路进行集中救助和不间断巡回救助，做到发现一个、救助一个，年均劝导流浪乞讨人员近800人次、送市救助站接受救助70人次。2011年，区政府出台《关于加强城市生活无着的流浪乞讨人员救助管理工作的实施意见》，明确了街道办事处、公安、交警、城管部门在流浪乞讨人员救助工作的职责，建立起流浪乞讨人员救助部门联动机制，提高了救助工作效率。

第三节　老龄工作

1987年7月，市南区为应对日益显现的人口老龄化趋势，成立"老龄问题委员会"，下设老龄委办公室，科级事业单位，隶属于区劳动局。1991年，“老龄问题委员会”更名为“老龄工作委员会”，成员单位由区委、区政府所属的25个部门组成，区委副书记担任老龄委主任；街道办事处成立街道老龄委，下设办公室；居委会设老年人工作委员会。形成区、街、居三级工作网络，全区有110人从事涉老工作。1991年下半年，区老龄办由科级单位升格正处级单位，按编制正式调配工作人员，业务工作由区政府直接领导。1995年年底，改由区政府办公室代管。2001年年底，经区编委批准，老龄办归区民政局管理。

表21－5

市南区老年人口数字统计表

（2012年）　　单位：人

年龄段	小计	男	女
60~69岁	52379	25709	26670
70~79岁	32615	15450	17165
80~89岁	13808	5729	8079
90~99岁	1951	654	1297
100岁以上	66	16	50
合计	100819	47558	53261

敬老宣传

1991年开始，每年春节、老人节期间，市南区均组织走访慰问百岁老人，组织老年人文艺会演。2002年，区老年书画联谊会、老年文艺协会成立，两个协会组织会员开展老年人书画展和文艺演出活动，当年展出作品100余幅，演出文艺节目10余场。2004年，在市南区码头、车站、景点设立20块大型尊老公益宣传牌，全区设立152组尊老宣传橱窗，利用广告牌和宣传栏，开展“敬老光荣、不敬老可耻”“当官不敬老，不是好领导”等教育，在机关干部和中小学开展为老年人做一件事、与一户困难老人结对子、开展一次为老服务的“三个一”活动，营造尊老、敬老的社会环境。2009年，采取开展宣传月活动和组织《老年人权益保障法》知识答卷及组建老年宣讲团深入社区、机关、学校、居民家中进行宣传教育等方式，宣传老龄方针政策、老年法律法规、老龄问题和老龄化形势，宣传老龄工作的重大事项、优秀成果和新鲜经验，让全社会关心老年人、了解支持老龄工作。同年，有针对性地在不同层面上开展敬老爱老主题活动，利用全区宣传专栏向老年人开展关爱宣传活动，在全区设有150组宣传橱窗，每个社区居委会达到1~2组，每个宣传栏都有专人负责并定期更换宣传内容。2012年，举办敬老作品摄影展，开展“敬老文明号”创建活动和“敬老月”活动，举办市南区首届老年艺术节和国学演唱会、K歌大赛、书画摄影作品展览等一系列具有鲜明地域特色的老年文化活动。同年，区委、区人大、区政府、区政协主要领导走访慰问百岁老人，涉老单位和部门开展为孤寡、残疾、困难老年人送温暖活动，老龄办与《老年生活报》合作，开设《孝亲敬老，心系华龄》栏目，加强全区老龄工作的宣传教育力度，全社会尊老敬老意识得到提升。

1997—2012年，全区共表彰老龄工作先进集体220个、先进个人350人。

助老服务

从2004年起，市南区每月为百岁及以上老人发放200元长寿补助金，老人节发放过节费200元。2009年，市民政局下拨的477万元养老服务扶持资金全部按照相关要求进行落实，确保专款专用、及时到位。全年投入1000余万元用于“六送”（送奶、送报、送家政、送爱心、送午餐、送保险）养老服务，近4万名老人受益；投入80余万元，为3家养老服务机构安装电梯；在全市率先研发80岁以上老年人体检补助审核系统，使体检补助申请、审核、审批全部实现电子化操作，完成80岁以上老年人体检补助申报发放工作。

2010年，市南区将百岁及以上老人每月长寿补助金增加到400元。同年出台《市南区关于在全区推广送午餐工作的通知》《关于进一步规范送奶探视服务的通知》等文件，建立政府购买养老服务、工作经费保障、养老服务站点规范管理、养老服务检查回访等制度，在全省率先研发养老服务信息系统，建立三级服务审批系统等3个信息管理子系统，完善老年人体检补助等4个数据库，提升养老服务信息化管理水平。落实市民政局关于养老服务扶持资金的有关要求，区级配套资金468.5万元拨付及时、足额到位；向全区14145位80岁以上老人发放体检补助212.2万元，其中新增2271人。

2011年，进一步健全“六送”养老服务制度体系和电子档案，全区有3100余名老人享受送奶探视服务，5000余名老人享受送报探视服务，300余名老人享受送家政服务，1100余名老人享受送保险服务，130余名老人享受送午餐服务，1200多名居民与孤寡老人建立认领关系，实现了困难和独居老人养老服务工作全覆盖。

2012年，市南区通过整合社会资源，在乐万家老年公寓、天山社区等建成社区养老爱心食堂6处，全部由社区社会组织运作，为500多位老年人提供免费及低偿送午餐服务。深化“六送”居家养老服务，全区有4000余名老人享受送奶探视服务，6000余名老人享受送报服务，300余名老人享受送家政服务，130余名老人享受送午餐服务。截至2012年年底，全区共为9.1万名60岁以上的老年人办理“老年人优待证”；全区共有养老院13家、规范化日间照料中心2个、养老互助点590个、床位1813张，有6家养老机构通过了ISO 9001国际质量认证，区政府投资建设的4处“乐万家”老年公寓成为青岛市名牌。开展“居家养老”探索，与全区10个家政服务公司联手，签订上门服务协议，确定服务范围与服务内容，做到对困难家庭的老人、“三无”对象、低保老人、百岁老人实行免费服务。建立全市首家老年病医院，从预防、保健、治疗、康复、护理、健康指导等方面保障老年人的健康；同时，建立起社区医疗保健服务网络，设立66个全科诊所、26个照料中心，每年为3万名老人免费查体，90岁以上老人每年免费查体2次，为2000名失去生活自理能力的老人设立家庭病床，上门就诊服务，为5万名老人建立健康档案。

开辟活动场所

2002年，市南区投资100万元在肥城路26号建立1处1200平方米的室内老年活动中心，内设多功能厅、健身房、乒乓球室、书画室、老年课堂、阅览室和棋牌室等，可同时容纳300人参加活动；每个街道、社区都建起综合服务中心，最大面积1000平方米。2005年，市南区老年活动中心、八大峡街道办事处老年文体活动中心等12个老年活动中心被青岛市命名

社区养老爱心食堂

为首批“青岛市老年文体活动示范点”。2007年，投资300万元在湖北路9号建立1处2800平方米的老年大学及老年活动中心，可同时容纳500人参加活动。2009年，把350万元列入区财政预算，新建200个养老互助点、50处社区日间照料中心，统一制作标牌，配备饮水机、棋牌、报刊等设施设备，为老年人提供日间照料、医疗保健、精神慰藉、法律援助等4大类40余项服务；区老年大学开设70个教学班，设声乐、器乐、舞蹈、书画等15个专业，有2300名学员参加学习；先后组织4次大的文化娱乐活动和2次走访慰问演出。

2010年，结合全区社区“三个中心”建设，新建22处社区养老服务场所，共有1000平方米以上28处、150～1000平方米6处；建成养老互助点461处、社区日间照料中心100处。2011年，结合社区管理服务中心建设，不断强化社区养老服务功能，已建成的社区管理服务中心80%以上面积用于社区养老服务，逐步实现每个社区都有一个老年大学教学点；609个养老互助点、73个日间照料中心合理分布在社区，老年人最多15分钟就可找到理想的活动场所。2010—2012年，区政府投资7亿多元，在全区建设1000平方米以上社区管理服务中心54个，在大沽路70号建设改造一处5000平方米的区级老年活动中心；其中，2012年在八大峡街道台西一路社区和八大湖街道高邮湖路社区各建成1处1000平方米、50张床位的示范性社区老年人日间照料中心。至2012年，全区有2所老年大学、6所老年大学分校，开设书法、绘画、舞蹈、太极拳、计算机、英语等20多门课程，在校学员达到5000人；发挥老年文艺协会和体育协会的作用，建立400个辅导站点，培训文体骨干5000多人，每年开展文体比赛100余次，带动5万多名老人参加各种活动，丰富了老年人的文化体育生活。

维护老年人权益

1987年起，市南区每年举办1次大型老年法律法规宣传活动、1次以《中华人民共和国老年人权益保障法》（以下简称《老年法》）为重要专题的全区老龄干部培训；敬老月期间，组织驻区单位、司法部门的法律专业人员在社区设《老年法》咨询服务点，现场接待、答复、解决有关涉老纠纷、案件；发放宣传材料；在35所小学开展“做一件敬老事、读一本敬老书、写一篇敬老文”的三个一敬老爱老主题教育活动。

1999年5月，成立“市南区老年人法律援助联络中心”，当年接受42名老年人的法律服务请求，对39人实施了法律援助。2009年，接待来电来访老人90余起，接待老年人达103人次，努力做到事事有着落、件件有回复，回复率100%，满意率100%。

2010年，建立老年法律咨询和律师援助专线，并坚持“优先立案、优先审理、优先执行、优先结案”，对确实有困难的老人实行“减、免、缓交诉讼费”，共为老年人减免诉讼费80000余元；建立10支150人的法律义工队伍，活跃在65个社区，成为老年人合法权益的“守护神”。

2011年，在全区组织开展“‘法律援助先行，主动维权进社区’老年维权月”活动，开展老年维权“四个一活动”（开展一次老年法律咨询、一次老年维权联访、一次老年维权督办、帮助协调解决一批老年维权案件），抽调6名法官、律师与老年人“一对一”交流，现场为500余名老年人进行法律咨询服务，接待来电来访老人30余人次。

2012年，设立老年人上访接待室，成立区老年维权联络中心和区老年法律援助中心，开设老年维权咨询服务热线，采取约谈和电话交流的形式，接受老年人的法律咨询，当年接听老年维护电话300余个，接待老年人来访40余人次，提供法律援助2起。

倡导老有所为

1987—2012年，市南区关心教育下一代工作委员会组织老干部、老红军等对青少年开展各类主题宣传教育160多项，举办报告会400多次，受教育人数达50万人次；全区有4万名老年人参加“社会治安巡逻队”“看护楼院督察队”“社区服务队”“老年志愿者服务队”等，在社区建设中发挥着重要作用。1999年，市南区首获“全省老龄工作先进集体”称号；2005年，被授予“全国老龄工作先进区”；2006年，被评为山东省老年维权工作先进单位、全国老年维全示范岗；2012年，再获“全省老龄工作先进单位”。

第四节　殡葬管理

墓葬管理

20世纪60年代以前，青岛地区沿袭入土为安，坟茔择吉地的丧葬习俗，人死后普遍实行土葬。德国侵占青岛后曾专设欧洲人公墓，位于中山公园西侧。1926年改称万国公墓，1946年改名为青岛市第一公墓。日本第一次侵占青岛时，先后设立两处墓地，其中一处位于青岛山东北麓（今延安一路）。南京国民政府统治时期，在湛山村西太平山南麓等处辟建公墓，1947年6月开辟为青岛市第二公墓。解放前，青岛各会馆及宗教团体设有各自的公墓，包括广东公墓、潍县公墓、天主教公墓、基督教公墓、回民公墓、英国公墓、警察公墓及亢家庄义地等。

解放后，市政府民政局对墓地实行统一管理。时市南区的湛山村、亢家庄、浮山所、田家村、辛家庄、大尧、逍遥等7个自然村，均有各自的茔地。1959年3月，青岛市人民委员会民政局发出通告，封闭原已葬满的公墓和墓地，制止乱葬乱埋现象。同年11月，《青岛市市区墓葬管理暂行办法》生效，规定凡在青岛市区死亡，或家住市区于外地死亡者，可申请租地在指定公墓埋葬，租期15年，租地费25.6元，期满可以续租；申请人对所租墓地只有使用权，没有所有权。从1960年起，申请租用墓地需先向公安派出所领取死亡证，或由医院发给死亡通知，凭证到市殡葬管理所申请租用墓地，再凭发给的通知书到指定的公墓按墓穴顺序号埋葬，不得挑选。1966年，市区公墓全部封闭，禁绝继续土葬。

殡葬改革

1959年9月，青岛市开始限制土葬，提倡火葬。市南区利用放电影、幻灯，办宣传专栏、召开干部会、举行市民座谈会，组织群众代表到火化场参观等形式，广泛深入地进行殡葬改革的宣传教育，消除居民群众的疑虑。自1966年始，区内城镇居民死亡的尸体全部实行火化，东部村民也开始推行火化。1972年，倡导区属自然村设立骨灰室或纪念堂，以逐步代替坟山墓地，号召以开追悼会的形式代替旧的丧葬礼俗。辛家庄在区属村庄中第一个建立起纪念堂。

1982年，开展“平坟头”行动，当年基本平除路边、耕地及重要山林坡地的坟头。此后，利用清明节等重要时机，每年组织工作组深入村居，开展移风易俗宣传，动员平坟迁坟，看护山林，防止上坟烧纸引发火灾。1985年，区内7个自然村建立起“红白理事会”，在村委会领导下自我料理婚事、丧事，喜事新办、丧事简办渐成风尚。

第五章 社会组织管理

1998年，市南区在全市率先成立民间组织管理办公室，社会组织管理工作正式起步。2000年，设立市南区民间组织管理局，是青岛市乃至全省及全国计划单列市中成立的第一个区级民间组织管理局。同时成立市南区民间组织管理工作领导小组。

市南区开展社会组织管理工作以来，认真贯彻落实中央和省市关于社会组织管理的法规、政策，积极履行培育扶持、教育引导、管理监督职责，做了大量工作，取得显著成绩，先后荣获山东省民间组织管理先进单位、山东省社会团体管理工作“先进单位”、青岛市“民办非企业单位管理先进单位”等称号。

第一节 登记管理

2000年3月3日，市南区建立青岛市乃至全省及全国计划单列市第一个区级民间组织管理局，为副处级单位，归市南区民政局管理，民间组织登记管理工作随之启动。同年，下发《关于批准社会团体重新登记换发证书的通知》，对全区社会团体申报的自查材料进行复审，其中19家社团符合要求重新换发证书，33个社团限令一年内整改，9家社团被注销。同年4月，启动民办非企业单位复查登记工作，对符合登记条件的42家民办非企业单位颁发登记证书，对查处的29家非法民办非企业单位下达限期登记通知书。是年还开展气功社团专项清理工作，清理4个非法气功组织。

自2001年始，加大对行业性和公益性社会组织的培育工作。同年7月，批准成立市南区慈善协会，该协会募集资金800余万元，用于救助特困群体中的大中小学生、优抚对象、残疾人、老年人、白血病及白内障患者，受益者达到3万余人。2002年6月，市南区商业联合会成立，填补了全区商业性行业社团的空白。2003年10月，批准成立全国首家公益协会——青岛市市南公益协会，建立公益服务存储、对接、交换、激励与问责机制，实现公益服务供需平衡，民政部、山东省民政厅等各级领导和专家学者给予充分肯定。2005年10月，清华大学公共管理学院、中国国际民间组织合作促进会、青岛市民政局、市南区人民政府联合主办“公益性民间组织发展研讨会”，市南公益协会介绍了经验。

2007年，对连续2年不参加年检的欢乐托儿所等33家民办非企业单位给予撤销登记。2009年，出台《关于加强全区社区社会组织建设工作的实施意见》，抓好基层社会组织培育发展，基层社会组织达到337家。对连续2年未参加年检的市南区八大关管区六连六建促进会等3家社会团体进行撤销登记的处罚。

2009—2010年，严格按照《中华人民共和国行政许可法》和有关法规政策，优化规范社会组织登记流程，登记时限提高50%以上，群众满意率100%。同时对全区96家民办非企业单位和38家社会团体进行年度检查，对全区30家民办教育机构进行专项安全督查，应检率100%。2011年，出台《市南区社区社会组织培育发展与监督管理意见》，培育社会组织423家，平均每个社区6.5家，确保每个社区都有政府委托或购买的公益性服务项目。2012年，市南区在全市率先利用网上审批平台进行社会组织申请审批试点，实现登记、变更、注销等工作全部在内部网上流转，审批流程规范、公开，按要求在规定时间内完成并进行公告；培育发展各类社会组织456家，平均每个社区7家。年内制定《市南区“十二五”行业协会发展规划实施方案》，对99家民办非企业单位和36家社会团体进行年度检查。

表21－6　市南区社团年检登记情况统计表

（1992—2012年）

年度	登记团体（个）	年检合格团体（个）	新增加社团（个）	注销（个）	年度	登记团体（个）	年检合格团体（个）	新增加社团（个）	注销（个）
1992	31	27	—	—	2003	27	25	2	8
1993	31	27	2	—	2004	26	26	5	3
1994	31	27	5	—	2005	31	31	5	—
1995	36	36	—	—	2006	36	36	5	—
1996	36	35	10	—	2007	38	28	3	1
1997	46	35	4	—	2008	33	31	5	—
1998	51	41	5	—	2009	37	35	2	—
1999	56	42	—	9	2010	40	38	1	—
2000	47	42	—	—	2011	37	36	1	1
2001	36	30	3	—	2012	41	39	2	—
2002	35	28	—	7					

表21－7　市南区民办非企业单位年检登记情况统计表

（2001—2012年）

年度	年检单位（个）	合格单位（个）	备注	年度	年检单位（个）	合格单位（个）	备注
2001	31	14	—	2007	88	76	—
2002	78	72	—	2008	82	79	—
2003	68	61	—	2009	99	95	撤销29家
2004	84	80	—	2010	99	95	—
2005	89	89	—	2011	102	99	撤销3家
2006	88	85	—	2012	108	103	—

第二节　业务管理

业务培训

1999年7月，市南区委、区政府召开各部门、各街道办事处领导参加的培训会，就“加强民间组织管理维护社会稳定”进行培训，并以“学法日”的形式，集中学习《社会团体登记条例》和《民办非企业登记管理条例》。同月，召开社团管理工作座谈会，针对领导干部兼任社团职务过多，业务主管单位对社团日常管理不够，登记管理队伍薄弱、缺乏必要的管理手段等问题，探讨了解决途径。

1999年，在对社团会费收据进行清理整顿的基础上，开展专职人员学习培训，进一步明确社团收费标准、范围、用途，指导社团建立健全财务管理制度和收支账簿，实行财务公开。2010年，结合民办教育机构安全防范督查，举办2期社会组织负责人培训班，培训内容包括法律法规、诚信自律、财务管理等。同年召开先进社会组织表彰大会，对守信自律、规范管理的八大湖和谐社区促进会等37家先进社会组织进行表彰。

监督体系建设

2001年，市南区建立民间组织管理工作社会监督网络体系，强化各级各部门对民间组织的监督管理，维护民间组织的合法权益，及时发现并查处民间组织的非法、违法行为，引导民间组织遵纪守法，健康向上。同年，开展社会团体规范化建设活动，全面推进社会团体规范化建设工作。2002年，建立和完善民间组织三级监督网络，实现民间组织监督管理社会化。同年7月，全国民间组织执法现场会在市南区召开，全国16个地市的民管局长和专家参观学习了三级网络组织体系的建立和开展工作情况，市南区作题为《勇于探索，科学运作，努力实现民间组织管理工作网络化》的汇报。2003年，公安市南分局就《移送民间组织涉嫌违法犯罪案件暂行办法》下发文件，就建立民间组织日常管理、执法及工作联席会议制度，规范区、街、居三级监督管理网络有关举报制度、网络检查制度、案件查处制度、考核制度、民间组织诚信评估制度等，层层签订民间组织监督管理责任书，初步建立起联合执法检查机制和民间组织执法查处机制。2004年，抓好民间组织的党建工作，在一些具备条件的民间组织中先行建立党组织。

2009年，依托网络化管理平台，加强对社会组织的监督管理，区、街道办事处、社区分别签订目标管理责任书，10个街道办事处78个社区全部配备监督员。2011年，提出“四抓三提高”（抓入户、抓重点、抓典型、抓示范，提高组建率、提高覆盖面、提高规范化水平）的社会组织党建工作总体思路，设立基层法律工作者党支部等创先争优活动示范点5个。2012年，采取“群团先行、党建跟进”的方法，成立工青妇组织，实现党的工作在社会组织全覆盖。

诚信建设

2005年8月，市南区组织全区123家民间组织共同开展“共铸诚信，奉献社会”活动，推动全区民间组织诚信建设。2006年，组织开展民办非企业单位自律与诚信建设活动。同年出台《关于开展社会组织诚信自律建设活动的实施意见》，海利丰学校向全体民间组织发出诚信自律建设《倡议书》，在社会组织中开展诚信自律建设活动和“双争”活动。翌年，青岛海利丰学校、青岛市市南区乐万家老年公寓、青岛市市南区金门路街道花莲路社区卫生服务站3家被青岛市人事局、青岛市民政局评为先进社会组织。

公益活动

2007年，举办中国·青岛（市南）社区民间组织“迎奥运 促和谐 展风采”主题活动观摩会。同年组织100多家民办学校、诊所、幼儿园、法律服务所等民间组织深入社区，开展“热心公益，共筑诚信”主题公益活动。2008年开展社区社会组织“为社区奉献 建康乐家园 迎人文奥运”活动，以街道、社区、广场为活动单元，开展丰富多彩的公益活动。

2009年6月，举办山东省首场社会组织人才专场招聘会，35家各类社会组织提供岗位108个，吸引了近1000名求职者踊跃应聘，现场达成招聘意向189人。同年，建立社会工作实训基地，为10家优秀社会组织授予“市南区社会工作人才实训基地”匾牌。开展社会组织“融入四型社区建设”系列主题活动，动员全区400多家社区社会组织，在不同服务领域，开展社区体育、社区文化、养老服务、儿童特色教育、法律服务等方面丰富多彩的公益性奉献活动200多场。对全区社会工作项目需求情况进行调研，通过进一步筛选、认证，确定从社工服务等社会工作项目开展尝试，推动政府购买社会工作服务项目的进程。同年8月，在深圳举行的“全国社会组织治理创新交流会”上，市南区作为全国唯一区级发言单位，作了《创新体制机制将社会组织建成政府良好合作伙伴》的典型发言。

2011年，组织开展创先争优、争当“和谐兴业岛城先锋”主题活动，33家社会组织党组织参加了纪念中国共产党成立90周年社会组织服务社会实践活动。

第六章　残疾人事业

1989年10月，市南区残疾人联合会成立，隶属市南区民政局，为副处级事业团体。1991年6月，全区14个街道办事处全部建立街道一级残疾人联合会。1996年8月，市南区编委下发《关于公布市南区残疾人联合会正处级规格的通知》，区残疾人联合会正式脱离市南区民政局代管，成为财政全额拨款的正处级部门，隶属市南区人民政府。90年代，区内残疾人劳动服务机构和福利实体相继成立，有力扶持了残疾人创业和就业。市南区积极推动残疾人康复、为残疾人帮扶解困等各项事业发展，并举办各类残疾人文化体育活动，积极推动开展社会化服务。

进入21世纪以后，市南区不断优化财政扶持残疾人事业发展的力度，2006年出台区内第一个残疾人事业发展的五年规划，残疾人事业得到长足发展。市南区先后被命名为“全国社区残疾人工作示范区”“全国无障碍建设先进区”“全国白内障无障碍区”“全省优秀残疾人之家”、全省残疾人就业创业工作先进集体、“十一五”全省残疾人工作先进单位、“十一五”全省残疾人康复工作先进单位、全省基层残疾人组织建设先进集体、全省残疾人就业保障金征收工作先进集体和“青岛市法律援助先进集体”。

第一节　就　业

1993年6月，市南区成立残疾人劳动就业服务部，为残疾人提供待业登记、能力评估、就业咨询与劳动就业中介服务。1998年6月，区政府投资60余万元，在肥城路26号建成市南区残疾人综合服务中心，成为全区残疾人职业培训的重要场所。同年11月，成立市南区残疾人服务社，为自收自支的法人经济实体。1999年6月，在三江学校与云地服装学校联合成立市南区残疾人劳动技能培训基地，举办电器维修、微机操作、服装裁剪、书画装裱、修鞋、配钥匙等各类残疾人劳动技能培训30多期。2005年起，先后对残疾人进行专门技能培训457人次；协调工商、税务和城管等部门，在市场退路进室前后优先为残疾人安排摊位，在栈桥等旅游景点优先为残疾人竞标摊位提供方便，依据国家政策为619名困难残疾人经营业户办理减免工商管理费和税费的手续122万元，提供经营启动资金累计45万余元，为391名符合条件的个体工商户发放保险补贴88万元。

2009年，开展“长江高科技助残就业项目”培训及就业安置工作，26名残疾人参加电脑排版的初级培训并取得资格证，28名残疾人参加培训考试合格。同年按照中国残联和市、区项目组要求建立“长江高科技助残就业项目”档案体系，为22名培训合格的学员安置合适岗位。实施就业困难及就业特别困难残疾人的认定和管理工作，全年认定就业困难人员51名。开展残疾人就业系列活动，协调用人单位安置80名残疾人就业，其中分散按比例就业61名、集中就业5名、个体从业14名。年内加大残疾人就业保障金征收力度，全年收缴额为2740万元，超额完成青岛市残联下达的1650万元年度任务指标，比上年增加552万元。落实城镇残疾人个体户基本养老保险和基本医疗保险补助工作，全年为70名符合条件的残疾人申报个体户基本养老保险和基本医疗保险补贴16万余元。

2010年，为280名学生发放救助和奖励金10万余元。测试筛选20名残疾人参加长江高科技助残低端培训，考试合格率100%。印制《用人单位安置残疾人优惠政策简介》宣传彩页3万份，安置残疾人就业102人，比上年增加31人，其中分散按比例就业81人、集中就业4人、个体就业17人。审核企业单位1万余家，入库残疾人就业保障金3385万余元，比上年增加695万元。在区残疾人综合服务中心及区劳动和社会保障局服务大厅设立专门的残疾人就业援助服务窗口，开展“四送”服务（为残疾人送项目、送政策、送技术、送服务）。选拔32名符合条件的残疾人参加市残联举办的青岛市首届残疾人网络创业培训班。为32名符合条件的残疾人进行就业困难认定，其中26名残疾人实现就业，安置率81%。扶持16名残疾人自主就业，发放就业补贴9万余元。

2011年，推进地税系统代收残疾人就业保障金工作，收缴金额4114万余元，增加564万元。区属机关、事业单位应缴的残疾人就业保障金首次由区财政直接核拨200万元入区残联账户。以“送政策、送岗位、送服务、送温暖”为主题，开展“就业援助月”活动，举办招聘会两场，为残疾人提供岗位80余个。向辖区残疾人宣传自主创业政策，扶持16名残疾人自主创业。对54名残疾人进行就业困难认定，做到认定一人、就业一人，实施动态管理和跟踪服务。截至年底，全区有就业年龄段残疾人4397人，已就业残疾人2268人；106名符合条件的残疾人个体户获政府补贴23万余元。

2012年，开展“就业援助月”活动，组织残疾人专场招聘会2次，为就业困难残疾人提供工作岗位40余个，通过按比例就业、个体就业、集中就业、公益性岗位等多种形式，安置残疾人就业138人。走访残疾登记失业人员家庭，为15名失业求职困难残疾人员每人发放500元的慰问金，为42名残疾人进行就业困难认定。收缴保障金5061万元，比上年增加934万元。对全区残疾人培训需求情况进行摸底调查，组织19人次参加市博爱中专举办的初级保健按摩、心理咨询、盲人读屏软件的培训。2012年度审核符合条件的城镇残疾人个体户122人，发放补贴金额58万余元。开展就业援助月活动，至2012年，通过按比例就业、个体就业、集中就业、公益性岗位等多种形式，共安置1253名残疾人就业。

2005年、2006年、2010年、2012年，市南区4次组织参加全市残疾人职业技能竞赛，均获团体总分第一名。

第二节 康 复

1983年，市南区在定陶路小学附设弱智儿童辅导班，依托全日制小学进行弱智儿童教育。1985年建立市南区复读学校，是独立全日制九年制弱智儿童学校，后更名为三江学校。1997年7月，成立残疾儿童康复站，负责全区残疾人康复工作，开展各类残疾人康复活动。1998年5月，全区14个街道办事处陆续成立残疾人康复站。2003年，市南区残疾人康复培训指导中心成立，主要开展残疾人康复治疗、康复训练、康复咨询以及社区康复指导等工作。2005年，区政府投资1000万元，在瞿塘峡路34号再建一处1758平方米的残疾人综合服务中心，同时开展“无白内障障碍区”创建活动，先后使贫困家庭的3326名白内障患者通过手术重新见光明。同年，开展“康复进社区、服务

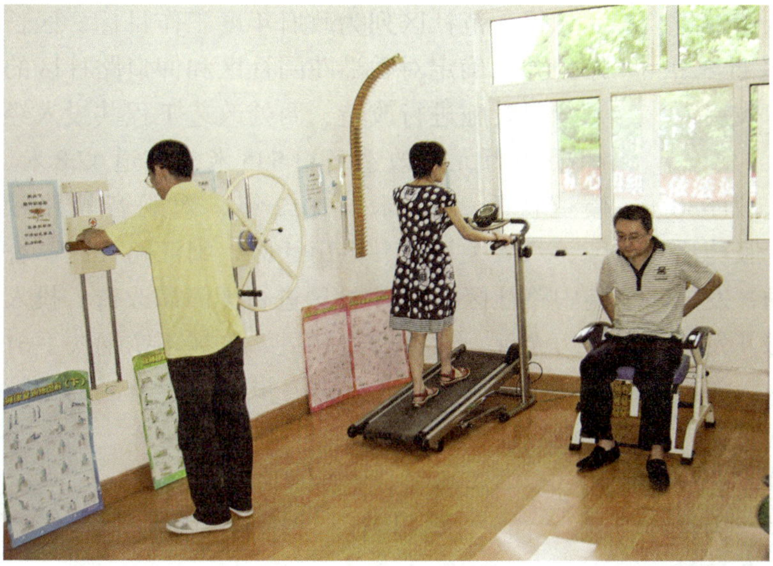

社区残疾人在邻里中心残疾人康复中心接受康复训练

到家庭”活动，购置30多万元康复器材，配发给适练合社区和残疾人家庭。2006—2010年，市南区先后投入康复经费476万余元，实施“3456”康复工程，即：建立区康复服务指导中心、街道康复指导站、社区康复服务站“三个网络”，智残儿童康复训练、自闭症儿童康复训练、精神病康复指导、残疾人多功能康复中心“四个基地”，实现工作职责、制度、优惠政策、档案管理、对外名称“五个统一”，落实康复医疗、训练指导、心理疏导、知识普及、用品用具和咨询转介“六个服务”。其间，全区完成白内障复明手术7433例，开展盲人定向行走训练与服务人数为669人，实施精神病人免费服药和医疗救助1806人，聋儿康复训练救助、智残儿童康复训练救助、脑瘫儿童康复训练救助、孤独症儿童康复训练救助和肢残者康复训练共计840人，免费配发辅助器具8177件，超额完成上级残联下达的康复业务目标。同期，市南区残疾人参加城镇基本医疗保障者为90%，区级康复技术指导机构达标数、街道残疾人康复工作实施率、社区康复协调员配备率、聋儿机构康复训练率和智力残疾儿童机构训练率、缺肢者假肢装配率、残疾人基本辅助器具配置率均达100%，街道医疗卫生机构残疾人康复工作达标率、残疾人康复服务档案建档率、白内障致盲患者手术率、低视力者助视器验配率、肢体残疾人康复训练、精神病患者监护率等，均达90%以上。

2009年，市南区肢体残疾人多功能康复中心建成并投入使用，该中心建筑面积2000平方米，治疗及活动面积超过300平方米，病床60张，配备15名专业康复人员，为有需求的残疾人提供形式多样、有益身心康复的各种指导和训练。实施残疾人辅助器具进家庭服务工程，为残疾人免费配发辅助器具688件，其中小件547件、大件141件，发放助听器45个，为困难低视力患者配用助视器24例，训练盲人及重度低视力患者228人。

2010年，制定《市南区残疾人“人人享有康复服务”实施方案》，对全区康复管理人员和技术人员进行业务培训，选聘10名康复指导医生、30名社区康复员、78名康复协调员。为6名残疾人安装假肢，为残疾人配发辅助器具861例，发放轮椅120辆，对28名7岁以下的残疾儿童实施康复训练救助，为600余名精神残疾人开展免费服药。肢体康复训练624人，低视力患者免费配镜23人，为690名听力障碍及耳疾患者进行义诊。为近300名视力残疾人进行视力检查，向40名贫困残疾人发放可移动坐便器，组织528名残疾育龄妇女免费查体，完成白内障患者手术筛查及录入64例。在全区开展盲人定向行走训练，训练盲人及低视力患者82名。对已建立的10个街道康复指导站和30个社区康复站进行优化和完善，实现康复服务站名称、工作职责、康复训练器械配备、康复指导丛书、档案柜、工作档案的“六统一”。

2011年，投资30万元为587名精神残疾人提供免费服药活动4轮，配发各类残疾人辅助器具800件，发放19.7万余元为48名残疾儿童进行康复训练救助。开展2011年市南区白内障患者摸底调查及筛查工作，筛查患者近320例。新建4处残疾人康复站，新增肢体残疾人康复机构1处。

2012年，市南区投入资金50万元，为530名符合条件的精神残疾人提供四轮免费服药活动，为78名残疾儿童进行康复训练救助，发放救助金62.18万元，为低视力、盲人、聋儿发放各类辅助器具800件，受益残疾人450人。年内投入10万元，实施大、小腿安装9例，筛查白内障患者近500例，实施手术救助20例。开展“人人享有康复服务”特惠康复服务活动，为辖区所有持证残疾人免费建立健康档案、免费健康查体、免费提供康复服务，共查体建档2000余人。至年底，市南区已基本形成“托管—居家养护—机构安养”三位一体的残疾人托养体系，使符合条件且自愿申请的324名残疾人享受到居家安养服务、87名残疾人进入市残联定点机构安养。

第三节　无障碍设施建设

1999年，区残联与城建委联合下发《关于在城市建设中做好残疾人无障碍设施建设的通知》，要求在城市建设和环境绿化、美化中，必须考虑无障碍设施建设。经过努力，全区新建和改建的人行道、主要商业街、大型超市等建筑物基本完成无障碍设施建设，东海路、文登路、费县路成为全市无障碍建设示范路。

2009年，开展“无障碍设施进家庭”工程，为23户残疾人家庭安装和改造坐便器，为贫困残疾人安装楼道扶手15处，受惠残疾人家庭达189户。2010年，完成10个街道78个居委会出入通道和189户贫困残疾人家庭的无障碍设施改造，开展全区无障碍设施调研；对区残疾人综合服务中心楼前和一楼办事大厅的无障碍设施进行全面改造和优化完善，完全达到无障碍设施建设的国家标准。2011年，区政府将无障碍示范社区列为政府年度工作目标，区长办公会议确定对香港花园社区和仰口路社区的无障碍设施进行改造，两处改造工程共投入经费近30万元，改造盲道535米、坡道42.8米、楼道扶手222.9米。2012年，对观音峡路社区、八大关社区、湛山社区、闽江路社区、香港中路社区等10个社区进行无障碍改造，投入29万余元，改造坡边10处，安装不锈钢扶手61处，铺设盲道2处，进一步提升了全区的无障碍设施建设水平。

第四节　法律援助

1998年3月，市南区残疾人法律援助联络中心成立，免费为全区残疾人开展法律咨询和法律援助工作。区残联与司法局合作，为有需求的50户残疾人家庭签订“爱心法律援助”协议书，开展结对法律援助活动。2006—2010年，向贫困残疾人发放法律援助卡1500份，向残疾人提供法律咨询800余人次，提供法律援助30余件，办结信访案件30件左右，残疾人满意率100%。2011年，为残疾人提供法律咨询160余人次，提供法律援助13件，办结信访案件3件，残疾人满意率100%。2012年，接待残疾人法律咨询143人次，办理市残联转办案件4件，办结率100%。

至2012年，区残疾人法律援助联络中心累计为残疾人提供法律咨询1350多人次，提供法律援助220多人次，依法为残疾人挽回经济损失和追讨经济赔偿案值达20余万元。

第五节　帮扶解困

1989年始，市南区对特殊原因造成生活困难的残疾人家庭每年给予临时性救助，每逢重大节日，开展走访慰问活动，帮助残疾人解决实际困难。1989—2005年，用于救助困难残疾人家庭的钱、物达120余万元。1998年2月，出台《市南区1998—2000年残疾人扶贫解困工作实施方案》，对全区困难残疾人家庭开展调查摸底，开展以单位（个人）与特困残疾人家庭结帮扶为主要形式的扶贫解困活动，驻区单位和居民结对扶助残疾人384人，在物质帮扶的同时，实施心理咨询、法律援助、医疗救助、家教帮扶等多种扶残助残新形式。

从2000年春节起，青岛公交集团公司连续3年派出车辆，免费运送残疾人观赏市区东部和游览崂山，青岛出租车公司免费接送残疾人回残联“过年”。2001年11月，为残疾人下岗职工办理“协保”，对45名下岗残疾人职工中的28名困难残疾人职工，由政府和残联共同出资为残疾人职工连续3年投保，保险金额计30万元。同年，开展“新世纪爱心捐资助残”活动，区委、区政府领导带头捐款，机关各部门、各街道办事处、驻区各单位，社区居民踊跃捐资，向困难残疾人伸出友爱之手，全区共募捐爱心资金621770万元。2003年，对残疾人分三类实施生活补贴，其中全额享受低保救助1196户，低保线上浮20%生活补贴362人，至此，市南区贫困残疾人家庭完全纳入城市最低生活保障体系。2005年7月，开展以“党日捐款、爱心助残”为主题的党员奉献日活动。2009年，区残联启用“新世纪爱心助残专项资金”7万元，对贫困残疾人遇到突发事件、大病等特殊情况实施临时救助，全年为1080人次困难残疾人发放补贴56万余元。中秋节、春节期间，向全区10个街道办事处所有低保残疾人家庭发放慰问品共计50万余元，先后为1600余名视力残疾人和下肢残疾人办理免费乘车卡，向残疾人发放轮椅210辆，方便残疾人出行，救助贫困残疾学生和贫困残疾家庭子女282人，奖励残疾大学生4人，救助和奖励金额近11万元。

2010年，设立“新世纪爱心助残专项基金”，对遭受重大变故急需救助的残疾人，1个年度给予2次临时性爱心救助。年内为128人发放紧急救助款10万余元，18位企业界政协委员采取“一对一”结对的方式与残疾人结成爱心对子，于2010年7月至2012年2月分4批次提供每人2000元的救助金（或同等价值的实物）送交被帮困者。实施困难残疾人补贴政策，全年为580名困难残疾人发放补贴55万余元，为89名残疾个体工商户发放补贴26万余元，有414名重度残疾人参保，参保率98%。落实视力和下肢残疾人免费乘车卡政策，全年新办免费乘车卡278个，深入街道和社区为2017名残疾人现场采集“琴岛通”乘车卡信息，置换率96%以上。

2011年，区委、区政府发布实施《关于加快推进残疾人社会保障和服务体系建设促进残疾人事业发展的意见》9项22条，提出至2012年，建立起全区残疾人“两个体系”（社会保障和服务体系）基本框架，使残疾人的基本需求得到制度性保障。当年为281名符合条件的残疾家庭子女和残疾学生发放救助金33万余元，为496名符合条件的残疾人发放困难补贴78万余元，为150名残疾人发放爱心救助金8万元。在春节、中秋节期间，先后投入109万余元，走访慰问全区低保及低保边缘残疾人家庭，在入冬前筹备棉被500床发放到困难残疾人家庭。开展“迎新春、上下联动、送温暖”活动，向残疾人发放坐便器60套、闪光门铃60个、饭桌60张、圆凳240个、手杖60根，为54名符合条件的残疾人发放机动轮椅车燃油补贴2万余元。

2012年，以“推进残疾人社会保障和服务体系建设”为主题，春节和中秋节期间对所有低保、低保边缘残疾人进行走访慰问，共为399名符合条件的残疾人发放困难补贴81万余元，为42名残疾人进行就业困难认定，对294名符合条件的残疾家庭子女和残疾学生进行审核申报，共计发放救助奖励金36万余元，为114名急需救助的残疾人发放爱心救助金9.12万元。

第七章　社区建设

20世纪50年代初，市南区初步建立起以街道居委会为主体的社区建设管理机制。计划经济体制下，居委会社区管理职能单一，管理领域狭窄，服务对象局限于“一老一小”，社区设施建设滞后的状况长期得不到解决。

实行改革开放后，全区居民委员会先后进行11次换届选举，社区管理干部队伍得到不断加强。80年代中期，市南区提出加强居委会建设，开展社区服务的要求，明确社区服务的职责和任务。90年代，全区基本形成区、街、居为主体的社区服务网络，同时加快发展养老机构，积极开展居家养老服务。90年代末，市南区适应社会主义市场经济体制的新形势，确立并不断发展完善新的社区管理体制，坚持“基层基础工作以社区建设为主线”的指导思想，进一步加强社区队伍建设。这一时期，区社区服务中心、街道社区服务中心和社区服务志愿者协会相继建立，形成九大系列近200个服务项目的社区服务体系，便民服务网点大批涌现，社区志愿者服务开创“邻里包户扶助”“呼叫志愿服务”等服务形式。市南区加强社区服务管理中心软硬件建设，全区13个街道办事处的社区服务场所达到省级示范区标准。

进入21世纪，市南区制定社区建设规划，提出社区建设战略任务和阶段性目标，积极推进社区体制改革，促进街道办事处工作重点向社区管理和社区服务转移。市南区作为全国首批社区建设实验区之一，对新的居委会组织形式进行探索，建立以居民代表大会为决策层、社区居委会为执行层、社区协商议事会为监督层的新的社区体制。同期成立全国第一个社区居民委员会，全区社区建设进一步整合资源、理顺关系、扩大民主，社区建设开始向驻社区单位拓展，初步建立起与市场经济相适应的社区管理体制和运行机制。这一时期，市南区在山东省率先实施居民代表“海选”试点，建立全国首家由政府主导、社区单位代表和自治组织代表参与的社会公共事务管理组织。同期，市南区在全国率先建立“一点通”社区智能服务网络系统，开通家庭服务信息互联通道，全区社区智能化服务由此发端。市南区在全市首推社区福利居家养老模式，日间照料中心、星光老年之家、家庭老年乐园，成为社区居家养老的有效形式和载体。市南区被民政部确定为全国社区建设实验区，荣获全国社区建设示范区、全国民政工作先进区称号。

“十五”末至“十一五”时期，市南区提出“四化一加强”（社区管理网格化、社区服务项目化、居民自治规范化、基础设施标准化，加强党对社区建设的领导）的工作思路，进行“议行分设、一体服务”试点，创立“六位一体”养老模式，开展送奶、送报、送家政、送爱心、送午餐、送健康等“六送”养老服务，加快推进综合型社区管理服务中心建设，专门开设包括医疗室、康乐室、休息室、学习室等设施的老年人活动场所，举办丰富多样的养老活动，满足老年人的精神文化生活需求。市南区“四型社区”建设取得显著进展，区内建立承接政府下移职能的社区工作站，形成社区党委、社区居委会、社区工作站“两委一站”的管理新体制。至2012年，全区居民享有的室外健身场所达到500余处，覆盖每一个居民小区。全区65个社区用房全部达到1000平方米以上。是年，市南区成为全国首批社会工作服务标准化建设示范区。

第一节　管理体制

青岛解放到20世纪90年代中期，社区基层管理主体主要是街道办事处及其指导下的居（家）委会。计划经济时期，居（家）委会管辖范围小、人员少、职能比较单一，管理和服务对象多为“一老一少”（无业老人和青少年）。80年代后期，市南区提出“加强居委会建设，搞好社区服务”的要求，动员和组织各方面力量，为社区居民提供各种社会服务。1997年，市南区适应社会主义市场经济体制的新形势对社区管理体制的客观要求，首次提出社区管理的内容、任务为“抓好社区服务，发展社区文化，加强社区教育，强化社区治安，美化社区环境，倡导社区互助”6个方面，是年在14个街道中的14个居委会试点实施。新的社区管理体制由此确立并不断发展完善。1999年，区委、区政府提出“基层基础工作以社区建设为主线”的指导思想，进一步加强社区管理队伍建设。是年从下岗职工中选聘201名社区助理充实到居委会，成为社区管理的骨干力量。

2000年，制定《关于进一步加强社区建设的意见》与《社区建设五年规划》，提出全区社区建设的阶段性目标，明确了加强社区建设的紧迫任务。年内，各街道办事处实行政企分开，把工作重点转到社区管理和社区服务上来；建立健全居民代表会议制度、居委会重大事务向居民代表会议报告制度和居委会政务公开、事务公开、财务公开等制度，以此推进居民自治规范化建设。年内全国政协副主席周铁农，国务委员、国务院秘书长王忠禹，国务委员司马义·艾买提等先后到市南区考察，并给予高度评价。民政部等国务院有关部委对市南区社区体制改革给予充分肯定。12月2日，在北京召开的城市社区建设国际研讨会上，市南区介绍了社区建设和体制改革的做法和经验，受到关注和好评。是年，市南区被民政部确定为全国社区建设实验区。2002年，进一步细化社区管理，建立以居民代表大会为决策层、社区居委会为执行层、社区协商议事会为监督层的新的社区管理体制，健全了基层政权和民主自治功能。2003年，社区建设开始向驻社区单位拓展。年内在总结文登路街道经验的基础上，提出“六联六建”“六抓六建”的工作思路，进一步整合资源、理顺关系、扩大民主，初步建立与市场经济相适应的社区管理体制和运行机制。是年，市南区荣获全国社区建设示范区、全国民政工作先进区称号。2004年，在山东省率先实施居民代表“海选”试点。同年制定社区建设三年规划和示范街道、温馨社区创建办法；建立全国首家由政府主导、社区单位代表和自治组织代表参与的社会公共事务管理组织——江苏路社区公共服务委员会，探索减少政府行政层次、扩大民主参与、实现行政管理与自治管理有机融合的新途径。年内，为解决社区居委会行政性事务压力过大、居民自治工作无暇顾及的矛盾，在湛山街道办事处的四个社区同时展开“议行分设、一体服务”试点，经验被民政部向全国推广。2005年，提出“社区建设是区街工作的永恒主题”理念，制定《社区建设三年规划》和《温馨社区创建办法》，在调查论证的基础上，提出“四化一加强”（社区管理网格化、社区服务项目化、居民自治规范化、基础设施标准化，加强党对社区建设的领导）的工作思路。同年，区政府抽调人员成立社区建设办公室，由区人大常委会1名副主任牵头负责，调研论证街道和社区规模调整、街道社区服务中心资源整合等问题，将14个街道办事处调整合署为9个，126个社区合并为81个，实现管理资源有效整合。年内国务院总理温家宝、全国政协主席贾庆林先后到市南区考察社区工作。是年市南区再获全国社区建设示范区、全国民政工作先进区称号，并作为山东省唯一代表，在全国社区建设工作会议上介绍经验。

2010年，市南区在辖内社区建立承接政府下移职能的社区工作站，形成社区党委、社区居委会、社区工作站“两委一站”的管理新体制。2012年，区内社区按照人口、地域划分片区，设立片区党支部，选配片长，实现党组织和居民自治组织向下延伸，形成网格化、全覆盖的基层社区管理服务网络。

第二节 社区服务

1987年，区政府工作报告第一次提出“加强居委会建设，搞好社区服务”的要求，明确了居委会承担开展社区服务的职责和任务。1988年，区政府制定《关于深化街道工作改革的意见》，进一步强调抓好社区服务工作，动员和组织各方面力量，采用多种形式，为居民、特别是孤老残幼和优抚对象，提供各种社会福利和社会服务。年内，市南区23个居委会建立社区服务项目体系，为社区居民做好事2700件，安置残疾人就业100余名。

20世纪90年代，以区、街、居社区服务网络为主体，全区社区服务系列化工作格局基本形成。全区14个办事处175个居委会，完善了拥军优属、残疾人、老年人、青少年等7个社区服务系列，粮食、燃料、副食品、学校、医院等行业，积极参与社区服务，进一步强化街道和居民社区的城市综合服务功能。同期加快发展养老机构，同时适应居民家庭养老的需求，大力发展居家养老服务。至1995年，市南区共建立各类服务设施173个、服务网点934个，兴办便民利民项目335个，初步形成以街道为主体，以居委会为依托，结构网络化、服务系列化的社区服务体系。1998年4月，市南区社区服务中心成立，所辖14个街道办事处同时成立街道社区服务中心。年内，以健全和完善“一个中心、两大系统、三级网络、九大服务系列”为工作目标，开展争创省社区服务示范城区活动，建立九大系列近200个服务项目的社区服务体系，便民服务网点达526个。同年6月，社区服务志愿者协会成立，以“邻里包户扶助”和“呼叫志愿服务”为主要形式，提供公益性的社区志愿者服务。1999年3月，位于湛山小区的社区服务综合大楼投入使用；同年5月，发布《青岛市市南区社区服务发展规划》《市南区社区服务业管理暂行办法》《关于进一步加快发展市南区社区服务业的意见》等3个文件，助推社区服务制度化、规范化。同年，全区居家养老服务开始起步，区社区服务中心开通社区助老服务电话，通过热线电话为老年人提供医疗救助、生活料理等多个项目特需服务。是年，市南区荣获全国社区建设试验区和山东省社区服务示范城区称号。

2000年，市南区在全国率先建立“一点通”社区智能服务网络系统。通过社区智能服务中心的网络系统主机与居民家中的呼叫终端机连接，形成家庭服务信息通道，实现治安报警、医疗急救、家庭防盗、咨询服务、家政服务的信息互联，为全区社区智能化服务之发端。同年4月，社区服务中心与企业联姻，成立山东省第一家社区服务有限公司——青岛市乐万家社区服务有限公司，下设家政服务公司、生活配送公司，婚姻系列服务公司等服务实体。2001年，在全市首推社区福利居家养老模式，在开展志愿者上门服务的同时，建设11处日间照料中心，72处星光老年之家，55处家庭老年乐园，利用社区服务网络资源和现代化沟通手段，实现居家养老和社区服务的有效结合，全区1万余名老人享受到不同形式的服务。2002年，精品居委会建设、社区服务产业化、学习型社区创建活动、“星光计划”及居家养老服务等工作均取得显著进展，市南区被评为全国民政工作先进区。2003年，以下岗再就业职工名字命名的“匡秀娟家政服务公司”正式挂牌，吸纳员工50余人，服务范围涉及保姆、钟点工等多个项目。2005年，在全区20个社区安装自助缴费通，为居民提供自助缴费服务，解决了8万户居民缴费难的问题。自2007年始，每年由区财政出资，街道统一组织实施，辖区60岁以上老年人享受送奶、送报、送家政、送爱心、送午餐、送健康等“六送”服务，全区8万余老人受益。2008年，建成47个综合型社区管理服务中心。新设立日间照料中心50个、养老互助点210个。2009年，在所有建成1000平方米的社区服务中心内部专门开设老年人活动场所，包括医疗室、康乐室、休息室、学习室等设施；举办养生、音乐、国学文化养老活动，满足老年人需求。

从2010年起，陆续在社区中心开通“E城通数字信息化便民综合服务系统”，为居民提供办事公开、便民缴费、综合门票、预订服务、保险代理、家政维修、热销推荐7大类服务，实现办事公开、自助缴费、数字惠民一体化。启动全市首家“三网融合”技术试点，居民通过“众e通”项目，在家里就可以实现家电智能控制和家庭安防管理，同时享受到网上政务办理、政策信息查询、家庭诊疗、家庭支付等服务，拥有全新的功能丰富、高科技、智慧化的现代家居和生活体验环境。开设“微市南”“微湛山”等现代公共服务平台，为手机用户提供民生服务，实现“微信摇一摇，社区服务到”。社区智能化服务逐步实现广领域、广覆盖与全息化。2012年建成社区养老爱心食堂6处，为500多位老人提供免费及低偿送午餐服务，全区共有4000余名老人享受送奶探视服务，6000余名老人享受送报服务，300余名老人享受送家政服务，130余名老人享受免费送午餐服务。至年底，区社区中心联网家政服务公司达到40余家，注册职工5000余人，年均提供家政服务10万余人次。

第三节 基础设施建设

社区服务中心

20世纪五六十年代，区内居委会无办公场所，居委会干部开展工作主要靠“一张嘴、两条腿”。七八十年代，通过“腾、挤、建”，居委会开始有了自己的办公和服务场所。1990—1995年，区内居委会用房由118处增加到215处。这一时期的居委会办公条件，大多一间房、两张桌。之后随着旧城改造的进程，原有居委会用房随着危旧房屋拆除而消失。1999—2000年，市南区克服时间紧、任务重、数量多、难度大等困难，共插建110个社区居委会用房，同时为每个社区配备了1台电脑、1辆电动自行车，加强了社区服务管理中心软硬件建设。1998年，按照社区服务省级示范区的要求，位于田家村的600平方米的东部社区服务中心和位于亢家庄的2000平方米的社区服务中心先后交付使用，全区有13个街道办事处的社区服务场所达到省级示范区标准。

进入21世纪，市南区社区中心建设大步推进，居委会办公用房面积狭小、条件简陋的旧貌大为改观。2004—2005年，市南区利用街道合署和社区规模调整的有利时机，通过腾出、整合、购买、置换等多种途径解决办公用房。社区居委会正规办公用房由原来的42处增加到70处、插建钢板房由56处减少到11处。社区办公用房的面积也有了明显增加，80平方米以上的社区中心由1个增加到25个，最大面积达500平方米。至2008年，社区中心用房平均面积达317平方米。2009年，区委、区政府明确提出，到2012年全区所有社区管理服务用房面积达到1000平方米以上。年内，加大资金投入，新增10处1000平方米以上社区管理服务中心。2011年，全区投资3亿元，新建25处面积1000平方米以上的社区管理服务中心，已有53处社区管理服务中心面积达到1000平方米以上，占社区总数的81.6%。2008—2012年，区财政用于购买、租赁、装修社区管理服务中心的投入达8亿元，全区65个社区用房全部达到1000平方米以上。是年，完成3处2000平方米以上的街道级社区管理服务中心建设。

公共服务设施

20世纪90年代末，市南区实施福利彩票“星光计划”，争取资金1000余万元，在居民大院、休闲广场等场所，安装300余处健身路径，丰富了社区居民的业余文化体育生活。2004年，落实民政部“图书援建”计划，为每个社区建成一个图书室，配发1000册图书。湛山街道湛山社区居民金平安自筹资金建成的“金平安图书室”，藏书近万册，无偿为社区居民和中小学生提供服务。2005年，成立民意访问中心，启用全国首个民意调查网络系统，畅通社情民意传递渠道。组建社区学院，社区工作者培训、考核和资格认证工作正式启动。年内，建成20个社区服务示范站，创建了为全区60岁以上的老年人提供的集“机构养老、社区照料、义工援助、邻里互助、亲情慰藉、协会维权”等“六位一体”的养老模式，市南区作为全省唯一代表，在全国社区建设工作会议上介绍经验。同年新增民办养老院3家，新建社区养老服务站7处，千名老人拥有床位数达到20张，市南区被确定为全国首批养老服务社会化试验区。是年，中央政治局常委、全国政协主席贾庆林考察市南区和谐社区建设工作，并给予充分肯定。2008年，完成10个社区文化中心改扩建工程，新建10个社区奥运健身公园。是年，中共中央政治局常委、国家副主席习近平考察市南区社区建设，对“四型社区（文明社区、生态社区、康乐社区、和谐社区）”建设工作给予肯定；“四型社区”建设经验被民政部向全国推广。2009年开始启动社区千平方米管理服务中心建设行动，多方征求居民群众意见，在满足居民议事空间、政府公共服务空间的同时，开辟了医疗、文化、健身、教育等公共活动场所，基本实现了社区居民业余生活人人有去处，公共服务场所天天有活动。年内，加大资金投入，新增10处社区健身中心。2010年，健全社区公共卫生服务体系，新增公立社区卫生服务中心2处，实行延时服务。年内建成社区残疾人托管服务站2处，390余名残疾人享有居家（机构）安养服务。完成2处社区计生服务站的升级改造，设立优孕风险评估点，出生缺陷一级干预率85%以上。

2005年，全区社区实现全覆盖图书室

2012年建成社区休闲广场45处、社区公共电子阅览室10处，组织群众性体育活动70余次、各类文化活动600余场。建成社区卫生信息化系统，推行全科医生团队契约式服务，为3.2万名老年人免费健康体检。年内建成街道级社区服务中心1处、社区食堂8处，升级改造社区日间照料中心7处，5.5万名老人享受到“六送”居家养老服务。年内新增残疾人安养中心1处、医养结合临终关怀护理院1处，完成33个社区无障碍设施改造；全区居民享有的室外健身场所达到500余处，覆盖每一个居民小区。是年，市南区成为全国首批社会工作服务标准化建设示范区。

第二十二篇

社 会 生 活

第一章　居民生活

青岛解放前，由于半殖民地半封建社会的旧中国生产力落后，加之阶级压迫和剥削，区内居民的收入、消费水平与衣食住行状况差别较大，城乡差距亦很悬殊，广大劳动人民的生活十分贫困，官僚、买办、地主及资本家的生活条件优越。青岛解放前夕，物价腾涨，企业破产，商铺倒闭，大批工人、店员失业，衣食无着。青岛解放后，人民政府在组织人民群众大力发展社会生产的同时，努力改善和提高人民生活。随着国民经济的恢复和发展，区内居民就业和工资收入提高较快。至“一五”末期，随着国家大规模经济建设的到来，区内城市居民失业问题彻底解决，家庭就业人口负担指数下降，城市居民可支配收入由解放初期的144元增至208元。这一时期，区内居民的消费结构，以食品消费和衣着消费为主，占消费支出的2／3以上；食品消费以主食为主，衣着消费单一，城市居民日常生活所需的部分日用工业品和副食品消费长期处于票证供应状态，居民衣食住行的总体水平保持在温饱最低线上徘徊阶段。三年严重自然灾害时期和“文化大革命”时期，城市居民收入增长趋缓，衣食消费特别是副食品及日用工业品消费严重不足。

中共十一届三中全会以后，随着社会经济的迅速发展，人民生活水平不断提高。政府通过增加职工工资，建立完善城市居民最低生活保障制度，提高离退休人员养老金标准等措施，使城市居民收入稳步增长，单一公有制经济体制下的社会收入分配固有模式被打破。居民生活消费水平不断提高，彩电、洗衣机、电冰箱等耐用消费品基本普及，电脑、移动电话、家用汽车等高档消费品也已经进入居民家庭，传统的衣着消费发生改变，着装日趋时尚多彩。其间随着居民教育文化需求日益提高，电子文化娱乐用品不断投放市场，居民家庭文娱用品拥有量迅速增加，教育支出大幅提高。20世纪80年代末起，市南区实施大规模的旧村改造，旧式村舍拆除改建为现代化住宅小区。90年代，区内城市居民的食品消费结构，呈现主食比重下降，副食比重上升的态势，粮食支出逐年下降，肉蛋类、水产类、鲜菜鲜果类及奶类支出快速攀升，恩格尔系数逐年下降，1993年下降至51.8%，标志着城市居民生活水平步入小康。90年代末，随着城市交通建设步伐加快，数字通信日益普及，城市居民交通通信支出迅猛增长，分别比80年代初增长25倍与58倍。这一时期，区内民营经济加快发展，以工资性收入为主的居民可支配收入结构发生显著变化；实行“房改”后，区内居民住房大部实现货币化。进入21世纪，城市居民耐用消费品需求由“普及型”向“娱乐型”和“享受型”转变，大屏幕液晶电视、数码相机、摄像机、电脑等成为居民消费的主要选择。随着医疗体制改革与社会保障体系的建立和完善，人均医疗保健支出持续增长。“十五”末期，全区百户居民家装固话拥有率达到100%，移动电话和互联网计算机广为普及。“十一五”时期，区内以金融业、信息产业、文化产业为引领的现代服务业加快发展，居民可支配收入中，其他劳动收入、个体经营者收入、财产性收入和转移性收入均呈大幅增长的趋势。至2008年区内城市居民恩格尔系数达到37.4%，总体生活消费达到全面小康水平。这一时期，居民住房消费、通信消费及教育、旅游支出成为居民消费支出的热点，小汽车大量进入居民家庭，乘坐飞机旅行也已十分普遍。

2012年，市南区居民人均可支配收入34645元，在岗职工平均工资51247元，居民人均消费性支出23619元。是年区内100%的家庭入住各式楼房，城市居民住房消费显著增长。

第一节 居民收入

城市居民收入

青岛解放初期，1949年城镇居民人均可支配收入仅为144元，农民人均纯收入为42元。1950—1957年，市区政府大力安置社会失业人员，经过三年经济恢复时期，城市居民的收入有所增加，生活得到了初步改善。1957年，青岛市城市居民人均可支配收入为208元，比1949年增长44.1%，年均递增4.7%。1958—1978年，由于“大跃进”、“左”倾错误的影响，加之三年严重自然灾害和“文化大革命”的影响，居民收入增长缓慢。1978年全市城市居民人均可支配收入为336元，比1957年增长61.5%，平均每年仅增长2.3%，仅相当于“一五”期末年均增速的一半。

中共十一届三中全会以后，随着农村普遍实行家庭联产承包责任制和城市经济体制改革的进程，生产力和社会经济的持续发展，政府不断调整提高职工的工资待遇，城乡居民收入迅速增加，居民生活水平实现了从温饱到小康再向全面小康发展的历史性跨越。1980年，全市职工年平均工资782元，农村居民人均年纯收入209元。1987年，全市职工年平均工资1519元，比1980年增长近1倍。同年城市居民人均年收入为882元，比上年增长20.5%。“六五”期间，农村居民人均纯收入平均每年递增22.1%，1987年达到730元，比1980年增长2.5倍。

90年代末，随着城镇居民各项保障性基金陆续设立，居民收入来源构成日趋多元化，反映城市居民收入状况的指标体系，由职工年平均工资和居民人均年收入指标改为居民可支配收入指标，包括家庭成员所从事主要职业的工资以及从事第二职业、其他兼职和偶尔劳动得到的劳动收入，家庭成员从事生产经营活动所获得的净收入，公积金、养老基金、医疗基金、失业基金等转移性收入。1997年，全市城市居民人均可支配收入6222元，比上年增长1.8%。2000年，居民人均可支配收入8016元，比上年增长10.1%。2001年，居民人均可支配收入8731元，增长8.9%。2003年，居民人均可支配收入10075元，增长15.5%。

2004年，区内居民人均可支配收入13372元，比上年（下同）增长7.5%；在岗职工平均工资16676元。2005年，居民人均可支配收入14810元，增长10.8%；社会职工平均工资23749元，增长17.6%；在岗职工平均工资24826元，增长16.2%。2006年，区内居民人均可支配收入16905.97元，增长14.2%；在岗职工平均工资27357元，增长10.2%。2007年，居民人均可支配收入19765元，增长16.9%；在岗职工平均工资32263元，增长17.9%。2008年，城市居民人均可支配收入22914元，增长15.9%；在岗职工平均工资33958元，增长5.3%。2009年，居民人均可支配收入25059元，增长9.4%；在岗职工平均工资为36554元，增长7.6%。2010年，人均可支配收入26668元，增长6.4%；在岗职工平均工资为40517元，增长5.2%。2011年，人均可支配收入30741元，增长15.3%；在岗职工平均工资46430元，增长14.6%。2012年，居民人均可支配收入34645元，增长12.7%；在岗职工平均工资51247元，增长10.4%。

就业和工资收入

1949年青岛解放之初，由于国民党统治时期工商企业大批倒闭产生的置后影响，失业人口压力较大，就业率不高，平均每一名就业者需要扶养4.7人（包括就业者本人）。随着国民经济的恢复和发展，人民政府重视待业人员的安置工作，到1958年，共安置23万人就业，彻底解决了城市失业问题，提高了城市居民的生活水平。青岛解放后至改革开放前，工资性收入在居民家庭收入中所占的比重一般在90%以上。

中共十一届三中全会以后，逐步改变了单一的公有制经济体制和社会收入分配形式，居民家庭的收入构成与改革开放前相比，发生了显著变化。改革开放的深入，开阔了城市居民就业领域，提供了多渠道、多形式的工资及收入来源。80年代初，区内城市居民人均收入，除工资以外的其他收入为41元，城市居民就业面扩大，就业者负担人数减少。后多元构成的工资及收入来源逐年拓展，以工资为主体的收入结构发生了显著变化。随着区内民营经济的迅速发展，全区就业人口持续增加，失业人员逐年下降，再就业及自主创业成为从业的新形式。2005年，全区单位从业人员26.2万人，登记失业人员数3.87万人。2008年，全区单位从业人员29.8万人，登记失业人员数4.41万人，再就业2.87万人，自主创业2650人。2012年，全区单位从业人员33.2万人，登记失业人员数4.63万人，再就业4.36万人，自主创业2996人。就业人口的增加，使居民家庭中就业人员负担系数显著下降，从1949年平均每一名就业者需要扶养4.7人（包括就业者本人），至2008年下降为1.8人。至2008年，区内居民家庭工资性收入所占的比重已下降到70.0%。在居民可支配收入中，其他劳动收入、个体经营者收入、财产性收入和转移性收入均呈大幅增长的趋势；全区居民人均工资以外的其他收入达到7144元，比1981年增长了上百倍，年均增长21.1%。

第二节　消费支出

1949年6月青岛解放到1978年的29年间，全市居民人均消费性支出增长1.4倍，年均递增3.1%。其间，市南区城市居民消费也在同幅增长。1957年，区内（下同）城市居民年人均消费支出196元。其中，食品消费121元，衣着消费25元，吃穿占消费支出的约75%，其他方面的消费约25%；1964年，居民人均年消费支出223元，比1957年增长13.8%，其中食品消费137元，衣着消费26元，吃穿占消费比重比1957年下降1.4个百分点。改革开放后，随着市场经济的发展，城市居民的消费水平迅速提高。1981年，居民人均年消费支出490元，比1957年增长1.5倍，其中食品消费283元，衣着消费76元，吃穿占消费支出比重为73.3%。80年代末至90年代初，区内居民的食品消费结构发生变化，其中粮食消费量明显下降，居民食用植物油、鲜蛋、肉类、鱼虾的消费量虽有上升，但增幅不大。区内居民的文化娱乐消费主要用于电视机、录音机。90年代中期至末期，区内居民的鱼虾类食品消费大幅增长，居民家庭的文化娱乐与居家消费主要用于彩色电视机和电冰箱。1990年，居民人均年消费性支出1507元。1996年达到5079元，平均年增500元以上。

进入21世纪，区内人均年消费性支出持续增长，2000年达6677元。这一时期，随着居民住宅商品化的推进和数字通信的普及，住房消费和通信消费大幅增长。伴随全社会教育意识的提升和教育事业的发展，区内居民家庭的教育支出占消费性支出的比重不断加大。2004年，居民人均消费性支出10091元，增长5.9%。2005年，居民人均消费性支出10896元，增长8.0%。2006年，居民人均消费性支出12866.60元，增长18.1%。2007年，居民人均消费性支出13821元，增长7.4%。2008年，居民人均消费性支出17842元，增长29.1%；2009年，居民人均消费性支出19136元，增长7.3%。2010年，居民人均消费性支出20130元，增长5.2%。“十一五”时期以来，国家法定节假日的调整和增加，促进了旅游业加快发展，区内居民旅游消费成为一大消费主项，拉动居民消费支出大幅增长。2011年，居民人均消费性支出22344元，增长11.0%。2012年，居民人均消费性支出23619元，增长5.7%。

第三节　消费构成

食品消费

青岛解放后至改革开放前，区内居民的消费支出以食品消费为主，食品消费又以主食为主，副食比重偏低，食品消费以家庭化形式为主，社会化程度较低。90年代初始，区内居民的食品消费结构，呈现主食比重下降，副食比重上升的态势，饮食消费方式开始向社会化转移。90年代中期，区内居民的副食构成鱼虾类、鲜菜鲜果类及奶类比重逐年上升。2005年，市南区居民家庭人均食品支出为3896.46元，其中粮食支出为265.66元，占食品支出的6.82%，肉类549.64元，蛋类118.56元，水产品类463.53元，鲜菜308.92元，鲜果203.53元，奶及奶制品203.63元，均比改革开放前和改革开放初有较大幅度的增长。2008年，市南区居民家庭人均食品支出为6498.10元，其中粮食支出为367.98元，占食品支出的5.66%，肉类925.88元，蛋类163.56元，水产品类737.40元，鲜菜483.29元，鲜果393.98元，奶及奶制品316.74元。2012年，市南区居民家庭人均食品支出为8755.6元，其中粮食支出为367.47元，占食品支出的4.2%，肉类968.68元，蛋类180.2元，水产品类799.73元，鲜菜590.35元，鲜果593.7元，奶及奶制品375.26元。随着生活节奏的加快，区内居民副食中各种方便食品、速成食品、半成品食品备受青睐，家庭饮食已部分社会化，居民在外饮食支出迅速增加，2005年人均为725.83元，2008年为1267.51元，2012年为1706.64元，占食品支出的19.49%。

衣着消费

改革开放前，由于物质条件的限制，市南区居民衣着消费极为单一，“新三年，旧三年，缝缝补补又三年”是当时衣着消费的普遍现象。改革开放后，随着生活水平的提高，传统的衣着消费观念发生改变，一衣多季和一衣多用的情况成为历史，人们追求新、美的个性化消费模式，着装日趋时尚多彩，衣着消费持续提高。2005年，市南区居民家庭人均衣着支出为1180.89元。2008年，市南区居民家庭人均衣着支出为1956.7元。2012年，市南区居民家庭人均衣着支出为2854.63元。居民在衣着消费上，用于购买成品服装的支出逐年增加，而用于衣料的支出不断下降，衣着消费的成衣化倾向越来越明显。2005年，市南区人均购买各种服装支出813.24元，占整个衣着支出的68.87%；衣料支出为9.30元，仅占衣着支出的0.79%。2008年，市南区人均购买各种服装支出1293.28元，占整个衣着支出的66.09%；衣料支出为5.97元，仅占衣着支出的0.31%。2012年，市南区人均购买各种服装支出2100.71元，占整个衣着支出的73.59%；衣料支出为7.03元，仅占衣着支出的0.25%。居民穿鞋也一改30年以前布鞋为主的局面，各种皮鞋、高档运动鞋、旅游鞋和休闲鞋等样式繁多，舒适大方。各种领带、腰带、围巾以及金银饰品已成为人们穿着打扮的配套装饰。

用品消费

20世纪50年代到60年代初期，区内居民家庭的装备性财产仅限于衣橱、箱柜、桌椅板凳等价值较低的家具，钟表、手表、自行车、收音机开始在居民家庭中出现，但仅限于部分高收入家庭。中共十一届三中全会以后，随着生活水平的提高，城市居民家庭的各种耐用消费品越来越多，价值越来越高。居民的耐用消费品与前30年相比，有了大幅度的增加，各种新型家用电器迅速进入居民的消费领域。从80年代初的黑白电视机到90年代后期的彩电、冰箱、洗衣机、录音机新“四大件”，快速进入居民家庭。进入21世纪，城市居民耐用消费品需求由“普及型”向“娱乐型”和“享受型”转变，大屏幕液晶电视、数码相机、摄像机、电脑等成为市民消费的主要选择。2005年，市南区每百户居民家庭拥有洗衣机94.55台，电冰箱100.91台，彩色电视机130.00台，照相机87.27架，空调器84.55台，淋浴热水器85.46台。2008年，市南区每百户居民家庭拥有洗衣机97.50台，电冰箱108.75台，彩色电视机122.50台，照相机72.50架，空调器102.50台，淋浴热水器92.50台，家用电脑80.00台。2012年，市南区每百户居民家庭拥有洗衣机104.49台，电冰箱113.48台，彩色电视机114.61台，照相机80.9架，空调器124.72台，淋浴热水器93.26台，家用电脑107.87台。

住房消费

区内居民住房，历史上形成了别墅、公馆、里院、平房、村居等休式各异的多元格局。新中国成立后，区内农村居民居住自有房，房屋修缮自理；城市居民大多以房租形式支付单位分配住房的费用，国家按月给以少量补贴，住房消费较低。1981年，青岛城市居民人均居住面积为5.25平方米，城市居民人均居住消费19元，其中水电燃料费12元。到1998年年末，人均居住面积达9.17平方米，比1981年增长了74.7%，人均居住面积4平方米以下的拥挤户只占调查户的2.8%，人均居住面积8平方米以上的户数占61.8%；居民住各式楼房的家庭占93.3%，住普通平房的仅占6.7%。90年代末区内居民住房实行“房改”，大部分居民住房产权实现货币化，未购买产权的住房按月缴纳租金。2005年，市南区居民人均房屋使用面积16.79平方米，人均建筑面积22.64平方米，住各式楼房的家庭占92.73%，住普通平房的占7.27%，88.18%的家庭居室内有厕所浴室，100%的家庭使用管道煤气或液化石油气，84.55%的家庭有可取暖的空调设备或暖气。年内市南区居民人均居住消费支出1217.87元，其中水电燃料费702.26元。2008年，市南区居民人均房屋建筑面积25.88平方米，住各式楼房的家庭占97.5%，高于全市楼房住户10.2个百分点，住普通平房的仅占2.5%，92.5%的家庭居室内有厕所浴室，97.5%的家庭使用管道天然气或液化石油气，87.5%的家庭有可取暖的空调设备或暖气。同年，市南区居民人均居住消费支出1839.72元，其中水电燃料费900.44元，与1981年相比，分别增长99倍和75倍。2012年，市南区居民人均房屋建筑面积29.57平方米，100%的家庭入住各式楼房，93.26%的家庭居室内有厕所浴室，98.87%的家庭使用管道天然气或液化石油气，89.88%的家庭有可取暖的空调设备或暖气。住房条件的改善增加了城市居民的住房消费支出。同年，市南区居民人均居住消费支出2083.33元，其中水电燃料费1380.32元。另外，随着住宅环境庭园化、管理现代化、卫生干净化，居民人均居住服务费用支出也有显著增加。2005年市南区人均居住服务费134.22元，2008年市南区人均居住服务费82.69元，2012年市南区人均居住服务费达到205.57元。

交通通信消费

随着经济发展和科技进步，城市生活节奏加快，现代化的交通通信迅速进入居民家庭，改变着居民生活。1981年，青岛市城市居民家庭人均年交通和通信支出仅5.16元，其中交通支出4.92元、通信支出（邮电费）0.24元。1998年猛增到308元，增长58.8倍，其中交通支出131元，增长25.5倍；通信支出178元，增长740多倍。通信支出增长迅速，2005年，市南区百户居民家装固话拥有率达到100%，拥有移动电话160.91部，接入互联网的计算机37.27台。2008年，市南区百户居民拥有移动电话193.75部，家用电脑80台。2012年，市南区百户居民拥有移动电话233.71部，家用电脑107.87台。城市居民生活消费正在向现代化的信息网络时代发展。2005年，市南区人均年交通和通信支出1035.10元，其中交通支出352.66

元、通信支出682.44元；家用汽车快速进入居民家庭，2005年市南区百户居民家庭拥有3.64辆，2008年，市南区人均年交通和通信支出2252.95元，其中交通支出1451.17元、通信支出801.78元；家用汽车增长迅速，每百户拥有13.75辆。2012年，市南区人均年交通和通信支出4138.08元，其中交通支出3113.05元、通信支出1025.02元。年内每百户家用汽车拥有量已达到32.58辆，为2008年的2.3倍。

医疗保健消费

新中国成立后，区内广泛建立公费医疗制度，由辖区财政统收统支。医疗体制改革后，区内居民纳入医疗统筹范围，在一定程度上推动了居民家庭医疗费用的增加。随着生活水平的提高，居民的保健意识不断增强，各种保健滋补品的消费日益增多。2005年市南区人均医疗保健支出808.66元，其中滋补保健品支出237.03元，人均医药费支出533.73元。2008年人均医疗保健支出1183.28元，其中滋补保健品252.77元，人均医药费支出806.26元。2012年人均医疗保健支出1564.2元，其中滋补保健品442.97元，人均医药费支出976.66元。

教育文化娱乐消费

新中国成立后，区内适龄儿童、青少年享有宪法赋予的接受教育的权利和义务，学费、杂费成为居民家庭的主要教育开支。至改革开放前，大部分家庭的工资收入用于吃穿用，工休时间主要干家务，休闲娱乐活动少而单一，一般居民家庭中文娱用品十分匮乏，多数只有一台收音机。改革开放后，居民收入不断增长，物质生活迅速改善，人们对精神文化生活有了更高的要求，居民用于精神消费的娱乐文化服务支出成倍增长。伴随新的娱乐用品不断投放市场，居民家庭文娱用品拥有量迅速增加，旅游购物、娱乐休闲、读书看报等休闲娱乐活动丰富多彩，休闲娱乐消费大幅增加。随着市南区教育事业的迅速发展，中、高等教育日益普及，海外留学渐成风气，居民用于教育的支出大幅提高。2005年，市南区居民人均教育文化娱乐支出为1658.8元，其中人均教育支出729.34元，人均购买书报杂志支出88.49元，人均旅游支出329.23元。2008年人均教育文化娱乐支出为1918.37元，其中人均教育支出809.3元，人均购买书报杂志支出104.12元，人均旅游支出237.13元。2012年人均教育文化娱乐支出2841元，其中人均教育支出1242.81元，人均购买书报杂志支出93.43元，人均旅游支出924.74元。居民精神方面的消费提高主要体现在：家庭文化娱乐用品拥有量迅速增加。1981—2012年，市南区彩色电视机每百户的拥有量从不到1台达到114.61台；其他各种耐用文化消费品也有不同幅度的增长，照相机（包括数码照相机）每百户拥有量从1981年的2架提高到2012年的80.9架；组合音响、摄像机、钢琴在居民家庭中的拥有量已分别达到25.84套、32.58架和13.48架。居民精神方面的消费提高还体现在消费方式的更新，外出旅游成为居民娱乐休闲的新方式，呈逐年激增的发展趋势。2012年区内居民人均旅游支出接近2008年的4倍。

第四节　衣食住行

青岛解放前，区内居民生活贫富严重不均。少数官员和富裕人家衣食无忧，生活条件优越，大多数普通家庭仅能维持温饱艰难度日。青岛解放后特别是改革开放以后，广大居民的经济收入不断增长，生活水平极大提高。服饰表现为从朴素向鲜艳，从遮体御寒到追求时尚和气质，求新求异、展现个性成为潮流。饮食表现为从只求吃饱到重视营养养生的转变。解放前区内大多数民居为条件简陋的里院或平民大院，农村基本为传统的民居形式。解放后特别是改革开放后，经过棚户区拆迁、旧城旧村改造，区内居民住上了设施齐全配套的各式楼房。解放前一般人家出行多是步行，少数中上层人家外出骑自行车或雇乘人力车、出租车。解放后居民骑自行车者逐年普及，长、短途公交汽车亦逐年增多。改革开放后人们出行的交通工具日趋多元，私家车日益普及。

服饰

男子服饰　解放前，富家男子多穿皮、棉或绸缎长袍、右襟长衫、马褂或短褂、肥便裤。冬季戴皮、棉帽，春秋两季戴瓜皮帽或礼帽，夏季戴细草编遮阳帽。脚穿呢布圆口鞋或皮鞋。普通人家男子穿土布对襟短装和肥大过膝上衣，短襟小袄、粗布短衣。上衣分单衫、夹袄、棉袄三类。裤子为直档、带腰、宽腿单裤或棉裤。冬季戴"耳捂"御寒，夏季戴苇笠遮阳避雨。农家男子穿机织土布的对襟短装或肥大过膝上衣。鞋为麻绳纳底的布鞋或胶底鞋。解放后，男士服装、帽子及服饰颜色较前发生变化。20世纪50—70年代，中青年男子戴鸭舌帽、解放帽，穿蓝色或黑色中山服、军便服、国防服、青年服等，夏季穿制服短裤，冬季穿连帽棉大衣，俗称"棉猴"。一般人多穿布鞋、回力胶鞋和解放鞋，机关人员、干部多穿皮鞋或布鞋。"文化大革命"期间流行穿黄军装、军便服、蓝工作服，戴黄军帽和灰色海军帽等，一度流行喇叭裤。这一时期，受物质条件和计划供应的限制，服饰样式固态化，色彩以蓝、黑为主调。改革开放以后，服装式样日趋多样化。公务人员、公司职员多穿西服、皮鞋，一般人穿牛仔服、夹克衫和休闲服等。夏季多穿纯棉、丝质或混纺T恤衫，冬季穿皮衣、羽绒服。皮鞋、运动鞋、休闲鞋等各式鞋类花样繁多。青岛男子不分老幼皆崇尚体育运动，故四季运动装广为流行。

"文化大革命"期间的流行穿着（宋立嘉提供）

女子服饰　解放前，中青年女子多不戴帽子，有的老年妇女戴一种"箍帽"或黑色平绒软帽，农家女多戴布质大耳朵箍。富家女子大襟宽袖花边罩褂和肥管花边裤，或扎腿裤，摩登女性穿旗袍或裙子，知识女性和女学生多着白褂黑裙。鞋子为皮底绣花鞋，缎面绣花鞋等。普通人家女子穿土布大襟短褂，长裤。喜庆节日妇女穿镶边上衣。青年女子还穿"紧身"或"肚兜"。"紧身"是一种红色内衣，布扣密密麻麻，紧贴上身。"肚兜"也是一种内衣，用布带系在腰间，上面绣有石榴、寿桃等吉祥图案。鞋子为木底绣花弓鞋或圆口偏带布鞋。解放后，区内中青年女性开始流行列宁装、军装、工装和便服，部分农村老年妇女衣着没有大的变化。50年代初，机关工作人员和企业职工多穿列宁服、连衣裙，但流行时间不长。冬季穿一种帽子和上衣连在一起的棉、皮大衣，称"棉猴"或"皮猴"。50年代中期至"文化大革命"前，女子喜穿花色上衣，各种款式的外套、裙子、连衣裙开始流行。"文化大革命"期间，青年女性穿黄军装、军大衣成为潮流。改革开放后，女子服装日趋新颖多彩，从注重价格和款式转为注重品牌和个性。年轻女子穿燕翼衫、健美裤、大衣、风衣、西装、裙子等，中年女性穿翻领上衣和西装裤等，老年妇女喜欢艳丽色彩的宽松服装。皮鞋、运动鞋、凉鞋、皮靴、高跟鞋等各色鞋子式样繁多。女子服装讲究与饰物的搭配，项链、耳坠、戒指、丝巾、提包等成为女性常用饰物。

饮食

主食　解放前，一般农家主食以玉米、红薯（地瓜）等粗粮为主，遇有荒年或青黄不接的季节要靠野菜充饥，富裕人家可以吃上馒头、米饭等。解放后，农家主食以小米、玉米、小麦、地瓜为主，杂以高粱、豆类、黍子等杂粮。市区自1953年实行粮食计划供应后，居民按定量和粗细粮比例购买粮食，主食以馒头、米饭、杂面窝头、饼子等为主。1959—1962年三年自然灾害时期，粗粮供应比例占大多数，主食以玉米饼子、窝头、地瓜、地瓜干等粗粮为主。中共十一届三中全会以后，细粮供应比例增加为70%。80年代后，取消粮食计划供应，城乡居民主食普遍以馒头、米饭、面条等细粮为主，粗粮成为调剂生活、平衡膳食营养结构的辅助食品。

副食　解放前，只有少数富裕人家能吃上鸡蛋、鱼、肉等副食品，一般百姓只能维持温饱，难得吃上鱼肉。解放后，人民生活水平提高，副食品开始走上普通百姓的餐桌。改革开放前，由于物资贫乏，猪肉、鸡蛋、鱼类、豆制品等主要副食品实行计划供应，数量少且品种单调。20世纪50—70年代，个人饮酒一般多从杂货店购买散装的白酒，俗称“烧酒”或“白干”，用酒壶烫热再喝。瓶装白酒和啤酒价格较贵，且属计划供应，只在春节、国庆节时可以凭票证购买，多用于招待客人。饭店可以买到灌装的散啤酒，但数量少供不应求。改革开放后，生产力极大提高，肉、蛋、水产品、奶制品、糕点、蔬菜、水果等副食品花样繁多，居民可任意购买，白酒、啤酒、红酒等各种酒类随意选购。80年代开始流行用塑料袋盛装啤酒，喝散啤、吃蛤蜊、吃烤肉成为市民的饮食时尚。进入21世纪，随着健康意识的增强，肉蛋消费逐渐减少，更多选择鱼类、豆制品、蔬菜、水果等。

居住

农村民居　青岛解放前，农村基本为传统的民居形式，多数为草房或土坯房，砖房很少。村居大多为院落式平房，院落呈四合院型，院北边一排平房，内坐北朝南，一般3～5间，叫“正屋”。正屋前面东西两侧建有厢房，东厢房的南山墙正对院子大门，称“照壁”。解放以后，农村建房开始统一规划，多为正房四间，一明三暗，厢房三间。正房一般是砌石地基，红砖墙，红瓦顶。院墙砖石到顶，黑漆大门。后又兴起正房五间，木板门改为玻璃门，木棂窗改为玻璃窗。改革开放后，市南区实行旧村改造，旧式村舍已全部拆除改建为现代化高层住宅小区。

城区民居　由于政治、历史等原因，新中国成立前的区内民居既有富家权贵居住的西式别墅、小洋楼，也有下层百姓聚居的大杂院。德国侵占青岛后，市南区沿海一带相继建起充满欧美风情的西式建筑，专供外国人居住。该类建筑多采用独立设计，配庭院，风格各异。受西式建筑的影响，区内一些中国建筑也采用拱券、敞廊、折线式山墙等细部处理手法，形成中西合璧的建筑风格。此类别墅、公馆类民居多分布于区内龙山路、福山路、鱼山路、沂水路、浙江路、德县路、莱阳路等处。

20世纪20年代，大量移民在台西一带搭建简易窝棚栖身，条件极为简陋。据1928年出版的《胶澳志》记载：“市内贫民麇居于台西镇之挪庄、马虎窝、西广场等处，矮屋一椽，仅堪容膝，起卧炊涤胥在其中，甚者支板为棚，合居三四，既虞火患更碍卫生。”此后，随着移民的不断涌入，窝棚板房人满为患，新的居住形式“里院”应运而生。里院是特有的一种民居形式，始建于19世纪末，终止于20世纪30年代，多集中在市南老城区，据1933年青岛社会局统计，分布于市南区的里院约250余处。

里院，是“里”和“院”的合称，融合中式传统四合院与西方商住式公寓为一体，临街而建，一般为“口”字形、“日”字形或“回”字形，四周为二至三层的楼房，院内中心位置设一个公用自来水龙头，一个公用厕所。房间户型多是一户一间，也有一户两间，面积10多平方米。“里”的天井比较大，可以出租给公司或小商人作为存放货物样品的货栈。“院”的公共区域相对较小，一般是由数个小院组成的多进的大杂院。“里院”的住户多是小职员、小商贩、工人、手工业者、人力车夫等城市中下层人群。20世纪30年代中期，为改善台西镇居民的居住条件，青岛市政府成立平民住所筹建委员会，兴建适宜平民居住的廉租房，在区内建成平民住所8处14个院，俗称“平民大院”。院内有公共厕所和自来水龙头，俗称“水龙池子”，附近几条马路的居民均到此挑水吃。

青岛解放后，居民的住房条件逐步改善。50—80年代，一些单位职工分配住上了套房。这些住宅分为两类，一类是属市区房产管理系统的公共用房，一类是企事业单位建的职工宿舍。改革开放后，随着旧城改造工程的实施，旧的大杂院、筒子楼已经拆除，单元房、城市小区成为主要居住形式。1981年后，在东部新建大批居民小区，在西部改造台西10个棚户区大院。90年代，实施旧城改造，里院、筒子楼等老旧建筑进行拆迁改造，大多数里院已在旧城改造中被拆除，居民住上了供暖、供气等设施完备的高层住宅。

出行

解放前，一般人家出行多是步行，农村妇女有的乘坐人推的独轮小车或骑小毛驴，富裕人家出行，有的骑马驾骡，有的乘带轿厢的简易马车。20世纪二三十年代，区内居民出行，一般步行为主，或乘坐市区公共汽车或通往市郊的长途汽车，少数中上层人家外出骑自行车或雇乘人力车（洋车），富裕人家出行，或雇敞篷马车，或搭出租车。新中国成立后，城乡居民骑自行车者逐年增多并普及，长、短途公交汽车亦逐年增多。改革开放后，机动车成为最重要的交通工具，出行可以乘坐公交车、出租车、火车。1985年，四川路21号新建轮渡码头，市区到黄岛开发区可以乘坐渡轮或快艇。进入21世纪，电动自行车、摩托车代替了自行车，私家车开始进入家庭，乘坐飞机旅行也已十分普遍。

20世纪50年代初，人力三轮车仍然是部分市民选择乘坐的交通工具

第二章　民俗民风

今市南地域的民俗文化历史悠久，源远流长。明代，依托海岬、口岸的重要军事地位，今市南地域成为卫所设防之地，伴随卫所军户、移民人口的涌入，民俗文化日趋繁兴。卫所年代的社情民俗作为民间传说流传已久，家族亲善、乡邻和睦的淳朴民风传承至今。清末，北洋海防体系建设择址胶州湾，今市南地域成为胶澳总兵衙门的驻防之地，时区内民俗文化的繁兴景况，在《海云堂随记》留有记载。20世纪初，随着路港经济的发轫，周边诸县和外省的大量移民进入今市南地域，带来了各地的民风民俗。由于德国、日本殖民文化的长期侵染与渗透，很多西方生活习俗也融入其中。30年代中期，市南区作为城市的商贸、文化中心，其民风民俗呈现更大的兼容性，形成了五方杂处、东西交融的区域民俗特征。

市南地域自古是礼仪之区，世世代代的市南人崇尚礼仪，沿袭成俗，形成了居家、衣食、添丁、祝寿、言行、送迎、馈赠等内涵广泛的礼俗之规，规范着人们的日常行为，维系着一方社会人际。清代，即墨已发展成为胶东半岛的经济、文化中心城邑，婚丧礼俗亦趋完备，市南区域作为即墨县域的七乡八十一社之一，其婚俗与丧俗沿袭这一时期北方地区迎娶、治丧的基本规制。伴随青岛城市化的进程，市南地域的婚俗与丧俗，渐生城乡之别，古老传统的婚丧礼俗日渐式微，城区婚俗较早融入西方和现代元素，“隆丧厚葬，如事生前”的传统治丧礼俗，渐为“厚养薄葬，简礼顺变”的现代治丧礼俗所取代，献鲜花与海葬逐步走进当代市南人的治丧场合。市南民俗中有关禁忌避讳的种类繁多，其中，尤以岁时节令禁忌、婚丧礼仪禁忌和添丁祝寿禁忌内容为最。随着时代的发展和社会的进步，市南民俗也在发生变化，有些礼仪被淘汰，有些则被更新，但区域民俗的本质特征仍然得以保留和传承，而一些有关宗族礼法、男尊女卑的陈规陋习和禁忌避讳早已淡出人们的生活。

市南区域的节俗，基本沿袭传统节日的习俗。传统节日历史悠久，有固定的礼仪程式，特定的民俗内涵，是弘扬传统文化的重要载体，随着人们价值观念的更新和文化审美的提升，其形式内容也出现一些变异，一些传统节俗中融入了新的时代元素，以全新的文化解读和人民群众喜闻乐见的形式融入现代社会生活。新中国成立后，人民政府把一些具有重要纪念意义的日子订立为节日，还设立一些专门性节日，如教师节、老人节等。改革开放以后，东西方文化交流日益紧密，一些西方的节日如圣诞节、母亲节、情人节等也开始在区内流行。新兴节俗顺应时代的变化，适应人们对新生活的追求，有的已经成为区域民俗文化符号和发展地方经济的重要载体。

民间传说和童谣，是市南民间文学口头创作的形式和成果之一，成为折射一方民俗民风的镜子。其中“浮山所的传说”被列入区级非物质文化遗产保护名录，成为联结历史与当代的集体记忆。流传已久的童谣，是区域民俗风情的通俗教科书，成为观照新时代辖区儿童生活面貌的一扇窗户。

第一节　礼　俗

添丁

婴儿诞生，一般有“报喜”“过三日”“送汤米”“满月”“过百岁”等几个程序。孩子出生当天或第二、三天，女婿要亲自到岳母家报喜。第三天过“三日”，宴请亲朋吃喜面、喝喜酒、送喜蛋。给新生儿洗澡、起名。若是剖腹产，一般在产妇出院后过“十二日”。

孩子出生后，娘家及亲朋好友多携带鸡蛋、饼干等礼物前往祝贺，就是“送汤米”也叫“看喜”。孩子出生后第六、十二或十八天，产妇娘家会去男方家“送汤米”，一般是猪蹄、鸡、鸡蛋等。改革开放后，“送汤米”习俗仍相沿不衰，而且花样更加繁多，以钱代物者渐多。

婴儿出生一个月要“过满月”，满月这天给婴儿理发，俗称“铰头”。铰头一般是在上午，请族中未婚女子在婴儿头上自下而上铰三圈，铰下的胎毛用一张面箩接住，再用红布包好，缝在婴儿的枕头里。铰头时须有孩子的舅舅在场。

婴儿出生100天（或99天）要举家庆贺，称“过百岁”。亲友携带小儿衣服、鞋帽或花布等前往祝贺，喝喜酒、吃喜面。改革开放后，一般在酒店“过百岁”，亲友多送礼金。

祝寿

庆贺老人生日谓“庆寿”“祝寿”，50岁以后每十年为一大寿，称“庆寿日”。祝寿时讲究礼节，如老人活到100岁，忌说百岁，只能称“99岁大寿”。区内居民祝寿或过生日，一般早晨吃面条，中午吃干饭，晚上吃饺子。生辰日忌喝粥，俗语有“喝了粘粥，一年糊涂”的说法。解放前富有人家庆寿时，子女、亲朋好友一般要送寿幛、寿联或寿屏，也有送寿面、寿桃和寿星图的。仪式上晚辈向老人跪拜，称拜寿。一般百姓家庭生活艰辛，过生日只能全家团聚改善一下生活。新中国成立后，随着人们生活水平的提高，逢过生日，全家或亲友团聚在一起庆贺。改革开放后，生日礼俗日益受到重视，父母年届50岁，子女就开始细心操办生日庆典，在酒店宴请亲友，唱生日歌，吃生日蛋糕，吃长寿面。亲友多送礼金、寿酒祝贺。

言行

区内居民每逢节庆或祝寿、过生日、登门探视等重要场合，极为讲究言行礼俗。春节期间特别是除夕晚上不准说不吉利的话，忌说“穷”“破”“断”等字眼，有的需要换个说法。如：饺子煮破了不能说“破”，要说“挣了”；蒜不能说蒜，因为方言蒜与“散”同音，要说“义和菜”；饭吃完了称为“好了”，馒头蒸裂了要说“笑了”等，直到初三之后才能开禁。

祝寿时，对百岁老人忌说一百岁，只能说99岁。忌说七十三岁和八十四岁，这是人生的两个关口，谓之损头年，有“七十三、八十四，阎王不叫自己去”之说。男人忌说四十一岁，四十一是“王八”，要跳过去多说一岁。婴儿出生一百天叫作“百岁”绝不准叫“百日”。长辈的乳名晚辈不能叫，与父亲名字相同的字也不能直说，谓之“避讳”。生麻疹和天花忌生人入门，犯忌则豆瘆出不来。探望病人要在上午，忌在下午和晚上，谓中午以后，太阳下山，精神不旺，对病人不利。

衣食

区内居民平时饮食、着装十分注重礼仪细节，自幼受长辈言传身教，耳濡目染，形成世代相传的衣食礼仪。吃饭时忌敲饭碗，敲饭碗意味着没饭吃；忌攥着饭碗，说这是端着讨饭的碗，受一辈子穷；忌把筷子横担在碗上，盛饭时忌勺子往外翻，说这是犯人牢食的舀法；给别人倒茶忌壶嘴对着人；到别人家做客吃饭时忌把鱼翻过来，谓之“客不翻鱼”。斟酒、倒茶，忌手握壶瓶的脖颈，盛饭添汤忌瓢勺外翻，前者形意为“掐脖子”，后者形意为“胳膊肘向外拐”，皆对人不敬。要从门口进屋送食物，忌窗口递送，状如递送“囚饭”。

妇女中间流行一些衣饰方面的禁忌，俗谓之“妈妈令”。衣服的下边忌毛边，那样是丧服的形式。衣服的扣子喜单忌双，说是“四六不成材”。衣服破了或掉了扣子，忌穿在身上缝补，如果必须在身上缝，被缝者口中要衔一根草，这样针不扎人。“九月不缝被，缝被孤寡盖着睡”“六月不缝袄，缝袄穿着好送老”。

出行

旧时人们启程，先要选择吉日，“要待走，三六九”。初五、十五、二十五都不能出远门，更不能在外面住宿。上路前数日，必要遍辞亲友。旧时农村迎宾客一般在村外迎候，也有迎出数十里的。解放后，市区迎接客人或来宾一般到车站、码头，称为接站。客人到家，设酒饭款待，名为接风或洗尘。亲人远行或远客告别，置酒饭相送，称饯行或饯别。临别赠钱物，俗称“送行礼”。最为流行的风俗是，亲人回家吃面条，出门吃饺子，有“出门饺子回家面”的谚语，寓意“长接短送”，此俗仍沿袭至今。

馈赠

宾朋亲友之间相互馈赠礼品也有礼仪可循，收受礼品忌单喜双，忌白喜红。忌送钟、梨等物，因送钟音同“送终”，送梨音同“离”，不吉利。

第二节　婚　俗

农村婚俗

说媒　旧时说媒也叫“保媒”，媒人可以是亲友、熟人，也可以是专门的媒婆。一般先由媒人说和，若双方有意，则由男方向女家提亲。若双方满意，两家男女互换年庚帖子，请算命先生“合婚”，推算双方属相和生辰八字是否相合。解放后实行婚姻自由，年轻人很多是自由恋爱结婚，也有经人介绍双方中意后恋爱结婚的。改革开放后，出现专门婚姻介绍机构，举办各种相亲活动，为未婚男女相互结识创造条件。

相亲　是由媒人约男女双方到第三者家中见面，彼此相中即建立恋爱关系。经过多次交往条件成熟后，就安排女方到男方“验家”。到时，男方要准备酒宴和礼钱，女方若满意就会留下吃饭，若叫一声“爹”“妈”，男方父母要给女方见面礼钱，亲事最终确定。

订婚　俗称“定亲”或“下婚柬”。旧时，订婚要换柬，由男方家准备柬帖两张，一张写明男方年龄和生辰八字，封面写上“敬求金诺”等求亲字样，用红漆匣装好送往女家。女方接柬后，照样填好另一张，写上“谨遵玉言”或“愿结秦晋”等允亲字样送还男家，表示同意结亲。订婚的日子由双方家长协商确定，男方订婚的聘礼有戒指等首饰、礼金、两条红腰带、两个红包袱、至少两套衣服、小六样等。女方家要给男方准备一双新鞋。礼金也叫订婚钱或彩礼钱，数目不一。订婚后，双方夫妻关系正式确定。

送日子　旧时，男方根据女方的命相，查定喜期，通知女方，俗称“送日子”，也叫“下婚书”。再备礼品馈赠女方，并附“迎婚贴”，上书新娘冠盖、坐帐、开面、梳妆、上下轿的面向与“嫁女客”所忌属相等事宜。双方各自通知亲友，亲友以钱、物等为礼品相赠。男方称“看喜”，女方称“添箱”。改革开放后，在婚嫁礼仪上，婚期除讲究“黄道吉日”外，多选择“五一”、国庆节、元旦等节日，农历的双日中带“六”“八”仍备受青睐。

送嫁妆　婚期前一天，女方向男家送嫁妆，俗称“过嫁妆”。嫁妆多是箱、柜、桌椅、被褥等生活必需品，被褥讲究“两铺两盖”或“四铺四盖”。解放前，富家大户为摆阔气，雇用挑夫抬嫁妆，由男傧配送，送嫁妆的队伍浩浩荡荡。一般人家则将女子常用的衣物、被褥等必需日用品托人送到男家，或由男家派人来取。但无论嫁妆多少，一对“长命灯”必不可少。送走嫁妆后，女方要请一个公婆、夫婿、儿女皆全的妇女给待嫁女儿“开脸”和“上头”。

娶亲　旧时娶亲，有钱人家雇轿两乘，新郎乘坐的叫“官轿”，新娘乘坐的称“花轿”。娶亲时，新郎到女家时要先拜女家祖先和父母，叫“谢亲”，随后由送亲客陪着吃面条和鸡蛋。新娘离家时两脚不能沾土，要由兄弟抱着上轿。轿里放一个包有脸盆和镜子的包袱。婚礼当日男方在家里备置流水席宴请客人，第一场要招待送亲的娘家人，席位在主堂内，其他人在客房或院子里。喜宴一般讲究八馃四肴十大碗。新郎父亲要致辞，菜上齐后，司仪要领着新郎新娘挨桌敬酒，亲戚要给新娘的婆婆认亲钱，次日婆婆再将钱给新娘。迎亲队伍来到女方家，女方要包饺子，吃完饺子新人才可离开。新郎接上新娘后回到家再拜见父母，新娘给公婆敬茶、敬糖。晚上闹洞房。

城区婚俗

城区婚俗较早融入西方和现代元素。20世纪三四十年代，西式婚礼开始流行，新娘穿戴白色婚纱，新郎西服领带，乘坐扎彩汽车，管乐队奏乐等。同时，旧式婚礼仪式仍然存在，中西合璧式的婚礼风俗凸显了民俗的时代特点。当时的文明结婚仪式大略是：奏乐；证婚人、主婚人和介绍人入席；男女傧相引新郎新娘在乐曲声中入席，内向立，行结婚礼，新郎新娘相向三鞠躬，交换饰物；证婚人读证书；新郎新娘和介绍人、证婚人、主婚人用印；证婚人读诵词；来宾代表和主婚人致祝词；新郎新娘以鞠躬的方式依次谢主婚人、证婚人、介绍人、来宾；新郎新娘在乐曲声中退场；集体合影。

20世纪50年代以后，旧式婚姻礼仪逐渐式微，婚礼一般在家中设宴宴请亲朋好友或同事，男女双方单位领导到场致贺，朋友、同事间分发喜糖。贺礼一般送暖瓶、脸盆、毛巾被、被面等生活用品。改革开放后，婚礼仪式日趋多样繁复，一般委托婚庆公司策划安排。婚礼当天，新郎家屋里屋外主要地点贴喜字，喜字分镜喜、窗喜、床喜、路喜等。贴路喜要从路口往家里倒着贴，古力盖、消防栓等要贴红纸。新郎携带红包、手捧花到新娘家，新娘的伙伴会堵在门口讨要红包，称“堵门”。新娘出门前，新郎新娘一起在床上吃送行饺。然后拜见父母，敬糖敬茶。新娘出发需带两个红包袱包好的盆子，内放枣、花生、桂圆、栗子、红筷子、宽心面六样物品。迎亲婚车到达新郎家，鼓乐齐鸣，燃放鞭炮、礼炮，舞狮等。新人进家后，拜见父母并敬茶，家人合影后前往酒店。

酒宴在中午吉时举行，亲友送上礼金祝贺，数目不等。在司仪主持下，程序依次为主婚人致辞，证婚人证婚，新人单位领导讲话，新人父母讲话，新人致辞，新郎新娘交换结婚戒指、喝交杯酒等。婚宴上第一道鱼时，新娘换第二套礼服并换装。新人倒香槟酒，切蛋糕，点烛台，喝交杯酒等。上第二道鱼时，新人挨桌敬酒。酒店的所有活动结束后，新娘再次换装外出拍照，宾客尽兴而返。晚上另设酒宴答谢帮忙的朋友，闹洞房。第二日新人回门，也有三日或四日回门。改革开放后，也有新人选择旅行结婚或集体结婚的，婚礼简约又不失隆重。

区内婚俗有诸多禁忌，男女婚姻尤忌属相不和，龙虎相斗，鸡狗不合，羊与羊抵角，男女双方的命相最好是相生的，相克则不缔结良缘。结婚时，怀孕和服孝的妇女不能参加，怀孕妇女坐新婚夫妇的床不吉利，“双身”不能压炕，“白虎”（戴孝者）不能拦门。新娘花轿不能碰“青龙”（石头类磨碾），如碰着用红布盖着，不能碰到出殡上坟。男女双方喜家不吃喜家的饺子；产妇不能看新媳妇。婚礼上不能说不吉利的话，如“散伙”“好不到头”“断子绝孙”等。

第三节　丧　俗

区内的治丧礼俗秉承“隆丧厚葬，香火永继”“事死如事生”的传统，神主牌位和香火祭祀的设立，都是把死亡虚构成生命形式转换的一种文化现象。解放前，一般老人到69岁时，家中就要准备棺材和寿衣。“寿衣”多用棉和绢，取“绵绵”和“眷眷”之意，衣裤的件数，忌双喜单：服装样式多采用同时代的礼服，无论何时亡故，都要以棉衣为主。“寿衣”用的针线，末端不系疙瘩，以免死者在阴间同活着的人“结疙瘩”。旧时人临终前，亲属先为其沐浴更衣，守候跟前，高声呼喊死者称谓，称作“叫魂”。人咽气后，移尸“停尸床”上。“停尸床”多用门板临时搭成，在正屋明间，床头冲屋门。尸身上要盖一块白布，压五块生铁，头上盖一张黄表纸，口衔一枚制钱，床下放一盏油灯。女性还要梳妆洁面，佩戴金银首饰。旧时人死后，家中设灵堂，一般人停灵三天，富裕人家也有停灵七天的，丧家近亲晚辈要到亲友家报告死讯，并要在早、中、晚饭之前连续三次到土地庙报庙，俗称“送盘缠”。出殡也叫“发丧”，是丧礼中最隆重的礼俗，一般在第三日下午进行。程序一般是“闹丧”“发引”“摔老盆”。送葬队伍在吹打乐引领下抬棺前往祖茔地，逢路祭时，灵柩要停下，亲友祭拜，孝子答谢。到达墓地后，灵柩连同随葬品一并放入墓穴，随后铲土掩埋，筑起坟堆。从丧亡第一天起，每七天子女上坟祭奠一次，共十次。“五七”为大祭，子女全部参加。每年忌日祭扫，称“烧周年”，至三周年为止。到第九年再上一次，俗为“十年坟九年上”。

50年代，提倡与推行以火葬代替土葬、以开追悼会代替出殡发丧、以佩戴黑纱代替披麻戴孝、以送花圈代替焚香烧纸等移风易俗的殡葬改革。至60年代旧式葬礼仪式已基本消亡，但是“一七”“二七”“三七”“五七”“七七”“百日”和“一周年”“三周年”的祭奠仪式（俗称“上坟”）沿袭下来。实行火葬后，农村一般火化后骨灰盒在家里停三天后发丧，市区火化后骨灰盒存放殡仪馆。90年代以后，选择将骨灰盒葬于公墓的逐渐增多，也有将骨灰撒入大海实行海葬或将骨灰深埋种植纪念树等方式。

旧时死者下葬后，儿女要守孝三年。其间禁忌嫁娶，不走访亲友，不搞娱乐活动。解放后一般守孝到“五七”即可脱掉孝服，外出拜友。但是当年春节不能去别人家拜年。老人去世三年内，不放鞭炮，不贴对联。子女在服孝期间，忌穿红、绿、黄等鲜艳色彩的服装，只能穿白、黑、灰、蓝等素色的衣服。

第四节　节　俗

传统节俗

春节　春节，俗称“过年”“阴历年”等，是最隆重的传统节日。从腊月二十三“辞灶”（过小年）开始，清扫卫生，蒸馒头、做年糕、买鱼割肉，置办年货。腊月三十（小月二十九）为除夕，家家贴春联，贴福字，贴年画，晚上12点下饺子，放鞭炮，吃年夜饭。农村习俗，下午堂屋挂家谱，摆香案，供奉“天地神”。黄昏到坟上“请年”（请祖先回家过年）。烧纸接灶神、财神等诸神。傍晚接灶，各家要在院子地面上铺一层秆草，传说是接祖宗骑马回家过年，用秆草秫秸喂牲口。初一拂晓始，后人向长辈拜年，邻里、同事、朋友等互相拜年。初二“送年”，各家摆供品，焚香烧纸、鸣放鞭炮、送财神、送祖宗。初三开始串亲，青年夫妇双双往岳父母家拜年，俗谓之“走丈人家”。按旧俗，已出嫁闺女，腊月二十三过小年至正月初二送年之前不准回娘家，更不准在娘家过年。忌把药渣留在家里过年。春节不过初三，不能将屋内的脏物扫到门外去，只能往里扫。正月初一忌死人，如果这天病故，要谎称初二故亡。如逢春节前立春，不能在立春后打扫房屋，小孩子不能在立春后剃头。二月初二不动针线，传说怕扎了龙眼。不能回娘家。春节供奉的祝子（宗轴）不能让出嫁的闺女看见。除夕从接灶开始，污水不乱倒，各家洗刷用具和洗菜水等都要倒在混水桶里，怕乱倒不吉利。

改革开放后，春节习俗有所改变，除夕夜看“春节联欢晚会”成为多数家庭的必选，去酒店吃年夜饭，外出旅游等也渐成风尚。拜年方式随着生活节奏的加快而改变，多采用电话或短信拜年。

元宵节　正月十五俗称元宵节，因节日食品元宵而得名，亦称“上元节”“灯节”。解放前，市区商号自正月十四起，在店门上挂自制的花灯、走马灯等各式各样的彩灯。主要路口扎松门、挂大灯。赏灯日期一般延续三天。十四日为试灯，十五日为正灯，十六日为续灯。民间在十五日晚家家祭先祖，燃面灯，观灯花，卜五谷丰歉，称“灯花卜”。晚饭城区多吃元宵，乡村吃水饺。解放后，市区广泛举办灯展、灯谜、灯会，扎“松门”，燃放鞭炮焰火。

立春　俗称打春，大寒后15天，约在公历的2月4日。此日起，气温逐渐回升，春季开始，冬季结束。人们在此日都到野外走动一次，称为“迎春”“接春”。立春这天有“咬春”“尝春”之俗。“咬春”就是立春时吃青萝卜，以脆嫩多汁的青萝卜为上，红心萝卜更佳。还有“尝春”，即吃“春饼”“春盘”。“春饼”是用面烙制的薄饼，“春盘”是用细切辛辣生菜盘装而成，亦称“五辛盘”。80年代以来青岛地区吃“春饼”“春盘”的习俗已不多见，一般吃水饺、面条。

二月二　农历二月初二，时值惊蛰前后，蛰伏的昆虫兽蛇从冬眠中醒来，传说龙也从沉睡中醒来，俗称“龙抬头”，标志着过年的所有习俗全部结束，重新开始一年的劳作。旧时农村要在二月二日的凌晨，用草木灰在场院和庭院里撒成若干仓库状的图案，俗为“打囤”，有“二月二，龙抬头，大囤满，小囤流”之谚。二月二这天，为防止刺伤龙眼不准动针，家家炒糖豆、炒“面棋子”（菱形或方形小面豆）。由于正月里不能动剪，二月二当天理发成为普遍习俗，俗称“剃龙头”。

寒食、清明节　俗云：“春（立春）到寒食60天。”寒食禁火，冷食，故又称冷节、禁烟节。民国以来，青岛地区逐渐将寒食节合并于清明节同过，故清明节也称“寒食”。清明节当天，早饭吃鸡蛋，青年妇女盛装到野外踏青，男性扫墓祭祀先人，修缮坟墓，给坟头添土，在上边压纸钱，插柳条和松枝。有的在节前两天祭扫祖坟，节日当天哭祭新坟。解放后，很多单位组织在清明节祭扫烈士墓，缅怀先烈。改革开放以后，用鲜花祭拜扫墓逐渐替代了烧香烧纸的旧习。

谷雨　清明后15天为谷雨，此节以农村为重。农家多在此时种谷子、高粱，素有“清明忙耕麦，谷雨种大田”之谚。渔民在这天祭海，祭品有公猪、公鸡、大鱼、美酒、茶点及面制寿桃、“圣虫”等，于海边向龙王、观音、财神等致祭，焚香烧纸，燃放鞭炮，搭台唱戏。祭海之日，亲朋纷纷登门，祝愿平安吉祥，海产丰收。

端午节　农历五月五日为端午节，又称“端阳”。是日，家家包粽子，门窗插艾蒿“避邪”。家长给儿童手脖、脚脖、手指上系五彩线（用五色线配成，意在避蝎、蛇、蜈蚣、壁虎、蟾蜍“五毒”，亦叫长命线）。50年代以前，农村妇女、小孩还要戴用花布缝制的香布袋，内装多种中草药、香料，意在驱瘟避邪。60年代后此俗渐绝。改革开放后，在自家门上插艾蒿，给孩子系五彩线的习俗依然盛行。

七夕节　农历七月初七为七夕节，亦称“女儿节”“乞巧节”，未成年女孩在这一天祭祀织女，祈求有一双巧手。七夕节流行吃“熥花”，即用面粉做成花篮、元宝、小动物等造型，在锅中烙熟。21世纪以后，逐渐成为中国的情人节。

财神节　农历七月二十二日，是青岛民间的财神节。这一天，商家都要燃放鞭炮，祈盼财运亨通。改革开放后，财神节越来越受到重视，所有从事商业活动的人都要祭财神、点红烛，吃水饺，燃放鞭炮礼花。财神节讲究吃“菜”，取其谐音“财”，寓意财源广进，招财进宝。

中秋节　农历八月十五日为中秋节，又称“团圆节”“八月节”。解放前，中秋节这一天，家家置办酒菜全家团聚。晚上，摆上月饼、西瓜等水果共同赏月。改革开放后，中秋节越来越受到重视，成为春节之外第二大传统节日。节前，亲友之间互送月饼、烟酒等礼物。节日晚上，全家团聚喝酒吃月饼，共享天伦之乐。

重阳节　农历九月九日为“重阳节”，民间有在重阳节登高的风俗，故亦称“登高节”“重九节”。1988年7月20日，山东省把重阳节定为老人节。

腊八　农历腊月初八为“腊八节”，每逢此日家家户户煮腊八粥，喜庆丰登，以求避灾去病。腊八粥很讲究，粥中的枣意指“早”，栗意指“力”，就是早下力气，争取明年五谷丰收。粥要做得稠粘，粘是“连”的谐意，意味着连年丰收。这天开始，家家开始扫尘，准备迎新年。

辞灶　农历腊月二十三为“辞灶”，又叫“小年”，旧俗是送“灶王爷”上天的日子，入夜祀灶，摆糖瓜果品和一碗面汤，烧香叩头，把旧灶杩像（民间用木板刻出图像，然后涂上彩色印制在纸上的一男二女“灶君”）揭下，烧掉，送“灶王”上天。供品用甜、粘食品，胶州以糖瓜（麦芽糖）、水果供于灶前，意在粘住灶王的嘴，不让他上天说坏话，或是让“灶王”的嘴甜，只说好话。辞灶这日多吃饺子，也有吃面条的，放鞭炮。80年代后，小年“辞灶”的风俗逐渐消失。

新兴节俗

新年　公历1月1日为新年，也叫元旦，俗称“阳历年”。届时，单位举办新年联欢晚会、游艺活动，庆祝新的一年开始。

情人节　2月14日为情人节，恋爱中的青年人互送玫瑰花、巧克力、领带等礼物，晚上到酒店享用烛光晚餐。

国际妇女节　1909年3月8日，美国芝加哥女工为反对压迫、剥削举行大罢工和示威游行。1910年8月，在丹麦哥本哈根举行的第二次国际社会主义者妇女代表大会上，把3月8日定为国际妇女节，亦称“三八妇女节”。

“五一”国际劳动节　1986年5月1日，美国芝加哥工人举行大罢工和示威游行，要求改善劳动条件，实行8小时工作制。1889年7月，第二国际第一次代表大会决定5月1日为国际劳动节。

教师节　1985年，全国人大常委会规定，9月10日为中国教师节。这一天，各级教育部门表彰优秀教师，学校举行师生联欢会。

国庆节　1949年6月，中国人民政治协商会议筹备会议决定，10月1日为中华人民共和国国庆节。这一天，举行游园、文艺演出等群众文化活动。

圣诞节　12月25日是圣诞节，原来只是基督教徒的宗教节日，但在欧美国家，非基督教徒也过这个节日，是一年中最重要的节日。解放前圣诞节已在市南区流行，改革开放后更为流行，尤其受到青年人的喜爱。节日里，青少年们会互送苹果、橙子等礼品，参加圣诞狂欢活动。

母亲节　1914年，美国国会把每年5月的第二个星期天定为母亲节，后被世界各国接受，80年代传入国内。这天，子女为母亲献上一束康乃馨和礼物，感谢母亲的养育之恩。

父亲节　每年6月的第三个星期日为父亲节，1910年起源于美国，90年代传入国内。

第五节　民间传说

市南区流传很多民间传说，主要有浮山所的传说、湛山传说、挪庄的由来等，反映了社会历史的变迁和风土人情。其中“浮山所的传说”于2009年经市南区人民政府批准，列为市南区第一批区级非物质文化遗产项目名录。

“羊皮书”的传说

在浮山所村，世代流传着一个关于“羊皮书”的传说。古代，人们把重要事项写在羊皮上，以便长久保存，称之“羊皮书”。明代初年，浮山所的“千户”（武德将军）和“百户”（昭信校尉），其始祖或跟随明太祖朱元璋，或跟随明成祖朱棣征战四方，以战功获得世袭封号。这些姓氏的后人对先祖的功德极为珍视，将之记录在“羊皮书”上，与家谱一起代代相传。明亡清兴，世袭的封号被废黜，赖以生存的俸禄被停发，引发了卫所后人对清政权的强烈不满和抗争。在抗争无果并遭到镇压后，浮山所苏、焦、亢、杨等一些姓氏的长支被迫携族谱、“御券”和“羊皮书”远走他乡。雍正三年（1725），时任山东巡抚陈世倌视察沿海卫所来到浮山所，村民们纷纷手持“羊皮书”向其陈述心中不满。陈世倌理解卫、所后人因失去俸禄而产生的不满情绪，对慷慨陈词的村民没有采取弹压措施，把“羊皮书”一并收纳带回衙署。后来，陈世倌上疏朝廷建议不要裁撤沿海卫、所，但未获准。雍正十二年（1734），清廷下令裁撤全国卫、所。自此以后，记录先祖功德的“羊皮书”再无下落，给浮山所人留下了无穷的遗恨。岁月流逝，浮山所人怀念先祖的功德，但“羊皮书”已佚。清同治年间，亢姓后人把祖先的功德汇集写在厚布上，得以保留至今。

大逃亡的传说

浮山所自明朝初年建所，其后在长达300多年的时间里，由于重要的军事地位，所在军民享有世袭“千户”“百户”及“军户”的优厚待遇。然而随着明王朝的覆灭，一切皆成过眼烟云。清王朝建立后，废止了明朝的世袭封号，原先一直吃俸禄的军户失去生活来源，只能自食其力艰难维生，激起他们对清政权愤恨不已，有的奋起反抗。当时，全国各地的“反清复明”活动此伏彼起，但均遭到清政权的严厉镇压，或被杀，或被迫逃亡，或甘为顺民。此时此境，浮山所村民选择了大逃亡。据《苏氏族谱》记载：“康熙四十三年，我宗兄玠徙居鳌山卫未返而卒，册籍无复存矣。”迫于清王朝的威严，族谱里只能把出走说成是徙居。苏玠，苏姓十二世长支长子，按明例，可以承袭封号，给养俸禄。然而，朝代的更迭使他失去了世袭的地位，在反抗无果后只好外徙，从此与家乡再无联系。与苏玠同样原因出走的还有亢姓、焦姓各一支，其中焦姓一支出走后也与家乡断了音信。1934年，浮山所苏姓后人在即墨窝洛子村寻访先祖外徙踪迹时，曾看到明代朝廷颁发给亢氏的御券和先祖亢兴的战袍。

“神马”的传说

明朝初年，浮山所城东北角建有关帝庙，庙内有马神殿，供奉着红、白两尊马神，不但形态与真马无异，而且每当浮山所有难时都会显灵救助，因此被尊为“神马”。传说南海大潮，汹涌的海水淹没耕地，涌至南城墙外，神马跑去喝一口水，海水登时退回；倭寇登岸，直逼浮山所城下，神马一跃登城，在城墙上来回驰骋，马蹄踏踏，火星四溅，倭寇惊骇万状，狼狈逃窜；麦苗返青的季节，在薄雾依稀的清晨，常有人看见神马在麦地里吃麦苗，而被神马啃过的麦地，当年的收成一定格外的好。神马是不可亵渎的，对不敬者也会给以惩罚。传说一名顽童曾骑上马背，结果无论怎样也下不来了，无奈请来道士念经许愿才得以下来，但屁股上已经没有皮了。

洛家口子的传说

洛家口子位于今市南区台湾路南端的小海湾。早在浮山所立所之前，洛姓就已经世代居住在那里，人丁繁盛。据传说，早先洛家先人曾请一位风水先生查看风水，风水先生看过以后，主张洛姓以洛家口子为茔地。后洛家一位老人去世，子孙便依照风水先生之言在此开挖墓穴，但刚挖破地表下面就是石头，按风水先生之意思不能再挖下去，必须就地安葬。但子孙们不忍把老人如此浅葬，便继续往下挖。当石头挖开的时候，突然飞出一对鸽子，一只往西飞落到薛家岛，后来那里出了个薛武侯；另一只往东飞到马家岭转了一个圈，拉了一泡屎，后来出了个颇有名声的马师爷。鸽子随后又往西飞，最后落在浮山，那里后来建了荒草庵。

“桃花村”的传说

据浮山所老人讲，浮山所建所前不知多少年，在后来的焦家山北面的中段北侧，曾经有一个叫桃花村的村落。那一带有很厚的黏土层，适宜制作陶器，所以这个村的村民除务农之外，还制作陶器。直到上世纪初，村民在这里耕地时还时常发现陶器残片。后来这个村落是什么时候因何原因消失的已无可考。

第六节 童　谣

区内流传的童谣，以低幼儿童为主要传播对象，是具有民歌风韵的简短诗歌，多配有曲调以便吟唱，歌词多采用比兴手法，词句流畅，朗朗上口，曲调节奏明快，童趣盎然，或伴儿童玩耍嬉戏，或供成人照看儿童时哼唱，或与游戏结合在一起边游戏便吟唱。如：

“小板凳，拉梅花，俺娘养着俺自家，买个鸡，下蛋吃，买个鸭，拴着耍。”

“骑着驴，去赶集，买个萝卜当个梨，咬一口，齁辣的，回去换个带把的。”

“小老鼠，上灯台，偷油喝，下不来，吱呦吱吆叫奶奶。”

“小孩小孩你别哭，给你买个小老虎，咕嘎咕嘎两毛五。”

“排排坐，吃果果，你一个，我一个，弟弟睡着了，给他留一个。”

“红鼻子头，盖高楼，高楼底下一群猴，猴跑了，楼倒了，红鼻子头摔倒了。”

“黄豆绿豆把，吃个小地瓜，大米干饭炒豆芽，一吃一个把。”

“拉大锯，割大槐，姥娘门口扎戏台，请您姑，请您姨，您姑您姨快走吧，干扎台子不唱戏。”

“你拍一，我拍一，一个小孩坐滑梯，你拍二，我拍二，两个小孩梳小辫儿，你拍三，我拍三，三个小孩吃饼干，你拍四，我拍四，四个小孩写大字，你拍五，我拍五，五个小孩在跳舞，你拍六，我拍六，六个小孩拍皮球，你拍七，我拍七，七个小孩坐飞机，你拍八，我拍八，八个小孩吹喇叭，你拍九，我拍九，九个小孩找朋友，你拍十，我拍十，谢谢我的好老师。”

区内的童谣多反映儿童的生活情趣，传播生产、生活知识，有的童谣运用比拟的手法，教化幼童亲孝仁爱，如：

“扁珠芽，红根根，姥娘教俺引针针。引不上，姥娘打俺两柱棒。上南园，哭一场，回来还是亲姥娘。”

“山鸦雀，尾巴长，将了媳妇忘了娘，老娘撂在山口里，媳妇放在炕头上，媳妇要吃大甜梨，明日就去赶大集，老娘要吃酥烧饼，哪有闲钱填窟窿。”

“小白菜呀地里黄呀，三岁两岁没有娘呀，跟着爹爹还好过，就怕爹爹娶后娘呀，娶了后娘三年整呀，生了个弟弟比我强，弟弟穿新我穿旧，弟弟吃面儿我喝汤，白天想娘哭断肠，夜里想娘泪汪汪，有心跟着山水走呀，又怕一去不还乡。”

有的童谣具有典型的时代特色，表达对日本侵略者的诅咒与仇恨，如：

“日本鬼儿，喝凉水儿，坐火车，轧断腿儿，坐轮船，沉了底儿。”

“哽、哽、哽（公鸡打鸣声），天明啦，日本鬼儿，死净啦。”

有的童谣表达长辈对孩童的美好祈愿，有的新编童谣融入了昂扬向上的时代情怀，成为反映新时代辖区儿童生活风情的一扇窗户，如：

“一二一，一二一，爸爸领我上街里，买书包，买铅笔，到了学校考第一。”

还有的童谣把节俗编入其中，向儿童传播生活常识，使童谣成为区域民俗风情的通俗教科书，如：

“小孩小孩你别馋，过了腊八就是年。二十三，糖瓜粘；二十四，扫房日；二十五，买豆腐；二十六，去买肉，买了猪肉买牛肉；二十七，去宰鸡，宰了公鸡宰母鸡；二十八，把面发；二十九，蒸馒头；三十晚上喝红酒，大年初一把秧歌扭。”

第三章　方言俗语

市南方言是青岛方言的一个流支，和市北、台东、四方、沧口区域的方言合称为“市区方言”，其源头上溯至明代的卫所移民，而形成于近代青岛的城市发展进程中，由古今中外、五方八域的人流，带着各自的母语乡音汇集、交融而成。市南人脉，自古至今，五方杂处，中外咸集。20世纪上半个世纪，在路港经济的拉动下，青岛城市腹地不断拓展，市南区崛起为山东半岛的商贸中心和城市文化中心，客籍人口的涌入，移民社会的形成，造就了市南方言声母细化、韵母简化、声调减少的语音体系，积淀形成古今兼容，中外并蓄的方言词汇和独具特色的声调读音。市南方言词汇，融汇了周边地区及半岛地区的方言历史积淀，有的来自古代诗词，有的是古代日常用语，还有的在古文典章中才能找到出处，历史悠久，源远流长。从上个世纪之交开始，殖民化与现代化交并的城市历史长达四分之一个世纪，当年盖工厂，建码头，修铁路，开矿山，一些工具、设备多以外文呼之，使市南方言混合了许多“舶来语”。继德文外来语进入市区方言后，日本第一次占领青岛时期，日商纱厂大举进军青岛，加之南京国民政府第二次统治青岛时期，美军长期驻于区内，市南方言又接受了一些日美词汇，形成了亦古亦洋的词汇特征。

市南方言从它诞生起，伴随城市政治、经济、文化的历史进程，异中求同，变中求进，逐步形成了大量含意丰富的同义词，语言表达生动细腻，声调读音富于变化，距规范普通话的距离较近，在市区方言中推广速度与覆盖面积最快最广。20世纪五六十年代，市南方言与台东话稍有差别，而四方话和沧口话则与市南方言明显不同。80年代之后，市南方言与市内其他各区的方言已无区别。90年代，青岛市所辖各市的方言也开始接受市南方言的覆盖。在普通话的影响下，如今的市南方言有了老派和新派之分，老派市南方言依然存留在老青岛人的圈子里，而新派青岛话则用许多普通话词语取代了方言词语，语音声调也更接近普通话。伴随时代变迁的脚步，一些带着时代印痕的新词汇融入市南方言。由于人际交往的需要，市南方言的双语现象日益普及，区内居民在公众场合和工作时一般讲普通话，而在家庭中或私下里用方言交流。

自古以来，世代生存于此的市南人民在长期生产、生活实践中创造了和区域方言同步的民间俗语，成为市南人民生活经验和智慧的结晶，也成为反映市南区域民间社会生活的一扇文化窗口。以谚语、歇后语为主体形式的市南民间俗语，口口相传，代代相因，不断丰富和创新，形成了通俗简练、形象生动、节奏明快、朗朗上口的定型语句，使用率高，流行面广，含义深刻，内容广泛，涉及气象、天文、地理、生产、生活等诸多方面，以简洁的短语揭示人生哲理，辨析行为是非，还教人识别天文气象、掌握节令物候，科学养生保健，是人们立身处事的人生教科书，对生产生活实践起到重要的指导作用。市南民间俗语，采用本土风物作题材，具有鲜明的本土特色和浓郁的海洋风情，凝练简要，寓意深远，是市南方言中最基本、最丰富、最常用的组成部分，成为广大人民群众交流信息、表达感情的重要手段。

第一节　方言语音

今市南地域的方言起源，从即墨县仁化乡的原住民开始，在大规模城市移民之前，即墨方言语音成为市南方言语音的母本。市南方言的语音系统由声母、韵母、声调组成。普通话的同一组声母，在市南方言中分为两类：其一，普通话的zh[t□]、ch[t□’]、sh[□]声母，在市南方言中分为两类读音，一类读舌尖后音[t□]、[t□’]、[□]，一类读舌叶音[tʃ]、[tʃ’]、[ʃ]。普通话声母j[tç]、q[tç’]、x[ç]，在市南方言里也分为两类读音，一类读较后的舌面前音[tç]、[tç’]、[ç]，另一类读带齿间音色彩的舌尖前音[ts]、[ts’]、[s]。另外，声母r、z在部分字中脱落（即“零声母”，例如：日→意），在部分字中被声母l代替（例如：仍→应），在部分字中被声母y代替（例如：肉→又）。以上语音变化，使市南方言呈现声母细化现象。汉语语音发展的总趋势是音节结构单纯化，市南方言正体现了韵母简化这一趋势。普通话的复合元音韵母，在市南方言里变成单元音韵母。例如：“黑”字的韵母[ei]，在市南方言中变成了[e]。普通话eng[eŋ]、ing[iŋ]、ong[uŋ]、iong[yŋ]四个韵母，在市南方言中合为两类：eng[əŋ]跟ong[uŋ]合并为一类，ing[iŋ]跟iong[yŋ]合而为一。所以，下列各字在市区话中同音：灯=东、争=中、形=雄、衡=红、影=泳。声调方面，市南方言的突出特点是声调减少，只有3个单字调。普通话中读去声的字，除少数读阴平之外，其余都跟阳平合为一类了。例如：阳=样、严=验、祥=象。

第二节　方言词汇

今市南地域是城市文化中心区，通过市内各区与即墨、胶州、平度、莱西相连，其文化影响力扩及烟台、潍坊、日照及高密、诸城、莱阳、莱州、招远、昌邑等半岛地区。自青岛开埠后，随着城市腹地的形成和日益密切的经济文化交流，周边地区及半岛地区悠久的方言历史积淀源源不断地融入市南方言，形成了博采众多地区方言语汇之长又具有鲜明语汇特征的市南方言词汇体系，其词汇内容包括自然、时令、人称、人体、疾病、物品、房舍、动植物、行为状态等诸多自然、社会、生活层面的方言语料。市南方言词汇中保留了部分古词语，有的来自古诗词，有的来自古文典籍，还有的来自古语古称。如：夜来（昨天）、观目（人的外观、模样、面部表情）、釜奂（烟囱）、吁喝（喊）、讴吼（大声喊叫）、蹀躞（献殷勤）、目娄睺（窥视）、张颠（张扬，显摆）展扬（炫耀示人）、馉飳（水饺）、瓜齑（咸菜）、杌子（凳子）、水筲（水桶）、篼篼（柳条等编织的盛物的农家用具）、澥涎（黏液）、芫荽（香菜）等。市南方言还保留了部分外来词。历史上，市南地区先后被德国、日本长期占领，抗战胜利后，美国又在区内大量驻军，导致外来词汇大量流行，如：古力（上下水井盖）、轱辘马（铁轮运输车）、德律风（电话）、米达尺（米尺）、华达呢（布料）、咔叽布（布料）、毛哔叽（布料）、保克斯（拳击）、摩登（时尚）、米达箩（建筑小桶）等。市南方言的同义词非常丰富，同一事物或同一现象有多种不同的说法，语言表达特别生动细腻。市南方言的词汇构成还存在同素异序现象，与普通话相比较，词的前后次序有异，但意思不变，如：普通话“颠倒”“鼓捣”“摆布”，市南方言为“倒颠”“捣鼓”“布摆”。

第三节　方言语法

市南方言的语法，包括词法和句法。方言词的表意方法，一是通过音变来区别词义。

如："被窝"二字，读本调且后字儿化时，指人睡觉的地方，是"卧处"；后字读轻声前字不变调时，指铺盖，是"卧具"。二是通过方言词加前后缀的方法来表达丰富的含义。前缀与普通话基本相同，相比后缀则丰富得多。名词性后缀主要有"疙瘩""价"等，如："木头疙瘩""笤帚疙瘩""晚上价"；动词性后缀主要有"巴""弄""鼓"等，如："捏巴""搓巴""糊弄""捣鼓"；"巴""乎"等词也常作为形容词后缀叠用，如："傻巴""热乎""紧巴紧巴""粘巴粘巴""戳鼓戳鼓""热乎热乎""黑乎乎的"。三是通过名词儿化、子化突出表达的语义，儿化如："半天儿""眼泪儿""围巾儿"；姓氏昵称特别是女孩的昵称儿化较为普遍，如："小刘儿""小陈儿""娟儿""红儿"。子化如："脊梁杆子""母狗子""鞋带子"；男孩昵称可以加子，如："强子""军子"，显得亲昵。四是较多使用由单音节字组成的多字词汇，更显语言生动丰富。如："黑不溜秋"，指人的皮肤很黑；"黑咕隆咚"，指夜色或环境很黑。"酸不拉儿的""酸溜溜的"，既有形容食品味道的意思，也常用于形容人的言行不够大方，扭捏作态。五是人称代词、程度副词的表示法与普通话不同，第一人称复数主要有"俺""咱"等；第三人称代词主要有"人家"；程度副词一般不使用"很""非常"等词，而以其他单音节或双音节形容词、名词代替，更显语言形象生动，如："风快""酥焦""齁咸"。

市南方言的句法，补语与普通话的差别比较明显，主要表现在肯定句和疑问句上，如："能看见""能不能看见"，普通话为"看得见""看得见看不见"；在程度补语上，在形容词前面加副词等表示，如："怪冷""怪疼"。其次，比较句有特殊的句式。一是在比较词后面加"起"字，如："火车快起汽车"（火车比汽车快）。二是带"跟（赶）"字，如："他跟（赶）上我胖了？"疑问句少用"吗"提问，而是采用语调上扬和反复问句两种方式，如："你吃饭了？""你去没去过北京？"

第四节 民间俗语

流传在区内居民中间的民间俗语，是人们在长期生产、生活中创造并广泛流行的定型语句，是市南人民生活经验和智慧的结晶，具有通俗、简练和形象化的特征，口口相传，代代相因，使用率高，流行面广，是市南方言中最基本、最丰富、最常用的部分，主要包括谚语、歇后语等。民间俗语在长期的流传过程中，经过不断再创作，形成语言生动、节奏鲜明、朗朗上口的特点，成为形象、凝练的情感表达手段，反映了市南地域多姿多彩的民间文化风貌。

流传在区内居民中的谚语，是民众生产和生活经验的规律性总结，源远流长，简练朴实，含义深刻，内容广泛，涉及气象、天文、地理、生产、生活，无所不包，民间谚语往往用一两句精炼、生动的语言，说明一个道理，形象生动，便于传播，成为一部包罗万象的"百科全书"。其中以天文气象类谚语为多，如：一场春雨一场暖，一场秋雨一场寒；浮山戴帽，下雨一瓢；早霞不出门，晚霞行千里；南风不受北风的气，倒过来就是三两日；关门雨，下一宿；海水冒沫要刮大风；燕子钻山天戴帽，蚂蚁搬家蛇过道，水缸穿裙有预兆，庄稼人不信拔艾蒿等，许多谚语是预测气象变化的经验之谈，对人们的生产、生活起到重要的指导作用。日常生活类谚语，如：豆子开花，墙沟摸虾；吃了端午粽，才把棉袄扔；七月十五定旱涝，八月十五定太平；有钱难买五月里旱，六月连阴吃饱饭；吃了冬至饭，一天长一线；春下一粒种，秋收万担粮；吃不穷穿不穷，打算不到一世穷；磨刀不误砍柴工；家有千口，主事一人等，未雨绸缪，计划在先，劝谕人们精打细算，勤俭持家。人情伦理类谚语，如：子不嫌母丑，狗不嫌家贫；打人别打脸，骂人别揭短；庄户人二件宝：丑妻、薄地、破棉袄；当家才知柴米贵，养儿方知父母恩；树高千丈，落叶归根；宁吃仙桃一口，不吃烂杏一筐；远亲不如近邻，近邻不如对门；好借好还，再借不难；吃人家的嘴短，拿人家的手短等，揭示人生哲理，辨析行为是非，阐释伦理道德，树立价值理念。养生保健类谚语，如：冬吃萝卜夏吃姜，不劳医生开药方；吃饭先喝汤，强起开药方；桃养人，杏伤人，李子树下埋死人；冬吃萝卜夏吃姜，不用大夫开药方等，对健身强体、延年益寿大有裨益。

歇后语又称俏皮话，其语句形象生动，含义深刻，轻松活泼，俏皮幽默，富含生活气息，显示出乐观旷达的精神风貌。广泛流行于区内居民中间的歇后语，既有外来的流行歇后语，也有富含市南地域特色的歇后语，言简意明，易记，易传，并随着历史的演进而不断创新，成为备受人们喜爱的民间口头文学形式之一。市南区域的歇后语，很多采用本土风物作前题，具有鲜明的本土特色，如：八带鱼戴眼镜——冒充账先生；蛏子娶蛤蜊——肥瘦搭配；蛏子笑话蛤蜊——扯不长长，搓不团团；老八带蛸——满脑子坏水；煮熟的螃蟹——自来红；鲁迅公园的礁石——抗浪头；花岗岩脑袋——死不开窍等，其前提都是以海生物或海滨景观来设定的，蕴涵着浓郁的海洋风情。有的歇后语既富含本土题材，又注重谐音的运用，如：古力井里吹喷呐——响（想）不开；船上烙饼——倒过来（翻过来）等，沧口的蛤蜊——半仙（鲜）；喝海水做报告——咸（闲）话不少；崂山顶上照镜子——高（搞）对象；不吃鱼肉不吃刺——吃鳞（翅鳞）；石头蛋子腌咸菜——一言（盐）不进等，从前提推出的后语，用同音字加以表现，其创制手法更富于文化内涵。还有的歇后语是模拟"归谬法"来创制的，即先设立一个显而易见的错误前提，再推导出一个合情合理的后语，如：揣着元宝上吊——舍命不舍财；豆腐掉在草灰里——吹不得，打不得；马尾拴豆腐——提不起来；南山顶上滚石头——实打实地等，增加了歇后语的悬念感，余味无穷，引人深思。

第四章　地方节会·广场文化

市南区的地方传统节会活动历史悠久，如新正文化庙会、湛山龙华庙会、浮山所山会等。每逢节会举办，周边百姓皆蜂拥而至，人头攒动，各种民间杂耍表演和民俗文化活动热闹异常。20世纪30年代，位于朝城路的民众教育馆讲演部，时常利用四方路、西大森、天桥一带三角地和街头路口，召集市民进行演讲，并化妆演出，宣传废除私塾、接种疫苗、废除女子缠足等，为区内广场文化之始。20世纪50年代，区内开展抗美援朝、反对细菌战、开展爱国卫生运动、创建卫生城市街头宣传，利用区内广场，化妆演出各种宣传内容的"街头活报剧"，在组织游行中，组成"活报剧"方阵和化妆"高跷队"，进一步丰富了广场文化的形式与内容。20世纪60年代，区、街道、企业利用周末、暑假在大沽路交口广场、中山路交口三角地举办以传统戏、新编剧、话剧、电影、曲艺为主要形式的夏季纳凉晚会，广场文化成为丰富群众文化生活的有效方式。

改革开放以后，以青岛国际海洋节、青岛国际啤酒节、青岛帆船节等为代表的新兴节庆文化活动蓬勃兴起。"文化搭台，经济唱戏"，成为节庆文化活动的主题，节庆文化活动既活跃了群众的文化生活，也带动了社会经济的发展。20世纪90年代起，市南区加快文化广场建设，沿海一线相继建成音乐广场、五四广场、汇泉广场、湛山广场等各具特色的文化广场。至2012年，全区建有文化广场39处，总面积20万余平方米，另有社区文化广场60余个。以文化广场为依托，各级文化部门组织开展了文艺表演、电影放映、美术书法摄影展览等丰富多彩的群众文化活动，打造了一批特色广场文化品牌活动。文化广场作为"没有围墙的剧场"和"市民大众展演的舞台"，成为广大群众文化生活不可缺少的内容。

第一节　地方传统节会

新正民俗文化庙会

天后宫庙会起自明代，解放后逐渐衰落，1999年春节恢复举行，由市民俗博物馆承办。该庙会每年阴历正月举办，为期1个月。主要活动有除夕夜撞钟击鼓、祭海民俗表演、民俗信仰祭拜系列活动等。

湛山寺龙华庙会

湛山寺建成后，每年农历四月初八举行龙华庙会。传说这一天为佛祖释迦牟尼的诞辰，也称浴佛节。庙会为期3天，其间众多善男信女前往烧香膜拜，民间艺人在寺院四周表演助兴。"文化大革命"期间庙会中止。1988年恢复。

浮山所山会

始于明朝初期，亦称真武庙山会，每年春节正月十三至正月十五举办，为期三天。旧时的浮山所山会，各路商贩纷至沓来兜售商品，其中销售最多的是油条（俗称"香油果子"），故又称"香油果子会"，是青岛地区三大特色庙会之一。2011年春节，中断多年的浮山所山会重新恢复，新的山会除了商品交易之外，还举办有戏曲会、鉴宝会、游戏会、美食会、非物质文化遗产精品展等文化活动。

青岛赏花会

又称"观樱会"，每年4月中旬至5月上旬在中山公园举行。自20世纪初日本樱花树被引入现中山公园种植，此后逐渐成为春季观樱的场所。30年代，中山公园的赏樱活动更是久负盛名，"东园花海"被列为青岛十景之一。青岛解放后观樱活动更加受到重视，每年花会期间举办各种展览、杂技、艺术演出等娱乐活动，吸引着大量中外游客来青赏花。

第二节　地方新兴节会

青岛国际啤酒节（西部会场）

青岛国际啤酒节始创于1991年，每年在青岛的黄金旅游季节8月中旬的第一个周六开幕，为期16天。由国家有关部委和青岛市人民政府共同主办，是融旅游、文化、体育、经贸于一体的国家级大型节庆活动。2003年，青岛国际啤酒节在汇泉广场设西部会场，由市南区人民政府、青岛城市建设集团开发公司主办，市南区文化局、青岛城市建设集团汇泉湾公司等部门联合承办。此后每年举办一届。

中国青岛国际海洋节

1999年7月10—25日举办第一届，由国家

浮山所山会

中央电视台“同一首歌”走进第六届中国青岛海洋节开幕仪式（2004年）

海洋局、青岛市人民政府主办，青岛市市南区政府、青岛市海洋节办公室承办，此后每年举办一届，是国内唯一以海洋为主题的节日。至2012年已连续举办14届。2001—2007年，第3届至第9届中国青岛海洋节，由市南区政府承办；2009年之后，由青岛城投集团承办。

青岛金秋菊花节

1984年中山公园举办第一届金秋菊花展，此后每年举办一届。以菊花和各种时令鲜花造景为主，结合全国各地的园林景观艺术，体现菊花隽美多姿、素雅清秀的神韵和普天同庆的喜庆气氛，着力打造菊花盛典。

青岛（市南）“海之情”旅游节

1993年7月18日举办首届，由市南区委、市南区政府主办。首届旅游节历时8天，开展活动20多项。此后每年举办一届，至2007年，共举办16届。

青岛国际服装周

2001年9月举办第一届，由中国纺织品进出口商会、青岛市政府等单位共同主办。其间举办服装服饰博览会、时装模特表演、服装品牌发展高层论坛及贸易洽谈等活动。此后每年举办一届，至2012年已连续举办11届。

青岛国际沙滩节

始于1992年7月举行的沿海省市沙滩排球邀请赛，由共青团青岛市委员会、青岛市体育运动委员会、《沿海经贸》杂志社共同主办。主会场在石老人海水浴场全国青少年活动营地。1993年第二届沙滩排球邀请赛同时举办青岛国际沙滩雕塑节。此后每年举办一届，至2012年已连续举办21届。

青岛（市南）游艇帆船节

2008年5月22日举办首届，由青岛市市南区政府、中国游艇（帆船）产业发展基地主办。此后每年举办一届。2012年第五届主要活动有“游艇论坛”“海上巡游”“世界顶级游艇展”等九项活动。

青岛时尚酒吧节

2011年10月21—31日首次举办，由青岛市旅游局主办，市南区文化新闻出版局、市南区旅游局、市南区餐饮协会承办。酒吧节以中联创意广场为依托，突出个性、时尚、多元的酒吧文化，推动都市夜间文化经济发展。

“幸福市南 欢乐社区”公益文化展演

2012年6月由市南区文化新闻出版局与各街道办事处联合举办。在历时四个月的展演期间，分别在辖区广场、社区文化活动中心举办各种群众文化活动。

第三节　广场文化

五四广场文化活动

1997年10月五四广场建成后，成为群众文化的大舞台，每年在这里举办的群众文艺活动达150多场次。每年春节期间的“盛世欢歌奔小康，青岛文化大拜年”广场文化活动、“五一”劳动节期间的“劳动者之歌”天天演广场文化活动，青岛国际啤酒节期间的“啤酒飘香”天天演广场文化活动，“十一”期间的“祖国颂”天天演广场文化活动等长年不断，各种群众文艺演出达150多场次。社区文艺展演、广场舞蹈跟我学、广场秧歌培训、街舞比赛以及青岛百姓喜爱的茂腔、柳腔、吕剧等也经常在这里举行。2001年被评为“山东省十佳文化广场”，2004年获得“全国特色文化广场”称号。

音乐广场文化活动

1999年9月建成，是一处以音乐为主题的休闲娱乐广场。2001年，市南区文化局与中国海洋大学共同举办“奥运之声”周末音乐会，至2008年连续举办8届，各种专题演出近240场。2002年以来举办“名人名家走进广场、高雅艺术走近百姓”活动。英国南安普顿铜管乐团、德国爱乐乐团、法国乐团、日本少儿合唱团等一些国外乐团也曾在这里演出。2004年获得“山东省优秀文化广场”和“全国特色文化广场”称号。

汇泉广场文化活动

围绕打造“魅力汇泉”文化品牌，举办“魅力汇泉”周周乐、“魅力汇泉”广场交响音乐会、“爱心飞扬”残疾人专场演出等各种演出活动。1998年7月获“青岛市十佳文化广场”称号。1999年12月获“山东省十佳文化广场”称号。2004年获“全国特色文化广场”称号。

第五章　民族·宗教

市南区域的宗教源头上溯至晚清时期，最早的道教宫观是位于区内太平路的天后宫，清同治年间为崂山太清宫最大的脚庙，以崂山道乐外山派应风乐彰显于道界乐坛。1897年德国侵占青岛后，西方基督教、天主教传教士纷纷进入区内传教，先后建立传教场所，开办教会学校，汇集众多西方宗教团体的市南区域成为西方宗教在青岛及胶东半岛的传播中心之一。20世纪初，随着港口铁路开通，城市工商业迅速发展，满民、回民始徙居市南区域，其他少数民族也陆续移居区内谋生。辛亥革命后，一批前清王公贵族及政府官员寓居市南区内建屋寄身，区内满族居民持续增加。20年代初，接收青岛防务的青岛警察厅与保安队包括近百民男性满族青年，驻于区内，吸纳其满族亲友辗转来区内定居。20年代末，伴随回族居民徙居区内的脚步，伊斯兰教传入市南区域，区内建立清真寺，成为青岛穆斯林活动的中心。30年代，在区内兴建湛山寺，成为佛教天台宗最年轻的名刹。多民族聚居的人际环境，中西方宗教文化的对流，使区内形成佛教、道教、基督教、天主教与伊斯兰教五大宗教并立共存的宗教格局。

新中国成立后，随着大专院校毕业分配，军队复员、转业和随军家属，以及工作单位搬迁集体调入等人口机械增长，区内少数民族人口大量增加。中共市南区委认真贯彻党的民族平等和民族团结的政策，尊重少数民族的风俗习惯、语言文化和宗教信仰，禁止民族间的歧视、压迫和分裂民族团结的行为，在粮、棉实行计划供应期间和推行土葬改革实行火葬时，根据少数民族的葬俗、节俗、食俗和宗教礼仪，制定有关政策规定，关注、照顾少数民族群众的生活，少数民族的政治、经济、文化地位发生了很大的变化。1952年6月，中共市南区委增设统一战线工作部（简称统战部），负责民族宗教事务工作，认真贯彻党的宗教信仰自由政策，对宗教人士进行团结、教育、改造工作。中国共产党和人民政府实行宗教信仰自由政策，进行爱国主义和社会主义教育，推动宗教实行民主改革。在对私有房产进行社会主义改造时，对宗教团体的房产实行“经租”，从根本上解决了教会经费不足问题。广大信教群众和宗教界爱国人士在中国共产党和人民政府宗教政策的指引下，进行合法的宗教活动，充分享受宗教信仰自由的权利。

“文化大革命”时期，党的民族宗教政策遭到破坏，统战工作陷入瘫痪，民族工作遭受严重损失，宗教生活和各宗教爱国组织被迫停止活动。1976年7月区委统战部恢复工作。

中共十一届三中全会后，市南区大力贯彻党的民族宗教政策，民族宗教活动逐步恢复，民族宗教工作进入新的发展时期。中共市南区委、区人民政府从政治上关心少数民族，注意从少数民族干部中选拔干部，发展党团员，保证少数民族行使当家做主的权利，促进全区民族经济的发展。在高考录取、肉价和主要副食品价格补贴和计划生育等方面，对少数民族实行优惠政策。同时恢复落实党的宗教政策，平反、纠正宗教界人士的历史积案，做好宗教场所的修复工作，恢复建立宗教爱国组织和宗教团体，健全宗教工作机构，解决宗教工作经费，被关闭的寺院、教堂相继恢复和开放，宗教活动逐步趋于正常。1995年机构改革后，区委统战部机构包括市南区民族宗教局，加挂市南区政府民族宗教事务局牌子。90年代中期后，民族宗教工作列入区政府工作议事日程，区内民族宗教事务日趋活跃。进入21世纪，相继进行了民族政策和民族工作法律法规宣传，举办了一年一度的“宗教政策法规宣传月活动”，开展了民族特色教育试点，与公安、司法部门联手开展为少数民族流动人口维权活动，完善少数民族流动人员管理服务，创建民族团结进步教育基地、和谐楼院与和谐社区取得显著进展。其间开展创建“省级和谐宗教活动场所”活动，配合公安部门进行非法聚会点专项整治活动，推动全区宗教活动场所的规范化建设。

2005年、2009年，市南区人民政府两次获得国务院颁发的“全国民族团结进步模范集体”称号。2012年，市南区有少数民族成分36个，人员4025人；区内有天主教、基督教、佛教三类宗教活动场所共8处，其中区管5处、市管3处，信教群众2万余人。同年，湛山街道湛山社区获“全省民族团结进步和谐社区”称号；年内区管5处宗教活动场所中，有4处获得“全省和谐宗教活动场所”称号。

第一节　民　族

20世纪初，随着港口铁路的开通，青岛城市腹地不断向山东内陆拓展，城市商贸迅速发展，来自山东内陆及沿黄流域的满民、回民始徙居市南区域务工经商，其他少数民族也陆续移居区内谋生。辛亥革命后，一批前清王公贵族及政府官员寓居青岛，在区内建屋寄居，成为区内满族居民。20年代初，中国政府接收青岛行政，到青岛接收防务的警察厅与保安队包括近百民男性满族青年，驻于区内。后其亲友到区内投奔者渐多，吸引移住他乡的满民纷纷辗转到区内定居。20年代末，回族居民徙居区内的脚步加快，区内形成多民族聚居的人际环境。青岛解放前，区内少数民族同胞大多数没有固定职业，只能从事一些低下的工作，有的少数民族居民为了生存，甚至连自己的姓名都不能使用。新中国成立后，区内少数民族人口大量增加，除人口自然增长外，主要是大专院校毕业分配，军队复员、转业和随军家属，以及工作单位搬迁集体调入等人口机械增长。1988年，市南区文登路管区内有满民52人，其中部队转业及其家属即有14人。

新中国成立后，中共市南区委认真贯彻党的民族平等和民族团结的政策，尊重少数民族的风俗习惯、语言文化和宗教信仰，禁止民族间的歧视、压迫和分裂民族团结的行为，区内少数民族人口数量不断增长，政治、经济、文化地位发生了很大的变化。中共市南区委、区人民政府十分重视少数民族的工作，在进行社会主义、爱国主义和民族大团结教育的同时，尊重少数民族群众的生活习惯，关注少数民族群众的生活。在粮、棉实行计划供应期间，尊重有伊斯兰教生活习惯的少数民族，根据其亲属亡故用白布包裹土葬的风俗，由政府额外照顾布票15尺。尊重朝鲜族吃大米的生活习惯，规定朝鲜族居民每人每月可凭购粮证购买大米3公斤。在推行土葬改革实行火葬时，仍然允许有伊斯兰教生活习惯的少数民族继续实行土葬，并且划出一定数量的土地作为公墓供其使用。根据有伊斯兰教生活习惯的少数民族开斋节要到清真寺礼拜的风俗，规定开斋节对职工放假一天。为方便有伊斯兰教生活习惯的少数民族购买牛羊肉，单独设立了清真牛羊肉店，并规定有伊斯兰教生活习惯的少数民族职工每人每月给予伙食补贴3.50元（后改为4.50元。“文化大革命”期间该规定被废止）。

“文化大革命”中，党的民族政策被践踏，民族团结被破坏，民族工作遭受了一场浩劫。

中共十一届三中全会后，中共市南区委、区人民政府贯彻落实党的民族政策，加强对民族工作的领导，民族工作进入新的历史发展时期。落实民族政策，从政治上关心少数民族，各级党组织注意从少数民族干部中选拔干部，发展党团员，各级党代会、人代会、人民政协和群众团体，都注意有一定数量的少数民族代表，保证少数民族行使当家做主的权利，发挥其为社会主义现代化建设做贡献的积极性；发展少数民族经济，贯彻有关优惠政策，促进全区民族经济的发展。为了使少数民族子女有更多的教育深造机会，根据《山东省民族工作条例》，规定凡是少数民族子女报考大专院校，录取分数一律照顾10分。在实行物价改革中，在给予职工进行肉价和主要副食品价格补贴时，有伊斯兰教生活习惯的少数民族职工除享受一般职工同样的补贴外，另给予额外补贴3元。根据《山东省民族工作条例》，在计划生育方面，凡夫妻双方都是少数民族的，只要有一定的间隔，允许生育第二胎（不包括壮族）。

市南区建立健全区级民族工作领导协调机构，把民族工作列入区政府工作议事日程。1996年11月，市南区第一届少数民族联谊会成立。2001年起，每年10月举办“民族团结进步宣传月”活动，各街道、社区开展多种形式的民族政策和民族工作法律法规宣传；开展全区“民族团结进步集中宣传日”活动，各街道办事处在公园、广场、社区等设立宣传点，宣传党的民族政策。2002年，在天山小学开展民族特色教育试点，把民族教育融入教学之中。2005年，在全区31所小学推广天山小学民族特色教育的经验，并向初中学校延伸。2009年，区政府拨款10万元，建设天山小学民族团结教育基地组织。同年，在辖区42家清真饭店和朝鲜族餐馆建立联系点，探索少数民族流动人口管理服务新模式；与公安、司法部门联手开展为少数民族流动人口维权活动；全区开展创建民族团结进步教育基地、和谐楼院、和谐社区活动。2010年，各街道、社区配备民族宗教助理和少数民族联络员；完善少数民族流动人员管理服务，在重要旅游景点、火车站、清真饭店等少数民族经营场所建立联系点，加大服务力度。2011年，各街道社区对少数民族“空巢老人”进行登记建档，确定帮扶人员；重阳节和中秋节走访少数民族代表人士和85岁以上老人。2012年，成立由少数民族成员参与的社区矛盾调解小组，将民族矛盾调解纳入社区事务调解工作范畴；开展走访80岁以上少数民族老人活动，走访11人。同年开展政策法规宣传活动，印发宣传品500余份。

2012年，市南区有少数民族成分36个，人员4025人，其中，少数民族常住人口数为3278人，占总人口比例约0.9%，流动人口数为747人。少数民族流动人口数居前三位的是回族、撒拉族和朝鲜族。

第二节　宗　教

区内历史上形成道教、佛教、伊斯兰教、

基督教、天主教5种宗教。道教历史最为久远。建于明成化三年（1467）的天后宫，是域内最早的道教庙宇，初建时由三间圣母殿和两配殿组成，主祀天后，清代成为崂山太清宫的脚庙。清同治年间，天后宫是崂山道乐外山派应风乐活动中心。1897年德国侵占青岛后，西方基督教、天主教传教士纷纷进入市南地域传教，先后建立传教场所。1898年，德籍传教士白明德到青岛，在太平路天后宫后建一木房设堂传教，是天主教在青岛的第一处活动场所。1900—1902年，白明德在浙江路15号修建一座石基砖瓦平房的教堂，为青岛最早的天主教堂，成为青岛天主教会所在地和青岛天主教会活动的中心。此后基督教、天主教在市南地区迅速发展。1910年，由德国总督府出资在江苏路建基督教礼拜堂。此后，区内相继建有观象二路基督教圣保罗教堂、龙山路基督教堂等。1928年伊斯兰教传入青岛，到青岛穆斯林于河南路58号租赁平房两间作为临时礼拜场所。1929年，在时任市长马福祥（回族）的支持下，由穆斯林募捐在常州路9号建清真寺，成为青岛穆斯林活动的中心。1932年，青岛天主教会在天主教堂地址上动工兴建大教堂，1934年建成，定名为圣弥厄尔天主堂，亦称“总堂”。20世纪30年代，为了弘扬佛教文化，区内的社会有识之士筹资在市南区太平山东麓兴建湛山寺，1934年兴建，1945年全部建成。该寺占地150余亩，建筑面积3799平方米，是青岛市区规模最大的佛教寺院，也是佛教天台宗最年轻的名刹。

青岛解放后，中国共产党和人民政府实行宗教信仰自由政策，对宗教界人士采取争取、团结、教育的方针，不断对其进行爱国主义和社会主义教育，推动宗教实行民主改革。在佛教、道教和伊斯兰教中废除了封建剥削和压迫制度；在天主教和基督教中，进行反帝爱国教育，揭露帝国主义分子及其反革命活动的罪行。同时，将披着宗教外衣进行反革命破坏活动的外国传教士全部驱逐出境，将外国教会在中国的财产收归中国教会所有。为了帮助各宗教团体解决经费不足的困难，1951年，中央人民政府公布了对教会的教堂及办公处所的房地产免征房地产税的政策。1958年在对私有房产进行社会主义改造时，对宗教团体的房产实行“经租”，即由政府房管部门将宗教团体出租的房屋，在产权不变的情况下，实行代管，宗教团体从代管房屋所收房租中提取30%租金，其余70%由房产部门留作房屋维修用，从根本上解决了教会经费不足问题。宗教民主改革后，区内的宗教团体发生了很大的变化，天主教和基督教在政治、经济和组织上摆脱了殖民主义和帝国主义势力的控制，广大信教群众和宗教界爱国人士政治上获得了新生，经济上有了保障。基督教响应自治、自养、自传的号召，积极开展了“三自”爱国运动；天主教开展了“反帝爱国运动”。广大信教群众和宗教界爱国人士在中国共产党和人民政府宗教政策的指引下，进行合法的宗教活动，充分享受宗教信仰自由的权利。

“文化大革命”期间，宗教工作部门被迫停止办公，宗教爱国组织被解散，宗教活动场所被关闭，宗教职业人员被逐出寺院、教堂，有的被遣送农村，正常的宗教活动被迫停止达10年之久。其间基督教、天主教、佛教、伊斯兰教教会的自管房全部交由房管部门代管，基督教和天主教经租房的经租费也全部停发。

中共十一届三中全会以后，根据国务院批转宗教事务局、国家建委等单位关于落实宗教团体房产政策等问题的报告精神，先后发还了佛教湛山寺、天主教浙江路教堂、基督教江苏路教堂、伊斯兰教常州路清真寺等寺观教堂，同时恢复和补发在“文化大革命”中停发的宗教团体的房租。恢复落实党的宗教政策，平反、纠正宗教界人士的历史积案，将宗教职业人员在“文化大革命”期间被停发的生活费，全部予以恢复和补发，

湛山寺

将被查抄的宗教界人士的私人财物全部予以发还，在反右派斗争中被错误处理的历史积案，也全部进行了改正和平反。做好宗教场所的修复工作，恢复建立宗教爱国组织和宗教团体，健全宗教工作机构，解决宗教工作经费，宗教团体的房产政策逐步得到落实，被关闭的寺院、教堂相继恢复和开放，宗教活动逐步趋于正常，宗教界人士的社会地位得到了恢复。1981年圣弥厄尔天主教堂恢复宗教活动，基督教堂也于是年圣诞节修复开放。1982年，常州路清真寺经市政府拨款大修后对外开放。1983年，国务院确定湛山寺为汉族地区佛教在全国的重点开放寺庙。1984年，青岛市人民政府先后拨款150万元对湛山寺进行全面大修，1986年12月正式对外开放。同年观象二路基督教圣保罗教堂、龙山路基督教堂开始恢复宗教活动。1987年农历四月初八（公历5月5日）湛山寺举行修复开放后的第一个“佛诞”庆祝日，接待信徒和游览者2万余人。

改革开放以来，区内各爱国宗教组织和宗教团体依法开展各项宗教活动，充分享受宗教信仰自由，积极开展爱国爱教和宗教政策法规宣传，推动宗教活动场所规范化建设和和谐宗教场所建设。进入21世纪，全区宗教事务活动日趋活跃。2001年9月起，组织开展一年一度的“宗教政策法规宣传月活动”，每年确定并推出新的年度宣传月主题。2009年，加强全区宗教场所管理，开展创建“省级和谐宗教活动场所”活动，推动全区宗教活动场所的规范化建设。建立学习例会制度，对街道宗教工作骨干和驻区天主教、基督教爱国小组负责人定期进行学习培训。区基督教“三自”爱国小组举办“教牧人员岗位培训班”，开展讲道讲评活动。以“三自运动”的发展历史为主题，定期安排教牧人员骨干轮流讲道授课，由市、区宗教事务局领导等进行点评。开展非法聚会点专项整治活动，配合公安部门对非法基督教聚会点进行摸排查处。2012年，区管5处宗教活动场所中，有4处获得“全省和谐宗教活动场所”称号。

2012年，市南区有天主教、基督教、佛教三类宗教活动场所共8处，其中区管5处、市管3处。有天主教爱国小组、基督教“三自”爱国小组两个宗教团体，宗教神职人员6人，信教群众2万余人。

第六章　精神文明建设

20世纪80年代初，市南区积极贯彻中共中央进行社会主义精神文明建设的决策，以治理“脏、乱、差”为重点，以建立相互信任的人际关系为目标，开展各种形式的“学雷锋，做好事”活动，根据市“文明礼貌月”活动领导小组的部署，推动全区群众性精神文明创建活动全面展开。1983年成立了区“五讲四美三热爱”活动委员会，逐步形成了条块结合的精神文明建设网络。是年起，全区广泛开展“创文明单位，做文明市民”的活动。1987年市南区成立精神文明建设指导委员会办公室，负责全区精神文明建设的规划、指导协调和检查工作，办公室设在区委宣传部，后更名为精神文明建设委员会办公室。全区精神文明建设由抓“文明礼貌月”的临时突击性活动转入全年性的创建文明单位活动。

90年代，通过持续不断的精神文明建设活动，人们的思想观念不断更新，渴望提高全社会的文明程度已成为普遍共识，人才观念、法制观念、竞争观念和效益观念不断增强，为改革开放创造了良好的思想基础和社会环境。1996年11月，区委宣传部加挂市南区精神文明建设委员会牌子。同年，中共十四届六中全会作出《中共关于加强社会主义精神文明建设若干重要问题的建议》，对新形势下的精神文明建设做了具体部署和规划，全区上下再次掀起社会主义精神文明建设的高潮。90年代中期，市南区先后建立60余支志愿者服务队，开展青年志愿者奉献日活动和为离退休老人、孤寡老人送温暖及志愿者宣传和义务服务活动。90年代末，制定《市南区文明单位管理办法》，先后开展“三优一做”和“满意在身边，文明在市南”文明单位创建活动。

进入21世纪后，全区精神文明建设从内容到形式进一步深化。积极实施中共中央《公民道德建设实施纲要》，开展“社会公德、职业道德、家庭美德、个人品德”宣讲活动，不断深化公民素质教育内容，创新教育形式，在学校中开展爱国主义教育和国防教育为主要内容的未成年人思想道德教育，开展“美德少年”评选表彰活动，建立“站校配合”模式的全国首家未成年人心理健康辅导站，推动全区未成年人思想道德教育向社区、家庭延伸。发展壮大社区义工和志愿者组织，开展爱心传递活动，组建特色义工队，上岗维护交通秩序，组织社区志愿者为空巢老人、残疾人等弱势群体提供关爱陪护、医疗保健、信息咨询、应急救助等志愿服务，创出“义工志愿服务”“道德点评会”等山东公民道德教育优秀案例。优化社区居住环境、社区服务环境和文化环境，开展文明城区创建活动，实施创建工作重心下移，在全市率先成立“社区文明巡访团”，开展社区文明巡访活动，凝造社区服务民生系列服务品牌，推动文明城区创建工作向社区民生领域拓展。2004—2012年，市南区多次荣获山东省文明城区荣誉称号。至2012年，全区共有各类文明单位112个、各级文明社区18个。

第一节　公民素质教育

1981起，全区精神文明建设，以公民素质教育为重点，以建立社会主义新型人际关系为目标，开展以“学雷锋、做好事”为内容的文明礼貌宣传教育活动。1989年，加强思想整治，深入开展坚持四项基本原则，反对资产阶级自由化教育，有针对性地进行爱国主义、集体主义、自力更生、艰苦奋斗以及形势、政治、任务的宣传教育。1990年，以身边的英模人物为楷模，开展以“弘扬雷锋精神，学习严力宾事迹”为主要内容的“学先进、讲奉献、树新风”宣传活动，推动了全区公民素质教育广泛开展。1996年，中共中央作出《关于加强社会主义精神文明建设若干重要问题的建议》，强调要培育有理想、有道德、有文化、有纪律的社会主义公民，市南区开展了争做“四有”好公民的公民素质教育活动。1998年，围绕“三优一做”，开展文明、科技、文化、法律“四进家”活动，宣传“八不”行为规范，加强对市民文明举止的教育。

进入21世纪，市南区积极贯彻落实中共中央《公民道德建设实施纲要》，开展“居民素质教育年”活动，不断深化公民素质教育内容，创新教育形式。2002年，制定市南区《关于贯彻落实中央〈公民道德建设实施纲要〉重点工作任务及职责分工》，把公民素质教育摆上全区精神文明建设的重要位置，进一步确立工作目标，明确责任分工，形成多方合力的工作格局。2003年，八大湖街道办事处社区文明巡访团经验作为全省公民道德建设的典型，在全省宣传推广，中央人民广播电台、山东电视台、《大众日报》等媒体做宣传报道。2005年，在全区开展群众性爱国主义教育活动和公民道德宣传月“优秀影片”巡演活动，为居民放映28场爱国主义教育影片；组织区青年志愿宣讲团走进社区，宣讲与居民的道德素养和生活的相关内容，利用各街道的宣传栏、黑板报宣传公民道德教育；通过开展宣传文化活动，动员社会各界关心、支持和参与公民道德建设。2006年下半年起，在全社会广泛开展“八荣八耻”教育活动，引导广大干部群众特别是青少年树立社会主义荣辱观。2009年，成立市南区居民素质提升工程工作领导小组，实施以“强居民素质，做文明市民”为主题为期三年的居民素质提升工程；组织机关干部、志愿者和文明巡访团成员2000余人，对不文明行为进行劝诫。年内组建第二批宣讲团深入社区宣讲37场，听众达7000余人次，发放各类宣传材料29万份，在社区居民中倡导宣传“文明赢得尊重”，加快居民素质提升工程进度。2010年，开展“公民基本道德行为40则”、青岛市市民“八要八不要”行为规范、市南区居民素质基本指标30条等宣传普及活动。年内组建3批100人的青年志愿宣讲团深入社区开展宣传普及“青岛市市民文明公约”教育宣讲，编发《市南区居民素质基本指标30条》等；组织居民开展“市南人素质大讨论”“做文明青岛人”大讨论活动；举办市南区全民读书教育活动，选拔优秀选手参加全市全民读书教育活动比赛，获青岛市最佳组织奖。2011年，继续开展“强居民素质，做文明市民”活动，组建社区宣讲队、专家讲师团和青年志愿宣讲团，开展“社会公德、职业道德、家庭美德、个人品德”宣讲活动，深入社区宣讲文明城市创建和居民素质提升220场次，听众1万余人次。年内全区90家市级以上文明单位全部建立“道德讲堂”活动室。2012年，建成全区首批“道德讲堂”示范点，在全区同步完成30家“道德讲堂”建设；开展“做有道德的人”主题教育等7项活动；探索“四德”（职业道德、社会公德、家庭美德、个人品德）建设工作。市南区在全市会议上以《“四德”润心凝力 提升居民素质》为题作典型经验介绍。

第二节　未成年人思想道德教育

1985年起，在全区广大青年中开展做“四有”新人的宣传教育。1999年起，贯彻落实中央、国务院《关于深化教育改革全面推进素质教育的决定》，推动全区中小学素质教育。2003—2005年，贯彻落实中共中央、国务院《关于进一步加强和改进未成年人思想道德建设的若干意见》，在全区学校中开展爱国主义教育和国防教育为主要内容的未成年人思想道德建设教育。2009年，推进“德润校园”品牌建设，建立50余处未成年人“社会课堂”；开展“美德少年”评选表彰和青少年读书活动；实施“父母学堂”计划，湛山社区被评为全国家庭教育工作示范社区；深化“做一个有道德的人”主题实践活动，引导未成年人关爱社会、倡导文明、参与公共事务和多读书读好书；在全区中小学校开展“文明上网、拒进网吧”“网络文明学校”创建和《青少年网络文明公约》教育实践活动；严查非法出版物，净化校园的周边环境。2010年，组织全区中小学参加全国第十七届青少年爱国主义读书教育活动，区委宣传部荣获全国组织特等奖；在市委宣传部组织开展的青岛市全民读书教育活动中，区委宣传部再获青岛市最佳优秀组织奖。2011年，开展全区“美德少年”评选活动，其中1人荣获第二届青岛市“美德少年”称号、3人获提名奖，市南区被评为山东省未成年人思想道德建设先进区。2012年，开展童谣传唱、经典诵读和“美德少年”评选等系列活动；在澳门路社区建立以“中心指导、站校配合”为工作模式的全国首家未成年人心理健康辅导站，推动全区未成年人思想道德教育进一步向社区、家庭延伸。

第三节　创建文明单位

从1982年起，市南区开展一年一度的“文明礼貌月”活动，是年全区涌现出一批文明礼貌单位。1983年下半年，根据市委、市政府的部署，开展以创建文明单位为基本形式，以“五讲、四美、三热爱”为基本内容的“创文明单位，做文明市民，建文明城市”的群众性精神文明创建活动。1984年，市“五讲四美三热爱”活动委员会制定了评选各类文明单位的条件，推动了全区创建文明单位活动广泛开展。1986年，在中共十二届六中全会通过的《中共中央关于社会主义精神文明指导方针的决议》指引下，精神文明建设纳入全市经济和社会发展的总体布局，全区创建文明单位活动进入新阶段。年内，广泛宣传《中共中央关于社会主义精神文明指导方针的决议》精神，宣传市、区精神文明建设的总体战略部署和要求，促进全区文明单位创建活动深入开展。是年，市“五讲四美三热爱”活动委员会制定了文明区、县、局（公司）条件和文明单位标兵条件，全区精神文明建设由抓“文明礼貌月”的临时突击性活动转向全年性的创建文明单位、建设文明城区的活动，区委、区政府分层次提出创建规划、目标、措施、要求，使创建文明单位活动逐步制度化、规范化。1998年，制定《市南区文明单位管理办法》，围绕“三优一做”开展经常性的文明单位创建活动。1999年，开展“满意在身边，文明在市南”文明单位创建活动；实施“培育企业精神、塑造企业形象”的企业文化建设工程。2004年，区监管局等7个单位被评为山东省精神文明先进单位。至2012年年底，市南区共有各级精神文明单位112个，其中，省级文明单位21个，市级文明单位标兵11个，市级文明单位56个。

第四节　志愿者服务

1994年，市南区先后建立60余支志愿者服务队，开展青年志愿者奉献日活动和为离退休老人、孤寡老人送温暖及志愿者宣传和义务服务活动。1995年3月，成立市南区志愿者协会。全区建立百余支志愿者服务队，组织千余名志愿者清洁第六海水浴场、铁路两侧、栈桥两侧，宣传“创全国卫生城市”工作。全年为希望工程筹款7.9万元，为市南区希望小学筹建“红领巾图书馆”。2003年，市南区制定《关于在全区推行“社区义工制”实施方案》，推行“社区义工制”；成立市南区社区义务工作者指导委员会，建立社区义工指导协调服务中心。

社区义工和志愿者义务劳动场景

同年以“奉献爱心，分享快乐，教育自我，传播文明”为主题，建立14个社区义工活动站和6支社区义工队伍，成立绿色义工协会，拥有各类义工5000余人，被列入2004年全市精神文明工作要点推广。2004年，注册成立市南区义工协会，负责指导和组织全区义工活动。2007年，建立健全社区义工和志愿者组织，开展“小手拉大手”“争做奥运小主人”活动。2009年，开展爱心传递活动，组建特色义工队，慰问困难、空巢老人。2010年，在全区总动员创城工作中，组织志愿者和社区义工上岗维护交通秩序，全年上岗劝诫2.13万人次。同年，在全省开展的公民道德教育优秀案例评选中，市南区“义工志愿服务”“道德点评会”2个道德教育案例均被评为省优秀案例并编入山东公民道德教育优秀案例。2012年，义工协会发展到32支义工队伍、2万余人，先后开展“关爱空巢老人、扶助弱势”“三心敬老”“情系七彩风”“小金热线”“文化活动进社区”“名师义教进社区”“科普教育进社区”等活动；组织市南义工队300多人，参加创建全国文明城市“青岛市文明交通志愿服务活动”。年内，开展“‘红飘带’进社区——建设和谐幸福家园”主题活动，将“红飘带”这一发源于青岛出租车行业的社会互助文明品牌，引入对弱势群体帮扶救助工作，融入社区志愿服务的全过程。至年底，“红飘带”进社区志愿服务活动已覆盖全区17个社区，惠及700户家庭，2000余人受益。

第五节　创建文明城区

1981起，全区精神文明建设，主要以治理“脏、乱、差”为重点，大兴文明新风。全区各级青年团组织和青少年走向街头，打扫卫生，为群众做好事，向社会传播文明新风。从1982年开始，全区各行各业以整顿市容卫生为突破口，清理市容卫生，整顿社会秩序，改善服务态度，全区主要街道和窗口单位的面貌大为改观，为创建文明城区奠定了广泛的社会基础。1984—1987年，区内先后完成第一、第六海水浴场改造工程，对山头公园进行绿化、美化，加快对台西民众八院、二院、挪庄等棚户区改造，同时新建南京路、江西路、辛家庄等住宅小区，兴建宁夏路立交桥及中山路人行天桥，市区面貌有了较大改善，市政设施也大大增加，为创建文明城区奠定了基础。1997年，辖区内棚户区改造任务基本完成，全区“创城市卫生星级管区”活动蓬勃开展，14个街道办事处先后被评为城市卫生三星级管区，4000余个楼院得到整治，顺利通过青岛市卫生先进区的考核验收。年内实行垃圾袋装化登门（院）收集，基本解决了居民生活垃圾暴露问题；建立健全社区医疗服务三级网络。是年，市南区跨入全国百家社会治安综合治理先进单位行列，创建文明城区工作在优化居住环境和社区服务环境方面取得显著进展。

2000年，举办“市南之春”“海之情”旅游节及“金秋十月”“迎接新世纪”等文化活动和“家家乐”庭院健身娱乐活动，区内文化环境进一步优化。2001年，市南区荣获第五届山东省精神文明城区称号。2002年，启动“道德进社区”“科教进社区”和“科学健身进社区”等活动；建立社区教育、科普、文体、法律、卫生工作协调委员会，实施创建文明城区工作重心下移。2003年，在抗击“非典”中，开展娱乐健身10分钟、“三大员”进社区、“革除陋习、走向文明”系列活动以及创建文明楼院活动；在全市率先成立“社区文明巡访团”，围绕“做小事、管新事、纠错事、夸好事、谈心事、参大事”开展社区文明巡访活动，为居民解决实际问题近3000件；推出“青岛人唱青岛歌”《走进社区》CD专辑，举办“五进社区——青岛人唱青岛歌”大型歌会；培育出“平安市南”“洁净市南”“诚信市南”“温馨港湾”“鼎铸天平、诚信为民”“真情服务送健康”“亲情养老乐万家”等一系列服务品牌，推动文明城区创建工作向社区民生领域拓展。2004年，市南区荣获第六届山东省精神文明城区荣誉称号。2005年，制定《市南区创建全国文明城市工作实施方案暨目标责任分解》，成立青岛市创建文明城市市南区专门工作小组，各街道办（区街委）和有关单位、部门也成立相应创建机构，实行“一把手”工程，形成覆盖街道社区的创建工作网络。

2006年，成立市南区市民文明巡访团，开展社区文明巡访活动，推动街道社区创建文明城区工作。2007年，制定《关于开展创建迎奥运文明示范社区活动的实施意见》，在全区各街道（社区委）开展创建迎奥运文明示范社区活动。2009年，制定《市南区关于推进新一轮全国文明城市创建工作的意见及目标责任分解》等，成立市南区创城工作指挥部，召开专题会、调度会、现场办公会20余次，与20多家区直部门和驻区单位签订目标责任书。2010年，制定《文明单位（机关）上岗实施方案》，绘制《市南区创城工作责任分布示意图》细化分解责任，建立责任追究制，推进创城工作常态化。

2012年，市南区先后完成省级17个类别34个实地考察点8个保障性考察点的创城迎检任务；圆满完成中央测评组对青岛市进行全面测评中，市南区所承担的11个类别15个实地考察点3个保障性考察点测评任务，为全市创城工作做出突出贡献。至2012年年底，市南区精神文明社区18个，其中，省级文明社区4个，市级文明社区2个。

第二十三篇

军　　事

第一章 驻 军

明洪武二十一年（1388），中央政府在今市南区境内设立隶属鳌山卫管辖的浮山所，派兵驻守，境内始有驻军；清雍正十二年（1734），卫所建置被撤销，浮山所及所辖军屯归并地方。鸦片战争后，青岛以其优越的地理位置被西方列强所觊觎，1883年年底中法战争爆发后，为防止法军经由胶州湾北犯天津、北京，在清廷统一部署下，署即墨营参将陈光禄委募东军200名驻守在青岛口一带，中法战争结束后不久清政府将青岛守军撤走。清光绪十七年（1891）6月14日，清政府议决在胶澳设防；次年秋，登州镇总兵章高元率兵4营移驻青岛，总兵衙门设在下青岛村（今人民会堂址）。清代青岛"有海无防"的局面从此结束。

1897年，德国以"巨野教案"为借口出兵占领青岛，此后德军在区内沿海一线及附近山头修筑炮台、派兵驻守。1914年后，日军取代德军，在区内驻扎。第一次世界大战时期，随着德、日对青岛殖民统治的易手，辖内的外国驻军此取彼代，更迭替亡。1922年年底，北洋政府收回青岛主权，辟青岛为胶澳商埠，根据"商埠不应驻兵"之规定，由省内地方驻兵组建保安、警察部队，驻于辖区。因军阀混战、政权更迭，辖内驻军变动频仍，直系军阀和奉系军阀部队均曾在此驻防。其间广东军政府护法舰队叛变北上，东北海军舰队奉命南下，汇集于辖区后合编为一，开辖区海军驻地之始。1928年4月，国民革命军打败奉系军阀张宗昌，次年11月进驻青岛。"七七"事变后，驻青守军全部撤离，日军随即占领青岛，直到1945年8月战败投降。抗战胜利后，国民党军队和美国军队盘踞青岛。

1949年5月，青岛市军事管制委员会成立，作为青岛接收后军管时期党政军的统一领导机关和最高权力机关；青岛解放当日，市军管会入驻太平路。随后，中国人民解放军陆军、海军、空军部队和公安（武警）部队等先后驻防市南区，有关军事机关纷纷设立，驻区部队在履行巩固建设海防和捍卫祖国安全职责的同时，为区内经济社会发展做出积极贡献。

1891年6月14日，清内阁颁发上谕，批准在胶澳设防。次年，登州镇总兵章高元率兵四营驻防胶澳，在前海设立总兵衙门

第一节 明清驻军

浮山备御千户所守军

明洪武二十一年（1388），中央政府在今市南区东部设立山东鳌山卫浮山备御千户所，又称鳌山卫前所，简称浮山所。浮山所设掌印千户一员（正五品）、佥书千户一员（又称管军千户，从五品）、百户十人（正六品），有守军千余人，辖有

4个军寨、18个墩堡，是当时青岛地区的边防重镇，其军事控制范围北到今城阳区上马、河套范围，南到海边，东到石老人。明永乐元年（1403），浮山所开始设立军屯，既可屯兵，又可生产以供军需，浮山所属下军屯的军户一律为浮山所籍，不受当地官府节制。永乐十三年（1415），明廷诏天下各省都司派兵到京城备卫戍守，名曰“京操军”，浮山所之京操军每年分两批入京：农历三月去、八月还者称春戍军，农历九月去、来年二月还者称秋戍军；京操军中还设有水军，根据汛期在海上巡游或追捕倭寇并配备战船，该水军由鳌山卫统一调度，燕儿岛设有泊军船之港口。明嘉靖三十四年（1555）9月，倭寇登陆洗劫山东安东卫，入侵日照、诸城沿海，继而侵入胶州湾，浮山所驻军与灵山卫、胶州所军民并肩作战，将倭寇驱赶。此后，倭寇多次从区内沿海一线登陆，浮山所军民同其他卫所军民并肩作战，予以痛击。

清雍正二年（1724）撤浮山所“守备”一职，改设千总（正六品）。清雍正十二年（1734），下旨裁撤浮山所建制，将浮山所所辖军屯归并地方，浮山所改为浮山巡检司，归并即墨县，浮山所村划归即墨县仁化乡文峰社；次年添设浮山所把总一员，胶州镇标中右营派马兵11名、步兵45名在浮山所驻防。清同治十三年（1874），裁撤胶州水师营浮山所汛。

青岛口首次驻军

清光绪九年（1883）12月，中法战争爆发，战火扩至中国东南沿海，清政府紧急命令“沿江、沿海各将军、督抚、大臣，迅速整备一切事宜，听候谕旨，务当尽力筹办，期于战守确有可恃”。为解决争端，法军屡次扬言将占据胶州湾，并伺图北犯京津。1884年8月，会办北洋军务吴大澂上奏朝廷：“山东防军不过六千余人，胶州海口甚宽，由胶至省，无险可扼。法总兵福禄诺，有胶州口岸易攻之说，请饬筹备。”光绪皇帝一方面要求山东巡抚陈士杰谋划胶州湾防务；另一方面谕旨会办海军、直隶总督李鸿章督饬筹建山东海防，陈士杰遂调派官兵20余营分别驻扎登州、烟台等山东各海口要地；其中，署即墨营参将陈光禄委募东军200名驻防青岛口。战局的发展，最终使法国占领胶州湾并图北上未能得逞。中法战争结束后不久，清政府遂将青岛口守军撤走。

胶澳驻防军

19世纪80年代中后期，清政府驻外公使许景澄、北洋水师统领丁汝昌、陕西道监察御史朱一新等人均曾提议在胶州湾设防。清光绪十七年（1891）6月5日，北洋大臣李鸿章奉旨校阅北洋海军完毕，转赴胶州湾踏勘，确认胶州湾为军事要地，随即与山东巡抚张曜联袂具折上奏清廷，建议在此设防，并提出了设防的初步设想。6月14日，清廷谕旨在胶澳设防。翌年秋，登州镇总兵章高元奉调率广武前营、广武中营、嵩武前营、嵩武中营2000余名士兵移驻青岛，驻扎在胶州湾口东侧青岛村一带，担负青岛地区防务；驻防军置总兵衙门于青岛村（今青岛市人民会堂址）。中日甲午战争爆发后，章高元奉命率所部嵩武军北渡，赴营口，支援辽东。1895年冬回防胶澳。1897年11月，德军占领青岛，章高元率部撤出。

第二节　北洋政府驻军

1922年12月10日，中国政府收回青岛，开放为胶澳商埠。根据中日《解决山东悬案条约》及《附约》第九、十、十一条“日本军队之撤退”规定，辖区原日本驻军撤走。同时根据“商埠不应驻兵”之规定，由山东地方驻军组建的胶澳商埠保安大队、水上警察部队、武装行政警察部队接收青岛防务，其中保安大队驻于汇泉伊尔蒂斯兵营。同日，临时剿办岛匪司令部司令孙宗先招抚土匪孙百万所部，改为胶东游击总队，司令部及游击总队均驻于辖内。1923年11月5日，广东军政府护法舰队司令温树德叛变，率楚豫、永翔、同安、肇和、海琛、海圻、豫章7舰，由广州北上投靠直系军阀吴佩孚。12月抵青岛。翌年5月，授番号为渤海舰队。驻辖区今莱阳路8号。6月，胶澳督办高恩洪以“商埠不应驻兵”为由，请令吴佩孚撤销胶东防守司令部（原临时剿办岛匪司令部）。所部由辖内移驻潍县。

1924年9月，第二次直奉战争爆发，直系军阀战败，奉系军阀部队第八军第二十九旅旅长毕庶澄率部进入青岛。其间驻于辖区的奉系军事机关主要有胶东剿匪司令部、山东海防司令部、胶东防守司令部和东北渤海舰队等。1926年11月，以张作霖为首的北京大元帅府令东北海军舰队司令沈鸿烈率海防舰队到青岛，与渤海舰队合编为东北渤海舰队，翌年改番号为海军总司令部。司令部驻辖区今莱阳路。1927年11月，北洋政府在青岛设海军总司令公署，沈鸿烈任海军副总司令。公署驻辖区今莱阳路。1928年7月，海军总司令公署由辖区移驻沈阳。

第三节　南京国民政府驻军

1929年4月，南京国民政府接收青岛；11月，国民革命军接管青岛防务。1937年12月27日，青岛市市长兼陆、海军总指挥沈鸿烈按蒋介石命令率部撤离青岛。抗战胜利后，在美国的帮助下，国民党军队接防青岛，至1948年，有以下单位驻市南区：

联勤第十兵站分监部：驻太平路25号、27号。

军委会外事局：驻湖南路22号。

军政部监护11团：团部驻广西路14号。

军政部无线电总台第11台：驻广西路9号。

军政部无线电总台临时第十区台：驻荣成路11号。

军政部第一要塞调查组：驻莱阳路5号。

后勤司令部第4兵站司令部：驻太平路25号。

中央各军事学校毕业生调查处驻青岛通信处：驻湖南路21号。

军统青岛站：隶属国防部保密局，管辖胶东各市、县及昌邑、潍县、安丘、诸城等县，驻龙口路26号。

第四节　中国人民解放军军事机关

青岛解放前夕，中共中央山东分局和山东军区决定对青岛实行军事管制。1949年5月4日，中国人民解放军山东军区致电三十二军、胶东军区并报中央军委及华东分局，决定将青岛军管会为青岛接收后军管时期党政军的统一领导机关；5月24日，中共中央华东分局同意成立青岛市军事管制委员会。6月2日，青岛解放，市军管会入驻辖区太平路办公。此后，人民解放军进驻市区，各军事机关相继入驻辖区。

青岛市军事管制委员会

1949年5月25日，青岛市军事管制委员会成立，设16部（市政部、公安部、文教部、卫生部、后勤部、房产部、工矿部、邮电部、生产部、铁道部、工商部、财粮部、金融部、实业部、港务部、公路运输部）、1厅（办公厅）和1个办事处（外国侨民办事处），作为城市接管的职能机关。6月2日，青岛解放后，进驻太平路39号，遵照党的城市政策及中国人民解放军总部约法八章和华东军区颁布的约法七章，对青岛实行军事管制。11月1日，中共山东分局决定，市军管会与市委合并，成立中共青岛临时市委，统一领导全市工作，军管会名义仍保留。

青岛市兵役局

1954年9月12日成立，局机关驻曲阜路1号，设一科（动员）、二科（征集）、三科（统计）、四科（预备役军官）、五科（民兵）。

青岛市军分区

1958年11月21日，奉济南军区《组建青岛市军分区》电令，菏泽军分区机关与青岛市兵役局合并组建青岛市军分区，至1962年2月被撤销。

青岛市人民武装部

1951年8月成立，隶属山东军区，次年1月14日被撤销。1962年2月2日，山东省军区通知撤销青岛市军分区，改为青岛市人民武装部，执行省辖市人民武装部建制。1969年11月14日，青岛市人民武装部与守备第×师合并组建青岛警备区，隶属济南军区。1979年1月18日，中央军委批准组建青岛市人民武装部，隶属山东省军区，由青岛警备区负责组建；5月1日，青岛市人民武装部成立。1983年11月11日，奉济南军区令，青岛市人民武装部改称青岛军分区。

市南区人民武装部

1958年11月12日成立，隶属青岛市军分区建制领导，为副团级单位，设部长1人，政治委员由区委书记兼任，编制5人。1961年，增加编制为9人，设部长、第二政治委员，作训、动员、政工组。1962年12月6日，台西区建制被撤销，台西区人民武装部并入市南区人民武装部。1970年2月，市南区人武部隶属青岛警备区建制领导；1977年7月，升格为正团级单位，设部长、政治委员、军事科、政工科；1979年增设供管科。1986年6月，区人武部移交地方建制，由正团级改为副区级，移交地方后机关设办公室、军事科、政工科；1989年3月增设后勤科。1996年4月1日，区人民武装部又收归军队建制领导，恢复正团级单位，机关设军事、政工、后勤科。

第二章 民 兵

区内民兵组织初创于抗日战争初期，此后不断成长壮大。新中国成立后，民兵制度被确定为国家的一项军事制度。20世纪50年代，根据“以劳为主，劳武结合，军政并重”的方针，广泛开展民兵组训、“五好”民兵评比等各项活动，不断提高民兵的军事素养和政治质量。20世纪60年代，市南区本着抓落实、打基础、求质量的精神，不断加强民兵基础建设，全体民兵的军事技术和实战本领大大提高，在治安保卫、战备值勤、生产建设等各方面均发挥了积极作用，涌现出了一大批先进单位和“五好”民兵。

中共十一届三中全会以后，市南区进一步加强民兵的组织建设、政治教育和军事训练，民兵组织和广大民兵在上级军事机关和地方党委、政府的领导下，逐步发展成为人民解放军的得力助手和地方经济社会发展的一支重要力量。

第一节 组织建制

领导体制

辖区民兵是在青岛警备区和区委区政府领导下，实行由军事系统和地方党委双重领导制度。为加强党对民兵工作的领导，市南区成立了人民武装委员会，一切重大问题经区委研究后组织相关部门具体落实；同级地方党委（支部）书记兼任民兵组织的政治委员、教导员和指导员。区人民武装部和基层人民武装部是同级人民武装委员会的办事机构，负责民兵工作的日常组织与落实。

1958年8月，中共中央做出关于大办民兵师的决定，当年11月，区人民武装部成立，是市南区的兵役机关和民兵组织的领导机关；同时，驻区各大单位普遍成立了民兵工作办公室，负责民兵工作。

1962年，根据中央军委扩大会议关于人民公社成立武装部的决定精神，市南区浮山人民公社成立武装部；山东海洋学院、青岛第一中学、第二中学、青岛市市级机关、青岛市外贸局、青岛市城建局、青岛市建材公司、观海路办事处、泰安路办事处等单位成立武装部。至1979年全区共成立基层武装部35个。20世纪80年代，市南区进一步加强了基层武装部的建设，至1987年，全区14个街道办事处全部建立了人民武装部。后随着单位的撤并改，至2012年，市南区共有基层武装部27个，其中厂企武装部13个、院校武装部2个、市属局武装部2个、街道武装部10个，共有专武干部51人。

表23－1　　市南区基层武装部一览表

（2012年）

街道武装部	市属局(院校、厂企)武装部	街道武装部	市属局(院校、厂企)武装部
八大峡街道办事处武装部	青岛市城市管理局武装部		湛山农工商公司武装部
云南路街道办事处武装部	青岛市海洋与渔业局武装部		浮山农工商公司武装部
中山路街道办事处武装部	青岛海润自来水集团武装部		永盛农工商公司武装部
江苏路街道办事处武装部	青岛泰能燃气集团有限公司武装部		金融押运公司武装部
八大关街道办事处武装部	青岛市供电公司武装部		中国人民解放军4808工厂武装部
湛山街道办事处武装部	青岛国货股份有限公司武装部		中国海洋大学武装部
香港中路街道办事处武装部	青岛远洋运输有限公司武装部		青岛远洋船员学院武装部
八大湖街道办事处武装部	青岛造船厂武装部		
金门路街道办事处武装部	中国网通青岛分公司武装部		
珠海路街道办事处武装部	交通部一航局二公司武装部		

民兵组织

新中国成立后，市南区不断加强民兵组织建设，以厂企、事业、街道为单位，根据民兵人数的多少，分别编民兵班、排、连或营，普通民兵以车间、班组为单位编班、排或连；与军队专业对口的地方单位，编组相应的民兵专业技术分队。为使基层民兵组织达到组织健全、编组合理、队伍纯洁、干部配齐、官兵相识、制度完善、活动落实的要求，每年对民兵组织进行一次整顿，整顿活动一般在2月、3月开始，历时3个月，整顿的主要内容为宣传教育、调整组织、出入转队、改选干部、总结工作、清点装备、健全制度、完善资料、点验验收等；整组时，根据当时国内形势和战备需要，对民兵组织进行扩编或缩编。

改革开放后，适应形势发展的需要，不再组编民兵师。

第二节　政治教育

人民战争思想教育

1958年9月，毛泽东发出大办民兵师的号召后，市南区在全区大张旗鼓地开展民兵战略地位和毛泽东人民战争思想的宣传教育。民兵的政治教育与人民解放军的政治教育同步进行，教材由总政治部和军区政治机关印制，发到民兵连，教育内容由军事机关安排，纳入地方党委计划；教育方法采取分散与集中、短期集训与经常性教育相结合，并把"民兵俱乐部""文艺中心""民兵青年之家"等作为民兵教育活动阵地。1960年，通过传达贯彻全国民兵代表会议精神，在全区掀起学习毛泽东人民战争思想的高潮。1963年和1964年，通过区委党校轮训党员干部1328人，举办集训队和定期讲座轮训民兵政治指导员、教导员、政治委员214名。1962—1965年，市南区民兵自编、自演文艺节目，组织文艺会演，宣传民兵地位作用，展现民兵风采。1965年春节期间，山东省委书记兼省军区第一政委苏毅然和省军区领导在青岛市委书记张敬焘、市人武部部长何传修陪同下，观看市南区民兵文艺会演，接见全体演员和区人武部干部，勉励大家努力工作，为国防建设多做贡献。

形势战备教育

1962年，台湾国民党军队企图窜犯大陆，市南区组织干部深入工厂、企业、机关、学校等单位做形势报告，动员群众增强战备观念；全区490名转业、复退军人重返部队。1979年越南军队肆意侵扰广西、云南边境地区，中国军队被迫进行自卫还击作战，4月，通过大力宣扬对越还击作战中青岛籍531名荣立战功官兵的事迹，在全区范围内开展向戍边英雄学习活动，以戍边英雄"亏了我一个、幸福10亿人"的崇高思想教育民兵和广大群众。

国防教育

市南区把民兵预备役人员的宣传教育纳入全民国防教育轨道，每年对预编到民兵组织的人员进行岗前国防教育培训；在区委党校设置军队与国防建设讲座；利用举行仪式、民兵整组、颁发证书等时机进行教育；坚持每年元旦召开民兵座谈会；"八一"召开民兵履行义务情况汇报会；每年组织民兵过一次军事日；参加一次民兵组织的公益活动；充分利用函授、刊授，进行知识竞赛，组织读书演讲，开办广播电视讲座；抓好教员队伍和"青年民兵之家"等教员阵地建设，搞好教育保障。

新时期职能任务教育

改革开放以后，民兵的政治教育进一步拓展和规范为党的基本理论和路线、方针、政策，人民战争思想和民兵光荣传统，职能使命和形势战备，爱国主义和革命英雄主义，社会主义荣辱观，履行国防义务六个方面。教育方法一般采取课堂教育灌输、随机教育引导、刊授函授辅导、先进典型示范、文化环境熏陶、仪式庆典激励、心理教育疏导等，并发挥报刊、广播、影视和网络的作用，增强教育效果。

第三节　军事训练

20世纪50年代初，在青岛警备区的统一计划安排下，全区民兵每年按照不同的训练任务，由区人民武装部协调组织，在警备区民兵训练基地实施集中训练，专职人民武装干部的军事训练由青岛警备区组织统一实施。

20世纪五六十年代，全区参训民兵每年都在2000人以上，除了实弹射击、战术训练和专业训练，还组织野营训练。1959—1960年，根据"以劳为主，劳武结合，军政并重"的方针，对全区民兵进行军政训练，并取得良好成果，1959年5月，民兵李汝华（市蔬菜公司职工）光荣出席全国民兵代表大会，被授予“五六式”半自动步枪一支。1964年，广泛开展军事训练及各种比赛活动，大大提高全体民兵的军事技术和实战本领，全区民兵参训人数达到52225人，涌现出30多个先进单位和1000多名“五好民兵”；当年，选拔出3名民兵参加在济南军区组织的民兵大比武，分别获得一等奖和二等奖，其中海军第4808工厂民兵叶玉林投掷手榴弹84米，获济南军区民兵投弹第一名，受到总参谋长罗瑞卿的表扬。

20世纪70年代，民兵组织继续发扬军事训练优良传统，每年分专业组织民兵训练，除了进行实弹射击、手榴弹投掷外，还组织高射武器、通信、侦察、救护等训练，每年参训人数都在10000人以上。1977年，对全区营、连干部和民兵骨干、武装基干民兵进行集中训练，提高了政治军事素养，全区共评出民兵工作“三落实”连队61个、民兵积极分子3281个。1978年，组织参加青岛市军事比赛，取得团体总分第一名、五个单项第一的好成绩；1979年在全市比武竞赛中，取得14项比赛中的6个第一、总分第一的成绩。

20世纪八九十年代，民兵比武竞赛和实战训练屡创佳绩。1980年，组织高炮分队赴山东头靶场进行实兵演练，总评成绩优秀，受到省军区通报表彰；1983年，高炮分队赴潍北靶场实弹射击，成绩优秀，获省军区颁发的锦旗一面；山东外运民兵李建国获山东省军区民兵大比武全能第一名；1989年在参加全国无线电台报务考核中取得优秀成绩，获得锦旗一面；1991年，组织18名民兵为外宾进行军事项目表演，受到称赞；1998年、1999年，基干民兵、应急分队、专业技术分队和武装部机关参谋业务等专业，参加警备区考核验收，均取得良好以上成绩。

进入21世纪，民兵训练以“打得赢、不变质”为要求，突出科技练兵、突出基干民兵、民兵干部和民兵应急分队训练。2007年7月，派出民兵勤务保障分队和保障人员参加总参谋部在青岛举行的全国《民兵军事训练与考核大纲》集训。

2012年，探索实施“专武干部集中训、民兵干部轮流训、应急分队穿插训、企业民兵上门训”的训练路子，训练各类干部骨干和民兵应急分队831人，区人武部机关在山东省军区组织的考核中取得优异成绩；中山路街道办事处武装部部长廖海明参加省军区轮训被评为“优秀学员”；10个街道7个应急排280人开展反恐维稳、防暴治乱、警戒封锁等应急课目训练和演练。

组织民兵训练

第四节 抢险救灾

新中国成立后，市南区民兵在完成急、难、险、重任务，特别是在抢险救灾中发挥了突击队和生力军的作用，先后成建制调出或在本单位参加救火、抗台风、排洪、海上救援等大小抢险救灾160余次，参加人数40000余人次。比较大的行动有：1961年9月参加暴雨抗洪救灾、1982

年1月28日参加青岛造船厂救火、1994年2月参加青岛红星电器公司救火、1994年参加抗击6号台风、1996年参加抗击11号台风、1999年2月21日参加青岛太平山灭火、2004年1月21日参加浮山灭火，2008年6月28日至7月21日参与人工清理浒苔等，为挽回国家和人民群众生命财产做出贡献。

严力宾在香港为抢救国家财产英勇献身

1989年11月18日，青岛远洋运输公司“武胜轮”在香港全兴船厂维修时，因船厂工作人员操作不慎引燃棉纱，导致大火。该公司基干民兵、船舶一级机工严力宾最先赶到现场，把个人安危置之度外，奋勇救火，在下到舵机房底层启动应急消防泵救火时不幸光荣牺牲，年仅32岁。中共山东省委、省政府和青岛市委、市政府、青岛警备区等部门于3月27日在市人民会堂召开了隆重的表彰大会，授予严力宾同志雷锋式的“好党员、好船员，好民兵”荣誉称号；时任中共中央总书记江泽民、国家主席杨尚昆、国务院总理李鹏于4月、6月间分别题词，号召全国广大军民向严力宾同志学习。

第五节　维护社会治安

新中国成立后，市南区民兵在完成生产任务的同时，坚持战备执勤，配合公安机关打击犯罪、维护社会治安，发挥了重要作用。1959年，以民兵组成战备值班分队，由有武器的单位轮流夜间值守，每晚一个排（30人）一辆汽车，终年集宿，以应对突发事件，一直坚持到1977年。与此同时，组织民兵配合公安机关维护社会治安，其中1971年派出民兵35700人次；1972年23700人次；1973年36000人次；1974年在派出2万人次巡逻的同时，抽调250名民兵组成13个小分队，协助公安机关处理治安案件209起，抓获各类犯罪分子440人，看守犯人200余人次。1975年调动执勤民兵18个连2105人，抓获各种违法犯罪分子400余人，从中查破案件512起；1981年36个单位的民兵21000人次常年参加治安联防，协助破获案件15起。

1989年，青岛市区发生社会动荡，市南区派出300名民兵协助公安机关上岗执勤，维护社会治安；1990年派出300名民兵执勤，历时2个月；1991年组织317名民兵到19个派出所配合公安机关巡逻执勤，历时3个月。

1998年，出动民兵145人，从6月1日起，历时3个月，在全区58个执勤点上岗执勤，共盘查车辆7000余辆、人员15000余人，抓获各类犯罪嫌疑人327人，协助公安机关查获地下赌场1个、收缴赌资赌具价值70余万元，为人民群众做好事3000余件，圆满完成了各项任务，5个单位、10名个人受到青岛市表彰。

1999年，出动民兵170人次，参加千禧夜中山路治安巡逻活动。2005年春节期间，出动民兵148人次，历时1个月，协助当地公安机关夜间巡逻执勤；4月25日至5月20日，再次出动民兵148人次，配合执行夜间巡逻执勤任务，维护了当地的社会治安，保证了人民群众的财产安全。

2008年，第28届奥运会帆船比赛在市南区举办，开幕期间，市南区民兵反恐连120人负责在奥帆基地配合公安机关担负奥运安保工作。

2009年，第十一届全国运动会部分比赛项目在青岛举行，根据青岛市社会治安综合治理委员会、青岛市公安局、青岛警备区司令部联合下发的通知要求，市南区民兵应急分队配合公安机关开展社会治安巡逻，历时一个多月。

第三章　人民防空

解放前，市南区的防空力量十分薄弱。新中国成立后，在人民战争思想和积极防御的战略方针指引下，全区防空指挥机构得以建立，人民防空工作逐步得到加强。20世纪50年代初，区人民防空指挥分部、区防空委员会和区人民防空委员会相继建立，积极贯彻国家防空法律法规和上级指示，在指挥通信体系建设、人防工程建设和利用、防空宣传教育等方面积极开展工作。20世纪60年代末到70年代，围绕“备战、备荒、为人民”和“深挖洞、广积粮、不称霸”的方针要求，按照立足于“早打、大打、打核战争”的战备思想，广泛开展临战准备教育。

“文化大革命”期间，区人防组织领导机构几经变迁。1982年5月，区人民防空办公室作为市南区人民政府的职能部门列编。此后，随着国际国内形势的发展变化和党的工作重心的转移以及人防工作方针的调整，市南区人防随之转向和平时期的工作模式。市南区人民防空办公室，作为辖区人民防空工作的管理机构和区国防动员委员会的常设办事机构，接受区政府和市人防办的领导，管理全区人民防空工作。1997年1月1日《中华人民共和国人民防空法》开始施行后，市南区人防建设开始走向法制管理轨道，进入健康发展的新时期。

第一节　组织机构

1950年2月21日，青岛市军事管制委员会决定成立青岛市防空治安委员会，委员会下设指挥部；10月，中共青岛市委决定建立地方防空指挥体制，以市公安局为主成立青岛市防空指挥部，各区以公安分局为主成立防空分指挥部，各街道以公安派出所为主成立防空指挥所。是年12月，中共青岛市委决定，由市党、政、军主要领导组成青岛市人民防空委员会，对外称青岛市人民防空指挥部，市南区设立指挥分部，各街道成立指挥所，各企事业单位、机关、学校成立防空指挥处，50人以下的基层单位成立指挥小组。

1954年12月，经中央批准，青岛市防空委员会正式成立，对外称青岛市人民防空指挥部，办事机构设在市公安局，对外称青岛市人民防空委员会办公室。市南区也成立了防空委员会，并设立人民防空指挥部。

1966年5月，根据市委指示，市南区人民防空委员会办公室正式设立，作为市南区人民防空委员会下设机构。

1969年10月，青岛市成立青岛市革命委员会战备领导小组，市南区也组成战备领导小组，下设战备办公室。1970年4月，青岛市革命委员会成立青岛市地下干道工程总指挥部，负责领导修建青岛地下干道工程任务；市南区则成立分指挥部，下设施工连。

1975年3月，青岛市战备领导小组改为青岛市人民防空领导小组，青岛市革命委员会战备办公室改为青岛市人民防空领导小组办公室。1976年10月，市南区相应改称市南区人民防空领导小组办公室。

1982年5月，根据国务院、中央军委关于各级人民防空领导小组均改为“人民防空委员会”的通知精神，成立市南区人民防空委员会，市南区人民防空领导小组办公室改为市南区人民防空办公室，作为市南区人民政府的职能部门列编。

1996年3月，区级机构改革时，市南区人民防空办公室定为区政府办公室归口管理部门。

2001年12月，根据《市南区人民政府机构改革方案》，设置青岛市市南区人民防空办公室（以下简称区人防办），是区政府主管人民防空工作、由区政府办公室管理的部门管理机构，也是区国防动员委员会的常设办事机构。

2011年2月，根据《关于青岛市市南区人民政府机构改革的意见》（南发〔2010〕13号），设置青岛市市南区人民防空办公室，为区政府工作部门。区人民防空办公室机关行政编制4名、工勤人员编制1名，其中主任1名、副主任1名。2012年，成立市南区人民防空指挥部。

第二节　指挥通信

指挥体系

为适应战时全区防空袭需要，区人民防空指挥部在市人民防空指挥部领导下，统一指挥全区防空袭斗争。当国家发布战争动员令或遭敌突然空袭时，城市人民防空工作转入战时指挥体系，立即成立市、区、街道三级人民防空指挥部，履行战时人民防空组织指挥职责。在市人民防空指挥部领导下，组成市南区人民防空指挥部，指挥长为分管副区长，副指挥长为政府办副主任、区人防办主任、区人武部副部长，成员包括相关部门分管领导、各街道人武部长。

2005年修订的《市南区防空袭方案》对于防空袭的组织指挥体系、防空指挥所及重要目标防护、人口疏散隐蔽计划和各种保障等均作出了具体规定，是平时进行人防建设、战时组织防空袭的总依据。此外，为健全完善市、区、街道三级防空体系，2005年，组织街道办事处制定《街道防空袭方案》；2010年，对《街道防空袭方案》进行修订完善的同时，组织各社区制定《社区防空防灾人口疏散行动预案》。

通信警报

1952年以前，青岛市的防空警报控制台设在海军青岛基地防空司令部的坑道指挥所内，由军队和地方共同值班。1952年12月，防空警报控制台移交地方，设在中山路2号院的碉堡内。1955年，防空警报控制台随指挥所迁至青岛路2号地下室内；1959年3月，又随指挥所移至信号山坑道内。1977年，区防空指挥所与市防空前沿指挥所的地下通信电缆实现连通。

第三节　人防工程

市南区人民防空工程建设始于1950年10月，当时主要是对解放前的遗留防空工事进行改造扩建，为防御国民党军队空袭，要求机关、学校、家庭在门窗玻璃上贴上“米”字形纸条，以防玻璃飞溅伤人；在空旷场地挖锯齿型防空壕，以及时应对空袭。1951年10月，市人民防空指挥部确定开始在福山路挖掘防空洞；1964年7月，坐落区内的市级前沿防空指挥所“462”工程动工，1967年完工。

1966年4月开始，响应毛泽东“备战、备荒为人民”的号召，有关单位民兵首先行动，利用简易工具和业余时间，在本单位院内或屋下挖洞，使多个单位相互挖通形成一个联片。1968年，市人武部专门召开现场会，推广联片经验。1970年4月，青岛市地下干道工程总指挥部成立，统一组织力量修建青岛市地下干道工程。区成立分指挥部，按下属单位职工的2%抽人组成施工连队，分段施工，第一期地下干道工程南起市南区青岛造船厂，北至沧口青岛化工厂，至1971年年底全部被覆完工，工程贯通5个区。1972年开始，区分指挥部转为构筑区的地下干道，为区属骨干工程。1977年，掘进3032平方米，创历史最高纪录。

1978年10月，根据第三次全国人防工作会议要求，人防工程建设规模相对压缩，地下干道分指挥部相继被撤销。1979年，人防工程掘进2250.2平方米、超出下达计划的84.4%，修复3003.2平方米、超出下达计划的34.7%。

中共十一届三中全会以后，人防工作调整布局、缩短战线，把工作重点转移到平战结合上来，人防工程建设规模相对压缩，对已建工程进行加固改造和口部处理，搞好维护建设；同时，本着平战结合的原则，对适合的人防工程进行了充分的开发利用。1981年10月，龙山宾馆第一期工程建成并投入使用，是青岛市第一个平战结合地下宾馆；1985年，宾馆开办的龙山地下商场对外营业。

龙山宾馆

自1980年3月起，市人防办公室统一组织力量对信号山地下消防车库进行改造利用。1981年10月15日，龙山宾馆第一期工程投入使用，内设客房55间、床位200张，餐厅可供300人就餐，配有游艺厅、小型会议室等。1982年8月10日，第二期工程投入使用，与第一期工程相配套，床位350张，增设会议厅、理发厅、洗衣室、浴室等，平均每年接待旅客6万多人次。宾馆被评为省人防办、国家人防办设计一等奖，国家建委优秀设计奖。

龙山地下商场

1985年9月20日，龙山宾馆利用内通道开办地下商场对外营业，共接纳国营、集体、个体商户77家，年营业额750余万元。1986年5月，全国开发利用地下人防工程论证座谈会在龙山宾馆召开，进一步推动平战结合的发展。1987年，市人防办对龙山地下商场进行扩建，增加面积8000平方米，被列为1988年市政府改善人民物质文化生活要重点办好的11件实事之一。1990年12月18日，商场正式建成并开始营业，独立核算，自收自支，当年经营商户已达134家，年营业额2189万元。为进一步加强管理，同时成立“龙山地下商业街办公室”（归市人防办管理）。

中山商城

市南区人防办与香港希特公司自1993年6月开始建设的大型平战结合项目，总投资4000多万元，于1997年11月竣工正式投入使用。商城分为西区、中区、东区、北区，共有240多间精品屋，主要经营服装、皮鞋、箱包、化妆品、工艺品等。2009年，由区政府出资与企业合作，在中山商城建立了全市首家以电子商务为主题的民生创新创业孵化基地。到2012年，该商城累计上缴利税和工商管理费2000余万元，安置就业人员650人，在繁荣市场、服务经济、惠及民生等方面起到了一定的拉动和示范作用。

第四节　防空演练

1998年1月10日，青岛市发布市长公告，在七区和胶南、平度2市进行了防空警报试鸣；当年3月31日，青岛市政府批准市人防办《关于建立青岛市防空警报试鸣制度的请示》，将每年的11月14日（1897年11月14日是德军侵占青岛登陆日）定为青岛市防空警报试鸣日，以后每年的这一天，按时拉响防空警报，

中山商城

以此告诫市民勿忘国耻、居安思危；增强国防观念和忧患意识，熟悉防空警报信号，做到有备无患；同时，检修防空警报设施设备，随时保持良好的使用状态。

2007年，市南区利用警报试鸣的有利时机，在家乐福门前举办“市南区防空、防灾警报试鸣宣传”活动，通过展出防空防灾宣传画和发放宣传材料等多种形式，生动直观地介绍了人防发展现状及防空防灾知识，引起较大反响。通过多年建设，市南区防空警报网络建设与管理更加规范和科学化，截至2011年，全区警报器全部实行无线遥控操作和社会化管理。

2012年，成立市南区人民防空指挥部，组建550人的抢险抢修、医疗救护、消防、治安、防化防疫、通信、运输7支人防专业队伍；对近千名社区人防志愿者队伍进行重组编队、登记造册；对20处疏散点设置统一标志牌和示意图，使居民明白到哪疏散，怎样疏散；对全区警报设施进行巡检，对人防警报器的避雷设施进行普查。当年12月13日上午，市南区参加全市警报器试鸣活动，警报器鸣响率100%。

人　　物

市南区是青岛历史文化名城的核心区，人文荟萃，人杰地灵。20世纪二三十年代，国内一大批知名文化名人及海洋科学家汇聚区内，从事进步思想文化和科学技术的研究、教学与传播，推动了“五四”新文化运动以来青岛新文化的发展。新中国成立后，一大批海洋科学家、教育家汇集区内，为开创中国海洋科学研究和教育事业做出了重大贡献，同时几十位开国将校也曾经居住区内，为新中国海军的创立做出了卓越贡献。本志人物记述，设人物传略与人物表。人物传略以卒年为序，收录2015年以前故世的本区籍或曾在本区居住、在本市活动时间较长、国内外著名的客、外籍人物（不含《青岛市志·人物志》收录的传记人物、传略人物）。人物表收录《青岛市志·人物志》中，本区籍，或曾在本区居住并在本市活动时间较长的各界名人；本区籍国内革命战争以来至2012年的著名革命烈士。

一、人物传略

（一）文化名人

宋春舫

宋春舫（1892—1938），别署春润庐主人，剧作家、戏剧理论家、翻译家和戏剧藏书家，中国海洋科学研究事业的奠基人之一，浙江吴兴人。

13岁考中秀才。1911年进入上海圣约翰大学学习英语。1914年春去瑞士日内瓦大学攻读政治经济学并获硕士学位。1916年后在上海圣约翰大学、清华大学、北京大学任法文教授。1924年任上海东吴大学法国文学教授，并仍兼任清华、北大教授。1929年后任国立青岛大学图书馆馆长，曾兼任青岛观象台“观象图书馆”主任，居住在黄县路，在今福山支路6号购下一楼，1931年“斥金四千”，始建“褐木庐”，将平生所收藏的戏剧书籍4800余册尽藏其间，被时人誉称“世界三大戏剧藏书家之一”。20年代出版《宋春舫论剧》第一集，30年代编选出版《宋春舫论剧》第二集和第三集；1937年又完成了《宋春舫论剧》第四集，该集包括戏剧论文10篇、剧作4部、资料2篇。此外，他还出版过游记集、翻译作品、剧本《青春不再》和法文版《现代中国文学》《中国戏剧》两书，著有经济学文章等。

宋春舫还是一位海洋学家。1928年春，筹建青岛观象台“海洋科”。1930年秋，被推举为中国海洋研究所筹备委员会3名常委之一，负责青岛水族馆的建设蓝图及海洋水族馆、海洋生物标本馆的设计。1932年5月青岛水族馆落成，其又为中国海洋研究所的主楼建设多方筹资，至1937年主建筑楼落成。1938年病逝于青岛。

蔡元培

蔡元培（1868—1940），字鹤卿，又字仲申、民友、孑民，曾化名蔡振、周子余。革命家、教育家、政治家、民主进步人士。浙江绍兴山阴县人，原籍浙江诸暨。

17岁时考取秀才。1885年设馆教书。1892年25岁经殿试中进士，被点为翰林院庶吉士。1901年到上海代理澄衷学堂（现上海市澄衷高级中学）首任校长，后被聘为南洋公学经济特科班总教习。1902年在上海创办中国教育会并任会长，创立爱国学社、爱国女学，参加反清斗争，引起清政府的警觉，下令侦讯。蔡元培辗转青岛，曾居住今平原路14号、福山支路14号。

1912年就任南京临时政府教育总长，颁布《普通教育暂行办法》，并主持制定《大学令》和《中学令》。1916年12月受命担任北京大学校长，开“学术”与“自由”之风；支持新文化运动，提倡学术研究，主张“思想自由，兼容并包”，实行教授治校。“五四”运动中支持学生爱国行动，多方营救被捕学生。1920—1930年，蔡元培同时兼任中法大学校长。北伐时期，国民政府奠都南京后，他主持教育行政委员会、筹设中华民国大学院及中央研究院，主导教育及学术体制改革。1928—1940年，专任中央研究院院长，贯彻对学术研究的主张。曾数度赴德国和法国留学、考察，研究哲学、文学、美学、心理学和文化史，为其致力于改革封建教育奠定思想理论基础。

1940年3月5日在香港病逝。其代表作有《蔡元培自述》《中国伦理学史》等。

黄际遇

黄际遇（1885—1945），字任初，号畴庵。教育家、数学家、文字学家。广东澄海县澄城镇人。

14岁中秀才。17岁留学日本，就读于东京高等师范学校数理科。1906年毕业回国，任天津工学堂教授。1910年参加京试，中格致科举人，后转任武昌师范大学教授。1920年由教育部派赴欧美考察，入美国芝加哥大学研究数学，1922年获硕士学位；归国后仍回武昌师大任教。1924年任河南中州大学教授。1926年聘为广州中山大学教授。1928年任河南中山大学校长、河南省教育厅厅长。1930年后，历任青岛大学教授兼理学院院长、山东大学教授兼文理学院院长。1936年返粤，仍任教中山大学。1938年日军攻占广州，他随校辗转播迁。1945年8月日军投降，中大复校返穗，乘木船从北江南下，道经清远峡时不幸于10月21日凌晨失足落水身亡。

黄际遇学贯中西，兼长文理且于书法、楹联、棋弈无不精通。他在日留学时曾翻译《几何学》，此后又继续引进西方数学，译著有《续初等代数学》《微积分》《群底下之微分方程式》《近世代数》等。除数理外，他曾在中大文学院开《历代骈文》等课程，著有《班书学说》《潮州八声误读表》等书。他撰写的人物传略和碑铭曾为时人所传诵。其现存的40多部日记，均用毛笔书写，内容包括数学、文学、历史、书信、对联、诗文、棋谱、音韵、训诂等多种研究心得。其主要论著还有《论一》《定积分一定理》《Guderman函数之研究》等。

黄公渚

黄公渚（1900—1964），原名黄孝纾，字頵士、公渚，号匑厂，别号霜腴、辅唐山民，福建闽侯人。书画家、教授。

自幼受家庭熏陶，擅古典文学，专诗词歌赋。20年代受聘于上海著名藏书楼“嘉喜堂”，同时在中国公学、暨南大学兼任教职。1934年到山东大学任教。抗日战争期间在北京以教书为生，历任北京大学、北京师范大学文科教授，主讲“古今体诗及习作”“词及习作”“汉魏六朝文及习作”“唐宋文”等课程。1946年又返青岛，任教于山东大学，直到去世，主讲诗词及“目录学”。其学识渊博，精通韵律、词、诗、赋的写作，在骈文写作方面亦有很深造诣，有称为“东南一大家”。在教学之余，亦从事著述，其选注的《欧阳永叔文》由商务印书馆出版后，因注释详细明了，评论中肯，很受读者喜爱。治学广泛，著作很多，除诗文创作专集《匑庵文稿》《崂山集》外，共编著尚有《秦汉金石文选》《天问达诂》《楚辞选》（与他人合作）《欧阳永叔文》《欧阳修词选译》《黄山谷诗选注》以及论文《清词纪事序言》《关于词匠问题》等。

因其文学素养和旧体诗词之深厚功底，在国画界被尊为青岛第一人，曾与南北画家潘天寿、俞剑华、王雪涛、李苦禅等共同举办画展，受到好评。1956年山东大学北迁济南，其年事已高，未随校前往，居住观海二路3号，山大每年送两名研究生来青岛受业。

他不时也为博物馆的文物和私人藏品义务鉴定，最终从为别人鉴定字画上引出了“以真伪假”的欲加之罪。1964年前往山东大学接受批判，会后在济南自缢身亡。

陈梦家

陈梦家（1911—1966），笔名陈慢哉。出生于南京，祖籍浙江上虞。现代古文字学家、考古学家、诗人。

早年师从徐志摩、闻一多，是新月派的重要成员之一。曾在南京中央大学、北平燕京大学学习法律、古文字学等。后留校任教，主讲古文字学、《尚书》通论等课程。1932年3月到国立青岛大学任闻一多的助教，并开始研究甲骨文，修改他在淞沪前线所写的诗，结集为《陈梦家作诗在前线》。他在青岛写下的诗，如《海》《小诗》，已完全脱开格律化的窠臼，另辟蹊径。1944年赴美国芝加哥大学讲授古文字学。1947年在游历英国、法国、丹麦、荷兰、瑞典等国后，于同年秋季到清华大学任教。1952年任中国科学院考古研究所研究员、《考古学报》编委、《考古通讯》副主编等。在语言文字学领域的贡献主要集中在他对甲骨文、殷周铜器铭文、汉简和古代文献的综合研究方面。在甲骨文研究方面的代表作为《殷墟卜辞总述》；在铜器研究方面的代表作是《西周铜器断代》；对汉简研究的成果主要集中于《武威汉简》和《汉简缀述》两本书中。此外他还有专著《老子今释》《海外中国铜器图录考释第一集》《尚书通论》《美帝国主义劫掠的我国殷周铜器集录》等；论文有《释底渔》《释“国”“文”》《关于上古音系的讨论》《殷代铜器》《慎重一点“改革”汉字》《蔡器三记》等，以及一些已经整理出版和一些将要整理出版的遗作，如《西周铜器断代》的后半部等。

1957年在中国科学院考古研究所被划成“右派分子”。1966年9月3日自缢身亡。

方令孺

方令孺（1897—1976），散文作家、女诗人、教授。安徽桐城人。方苞的后代。

1923年赴美国留学，在华盛顿大学、威斯康星大学攻读西方文学。1929年回国，时逢国立青岛大学建校，受聘为国文系讲师，居住在今中国海洋大学校内。在青岛执教之外从事创作，写诗，也写散文，其散文集起名《家》；并开始创作新诗，为“新月派”仅有的两位女诗人之一（另一人是林徽因），蜚声文坛。抗日战争爆发后，方令孺赴重庆，任重庆国立剧专教授、北碚复旦大学中文系教授。1939年任重庆北碚国立编译馆编审。1943年后任上海复旦大学中文系教授。新中国成立后，方令孺除仍在复旦任教外，还参加一些社会活动，曾当选为上海市文联委员、上海市妇联副主席，并于1956年加入中国共产党。1958年由复旦大学调任浙江省文联主席。“文化大革命”中遭受迫害，后下放“五七”干校。1976年9月30日病逝。

中共十一届三中全会后，为方令孺平反昭雪，举行了追悼会。其代表作品有《信》《方令孺散文选集》《钟》等。

宋君复

宋君复（1897—1977），教授，浙江绍兴人。

父为制鞋工匠，早亡，靠母亲和兄长抚养成人。1905年进私塾读书，两年后转入浸礼会所办的小学求学。毕业后考入杭州第二中学的前身杭州蕙兰中学。1916年考取公费留学美国，先在柯培大学物理专业毕业，因感我国体育之幼稚，又进美国麻省春田学院专攻体育。1921年毕业于美国柯椆大学。1922年回国先任杭州惠兰中学体育主任。1926年起历任沪江大学、沈阳东北大学、山东大学、四川大学体育系主任、教授。

1931年出任国立山东大学体育系主任。1932年作为中国参加奥运会第一人刘长春的随团教练，成为中国参加奥运会的第一位教练。

1933年7月由他设计的中国第一座“奥运”体育场（青岛体育场，今天泰体育场）建成。1935年5月在他推动下山东大学校园内建起第一座体育馆。1936年作为中国篮球队的指导参加第十一届奥运会。1948年以裁判身份参加第十四届奥运会。

新中国成立后，任北京师范大学体育系教授，北京体育学院体育系主任、副院长。1964年当选为中华全国体育总会第四届委员会委员。

他一生治学严谨，精心钻研业务，对运动训练和竞赛裁判等方面有较深的造诣，并长期致力于篮球理论的研究和教学工作，著有《体育原理》《女子篮球训练法》《刘长春短跑》《女子垒球训练法》《第十届世运会各国著名田径选手电影姿势图》等专著。并为国家培养大批教育、体育人才。1977年病逝。

成仿吾

成仿吾（1897—1984），原名成灏，笔名芳坞、澄实、石厚生。教育家、社会科学家、文学家、翻译家、无产阶级革命家、新文化运动的重要代表。湖南新化人。

1910年留学日本东京帝国大学造兵科，1921年回国。“五四”运动后，与郭沫若、郁达夫等人先后在日本和国内从事反帝反封建的革命文化活动，在上海建立革命文学团体创造社。还创办多种文学刊物，创作和翻译大量论文、小说、诗歌。1925年加入国民党。1926年3月任教于广东大学并兼任黄埔军校兵器处代处长，接触了毛泽东、周恩来、恽代英、刘少奇、孙炳文等共产党人，以及鲁迅等革命文化人士。大革命失败后，经上海、日本流亡欧洲。1928年8月在巴黎加入中国共产党，主编中共柏林、巴黎支部机关刊物《赤光》。1931年9月回国后，历任中共鄂豫皖省委常委、宣传部部长及省苏维埃文化委员会主席、教育委员会主任，后又兼任红安中心县委书记。1934年1月被选为苏维埃中央政府执行委员、教育委员；10月随中央红军参加长征。他曾同毛泽东、周恩来、徐特立等人一起倡议成立延安鲁迅艺术学院。1935年10月到达陕北后，先后任中央党校高级班教员、教务主任、中央陕北公学校长。1939年后创建华北联合大学并任校长，任晋察冀边区参议会议长、华北大学副校长等。

新中国成立后，创办中国人民大学并担任副校长、校长；1952年调任东北师范大学校长兼党委书记。1958年后历任山东大学校长兼党委书记，中央党校顾问、校党委常委等职。在青岛期间居住在今福山路15号。1975年再译《共产党宣言》，1977年出版《长征回忆录》。1984年5月17日在北京病逝。

梁实秋

梁实秋（1902—1987），原名梁治华，字秋实，笔名子佳、秋郎、程淑等，翻译家、作家、学者、教授。浙江杭县人，生于北京。

1915年秋考入清华学校，开始写作并发表翻译小说、散文诗作。1923年毕业后赴美留学，取得哈佛大学文学硕士学位。1926年回国任教于国立东南大学（南京大学前身）。1930年受聘为国立青岛大学外文系主任兼图书馆馆长，居住在鱼山路33号。在青岛期间开始翻译影响广泛的《莎士比亚全集》，出版2本论文集。1932年到天津编《益世报》副刊《文学周刊》。1934年应聘任北京大学研究教授兼外文系主任。曾与徐志摩、闻一多创办新月书店，主编《新月》月刊。1935年秋创办《自由评论》，先后主编过《世界日报》副刊《学文》和《北平晨报》副刊《文艺》。

后迁至台湾，历任台北师范学院英语系主任、英语教研所主任、文学院院长、国立编译馆馆长。一生留有2000多万字的著作，其散文集创造了中国现代散文著作出版的最高纪录，是国内第一个研究莎士比亚的权威。代表作有《雅舍小品》《雅舍谈吃》《看云集》《偏见集》《秋室杂文》和长篇散文集《槐园梦忆》等；译有《莎士比亚全集》等；主编有《远东英汉大辞典》。1987年11月3日病逝于台北。

舒　群

舒群（1913—1989），名李书堂，曾用名李春阳、李旭东、李村哲，笔名舒群。现代作家。祖籍山东益都，出生于黑龙江阿城县（现哈尔滨市）。

15岁考入哈尔滨一中俄语班，毕业后考入东北商船学校，后退学，在航务局做俄语翻译，并在哈尔滨报刊发表文艺作品，与萧军、萧红结为挚友。1931年辞职参加抗日义勇军，1932年加入共产党，曾在共产国际工作。1933年来青岛，居住在今观象一路1号。1934年与妻子一同在青岛被捕入狱。1935年春被释放出狱去上海，将狱中撰写的短篇小说集《没有祖国的孩子》托人转交给鲁迅，在《文学》上发表，从此迈入文坛，成为中国左翼作家联盟的重要成员之一。1937年去陕北，任八路军总部随军记者，后任延安鲁艺文学系教员、系主任、《解放日报》文艺副刊主编。东北解放后历任东北文工团团长，东北局宣传部文委副主任，东北大学副校长，东北文联副主席等职，并筹办东北电影制片厂任厂长。

新中国成立后，历任中国文联副秘书长、中国作协秘书长，曾以作家身份参加抗美援朝，后在鞍山钢铁公司做党务工作。1958年被开除党籍，降级处理，其间数次平反，又数次被推翻。1978年彻底平反，1979年恢复工作，任本溪市文联副主席、中国作协顾问。其主要著作有《毛泽东故事》等多部短篇、中篇小说集等。1989年8月在北京病逝。

刘知侠

刘知侠（1918—1991），原名刘兆麟，笔名知侠。现代作家。河南汲县人。

11岁上半工半读学校，后考入卫辉一中。1938年夏到陕北延安抗日军政大学学习并加入中国共产党。1939年5月到抗大山东分校文工团工作，1940年开始发表作品，1943年调到山东省文协。

全国解放后历任济南市文联主任，山东省文联编创部长、秘书长、党组委员。1952年加入中国作家协会。1953年发表长篇小说《铁道游击队》，后改编成电影文学剧本，搬上银幕；同年调上海作家协会，从事专业创作。1959年当选山东省文联副主席兼中国作家协会山东分会主席，并担任《山东文学》杂志主编；同年被选为中国文联委员、中国作家协会理事。1960年创作短篇小说《红嫂》和中篇小说《沂蒙山的故事》等，后又将这些作品汇集成《沂蒙山故事集》。1979年任山东省文联党组书记期间，写了中篇小说《芳林嫂》。

1985年任青岛市文学艺术界联合会名誉主席，定居青岛，在今金口二路3号居住，完成长篇小说《沂蒙飞虎》和《知侠中短篇小说选》以及《战地日记》等。1991年9月30日在青岛病逝。

姜树茂

姜树茂（1933—1993），编审，中国作家协会会员。山东莱西茂芝场村人。

自小家境贫寒，初中读了不到一年，1949年参加革命工作。历任崂山县工作队员、税收员、文书、调研员。1954年春天在《青岛文艺》上发表第一篇短篇小说《牲口的风波》。之后，又陆续在当时有影响的刊物《萌芽》《文艺月报》上发表《小会计》《两个女人的命运》《评级》等多篇小说，并出版了儿童故事集《园艺姑娘》、短篇小说集《捕鱼的人》。1957年肄业于山东大学夜大中文系。1979年加入中国作家协会。曾任青岛市文联主席、山东省作协副主席、《海鸥》文学杂志主编等职。著有长篇小说《渔岛怒潮》《渔港之春》《常乐岛》，中短篇小说《牲口的风波》《小艄公闹海》等50余篇，其中《渔岛怒潮》被改编成电影。代表作品有《渔岛怒潮》《渔港之春》《渔村三部曲》等。他还曾任青岛市文化局党组副书记、文化局副局长，青岛市文联党组书记。1993年在青岛病逝。

王　玫

王玫（1907—1994），原名王文栋，山东临沂人。诗人，音乐演奏家，中国第一把小提琴制作者。

幼年随父母迁居济南，从小喜爱音乐，中学毕业后当过木匠、店员。1930年在青岛一家银行工作，结交音乐家谭抒真，在谭的指导下，专攻小提琴演奏，业余时间在谭组建的外国商人交响乐团担当小提琴手。后应聘为青岛市立中学音乐教师，任教期间组建“青岛音乐会”并出任会长。

1935年，在谭抒真的帮助下，王玫全部选用中国出产的乐器材料亲手制作的中国第一把小提琴诞生于青岛，王玫手持这把小提琴在“青岛音乐会”会场演奏，其音质优美、动听，中国第一把小提琴诞生的消息在《青岛民报》首先刊登发表，后上海有关报刊也纷纷刊登，并获得“中国小提琴元勋”之称誉。

“七七”事变后，王玫因教唱进步歌曲而被迫离开青岛去天津，主要从事私人小提琴教学。1949年调入北京人民艺术剧院，创办我国第一个乐器厂——北京乐器厂，专门研究小提琴制作。1956年调到轻工科学研究所；同时与上海音乐学院副院长谭抒真合作，在上海设立研究所分所。王玫担任过乐器厂厂长、乐器研究所业务领导，是知名的高级工程师。1985年2月，美国的“中国文化研究院”理事会把“艺术博士”学位授予已经离休的王玫，以表彰他在乐器研究领域做出的杰出贡献。

王玫还是个诗人。他跟随王统照创办青岛第一本文学刊物《青潮》，还在创刊号上发表诗作《漫漫夜》。

1994年5月23日在北京病逝。

杜颂琴

杜颂琴（1917—2001），号老琴。山东莱州人。

早年供职于青岛金融界，后任职于中国科学院海洋研究所。1978年退休后开始学习研究书法艺术，并在市总工会职工夜校教授书法课，其授课严谨，讲解认真，对于学生的习作逐字批改，培养了一批书法爱好者，其中不乏成名人士。其隶书、楷书取法高古，尤精行草，镕颜、米于一炉；其书法作品曾多次参加国际性、全国性展览，并入选《中国当代书法界名人大辞典》和《当代中国书法艺术大成》。系中国书法家协会会员、山东省文史馆馆员、青岛市书法家协会名誉主席、青岛市青年书法家协会顾问、中国书画函授大学青岛分校名誉教授、青岛海外联谊会理事、山东省中山书画研究会会员、山东省名人事业促进会书画委员会委员等。2001年在青岛病逝。

谭抒真

谭抒真（1907—2002），原名谭书祯，音乐教育家、小提琴家、小提琴制作家、教授。祖籍山东潍坊。

1907年6月出生于青岛的一个医生家庭。1922年开始学习音乐和小提琴。1925年进入上海工部局交响乐团荷兰小提琴家学习小提琴。1926年由刘海粟聘任为上海美术专科学校小提琴教授，并兼任上海艺术大学小提琴教授。1927年春参加上海工部局交响乐团，成为该团第一名中国人；同年起与田汉、潘天寿等人发起参与创办上海新华艺术大学，并担任小提琴教授，同时兼任交通大学附中音乐教师。1929年在上海美专担任小提琴教授，并先后任上海艺术大学、上海中华艺术大学、上海人文艺术大学小提琴教师，并兼任上海江湾劳动大学小提琴教师。1932年起聘为青岛国际乐团、上海工部局交响乐团演奏员，同时任上海美专小提琴教授。往来青岛期间居住在今居庸关路11号别墅。1938年起在上海沪江大学建筑系学习并毕业。1946年获得中央高等考试院建筑师证书，并在今青岛正阳关二支路2号自己设计建造别墅。1947年任上海音乐专科学校小提琴教授和行知艺术学校小提琴教师；7月，参加第一届全国文学艺术工作者代表大会。1949年9

月，经陈毅市长任命，担任上海音乐学院副院长兼管弦系主任至1984年。1957年任民盟上海市委常委兼民盟上海音乐学院主委，后任上海音乐家协会副主席和顾问、民盟上海市委顾问。1984年任上海音乐学院顾问。从教76年，带领和引导同行在教学上因材施教，培养大批音乐人才。

从20世纪30年代起开始制作小提琴，1951年创办上海音乐学院的乐器工厂。1956年亲任轻工业部乐器研究所所长，并开办全国提琴制作训练班。1978年在中国音乐学院设立第一个提琴制作专业，培养大批提琴制作的高级专门人才。

对音响声学颇有研究，撰写有关音乐教育、小提琴演奏、制作、音乐音响学等文章数十篇。曾先后担任法国玛格丽特·朗·蒂博国际小提琴比赛（1981年）、英国卡尔·弗莱什国际小提琴比赛（1982年）的评委。1982年获美国旧金山音乐学院名誉博士学位，1983年获美国交响乐团协会荣誉奖状。2001年获得中国文联和中国音乐家协会颁发的首届金钟奖“终生荣誉勋章”。1984年被收入纽约出版的《世界名人录》。

2002年11月28日在上海病逝。

叶　楠

叶楠（1930—2003），原名陈佐华。编剧，中国作家协会会员。河南信阳人。

早年在信阳女师附小、潢川中学、信阳师范上学。中学期间经常与孪生弟弟白桦（原名陈佑华）在《豫南民报》《中州日报》等报刊发表诗歌、散文。1947年12月进入解放区参加土地改革运动，同年加入中国共产党。1948年4月参加中原野战军桐柏部队，后任参谋。1949年冬入海军学校机械工程系学习。1951年肄业于海军学校机械工程系内燃专业。1954年毕业于苏联太平洋舰队潜艇学习队机电军官大学班，后到潜水艇编队任机电业务长、科长、工程师。1959年，创作的第一部电影文学作品《甲午风云》问世。1965年任北海舰队创作员。1980年后历任海军政治部创作员、创作室主任、文学创作一级作家、中国作家协会理事、电影家协会理事等。多部作品被拍摄成电视、电影。著有长篇小说《花之殇》，中短篇小说集《海之屋》《一帆风顺，燕鸥》《叶楠小说集》《血红的雪》，散文集《苍老的蓝》《浪花集》《海殇》，电影文学剧本集《白桦叶楠电影剧本选》（合集）、《甲午风云》（合作、执笔）、《绿海天涯》《金锚飘带》《姐姐》《鸽子树》《木棉袈裟》《海市蜃楼》《傲雷·一兰》《巴山夜雨》《黄沙掩不住的刻痕》《丛林中雾在消散》《伟大的战略转折》《在我们城市里》等，均已拍摄发行，电视连续剧剧本《唐明皇》（后10集）、《西部歌王》（12集）、《古吴春秋》（24集）等。《傲雷·一兰》（上、下集）获1980年首届政府奖最佳影片奖；《巴山夜雨》获1981年第二届政府奖最佳影片奖及中国首届金鸡最佳影片奖、最佳编剧奖；电影《甲午风云》于1983年获第十二届菲格腊·达·福日国际电影节评委奖。代表作品为《唐明皇》《巴山夜雨》《甲午风云》等。2003年4月5日在北京病逝。

臧克家

臧克家（1905—2004），曾用名臧瑗望，笔名少全、何嘉，山东诸城人。现代诗人。

1923年考入济南省立第一师范学校。1925年首次在全国性刊物《语丝》上发表处女作《别十与天罡》。1926年秋考入中央军事政治学校武汉分校，曾参与北伐。1929年入读山东大学补习班，在青岛《民国日报》上第一次发表新诗《默静在晚林中》。1930年入读国立青岛大学中文系。1933年，其第一部诗集《烙印》出版，获闻一多、茅盾等人好评。在青岛期间居住在鱼山路5号。1934年到山东省立临清中学任教。1936年参加中国文艺家协会。1938年参加中华全国文艺界抗敌协会。曾冒着生命危险三赴前线写成长篇报告文学《津浦北线血战记》，出版《从军行》《淮上吟》等诗集及散文集《随枣行》。1941年秋任第三十一集团军参议、三一出版社副社长、代理社长，筹备出版刊物《大地文丛》，创刊后，被当局查禁。1942年7月辞职。1943年夏，任赈济委员会专员。后出版散文集《我的诗生活》、诗集《泥土的歌》《十年诗选》。历任上海《侨声报》文艺副刊、《文讯》月刊、《创造诗丛》主编。1948年12月逃往香港。1949年3月由中共党组织安排到北平，历任华北大学文艺学院文学创作研究室研究员，新闻出版总署、人民出版社编审，《新华月报》编委，主编《新华月报》文艺栏。1949年7月出席中华全国文学艺术工作者第一次代表大会，当选为中华全国文学工作者协会委员。1951年6月加入中国民主同盟。1954年出版《臧克家诗选》。1956年调任中国作家协会书记处书记，后任《诗刊》主编，并在《诗刊》创刊号首次发表毛泽东的诗词十八首。

1976年1月《诗刊》复刊，担任顾问兼编委。后出版《臧克家旧体诗稿》《诗与生活》《臧克家古典诗文欣赏集》等诗集、散文、论文集。并有《臧克家全集》面世，共有12卷，近630万字。曾任中国作家协会第一、二届理事，第三届理事、顾问，第四届顾问，第五、六届名誉副主席，中国文联第三、四届委员，第六、七届荣誉委员，中国诗歌学会会长。代表作品有第一部诗集《烙印》，主要讽刺诗集《宝贝儿》，文艺论文集《在文艺学习的道路上》，短诗《有的人》。

1988年4月获中国作家协会首届文学期刊编辑荣誉奖。1990年8月，他主编的《毛泽东诗词鉴赏》获得全国图书“金钥匙”奖和第五届中国图书奖一等奖。2000年1月获首届“夏新杯中国诗人奖”终身成就奖；11月，获“国际炎黄文化研究会首届龙文化金奖”终身成就奖。2002年10月被世界诗人大会和世界艺术文化学院授予荣誉人文学博士，12月获第七届今世缘国际诗人笔会颁发的“中国当代诗魂”金奖。2004年2月5日在北京病逝。

赵俪生

赵俪生（1917—2007），笔名“冯夷”。历史学家、教育家、教授。山东安丘人。

10岁在景芝镇小学毕业，家中无以维持生活，母亲带领他和三个姐姐到青岛谋生，住在西镇的贫民窟里，长达六七年之久。在青岛胶济铁路中学上学六年，初中时，热心新文艺，并尝试写作白话诗、散文、短篇小说和译品。1934年入清华大学外语系就读，积极参加“一二·九”运动。1935年加入左翼作家联盟，为中华民族解放先锋队队员。1937年参加山西新军，任营指导员。1939年起在陕西扶轮中学、雍兴高级工业学校等校任教。1947年应聘为河南大学历史系副教授。1948年任华北大学第四部研究员、河南大学副教授。

新中国成立后，历任济南市政府秘书、中国科学院编译处副处长。1950年秋调任东北师范大学教授，后又调回青岛在山东大学任教。1957年夏奉命到兰州大学任教。1958年被划为右派，被剥夺了教课、发表文章等权利。不久兰大文科下马，他被并入西北师范学院历史系，到山丹县农场接受“改造”。“文化大革命”中再次遭受到不公正待遇。中共十一届三中全会后，被摘掉右派帽子，再次回到兰州大学，担负中国通史的讲授，直至1991年离休。曾任甘肃省史学会第一届副会长。早年从事苏联文学翻译和革命文学创作，以冯夷等笔名发表过不少译作、剧本和小说。后专于中国土地制度史和中国农民战争史。晚年专攻先秦文化，探讨中国文化的源头。先后出版著作16部，发表论文200余篇。2007年11月27日在兰州病逝。

贾世骏

贾世骏（1930—2011），著名男高音歌唱家。1930年生于南京，祖籍山东单县。

1949年参军，1956年加入中国共产党，历任北京军区战友文工团独唱演员、合唱队队长、声乐艺术指导。演唱的歌曲有《骑着马儿过草原》《七律·长征》《康定情歌》《牧歌》等。1964年演唱《战士歌唱东方红》，获第三届中国人民解放军文艺会演演员奖，同年加入中国音乐家协会。他一生从事部队文艺工作，在声乐艺术上刻苦勤奋，走中西结合的道路，演唱语气亲切豪爽，声音圆润通畅，音色抒情优美，感情细腻真切。先后在音乐舞蹈史诗《东方红》和长征组歌《红军不怕远征难》中任领唱，并在北京、上海举行独唱音乐会。曾多次出国访问演出。1986年10月离职休养后被多所学校聘为顾问。1994年3月定居青岛市南区。2011年9月4日在北京病逝。

高小岩

高小岩（1919—2011），字谦斋。山东潍县人。民革党员。中国书协会员、山东省文史馆馆员、山东大学客座教授、山东省及青岛市书协名誉主席。

幼承父训，喜习书法，以汉雌、六朝为主兼擅甲骨、籀篆、行书、隶体；10岁始习魏体；15岁学汉隶。22岁首次在青岛举办个人书展。1980年后曾多次在潍坊市博物馆和泰安市工人文化宫举办个人书展。1981年访日并出席在下关市的"中国展"1989年山东美术出版社出版《高小岩书法集》，应中国孔子基金会委托为曲阜孔庙重修孔子事迹图写"图解"3000字已立石，原稿也已辑印成集。1992年、2000年两次应邀访台并举办个展4次、联展1次，被台报誉为"国宝级大师"。从1995年冬起以2年零2个月时间用4种汉隶碑意写完长达56407字的《四书》，成为传世巨构；其中《论语》全卷，已被曲阜孔子博物馆刊石立于"论语碑宛"。1997年夏应"滕县抗日保卫战纪念馆"之邀补书蒋介石原题匾额"民族光荣"及毛泽东挽联各1件，长期陈列，并有30余处碑林摩崖邀其题字刻石，流传后世。1998年3月在中国美术馆举办"书艺生涯七十年纪念展"，全国20省、市、自治区，港台地区及日本、韩国、巴西的30余种报刊及出版社刊登其作品。其作品参加第1～6届全国书展和国内外展览百余次，多被收刊专辑，还被毛主席纪念堂、中南海、周恩来纪念馆以及中史馆、中国美术馆、中国历史博物馆和各省、市文史馆、博物馆等40余处收藏。其供职青岛市工人文化宫时举办短期书法学习班12期，培养书法骨干千余人，并受聘各区机关干校、市教育学院、市老年大学及中国书画函大青岛分校等书法教师、名誉教授，兼任多个社会书画团体负责人和艺术顾问。2011年9月6日在青岛病逝。

冯　凭

冯凭（1910—2013），号展公，曾用名冯子祥、冯寄禅，书画家及美术教育家，山东莱阳人。

1938年毕业于北京华北大学美术专修科，长期从事教育工作。1962年在青岛创始工艺美术学校，培养出大批工艺美术人才。在绘画方面，在继承前人技法的基础上创出自己的风格。任山东青岛工艺美术学校副校长、中国美术家协会会员、山东画院名誉院长、青岛画院名誉院长、民革中山书画院名誉院长。2001年3月山东青岛工艺美术学校并入青岛科技大学后，担任青岛科技大学教授。自20世纪30年代开始，从事书画创作、研究及美术教育工作长达80余载。1939年曾出版《寄禅画册》，近年来的作品有许多发表在《中国画作品集》《山东国画作品集》《山东老国画家画选》《全国储蓄书画选集》等画集上。1980年由齐鲁书画社出版的《菊谱》和山东人民出版社出版的《百花谱》同时发行于国内外。1983年，山东人民出版社出版《冯凭画选》；1991年，山东人民美术出版社出版《冯凭书画选集》。其本人在《中国当代国画家大辞典》《中国现代美术家人名大辞典》《当代书画篆刻家辞典》等名录画集入典。其代表作品有《菊谱》《百花谱》《诗忆画印》《冯凭画选》《冯凭书画集》等。2013年2月6日在青岛病逝。

唐　诃

唐诃（1922—2013），原名张化恩。著名作曲家。河北易县人。

1938年参加八路军。1939年加入中国共产党，入伍当年考入“干部训练所”，毕业后任八路军某剧社歌舞队队长。1939年被分配到步兵团任宣传队队长、文化干事、团部支书以及连队指导员等职。18岁时写了处女作《七七之歌》。后进入晋察冀军区二分区的七月剧社，从事音乐学习和创作。1946年调军区冀晋剧社创作组。1952年调华北军区抗敌剧社创作研究室。曾任中国音乐家协会常务理事，北京军区战友文工团专业作曲兼总团副团长等职。

1940年开始音乐创作，所写《翻身不忘共产党》《边区好》等歌曲曾广泛传唱。新中国成立后，创作《在村外小河旁》《众手浇开幸福花》《老房东查铺》等流传甚广的歌曲。60年代，参与主创史诗巨作《长征组歌》。改革开放初期，为影片创作的插曲《我们的生活充满阳光》《牡丹之歌》被广为传唱。

在长达70年中，奉献2000多首音乐作品，撰写上百篇音乐论文，出版音乐文集《歌曲创作漫谈》，其中包括音乐史诗、器乐曲、歌剧、舞剧及影视作曲。各地出版社先后出版《唐诃歌曲精选》《歌曲制作漫谈》《歌曲创作讲座》《唐诃散文集》《唐诃行书册》以及作品单行本等数十种。唐诃的“音乐书法”作品曾传到日本、美国、新加坡等国家和地区，并收入《中国百名艺术家书画册》《中国书画撷英》（香港）《中华传世书画鉴赏》等专集中。1955年中共中央军委授予三级独立自由勋章和三级解放勋章，2003年中国文联授予中国音乐界最高奖项“终身荣誉勋章”。代表作品《众手浇开幸福花》《祖国祖国我爱你》《长征组歌》等。

1983年离休。1994年定居青岛市南区。2013年7月25日在青岛病逝。

（二）科技名人

蒋丙然

蒋丙然（1883—1966），原名幼聪，字右沧，福建闽侯人。天文学家，气象学家，中国现代气象事业奠基人，中国气象学会创建人之一。中国气象学会1~5届会长、6~13届副会长。

1883年9月生于书香门第，少年在贞仁学塾求学。1905年到上海，先入法文学校学习法文，后入上海震旦大学物理科学习，受教于马相伯。1908年毕业后赴比利时留学，并获比利时双卜罗大学农业气象学博士学位。是中国最早派出学农的留学生之一。

1912年11月学成回国，任苏州垦殖学校教务长。1913年夏任北京中央观象台气象科科长，并兼航空署气象科代理科长，还在参谋总部航空学校（北京南苑航空学校）、北京大学和北京师范大学讲授气象学。1924年2月代表中央观象台接收日本管理的青岛测候所，并将该所改名为青岛观象台。同年起，历任青岛市观象台台长、中国气象学会会长、国民政府教育译名委员会委员、中央研究院气象研究所及天文研究所特约研究员、中国海洋研究所筹备组常委。在他主持下，青岛观象台参加第一、二届万国经度测量，取得较好观测结果，成为我国天文界步入国际合作的创举。1932年被意大利气象学会聘为名誉副会长，成为中国有史以来获此殊荣的第一人；还曾担任国际天文联合会委员。1938年1月任沦陷区“北京大学”农学院农艺系主任、教授。1946年任山东大学教授，筹建山东大学农学院；后赴台。1946—1966年任台湾大学农学院教授，讲授气象学。1958年8月17日台湾气象学会和天文学会成立，分别被选为首届理事长。译著《生与死》行世。其在青岛的故居位于今观海二路10号。1966年12月24日病逝于台北。

曾呈奎

曾呈奎（1909—2005），海洋生物学家。曾任中国科学院院士，中科院海洋研究所研究员、博士生导师。福建厦门人。

1942年获美国密执安大学理学博士。1987年获美国俄亥俄州立大学荣誉理学博士。1943年在美国加州大学格里普斯海洋研究所任副研究员，负责海藻研究工作。1946年年底回国在山东大学植物系任教授、系主任兼水产系主任和海洋研究所副所长。1950年和童第周、张玺、朱树屏受国家之托共同组建新中国第一个海洋研究机构——中国科学院海洋研究所（前身为中国科学院水生生物研究所海洋生物研究室），历任研究员、副主任、副所长、所长、名誉所长。1980年入选中国科学院院士。1985年当选第三世界科学院院士。1991年被选为世界水产养殖学会终身荣誉会员。1999年被选为国际藻类学会终身荣誉会员。

曾呈奎是中国海藻学研究的奠基人之一、海藻化学研究的开拓者，从事教学和科研达67年之久，取得许多科研成果，单独或合作发表论文384篇、专著9部；发现并报道上百个新种、2个新属、1个新科；首次发现西沙群岛原绿藻，并领导西沙群岛海洋生物调查研究；创造海带夏苗低温培育法、陶罐施肥法，使海带在我国长江以南大面积海域栽培成功；提出并倡导我国海洋水产生产必须走农牧化道路，并成功领导海洋水产农牧化实验；建立我国第一个海藻基因工程研究实验室。多次荣获全国科学大会奖、国家自然科学奖、国家科技进步奖、中国科学院重大科技成果奖和省（部委）奖，获得首届新时期全国侨界十大新闻人物——侨界十佳奖、第十八届太平洋科学大会畑井新喜志奖、美国藻类学会杰出贡献奖等。2005年1月20日在青岛病逝。

孙寿甡

孙寿甡（1938—2006），原中国科学院紫金山天文台青岛观象台台长。

1958年以优异的成绩自青岛二中毕业后，被推荐进入青岛观象台工作，历任见习员、技术员、工程师、高级工程师、台长，一直在青岛观象台从事天文观测研究工作。在从事太阳黑子、小行星、彗星、日月食、彗星撞击木星、人造卫星、流星雨、太阳白光活动精细结构等观测研究中，积累了大量的宝贵资料。1989年3月作为主要完成人之一的《哈雷彗星的观测与研究》获得中国科学院自然科学一等奖，翌年又获得国家自然科学三等奖。1988年被授予“山东省优秀科技工作者”称号，1998年被授予“全国优秀青少年科技辅导员”称号。1999年，作为中国科学院重点课题“我国失控卫星的捕获、长期跟踪和陨落期预报”的重要完成人之一获中国科学院科技进步一等奖。2000年被山东省科协授予“全省城区科普工作先进个人”。发表专业论文10余篇、天文科普文章300余篇，与人合编《小学电算机知识》《自然十分钟》《小学自然疑难问题解答》《中学自然科学名人词典》等科普读物11本；独立编著《探索宇宙奥秘》一书，在报刊发表天文科普文章400余篇。2006年3月5日在青岛病逝。

刘瑞玉

刘瑞玉（1922—2012），著名海洋生物学家、甲壳动物学家、中国海洋底栖生物生态学奠基人和甲壳动物学开拓者。曾任中国科学院院士、中国科学院海洋研究所研究员、博士生导师。河南乐亭人。

1941年考取北平辅仁大学生物系并获理学学士学位。1950年8月中国科学院青岛海洋生物研究室建立时从北京调到青岛，继续从事甲壳动物学的研究，历任助理员、助理研究员，1956年晋升为副研究员，1980年升任研究员，1997年当选为中国科学院院士。在国内外发表论文160多篇、出版专著10部，获国家自然科学奖、科技进步奖，中国科学院重大科技成果奖、自然科学奖、科技进步奖，农业部养虾荣誉奖和山东省科学大会奖、科技进步奖等20多项。

他系统阐述中国各海底栖生物组成、分布、群落和生态特点，首次发现黄海冷水性生物群落，提出区系、群落区划方案；系统总结中国海岸带环境与资源特点，提出合理开发方案，推动水产增养殖的发展；首次摸清甲壳动物几个类群分类区系，编写《中国动物志》蔓足类、糠虾类、对虾类、口足类4卷；首次摸清对虾生活史，推动全国对虾人工育苗和增养殖的发展，并提出评估幼虾补充、成活和预报产量方法及合理放流建议，居国际前列；预测三峡工程对长江口生态资源影响，为工程论证提供了依据。

系九三学社青岛市第八届主委、中国海洋湖沼学会名誉理事长、国际黄海研究学会名誉主席、国际甲壳动物学会理事、中国甲壳动物学分会名誉理事长，中国科学院海洋研究所第三任所长。2012年7月16日在青岛病逝。

（三）军界名人

罗　斌

罗斌（1915—1994），少将，江西永新人。

1927年加入中国共产主义青年团，1928年参加中国工农红军，1929年转入中国共产党。历任红六军团第十七师五十团连长，湘鄂川黔军区龙永独立团代政治委员，红六军团模范师政治部宣传科科长，参加了长征。抗日战争时期，任八路军一二〇师三五八旅独立第一团政治委员，中国人民抗日军政大学第七分校教员，晋绥军区第六军分区十九支队政治委员，第五军分区司令员，独立第十四旅旅长，华北军区第二十三师师长。

新中国成立后，任中国人民解放军空军第17师政治委员，中国人民志愿军空军第17师政治委员，中国人民解放军海军青岛基地航空兵政治委员，中国人民解放军海军航空兵政治部副主任，海军后勤部政治委员。1955年被授予海军少将军衔。是第六届全国人大代表，第十二次中共全国代表大会代表。曾获二级八一勋章、二级独立自由勋章、一级解放勋章和一级红星功勋荣誉章。

20世纪60年代曾在福山路19号居住。

杜西书

杜西书（1919—1994），少将，福建邵武人。

1932年参加中国工农红军，1933年加入中国共产主义青年团，1934年转入中国共产党。历任红一军团第二师五团副排长，红一军总部特务团连副政治指导员，参加了长征。抗日战争时期，任八路军山东纵队第四支队独立营政治委员，独立团政治处主任，先遣大队政治处主任，第三团政治委员，蒙南支队政治委员，山东纵队第一旅三团政治委员，八路军一一五师教导第一旅三团政治委员。解放战争时期，任辽吉军区第一军分区十三团政治委员，东北军区独立第十师二十八团政治委员，第四野战军三十八军一五一师副政治委员。

新中国成立后，任海军航空兵第五师政治委员，海军第一航空学校政治委员，海军航空兵部政治部主任，北海舰队政治部副主任、副政治委员、顾问。1955年被授予海军大校军衔，1961年晋升为海军少将。是第五届全国人大代表。曾荣获三级八一勋章、二级独立自由勋章、二级解放勋章和一级红星功勋荣誉章。

20世纪70年代曾在福山路8号居住。

丁秋生

丁秋生（1913—1995），中将，湖南湘乡人。

1930年参加中国工农红军。1931年加入中国共产主义青年团，1932年转入中国共产党。历任红三军团第四师十团连政治指导员，红九军团第十四师四十一团政治委员，中央军委干部团第一营政治委员，红二十五军第七十三师二一五团政治委员，军团教导营政治委员，参加了长征。抗日战争时期，任中国人民抗日军政大学政治部组织部干事、股长，政工干部训练队队长兼政治指导员、分校政治部党务科科长，军委工程学校政治委员，八路军山东纵队第一旅政治部主任，鲁南军区政治部主任。解放战争时期，任鲁南军区第八师政治委员，华东野战军第三纵队政治委员，第三野战军二十二军政治委员兼宁波市军事管制委员会主任。

新中国成立后，任第七兵团兼浙江军区政治部主任，浙江军区副政治委员，华东军区干部部部长，海军北海舰队政治委员，南京高级步兵学校政治委员。1955年被授予海军中将军衔。曾荣获二级八一勋章、一级独立自由勋章、一级解放勋章和一级红星功勋荣誉章；是第四、六届全国政协委员，第十二次中共全国代表大会代表。

20世纪六七十年代曾在福山支路20号居住。

马忠全

马忠全（1914—1995），原名马忠乾。少将，湖北黄安（今红安）人。

1930年参加工农红军，同年加入中国共产党。历任红四方面军第四军十二师连长、营长，参加了长征。抗日战争时期，任八路军一二九师三八五旅七六九团连长、营长、团长，太行军区第五军分区副司令员。解放战争时期，任晋冀鲁豫军区太行纵队第四支队支队长，第三纵队八旅旅长，皖西军区第二军分区司令员，皖北独立师师长，第二野战军十军三十师师长。

新中国成立后，任海军快艇学校校长，海军青岛基地副司令员，南海舰队副司令员兼榆林基地司令员，北海舰队副司令员兼旅顺基地司令员，北海舰队司令员，海军副司令员。1955年被授予海军少将军衔。是第六届全国政协委员，第九、第十次中共全国代表大会代表。曾荣获二级八一勋章、二级独立自由勋章、一级解放勋章和一级红星功勋荣誉章。

张　华

张华（1912—1998），少将，江西永丰人。

1929年加入中国共产主义青年团，1932年转入中国共产党，同年参加中国工农红军，先后参加了二、三、四、五次反“围剿”和长征，参加了平型关战役、百团大战。历任晋察冀军分区锄奸科科长、团政委，冀晋军区分区副政委兼政治部主任。解放战争时期，任华北军区旅政委、军政大学总队政委，参加了大同、张家口、平垣战役等。

新中国成立后，历任海军第一航空学校副政委、海军青岛基地防空司令部政委、海军青岛基地后勤部政委、海军北海舰队政治部副主任、海军北海舰队航空兵政委。1955年被授予海军大校军衔，1961年晋升为海军少将。曾荣获三级八一勋章、二级独立自由勋章、二级解放勋章和一级红星功勋荣誉章。

从20世纪60年代起，一直在鱼山路3号居住，直至1998年逝世。

20世纪60年代曾在福山路8号居住。

刘昌毅

刘昌毅（1914—1999），原名刘昌义。中将，湖北黄安（今红安）人。

1929年加入中国共产主义青年团，同年参加中国工农红军，1931年转入中国共产党。历任鄂豫皖红一师一团通信班班长，红四方面军第九军二十五师七十五团排长、连政治指导员，红九军政治部政务科科长，第二十七师七十六团副团长、团长，参加了长征。抗日战争时期，任八路军一二九师三八六旅侦察科科长，青年纵队第三团参谋长，太行军区第三军分区参谋长，决死第三纵队参谋长，太行军区第三军分区副司令员，太行军区南下第六支队司令员，河南军区第六支队司令员。解放战争时期，任中原军区第一纵队三旅旅长，第二野战军三纵队副司令员。

新中国成立后，任铁道公安部队副司令员，中国人民解放军海军旅顺基地司令员，青岛基地司令员，北海舰队司令员，济南军区副司令员兼北海舰队司令员，南京军区副司令员，广州军区副司令员。1955年被授予海军中将军衔。是第三、第四届全国政协委员。曾荣获二级八一勋章、一级独立自由勋章、一级解放勋章和一级红星功勋荣誉章。

20世纪50年代曾在福山路8号居住。

潘　焱

潘焱（1916—1999），少将，河南新县人。

1929年参加红军游击队，1932年加入中国共产党。历任战士、正副班长、排长、连长、营长、营政委、团参谋长、团政委、军教导队队长、科长等职。1935年参加了长征，途中率领一个营在救济寺战斗中攻克敌碉堡数个，全歼堵截之敌一个营。1939年任抗大总校高级干部营营长、步兵科副科长兼军事主任教员。1942年任冀鲁豫军区抗大分校陆军中学教育长、冀鲁豫军区二分区参谋长。1944年调任冀鲁豫军区随营学校副校长兼第二军分区参谋长。解放战争时期，任冀鲁豫军区后方指挥部参谋长、冀鲁豫军区副参谋长。1946年任二野七纵参谋长，参与指挥出击陇海路和豫北、豫西、安阳等战役。1947年一、七纵队合并为一纵队，任一纵队参谋长，指挥部队突破敌黄河防线；战后，任第二野战军五兵团副参谋长，参加指挥渡江作战、挺进浙赣、进军大西南、解放贵州、会战成都诸战役。

新中国成立后，任中国人民解放军第五兵团副参谋长兼贵州军区参谋长、贵州军区副司令员。1952年入南京高级军事学院学习，1954年毕业后参加抗美援朝，任中国人民志愿军十六军军长。1955年被授予海军少将军衔。1961年任海军北海舰队第一副司令员。1968年任海军参谋长。1979年任北京军区副司令员兼北京卫戍区司令员。曾荣获二级八一勋章、二级独立自由勋章、一级解放勋章和一级红星功勋荣誉章。

20世纪60年代曾在福山路6号居住。

杨　力

杨力（1918—1999），少将，江西瑞金人。

1931年参加中国工农红军，1932年加入中国共产主义青年团，1933年转入中国共产党。历任红一军团第一师一团排长，红一方面军总部特务团连长，参加了长征。抗日战争时期，任晋察冀军区游击第二支队支队长，第四军分区特务营营长，第九地区队参谋长，第三十六团参谋长。解放战争时期，任冀中纵队第一旅副参谋长，冀察热辽军区独立第十三旅参谋长，热西军分区副司令员，冀热察独立第七师参谋长、副师长，第四野战军四十六军一五九师副师长。

新中国成立后，任中国人民解放军海军第一航空学校副校长、校长，北海舰队航空兵司令员，北海舰队副司令员、司令员、顾问。1955年被授予海军大校军衔，1961年晋升为海军少将。是第六届全国人大代表。曾荣获三级八一勋章、二级独立自由勋章、二级解放勋章和一级红星功勋荣誉章。

20世纪七八十年代曾先后在福山路19号、17号居住。

卢仁灿

卢仁灿（1915—2007），少将，福建永定人。

1929年参加革命，1930年加入中国共产主义青年团，1931年转为中国共产党党员，同年参加中国工农红军。历任少共永定县太平区委书记、连政治委员、干事、连政治指导员、军委总直属政治处技术书记、参谋、宣传队队长、师政治部副主任兼宣传科长等职，参加了长征。抗日战争时期，历任科长、团政治处主任、团政委、旅政治部主任、分区副政委兼政治部主任、分区政委兼地委书记，多次组织反扫荡、反"蚕食"、反摩擦、反封锁斗争，参加了神头岭、响堂铺、七亘村、白晋、浮冀、破袭平汉路和百团大战等战役战斗。解放战争时期，历任太行野战军第二支队政委、晋冀鲁豫野战军第三纵队政治部主任、皖西军区一分区政委兼地委书记、第二野战军金陵支队副支队长、南京市第二区委会书记兼区长，西南服务团干部支队政委和川南军区政治部副主任、主任等职，参加上党、平汉、陇海、定陶、挺进大别山、四川剿匪等战役战斗。

新中国成立后，历任第二野战军第十军副政委兼政治部主任、政委，海军青岛基地政委，北海舰队副政委、第二政委，海军副政委等职。1955年被授予海军少将军衔。是第五届全国人大代表，第六、七届全国政协委员，第十一届中央纪律检查委员会委员。曾荣获二级八一勋章、二级独立自由勋章、一级解放勋章和一级红星功勋荣誉章。

20世纪60年代曾在福山路17号居住。

（四）英雄人物

葛　路

葛路（1948—2002），革命烈士。出生于青岛市，祖籍山东蓬莱。

曾就读于青岛第二中学，原是青岛市五金矿产进出口公司职工。1997年应聘到昕恒裕实业有限公司从事工程维修。

2002年6月24日，一名外地游客和打工女青年被滔天巨浪卷入海中，经海陆空众多部门紧急营救，成功救上一人，奋不顾身下海救人的市民葛路不幸遇难。6月29日，市领导和千余名市民在市殡仪馆为葛路举行葬礼。7月1日，山东省人民政府批准葛路同志为革命烈士。7月19日，市委、市政府召开“6·24”海上救人英雄群体表彰大会，授予葛路“6·24”海上救人模范市民、市劳动模范、市文明市民等荣誉。

市南区在葛路牺牲的地方设立纪念碑，篆刻祭文：“葛师傅，您因青岛而伟大，青岛也因您而闪光，您平凡地生活工作了54年，危难之际纵身一跃，为自己和青岛赢得了伟大而永恒的瞬间，您把生命融入大海，您把灵魂留在蓝天。葛路，精神不死，浩气长存！”

刘春光

刘春光（1918—2002），海军北海舰队航空兵原政治委员，湖南茶陵人。

1931年参加茶陵县儿童局任书记，同年加入共产主义青年团。1932年加入中国工农红军第八军23师。1933年12月加入中国共产党。历任战士、宣传员、文书、师政治部书记、副政治指导员兼文书等职。经历第一、二、三、四次反围剿斗争和红军长征。抗战时期历任八路军指导员、教导员，团直属队总支书记，团政治处副主任、主任等职。解放战争时期历任吉长支队副政委，东满23旅68团政委，吉林军区炮兵团政委，十纵29师85团政委，四十七军141师421团政委等职。参加四平战役、长春战役、黑山阻击战、辽沈战役、江密峰秋季攻势、辽西会战及平津、宣端等战役。

新中国成立后，随四十七军参加湘西剿匪，并进军四川解放重庆。1950年起历任长春航校飞行大队政治委员、海军联合学校一分校副政委、二分校政委、大连海军学校第二分院副政委兼政治部主任、青岛水警区政委、海军青岛基地航空兵政治部主任。在担任海军南海舰队航空兵副政委期间，参与指挥两次西沙海战。1980年任海军北海舰队航空兵政委。曾荣获三级“八一”勋章、二级独立自由勋章、二级解放勋章。1988年被授予二级红星功勋荣誉章。

1983年8月离职休养。2002年8月在青岛病逝。

赵仁虎

赵仁虎（1924—2008），原青岛警备区副司令员。河北宁津人。

1943年4月入伍，同年12月加入中国共产党。先后在宁津县县大队任战士、班长、排长（代理区小队长）、副中队长，参加冀中抗日根据地反“扫荡”战役战斗。解放战争时期在冀中82团任连长，参加清风店、平津、张家口、太原、石家庄等著名战役战斗。1949年起在解放军陆军第68军203师607团2营任副营长、营长，荣获三级独立自由勋章、三级解放勋章各

1枚。

1951年6月，参加抗美援朝战争。1952年任203师609团副团长，先后参加金城阻击战、北汉江防御战。1953年7月，在著名的“奇袭白虎团”战役中，带领穿插营捣毁敌伪“王牌”部队“白虎团”团部，灭敌三个炮兵营，打乱敌人首都师的防御体系，荣立一等功，并被授予朝鲜民主主义人民共和国二级国旗勋章、二级独立自由勋章。1955年任203师607团团长。1959年在解放军南京军事学院学习。1961年任68军守备2师43团团长，被授予上校军衔。1964年起先后任守备2师参谋长、副师长、师长。1978年8月后任青岛警备区副司令员、顾问。

1982年2月离职休养。2008年8月13日在青岛病逝。

（五）政界人物

张蕴珊

张蕴珊（1909—1963），曾任青岛市市南区人民政府区长。河北赞皇人。

1928年高小结业时参加国民党，几个月后因父亲去世，家庭破产，即与国民党脱离关系。1937年9月参军，在赞皇八路军一二九师骑兵团政治部民运队工作。1938年3月加入中国共产党，同年11月在赞皇独立团因病留农村休养，与党组织失去联系。1941年1月重新加入中国共产党。历任八路军一二九师骑兵团政治部民运队员，河北省赞皇县中心区区长，一二九师赞高独立团供给处长，山东纵队二旅政治部民运队队长，山东省滨海区党委民兵突击队队长、滨海区党委工作团团长，莒南县武装部副部长，莒北县指挥部指挥，诸城县县长。1949年5月25日，任中共青岛市南分区委副书记，6月2日任市南区人民政府区长；7月起，任青岛市劳动局副局长，青岛市实业公司总经理。1956年4月起，在青岛市第一、二和第四届人民代表大会上当选为青岛市副市长。1956年当选为中共青岛市委委员。1960年当选为中共青岛市委常委委员。

1963年2月3日在青岛病逝；2月6日，青岛市在市政协礼堂召开公祭大会，由市委第一书记张敬焘主祭。1963年3月被山东省民政厅批准为烈士。

徐振哲

徐振哲（1916—1972），曾任青岛市市南区人民委员会区长。山东掖县（今莱州）人。

1944年10月参加工作，1947年在龙口华东公司加入中国共产党。历任胶东14团生产股会计，华东公司总会计、副经理、经理，昌北大昌公司经理，潍坊大华贸易公司会计室主任。

1950年5月后，历任山东省百货公司会计科科长，青岛市五金机械公司经理。1957年10月起，任市南区委财贸部副部长、部长。1960年4月任中共市南区委副书记、市南区区长兼区政协副主席。1960年12月兼任市南人民公社社长。1963年3月免去中共青岛市市南区委副书记、市南区区长、区人民公社社长职务。1968年9月任市南区革委会主任。1970年3月由市南区革委会主任调为副主任。1972年5月5日病逝。

王建平

王建平（1916—1973），曾任中共青岛市市南区委书记。山东莱阳人。

1938年加入中国共产党，1941年入伍。历任本乡乡长，区公所财粮助理，莱阳县府金库会计，莱阳县府财政副科长、科长，胶东行署财政处科员，南墅探矿办事处主任，胶东工商局税务科员，即东青工队指导员、事务所长。

1949年后，历任青岛外贸处秘书科副科长，青岛外管局人事室主任、办公室副主任，青岛财经党委会组织部副部长、部长，青岛市内贸党委组织部部长、党委会副书记，市委交通运输部副部长、市委财贸部副部长、中共青岛市副食品生产委员会书记。1963年3月任中共青岛市南区委书记，9月兼任政协市南区委员会主席，1964年3月兼任市南区人武部政委。1965年12月因病免职休养。1973年6月26日在青岛病逝。

鞠维信

鞠维信（1926—1976），曾任青岛市市南区人民委员会区长、中共青岛市市南区委书记。山东文登西简山村人。

1943年5月加入中国共产党，同年10月在昆嵛县党训班民运班受训。历任中共昆嵛县山马区组织干事、昆嵛县城北区组织委员、支前第三大队政治干事、支前第三营营部书记、东海清委会清理组长、东海地委党校组织干事、胶东教研会第四大队组织干事。

1949年6月后，历任中共青岛市委组织部干事、指导科副科长、组织科科长。1963年3月任中共青岛市市南区委副书记；1964年11月任市南区区长兼区人民公社社长；1965年12月任中共市南区委书记。1967年青岛“1·22夺权”事件后，任青岛市革委会常委、市革委会副主任、市革委会核心领导小组秘书长。1976年12月24日逝世。

牟志仁

牟志仁（1922—1981），曾用名牟子仁、陈毅。曾任中共青岛市市南区委书记、市南区人民政府区长。山东栖霞铁口区铁口村人。

1939年8月加入中国共产党，在本村任支部书记。1940年后，历任东平乡支部书记，铁口区委组织委员、区委书记。

1949年起，历任中共青岛市委组织部干部科干事，市南分区委组织部副部长。1949年7月任中共市南分区委书记、市南区区长。1952年6月不再担任区长，并兼任工会联合会市南区办事处主任。1959年1月兼任市南区人武部政委、3月兼任浮山公社基层党委书记；10月当选市南区政协主席。1960年4月任中共青岛市委财贸部副部长，1964年参加山东省“四清”工作团到淄博市开展工作。1970年任青岛市粮食局革委会核心领导小组副组长、革委会副主任。1975年10月起，任青岛市革命委员会财贸办公室顾问。1981年3月23日在青岛病逝。

蔡　宪

蔡宪（1925—1985），曾任中共青岛市市南区委书记。山东莱芜人。

1939年7月在本镇青年训练班受训，同年9月加入中国共产党。历任太山区青年中队、大队战士、班长、会计、指导员，太山区税贸局、工商局会计、科员、股长、支局副局长，贸易公司副主任、副监委。

1950年4月后，历任山东花纱布分公司秘书科长，青岛花纱布商店党支部书记，青岛花纱布公司党总支书记，青岛市内贸党委副书记。1956年3月任中共青岛市市南区委副书记；1960年1月任中共青岛市市南区委书记。1963年3月任青岛市内贸党委书记。1964年7月后，历任青岛市人民银行党委书记、革委会常委、革委会副主任。1975年7月再任青岛市人民银行党委书记。1979年4月任青岛市财委副主任、党组副书记。1984年6月任中共青岛市委企业政治工作部顾问。1985年3月10日在青岛病逝。

雷法章

雷法章（1903—1986），曾任国民政府青岛市政府教育局局长。湖北汉川人。

1921年毕业于华中大学文学院教育系，应聘入天津南开学校任教务主任。1930年应青岛市市长沈鸿烈之邀，转赴青岛任教育局局长。在任期间大办教育教学，推动扫盲，普及识字，制定教育规划，大力兴建学校，设立民众教育馆、职工补习学校、女子补习学校等。任职六年，建树良多，在大量创建与扩建公立小学的基础上，完善了城乡公共基础教育体系，创立青岛本地师范教育模式，使青岛教育取得较大成绩。1935年开始随军转移，从事敌后工作，初任山东省政府委员兼秘书长，继又兼任省民政厅厅长。1940年改任国民政府农林部政务次长。1942年调任内务部常务次长。任职期间见证了国民政府承认外蒙古独立。

抗战胜利后，转任浙江省政府委员兼秘书长。1946年调任考试院秘书长。1950年6月，复膺待命，出任铨叙部（人事行政主管）部长。1986年病逝于台湾。

刘宝江

刘宝江（1917—1990），曾用名刘复明，曾任青岛市市南区人民委员会区长（未到职）。山东栖霞大庄头公社小芹子夼村人。

1941年3月起，历任原籍行政村（河西）文书，栖霞县铁口区各救会农会长，县各救会副会长、县委秘书，行林区委各救会长、副书记等。1941年7月加入中国共产党，参加革命工作。1949年1月在山东教研会学习。

1949年5月起，历任青岛四沧区委、区公所秘书兼机关支部书记，青岛市台西区政府副区长、区长，台西区委副书记、区长兼台西人民公社社长。1963年3月任青岛市南区区长、人民公社社长（未到职）。1963年11月起，历任青岛市供销社副主任、党委常委，青岛市商业干道指挥部指挥、政委，青岛市商业局革委会副主任、核心小组成员。1977年起，任职青岛市供销社（养病）。1980年2月任青岛市供销社顾问。1990年在青岛病逝。

李光远

李光远（1914—1991），曾任中共青岛市市南分区委书记。山东蓬莱人。

1936年9月参加工作，1938年9月加入中国共产党。历任蓬莱县青救会主任、县委统战委员，胶东八路军五支队政治部青年部部长，抗大一分校胶东支校三、九队政治指导员、教育股股长，中共胶东北海地委宣传部副部长、部长，北海地委党校总支书记、校长，中共龙口市工委书记兼武装大队政治委员。

1949年5月25日任中共青岛市南区军政委员会书记、中共青岛市南分区委书记；7月20日起，历任青岛市总工会常委、文教部部长，青岛纺织工会党组书记，中共青岛市委党校校长、党委书记，青岛市政府文教办公室主任。1956年4月起，在青岛市第一至五届人民代表大会当选为青岛市副市长，市人委党组成员。先后任中共市委一、二届候补委员、三届委员。1973年1月任青岛市革命委员会生产指挥部副主任。1978年7月起任青岛市政协副主席、党组副书记等职。1983年12月离休。1991年11月18日在青岛逝世。

王振杲

王振杲（1929—1993），曾任青岛市市南区人民政府区长。山东荣成人。

1946年3月参加革命工作，任青岛经济工作队检查员。1947年5月加入中国共产党。

1949年6月任青岛市外贸局收发员。1950年6月后，历任青岛市零售公司业务主管，青岛市医院党委宣传干事，青岛市中级人民法院秘书、科员、支部副书记，市北区政治部司法股股长。1959年11月后，历任市北区人民法院副院长，青岛市委研究室、办公室秘书，青岛市委办公室信访科副科长，青岛市革命委员会专案办公室、“一打三反”办公室工作人员，青岛市委办公室信访科科长。1977年5月起，任中共市南区委副书记、区革命委员会副主任、区政府区长。1984年8月任市南区人大常委会主任；1990年5月不再担任青岛市南区人大常委会主任职务；1992年3月离休。1993年7月20日在青岛逝世。

王鸿典

王鸿典（1922—2001），曾任青岛市市南区人民政府区长。山东海阳郭城区沙子埠村人。

1938年起，在海阳县立师范上学。1941年6月参加革命工作，9月加入中国共产党。历任黄草场村小学教员，林寺中心小学校长。1945年曾在威海市政府任教育科员。1947年10月起，历任威海市风林区公所区长、市委秘书。1949年在胶东教研会学习。

1949年6月起，历任青岛市台西分区委组织部副部长、台西区政府副区长。1950年10月任市南区政府副区长；1952年6月任市南区区长兼区委统战部部长。1956年1月任中共市南区委副书记。1958年7月任市南区人委党组书记；8月兼市南区体委主任。1959年10月兼任政协市南区委员会副主席。1960年4月任青岛市卫生局副局长、副书记。1976年7月起，历任青岛市知青办第一副主任、党组副书记，青岛市政府副秘书长等职。1983年12月离职休养。2001年4月27日在青岛病逝。

张作典

张作典（1922—2008），曾任青岛市市南区人民委员会区长。山东莱阳人。

1944年7月参加革命工作。1947年2月加入中国共产党。1944年起，历任胶东莱东第十区教员、校长，五龙县野头、火山等区教育干事、助理员、镇委书记，中共青岛市委秘书，秘书科副科长、科长，调研科科长，调研室主任，中共青岛市委办公室副主任、主任。

1965年12月任中共青岛市南区委副书记、市南区区长、区人民公社社长。1966年8月任中共市南区人委党组书记。1968年9月任市南区革委会副主任；1970年1月兼任市南区革委会生产指挥部领导小组组长；1970年2月至1975年12月兼任市南区工人代表大会委员会主任。1975年6月任市南区革委会核心领导小组副组长；11月，任中共市南区委常委、副书记。1977年5月起，任青岛市电业局革委会核心小组组长、革委会主任，青岛电业局党委书记兼局长、调研员。2008年12月30日在青岛病逝。

刘　华

刘华（1917—2013），曾任青岛市市南区人民委员会区长。山东荣成人。

1940年10月加入中国共产党，参加革命工作。1956年7月起，历任莱芜县兵役局副政委、守备50团副政委、政委。1963年3月任青岛市轻工业局副局长。1963年9月任青岛市市南区区长、区人民公社社长。1965年1月起，历任青岛钢厂党委副书记、书记，青岛化工厂核心小组副组长，青岛钢厂党委书记，青岛重工业局党委副书记兼青岛钢厂党委书记，青岛市二轻局革委会核心小组副组长、革委会副主任、青岛市工艺美术研究所所长等。1979年6月起，任青岛市重工业局党委书记、局长，青岛市第二轻工业局局长等职。1983年11月离休。2013年10月28日在青岛病逝。

王　国

王国（1940—2014），曾任中共青岛市市南区委书记。山东文登人。

1956年9月参加工作，任青岛丝织厂工人。1960年2月加入中国共产党。1965年11月在中共青岛市委党群政法委帮助工作。1966年3月后，历任中共青岛市委组织部干事、组织科副科长、党员管理科科长、部务委员。

1985年8月，任中共青岛市市北区委副书记、区长。1992年10月，任中共青岛市南区委副书记、书记。1998年1月，任青岛市人大常委会副主任、党组成员。2005年1月退休。2014年11月17日在青岛病逝。

修　国

修国（1923—2015），曾任中共青岛市市南区革命委员会核心领导小组组长、区革命委员会主任、中共青岛市市南区委书记。山东海阳人。

1942年7月参加革命工作；1943年3月加入中国共产党。历任山东省海阳县龙山区武委会干事、副主任，胶东牟平县武装部组织股股长，牟平县象岛区委副书记兼教导员。1949年2月起，任青岛市委组织部干事，青岛行政干校组教科副科长，青岛郊区土改委员会办公室副主任，中共青岛市沧口区委副书记、组织部部长、监委书记，中共青岛市北区委副书记、组织部长、监委书记，中共青岛市北区委书记、区政协主席、武装部政委，青岛市重工业局党委书记。

1975年6月，任中共青岛市南区党的核心领导小组组长、区革委会主任；11月起任中共青岛市南区委书记、市南区武装部政委兼市南区人大常委会主任。1984年6月离休后，担任青岛市关新青少年工作委员会老干部传统报告团团长、市南区关工委常务副主任兼革命传统报告团团长、市南区老年体育协会主席、市南区老年大学校长等。2015年8月2日在青岛病逝。

（六）工商界名人

隋石卿

隋石卿（1989—1938），字熙麟，曾任青岛总商会会长。山东文登上徐村人。

年少时在烟台随德国牧师学习德文，后被引荐到青岛，先在德商顺和洋行当翻译，深受器重，不久升任买办。日德青岛交兵，德国洋行大都停业回国，顺和洋行大班索性将带不走的财产全部赠予隋石卿，这笔意外巨资变成隋氏企业的启动资金。他看准日本人大兴土木的城市扩张计划，开办华信木厂，后又在济南设立分号。1912年9月，孙中山来到青岛，接见了给《晨钟》杂志提供经费并创办青岛分社的隋石卿等人，鼓励他们继续传播民主思想、创办实业救国。1920年又创办华昌铁工厂，为发电厂、自来水厂及各大纱厂做配套，专业造修锅炉，是青岛最早也是最大的民族机械工厂，开商业资本转入工业领域之先河；同年，当选为青岛总商会副会长。两年后青岛主权回归，他33岁荣升会长，成为青岛商界的领袖，人称“少帅”。1922年他以商会会长身份向青岛商界担保，借款近30万元，为青岛接收警察配备枪械武装，以靖治安。他为阻止日本阴谋破坏接收计划，亲赴虎穴，大义凛然，跟扰乱回归的土匪头子孙百万谈判，被扣押为人质。后人称他“不顾生命安危，俾青岛得以安全接收”。他代表青岛商民力争日方赔偿战争损失，赴北京谒见张作霖，赴洛阳谒见吴佩孚，虽无结果，但精神可嘉。1922年12月中国收回青岛主权。他于1923年创办《青岛晨报》作为青岛商会工商业者的喉舌，并自任社长，聘请北京人胡信之为总编辑。1924年帮督办高恩洪搞起青岛地方银行，但不久高恩洪的督办被免，1926年地方银行负债累累，他被官方通缉逃跑。

晚年隋石卿匿迹商界，皈依耶稣，过着闲适日子，直到1938年去世。

傅炳昭

傅炳昭（1865—1946），工商业者，原青岛中华商务总会首任会长。山东黄县（今龙口）人。

德国占领青岛早期来青岛，因通晓德语，先在经销德国洋酒罐头的源泰号充当伙友，后任经理。后把源泰号改为祥泰号，在大鲍岛的山东街（今中山路北段）专门为德国洋行采购棉纱土产，推销五金洋货。1902年任中华商务公局董事，并创办青岛第一家行会机构齐燕会馆，在华商中影响力日渐增大，成为青岛华商“黄县帮”的代表人物。1910年当选青岛商务总会首任会长，成为青岛华商代言人。1916—1924年，五任商会董事。他深谙商帮之道，凡有故旧乡亲投奔，都尽力提携扶持，带领黄县帮雄踞青岛商界，其中纱布业大商号都是黄县人所开，有“搞纱布的离不开黄县人”之称。他资助同乡张立堂开设合兴利贸易行，而张被英国麦加利银行聘为买办，又相继开办合兴利油坊和合兴利制杆厂，以实力和资信成为青岛数得着的进出口商。1922年他为到青岛创业的同乡刘鸣卿、刘书衡兄弟筹划运作，合资成立山左银行，由刘鸣卿任经理。后又开设利丰银号，刘书衡任经理。两家银行主要吸收黄县帮的商号存款，经常达百万元之巨，成了名副其实的黄县银行。

日据青岛后，商会改选，傅炳昭隐于幕后，但续任两届会长的成兰圃依然是黄县人。尽管不当会长，他从中斡旋，打破日本人的阻挠使华新纱厂顺利收购德华缫丝厂。被坊间誉为“对社会公益事业多所襄助”的首任商会会长，尊为青岛一代“人瑞”。1946年在上海病逝。

刘子山

刘子山（1877—1948），名碧云，字紫珊，又作子山。原东莱银行董事长。山东掖县（今莱州）湾头村人。

童年读过私塾，14岁独自到青岛谋生。1908年开始为德国建筑师当翻译，同时为人代办建筑材料。1910年在青岛独资开设福和永木材行；次年买下海西旧窑场，将其扩建成福和永窑场，专制洋式红色砖瓦。他还受聘担任德商礼和洋行华人经理，经营颜料、花生米的进出口贸易。第一次世界大战前夕，筹集资金，从国外进口大宗木材。战争爆发后，木材进口中断，他获取了暴利。1914年日本出兵占领青岛并开设“扶桑官膏局”，批发鸦片烟膏，他承包烟土专卖店，贩卖日本烟膏，获利丰厚。大战结束后，他先后在青岛独资开办东莱贸易行、永利汽车行并投资修筑从潍县至烟台的450华里公路。1922年创办烟潍汽车运输公司，经营客货运输并在青岛华新纱厂、青岛电业公司、博山煤矿等企业投资，担任董事等职。

1918年在青岛创办东莱银行，自任董事长兼总经理；次年，在天津、济南两地设立分行。1923年将东莱银行改组为股份有限公司，并在上海设立分行，以重金借用中国银行的钞票版面，发行钞票。1926年将东莱银行天津分行改为总行，青岛行改为分行。1928年将总行由天津迁到上海，后在大连等地也设立分行，向大陆银行、太平洋保险公司等金融机构投资，并担任董事。抗日战争前，曾被推举为青岛市商会会董、山东旅沪同乡会名誉会长。曾捐款创办青岛中学、济南孤儿院等。

1937年后，刘子山避居天津法租界，拒不与日伪合作，并派儿子刘少山赴上海，召集东莱银行同人，传达他的指示：“国难时期，宜闭关自守，紧缩业务。本人自愿不再提取股息，以维同人生计。”此后，刘子山体衰多病，将东莱银行业务交由儿子管理。1948年春天，他从天津到上海就医，10月12日因心脏病发作在上海病逝。

郑章华

郑章华（1894—1967），又名郑仪佐，青岛老字号亨得利钟表眼镜公司创始人。浙江宁波鄞县章水区郑家村人。

1901—1914年在原籍读书。1915年起任原籍小学教员。1923年4月在济南市亨达利钟表眼镜店任副经理。1924年3月合资在今中山路144号创办青岛亨达利钟表眼镜店，主营钟表，兼营眼镜，附带修理，并自任经理。1934年开设大西洋钟表眼镜店，使用从美国引进的最新式的电流验光技术。1939—1946年，曾先后两次被推选为青岛市钟表业商业公会委员、常务委员。1946年任市钟表业商业公会委员及监事。1956年公私合营合并了亨达利、长城、金龙、金星、美丽钟表店和三山城眼镜店，成为全省大型钟表眼镜公司，郑章华被安排为公私合营亨得利公司副经理。1963年，本人自愿提出申请，要求退休养老安度晚年。1967年在青岛逝世。

刘锡三

刘锡三（1896—1982），又名占恩，青岛老字号帽庄“盛锡福”创始人。山东掖县湾头村人。

早年读过私塾，后在青岛德商“美青洋行”写账；不久，去天津另一德商洋行当买办。1911年创建青岛“盛锡福”，以制作草帽为主打产品，注册商标为“三帽”牌，以草细、有韧性、色泽鲜明为特色，产品深受欢迎。其后也生产呢制礼帽、皮制三快瓦帽，生产规模逐渐扩大，品种增加，其字号定名为“盛锡福”。产品多次参加南洋的草帽展览，并多次获奖。1919年改革制帽工艺，买入全套进口制帽设备，选聘技师，研制出式样新颖的硬平顶草帽，后增设皮帽、便帽、缎帽工厂。1929年在菲律宾举办的国际博览会上，“盛锡福”的草辫和草帽获得了头奖，在东南亚地区属草帽业之冠。到1943年，“盛锡福”帽庄的各式帽子已畅销国内及美国、英国、法国、菲律宾、马来西亚、新加坡和泰国等国家。他先后在北京、天津、汉口、上海、南京、济南等地设11个分号，在哈尔滨、沈阳、唐山各有一家代销处。1948年天津解放前夕，刘锡三到台湾经商。1982年在台湾病逝。

（七）宗教界名人

李叔同

李叔同（弘一法师）（1880—1942），又名李息霜、李岸、李良，谱名文涛，幼名成蹊，学名广侯，字息霜，别号漱筒；法名演音，号弘一，晚号晚晴老人，后人尊称弘一法师。音乐家、美术教育家、书法家、戏剧活动家，后皈依佛门。原籍浙江平湖，祖辈起移居天津。

1880年10月生于天津，5岁丧父。1901年入南洋公学，受业于蔡元培。1905年东渡日本留学，在东京美术学校攻习油画、学习音乐，参与创办《春柳剧社》，是中国话剧运动创始人之一。1910年回国，历任天津北洋高等工业专门学校图案科主任教员、上海城东女学音乐教员。1912年任《太平洋报》文艺编辑，并同柳亚子发起组织文美会，主编《文美杂志》。1913年受聘为浙江两级师范学校（后改为浙江省立第一师范学校）音乐、图画教师。1915年起兼任南京高等师范学校音乐、图画教师、美术主任教习。南京大学历史上第一首校歌——《南京高等师范学校校歌》就是由他谱曲的。

1918年8月19日，在杭州虎跑寺剃度为僧，云游温州、新城贝山、普陀、厦门、泉州、漳州等地讲律，并从事佛学南山律的撰著。1935年夏，弘一大师应邀来青岛湛山寺讲经，历时半年，撰著完成《随机羯磨别录》和《四分律含注戒本别录》，另外还有一些散文。抗日战争爆发后，多次提出“念佛不忘救国、救国必须念佛”。1942年10月13日晚圆寂于福建泉州不二祠温陵养老院晚晴室。

李叔同诗文、词曲、话剧、绘画、书法、篆刻无所不能。绘画上擅长木炭素描、油画、水彩画、中国画、广告、木刻等，是中国油画、广告画的先驱之一、新文化运动和中日文化交流的先驱、中国话剧的奠基人、西方乐理传入中国的第一人。其代表作品有《送别》《南京大学校歌》《三宝歌》等。

明　哲

明哲（1925—2012），大和尚，天台宗第5代法嗣，佛教法师，原青岛湛山寺方丈。山东济宁人。

7岁在本村上私塾，15岁辍学到万盛祥玻璃店学徒。1948年拜上海圆明讲堂圆瑛老法师座前剃度出家，在福州鼓山涌泉寺做沙弥。1950年在福州市舍利院慈舟老法师门下，受三坛具足大戒，学戒律，学华严教义。1952年任厦门南普陀寺寺务委员兼任僧伽学习班教师。1954年在五台山清凉桥吉祥寺，学习《现观庄严论》藏传佛教的教义和修法，后任五台山华严法会的副讲。1956年考入中国佛学院本科。1979年后任法源寺监院兼中国佛教协会文物馆组长、中国佛学院教务长、监学等职。1987年11月任山东省佛教协会第一届会长。1988年6月荣膺青岛湛山寺方丈。2004年起兼任山东湛山佛学院院长、省佛教协会第四届会长。1984年后应邀赴多国及香港、台湾讲学、访问。曾任全国政协委员、中国佛教协会常务理事、山东省佛教协会名誉会长、青岛市佛教协会会长、北京广济寺首座、龙口南山禅寺方丈、北海普渡寺方丈等职。2012年9月16日圆寂于青岛湛山寺。

二、人 物 表

（一）《青岛市志·人物志》人物传记收录与市南区相关人物一览表

姓　名	性别	生卒年	民族	籍　贯	职业（身份）	书中页码
章高元	男	1843—1913	汉	安徽合肥	胶澳总兵衙门总兵	21~22
康有为	男	1858—1927	汉	广东南海	思想、政治、教育、文学艺术家，清末“戊戌变法”主要发起者	26~27
倓　虚	男	1875—1963	汉	河北宁河	青岛湛山寺筹建者及第一任住持	34~35
张公制	男	1876—1966	汉	山东安丘	民主人士，诗人，青岛市副市长、市政协副主席	35~37
沈鸿烈	男	1882—1969	汉	湖北天门	国民政府青岛市市长	41~43
宋雨亭	男	1884—1951	汉	山东掖县	民族实业家，青岛市总商会会长	45~46
高平子	男	1888—1970	汉	上海	天文学家，青岛观象台台长	46~47
赵太侔	男	1889—1968	汉	山东青州	戏剧家、教育家，国立山东大学校长，市民革副主委	47~50
胡信之	男	1890—1925	汉	北京	《青岛公民报》创办人、主编	50~52
杨振声	男	1890—1956	汉	山东蓬莱	作家、教育家，国立青岛大学校长	52~54
洪　深	男	1894—1955	汉	江苏武进	戏剧理论家、剧作家、导演、教育家	65~68
李慰农	男	1895—1925	汉	安徽巢县	中共青岛地委书记	70~72
王献唐	男	1896—1960	汉	山东日照	考古学家、学者、图书馆学家和版本目录学家	79~81
王统照	男	1987—1957	汉	山东诸城	作家，青岛现代文艺运动的创始人，山东省文联主席、文化局局长	85~87
张　玺	男	1897—1967	汉	河北平乡	动物学家、海洋湖沼学家，中国科学院海洋研究所所长	87~89
王尽美	男	1898—1925	汉	山东莒县	中国共产党创始人之一，中共山东党组织的缔造者和最早的领导者	91~93
闻一多	男	1899—1946	汉	湖北浠水	现代学者、诗人，国立青岛大学文学院院长，教授	109~111

续表

姓名	性别	生卒年	民族	籍贯	职业(身份)	书中页码
老舍	男	1899—1966	汉	北京市	小说家,剧作家,国立山东大学中文系教授	111~113
冯沅君	女	1900—1974	汉	河南唐河	作家、教育家,山东大学副校长	113~114
杜宗甫	男	1901—1980	汉	山东掖县	书画、雕刻艺术家,青岛市工艺美术研究所副所长	119~121
郑鹤声	男	1901—1989	汉	浙江诸暨	历史学家、文献学家,山东大学历史系教授	122~123
罗荣桓	男	1902—1963	汉	湖南衡山	1955年元帅军衔。曾任中央军委副主席、全国人大常委会副委员长	127~128
童第周	男	1902—1979	汉	浙江鄞县	生物学家、教育家,中国科学院副院长、动物研究所长	128~131
沈从文	男	1902—1988	土家	湖南凤凰	作家、历史文物研究家,中国科学院历史研究所研究员	131~132
华岗	男	1903—1972	汉	浙江龙游	哲学家、教育家、历史学家,山东大学党委书记兼校长	133~135
萧采瑜	男	1903—1978	汉	山东胶南	昆虫学家,青岛市立、女子中学任教,南开大学生物系主任兼天津市自然博物馆馆长	135~136
陆侃如	男	1903—1978	汉	江苏海门	作家、教育家,山东大学副校长、青岛市文联主席	136~137
潘作新	男	1903—1983	汉	山东掖县	眼科专家、一级教授,青岛医学院院长、附属医院首任院长	139~141
刘恩兰	女	1905—1986	汉	山东安丘	英国牛津大学自然地理学博士,国家海洋局顾问	152~153
吴焕新	男	1906—1968	汉	山东掖县	基督教路德堂主持,青岛市基督教“三自”爱国运动委员会主席	154~155
朱树屏	男	1907—1976	汉	山东昌邑	海洋生态学家、水产学家、教育家,青岛市政协副主席	156~158
束星北	男	1907—1983	汉	江苏江都	理论物理学家、海洋物理学家、教育家,国家海洋一所研究员 161~162	159~161
林绍文	男	1907—1990	汉	福建漳州	海洋生物学家,国立山东大学生物系主任,美国迈阿密大学海洋与大气学院名誉教授	
沈福彭	男	1908—1982	汉	江苏苏州	人体解剖学专家,山东大学医学院、青岛医学院附属医院院长	165~166

续表

姓　名	性别	生卒年	民族	籍　贯	职业(身份)	书中页码
赫崇本	男	1908—1985	满	辽宁凤城	物理海洋学家、海洋教育学家,山东大学海洋学院副院长兼山东海洋学院海洋研究所所长	167~168
殷孟伦	男	1908—1988	汉	四川郫县	语言学家、古典文学专家,山东大学语言教研室主任	168~169
方宗熙	男	1912—1985	汉	福建云霄	生物学家,山东大学生物系教授、山东海洋学院副院长	181~183
康志强	男	1912—1986	汉	江西兴国	1955年中将军衔。海军东海、北海舰队政委、海军副政委	183~185
郭炳坤	男	1914—1977	汉	陕西蒲城	1955年少将军衔。海军政治部副主任、北海舰队政委	185~186
言少朋	男	1915—1984	蒙古	北京市	京剧表演艺术家,青岛市京剧团团长	193~194
易耀彩	男	1917—1990	汉	江西泰和	1955年少将军衔。海军北海舰队第一副司令员、政委	199~200
毛汉礼	男	1919—1988	汉	浙江诸暨	物理海洋学家、教育家、中科院院士,中科院海洋研究所副所长	200~202
陈新华	男	1920—1984	汉	湖南资兴	人民解放军67军军长、青岛警备区司令员	202~203
李秉政	男	1920—1990	汉	山东泰安	中共青岛市委副书记、市长、市人大常委会主任	203~204
裴维增	男	1921—1977	汉	山西稷山	青岛警备区首任司令员兼青岛市革委会副主任	206~207
吴尚勤	女	1921—1988	汉	江苏吴县	实验胚胎学和发育生物学家,中科院海洋研究所工作	207~209
李玉香	女	1926—1982	汉	山东胶州	全国先进工作者、著名戏曲演员,青岛地方剧种——茂腔艺术代表人物	210~211
李梦周	男	1927—1990	汉	山东东营	青岛市机关事务局副局长兼副书记、海天大酒店公司董事长	212~214
张继坤	男	1930—1989	汉	浙江嵊县	全国教育系统劳动模范,市教育局数学中心教研组副组长	218~219
严力宾	男	1957—1989	汉	河北易县	革命烈士。青岛远洋公司船舶一级机工	223~225
闫正连	男	1963—1989	汉	山东临沂	革命烈士。武警市南消防一中队代理副中队长	226~228

（二）《青岛市志·人物志》人物传略收录与市南区相关人物一览表

姓　名	性别	生卒年	民族	籍　贯	职　业（身份）	书中页码
马保三	男	1888—1964	汉	山东寿光	青岛市人民政府市长、山东省政协副主席、省委统战部部长	279
李代芳	男	1888—1973	汉	青岛城阳	青岛市商会理事长、市参议长、联合国救济总署鲁青分署组长	280
刘铨法	男	1889—1957	汉	山东文登	教育家、建筑工程师	281~282
曹耀先	男	1891—1968	回	河北沧县	青岛清真寺阿訇	285
徐行健	男	1893—1950	汉	山东掖县	中共地下工作者。1949年6月任市公安局代理科长	285~286
丁西林	男	1893—1974	汉	江苏泰兴	剧作家，国立山东大学教授，北京图书馆馆长	286~287
白季眉	男	1895—1966	满	河北卢龙	曾在山东大学、山东海洋学院任教，曾任中国测量学会理事	291
毕敬承	男	1895—1976	汉	山东泰安	曾任青岛市邮政局局长和邮电局副局长、民革第二、三届市委副主委	292
李士伟	男	1895—1981	汉	河南卢氏	国立山东大学医学院教授和首任院长兼附设医院院长	293
周　方	男	1897—1984	汉	山东莱阳	中共青岛市委书记处书记、市政协副主席	297~298
黄云眉	男	1898—1977	汉	浙江余姚	历史学家，山东大学历史系主任、民盟山东省第一届委员会副主委	299~300
葛　覃	男	1899—1958	汉	莱西西南阁村	国民政府青岛市党部主任委员兼副市长及社会局局长	301~302
班鹏志	男	1900—1985	汉	山东掖县	摄影家，1924年出版摄影图片集《接收青岛纪念写真》	306
高　亨	男	1900—1986	汉	吉林双城	历史学家、文字训诂家，山东大学中文系教授、古典文学研究室副主任	306~307
田　泗	男	1902—1929	汉	山东高密	革命烈士。中共青岛市委军事特派员	314~315
侯圣麟	男	1902—1948	汉	平度大吴庄	青岛公报社社长	317~318

续表

姓　名	性别	生卒年	民族	籍　贯	职　业(身份)	书中页码
王克捷	男	1902—1977	汉	胶州城里	1922年王尽美、邓恩铭介绍加入社会主义青年团。1948年重返青岛任教	319~320
谢明钦	男	1902—1988	汉	山东莱阳	中共青岛工委书记、市委党校校长、党委书记，市博物馆馆长	322~323
彭明晶	男	1903—1927	汉	四川安岳	曾就读于私立青岛大学，1927年被派往武昌某区任党委书记时被捕牺牲	324~325
刘绪基	男	1903—1969	汉	胶州宾贤村	青岛二中教导主任、数学教师、数学教研组长	326~327
唐世风	男	1903—1971	汉	江西泰和	山东海洋学院海洋系教授、图书馆馆长	329~330
赵蓬珠	男	1903—1974	汉	山东齐河	青岛第一体育场场长、青岛市体委副主任	330~331
赫保真	男	1903—1988	汉	山东潍坊	国画家。先后在青岛一中、青岛教师进修学院、青岛工艺美术学校任教	332
金泽忠	男	1904—1974	汉	安徽庐江	山东大学医学院、青岛医学院病理解剖学教研室主任、教授	340
冯雁忱	男	1904—1974	汉	山东昌乐	山东大学医学院教授兼附属医院外科主任，青岛医学院教授兼附属医院外科主任	340~341
薛尚实	男	1904—1977	汉	广东梅县	中共青岛市委副书记、各界人代会协商委员会主席、市总工会主席	342~343
李耘生	男	1905—1932	汉	山东广饶	革命烈士。青岛团地委书记兼组织部部长	344~345
范景周	男	1905—1981	汉	山东泰安	山东省基督教“三自”爱国运动委员会主任，中国基督教协会常委	348~349
杨　枫	男	1905—1981	汉	辽宁兴城	山东大学医学院内科学教研室主任、附属医院内科主任	349~350
许继曾	男	1905—1989	汉	山东聊城	山东大学工学院土木系教授、主任，山东海洋学院水产系教授，青岛市政协副主席	353~354
周世英	女	1906—1983	汉	浙江吴兴	青岛市工商联副主任委员，市儿少福利基金会副会长	357
秦文杰	女	1906—1989	汉	山东昌乐	山东大学副教授兼附属医院小儿科主任，青岛医学院儿科学教授	358

续表

姓　名	性别	生卒年	民族	籍　贯	职　业(身份)	书中页码
萧　军	男	1907—1988	汉	辽宁义县	作家,曾任《青岛晨报》副刊编辑	363~364
章书业	男	1908—1968	汉	浙江宁波	历史学家,山东大学历史系教授、副主任、文学研究所研究员	367~368
王少庸	男	1908—1984	汉	河北唐山	曾任青岛市副市长、市长、市委书记。"文化大革命"期间犯有严重罪行,被开除党籍	371
向　明	男	1909—1969	汉	山东临朐	青岛市军事管制委员会主任,新中国成立后第一任中共青岛市委书记	373~374
张国屏	男	1909—1986	汉	山东牟平	山东省著名老中医,青岛医学院附属医院主治医师、中医教研组教授	376
凌爱莲	女	1910—1979	汉	山东益都	曾在北京路小学执教,青岛市湖南路幼儿园院长	382
陈鸿雪	男	1910—1981	汉	江苏无锡	山东省著名中医,青岛医学院附属医院中医科、中医教研组主任	383
刘特夫	男	1910—1990	汉	山东德州	中共青岛市委书记处书记、中共青岛市委第一书记	385~386
尹剑华	男	1911—1931	汉	山东堂邑	革命烈士。共青团青岛市委书记	387~388
萧　红	女	1911—1942	汉	黑龙江呼兰	作家。1934年与萧军到青岛,写作长篇小说《生死场》	389
黄　敬	男	1912—1958	汉	浙江绍兴	1931年考入国立青岛大学并参加反日爱国运动。曾任国家技术委员会主任兼第一机械工业部部长	395~396
滕景禄	男	1912—1962	汉	山东牟平	曾任中共青岛市委第一书记。在青岛工作期间制造了5起重大错案,被开除党籍	396
崔　嵬	男	1912—1979	汉	山东诸城	剧作家。1931年入国立青岛大学中文系旁听,1956年任北京电影制片厂艺委主任兼导演	396~397
邓龙翔	男	1913—1979	汉	江西吉安	1955年少将军衔。海军水警区司令员、海军青岛基地、北海舰队副司令员	400~401
张元培	男	1913—1981	汉	福建永定	1955年少将军衔。曾任海军北海舰队副司令员、南海舰队司令员、解放军总后勤部副部长	401~402
胡用霖	男	1913—1986	汉	河北定县	国立山东大学附属医院眼科教授、主任医师	402~403

续表

姓 名	性别	生卒年	民族	籍 贯	职 业(身份)	书中页码
王中荦	男	1913—1986	汉	浙江余姚	山东大学历史系教授、主任	403
李 慕	男	1914—1984	汉	山东蓬莱	中共青岛市委书记处书记兼市长	409
范保顺	男	1914—1987	汉	湖北天门	人民解放军六十七军副政委	410~411
周棣轩	男	1915—1988	汉	山东黄县	台西区各界人代会协商委员会副主席、区政府委员	414~415
侯季五	男	1916—1968	汉	山东寿光	中共青岛市委常委、市公安局局长、市政府副市长	415~416
王锡三	男	1916—1971	汉	莱西瓦庄村	中共青岛市委常委、市人民委员会副市长	416
潘友宏	男	1916—1984	汉	江西吉安	1955年大校军衔。国务院交通部军管会主任、北海舰队副司令员	418~419
周化南	男	1916—1985	汉	河北东光	中共青岛市委书记处书记、青岛市革命委员会副主任	419
段 毅	男	1917—1981	汉	河北蠡县	青岛市革委会副主任、青岛市革委会党的核心小组副组长	421~422
范迪初	男	1917—1984	汉	山东黄县	山东大学附设医院主治医师、副教授	424
王 寅	女	1917—1984	汉	江苏睢宁	政协青岛市第五届委员会副主席	424~425
张国中	男	1917—1980	汉	山东桓台	山东海洋学院党委书记、院长	428~429
黄中敬	男	1919—1988	汉	江西吉安	青岛市话剧团任导演、编剧	429
王胜森	男	1922—1968	汉	辽宁沈阳	山东大学医学院附设医院传染病教研组副主任兼内科副主任	435~436
刘希涛	男	1922—1980	汉	山东日照	黄海水产研究所副所长、党委书记	436~437
刘维理	男	1923—1983	汉	山东日照	中共青岛市委副书记兼组织部部长、市革委会副主任、市纪律检查委员会书记、市政协主席	438~439
张显瑞	男	1924—1984	汉	北京市人	青岛警备区司令部副参谋长、青岛市人民武装部部长	4404~41
梁中超	男	1934—1990	汉	江苏丰县	山东海洋院教授、系主任	451~452
张同发	男	1942—1983	汉	山东沂南	运动健将。曾获第二届全国运动海模比赛E－HK级第一名	457~458

（三）烈士名录

抗日战争时期烈士一览表

（1937.7—1945.8）

序号	烈士姓名	牺牲时间(年)	牺牲地点	生前部队
1	王凤阁	1937	吉林通化	抗日救国自卫军
2	张友民	1938	济南普集王村	八路军老六团
3	倪推芝	1940	山东乳山县万家	八路军山纵一五支队
4	韩增义	1940	莒南县	—
5	徐炳星	1943	山东莱西	省军区渤海军分区
6	刘青和	1943	山东临清县尚庄作战	129师
7	吴金纯	1944	山西省太湖县桃源堡村	抗日六区
8	孙培超	1944	山东蓬莱县	蓬莱县二区中队
9	辛慎悟	1944	莒南县	滨海区后方医院
10	张治中	1945	招远十里堡刑场	胶东军区

解放战争时期烈士一览表

（1945.9—1949.9）

序号	烈士姓名	牺牲时间(年)	牺牲地点	生前部队
1	司洪义	1946	河南确山	华野四纵队
2	王景财	1947	山东胶县	独立三团
3	张忠祯	1947	吉林四平	东北三纵
4	盖如田	1947	即墨灵山	胶东南海二团
5	史孔令	1947	平度三合山	华野九纵
6	丁桂科	1947	临沂孟良崮	华野九纵
7	潘玉顺	1947	东北	四野
8	于明湖	1947	平度三合山	九纵25师
9	周德起	1948	河南永城	华东野战军
10	黄九宝	1948	山东淄川	七纵21师
11	杨芳德	1948	山东济南	三纵八师

新中国建设时期烈士一览表

（1949.10—2012.12）

序号	烈士姓名	牺牲时间(年)	牺牲战役(事件事由)	牺牲地点	生前部队(单位)
1	高仁义	1951	抗美援朝	朝鲜	志愿军第26军
2	陈会友	1952	上甘岭战役	朝鲜	志愿军12军34师102团3营7连
3	刘桂汉	1952	抗美援朝	朝鲜	志愿军三分部
4	周洪熙	1953	抗美援朝	朝鲜	志愿军25军
5	曹　伟	1979	对越自卫反击战	广西	53015部队
6	韩　彬	1979	对越自卫反击战	云南	53015部队
7	程　健	1985	对越自卫反击战	越南	陆军40师3团2营4连
8	严力宾	1989	抢救国家财产	香港	青岛远洋公司
9	杨　永	1989	黄岛扑火	青岛	市公安局消防大队
10	周鹏远	1991	与歹徒搏斗	青岛	青岛卷烟厂
11	叶立勋	1991	潜水作业	青岛	青岛海洋大学
12	公　恒	1996	与歹徒搏斗	青岛	青岛列车段
13	刘亚民	1998	飞行训练	潍坊	空军航5师
14	卢秀林	1999	战备训练	安徽芜湖	39822部队
15	鸟　路	2002	抢救落水青年	青岛	市五金矿产机械进出口公司
16	蔡一清	2007	抢救战士	海上	92196部队
17	王修盛	2012	执行公务	青岛	市公安局交警支队

附　　录

一、诗文选辑

（诗选自青岛市档案局编《现代咏青诗文选》，散文选自刘宜庆编《名人笔下的青岛》）

青岛杂志二首

俞平伯

俞平伯（1900—1990），原名俞铭衡，字平伯。原籍浙江德清，生于苏州，是清代朴学大师俞樾曾孙。著名作家、红学家。1919年毕业于北京大学，后在燕京大学、北京大学、清华大学任教。曾参加中国革命民主同盟、新潮社、文学研究会、语丝社，与朱自清等人创办《诗》月刊。著有《红楼梦研究》《冬夜》《燕知草》等。1998年出版《俞平伯全集》。

（一）

故人邀我作东游，可惜年时在早秋。
三面郁葱环碧海，一山高下尽红楼。

（二）

数点帆樯吹海腥，红灯孤回灭旋明。
汽舟入晚停南海，风送轮机厉碌声。

青　岛

叶剑英

叶剑英（1897—1986），广东梅县人。中华人民共和国元帅。青年时代追随孙中山参加革命，后参与策划南昌起义，领导广州起义。在粉碎“四人帮”篡党夺权阴谋的斗争中发挥了核心作用。

小楼明一角，深隐绿丛中。
海阔天如盖，山遥岛似熊。
轻波垂钓叟，旭日弄潮童。
忽忆刘亭长，苍凉唱《大风》。

初游青岛

陈 毅

陈毅（1901—1972），原名陈世俊，字仲弘（一作仲宏），四川乐至人。中华人民共和国元帅，卓越的无产阶级军事家、中国人民解放军创建人和领导人之一。他知识渊博，长于辞令，气势宏伟，高屋建瓴，是一位杰出的政治家、外交家，还是一位优秀的诗人。他一生经历了旧民主主义革命、新民主主义革命、社会主义革命和建设时期，对党、军队和中国人民的革命建设事业都做出了重大的贡献。他积累了丰富斗争经验，发表了大量军事、政治、外交论著，给后人留下了宝贵的精神财富。

五四争青岛，于今卅五年。
常常思游览，屡屡错机缘。
夤夜突来访，面目未全见。
海市灯辉煌，海水漫无边。
群山海中峙，远岛似规圆。
隐约尚可见，幢幢影相连。
巨舰泊海中，火树花若燃。
万象看不足，深夜坐斋前。
沉吟久不睡，海天思绵绵。
此是弹丸地，史实可详谙。
先言远古事，显名首齐桓。
管仲有雄略，利用及鱼盐。
田单更晓事，诱敌胶之南。
即墨能苦守，敌退国土完。
其后有田横，抗汉鲁之顽。
从义五百人，立懦而廉贪。
齐鲁遗佳话，代代有名贤。
晚清势衰颓，无复自闭关。

德日先后来，相继肆凶残。
赖我人民力，鲁案复主权。
又落国贼手，依然苦元元。
近代抗日战，游击敌胆寒。
尔后歼丰蒋，重占胜万难。
而今四海一，东境大屏藩。
外寇敢伸手，聚歼使无还。
试看海天青，其青照市廛。
试看松柏青，其青染幛峦。
伟哉胶莱青，千里美良田。
更有新人民，青春迈无前。
历史创造者，命运自斡旋。
思之乐融融，归宿熟且甜。
朝来开户牖，红日照东檐。
工人正上工，学生赴校园。
战士正操练，渔民斗狂澜。
更有休养客，安心度豫闲。
一切寄生虫，灭迹不待言。
观此新气象，使我开心颜。

青岛怀踪录

萧　军

萧军（1907—1988），生于辽宁义县。原名刘鸿霖，另有笔名三郎、田军等。1925年考入张学良在沈阳办的东北陆军讲武堂，学习法律和军事。1932年冬天结识萧红，不久同居。1933年两人出版了第一部小说、散文合集《跋涉》。1934年来到青岛，任《青岛晨报》副刊编辑。1935年，出版了第一部长篇小说《八月的乡村》。

1940年赴延安，抗战胜利后，任东北大学鲁迅艺术学院院长。解放后从事戏剧创作和研究。1951年调至北京市“文物组”当文物研究员。晚年编写了《萧红书简辑存注释录》。

（一）

小楼居处

云影天光碧海滨，一番追忆一怆神。
蝉声日永听残梦，鸥影孤帆送远人。
夜气如磐怀故垒，青灯坐对细论文。
似真似幻余何有，残简依稀认未真。

（二）

栈桥风雨之夜

栈桥风雨流亡夜，雪碎冰崩浪打礁。
逋客生涯随去住，荆榛前路卜飘摇。
青山有约酬何日，碧海辞听旦暮潮。
掉首卅年思往迹，赢将华发换霜髦。

海滨杂诗二首

臧克家

臧克家（1905—2004），山东诸城人。现代诗人。1934年毕业于国立山东大学中文系。1949年后历任华北大学文艺学院文学创作研究室研究员、人民出版社编审、中国作家协会书记处书记、《诗刊》主编、顾问。

在新诗创作上得到闻一多、王统照的鼓励与帮助。作品有《老马》《罪恶的黑手》《从军行》《生命的零度》等诗集。出版《臧克家文集》（6卷），主编《毛泽东诗词鉴赏》等。

大海的使者

清风，大海的使者
从海面上吹来，
从高楼的红瓦棱上吹来，
从海涛似的绿树间吹来。
你替旅人拂去一身尘土。
从他们心里把闷热拨开。
青岛啊，对于远道而来的游客。
你就是一个绿色的海。

青岛的颜色

我要有自己的皮肤，
把青岛夏天的颜色带回去。
我叫海涛给冲上去，
我叫太阳给晒上去，
我叫沙滩给烫上去。

青岛小景二首

耿林莽

耿林莽（1926—），笔名余思，江苏如皋人。中国作家协会会员，山东省作家协会第三届理事。曾历任徐州《新徐日报》、青岛《青岛日报》编辑，青岛市文化局戏曲创作组创作员，青岛市文联《海鸥》文学月刊编辑、编审，中国散文诗学会副主席，中国诗歌学会第一届理事，青岛市作协名誉主席。1939年开始发表作品。1985年加入中国作家协会。著有《耿林莽散文诗选》《五月丁香》《醒来的鱼》《飞鸟的高度》等散文诗集，《人间有青鸟》《耿林莽随笔》等散文集等。

（一）

雾

乳白色的雾，
象新鲜牛奶，
飘在黎明的怀中。
雾是从海上来的，
它润湿而清凉，
还带着潮水和鱼腥的气息。
雾是海的渔网，
每天都被投到岸上，
它什么也没有捕到，
只不过作了一次徒然的旅行。
而青岛却是丰收的，
当它在雾里洗完了澡。
从每一根绿叶的头发上面，
都拾到一粒露水的珍珠……

（二）

夏 夜

青岛的夏夜，
象啤酒一样清凉。
浮几颗白色的泡沫，
飘一点苦味的清香。
马路躲在习习的风里，
海是风的温床，
一万片嫩绿的叶子，
在风里快活地鼓掌。
所有迎街的窗子都敞开着，
一个水兵在歌唱……

青 岛

闻一多

闻一多（1899—1946），著名诗人、学者、爱国民主战士，新月诗社成员。出生于湖北省黄冈市浠水县。家传渊源，自幼爱好古典诗词和美术。早年加入文学社团“新月社”，并先后执教青岛大学、清华大学等。1946年，在昆明被国民党特务暗杀。

1930—1932年，闻一多执教于青岛大学，任文学院院长兼国文系主任。

海船快到胶州湾时，远远望见一点青，在万顷的巨涛中浮沉；在右边崂山无数柱奇挺的怪峰，会使你忽然想起多少神仙的故事。进湾，先看见小青岛，就是先前浮沉在巨浪中的青点，离它几里远就是山东半岛最东的半岛——青岛。簇新的，整齐的楼屋，一座一座立在小小山坡上，笔直的柏油路伸展在两行梧桐树的中间，起伏在山冈上如一条蛇。谁信这个现成的海市蜃楼，一百年前还是个荒岛？

当春天，街市上和山野间密集的树叶，遮蔽着岛上所有的住屋，向着大海碧绿的波浪，岛上起伏的青梢也是一片海浪，浪下有似海底下神人所住的仙宫。但是在榆树丛荫，还埋着十多年前德国人坚伟的炮台，深长的甬道里你还可以看见那些地下室，那些被毁的大炮飞机，和墙壁上血涂的手迹——欧战时这儿剩有五百德国兵丁和日本争夺我们的小岛，德国人败了，日本的太阳旗曾经一时招展全市，但不久又归还了我们。在青岛，有的是一片绿林下的仙宫和海水泱泱的高歌，不许人想到地下还藏着十多间可怕的暗窟，如今全毁了。

堤岸上种植无数株梧桐，那儿可以坐憩，在晚上凭栏望见海湾里千万只帆船的桅杆，远近一盏盏明灭的红绿灯飘在浮标上，那是海上的星辰。沿海岸处有许多伸长的山角，黄昏时潮水一卷一卷来，在沙滩上飞转，溅起白浪花，又退回去，不厌倦的呼啸。天空中海鸥逐向渔舟飞，有时间在海水中的大岩石上，听那巨浪撞击着岩石激起一两丈高的水花。那儿再有伸出海面的栈桥，去站着望天上的云，海天的云彩永远是清澄无比的，夕阳快下山，西边浮起几道鲜丽耀眼的光，在别处你永远看不见的。

过清明节以后，从长期的海雾中带回了春色，公园里先是迎春花和连翘，成篱的雪柳，还有好像白亮灯的玉兰，软风一吹来就憩了。四月中旬，绮丽的日本樱花开得像天河，十里长的两行樱花，蜿蜒在山道上，你在树下走，一举首只见樱花绣成的云天。樱花落了，地下铺好一条花蹊。接着海棠花又点亮了，还有踯躅在山坡下的“山踯躅”，丁香，红端木，天天在染织这一大张地毯；往山后深林里走去，每天你会寻见一条新路，每一条小路中不知是谁创制的天地。

到夏季来，青岛几乎是天堂了。双驾马车载人到汇泉浴场去，男的女的中国人和十方的异客，戴了阔边大帽，海边沙滩上，人像小鱼一般，曝露在日光下，怀抱中是薰人的咸风。沙滩边许多小小的木屋，屋外搭着伞篷，人全仰天躺在沙上，有的下海去游泳，踩水浪，孩子们光着身在海滨拾贝壳。街路上满是烂醉的外国水手，一路上胡唱。

但是等秋风吹起，满岛又回复了它的沉默，少有人行走，只在雾天里听见一种怪水牛的叫声，人说牛躲在海角下，谁都不知道在哪儿。

1930年

岛上的季节

吴伯箫

吴伯箫（1906—1982），原名吴熙成，山东莱芜人。1925年考入北京师范大学英语系，同年开始文学创作。1930年到延安，进入抗大学习。曾任陕甘宁边区文化协会秘书长、教育厅长。1954年任人民教育出版社副社长、副总编辑，后任中国社会科学院文学研究所副所长。

吴伯箫1931年大学毕业到青岛，初在市立中学教书，后在青岛大学任职员。在青期间出版散文集《羽书》。吴伯箫租的房子在八关山山麓的栖霞路上，这就是他的“山屋”。

一

就开头吧。这里说的是那绿的青岛的事。

青岛的春天是来得很晚的。在别处，杨柳树都发了芽抽了叶，桃杏树都开了花绽了果的时候，青岛的风还硬得像十冬腊月一样，落叶树还秃光光的没有透鹅黄嫩绿的意思哩。到三四月天，有的地方胖人们都在热得喘了，这里还得穿皮衣棉衣。所以那时候到青岛旅行的人，若然乘的是胶济火车，走着走着就凉了起来；在回去的路上，也是走着走着就热了起来。到“天街小雨润如酥，草色遥看近却无”的那境界，已经是初夏月份了。近海地方，气候变得这样慢，是很奇怪的。可是一声鹧鸪啼，报道阳春天果真到来的时候，青岛是有的可看的。先是那苍然的山松透的一层新翠就很够使人高兴得嚷起来呢。接着那野火烧不尽的漫坡荒草重新披起一袭绿衣，一眼望去就几乎看不到赭黄的土色了。街里边，住户人家，都从墙头篱畔探出黄的迎春花，红的蔷薇花来；红砖筑就的墙壁上满爬着的爬山虎，叶子也慢慢地一天天一天天地大，直到将整个的一座楼房完全涂成绿色。姑娘们换上各色各样的衣裳，少奶奶们也用了摇篮车推着娃娃在马路上散步的时候，那就是青岛春天顶热闹的季节了。日本的樱花也就在这时开放。

提起樱花，那的确是很热闹很艳丽的一种花。成行地盛开了起来，真像一抹桃色的彩云；迎风摆动着，怪妖冶的；像泡沫一样的轻松柔软。日侨妇女不管游人的拥挤，在花下情不自禁地跳起舞来的都有。男子们也席地而坐发狂般的饮酒呼噪。落花时节，趁了大好的月色，约两三游伴去花下闲步，愿意躺在花阴度一个春宵的事，是常有人作如是想的。醉眠樱树下，半被落花埋，不是很有意趣么？当你看花归来，初度觉得天气有点点煦暖，身上有点点慵倦的当儿，你就会叹息着说："这才是春天呢。"

在黄梅雨连绵洒落的日子，海上吹来的雾也特别多；往往三天两日的不见阳光，全市都迷濛着糊涂着，那是怪令人烦厌的。身体素来羸弱的人，在这时候会疑惑自己生了什么肠胃病肺病，觉得浑身不舒服。但是亮蓝的天空捧出一幅浴罢的旭日来了，病也就跟着好了；一度晴天换一个欢悦，也挺妙。

二

五月梢就有人洗海澡了。夏天就那样悄悄地在大家不知不觉中偷进了青岛。在你还正以为是阳春天气呢，忽然，晌午时分，却已经要穿单衣拿扇子了。慢慢外国的水兵来了。各地避暑的人也来了。靠海边的房舍就十倍二十倍的房金涨上去。一个个的Bar，生意陡然兴隆了，常是挤满着泥醉的水兵，和白俄的朝鲜的舞女。灯红酒绿，音乐到午夜还兀自演奏不息。听吧：那"嘀喽"的声音，"OK"的声音，洋车夫呼"Jinriksha"的声音，满街都是。这里那里全碰得到哼洋歌的人。喂，是青岛走运的时候喽。

正午，阳光正晒得炙热的时候，到海水浴场去，多远多远就望得见啤酒，冰激凌的旗帘高高地挑着。马路上熙来攘往的都是车马。你看啵，一排排的木房前面，卧在沙上的，撑了纸伞的，学生样子的派司球的，男男女女，老到有了胡须，小到刚会走的，都来洗澡来了。水里边，真是万头攒动，万头攒动。活泼的像游鱼，灵便的像野鸭，拙笨的像河豚，喳喳哑哑，肉，曲线，海水，粗波细浪，他们哪里知道什么叫做热天，出汗是怎么回事呢。在水里浸着，在沙上晒着，有的人连饭都不回去吃，直呆到傍晚才收拾散去。不是连夜里都有洗澡的么？日子是过得那样优闲。

海上的落日最美：碧涛映着红霞，银浪掩着金杪，云霓的颜色也是瞬息万变的。加以海鸥飞回，翠羽翩翻，远远的帆影参差，舟楫来往，那晚景真值得使人流连忘返。

太阳落后，天上满挂了星斗，市上满亮了街灯，夜景也很宜人。海风吹来，又凉爽又潮润，白昼的半点炎热都完全消逝了。身上只感到清快。出来乘凉的人到处都是：海边石栏上有人，沙滩上有人，公共长椅上也有人。窃窃私语的，嘈杂喧闹的，就同夜市般热闹。不然，"轻车不辗纤尘地，十里洋街都似冰"，青岛的马路是有名的，并了肩走走"边道"，林丛山畔听听夜莺，也极恬适舒服。这样直至夜阑更深，还有汽车的喇叭响，游人咯咯的声音哩。没有多少蚊子，醒来，又一天了。

三

青岛八月天最热，过罢中秋才慢慢渡到道地的秋天去。因为节气晚，所以秋天也是姗姗迟到的。论到颜色的复杂，气候的温和，天空的晴朗，秋并不弱于春。单看重九后那遍野的红叶就抵得过阳春天那满山的花草不是。那不只是美丽，简直是灿烂；活像一大蓬火，一整坡笑，看了是会令人感慨，奋发，狂热的。到山上去逛；常常有野兔惊起，你可以尝到猎人的风味。野菊的香，弥漫在山岩谷豁间，又颇饶田家风韵，樵夫生涯。到树叶凋零的降霜时节，出门看山坡里的处处野火，那又是另一种情趣了。

眼看避暑的人走了，也没有了那天天喝醉酒的水兵，街市上便渐渐地冷落起来。很多酒馆歇业了，应时的舞女也一帮帮地载到了上海去，青岛的繁荣是该蛰栖的时候了呢。

年冬岁暮，才能算是冬天，到来年的三月初冬天还一个字儿地缠绵着；冬，那怕是比较长远的一季吧。可是青岛市上惟有这一季没得可说，没得可玩。既稀罕大冰大雪，又缺少飓风骇浪，干么呢？只有清晨绝早听一听驻军的号角，夜深人静领略领略礼拜堂的钟声而已。街上是冷清清的。夜晚八点商店就上门，路上的行人就稀疏寥落了。只散见的几个警察，抱了指挥棒，在伫立听海啸，和间或有的三五车夫，索索叫冷罢了。

圣诞节过后，匆匆就是年了。

啊，是这样的青岛。

青岛巡游

郁达夫

郁达夫（1896—1945），浙江富阳人。著名小说家、诗人。1914年7月入东京第一高等学校预科后开始尝试小说创作。1919年入东京帝国大学经济学部。1921年7月，第一部短篇小说集《沉沦》问世。1923年至1926年间先后在北京大学、武昌师大任教。1938年12月至新加坡，主编《星洲日报》等报纸副刊。1945年日本投降后被日军宪兵杀害。

1934年7月初，郁达夫应青岛市立中学的汪静之、卢叔桓之邀，携家人乘船于7月13日抵达青岛。一个月后，汪静之、卢叔桓、吴伯箫送郁达夫一家离开青岛去济南。郁达夫作文《青岛、济南、北平、北戴河的巡游》记录了这次旅游的情形，本文系节选，标题为编者加。

带青带绿的颜色，对于视觉，大约是特别的健全；尤其是深蓝，海天的深蓝，看了使人会莫名其妙地感到一种愉快。可是单调的色彩，只是一色的色彩，广大无边地包在你的左右四周，若一点儿变化也没有，成日成夜地与你相对，日久了当然是也要生厌的；青岛的好处就在这里，第一，就在她的可以使你换一换口味；第二，到了她的怀里，去摸索起来，却也并不单调，所以在暑热的时候，去住一两个月，恰正合适。

无论你南边从上海去，或北边从天津去，若由海道而去青岛，总不过二三十个钟头，可以到了。你在船舱里，只和海和天相对，先当然是觉得愉快，觉得伟大，觉得是飘然遗世而独立，羽化而登仙的样了；但一昼夜过后，未免要感到落寞，感到厌倦，正当你内心在感到这些，而嘴里还没有叫出来的时候，而白的灯台，红的屋瓦，弯曲的海岸，点点的近岛遥山，就竞相上你的视界里来了，这就是青岛。所以从海道去青岛的人对她所得的最初印象，比无论哪一个港市，都要清新些，美丽些。香港没有她的复杂，广州不及她的洁净，上海比她欠清静，烟台比她更渺小，刘公岛我虽则还没有到过，但推想起来，总也不能够和青岛的整齐华美相比并的。以女人来比青岛，她像是一个大家的闺秀；以人种来说青岛，她像是一个在情热之中隐藏着身份的南欧美妇人。

青岛的特色之一，是在她的市区的高低不平，与树木的青葱。都市的美观，若一味平直，只以颜色与摩天的高阁来调和，是不能够引人入胜的；而青岛的地面，却尽是一枝枝的小山，到处可以看得见海，到处都是很适宜的住宅区。就是那一条从前叫弗利特利希大街，现在叫中山路的商业通衢，两端走走，也不过两三里路，就到海边了；街的两面，一走上去，就是小山，就是眺望很好的高地。

从前路过青岛，只在船楼上看看她的绿树与红楼，虽觉她很美，但还没有和她亲过吻，抱过腰；今年带了儿女，去住一个夏天，方才觉“东方第一良港”“东方第一避暑区”的封号，果然不是徒有其表的虚称。

海水浴场的设备如何，暂且不去管它，第一是四周的那么些个浅滩，恐怕是在东亚，没有一处避暑区赶得上青岛。日本的海岛，当然也有好的，像明石须磨的一带，都是风光明媚的地方，可是小湾没有青岛的多，而岸线又不及青岛的曲。至于日本的北面临日本海的海岸呢，气候虽则凉冷，但风浪太大，避暑洗海水澡总有点不大适宜。

青岛，缺点当然也是有的；第一，夏天的空气太潮湿，雾露太多，就有点儿使人不舒服。其次则外国的东方舰队，来青岛避暑停泊的数目实在多不过，因而白俄的娼妇，中国的盐水妹来赶夏场买卖的，也混杂热闹到了使人分不出谁是良家的女子。喜欢异国颓废的情调的人，或者反而对此会感兴趣，但想去看一点书，做一点事情的人，被这些酒肉气醉人的淫暖之风一吹，总不免要感到头昏脑涨，想呕吐出来。我今年的一个夏天就整整地被这些活春宫冲坏了的；日里上海滨去看看裸体，晚上在露台听听淫辞，结果我就一个字也没有写，一册书也没有读，到了新秋微冷的时候，就匆匆坐了胶济车上北平去了。明年我就打算不再去青岛，而上一个更清静一点的海岸或山上去过夏天。

劳山的风景，原也不错；可是一般人所颂赞的大劳观靛缸湾一带的清溪石壁，也只平平，看过江南的清景的人，对此是不会感到特异的美感的；要讲伟大，要耐人寻味，自然是外劳沿海一带，从白云洞、华岩寺到太清宫的一路。我在青岛的时候，曾有一位小姐，向我说过石老人附近，景色的清幽，浮山午山庙周围，梨花的艳异；但因为去的时候不巧，对于这些绝景，都不曾领略，此生不知有没有再去的机会了，我到现在，还长怅念。

1934年11月

栈桥灯影

苏雪林

苏雪林（1897—1999），安徽省太平县人。著名作家、学者。曾留学法国学习艺术，后回国在沪江大学、安徽省立大学、武汉大学等大学任教授。1949年赴香港，1952年转台湾做教授，1973年退休。苏雪林在武大任教达18年之久，与凌叔华、袁昌英一起被戏称为“珞珈三剑客”。不少读者知道苏雪林，是因她曾撰文攻击过鲁迅。

苏雪林是20世纪30年代直接记录青岛的文字最多的作家之一。有《岛居漫兴》20篇和《劳山二日游》9篇，对福山路、汇泉海水浴场、湛山精舍与水族馆、中山公园、太平山、万国公墓、太平角、栈桥和北九水、王哥庄、白云洞、明霞洞、上清宫都有描写。

听见周先生说，青岛有座栈桥，工程甚巨，赏月最宜。今夕恰当月圆之夕，向来宁可一味枯眠懒于出门的康，也被我劝说得清兴大发，居然肯和我步行一段相当远的道路，到那桥上，以备领略“海上生明月”的一段诗情。

这座栈桥，位置于青岛市区中部之南海边沿，正当中山路的终点，笔直一条，伸入青岛湾，似一枝银箭，射入碧茫茫的大海。

青岛栈桥，本不止一座，这座栈桥的全名是“前海栈桥”，示与那个位置于胶州湾里的“后海栈桥”有所区别。不过前海的这一座历史久而工程大，又当繁盛的市区，游人对它印象比较深刻，故称之为“栈桥”而略去其头衔，有如西洋人家人父子缩短名字的音节以表亲昵，这座栈桥居然成为秃头无字之尊了。

说这座栈桥历史久，工程大，绝非夸张。它正式诞生之期为前清光绪十六年，距离目前，已有四十余年了。那时北洋海军正在编练，李鸿章命人在青岛湾建筑此桥，以供海军运输物资之用。原来桥身是木架构成。德国人占据胶州湾，改用钢骨水泥建筑，全桥长四百二十余公尺，分南北两段，南段钢架木面，北段石基灰面。我国收回青岛以后，将南段也改为钢骨水泥，于桥之极南端，添筑三角形防波堤岸，桥面成为“个”字形，全桥之长为四百四十公尺，还有座八角形的回澜阁，立于这“个”字形的桥头，游客登阁眺望海景，更增兴趣。

栈桥的北端，又有一座栈桥公园，比起中山公园的规模，这只算袖珍式的，但景物幽茜可人意，设铁椅甚多，给予晚间来此纳凉的市民以不少的方便。

当我们走到栈桥的南端，伫立在那防波堤上。新雨之后，乌云厚积，不知是哪一只无形的大手，把淋漓的墨汁泼在海面和天空，弄得黑沉沉的，成了吴稚（晖）老的漆黑一团的宇宙。海风挟雨意以俱来，凉沁心背。空气这么潮湿，整个空间，含着饱和的水点，似乎随时可以倾泻而下。我们想今夕看月已无希望，那么赏赏栈桥的灯光，也可以慰情聊胜。栈桥两边立着两行白石柱，每一柱头，安设一盏水月灯，圆圆的，正像一轮乍自东方升起淡黄色的月亮。月亮哪会这末多？想起了某外国文豪的隽语：林中的煤气灯，是月亮下的蛋。现在月亮选取东海为床，将她的蛋一颗一颗自青天落到软如锦褥的碧波里。不知被谁将这些月蛋连缀在一起，成了两排明珠璎珞，献上海后的柔胸。海后晚卸残妆时，将璎珞随手向什么上一挂，无意间却挂在这枝银箭上了。

黝黑的天空，黝黑的海水，是海后又于无意间挂在银箭上的一袭黑绒仙裳，明珠为黑裳所衬托，光辉愈灿烁逼人。两排灯光，映在海波上，跃荡着，拉长着，空中的珠光与水中珠光融成一片，变成万条纠缠一起的珠链了。我们立身桥上，尚觉景色如斯美妙，从远处瞻望我们的人，哪得不将我们当作跨着彩虹，凌波欲去的仙子？

残夏的海洋气候，有似善撒娇痴的十四五女郎，喜嗔无定。我们出门时，清风送爽，天边已露出蔚蓝的一角，谁知到了桥上，我们所盼望的冰轮，却又埋藏于深深的云海。不过看到了栈桥上的灯影，觉得月儿不升上来也好，她一上来，这一片柔和可爱的珠光必被她所撒开的千里银纱一覆而尽，岂非可惜之至！

云层可以隔断明月的清辉，却隔不断望月的吸力。今夕晚潮更猛，一层层的狂涛骇浪，如万千白盔白甲跨着白马的士兵，奔腾呼啸而来，猛扑桥脚，以誓取这座长桥为目的。但见雪旆飞扬，银丸似雨，肉搏之烈，无以复加。但当这队决死的骑兵扑到那个字形桥头上的时候，便向两边披靡散开，并且于不知不觉间消灭了。第二队士兵同样扑来，同样披靡、散开、消灭。银色骑队永无休止地攻击，栈桥却永远屹立波心不动。这才知道这桥头的个字提岂有分散风浪力量的功能。栈桥是一枝长箭，个字桥头，恰肖似一枚箭镞。镞尖正贯海心，又怕什么风狂浪急？

钱镠王强弩射江潮，潮头为之畏避，于古英风，传为佳话。这枝四百四十公尺长的银箭，镇压得大海不敢扬波，岂不足与钱王故事媲美么？

月儿还不上来，海风更深了。我们虽携有薄外衣，仍怯于久立，只有和这仙样的虹桥作别，回到一个凡人应该回去的地方。

五月的青岛

老　舍

老舍（1899—1966），现代作家，原名舒庆春，字舍予，满族正红旗人。1981年老舍毕业于北京师范学校。1924年夏，赴伦敦大学东方学院任华语教员，并从事文学创作。1930—1936年，老舍先后在济南齐鲁大学和青岛大学和青岛山东大学任教。1936年老舍辞职，从事专业写作。在青岛工作和生活的这段时期，创作了中国现代文学史上的长篇杰作《骆驼祥子》。

1937年卢沟桥事变爆发，老舍投入到文艺界的抗日洪流中。1946年，老舍和曹禺作为我国民间第一批文化人应邀赴美国访问和讲学。1949年10月，老舍回到祖国。1966年，老舍自沉于北京太平湖。

因为青岛的节气晚，所以樱花照例是在四月下旬才能盛开。樱花一开，青岛的风雾也挡不住草木的生长了。海棠，丁香，桃，梨，苹果，藤萝，杜鹃，都争着开放，墙角路边也都有了嫩绿的叶儿。五月的岛上，到处花香，一清早便听见卖花声。公园里自然无须说了，小蝴蝶花与桂竹香们都在绿草地上用它们的娇艳的颜色结成十字，或绣成几团；那短短的绿树篱上也开着一层白花，似绿枝上挂了一层春雪。就是路上两旁的人家也少不得有些花草：围墙既矮，藤萝往往顺着墙把花穗儿悬在院外，散出一街的香气：那双樱，丁香，都能在墙外看到，双樱的明艳与丁香的素丽，真是足以使人眼明神爽。

山上有了绿色，嫩绿，所以把松柏们比得发黑了一些。谷中不但填满了绿色，而且颇有些野花，有一种似紫荆而色儿略略发蓝的，折来很好插瓶。

青岛的人怎能忘下海呢。不过，说也奇怪，五月的海就仿佛特别的绿，特别的可爱，也许是因为人们心里痛快吧？看一眼路旁的绿叶，再看一眼海，真的，这才明白了什么叫做“春深似海”。绿，鲜绿，浅绿，深绿，黄绿，灰绿，各种的绿色，联接着，交错着，变化着，波动着，一直绿到天边，绿到山脚，绿到渔帆的外边去。风不凉，浪不高，船缓缓地走，燕低低地飞，街上的花香与海上的咸味混到一处，浪漾在空中，水在面前，而绿意无限，可不是，春深似海！欢喜，要狂歌，要跳入水中去，可是只能默默无言，心好像飞到天边上那将将能看到的小岛上去，一闭眼仿佛还看见一些桃花。人面桃花相映红，必定是在那小岛上。

这时候，遇上风与雾便还须穿上棉衣，可是有一天忽然响晴，夹衣就正合适。但无论怎说吧，人们反正都放了心——不会大冷了，不会。妇女们最先知道这个，早早地就穿出利落的新装，而且决定不再脱下去。海岸上，微风吹动少女们的发与衣，何必再去到电影院中找那有画意的景儿呢！这里是初春浅夏的合响，风里带着春寒，而花草山水又似初夏，意在春而景如夏，姑娘们总先走一步，迎上前去，跟花们竞争一下，女性的伟大几乎不是颓废诗人所能明白的。

人似乎随着花草都复活了，学生们特别的忙：换制服，开运动会，到崂山、丹山旅行，服劳役。本地的学生忙，别处的学生也来参观，几个，几十，几百，打着旗子来了，又成着队走开，男的，女的，先生，学生，都累得满头是汗，而仍不住地向那大海丢眼。学生以外，该数小孩最快活，笨重的衣服脱去，可以到公园跑跑了；一冬天不见猴子了，现在又带着花生去喂猴子，看鹿。拾花瓣，在草地上打滚；妈妈说了，过几天还有大红樱桃吃呢！

马车都新油饰过，马虽依然清瘦，而车辆体面了许多，好作一夏天的买卖呀。新油过的马车穿过街心，那专作夏天的生意的咖啡馆，酒馆，旅社，饮冰室，也找来油漆匠，扫去灰尘，油饰一新。油漆匠在交手上忙，路旁也增多了由各处来的舞女。预备呀，忙碌呀，都红着眼等着那避暑的外国战舰与各处的阔人。浴场上有了人影与小艇，生意便比花草还茂盛呀。到那时候，青岛几乎不属于青岛的人了，谁的钱多谁更威风，汽车的眼是不会看山水的。

那么，且让我们自己尽量地欣赏五月的青岛吧！

（载1937年6月16日《宇宙风》第四十三期）

忆　青　岛

梁实秋

梁实秋（1902—1987），现代著名作家、翻译家、学者。北京人。原名梁治华，字实秋，笔名秋郎。1949年去台湾，曾任台湾师范大学英语系主任、英语研究所主任、文学院院长、国立编译馆馆长。1930—1934年受聘为国立青岛大学外文系主任兼图书馆馆长。

梁实秋有不少散文写青岛的生活、风物、人物。有五六十篇文章提及青岛，青岛四年，是他生命之旅中美好的驿站。梁实秋一家在青岛居鱼山路7号，今33号，有“梁实秋故居”黑色大理石铭牌。

“上有天堂，下有苏杭。”天堂我尚未去过。《启示录》所描写的“从天上上帝那里降下来的圣城耶路撒冷，那城充满着上帝的荣光，闪烁像碧玉宝石，光洁像水晶”。城墙是碧玉造的，城门是珍珠造的，街道是纯金的。珠光宝气，未能免俗。真不想去。新的耶路撒冷是这样的，天堂本身如何，可想而知。至于苏杭，余生也晚，没赶上当年的旖旎风光。我知道苏州有一个顽石点头的地方，有亭台楼阁之胜，纲师渔隐，拙政灌园，均足令人向往。可是想到一条河里同时有人淘米洗锅刷马桶，不禁胆寒。杭州是白傅留诗苏公判牍的地方，荷花十里，桂子三秋，曾经一度被人当作汴州。如今只见红男绿女游人如织，谁有心情看浓汝淡抹的山色空蒙。所以苏杭对我也没有多少号召力。

我曾梦想，如果有朝一日，可以安然退休，总要找一个比较舒适安逸的地点去居住。我不是不知道随遇而安的道理。

树下一卷诗，

一壶酒，一条面包——

荒漠中还有你在我身边歌唱——

啊，荒漠也就是天堂!

这只是说说罢了。荒漠不可能长久地变成天堂。我不存幻想，只想寻找一个比较能长久的居之安的所在。我是北平人，从不以北平为理想的地方。北平从繁华而破落，从高雅而庸俗、而恶劣，几经沧桑，早已无复旧观。我虽然足迹不广，但北自辽东，南至百粤，也走过了十几省，窃以为真正令人流连不忍去的地方应推青岛。

青岛位于东海之滨，在胶州湾之入口处，背山面海，形势天成。光绪二十三年（1897年）德国强租胶州湾，辟青岛为市场，大事建设。直到如今，青岛的外貌仍有德国人的痕迹。例如房屋建筑，屋顶一律使用红瓦片，山坡起伏绿树葱茏之间，红绿掩映，饶有情趣。民国三年青岛又被日本夺占，民国十一年才得收回。迩后虽然被几个军阀盘据，表面上没有遭到什么破坏。当初建设的根柢牢固，就是要糟蹋一时也糟蹋不了。青岛的整齐清洁的市容一直维持了下来。我想在全国各都市里，青岛是最干净的一个。“无风三尺土，有雨一街泥”的北平不能比。

青岛的天气属于大陆气候，但是有海湾的潮流调剂，四季的变化相当温和。称得上是“春有百花秋有月，夏有凉风冬有雪”的好地方。冬天也有过雪，但是很少见，屋里面无需升火不会结冰。夏天的凉风习习，秋季的天高气爽，都是令人喜的，而春季的百花齐放，更是美不胜收。樱花我并不喜欢，虽然第一公园里整条街的两边都是樱花树，繁花如簇，一片花海，游人摩肩接踵，蜜蜂嗡嗡之声震耳，可是花没有香气，没有姿态。樱花是日本的国花，日本和我们有血海深仇，花树无辜，但是我不能不连带着对它有几分憎恶！我喜欢的是公园里培养的那一大片娇艳欲滴的西府海棠。杜甫诗里没有提起过它，历代诗人词人歌咏赞叹它的不在少数。上清宫的牡丹高与檐齐，别处没有见过，山野有此丽质，没有人嫌它有富贵气。

推开北窗，有一层层的青山在望。不远的一个小丘有一座楼阁矗立，像堡垒似的，有俯瞰全市傲视群山之势，人称总督府，是从前德国总督的官邸，平民是不敢近的，青岛收回之后作为冠盖往来的饮宴之地，平民还是不能进去的（听说后来有时候也偶尔开放）。里面是什么样子我不知道，也不想知道。还有人说里面闹鬼。反正这座建筑物，尽管相当雄伟，不给人以愉快的印象，因为它带给我们耻辱的回忆。其实青岛本身没有高山峻岭，邻近的劳山，亦作崂山，又称牢山，却是峻峥巉险，为海滨一大名胜。读《聊斋志异》劳山道士，早已心向往之，以为至少那是一些奇人异士栖息之所。由青岛驱车至九水，就是山麓，清流汩汩，到此尘虑全消。舍车扶策步行上山，仰视峰嶝，但见参嵯翳日，大块的青石陡峭如削，绝似山水画中之大斧劈的皴法，而且牛山濯濯，没有什么迎客松五老松之类的点缀，所以显得十分荒野。有人说这样的名山而没有古迹岂不可惜，我说请看随便哪一块巍巍的巨岩不是大自然千百万年锤炼而成，怎能说没有古迹？几小时的登陟，到了黑龙潭观瀑亭，已经疲不能兴。其他胜境如清风岭碧落岩，则只好留俟异日。游山逛水，非徒乘兴，也须有济胜之具才成。

青岛之美不在山而在水。汇泉的海滩宽广而水浅，坡度缓，作为浴场据说是东亚第一。每当夏季，游客蜂拥而至，一个个一双双的玉体横陈，在阳光下干晒，晒得两面焦，扑通一声下水，冲凉了再晒。其中有佳丽，也有老丑。玩得最尽兴的莫过于夫妻俩携带着小儿女阖第光临。小孩子携带着小铲子小耙子小水桶，在沙滩上玩沙土，好像没个够。在这万头攒动的沙滩上玩腻了，缓步踱到水族馆，水族固有可观，更妙的是下面岩石缝里有潮水冲积的小水坑，其中小动物很多。如寄生蟹，英文叫hermitcrab，顶着螺蛳壳乱跑，煞是好玩。又如小型水母，像一把伞似的一张一阖，全身透明。孩子们利用他们的小工具可以罗掘一小桶，带回家去倒在玻璃缸里玩，比大人玩热带鱼还兴致高。如果还有余勇可贾，不妨到栈桥上走一遭。桥尽头处有一个八角亭，额曰回澜阁。在那里观壮阔之波澜，当大王之雄风，也是一大快事。

汇泉在冬天是被遗弃的，却也别有风致。在一个隆冬里，我有一回偕友在汇泉闲步，在沙滩上走着走着累了，便倒在沙上晒太阳，和风吹着我们的脸。整个沙滩属于我们，没有旁人，最后来了一个老人向我们兜售他举着的冰糖葫芦。我们在近处一家餐厅用膳，还喝了两杯古拉索（柑香酒）。尽一日欢，永不能忘。

汇泉冬夜涨潮时，潮水冲上沙滩又急遽地消退，轰隆呜咽，往复不已。我有一个朋友赁居汇泉尽头，出户不数步就是沙滩，夜闻涛声不能入眠，匆匆移去。我想他也许没有想到，那就是观音说教的海潮音，乃觌面失之。

说来惭愧，“饮食之人”无论到了什么地方总是不能忘情口腹之欲。青岛好吃的东西很多。牛肉最好，销行国内外。德国人佛劳塞尔在中山路开一餐馆，所制牛排我认为是国内第一。厚厚大大的一块牛排，煎得外焦里嫩，切开之后里面微有血丝。牛排上面覆以一枚嫩嫩的荷包蛋，外加几根炸番薯。这样的一份牛排，要两元钱，佐以生啤酒一大杯，依稀可以领略樊哙饮酒切肉之豪兴。内行人说，食牛肉要在星期三四，因为周末屠宰，牛肉筋脉尚生硬，冷藏数日则软硬恰到好处。佛劳塞尔店主善饮，我在一餐之间看他在酒桶之前走来走去，每经酒桶即取饮一杯，不下七八杯之数，无怪他大腹便便，如酒桶然。这是五十年前旧话，如今这个餐馆原址闻已变成邮局，佛劳塞尔如果尚在人间当在百龄以上。

青岛的海鲜也很齐备。像蚶、蛤、牡蛎、虾、蟹以及各种鱼类应有尽有。西施舌不但味鲜，名字也起得妙，不过一定要不惜工本，除去不大雅观的部分，专取其洁白细嫩的一块小肉，加以烹制，才无负于其美名，否则就近于唐突西施了。以清汤氽煮为上，不宜油煎爆炒。顺兴楼最善烹制此味，远在闽浙一带的餐馆以上。我曾在大雅沟菜市场以六元市得鲥鱼一尾，长二尺半有奇，小口细鳞，似才出水不久，归而斩成几段，阖家饱食数餐，其味之腴美，从未曾有。菜蔬方面隽品亦多。蒲菜是自古以来的美味，《诗经》所说“其蔌维何，维笋及蒲”，蒲的嫩芽极细致清脆。青岛的蒲菜好像特别粗壮，以做羹汤最为爽口。再就是附近潍县的大葱，粗壮如甘蔗，细嫩多汁。一日，有客从远道来，止于寒舍，惟索烙饼大葱，他非所欲。乃如命以大葱进，切成段段，如甘蔗状，堆满大大一盘。客食之尽，谓乃平生未有之满足。青岛一带的白菜远销上海，短粗肥壮而质地细嫩。一般人称之为山东白菜。古人所称道的“春韭秋菘”，菘就是这大白菜。白菜各地皆有，种类不一，以山东白菜为最佳。

青岛不产水果，但是山东半岛许多名产以青岛为集散地。例如莱阳梨。此梨产在莱阳的五龙河畔，因沙地肥沃，故品质特佳。外表不好看。皮又粗糙，但其细嫩酥脆甜而多浆，绝无滓滓，未得令人难以相信。大的每个重十台两以上。再如肥城桃，皮破则汁流，真正是所谓水蜜桃，海内无其匹，吃一个抵得半饱。今之人多喜怀乡，动辄曰吾乡之梨如何，吾乡之桃如何，其夸张心理可以理解。但如食之以莱阳梨、肥城桃，两相比较，恐将哑然失笑。他如烟台之香蕉苹果玫瑰葡萄，也是青岛市面上常见的上品。

一般山东人的特性是外表倔强豪迈，内心敦厚温和。宦场中人，大部分肉食者鄙，各地皆然，固无足论。观风问俗，宜对庶民着眼。青岛民风淳厚，每于细民中见之。我初到青岛，看到人力车夫从不计较车资，乘客下车一律付与一角，路程远则付二角，无争论者。这是全国所没有的现象。有人说这是德国人留下的无形的制度，无论如何这种作风能维持很久便是难能可贵。青岛市面上绝少讨价还价的恶习。虽然小事一端，代表意义很大。无怪乎有人感叹，齐鲁本是圣人之邦，青岛焉能不绍其馀绪？

我家里请了一位厨司老张，他是一位异人。他的手艺不错，蒸馒头，烧牛尾，都很擅长。每晚膳事完毕，沐浴更衣外出，夜深始返。我看他面色苍白削瘦，疑其吸毒涉赌。我每日给他菜钱二元，有时候他只飨我以白菜豆腐之类，勉强可以果腹而已。我问他何以至此，他惨笑不答。过几天忽然大鱼大肉罗列满桌，俨若筵席，我又问其所以，他仍微笑不语。我懂了，一定是昨晚赌场大赢。几番钉问之后，他最后迸出这样的一句“这就是一点良心”！

我赁屋于鱼山路七号，房主王君乃铁路局职员，以其薄薪多年积蓄成此小筑。我于租满前三个月退租离去，仍依约付足全年租赁，王君坚不肯收，争执不已，声达户外。有人叹曰：“此君子国也。”

我在青岛居住四年，往事如烟。如今隔了半个世纪，人事全非，山川有异。悬想可以久居之地，乃成为缥缈之乡！噫！

（选自《雅舍菁华》）

在青岛看房子

梁　衡

梁衡（1946—），出生于山西霍州，1968年毕业于中国人民大学。历任内蒙古日报记者、光明日报记者、国家新闻出版署副署长、人民日报社副总编辑、中国记协特邀理事、中国作家协会全委会委员。

九月末时，在青岛开了一个全国性的会。大家一到青岛，都说这里很美，连广州、厦门等沿海名城来的人也这么说。其实青岛的美，依我看就美在她那些别有味道的房子上。

青岛的旧式建筑主要是德国式的。德国人在1897年入侵青岛后就作了永不离去的打算。殖民政策的目的当然是掠夺，占岛十七年间他们掠走无法计算的财富，也在青岛营造了安乐窝。大约为了缓解思乡之苦，或者出于对自己文化传统的骄傲，他们造了许多德式原版的房子。之后，其他国的殖民者也在这里造本国味道的窝。所以青岛的房子人称“万国楼”。这里有二十四个国家风格的房子，无形中成了一个建筑博物馆。殖民者在世界上许多国家都留有这种痕迹，这就如野兽奔走觅食，无意中将粘在身上的花种草籽带到他乡一样。

德国人在青岛最大的建筑有三处，即提督府、提督楼和花石楼，分别是提督办公、住家和渔猎休息的地方。这三处我都仔细看过，全都是一色花岗石砌成。提督府是政权机构，楼高墙厚，风格雄浑凝重。花石楼紧邻海边，孤高如堡，颇多野趣。楼下有一片小松林，在林间听涛声起落，看潮水来去，足可忘尘脱世。最可看的还是提督楼，1902年始建，1907年落成。据说这楼是仿德皇宫的样子缩小而成，是一座典型的德国古堡式建筑。我参观时先环楼绕了一圈。楼高三十余米，共三层，底层和顶层都用糙石穿靴戴帽。窗户都用粗石镶边，窄而高的玻璃窗如两只深陷进去的眼，中间窗框上鼓起的石头活像德国人的高鼻梁。一层有客厅，厅内家具一如往日，橱柜上的商标证明这是皇室用品。客厅东有一花厅，全部玻璃天棚，内有喷水。客厅北通舞厅，厅中央有花篮吊灯，挑着三十八个灯泡。环壁有各式金属壁灯。最有趣的是小舞台两侧，各有一女子脸形的壁灯，头上伸出四枝花，挑着四盏灯。那女子本有一个面如满月的脸盘和俏美的高鼻子。“文革”中红卫兵看不惯她这个洋人样，就踩成了扁平。鼻子让人踏过一脚，当然就不会好受，所以至今总是愁眉不展的样子。这房子十分结实，墙厚一米，足可当碉堡来用。室内装修极豪华，室外野树杂花满坡绿风，树间还环坡散存着旧日监工护院用的废碉堡。游人不经意时，目光碰上它那只半睁着的“眼睛”，会打一个寒噤，惊忆起这是中国劳工在刺刀尖下的作品，想起这楼里碉堡护卫下的淫乐。据说盖这房的第一任提督也未能享其福，因仿德皇宫又耗资太大，他被国会弹劾，楼未住，人先去。隔着历史的风雨，这些都已经模糊，但在今日明媚的阳光下，这建筑群却渐显出它的美学价值。就如一般人游颐和园，并不经意研究慈禧太后是怎样挪用海军经费的。艺术和政治毕竟不是一回事。

在青岛小住的几天内，看房子成了我的第一兴趣。晨起我穿行小巷端详这些异国来的“老外”，去摸它花岗石的墙，去数它窗楣上的瓦。这些房子的美，首先在它的造型。它很少有如四方盒子或火车厢式的整齐划一的规格，轮廓少直线而多折线或弧线。屋顶无一平顶，或成哥特式的尖突，或成四棱四面的盔形。窗户很少开成方框，有的窄而细高，令你想起古堡的幽深；有的则鼓出一个兜肚，下圆上尖，像一滴半空中的垂露。屋顶则一色的红瓦，瓦又不是如现代建筑式的平摆或如中国宫殿式的斜铺，而是近乎垂直的立挂。建筑师在将要完成他的凝重的花岗石作品时，又用鲜亮的红瓦来做一“头饰”，将房子齐额一包，就像一位红布包头的锡克族武士挺立在海边的绿树下。有时我走得远一些，喜欢坐在海边的礁石上来回望全城。但见群楼鳞次栉比，衬着如云的绿树，像一簇簇跳动的火苗，在蓝天碧海间又似一抹烧红的晚霞。其实，如果单说青岛的洋房就是比北京的四合院美，比水乡的竹楼美，或也未必，只是骤然于我稔熟的土地上飞来异国房舍，便如一篇散体白话文中偶然出现几个对偶句，有一种移花接木的新奇之效。又难得我们这个胸怀大度能兼容并蓄的民族，将这种建筑风格的异国种子保留下来，在华夏土地上终于蔚成一城。青岛便得了一种他山之美，也就美得有了个性。有时我从饭店的高楼上推窗俯视全城，这时一座座红房顶就变成了一块块平面的投影，无数块红手帕在树的绿海上轻轻飘荡，那红手帕下面的人，绝没有想到他举着的屋盖在空中组合了这样一种美的图案，就如大型团体操的表演。我又不由得记下卞之琳的一首名诗：

你站在桥上看风景，
看风景的人在楼上看你。
明月装饰了你的窗子，
你装饰了别人的梦。

青岛，你和其他城市一样生产、生活、建设，不经意中却装饰了多少人的梦。

我想一个城市的形成也如一处自然风景。我们有泰山的雄伟、黄山的浩瀚、九寨沟的神奇，也有北京皇宫的辉煌，苏州园林的精巧和青岛这些房子的绚丽多彩。凡美好事物的诞生都必经过痛苦的折磨，你看哪个名山没有经过火的熔炼和水的切割。青岛在经过历史阵痛之后而育成的这种美，我们要好好地保存她。

（选自《把栏杆拍遍》，东方出版中心2004年版）

二、在市南区取景的影视剧选目

（一）电 影

序号	名称	拍摄时间	编剧	导演	主演	出品公司	取景地
1	劫后桃花	1935年	洪深	张石川	胡蝶、高占非	明星影片公司	汇泉路22号、八大关、火车站、老衙门
2	风云儿女	1935年	田汉	许幸之	袁牧之、王人美	上海电通影片公司	八大关的别墅和海滨
3	浪淘沙	1936年	吴永刚	吴永刚	金焰、章志直	联华影业公司	燕儿岛
4	到自然去	1936年	孙瑜	孙瑜	金焰、黎莉莉	联华影业公司	太平角第三海水浴场
5	黄海大盗	1937年	吴永刚	吴永刚	王人美、高占非	新华影片公司	燕儿岛
6	海上风暴	1950年	羽山、黄宗江、周行	许幸之	常前、乐羽侯	上海电影制片厂	八大关第二海水浴场
7	斩断魔爪	1953年	赵明	沈浮	陶金、凌之浩	上海电影制片厂	鱼山路、莱阳路、德县路天主教堂
8	两个小足球队	1956年	梁延靖	刘琼	赵毛、强明	上海电影制片厂	第一海水浴场
9	海魂	1957年	黄宗江、沈默君	徐韬	赵丹、崔嵬	海燕电影制片厂	太平路、栈桥、第六海水浴场、鲁迅公园
10	乘风破浪	1957年	孙瑜	孙瑜	中叔皇	—	海水浴场
11	敢想敢做的人	1958年	王命夫	方徨	张子良、束荑	山东电影制片厂	太平路、莱阳路
12	海鹰	1958年	陆柱国、张逸民、王军、闻达	严寄洲	王心刚、王晓棠	八一电影制片厂	莱阳路8号
13	冰上姐妹	1958年	武兆堤、房友良	武兆堤	卢桂兰、于中敬	长春电影制片厂	八大关、鲁迅公园

续表

序号	名称	拍摄时间	编剧	导演	主演	出品公司	取景地
14	碧空银花	1960年	韩光	桑夫	鲁荣敏、王芳	西安电影制片厂	鲁迅公园
15	第二个春天	1974年	刘川、贺宝贤	桑弧、王秀文	于洋、杨雅琴	上海电影制片厂	八大关
16	暗礁	1977年	薛寿先	广布道尔基、林克	李戈、丁笑宜	长春电影制片厂	栈桥、鲁迅公园、海水浴场
17	大河奔流	1978年	李准	谢铁骊、陈怀皑	张瑞芳、于是之	北京电影制片厂	栈桥、鲁迅公园
18	神圣的使命	1978年	王亚平、李才雍	毛玉勤、滕进贤	高博、王公伯	峨眉电影制片厂	青岛市人大、政协办公楼
19	苦恼人的笑	1979年	杨延晋	杨延晋	李志舆、乔奇	上海电影制片厂	海水浴场
20	苦难的心	1979年	张弦	常甄华	康泰、史可夫	长春电影制片厂	鲁迅公园、海水浴场
21	琴童	1979年	赵大年	范莱	向梅、吴慈华	上海电影制片厂	青岛第二海水浴场
22	苗苗	1979年	严亭亭、康丽雯	王君正	李羚、江韵辉	北京电影制片厂	江苏路小学、八大关、鲁迅公园、海水浴场
23	李四光	1979年	张暖忻	凌子风	王铁成、孙道临	北京电影制片厂	海水浴场
24	第二次握手	1980年	曹硕龙	董克娜	康泰、谢芳	北京电影制片厂	八大关
25	海之恋	1980年	李云良	赵焕章	毛永明、马晓伟	上海电影制片厂	海水浴场
26	爱情与遗产	1980年	李云良	颜学恕	张玉玉、袁宗福	西安电影制片厂	栈桥
27	闯江湖	1983年	吴祖光	岑范、方沉	新凤霞、李保田	天津电影制片厂	栈桥
28	白雾街凶杀案	1984年	杜丽鹃、孙沙	孙沙	王华英、袁铭山	长春电影制片厂	青岛市人大、政协办公楼
29	总统行动	1985年	刘建安、戚小彬	白宏	王鹰、徐行	—	青岛市人大、政协办公楼

续表

序号	名称	拍摄时间	编剧	导演	主演	出品公司	取景地
30	中华英雄	1987年	施扬平	李连杰	李连杰、赵尔康	香港银都公司	西部老城区
31	站直了，别趴下	1992年	黄欣	黄建新	冯巩、达式常	西安电影制片厂	八大湖街道、中山路、金口路、八大关、北海船厂
32	埋伏	1995年	孙毅安	黄建新、杨亚洲	冯巩、江珊	潇湘电影制片厂	胶州帝国法院旧址、基督教堂、欧人监狱
33	致命的一击	2001年	齐星、王琛	滕文骥	陈建斌、赵亮	中国电影集团等	西部老城区
34	天脉传奇	2001年	Thomas Chung	鲍德熹	杨紫琼、本·卓别林	浩瀚电影娱乐有限公司	小青岛、迎宾馆
35	手机	2003年	刘震云	冯小刚	葛优、范冰冰	太合影视投资有限公司等	香格里拉大酒店、火车站
36	恋之风景	2003年	黎妙雪、厉河	黎妙雪	刘烨、林嘉欣	星皓电影有限公司	八大关、天主教堂、人民会堂
37	美人依旧	2003年	王斌	胡安	周迅、王志文	北京中影元申影业有限公司等	劈柴院、观象一路、迎宾馆、欧人监狱、八大关
38	硬汉	2008年	丁晟、刘涛	丁晟	刘烨、黄秋生	中国电影集团公司	第一海水浴场、五四广场、团岛、栈桥
39	非诚勿扰	2008年	冯小刚	冯小刚	葛优、舒淇	华谊兄弟传媒股份有限公司	五四广场、奥帆基地、八大峡、八大关
40	海洋天堂	2009年	薛晓路	薛晓路	李连杰、文章	北京数字印象化传播有限公司等	福山支路、海水浴场
41	寻找微尘	2009年	贺子壮	沈东	倪萍、唐国强	青岛凤凰世纪传媒有限公司	五四广场、奥帆基地、八大峡、八大关
42	精舞门2	2009年	杨子	刘宝贤	陈柏霖、谢天华	中影集团数字电影发展有限公司	五四广场、栈桥
43	硬汉2：奉陪到底	2010年	丁晟	丁晟	刘烨、焦恩俊	中国电影集团公司	天主教堂、海军博物馆、大学路、浙江路

续表

序号	名称	拍摄时间	编剧	导演	主演	出品公司	取景地
44	十五岁的笑脸	2011年	崔晴	王丹	刘岳、赵娜	青岛凤凰世纪传媒有限公司	三十九中
45	爱情对对碰	2011年	刘洁东	康宁	付瑶、李帅桐	北京泰恒天下化发展有限公司	八大关

(二)电 视 剧

序号	名称	拍摄时间	编剧	导演	主演	出品公司	取景地
1	宋庆龄和她的姊妹们	1990年	赵瑞泰	潘霞	李羚、王馥荔	中国电视剧制作中心	居庸关路14号、第二海水浴场
2	杀人街的故事	1992年	赵冬苓	王坪	宋春丽、王志文	山东电视剧制作中心	第一海水浴场、黄海饭店、八大关
3	二马	1992年	崔光远	沈好放	陈道明、王同辉	—	太平角、花石楼
4	黑洞	2000年	张成功、陆川	管虎	陈道明、陶泽如	北京金英马影视文化有限责任公司	鸳鸯楼、圣保罗教堂、青岛美术馆、五四广场、中山路、八大关
5	爱在生死边缘	2002年	杨海波	安战军	任程伟、王艳	中央传媒股份有限公司	海水浴场、东海西路海滨
6	中国式离婚	2003年	王海鸰	沈严	陈道明、蒋雯丽	北京金盾信通影视文化有限责任公司	佳世客步行街、青岛实验小学、401医院、花石楼、八大关
7	魔术奇缘	2003年	李贤京	张秀凤、刘志	安七炫、林心如	潇湘电影制片厂	阳光百货、前海一线
8	军人机密	2003年	海波	张黎	王学圻、李光洁	—	—
9	满天星	2004年	赵冬苓	高一功	萨日娜、岳红	中央电视台影视部等	八大关、沿海木栈道
10	离婚女人	2004年	张黎	张黎	刘蓓、牛莉	—	西部老城区

续表

序号	名称	拍摄时间	编剧	导演	主演	出品公司	取景地
11	大浴女	2005年	蔡天、廖凡	杨亚洲	倪萍、姜武	东阳青雨影视文化有限公司	海军俱乐部、金口一路、西部老城区、中山路、八大关
12	深情密码	2005年	杜政哲、李旭敏	胡意涓、张博昱	周渝民、朴恩惠	可米瑞智国际艺能有限公司	太平角、八大关、五四广场、阳光百货、第二海水浴场、漳州路、闽江二路
13	青城之恋	2005年	陈汗、寒露	余明生、李良成	林保怡、邓萃雯	江苏广电总台影视中心电视制作部等	八大关
14	廖家	2006年	王谦	刘新	贾一平、曾黎	东上海国际文化影视集团等	东海西路海滨
15	人间浮尘	2006年	—	毛小睿	聂远、曾黎	北京世纪光年传媒文化有限公司	海水浴场
16	小家大事	2007年	刘新	刘新	李立群、奚美娟	上海国际文化影视集团	西部老城区
17	想飞	2007年	袁琼琼	何东兴、丁仰国	许玮伦、立威廉	—	八大关
18	珠光宝气	2007年	周旭明等	戚其义	黎姿、蔡少芬	香港电视广播有限公司	银海国际游艇俱乐部、弄海园、西部老城区
19	谁懂我的心	2007年	王丽萍	澄丰、林龙	童蕾、郭晓东	上海鸿运影业有限公司	五四广场、东海路、浮山
20	魔幻手机	2007年	九年	余明生	舒畅、焦恩俊	中国电视剧制作中心等	海水浴场
21	我们的八十年代	2008年	李青	曾晓欣	夏雨、左小青	青岛名扬影视传播有限公司	海水浴场
22	特殊争夺	2008年	谭力	延艺	靳东、周扬	中国电视剧制作中心等	天主教堂、八大关

续表

序号	名称	拍摄时间	编剧	导演	主演	出品公司	取景地
23	一不小心爱上你	2009年	王伊	麦大杰	张翰、丹尼斯·吴	湖南卫视	八大关、五四广场、奥帆中心、百丽广场、沿海木栈道
24	东方	2010年	刘星	唐国强	唐国强、孙维民	中国电视剧制作中心等	花石楼、迎宾馆
25	海魂	2010年	张守君、菡子	包福明	于波、朱杰	海军政治部电视艺术中心等	栈桥、太平路与河南路路口一带
26	歧路兄弟	2010年	徐纪周	徐纪周	李健、张雯	北京华录百纳影视股份有限公司	奥帆中心情人坝
27	盛夏晚晴天	2011年	陈宝华、郭宝贤	麦贯之	刘恺威、杨幂	欢瑞世纪影视传媒股份有限公司等	第三海水浴场、音乐广场、海信广场、百丽广场、万邦中心、海尔洲际酒店、动漫产业园
28	父母爱情	2011年	刘静	孔笙	郭涛、梅婷	新丽传媒股份有限公司等	八大关、沿海木栈道
29	跑马场	2011年	叶帆、丁灿邦	刘书亮	黄宗泽、胡杏儿	中国传媒大学等	迎宾馆、老市府、八大关
30	守望的天空	2011年	裴文、陆江	陆江	赵文瑄、李沁	浙江盛天文化传媒股份有限公司等	西部老城区
31	门·第	2012年	郭中东、李小明	丁黑	佟大为、于明加	四川省文采文化传播有限公司	小青岛、八大关、海水浴场、奥帆中心、海军博物馆、鲁迅公园
32	青岛往事	2012年	赵冬苓	张新建	黄渤、黄小蕾	山东影视传媒集团等	胶澳总督府、老市府、八大关、中山路
33	左手亲情右手爱	2012年	苑宏岚	周德华	黄明、张佳宁	北京爱必喜国际文化传播有限公司	中山路过街天桥、奥帆中心

索　　引

记 录

一、条目索引

E

H

J

K

L

N

O

P

Q

R

S

T

Y

Z

二、人名索引

三、表格索引

编 后 记

《青岛市市南区志》（以下简称《市南区志》）是市南区建置以来的首部志书。2003年，市南区开始筹备《市南区志》编纂工作，成立市南区史志编纂委员会。2012年5月，《市南区志》编纂工作正式启动，区史志办公室牵头组建由部分区老领导和专家组成的编修团队，广泛征求意见，五易其稿。2017年3月，通过终审。2017年9月，《市南区志》正式出版。

修志问道，以启未来。地方志作为"辅政之书"和"资治之本"，为历代所倚重，在治国安邦中发挥了非常重要的作用。《市南区志》全面系统地记述了市南区经济社会的发展历程、灿烂文化和杰出人物，对于了解市南区历史和现状，鉴古知今，服务当代，传启后世，有着重大的现实意义和深远的历史意义。它展现了市南区深厚独特的历史文化，增强了广大干部群众的归属感、自豪感，为全区各级领导把握全局、正确决策提供了翔实可靠的依据，也为加快建设时尚幸福的现代化国际城区提供了助力。

本志时间跨度大，上限起自事物发端，下限至2012年；资料翔实，内容丰富，较好地吸纳了市内外、省内外与本志内容相关的市南区自然、政治、经济、社会和文化研究的最新成果；图文并茂，有效地发挥了志书各种体裁的作用，兼具行业志与综合志的特点；体例新颖，具有一定的创新性，将最能体现时代特点和地方特色的内容在篇目设计上进行升格处理，较好地体现了市南区的地域特色。

本志坚持述而不论的原则。全书共计160万字，主体部分共23篇、104章、417节。卷首设"总述"，宏观勾勒出新中国成立后市南区历史发展脉络；"大事记"以编年体为主，采取纪事本末手法，收录了市南区政治、经济、文化、社会等各方面的大事、要事、首事；"人物"以近现代人物、正面人物为主。

本志的编纂工作，省、市史志业务主管部门给予了悉心指导，为修志工作指明了方向；市南区委、区政府在组织机构、人员编制、工作场地、经费等方面给予大力支持，为修志工作创造了良好的条件；各街道办事处、区直各部门和驻区有关单位密切协作，提供了高质量的稿件；全体修志人员，团结一致，齐心协力，加班加点，始终保持高度的工作热情和精益求精的工作态度，不辞劳苦地辛勤工作。在此谨向所有关心、支持市南区修志工作的领导、专家、同仁和社会各界人士表示衷心的感谢！

编修《市南区志》是一项庞大的工程，由于资料来源及编者水平所限，难免有疏漏和不足之处，敬请读者不吝赐教。由于时间仓促，资料来源辗转复杂等各种原因，难以就著作权问题进行一一核实与处理，不到之处，谨致歉意。本书出版发行后，凡确认自己为某幅照片的著作权人的，请持可靠有效证明材料与本书编纂委员会办公室联系，我们将根据国家有关规定支付合理报酬。

编　者

2017年9月